AF496426

RECUEIL

DES

TARIFS DES DOUANES

DE L'EUROPE

D'APRÈS

LES LOIS ET RÈGLEMENTS EN VIGUEUR

MIS AU COURANT JUSQU'AU 1er JANVIER 1860

PAR M. DESROCHES

Sous-Chef au Bureau de la législation des douanes, au Ministère de l'agriculture, du commerce et des travaux publics

Contenant :

Les Douanes françaises,
L'Association des Douanes allemandes;
Les Douanes anglaises,
Les Douanes de l'Autriche,
Les Douanes de la Belgique,
Les Douanes du Danemark,
Les Douanes de l'Espagne,
Les Douanes de la Grèce,
Les Douanes de l'Empire Ottoman,
Les Douanes des Pays-Bas,
Les Douanes de la Russie,
Les Douanes des États sardes,
Les Douanes de la Suède et de la Norwége,
Les Douanes de la Confédération suisse,
Les Douanes des Villes hanséatiques.

Suivies des

Douanes de la Chine,
Douanes des États-Unis d'Amérique

PARIS

LIBRAIRIE DE FIRMIN DIDOT FRÈRES, FILS ET Cie

IMPRIMEURS DE L'INSTITUT, RUE JACOB, 56

1860

RECUEIL

DES

TARIFS DES DOUANES

DE L'EUROPE

DE LA CHINE ET DES ÉTATS-UNIS DE L'AMÉRIQUE

18960

C.

PARIS. — TYPOGRAPHIE DE FIRMIN DIDOT FRÈRES, FILS ET CIE, RUE JACOB, 56.

RECUEIL

DES

TARIFS DES DOUANES

DE L'EUROPE

D'APRÈS

LES LOIS ET RÈGLEMENTS EN VIGUEUR

MIS AU COURANT JUSQU'AU 1er JANVIER 1860

PAR M. DESROCHES

Sous-Chef au Bureau de la législation des douanes, au Ministère de l'agriculture, du commerce et des travaux publics

Contenant :

Les Douanes françaises,
L'Association des Douanes allemandes,
Les Douanes anglaises,
Les Douanes de l'Autriche,
Les Douanes de la Belgique,
Les Douanes du Danemark,
Les Douanes de l'Espagne,
Les Douanes de la Grèce,
Les Douanes de l'Empire Ottoman,
Les Douanes des Pays-Bas,
Les Douanes de la Russie,
Les Douanes des États sardes,
Les Douanes de la Suède et de la Norwége,
Les Douanes de la Confédération suisse,
Les Douanes des Villes hanséatiques.

Suivies des

Douanes de la Chine,
Douanes des États-Unis d'Amérique

PARIS

LIBRAIRIE DE FIRMIN DIDOT FRÈRES, FILS ET Cie,

IMPRIMEURS DE L'INSTITUT DE FRANCE, RUE JACOB, 56.

1860

Droits réservés.

NOTE DES ÉDITEURS.

Le Commerce de la France et des autres nations nous avait témoigné depuis longtemps le désir de voir figurer dans notre Annuaire les Tarifs des Douanes des divers États; mais nous nous sommes vus contraints de ne pouvoir accueillir favorablement une semblable demande, par suite de l'augmentation très-considérable que l'adjonction de ces Tarifs aurait donnée à notre Recueil (Annuaire Didot-Bottin), dont les proportions, déjà si volumineuses, tendent chaque année à un développement de plus en plus grand.

Nous avons dû chercher un moyen de concilier les intérêts de tous, et nous croyons avoir réussi, en faisant paraître un Recueil des Tarifs des Douanes de l'Europe.

Le commerce de la France et des autres pays de l'Europe tendant à s'étendre de plus en plus, nous avons cru devoir joindre à notre Recueil les Tarifs des Douanes de la Chine et ceux des États-Unis de l'Amérique.

La tâche que nous nous sommes proposée était immense; nous croyons cependant l'avoir menée à bonne fin, ayant la conviction que le Commerce nous tiendra compte des efforts que nous avons faits et des dépenses qui nous ont été occasionnées par un travail aussi étendu.

Ce recueil se divise en trois parties :

La 1re contient les Tarifs des Douanes des Pays du Nord de l'Europe, tels que :

Le Tarif des Douanes françaises,
— de l'Association des Douanes allemandes,
— des Douanes anglaises,
— des Douanes de l'Autriche,
— des Douanes de la Belgique,
— des Douanes du Danemark,
— des Douanes des Pays-Bas,
— des Douanes de la Russie,
— des Douanes de la Suède et de la Norwége,
— des Douanes de la Confédération suisse,
— des Douanes des Villes hanséatiques.

La 2e partie contient les Tarifs des Douanes des Pays du Sud de l'Europe, tels que :

Le Tarif des Douanes de l'Espagne,
— des Douanes de la Grèce,
— des Douanes des États sardes,
— des Douanes de l'empire Ottoman.

La 3e contient :

Les Tarifs des Douanes de la Chine,
— des Douanes des États-Unis d'Amérique.

Le sommaire des diverses matières contenues dans le Tarif des Douanes françaises, et qui, à peu de chose près, est le même pour tous les autres Tarifs, fait ressortir d'une manière très-claire l'importance de notre Recueil.

SOMMAIRE.

Dispositions fondamentales. — Des pouvoirs du Gouvernement en matière de Tarif. — De la promulgation des lois et décrets. — Des changements au Tarif. — De la prescription. — Dispositions relatives à l'application du Tarif. — Des lieux d'acquittement. — Des restrictions d'entrée. — Des restrictions de sortie. — Des restrictions de tonnage. — Des restrictions d'emballage. — Des provenances. — Du transport direct. — De la surtaxe de navigation. — Du décime additionnel. — Des déclarations. — Des déclarations de valeur. — De la réfaction des tares. — Des emballages. — De la réfaction des droits pour cause d'avaries. — Des marchandises omises au Tarif. — Des contestations sur l'application du Tarif. — Vérification des marchandises. — Des entrepôts. — Du transit.

Régimes spéciaux. — Ile de Corse. — Algérie. — Du pays de Gex. — Du port de Marseille. — Des produits de l'industrie parisienne. — Des propriétés limitrophes. — Des marchandises de primes. — Des marchandises provenant de saisies. — Des marchandises de retour. — Des marchandises abandonnées. — Des échantillons. — De l'avitaillement des navires. — Des colonies françaises. — Des autres possessions françaises hors d'Europe. — Du Sénégal et de ses dépendances. — Des établissements français dans l'Inde. — Iles Saint-Pierre et Miquelon. — Iles de la Société. — Des pays situés au delà des îles de la Sonde. — Des traités de commerce et de navigation. — Droits accessoires perçus par les douanes. — Mode d'acquittement des droits. — Du crédit et de l'escompte. — Remboursement des droits indûment perçus.

CABOTAGE. — Mode d'exportation des marchandises de cabotage.

GRANDES PÊCHES MARITIMES. — Pêche de la morue. — Pêche de la baleine et du cachalot.

Tares légales accordées par la douane pour la perception des droits.

Tableau des bureaux ouverts à l'importation des marchandises taxées à plus de 20 francs par 100 kilogr.

Ports d'entrepôts où certaines marchandises sont admises à une modération de droits.

Tableau des restrictions de tonnage relatives aux importations, réexportations et importations.

Tableau des ports et bureaux de la frontière de terre ouverts au transit.

Tableau des principales marchandises expédiées en transit sous la formalité du double plombage et de l'espèce de colis dans lesquels elles peuvent transiter.

Tableau des marchandises auxquelles sont accordées des primes d'exportation.

Tableau des marchandises exclues du transit et qui ne peuvent être dirigées sur les entrepôts de l'intérieur.

Tableau des bureaux ouverts aux opérations de primes.

Tableau des bureaux qui peuvent seuls constater le passage des marchandises de primes à l'étranger.

Tableau des marchandises étrangères qui peuvent être expédiées des entrepôts réels de France à destination du Sénégal sous le payement du seul droit de réexportation.

Tableau des villes où sont établis des entrepôts de douanes.

Tableau des marchandises admises au bénéfice de l'importation temporaire.

TABLEAU DU TARIF DES DOUANES indiquant la nomenclature générale des marchandises soumises aux droits d'entrée et de sortie et le montant des droits à percevoir sur chacune d'elles.

Ce tableau est divisé en six colonnes :

Dans la première se trouve la dénomination des marchandises ;

Dans la seconde, l'unité sur laquelle portent les droits ;

Dans la troisième, les droits d'entrée par navires français ;

Dans la quatrième, les droits d'entrée par navires étrangers ;

Dans la cinquième, les droits de sortie.

Enfin la sixième est destinée à des notes explicatives toutes les fois qu'elles sont jugées nécessaires.

A la suite de ce Tarif se trouvent consignées :

Les Dispositions relatives à l'île de Corse,

— — à l'Algérie,

— — aux États sardes,

— — à la Belgique,

— — aux Pays-Bas.

La nomenclature des autres pays avec lesquels la France a conclu des traités qui accordent un régime de faveur aux produits et aux navires de ces pays.

La nomenclature des pays avec lesquels la France a conclu des traités ou conventions pour la garantie réciproque des ouvrages d'art et d'esprit.

Le tarif des céréales pour l'application des droits d'entrée et de sortie.

La législation et Tarifs des colonies et possessions françaises.

Il est survenu depuis peu quelques modifications dans les Tarifs des Douanes des pays du Nord ; nous avons eu soin de les indiquer sur un feuillet spécial intercalé en tête du Tarif de chaque pays.

Le Recueil que nous offrons au public a été rédigé, sous une forme très-facile à consulter, par d'anciens employés des douanes et des agents ministériels qui, dans un intérêt général, ont bien voulu nous prêter leur concours.

C'est, nous le pensons, ce qui a été fait de plus complet jusqu'à ce jour : aussi est-ce avec confiance que nous l'offrons à l'examen des personnes qui s'occupent à un point de vue quelconque des questions ayant rapport au commerce.

Nous avons cru devoir joindre à la suite de chaque Tarif le tableau des monnaies, poids et mesures, ainsi que leur rapport avec les monnaies, poids et mesures de la France.

FIRMIN DIDOT FRÈRES, FILS ET Cie.

TARIF GÉNÉRAL

DES DOUANES DE FRANCE,

D'APRÈS LES LOIS ET RÈGLEMENTS EN VIGUEUR

MIS AU COURANT JUSQU'AU 1er JANVIER 1860,

par M. DESROCHES,

Sous-Chef au Bureau de la législation des douanes, au Ministère de l'agriculture, du commerce et des travaux publics.

DISPOSITIONS FONDAMENTALES.

DES POUVOIRS DU GOUVERNEMENT EN MATIÈRE DE TARIF.

D'après l'article 34 de la loi du 17 décembre 1814, le gouvernement eut, en cas d'urgence :

1° Prohiber l'entrée des marchandises de fabrication étrangère, ou igmenter les droits de douane à l'importation ;

2° Diminuer les droits sur les matières premières nécessaires aux anufactures ;

3° Permettre ou suspendre l'exportation des produits français, et dé-rminer les droits de sortie ;

4° Modifier le tarif des sucres étrangers.

Les dispositions ainsi réalisées doivent être ultérieurement confir-ées par une loi.

Le gouvernement peut également, en vertu des lois des 28 avril 1816, juin 1820, 2 juillet 1836, 6 mai 1841, suspendre temporairement la ohibition de sortie des bois à brûler, des charbons de bois et de chè-evottes, des perches, des écorces à tan, du minerai de fer ;

Permettre, l'exportation ou l'importation des armes et munitions de uerre, l'admission temporaire des produits étrangers destinés à être exportés après avoir été fabriqués en France, ou y avoir reçu un com-ément de main-d'œuvre.

Le gouvernement peut enfin :

Déterminer les bureaux qui sont ouverts au transit, à l'importation à l'exportation de certaines marchandises (Loi du 5 juillet 1836) ;

Modifier les tares légales (Loi du 6 mai 1841) ;

Déterminer provisoirement les produits du sol et des fabriques de la orse, et ceux de l'Algérie qui peuvent être admis sur le continent en xemption de droits (Lois des 26 juin 1835 et 11 janvier 1851).

DE LA PROMULGATION DES LOIS ET DÉCRETS.

La promulgation des lois et décrets résulte de leur insertion au Bulle-n des lois ; leur mise en application a lieu dans les délais déterminés ar l'article 1er du Code civil et par l'ordonnance du 27 novembre 1816. outefois, le gouvernement peut hâter la mise à exécution des lois et écrets, et la fixer au jour où la publication en est faite par les préfets, e la manière prescrite par l'ordonnance du 18 janvier 1817.

DES CHANGEMENTS AU TARIF.

Dans tous les cas de modifications au tarif, ce qui détermine l'appli-ation des dispositions nouvelles, c'est la date *de l'inscription des décla-ations en détail*, pour les marchandises déjà arrivées dans le port ou u bureau frontière. — Cette règle s'applique également aux marchan-ses en entrepôt, à celles déposées en douane, ou en cours de transit, que l'on voudrait mettre en consommation.

Pour les marchandises provenant de saisies, elles acquittent les droits n vigueur le jour où elles sont vendues en douane.

Si le dernier jour valable pour appliquer un tarif est un jour férié, les ureaux doivent rester ouverts pour recevoir et enregistrer les déclara-ons en détail, pendant toute la durée des heures fixées pour la tenue es bureaux.

DE LA PRESCRIPTION.

Les droits perçus par double emploi, suite d'erreurs de calculs ou usse application du tarif ne peuvent être réclamés par les redevables ue dans les deux années de la perception effectuée. — Par contre, l'ad-ministration est non-recevable à former une demande en payement de roits, un an après l'époque à laquelle ils auraient dû être perçus, à oins qu'il n'y ait eu action judiciaire entamée ou convention parti-ulière.

DISPOSITIONS RELATIVES A L'APPLICATION DU TARIF.

Un tarif officiel, tenu au courant, doit être déposé dans chaque bu-eau de douane, et être mis à la disposition des redevables.

Aucun tribunal, aucune autorité locale, ne peut modifier en quoi que e soit le tarif, applicable à tous sans exception. Il n'y a de dérogation cette règle qu'en faveur des ambassadeurs et autres membres du corps iplomatique directement accrédités près le gouvernement de l'Empe-eur, et qui peuvent, à titre de réciprocité, obtenir quelques immunités articulières pour les objets destinés à leur usage et à celui de leur amille.

Les objets importés ou exportés pour le compte du gouvernement ou es administrations publiques sont soumis aux droits du tarif.

Toute marchandise importée de l'étranger est réputée d'origine étran-ère ; — toute marchandise provenant de l'intérieur est réputée d'origine ationale. Toutefois, les marchandises françaises invendues à l'étranger euvent être réadmises sous payement du simple droit de retour(1).

Les produits composés de matières ou substances diversement taxées oivent, lorsqu'ils ne sont pas spécialement tarifés, être soumis au droit ui affecte la partie du mélange la plus fortement imposée.

DES LIEUX D'ACQUITTEMENT.

C'est dans les bureaux et non ailleurs que les droits doivent être ac-uittés.

DES RESTRICTIONS D'ENTRÉE.

Il existe des restrictions d'entrée à l'égard de certaines marchandises, ont la plupart font partie de ce qu'on appelle denrées coloniales de premier ordre ; elles ne peuvent être importées que par les ports d'entrepôt, et non par les frontières de terre, à moins que ce ne soit pour le transit, sauf les cas prévus par les traités passés avec la Belgique et avec les Pays-Bas.

Les marchandises tarifées, en principal, à plus de 20 fr. les 100 kil. ne peuvent également être introduites que par certains bureaux. (Voir tableau, page 9.)

Sont assujetis à des restrictions d'entrée particulière : les laines, peaux de mouton revêtues de leur laine, grandes peaux brutes sèches d'origine européenne, nacre bâtarde et haliotides, grains, légumes secs et leurs farines, riz du Piémont, importé par terre, fer-blanc, fils de lin et de chanvre, fils de coton du no 143 et au-dessus, fils de laine dits cordonnets, burail et crépon de Zurich, tapis dits moquettes, châles de Cachemire, livres, gravures et lithographies, musique gravée et cartes géographiques, horlogerie et carillons à musique, machines et mécaniques.

Il est pourvu par des décisions administratives aux exceptions locales qu'exige la position des fabriques situées dans le rayon frontière.

Toutefois les restrictions d'entrée ne s'appliquent qu'aux objets constituant des opérations de commerce, et non aux petites quantités que l'on apporte comme provisions de route ou de ménage.

DES RESTRICTIONS DE SORTIE.

Il n'y a de restriction de sortie que pour les grains, légumes secs et leurs farines, tabacs fabriqués, boissons, ouvrages d'or et d'argent, poudres à tirer, marchandises de primes.

DES RESTRICTIONS DE TONNAGE.

Il y a des restrictions de tonnage à l'importation des marchandises prohibées, ayant été prohibées, ou désignées en l'article 22 de la loi du 28 avril 1816. Elles ne peuvent arriver dans les ports qui leur sont ouverts, pour le transit, l'entrepôt ou la consommation, que sur des navires d'un tonnage déterminé.

Il y a également des restrictions de tonnage à la sortie pour la réexportation par mer des marchandises désignées ci-dessus, et pour celles dont le droit d'entrée excède 10 pour cent de la valeur.

DES RESTRICTIONS D'EMBALLAGE.

Il est interdit, sous peine de confiscation et d'amende, de présenter comme unité dans les manifestes et déclarations plusieurs caisses ou ballots réunis en un seul colis, de quelque manière que ce soit.

Les outils de toute sorte, importés par mer, les toiles, les fils de lin et de chanvre, soumis par leur espèce à des droits différents, doivent être emballés séparément et présentés sans mélange dans un même colis. La librairie est soumise aussi à des conditions particulières d'emballage.— Les livres taxés à moins de 150 fr. les 100 kil. doivent être emballés séparément par espèce, à moins que chaque espèce ne fasse dans l'intérieur des colis une division bien tranchée.

En cas de mélange, le droit le plus élevé est exigé.

DES PROVENANCES.

Les droits différentiels établis par le tarif à l'égard de certaines marchandises importées par mer s'appliquent exclusivement à celles de ces marchandises qui arrivent sous pavillon français. Ces droits portent, en général, sur la provenance et non sur l'origine des marchandises, sauf quelques exceptions que le tarif fait au reste connaître.

Par les mots : de l'Inde, on entend les pays situés à l'est du cap de Bonne-Espérance, à l'ouest du cap Horn ; par ceux : côte occidentale d'Afrique, la partie du continent qui s'étend depuis le Maroc jusqu'au cap de Bonne-Espérance; par ceux : des Entrepôts, tous les pays d'Europe.

Les marchandises d'Amérique et des pays situés au delà du cap de Bonne-Espérance chargées dans les ports de la Méditerranée ou de la mer Noire, ou dans les îles de Malte, de Madère, des Canaries, des Açores, sont traitées comme provenant des Entrepôts.

Les certificats d'origine exigés dans certaines circonstances doivent toujours émaner de l'autorité consulaire du port d'embarquement.

DU TRANSPORT DIRECT.

Le transport direct n'est plus exigé impérieusement ; mais il faut, pour jouir des priviléges qui y étaient attachés, que les navires français, dans leurs escales de retour, ne chargent aucune marchandise similaire de l'une de celles qu'ils avaient embarquées au port de départ primitif, et que les capitaines prennent, dans chaque port où ils font quelque opération, un manifeste spécial énonçant les marchandises embarquées. Ces manifestes doivent être visés par le consul de France.

DE LA SURTAXE DE NAVIGATION.

Les marchandises taxées au poids, importées par navires étrangers, sont passibles d'un droit supplémentaire qui se confond avec le droit principal.

Cette surtaxe, toutes les fois que la loi n'en a pas déterminé la quotité, se calcule, conformément à l'article 7 de la loi du 28 avril 1816, en ajoutant au droit principal, savoir : 10 pour cent sur les premiers 50 fr., 5 pour cent sur le surplus du droit jusqu'à 300 fr. La quotité excédant 300 fr. ne supporte pas de surtaxe.

A moins d'une disposition expresse de la loi, les droits par terre sont les mêmes que ceux imposés aux marchandises importées par navires étrangers.

(1) Voir ci-après, page 3, les conditions de réimportation.

Il y a certaines immunités de surtaxe en faveur du port de Marseille. Elles sont indiquées ci-après.

DU DÉCIME ADDITIONNEL.

Il est ajouté aux droits de douane, en principal, 20 centimes par franc à titre de droit additionnel.

Ne sont pas, par exception, soumis à cette disposition:

Les droits de magasinage et de garde;

Les droits de timbre sur les expéditions;

Les consignations sur les voitures;

Les droits sur les tabacs de santé ou d'habitude perçus pour le compte des contributions indirectes;

Le droit de tonnage sur les navires américains;

La taxe de consommation sur les sels;

Les taxes sanitaires;

Le droit du tonnage sur les navires du Danemark et de la Belgique.

DES DÉCLARATIONS.

Toute marchandise qui entre en France ou qui en sort, doit être présentée au plus prochain bureau, déclarée en douane, et soumise aux droits.

Les déclarations ne peuvent être faites par anticipation à l'arrivée des marchandises.

Pour faciliter au commerce les moyens de faire exactement ses déclarations, on lui permet d'examiner au préalable les marchandises, et même d'en prélever des échantillons.

Les marchandises doivent être déclarées sous les seules dénominations admises au tarif.

Les déclarations doivent être au moins signées par les déclarants. — Elles sont affranchies du timbre. — Elles doivent contenir toutes les indications nécessaires pour l'application du tarif.

Les déclarations faites et déposées ne peuvent être modifiées qu'en ce qui concerne le poids, le nombre, la mesure ou la valeur. Le commerce n'a que vingt-quatre heures pour faire ces modifications.

Les employés peuvent, s'ils le jugent convenable, liquider les droit sur les déclarations, sans procéder à la vérification des marchandises.

Sont réputées fausses déclarations toutes celles de nature, si elles étaient admises sans contrôle, à frustrer le Trésor ou à éluder une prohibition.

Les déclarations une fois déposées, les droits doivent être acquittés, à moins que l'on ne fasse par écrit abandon des marchandises au profit de l'État.

Toute marchandise non déclarée en détail dans les trois jours de son arrivée doit être mise au dépôt.

DES DÉCLARATIONS DE VALEUR.

La valeur à déclarer en douane est celle qu'ont les marchandises dans le lieu et au moment où elles sont présentées pour être soumises à la visite. Il n'y a aucune distinction à faire pour les déclarations de valeur entre les marchandises destinées pour l'acquittement des droits, l'entrepôt ou le transit.

Les employés doivent chercher, par tous les moyens en leur pouvoir, à s'assurer de l'exactitude des valeurs déclarées. Ils sont autorisés à se faire représenter à cet effet les factures originales, lettres de voiture ou connaissements, etc., tels seulement que les déclarants les possèdent.

Lorsque le service juge que la valeur des marchandises n'a pas été exactement déclarée, il peut les préempter, c'est-à-dire les retenir pour le compte du Trésor, en payant au déclarant, dans les quinze jours de la notification du procès-verbal de retenue, une somme égale à la valeur déclarée de la marchandise, et le dixième en sus.

Les objets dont la déclaration de valeur doit être contrôlée par le comité consultatif des arts et manufactures ne peuvent être préemptés.

Les employés doivent s'abstenir de préempter les marchandises qui ne sont pas taxées à plus d'un quart pour cent de leur valeur; ils doivent élever d'office la valeur déclarée: ce n'est qu'en cas de refus du commerce d'adhérer à cette rectification que l'on devrait préempter.

DE LA RÉFACTION DES TARES.

Les marchandises de toute sorte tarifées au poids doivent acquitter les droits sur le poids brut, c'est-à-dire celui du contenu et du contenant en simple emballage.

Il y a exception pour les marchandises imposées à plus de 40 fr. par 100 kil.: celles-ci ne payent que sur leur poids net effectif ou légal. Le poids effectif est celui constaté par la pesée des marchandises, le poids légal celui qui se calcule en déduisant du poids brut des colis la tare accordée par la loi.

Les déclarations doivent énoncer si l'on réclame ou non la tare légale. En cas d'abstention, c'est la tare légale qui est appliquée.

Les déclarations relatives aux tares sont soumises aux mêmes règles que les autres déclarations de poids. (Voir au besoin la circul. 2225.)

Pour les marchandises déclarées pour l'entrepôt, le poids net peut n'être constaté qu'à la sortie de l'entrepôt.

Lorsqu'un même colis renferme des marchandises d'espèces différentes, mais toutes taxées *au brut*, le poids de l'emballage se répartit proportionnellement sur chaque marchandise.

Lorsque des marchandises taxées au brut sont réunies à des marchandises taxées sur une autre unité, la taxe n'est perçue au brut que sur les premières de ces marchandises et en proportion de leur poids partiel. Enfin, s'il s'agit de différentes espèces de marchandises taxées au net, le poids net effectif de chaque espèce doit être déclaré et vérifié.

Les marchandises taxées au brut ou au net, importées en vrac, payent sur leur poids réel.

La tare légale ne peut être réclamée que pour les marchandises présentées en colis ayant la forme et l'emballage d'usage.

DES EMBALLAGES.

Les objets servant à l'emballage des marchandises sont admis en franchise, à moins qu'il ne soit notoire qu'il peut y avoir profit à les employer à un autre usage, ou encore lorsqu'ils renferment des objets imposés au brut qui auraient à acquitter des droits inférieurs à ceux que devraient payer lesdits emballages.

Cette règle s'applique notamment aux cruchons de poterie, outres en cuir, bouteilles de verre contenant des liqueurs taxées au poids net ou à la mesure, aux estagnons, aux boîtes et caisses en fer-blanc, aux sacs, lorsqu'ils sont en toile neuve ou de qualité supérieure à celle employée ordinairement; aux cercles de fer et aux peaux, lorsqu'ils sont en bon état, aux boîtes et étuis renfermant des montres.

Lorsque des futailles restent vides par suite du remplissage fait dans les cas autorisés à l'égard des marchandises sujettes à coulage, on les assujettit au droit du tarif si elles sont en bon état, à celui de 15 p. 100 de leur valeur si elles sont détériorées.

DE LA RÉFACTION DES DROITS POUR CAUSE D'AVARIES.

Les marchandises avariées *par suite d'événements de mer*, jouissent d'une réduction de droits proportionnelle à leur dépréciation; il y a exception toutefois à l'égard des sucres.

Sont considérées comme provenant d'*événements de mer* les seules avaries qui sont la suite d'échouements, voies d'eau, naufrages, ou autres accidents analogues régulièrement constatés. (Voir art. 397 du Code de commerce.)

Les demandes en réfaction de droits doivent être formées dans le trois jours de la visite des marchandises et avant leur enlèvement. Toutefois, si les propriétaires sont dans le doute de faire vendre aux enchères publiques ou de faire réexporter les marchandises avariées, ils peuvent les faire mettre en entrepôt réel, sauf à les faire vendre dans le mois qui suit le débarquement pour tout délai.

(Consulter au besoin, pour les règlements en réfactions de droits les circulaires 1190 et 1292.)

Les oranges et citrons importés en vrac peuvent être triés et vendu immédiatement. Le triage de ces fruits, importés en caisses, peut exceptionnellement avoir lieu à la Douane de Paris, avant l'acquittement des droits.

Les réfactions de droits pour cause d'avaries ne peuvent être réclamés que dans les ports ouverts à l'entrée des marchandises désignées par l'art. 22 de la loi du 28 avril 1816.

DES MARCHANDISES OMISES AU TARIF.

Le régime à leur appliquer est:

A l'entrée, l'assimilation à l'article tarifé le plus analogue;

A la sortie, 25 c. par 100 kil. pour celles qui, à l'entrée, sont soumises à une taxe au poids, ou prohibées;

Un quart pour cent de la valeur pour celles taxées à l'entrée autrement qu'au poids.

Les assimilations peuvent être faites par les receveurs, et dans le grandes douanes par les inspecteurs sédentaires, mais elles ne deviennent d'application générale qu'autant qu'elles ont été sanctionnées par l'administration.

DES CONTESTATIONS SUR L'APPLICATION DU TARIF.

Les contestations entre la douane et le commerce sur la nature de marchandises et l'application qui doit leur être faite du tarif, ne peuvent être vidées que par les commissaires experts institués par la loi du 27 juillet 1822. Leurs décisions ont force de chose jugée. (Voir, pour le formes à suivre, la circulaire 1910).

VÉRIFICATION DES MARCHANDISES.

La vérification des marchandises se fait dans les magasins de la Douane ou dans tel lieu convenu avec le commerce, ou sur les quais, mais non dans les magasins des négociants. — La visite se fait en présence des déclarants; s'ils refusent d'y assister, la Douane peut faire mettre le marchandises en dépôt et les traiter comme marchandises abandonnées. — Les frais de transport, de déballage, de pesage, de réemballage de marchandises, sont à la charge des propriétaires. — La Douane, si elle le juge convenable, peut se dispenser de vérifier l'objet importé, et s'en tenir à la déclaration du consignataire.

DES ENTREPOTS.

Les marchandises de toute espèce destinées à la réexportation ou à être ultérieurement mises en consommation, peuvent jouir de la faculté de l'entrepot, ce qui évite l'acquittement immédiat des droits.

L'entrepot est réel ou fictif, selon que les marchandises restent sous la clef de la Douane, ou sont placées dans les magasins du commerce qui en est responsable, ne peut en disposer sans déclaration préalable et doit les représenter à toute réquisition.

La durée de l'entrepôt réel et du prohibé est de trois ans. La durée de l'entrepôt fictif est d'une année seulement, mais des délais de prolongation peuvent être accordés.

L'entrepôt fictif est accordé aux seules marchandises ci-après: sucres, confitures, sirops et mélasses, rhums et tafias, miel, café, cacao, casse confite et canéfice, bois de Campêche, de toutes les colonies françaises: liqueurs de la Martinique seulement; girofle de la Guiane française et de Bourbon; *cassia lignea*, poivre et piment, rocou de la Guiane française seulement; bois d'ébénisterie de la Guiane française et du Sénégal; peaux grandes, brutes et sèches, cire brune, dents d'éléphant, gomme pure, salsepareille du cru du Sénégal, follicules de séné du Sénégal seulement, guano. — Cotons en laine, bois communs pour la construction, mâts, mâtereaux, esparts et manches de gaffe, bois en perches, et échalas et en éclisses, bois feuillards et bois merrains, osiers en bottes écorce de tilleul, futailles vides, balais communs, avirons et rames de bateau, ardoises pour toiture, briques, tuiles et carreaux de terre meules à moudre et à aiguiser, marbres bruts, marbres ouvrés non dénommés au Tarif. — Chanvre filé, peigné et étoupes de chanvre, sparte brut et autres joncs communs, cordages de tilleul, sparte, joncs et herbes, graines de prairie, peaux fraîches, grandes et petites, peaux sèches, petites, potasse importée hors d'Europe seulement, soude et natron, soufre brut ou épuré, poix, galipot, goudron et brai sec, écorces de tilleul. Grains, farines, lorsqu'ils sont importés par navires français.

DU TRANSIT.

Toute expédition de transit a lieu sous la formule de l'acquit-à-caution. Par cet acte, l'expéditeur s'oblige à faire sortir la marchandise par le bureau et dans le délai fixés, et à en justifier en rapportant l'acquit-à-caution dûment revêtu du certificat de sortie et de décharge, sous peine, s'il s'agit d'objets non prohibés, de payer le quadruple des droits d'entrée et une amende de 500 francs, ou la valeur des marchandises et une amende égale au triple de cette valeur, s'il s'agit d'articles prohibés à l'entrée.

Le transit est entièrement aux risques des soumissionnaires, alors même qu'il y aurait eu perte totale ou partielle des marchandises. Seulement, dans le cas de perte, justifiée par un procès-verbal du juge ou d'un officier public, rédigé sur les lieux, et rapporté en temps utile avec l'acquit-à-caution, la Douane ne pourra exiger que le payement du simple droit d'entrée.

Les déficits reconnus à la sortie sur le poids des caisses, ballots et futailles, et qui ne seront pas au-dessus du dixième du poids énoncé dans les acquits-à-caution, ne seront également assujettis qu'au payement du simple droit.

Tous les déficits reconnus à la sortie sur le poids des colis seront constatés dans les certificats de décharge, ce qui entraînera le recouvrement des condamnations encourues, si le déficit est au-dessus du dixième du poids énoncé dans l'acquit-à-caution.

Si les denrées déclarées en transit ont été soustraites, ou qu'il y en ait été substitué d'autres, il y a lieu au quadruple droit de consommation et à une amende de 500 francs contre les contrevenants.

Ces peines sont poursuivies au bureau *de départ* contre les soumissionnaires, sauf leur recours contre les auteurs de la fraude. Au bureau de sortie, on saisit les objets substitués pour être confisqués, avec amende de 100 francs s'ils sont tarifés, et de 500 francs s'ils sont prohibés.

RÉGIMES SPÉCIAUX.

ILE DE CORSE. — ALGÉRIE.

La Corse et nos possessions en Algérie sont soumises à des régimes particuliers, tant pour leurs relations avec la France que pour leurs relations avec l'étranger.

(Consulter les lois des 26 juin 1835 et 11 janvier 1851, et voir les tarifs spéciaux placés à la suite du Tarif général.)

ILES FRANÇAISES DU LITTORAL.

Le Tarif général est applicable dans ces îles ; toutefois, les relations entre elles et le continent français sont soumises aux formalités du cabotage, sauf les restrictions et conditions suivantes, qui ne concernent pas cependant les îles d'Oleron et de Ré :

1° Les objets dont la sortie est prohibée ne peuvent y être transportés du continent qu'en vertu d'autorisations spéciales ;

2° Les produits du cru ou des fabriques de ces mêmes îles, accompagnés de certificats d'origine, sont seuls admis en exemption des droits ;

3° Les marchandises tirées de l'étranger, et ayant acquitté les droits, ne peuvent être importées sur le continent qu'autant que les quittances délivrées sont représentées.

Le commerce direct avec l'étranger est interdit aux îles où le service des douanes n'est pas établi. Les navires étrangers ne peuvent y aborder qu'en cas de détresse et de relâche forcée.

DU PAYS DE GEX.

Le pays de Gex se trouvant placé en dehors de la ligne des douanes, est soumis aux conditions générales du Tarif dans ses relations avec la France.

Un arrêté du ministre des finances détermine chaque année les quantités de certains produits agricoles et industriels qui peuvent être importés en franchise du pays de Gex, et celles des matières premières qui peuvent y être librement envoyées pour les besoins des fabriques ou de l'agriculture.

DU PORT DE MARSEILLE.

Les denrées et marchandises imposées à l'entrée de l'empire à un droit principal au-dessous de 15 f. par 100k, sont exemptées dans ce port de la surtaxe de navigation, lorsque la quotité de cette surtaxe n'a pas été spécialement déterminée par la loi, et que d'ailleurs lesdites denrées et marchandises sont de la nature de celles qui proviennent du Levant, de la Barbarie et des autres pays situés sur la Méditerranée. — Les droits sur ces marchandises peuvent être acquittés soit à Marseille même, soit dans les bureaux sur lesquels elles ont été dirigées par mutation d'entrepôt, transit ou transbordement. (Voir au besoin la circulaire n° 2116.)

Les navires étrangers sont exemptés des droits de navigation dans le port de Marseille.

Les marchandises importées par un autre bureau, puis dirigées sur Marseille, y sont soumises, pour l'acquittement des droits, aux conditions générales du Tarif.

DES PRODUITS DE L'INDUSTRIE PARISIENNE.

Assortis et réunis en une même caisse, ils payent en bloc, à la sortie, 2 cent. par kil., lorsque les employés ne jugent pas devoir liquider séparément chaque article et en faire déclarer la valeur.

Cette disposition n'est applicable qu'à la douane de Paris.

DES PROPRIÉTÉS LIMITROPHES.

Consulter pour leur régime, qui n'a qu'une application restreinte, les circulaires n°s 504, 543, 874, 980, 1238, 1632.

DES MARCHANDISES DE PRIMES.

Il est accordé à l'exportation de certains produits fabriqués en France une prime équivalente au montant des droits perçus à l'entrée sur les matières premières employées pour leur fabrication.

Les marchandises auxquelles la prime est accordée sont par cela même affranchies des droits de sortie. Les fabrications destinées à l'exportation, et pour lesquelles on veut se réserver la prime, doivent être vérifiées en douane, et préalablement la déclaration doit indiquer le nombre, l'espèce, les marques et numéros des colis, la nature et la valeur des marchandises, ainsi que les taux de la prime réclamée, qui, lorsqu'elle n'est pas *ad valorem*, est toujours liquidée sur le poids net. Quand la fausseté des déclarations faites pour obtenir une prime quelconque aura été reconnue, soit quant à la valeur, soit quant à l'espèce ou au poids des marchandises, le déclarant sera passible d'une amende égale au triple de la somme que sa fausse déclaration aurait pu lui faire allouer en sus de ce qui lui était réellement dû, et néanmoins la prime légale sera liquidée pour ce qui aura été exporté. Il faut produire, à l'appui de toute déclaration, un certificat d'origine délivré par le fabricant, dont la signature n'est valable qu'après avoir été légalisée par l'autorité locale (A). Cette pièce doit s'adapter en tous points aux marchandises présentées, et indiquer pour tous les tissus, l'espèce, la qualité, les marques et numéros des pièces. Lorsqu'on ne voudra exporter qu'une partie des marchandises décrites en un certificat de fabrique, les receveurs des douanes pourront délivrer des extraits de ce certificat. A l'appui de toutes les déclarations faites pour les produits autres que les tissus, les viandes et les beurres salés, il faut encore déposer en douane une quittance des droits perçus à l'entrée sur la matière brute. Celles relatives aux sucres ne doivent pas avoir plus de quatre mois, et celles relatives aux chapeaux de paille, d'écorce et de sparterie, plus de six mois. Celles de plomb, laiton, cuivre, soufre et peaux, peuvent servir pendant deux ans, mais elles doivent être au nom des fabricants exportateurs lorsqu'il s'agit d'importation par navires étrangers. Pour tous les tissus où la laine domine, le commerce doit fournir des échantillons disposés sur une carte semblable au modèle que délivre l'administration des douanes.

En cas de changement dans la quotité de la prime, c'est la date de l'exportation effective qui détermine seule l'application de la prime.

Les opérations de primes sont exclusivement réservées à certains bureaux.

(Voir, pour les primes, à la Grande Pêche, page 7.)

DES MARCHANDISES PROVENANT DE SAISIES.

Elles sont passibles, lors de leur vente, des prohibitions absolues, mais non des prohibitions conditionnelles.

Consulter au besoin, pour le régime des marchandises provenant de saisies, les circulaires 1306 et 1916.

DES MARCHANDISES DE RETOUR.

Les marchandises françaises restées invendues à l'étranger, et dont il est possible de reconnaître d'une manière certaine l'origine, peuvent être réadmises par décisions des directeurs et même des inspecteurs sédentaires délégués, lesquelles ne s'accordent qu'aux seuls fabricants ou négociants pour le compte desquels les marchandises ont été exportées.

Aucune demande de retour ne peut être accueillie après l'expiration des deux années qui suivent la date de l'exportation, à moins d'autorisation spéciale de l'administration. Il faut produire l'acquit de payement des droits de sortie applicables aux marchandises, ou, à défaut de cette pièce, un extrait des livres portant facture, dûment certifié par un officier public. Il y a exception à cette exigence, et à justifier de la nécessité de réimporter les marchandises, lorsqu'elles ont été expédiées par erreur à l'étranger, et qu'elles n'ont pas cessé d'être sous la main de la douane étrangère.

Lorsque des marchandises de retour doivent être expédiées sur une des villes de l'intérieur où, comme à Paris, il existe, outre un entrepôt, un bureau de douane, c'est sur *ce bureau* que l'envoi doit être fait, et sous les formalités déterminées par la circul. du 3 février 1836, n° 1526.

Les autorisations ne sont accordées qu'à la charge de payer le droit de 51 cent. par 100 kil. ou 15 cent. par franc de la valeur, au choix du redevable, sauf pour les marchandises rapportées des colonies françaises.

S'il s'agit de marchandises susceptibles d'avoir touché une prime, celle-ci doit être remboursée au moment de la réimportation.

Les produits naturels, d'usine ou de laboratoire, qui peuvent être identiques partout ; les liquides de toute sorte, sauf les vins de la Gironde, qu'on peut réadmettre dans les deux années de leur envoi à l'étranger, lorsque l'origine en est reconnue et constatée par le jury spécial institué pour cet objet à Bordeaux ; et pour les vins de tous crus indigènes rapportés de nos colonies.

Les objets fabriqués avec des matières premières admises temporairement en franchise à charge de réexportation après avoir reçu un complément de main d'œuvre, ne peuvent être réimportés qu'en payant le droit afférent à la matière brute dont ils sont composés.

Sont exceptionnellement admis au bénéfice de retour :

Les châles et écharpes de cachemire de fabrique étrangère pour lesquels il a été justifié du payement des droits d'entrée ;

Les futailles ayant servi à exporter des vins et eaux-de-vie que l'on aura déclaré vouloir réimporter dans le délai d'un an ;

Les caisses et sacs, dûment estampillés par la douane, ayant servi à l'exportation des grains, du sel, etc., etc., (délai d'un an.) ;

Les estagnons ayant servi à exporter des essences (réserve de réimportation exprimée dans les acquits de sortie qui doivent être représentés) ;

Les bouteilles de verre et de grès dont la sortie primitive est justifiée ;

Les marchandises expédiées sur les foires de Bayonne et de la Suisse ;

Les marchandises nationales rapportées des colonies françaises ;

Les morues de pêche française exportées, sous réserve de retour, en Algérie, en Espagne, en Portugal ;

Les produits français restés invendus en Corse ;

Les livres, gravures, ouvrages d'or et d'argent provenant de l'industrie française.

DES MARCHANDISES ABANDONNÉES.

Nul ne peut être contraint à payer les droits sur les marchandises qui lui sont adressées, ni à les réexporter si ces marchandises sont prohibées, lorsqu'il en fait par écrit abandon à la Douane.

Toutes les marchandises abandonnées à quelque titre que ce soit sont vendues pour le compte du Trésor.

DES ÉCHANTILLONS.

Ne sont considérés comme échantillons, quand il s'agit d'objets fabriqués formant un tout complet, que des articles uniques, dépareillés, et dont la destination se prouve par l'assemblage de choses distinctes les unes des autres.

Les échantillons ayant une valeur marchande, tels que châles, cravates, mouchoirs, doivent être, à l'entrée, coupés ou lacérés, de manière à être mis hors de service.

Les échantillons de prix que l'on ne peut détériorer sont plombés, et leur réexportation est assurée par un acquit-à-caution souscrit par l'importateur.

Ces facilités ne peuvent être accordées que dans les bureaux ouverts à l'entrée des marchandises payant plus de 20 fr. les 100 kil.

Le retour des échantillons français emportés à l'étranger est assuré par un passavant descriptif auquel est annexée, sous le cachet de la douane, une déclaration des objets exportés.

DE L'AVITAILLEMENT DES NAVIRES.

Les provisions de bord de toute espèce, nécessaires à l'avitaillement ou au service d'un navire français, sont chargées en franchise des droits de sortie ; elles peuvent même être prises dans les entrepôts.

Elles ne peuvent être embarquées qu'avec un permis.

Il en est de même des provisions de bord mises à bord d'un navire étranger ; mais si ces provisions sont assujetties au payement des droits de sortie, ceux-ci doivent être perçus avant l'embarquement.

Les navires français qui ont fait des provisions à l'étranger ou dans les colonies françaises, subissent à leur retour, pour celles de ces provi-

(1) Les viandes et les beurres salés sont dispensés du certificat de fabrique.

sions restant à bord, les dispositions du Tarif général. Si les provisions encore à bord avaient été primitivement embarquées en France en franchise de droits, elles seraient librement débarquées.

Les vivres et provisions de bord qu'apportent les navires étrangers ne peuvent être débarqués dans nos ports que sous les conditions du Tarif général, mais il n'est dû aucun droit sur celles qui sont consommées à bord ou sur celles qui sont réexportées.

Les prohibitions de sortie ne s'appliquent pas en général aux objets nécessaires à l'avitaillement des navires, lorsque les quantités embarquées sont en rapport avec les besoins présumés de l'équipage pendant son voyage. (Voir p. 78 (3) et suiv.)

DES COLONIES FRANÇAISES.

On entend par les mots *colonies françaises* les seules colonies à culture, c'est-à-dire la Réunion, la Guyanne, Cayenne, la Martinique, la Guadeloupe et ses dépendances, la Désirade, Marie-Galante, les Saintes, et la partie française de l'île Saint-Martin.

Les autres établissements coloniaux de la France sont soumis à des régimes différents que celui des colonies.

Les ports d'entrepôt sont seuls ouverts au commerce avec les colonies françaises. Aucun transport ne peut avoir lieu entre les colonies et la métropole que par navires français de 40 tonneaux au moins. On ne perçoit pas de droits de sortie sur les marchandises expédiées aux colonies.

Les marchandises étrangères dont l'admission directe pour la consommation est interdite dans les colonies des Antilles peuvent être expédiées des entrepôts de la métropole sur les entrepôts de ces colonies, à la condition d'acquitter les droits du Tarif général si elles sont mises en consommation.

Les fers et aciers étrangers non ouvrés extraits des entrepôts français, peuvent être expédiés aux Antilles et à la Réunion, en ne payant que le cinquième des droits du Tarif général.

Il résulte de cette disposition que les ouvrages en fer et en acier faits en France avec des métaux importés en franchise en vertu du décret du 17 octobre 1857, sont admis eux-mêmes dans les colonies en ne payant que le cinquième des droits imposés sur la matière brute (fonte ou fer) qui avaient été admis au bénéfice de l'importation temporaire.

DES AUTRES POSSESSIONS FRANÇAISES HORS D'EUROPE.

Les autres possessions françaises hors d'Europe auxquelles il est accordé certains avantages sont : l'Algérie, le Sénégal et ses dépendances, les établissements dans l'Inde, Saint-Pierre et Miquelon ; les îles Marquises, Sainte-Marie de Madagascar, Mayotte et Nossi-Bé, Taïti et Noukahiva.

Tout commerce entre la France et ces possessions ne peut se faire que par navires français.

DU SÉNÉGAL ET DE SES DÉPENDANCES.

Les établissements que possède la France sur la côte occidentale d'Afrique sont : l'île Saint-Louis et les îles voisines, Richard-Tol et Dagana, l'île de Gorée, Albréda, Seghiou, Assinée, Gabon, Grand-Bassam.

Sont exemptes des droits de sortie les marchandises françaises non prohibées expédiées sur le Sénégal. Il en est de même de certaines marchandises étrangères expédiées des entrepôts réels, et qui ne supportent que le droit de réexportation.

Les poutrelles en fer et les fers laminés propres aux constructions civiles sont admis en franchise à Saint-Louis du Sénégal, quelle que soit leur origine, lorsqu'ils y arrivent de France ou de Gorée par navires français.

DES ÉTABLISSEMENTS FRANÇAIS DANS L'INDE.

Les établissements français dans l'Inde sont : Pondichéry et Karikal, Yanaou et Mazulipatam, Mahé et Calicut, Chandernagor, Cassimbazar, Jougdia, Dacca, Ballasore, Patna, Surate.

Aucun privilége particulier n'est accordé en France aux produits importés de ces établissements. Les modérations de droits dont jouissent certains produits sont indiquées au tableau des droits. (Consulter au besoin l'ordonnance du 14 novembre 1847.)

Les marchandises françaises non prohibées, expédiées sur ces établissements, sont exemptées des droits de sortie.

Les ministres de la guerre et de la marine peuvent, par exception aux prohibitions de sortie, autoriser l'exportation des armes et munitions de guerre pour le commerce de l'Inde.

ILES SAINT-PIERRE ET MIQUELON.

Pas d'autre privilége que celui de recevoir, en exemption des droits de sortie, les marchandises françaises non prohibées à l'exportation, et les marchandises étrangères de toute espèce prises dans nos entrepôts et chargées sur navires français.

ILES DE SAINTE-MARIE DE MADAGASCAR, MAYOTTE, NOSSI-BÉ, TAITI ET NOUKAHIVA.

Les denrées et marchandises expédiées de la métropole sur Mayotte, Nossi-Bé, Sainte-Marie de Madagascar, Taïti, Noukaiva, sont exemptes des droits de sortie. Toutefois, l'immunité n'est pas applicable aux articles suivants : peaux brutes, bourre de soie, cornes de bétail brutes ou autrement préparées qu'en feuillets, bois à construire autres que de pin, de sapin, d'orme; bois de fusils en noyer, achevés ou ébauchés, meules à moudre. — Aucune marchandise prohibée à la sortie ne peut être dirigée sur ces îles.

Certains produits de ces îles jouissent d'un régime spécial à leur importation en France. (Voir, à cet égard, la circulaire 2206.)

On peut y réexpédier, des entrepôts de la métropole, aux conditions générales du Tarif, les marchandises étrangères de toute nature.

DES PRODUITS DES PAYS SITUÉS AU DELA DES ILES DE LA SONDE.

Les produits naturels, le sucre excepté, des pays situés au delà des îles et passages de la Sonde, soit au nord du 3e degré de latitude septentrionale, soit à l'est du 106e degré de longitude Est, jouissent d'une remise du cinquième des droits d'entrée, tels qu'ils sont établis pour les provenances les plus favorisées, autres que les colonies françaises.

Ces produits doivent être importés par navires français.

(Consulter au besoin la circul. 351 du 29 février 1856.)

DES TRAITÉS DE COMMERCE ET DE NAVIGATION.

La France a conclu avec quelques puissances étrangères des traités de commerce et de navigation qui assurent, soit aux marchandises, soit aux navires de ces pays, des immunités particulières. (Voir, à cet égard, le tableau, pages 77 et 78.)

DROITS ACCESSOIRES PERÇUS PAR LES DOUANES.

Indépendamment des droits sur les marchandises, dits droits de douane, l'administration perçoit les droits accessoires ci-après :

1° *Droits de navigation.* — Sont de plusieurs sortes : les uns affectent le corps des navires, les autres les cargaisons, quelques uns concernent exclusivement les bâtiments français, d'autres les bâtiments étrangers. (Voir, pour le détail de ces droits, le Tarif des droits de navigation) ;

2° *Droits de réexportation.* — Sur les marchandises sortant des entrepôts maritimes, par mer, 51 c. par 100 kil. brut, ou 15 c. par 100 fr. de valeur, au choix du déclarant. — Sur les marchandises sortant des entrepôts intérieurs ou frontières, 25 c. par 100 kil. brut, sans addition du second emballage, ou 15 c. par 100 fr. de valeur, au choix du déclarant ;

3° *Droits de magasinage pour le dépôt en douane.* — Sur les marchandises *non réclamées* par les propriétaires, ou pour lesquelles il n'a pas été fourni de déclarations en détail en temps utile, 1 pour cent de leur valeur. — Sur les marchandises *provenant de saisie* ou autres qui, après avoir été vendues sous condition de réexportation, ne sont point réexportées par les acquéreurs dans le délai accordé. — Sur les marchandises *nationales en retour*, qui demeurent en dépôt en attendant l'autorisation de leur réadmission, un demi pour 100 de leur valeur ;

4° *Droit de retour ou de réimportation.* — Sur les marchandises françaises revenant invendues de l'étranger ou des colonies, 51 cent. par 100 kil. brut, ou 15 c. par 100 fr. de valeur, au choix du redevable ;

Nota. Le droit de magasinage n'est point passible de l'addition des décimes par franc.

5° *Droit de timbre des diverses expéditions.* — Manifestes d'entrée ou de sortie, *exempts* ; acquits-à-caution, 75 c. par acte ; passavants et congés de circulation, 5 c. par acte. — Quittances de droits au-dessus de 10 francs, 25 c. par acte ; *id.* de 10 fr. et au-dessous, 5 c. par acte. — Quittances d'escompte des droits de douane et des sels, au-dessus de 10 francs, 25 c. par acte ; *id.* de 10 fr. et au-dessous, 5 c. par acte. — Permis d'embarquement, navires francais ou traités comme tels, 50 c., plus les décimes ; *id.*, navires étrangers, 1 fr., plus les décimes.

6° *Taxe de consommation des sels.* — Les sels récoltés sur les marais salants de l'empire ou fabriqués dans des usines, sont assujettis au droit de 10 fr. pour 100 kil., sans addition de décime.

Les sels sont soumis à un régime tout spécial, réglé principalement par les lois des 24 avril 1806, 17 juin 1840, 28 décembre 1848, et par le décret du 11 juin 1806 (les consulter au besoin) ;

7° *Droits de plombage.* — Pour marchandises exportées sous réserve de prime de sortie, par chaque plomb, 50 centimes. — *Non fabriquées*, expédiées en transit, par chaque plomb, 50 centimes. — *Fabriquées*, expédiées en transit ou en mutation d'entrepôt, par terre, 1er plomb, 50 c.; 2e plomb, 25 c. — Réexportées directement par mer, par chaque plomb, 25 c. — Expédiées sur les entrepôts de l'intérieur (celui de Lyon excepté), ou qui en sont extraites, soit pour la réexportation, soit pour être dirigées sur d'autres entrepôts, par chaque plomb, 25 cent. — De prime ou de transit qui, après avoir été vérifiées dans un port ou un bureau de sortie qui ne touche pas immédiatement à l'étranger, doivent être remises sous le sceau des douanes, pour en assurer le passage définitif, soit en haute mer, soit sur le territoire de la domination limitrophe, par chaque plomb, 25 cent. — Grains et farines expédiés en transit, par chaque plomb, 25 cent. — Morue pour les colonies françaises, par chaque plomb, 25 cent. — Le prix des plombs est de 10 cent. seulement : 1° pour les sels expédiés par terre, ou par la voie fluviale, à toutes les destinations, sauf sur les entrepôts de l'intérieur ; 2° pour les sels mélangés (*chlorures de sodium impurs*) obtenus dans les fabriques de produits chimiques et expédiés, par terre ou par mer, à destination, soit des entrepôts, soit des usines ou des établissements autorisés à en faire emploi en franchise des droits. — Marchandises assujetties au plombage *en tous autres cas*, par chaque plomb, 50 cent.

Nota. Ce droit n'est pas passible de l'addition des décimes. Il comprend la fourniture de la matière première, celle de cordes et ficelles, les frais de main-d'œuvre et d'application des plombs. Toutefois, les frais de cordage et d'emballage continuent d'être, à Paris, à la charge des expéditeurs.

MODE D'ACQUITTEMENT DES DROITS.

Les marchandises étant le gage des droits, on ne doit les laisser enlever qu'après que ceux-ci ont été acquittés. Ils se paient soit au comptant, en espèces ayant cours légal, soit en effets de crédit.

DU CRÉDIT ET DE L'ESCOMPTE.

Les redevables ayant à payer plus de 600 francs pour droits d'entrée, jouissent, s'ils paient comptant, d'un escompte calculé pour 4 mois et réglé à 4 pour 100 par an.

S'ils payent en effets de crédit, ceux-ci doivent être à 4 mois d'échéance au plus, et offrir toutes les garanties de payement désirables. Ils doivent de plus être à ordre, payables au domicile du receveur général du département ou d'un receveur d'arrondissement (excepté pour le papier sur Paris). Aucun effet ne doit être de plus de 10,000 fr. Ils doivent mentionner qu'ils sont souscrits ou endossés valeur en droits de douane.

Il est dû aux receveurs principaux, pour couvrir leur responsabilité, une remise fixe d'un tiers pour cent sur le montant des crédits.

REMBOURSEMENT DES DROITS INDUMENT PERÇUS.

Lorsqu'un droit a été irrégulièrement ou indûment appliqué et perçu, la Douane, à qui l'on doit remettre la quittance de cette fausse perception, établit au dos de cette pièce une nouvelle et exacte liquidation, et l'adresse ensuite au directeur général de l'administration à Paris, pour être autorisée à rembourser le *trop-perçu*. — Si la quittance se trouvait perdue, il faudrait en réclamer *un duplicata*, et, après sa délivrance et sa rectification, souscrire l'engagement cautionné de restituer la somme réclamée, si, dans l'espace des deux ans de la date de la quittance, le porteur de l'acquit original venait à son tour à en réclamer le remboursement.

CABOTAGE.

Le cabotage est la navigation entre deux ports français. On distingue le grand et le petit cabotage ; le premier est celui qui s'effectue d'un port de l'Océan à un port de la Méditerranée, et *vice versa ;* le second, celui qui s'effectue entre deux ports de la même mer.

Le cabotage est exclusivement réservé aux navires français. Cette restriction ne s'applique toutefois ni aux navires nolisés pour le compte du gouvernement, ni aux navires espagnols autorisés à faire le cabotage sur les côtes de France en vertu du Pacte de famille de 1761.

Le cabotage, déplaçant seulement les marchandises sur le sol national, ne donne pas ouverture à l'application du tarif d'entrée ou de sortie. Mais, en raison des facilités qu'il offre à la fraude, la législation a entouré ses opérations de formalités (1) qui ont pour objet d'assurer la réimportation et l'identité des marchandises qu'il transporte.

Au départ les expéditeurs doivent fournir à la douane une déclaration énonçant la nature, la quantité et la valeur des marchandises de cabotage. Cette déclaration est vérifiée par le service, et si la visite des marchandises constate des différences dans la nature, la quantité ou la valeur, les déclarants sont passibles des pénalités édictées par la loi du 8 floréal an XI.

Après l'embarquement, et, s'il y a lieu le plombage, la douane délivre une expédition. Lorsque les produits sont exempts de droits à la sortie ou frappés d'une taxe qui n'excède pas 50 centimes par 100 kil. ou 1/4 pour % de la valeur, l'expédition est accompagnée d'un passavant. Lorsque les droits de sortie dépassent la limite sus-indiquée, que les marchandises embarquées sont prohibées à l'exportation ou appartiennent à la classe des céréales, l'expéditeur doit souscrire un acquit-à-caution par lequel il s'engage, sous les pénalités édictées par la loi, à réimporter les marchandises au lieu indiqué.

Pour les boissons, l'acquit-à-caution des contributions indirectes tient lieu d'acquit-à-caution de douanes.

L'identité des marchandises expédiées sous acquit-à-caution ou avec passavant, est garantie par le plombage lorsque ces marchandises sont prohibées soit à l'entrée, soit à la sortie, et qu'elles payent un droit d'entrée de plus de 20 fr. par 100 kil. ou 10 p. % de la valeur. (Voir plus bas, la liste de ces marchandises.)

Aucun navire ne peut sortir du port sans un manifeste visé par la douane. Pour les navires caboteurs, les capitaines sont autorisés à présenter comme manifestes l'acquit-à-caution ou le passavant qui accompagne leur chargement.

Le transport par cabotage doit être effectué directement. Il est interdit, sauf les cas de relâche forcée dûment justifiés, de faire escale dans les ports étrangers et de s'y livrer à aucune opération de commerce. Tout navire caboteur qui enfreindrait cette restriction, s'exposerait à voir traiter sa cargaison comme étrangère à l'arrivée au port de destination (2).

Par une décision ministérielle du 12 novembre 1851, les navires caboteurs peuvent, sous certaines conditions, s'arrêter dans les ports d'Algérie pour prendre et déposer des marchandises.

Les navires à vapeur jouissent au départ et à l'arrivée de facilités particulières. Voir plus loin le § spécial à cette navigation.

A l'arrivée au port de destination le capitaine caboteur présente à la douane son manifeste, et, dans les trois jours qui suivent, le consignataire ou l'armateur doit fournir une déclaration mentionnant la nature, la quantité et la valeur des marchandises. Après le permis de la douane, les marchandises sont débarquées et soumises à la vérification relativement à l'état des cordes et plombs, du nombre des ballots et de la nature des marchandises. Si la visite constatait des changements dans la nature, la quantité ou la qualité des marchandises telles qu'elles sont indiquées sur l'expédition délivrée au port de départ, les conducteurs seraient passibles des pénalités édictées par les lois des 22 août 1791 et 8 floréal an XI.

Les acquits-à-caution souscrits au départ pour les marchandises qui y sont soumises, sont, après vérification de ces marchandises, déchargés et renvoyés au bureau de départ dans le délai indiqué sur ces mêmes acquits, délai qui ne pourra jamais dépasser six mois.

Les navires à vapeur affectés à un service régulier entre un port français de l'Océan et de la Méditerranée, et *vice versa*, peuvent en vertu d'autorisations spéciales, faire escale dans les ports d'Espagne et de Portugal pour prendre et déposer des voyageurs ou des marchandises, sans perdre le privilège et la nationalité pour les produits pris en France.

D'autres facilités sont également accordées à la navigation à vapeur pour l'expédition des formalités de douane en matière de cabotage. Ainsi, au départ et à l'arrivée ils ne sont pas astreints au tour de rôle pour la visite. Les produits qu'ils embarquent peuvent être vérifiés avant l'arrivée des bateaux ; ils peuvent débarquer leurs marchandises avant la délivrance des permis et en dehors des heures de bureau. Dans ces cas, leurs marchandises doivent être placées, soit dans un magasin particulier dont la douane a la clef, soit dans une tente située sur le quai, soit dans une embarcation pontée dont on puisse au besoin fermer les écoutilles. Ce lieu temporaire de dépôt est considéré comme le navire lui-même, et les marchandises n'en peuvent sortir pour être présentées à la visite qu'après déclaration de détail et permis régulièrement délivré.

Ainsi qu'on l'a dit plus haut, les écritures pour les formalités en matière de cabotage ont été provisoirement simplifiées à partir du 1er janvier 1859 et à titre d'essai. Voici les modifications essayées :

Départ. Une déclaration *double*, dont une remplace l'expédition de douane, est fournie par le commerce, au port d'embarquement, pour toutes les marchandises sans aucune exception chargées en cabotage.

Cette déclaration, imprimée sur un modèle nouveau, est remise gratuitement par la douane aux expéditeurs. Elle est conçue de manière à contenir soumission pour le cas où l'intervention d'une caution est exigée et à servir pour les grains et farines comme pour tout autre espèce de produits ; seulement on biffe, selon qu'il y a lieu, les mots : *acquit-à-caution* ou *passavant*, *grains* ou *marchandises*, imprimés en tête, et on modifie le *libellé de la soumission* suivant qu'il s'agit de produits donnant lieu à l'emploi de l'une ou de l'autre nature d'expédition.

Ces déclarations, qui doivent contenir à l'égard des marchandises les mêmes indications que les déclarations actuelles, sont acceptées par les déclarants *comme expéditions de douane et pour en avoir tous les effets.* L'une, remise en cette qualité au déclarant pour être présentée à la visite, reçoit le permis d'embarquer et accompagne la marchandise ; l'autre est conservée par la douane de départ.

Arrivée. — Le manifeste de sortie collationné au port de départ au vu des expéditions sert de manifeste d'entrée et remplace le registre de transcription en usage sous l'ancien système. Ainsi, sur le simple dépôt de ce manifeste, les permis de débarquer sont immédiatement délivrés au verso même des déclarations ayant servi d'expéditions au départ (3).

Des simplifications d'une autre nature ont été également apportées *au mode d'expédition* des marchandises par cabotage. Elles sont indiquées dans le tableau ci-dessous des marchandises qui doivent être accompagnées d'acquits-à-caution et de celles pour lesquelles il y a lieu seulement de délivrer des passavants. Ce tableau fait connaître en outre quand les produits doivent ou non être plombés.

(1) Les écritures de douane pour l'exécution de ces formalités ont été simplifiées à partir du 1er janvier 1859. Mais comme cette modification n'a eu lieu qu'à titre d'essai et sous la réserve de revenir à l'ancien système dans le cas où la pratique du nouveau révélerait des inconvénients sérieux, nous exposons d'abord les règles suivies jusqu'à présent. Le nouveau système est indiqué à la suite.

(2) D'après une décision ministérielle du 4 juin 1859 (circulaire 598), les caboteurs peuvent provisoirement faire escale à l'étranger, y pratiquer des débarquements et y embarquer des produits étrangers de toutes sortes, même similaires de ceux embarqués sur le territoire français ou colonial, moyennant que la cale soit divisée en compartiments séparés, et dans lesquels seront placées distinctement, d'abord les marchandises expédiées de France en France, ensuite les produits chargés dans la métropole pour l'Algérie, et au retour chargés en Algérie pour la métropole ; troisièmement les marchandises embarquées en France ou en Algérie, à destination des ports d'escale étrangers, et les marchandises étrangères prises dans ces mêmes ports à destination de la France ou de l'Algérie.

Les navires dont la cale n'aura pas été divisée en compartiments sont pareillement autorisés à relâcher à l'étranger ; seulement ils ne pourront ni embarquer à l'étranger des produits similaires de ceux pris en France ou en Algérie, ni charger en France ou en Algérie des produits similaires de ceux embarqués d'abord dans les ports d'escale.

Ces dispositions sont communes aux navires à voiles et aux bâtiments à vapeur.

(Voir au besoin, pour les détails d'application, la circulaire 598.)

(3) On voit que dans leur ensemble les opérations se trouvent dégagées des retards qu'entraînait au milieu de l'affluence d'un grand nombre de déclarations remises à la fois, l'obligation d'attendre que la douane eût pu accomplir un travail d'écritures considérable et délivrer successivement les acquits-à-caution et passavants revenant à chaque expéditeur.

Mais la conséquence forcée de ces modifications au départ est que les capitaines ne peuvent plus employer comme manifeste d'entrée les expéditions (acquits-à-caution et passavants) de douane désormais remplacées par les déclarations. Ainsi tout navire caboteur, même sur lest, doit au départ être accompagné d'un manifeste qui sera lui-même représenté au port de destination.

Les règlements antérieurs sont maintenus en ce qu'ils n'ont rien de contraire aux prescriptions qui précèdent, notamment en ce qui a été réglé pour la visite des marchandises. (Voir au besoin circulaire 561.)

MODE D'EXPÉDITION

DES MARCHANDISES DE CABOTAGE.

La lettre A indique que l'expédition doit être faite avec acquit-à-caution, sans plomb ; les lettres AP qu'il faut délivrer un acquit-à-caution, sans plomber les marchandises ; la lettre P qu'on doit délivrer un passavant ; les lettres PP qu'il faut délivrer un passavant et plomber.

D'après une décision ministérielle du 30 décembre 1854 les marchandises marquées d'un astérisque dans le présent tableau sont *provisoirement* exemptées de la formalité du plombage pour les opérations de cabotage.

Abeilles (ruches comprises)	P	*Agathes* brutes	P	*Albâtre* sculpté, moulé ou poli *	PP
Acides arsénieux	A	ouvrées *	PP	*Alcalis*, soude et natrons *	PP
stéarique ouvré *	PP	*Agrès* et appareaux de navires	P	autres	P
autres	P	*Aiguilles* à coudre	PP	*Alpiste*	P
Agaric de chêne et de mélèze	P	*Albâtre* brut	P	*Ambre* gris	PP

Amidon * . . . . PP
Amomes et cardamômes *. . . . . PP
Amurca. . . . . P
Animaux non dénommés. . . . . P
Antale. P
Antimoine métallique *. . . . . PP
autre. . . . . P
Argent brut, en masses, lingots, etc. (minerai d'). . . . . P
battu, tiré, laminé ou filé. . . . . PP
Armes de guerre . . . . AP
de commerce. . . . . PP
Arsenic (métal et minerai d'). . . . . . . P
Avelanèdes . . . . P
Baumes, styrax liquide. . . . . P
tous autres *. . . . . PP
Bestiaux, bœufs, vaches, brebis, béliers, moutons et porcs. . . . . A
tous autres *. . . . . P
Bêtes de somme, chevaux et ânes . . . . P
mulets . . . . A
Betteraves . . . . P
Beurre . . . . P
Bezoards . . . . P
Bijouterie . . . . PP
Bimbeloterie. . . . . PP
Bismuth brut, battu et laminé . . . . . . P
ouvré. . . . . PP
Bitumes. . . . . P
Blanc de baleine ou de cachalot brut. . . P
pressé ou raffiné*. . . . . PP
Bleu de Prusse*. . . . . PP
Bois à brûler. . . . . A
à construire, de chêne et de noyer . . A
tous autres . . . . P
d'ébénisterie. . . . . P
en éclisses . . . . P
feuillards. . . . . P
odorants. . . . . P
de teinture en buches . . . . P
moulus* . . . . PP
Boissons distillées, eaux-de-vie . . . . . P
liqueurs. . . . . A
fermentées de toute sorte . . . . . . P
Bonbons * . . . . PP
Bougies de blanc de baleine et de cachalot*. PP
Boutons. . . . . PP
Boyaux frais ou salés . . . . P
Brôme . . . . PP
Broux de noix. . . . . P
Bruyères à vergettes . . . . P
Bulbes d'asphodèle. . . . . P
Bulbes et oignons . . . . P
Bystut de pinnes-marines . . . . P
*Cacao** . . . . PP
Cachou en masse* . . . . PP
Cadmium brut . . . . P
*Café** . . . . PP
Calebasses vides. . . . . P
*Cannelle**. . . . . PP
*Cantharides** . . . . PP
Caractères d'imprimerie vieux et hors d'usage. . . . . P
autres . . . . PP
Carmin. . . . . PP
Cartes géographiques . . . . PP
Cartes à jouer . . . . PP
Carthame (fleurs de) . . . . P
Carton en feuilles, de simple moulage, (*pâte à papier*). . . . . AP
tout autre . . . . PP
*Cassia-lignea** . . . . PP
*Castoreum** . . . . PP
Cendres bleues ou vertes. . . . . PP
Cendres et regrets d'orfèvre. . . . . . . P
Céréales (froment, épeautre, méteil, seigle, maïs, orge, sarrazin, avoine) et leurs farines . . . . A
Champignons, morilles et mousserons frais, secs ou marinés . . . . P
Chandelles . . . . P
Chapeaux de paille, d'écorce, de sparte et de fibres de palmier . . . . P
Charbon de bois et de chènevottes. . . . . A
Chardons cardères. . . . . A
Cheveux bruts. . . . . P
ouvrés*. . . . . PP
Chicorée moulue (*faux café*)* . . . . . . PP
Chiens de forte race . . . . A
autres . . . . P
Chocolat et cacao simplement broyé* . . . PP
Cigares et autres tabacs fabriqués. . . . . PP
Cire non ouvrée . . . . P
autre, y compris la cire à cacheter* . . PP
*Civette**. . . . . PP
Cloportes desséchés . . . . P
Cobalt (minerai de). . . . . P
vitrifié. . . . . PP
*Cochenille**. . . . . PP
Colle de poisson et colle-forte*. . . . . . PP
Confitures. . . . . P
Coques de coco. . . . . P
Coquillages nacrés, nacre de perle* . . . . PP
haliotides. . . . . P
Corail brut ou taillé * . . . . PP
Cordages neufs ou en état de servir. . . . P
hors d'usage* . . . . AP
Cornes de bétail, brutes . . . . A
Cornes de bétail, préparées . . . . AP
en feuillets. . . . . PP
Cornes de cerf et de snack . . . . P
Couleurs non dénommées. . . . . PP
Coutellerie. . . . . PP
Crayons simples, en pierre. . . . . P
composés. . . . . PP
Crins . . . . P
Cristal de roche non ouvré . . . . P
ouvré* . . . . PP
Cuivre doré ou argenté, et cuivre ouvré ou autrement préparé qu'il n'est dit au *Tableau des droits*. . . . . PP
autre. . . . . P
*Curcuma** . . . . PP
Cylindres, planches et coins gravés. . . . PP
Déchets de fil de coton (*pennes ou corons*)* . . . . PP
Dégras de peaux . . . . P
Dents d'éléphant, défenses* . . . . PP
machelières . . . . P
Dents de loup. . . . . P
Drilles et chiffons, autres que les vieux cordages . . . . AP
Eaux minérales . . . . P
Ecailles d'ablette. . . . . P
de tortue. . . . . PP
Echalas. . . . . P
Ecorces médicinales, de citron, d'orange et de leurs variétés . . . . P
autres*. . . . . PP
de pin, de grenade, d'aune et de bourdaine, *moulues et non moulues*. . . P
à tan . . . . A
Ecossines brutes ou simplement équarries. P
autres*. . . . . PP
Effets à usage (1) . . . . PP
Embarcations . . . . P
Encre à dessiner *en tablettes* . . . . . . PP
liquide . . . . P
Engrais poudrette. . . . . P
autres . . . . A
Epices préparées . . . . PP
*Eponges**. . . . . PP
Essence de houille . . . . P
Etain ouvré. . . . . PP
tout autre . . . . P
Etiquettes imprimées, gravées ou coloriées. PP
Extraits de bois de teinture . . . . PP
de viandes, *en pains*. . . . . PP
Fanons de baleine bruts ou apprêtés* . . . PP
Fécules indigènes. . . . . P
exotiques. . . . . PP
Fer (minerai de). . . . . A
ouvrages en fer ou en acier, susceptibles d'être emballés . . . . PP
de toute autre sorte. . . . . P
Feuilles médicinales, d'oranger et de lierre, tiges et branches comprises. . . . . . P
autres*. . . . . PP
propres à la tannerie et à la teinture non dénommées. . . . . P
Feutres, chapeaux de feutre ou de soie . . AP
autres . . . . PP
Filaments, coton, en laine*. . . . . PP
en feuilles cardées (*ouate*) . . . . . . PP
tous autres . . . . P
Filets neufs ou en état de servir. . . . . . P
Fils de poils de chien, de vaches et d'autres ploes. . . . . P
tous autres, soit en laine ou poils, soit en végétaux filamenteux. . . . . . . PP
Fleurs médicinales, barbotine ou semencine, et fleurs de lavande et d'oranger. . P
autres*. . . . . PP
artificielles. . . . . AP
Fourrages . . . . P
Fromages . . . . P
Fruits à distiller, anis vert* . . . . PP
autres . . . . P
médicinaux*. . . . . PP
oléagineux. . . . . P
de table . . . . P
Garance . . . . P
Garancine . . . . PP
Garou (racine de). . . . . P
Gaude. . . . . P
Genestrolle ou genêt de teinturiers . . . . P
Gibier. . . . . P
Gingembre *. . . . . PP
*Girofle**. . . . . PP
Gommes pures d'Europe . . . . P
exotiques* . . . . PP
Gousses tinctoriales . . . . P
Graines à ensemencer et graines oléagineuses . . . . P
Grains durs à tailler. . . . . P
perlés ou mondés . . . . P
Graisses de toute sorte, *y compris celles de poisson* . . . . P
Graphite ou plombagine. . . . . P
Gravures et lithographies . . . . PP
Grignon . . . . P
Gruaux. . . . . P
Hameçons . . . . PP

(1) Sont dispensés du plombage lorsqu'ils accompagnent les voyageurs.

Herbes médicinales, gui de chêne et absinthe. . . . . P
autres* . . . . PP
Homards. . . . . P
Horlogerie . . . . PP
*Houblon**. . . . . PP
Houille . . . . P
Huiles, d'olive, de palme, de coco, de touloucouna, d'illipé, de graines grasses, de faine et de noix. . . . . P
toutes autres* . . . . PP
Huîtres. . . . . P
*Indigo** . . . . PP
Indigue, Inde-plate et boules de bleu *. . . PP
Instruments aratoires . . . . PP
de chimie, de chirurgie, d'optique, de calcul, d'observation et de précision. PP
de musique, fifres, flageolets, galoubets, flûtes, poches, triangles, sistres, mandolines, luths, psaltérions, tambours, tambourins, timbales, tympanons, cymbales, et harpes . . P
forté-pianos . . . . AP
tous autres. . . . . PP
Iode. . . . . PP
Iodure de potassium . . . . PP
Iris de Florence ouvré* . . . . PP
Jais. . . . . P
Jarosse (*graine de vesce*) . . . . P
Jorres et roseaux exotiques et d'Europe . P
Kermès en grains . . . . P
en poudre*. . . . . PP
Laines, bourre laine et tontissé . . . . . P
communes, en suint, et pelades à la chaux . . . . P
autres* . . . . PP
Lait. . . . . P
Laque en teinture ou en trochisques* . . . PP
Légumes secs et leurs farines . . . . P
verts, salés ou confits . . . . P
Levure de bière ou levain . . . . P
Lichens de toute espèce . . . . P
Liége ouvré* . . . . PP
autre. . . . . P
Livres en langues mortes ou étrangères, *sauf les almanachs* . . . . P
tous autres . . . . PP
Lycopode . . . . P
Machines et mécaniques (1) . . . . PP
Macis . . . . PP
Manganèse . . . . P
Marbres sculptés, moulés, polis ou autrement ouvrés* . . . . PP
autres, *y compris les cliques* . . . . . P
Marcs de raisin et de rose. . . . . P
Marne. . . . . P
Marrons, châtaignes et leurs farines . . . P
Matériaux de toute sorte. . . . . P
*Maurelle** . . . . PP
Médicaments composés . . . . PP
Mélasse . . . . P
Mercerie. . . . . PP
Mercure natif ou vif-argent. . . . . P
Merrains . . . . P
Meubles neufs* . . . . AP
ayant servi . . . . A
Meules. . . . . A
Miel . . . . P
Millet . . . . P
Minerais non dénommés . . . . P
Modes (ouvrages de). . . . . AP
Moelle de cerf. . . . . P
Monnaies de cuivre et de billon, *hors de cours*. . . . . PP
d'or et d'argent . . . . A
autres . . . . P
Mottes à brûler . . . . P
Moules et autres coquillages pleins . . . . P
Munitions de guerre. . . . . A
*Musc** . . . . PP
*Muscades**. . . . . PP
Musique gravée . . . . PP
Myrobolans secs . . . . P
Nattes ou tresses de bois blanc, et nattes fines de paille d'écorce et de sparte*. . . PP
autres . . . . P
Nerfs de bœufs et d'autres animaux. . . . P
Nerprun (baies de) . . . . P
Nickel pur ou allié d'autres métaux (argentan) ouvré* . . . . PP
autre . . . . P
Noix de galle . . . . P
Noir à souliers et d'ivoire . . . . PP
tout autre . . . . P
Objets de collection *hors de commerce*. . P
Œufs de volaille et de gibier . . . . A
de vers à soie. . . . . P
Or, battu en feuilles, tiré, laminé ou filé sur soie . . . . PP
brut, en masses, lingots, etc.*. . . . . PP
minerai d' . . . . P
Orcanette. . . . . P
Oreillons, rognures et dollures de peaux blanches. . . . . P
autres. . . . . AP

(1) On dispense du plombage celles qui ne sont pas susceptibles d'être emballées.

Article	Régime
rfèvrerie	PP
*rseille**	PP
s et sabots de bétail	P
s de cœur de cerf et de sèche	P
sier en bottes	P
utils	PP
utremer	PP
uvrages en bois, bois de fusil en noyer	A
autres	P
uvrages en peau ou en cuir, sellerie grossière (bâts non garnis de cuir)	P
outres vides*	PP
autres	PP
en caoutchouc ou en gutta-percha	PP
xydes de plomb, *sauf la litharge**	PP
autres	P
ain d'épice	P
ain et biscuit de mer	A
apier	PP
arapluies et parasols en soie	PP
en toile cirée ou autre	P
arfumeries, pastilles odorantes à brûler	P
autres	PP
astel, feuilles et tiges de	P
pâte de*	PP
âtes d'Italie*	PP
eaux brutes de chien de mer et de phoque	P
toutes autres	A
eaux préparées, d'agneau et de chevreau en poils; parchemin et vélin bruts	P
toutes autres	PP
elleteries brutes, peaux de phoque *éjarrées*, de renard *teintes*, de renard noir ou argenté, croisé ou bleu; gorges de canard, de fouine, de martre, de pingouin et de renard; queues de carcajou, de fouine, de loup, de martre, de pékan et de renard; morceaux cousus taxés à 5 fr. la pièce*	PP
toutes autres	[illegible]
ouvrées	[illegible]
erches	A
erles fines	P
ieds d'élan	P
ierres et terres servant aux arts et métiers	P
ierres gemmes brutes	P
taillées*	PP
ouvrées chiques	P
autres*	PP
*iment**	PP
lantes alcalines	P
lants d'arbres	P
laqués	PP
lomb ouvré	PP
autre	P
Plumes à écrire, brutes	P
apprêtées*	PP
à lit*	PP
de parure	PP
métalliques	PP
Poils de toute sorte, y compris le poil de Messine	P
Poissons	P
*Poivre**	PP
Pommes de terre	PP
Pommes et poires écrasées	P
Poterie de terre grossière et de grès commun	P
autre	PP
Praiss	P
Présure	P
Produits chimiques non dénommés	PP
Prussiate de potasse cristallisée	PP
Quercitron	P
Racines de chicorée	P
médicinales, réglisse	P
autres*	PP
à vergettes	P
Rapures de cornes de cerf et d'ivoire	P
Résines indigènes	P
Résineux exotiques	P
Riz	P
Rocou en teinture*	PP
graines de	P
Rogues de morue et de maquereau	P
*Safran**	PP
*Sagou**	PP
*Salep**	PP
Sang de bétail et de bouc desséché	P
Sangsues	P
Sarrette	P
*Savons**	PP
Sels, sel de marais, de saline et sel gemme	A
sel médicinal de Kreutznach, sels de cobalt; nitrates de potasse et de soude; hydrochlorate ou muriate de potasse; borax brut natif; tartrates acides de potasse impur et très-impur; acétates de cuivre brut humide et de fer, liquide; carbonate de baryte natif et de potasse; sulfates de potasse, de soude de fer et de baryte	P
tous autres	PP
Semoules en gruau	A
en pâte*	PP
Sirops	P
Soies en cocons et bourre en masse écrue	A
écrues, grèges et moulinées	P
autres	AP
Sorbet	PP
Soufre	P
Stil de grain*	PP
Succin	P
Sucre raffiné et autre*	PP
Sucs tanins	P
Sucs végétaux d'espèces particulières, camphre, manne, aloès, opium, jus de réglisse*	PP
autres	P
Sulfures d'arsenic en masses	P
de mercure*	PP
Sumac et fustet	P
Tabac	PP
Tabletterie	PP
Terres pyriteuses, dites cendres noires ou de Tropey	P
*Thé**	PP
Tiges de millet	P
Tissus de coton, dentelles fabriquées à la main; applications sur tulle d'ouvrages en dentelle de fil	P
tous autres	PP
de crin, chapeaux	P
tous autres	PP
d'écorce, de phormium tenax, d'abaca et de jute	PP
de lin ou de chanvre, dentelles	P
autres	PP
de laine, de poil, de soie et de bourre de soie	PP
Toiles métalliques	PP
Tortues	P
Tourbe	P
Tourteaux de graines oléagineuses	A
Truffes	P
*Vanille**	PP
Vannerie (tissus de)	PP
autre en quelque végétal que ce soit, brut ou pelé	P
coupé*	PP
Vernis	PP
Verres et cristaux, groisil et verres à lunettes ou à cadran, bruts	P
autres*	PP
Vert de montagne	PP
Vessies de cerf et autres, y compris les vessies natatoires de poisson	P
Viandes	P
Vipères	P
Voitures	P
Volaille	P
Yeux d'écrevisse	P
Zinc ouvré	PP
tout autre	P

GRANDES PÊCHES MARITIMES.

LOI DU 22 JUILLET 1851.

PÊCHE DE LA MORUE.

Jusqu'au 30 juin 1861, les primes accordées pour l'encouragement de la pêche de la morue sont fixées ainsi qu'il suit :

Primes d'armement.

1° Cinquante francs par homme d'équipage, pour la pêche avec sécherie, soit à la côte de Terre-Neuve, soit à Saint-Pierre et Miquelon, soit sur le grand banc de Terre-Neuve;

2° Cinquante francs par homme d'équipage, pour la pêche, sans sécherie, dans les mers d'Islande;

3° Trente francs par homme d'équipage, pour la pêche, sans sécherie, sur le grand banc de Terre-Neuve;

4° Quinze francs par homme d'équipage pour la pêche au Doggerbank.

Primes sur les produits de la pêche.

1° Vingt francs par quintal métrique, pour les morues sèches de pêche française expédiées, soit directement des lieux de pêche, soit des entrepôts de France, à destination des colonies françaises de l'Amérique, de l'Inde, ainsi qu'aux établissements français de la côte occidentale d'Afrique et des autres pays transatlantiques, pourvu qu'elles soient importées dans les ports où il existe un consul français;

2° Seize francs par quintal métrique, pour les morues sèches de pêche française expédiées, soit directement des lieux de pêche, soit des ports de France à destination des pays européens et des États étrangers, sur les côtes de la Méditerranée, moins la Sardaigne et l'Algérie;

3° Seize francs par quintal métrique, pour l'importation aux colonies françaises de l'Amérique, de l'Inde et autres pays transatlantiques, des morues sèches de pêche française, lorsque ces morues seront exportées des ports de France, sans y avoir été entreposées;

4° Douze francs par quintal métrique, pour les morues sèches de pêche française expédiées, soit directement des lieux de pêche, soit des ports de France, à destination de la Sardaigne et de l'Algérie.

Rogues de morue.

5° Vingt francs par quintal métrique de rogues de morue que les navires pêcheurs rapporteront en France du produit de leur pêche.

Les navires expédiés pour la pêche avec sécherie, soit sur les côtes de Terre-Neuve, soit à Saint-Pierre et Miquelon, soit au grand banc de Terre-Neuve, devront avoir un minimum d'équipage qui sera déterminé par un décret du Président de la République.

Les navires expédiés pour la pêche sans sécherie, et non assujettis au minimum d'équipage, devront rapporter la totalité des produits de leur pêche en France.

Ils ne seront autorisés à les déposer momentanément à St-Pierre, à la charge de les réexpédier en France, que dans les cas d'avaries dûment constatés, et lorsque l'expédition en sera forcément retardée faute de moyens de transbordement.

Un règlement d'administration publique déterminera dans quelles conditions ce dépôt pourra avoir lieu.

La prime d'armement n'est accordée qu'une fois par campagne de pêche, quand même le navire aurait fait plusieurs voyages dans une même saison.

Elle n'est accordée que pour les hommes de l'équipage, inscrits définitivement aux matricules de l'inscription maritime, et pour ceux qui, n'étant que provisoirement inscrits, n'auront pas atteint l'âge de vingt-cinq ans à l'époque du départ.

Les primes sur les produits de la pêche ne seront acquises que pour les morues parvenues, introduites, et reconnues propres à la consommation alimentaire dans les lieux de destination.

Le transport des morues chargées aux lieux de pêche, pour les destinations susceptibles de primes, pourra être fait, soit par les navires pêcheurs, soit par des navires partis de ports de France pour aller recevoir les produits de la pêche, pourvu que les navires soient commandés par des capitaines au long cours.

Tout marin qui aura fait cinq voyages, dont les deux derniers en qualité d'officier, à la pêche de la morue sur les côtes d'Islande, sera admissible au commandement d'un navire expédié pour cette même pêche, s'il justifie de connaissances suffisantes pour la sécurité de la navigation.

PÊCHE DE LA BALEINE ET DU CACHALOT.

Jusqu'au 30 juin 1861, les primes accordées pour l'encouragement de la pêche de la baleine et du cachalot seront fixées ainsi qu'il suit :

1° *Primes de départ.*

Soixante et dix francs par tonneau de jauge pour les armements entièrement composés de Français, et quarante-huit francs pour les armements composés en partie d'étrangers, dans les limites déterminées ci-après.

2° *Primes au retour.*

Cinquante francs par tonneau de jauge pour les armements composés entièrement de Français, et vingt-quatre francs pour les armements composés d'équipages mixtes, lorsque le navire aura fait la pêche, soit dans l'Océan Pacifique en doublant le cap Horn ou en franchissant le détroit de Magellan, soit au sud du cap Horn, à soixante-deux degrés de latitude au moins soit à l'est du cap de Bonne-Espérance, à quarante-cinq degrés de longitude du méridien de Paris, et à quarante-huit et cinquante degrés de latitude méridionale, si le produit de sa pêche est de la moitié au moins de son chargement, ou si le navire justifie d'une navigation de seize mois au moins.

Il sera alloué, en outre, aux navires spécialement armés pour la pêche du cachalot dans l'Océan Pacifique, et après une navigation de trente mois au moins, pendant laquelle ils se seront élevés au delà du vingt-huitième degré de latitude nord, une prime supplémentaire de quinze francs par quintal métrique, sur l'huile de cachalot et la matière de tête qu'ils rapporteront du produit de leur pêche.

La même prime sera allouée aux navires armés pour la pêche de la baleine sur les quantités d'huile de cachalot et de matière de tête qu'ils pourront rapporter, pourvu qu'ils aient rempli les conditions de navigation énoncées ci-dessus.

Les navires armés pour la pêche de la baleine ou du cachalot pourront prendre des passagers à bord, sous les conditions et formalités qui seront déterminées par un décret du Président de la République.

Ils pourront également, dans les lieux qui seront ultérieurement déterminés par le gouvernement, et sous les conditions et formalités qui seront prescrites à cet égard, opérer le transbordement de tout ou partie du produit de leur pêche sur des navires français, qui seront tenus d'effectuer directement leur retour en France.

Les navires non pêcheurs qui auront reçu, par voie de transbordement, une partie d'huile, pourront compléter leurs chargements en embarquant dans un port quelconque des marchandises autres que des produits de pêche.

Aucun navire armé pour la pêche de la baleine ou du cachalot n'aura droit à la prime que jusqu'à concurrence du maximum de six cents tonneaux. Il n'est pas dû de prime aux embarcations auxiliaires ou accessoires de l'armement.

Pour avoir droit à la prime, l'équipage mixte ne pourra être composé, en étrangers, que du tiers des officiers, harponneurs et patrons, sans que le nombre puisse excéder deux pour la pêche du Sud et cinq pour la pêche du Nord.

Les armateurs des navires destinés à la pêche de la baleine et du cachalot seront tenus, alors même qu'ils renonceraient à la prime, de confier moitié au moins des emplois d'officiers, de chefs d'embarcations et harponneurs à des marins français, sous peine d'être privés de la jouissance des avantages attachés à la navigation nationale.

Par dérogation aux dispositions législatives sur la navigation, les mousses qu'il est prescrit d'embarquer sur les navires de commerce pourront être remplacés par un nombre égal de novices.

Les marins français adonnés à la pêche de la baleine et du cachalot, qui se présenteront aux examens pour être reçus capitaines au long cours, seront dispensés de l'obligation de justifier de douze mois de navigation sur les bâtiments de l'État, s'ils prouvent avoir fait, avant le 1er janvier 1852, trois campagnes au moins à la pêche de la baleine et du cachalot.

Tout marin âgé au moins de vingt-quatre ans, qui aura fait cinq voyages, dont les deux derniers en qualité d'officier, à la pêche de la baleine, sera admissible au commandement d'un navire baleinier, s'il justifie de connaissances suffisantes pour la sécurité de la navigation.

(Voir les décrets intervenus les 20 août et 29 décembre 1851 afin d'assurer l'exécution de la présente loi.)

TABLEAU INDICATIF *du jour à partir duquel les lois et décrets sont exécutoires dans chaque direction des douanes, quand la promulgation a lieu à Paris le* 1er *d'un mois.*

DIRECTIONS.	DÉPARTEMENTS.	DISTANCE de Paris au chef-lieu du département. myr.	kil.	JOUR de l'application de la loi ou du décret.
Dunkerque	Nord	23	6	le 6
	Pas-de-Calais	19	3	5
Lille	Nord	23	6	6
Valenciennes	Nord	23	6	6
Charleville	Nord	23	6	6
	Aisne	12	7	5
	Ardennes	23	4	6
Metz	Meuse	25	1	6
	Moselle	30	8	7
	Bas-Rhin	45	4	8
Strasbourg	Bas-Rhin	46	4	8
	Haut-Rhin	48	1	8
Colmar	Haut-Rhin	48	1	8
Besançon	Haute-Saône	35	4	7
	Doubs	39	6	7
	Jura	41	1	8
Bourg	Jura	41	1	8
	Ain	43	2	8
Grenoble	Isère	56	8	9
	Hautes-Alpes	66	5	10
Digne	Hautes-Alpes	75	5	11
	Basses-Alpes	75	5	11
	Var	89	»	12
Toulon	Var	89	»	12
Marseille	Bouches-du-Rhône	81	3	12
Montpellier	Gard	70	2	11
	Hérault	75	2	11
Perpignan	Aude	76	5	11
	Pyrénées-Oriental.	88	8	12
Tarbes	Ariége	75	2	11
	Haute-Garonne	66	9	10
	Hautes-Pyrénées	81	5	12
	Basses-Pyrénées	78	1	11

DIRECTIONS.	DÉPARTEMENTS.	DISTANCE de Paris au chef-lieu du département. myr.	kil.	JOUR de l'application de la loi ou du décret.
Pau	Basses Pyrénées	71	1	le 11
	Landes	70	2	11
Bordeaux	Landes	70	2	11
	Gironde	57	3	9
	Charente-Inférieur.	46	»	8
La Rochelle	Charente-Inférieur.	46	»	8
	Vendée	43	3	8
Napoléon-Vendée	Vendée	43	3	8
Nantes	Loire-Inférieure	38	9	7
Vannes	Ille-et-Vilaine	34	6	7
	Morbihan	50	»	8
Brest	Finistère	62	3	10
Saint-Brieuc	Côtes-du-Nord	44	6	8
	Ille-et-Vilaine	34	6	7
	Manche	32	6	7
Saint-Lô	Manche	32	6	7
	Calvados	26	3	6
Caen	Calvados	26	3	6
Rouen	Calvados	26	3	6
	Eure	10	4	5
	Seine-Inférieure	13	7	5
Le Havre	Seine-Inférieure	13	7	5
Boulogne	Somme	12	8	5
	Pas-de-Calais	19	3	5
Bastia	Corse	145	5	18
Alger	Algérie	160	»	21
Paris	Seine	»	»	3
Lyon (inspection)	Rhône	46	6	8
Orléans id.	Loiret	12	3	5

TARES LÉGALES ACCORDÉES PAR LA DOUANE POUR LA PERCEPTION DES DROITS.

MARCHANDISES.	ESPÈCES DE COLIS.	TARE.
SUCRE........	futailles.. des colonies françaises....	13 p. 100.
	futailles.. de l'etranger............	12 p. 100.
	caisses..........................	12 p. 100.
	balles ou sacs revêtus de plusieurs enveloppes (1).....................	5 p. 100.
	dito renfermant la marchandise à nu......	2 p. 100.
CAFÉ (2)........	en futailles ou caisses..............	12 p. 100.
	en balles ou en sacs..............	3 p. 100.
CACAO..........	caisses ou futailles................	12 p. 100
POIVRE OU PIMENT.	balles, ballots ou sacs.............	3 p. 100.
INDIGO..........	caisses ou futailles renf. un sac de peau.	21 p. 100.
	dito dito un sac de toile.......	14 p. 100.
	dito dito l'indigo à nu........	12 p. 100.
	surons (3)......................	9 p. 100.
	sacs de toile.....................	2 p. 100.
COTON en laine de Turquie........	en ballotins ou ballots formés de deux emballages en nattes de jonc ou d'un tissu grossier en poil de chèvre......	10 p. 100.
	ballotins ou balles de toute autre espèce, et notamment en tissu léger de crin...	Comme les cotons d'autre origine.
» d'autre origine.	ballotins au-dessous de 50 kil.........	8 p. 100.
	balles de 50 kil. et au-dessus.........	6 p. 100.
ANCHOIS.........	en petits barils pésant 3 kil. l'un.......	6e de l. poids
SOIES et BOURRE DE SOIE filée ou cardée............	en balles revêtues de deux enveloppes..	5 p. 100.
	dito revêtues de 2 enveloppes avec doubles cordes ou cercles en fer.	6 p. 100.
	dito renfermant la marchandise à nu.	2 p. 100.
	en caisses........................	12 p. 100.
RUBANS de velours.	numéro 1 à 20 inclus..............	30 p. 100.
	numéro 21 à 120 dito...............	20 p. 100
	au-dessus du numéro 120 inclus......	10 p. 100.
Toutes autres marchandises tarifées au *net*..........	caisses ou futailles................	12 p. 100.
	balles, ballots, sacs, paniers, colis à claire voie........................	2 p. 100.
	Surons..	9 p. 100.

OBSERVATIONS.

(1) A la charge de ne rien soustraire des emballages, et avec réserve, d'ailleurs, des droits que les réglements accordent aux importateurs, soit de faire reconnaître le poids net effectif, s'ils en ont exprimé l'intention dans leurs déclarations primitives, soit, dans ce cas, d'enlever la seconde enveloppe avant la pesée, en se contentant alors de la tare de 2 p. 100.

(2) Lorsque les cafés sont présentés en cérise ou en parchemin, il y a une surtare à déduire du poids net.

	Cérise.	Parchemin.
Bourbon.....	42 à 48 p. 100.	
Cayenne.....	36 1/2 p. 100.	21 à 22 p. 100.
Brésil...... / Sainte-Marthe.. / Côte d'Afrique.. / Ile-du-Prince...	» »	19 p. 100.
Martinique....	» »	17 1/2 à 23 p. 100.
Guadeloupe...	» »	20 à 23 p. 100.

S'il arrive des cafés en cérise ou en parchemin dont les tares ne sont point indiquées, on devra en adresser un échantillon à l'Administration, qui statuera.

N. B. Lorsqu'il s'agit de marchandises payant au brut, si le contenant est taxé à un droit plus élevé que le contenu, on doit liquider les droits sur l'un et l'autre séparément.

Les vases contenant les liquides ou matières fluides taxés au poids net, comme les acides, les eaux distillées, les huiles, les confitures, les sirops, etc., payent séparément comme bouteilles ou poterie, suivant l'espèce, ou 10 p. 100 de la valeur si ce sont des estagnons ou des outres.

Il faut toujours que la douane reconnaisse ce poids au moyen de pesées comparatives faites avec d'autres vases semblables. Quant aux flacons de cristal qui pourraient contenir des liquides, ils ne peuvent être admis, en raison de la prohibition qui les frappe à l'entrée, et en outre parce qu'ils formeraient le principal et non l'accessoire.

Les doubles futailles et les doubles emballages que certains genres de transport exigent se déduisent du poids total, même pour les marchandises tarifées au brut.

Lorsqu'un même colis renferme plusieurs espèces de marchandises dont les unes payent au brut, à la mesure, au nombre ou à la valeur, et les autres au net, il n'est fait aucune soustraction de tare, attendu qu'une condition nécessaire de la perception au net est que les marchandises diversement tarifées soient mises en des colis séparés.

Lorsque les marchandises sont destinées pour l'entrepôt réel, on peut, si le poids net effectif a été énoncé dans la déclaration primitive, en différer la reconnaissance jusqu'à la sortie des magasins. La Douane peut encore consentir à suspendre la constatation du poids net quand il s'agit de marchandises qui, à la sortie d'entrepôt réel, sont expédiées en continuation d'entrepôt par mer ; et quand les marchandises expédiées par terre (transit ou mutation d'entrepôt) sont soumises au double emballage et au double plombage.

(3) Le suron est un sac de peau solidement cousu, de forme analogue à celle des sacs de toile, et pouvant comme ceux-ci suffire seul au transport des marchandises. Tout emballage en peau qui ne remplit pas ces conditions, rentre dans la catégorie générale des colis, autres que caisses, futailles et surons, et ne donne lieu qu'à l'allocation de la tare de 2 pour 100.

TABLEAU

Des bureaux ouverts à l'importation des marchandises taxées à plus de 20 *francs par* 100 *kilogrammes, ou nommément désignées par l'article* 8 *de la loi du* 27 *mars* 1817. (Les noms en petites CAPITALES indiquent les directions; les bureaux sont en caractères romains.)

DUNKERQUE.... Dunkerque. — Dunkerque *par Zuidcoote.* — Armentières, *par la Lys.* — Tourcoing (*station du chemin de fer*). — Roubaix, *par le canal et la station du chemin de fer.* — Gravelines.

LILLE........... *par Halluin et Baizieux* et *par le chemin de fer, pour le commerce par terre, et Bousbeck pour les transports par eau.* — Halluin. — Baisieux

VALENCIENNES. Condé. — Blanc-Misseron. — Valenciennes et le chemin de fer. — Maubeuge. — Jeumont. — Jeugnies.

CHARLEVILLE.. Rocroy. — Givet. — Charleville. — Sedan, *par St-Menge ou par Givonne.* — Vireux. —

METZ..... .... Longwy. — (*Station du chemin de fer.*) Apach. — Sierck. (*Pour les seules opérations effectuées par la Moselle.*) — Forbach. — Sarreguemines. — Thionville.

STRASBOURG . Wissembourg. — Lauterbourg. — Strasbourg. — L'Ile-de-Paille. — Saint-Louis. — Delle. — Huningue. — Pont-de-Kehl.

BESANÇON...... Verrières-de-Joux. — Jougne. — Le Villers. — Les Fourgs.

BOURG......... Bellegarde. — Seyssel. — St-Blaise. — Les Rousses. — Culoz. — Bois-d'Amont.

GRENOBLE....... Chapareillan. — Pont-de-Beauvoisin. — Entre-Deux-Guiers.

DIGNE......... Larche. — Mont-Genèvre. — Entrevaux

TOULON........ Saint-Raphaël. — Toulon. — Antibes. — Cannes. — St-Laurent-du-Var. — St-Tropez.

MARSEILLE..... Marseille. — Arles. — Port-de-Bouc.

MONTPELLIER.. Aigues-Mortes. — Cette. — Agde.

PERPIGNAN. ... La Nouvelle. — Port-Vendre. — Bourg-Madame. — Le Perthus.

PAU........... Bedous, *par Urdos* et *Lescun.* — Saint-Jean-Pied-de-Port. — Ainhoa. — Béhobie. — Saint-Jean-de-Luz. — Bayonne.

BORDEAUX ..... Bordeaux. — Blaye.

LA ROCHELLE .. Charente. — Rochefort. — La Rochelle. — St-Martin(*Ile-de-Ré*). — Marans. — Les Sables.

NANTES .... Nantes. — Saint-Nazaire.

VANNES......... Vannes. — Lorient.

BREST......... Quimper. — Brest. — Morlaix.

SAINT-BRIEUC.. Le Légué. — Saint-Servan. — Saint-Malo. — Granville. — Binic. — Paimpol. — Pontrieux. — Portrieux.

SAINT-LÔ....... Cherbourg. Carentan.

CAEN.......... Caen. — Honfleur.

ROUEN......... Rouen.

LE HAVRE...... Le Havre. — Fécamp. — Dieppe.

BOULOGNE..... St-Valéry-sur-Somme. — Abbeville. Boulogne. — Calais.

PORTS D'ENTREPOT OU LES MARCHANDISES CI-APRÈS DÉSIGNÉES SONT ADMISSIBLES A UNE MODÉRATION DE DROITS.

Les sucres bruts et terrés; — café; — cacao; — indigo; — thé; — poivre et piment; — girofles; — cannelle et cassia-lignea; — muscade et macis; — cochenille et orseille; — rocou; — bois exotiques de teinture et d'ébénisterie; — coton en laine; — gomme et résines autres que d'Europe; — ivoire, caret et nacre de perle; — le nankin des Indes et les denrées coloniales admissibles à une modération de droits, ne peuvent entrer que par les seuls bureaux de :

Directions.	*Bureaux.*
TOULON	Toulon.
MARSEILLE	Marseille. — Arles.
MONTPELLIER	Cette. — Agde.
PERPIGNAN	Port-Vendres.
PAU	Bayonne.
BORDEAUX	Bordeaux.
LA ROCHELLE	Rochefort. — La Rochelle.
NANTES	Nantes.
VANNES	Vannes. — Lorient.
BREST	Brest. — Morlaix.
SAINT-BRIEUC	Le Légué. — St-Servan. — Saint-Malo. — Binic.
SAINT-LO	Cherbourg. — Carentan.
CAEN	Caen. — Honfleur.
ROUEN	Rouen.
LE HAVRE	Le Havre. — Fécamp. — Dieppe.
BOULOGNE	Abbeville. — Saint-Valéry-sur-Somme. — Boulogne. — Calais. —
DUNKERQUE	Dunkerque. — Gravelines.

TABLEAU DES BUREAUX-FRONTIÈRES

ouverts à l'importation, à l'exportation des grains, farines et légumes secs.

Direction de Dunkerque.

L'Étoile, à la sortie seulement.
Bailleul.
Gravelines.
Toufflers.
Dunkerque.
Grivelles.
La Brouckstraete.
Oost-Cappel.
Outkerque, à la sortie seul[t].
Steenwoorde, par Calcanes.
Boeschèpe, à la sortie seul[t].

Direction de Lille.

Sceau, à la sortie seulement.
Pont de Nieppe, *id.*
Armentières.
Pont Rouge.
Pont de Warneton, à la sortie seulement.
Comines.
Wervick.
Lille, par Bousbecque et par le chemin de fer.
Halluin.
Riscontout.
Wattrelos.
Turcoing (station).
Leers.
Baisieux.
Deulemont.

Direction de Valenciennes.

Valenciennes, chemin de fer.
Mouchin.
Maulde.
Mortagne, à l'entrée seulem.
Condé, par Lecoq.
Crespin, à la sortie seulem.
Blancmisseron.
Marchipont.
Sebourg.
Bellignies.
Hergies.
Malplaquet.
Gogniez-Chaussée.
Bettignies.
Vieux-Rengt.
Maubeuge, à l'entrée seul[t].
Jeumont.
Coursolre.
Solre-le-Château.
Wallers.
Feignies.

Direction de Charleville.

Anor.
La Capelle, par Rabardennes, à la sortie seulement.
Hirson.
Saint-Michel.
Watignies, à la sortie seul[t].
Signy-le-Petit.
Regniowez.
Rocroi.
Gué-d'Hossus.
Fumay.
Vireux.
Givet.
Hautbutté, à la sortie seul[t].
Les Rivières, *id.*
Gespunsart.
Gernelle, à la sortie seulem.
Bosseval, *id.*
Saint-Menges.
Givonne.
Messincourt.
Le Tremblois.
Puilly, à la sortie seulement.
Le Margut, par Saponne, *id.*

Direction de Metz.

Fagny, à la sortie seulement.
Ecouviez.
Thonne-la-Long, à la sortie seulement.
Velosne.
Sarreguemines, à la sortie seulement.
Long-la-Ville.
La Malmaison.
Welferding, à la sortie seul[t].
Tellancourt.
Mont-Saint-Martin.
Audun-le-Tiche.
Evrange.
Apach.
Sierck.
Bliesbrucken.
Waldtwiesse.
Schreckling.
Rosbruck, à la sortie seul[t].
Troismaisons.
Creutzwald.
Cusigny.
Forbach.
Grosbliederstroff.
Frauenberg.
Wolmunster.
Walschbronn, à l'entrée seulement.
Ropwiller.
Sturzelbronn.
Loutzwiller.
Villehoulemont, à la sortie seulement.
Styring.
Neunkirchen.
Merten.
Thionville (station).

Direction de Strasbourg.

Lembach.
Wissembourg.
Lauterbourg.
Maunchaussen.
Seltz.
Beinheim.
Drusenheim.
Hoffendorff.
Fort-Louis.
La Wentzenau.
Le pont du Rhin.
Rhinau.
Marckolsheim.
Bourgfeld, à la sortie seulem.
Artzheim.
L'ile de Paille.
Chalampé.
Huningue.
Saint-Louis.
Hegenheim.
Niederhagenthal.
Saint-Blaise.
Wolschwiller.
Winckel.
Courtavon.
Pfetterhausen.
Réchésy.
Courcelles.
Delle.
Croix.

Direction de Besançon.

Brémoncourt, à la sortie seulement.
Sainte-Hippolyte, *id.*
Abbevillers.
Montbéliard, par Hérimoncourt, à la sortie seulement.
Villars-sous-Blamont.
Le Villers.
Les Sarrazins.
Morteau, par les Sarrazins.
Les Verrières de Joux.
Les Fourgs.
Pontarlier.
Jougne.
Goumois.
Les Gras.

Direction de Bourg.

Bois-d'Amont.
Les Rousses.
Mijoux.
Forens, à la sortie seulem.
Bellegarde.
Seyssel.
Culles.
Saint-Blaise.
Cordon.

Direction de Grenoble.

Les Champagnes.
Pont de Beauvoisin.
Entre-deux-Guiers.
Saint-Pierre-d'Entremont.
Chapareillan.
Pont-Charra.
Pont-de-Beux.
Vaujany.

Direction de Digne.

Lelauzet.
Mont-Genèvre.
La Monta.
Maurin, à la sortie seulem.
Saint-Paul.
Larche.
Fours.
Colmar.
Sausses.
La Rochette.
Sallagriffon.

Direction de Toulon.

Lebroc.
Saint-Laurent-du-Var.
Antibes.
Cannes.
Saint-Raphael.
Saint-Tropez.
Salins-d'Hyères.
Toulon.
Bandol.

Direction de Marseille.

La Ciotat.
Cassis.
Marseille.
Pont-de-Bouc.
Les Martigues.
Arles.

Direction de Montpellier.

Aigues-Mortes.
Cette.
Agde.

Direction de Perpignan.

La Nouvelle.
Le Boulon, à la sortie seul[t].
Porta.
Barcarès de Saint-Laurent.
Collioure.
Port-Vendres.
Bagnols, à la sortie seulem.
Laroque, *id.*
Le Perthus.
Céret, à la sortie seulement.
Arles, *id.*
Prats-de-Mollo, *id.*
Saillagousse.
Bourg-Madame.
Carrol.

Direction de Tarbes.

L'Hospitalet, à l'entrée seulement.
Ax.
Tarascon.
Siguer.
Auzat.
Aulus, à l'entrée seulement.
Ustou, *id.*
Salau, *id.*
Saint-Girons.
Lascours.
Sentein, à l'entrée seulem[t].
Fos, à la sortie seulement.
Saint-Béat.
Saint-Mamet.
Bagnères.
Genost.
Arreau, à la sortie seulem[t].
Arragnouet.
Vielle, à la sortie seulement.
Gavarnie.
Pèdre, à l'entrée seulement.
Cuz, à la sortie seulement.
Cauterets.
Argelès, à la sortie seulem[t].
Arrens.

Direction de Pau.

Gabas, à l'entrée seulement.
Bedous.
Lescun, à l'entrée seulem[t].
Larrau, *id.*
Lecumbery, *id.*
Saint-Jean-Pied-de-Port.
Les Aldudes.
Ainhoa.
Sare.
Olhette.
Béhobie.
Saint-Jean de Luz.
Bayonne.

Direction de Bordeaux.

La Teste.
Pauillac.
Bordeaux.
Libourne.
Blaie.
Mortagne.
Royan.

Direction de la Rochelle.

La Tremblade.
Marennes.
Charente.
Rochefort.
La Rochelle.
Saint-Martin (île de Rhé).
Marans.
Luçon.
Saint-Michel.
L'Aiguillon.
Moricq.
Les Sables.
Saint-Gilles.

Direction de Nantes.

Labarredemont.
Beauvoir.
Bouin.
Noirmoutier.
Bourg-Neuf.
Pornic.
Saint-Nazaire.
Paimbœuf.
Nantes.
Le Pouliguen.
Le Croisic.
Kercabelec.

Direction de Vannes.

Redon.
La Roche-Bernard.
Penerf.
Sarzeau.
Vannes.
Auray.
Hennebont.
Lorient.
Palais en Belle-Ile-en-Mer.

Direction de Brest.

Concarneau, à la sortie seul[t].
Quimperlé.
Pontaven.
Pont-l'Abbé.
Quimper.
Audierne.
Camaret.
Port-Launay.
Landerneau.
Brest.
Abrevrach.
Paimpol.
Morlaix.

Direction de Saint-Brieuc.

Lannion.
Perros.
Tréguier.
Erquy, à la sortie seulement.
Lézardrieux.
Pontrieux.
Paimpol.
Portrieux.
Binic.
Le Légué.
Dahouet.
Le Guildo.
Dinan.

Le Vivier, à la sortie seulem.
Saint-Servan.
Saint-Malo.
Granville.
Régneville.
Carentan.

Direction de Saint-Lo.

Saint-Germain-sur-Ay.
Portbail.
Diélette.
Omonville.
Cherbourg.
Barfleur.
Saint-Waast.
Carentan.

Direction de Caen.

Isigny.
Caen.
Honfleur.

Direction de Rouen.

Quillebœuf, à la sortie seulement.
Rouen.
Caudebec.

Direction du Hâvre.

Le Hâvre.
Fécamp.
Harfleur.
Eu.
Saint-Valery-en-Caux.
Dieppe.
Tréport.

Direction de Boulogne.

Saint-Valery-sur-Somme.
Le Crotoy.
Abbeville.
Hourdel, à la sortie seulem.
Etaples.
Boulogne.
Calais.

TABLEAU *des restrictions de tonnage relatives aux importations, réexportations et exportations.*

DÉSIGNATION DES PORTS	NATURE DES OPÉRATIONS.	TONNAGE REQUIS. Navires à voiles.	Navires à vapeur.
	IMPORTATIONS.		
Bayonne	Marchandises prohibées à l'entrée ou dénommées ci-après	30	18
	Marchandises dénommées en l'art. 23 de la loi du 28 avril 1816, provenant du littoral compris entre le port de Bayonne et le cap Finistère	20	12
	Marchandises dénommées en l'art. 23 de la loi du 28 avril 1816, provenant d'ailleurs	30	18
Autres ports de l'Océan	Marchandises prohibées à l'entrée, ou dénommées ci-après, ou dénommées en l'art. 22 de la loi du 28 avril 1816	40	24
Ports de la Méditerranée	Mêmes marchandises que ci-dessus	30	18
	Marchandises non prohibées importées des côtes d'Espagne dans la Méditerranée	20	12
	RÉEXPORTATIONS.		
Bayonne	Marchandises prohibées ou dénommées ci-après, et celles dénommées en l'art. 22 de la loi du 28 avril 1816, ou dont le droit d'entrée excède 10 pour 100 de leur valeur	30	18
	Mêmes marchandises dans des cas exceptionnels	20	12
Nantes, en vertu d'autorisations spéciales	Mêmes marchandises que ci-dessus à Bayonne	30	18
Autres ports de l'Océan où il existe un entrepôt	Mêmes marchandises que ci-dessus	40	24
Marseille	Marchandises prohibées à l'entrée expédiées aux côtes d'Italie ou d'Espagne	30	18
	Dans tout autre cas	Comme aux 3 art. ci-après.	
Autres ports de la Méditerranée où il existe un entrepôt	Marchandises prohibées ou dénommées ci-après	40	24
	Marchandises dénommées en l'art. 22 de la loi du 28 avril 1816, ou dont le droit d'entrée excède 10 p. 100 de leur valeur, expédiées à destination des côtes d'Espagne dans la Méditerranée	20	12
	Marchandises dénommées en l'art. 22 de la loi du 28 avril 1816, ou dont le droit d'entrée excède 10 p. 100 de leur valeur, expédiées à toute autre destination	30	18
	EXPORTATIONS.		
Tous les ports de l'empire	Sels de France	25	15

Marchandises soumises aux restrictions du tonnage.

Acides oléique et stéarique, application sur tulle d'ouvrages en dentelles de fil, baryte (carbonate et sulfate), boutons, autres que de mercerie et de passementerie; brôme, câbles en fer, châles de cachemire, chromates de plomb et de potasse, cuir dit de Russie, cuivre filé sur soie, doré et argenté ; débris de vieux ouvrages en fer, dentelles de coton, fils de coton écrus du n° 143 et au-dessus, fils de laine, cordonnets, fonte brute en masse de 15 à 25 kil., foulards, horlogerie montée, ouvrages en caoutchouc combinés avec d'autres matières, ouvrages en cuivre ou laiton simplement tournés, peaux tannées pour semelles, pièces d'intérieur de métiers à tulle, poterie d'étain, quinquina (extraits de), rack, rhum, sulfate double de fer et de cuivre, tafia, tanins artificiels, tapis de pied en laine simples, sans canevas à l'envers et à nœuds, à chaîne autre que de fil de lin ou de chanvre ; paques et rabanes, écharpes de cachemire, ferrailles, glaces non étamées, iode, iodure de potassium, pièces détachées de machines, sels de marais et de saline, sel de kreutznach, sel de cobalt, tissus de soie de l'Inde, tissus de phormium tenax, d'abaca et de jute.

TABLEAU *des ports et bureaux de la frontière de terre ouverts au transit.*

DIRECTIONS.	BUREAUX.	DIRECTIONS.	BUREAUX.
Dunkerque	Gravelines, Armentières Dunkerque *.	Toulon	Saint-Laurent-du-Var*, Toulon.
Lille	Par le chemin de fer *, Roubaix *, Turcoing *, Lille par Halluin et Baisieux, Halluin, Baisieux.	Marseille	Marseille *, Arles (pour l'entrée seulement).
Valenciennes	Par le chemin de fer*, Blancmisseron*, Jeumont, Valenciennes, Feignies *.	Montpellier	Cette*, Agde.
Charleville	Givet, Sedan, Vireux*.	Perpignan	Perthus *, Port-Vendres, Bourg-Madame, par Prades, mais pour la sortie seulement.
Metz	Longwy, Évrange, Sierck (pour les seules opérations effectuées par la Moselle), Forbach et Sarreguemines tous ouverts au transit du prohibé)	Pau	Bedous, par Urdos et Lescun ; Saint-Jean-Pied-de-Port, par Arneguy ; Ainhoa, Behobie*, Bayonne*.
Strasbourg	Wissembourg, Lauterbourg, Strasbourg, Pont-de-Kehl, Huningue, Saint-Louis (tous ouverts au transit du prohibé) ; Delle.	Bordeaux	Bordeaux*.
Besançon	Le Villers, Verrières-de-Joux *, les Fourgs*, Jougne*.	La Rochelle	Rochefort, La Rochelle.
Bourg	Les Rousses, Bellegarde, Seyssel, Ste-Blaise, Culoz, Bois-d'Amont (tous ouverts au transit du prohibé).	Nantes	Nantes*.
Grenoble	Pont de Beauvoisin *, Entre-deux-Guiers, Chaparcillan.	Vannes	Lorient.
		Brest	Morlaix.
		Saint-Lô	Le Légué, Binic, Granville, Saint-Servan*, Saint-Malo*, Cherbourg.
		Caen	Caen, Honfleur.
		Rouen	Rouen*.
		Le Hâvre	Le Havre*, Dieppe.
		Boulogne	Saint-Valery-sur-Somme*, Abbeville, Boulogne*, Calais*.

Ln que les bureaux ouverts au transit des marchandises prohibées et non prohibées.

TABLEAU *des principales marchandises expédiées au transit, sous la formalité du double plombage et de l'espèce de colis dans lesquels elles peuvent transiter.*

Marchandises fabriquées.	*Colis.*
Armes, autres que de guerre	Caisses.
Agates ouvrées	Caisses ou futailles.
Albâtre sculpté, moulé, poli	»
Argent battu, tiré, laminé ou filé	Caisses.
Acier en tôle, filé ou ouvré	Caisses ou futailles.
Acide stéarique ouvré	Caisses.
Aiguilles à coudre	C/s, balles ou fût.
Argentan laminé, étiré ou ouvré	Caisses ou futailles.
Agrès et apparaux de navire	C/s, balles ou fût.
Bougies de blanc de baleine ou de cachalot	Caisses.
Batiste et linon	Caisses ou balles.
Bonneterie, passementerie, rubans à jour, de lin ou de chanvre	C/s, balles ou fût.
« passementerie, rubannerie de laine	»
en poils	»
en coton, passementerie de coton	»
Bijouterie et orfévrerie	Caisses.
Bimbeloterie	C/s, balles ou fut.
Boutons	»
Cheveux ouvrés	»
Chicorée moulue	»
Chiques en pierre	Caisses ou futailles.
Cuivre et laiton battu, laminé, filé	»
« doré et argenté, battu, tiré, laminé, filé, ouvré	Caisses.
Ouvrages en cuivre	Caisses ou futailles.
Chromates de plomb, de potasse et autres produits chimiques, non liquides, prohibés, non spécifiés au tarif	Caisses.
Cire blanche ouvrée	»
Cire à cacheter	C/s, balles ou fût
Chocolat	C/s, balles ou fût.
Chapeaux de paille, d'écorce, etc., et de fibres de palmier	»
Cartons, livres, papiers, cartes à jouer et géographiques, gravures, musique gravée, lithographies	Caisses ou balles.
Cordages	C/s, balles ou fût.
Corail taillé, non monté	Caisses.
Caractères d'imprimerie	Caisses ou futailles.
Coutellerie	Caisses ou futailles.
Dentelles de lin	Caisses ou balles.
Effets à usage	C/s, balles ou fût.
Etain et bismuth battu, laminé, ouvré	Caisses ou futailles.
Etiquettes gravées, imprim. ou coloriées	»
Fer en barres	»
« ouvré, de toutes sortes, tôle, filé	»
Fer-blanc (1)	Caisses.
Fils de coton, laine et autres prohibés	Caisses ou balles.
« autres de toutes sortes	C/s, balles ou fût.
Chapeaux et schakos de feutre	Caisses.
Feutres à doublage, et ouvrages en feutre	Caisses ou balles.
Fluides et liquides de toutes sortes, autres que les produits chimiques et médicaments, et notamment beurre, bitumes, boissons, confitures, couleurs, mélasse, miel, sauf celui à l'état concret, sirops, sorbets, teinture et vernis	En bouteilles, cruchons ou estagnons seulement.
Instrum. aratoires, d'optique, calcul, observat., chirurgie, chimie, musique	Caisses ou futailles.
Hameçons	C/s, balles ou fût.
Horlogerie	Caisses ou futailles.
Huiles d'olive, de colza, de coco, de navette, d'œillette, de lin, etc.	En bout., cruchons ou estagn. seulem.
Livres, sauf les contrefaçons, gravures et lithographies	Caisses ou balles.
Liége ouvré	»
Médicam. composés autres que les liquides	Caisses.
Marbre sculpté, moulé ou poli	Caisses ou futailles.
Miroirs grands, verres à lunettes, à cadrans, taillés	
« ou polis	Caisses.
« petits, verres à lunettes, à cadrans, bruts, verrerie de toute sorte	Caisses ou futailles.
Monnaies	»
Machines, mécaniques	C/s, balles ou fût.
Mercerie	»
Modes (ouvrages de)	Caisses.
Meubles	Caisses ou balles.
Or battu, tiré, laminé, filé sur soie	Caisses.
Ouvrages en fer, en acier, en tôle, en fer-blanc, en cuivre, en plomb, en bois	Caisses ou futailles.
Outils	»
Objets de collection	C/s, balles ou fût.
Orfévrerie et bijouterie	Caisses.
Papiers de toutes sortes	Caisses ou balles.
Parapluies	»
Plomb battu, laminé et ouvré, autre qu'en balles de calibre	Caisses ou futailles.
Produits chimiques, non liquides, prohibés, non spécifiés au tarif	Caisses.
Poterie de grès fin ou de terre de pipe	Caisses ou futailles.
Porcelaines	Caisses ou futailles.
Peaux préparées ou ouvrées	Caisses ou balles.
Pelleteries ouvrées	C/s, balles ou fût.
Plaqué	Caisses ou futailles.
Savons blancs, rouges, marbrés, parfumés de toutes sortes	Caisses.
Sellerie	Caisses ou futailles.
Tissus de lin, de chanvre, y compris les mouchoirs, le linge, batiste et linon, dentelles et tulles de lin	Caisses ou balles.
Tissus de laine en pièces	Caisses ou balles.
« bonneterie, passementerie, rubannerie	C/s, balles ou fût.
« de poil, de crin, châles et autr. tissus	Caisses ou balles.
« bonneterie	C/s, balles ou fût.
« de soie, bourre de soie et fleuret	Caisses ou balles.
« de coton en pièces	»
« d'écorce	»
Tabletterie	C/s, balles ou fût.
Toiles métalliques	Caisses ou fût.
Verrerie (autres que grands miroirs, verres à lunettes, à cadrans, polis et taillés), vitrifications	Caisses ou futailles.
Verrerie, grands miroirs, verres à lunettes, à cadrans, polis et taillés, vitrifications	Caisses.
Vannerie	C/s, balles ou fût.
Zinc laminé	Caisses ou futailles.
« ouvré	Caisses.

Nota. Le double emballage sur Paris peut être formé d'une toile placée sur la corde du premier plomb, 1° pour les chapeaux de fibres de palmier, les machines en caisses de fortes dimensions; 2° pour les effets à usage et les marchandises de retour, ces deux derniers dirigés seulement sur la douane de Paris Lettre, Paris, 28 mars 1839).

(1) Le prélèvement d'échantillons est substitué au mode actuel du plombage des tôles et fers-blancs.

TABLEAU *des marchandises auxquelles sont accordées des primes d'exportation.*

DÉSIGNATION DES SUCRES RAFFINÉS dont LES PRODUITS SONT ADMIS AU DRAWBACK.	QUOTITÉ DES DROITS par 100 kilogr. de sucre non raff. (Le décime non compris.)	QUOTITÉ DES DROITS PAR 100 K. DE SUCRE RAFFINÉ. Mélis ou candi. (Rendement de 75 p. 100.)	Lumpa ou tapé. (Rendement de 78 p. 100.)
	fr. c.	fr. c.	fr. c.
SUCRES français au premier type (1).			
des colonies au delà du cap de Bonne-Espérance	39 00	62 40	60 00
des colonies d'Amérique	42 00	67 20	64 60
SUCRES étrangers au premier type (1).			
de la Chine, de la Cochinchine, de Siam et des Philippines	45 00	72 00	69 23
des autres contrées de l'Inde	47 00	75 20	72 31
d'ailleurs, hors d'Europe	50 00	80 00	76 92

AUTRES PRODUITS.	UNITÉS sur lesquelles portent les primes.	QUOTITÉ DE LA PRIME.	
		Remboursement des droits d'entrée de :	
PEAUX (c) ou CUIRS tannés, corroyés ou autrement apprêtés, teints ou vernis	100 kil.	100 k. de peaux brutes.	
mégis, chamoisées ou maroquinées	id.	200 k. dito.	
SAVONS blancs ou marbrés, composés d'alcalis et d'huile d'olive ou de graines grasses, pures ou mélangées de graisses animales (2). 1° L'huile entrant pour moitié au moins dans le mélange des corps gras	id.	8 f. 20 c	
2° L'huile entrant pour moins de moitié dans le mélange des corps gras	id.	6 »	
SAVONS de graisses animales. 3° Pures	id.	6 »	
4° Mélangées de résine	id.	4 »	
SAVONS d'huile de palme ou de coco mélangés de graisses animales ou de résine	id.	4 »	
SAVONS de couleur, composés d'huiles de graines et de graisses animales	id.	6 »	
PLOMB battu, laminé ou autrement ouvré	id.	102 k. de plomb brut.	
LAITON battu, laminé ou autrement ouvré	id.	90 k. de cuivre brut.	
CUIVRE battu, laminé ou autrement ouvré	id.	100 k. dito.	
SOUFRE (3) épuré ou sublimé	id.	133 k. 33 de soufre brut	
ACIDE nitrique (a) à 34 degrés	id.	5 fr. » c.	
sulfurique à 64 degrés	id.	» 20 c.	
CHAPEAUX de paille, d'écorce et de sparterie	le nombre.	les droits d'entrée.	
BEURRE salé exporté par mer (4), première classe	id.	1 20	
deuxième classe	id.	0 80	
APPAREILS de 100 chevaux au moins (chaque cheval de force estimé à 300 kil. de fonte), placés à bord des navires français employés à la navigation maritime	id.	4 f. 80 c.	
APPAREILS quelle qu'en soit la force, installés à bord des navires français employés à la navigation internationale maritime	id.	35 »	
		(b) 1re classe.	2e classe.
		fr. c.	fr. c.
VIANDES salées exportées par mer… bœuf ou porc (5), 100 kil.	id.	4 —	3 —
lard en planches id.	id.	3 20	2 70
jambons id.	id.	3 —	2 50
SEL ammoniac (6)	id.	16 f. » c.	
FILS DE LAINE (7).			
Fils de laine pure, dégraissés, communs, de 2 à 4 fr. 50 le kil. inclusivement	id.	40 »	
moyens, de plus de 4 fr. 50 c. à 6 fr. 50 c. le kil. inclusivement	id.	70 »	
fins, de plus de 6 fr. 50 c. le kil	id.	100 »	
Non dégraissés.			
communs, de 1 fr. 60 c. à 3 fr. 60 c. le kil. inclusivement	id.	32 »	
moyens, de plus de 3 fr. 60 c. à 5 fr. 20 c. le kilog. inclusivement	id.	50 »	
fins, de plus de 5 fr. 20 c. le kil	id.	80 »	
de laine fine et de soie, contenant au moins 85 % de laine.	id.	90 »	
de laine fine et de bourre de soie ou d'autres substances, contenant au moins moitié laine	id.	60 »	
de laine et coton, où la laine ne domine pas	id.	25 »	

NOTES.

(1) Les certificats d'origine délivrés par les raffineurs doivent, avant d'être admis en douane, être visés par deux membres du jury spécial, institué par la loi du 27 mars 1817.

Les quittances ne seront admises pour la prime qu'autant qu'elles n'auront pas plus de 6 mois de date, et que les droits ont été acquittés pour des sucres importés *en droiture*, par navires français des pays hors d'Europe.

(2) Il n'est pas nécessaire de produire les quittances des sommes payées à l'entrée sur les matières étrangères.

Sont exclus de la prime les savons contenant plus de 35 p. 100 d'eau, ou plus de 2 p. 100 de matières insolubles.

Cette disposition est applicable aux savons d'huile de palme et de coco.

(3) Les soufres qui jouissent de la prime sont dispensés du plombage.

(4) Les viandes et beurres salés doivent acquitter les droits de sortie, à moins qu'ils ne soient embarqués pour nos colonies ou sur navires français à titre de provisions.

(5) Pour les viandes salées de première classe, la saumure doit être à 25, 26 ou 27 d.; pour celles de deuxième classe, il suffit qu'elle soit à 19 ou 20 d.

(6) Il doit toujours acquitter les droits de sortie.

(7) Ne sont admis aux primes de sortie que les fils de laine, purs ou mélangés, dont les quantités donnent ouverture à une allocation de prime de 10 fr. au moins.

(*a*) Les acides devront être expédiés directement des fabriques françaises, accompagnés de certificats d'origine réguliers, sur un des bureaux autorisés à recevoir les déclarations de marchandises jouissant de primes.

(*b*) La première classe comprend les viandes embarquées à destination des pays transatlantiques, des colonies et comptoirs français ou la pêche de la morue et de la baleine.—La deuxième classe, celles embarquées à destination, 1° des pays étrangers d'Europe, les possessions françaises du nord de l'Afrique, le Levant, l'Égypte et les États Barbaresques de la Méditerranée; 2° Les exportations par la frontière de terre des Pyrénées.

(*c*) Les peaux préparées en Corse jouissent du bénéfice de la prime à leur exportation par le bureau de Bastia.

DÉSIGNATION DES PRODUITS.	UNITÉS sur lesquelles portent les primes.	QUOTITÉ DES PRIMES.	NOTES.
Soude brute à 53 degrés au moins	100 kil.	4 f. 35 c.	
Cristaux de soude	id.	4 35	
Sulfate de soude anhydre	id.	6 00	
Sulfite de soude anhydre	id.	6 00	
Sel de soude à 80 degrés	id.	11 00	
Acide hydrochlorique à 20 degrés	id.	3 00	
Chlorure de chaux à 85 degrés au moins	id.	10 00	
Chlorate de potasse	id.	60 00	
— de magnésium	id.	4 00	(1) Ne seront admis aux primes de sortie que les tissus de laine pure ou mélangés dont les quantités donneront ouverture à une allocation de 10 fr. de prime au moins. Les tissus de laine dans lesquels l'emploi du coton ne dépasse pas 5 % sont traités comme tissus de pure laine, sauf déduction du poids du coton. Cette disposition s'applique aux tissus de laine mélangés dans la même proportion de poil de chèvre ou de chameau. La même mesure est applicable à la bonneterie de laine mélangée de soie, sous la défalcation du poids de la soie.
Glaces ou grands miroirs	le mètre de s.	1 00	
Gobeleterie, verres à vitres et autres verres blancs	100 kil.	3 20	
Bouteilles	id.	1 25	
Outremer factice	id.	11 00	
Fils et tissus de coton purs ou mélangés de déchets de coton	id.	25 00	
Ouates	id.	25 00	
TISSUS DE LAINE (1).			
Tissus feutres, bonneterie et passementerie de pure laine.			
Draps et casimirs, tissus similaires et feutres, — communs, de 4 à 9 f. le kil. inclusivement	id.	70 00	
moyens, de plus de 9 à 18 f. inclusivement	id.	105 00	
fins, de plus de 18 f. le kil	id.	150 00	
Tissus légers, — communs, de 3 fr. à 8 fr. le kil. inclusivement	id.	60 00	
moyens, de 8 f. à 15 f inclusivement	id.	85 00	
fins, de plus de 15 f. le kil	id.	110 00	
Couvertures et molletons, — communs, de 2 f. 50 à 6 f. 50 le kil. inclusivement	id.	45 00	
moyens, de plus de 6 f. 50 à 10 f.	id.	55 00	
fins, de plus de 10 f. le kil	id.	65 00	
Bonneterie orientale, — commune, de 10 à 15 f. le kil. inclusivement	id.	120 00	
moyenne, de plus de 15 à 25 f.	id.	135 00	
fines, de plus de 25 f. le kil	id.	150 00	
Bonneterie ordinaire, tapisseries fines, passementeries et tapis de pure laine, — communs, de 3 à 8 f. le kil. inclusivement	id.	55 00	
fins, de plus de 8 f. le kil	id.	100 00	
Tissus mélangés de laine et d'autres matières.			
Tissus de coton ou de fil; de poil de chèvre ou de chevreau, avec ou sans addition de soie, la laine formant plus de moitié du mélange, et valant au moins 3 f. le kil	id.	35 00	
Tissus de coton seulement, la laine ne formant pas plus de moitié du mélange, et valant au moins 2 f. 50 le kil	id.	25 00	
Tissus de laine et de soie contenant au moins 75 % de laine	id.	90 00	
Tissus de laine et de bourre de soie contenant au moins 60 % de laine	id.	65 00	
Châles		Comme les tissus dont ils sont formés, avec addition pour les châles brochés de 30 % si le brochage couvre au moins un quart de la surface du tissu, et de 60 % s'il s'étend sur les trois quarts au moins de cette surface.	
Vêtements confectionnés (2)		Comme les tissus de laine purs ou mélangés dont ils sont formés.	(2) Ne sont admis à la prime que lorsque les tissus dont ils sont formés sont en quantité suffisante pour donner ouverture à une allocation de dix francs au moins.

TABLEAU *des marchandises exclues du transit, et qui ne peuvent être dirigées sur les entrepôts de l'intérieur.*

Armes de guerre (à moins d'autorisations spéciales).
Fonte de fer (idem).
Produits chimiques et médicaments.
Contrefaçons en librairie.
Limailles non emballées

Marne non emballée.
Matériaux non emballés, sauf les ardoises belges.
Minerais non emballés.
Munitions de guerre (à moins d'autorisation spéciale).
Produits chimiques liquides et charrée non emballée.

TABLEAU *des bureaux ouverts aux opérations de primes.*

PREMIÈRE SECTION. — BUREAUX QUI PEUVENT SEULS RECEVOIR LES PREMIÈRES DÉCLARATIONS ET DÉLIVRER LES EXPÉDITIONS DE SORTIE.

DIRECTIONS.	BUREAUX.	OBSERVATIONS.
Dunkerque	Dunkerque.	Y compris les sucres.
	Bailleul, Armentières.	
Lille	Turcoing.	
	Lille.	id.
	Roubaix.	
Valenciennes	Valenciennes.	id.
	Feignies.	
	Jeumont.	
Charleville	Givet, Sedan.	
Metz	Metz.	id.
	Longwy, Thionville (station), Apach, Forbach, Sarreguemines, Metz.	
Strasbourg	Strasbourg, Saint-Louis et Mulhouse	id.
	Wissembourg, Colmar, Lauterbourg, Delle.	
Besançon	Besançon.	Les sucres seulement.
	Le Villers, Les Pargots, Les Verrières-de-Joux, Jougne.	
Bourg	Les Rousses, Bellegarde, Saint-Blaise, Culoz.	
Grenoble	Pont-de-Beauvoisin, Entre-deux-Guiers, Chapareillan.	
Digne	Montgenèvre, Briançon.	
	Barcelonnette	Pour les draps seulement.
Toulon	Saint-Laurent-du-Var.	
	Cannes, Antibes	Pour les savons seulement.
	Toulon	Y compris les sucres.

DIRECTIONS.	BUREAUX.	OBSERVATIONS.
Marseille	Marseille.	Y compris les sucres.
	Arles.	
Montpellier	Montpellier, Agde.	
	Cette	id.
Perpignan	Port-Vendres, Perpignan.	
Tarbes	Vielle, Argelès.	Pour les tissus de coton seulement.
	Toulouse	
	Ax (Ariége).	Pour les fils et tissus de coton.
Pau	Bedoux, Oloron, S.-Jean-Pied-de-Port, Bayonne.	
Bordeaux	Bordeaux.	Y compris les sucres.
La Rochelle	Rochefort.	
	La Rochelle.	id.
Nantes	Nantes, Saint-Nazaire.	id.
Vannes	Vannes, Lorient.	
Brest	Brest, Morlaix	id.
Saint-Brieuc	Le Légué, Granville.	
	Saint-Malo	id.
Saint-Lô	Cherbourg.	
Caen	Caen, Honfleur.	id.
Rouen	Rouen.	id.
Le Havre	Le Havre, Dieppe	id.
	Fécamp.	
Boulogne	Saint-Valery-sur-Somme, Abbeville.	
	Boulogne.	id.
	Calais.	
Paris (inspection)	Paris, Lyon, Orléans.	id.
	Nimes.	

DEUXIÈME SECTION. — BUREAUX QUI PEUVENT SEULS CONSTATER LE PASSAGE DES MARCHANDISES DE PRIMES A L'ÉTRANGER.

DIRECTIONS.	BUREAUX.	OBSERVATIONS.
Dunkerque	Dunkerque.	Y compris les sucres, le sel ammoniac et les savons d'hle de palme et de coco.
Lille	Pont-Rouge, Biscontout.	
	Halluin.	Y comp. le sel ammoniac.
	Turcoing, Roubaix, Baisieux.	
Valenciennes	Condé-par-Lecoq.	Pour les tissus de laine seulement, non compris la bonneterie.
	Feignies.	Les sucres exceptés.
	Bavay-par-Bellignies.	
	Blancmisseron	(Voir Dunkerque.)
	Valenciennes.	id.
	Coursolre.	Les tissus de laine seulem.
Charleville	Givet, Givonne.	
Metz	Longwy.	Les sucres compris.
	Grosbiederstroff, Frauenberg, Thionville (station), Apach.	id.
	Forbach.	(Voir Dunkerque.)
Strasbourg	Vissemb., Lauterb., Huningue, île de Paille, La Wantzenau et St-Louis.	id.
	Delle et Kehl	Les sucres compris.
Besançon	Le Villers, Verrières-de-Joux, Jougne.	id.
	Besançon et les Fourgs.	
Bourg	Les Rousses, Seyssel, Bellegarde, St-Blaise et Culoz	id.
Grenoble	Entre-deux-Guiers et Chapareillan	id.
	Pont-de-Beauvoisin	(Voir Dunkerque.)
Digne	Montgenèvre, Larche.	
Toulon	Saint-Laurent-du-Var.	
	Cannes et Antibes	Pour les savons seulement.
	Toulon	Y compris les sucres.

DIRECTIONS.	BUREAUX.	OBSERVATIONS.
Marseille	Marseille	(Voir Dunkerque.)
Montpellier	Cette, Agde.	Y compris les sucres.
Perpignan	Port-Vendres.	Y compris les sucres.
	Bourg-Madame et Le Perthus.	
	Osséja.	Les tissus de coton seulement.
Tarbes	Bagnères-de-Luchon.	id.
	Arragnouet, Gavarnie.	id.
	Hospitalet, (Ariége)	Les fils et tissus de coton.
Pau	Gabas.	Les fils et tissus de laine de toute sorte.
	Lescun.	
	Larrau, Les Aldudes	Les tissus de coton seulement.
	Urdos, Arneguy, Ainhoa, et Behobie.	Y compris les sucres.
	Olhette, St-Jean-de-Luz.	
	Bayonne	Y comp. le sel ammoniac.
Bordeaux	Pauillac.	(Voir Dunkerque.)
La Rochelle	Rochefort	
	La Rochelle	Y compris les sucres.
Nantes	Paimbœuf, Saint-Nazaire.	(Voir Dunkerque.)
Vannes	Vannes, Lorient.	
Brest	Brest et Morlaix	Y comp. les sucres.
Saint-Brieuc	Saint-Malo	id.
	Le Légué et Granville.	
Saint-Lô	Cherbourg.	
Caen	Caen et Honfleur.	id.
Rouen	Quillebœuf.	(Voir Dunkerque.)
Le Havre	Le Havre.	id.
	Fécamp.	
	Dieppe	Y compris les sucres.
Boulogne	Saint-Valery-sur-Somme.	
	Boulogne.	id.
	Calais.	Y compris les sucres et les savons d'huile de palme et de coco.

TABLEAU *des marchandises étrangères qui peuvent être expédiées des entrepôts réels de France à destination du Sénégal, sous le payement du seul droit de réexportation.*

Coreaux ouvrés, couteaux de traite, flacons de verre, verroterie, grosse quincaillerie (1), tabac à fumer du Brésil, toiles dites guinées et autres toiles à carreaux des Indes, lorsque ces toiles ont été importées en France par navires français (2); cauris, pipes de Hollande, platilles de Breslau, vases de cuisine venant de Saxe, barbuts, moques de faïence bariolées, poterie d'étain, rhum, tafia, féverolles de Hollande, neptunes, bassins, chaudrons, baquettes, manilles, trompettes, cuivre rouge, clous de cuivre, verges rondes et barres plates, plomb de deux points; gros carton brun de 43 à 49 cent. sur 119 à 130 cent.; bonnets de laine, grelots, clochettes en métal, baiettes, tabacs en feuilles (3), petits miroirs d'Allemagne, ambre ou suin, fusils et sabres de traite (3); fusils de chasse autres que de luxe (4); denrées coloniales provenant de nos Antilles, de la Réunion ou de Cayenne; fers et aciers bruts (5), poudres à tirer (6), sucres bruts étrangers.

(1) Y compris les fléaux de balances, les limes communes, les étrilles, étaux grossiers, enclumes.

(2) Celles dans d'autres conditions payent 5 fr. par pièce, quel qu'en soit l'aunage.

(3) Les cigares étrangers jouissent du même privilége.

(4) Les fusils de traite et ceux de chasse, autres que de luxe, doivent valoir 11 fr. au moins dans les fabriques étrangères. — Quant aux armes de luxe, elles doiven avoir acquitté en France le droit d'importation.

(5) Ces métaux sont admis au Sénégal en franchise lorsqu'ils y arrivent par navires français, n'importe de quelle provenance que ce soit.

(6) Il en est de même des poudres à tirer.

TABLEAU *des villes où sont établis des entrepôts de douanes.*

DIRECTIONS.	VILLES.	NATURE DES ENTREPOTS.	OBSERVATIONS.
		ENTREPOTS MARITIMES.	
Toulon	Toulon.	Réel pour les marchandises non prohibées. Fictif.	
	Cannes.	Réel. Id.	N'est pas encore ouvert.
Marseille	Marseille.	Réel pour toutes marchandises. Fictif.	
	Arles.	Réel pour les marchandises non prohibées. Fictif.	Interdiction de réexportation par mer.
Montpellier	Cette.	Réel pour toutes marchandises. Fictif.	
	Agde.	Réel pour les marchandises non prohibées. Fictif.	
Perpignan	Port-Vendres	Réel. Id. Fictif.	
Pau	Bayonne.	Réel pour toutes marchandises. Fictif.	
Bordeaux	Bordeaux	Réel Id. y compris les sucres indigènes. Fictif.	
La Rochelle	Rochefort	Réel pour les marchandises non prohibées.	
	La Rochelle	Réel pour toutes marchandises. Fictif.	
	Saint Martin, île de Ré.	Réel pour les marchandises non prohibées, sauf celles dénommées en l'article 22 de la loi du 28 avril 1816.	La durée de l'entrepôt est limitée à six mois.
Nantes	St-Nazaire	Réel pour toutes les marchandises	N'est pas encore ouvert.
	Nantes.	Réel pour toutes les marchandises. Fictif.	
Vannes	Vannes.	Fictif.	
	Lorient.	Réel pour les marchandises non prohibées. Fictif. Spécial pour les tabacs.	
Brest.	Brest.	Fictif.	
	Roscoff.	Spécial pour l'eau-de-vie de grains dite de genièvre, le tafia des colonies françaises, le thé et le raisin de Corinthe.	
	Morlaix	Réel pour les marchandises non prohibées. Fictif. Spécial (comme Roscoff), plus les tabacs.	
Saint-Brieuc	Le Légué.	Réel pour les marchandises non prohibées. Fictif.	
	Binic.	Id. Id.	
	Saint-Servan.	Réel pour toutes marchandises. Fictif. Id. Id.	
	Saint-Malô.	Spécial (comme Roscoff).	
	Granville.	Réel pour marchandises non prohibées. Fictif. Id Id.	
Saint-Lô.	Cherbourg	Spécial (comme Roscoff), plus les foulards, les croisés des Indes, les crêpes de Chine.	
Caen.	Caen	Réel pour toutes marchandises. Fictif.	
	Honfleur.	Id. Id. et pour les sucres indigènes. Fictif.	
Rouen.	Rouen	Réel pour toutes marchandises. Fictif.	
Le Havre	Le Havre.	Réel pour toutes marchandises, y compris les sucres indigènes. Fictif .	
	Fécamp	Réel pour toutes marchandises. . . . . Réel pour toutes marchandises. Fictif.	N'est pas encore ouvert.
Boulogne	Dieppe.	Spécial (comme Morlaix).	
	St-Valery-s.-Somme. .	Réel pour toutes marchandises. Fictif.	
	Abbeville	Réel pour les marchandises non prohibées. Fictif.	
	Boulogne.	Réel pour toutes marchandises. Fictif.	
	Calais	Id. Id. Spécial (comme Cherbourg.)	
Dunkerque	Gravelines.	Réel pour marchandises non prohibées. Spécial (comme Cherbourg).	
	Dunkerque.	Réel pour toutes marchandises. Fictif. Spécial (comme Cherbourg).	
		ENTREPOTS A L'INTÉRIEUR ET AUX FRONTIÈRES DE TERRE.	
Valenciennes	Valenciennes	Réel pour toutes les marchandises et pour les sucres indigènes,	
	Douai	Réel pour les sucres indigènes.	
	Arras	Id. Id.	
	Saint-Quentin	Réel pour toutes les marchandises et les sucres indigènes.	
Besançon	Besançon.	Réel pour toutes les marchandises.	
Pau	Sainte-Marie (B.-P.) .	Id. Id.	
	Nîmes	Id. Id.	
	Avignon	Réel pour les marchandises non prohibées.	

TABLEAU DES MARCHANDISES

ADMISES AU BÉNÉFICE DE L'IMPORTATION TEMPORAIRE,

En vertu de l'article v de la loi du 5 juillet 1836, pour recevoir en France un complément de main-d'œuvre, ou y subir même une entière transformation.

NATURE des MARCHANDISES.	ÉTAT dans lequel elles doivent être représentées.	RENDEMENT OBLIGATOIRE.	DÉLAI pour la représentation.	OBSERVATIONS.
Blé, froment, sans distinction d'espèce ni d'origine	farine blutée à 10 p. 100.	90 p. 100.	20 jours.	On ne peut pas entrer moins de 15,000 kil.
	farine blutée à 20 p. 100.	80 p. 100.	id.	
	farine blutée à 30 p. 100.	70 p. 100.	id.	Les droits sont acquittés sur les sons.
Carbonate de potasse	prussiate de potasse.	50 kil. prussiate rouge.	6 mois.	Pour 100 k. de potasse importés.
Potasse	cristallisé.	100 kil. prussiate jaune.	6 mois.	Pour 140 k. id.
Chanvres bruts, teillés ou en étoupes.	cordages ou cordes.	poids pour poids.	6 mois.	
Chapeaux de paille grossiers	apprêtés et garnis.	aucun déchet.	6 mois.	
Cylindres en cuivre, unis	cylindres gravés.	id.	40 jours.	Il est alloué 1 k. 1/2 par cylind. p. déch.
Débris de vieux ouvrages en fonte, fer ou tôle provenant de machines à vapeur de navires étrangers venant se faire réparer en France	chaudières neuves.	id.	id.	Les déchets constatés à la sortie entraînent le payement du simple droit d'entrée.
Étain brut, en saumon	en lingot de 1 à 2 k.	poids pour poids.	6 mois.	
Fontes brutes, Fers en barres carrées, plates ou rondes. — Aciers en barres. —Cuivre laminé, pur ou allié. —Tôles et cornières.	navires et bateaux en fer, machines et appareils, soit pour l'établissement ou le service des chemins de fer, soit pour les constructions ou fabrications industrielles ou civiles en métaux.	poids pour poids.	6 mois.	Voir et consulter, pour les conditions d'admission qui sont restrictives, pour les obligations imposées aux maîtres de forges, constructeurs et fabricants, pour les conditions de réexportation, le décret du 17 octobre 1857, *Moniteur* du 20 même mois, et la circulaire nº 504.
Fer laminé	galvanisé.	poids pour poids.	2 mois.	
Foulards de soie, écrus	imprimés.	id.	3 mois.	
Fruits oléagineux. Arachides	huile.	32 p. 100.	6 mois.	
Garance en racine. . verte	garance moulue.	14 p. 100	6 mois.	
Garance en racine. . sèche	id.	80 p. 100.	6 mois.	
Gommes du Sénégal	triées et assorties.	poids pour poids	4 mois.	Tout manquant excédant 25 p. 100 donne lieu à l'application des pénalités prononcées par la loi du 5 juillet 1836.
Graines de colza	huiles de colza.	36 p. 100.	6 mois.	
Graines de lin	de lin.	30 p. 100.	6 mois	
Graines de sésame	de sésame.	50 p. 100.	6 mois.	
Graines d'œillette	huile.	36 p. 100.	6 mois.	
Graines de moutarde blanche	huile.	33 p. 100.	6 mois.	
Graines de moutarde noire	id.	34 p. 100.	6 mois.	
navette	id	30 p. 100.	6 mois.	
Huiles brutes de graines gr.	épurée.	98 p. 100	3 mois.	
Huiles brutes d'olives	id.	98 p. 100.	6 mois.	
Iode	iode raffiné.	100 k.	3 mois.	Par 100 k. d'iode brut introduit.
	iodure de potassium.	127 kil. 440 grammes.	3 mois.	
Liége brut	liége façonné.	80 p. 100	6 mois.	
Marchandises ou objets destinés à être réparés en France			6 mois.	
Montres destinées à être repassées à Paris.				
Ouvrages en fer ou en tôle	galvanisés.	poids pour poids.	2 mois.	
Planches de pin ou sapin	caisses.	id.	2 mois.	
Plomb en saumons	en lingots de 1 à 2 k.	id.	6 mois.	
Plomb brut	litharge ou minium.	105 p. 100.	6 mois.	
Riz en grains, importé des pays hors d'Europe	décortiqué ou nettoyé.	97 p. 100.	2 mois.	On ne peut entrer moins de 1000 k.
Suif brut (graisses de bœuf et de mouton)	bougies stéariques, acide oleïque. acide stéarique. chandelles.	soit 100 k. de bougies, soit 50 k. de bougies, et 50 k. d'acide oleïque pour 100 k. de suif. 100 k.	4 mois.	Par 100 k. de suif brut admis.
Tartre brut	crème de tartre.	83 k.	6 mois.	
Tartre en cristaux colorés	acide tartrique.	59 k.	6 mois.	
Zinc brut ou en saumon	laminé.	95 p. 100.	3 mois.	

TARIF DES DOUANES FRANÇAISES,

INDIQUANT LA NOMENCLATURE GÉNÉRALE DES MARCHANDISES SOUMISES AUX DROITS D'ENTRÉE ET DE SORTIE ET LE MONTANT DES DROITS A PERCEVOIR SUR CHACUNE D'ELLES.

N. B. Les lettres B et N, qui figurent dans la colonne *Unités sur lesquelles portent les droits*, ont pour objet d'indiquer si la taxe doit être prélevée sur le poids *brut* ou sur le poids *net*. La première de ces lettres est relative à l'entrée, la seconde à la sortie : ainsi, le double signe BB veut dire que l'objet auquel il se rapporte paye au brut à l'entrée et à la sortie ; le signe NB, qu'il paye au net à l'entrée, et au brut à la sortie ; ainsi de suite.

A la fin du tableau des droits, se trouvent, comme appendices au tarif, 1° le Tableau des dispositions relatives à l'île de Corse ; 2° le Tableau des dispositions relatives à l'Algérie ; et 3° celui concernant les Etats Sardes.

DÉNOMINATION DES MARCHANDISES.	UNITÉS sur lesquelles portent les DROITS.	DROITS D'ENTRÉE par navires français.		DROITS D'ENTRÉE par navires étrangers et par terre.		DROITS de SORTIE.	
		F.	C.	F.	C.	F.	C.
Ablette. *V.* Ecailles d'ablette.							
Absinthe. *V.* Herbes médicinales.							
Acacia (gomme d'). *V.* Gomme pure exotique (1).							
(suc extrait du fruit de l'). *V.* Sarcocolle, kino, et aut. sucs végét. dessèc. non dén.							
(gousse d'). *V.* Gousses tinctoriales.							
Acajou. *V.* Bois d'ébénisterie.							
(gomme d'). *V.* Gommes pures exotiques.							
(noix et pommes d'). *V.* Fruits médic. à dénommer.							
Acetate. *V.* Sels.							
Acide arsénieux (arsenic blanc)	100 k. BB	1		1	10		
benzoïque des pays hors d'Europe	100 k. NB	10		25			
d'ailleurs	id.	15		25			
borique	100 k. BB		25		25		
citrique, jus de citron et de limon, naturel, des colonies françaises	id.	exempt.					
d'ailleurs au-dessous de 35 degrés	1 k. BB		01		05		
au-dessus de 35 degrés	1 k. 12	1	50	1	60		
citrate de chaux	id.	0	01	0	05		
cristallisé	1 k. NB	1	50	1	60		
hydrochlorique (acide muriatique, acide marin ou esprit de sel)	100 k. NB	62		67	60		
hydrochloronitrique (acide nitro-muriatique ou eau régale)	id.	62		67	60		
nitrique (eau-forte, esprit de nitre)	id.	90	60	98	60		
oléique (2), de l'Inde	100 k. BB	2	00	8	00		
d'ailleurs	id.	5	00	8	00		
phosphorique	100 k. NB	62		67	60		
stéarique en masse	id.	25		27	50		
ouvré	id.	35		38	50		
sulfurique (acide vitriolique, esprit ou huile de vitriol) (3)	id.	41		45	10		
tartrique et oxalique	id.	70		76			
autres non repris au tarif	100 k. B	prohibés.		prohibés.			
Acier (fer carburé). *V.* Fer.							
Acier sauvage (fonte de Styrie.) *V.* Fontes brutes.							
Adipocire. *V.* Blanc de baleine.							
Adragante. *V.* Gomme pure exotique.							
Agaric de chêne ou amadouvier, brut	100 k. BB	exempt.		exempt.			
préparé (amadou)	id.	13		14	30		
blanc ou du mélèse	id.	exempt.		exempt			
Agates brutes (4)	id.	exemptes.		exemptes.			
ouvrées, chiques	id.	20		22			
autres (5)	1 k. NB	2		2	20		
Agneaux (6)	par tête.		10		10		
Agnus-castus (graine d'). *V.* Fruits médicin. à dén.							
Agrafes en fil de cuivre ou de fer même étamées. *V.* Mercerie commune.							
en cuivre doré ou argenté. *V.* ouvrages en cuivre non dénommés.							
Agrès et apparaux de navire. *V.* Embarcations.							
Aiguilles à coudre, ayant de longueur (7) :							
4 centimètres ou moins	1 k. NB	8		8	80		
de 4 cent. excl. à 5 cent. inclus.	id.	5		5	50		
plus de 5 centimètres	id.	2		2	20		
Aimant (pierre d'). *V.* Pierres ferrugineuses.							
Airain. *V.* Cuivre allié d'étain (8).							
Alana ou tripoli. *V.* Pierres servant aux arts et mét.							
Albatre brut	100 k. BB	1		3	50		
sculpté moulé ou poli	la valeur.	15 p. °/o.		15 p. °/o.			
Albumine. Mêmes droits que la colle-forte.							

NOTES.

(1) La gomme d'acacia comprend toutes les gommes pures qui viennent du Sénégal et des autres parties de l'Afrique et de l'Arabie.

(2) Cette substance a l'apparence d'une graisse fluide, et son odeur approche beaucoup de celle du suif. Sa couleur varie du jaune-paille au jaune-brun. Les employés doivent veiller à ce que, sous le nom d'acide oléique, on n'importe pas des liquides mélangés de graisses de poissons ou d'huiles de graines grasses. — L'oléine est assimilée à l'acide oléique.

(3) Les acides nitrique et sulfurique jouissent d'une prime de sortie.

(4) Cette dénomination est applicable : 1° aux quartz-agates *dits* calcédoine, cornaline, sardoine *ou* sardonyx, prase *ou* chrysoprase, chatoyant *ou* œil-de-chat, onyx ; 2° aux quartz-résinites *dits* œil-du monde, opale, girasol *ou* pierre du soleil, à l'exception du girasol d'Orient, qui est un saphir ; 3° enfin au quartz-jaspe, appelé aussi *jaspe fleuri* ou *jaspe agate*. L'argentine, le jade, l'obsidienne et la prime-brute de grenat sont assimilés aux agates.

(5) Il n'est ici question que d'agates non montées ou montées provisoirement en métal commun. Celles montées sur or ou argent sont tarifées comme bijouterie.

(6) Ne sont admis comme agneaux que les jeunes sujets pesant moins de 8 kilogrammes.
Lorsque la laine des agneaux se trouve avoir plus de quatre mois de croissance, on perçoit, indépendamment des droits afférents aux animaux, le droit de la laine selon l'espèce.

(7) D'après la tarification établie par la loi du 9 juin 1845, c'est la longueur des aiguilles qui détermine seule le droit à appliquer, sauf toutefois en ce qui touche les aiguilles à emballage, à matelas et à voiles, dites *carrelets*, qui demeurent rangées parmi les *Outils de pur acier*.

(8) Bronze, airain, métal de cloche arco ou potin gris, fonte verte ou polozum, sont des dénominations différentes d'un même alliage de cuivre et d'étain à des proportions différentes.

DÉNOMINATION DES MARCHANDISES.	UNITÉS sur lesquelles portent les DROITS.	DROITS D'ENTRÉE par navires français.	DROITS D'ENTRÉE par navires étrangers et par terre.	DROITS de SORTIE.
		F. C.	F. C.	F. C.
ALCALIS potasses (1) des colonies françaises	100 k. NB	3	....	
d'ailleurs hors d'Europe	id.	6	12	
des entrepôts	id.	10	12	
sondes (2)	100 k. BB	26 50	29 10	
cristaux de soude (2)	100 k BB	19	20 90	
natrons (2)	id.	21 50	23 60	
cendres végétales vives (3) ou lessivées (charrée)	id.	exemptes.	exemptes.	
ALCOOL. V. Boissons distillées (4).				
ALIZARI (racines et tiges d'). V. Garance.				
ALLUMETTES. V. Soufre épuré (5).				
ALOÈS (suc d') des pays hors d'Europe (6)	100 k. NB	5	20	
d'ailleurs	id.	10	20	
ALPISTE (7)	100 k. BB	10	11	
ALQUIFOUX et résidu d'. V. Plomb minerai.				
ALTO. V. Instruments de musique.				
ALUN. V. Sels.				
AMADOU. V. Agaric.				
AMANDES. V. Fruits oléagineux.				
AMBRE gris (8)	1 k. NB	62	67 60	
jaune. V. Succin.				
AMER ou bitter (9). V. Liqueurs.				
AMÉTHYSTES. Mêmes droits que le cristal de roche. V. ces mots.				
AMIANTE (sorte de pierre en filets soyeux). V. Pierres et terres servant aux arts à dénommer.				
AMIDON	100 k. BB	21	23 10	
AMMONIAQUE. V. Sels (10).				
AMOMES et Cardamomes des pays hors d'Europe.	100 k. NB	Exempts	20	
des entrepôts (11)	id.	10	20	
AMURCA ou marc d'olive	id.	exempt.	exempt.	
ANANAS (fruits d'). V. Fruits frais exotiques à dén.				
ANCHOIS. V. Poisson de mer.				
ANES et Anesses	par tête.	Exempts.	Exempts.	
ANCRES. V. Embarcations.				
ANGÉLIQUE (herbes, racines, fruits d'). V. Herbes, racines, fruits médicinaux à dénommer.				
ANIMAUX rares. V. Objets de collection (12).				
non dénommés	id.	Exempts.	Exempts.	
ANIS. V. Fruits médicinaux, Badiane ou fruits à distiller, Anis vert.				
ANISETTE. V. Liqueurs.				
ANNEAUX d'or ou d'argent. V. Bijouterie.				
de cuivre. V. Ouvr. en cuivre, selon l'esp.				
d'étain. V. Ouvrages en étain, Poterie.				
de fer. V. Mercerie.				
ANTALE, coquillag. subst. propre à la médecine (13).	100 k. BB	Exempts.	Exempts.	
ANTI-GOUTTE de la Martinique	1 k. NB	2 40	2 60	
ANTIMOINE minerai (14), par nav. franç. et par terre.	100 k. BB	Exempt.	....	
par navires étrangers	id.	....	1 00	
sulfuré	id.	1	3 00	
métallique (15)	id.	26	28 60	
APPARAUX de navire. V. Embarcations.				
APPAREILS à fabriq. les tuyaux de drainage. Mêmes droits que les machines non dénommées.				
ARACHIS ou ARACHIDES, pistache de terre. V. Fruits oléagineux.				
huile. V. Huiles fixes pures, non dénomm.				
ARÇONS de bât ou de selle, non ferrés. V. Ouvrages en bois non dénommés.				
de bât ou de selle, ferrés. V. Sellerie.				
ARDOISES. V. Matériaux.				
ARÉOMÈTRES. V. Instruments de calcul.				
ARGENT faux. V. Cuivre argenté, ou ouvrages en cuivre, selon l'espèce.				
ARGENT vif. V. Mercure natif.				
ARGENT minerai, par navires français et par terre.	100 k. BB	Exempt.	....	
par navires étrangers (16)	id.	....	1 00	
brut, en masses, lingots, ouvrages détruits, etc.	1 k. NN	05	05	100 k. 25c.
battu, tiré, laminé ou filé (17)	1 k. NN	30	33	
ARGENTERIE. V. Orfévrerie.				
ARGILES. V. Matériaux.				
ARISTOLOCHE (Racines et graines d'). V. Racines ou fruits médicinaux à dénommer.				

NOTES.

(1) La dénomination de *potasses*, quant au tarif, comprend tous les salins obtenus du lessivage des cendres, qu'ils soient liquides, simplement desséchés ou calcinés, tels que potasse perlasse ou cendres perlées, guédasse, védasse, casubes, cendres gravelées ou lie de vin, et menu tartre brûlés.

(2) Soudes naturelles, produit de l'incinération des plantes marines; en pains ou morceaux raboteux, d'un gris foncé. Soudes factices, moins compactes que la soude naturelle et de couleur violâtre. — Sels de soude : ont l'aspect de la potasse blanche; leur titre varie de 50 à 80 degrés. — Cristaux de soude, parfaitement blancs; effluris à l'extérieur, ils offrent une cassure vitreuse; leur titre est d'environ 36 degrés. — Natron, espèce de soude d'un blanc sale, presque jaunâtre, d'une grande dureté; n'est admissible que lorsqu'il a 30 degr.

(3) Par cendres végétales *vives* on entend celles de bois, de tabac, de tiges de colza, de fougère, etc. Si ces cendres étaient frauduleusement surchargées d'alcali, ce qu'il est facile de reconnaître à la saveur, elles devraient être traitées comme *potasses*. On y assimile la suie de cheminée *brute*.

Les cendres de tourbe et de houille, ainsi que la charrée ou cendres de bois lessivées, n'étant propres qu'à amender les terres, suivent un autre régime. Les cendres de tourbe sont assimilées aux engrais. Celles de houille sont spécialement tarifées.

(4) On réduit l'eau-de-vie en alcool pur en multipliant le nombre de litres par le nombre de degrés anciens, et en divisant par 100.

(5) Ce sont les allumettes dont on se sert dans le ménage. Quant aux mèches soufrées, à l'usage des tonneliers, elles sont taxées différemment.

(6) On distingue dans le commerce plusieurs espèces d'aloès : le *sucotrin* vrai, d'un rouge jaunâtre peu foncé, transparent et comme vernissé; l'*hépatique* vrai, opaque et de la couleur du foie; du cap de Bonne-Espérance, d'un brun noir avec reflet verdâtre; des Barbades, rougeâtre terne, devenant noir à la surface : a une odeur forte; le *caballin*, noirâtre, opaque, mêlé d'impuretés et de sable.

(7) L'alpiste est une graine de couleur paille, luisante, allongée, et pointue à ses deux extrémités.

(8) Est opaque et d'une couleur grise entremêlée de taches jaunes et noires; il a à peu près la consistance de la cire. Cette substance exhale lorsqu'on la frotte une odeur douce et suave.

(9) Infusion d'oranges amères, de gentiane et de rhubarbe dans l'eau-de-vie : c'est le bitter des Allemands et des Hollandais. Si l'amer est présenté en bouteilles, le droit est dû sur le verre.

(10) Le sel ammoniac a droit à une prime de sortie.

(11) Ce sont les fruits ou semences aromatiques de plusieurs plantes de la famille des amomées. Les principaux sont l'*amome* en grappes : coques de la grosseur d'un grain de raisin, blanchâtres, arrondies, à trois côtes saillantes, légères et membraneuses, divisées en trois loges renfermant un grand nombre de semences aromatiques d'un goût âcre et térébenthacé : le petit et le moyen *cardome* : fruits semblables, mais plus triangulaires et allongés; le grand *cardome*, long de 27 à 41 millimètres, à coque brunâtre; la *graine de paradis* : petites graines isolées, anguleuses, arrondies, rugueuses, luisantes, d'une saveur âcre et brûlante.

(12) Les animaux rares et curieux qui sont conduits par les jongleurs passent en franchise de droits, tant à l'entrée qu'à la sortie.

(13) Coquillage vide en tuyau cannelé de la grosseur d'une plume à écrire, courbé en spirale; il servait autrefois en pharmacie. On lui assimile les *cauris* et tous les autres coquillages vides, qui sont présentés en masse pour cette destination.

Suite des Notes.

(14) Le minerai d'antimoine, pour être admis au droit de 1 fr., doit être importé tel qu'il est extrait de la mine, et avant toute préparation. S'il en était présenté dans tout autre état, c'est le droit de l'antimoine sulfuré qui serait applicable.

(15) Est d'un blanc bleuâtre, brillant comme l'argent et l'étain, lamelleux, très-fragile et facile à pulvériser sous forme de pains orbiculaires, dont la surface offre une espèce de cristallisation disposée en étoile ou en feuille de fougère.

(16) Voir la note relative au minerai d'or.

(17) Cette dénomination comprend les feuilles, traits, lames, paillettes, clinquants, argent filé sur soie, ainsi que les cannetilles.

DÉNOMINATION DES MARCHANDISES.	UNITÉS sur lesquelles portent les DROITS.	DROITS D'ENTRÉE par navires français.	par navires étrangers, et par terre.	DROITS de SORTIE.
		F. C.	F. C.	F. C.
Armes de guerre (1) blanches..................	....	prohibées.	prohibées	prohibées.
à feu portatives..............	....	id.	id.	id.
d'affût en bronze ou en fonte.	....	id.	id.	id.
de chasse, de luxe { blanches......	100 k. NB	400	417 50	
ou de traite (2) { à feu...	id.	200	212 50	
pistolets de poche (3).............	....	prohibés	prohibés.	
Arnica. V. Racin., feuil. ou fleurs méd. à dénom.				
Arquebusade (eau d'). V. Parfumerie, eau de senteur avec ou sans alcool.				
Arrow-root. V. Sagou, auquel elle est assimilée.				
Arséniate de cobalt. V. Sels de cobalt.				
Arséniate de potasse. V. Sels.				
Arsenic (minerai d'), par navir. franç. et par terre.	100 k. BB	Exempt.	....	
par navires étrangers......	id.	....	1 00	
Arsenic blanc (acide arsénieux)................	id.	1	1 10	
métallique...........................	id.	Exempt.	Exempt.	
Artifices (pièces d'). V. Mercerie commune.				
Asphalte. V. Bitumes solides, purs.				
Aspic, lavande. V. Fleurs et fruits médic. à dén.				
Assa Fœtida. V. Résineux exotiques à dénommer.				
Atchars. V. Fruits de table confits sans sucre ni miel (4).				
Autour (écorce d'). V. Curcuma en racines, auquel elle est assimilée.				
Avelines (espèce de noisette) avec leur péricarpe. V. Fruits de table indigènes, frais.				
autrement. V. Fruits oléagineux à dénomm.				
Avirons et rames bruts, par navires français et par terre......................	parm.del.	02	02	
par navires étrangers....	id.	....	04	
façonnés....................	id.	05	06	
Azur. V. Cobalt.				
Badiane (anis étoilé de la Chine). V. Fruits médic.				
Bagues en or ou en argent V. Bijouterie.				
en cuivre. V. Ouvrag. en cuivre, selon l'esp.				
en plomb. V. Mercerie.				
en étain. V. Ouvrages en étain, Poterie.				
Baies de bourdaine, de nerprun. V. Nerprun.				
de genièvre et de myrtile. V. Fruits à distiller.				
Balais. V. Ouvrages en bois, mercerie commune.				
Balances (fléaux de) pour assortiment. V. Outils de fer ou de cuivre.				
montées. V. Ouvrages en fer ou en cuivre.				
Balles de paume. V. Mercerie commune.				
de plomb de calibre. V. Plomb.				
Bambous. V. Joncs et roseaux.				
Bandes de mousseline, de percale et de tulle brodées. Voir la note (13), page 46, relative aux modes.				
Bandes de roues en acier. V. Acier.				
Barbotine ou semen-contra. V. Fruits médicinaux.				
Bas. V. Tissus suivant l'espèce, bonneterie.				
Basanes. V. Peaux préparées ou ouvrées.				
Basin. V. Tissus de lin ou de coton.				
Basses. V. Instruments de musique.				
Bateaux en bois. V. Embarcations.				
et nacelles de rivière, en fer ou en cuivre. V. Machines et Mécaniques.				
Batiments. V. Embarcations.				
Batiste. V. Tissus de lin.				
Bats. V. Sellerie grossière.				
Baudruches. V. Vessies, autres que de cerf, etc.				
Baumes (5), benjoin des pays hors d'Europe......	100 k. NB	10	25	
d'ailleurs.........................	id.	15	25	
storax naturel sec, rouge ou calamite....	id.	41	45 10	
en pains......................	100 k. BB	17	18 70	
styrax liquide..................	id.	13	14 30	
de copahu des pays hors d'Europe.......	id.	15	30	
d'ailleurs.................	id.	20	30	
non dénommés des pays hors d'Europe (6).	id.	1 50	2 20	
d'ailleurs................	id.	2	2 20	
de Riga et sympathique...............	100 k. NB	150	160	
Béliers (7)................................	par tête.	25	25	25
Benjoin. V. Baumes.				
Bergamottes. V. Citrons, oranges et leurs variétés.				
Bestiaux des États Sardes. V. l'Appendice final, après le tableau des droits.				

NOTES.

(1) Quand le gouvernement accorde des exceptions à la défense d'importer ou d'exporter des armes ou partie d'armes de guerre, les droits ci-après sont exigibles, savoir : pour les armes blanches et à feu portatives, ceux des armes de chasse et de luxe ; et pour celles d'affût en bronze ou en fonte, à l'entrée, les droits établis par la loi du 28 avril 1816.
en fonte, 4 f. et 4 f. 40 | par 100 k. B.;
en bronze, 10 f. et 11 f. |
à la sortie, de 25 cent. par 100 kil. brut.

Les dispositions relatives aux armes de guerre sont applicables aux pièces d'armes de guerre.

Le transit et le cabotage des armes de guerre ne peut avoir lieu qu'après autorisation du ministre.

Les armes de guerre destinées aux navires français doivent être rapportées et déposées au retour dans les magasins de la marine.

Les capitaines étrangers qui ont des armes à bord doivent les déclarer, et on doit s'assurer de la réexportation au départ du navire.

(2) On appelle armes de chasse, de luxe ou de traite, les armes à feu d'un calibre autre que celui adopté en France pour les fusils, carabines et pistolets de guerre ; 2° les armes blanches, comme sabres, épées, etc., soit damasquinées, gravées ou ciselées, ainsi que les autres armes de prix. — Les armes à feu sont du calibre de guerre lorsque la partie du petit diamètre du cylindre de calibrage entre dans le canon : elles sont du calibre de chasse ou de traite, lorsque la partie de ce petit calibre ne peut y entrer, ou que celle du gros calibre y entre. Quant aux fusils fins à un coup, et aux canons simples, on ne doit pas s'arrêter aux dimensions du calibre lorsque ce sont évidemment des *armes de luxe*, du prix en fabrique de 60 fr. et au-dessus pour les fusils simples, et de 20 fr. pour les canons.

(3) Les pistolets de poche de 29 mill., et ceux dits *revolvers* ayant moins de 150 mill. de longueur, sont prohibés pour la consomm., mais ils sont admis à transiter et peuvent jouir de la faculté d'entrepôt. — Les revolvers et pistolets d'autres dimensions sont traités comme armes de commerce à feu (circul. 545).

(4) Assaisonnement de table qui vient de l'Inde. Il se compose de fruits verts, tels que *mangues, bilimbis, citrons* et autres, ou en légumes, tels que *haricots, choux, bourgeons de palmiste* ou *de bambou* confits au vinaigre ou dans le suc aigri de différentes espèces de palmier, avec de l'ail, de la moutarde pilée, du gingembre, du piment, etc.

(5) Ce sont particulièrement ceux ci-après :
Baumes d'Amérique ou Indes Orientales, parmi lesquels on distingue : 1° le baume du Canada ; 2° le baume du Pérou, sec ou noir ; 3° le baume de Tolu, appelé aussi de Carthagène, d'Amérique, ou baume dur. Les baumes de Judée, qu'on nomme aussi de la Mecque, d'Égypte ou de Giléad, ou baume vrai. Ceux de Calaba, Houmiri, de peuplier tacamahaca, d'amome et de vanille. — Cette classification ne comprend que les baumes naturels : ceux factices ou de pharmacie sont traités comme médicaments composés non dénommés.

(6) Les baumes *non dénommés* sont particulièrement ceux ci-après ; 1° le *liquidambar*, dont il existe deux sortes, l'une liquide, appelée aussi *huile de liquidambar*, qui est d'un jaune doré et transparente ; l'autre molle, blanche et opaque, qui est loin d'avoir la même valeur que la première ; 2° le baume *du Pérou en coque*, qui est mou, grenu, d'une saveur douce et parfumée ; 3° le baume *du Pérou noir*, qui est liquide et d'une saveur très-âcre ; 4° le baume de *Tolu*, nommé aussi baume de *Carthagène, d'Amérique* ou *du Pérou*; il est sec et solide, ou mou et coulant, d'un jaune roux, d'une saveur douce et parfumée ; 5° le baume *de vanille*, très-suave et très-rare, qui découle, par des incisions, des gousses de vanille ; 6° le baume de *Calaba*, dit aussi *baume Marie* ou *baume vert de l'île Bourbon* ; 7° le baume *du Canada* ou *faux baume de Giléad*, sorte de térébenthine très-suave, retirée de l'*abies balsamea* ; 8° le baume *de*

Suite des notes.

Judée, dit aussi baume *de la Mecque*, *d'Égypte*, *de Giléad*, ou *baume vrai*, qui est une autre sorte de térébenthine très-suave, provenant de l'*amyris opobalsamum* ; 9° le baume *Focot* ; 10° le baume *Houmiri*.

(7) Lorsque la laine des béliers se trouve avoir plus de quatre mois de croissance, on perçoit, indépendamment des droits afférents aux animaux, le droit de la laine selon son espèce.

DÉNOMINATION DES MARCHANDISES.	UNITÉS sur lesquelles portent les DROITS.	DROITS D'ENTRÉE par navires français.	DROITS D'ENTRÉE par navires étrangers et par terre.	DROITS de SORTIE.
		F. C.	F. C.	F. C.
BÉTEL (feuilles de) des pays hors d'Europe.......	100 k. BB	Exempt.	20	
des entrepôts............	id.	10	20	
BETTERAVES........................	100 k.	0 30	0 30	
BEURRE frais ou fondu..................	id.	3	3 30	
BEURRE salé (1)......................	100 k. BB	5	5 50	
BÉZOARDS (2)........................	id.	Exempts.	Exempts.	
BIÈRE (3)........................	l'hectolit.	6	6	
BIJOUTERIE (4) d'or..................	1 hect. N.	20	22	
d'argent..................	id.	10	11	
BILLARDS. V. Meubles.				
BILLES de billard en ivoire. V. Tabletterie.				
BIMBELOTERIE (5)......................	100 k. BB	80	86 50	
BISCUITS de mer (6)......................	mêmes dr. que les far. sel. l'esp.			50c.100k.
BISMUTH (étain de glace) brut de l'Inde........	100 k. BB	Exempt.	5	
d'ailleurs.....	id.	2	5	
BISMUTH (étain de glace) battu ou laminé.......	100 k. NB	60	65 50	
ouvré............	100 k. B	prohibé.	prohibé.	
BITUMES. Houille crue (7), par mer, des Sables d'Olonne exclus. à Dunkerque inclusivement..................	100 k. BB	30	80	01
par tous autres points............	id.	15	65	id.
par terre, de la mer à Halluin exclusivement. (8)............	id.	....	30	id.
par la rivière de Meuse et le dép. de la Moselle..................	id.	....	10	id.
par tous autres points..........	id.	....	15	id.
Cendres de houille..................	id.	01	01	
Coke, houille carbonisée (9)...........	id.	moitié en sus des dr. de la houille crue.		
BITUMES solides purs (10)......................	id.	Exempt.	Exempt.	
mêlés de terre..................	id.	Exempt.	Exempt.	
Mastic bitumineux..................	id.	Exempt.	Exempt.	
fluides, sans distinction de couleur (*naphte, pétrole, malte*) et goudron minéral provenant de la distillation de la houille.....	id.	05	1	
BLANC d'argent, de céruse, de plomb. V. Carbonates.				
de baleine et de cachalot, de pêche française.....	100 k. BB	20	....	
de pêche étrangère, brut (11) de l'Inde.........	id.	5	15	
d'ailleurs hors d'Europe.........	id.	7 50	15	
des entrepôts..................	id.	10	15	
pressé..................	id.	20	22	
raffiné..................	id.	50	55	
BLANC de zinc. V. Oxyde de zinc, blanc.				
BLÉ de Turquie et autres (A). V. le Tarif des céréales, page 573.				
BLEU de Prusse (12)..................	id. NB	150	160	
BLOCAILLE. V. Fers, fonte brute (13).	plus	10 p. 100.	de la val.	
BLONDES de lin ou de soie. V. Tissus selon l'espèce.				
BOEUFS (B)..................	par tête.	3	3	1
BOIS à brûler (14), en bûches et en fagots.......	le stère.	Exempts.	Exempts.	prohibés.
à construire (15).................				

NOTES.

(1) Le beurre salé jouit d'une prime à son exportation par mer.

(2) On nomme *bézoards* des concrétions formées dans le corps de certains animaux. On traite comme bézoards la pierre à serpent, os frontal d'une vipère de l'Inde.

(3) Les boissons en bouteilles payent, indépendamment du droit qui leur est applicable, 15 cent. à l'entrée, par litre de contenance, et 25 cent. par 100 kil. à la sortie.

(4) Les ouvrages d'or et d'argent, importés de l'étranger, sont envoyés sous plomb et par acquit-à-caution sur le bureau de garantie le plus voisin, pour y être poinçonnés s'il y a lieu, et acquitter le droit de marque.

Sont affranchis de cette formalité comme de tous droits :

1° Les objets d'or et d'argent appartenant aux ambassadeurs et envoyés des puissances étrangères, quand ils les accompagnent ou sont déclarés par eux;

2° Les bijoux d'or et d'argent à l'usage personnel des voyageurs, dont le poids n'excède pas 5 hectog.

Les deux tiers du droit de garantie sont remboursés à l'exportation des matières d'or et d'argent, sur le certificat délivré par la douane de sortie et visé par le directeur.

Voyez aussi *Orfèvrerie*.

(5) La bimbeloterie se compose de tous les jouets d'enfants, même des voitures destinées à promener ceux-ci. Les jouets en écaille, en nacre, en ivoire, font partie de la tabletterie, ceux en bois de la mercerie commune, ceux en poteries suivent ce régime; ceux en or et argent comme bijouterie et orfévrerie.

(6) Le biscuit de mer pour provisions de navires français et étrangers est exempt de droits de sortie.

(7) Ce que la loi a appelé houille *crue* est la houille *de toute espèce*, telle qu'elle est extraite du sein de la terre.

On y assimile l'*anthracite* et les *lignites*, qui sont également des combustibles minéraux. L'anthracite est plus dur et plus sec, et le lignite plus ligneux que la houille. Les boules ou briquettes de houille, qui sont formées de houille menue et d'argile, ainsi que le poussier et les résidus de houille consumés en partie, mais non réduits en cendres, sont soumis également aux mêmes droits que la houille en nature. Aux termes de l'article 23 de la loi du 2 juillet 1836, les bâtiments à vapeur de la marine française, militaire ou marchande, qui naviguent en mer ou sur les affluents jusqu'au dernier bureau des douanes, peuvent se servir de houilles étrangères, prises dans les entrepôts, en payant seulement 15 centimes par 100 francs de valeur. D'après une prescription particulière de la loi du 6 mai 1841, les houilles qui, d'Halluin à Baisieux, exclusivement, entrent *par la voie des canaux*, doivent être assujetties, dans cette zone toute spéciale, au droit de 50 centimes les 100 kilogrammes, à

Suite des Notes.

moins que la taxe d'entrée n'ait été acquittée d'avance au bureau de Condé.

Les employés ont la faculté d'admettre pour exactes les déclarations pour les importations par mer, lorsque le poids des cargaisons a été calculé à raison de 1,500 k. par ton. de jauge.

(8) Toutefois, les houilles qui, d'Halluin à Baisieux exclusivement, entreront par la voie des canaux, seront soumises au droit de 50 c., à moins que la taxe d'entrée n'ait été acquittée d'avance au bureau de Condé.

(9) On peut admettre pour exactes les déclarations d'entrée par mer, lorsque le poids a été calculé à raison de 1,000 kil. par tonneau de jauge.—Le *patent-coal*, mélange de houille, de coke et de goudron minéral, est assimilé au *coke*.

(10) *Bitumes solides*. Le tarif en reconnaît de trois sortes : les bitumes *purs*, ceux qui sont *mêlés de terre*, et le *mastic bitumineux*. La loi a elle-même rangé parmi les premiers le *bitume de Judée* : c'est la substance qui surnage sur les eaux du lac Asphaltite, qu'on ramasse sur les bords de ce lac, et à laquelle appartient plus particulièrement le nom d'*asphalte*. Tous les autres bitumes solides plus ou moins purs, que leur pureté soit naturelle ou qu'elle soit le résultat d'une main-d'œuvre, suivent le régime du bitume de Judée, quel que soit d'ailleurs le nom sous lequel ils sont importés. — Par bitumes *mêlés de terre*, la loi a exclusivement entendu les terres et pierres bitumineuses telles qu'on les sort de la mine : c'est ce qu'on pourrait appeler le *minerai de bitume*; tels sont, par exemple, les produits bitumineux qu'on extrait des environs de Seyssel et du Val-de-Travers (*Suisse*) et auxquels on a improprement donné le nom d'asphalte. Lorsque, après leur extraction, ces produits ont été pulvérisés ou épurés d'une manière quelconque, ils ne peuvent plus être traités comme bitumes mêlés de terre, sauf en ce qui concerne le menu de bitume en roche, simplement broyé, ou pulvérisé, qui est assimilé au bitume mêlé de terre. — Le *mastic* est la pierre ou terre bitumineuse réduite en poudre et convertie en mastic au moyen d'un mélange avec du goudron minéral ou tout autre bitume fluide.

(11) Le blanc de baleine ou de cachalot brut est une matière cristalline, grenue, jaunâtre, de la consistance du savon noir, et qui ne contient qu'environ un tiers de blanc; celui *pressé* est la même matière, mais dont on a exprimé la graisse. Il est alors en petites écailles solides, d'un brun-jaune et ne tachant presque plus le papier; celui raffiné est très-blanc, en belles lames brillantes et comme nacrées. Le blanc de baleine de pêche française n'est admis qu'à l'état brut.

(12) Composition chimique de couleur bleue foncée, offrant des reflets métalliques ou cuivrés; en morceaux ou fragments irréguliers. Le bleu minéral, celui dit de Berlin, et les tablettes de bleu impur pour les blanchisseurs, suivent le régime du bleu de Prusse.

(13) Les débris d'ouvrages de fonte appelés *têts* et *blocaille* sont admis aux droits de la fonte brute, en vertu de permissions spéciales.

(14) Il y a exception permanente à la prohibition de sortie des bois à brûler pour 4,000 stères, qui peuvent être exportés chaque année pour l'Espagne par le port St-Jean-de-Luz.

Dans ces cas, comme toutes les fois qu'il est dérogé à la prohibition, on perçoit les droits de sortie suivants:

Bois à brûler en bûches, 10 cent. le stère.
id. en fagots 40 c. 100 en nombre.

(15) On considère et range parmi les bois à construire le chêne, le mélèze, le cèdre blanc d'Amérique, le teck, le bois de natte, l'érable, le frêne, le cerisier, le houx, et tous les bois blancs.

(A) Un décret du 14 janvier 1850, modifié par celui du 1er juin suivant, autorise, sous des conditions déterminées, l'admission en franchise des droits des blés-froments étrangers, destinés à être moulus en France et réexportés.

(B) Pour les bœufs des États Sardes, voir l'Appendice, après le Tableau des droits.

DÉNOMINATION DES MARCHANDISES.	UNITÉS sur lesquelles portent les DROITS.	DROITS D'ENTRÉE par navires français.	DROITS D'ENTRÉE par navires étrangers et par terre.	DROITS de SORTIE.
		F. C.	F. C.	F. C.
de noyer,				
sciés en planches ou plateaux, de 1 mètre 46 centimètres ou plus de long., et ayant d'épaisseur plus de 80 millimètres.	le stère.	Exempt.	15	30 100 k.*
de 27 à 80 millimètres inclusivement.	100 m. de l.	Exempt.	1	
dans tout autre état.	comme bois à constr. aut. q. de pin, de sapin et d'orm.			
autres, par terre,				
bruts ou simplement équarris à la hache..........	le stère.	Exempts	10	
sciés, ayant d'épaisseur plus de 80 millim.........	id.	Exempts.	10	
de 34 à 80 millimètres...........	100 m. de l.	0 05	1	
moins de 34 millimètres, planch. dites chom. et autres.	id.		1	
par mer,				
bruts ou simplement équarris à la hache et sciés de plus de 80 millim.	100 m. de l.	0 05	0 10	
Mâts et mâtereaux..	Exempts.	Exempts.	Exempts.	
Esparres de 15 centim. inclus. à 25 cent. exclus	id.	Exempts.	id.	
Pigouilles de 11 centim. inclusiv. à 15 centim. exclusiv........	id.	Exempts.	id.	
Manches de gaffe de 6 centim. inclusiv. à 11 cent. exclusiv (1).				
id. de fouine et de pinceau à goudron.........	la pièce.	Exempts	id.	
Bois d'ébénisterie				
en billes et bûches sciées à plus de 2 décimètres d'épaisseur. — des colonies françaises et du Sénégal...............	Exempts.	Exempts.	....	
— des pays hors d'Europe....	Exempts.	Exempts.	6	
— des entrepôts...........	100 k. BB	3	6	
sciés à 2 décimètres d'épaisseur au moins. — des colonies françaises et du Sénégal..............	Exempts.	Exempts.	....	
— des pays hors d'Europe....	100 k. BB	1	7	
— des entrepôts...........	id.	4	7	
Bois de teinture en bûches.				
Epine-vinette, bois et racines............	id.	Exempt.	Exempt.	
de fustet..........	id.	Exempt.	Exempt.	
Fernanbouc, Sapan, Nicaragua, Santal rouge et tous autres, des pays hors d'Europe............	d.	Exempt.	6	

NOTES.

(1) Toutes ces grosseurs se prennent au sixième de la longueur à partir du gros bout.

* Le droit de 30 fr. par 100 kil. à la sortie est applicable aux bois de noyer bruts ou sciés de toute dimension. (Décr. du 5 décembre 1857.)

Les feuilles de placage ayant 3 millim. ou moins d'épaisseur, sont libres à l'exportation comme marchandises non dénommées.

DÉNOMINATION DES MARCHANDISES.	UNITÉS sur lesquelles portent les DROITS.	DROITS D'ENTRÉE par navires français.	DROITS D'ENTRÉE par navires étrangers et par terre.	DROITS de SORTIE.
		F. C.	F. C.	F. C.
Bois de teinture des entrepôts....	100 k. BB	3 50	6	
moulus sans dist. d'espèce ni de provenance.	id.	20	22	
Bois en éclisses (1)..........................	les 1000 f.	0 10	2	
Bois feuillard (2)...........................	1000 en n.	0 10	1 50	
Bois odorants, de sassafras des pays hors d'Europe.	100 k. BB	Exempt.	15	
des entrepôts.	id.	10	15	
autres (3), des pays hors d'Europe..	id.	Exempt.	15	
des entrepôts.........	id.	10	15	
Boissellerie (4)...........................	id.	4	4 40	
Boissons distillées (5).				
Rhum et tafia des colonies françaises...	l hectolitr.	Exempt.	....	
d'ailleurs........	id.	25	25	
Eaux-de-vie de toutes sortes (6).......	d'alc. pur.	25	25	0 10
Liqueurs des colonies françaises........	l'hect. liq.	15	....	1
d'ailleurs..................	id.	150	150	id.
Boissons fermentées (7).				
Vins ordinaires en futailles, en outres et en bouteilles.	l'hectolit.	0 25	0 25	0 01
Vins de liqueur (8), en futailles, en outres et en bouteilles....	de liquide	0 25	0 25	0 05
Vinaigre de vin, de bois ou de grains (*acide acétique*), en futailles.	id.	10	10	
en bouteilles.	id.	10	10	
Vinaigre de bière, de cidre, de poiré et de pomme de terre..................	id.	2	2	
Cidre, poiré, verjus.................	id.	2	2	
Biere................................	id.	6	6	
Hydromel (*eau miellée, cuite et fermentée*)..	id.	25	25	
Jus d'orange, et autres jus de fruits non dénommés des colonies françaises....	id.	Exempts.	....	
de l'etranger..........	id.	25	25	
Boites de bois blanc. *V.* Ouvrages en bois.				
Bol d'Arménie et terre de Lemnos (*).........	100 k. BB	Exempts.	1 00	
Bombes. *V.* Munitions de guerre, Projectiles.				
Bonbons (9). Des colonies françaises.				
au delà du cap de Bonne-Espérance....	100 k. NB	40 (**)	....	
d'Amerique.................	100 k. NB	43	....	
de Chine. Cochinchine, Philippines, Siam.	id.	48	68	
des autres contrees de l'Inde.........	id.	50	68	
d'ailleurs, hors d'Europe............	id.	53	68	
des entrepôts......................	id.	63	68	
Bonneterie (10). *V.* Tissus, suivant l'espèce.				
Bonnets à poil. *V.* Pelleteries ouvrées.				
Borax. Brut, natif de l'Inde.................	100 k. BB	Exempt.	6	
d'ailleurs..................	id.	3	6	
artificiel de l'Inde............. .	100 k. NB	50	125	
d'ailleurs.	id.	100	125	
mi-raffiné, natif ou artificiel de l'Inde.....	id.	65	162 50	
d'ailleurs.....	id.	130	162 50	
raffiné, natif ou artificiel..............	id.	180	191 50	
brut destiné au raffinage (11)..........	id.	50	2	
Bottes et bottines. *V.* Ouvrages en peaux ou en cuir non dénommés, pelleteries ouvrées ou caoutchouc mélangé (ouvrages en).				
Bouches à feu. *V.* Armes de guerre.				
Bouchons de liége. *V.* Liége ouvré.				
Boucles de cuivre ou de fer. *V.* Mercerie commune.				
d'étain. *V.* Ouvrages en étain, Poterie.				
Boucs et chèvres (12).......................	par tête.	Exempts.	Exempts.	
Bougies de blanc de baleine et de cachalot.......	100 k. NB	220	233 50	
cire jaune.....................	100 k. NB	50	55	
blanche.......................	id.	85	91 70	
Bougran. *V.* Toile écrue apprêtée, de lin ou de chanvre				
Bouilloires. *V.* Ouvrag. en métaux, selon l'espèce.				

NOTES.

(1) Ce sont les bois pour la boisselerie.

(2) La dénomination de bois *feuillard* comprend les bois de *fente* pour cercles ou lattes, ainsi que les bois sciés pour lattes, lorsque ceux-ci ont au plus 4 à 5 centimètres de largeur sur 16 millimètres d'épaisseur, ou bien, s'ils sont carrés, 34 millimètres sur chaque face. — Les lattes *sciées*, dont les dimensions excèdent celles que l'on vient d'indiquer, doivent être traitées comme *bois à construire*.

(3) Les bois odorants *non dénommés* sont principalement : les bois d'agra, dit *de senteur*, d'aloès, de baumier de Judée, dit *xilobalsamum*, de camphrier, de cannellier, de Rhodes, de santal blanc et de santal citrin. On assimile aux bois odorants les bois de garou, néphrétique, de quassie amère dit aussi *de Surinam*, et le bois de tamaris.

(4) Cette dénomination comprend les ouvrages en bois, complets et achevés, tels que les petits barils au-dessous de 10 litres, les boisseaux, pelles, fourches, fléaux, sébilles, cuillers, échelles, chevilles, fuseaux, écuelles non vernies, les instruments aratoires simples en bois, les coffres et malles non garnis, les chaufferettes, marche-pieds, échelles, porte-manteaux, les cadres communs en bois blanc, sans moulures, les fonds de cribles, etc., etc.

(5) Plus, le droit sur le contenant, soit au droit des bouteilles de verre qui est de 15 centimes par litre à l'entrée, et 25 cent. par quintal à la sortie ; soit comme poterie de grès, etc.

(6) On range dans cette classe les eaux-de-vie de grains, de pommes de terre, de fécule, de gentiane, le gin, le wisky, le genièvre. La limonade gazeuse est soumise au même droit : l'extrait de punch paie comme liqueurs. L'alcool fabriqué en Corse ou en Algérie par la distillation de l'asphodèle, des figues de cactus, etc., est admis en franchise de droits en France.

(7) Les droits imposés à la sortie sur les boissons sont applicables dans tous les bureaux. Mais il existe, à l'égard de certaines boissons, fermentées ou distillées, une restriction particulière de sortie qui a été établie dans l'intérêt du service de l'Administration des contributions indirectes. Les vins, cidre, poiré, hydromel, eaux-de-vie, esprit-de-vin et liqueurs exportés par la voie *de terre* ne jouissent de l'exemption des droits résultant des articles 5 et 87 de la loi du 28 avril 1816, qu'autant que cette exportation s'effectue par l'un des points suivants :

Direction de Dunkerque. Lille (*chemin de fer*). Oost-Cappel, Zuidcoote, Calcanes, le Sceau, Armentières, Halluin, Turcoing (*chemin de fer*), Roubaix (*chemin de fer*), Baisieux.

Direction de Valenciennes. Bonsecours, Blancmisseron, Valenciennes (*chemin de fer*), Bettignies, Jeumont.

Direction de Charleville. Givet, Gué-d'Hossus, la Chapelle, Sapogne, Vireux.

Direction de Metz. Thonne-la-Long, la Malmaison, Mont-St-Martin, Ottange, Évrange, Apach, Guerstling-Niedwelling, les Trois-Maisons, Carlaing, Forbach, Frauenberg, Ecouviez.

Direction de Strasbourg. Wissembourg, Lauterbourg, la Wantzenau, le Pont-du-Rhin, Rhinau, Artzeinheim, Ile-de-Paille, Saint-Louis, Huningue, Chalampé, Courtavon, Delle.

Direction de Besançon. Abbevillers, Villars-sous-Blamont, le Villers, les Verrières-de-Joux, les Échampey, Glère, le Gournois, les Fourgs.

Direction de Bourg. Les Rousses, Seyssel, Port-de-Cordon, Fernay, Pouilly-Saint-Genis, Saint-Blaise.

Suite des Notes.

Direction de Grenoble. Le Pont-de-Beauvoisin, Entre-Deux-Guiers, Chaparcillan, Pontcharra.

Direction de Digne. Mont-Genèvre.

Direction de Toulon. St-Laurent-du-Var.

Direction de Perpignan. Le Perthus, St-Laurent-de-Cerda, Prats-de-Mollo, Bourg-Madame.

Direction de Toulouse. Fos, Saint-Mamet.

Direction de Pau. Urdos, Arnéguy, Ainhoa, Béhobie.

(8) Ce sont notamment les vins d'Alicante, de Calabre, de Calvisson, de Candie, de Canarie, du Cap, de Centaurin ou de Santorin, de Chio, de Chypre, de Constance, les vins cuits grecs, d'Italie, de Lacryma-Christi, de Lesbos, de Loka, de Madère, de Malaga, de Malvoisie, de Marsalla, de Montefiascone, de Montferrat, de Naples, de Paille, de Pakaret, de Piémont, de Rancio, de Rota, de Syracuse, de Ténédos, de Ténériffe, de Tierno, de Tokai, de la Verdée, de Hongrie, de Xérès, etc.

On range dans la même classe les vins mousseux, les vins façon de Champagne, de Lunel, de Frontignan, de Rancio, de Paille, de Malvoisie. Le vin du Rhin est traité comme le vin ordinaire, ainsi que le vin de Porto sec et doux.

Les vins de *Benicarlo* et d'*Alicante*, provenant de la dernière récolte, qu'on importe en futailles par les ports de *Marseille*, *Cette*, *Agde*, *Bordeaux* ou *Nantes*, à la charge d'en assurer la destination pour Marseille, Nantes, Cette ou Bordeaux, où ils doivent être exclusivement employés à des mélanges avec des vins de France, sont admis aux droits de 10 fr. par hectolitre.

(9) On assimile aux bonbons les biscuits, macarons, massepains, nougats, ainsi que les autres pâtisseries sucrées appelées de petit-four, tous les objets du commerce des confiseurs, sauf les sirops et les confitures.

(10) La bonneterie de coton et celle de laine jouissent d'une prime à la sortie.

Sous cette dénomination, on entend les bas, bonnets, gants, bourses, et tous les vêtements tricotés à la main ou au métier. Quant aux tricots qui se coupent à la pièce, ils sont rangés dans la classe des tissus et suivant leur régime.

(11) A charge de réexporter, dans l'année, le même poids de borax naturel raffiné.

(12) Pour ceux des Etats sardes, *V.* l'Appendice, après le Tableau des droits.

(*) Par terre, exempt.

(**) A dater du 1er juillet 1859 jusqu'au 30 juin 1861, les droits seront portés à 42 et 45 fr.

DÉNOMINATION DES MARCHANDISES.	UNITÉS sur lesquelles portent les DROITS.	DROITS D'ENTRÉE par navires français.	DROITS D'ENTRÉE par navires étrangers et par terre.	DROITS de SORTIE.
		F. C.	F. C.	F. C.
BOULETS. *V.* Munitions de guerre, Projectiles.				
BOURDAINE (écorce de). *V.* Ecorces à tan.				
BOURRE de soie. *V.* Soies.				
BOURSES tricotées. *V.* Bonneterie suivant l'espèce.				
en grains de verre. *V.* Mercerie fine.				
BOUTARGUES. *V.* Poissons de mer.				
BOUTEILLES de grès. *V.* Poterie de grès.				
de verre. *V.* Verres et cristaux.				
BOUTONS de passementerie, en coton pur ou mélangé de matières autres que la laine et la soie, unis.....	100 k. NB	100	107 50	
façonnés.	id.	200	212 50	
autres..................	id.	comme pass.	selon l'esp.	
BOUTONS autres que de passementerie (1), communs.	100 k. NB	100	107 50	
fins.....	id.	200	212 50	
BOUVILLONS (2)............................	par tête.	1	1	
BOYAUX frais ou salés..........................	100 k. BB	Exempts.	Exempts.	
BRAI sec, résidu de distillation.................	id.	5	5 50	
gras et goudron, résine indigène brute de combustion........................	id.	3 50	5 50	
destinés à la construction des bâtim. de mer..	id.	Exempts.	Exempts.	
BREBIS. *V.* Moutons.				
BRELOQUES de montre en or et en arg. *V.* Bijouterie.				
autres. *V.* Ouvrages en mét., selon l'espèce.				
BRÉSILLET. *V.* Bois de teinture à dénommer.				
BRETELLES en coton. *V.* Tissus de coton, Passementerie.				
BRIQUES en terre cuite. *V.* Matériaux.				
BRIQUETS. *V.* Mercerie commune.				
BROCATELLE d'Espagne. *V.* Marbre.				
BROCHES à tricoter. *V.* Mercerie commune.				
BRODEQUINS. *V.* Peaux ouvrées.				
BRODERIES (3). *V.* Ouvrages de modes.				
BROME (4)..................................	id.	40	44	
BRONZE brut. *V.* Cuivre allié d'étain.				
ouvré. *V.* Ouvrages en cuivre.				
BROSSERIE, pinceaux composés de poils fins ou de cheveux. *V.* Mercerie fine.				
BROU DE NOIX................................	id.	Exempt.	Exempt.	
BRUYÈRES à vergettes, brutes..................	id.	Exemptes	Exemptes	
dépouillées de leur barbe...	id.	50	5	
BULBES ou oignons de fleurs (5)................	id.	Exempts	Exempts.	
BULBES d'asphodèle par nav. franç. et par terre...	id.	Exempts.	....	
par navires étrangers.......	id.	....	1 10	
BURINS. *V.* Outils de pur acier.				
BUSCS pour corsets de femme, en acier. *V.* Ouvrages en fer et en acier.				
en baleine. *V.* Fanons de baleine apprêtés.				
CABESTANS en bois, agrès et apparaux.........	la valeur.	10 p. %.	10 p. %.	
en fer et en fonte................	100 k. B	....	Comme machines et mécaniques non dénom.	
CABLES en végétaux. *V.* Cordages.				
en fer pour la marine. *V.* Embarcations.				
en fer, autres. *V.* Ouvrages en fer.				
CACAO (fèves et pellicules), des colonies françaises.	100 k. NB	40		
des pays situés à l'ouest			....	
du cap Horn.......	id.	50		
d'ailleurs hors d'Eur..	id.	55	75	
des entrepôts........	id.	65	75	
CACAO simplement broyé ou en pâte............	id.	150	75	
(huile ou beurre de)..................	1 k. BB	25	160	
CACHEMIRE (châles de). *V.* Tissus de poil.			25	
tissus autres que les châles. *V.* Tissus de poil.				
CACHOU (6) en masse, de l'Inde............	100 k. BB	Exempt.	....	
d'ailleurs hors d'Europe............	id.	8	20	
des entrepôts......................	id.	15	20	
préparé. *V.* bonbons.				
CADMIE ou tuthie (*oxyde de zinc gris cendré*). Voyez Oxydes.				
CADMIUM brut (7)...........................	id.	2	2 20	
CAFÉ (8) des colonies françaises, au delà du Cap.	100 k. NB	50	....	
en deçà du Cap.....	id.	60	....	
des établissements français sur la côte occidentale d'Afrique (9)..................	id.	78	....	
de l'Inde..................	id.	78	105	
d'ailleurs hors d'Europe.....	id.	95	105	
des entrepôts............	id.	100	105	
faux, chicorée moulue............	100 k. B	prohibé.	prohibé.	
CAFETIÈRES en fer-blanc ou en cuivre. *V.* Ouvrages en fer ou en cuivre.				
CALAMINE grillée. *V.* Zinc.				
CALEBASSES vides..............................	100 k. BB	exemptes.	exemptes.	

NOTES.

(1) Parmi les boutons autres que de passementerie, sont considérés comme fins, les boutons en acier, en ivoire, en nacre, en écaille, en émail, en verre ou cristal taillé, en porcelaine, ainsi que les boutons dorés, argentés, plaqués, estampés, vernis, brunis ou bronzés, et généralement tous les boutons de luxe.

(2) Pour ceux des États sardes, voir l'Appendice, après le Tableau des droits. — On entend par bouvillons les jeunes sujets de 6 à 9 mois ayant des dents de lait.

(3) Cette assimilation n'est relative qu'à la sortie des bandes de mousseline, de percale et de tulle brodées; car toute espèce de tissu de coton est prohibée à l'entrée.

(4) Brôme, corps simple liquide, d'un rouge brun très-foncé. Il a une odeur forte, analogue à celle du chlore. Comme l'iode, le brôme forme sur la peau une tache jaune, qui disparaît assez promptement.

(5) Ce sont les scilles marines, les caïeux de fleurs, les colchiques, renoncules, les aulx et toutes autres bulbes ou *oignons-fleurs*. Les oignons communs de cuisine font partie des légumes verts.

(6) On distingue deux espèces principales de cachou : 1° morceaux irréguliers, extérieur à apparence terreuse, cassures brunes, aspect résineux; 2° cubes réguliers en tous sens de 3 à 4 centim., friables à l'intérieur, de couleur rougeâtre ou nankin très-foncé, qui n'a aucune apparence résineuse : c'est la plus riche en matières colorantes. Toutes deux ont cette saveur astringente avec un arrière-goût sucré qui est un des caractères distinctifs du cachou. C'est un stomachique estimé. On l'emploie beaucoup en teinture. — Le cachou a été pendant longues années désigné sous le nom de *Terre du Japon*, parce que les marchands, trompés par la couleur et la friabilité de cette substance, ont cru que c'était de la terre.

L'espèce la plus estimée est celle de Bombay; celle du Bengale vient après. L'analyse a fait reconnaître qu'elles se composent de :

	Cachou de Bombay.	*Cachou du Bengale.*
Tannin	54. 50	48. 50
Extractif	34.	36. 50
Mucilage	6. 50	8.
Matière terreuse	5.	7.
	100.00	100.00

(7) C'est un métal d'un aspect brillant, analogue à celui de l'étain et d'une cassure fibreuse. Il s'extrait du minerai de zinc, et s'emploie comme matière première dans la composition des couleurs.

(8) Les taxes indiquées par le *Tableau des droits* ne sont applicables qu'au café *épluché*, c'est-à-dire, à la fève ou semence du cafier dépouillée de toute coque ou pellicule, et telle qu'on la trouve d'ordinaire dans le commerce.

Quant au café importé en *cerise* ou en *parchemin*, une décision ministérielle, en date du 20 août 1823, autorise à déduire du poids *net* de la marchandise le poids des pellicules doubles ou simples dont les fèves sont enveloppées. D'après les expériences faites par l'Administration sur des cafés de diverses provenances, on peut allouer, pour compenser le poids des pellicules, savoir : 40 p. 0/0, lorsque le café est *en cerise*; et 20 p. 0/0 lorsqu'il est *en parchemin*. Les substances pulvérisées que l'on nomme *faux café*, de quelque nature qu'elles soient, sont assimilées à la chicorée moulue, et se trouvent par suite prohibées à l'entrée.

(9) Le droit dont il s'agit ici n'est pas applicable aux cafés importés de tous les pays situés sur la côte occidentale d'Afrique, laquelle s'étend depuis le Maroc jusqu'au cap de Bonne-Espérance. La loi a expliqué elle-même que ce droit serait *exclusivement* afférent aux cafés provenant de nos établissements sur cette côte, et pour lesquels par conséquent il serait produit les justifications auxquelles est subordonné le bénéfice des modérations de tarif accordées à notre commerce avec le Sénégal et ses dépendances. Ainsi, pour que ce droit modéré puisse être appliqué, il faut, non-seulement que le café soit originaire d'Afrique, mais encore qu'il soit dûment établi qu'il arrive de nos établissements de la côte occidentale du pays. — Les cafés provenant du *Rio-Nunez* (port libre de la côte de Sénégambie), jouissent de la modération des droits lorsqu'ils sont importés du Sénégal et de Gorée, et que l'origine en est régulièrement constatée. Le même régime est étendu au café venant de Rio-Pongo.

DÉNOMINATION DES MARCHANDISES.	UNITÉS sur lesquelles portent les DROITS.	DROITS D'ENTRÉE par navires français.		DROITS D'ENTRÉE par navires étrangers et par terre.		DROITS de SORTIE.
		F.	C.	F.	C.	F. C.
CALCÉDOINES. *V.* Agates.						
CALICOT. *V.* Tissus de coton non dénommés.						
CAMÉES non montés modernes en coquilles. Mêmes droits que le corail taillé.						
antiques. *V.* Objets de collection.						
CAMELOTS. *V.* Tissus de laine non dénommés.						
CAMPÊCHE. *V.* Bois de teinture à dénommer.						
CAMPHRE brut de l'Inde.	100 k. BN	20		50		
d'ailleurs, hors d'Europe	100 k. NN	30		50		
des entrepôts	id.	40		50		
raffiné	id.	150		160		
CANEBERGE (baies de). *V.* Fruits frais exotiques à dénommer.						
CANEVAS pour tapisserie et pour toile cirée. *V.* Toile de lin ou de chanvre écrue, sans apprêt.						
CANNELLE dite de Chine de l'Inde (1)	1 k. NB		33	1		
d'ailleurs	id.		66	1		
autre, de la Guiane française	id.		65	....		
de l'Inde	id.	1		3		
d'ailleurs	id.	2		3		
CANNES. *V.* Joncs et roseaux (2).						
CANNES à sucre (3). *V.* Objets de collection.						
CANNETILLES d'or ou d'arg. fin. *V.* Or ou argent tiré.						
faux. *V.* Cuivre doré ou argenté tiré.						
CANONS, bouches à feu en état de servir. *V.* Armes de guerre d'affût.						
(4) vieux, en bronze. *V.* Cuivre allié d'étain.						
en fonte. *V.* Fers et Fontes.						
CANTHARIDES (*mouches desséchées*)	100 k. NB	62		67	60	
CANULES, ouvrages en bois	la valeur.	15 p. o/o.		15 p. o/o.		
CAOUANES de tortue. *V.* Écailles de tortue.						
CAOUTCHOUC et gutta-percha (5), bruts ou refondus en masses, des pays hors d'Europe.	100 k. BB	Exempt.		10		
des entrepôts	id.	5		10		
(6) ouvré, ouvrages en caoutchouc ou en gutta-percha, autres que les instruments de chirurgie, simplement refondus purs.	100 k. NB	20		22		
mélangés avec d'autres matières	id.	50		55		
combinés ou appliqués sur d'autres matières, sauf les tissus en pièces (7)	id.	200		212	50	
(essence de). *V.* Huiles volatiles, etc.						
CAPARAÇONS pour chevaux. *V.* Sellerie en cuir.						
CAPRES. *V.* Fruits de table confits.						
CAPSULES pour amorces (8)	100 B	prohibées		prohibées		
CARABINES. *V.* Armes de guerre, de chasse ou de luxe.						
CARACTÈRES d'imprimerie neufs en langue franç. (9).	100 k. NB	200		212	50	
en langue allemande.	id.	50		55		
en toute autre langue.	id.	100		107	50	
vieux et hors d'usage	100 k. BB	5		5	50	
CARAPACES. *V.* Écailles de tortue						
CARBONATE de plomb (10), *céruse*	id.	20		22		
blanc de plomb	id.	30		33		
très-pur (*blanc d'argent*).	id.	35		38	50	
autres. *V.* Sels -carbonate.						
CARDAMOMES. *V.* Amomeset cardamomes.						
CARDES à carder. *V.* Machines et mécaniques.						
CARILLONS à musique. *V.* Horlogerie.						
CARLINE. *V.* Racines médicinales à dénommer.						
CARMIN fin (11)	1 k. NB	58		63	40	
CARMIN commun (11)	100 k. BB	33		36	30	
CARRELETS. *V.* Outils de pur acier.						
CARTELS de pendule en bois, même ceux peints, vernis et dorés. *V.* Ouvrages en bois non dénommés.						
CARTES à jouer (12)	100 k. B	prohibées.		prohibées.		
géograph. de portefeuille et d'ornement (13).	100 k. NB	300		317	50	
CARTHAME (fleurs de) des pays hors d'Europe.	100 k. BB	1		10		

NOTES.

(1) Sous le nom de cannelle *de Chine*, la loi a voulu désigner la cannelle commune. Celle-ci, dont les morceaux sont plus courts que ceux de la cannelle fine dite *de Ceylan*, se distingue aussi de cette dernière par son épaisseur, qui est de 1 millimètre à 1 millimètre et demi, tandis que l'écorce fine n'a jamais plus d'un tiers de millimètre. En outre, la cannelle commune se casse comme de la pâte sèche ; c'est une écorce simple, formant un tube. La cannelle fine, au contraire, fléchit un peu avant de se rompre, et présente quatre, cinq ou six feuillets minces roulés ensemble. La finesse de l'arome est d'ailleurs un indice qui ne trompe pas ceux qui ont pris le soin de comparer les diverses sortes de cannelles.

(2) Les cannes montées ne sont notamment reprises en aucune loi ; ainsi on doit, à leur égard, procéder par analogie. Celles garnies en ivoire, en ébène, en coco, en autres matières, doivent être traitées comme tabletterie non dénommée, c'est-à-dire, prohibées à l'entrée. Celles à pommeaux d'or ou d'argent doivent le droit des joncs, plus le droit de la bijouterie pour les garnitures, et sont en outre soumises au poinçon de garantie.

(3) Les cannes à sucre qui arrivent par petites parties, doivent être traitées comme objets de collection ; mais s'il en était importé pour en extraire le sucre, alors elles seraient taxées dans la proportion de celui qu'elles contiennent.

(4) Avant d'admettre comme métaux bruts les canons ou autres bouches à feu, on exige qu'ils soient encloués et qu'on brise les tourillons qui les retiennent sur l'affût.

(5) Substance produite par l'épaississement d'un suc laiteux qu'on obtient par incision, de certains végétaux, et particulièrement d'un arbre d'Amérique, nommé *hevea*. Elle est importée sous la forme des moules d'argile sur lesquels le suc a été reçu et s'est concrété par suite de son exposition au soleil ou au feu. Cette forme est, le plus ordinairement, celle de bouteilles ou de poires. Le caoutchouc a des propriétés toutes particulières : il est plus élastique, plus extensible qu'aucune autre matière ; on ne lui connaît pas d'analogue. Il est appelé aussi *gomme élastique*. Le caoutchouc *liquide*, qui n'est autre chose que le suc dont il est ici question, non encore desséché, suit le régime du caoutchouc brut ; mais on ne doit pas le confondre avec l'huile essentielle de caoutchouc, qui s'obtient en décomposant le caoutchouc par l'action du feu : celle-ci rentre dans la classe des *huiles volatiles non dénommées*. — On assimile au caoutchouc la *gutta-percha* ou *gétania*. C'est le suc épaissi d'un arbre des Moluques qui a les propriétés principales du caoutchouc.

(6) Les souliers, bottes, bouteilles et autres objets en caoutchouc, quand il s'agit exclusivement de la substance elle-même qu'on a fait coaguler et sécher sur des moules ayant la forme desdits objets, sont admis au droit de la matière brute ; mais lorsqu'ils ont reçu une main-d'œuvre ultérieure, et qu'on y a ajouté des ornements ou des accessoires, ils doivent être traités, suivant le cas, comme ouvrage en caoutchouc pur ou en caoutchouc combiné avec d'autres matières. — Les instruments de chirurgie en caoutchouc continuent à payer 10 p. 0/0 de la valeur. Les tissus en pièces sont traités comme s'ils étaient uniquement formés de la substance textile à laquelle le caoutchouc serait allié. — Les ouvrages en gutta-percha sont assimilés aux *ouvr. en caoutchouc*, selon l'esp.

(7) Ne sont pas considérées comme tissu en

Suite des Notes.

pièces les bandes en caoutchouc ou en gutta-percha, combinées avec ou appliquées sur une matière textile quelconque, quand ces bandes n'auront pas une largeur de plus de 15 centim., sauf en ce qui concerne les tissus pour cordonnerie, qui sont prohibés lorsqu'ils contiennent du coton (circul. 605).

(8) Celles pour armes de guerre ne peuvent être exportées ou expédiées en transit qu'avec l'autorisation du ministre de la guerre.

(9) Par caractères en langue française, la loi de 1818 a entendu tous ceux dont nous nous servons, et que l'on peut également employer pour d'autres langues. Ainsi les caractères allemands sont spécialement taxés ; ceux en toutes autres langues étrangères ne comprennent que ceux polonais, russes, grecs, turcs, et des autres langues orientales qui diffèrent essentiellement des nôtres.

(10) D'après le traité de commerce et de navigation conclu, le 25 juillet 1840, entre la France et les Pays-Bas, la céruse de *fabrication néerlandaise* ne doit être soumise, à l'entrée, qu'aux *deux tiers* de la taxe indiquée au *Tableau des droits*, soit 13 fr. 33 centimes par 100 kilogrammes, quand d'ailleurs elle est importée *en droiture par mer*, sous pavillon français ou hollandais, d'un port des Pays-Bas en Europe, et que l'on produit, outre les manifestes, connaissements et expéditions régulières de la douane néerlandaise, un certificat d'origine délivré par les expéditeurs et dûment légalisé par l'agent consulaire français au port de départ. Quant à la céruse provenant des États Sardes, voir l'Appendice, après le Tabl. des droits.

(11) Couleur d'un rouge de feu et très-éclatante ; se dissout entièrement dans l'ammoniaque. — Le carmin commun s'obtient des résidus des matières dont on a extrait le carmin fin et auxquels on a ajouté du bois de teinture.

(12) Les exportations de cartes à jouer s'effectuent toujours avec expédition des contributions indirectes.

(13) Les cartes géographiques, placées dans des ouvrages de librairie et se rapportant au texte, acquittent à l'entrée les mêmes droits que les livres.

DÉNOMINATION DES MARCHANDISES.	UNITÉS sur lesquelles portent les DROITS.	DROITS D'ENTRÉE par navires français.	DROITS D'ENTRÉE par navires étrangers, et par terre.	DROITS de SORTIE.
		F. C.	F. C.	F. C.
Carthame (fleurs de) des entrepôts	100 k. BB	6	10	
Carton en feuilles, lustré, à presser les draps	100 k. NB	80	86 50	
de simple moulage, ou pâte de papier	100 k. N	150	160	prohibé.
autre (1)	100 k. NB	150	160	
moulé dit *papier mâché* (2)	100 k. NB	200	212 50	
coupé et assemblé	id.	100	107 50	
Carvi (graine de). *V.* Fruits médicinaux à dénommer.				
Cascarille. *V.* Écorces médicinales à dénommer.				
Casimir. *V.* Tissus de laine non dénommés.				
Casquettes de feutre. *V.* Feutres, Chapeaux.				
Casse sans apprêt des pays hors d'Europe	100 k. BB	Exempts.	20	
des entrepôts	id.	10	20	
Casse confite (*canéfice*), des colonies françaises, au delà du cap de Bonne-Espérance	100 k NB	40 (*)	....	
d'Amérique	id.	43	....	
de Chine, Cochinchine, Philippines, Siam	id.	48	68	
des autres contrées de l'Inde	id.	50	68	
d'ailleurs, hors d'Europe	id.	53	68	
des entrepôts	id	63	68	
Casseroles en fonte, fer-blanc, cuivre, etc. *V.* Ouvrages en métaux, suivant l'espèce.				
Cassia-Lignea de la Guiane française (3)	1 k. NB	21	....	
de l'Inde	id.	33	1	
d'ailleurs	id.	66	1	
Cassie (gousses de). *V.* Gousses tinctoriales.				
Cassonade. *V.* Sucre brut ou terré.				
Castine (A)	100 k. BB	Exempte.	25	
Castoréum (4)	100 k. NB	184	195 70	
Caviar. *V.* Poisson de mer.				
Cédrats frais. *V.* Fruits frais, Citrons.				
confits au sel. *V.* Fruits confits, Câpres.				
au sucre. *V.* Confitures.				
Cèdre. *V.* Bois d'ébénisterie.				
Cendres de bois vives ou lessivées. *V.* Alcalis.				
Cendres noires, dites cendres de Tropey, etc. *V.* Terres pyriteuses, etc.				
Cendres bleues ou vertes (*not vert de schweinfurt*)	id.	164	174 70	
Cendres et regrets d'orfèvre, par navires français et par terre	100 k. BB	exemptes.	... . . .	
par navires étrangers	100 k. B	1	....	
Cercles de bois. *V.* Bois feuillard.				
Cercles de fer séparés des fûts. *V.* Ouvrages en fer.				
de fer adaptés. *V.* Cuveaux, seaux ou futailles vides (5).				
Céréales. *V.* Tarif des, page 78.				
Cerfs vivants. *V.* Gibier. —Cerfs morts. *V.* Gibier.				
Céruse. *V.* Carbonate de plomb.				
Cervelas. *V.* Viandes salées de porc.				
Chaines d'or et d'argent. *V.* Bijouterie.				
dorées, argentées ou d'or faux. *V.* Cuivre doré ou argenté ouvré.				
de fer, d'acier ou de cuivre. Comme Ouvrages en fer, en acier ou en cuivre.				
câbl. en fer pour la mar *V.* Embarcations.				
Chaises montées. *V.* Meubles.				
Chales de cachemire. *V.* Tissus de poil.				
Champignons, morilles et mousserons frais, secs ou marinés	100 k. NB	Exempts.	Exempts.	
Chandeliers d'argent ou de vermeil. *V.* Orfévrerie.				
Chandelles communes	100 k. BB	10	11	
Chanvre en tiges, teillé ou peigné. *V.* Filaments.				
filé. *V.* Fils.				
Chapeaux de fibres de palmier, fins (6)	la pièce.	75	75	
communs	id.	25	25	
de paille, d'écorce ou de sparte, grossiers (7)	id.	50	50	
fins à tresses cousues	id.	1	1	
à tresses engrenées (8)	id.	1 25	1 25	
de castor, de laine, de poil, de soie. *V.* Feutres.				
de crin. *V.* Tissus de crin.				
chinois. *V.* Instruments de musique.				
de toile cirée. Mêmes droits que les chapeaux de feutre. *V.* Feutres.				
de cuir vernis ou non. *V.* Peaux ouvrées.				
Chapelets de bois. *V.* Mercerie commune.				
Charbon de bois et de chenevottes (9) (A)	le m. cube	Exempts.	0 05	prohibés.
Chardons cardières (*dipsacus*), têtes	100 k. BB	Exempts.	Exempts.	3
(graines de)	id.	10	1	25
Chariots	la valeur.	15 p. %	15 p. %	
Charpie provenant de vieux linge effilé. *V.* Drilles.				
en feuilles (10). *V.* Fil de lin simple, blanchi.				
Charrée (cendres de bois lessivées). *V.* Alcalis.				
Chataignes (fruits et farines). *V.* Marrons.				

NOTES.

(1) On range dans cette classe tous les cartons en feuilles autres que ceux désignés précédemment, et particulièrement tous les cartons dits *de collage*, lesquels sont formés de feuilles de papier superposées et collées les unes aux autres.

C'est à cette même classe qu'appartiennent : 1° les cartons fabriqués avec de la paille ou du bois trituré ; 2° celui que l'on fabrique avec des déchets de peaux agglomérés par un fort encollage et qu'on appelle *carton cuir* ; 3° le carton enduit de céruse et glacé, improprement appelé *papier porcelaine*, avec lequel on fait les cartes de visite et d'autres objets.—Quant aux cartons présentant des dessins coloriés ou en relief, ils suivent le régime des étiquettes imprimées, gravées, etc.

(2) Le carton moulé, dit papier mâché, comprend tous les ouvrages en carton moulés, tels que tabatières, boites, pièces d'ornement, objets de l'art plastique et statuaire que l'on fabrique avec une pâte très-collée, et qui sont le plus souvent recouverts d'un vernis colorié. Il comprend aussi le carton imprimé imitant la paille d'Italie, connu dans le commerce sous le nom de *carton-paille*, et avec lequel on fait des chapeaux de femme.—Les poupées et têtes de poupées, et les petites statuettes en carton moulé, destinées aux enfants, font partie de la bimbeloterie.

(3) On traite comme cassia-lignea les écorces de divers lauriers aromatiques provenant de l'Inde, lesquelles sont souvent employées à sophistiquer les cannelles.

(4) Substance de nature résineuse, brune, rougeâtre ou jaunâtre, d'une saveur âcre et amère et d'une odeur forte.

(5) Les cercles de fer, employés comme ligaments des balles de tissus de laine et de coton, sont assujettis aux droits du fer étiré en barres plates ; mais quand le nombre de ces cercles n'excède pas ce qui est nécessaire pour serrer les balles, ou quand ces cercles brisés ou oxydés sont reconnus impropres à tout autre emploi qu'à la refonte, on peut les admettre en franchise.

(6) Les chapeaux de fibres de palmier fins sont ceux qui présentent 14 tresses ou plus dans l'espace d'un décimètre.

(7) Les chapeaux de paille entière, d'écorce, de bois ou de sparterie, qui ont moins de 14 tresses dans l'espace d'un décimètre, sont considérés comme grossiers. Un arrêté du 5 décembre 1848, modifié par celui du 18 septembre 1849, autorise l'admission, en franchise de droits, des chapeaux de paille grossiers, destinés à être apprêtés et garnis en France, et réexportés ensuite.

On traite comme fins :

1° Ceux des mêmes espèces qui ont 14 tresses ou plus, dans le même espace :

2° Les chapeaux de paille coupée et ouvragée, quelle que soit la largeur des tresses.

(8) On assimile aux chapeaux de paille fins à tresses engrenées : 1° les chapeaux formés d'une espèce de tissu dont la chaîne est en rotin et la trame en baleine ; 2° les chapeaux en paille mêlée de soie, crin, fibres d'aloès, abaca, etc.

Les chapeaux en tresses de bois blanc, dits chapeaux *de paille de riz*, ainsi que les chapeaux en osier et en jonc, sont traités comme ceux de paille, d'écorce, etc.

(9) On peut aujourd'hui exporter au droit de 10 c. par 100 kil. des quantités illimitées de charbons de l'espèce, 1° par les départements du Rhin (loi du 30 avril 1806) ; 2° par la rivière de Meuse (ordonnance du 4 octobre 1820) ; 3° par les bureaux de Bellegarde, Mijoux, Florens (loi du 2 juillet 1836). Les communes de Sarre et d'Urugues et celle de Briatou peuvent également exporter par la frontière d'Espagne, les premières 20,000, la dernière 10,000 kilog. de charbons.

(10) La charpie en feuilles préparée à la mécanique présente un duvet cotonneux fixé à une chaine sans trame, par le moyen d'un fer chaud. Elle est assimilée au fil de lin simple blanchi, dont elle est principalement composée.

(A) Par terre exempte.

(*) A partir du 1er juillet 1859 jusqu'au 30 juin 1861, les droits seront portés à 42 et 45 fr.

DÉNOMINATION DES MARCHANDISES.	UNITÉS sur lesquelles portent les DROITS.	DROITS D'ENTRÉE par navires français.	DROITS D'ENTRÉE par navires étrangers et par terre.	DROITS de SORTIE.
		F. C.	F. C.	F. C.
CHATAIGNES de Maragnon. *V.* Fruits exotiques.				
CHAUDIÈRES et chaudrons en cuivre ou en fonte. *V.* Ouvrages en cuivre ou en fonte.				
CHAUX calcinée ou non. *V.* Matériaux.				
carbonate. *V.* Pierres et terres servant aux arts, Craie.				
CHEVAUX	par tête.	25	25	Exempts.
poulains *de toute espèce* (1)	id.	15	15	
CHEVEUX	100 k. BB	Exempts.	Exempts	
(ouvrages en)	1 k. NB	2	2 20	
CHEVREAUX pesant moins de 8 k	par tête.	Exempts.	Exempts.	
CHÈVRES (2)	id.	Exemptes	Exemptes	
CHICORÉE moulue ou faux café	100 k. B	prohibée.	prohibée.	
(racines de) vertes ou sèches. *V.* Racines de chicorée.				
CHIENS de chasse	par tête.	Exempts.	Exempts.	
de forte race, de Dunkerque aux Rousses inclus. (3)	id.	....	....	5
CHIFFONS. *V.* Drilles.				
imprégnés de couleur bleue. *V.* Maurelle.				
CHIQUES de marbr et de stuc. *V.* Marbres et chiques.				
de pierre ou d'agate. *V.* Pierres ou agat. ouv.				
CHOCOLAT et cacao simplement broyé	100 k. NB	150	160	
CHLORURE de chaux. *V.* Produits chimiq. non dén.				
CHOM (planches dites). *V.* Bois a construire.				
CHOUCROUTE. *V.* Légumes salés.				
CHROMATES. *V.* Sels.				
CHRONOMÈTRES. *V.* Instruments d'optique.				
CHRYSOCALE. *V.* Cuivre doré.				
CHRYSOCALE ou or de Manheim. *V.* Cuivre allié de zinc doré.				
CHRYSOCOLLE. *V.* Borax (4).				
CIDRE. *V.* Boissons fermentées.				
CIGARES et CIGARETTES, *V.* Tabac fabriqué.				
CINABRE (sulfure de mercure) en pierres, naturel ou artificiel	id.	150	160	
pulvérisé (*vermillon*)	id.	200	212 50	
CIRAGES. *V.* Noir à souliers.				
CIRE non ouvrée jaune et brune (5)	100 k. BB	1	16	
blanche	100 k. NB	2	7	
(résidus de)	100 k. BB	Exempts.	Exempts.	
ouvrée jaune	100 k. NB	50	55	
blanche	id.	85	91 70	
à gommer, à l'usage des tapissiers. *V.* Cire jaune non ouvrée.				
à cacheter, dite cire d'Espagne	id.	100	107 50	
CISAILLES, gros ciseaux pour couper les métaux. *V.* Outils de fer rechargés d'acier.				
CITRATE de chaux. *V.* Acides, citrique.				
CITRONS. *V.* Fruits de table frais.				
CIVETTE (6)	1 k. NB	123	131 60	
CLARINETTES. *V.* Instruments de musique.				
CLINQUANTS. *V.* Cuivre doré ou argenté laminé.				
CLOPORTES (insectes desséchés)	100 k. NB	Exempts.	Exempts.	
CLOUS de girofle. *V.* Girofle.				
COBALT (minerai de), par navires franç. et par terre	100 k. BB	Exempt.	....	
par navires étrangers	id.	....	1 00	
vitrifié en masses (smalt)	1 k. NB	c. émail, vi- ou azur, sel.	trif. en mas. l'espèce.	
en poudre (azur) (7)	100 k. BB	30	33	
COCHENILLE des colonies françaises	id.	Exemptes	Exemptes	
(8) des pays hors d'Europe	1 k. NB	50	1 50	
d'ailleurs	id.	1	1 50	
COCO (noix de) pleines (9). *V.* Fruits frais.				
(coques de) vides ou desséchées. *V.* Coques.				
COCHONS	par tête.	25	25	25
de lait pesant moins de 15 kil	id.	10	10	
COIFFES à chapeaux, en toile cirée ou non. *V.* Effets à usage, habillements neufs.				
COKE (houille carbonisée). *V.* Bitumes, Houille.				
COLCOTHAR ou vitriol rubifié. *V.* Oxyde de fer.				
COLLE de poisson de la Guiane française	100 k. NB	40	....	
d'ailleurs	id.	160	170 50	
COLLE-FORTE liquide ou desséchée	100 k. BB	25	27 50	
COLOPHANE. *V.* Résines indigènes.				
COLZA. *V.* Graines oléagineuses.				
CONCOMBRES frais. *V.* Fruits de table frais à dén. confits. *V.* Fruits confits.				
CONFITURES au sucre ou au miel (10), des colon. fr.	100 k. NB	22 50	....	
de Chine, Cochinchine, Philippin., Siam.	id.	48	68	
des autres contrées de l'Inde	id.	50	68	
d'ailleurs, hors d'Europe	id.	53	68	

NOTES.

(1) Par poulains, on entend les jeunes sujets qui n'ont que des dents de lait.

(2) Pour les chèvres des Etats sardes. *V.* l'Appendice après le Tableau des droits.

(3) Les chiens sont réputés de forte race, quand ils ont 325 millimètres et plus de hauteur au milieu de l'échine.

La loi n'a nommément taxé à l'entrée que les chiens *de chasse*; mais s'il est importé des chiens de toute autre espèce, à titre d'opérations de commerce, ils sont soumis aux mêmes droits que les premiers.

(4) Le borax *brut*, destiné au raffinage, peut être importé au droit de 50 centimes ou de 2 francs par 100 kilogrammes brut, selon que le navire est français ou étranger, à charge de réexporter, dans l'année, le même poids de borax naturel raffiné.

(5) La cire dont il est ici question est la cire d'abeilles. On y assimile du reste la cire de myrica, ou cire végétale, connue sous le nom de cire végétale de la Louisiane, ainsi que toutes autres cires végétales.

(6) Matière résineuse de consistance pâteuse et onctueuse, de couleur fauve ou brune, d'une très-forte odeur.

(7) On le nomme aussi *bleu de cobalt* et *bleu d'émail*. C'est du smalt réduit en poudre. Il en existe, dans le commerce, plusieurs sortes qui se distinguent par la nuance et la finesse plus ou moins grande de la poudre. C'est ce qu'on appelle vulgairement azur *de* 1er, 2e, 3e, 4e *feu*, etc. L'azur s'importe habituellement dans des barils dont les marques indiquent la finesse du produit qu'ils renferment. Le plus fin sert pour la peinture en détrempe. Les qualités inférieures sont employées dans les papeteries : les blanchisseurs en font aussi une grande consommation pour donner au linge un reflet bleuâtre.

(8) Par dérogation à l'art. 22 de la loi du 28 avril 1816, les bureaux de *Bourg-Madame*, *Perthus*, *Béhobie* et *Ainhoa*, sont ouverts à l'importation de la cochenille.

(9) Les petites noix de coco, quoique pleines, qui n'ont que 7 à 10 centimètres de longueur, et celles plus fortes, mais qui ne sont plus mangeables, ne doivent que le droit des coques vides.

(10) Les conserves de toute sorte dans lesquelles il entre du sucre ou du miel sont des confitures.

DÉNOMINATION DES MARCHANDISES.	UNITÉS sur lesquelles portent les DROITS.	DROITS D'ENTRÉE par navires français.	DROITS D'ENTRÉE par navires étrangers et par terre.	DROITS de SORTIE.
		F. C.	F. C.	F. C.
CONFITURES des entrepôts	100 k. NB	63	68	
sans sucre ni miel (1)	id.	20	22	
CONTRE-BASSES. *V.* Instruments de musique.				
CONTREFAÇONS (2). *V.* Livres.				
COPAHU. *Voyez* Baumes.				
COPAL et Dammar (résines)	id.			
des pays hors d'Europe	id.	Exempte.	13	
des entrepôts	id.	8	13	
taillé. *V.* Mercerie fine.				
COQUES DE coco des pays hors d'Europe	id.	1	6	
d'ailleurs	id.	3	6	
COQUILLAGES pleins, huîtres, moules, etc. *V.* ces mots.				
vides (cauris). *V.* Antale.				
nacrés. *V.* Nacre de perle.				
CORAIL brut de pêche française	id.	1	....	
de pêche étrangère	id.	20	22	
taillé, mais non monté (3)	1 k. NB	10	11	
monté. *V.* Bijouterie d'or et d'argent.				
en poudre. *V.* Parfumerie, poudres de senteur à dénommer.				
CORBEILLES en quelque végétal que ce soit. *V.* Vannerie à dénommer.				
CORDAGES de chanvre	100 k. BB	25	27 50	
de sparte de tous calibres, fabriqués avec fils ou tresses battues (veltes)	id.	5	5 50	
non battues	id.	2	2 20	
en fibres de coco (bastings)	id.	5	5 50	
de tilleul et de joncs	id.	2	2 20	
de phormium tenax, d'abaca, de jute, d'aloès, d'agave, et autres non spécialement dénommés	id.	25	27 50	
de crin	id.	5	5 50	
filets neufs ou en état de servir	id.	25	27 50	
vieux ou en charpie. *V.* Drilles.				
CORDONNERIE de toute sorte. *Voy.* Peaux ouvrées.				
CORIS ou cauris. *V.* Antale.				
CORNALINES. *V.* Agates.				
CORNES de bétail brutes, par navires français et par terre (4)	100 k. BB	10	......	20
par navires étrangers.	100 k. BB	.... .	1	20
préparées (5)	id.	25	27 50	id.
en feuillets, long. 19 à 24, larg. 19 à 22 c.	104 feuill.	8	8	
14 à 16, 11 à 14	id.	6	6	
11 à 14, 11	id.	4	4	
au-dessous de 11	id.	3	3	
de cerf, de snake et toutes cornes rameuses et non creuses	100 k. BB	exemptes.	exemptes.	
CORNICHONS. *V.* Fruits de table frais ou confits.				
CORONS ou pennes (6).	mêmes droits que les cotons en laine.			
CORS. *V.* Instruments de musique.				
COTON en laine ou en feuilles cardées et gommées. *V.* Filaments.				
filé. *V.* Fils de coton.				
(graine de). *V.* Fruits à ensemencer.				
en poudre. *V.* Laine, Bourre, Tontice.				
COULEURS non dénommées (7), sèches ou liquides.	id.	35	38 50	
en pâtes humides	id.	17 50	19 20	
COUPEROSE blanche, bleue ou verte. *V.* Sels, sulfates.				
COUTEAUX de poche et de table. *V.* Coutellerie.				
COUTELLERIE (8)	100 k. B	prohibée.	prohibée.	
COUTIL (9). *V.* Tissus de lin ou de chanvre, toile croisée.				
de coton pur ou mélangé. *V.* Tissus de coton.				
COUVERTURES de pur fil blanches. *V.* Coutil.				
teintes. *V.* Tissus de lin, toile unie, imprimée.				
de laine, de poil, de soie, de fleuret de coton. *V.* Tissus selon l'espèce.				
CRAIE (chaux carbonatée). *V.* Pierres et terres servant aux arts, craie.				
CRAYONS simples en pierre (10)	100 k. BB	10	11	

NOTES.

(1) Parmi les confitures sans sucre ni miel on range le résiné et les autres préparations de fruits analogues.

(2) *Par ordonnance royale du 13 décembre 1842*, les contrefaçons exclues du transit ne peuvent être reçues dans les entrepôts.

(3) Pour ceux des États sardes, *V.* l'Appendice, après le Tableau des droits.

(4) Sont considérées comme brutes les cornes entières, celles tronquées à la pointe ou à la base, celles qui ont été seulement sciées pour séparer la partie creuse de la partie pleine. — Les clapons suivent le régime des cornes brutes.

(5) Les cornes de bétail *préparées* comprennent, à l'exclusion de celles en feuilles, qui sont nommément taxées, les cornes plates à faire des peignes et les cornes débitées à la scie, soit en long pour fabriquer des manches de couteau ou tous autres ouvrages, soit en travers pour faire des disques ou des viroles.

(6) Il s'agit des déchets ou bouts de fils qu'entraînent le dévidage et le tissage. Ils suivent le régime de la matière première dont ils dérivent.

(7) Les couleurs à dénommer présentées en vessies sont imposées au droit intégral; il n'y a que les pâtes humides, c'est-à-dire imprégnées d'eau, et qui alors ont une pesanteur spécifique bien supérieure aux couleurs sèches, qui payent le faible droit. — Les couleurs communes en tablettes et en boîtes destinées à l'amusement des enfants ne sont plus soumises aux droits de la bimbeloterie; elles paient comme les couleurs non dénommées. — Les couleurs *non dénommées* sont entre autres: le bistre, — le bleu de montagne, en tant que c'est une couleur et non du bleu de Prusse commun, — le bronze pulvérisé, — les débris de momie, — l'encre de la sèche en vésicules, dites *sepia*, — le fusain, — le jaune minéral, — le jaune de Naples, — la laque rosette, — l'orpiment *ou* orpin naturel *pulvérisé*, que l'on nomme aussi *jaune de Cassel*, *jaune de roi* ou *jaune royal*, — le mat, préparation dont le nitre fait la base, — le noir minéral liquide ou pétri en trochisques, — la pourpre naturelle ou factice, qui est une couleur liquide, — le talc *pulvérisé*, — le vert minéral de Brunswick et de perroquet, — le vert de vessie, — et généralement toutes les couleurs préparées non spécialement tarifées, qu'elles soient sèches ou liquides, en poudre, en sacs ou vessies, en boîtes, en vases ou en trochisques, sauf les couleurs bleues ou vertes en poudre impalpable, qui suivront le *régime* des cendres bleues ou vertes. — Par couleurs en pâte humide on entend exclusivement celles qui sont imprégnées d'eau.

(8) On range dans la classe de la *Coutellerie*, outre les couteaux, canifs, rasoirs, ciseaux, etc., les fourchettes en acier, qu'elles soient montées ou non, et les fourchettes en fer emmanchées, autres que d'un travail grossier. Les couteaux à lame d'argent, d'or ou de vermeil suivent le régime de l'*Orfèvrerie* d'argent ou d'or, selon l'espèce.

(9) Le coutil est une toile croisée et rayée en bleu, dont on se sert pour faire des lits de plume, oreillers, tentes, stores et autres objets de cette espèce.

Les autres toiles croisées comprennent toutes celles de pur fil pour vêtements d'homme et de femme, telles que basin et tissus de fantaisie, appelés vulgairement coutils russes, dont on se sert pour pantalons d'été et habillements de chasse.

Le treillis, espèce de coutil grossier, est assimilé, pour le droit, à la toile de chanvre unie, écrue. Le coutil, comme les autres tissus de lin et de chanvre, peut être importé *par mer* en colis de tous poids, mais sans mélange des espèces payant des droits différents.

Suite des Notes.

(10) Par crayons *simples*, on entend la pierre noire, l'ardoise, la sanguine sciée, etc., simplement coupées ou sciées en morceaux pointus ou anguleux. La loi du 17 mai 1826 n'a désigné nominativement parmi les crayons *composés* que les crayons à gaine de bois blanc et ceux à gaine de cèdre; mais on doit assimiler à ces derniers : 1° tous les crayons dont la gaine est formée d'autre bois que le bois blanc; 2° tous ceux dont le bois a été teint et qui sont recouverts extérieurement d'un vernis (*Avis du Comité consultatif des arts et manufactures*, du 17 déc. 1842); 3° les crayons de différentes couleurs, moulés ou arrondis, dont on se sert pour la peinture dite *pastel*, et qui sont faits avec une pâte, soit de mine de plomb (*graphite*), soit de sanguine, de pierre noire, de bistre, soit de diverses compositions. — Les crayons à gaine de roseau, en raison de l'analogie d'emploi, de composition et de valeur, sont assimilés aux crayons à gaine de bois blanc.

DÉNOMINATION DES MARCHANDISES.	UNITÉS sur lesquelles portent les DROITS.	DROITS D'ENTRÉE par navires français.	DROITS D'ENTRÉE par navires étrangers et par terre.	DROITS de SORTIE.
		F. C.	F. C.	F. C.
CRAYONS composés à gaîne de bois blanc.........	100 k. NB	100	107 50	
à gaîne de cèdre............	id.	200	212 50	
CRÈME de tartre. *V.* Sels, tartrates.				
CRÉOSOTE. *V.* Médicaments composés non dénommés.				
CRÊPE. *V.* Tissus de soie.				
CRÉPON de Zurich. *V.* Tissus de laine.				
de soie. *V.* Tissus de soie, étoffes pures unies.				
CRICS. *V.* Instruments aratoires.				
CRINS bruts......................................	100 k. BB	1	5	
préparés, soit frisés, soit en bottes de longueurs assorties.....................	100 k. BB	5	5 50	
CRISTAL minéral ou sel de prunelle. *V.* Nitrate de potasse.				
de tartre. *V.* Sels, tartrate acide de potasse, crème de tartre.				
de roche non ouvré....................	100 k. NB	Exempt.	Exempt.	
ouvré........................	100 k. B	prohibé.	prohibé.	
CRISTAUX de toute sorte. *V.* Verres et cristaux.				
CUBÈBES ou poivre à queue. *V.* Poivre.				
CUDBEARD. *V.* Orseille violette.				
CUIRS. *V.* Peaux ouvrées.				
à rasoir avec ou sans leurs gaînes. *V.* Mercerie.				
CUIVRE (1) minerai (2), par navires français et par terre............................	100 k. BB	Exempt.	....	
par navires étrangers........	id.	....	1 00	....
pur de 1re fusion (A), en masses, barres, plaques ou en objets détruits, des pays hors d'Europe............	id.	10	3	
des entrepôts..............	id.	2	3	
laminé en barres ou en planches (3)..	100 k. NB	30	33	
battu (4)..........................	id.	80	86 50	
filé, teint en jaune imitant la dorure...	id.	286	302 80	
non teint..................	id.	100	107 50	
monnaies (5)....................	100 k. BB	20	20	
ouvrages simplement tournés (6).....	100 k. NB	(10)	(10)	
allié de zinc (laiton) de première fusion (A), en masses, en barres, plaques ou objets détruits des pays hors d'Europe..................	100 k. BB	10	3	
des entrepôts..............	id.	2	3	
laminé en barres ou en planches.	100 k. NB	30	33	
battu (4)............	id.	80	86 50	
filé, poli, sauf ceux-ci après...	100 k. B	prohibé.	prohibé.	
non poli ou poli pour cordes d'instrument..........	100 k. NB	100	107 50	
propre à la broderie.......	id.	286	302 80	
ouvrages simplem. tournés (6).	100 k. NB	(10)	(10)	
pur ou allié de zinc, en feuilles, et destiné au doublage des navires (B)........	....	Exempt.	Exempt.	
allié d'argent (monnaie de billon) (5).....	100 k. BB	1	1 10	
allié d'étain de 1re fusion (A), en masses, barres plaques ou en objets détruits des pays hors d'Europe............	id.	10	3	
des entrepôts................	id.	2	3	
doré en lingots (7)...........	100 k. NB	147	156 80	
battu, tiré ou laminé...........	id.	286	302 80	
filé sur fil...............	id.	327	344 50	
sur soie.............	id.	950	967 50	
ouvré..........................	100 k. B	prohibé.	prohibé.	
argenté en masses ou lingots (8)..........	100 k. NB	102	109 60	
battu, tiré ou laminé............	id.	204	216 70	
filé sur fil.............	id.	327	344 50	
sur soie..............	id.	600	617 50	
ouvré..................	100 k. B	prohibé.	prohibé.	
ouvré ou autrement préparé qu'il n'est dit ci-dessus..........................	id.	id.	id.	
limailles par nav. français et par terre......	100 k. BB	exemptes		
par navires étrangers....	id.		1	
CURCUMA en racines, de l'Inde (9).............	id.	exempt.	20	
d'ailleurs hors d'Europe.	id.	8	20	
des entrepôts.........	id.	15	20	
en poudre............	100 k. B	prohibé.	prohibé.	
CYLINDRES, planches et coins gravés...........	....	15 p. 100 de la val. (11)		

NOTES.

(1) Le cuivre provenant des États-Unis, par navires américains, jouit de l'admission aux droits comme par navires français.

(2) C'est le minerai tel qu'il est extrait de la mine. En tout autre état il est traité comme cuivre de première fusion.—Excepté les mattes de cuivre et autres produits intermédiaires entre le minerai et le cuivre de première fusion, quand ils ne contiennent pas plus de 75 % de cuivre (Circul. 580).

(3) On range dans cette classe les cuivres de toute espèce préparés au laminoir, mais n'ayant reçu aucune autre main-d'œuvre.

Les rouleaux de cuivre rouge préparés pour la tréfilerie, et qui ont de 65 à 75 centimètres de longueur sur 92 millimètres de circonférence, sont assimilés au cuivre laminé, lorsque, toutefois, ils ne sont ni dorés ni argentés.

(4) Cette dénomination s'applique à tous les objets en cuivre ou laiton préparés au marteau, tels que les barres forgées, les barres à cheville, les gros clous ou chevilles de cuivre rouge durcis au gros marteau, les clous de cuivre *allié* pour doublage et pentures de gouvernail, et généralement toutes les chevilles propres aux constructions navales; et enfin les cuivres en fonds de casserole, de poêlon, de bassine ou de chaudière, c'est-à-dire, relevés et bombés par le martelage, qu'ils soient grattés ou non grattés, pourvu que d'ailleurs ils ne soient ni finis, ni même bordés. On range aussi dans cette classe les feuilles de cuivre ou de laiton très-minces imitant l'or (*clinquant de cuivre*), autres qu'à l'état de *livrets de doreur. V.* plus bas, Ouvrages en cuivre.

(5) Les monnaies de cuivre et de billon ne peuvent être admises à la consommation qu'après avoir été brisées, coupées ou martelées pour ne pouvoir servir qu'à la refonte comme mitraille. *V.* plus bas, Monnaies.

(6) Par ouvrages simplement tournés, on entend ceux qui n'ont reçu d'autre main-d'œuvre que celle qu'on peut leur donner à l'aide du tour; tels sont, dans l'état où d'ordinaire on les importe, les anneaux, bagues, chandeliers et flambeaux communs, chenets, dés à coudre et dés à voilier, robinets, roulettes, viroles et autres objets analogues; mais quand, par une seconde main-d'œuvre, ces objets ont perdu leur caractère primitif, par exemple, lorsqu'ils sont dorés, vernis ou bronzés, ils restent soumis à la prohibition.

(7) On entend par *cuivre doré en lingots* les rouleaux de cuivre recouverts d'une feuille d'or qui sont destinés à être battus, tirés, etc., ou à être filés, et par *cuivre doré battu, tiré ou laminé*, les feuilles, traits, lames, paillettes clinquant et cannetilles qui ont été fabriqués avec le cuivre doré. Le régime du cuivre doré, est applicable aux diverses compositions imitant l'or qui sont connues dans le commerce sous les noms de *tombac, similor, pinchebec, chrysocale, métal de prince, or de Manheim, etc.* — Le fil de cuivre teint en jaune, imitant la dorure, et le fil de laiton propre à la broderie, payent le droit de *cuivre doré, tiré.*— Les feuilles de cuivre et de laiton très-minces (*clinquant de cuivre*), auxquelles le battage a donné l'éclat de l'or, rentrent dans la classe du *cuivre battu*, lorsqu'elles ont quelque consistance et qu'elles conservent encore le caractère de feuilles métalliques. Mais elles sont assimilées au cuivre *doré battu* lorsqu'elles sont à l'état de *livrets de doreur*, c'est-à-dire lorsque, n'ayant plus d'épaisseur appréciable et se froissant sous la main, elles doivent, en raison de leur extrême fragilité, être placées entre des feuilles de papier réunies en forme de livrets. Dans ce dernier état, elles servent dans les dorures communes.—Les débris des *livrets de doreur* sont assimilés au bronze en poudre. Ils sont admis, à ce titre, au droit des *Couleurs non dénommées.*

(8) On traite comme *cuivre argenté* les compositions métalliques imitant l'argent qui

Suite des Notes.

ne sont pas spécialement tarifées, ainsi que les rouleaux ou cylindres dont il est question dans la note précédente, lorsqu'ils sont recouverts de feuilles d'argent au lieu de feuilles d'or.— Le clinquant en plomb verni est assimilé au clinquant argenté. Les cordes en cuivre argenté, qu'elles soient ou non roulées sur bobines, rentrent dans la classe du cuivre argenté étiré.

(9) Racines ovoïdes de la grosseur du doigt, jaunâtres ou grisâtres à l'extérieur, d'un jaune foncé à l'intérieur; odeur aromatique, saveur âcre et amère. On lui assimile l'écorce d'autour.

(10) Mêmes droits que la mercer. selon l'esp.

(11) A déterminer par le comité consultatif des arts et manufact. Sont soumis au régime de la librairie tel qu'il résulte de l'art. 8 de la loi du 6 mai 1841 et de l'ordonn. du 13 déc. 1842.

(A) Cet article comprend non-seulement le laiton et le bronze *de toute sorte*, coulés en masses brutes, mais encore les plaques ou barres régulières propres au laminage, lorsqu'elles proviennent également d'une première fusion, ainsi que les manchons ou cylindres en cuivre, bruts, destinés à être préparés pour la gravure. On y assimile la *mitraille*, ou, selon les termes mêmes de la loi, les objets *détruits*, c'est-à-dire les vieux ouvrages brisés, ou que l'on consent à faire briser en douane.

(B) Consulter, pour l'application, la circulaire 433 (1856).

DÉNOMINATION DES MARCHANDISES.	UNITÉS sur lesquelles portent les DROITS.	DROITS D'ENTRÉE par navires français. F.	C.	DROITS D'ENTRÉE par navires étrangers et par terre. F.	C.	DROITS de SORTIE. F.	C.
Cylindres non grav., creux ou pleins en cuivre (1). *V.* Machines et mécaniques, Pièces détachées en cuivre.							
Cymbales. *V.* Instruments de musique.							
Daguerréotypes. *V.* Instruments de calcul.							
Dammar (résine). *V.* Copal et Dammar (résines).							
Dattes. *V.* Fruits exotiques, secs ou tapés.							
Débris de cire ouvrée. *V.* Cire jaune ou cire blanche non ouvrée.							
d'embarcations échouées (2). *V.* Embarcations, agrès et apparaux.							
Déchets de cornes de bétail brutes. *V.* Cornes de bétail brutes.							
de soie. *V.* Soies, bourre en masse.							
de bouts de fil de laine, de lin, de chanvre ou de coton. *V* Corons ou Pennes.							
de laine, à l'exception des blouses, comme laines en suint.							
de pierre. *V.* Matériaux, Moellons.							
Défenses et cornes autres que de bétail, propres à la tabletterie, voir Dents d'éléphant.							
Dégras de peaux, de l'Inde..............	100 k. NB	2		8			
d'ailleurs....................	id.	5		8			
Dentelles. *V.* Tissus suivant l'espèce.							
Dents d'éléphant, défenses entières ou en morceaux, des pays hors d'Europe.......	100 k.	Exempts.		60			
des entrepôts..........	id.	50		60			
mâchelières, des pays hors d'Europe..	id.	Exempts.		10			
des entrepôts.........	id.	5		10			
de loup et de sanglier............	id.	0	10	1			
Dents en émail. Voyez Vitrification, Email.							
Dés à coudre et à jouer, de fer et d'os. *V.* Mercerie commune.							
d'or, d'argent ou de vermeil (3). *V.* Bijouterie.							
Dessins à la main, gouaches, aquarelles, lavis, etc. *V.* Objets de collection.							
Diamants non montés. *V.* Pierres gemmes, diamants montés et Bijouterie.							
Dominoterie (4) (gravures en bois ou grossièrement enluminées). *V.* Mercerie commune.							
Doupions. *V.* Soies.							
Drage. *V.* Fourrages autres que le son.							
Draps. *V.* Tissus suivant l'espèce.							
Drilles et chiffons (5), par navires français et par terre........	100 k. B	Exempts.		....		prohibés.	
par navires étrangers.....	id.	....		1		id.	
Duvet de cygne, d'oie et de canard...........	100 k. NB	200		212	50		
d'eyder (édredon) épuré..............	1 k. NB	5		5	50		
non épuré (6)..........	id.	1	25	1	30		
de cachemire brut....................	1 k. B		10	1			
peigné....................	1k. N	10		11			
cotonneux, du peuplier d'Italie, et autres de même nature. *V.* Filaments végétaux non dénommés.							
Eau-forte. *V.* Acides.							
Eaux-de-vie de vin. *V.* Boissons distillées.							
de riz. *V.* Rack.							
de grain, de pomme de terre, de baies, d'arbousier, de gentiane, etc. *V.* Boissons distillées.							
Eaux médicinales. *V.* Médicaments composés, eaux distillées.							
de senteur. *V.* Parfumeries.							
de fleur d'oranger. *V.* Médicaments composés, eaux distillées.							
Eaux minérales gazeuses en cruchons de grès commun (contenu et contenant) (7)..........	100 k. BB	1					
autres (8)......................	id.		50	1	10		
Écailles d'ablette..........................	id.	exemptes.			50		
de tortue, carapaces, onglons et couanes, des pays hors d'Europe..	100 k. NB	exemptes.		exemptes.			
des entrepôts..........	id.	50		60			
rognures (9), des pays hors d'Europe.	id.	exemptes.		60			
des entrepôts.........	id.	25		30			
Échalas..................................	1000 en n		25	30			
Échantillons (10).					25		
Écharpes de cachemire (II). V. Tissus de poil, Echarpes de cachemire.							
Écorces de pin non moulues (12)................	100 k. BB	exemptes.		exemptes.			
moulues.....................	id.		50		50		
à tan (13) de sapin non moulues........	100 k. B	exemptes.		exemptes.		prohibées.	

NOTES.

(1) Un arrêté du 18 décembre 1848 autorise, sous des conditions déterminées, l'admission en franchise des cylindres en cuivre bruts, destinés à être gravés en France et exportés ensuite.

(2) Les débris de navires échoués pouvant tous être réappliqués à la construction ou à l'usage des navires, ont une valeur qui se détermine exactement par la vente qui s'en fait au rivage.

(3) Ceux avec dôme en acier ou en fer, sont traités comme orfèvrerie.

(4) La dominoterie comprend non-seulement les images à usage des enfants ou des gens de la campagne, mais encore les adresses gravées, sauf celles en carton dit papier porcelaine, qui doivent comme mercerie fine, les dessins de meubles, de machines, de tricot, les papiers quadrillés en forme de canevas pour la tapisserie, etc.

(5) La dénomination de *drilles* embrasse toutes les matières propres à fabriquer le papier, comme vieux cordages, vieux filets, papier écrit pour épiciers ou pour être réduit en pâte, maculatures et rognures de papier, charpie effilée, linge à pansement, et même les chiffons de laine, de soie et de coton. — Il en est ainsi des végétaux filamenteux préparés pour pâte à papier. — Les morceaux de vieilles étoffes qui pourraient encore servir, et font partie du commerce de la friperie, doivent les droits d'habillement vieux, 51 et 56 fr. à l'entrée, par 100 k. N. — Les drilles ou chiffons venant des échelles du Levant et de la côte septentrionale d'Afrique sont prohibés à l'importation par mesure sanitaire. Ceux de l'Algérie sont admissibles avec des certificats d'origine, délivrés par l'autorité sanitaire du port d'embarquement.

(6) Il faut, pour qu'il soit admissible à ce droit, que le duvet soit importé tel qu'il a été extrait du nid de l'oiseau, c'est-à-dire, plus ou moins mélangé de bois, de paille et de parties terreuses.

(7) Les eaux minérales gazeuses, dans des cruchons autres que de grès commun, payent comme autres, sauf le contenant sur lequel on doit percevoir le droit séparément.

(8) Plus le droit sur les vases qui les contiennent.

(9) On ne doit considérer comme rognures d'écaille que les sciures, râclures et déchets d'écaille exclusivement propres à être fondus; tous les morceaux utilisables doivent être traités comme carapaces.

(10) On ne reconnaît pour tels que des articles uniques, dépareillés, ou incomplets, et différents les uns des autres.

(11) Le droit imposé sur les écharpes ne s'applique qu'aux seules écharpes dont la surface n'excède pas celle des châles carrés de 180 centimètres. Les écharpes de dimensions supérieures doivent être assujetties au droit des châles carrés de grande dimension.

(12) Voir pour celles de chêne venant de Corse le décret du 3 août 1853. — Les écorces de pin moulues ou non sont passibles du régime établi sur les écorces à tan, suivant leur état. Il en est de même des écorces de grenade, d'aune et de bourdaine.

(13) Les écorces à tan peuvent être exportées par les points pour lesquels le gouvernement suspend la prohibition.

Par application de cette disposition, on peut exporter :

1° Par la rivière de la Meuse, des quantités illimitées d'écorces à tan, moulues ou non moulues;

2° Par la douane de Mijoux, cent cinquante mille kil., annuellement, d'écorces de sapin *non moulues* provenant du territoire de la commune de Septmoncel (Ain).

Dans ces cas, comme toutes les fois que la prohibition est suspendue, on perçoit les droits suivants :

Écorce à tan de sapin,
» non moulues... 0,50 par 100 k. B.
» moulues......... 0,25 »
» autres, non moulues. 2,00 »
» » moulues....... 1,00 »

Toutefois l'arrondissement de Lure (Haute-Saône) peut exporter annuellement 12,500 quintaux métriques d'écorces à tan, *non moulues*, à charge de payer le droit de 1,02 par mille kil. brut.

DÉNOMINATION DES MARCHANDISES.	UNITÉS sur lesquelles portent les DROITS.	DROITS D'ENTRÉE par navires français.	DROITS D'ENTRÉE par navires étrangers et par terre.	DROITS de SORTIE.
		F. C.	F. C.	F. C.
ÉCORCES de sapin moulues, *tan*	100 k. B	50	50	prohibées.
autres non moulues	id.	exemptes.	exemptes	id.
moulues, *tan*	id.	50	50	id.
de grenade, d'aune et de bourdaine moulues	100 k. BB	50	50	
non moulues	id.	exemptes.	exemptes.	
ÉCORCES médicinales de citron, d'orange, et leurs variétés	100 k. BB	exemptes.	exemptes.	
de quinquina, des pays hors d'Europe	id.	exemptes.	20	
des entrepôts	id.	10	20	
à dénommer (1), des pays hors d'Europe	100 k. NB	exemptes.	30	
d'ailleurs	id.	20	30	
d'aliboufier. *V.* Baume, storax en pains.				
de tilleul pour cordages. *V.* Filaments.				
ÉCOSSINES. *V.* Pierres calcaires à cristallisation confuse, etc.				
EFFETS à usage (2), linge uni, ouvragé ou damassé	100 k. NB	(A)		
habillements neufs	....	(B)		
supportés	100 k. NB	51	56	
pièces de lingerie cousues	....	(C)		
EMBARCATIONS en état de servir (3), bâtim. de mer, à voiles ou à vapeur		prohibés.		
bateaux de rivière (4)	id.	20	20	
à dépecer, doublées en métal	id.	60	60	
non doublées	id.	25	25	
agrès et apparaux de navire (sauf ceux ci-après)	la valeur.	10 p. °/°.	10 p. °/°.	
voiles de navire	....	(D)		
ancres de 250 k. et au-dessous	100 k. BB	15	16 50	
au-dessus de 250 k.	id.	10	11	
draguées de tout poids (5)	id.	1	1	
câbles en fer pour la marine (6)	id.	37 50	41 20	
en fer dragués	id.	1	1	
EMAIL en gâteaux ou en baguette et en poudre. *V.* Verres et cristaux.				
ouvré. *V.* Bijouterie.				
EMERAUDES. *V.* Pierres gemmes à dénommer.				
EMERI. *V.* Pierres et terres servant aux arts.				
ENCENS commun. *V.* Résines indigènes brutes.				
ENCLUMES. *V.* Outils de fer rechargés d'acier.				
(plaques d'). *V.* Fer étiré en barres plates de 213 à 458 millimètres inclus.				
ENCRE à dessiner en tablettes	1 k. NB	1	1 10	
liquide à écrire ou à imprimer	100 k. NB	60	65 50	
ENGRAIS (fiente d'animaux, poudrette, terreau, fumier, cendres de tourbe) (7), par navires français et par terre	id.	Exempts.	....	2 25
par navires étrangers	id.	50	....	id.
guano, par nav. franç., de tous pays hors d'Eur.	id.	Exempt.	....	id.
des entrepôts	id.	2	....	id.
par navires étrangers	id.	....	3 00	id.
EPAUTRE. *V.* Froment.				
EPICES préparées. Moutarde (farine ou confection de), sénevé	id.	25	27 50	

NOTES.

(1) Les écorces le plus habituellement employées en pharmacie, et qui ne se trouvent pas nommément taxées, sont celles : d'acacie virginale, — d'ambavelle, — d'angusture, — de bois de fer à tête de mort, — la cannelle *blanche* et la cannelle *giroflée*, — de câprier, — de carapa, — de cascarille, — de culilawan, — de gaïac, — de garou, — de giroflier, — de magnolier glauque, — de monesia, — d'orme pyramidal, — de prunier de Virginie, — de sassafras, — de simarouba, — de strychnos, — de sureau, — de tamaris, — de winter, — d'yèble, etc.

(2) Le linge *de table* et *de cuisine* et le linge *de lit* ne jouissent pas de l'exemption des droits; toutefois, lorsque, dans le bagage des voyageurs, il ne s'en trouve que de très-faibles quantités, on peut passer outre, à moins qu'il ne s'agisse de linge neuf.

Les vêtements neufs confectionnés, et autres effets neufs à l'usage des voyageurs (*en tissus en laine ou en autres matières prohibées à l'entrée*), sont admis au droit de 30 p. °/° de la valeur, quand ils ont été déclarés avant la visite, et que la douane reconnait que ce sont des objets hors de commerce destinés à l'usage personnel des déclarants, et en rapport avec leur condition et le reste de leurs bagages. Les quittances de droits doivent toujours désigner le nom du voyageur importateur.

Les habillements à l'usage des voyageurs sont exemptés de droits à l'entrée.

Cette exemption s'applique aux habits de théâtre qui suivent les acteurs dans leurs déplacements.

Ils sont dispensés du plombage lorsqu'ils accompagnent les voyageurs.

(3) Les bateaux de sauvetage ou d'épaves, ou ceux confisqués, ne sont pas frappés du droit de 20 fr. Si la vente est faite par la marine et que les bateaux soient de 2 tonneaux et moins, le droit est de 10 p. °/°. Si le tonnage est plus fort, il faut consulter l'administration.

(4) Il ne s'agit que de la coque des navires. Les mâts, agrès, apparaux, etc., sont soumis au régime qui leur est propre. Toutefois, lorsqu'ils portent des traces évidentes de détérioration, on peut les admettre au droit de 10 p. 100 de leur valeur, et traiter comme ferrailles tous les objets en fer, qui sont préalablement brisés en douane.

Suite des Notes.

(5) Cette modération de droits n'est applicable qu'aux ancres et câbles retirés du fond des ports et rades soit de l'empire, soit des colonies et possessions françaises, par des dragueurs français. Le draguage doit en être constaté d'une manière authentique par les gens de la marine.

(6) Ne sont considérées comme destinées au mouillage des bâtiments, que les chaînes de 16 millimètres et au-dessus qui satisfont aux conditions suivantes :

Elles sont composées de maillons armés d'entretoises dites contre-forts ou étais, à l'exception toutefois des chaînes d'un calibre inférieur à 20 millimètres.

Elles ont au moins 150 m. de longueur.

Elles sont divisées en bouts égaux en longueur entre eux, cette longueur pouvant varier de 25 à 30 mètres.

Tous les bouts de chaîne sont composés uniformément de maillons ordinaires et de maillons d'assemblage pour réunir les chaînons.

Enfin, on ajoute à l'extrémité de la chaîne, un chaînon court dans lequel on réunit l'émérillon, ou maille tournante, et la *manille* d'assemblage de la chaîne avec l'organeau de l'ancre.

Les chaînes qui satisferont aux conditions énoncées ci-dessus pourront seules être admises comme câbles en fer pour la marine.

Les chaînes pouvant servir au grément des navires comme manœuvres courantes ou dormantes, ne sont point à classer comme câbles pour la marine.

(7) On ne doit considérer comme engrais, pour l'application du tarif, que les seules matières animales ou végéto-animales exclusivement propres à être affectées à cet emploi. Sont admis à ce titre : les fumiers de toute sorte; la poudrette ou poudre végétative, les fientes d'animaux et particulièrement la colombine. Toutefois, on assimile aux engrais : le terreau, les boues et le produit du curage des étangs et des mares; la poudre anticarboneuse, qui est un mélange de diverses substances, parmi lesquelles il entre de l'arsenic : elle sert à l'amélioration du sol et des semences, et principalement à préserver les grains de la carie; l'écume sèche de raffineries de sucre; mais, comme il serait possible qu'on tentât d'importer du sucre mêlé avec cette écume, on ne doit admettre celle-ci comme engrais qu'après s'être assuré que cette fraude n'a pas été pratiquée. La poudrette seule parmi les engrais est exempte des droits de sortie.

(A) Même droit que le tissu dont il est formé, et le dixième en sus.

(B) Comme l'étoffe principale dont ils sont formés.

(C) Mêmes droits que le tissu selon l'espèce, et le dixième en sus.

(D) Même régime que le tissu dont elles sont formées.

DÉNOMINATION DES MARCHANDISES.	UNITÉS sur lesquelles portent les DROITS.	DROITS D'ENTRÉE. par navires français.	par navires étrangers et par terre.	DROITS de SORTIE.
		F. C.	F. C.	F. C.
Épices préparées à dénommer (1)	1 k. NB	2	2 20	
Épinettes. *V.* Instruments de musique.				
Épine-Vinette. *V.* Bois de teinture.				
Éponges communes (2)	100 k. NB	60	65 50	
fines	id.	200	212 50	
Érable (3). *V.* Bois communs.				
Escourgeon. *V.* Grains.				
Esparres. *V.* Bois à contruire.				
Espèces monnayées. *V.* Monnaies.				
Esprit de genièvre	1 k. NB	3 60	3 90	
de succin	id.	2 80	3	
de corne de cerf. *V.* Médicaments composés non dénommés.				
de caoutchouc. *V.* Huile de caoutchouc.				
de nitre. *V.* Acide nitrique.				
de sel. *V.* Acide muriatique.				
de soufre et de vitriol. *V.* Acide sulfurique.				
de vin. *V.* Boissons distillées, eaux-de-vie.				
Essaye (4). *V.* Garance.				
Essences médic. *V.* Médicam. composés non dén.				
de houille (5)	100 k. BB	13	14 30	
Étain (minerai d'), par navires franç. et par terre.	id.	Exempt.	....	
par navires étrangers	id.	....	1 00	
brut de l'Inde	id.	Exempt.	5	
d'ailleurs	id.	2	5	
battu ou laminé	100 k. NB	60	65 50	
(ouvrages d'), poterie (6)	id.	(A)	(A)	
autres	100 k B	prohibés	prohibés.	
Estampes. *V.* Gravures.				
Esturgeons. *V.* Poissons de mer.				
Étamines. *V.* Tissus de laine.				
Éther. *V.* Médicaments composés non dénommés.				
Étiquettes imprimées, gravées ou coloriées	100 k. NB	300	317 50	
Étoupes. *V.* Filaments.				
Euphraises. *V.* Herbes médicinales.				
Éventails (7) montés ou en feuilles. *V.* Mercerie, selon l'espèce.				
Extraits d'avelanèdes et de noix de galle liquides (8)	100 k. BB	5	5 50	
concrets (8)	id.	7	7 70	
d'autres végétaux, liquides (9)	id.	50	50	
concrets (9)	id.	1 25	1 30	
de bois de teinture	100 k. B	prohibés.	prohibés.	
de quinquina du Pérou	1 k. NB	1	prohibé.	
d'ailleurs	100 k. B	prohibé.	id.	
de viandes en pains	1 k. NB	1	1 10	
Faïence. *V.* Poterie.				
Fanons de baleine, bruts, de pêche française (10).	100 k. BB	20	....	
de pêche étrangère	id.	30	35	
coupés et apprêtés	100 k. NB	60	65 50	
rognures et déchets, comme fanons bruts	....			
Farines de céréales. *V.* le tableau page 78.				
Faucilles, faux. *V.* Instruments aratoires.				
Fécules indigènes (11)	100 k. BB	7	7 70	
exotiques des compag. franç. d'Amérique.	100 k.	0 50	....	
de l'Inde	id.	0 50	20	
d'ailleurs hors d'Europe	id.	10	20	
des entrepôts	id.	15	20	
Fernambouc. *V.* Bois de teinture.				
Fer (minerai de) (12)	id.	Exempt.	0 25	prohibé.
Fers étirés en barres, sans distinctions de forme, plates de 458 millimètres et plus, la largeur multipliée par l'épaisseur	id.	10 00	11 00	
de 213 millimètres inclusivement à 458 millimètres exclusivement, id. (13).	id.	12 00	13 20	
de moins de 213 millimètres, id.	id.	14 00	15 40	
carrées, de 22 millim. et plus, sur chaq. face	id.	10 00	11 00	
de 15 millimètres inclusivement à 22 millimètres exclusivement, idem	id.	12 00	13 20	
de moins de 15 millimètres, id.	id.	14 00	15 40	
rondes, de 15 millimètres et plus de diamètre.	id.	12 00	15 20	
de moins de 15 millimètres, id.	id.	14 00	15 40	

NOTES.

(1) Ce sont des extraits liquides, jus, sauces ou sucs épicés pour assaisonnement. La poudre de Kary, qui est composée de plusieurs épices, et toutes les autres substances pulvérisées, soit pures, soit mélangées, dont on se sert exclusivement pour assaisonner les mets, pourvu d'ailleurs qu'il ne s'agisse pas de denrées tarifées simplement réduites en poudre, telles, par exemple, que le poivre, le piment, etc.

(2) La différence entre les éponges fines et les éponges communes consiste dans la finesse des pores et aussi dans la forme de l'éponge elle-même. Les éponges dites *communes* sont plus ou moins rondes et ne laissent pas apercevoir l'endroit par lequel elles adhéraient au rocher, tandis que les éponges *fines* ou *mi-fines* sont coniques, ont à la base un renfoncement en forme de bonnet, et à la pointe une partie dont la couleur est plus sombre et les pores autrement faits qu'au reste de la surface. On traite comme *fines* les éponges dites *fines-dures*, attendu qu'elles se rapprochent plus des éponges fines que des éponges communes. Ce qui les distingue des éponges fines *proprement dites*, c'est qu'elles ont des fibres courtes et rudes au toucher, et qu'elles se trouvent en morceaux ronds ou plats, irréguliers, et qui n'indiquent que par la présence de petites pierres l'endroit par lequel les éponges tenaient au rocher.

(3) Les planches d'érable teintes sont taxées comme bois d'ébénisterie.

(4) Racine qu'on emploie dans les Indes pour teindre en écarlate : elle est assimilée à la garance.

(5) Voir pour la désignation de l'essence de houille la circulaire n° 2035.

(6) La dénomination de *poterie d'étain* comprend tous les ustensiles, instruments et objets quelconques propres aux usages domestiques, ainsi que les ouvrages en étain qui étaient rangés autrefois dans la classe de la *Mercerie*, tels que bagues, anneaux, etc.

Les théières, cafetières, plats, couverts, chandeliers et autres ustensiles de ménage en métal de composition, dit *métal anglais*, dont l'étain de Cornouailles forme la principale base, font également partie de la poterie d'étain ; mais, comme il s'agit d'objets de luxe, on leur applique le droit de la poterie fine.

(7) Sont considérés comme fins ceux dont la valeur est de plus de 1 fr. 50 c. la pièce.

(8) Ceux concrets sont en petits fragments noirs, luisants, cassants, semblables à de la houille concassée.

(9) Cette dénomination ne s'applique qu'aux extraits du châtaigner et du sumac : les premiers viennent du Piémont, les seconds de Sicile.

(10) Consulter au besoin, pour les conditions de leur admission, la loi du 28 avril 1816.

(11) Les fécules indigènes sont celles de pommes de terre et autres d'origine européenne.

(12) La sortie du minerai de fer provenant des mines du département des Pyrénées-Orientales, est autorisée sous le payement du droit de 10 c. par 100 kil. Le minerai de fer chromaté peut sortir par les bureaux de Briançon, St-Tropez, Cavalaire et Marseille, en payant le droit de 10 c. par 100 kil.

(13) En vertu d'un avis du Comité consultatif arts et manufactures du 15 février 1816, on assimile au fer étiré en barres plates de 213 millimètres inclusivement à 458 exclusivement, les lames de fer rechargé d'acier *brutes*, destinées à fabriquer des forces à tondre les draps ; mais lorsque ces lames sont *confectionnées*, quoique non montées sur leurs anneaux, elles payent, comme les forces mêmes, le droit imposé sur les outils de fer rechargé d'acier.

Les plaques d'enclume sont également assimilées au fer en barres plates de 213 à 458 millimètres. Ce sont des plaques grossières,

Suite des Notes.

composées d'acier forgé et de fer, ayant 160 millimètres de largeur sur 15 d'épaisseur, et 320 millimètres de longueur, dont 120 pour le manche. Elles pèsent environ 5 kilogrammes et sont destinées à être étendues sur les enclumes brutes.

Les fers pour socs de charrue, qui sont des fers plats ayant la forme d'un cœur, doivent être traités comme le fer étiré en barres plates de 458 millimètres et plus. Ils ont 507 millimètres dans leur plus grande longueur, 372 dans leur plus grande largeur et 16 millimètres d'épaisseur. Quant aux socs de charrue *ébauchés* au martinet, on doit leur appliquer la taxe afférente aux fers en barres rondes, d'après leur dimension mesurée à la partie la plus amincie. — Les bandes de roues en fer pour locomotives, tenders et wagons, sont assimilées aux fers étirés en barres plates.

(A) Mêmes droits que la mercerie selon l'espèce. *V.* Ouvrages en étain.

DÉNOMINATION DES MARCHANDISES.	UNITÉS sur lesquelles portent les DROITS.	DROITS D'ENTRÉE par navires français et par terre.		DROITS D'ENTRÉE par navires étrangers.		DROITS de SORTIE.	
		F.	C.	F.	C.	F.	C.
FERS en barres à rainures dites *rails* et bandes de roues pour locomotives et tenders....	100 k. BB	(A)		(A)			
forgés en massiaux ou prismes (1)........	100 k. B.	prohibé.		prohibé.			
FER platiné ou laminé, noir, tôle (C).	100 k. BB	20		22			
étamé, plombé, cuivré, zingué (2).	100 k. NB	40		44			
FERS (D) de tréfilerie, fil de fer, même étamé (3), même recouvert d'autres métaux......	100 k. NB	30		33			
cordes métalliques blanches pour instrum. (4).	id.	70		76			
ouvrés ou ouvrages en fer, tôle ou fer-blanc..	100 k. B	prohibé.		prohibé.			
acier en barres de toute espèce, y compris les bandes en acier pour roues de locomotives de tenders et de wagons, et les massiaux, blocs ou prismes, de forme plus ou moins ramassée ou irrégulière....	100 k. NB	30		33			
laminé en bandes ou feuilles blanches ou brunes, non polies ni trempées, ayant :							
plus de 1 mill. d'épaisseur, quelle que soit la largeur....	id.	50		55			
1 mill. ou moins d'épaisseur, et 15 cent. ou plus de largeur.............. ..	id.	75		81	50		
1 mill. ou moins d'épaisseur, et moins de 15 cent. de largeur................	id.	110		118			
polies, bleuies, trempées ou non, roulées ou droites..........................	le kil.	5		5	50		
filé, de toute espèce, même blanchi pour cordes d'instruments (5).........	100 k. NB	70		76			
ouvré.	100 k. B	prohibé.		prohibé.			
limailles et pailles......................	100 k. BB	Exempt.			25		
FER, ferraille (débris de vieux ouvrages en fer) (6)	id.	8		8	80		
mâchefer, par mer......................	id.		80		88		
par terre...................	id.	....			80		
FERRAILLE en fonte, en masses pesant 15 k. ou plus, par mer.........	id.	4		4	40		
par terre..	id.	....		4			
FERS à cheval. *V.* Ouvrages en fer.							
à cheveux, à repasser et à gauffrer.........	100 k. NB	50		55			
à rabot..................................	id.	125		133	70		
FEUILLES propres à la tannerie et aux teintures, à dénommer (7).							
médicinales, d'oranger et de lierre (tiges et branches comprises).	100 k. BB	exemptes.		exemptes.			
non dénomm. (8), des pays hors d'Europe.	100 k. BB	exemptes.		20			
des entrepôts.	id.	10		20			
de palmier.........................	id.		05		50		
FEUTRES, chap. fins ou comm., même ceux en soie.	la pièce.	1	50	1	50		
shakos sans garniture..............	id.	1	50	1	50		
garnis avec cuir, etc...........	100 k. B	prohibés.		prohibés.			
à doublage........................	100 k. NB	100		107	50		
aut. ouvrages, *Feutres à filtrer, semelles* (9)	id.	400		417	50		
FIBRES d'aloès. *V.* Filaments (végétaux).							
FICELLES. *V.* Cordages.							
FIFRES. *V.* Instruments de musique.							
FILAMENTS, écorces de tilleul pour cordages......	100 k. BB	exemptes.		exemptes.			
chanvre, en tiges brutes, vertes, sèches ou rouies...............	id.		40		40		
teillé et étoupes...........	id.	8		8	80		
peigné...................	id.	15		16	50		
lin, brut en tiges vertes............	id.		50		50		
sèches...........	id.		60		60		
rouies..........	id.		75		80		
teillé et étoupes, cotonisées ou non.	id.	5		5	50		
peigné......................	id.	15		16	50		
coton (10) en laine sans distinction d'esp., importé en droiture des colon. français.	100 k. NB	exempts.		....			
de Turquie......	id.	15		25			
de l'Inde........	id.	5		20			
des autres pays hors d'Europe...	id.	20		25			

NOTES.

(1) Ce sont des masses oblongues et prismatiques de fer affiné, mais non étiré. Elles ont ordinairement 32 à 43 centimètres de longueur et pèsent au moins 35 kil.

(2) Le fer-blanc ne peut entrer que par les bureaux principaux.

(3) On ne considère comme *fil de fer* que celui qui a moins de 7 millimètres de diamètre. Le fer ayant 7 millimètres *ou plus* de diamètre rentre dans la classe des fers en barres.

(4) Les cordes métalliques blanches *pour instruments* étant en fil de fer, elles doivent, quand elles sont roulées *en couronnes*, le droit du fer de tréfilerie.

Celles roulées en *bobines* sont soumises, à l'entrée, au droit de 70 ou 76 fr. par 100 k. Lorsqu'il sera déclaré à l'importation des cordes métalliques non *roulées sur bobine*, on doit les soumettre au droit dont est passible la matière filée dont elles sont composées, c'est-à-dire, au droit du fil de fer ou du fil d'acier, suivant les cas.

On assimile aux aciers en barres les massiaux d'acier naturel et de cémentation et les lingots d'acier fondu.

(5) On ne considère comme acier filé que les fils passés à la filière.

(6) La ferraille provenant des colonies françaises peut être admise en franchise par les directeurs, lorsqu'elle est portée sur les expéditions de la colonie. — Celle provenant de l'Algérie est admise en franchise. — Ne laisser entrer comme ferraille ni tout ouvrage encore entier, même de rebut ou oxydé, ni aucune partie de fers neufs, sous quelque forme et dimension que ce soit.

(7) Les feuilles tinctoriales à dénommer sont particulièrement : 1° les feuilles d'épine-vinette, de henné, de houx, de myrte, de noyer, de tournesol dit *morelle*, et autres propres à la teinture et aux tanneries; 2° la *mortina*, qui est un mélange de feuilles sèches, dont celles de myrte forment la plus grande partie. Il faut que les feuilles dont il est ici question soient entières. Si elles étaient *moulues*, on les traiterait comme le sumac dans ce dernier état.

(8) Les feuilles médicinales à dénommer sont particulièrement celles : d'ambavelle, — d'argentine, — d'arnica, — d'aya-pana, — de baccante visqueuse, — de balais de savane, — de basilic, — de belladone, — de bétoine, — de bois immortel, — de bourrache, — de cannellier, — de dent-de-lion ou pissenlit, — de dictame de Crète, — de faam ou faon, — de gombo, — de guaco ou huaco, — de guimauve, — d'hysope, — de laurier franc (*branches comprises*), — de malabathrum, — de maté, dit *thé du Paraguay*, — de mélisse, — de menthe, — de morelle, — de pêcher, — de raisin d'ours, — de romarin, — de rue, — de sabine, — de sassafras, — de scolopendre, — de vanillier, — de véronique, l'herbe de schoenaute; les feuilles de bétel, de girofle et de séné entières ou en grabeau, etc., etc.

(9) On range parmi les ouvrages de l'espèce le feutre à filtrer, les semelles en feutre, le feutre verni et peint pour tapis ou surtouts de table, celui qu'on emploie pour faire des visières, les *galettes*, qui sont les carcasses en feutre grossier sur lesquelles on monte les chapeaux de soie, les pantoufles en feutre avec ou sans bordure en laine.

Quant aux étoffes en laine fabriquées comme les feutres et qui, obtenues par le foulage seulement, n'ont ni chaîne, ni trame, et ne présentent par conséquent ni filure, ni croisure, elles restent soumises à la prohibition générale qui atteint les ouvrages en laine non spécialement tarifés. Il y a exception toutefois : 1° pour

Suite des Notes.

le feutre destiné à garnir les marteaux de piano, lequel est admis, par exception, au droit des ouvrages en feutre *non dénommés*, lorsqu'il est découpé en lanières qui ne dépassent pas 1 mètre 20 centimètres de longueur sur 60 centimètres de largeur; 2° pour les manchons *sans couture* employés dans les fabriques de papier à la mécanique : ces derniers sont assimilés à la toile à blutoir.

(10) Les cotons en laine seront admis jusqu'à nouvel ordre par les frontières de terre, au droit de 30 fr. par 100 kilogr. (Déc. du 3 mai 1848.)

(A) Mêmes droits que les fers étirés, selon leur dimension.

(C) L'importation en franchise de droits, à charge de réexportation, des tôles, cornières et autres pièces en fer destinées à la construction des bateaux en fer et des chaudières pour machines à vapeur, a été autorisée par ordonnance du 28 mai 1843.

Le fer laminé, ainsi que les ouvrages en fer ou en tôle, destinés à être *galvanisés* en France pour l'étranger, peuvent être admis en franchise, à charge d'être réexportés dans le délai de deux mois, lorsqu'il y a possibilité dûment reconnue de constater l'identité des objets ainsi introduits temporairement. Toutefois, sont exclues de cette faculté, les armes *dites* de guerre, et toutes celles dont le port et la circulation sont interdits dans le royaume. (Ordonnance du 23 août 1841.)

On doit considérer comme tôle les pièces de fer autres que les barres qui auront en largeur de 20 à 35 cent. inclusivement, et en épaisseur 5 millim. et au-dessous; ou plus de 35 cent. en largeur et en épaisseur 3 cent. et au-dessous. (Circ. 519).

(D) Les ouvrages en fer et en acier susceptibles d'être emballés sont soumis au plombage.

DÉNOMINATION DES MARCHANDISES.	UNITÉS sur lesquelles portent les DROITS.	DROITS D'ENTRÉE par navires français. F.	C.	DROITS D'ENTRÉE par navires étrangers et par terre. F.	C.	DROITS de SORTIE. F.	C.
FILAMENTS, coton en laine provenant des entrepôts	100 k. NB	25		25			
non égrené par mer (1) des colonies françaises	100 k. BB	0	07	....			
de Turquie	id.	3	83	7			
de l'Inde	id.	1	32	9	50		
d'ailleurs, hors d'Europe	id.	5	07	9	50		
des entrepôts	id.	6	32	9	50		
par terre	id.	....		7			
en feuilles cardées et gommées, Ouate	100 k. NB	100		107	50		
FILAMENTEUX (VÉGÉTAUX) (A), tiges ou filasse de bananier, fibres d'aloès, chanvre de Manille (abaca), phormium tenax et aut. non spécialem. dénomm., bruts, ou n'ayant subi qu'une préparation analogue au teillage, des colonies françaises	100 k. BB		10	....			
d'ailleurs, hors d'Eur.	id.		40	10			
des entrepôts	id.	8		10			
peignés	id.	15		16	50		
FILS de phormium tenax, d'abaca et de jute, écrus	100 k. NB	60		65	50		
blanchis	id.	81		87	50		
teints	id.	80		86	50		
FILS de lin et de chanvre, sans distinction de ceux d'étoupes mesurant au kil. (2).							
simples, écrus, 6000 mètres, ou moins	100 k. BB	38		41	80		
plus de 6000	100 k. NB	48		52	80		
plus de 12000	id.	80		86	50		
plus de 24000	100 k. NB	125		133	70		
plus de 36000	id.	165		175	70		
blanchis, à quelque degré que ce soit, 6000 mètres, ou moins	id.	54		59	20		
plus de 6000	id.	66		71	80		
plus de 12000	id.	106		113	80		
plus de 24000	id.	163		173	60		
plus de 36000	id.	212		225	10		
teints, 6000 mètres, ou moins	id.	58		63	40		
plus de 6000	id.	70		76			
plus de 12000	id.	106		113	80		
plus de 24000	id.	160		170	50		
plus de 36000	id.	200		212	50		
retors, écrus, 6000 m., ou moins (3)	id.	44		48	40		
plus de 6000	id.	60		65	50		
plus de 12000	id.	104		111	70		
plus de 24000	id.	167		177	80		
plus de 36000	id.	225		238	70		
blanchis à quelque degré que ce soit, 6000 m., ou moins	id.	61		66	50		
plus de 6000	id.	81		87	50		
plus de 12000	id.	136		145	30		
plus de 24000	id.	215		228	20		
plus de 36000	id.	287		303	80		
teints, 6000 m., ou moins	id.	70		76			
plus de 6000	id.	86		92	80		
plus de 12000	id.	134		143	20		
plus de 24000	id.	205		217	70		
plus de 36000	id.	260		275	50		
de mulquinerie	100 k. B	....		....			
FILS de coton écru du n° 143, système métrique, et au-dessus (4), simples	1 k. NB	7		7	70		

NOTES.

(1) On ne considère pas comme coton non égrené celui qui aurait quelques graines échappées à l'action de la meule ou du cylindre, mais celui-là seul qui présente toutes ses graines.

(A) Ceux préparés pour pâte à papier sont assimilés aux drilles (Circul. 584).

(2) On ne considère pas comme *fils* les mèches d'étoupes grossières n'ayant subi d'autre main-d'œuvre qu'un léger tors à la roue de cordier, et dont on se sert pour la fabrication de grosses toiles d'emballage. Ces mèches suivent le régime de la ficelle, laquelle fait partie des cordages

Aux termes d'une disposition spéciale de la loi du 6 mai 1841, les fils de lin et de chanvre *de toute sorte* ne peuvent être importés que par les bureaux que cette loi a elle-même désignés à cet effet. Ces bureaux sont : 1° les ports d'entrepôt réel, savoir : Abbeville, Agde, Arles Bayonne, Binic, Bordeaux, Boulogne, Caen, Calais, Cannes, Cette, Cherbourg, Dieppe, Dunkerque, Granville, Gravelines, le Havre, Honfleur, le Legué, Lorient, Marseille, Morlaix, Nantes, Port-Vendres, la Rochelle, Rochefort, Rouen, Saint-Malo, Saint-Servan, Saint-Valery-sur-Somme et Toulon, 2° les bureaux de la frontière de terre ci-après, savoir : Armentières, Baisieux, Blancmisseron, Condé, Entre-deux-Guiers, Forbach, Halluin, Lille, Pont-de-Beauvoisin, Saint-Laurent-du-Var, Sierck, Strasbourg et Valenciennes.

Ils doivent être présentés en paquets séparés, ne contenant chacun que du fil passible du même droit. A défaut de cette séparation, la douane doit percevoir le droit du fil du numéro le plus élevé contenu dans le paquet.

VÉRIFICATION DES FILS. — Les fils de lin ou de chanvre sont filés à la main ou à le mécanique. Aucune règle particulière n'est suivie pour le dévidage et l'empaquetage des fils provenant du filage à la main. Ceux qui ont été filés à la mécanique sont, au contraire, habituellement empaquetés d'une manière uniforme, et ils portent alors un numéro qui, s'élevant en raison du degré de finesse des fils, en indique la longueur pour un poids donné. Pour les fils anglais, par exemple, le numéro indique combien de fois on doit trouver, dans le poids d'une livre anglaise, une longueur de 274 mètres 32 centimètres (300 *yards*). Ainsi les fils du numéro 10 mesurent 2,743 mètres (3000 *yards*) à la livre anglaise, ce qui correspond à 6,048 mètres par kilogramme.

Dans le système anglais, les fils sont ordinairement dévidés en échevettes d'un périmètre de 2 mètres 286 millim. (2 *yards* 1/2). L'échevette a le plus souvent 120 tours ; elle mesure alors exactement 300 yards ou 274 mètres 32 centimètres, soit la longueur qui est le point de départ du numérotage : 12 de ces échevettes ou 6 échevettes de 240 tours forment un écheveau. Les écheveaux sont empaquetés en bottes de 100, 50, 25 ou 12 écheveaux 1/2, selon le plus ou le moins de finesse du fil. Quelquefois l'échevette a 160 tours au lieu de 120, 200 tours au lieu de 240 ; quelquefois aussi le périmètre en est de 1 yard 1/2 ou de 3 yards (1 *mètre* 3710 ou 2 *mètres* 7432 *dix-millimètres*), au lieu de 2 yards 1/2 ; mais cela est fort rare.

Suite des Notes.

En France, c'est d'après le système métrique que se règle le numérotage des fils. Le numéro 1 répond à 1,000 mètres au demi-kilogramme ; le numéro 10, à 10,000 mètres, etc.

Le rapport approximatif des numéros métriques aux numéros anglais est représenté par la fraction 3/10. Ainsi le numéro 10 anglais répond à peu près au numéro 3 métrique, soit à 3,000 mètres au demi-kilogramme ou à 6,000 mètres au kilogramme.

(3) Cette dénomination s'applique à tous les fils ayant subi un retordage quelconque. Pour l'application du droit, multiplier le nombre de mètres que mesurera un kil. de fil déclaré par le nombre des bouts de fil simple dont il sera composé. Le produit détermine la classe à laquelle ce fil appartient.

(4) Les cotons filés des numéros admissibles aux droits ne peuvent être importés qu'en paquets de deux livres anglaises (0,91 décag.) au moins, et pour la consommation, par les seuls bureaux du *Havre*, de *Boulogne*, de *Calais*, de *Dunkerque* et de *Rouen*.

Au moment de l'acquittement des droits, ils reçoivent une marque, à défaut de laquelle ils sont saisissables dans l'intérieur, conformément à la loi du 28 avril 1816. Les formes et les conditions de cette marque sont déterminées par des ordonnances du roi.

La livre anglaise est égale à 453 grammes 5 décigrammes. Deux livres anglaises correspondent à 907 grammes.

Le numéro 143 (*système métrique*) est représenté par le numéro 170 du système anglais.

Dans les deux systèmes, le numéro exprime le nombre d'écheveaux nécessaires pour former un poids donné. Ce poids, dans le système métrique, est le demi-kilogramme ; dans le système anglais, la livre anglaise.

D'après l'ordonnance royale du 8 avril 1829, l'écheveau du système métrique mesure 1,000 mètres ; ainsi le numéro 10 (*système métrique*) contient 10 écheveaux ou 10,000 mètres au demi-kilogramme. L'écheveau est lui-même divisé en 10 échevettes, chacune de 100 mètres de longueur totale, et qui sont formées de 70 tours de 1 mètre 428 millimètres de développement.

Dans le système anglais, l'écheveau mesure 840 yards (768 *mètres* 10 *centimètres*) ; par conséquent le numéro 10 *anglais* contient 10 écheveaux de 840 yards (7,681 *mètres*) par livre anglaise. L'écheveau se compose de 7 échevettes, chacune de 120 yards (109 mètres 72 centimètres) et ayant 80 tours de 1 yard 1/2 (1 *mètre* 371 *millimètres*) de développement.

Dans l'un et l'autre système, le nombre d'écheveaux se réduit à moitié, au tiers, au quart, etc., s'il s'agit de fils retors à deux bouts, à trois bouts, à quatre bouts, etc.

On trouve le nombre de mètres par demi-kilogramme, soit le numéro du système métrique auquel correspondent les numéros anglais, en multipliant par 846 mètres 85 centimètres le chiffre exprimant ces numéros.

Pour être admissibles, c'est-à-dire, pour être au moins du numéro 143 (*système métrique*), les fils de coton *simples*, dévidés d'après le système anglais, doivent peser au maximum, savoir : l'écheveau, 2 grammes 68 centigrammes ; 10 écheveaux, 26 grammes 8 décigrammes ; 20 écheveaux, 53 grammes 7 décigram-

DÉNOMINATION DES MARCHANDISES.	UNITÉS sur lesquelles portent les droits.	DROITS D'ENTRÉE par navires français.		DROITS de SORTIE.
		par navires français.	par navires étrangers et par terre.	
		F. C.	F. C.	F. C.
FILS de coton retors	1 k. NB	8	8 80	
tous autres *sans distinction d'espèces ni de numéros*	100 k. B	prohibés.	prohibés.	
de laine longue peignée, *écrus, retors, à un ou plusieurs bouts, dégraissés et grillés* (1).	1 k. NB	7	7 70	
tous autres	100 k. B	prohibés.	prohibés.	
de poil de chien	100 k. BB	1	1 10	
de poil de chèvre (2)	id.	20	22	
de poil de vache et d'autres plocs	id.	9	9 90	
de tous autres poils à dénommer	100 k. B	prohibés.	prohibés.	
FIL de fer même recouvert d'autres métaux (3)	100 k. NB	30	33	
FLAGEOLETS. *V.* Instruments de musique				
FLANELLE. *V.* Tissus de laine non dénommés.				
FLANS à monnaie en cuivre (4). *V.* Cuiv. ou laiton brut.				
FLÉAUX de balances en bois. *V.* Ouvrages en bois, Boissellerie.				
en fer ou cuivre. *V.* Outils de pur fer ou de cuivre.				
FLEURS médicinales de lavande et d'oranger, même salées	100 k. BB	exemptes.	exemptes.	
barbotine ou semencine	id.	exemptes.	id.	
à dénommer (5), des pays hors d'Europe	id.	exemptes.	20	
d'ailleurs	id.	10	20	
FLEUR de benjoin (acide benzoïque). *V.* Acides.				
de soufre. *V.* Soufre sublimé.				
FLEURS artificielles (6)	la valeur.	12 p. 100	12 p. 100	1/4 p. 100 valeur.
FLEURET. *V.* Soies, Bourre filée.				
FLEURET (lames de). *V.* Mercerie fine.				
FLINT-GLASS en tables brutes. *V.* Vitrificat. en masse.				
taillé et poli pour verres à lunettes. *V.* Verres et Cristaux.				
autrement ouvré. *V.* Verres et cristaux, verrerie.				
FLUTES. *V.* Instruments de musique.				
FOIN. *V.* Fourrages.				
FOLLICULES de Séné. *V.* Feuilles médicinal., de séné.				
FONTES BRUTES (7) en masses pesant chacune au moins 15 kil., importés par mer	100 k. BB	4 00	4 40	
par terre	id.	......	4	
destinée à la construction des bâtiments de mer	id.	Exempte.	exempte.	
FONTE épurée dite mazée, en masse pesant 15 kil. ou plus (8)	id.	7	7 70	
moulée pour projectiles de guerre	....	prohibée.	prohibée.	prohibée.
en quelque autre forme que ce soit	100 k. B	id.	id.	
ouvrée de toute autre espèce	id.	id.	id.	
FORCES à tondre les draps (9). *V.* Outils de fer rechargés d'acier.				
les moutons. *V.* Instruments aratoires.				
FORTÉ-PIANO. *V.* Instruments de musique.				
FOUETS. *V.* Mercerie.				
(manches de). *V.* Ouvrages en bois non dénommés.				
FOULARDS. *V.* Tissus de soie.				
FOURCHES en bois (10). *V.* Ouvr. en bois, boisseller.				
en fer. *V.* Instruments aratoires.				
FOURNITURES d'horlogerie. *V.* Horlogerie.				
FOURRAGES, foin, paille, herbes de pâturage, de toute sorte, par nav. fr. et par terre.	100 k. BB	Exempts.	....	
par navires étrangers	id.	....	50	
FOURRURES. *V.* Pelleteries.				
FRANGES. *V.* Tissus suivant l'espèce, passementerie.				
FRISONS peignés. *V.* Soie, bourre cardée.				
FROMAGES (11) blancs de pâte molle	id.	6	6 60	
autres	id.	15	16 50	

NOTES.

Suite des Notes.

mes ; 100 écheveaux, 268 grammes, etc. Ces poids sont doubles, triples, quadruples, etc., quand il s'agit de fils retors à deux bouts, trois bouts, quatre bouts, etc.

(1) Les fils de laine longue peignée, écrus, retors, à un ou plusieurs bouts, dégraissés et grillés, dits *cordonnets*, peuvent entrer par les seuls ports de Calais, Boulogne, Dunkerque, et le Havre, au droit de f. 7 le k., pour être dirigés, sous plomb, et par acquit à-caution, sur la douane de Paris. Ils sont ordinairement à deux ou à trois bouts, mais il en existe aussi à un bout, et ce sont ces derniers qu'il importe de bien distinguer des autres fils de laine. Les cordonnets sont communément en paquets de 5 à 10 livres anglaises, disposés comme ceux de coton filé. Ce qui les distingue surtout c'est la force de la torsion, l'égalité du fil, et la pureté de la surface obtenue par le mouillage et le grillage au gaz. Ils se reconnaissent aussi à la couleur que le roussi leur donne.

Les fils traités de la même manière et faits avec des poils de vigogne, lama, alpaga, etc., assimilés au régime de la laine par la loi du 17 mai 1826, sont également admis au droit de 7 fr. et sous les mêmes conditions que les fils de laine longue, peignée, écrus, retors, etc. (Décision du 17 mai 1859, Circul. 590.)

(2) On traite comme bourre de soie filée, les fils de poils de chèvre mélangés d'un fil de soie et retors.

(3) Ne sont considérés comme fils de fer que ceux passés à la filière.

(4) Les flans à monnaie sont des plaques métalliques circulaires, destinées à faire des monnaies, des jetons, des médailles. — Lorsque leur destination n'est pas justifiée, on doit leur appliquer le droit du cuivre laminé.

(5) *Fleurs non dénommées.* Les fleurs qu'on doit particulièrement ranger ici sont celles : d'ambavelle, d'arnica, de bouillon-blanc, de bourrache, de camomille, de cannelier, de centaurée, de chardonnette *ou* cardonnette d'Espagne, de chouan, de gallium blanc et jaune, de grenadier, de guaco *ou* huaco, de guimauve, d'immortelle, de mauve, de mélisse, de muguet, d'ortie blanche, de pavot rouge, de pêcher, de pivoine, de roses sèches, de souci, de stéchas *ou* stœchas, de stramoine, de sureau, de tanaisie, de thé, de tilleul, de tussilage et de violette.

(6) Il n'y a pas à distinguer entre les fleurs artificielles fabriquées avec telle ou telle matière. Ainsi les fleurs en papier, en étoffes de toute sorte, en cire, en baleine, en baudruche, etc., sont passibles des mêmes droits. Seulement les fleurs en coquillage font partie de la *mercerie fine*, et celles en bois blanc ou en paille pour ornements de chapeaux, suivent le régime des *nattes* ou *tresses fines*, selon l'esp.

(7) On importe des Provinces Rhénanes des fontes blanches d'une espèce particulière, destinées à la fabrication de l'acier, et auxquelles on donne le nom de fontes *miroitantes*, en raison des lames planes et brillantes que présente leur cassure : elles font partie des fontes brutes.

Les fontes brutes destinées à être converties, en France, en machines et mécanique, pour la réexportat. seront admises temporairement en franchise des droits, sous les conditions déterminées par la loi du 5 juillet 1836. (Déc. du 17 oct. 1857). La même immunité temporaire est étendue, sous les mêmes condit., aux fontes brutes destinées à être converties en ouvrag. de fonte moulée pour la réexport. (Même décret.)

Les débris d'ouvrages en fonte appelés *tets* et *blocailles* sont admis aux droits de la fonte brute, en vertu de permissions spéciales, délivrées sur la demande du ministre du commerce, quand ils ne sont évidemment plus propres qu'à la refonte et sont destinés pour les forges situées dans un rayon frontière.

(8) C'est la fonte qui a subi une seconde fusion, dans les feux d'affinerie.

(9) Les lames de fer rechargé d'acier, *brutes*, destinées à la fabrication des forces à tondre les draps, sont assimilées au fer étiré en barres plates de 213 mill. inclus. à 458 exclus.

(10) La boissellerie n'embrasse que des objets ouvrés ; ainsi des fourches qui n'auraient reçu aucune main-d'œuvre devraient comme bois à brûler.

(11) Les fromages de pâte molle ou de pâte dure, provenant des troupeaux français qui pacagent à l'étranger, peuvent, avec des autorisations spéciales de l'administration, être affranchis des droits d'entrée.

Les fromages de pâte molle sont ceux de fabrication récente qui ne pourraient évidemment supporter, sans se corrompre, un transport lointain.

Voir pour les fromages de Hollande le tarif spécial, page 77.

Les fromages de lait de brebis fabriqués en Corse sous le nom de *Bruccio* sont admis en franchise à leur importation en France.

DÉNOMINATION DES MARCHANDISES.	UNITÉS sur lesquelles portent les DROITS.	DROITS D'ENTRÉE par navires français.	DROITS D'ENTRÉE par navires étrangers et par terre.	DROITS de SORTIE.
		F. C.	F. C.	F. C.
FROMENT. *V.* le Tableau des céréales, p. 78.	100 k. BB	20	22	25 c. 100 k.
FRUITS à distiller. Anis vert	id.	20	22	
Baies de genièvre, de myrtille et figues de cactus (A)	id.	exemptes.	1 10	
FRUITS à ensemencer, graines de jardin et de fleurs.	100 k. BB			
de pastel et de chardons cardières forest. et de prairie, de coton et de garance	id.	10	1	25
FRUITS de table (B), frais, citrons, oranges et leurs var.	id.	10	11	id.
noix de coco (1)	id.	Exempts.	4	id.
carrobes ou *carouges* (2)	id.	0 25	1	id.
à dénommer, exotiques (3)	id.	Exempts.	4	id.
indigènes (4)	id.	Exempts.	2	id.
secs ou tapés, pistaches	100 k. NB	16	17 60	id.
raisins secs	id.	0 25	2	id.
à dénommer (5)	100 k. BB	16	17 60	id.
confits, cornichons et concombres	id.	17	18 70	id.
olives et picholines (6)	id.	36	39 60	id.
câpres, piment compris	100 k. NB	60	65 50	id.
à l'eau-de-vie	id.	98	105 40	id.
au sucre ou miel. *V.* Confitur.				
conservées sans sucre ni miel, des colonies françaises	id.	Exempt.	....	id.
d'ailleurs	id.	20 00	22	id.
FRUITS médicinaux. Casse sans apprêt des pays hors d'Europe (7)	id.	Exempts.	20	
des entrepôts	id.	10	20	
Casse confite (canéfice) :				
des colonies françaises au-delà du cap de Bonne-Esp.	100 k. NB	43	....	
des colonies franç. d'Amériq.	id.	43 (*)	......	
de la Chine, de la Cochinchine, des Philippines et de Siam.	id.	48	68	
des autres contrées de l'Inde.	id.	50	68	
d'ailleurs hors d'Europe	id.	53	68	
des entrepôts	id.	63	68	
Tamarins, gousses et pulpes (8), des pays hors d'Europe	100 k. BB	exempts.	20	
des entrepôts	id.	10	20	
confits dans le sucre.	100 k. NB.	62	67 60	
Myrobolans confits	id.	62	67 60	
Badiane, anis étoilé de l'Inde	100 k. BB	15	40	
d'ailleurs (9).	id.	30	40	
Non dénommés, des pays hors d'Europe	id.	Exempts.	20	
des entrepôts	id.	10	20	
FRUITS oléagineux.				
Arachides, touloucouna, faînes et juvia ou châtaignes du Brésil (noix de) par mer, des colonies françaises	id.	1	....	
des établissements français de l'Inde	id.	1	3	
de la côte occidentale d'Afrique	id.	1	3	
d'ailleurs	id.	2 50	3	
par terre	id.	....	3 50	
Amandes cassées ou en coques (10)	id.	1	3	
Noix, noisettes, avelines	id.	1	3	
Olives fraîches, du pays de production.	id.	2	3	
d'ailleurs	id.	2 60	3	
Graines oléagineuses.				
de sésame (11), par mer, des établissements français dans l'Inde (C).	id.	40	....	
des aut. part. de l'Inde.	id.	2 00	7 00	
des colonies françaises.	id.	80	....	
de la côte occid. d'Afr.	id.	2 00	7 00	
des pays situés sur la mer blanche, la Baltique, la mer Noire, ou la Méditerr. au-delà des caps (D) Ra-				

NOTES.

(1) Les noix de coco dont l'intérieur n'est plus mangeable payent comme coques de coco. Les pulpes impropres à servir pour la table suivent alors le régime des graines oléagineuses non dénommées.

(2) Fruit en gousses aplaties, recourbées, contenant des semences plates.

(3) Tels qu'ananas, bananes, goureaux, grenades, pacanes, pommes de grenadille, etc.

(4) Les fruits frais indigènes *non dénommés* sont les abricots, azerolles, baies d'épine-vinette, cerises, coings, concombres, cornichons, fraises, framboises, groseilles, melons, mûres, nèfles, pêches, poires, pommes, prunes, raisin frais, etc.

Les fruits frais indigènes apportés, à dos d'homme, des lieux voisins de la frontière sont exempts de droits, en tant qu'il ne s'agit que de provisions qu'on ne peut considérer comme marchandises proprement dites.

(5) Parmi les fruits secs *ou* tapés *non dénommés*, il faut ranger les cerises, les dattes soit en grappes, soit égrappées, les figues, gingeoles ou jujubes, jubis, picardats, poires, pommes, prunes, pruneaux, etc. Toutefois, par une exception particulière motivée sur le peu de valeur, les pommes et poires sèches, qui ont encore leur pellicule et leurs pépins, sont admises à l'entrée au même droit que les *légumes secs*, dont elles tiennent lieu dans les campagnes.

(6) Les olives auxquelles on a substitué un morceau d'anchois au noyau, et qui sont confites à l'huile, suivent le régime des poissons de mer marinés à l'huile.

(7) Fruit en gousses dures, longues, d'une couleur noirâtre, et dans lequel se trouvent séparées par des cloisons transversales des graines d'odeur fade et de saveur sucrée. Les gousses de cassie, improprement appelées gousses de casse, et qui sont plus petites, font partie des gousses tinctoriales.

(8) Gousses noires ou rouges, longues de 8 à 11 cent. sur 2 à 3 cent. de diamètre, renfermant des semences dures et une pulpe qui sert en médecine.

(9) Les graines de jatropha, de pastèques, de laitue, les pépins de calebasse ne font plus partie des fruits médicinaux. Ils sont assimilés aux graines oléagineuses. Mais il faut ranger dans cette classe : l'acaja (*prune desséchée du spondias-monbin*), les anacardes, les baies d'alkékange *ou* coqueret officinal, celles de laurier, de morelle *et* de viorne, le baobab, vulgairement appelé *pain-de-singe*, les calebasses pleines, le carpobalsamum, les coloquintes, les coques du Levant, les fèves de S.-Ignace, le gombo, les noix *et* pommes d'acajou, les noix *ou* semences de ben, les noix de cyprès, les noix vomiques, les pignons doux, les pommes du pin à pignons, le sablier, les sébestes.

Et les *graines* d'abelmosch, d'ache, d'agnus castus, d'alliaire, d'ammi, d'aneth, d'angélique, d'apocyn, d'aristoloche, de bangue, de calageri *ou* calagira, calebasse (*pépin de*), de carvi, de catapuce *ou* épurge, de cévadille, de chardon argentin *ou* chardon-marie, de chardon bénit, de cédron, de chouan, citrouille, coing, concombre *et* courge (*pépins de*), de coriandre, de cumin, de daucus de Crète, de dolics de toute sorte, de fenouil, de garou, de gremil non mondé, de jusquiame, de laitue, de lavande, de livèche, melons (*pépins de*), de nhandirobe, dite *noix-de-serpent*, de nigelle, de persil de Macédoine, de pivoine, de pourpier, de saxifrage, seigle ergoté, de séséli, de staphisaigre, de stramoine, de sureau *et* de tanaisie.

(10) Ces fruits ne sont considérés comme *fruits oléagineux* que lorsqu'ils sont dépourvus de leur enveloppe première.

(11) Les graines de sésame ont environ 3 millim. de longueur sur 2 millim. d'épaisseur. Elles sont arrondies au sommet et fortement comprimées. Leur couleur varie du blanc jaunâtre, et même du blanc mat, au jaune olivâtre et au brun noir, selon les pays d'où elles proviennent.

Suite des Notes.

(A) La franchise est acquise également aux importations par terre.

(B) Pour les fruits de table frais des États sardes et de la principauté de Monaco, voir l'Appendice après le Tableau des droits.

(C) Celles chargées à terre, ce qui doit être justifié par certificats des autorités locales, sont admises comme si elles étaient originaires desdits établissements.

(D) Les caps Razat et Matapan, qui, d'après le système de tarification établi sur les graines oléagineuses par la loi du 16 juillet 1855, déterminent, pour les provenances de la Méditerranée, deux zones distinctes, sont situés, le premier, sur la côte de Barbarie, dans l'État de Tripoli, latitude N., 32° 55′ 56″, longitude E., 19° 18′ 39″; le second, à l'extrémité méridionale de la presqu'île de la Morée, latitude N., 36° 22′ 35″, longitude E., 20° 7′ 30″. Tous les ports de l'Archipel, de l'Asie-Mineure, de la Syrie et de l'Égypte, étant au delà de ces deux caps, se trouvent compris dans la zone méditerranéenne dont les provenances sont favorisées.

(*) A dater du 1er juillet 1859, jusqu'au 1er juin 1861, ces droits seront portés à 42 et 45 fr.

DÉNOMINATION DES MARCHANDISES.	UNITÉS sur lesquelles portent les DROITS.	DROITS D'ENTRÉE par navires français.	DROITS D'ENTRÉE par navires étrangers et par terre.	DROITS de SORTIE.
		F. C.	F. C.	F. C.
zat et Matapan.....	100 k. BB	4 00	7	
d'ailleurs..........	id.	5 00	7	
Gr. de sésame par terre, des pays limitrophes (I).	id.	....	5 00	
d'ailleurs............	id.	....	7 00	
d'œillette, de colza et de ricin, par mer, des établis. français dans l'Inde.	id.	20	....	
des autres part. de l'Inde.	id.	1 00	5	
des colonies françaises...	id.	40	....	
de la côte occidentale d'Afrique............	id.	1 50	5	
des pays situés sur la mer Blanche, la Baltique, la mer Noire, ou la Méditerranée au-delà des caps Razat et Matapan (A)...	id.	2 00	5 00	
d'ailleurs.............	id.	3 00	5 00	
par terre, des pays limitrophes (I).	id.	....	3 00	
d'ailleurs.............	id.	....	5 00	
de lin, de moutarde et autres (2), par mer, des établissements français dans l'Inde..........	id.	10	....	
des autres part. de l'Inde.	id.	75	4 50	
des colonies françaises..	id.	20	....	
de la côte occidentale d'Afrique..............	id.	1 00	4 50	
des pays situés sur la mer Blanche, la Baltique, la mer Noire, ou la Méditerranée au-delà des caps Razat et Matapan (A)...	id.	1 50	4 50	
d'ailleurs.............	id.	2 50	4 50	
par terre, des pays limitrophes (1).	id.	....	2 50	
d'ailleurs.............	id.	....	4 50	
Graines à ensemencer.................	id.	10	1	25
Fusils de calibre, de chasse, de luxe ou de traite. V. Armes à feu.				
Fustet (écorces, brindilles et feuilles de). V. Sumac.				
Futailles vides, montées ou démontées. V. Ouvrages en bois.				
avec un cercle en fer à chaque extrémité. V. Ouvr. en bois, futailles cerclées en fer.				
Futaine. V. Tissus de coton.				
Gaïac (bois de). V. Bois d'ébénisterie.				
Gaînerie (3). V. Mercerie.				
Galène. V. Plomb, minerai.				
Galipot. V. Résines indigènes.				
Galle (noix de). V. Noix de galle.				
Garance (4) en racine verte...................	id.	5	5 50	
sèche ou alisari...........	id.	8	10	
moulue ou en paille............	id.	20	22	
(graine de). V. Fruits à ensemencer.				
(résidu de). V. Garance moulue.				
Garancine (extrait de garance) (5)...........	....	Prohibée.	Prohibée.	
Gargousses (6). V. Poudre à tirer.				
Garnitures de cardes. V. machines et mécaniques.				
Garou (racine de) (7)......................	....	Exempte.	Exempte.	
Gaude, herbe à jaunir......................	....	Exempte.	Exempte.	
Gaze. V. Tissus suivant l'espèce.				
Gazettes et journaux (8). V. Livres.				
Gedda (gomme de) (9). V. Gommes pures exotiques.				
Gélatine d'os V. Viande (extraits de) en pains.				
Genestrolles ou genêt des teinturiers.........	id.	exempt.	exempt.	
Génisses................................	par tête.	1	1	
Gentiane. V. Racines médicinales à dénommer.				
Gétania. V. Gutta-percha.				
Gibier..................................	100 k. BB	Exempt.	Exempt.	
Gingembre,				
des pays hors d'Europe............	id.	exempt.	20	
des entrepôts....................	id.	10	20	
en poudre. V. Médicam. composés non dén. confit. V. Confitures.				
Ginseng. V. Racines médicinales à dénommer.				
Girofle clous (fleurs) (10) des colonies françaises..	100 k. BB	30	....	
de l'Inde...............	id.	1	3	
d'ailleurs hors d'Europe...	id.	1 80	3	
des entrepôts..........	id.	2	3	
griffes (pédoncules) des colon. franç....	id.	0 07	....	
Girofle, griffes (11), de l'Inde..........	id.	25	75	
d'ailleurs hors d'Europe.........	id.	45	75	

NOTES.

(1) Il faut pour les importations par terre justifier de l'origine des graines par des certificats des autorités locales et par les acquits de payements de sortie des douanes étrangères.

(2) On range principalement dans cette classe : les graines de cameline, de chanvre *dite* chènevis, d'hélianthe annuel *dit* tournesol *ou* grand soleil, de navette, d'olivetier *ou* d'argan, de rabette, et celle de teel *ou* till ou plutôt de ram-teel *ou* ram-till, qui vient de l'Inde; la graine dite de sicoude *ou* de seifesum, celle de carthame, de jatropha (gros pignon d'Inde), de pastèque et de laitue.

Les graines de lin pour semences, importées directement en fûts enrobés et par navires français des pays situés sur la mer Blanche et sur la mer Baltique et de la Zélande, sont admises en franchise des droits.

(3) Comme cornets à jouer, fourreaux d'épée, gibecières, poires à poudre et autres fourniments.

(4) On assimile : 1° à la garance *en racine* la racine d'oldenlande, connue dans le commerce sous le nom de *chayaver;* l'écorce de paraguatan (*macronemum tinctorium*), arbuste de la famille des *rubiacées*, qui croît en Amérique dans les régions de l'Orénoque; l'essaye, racine d'une plante des Indes ; 2° à la garance *moulue*, les feuilles de henné *pulvérisées*.

L'importation temporaire en franchise des droits des racines de garance destinées à être moulues est autorisée, à charge de réexportation. (Ordonn. des 28 novembre 1846 et 2 février 1848.)

(5) La garancine est atteinte, à l'entrée, par la prohibition applicable aux extraits de bois de teinture.

(6) Aux termes de l'ordonnance du 19 juillet 1829, l'administration des contributions indirectes délivre, sous certaines conditions, des permis d'exportation de poudre à tirer : on perçoit, dans ce cas, le droit de sortie de 25 cent. par 100 k. B.

(7) On assimile au garou : 1° le mézéréon, la thymélée et la lauréole, qui appartiennent au même genre et jouissent de propriétés identiques; 2° la racine de gypsophile ou saponaire d'Orient, l'écorce de quillai ou de quillaja, et la coque ou péricarpe *desséché* du fruit du savonnier.

(8) Les gazettes et journaux importés en collection payent comme livres.

(9) C'est la gomme arabique.

(10) On appelle clous les fleurs cueillies avant l'épanouissement et que l'on a fait sécher au soleil.

(11) Les griffes sont les pédoncules brisés du girofle, petites branches menues, grisâtres, d'une odeur forte.

(A) *V.* page précéd., à ce renvoi la note D.

DÉNOMINATION DES MARCHANDISES.	UNITÉS sur lesquelles portent les DROITS.	DROITS D'ENTRÉE par navires français.	DROITS D'ENTRÉE par navires étrangers et par terre.	DROITS de SORTIE.
		F. C.	F. C.	F. C.
Girofle des entrepôts	1 k. NB	50	75	75
(feuilles de). V. Feuilles médicinales non dénommées.				
antolfes, mêmes droits que les clous.				
(bois de). V. Bois odorants à dénommer.				
(écorce de). V. Écorces médicinales à dén.				
(huile de). V. Huiles volatiles ou essences.				
Glaces (1) sans tain. V. Verres et cristaux, verrerie de toute autre sorte.				
étamées. V. Verres et cristaux, miroirs.				
d'optique. V. Instruments d'optique.				
Glu	100 k. BB	Exempte.	exempte.	
Gombo (feuilles de). V. Feuilles médicinales à dén. (2).				
(feuilles de) pulvérisées. V. Médicaments composés non dénommés.				
Gommes pures d'Europe (3)	100 k. BB	exemptes	exemptes	
exotiques (4) du Sénégal	id.	10	....	
de l'Inde	id.	15	30	
d'ailleurs hors d'Eur.	id.	20	30	
des entrepôts	id.	25	30	
élastique. V. Caoutchouc.				
copale. V. Copal.				
Goudron. V. Résines indigènes.				
Gousses et graines tinctoriales : libidibi, baies de nerprun, graines de rocou, myrobolans secs, etc. : entières, ou simplement concassées, des pays hors d'Europe	id.	Exempts.	4	
des entrepôts	id.	3	4	
libidibi moulu	id.	15	16 50	
Graines à ensemencer, de jardin, de pastel et de chard. card., de coton et de garance, forestales et de prairie	100 k.	10	1	25
médicinales. V. Fruits médicinaux.				
Graines oléagineuses. V. Fruits oléagineux.				
de vesce ou jarosse. V. Jarosse.				
d'écarlate. V. Kermès.				
jaunes, dites d'Avignon, de Perse, d'Andrinople et de la Valachie. V. Nerprun.				
de vers à soie. V. Œufs.				
de rocou. V. Rocou.				
de ricin ou de Palma-Christi. V. Fruits oléag. (graines).				
Grains. V. Tarif des céréales, page 2493.				
Grains durs à tailler (5), des pays hors d'Europe	100 k. BB	1	6	
des entrepôts	id.	3	6	
perlés ou mondés	id.	12	13 20	
d'acier, de cuivre, à broder ou pour bijout. fausse. V. Acier, cuivre, id. doré selon l'espèce.				
de verre. V. Verres et cristaux, vitrifications.				
Graisses de toutes sortes (6).				
de l'Inde	id.	2	8	
d'ailleurs	id.	5	8	
de poisson, de pêche étrangère, de l'Inde	id.	10	30	
d'ailleurs hors d'Europe	100 k. NB	15	30	
des entrepôts	id.	20	30	
de pêche française	id.	15	....	
Grapins. V. Embarcations, ancres.				
Graphite (carbure de fer dit mine de plomb noire ou plombagine) (7)	100 k. BB	1	3	
Gravures et lithog. de portefeuille et d'ornement (8)	100 k. NB	300	317 50	
Gruaux importés sous tous pavillons et quelle que soit la provenance	100 kil.	7	7 70	

NOTES.

(1) *Glace* signifie une table de verre d'une forte dimension, soit coulée, soit soufflée. — Une glace étamée devient *miroir*; cependant on lui conserve encore son nom dans l'usage pour indiquer que c'est un miroir de prix.

(2) On admet, par exception, comme légumes secs, les petites parties de feuilles de gombo pulvérisées que des passagers apportent avec eux.

(3) Les gommes sont des sucs végétaux concrets, solubles dans l'eau ou formant avec elle un mucilage plus ou moins épais: non solubles dans l'alcool ni dans les huiles; insipides et inodores; brûlant presque sans flamme; toutes sorties, par exsudation, de certains arbres. — Il n'y a pas à distinguer, pour l'application du tarif, entre les gommes *en sorte*, c'est-à-dire, salies, opaques et mélangées de matières hétérogènes, et les gommes *triées* ou de choix. — Les gommes d'Europe sont toutes produites par des arbres rosacés, à fruits à noyau, tels que les abricotiers, les cerisiers, les pruniers et les pêchers. On leur assimile la gomme d'olivier, bien que ce ne soit pas une véritable gomme et qu'elle contienne un principe particulier nommé *olivile*.

(4) Les principales gommes exotiques sont : 1° les gommes d'Arabie (*thurique* ou *gedda*), du Sénégal, de Galam, de Barbarie, de l'Inde, de la Nouvelle-Hollande, provenant toutes de différentes espèces d'acacia : ces gommes sont d'autant plus estimées qu'elles se dissolvent plus complétement dans l'eau; la gomme de Barbarie est la moins soluble; 2° — la gomme adragante, vermiculée ou plate, produite, dans le Levant et la Perse, par divers *astragalus*, arbustes épineux; cette gomme forme avec l'eau un mucilage bien lié et très-épais, bleuissant par l'iode; — 3° la fausse gomme adragante, nommée par quelques personnes gomme de *Bassora* et aussi gomme de *Sassa*, se gonflant dans l'eau moins que la gomme adragante, s'en précipitant lorsqu'elle est étendue, et se colorant en bleu très-foncé par l'iode; — 4° la gomme de Bassora ou *gomme kutera*, produite, à ce qu'on présume, par une espèce de *mesembryanthemum*. Elle se gonfle considérablement dans l'eau, mais s'y divise en flocons non cohérents et isolés; ne se colore pas par l'iode. On range aussi parmi les gommes exotiques celles d'acajou, de Monbin et de Géhuph.

(5) Cet article comprend les frétilles, les graines d'abrus, de balisier et de panacoco non percées, et autres grains durs que l'on emploie ordinairement à faire des colliers, chapelets ou breloques.

Sont assimilés aux grains durs à tailler : 1° les pepins d'orange et de citron; 2° les noix dites *de corozo* ou *d'aroira*, qui sont les fruits de deux espèces différentes de palmier : ces noix, en se séchant, deviennent d'une grande dureté; on en fait de petits ouvrages de tabletterie qui ont l'apparence de l'ivoire ou plutôt de l'albâtre; 3° les noix d'*arec*, autrefois rangées parmi les *fruits médicinaux* et qui servent également pour la tabletterie; 4° les *orangettes*, et les fruits de palmier nain.

(6) On ne doit entendre par graisses que des matières tirées du règne animal, et le suif végétal provenant de l'arbre porte-suif. Les

Suite des Notes.

cretons, produits de la fonte des graisses, sont traités comme tourteaux.

(7) Le graphite est luisant et d'un bleu tirant sur le noir; il est très-doux au toucher; il salit les doigts et laisse sur le papier un trait noirâtre. On fait, au moyen du graphite réduit en poudre et pétri avec de la graisse, une sorte de *cambouis* propre à adoucir le frottement des roues et engrenages des machines, et auquel, à l'entrée, le droit du suif est applicable.

(8) Le régime de la librairie, tel qu'il résulte de la loi du 6 mai 1841 et de l'ordonnance du 13 décembre 1842, est applicable de tous points, sauf les modifications indiquées ci-après, aux gravures, lithographies, etc.

Les dessins, gravures, lithographies et estampes, avec ou sans texte, ne peuvent entrer, soit pour l'acquittement des droits, soit pour le transit, que par les seuls bureaux qui sont ouverts à l'importation de la librairie en *langue française*, savoir : Lille *par Halluin* et *Baisieux*, Valenciennes *par Blancmisseron*, Strasbourg, les Rousses, Pont-de-Beauvoisin, Marseille, Bayonne, le Havre et Bastia. Toutefois il a été convenu avec le département de l'intérieur que provisoirement, mais en ce qui touche le transit seulement, cette restriction d'entrée ne s'appliquera pas aux gravures, lithographies, etc., placées dans des ouvrages de librairie *en langues mortes ou étrangères*, et qu'elles pourront, comme ces ouvrages mêmes, transiter par tous les autres bureaux ouverts à l'entrée de la librairie.

On peut importer aussi par ces derniers bureaux les gravures, lithographies, etc., destinées pour Paris.

Aux termes de la loi du 27 juillet 1822, les gravures ou lithographies placées dans des *ouvrages de librairie*, et se rapportant au texte, ne payent que le droit imposé sur ce texte.

Les gravures ou lithographies *encadrées* et recouvertes de verres ou glaces suivent le régime des *meubles*.

On considère comme *objets de collection* les gravures ayant plus de cinquante ans de publication. Les épreuves de daguerréotype sur papier sont assimilées aux *gravures et lithographies*.

Les dessins imprimés sur tissus suivent le régime des tissus mêmes.

DÉNOMINATION DES MARCHANDISES.	UNITÉS sur lesquelles portent les DROITS.	DROITS D'ENTRÉE par navires français.	DROITS D'ENTRÉE par navires étrangers et par terre.	DROITS de SORTIE.
		F. C.	F. C.	F. C.
Grès commun ou fin. V. Poterie.				
(pierres de). V. Matériaux à dénommer.				
Grignon (marc d'olive entièrement sec).........	100 k. BB	exempt.	exempt	
Groisil ou verre cassé.				
par navires français et par terre........	id.	exempt.	......	
par navires étrangers..............	id.	....	1	
Groison (pierre crayeuse blanche, très-fine, servant aux mégissiers), par navire français et par terre.	id.	Exempt.	1	
Grume (bois en). V. Bois à construire bruts.				
Guano. V. Engrais.				
Guitares. V. Instruments de musique.				
Gutta-percha brut ou ouvré. V. Caoutchouc.				
Gypse (pierre à plâtre). V. Matériaux, plâtre.				
cristallisé. V. Albâtre.				
Habillements. V. Effets à usage.				
Haches. V. Outils de fer rechargés d'acier.				
Hachisch (*préparation de chanvre indien*).......	1 k. NB	2 40	2 60	
Hamacs de chanvre ou d'autres végétaux, sauf le coton. V. Cordages, Filets en état de servir.				
de coton. V. Tissus de coton non dénommés.				
Hameçons..........................	100 k. NB	200	212 50	
Harengs. V. Poissons de mer.				
Haricots. V. Légumes suivant leur état.				
Harmonicas. V. Instruments de musique.				
Harnais, objets de harnachement ou de sellerie. V. Sellerie.				
Herbes médicinales, gui de chêne et absinthe (artemisia)................	100 k. BB	exemptes.	exemptes.	
non dénommées (1), des pays hors d'Europe................	id.	exemptes.	20	
d'ailleurs..............	id.	10	20	
Homards de pêche française (2)...............	....	exempt.	....	
de pêche étrangère................	100 k. BB	1	1 10	
Horlogerie, ouvrages montés (3).				
Montres à boîte d'argent ou de métal autre que l'or.				
Mouvements simples à roues de rencontre..............	la pièce.	1 10	1 10	
de toute autre sorte.	id.	1 80	1 80	
Répétitions, réveils ou autres genres...	id.	1 80	1 80	
à boîtes d'or, mouvements simples, à roues de rencontre..............	id.	3 10	3 10	
de toute autre sorte..............	id.	4 40	4 40	
répétitions ou réveils à roues de rencontre..............	id.	4 40	4 40	
de toute autre sorte	id.	6	6	
Secondes fixes indépendantes et chronomètres de poche..............	id.	6	6	
sans boîtiers..............	la valeur.	10 p. %.	10 p. %.	
mouvements de toute sorte..........	id.	id.	id.	
carillons à musique..............	1 k. NB	5	5 50	
horloges en bois avec mouvement en métal..............	la pièce.	2	2	
autres avec mouvements en bois	id.	1	1	
fournitures (4)..............	1 k. NB	5	5 50	
Houblon..............................	100 k. NB	45	49 50	
Houille. V. Bitumes-Houille.				
Huano ou Guano. V. Engrais.				

NOTES.

(1) Les principales sont : l'angélique, l'argentine, le basilic, les bourgeons de sapin, le caille-lait, les capillaires, la centaurée, le chardon bénit, la ciguë, le gallium blanc et jaune, la germandrée, l'héliotrope ou herbe aux verrues, l'hysope, la jusquiame, la lavande, la livèche, la marjolaine, le marum, la mélisse, la menthe, l'origan, la pariétaire, les pensées, le phlomis de Ceylan, le pouliot, le psyllium, le romarin, la sabine, la saponaire, la sauge, la saxifrage, la scabieuse, le schœnante, la soldanelle, la spigélie de Maryland, la spilanthe salivaire, la stramoine, la tanaisie, le thym et les vulnéraires. — On doit traiter comme herbes les tiges entières auxquelles les fleurs, feuilles ou graines seraient encore pendantes.

(2) Voir page 2469, la note 11, relative au poisson de pêche française, indiquant le titre justificatif de l'exemption des droits d'entrée.

(3) On entend, pour l'application du tarif, par *ouvrages d'horlogerie montés* : 1° les montres; 2° les mouvements de montres sans boîtiers; 3° les carillons à musique; 4° les horloges en bois; 5° les autres mouvements d'horlogerie de toute sorte. Quant aux pendules, qui sont également des ouvrages d'horlogerie montés, mais à l'égard desquels la loi n'a pas nommément disposé, le régime à leur appliquer dépend de la nature de la cage ou cartel qui renferme le mouvement. Si ce cartel est admissible aux droits, on le soumet à la taxe particulière qui lui est afférente, en même temps qu'on perçoit sur le mouvement qu'il contient le droit de 10 pour 100 de la valeur. Si, au contraire, le cartel rentre par sa nature dans la classe des objets prohibés à l'entrée, par exemple, s'il est en cuivre ou en bronze ouvré, l'admission de la pendule doit être refusée, l'importateur restant libre d'ailleurs de séparer le mouvement de la cage, s'il désire importer celui-là.

D'après la loi du 2 juillet 1836, les ouvrages d'horlogerie montés ne peuvent entrer que par les bureaux qui sont ouverts au transit des marchandises prohibées, savoir : Bayonne, Béhobie, Bellegarde, Blancmisseron, Bordeaux, Boulogne, Calais, Cette, Delle, Dunkerque, Forbach, Frauenberg, Grosbliedersdorff, le Havre, Huningue, Jougne, Lauterbourg, Lille *par le chemin de fer*, Longwy, Marseille, Nantes, les Pargots, Perpignan *par le Perthus*, Pont de Beauvoisin, les Rousses, St-Blaise, St-Louis, St-Malo, St-Servan, St-Valery-sur-Somme, Sierck, Strasbourg, Trois-Maisons, Valenciennes *par le chemin de fer*, Verrières-de-Joux, Wissembourg, et, à titre provisoire, Roubaix et Tourcoing (*stations du chemin de fer*). Il y a exception pour les horloges en bois, dont l'entrée est autorisée par tous les bureaux qui sont ouverts à l'importation des marchandises taxées à plus de 20 fr. pour 100 kilog.

Le droit établi sur les montres comprend à la fois le mouvement et la boîte dans laquelle il est renfermé. Les mouvements *sans boîtiers* doivent être soumis à la taxe particulière qui leur est afférente. Il en est de même des boîtes sans mouvements : celles-ci, lors-

Suite des Notes.

qu'elles sont importées séparément, suivent, selon leur espèce, le régime de l'orfèvrerie ou de la bijouterie.

La tarification des montres, telle qu'elle résulte de la loi du 9 juin 1845, est d'une application facile : il s'agit seulement de vérifier si elles sont à mouvements simples ou de toute autre sorte, et, pour les montres à mouvements simples, si elles sont ou non à roues de rencontre.

En ce qui touche les montres *à boîtes d'or*, la loi distingue aussi les montres à secondes fixes indépendantes et les chronomètres de poche. Par montres *à secondes fixes indépendantes*, on entend exclusivement celles dans lesquelles il se trouve un mécanisme distinct, affecté à marquer les secondes. Les montres dites *à secondes courantes* ou *trotteuses*, qui n'ont qu'un seul système de mouvement, font partie des montres à mouvements simples.

La même distinction n'existe pas à l'égard des montres à boîtes d'argent ou de tout autre métal que l'or. Les montres de l'espèce à secondes fixes indépendantes, ainsi que les chronomètres de poche à boîtes autres que d'or, rentrent dans la classe des *répétitions, réveils* ou *autres genres*.

Quant aux grands chronomètres dont on se sert en mer, et que l'on nomme *montres marines*, ils font partie des instruments de calcul.

Par suite d'une décision ministérielle du 21 mai 1833, on range dans la classe des montres *à boîtes d'argent, etc.*, les montres en vermeil, celles qui sont plaquées en or et les montres à médaillons, galons ou charnières en or lorsque le surplus de la boîte est en tout autre métal que l'or.

Après l'acquittement des droits d'entrée, les montres doivent être dirigées, sous double plomb et par acquit-à-caution, sur l'un des six bureaux de garantie de Paris, Marseille, Lyon, Besançon, Toulouse, Bordeaux et Strasbourg, pour y être essayées et marquées et y acquitter le droit de garantie (*Lois des 2 juillet 1836 et 11 juin 1845*). Cette disposition n'est pas applicable aux montres à l'usage personnel des voyageurs; et même, lorsque ceux-ci n'ont sur eux, pour leurs besoins, qu'une montre, on peut s'abstenir de la soumettre au droit d'entrée, quand, par sa nature et sa valeur, elle est en rapport avec la position sociale de la personne qui en est porteur.

(4) Les fournitures d'horlogerie s'entendent des pièces qui se vendent séparément à la grosse, spécialement les ressorts, chaînes de fusée, roues de rencontre, aiguilles, spiraux, pignons, cadrans bruts ou achevés, clefs et canons de clef et autres pièces nécessaires à la composition des montres et des pendules.

DÉNOMINATION DES MARCHANDISES.	UNITÉS sur lesquelles portent les DROITS.	DROITS D'ENTRÉE par navires français. F.	C.	DROITS D'ENTRÉE par navires étrangers et par terre. F.	C.	DROITS de SORTIE. F. C.
HUILES fixes pures, d'olives, des pays de production (1)	100 k. BB	10		15		
d'ailleurs	id.	13		15		
de graines grasses	id.	10		15		25c. 100k.
de palme, de coco, de touloucouna et d'illipé, des colonies et établissements français dans l'Inde (a)	id.	1	50	....		
des autres parties de l'Inde	id.	2	50	....		
de la côte occ. d'Afrique	id.	1	50	10		
d'ailleurs hors d'Europe	id.	5		10		
des entrepôts	id.	8		10		
autres	1 k BB		25		25	
aromatisées (2)	1 k. NB	1		1	10	
HUILES volatiles ou essences, de rose et de bois de Rhodes	1 k. NB	40		44		
de girofle, muscade, macis, cannelle, sassafras, fenouil, anis, carvi, cajeput, camomille, valériane, amandes amères, badiane et cassia lignea	id.	5		5	50	
d'orange, de citron et de leurs variétés	id.	4		4	40	
toutes autres (3)	id.		75		80	
HUILES d'absinthe. *V.* Huiles volatiles ou essences, toutes autres.						
ambre. *V.* Produits chimiques non dénomm.						
aspic. *V.* Huiles volat. ou ess., toutes autres.						
baleine. *V.* Graisses de poisson.						
ben. *V.* Huiles fixes, autres, pures.						
cacao. *V.* Huiles fixes, autres, pures.						
caoutchouc. *V.* Huiles volatiles non dénomm.						
cire (4). *V.* Médicaments composés non dén.						
HUILES corne de cerf. *V.* Médicaments composés non dénommés.						
coton (5). *V.* Huiles fixes de graines grasses.						
de dégras de peaux. *V.* Dégras de peaux.						
faîne. *V.* Huiles fixes, autres, pures.						
jais. *V.* Produits chimiques non dénommés.						
karabé. *V.* Prod. chimiques non dénommés.						
lin. *V.* Huiles fixes de graines grasses.						
noix. *V.* Huiles fixes, autres, pures.						
palma-christi. *V.* id.						
poisson. *V.* Graisses de poisson.						
ricin. *V.* Huiles fixes, autres, pures.						
suif. *V.* Acide oléique.						
térébenthine. *V.* Résines indigènes distillées.						
vipère. *V.* Médicaments composés non dénommés.						
vitriol. *V.* acide sulfurique.						
HUÎTRES fraîches de pêche française	1000 en n.	exemptes.		....		
de pêche étrangère	id.	1	50	5		
marinées de toute pêche	100 k. BB	25		27	50	
HYDRIODATE de potasse. *V.* Iodure de potassium.						
HYDROMEL, eau miellée cuite et fermentée. V. Boissons fermentées.						
ICHTYOCOLLE. *V.* Colle de poisson.						
IGNAME (racine d') (6). *V.* Légumes secs.						
IMAGES, imprimées sur papier. *V.* Dominoterie.						
INDIGO (7) des pays hors d'Europe, de l'Inde et autres pays où il est récolté	1 k. NB		50	4		
d'ailleurs	id.	2		4		
des entrepôts	id.	3		4		
INDIGUE, Inde-plate et Boules de bleu, mêmes droits que l'indigo	....	....		....		
INSTRUMENTS aratoires (8), faux	100 k. NB	120		128	50	
faucilles et tous autres	id.	80		86	50	
de chimie et de chirurgie (9)	la valeur.	10 p. o/o.		10 p. o/o.		
de musique (10), fifres, flageolets et galoubets	la pièce.		63		63	
flûtes, poches et triangles	id		75		75	
sistres, mandolines, psaltérions, luths, tambours, tambourins, tymbales, tympanons, cymbales (la paire)	id.	1	50	1	50	
altos, violes, violons, bassons, guitar., lyres	id.	8		8		

NOTES.

(1) Les huiles d'olive pourront, sous les conditions déterminées par l'ordonnance du 10 mars 1846, être importées, ou extraites temporairement, des entrepôts de douane pour être épurées, en France, et réintégrées ensuite en entrepôt ou réexportées dans le délai de six mois. (Ordonn. royale du 18 juillet 1846.)

(2) Ce sont les huiles d'iris, de jasmin, de lis, de narcisse, de tubéreuse, de violette et de toutes autres qui se composent d'un parfum fugace fixé sur une huile limpide et inodore, comme l'huile d'olive ou celle de ben. On traite de même l'huile dite *ambrée*. Quant à l'huile d'ambre proprement dite, qui est le produit de la distillation du succin, elle continue à être rangée parmi les *produits chimiques non dénommés*.

(3) Les huiles volatiles non dénommées sont principalement celles d'absinthe, d'aneth, d'angélique, d'aspic *ou* de spic, de barbotine, de bouleau, de cade, de caoutchouc, de catakonti, de cèdre, dite *cédria*, le clynopode, de coriandre, de culilawan, de cumin, de dictame de Crète, d'estragon, de feuilles de laurier, de gaïac, de genévrier *ou* de genièvre, de gingembre, d'hysope, d'impératoire, de lavande, de marjolaine, de mélisse, de menthe, d'origan, d'oxycèdre, de poix, de pouliot, de romarin et autres labiées non dénommées, de rue, de sabine, de santal, de sauge, de serpolet, de stécas *ou* stechas, de thym, de winter, de winter-green. etc.

(4) Les médicaments composés dont ces huiles font partie, et dont l'école de pharmacie reconnaît la nécessité et l'utilité, sont admis par dérogation à la prohibition, moyennant le droit de 20 p. °/ₒ de la valeur.

(5) *Huiles de coton*; s'il en était importé des quantités considérables, il en serait référé à l'administration.

(6) Les prohibitions qui pourraient intervenir à l'égard des légumes secs ne devront pas atteindre *la racine d'igname*, attendu qu'elle ne leur est assimilée que pour l'application des droits.

(7) L'indigo jouit, aux termes de la loi, d'une modération particulière de droits quand il est *directement* importé de l'Inde ou des autres pays où il est récolté. Mais l'application de ce tarif modéré est subordonnée à la production de certificats d'origine délivrés par nos agents consulaires aux lieux d'embarquement, ou, à défaut, par les autorités locales, certificats qui doivent constater que les indigos auxquels ils se rapportent ont été récoltés sur le territoire des pays d'où ils sont importés. Toutefois, on peut ne pas exiger de certificats de l'espèce pour les indigos venant de l'Inde; il suffit qu'il soit dûment établi par le rapport de mer et la vérification des papiers de bord que l'importation en a été directe.

D'après un avis du Comité consultatif des arts et manufactures, en date du 17 avril 1820, la *pâte d'anil*, c'est-à-dire, la pâte préparée avec des feuilles d'anil (*indigofera tinctoria*, Lin.), broyées et desséchées, doit être assujettie aux mêmes droits que l'indigo.

On doit également traiter comme indigo, lors même qu'on les déclarerait sous la dénomination de *couleurs*, les pâtes, tablettes ou trochisques bleues (autres que d'outremer ou de bleu de Prusse), attendu que ces produits ne peuvent payer moins que la substance principale qui entre dans leur composition.

(8) Les instruments aratoires peuvent entrer par les bureaux de mer en colis de tous poids, mais sans mélange d'espèces payant des droits différents.

Par la désignation d'instruments aratoires, on n'entend que les instruments *simples* nécessaires à l'industrie rurale; les instruments de l'espèce, *entièrement en bois*, tels que râteaux,

Suite des Notes.

fourches, etc., sont traités comme ouvrages en bois (Boissellerie). Quant à ceux à combinaison, comme charrues, extirpateurs, hache-navets, hache-paille, herses, semoirs, ventilateurs, ils font partie des machines et mécaniques pour l'agriculture.

(9) Les seringues à injection en étain en font partie.

(10) Il y a exemption de droits pour les instruments portatifs qu'importent ou exportent les voyageurs pour leur usage personnel.

(*a*) Un décret du 14 mai 1856 autorise l'importation à ce droit des huiles chargées à terre, suivant certificat des autorités, que ces huiles soient ou non produits de nos établissements.

DÉNOMINATION DES MARCHANDISES.	UNITÉS sur lesquelles portent les DROITS.	DROITS D'ENTRÉE. par navires français.	DROITS D'ENTRÉE. par navires étrangers et par terre.	DROITS de SORTIE.
		F. C.	F. C.	F. C.
cors, serinettes (1), serpents, trompes, tromp. ,trombones, accordéons.	la pièce.	3	3	
clarinettes et hautbois	id.	4	4	
vielles simples	id.	5	5	
basses, contre-basses, chapeaux chinois, grosses caisses et tam-tam	id.	7 50	7 50	
épinettes, harmonica, vielles organisées et orgues portatives	id.	18	18	
harpes	id.	36	36	
forté-piano (2) carrés	id.	300	300	1/4 p. 100
forté-piano à queue ou en buffet	id.	400	400	id.
orgues d'église	id.	400	400	
non dénommés	mêmes	droits que	leurs anal.	
d'optique, de calcul, d'observation et de précision, montres marines et gazomètres de petite dimension (3).	valeur (A)	30 p. %	30 p. %	
IODE brut ou raffiné (B)	1 k. NB	5	5 50	
IODURE de potassium, ou hydriodate de potasse (4).	id.	5	5 50	
IPÉCACUANHA. V. Racines médicinales.				
IRIS de Florence. V. Racines médicinales.				
IVOIRE. V. Dents d'éléphant. — ouvré. V. Tabletterie. — râpé. V. Râpures d'ivoire. — fossile, de toute sorte, comme dents d'éléphant.				
JAIS brut	100 k. BB	exempt.	....	
travaillé. V. Mercerie commune.				
JALAP (racine de). V. Racines médicinales.				
(résine de). V. Résineux exotiques à dénomm.				
JAROSSE et LUPIN par navire français et par terre.	id.	exempte.	....	
par navires étrangers	id.	....	50	
JAUNE de chrôme. V. Sels, chromates de plomb.				
de Cassel, minéral, de Naples, de roi ou jaune royal. V. Couleurs à dénommer.				
JETONS d'ivoire, de nacre. V. Tablett.—d'os. V. Mercerie comm.—de métal (5). V. Objets de coll.				
JOAILLERIE. V. Bijouterie.				
JONCS et roseaux exotiques: bambous, joncs forts, rotins, Ways, et autres: des pays hors d'Europe.	....	exempts.	20	
des entrepôts	....	10	20	
d'Europe, des jardins	id.	exempts.	exempts.	
sparte en tiges, brutes (6).	id.	0 05	50	
battues	id.	0 05	1 10	
presle (feuilles et tiges de).	id.	exemptes.	exemptes	
autres (7)	id.	id.	id.	
JOUJOUX d'enfant. V. Bimbeloterie.				
JOURNAUX confondus dans la corresp. par suite d'abonnement. Exempts.—autres. V. Livres.				
JUJUBES, fruits. V. Fruits de table secs à dénommer.				
(pâte de). V. Bonbons.				
JUMENTS. V. Chevaux.				
JUS de réglisse	100 k. NB	48	52 80	
d'ananas. V. Boissons fermentées, jus d'orange.				
de cerises. V. Boissons distillées, kirchwasser.				
de citron et de limon. V. Acide citrique.				
d'orange. V. Boissons fermentées.				
KAOLIN. V. Pierres et terres servant aux arts, perle.				
KARABÉ (succin). V. Succin.				
KARY (poudre de). V. Epices préparées à dénommer.				
KERMÈS en grains ou graine d'écarlate	100 k. BB	exempt.	exempt.	
en poudre, des pays hors d'Europe	1 k. N	4	6	
des entrepôts	id.	5	6	
KINA ou quinquina. V. Écorces médicinales.				
KININE (sulfate de). V. Produits chimiques non dénommés.				
KINO (gomme). V. Sarcocolle, Kino, etc				
KIRCHWASSER. V. Boiss. distill., eau-de-vie de cer.				
LABDANUM. V. Résineux exotiques.				
LACETS. V. Tissus, passementerie suivant l'espèce.				
LAINES en masse, par mer.				
en suint et pelades à la chaux,				
communes (C), des pays hors d'Europe	100 k. BB	5	15	
d'ailleurs	id.	10	15	
fines, des pays hors d'Europe	id.	10	20	
d'ailleurs	id.	15	20	
lavées, communes, des pays hors d'Europe.	id.	10	25	
d'ailleurs	id.	20	25	
fines, des pays hors d'Europe	id.	22 50	37 50	
d'ailleurs	id.	32 50	37 50	
par terre, en suint, et pelades à la chaux, communes, du crû des pays limitrophes.	id.	....	10	
autres	id.	....	15	
fines, du crû des pays limitrophes	id.	....	15	
autres	id.	....	20	

NOTES.

(1) Les serinettes adaptées à des horloges en bois doivent en outre le droit du tarif sur les horloges.

(2) Les forté-piano, qui n'appartiennent ni à l'une ni à l'autre des espèces tarifées, sont assimilés à ceux carrés, si leur valeur n'excède pas 1200 francs.

(3) Les instruments d'optique, de calcul, etc., sont ceux employés en astronomie, mathématiques, navigation, optique et physique, et, en général, tous ceux nécessaires à des travaux scientifiques. Ils doivent, comme les machines et mécaniques, être accompagnés du plan colorié, et sur échelle, de leurs formes, dimensions, etc. Mais lorsqu'ils sont destinés pour Paris, on abrége toutes ces formalités, en les expédiant sur la douane de cette ville, sous double plomb et par acquit-à-caution.

(4) Résulte de la combinaison de l'acide hydriodique avec la potasse. Il est blanc et cristallisé en cubes. En traitant ce sel par l'acide sulfurique, l'iode devient libre et se dégage en vapeur abondante d'un beau violet.

(5) L'arrêté du 5 germinal an XII défend aux Français de faire frapper des jetons et pièces de plaisir ailleurs qu'à l'hôtel des monnaies; dès lors ce qui proviendrait de l'étranger pour le commerce est défendu. Il n'y a d'exception que pour les objets de science, qui se distinguent en ce qu'ils sont de formes différentes et en petit nombre de chaque espèce.

(6) Le sparte, appelé aussi *battin*, est une espèce de jonc, une plante graminée qui croît sur les bords de la mer dans le midi de la France, en Espagne, etc. Il est en fibres longues, menues, et si tenaces, qu'après les avoir rouies et battues comme le chanvre, on en fait des cordages, des ficelles, des nattes, des coffins, des tapis de pied à longs brins ou peluchés, et autres ouvrages de cette nature.

(7) Ce sont ceux de marais que l'on emploie à faire des balais de cheminée, de petits ouvrages de vannerie, des siéges, etc.

(A) La valeur, à déterminer par le Comité consultatif des Arts et manufactures.

(B) Un arrêté du 5 mars 1849 autorise, sous des conditions déterminées, l'admission en franchise, à charge de réexportation, de l'*iode brut*, destiné à être raffiné ou à être converti en *iodure de potassium*.

(C) Ne sont considérées comme communes que les laines valant au plus en suint 1 f. 50 c., et lavées 3 fr. le kil.

Celles des États du Zollwerein, importées par convois internationaux, sont considérées comme provenant des pays limitrophes et affranchies de la surtaxe.

Les poils d'alpaga, de vigogne, etc., sont assimilés aux laines en suint selon l'espèce. Il en est de même des déchets de laine, de la bourre, des blouses, des débourrures des cardes, des laines provenant du délilage et de l'effilochage des étoffes ou tricots, des lisières de draps et des découpures d'étoffes (Circulaires 392, 578).

L'importation des laines est restreinte à certains bureaux.

1° Les ports d'entrepôt réel, savoir : Abbeville, Agde, Arles, Bayonne, Binic, Bordeaux, Boulogne, Caen, Calais, Cette, Cherbourg, Dieppe, Dunkerque, Granville, Gravelines, le Havre, Honfleur, le Légué, Lorient, Marseille, Morlaix, Nantes, Port-Vendres, Rochefort, la Rochelle, Rouen, Saint-Malo, Saint-Servan, Saint-Valery-sur-Somme, Toulon.

2° Les bureaux principaux de 1re ligne des frontières de terre, c'est-à-dire Ainhoa, Armentières, Bellegarde, Valenciennes, *chemin de fer*, Bourg-Madame, Chaparcillan, Delle, Entrevaux, Forbach, Givet, Hirson, Pont-de-Beauvoisin, Rocroi, les Rousses, Saint-Louis, Saint-Laurent-du-Var, Sierck, Trois-Maisons, Vielle, le Villers, Wissembourg, Verrières-de-Joux, Culoz.

3° Les bureaux de Bagnères, Bedous *par Urdos*, Condé *par Lecoq*, Dunkerque *par Zuydcoote*, Fraüenberg, Grosbliedersdorff, Halluin, la Nouvelle, Lauterbourg, Lille *par Rousbeque*, *Halluin* ou *Baisieux* et *par le chemin de fer*, Maubeuge *par Bettignies*, *Villers-Sir-Nicole*, *Jeumont* ou *Coursolre*, le Perthus, Roubaix *par le chemin de fer*, Sedan *par Saint-Menges* ou *par Givonne*, Strasbourg *par la Wanzenau* ou *par le Pont-du-Rhin*, Tourcoing *par Riscontout et par*

DÉNOMINATION DES MARCHANDISES.	UNITÉS sur lesquelles portent les DROITS.	DROITS D'ENTRÉE par navires français.		DROITS D'ENTRÉE par navires étrangers et par terre.		DROITS de SORTIE.	
		F.	C.	F.	C.	F.	C.
Laines lavées, communes, du crû des pays limitrophes	100 k. BB	....		20			
autres	id.	....		25			
fines, du crû des pays limitrophes	id.	....		32	50		
autres	id.	....		37	50		
peignées	id.	70		80			
teintes de toute sorte	id	100		115			
Bourre entière (déchets de) (1)	mêmes dr. que les laines selon l'espèce.						
Bourre lanice, tontice et cot. en poud. (déch. destin. à entrer dans la fab. du pap. (2).	id.	Exempte.		Exempte.			
filées. *V.* Fils de laine.							
(pennes de). *V.* Corons ou pennes.							
fines de cachemire ou duvet soyeux que le poil de chèvre recouvre. *V.* Poils propres à la chapellerie et à la filature, Duvet de cachemire.							
Lait animal et crème	id.	3		3	80		
Laiton. *V.* Cuivre allié de zinc.							
coulé en plaq. *V.* Cuivre allié de zinc laminé.							
Lames de sabre pour enfants. *V.* Bimbeloterie.							
autres (3). *V.* Armes blanches.							
d'épée. *V.* Armes blanches.							
Laminoirs à l'usage des orfèvres et des bijoutiers. *V.* Machines et mécaniques à dénommer.							
Lampes. Comme les matières ouvrées dont elles sont formées.							
Laque en teinture ou en trochisques (4), de l'Inde.	100 k. NB	25		100			
d'ailleurs.	id.	75		100			
Lard. *V.* Viandes.							
Laudanum. Médicaments composés à dénommer.							
Lavande. *V.* Herbes, fleurs, fruits médicin. à dénom.							
(huile de). *V.* aussi Huiles volatiles, etc., non dénommées.							
Laves de volcan ouvrées. *V.* Pierres ouvrées autres que chiques.							
Lazagnes. *V.* Pâtes d'Italie.							
Lazulite. *V.* Pierres gemmes non dénommées.							
Légumes verts	100 k. BB	Exempts.		Exempts.		25c.100k.	
salés ou confits	id.	9		9	90		
secs et leurs farines (5)	id.	10		11			
Lentilles. *V.* Légumes secs.							
Levure de bière	id.	Exempte.		Exempte.			
Libidibi moulu	id.	15		16	50		
Lichens tinctoriaux (6) des pays hors d'Europe	id.		10	5			
des entrepôts	id.	1		5			
autres que ceux propres à la teinture (7)	id.	Exempts.		Exempts.			
Lie de vin liquide ou desséchée. *V.* Sels, tartrates, acide de potasse très-impur.							
brûlée. *V.* Alcalis, potasse.							
de porter. *V.* Présure.							
d'huile. Mêmes droits que leurs huiles.							
Liége brut, revêtu de sa croûte gercée (8)	id.		50	5			
Liége râpé en planches, ou fragments de toute dim.	id.	9		9	90		
ouvré (bouchons)	100 k. NB	54		59	20		
brûlé (noir d'Espagne)	100 k. BB	1		3			
Limailles. Elles sont taxées à l'entrée comme leurs minerais	100 k. NB	... ...		....			
Limes et râpes (9) à grosses tailles dites communes.	id.	75		81	20		
à polir dites fines de 17 cent. de longueur (10)	id.	180		191	50		
ayant moins de 17 cent.	id.	225		238	70		
Limons, variété du citron. *V.* Fruits de table.							
Lin en tiges, taillé ou peigné. *V.* Filaments.							
filé. *V.* Fils.							
(graine de). *V.* Fruits oléagineux.							

NOTES.

Suite des Notes.

le chemin de fer, Valenciennes *par Blanc-misseron*, *Marchipont* ou *Sebourg*, et *par le chemin de fer*, Les Fourgs.

Les fabriques voisines de la frontière, auxquelles leur éloignement de l'un des bureaux désignés pour l'importation des laines ne permettrait de tirer leur approvisionnement qu'au moyen d'un circuit onéreux, peuvent être temporairement autorisées à recevoir cet approvisionnement par le bureau de la route directe, conformément à l'article 21 de la loi du 28 avril 1816.

(1) La dénomination de bourre entière comprend : 1° la bourre provenant du peignage de la laine brute; 2° la bourre provenant du filage de la laine peignée; 3° les laines provenant du défilage ou de l'effilochage des étoffes ou tricots; 4° tous autres déchets qui ne rentrent pas dans la classe des Bourres lanice et tontice.

(2) La bourre lanice est le déchet que produit le battage des laines sur la claie ou le peignage des étoffes. Elle ne sert qu'à la sellerie. La bourre tontice provient de la tonte des draps et des châles. Elle ne peut servir qu'à la fabrication des papiers de tenture.

(3) Les tronçons de lames de sabre, propres à faire des rogne-pieds pour les chevaux, sont assimilés aux outils de pur acier.

(4) La loi n'a entendu reprendre sous cette dénomination que les extraits colorants qu'on prépare avec la laque naturelle et qui servent pour la teinture en rouge; ils sont connus dans le commerce sous les noms de *lac-lack*, *lac-dye* et *extrait de lac-dye*. Le *lac-lack* s'importe en petits pains très-durs, ou en carreaux de 20 à 25 millimètres en carré, souvent irréguliers; il en arrive aussi en grains. Celui en pains et en carreaux est violet à l'extérieur avec efflorescence rose; sa cassure est résineuse et d'une couleur très-foncée. Le *lac-dye* est une autre variété de la laque préparée, peu différente du lac-lack, mais plus estimée. Ce qui le distingue principalement, c'est qu'il est en tablettes rectangulaires de 6 à 7 centimètres en carré sur 1 à 2 centimètres d'épaisseur.

(5) D'après l'ordonnance du 17 janvier 1830, les légumes secs et leurs farines ne peuvent entrer que par certains bureaux. (Voir p. 10)

(6) Il s'agit des lichens propres à la fabrication de l'orseille. Ce sont : 1° les *roccella tinctoria* et *fuciformis* des îles Canaries et du Cap-Vert; 2° le lichen *tartareus*, qui vient le plus ordinairement de Suède et de Norwége; 3° le lichen *parellus*, semblable à celui qui croît sur les montagnes d'Auvergne et que les gens du pays appellent *perelle*. Le lichen décrit par Hoffmann et de Candolle sous le nom d'*umbilicaria pustulata*, et qui est très-commun en France, doit également suivre le régime des lichen *tinctorioux*.

(7) Ces lichens sont : 1° le lichen d'Islande; 2° la pulmonaire de chêne; 3° l'usnée, espèce de mousse à longs filaments, d'un vert jaunâtre, qui participe des propriétés et de l'odeur des arbres sur lesquels elle naît.

On assimile aux lichens médicinaux, pour l'application du tarif, la coralline blanche et la mousse de Corse.

(8) Le liége *brut* est celui qui est encore revêtu de sa croûte raboteuse et gercée. Dans cet état, il est tel qu'il provient de l'arbre, ou tel qu'il se trouve après avoir été aplati

Suite des Notes.

au moyen du feu, dont il porte alors des traces. Toutefois, lorsqu'on s'est borné à enlever au liége les aspérités les plus fortes, et qu'il conserve encore la plus grande partie de sa croûte, il y a lieu de le considérer comme *brut*. — Le liége *râpé* est celui qui a été dépouillé de sa croûte gercée à l'aide d'une râpe ou d'une racle, et qui peut être mis immédiatement en œuvre. — Le liége taillé en petits cubes ou carrés, à l'égard duquel la loi du 2 juillet 1836 avait établi une tarification spéciale, est aujourd'hui soumis aux mêmes droits que le liége brut ou râpé, suivant son état.

Les liéges bruts, destinés à être réexportés après avoir été façonnés en France, sont admis, sous des conditions déterminées, en franchise des droits. (Ordonn. royales des 18 janvier 1847 et 2 février 1848.)

(9) Les limes peuvent être importées par les bureaux de mer, mais à condition que le même colis ne renfermera pas de limes soumises à des droits différents. On comprend sous la dénomination de limes *communes* toutes celles qui ont 8 tailles ou moins au centimètre. Les limes *fines* sont celles qui ont plus de 8 tailles au centimètre. La mesure doit être prise perpendiculairement au trait du burin. Cette disposition est également applicable aux râpes.

(10) La longueur des limes se mesure sur la partie de l'outil qui est taillée ou poinçonnée, sans comprendre la partie réservée pour l'emmanchement. La partie *réservée pour l'emmanchement* ne s'entend que de *la soie* proprement dite, c'est-à-dire, du bout destiné à entrer dans le manche, et ne comprend pas, par conséq., la partie lisse ou polie qui se trouve entre le manche et le commencement de la taille.

Les *râpes à pain* sont traitées comme les râpes communes.

Les taille-crayons, petits instruments composés d'une lime montée sur métal ou incrustée dans du bois, sont assimilés aux limes fines de moins de 17 centimètres de longueur. Il en est de même des limes à ongles, lesquelles sont ordinairement en acier poli et se terminent, d'un côté, par une pointe, et, de l'autre, par un tranchant légèrement évidé.

DÉNOMINATION DES MARCHANDISES.	UNITÉS sur lesquelles portent les DROITS.	DROITS D'ENTRÉE par navires français.	DROITS D'ENTRÉE par navires étrangers et par terre.	DROITS de SORTIE.
		F. C.	F. C.	F. C.
LIN (huile de). *V.* Huiles fixes de graines grasses.				
LINGE en coton ou en fil de lin. *V.* Tissus.				
ourlé, neuf ou supporté. *V.* Effets à usage.				
usé, déchiré ou à pansement. *V.* Drilles.				
de table en pièce. *V.* Tiss. de lin, linge de table.				
LINGOTS, comme le métal brut.				
d'argent doré. *V.* Or brut en lingots.				
LINON. *V.* Tissus de lin ou de chanvre.				
LIQUEURS. *V.* Boissons distillées.				
LISIÈRES de drap. *V.* Tissus de laine non dénommés.				
LITHARGE, oxyde de plomb demi-vitreux. *V.* Oxydes.				
LITHOGRAPHIES. *V.* Gravures.				
LIVRES en langues mortes ou étrang. (1), almanachs	100 k. NB	100	107 50	
autres (2).	100 k. BB	10	11	
en langue franç. (mémoires scientifiques)(3).	100 k. NB	50	55	25c. 100k.
autres, publiés à l'étranger.	id.	100	107 50	id.
réimprimés sur éditions françaises.	id.	150	160	id.
LIVRES impr. en France et réimp. dans les 5 ans (4).	100 k. BB	1	1 10	id.
contrefaçons (5)	....	prohibées	prohibées	prohibées
LOCOMOBILES. *V.* Machines à vapeur fixes.				
LOQUES. *V.* Drilles.				
LUMACHELLES. *V.* Marbre.				
LUNEMENT, mèches d'étoupes. Mêmes droits que les fils de lin ou de chanvre blanchis.				
LUTHS. *V.* Instruments de musique.				
LUNETTES en écaille. *V.* Tabletterie non dénom.				
LYRES. *V.* Instruments de musique.				
LYCOPODE (soufre végétal) et poussière de pin...	100 k. BB	Exempt.	Exempt.	
MACARONI. *V.* Pâte d'Italie.				
MACHEFER. *V.* Fer.				
MACHINES et mécaniques, appareils complets (6) :				
à vapeur, fixes.	100 k. NB	25	27 50	
pour la navigation	id.	35	38 50	
locomotives sans tenders.	id.	40	44	
autres qu'à vap., pour la filature.......... ..	id	40	44	
pour le tissage.	id.	15	16 50	

NOTES.

(1) Il n'y a pas à distinguer, pour l'application du tarif, entre les livres reliés, brochés ou en feuilles, sauf en ce qui touche les livres en langue française, lesquels ne sont admissibles pour l'importation, la réimportation et le transit, que lorsqu'ils sont reliés ou brochés.

On ne distingue pas non plus, sous le rapport des droits, entre les livres dits *illustrés* et les autres, lorsque la corrélation entre le texte et les gravures, dessins, etc., qui ornent l'ouvrage, est dûment établie.

Lorsqu'il s'agit d'ouvrages dans lesquels la traduction est en regard du texte, c'est la langue de la version qui détermine la taxe qui doit être perçue; ainsi, un ouvrage anglais présentant en même temps un texte français est considéré comme librairie française. Les dictionnaires et les grammaires sont classés d'après la langue dans laquelle est faite la définition des mots ou l'explication des règles.

Les avis, affiches, prospectus et autres imprimés analogues, ainsi que les modèles ou exemples d'écritures *gravés*, suivent le régime de la librairie. Lorsque ces écrits sont à la fois en français et en langue étrangère, c'est le droit des livres en langue française qui doit être appliqué. On admet aussi au droit des livres les coupons d'actions des sociétés industr.

Les gazettes et journaux sont traités comme librairie. Cette disposition ne concerne que les *collections* de gazettes et de journaux étrangers importés comme *objets de commerce*, et, par conséquent, en dehors des conditions de l'importation ordinaire et journalière des publications de l'espèce. Quant aux gazettes et journaux apportés par les courriers de la malle et confondus dans la correspondance de chaque jour *par suite d'abonnements*, ils ne sont passibles d'aucun droit d'entrée et ne peuvent être visités qu'aux bureaux des postes.

Les livres français ou étrangers, dont l'im-

Suite des Notes.

pression date de plus de 50 ans, sont admis au droit des *Objets de collection*. Ces anciennes éditions sont soumises, comme les livres modernes, au régime de la librairie.

Lorsque les livres composant la bibliothèque particulière des personnes qui viennent s'établir en France portent des traces de service, et qu'il n'y a qu'un seul exemplaire de chaque ouvrage, on les admet en franchise, après l'accomplissement des formalités auxquelles est subordonnée l'importation de la librairie. Mais cette disposition exceptionnelle n'est appliquée qu'en vertu d'une autorisation spéciale, que l'administ. n'accorde qu'autant qu'il s'agit de livres qui ne doivent pas entrer dans le commerce.

Les livres, en petit nombre, que les voyageurs ont avec eux pour leur usage, peuvent être admis aux droits dans tous les bureaux ouverts à l'importation des marchandises taxées à plus de 20 fr. par 100 kil.; à moins qu'il n'y ait à leur égard présomption de contrefaçon ou de prohibition à tout autre titre : on peut même les laisser passer librement quand ils sont reconnus porter des traces de service.

D'après les dispositions combinées de la loi du 27 mars 1817 et de l'article 7 de l'ordonnance royale du 13 décembre 1842, les livres taxés à moins de 150 francs par 100 kilogrammes doivent être emballés séparément par espèce, c'est-à-dire qu'ils doivent être importés dans des colis différents, à moins que chaque espèce ne fasse, dans l'intérieur des colis, l'objet d'une division bien tranchée. En cas de mélange, le droit le plus élevé doit être exigé sur le tout, ou, si les livres sont déclarés pour le transit, l'expédition doit en être refusée.

Les livres *en langue française* imprimés à l'étranger, et les dessins, gravures, lithographies et estampes *avec* ou *sans texte*, ne peuvent entrer, pour l'acquittement des droits ou pour le transit, que par les bureaux suivants : Lille *par Halluin* et *Baisieux*, *et par le chemin de fer*, Valenciennes, *par Blancmisseron*, Strasbourg, Bellegarde, Pont-de-Beauvoisin, Marseille, Bayonne, le Havre et Bastia.

Les livres en langue italienne ne pourront être importés, pour l'acquittement des droits ou pour le transit, que par les bureaux ouverts à l'entrée des livres en langue française.

Sont ouverts à l'importation et au transit des livres *en langues mortes ou étrangères*, outre les bureaux désignés au paragraphe précédent, ceux de Dunkerque, Forbach, Sierck, Wissembourg, Saint-Louis, Verrières-de-Joux, les Rousses, Chaparcillan, Perpignan, *par le Perthus*, Béhobie, Bordeaux, Nantes, Caen, Rouen, Dieppe, Boulogne, Calais, Ajaccio, Trois-Maisons, St-Malo, Perthus et Fraüenberg. Cependant, les livres en langue portugaise ne pourront être importés que par les bur. de Lille, Valenciennes, Strasbourg, Bellegarde, Pont-de-Beauvoisin, Marseille, Bayonne, Bordeaux, Nantes, le Havre et Bastia (Corse). L'import. des livres en langue anglaise ne pourra également s'effectuer que par les bur. ouverts à l'entrée des livres en langue française, et par les bur. de Bordeaux, Nantes, St-Malo, Grandville, Dieppe, Boulogne, Calais et Dunkerque. Les mêmes bureaux sont ouverts à l'importation des livres et autres ouvrages de la presse anglaise, en quelque langue qu'ils soient imprimés (C. 596). Toutefois, lorsque le texte de la librairie en langues mortes ou étrangèr. est accompagné de gravures, lithographies, etc., cette librair. ne peut entrer, pour l'acquittement des droits, que par les bureaux réservés à l'admission de la librairie en langue française; mais le transit peut en être permis.

Les droits d'entrée peuvent être acquittés, dans les entrepôts intérieurs, sur les livres qui ont été régulièrement importés par les bureaux ouverts à ces opérations, et qui y ont été soumis à la vér. des agents du minist. de l'int.

Les coins gravés, les clichés, les pierres lithogr. couvertes de dessins, gravures ou écritures, et les planches gravées de toute sorte, sont assujettis comme les livres à la vérificat. des agents spéciaux du ministère de l'intér.

Par dérogation aux restrictions d'entrées indiquées ci-dessus, et conformément à l'art. 4 de l'ordonnance royale précitée, les livres destinés pour Paris, quelle que soit la langue dans laquelle ils sont imprimés, peuvent être importés par tous les bureaux ouverts à l'entrée de la librairie. Dans ce cas, les colis doivent être expédiés sous double plomb et acquit-à-caution à la destination du ministère de l'intér.

(2) Aux termes des conventions littéraires conclues d'une part avec la Saxe, de l'autre avec la ville de Hambourg, les ouvrages provenant de ces pays ne sont imposés qu'aux droits ci-après :

Imprimés en langue française, 100 k. 20 fr.
En langues étrangères, id. 1 fr.
que l'importation ait lieu par mer ou par terre.

Ce tarif est applicable aussi aux livres en langue française provenant du canton de Genève (Circul. 570).

(3) Ne sont considérés comme mémoires scientifiques que ceux publiés sous les auspices d'un corps savant.

(4) Il faut une autorisation spéciale pour réimporter au droit de 1 fr. ou 1 fr. 10 centimes dans les cinq ans les livres imprimés en France. *Voyez aussi* Contrefaçons.

(5) Les contrefaçons sont exclues du transit accordé aux marchandises prohibées. Tous les livres en langue française, dont la propriété est établie à l'étranger, ou qui sont une édition étrangère d'ouvrages français tombés dans le domaine public, continueront de jouir du transit, et seront reçus à l'importation, en acquittant les droits et sous la condition de produire un certificat d'origine relatant le titre de l'ouvrage, le lieu et la date de l'impression, le nombre des volumes, lesquels doivent être brochés ou reliés, et ne pourront être présentés en feuilles.

Dans le cas où des présomptions, soit de contrefaçon, soit de condamnation judiciaire, seront élevées sur les livres présentés, l'admission sera suspendue, les livres seront retenus à la douane, et il en sera référé au ministre de l'int., qui devra prononcer dans un délai de 40 j.

Les dispositions contenues en cet article sont applicables à tous les ouvrages dont la reproduction a lieu par les procédés de la typographie, de la lithographie ou de la gravure.

Nulle édition ou partie d'édition imprimée en France ne pourra être réimportée qu'en vertu d'une autorisation expresse du ministre de l'intérieur, accordée sur la demande de l'éditeur, qui, pour l'obtenir, devra justifier du consentement donné à la réimportation par les ayants droit. (Art. 8, loi du 6 mai 1841.)

Lorsque des livres présentés pour le transit seront retenus à la douane, c'est sous le timbre de la 2e division qu'il devra en être rendu compte à l'administration. Il est entendu que la restriction qui fait l'objet du 3e paragraphe de l'article précité ne concernant que l'*entrée*, les livres expédiés pour le transit pourront, comme par le passé, être réexportés par tous les bureaux ouverts au transit des marchandises non prohibées. (Circul. 1831.)

(6) Les bureaux par lesquels les machines et parties de machines peuvent être exclusivement importées sont, sur la frontière maritime : Toulon, Marseille, Cette, Bordeaux, Nantes, Brest,

DÉNOMINATION DES MARCHANDISES.	UNITÉS sur lesquelles portent les DROITS	DROITS D'ENTRÉE par navires français.		DROITS D'ENTRÉE par navires étrangers et par terre.		DROITS de SORTIE.
		F.	C.	F.	C.	F. C.
MACHINES : cardes non garnies	100 k. NB	30		33		
— métiers à tulle	id.	60		65	50	
machine à fabriquer le papier continu et à imprimer	id.	30		33		
pour l'agriculture (1)	id.	15		16	50	
wagons de terrassement avec caisse en bois et roues en fonte.	id.	20		22		
tenders, bateaux et nacelles de rivière, chaudières, gazomètres, appareils à distiller, à évaporer, à cuire les sirops, et pour le chauffage à la vapeur, grands calorifères : en fer.	id.	30		33		
en cuivre	id.	60		65	50	
non dénom. pes. : 100 k. ou moins.	id.	65		70	70	
de 100 k. exclus. à 200 k. inclus.	id.	45		49	50	
de 200 k. exclus. à 1000 k. exclus.	id.	35		38	50	
de 1000 k. exclus. à 2.500 k. incl.	id.	30		33		
de 2,500 k. excl. à 5,000 k. incl.	id.	25		27	50	
plus de 5,000 k.	id	20		22		
Pièces détachées (2) :						
Plaques et rubans de carde de toute espèce.	id.	200		212	50	
Peignes de tissage	id.	200		212	50	
Navettes de toute sorte	id.	200		212	50	
de machines purement agricoles, en fonte ou fer pur ou rechargé d'acier (A)	100 k. N.	15		16	50	
Autres en fonte, pesant 25 k ou moins	100 k NB	80		86	50	
de 25 k. exclus. à 50 k. inclus.	id.	65		70	70	
de 50 k. inclus. à 100 k. inclusiv.	id.	55		60	20	
de 100 k. exclus. à 200 k. inclus.	id.	45		49	50	
de 200 k. exclus. à 1,000 k. incl.	id.	35		38	50	
de 1,000 k. exclus. à 2,500 k. incl.	id.	25		27	50	
de 2,500 k. excl à 5,000 k. incl.	id.	20		22		
plus de 5,000 k.	id.	15		16	50	
en fer, pesant 5. k. ou moins	id.	100		107	50	
de 5 k. exclus. à 25 k. inclusiv.	id.	80		86	50	
de 25 k. exclusivem. à 50 k. incl.	id.	70		76		
plus de 50 k.	id.	60		65	50	
en cuivre	id.	200		212	50	
en acier	id.	150		160		
MACIS, de la Réunion et de la Guiane française (3).	id.	1		....		
de l'Inde	1 k. NB	1	50	4		
d'ailleurs	id.	2	50	4		
MACULATURES de papier. V. Drilles.	id.					
MAGNÉSIE. V. Sels carbonates.						
(sulfate de). V. Sels sulfates.						
MALLES non garnies. V. Ouvr. en bois, boissellerie.						
MALLES garnies. V. Mercerie commune.						
MANCHES de gaffe, de fouine, de pinceaux à goudron. V. Bois à construire.						
MANCHONS. V. Pelleteries ouvrées.						
MANCHONS ou cylindres en cuivre, bruts. V. la note (A), à l'article CUIVRE.						
MANDOLINES. V. Instruments de musique.						
MANGANÈSE, par navires français et par terre	100 k.	Exempts.		....		
par navires étrangers	id.	......		1		
MANIOC (fécule de). V. Gruaux et fécules.						
MANNE	id.	80		86	50	
MARBRE blanc statuaire, originaire et importé d'Italie ou de Grèce				(4)		
en blocs, simpl. équarris ou ébauchés	id.	2		2	70	
en tranches, ayant d'ép. 16 cent. ou pl.	id.	2		2	70	
moins de 16 cent. et plus de 3	id.	3		3	70	
3 cent. ou moins	100 k. BN	4		5	50	
d'ailleurs, en blocs, simpl. équarris ou ébauch.	id.	9		11	00	
en tranches, ayant d'ép. 16 c. ou plus	id.	9		11	00	
moins de 16 cent., plus de 3	id.	15		16	50	
3 cent ou moins	id.	22		24	20	
MARBRE blanc (5) autre que statuaire, bleu turquin, bleu fleuri, brocatelle.						
en blocs, simplem. équarris ou ébauchés.	100 k. BB	4		5	50	
en tranches de moins de 16 et de plus de 3 centimètres d'épaisseur	id.	8		9	90	
de 3 centimètres ou moins	id.	12		14	80	
de 16 centimètres ou plus	id.	4		5	50	
MARBRE blanc statuaire, jaune de Sienne, vert de mer dit *serpentine*, et porte-or.						
en blocs simplement équarris ou ébauchés.		9		11		

NOTES.

Suite des Notes.

Morlaix, St-Malo, Rouen, le Havre, Dieppe, Boulogne, Calais, Dunkerque, Rochefort, Lorient, Cherbourg, Honfleur, Abbeville et St-Valéry-sur-Somme. Sur la frontière de terre : Lille, Valenciennes, Forbach, Strasbourg, St-Louis, Bellegarde, Sierk et Verrières-de-Joux.

Ne sont considérés comme appareils complets que les seules machines pourvues de tous les organes nécessaires pour qu'elles puissent fonctionner.

(1) Les machines à fabriquer les tuyaux de drainage sont assimilées aux machines pour l'agriculture.

(2) Seront considérées comme parties détachées de machines toutes les pièces dont la réunion ne forme pas une machine complète.

Les parties détachées formées de métaux différents suivront le régime de la partie la plus fortement taxée.

Les déclarations relatives aux machines et mécaniques seront, après l'acquittement des droits, soumises au Comité consultatif des arts et manufactures, pour être contrôlées par lui quant à la nature de l'objet déclaré.

Les droits sur les machines ou parties de machines seront perçus au net.

Les pièces détachées de machines purement agricoles en fonte ou en fer pur ou rechargé d'acier, ne paieront que 15 fr. par 100 kilogr., à charge par les importateurs de produire à l'appui de leur déclaration des dessins coloriés sur échelle des machines agricoles auxquelles les pièces sont destinées; ces dessins indiqueront les points où lesdites pièces devront être appliquées.

(3) Enveloppe membraneuse de la muscade rouge lorsqu'elle est fraîche; elle jaunit en vieillissant, devient cassante et a la transparence de la corne.

(4) Les marbres en blocs simplement équarris ou ébauchés et en tranches, quelle qu'en soit l'épaisseur, importés par terre, ne sont soumis qu'aux droits des marbres importés par navires français.

(5) On entend par marbre *blanc autre que statuaire* tous les marbres blancs parsemés de taches, ou traversés par des veines noires ou grisâtres plus ou moins régulières. Ces marbres, connus dans le commerce sous les noms de *blanc clair*, *blanc veiné*, *etc.*, sont principalement employés dans les travaux d'architecture, et pour les ouvrages de marbrerie, tels que cheminées, dessus de table, etc.

(A) Les importateurs doivent produire, à l'appui de leurs déclarations, des dessins coloriés sur échelle des machines agricoles auxquelles les pièces sont destinées. (Consulter au besoin le décret du 5 janvier 1859, et la circulaire 568.)

DÉNOMINATION DES MARCHANDISES.	UNITÉS sur lesquelles portent les DROITS.	DROITS D'ENTRÉE par navires français. F.	C.	DROITS D'ENTRÉE par navires étrangers et par terre. F.	C.	DROITS de SORTIE. F. C.
MARBRES en tranches de 16 centimètres ou plus d'épaisseur	100 k. BB	9		11		
de 3 centimètres ou moins	id.	22		24	20	
de moins de 16, et plus de 3 centimètres	id.	15		16	50	
autres (1). en blocs simplement équarris ou ébauchés	id.	2		2	70	
en tranches de moins de 16 et de plus de 3 centimètres d'épaisseur	id.	3		3	70	
de 3 centimètres ou moins	id.	4		5	50	
de 16 centimètres ou plus	id.	2		2	70	
sculptés, moulés, polis ou autrement ouvrés, sans distinction de marbre	id.	40		44		
chiques, sans distinction de marbre	id.	15		16	50	
antiques	la valeur.	1 p. 100.		1 p. 100.		
sculpté par des Français attachés à l'École de Rome	id.	id.		id.		
MARC d'olives, amurca	100 k. BB	Exempts.		Exempts.		
entièrement sec, grignon	id.	Exempts.		id.		
de raisins	id.	Exempts.		id.		
de roses	id.	Exempts.		id.		
MARCHANDISES non dénommées (2).						
MARLY de pur fil (toile gommée). *V.* Toile de lin croisée grossière. Treillis.						
MAROQUIN. *V.* Peaux préparées.						
MARRONS, châtaignes et leurs farines	id.	1		3		
MATS, mâtereaux. *V.* Bois à construire.						
MATÉ (faux thé). *V.* Feuilles médicinales à dénomm.						
MATELAS ayant servi. *V.* Meubles.						
neufs. *V.* Le droit de la laine et du coutil suivant l'espèce.						
MATÉRIAUX, chaux (3), pierres brutes, par navires français et par terre	id.	Exempts.		....		
par navires étrangers	id.	....		1		
éteinte ou en pierres calcinées ou broyées (A)	id.		01	1		
plâtre brut ou pierre à plâtre	id.		10		10	
préparé, soit moulu, soit calciné, par les bureaux d'Abbevillers, Villars-sous-Blamont, Vaufrey, Delle, Courcelles, Croix, Réchesy et Saint-Laurent-du-Var	id.	....			10	
par tous autres bureaux	id.		50		50	
ardoises pour toiture (*), par mer et de la mer à Baisieux exclusivement, au-dessus de 19 centim. de larg., de plus de 27 cent. de larg.	1000 en n.	46		46		
de 22 exclus. à 27 inclus. de larg.	id.	30		30		
de 19 excl. à 22 inclus. de larg.	id.	14		14		
par les autres frontières de terre et de toutes dimensions	id.	7	50	7	50	
de 19 centimètres de largeur et au-dessous, soit *par mer*, soit *par terre*, n'ayant pas plus de 30 centimètres de longueur ou plus de 3 millim. d'épaisseur, de Belgique	1000 en n.	5	80	5	80	
d'ailleurs	id.	7	50	7	50	
au-dessus de ces dimensions	id.	15		15		
de Belgique	id.	11	60	11	60	
d'ailleurs	id.	15		15		
en carreaux ou en tables (4)	le 100 en n	30		30		
briques (5)	1000 en n.	4		4		
tuiles plates	id.	4		4		
tuiles bombées (6)	1000 en n.	10		10		
faîtières	id.	25		25		
tuyaux de drainage et leurs manchons	100 k.		50		50	
carreaux de terre (7)	1000 en n.	10		10		
sable commun pour la bâtisse, par navires français et par terre	id.	Exempts.		....		
par navires étrangers	100 k.	....		1		
moellons et déchets de pierre	100 k. BB	Exempts.			01	
pavés de grès	id.	Exempts.			01	
autres que de grès, par navires français et par terre	id.	Exempts.		....		
par navires étrangers	id.	....		1		
MATÉRIAUX non dénommés (8), par navires français et par terre	id.	Exempts.		....		
par navires étrangers	id.	....		1		

NOTES.

(1) Parmi les marbres *non dénommés*, on doit ranger particulièrement : le noir antique, le grand antique, le brayelle ou petit antique, le Sicile, la brèche de Vérone, le noir de Flandre, le Saint-Anne, le petit granit, le choin de Savoie, les lumachelles, les griotes, le vert de Gênes, etc.

On y assimile, eu égard à leur destination, différentes pierres dures, telles que le serpentin, le granit, le porphyre, le jaspe, sauf celui appelé jaspe *agate fleuri*, qui suit le régime des agates, etc.

Le marbre pulvérisé avec lequel on moule des vases et autres objets d'ornement est également assimilé aux marbres bruts non dénommés.

Il en est de même des débris de marbre, à moins qu'ils ne soient en morceaux assez gros pour être ouvrés. Dans ce dernier cas, ils doivent être traités comme marbres *bruts*, selon l'espèce.

(2) Les marchandises non dénommées ne peuvent être importées que par les bureaux principaux de douane où le droit le plus analogue leur est appliqué. Si le consignataire de la marchandise le veut, on suspendra la perception jusqu'à ce que l'administration ait décidé. On joindra au rapport un échantillon des produits qu'il s'agit d'assimiler.

(3) La chaux, en quelque état qu'elle soit, est traitée comme engrais lorsque l'on justifie qu'elle est destinée à l'amendement des terres situées dans le rayon des douanes.

(4) Plus, le droit de la boissellerie sur les cadres de celles qui sont encadrées.

(5) Ce droit n'est applicable qu'aux briques propres à la bâtisse.

(6) On assimile les tuyaux en terre cuite aux tuiles ; mais comme chaque corps de tuyau, s'il était partagé en longueur, donnerait deux tuiles bombées, on applique le droit de mille tuiles bombées pour 500 tuyaux.

(7) Ce sont les carreaux communs ; ceux vernissés, avec émail, blancs ou coloriés doivent être traités comme faïence ou grès fin selon l'espèce.

(8) On comprend dans cette classe toutes les pierres, argiles, terres glaises et autres terres employées pour la bâtisse, et à l'égard desquelles il n'existe pas de tarification spéciale, notamment les pierres de taille *brutes*, la pouzzolane, les pierres et terres réfractaires, les pierres meulières *brutes*, le résidu du mâchefer ou crassin de forge qui a été bocardé, l'ardoise en poudre grossière, etc.

(*) Voir pour celles de la Belgique le tarif spécial à certains produits de ce pays.

(A) Par terre, comme par navires français.

DÉNOMINATION DES MARCHANDISES.	UNITÉS sur lesquelles portent les DROITS.	DROITS D'ENTRÉE par navires français.	DROITS D'ENTRÉE par navires étrangers et par terre.	DROITS de SORTIE.
			F. C.	F. C.
MAURELLE (loques ou chiffons imprégnés de couleur bleue)	100 k. BB	25	27 50	
MÉCANIQUES propr. aux arts et métiers. *V.* Machines.				
produisant des airs de musique. *V.* Horlogerie.				
MÈCHES de coton en fil. *V.* Fil de coton.				
tissées. *V.* Tissus de coton.				
d'étoupes diteslunement. *V.* Fils de chanvre ou de lin blanchis.				
soufrées comme soufre sublimé.				
MÉCHOACAN comme rhubarbe. *V.* Racines médicinales.				
MÉDICAMENTS composés, eaux distill. alcooliques (1).	100 k. NB	150	160	
sans alcool	id.	100	107 50	
extraits de quinquina (2).	1 k. B	prohibés.	prohibés.	
non dénommés (3)	id.	id.	id.	
MÉLASSES importées pour être transformées en alcool (3 bis) des colonies françaises.	100 k. BB	Exemptes	....	
ayant une autre destination	id.	12	....	
étrangères, pour être converties en alcool, de l'Inde, de l'Amérique méridionale et des Antilles (3 bis)	id.	exemptes.	3	
d'ailleurs	id.	2	3	
ayant une autre destination	id.	prohibée.	prohibée.	
MERCERIE commune (4)	id.	100	107 50	
fine (5)	id.	200	212 50	
MERCURE natif ou vif-argent	100 k. BB	1	5	
(sulfure de). *V.* Sulfures.				
MÉRINOS en laine. *V.* Tissus de laine.				
MERRAINS de toute espèce (6)	1000 en n.	10	1 50	
MESURES (7)	....	prohibées	prohibées	
MÉTAL de cloche. *V.* Cuivre allié d'étain.				
anglais (8). *V.* Étain (ouvrages d'), poterie.				
mixte, dit appareils protecteurs pour le doublage des navires. *V.* Cuivre selon son état (9).				
MEUBLES de toute sorte (10)	la valeur.	15 p. °/₀.	15 p. °/₀.	
MEULES à moudre	la pièce.	exemptes.	exemptes.	4
à aiguiser	id.	10	30	20
MIEL (11)	100 k. BB	1	6	
MIL ou millet (12)	100 k. BB	0 25	0 25	
(tiges de). *V.* Tiges de millet.				
MINE de plomb noire. *V.* Graphite.				
rouge (minium). *V.* Oxyde de plomb rouge.				
MINE-ORANGE (oxyde de plomb rouge divisé). *V.* Oxydes.				
MINERAI. *V.* Fer, cuivr., plomb, zinc, cobalt ou soufre.				
aurifère et argentifère (A)	100 k. BB	Exempt.	1	
de fer chromaté. *V.* Fer (minerai de).				
MINERAIS non dén., par navires franç. et par terre.	100 k. BB	Exempt.	....	
par navires étrangers	id.	....	1 00	
MINIUM. *V.* Oxydes.				
MIROIRS. *V.* Verres et Cristaux.				
MITRAILLE. *V.* Fer, cuivre ou tout autre métal.				
MODES (ouvrages de) (13)	la valeur	12 p. °/₀.	12 p. °/₀.	
MOELLONS. *V.* Matériaux.				
MOELLE et vessies de cerf	100 k. BB	exemptes.	exemptes.	1/4 p. °/₀.
MOLLETONS. *V.* Tissus de laine non dénommés.				
MOMIES, corps embaumés, entières. *V.* Objets de collection.				
MONNAIES, quel qu'en soit le type (14), d'or	1 hect. NN	01	01	01
d'argent	id.	01	01	id.
de cuivre pur ayant cours légal en France.	100 k. BB	20	20	
hors de cours	100 k. B	prohibées	prohibées	

NOTES.

(1) Les eaux non spiritueuses se reconnaissent à ce qu'elles fondent le sucre et ne peuvent s'enflammer. La dénomination générique d'eaux distillées ne dispense pas de déclarer le nom propre de chacune de celles importées.

(2) Par dérogation à la prohibition dont sont frappés à l'entrée les extraits de quinquina, on admet, au droit de 1 fr. le kil., l'extrait de quinquina *concret* ou *pulvérulent*, quand il est importé du Pérou par navires français.

(3) Les médicaments composés *non dénommés*, dont l'école de pharmacie reconnaît la nécessité ou l'utilité, et dont elle détermine alors le prix commun, sont admis, par dérogation à la prohibition, moyennant le droit de 20 p. 0/0 de la valeur. Sont admis dès à présent : anti-goutte de la Martinique, le kil. net, 2 fr. 40 c.; esprit de genièvre, le kil. net, 3 fr. 60 c.; de succin, le kil. net, 2 fr. 80 c.; les tablettes d'hockiac, le kil. net, 9 fr.; l'hachisch, le kil. net, 2 fr. 40 c.; la créosote, 3 f. 60 c. le kil. net.

(3 bis) Le rendement minimum des mélasses en alcool est fixé à 33 litres par 100 k. La mélasse est un résidu visqueux, d'un brun rougeâtre plus ou moins foncé; pèse d'ordinaire à l'aréomètre 40 à 44 degrés à la température de 15 degrés du thermomètre. Ne pas la confondre avec les sucres en pâte connus dans le commerce sous le nom de *sucre plaque*.

(4) Sont traités comme *mercerie fine*, tous les objets rangés dans la classe de la mercerie *commune*, auxquels un travail plus parfait a ajouté une valeur indépendante de leur utilité première (et qui ne sont pas destinés à être vendus communément dans les foires de campagne), ainsi que les ouvrages en fer ou acier que le vif ou l'éclat de leur poli distingue de ceux de la mercerie commune, lesquels ne sont ordinairement polis qu'au brunissoir, procédé qui n'est généralement employé que pour les objets communs.

(5) La mercerie fine en *soie* ou en *fleuret* qui comprend les mouchoirs, les bourses à cheveux et les mouches, est soumise, à l'entrée, au même droit que l'espèce de soierie dont elle est formée.

(6) Bois blancs destinés à faire des barriques pour les marchandises sèches. Les gournables sont assimilées aux merrains. Ce sont des bois de 49 à 98 cent. de longueur sur 34 à 68 mill. carrés, destinés à faire des chevilles.

(7) L'entrée des mesures anciennes est prohibée; celle des mesures établies d'après le système métrique l'est également par le fait des lois et règlements qui assujettissent la fabrication des poids et mesures à une marque d'étalonnage; et d'ailleurs les poids et mesures, soit anciens, soit nouveaux, rentrent dans les ouvrages de fonte, de cuivre ou d'étain, prohibés à l'entrée.

(8) Les cafetières, théières et autres ouvrages semblables en métal anglais et dont l'étain de Cornouailles forme la principale base, sont admis au droit de la poterie d'étain.

(9) Le métal mixte dont il s'agit doit être immédiatement appliqué au doublage sous la surveillance de la douane, qui limite les quantités à délivrer à ce qui est nécessaire pour le navire en construction, et fait placer le reste en entrepôt réel.

(10) Les objets *de toute nature* composant le mobilier des étrangers qui viennent s'établir dans le royaume, ou des Français qui rentrent dans leur patrie, peuvent être admis, à titre d'exception, au même droit que les meubles, sur la simple autorisation des chefs locaux, quand, notoirement destinés à l'usage des im-

Suite des Notes.

portateurs et de leur famille, ces objets sont reconnus porter des traces évidentes de service; mais on ne peut en effectuer l'importation que par l'un des bureaux qui sont ouverts à l'entrée des marchandises taxées à plus de 20 francs par 100 kilogrammes.

Les matelas sont rangés dans la classe des meubles.

Les meubles de Boule, qui sont des meubles antiques, chargés d'ornements en cuivre incrustés, font partie des objets de collection. Les marbres adaptés à des meubles suivent le régime de ceux-ci. Les petits meubles en sel gemme ou en ouvrage de Spa, sont considérés comme mercerie.

Les meubles dont l'origine française est établie et qui portent des traces de service peuvent être réimportés en franchise.

(11) Lorsque le miel est importé en rayons, dans des ruches dont les abeilles ont été chassées, le droit se perçoit *au net*.

(12) Le millet est un grain rond de la grosseur d'une tête d'épingle, et de couleur jaune-paille.

(13) Cet article comprend, outre les ouvrages de mode proprement dits : 1° les fleurs artificielles; 2° les bandes de mousseline, de percale et de tulle brodées, mais pour la sortie seulement, attendu que les tissus de coton sont prohibés à l'entrée; 3° les carcasses servant à monter les bonnets.

(14) Les monnaies de cuivre et de billon, hors de cours, qui auront été brisées, coupées et martelées de manière à ne pouvoir servir que pour la refonte, seront admises sous le payement des droits afférents à la matière dont elles sont formées.

(A) Par terre, comme par navires français.

DÉNOMINATION DES MARCHANDISES.	UNITÉS sur lesquelles portent les DROITS.	DROITS D'ENTRÉE par navires français.		DROITS D'ENTRÉE par navires étrangers et par terre.		DROITS de SORTIE.	
		F.	C.	F.	C.	F.	C.
Monnaies de cuivre allié d'arg. (bill.). ayant cours légal en France.........	100 k. BB	1		1	10		
hors de cours.	100 k. B	prohibées		prohibées			
MONTRES. *V*. Horlogerie.							
MOQUETTE. *V*. Tissus de laine, tapis.							
MORELLE. *V*. Feuilles médicinales à dénommer.							
MORILLES. *V*. Champignons.							
MORUE. *V*. Poissons de mer.							
MOSCOUADES. *V*. Sucre brut.							
MOTTES à brûler..............................	1000 en n.	exemptes.		exemptes.			
MOUCHOIRS. *V*. Tissus suivant l'espèce.							
de fil de lin mélangé de coton. Prohibés (ceux avec encadrement en coton sont admissibles aux droits des tissus de pur lin quand le liséré n'excède pas un centimètre.)							
MOULES et autres coquillages pleins, de pêche franç.	100 k. B	exempts.		....			
de pêche étrang.	100 k. BB	1		1	10		
MOULES de boutons en bois. *V*. Ouvrages en bois.							
en fer, verni ou non et en os *V*. Mercerie commune.							
MOUSSELINE et mousselinette. *V*. Tissus de coton.							
MOUSSERONS. *V*. Champignons.							
MOUTONS de toute espèce (1), béliers, brebis et moutons........	par tête.		25		25		25
agneaux..............	id.		10		10		
MOUVEMENTS de montre. *V*. Horlogerie.							
MULES et mulets (*)............................	id.	15		15		2	
MUNITIONS de guerre, poudre à tirer (2)..... ...	....	prohibées		prohibées.		prohibées.	
capsules de poudre fulmin. (3).	100 k. B	id.		id.			
projectiles : balles de calibre (4).		id.		id.		prohibées	
autres...		id.		id.		id.	
MURIATE d'ammoniaque. *V*. Sels ammoniacaux.							
de potasse. *V*. Sels, muriate de potasse.							
MUSC pur et pastilles odorantes à bijoux.	1 k. NB	100		107	50		
vésicules pleines.........................	id.	65		70	70		
vides.........................	id.	10		11			
queues de rats musqués....................	id.	25		27	50		
MUSCADES (5) sans coques de la Réunion et de la Guiane française.......	id.	1		....			
de l'Inde................	id.	1	50	4			
d'ailleurs................	id.	2	50	4			
en coques, de la Réunion et de la Guiane fr.	id.		66	....			
de l'Inde..............	id.	1		2	66		
d'ailleurs..............	id.	1	66	2	66		
MUSIQUE gravée (6) (vocale et instrumentale)....	100 k. NB	300		317	50		
manuscrite........................	la valeur.	1 p. %		1 p. %			
MYRRHE. *V*. Résineux exotiques à dénommer.							
MYROBOLANS confits, comme fruits médicinaux.							
NACRE de perle, sans distinction de la nacre dite *franche* ou *bâtarde*, en coquilles brutes, de l'Inde..............	100 k. NB	Exempte.		25			
d'ailleurs............	id.	15		25			
sciée ou dépouillée de sa croûte, de l'Inde................	id.	Exempte		50			
d'ailleurs...............	id.	30		50			
haliotides dites *oreilles-de-mer*......	100 k. BB	exemptes.		3			
NACELLES en bois. *V*. Embarcations.							
de rivière, en fer ou en cuivre. *V*. Machines et Mécaniques.							
NANKIN. *V*. Tissus de coton.							
NANKINET (tissu de coton imitant le nankin). *V*. Tissus de coton.							
NAPHTE. *V*. Bitumes fluides, sans distinct. de couleur.							
NARD indien. *V*. Racines médicinales à dénommer.							
NATRONS. *V*. Alcalis.							
NATTES ou tresses (7) de bois blanc de plus de 7 mill. de largeur..................	100 k. NB	70		76			
de 7 mill. ou moins..........	id.	190		202			
ouvragées..................	id.	190		202			
de paille, d'écorce, de sparte de plus de 3 bouts, grossières pour paillassons.......	100 k. BB	2		2	20		
pour chapeaux...	id.	5		5	50		
NATTES ou tresses de paille fines.............	1 k. NB	5		5	50		
de sparte à 3 bouts, exclusivement destinées à la fabrication des cordages (8)...	100 k. BB	2		2	20		
NAVIRES. *V*. Embarcations.							
NÉCESSAIRES de toilette et de voy. *V*. Tabl. non dén.							
NERFS de bœuf et d'autres animaux............	id.	exempts.		exempts.			
NÉROLI. *V* Huile volatile ou essence d'orange.							

NOTES.

(1) Lorsque la laine des moutons, béliers, brebis et agneaux, se trouve avoir plus de 4 mois de croissance, on perçoit, indépendamment des droits afférents aux animaux, le droit de la laine selon son espèce. — Pour les moutons des Etats-Sardes, *V*. l'Appendice après le Tableau des droits.

(2) Les cartouches et gargousses sont assimilées à la poudre.

(3) L'exportation ne peut avoir lieu qu'avec l'autorisation du ministre de la guerre lorsqu'il s'agit de capsules pour armes de guerre.

(4) Lorsque le gouvernement permet d'en importer ou exporter, on perçoit dans le premier cas 4 fr. ou 4 fr. 40 c. par 100 kil., et dans le second cas 0 fr. 25 c.

(5) Les fèves *pichurin*, nommées à tort noix de sassafras, suivent le régime des muscades sans coques. Le fruit du *ravensara* de Madagascar et le brou de cette noix, sont assimilés aux muscades en coques.

(6) La musique gravée ne peut être importée que par les seuls bureaux ouverts à l'entrée des livres en langue française, sauf en ce qui concerne les expéditions sur Paris, lesquelles peuvent avoir lieu par tous les bureaux ouverts à l'importation de la librairie, dont la musique gravée suit sous tous les rapports le régime.

Il n'y a pas à distinguer entre la musique gravée et la musique lithographiée.

La musique pour chants d'église, dite *plain-chant*, est passible des mêmes droits que toute autre musique; mais lorsque la musique de l'espèce n'est pas gravée et qu'elle est imprimée comme le texte, c'est-à-dire, au moyen de caractères mobiles ou de clichés, elle ne doit payer que comme librairie, selon la langue dans laquelle est composé le texte.

Une disposition de la loi des finances du 16 juillet 1840 ayant affranchi les œuvres de musique de la formalité du timbre, il n'y a plus lieu, comme l'a expliqué la circulaire n° 1843, de diriger par acquit-à-caution sur un bureau de timbre la musique importée de l'étranger.

La musique *manuscrite* est traitée comme *objets de collection hors commerce*.

Celle éditée depuis plus de cinquante ans, est admise au droit de 1 pour 100 de la valeur.

Le papier rayé pour musique paye le même droit que le papier blanc.

(7) Les nattes, considérées sous le point de vue du tarif, ne sont point des tissus, mais bien des tresses destinées à les former.

(8) Le droit d'entrée établi sur les tresses de sparte à trois bouts, exclusivement destinées à la fabrication des cordages, est applicable, à titre d'assimilation, aux tresses de sparte à *deux* bouts, ayant la même destination.

(*) Pour ceux des Etats-Sardes, *V*. l'Appendice après le Tableau des droits.

DÉNOMINATION DES MARCHANDISES.	UNITÉS sur lesquelles portent les DROITS.	DROITS D'ENTRÉE par navires français.	DROITS D'ENTRÉE par navires étrangers et par terre.	DROITS de SORTIE.
		F. C.	F. C.	F. C.
NERPRUN (baies de) et Rocou (graines de) entières ou simplement concassées, des pays hors d'Europe (1)	100 k. BB	exemptes.	4	......
des entrepôts	id.	3	4	......
NICKEL métallique de première fusion	id.	exempt.	exempt.	
allié d'autres métaux (argentan).				
en masse	100 k. NB	1	2	
laminé ou étiré	id.	100	107 50	
ouvré	id.	prohibé.	prohibé.	
NITRATES de potasse et de soude (2). V. Sels, nitrates.				
NITRE. V. Sels, nitrate de potasse.				
NOIR à souliers	id.	123	131 60	
animal, d'ivoire	id.	62	67 60	
d'os de cerf et autres	100 k. BB	7	7 70	25c.100k.
d'imprimeur en taille-douce, dit d'Allem. (3)	id.	7	7 70	
d'Espagne (liége brûlé) et noir de fumée	id.	1	3	
minéral naturel, par nav. franç. et par terre.	id.	exempt.	......	
par navires étrangers	id.	......	1	
NOIX et noisettes. V. Fruits oléagineux.				
(huile de). V. Huiles fixes, autres pures.				
des Barbades. V. Fruits médicinaux à dénomm.				
de coco. V. Fruits de table frais.				
pulvérisées (4).				
de galle, et avelanèdes entières ou simplement concassées, des pays hors d'Europe	id.	exempt.	4	
des entrepôts	id.	3	4	
de toulouconna. V. Fruits oléagineux.				
NOUGAT. V. Bonbons.				
NOYAUX. V. Fruits oléagineux, noix, noisettes, etc.				
NUMÉRAIRE. V. Monnaies.				
OBJETS de collection hors de commerce (5)	la valeur.	exempts	exempts	
de l'industrie parisienne (6)	100 k. B.	......	......	2
OCRES. V. Pierres et terres servant aux arts				
jaune broyé à l'huile. V. Couleurs à dénom.				
ŒILLETTE ou Oliette. V. Graines oléagineuses.				
ŒUFS de volaille et de gibier	id.	exempts.	exempts.	2
de vers à soie	id	exempts.	exempts.	
OIGNONS de fleurs indigènes et exotiques. V. Bulbes.				
OLIVES confites (7). V. Fruits de table confits.				
fraîches. V. Fruits oléagineux.				
(huile d'). V. Huiles fixes, d'olive.				
OPIUM (8)	100 k. NB	200	212 50	
OR, minerai aurifère (9), par nav. franç. et par terre.	100 k. BB	Exempt.	......	
par navires étrangers	id.	......	1 00	
brut en masses, lingots, barres, poudre, bijoux cassés, etc.	1 hect. NN	25	25	25c.100k.
battu en feuilles	id.	30	33	
tiré ou lam. (traits, lames, paillettes et clinquants).	id.	10	11	
filé sur soie	id.	10	11	
(monnaies d')	id.	01	01	01
(ouvrages d'). V. Orfévrerie, bijouterie.				
faux ou de Manheim. V. Cuivre doré.				
en coquilles (mat). V. Couleurs à dénommer.				
(médailles d') en petit nombre d'espèces différentes (10). V. Objets de collection.				
ORANGER (feuilles et tiges d'). V. Feuilles médicinales.				
(fleurs d'). V. Fleurs médicinales.				
ORANGER (eau de feuilles, de tiges ou de fleurs d'). V. Médicaments composés, eaux distillées sans alcool.				
ORANGES fraîches, sèches ou amères. V. Fruits de table.				
ORCANETTE (racine rouge)	100 k. BB	exempte.	exempte.	
OREILLES-DE-MER (haliotides). V. Nacre de perle, coquillages nacrés.				

NOTES.

(1) Les baies ou graines de nerprun varient entre elles de grosseur et de couleur ; mais en général elles sont de la grosseur d'un gros grain de poivre, d'un vert jaunâtre, ridées à leur surface et divisées à l'intérieur en plusieurs cases renfermant des semences convexes d'un côté et plates de l'autre. Leur saveur est amère et désagréable.

(2) Les nitrates de potasse et de soude, expédiés en transit, doivent porter, sur une planchette attachée aux sacs et non à la corde des plombs, les marques et numéros des sacs. Cette mesure a été prise dans l'intérêt du commerce qui, s'il ne s'y soumettait pas, se verrait exposé à payer les droits sur les déficits, de quelque importance qu'ils soient d'ailleurs. Les acquits-à-caution doivent indiquer si les numéros sont ou non sur des planchettes.

(3) Ce noir se distingue de celui de fumée en ce qu'il est d'une nuance plus rousse ou plus grisâtre, moins léger, et qu'il laisse une plus grande proportion de cendres après sa combustion complète.

(4) Les substances médicales pulvérisées sont, d'après l'usage et différentes décisions ministérielles et l'avis de l'école de pharmacie, traitées *à l'entrée* comme médicaments composés non dénommés, à cause des facilités qu'elles offriraient à la fraude. Quant *à la sortie*, elles payent le droit des substances dont elles proviennent.

(5) La loi même indique qu'il faut comprendre dans cette classe :

1° *Les échantillons d'histoire naturelle*, comme plantes et animaux rares, vivants ou empaillés, œufs vides, coquillages vides, autres que ceux qui servent à l'industrie ou à la médecine, à moins qu'ils ne soient en petit nombre ; les plantes desséchées ou herbiers, les minéraux choisis, etc., sauf les pierres gemmes, les pétrifications, les coquilles fossiles, etc.

2° *Les objets de curiosité*, comme momies, et autres antiquités égyptiennes, grecques ou romaines, vieilles armures, armes anciennes ou en usage ailleurs qu'en Europe, manuscrits de toute sorte, meubles de Boule, meubles en vieux laque chinois.

3° *Les objets d'art*, comme bronze et marbres antiques, vases étrusques, mannequins, miniatures, tableaux sans cadres, dessins à la main, soit gouaches, aquarelles, lavis, etc.

Les verres à peintures fines et les vieux vitraux sont traités comme peintures sur toile, bois, cuivre ou marbre ; mais les verres qui recouvrent les uns ou les autres doivent entrer dans l'estimation des cadres ou bordures, passibles du droit de 15 pour 0/0.

Les verres grossièrement peints sont rangés dans la mercerie commune.

4° Tout ce qui se recueille pour la science numismatique, comme médailles, vieilles monnaies, pierres gravées antiques, de formes différentes et en petit nombre de chaque espèce, les pierres taillées dont elles sont formées, etc. Quant aux médailles, jetons et pièces de plaisir, il résulte de l'arrêté du 5 germinal an XII, qui défend aux particuliers de France d'en frapper ailleurs qu'à l'hôtel des Monnaies, que ce qui proviendrait de l'étranger, pour le commerce, est défendu, et qu'il n'y a d'exception que pour les objets de science, qui se distinguent en ce qu'ils sont de formes différentes et en petit nombre de chaque espèce.

Suite des Notes.

Ceux de ces objets qu'on importe pour les musées impér. sont entièrement affranchis de droits, mais il faut que la destinat. soit justifiée.

Les animaux rares, curieux ou savants, conduits par des jongleurs, sont exempts de droits à l'entrée comme à la sortie.

Les objets de collection, lorsqu'ils seront adressés aux ministres ou aux administrat. du Jardin des Plantes, seront expédiés sur la douane de Paris, sous simple plomb et simple emballage.

(6) Ce droit ne peut être perçu qu'à la douane de Paris seulement, sur les articles divers de l'industrie parisienne assortis en une même caisse.

(7) Les olives auxquelles on a substitué un morceau d'anchois au noyau, et qui sont confites à l'huile, suivent le régime du poisson de mer mariné à l'huile.

(8) On en connaît deux sortes principales : l'opium *de Turquie* ou *du Levant*, et l'opium *de l'Inde*.

L'opium *du Levant*, que l'on distingue en opium *de Smyrne*, opium *de Constantinople* et opium *d'Egypte*, est compacte, pesant, opaque, d'une couleur brune rougeâtre à l'intérieur : il est ordinairement recouvert à sa surface de feuilles de pavot ou de semences d'un *rumex* : toutefois, la surface de l'opium d'Égypte est généralement propre et luisante. L'opium du Levant arrive en petits pains orbiculaires aplatis, ou en masses irrégulières pesant de 25 à 50 décagrammes environ. — L'opium *de l'Inde* ne vient pas habituellement en Europe. Sa couleur est plus foncée et sa saveur plus amère que celle de l'opium du Levant.

(9) Les *minerais* d'or et d'argent ne sont considérés comme tels, pour l'application du tarif, que lorsqu'ils sont importés à leur état naturel, c'est-à-dire, sans que les métaux qu'ils contiennent aient été séparés, soit de leur gangue, soit des sables dans lesquels ils se trouvent mêlés. Tout minerai aurifère ou argentifère qui a été lavé, ou qui a subi une autre préparation quelconque, doit être traité comme or ou argent *brut*, selon l'espèce. L'or et l'argent *natifs* suivent également le régime de la matière brute.

(10) Les médailles d'or, importées pour les musées nation., sont entièrement affranchies de droits. Quant aux médailles qui proviendraient de l'étranger *pour le commerce*, elles sont prohibées.

DÉNOMINATION DES MARCHANDISES.	UNITÉS sur lesquelles portent les DROITS.	DROITS D'ENTRÉE par navires français. F.	C.	DROITS D'ENTRÉE par navires étrangers et par terre. F.	C.	DROITS de SORTIE. F. C.
ORELLONS (1)	100 k. BB		10	1		prohibés.
ORFÈVRERIE (2) d'or ou de vermeil	1 hec. NN	10		11		(1)
d'argent	id.	3		3	30	
ORGANSIN. V. Soies écrues, moulinées.						
ORGUES d'église et orgues portatives. V. Instruments de musique.						
ORPIMENT. V. Sulfures d'arsenic.						
ORSEILLE naturelle (lichens tinctoriaux) (3)	100 k. BB	1		1	10	
violette ou cudbéard	100 k. NB	200		212	50	
bleu cendré ou tournesol en pâte	id.	100		107	50	
OS et sabots de bétail, par nav. franç. et par terre.	100 k. BB		10	1		20
de cœur de cerf et de sèche	100 k. NB	exempts.		exempts.		
OSIER en bottes, brut	id.	exempt.		exempt.		
ouvré. V. Vannerie.						
OUATES de coton. V. Filaments. — Coton en feuilles, etc						
autres. V. Filamenteux (végétaux), Tiges ou Filasses, etc						
OUTILS (4) de pur fer	100 k. NB	50		55		
de fer rechargé d'acier	id.	125		133	70	
de pur acier	id.	175		186	20	
de cuivre ou laiton	id.	150		160		
OUTRES en cuir, vides (5)	la valeur.	10 p. °/°		10 p. °/°		
OUTREMER	1 k. NB	2	50	2	70	
OUVRAGES en bois (6).						
futailles vides, montées, cerclées en bois.	l'hectolit.		25		25	
cerclées en fer (7)	id.	2	20	2	20	
démontées (8)	la valeur.	10 p. °/°		10 p. °/°		
balais communs (de bouleau, bruyère, genêt, millet, etc.)	100 en n.		25		25	
boîtes de bois blanc	100 k. BB	31		34	10	
moules de bouton	id.	13		14	30	
avirons et rames, bruts, par nav. franç. et par terre	p. mèt. de l.		02		02	
par navires étrangers.	id.	....			04	
façonnés	id.		05		06	
sabots en bois non garnis de fourrure, communs	100 k. BB	12		13	20	
peints ou vernis	id.	25		27	50	
boissellerie	id.	4		4	40	
bois de fusil en noyer, achevés ou ébauchés (*)	la valeur.	15 p. °/°		15 p. °/°		30 f. 100 k.
manches d'outil avec ou sans virole	id.	id.		id.		
non dénommés (9)	id.	id.		id.		
OUVRAGES en peaux ou en cuirs non dénommés (10).	100 k. B	prohibés.		prohibés.		
OUVRAGES de modes. V. Modes.						
en filasse d'aloès. V. Chapeaux de paille à tresses engrenées.						
en ivoire. V. Tabletterie.						
en métaux.						
en fonte	id.	id.		id.		
en fer : tubes de tous diamètres, droits ou courbés, avec ou sans raccord (**),						

NOTES.

(1) La dénomination d'oreillons s'applique à toutes les matières propres à la fabrication de la colle. Les rognures de peaux préparées qui pourraient être utilisées pour des ouvrages quelconques ne pourraient être traitées comme oreillons. On appelle dollures les parties de chair que les mégissiers enlèvent avec la doloire à la surface des peaux. — Les rognures et dollures de peaux blanches peuvent être exportées au droit de 25 c. par 100 kil.

(2) Sous le rapport des douanes, on entend par *orfèvrerie* les grands ouvrages d'or ou d'argent, tels que vases, aiguières, plats, assiettes, soupières, réchauds, théières, flambeaux, gobelets, cuillers, fourchettes et autres ustensiles de table et de ménage; les chandeliers, croix, lampes, calices et tous autres objets affectés au service des églises. On range aussi dans la classe de l'orfèvrerie les boîtes de montre *brutes* ou *finies*, lorsqu'elles sont séparées de leurs mouvements, excepté toutefois les boîtes guillochées ou émaillées, lesquelles font partie de la bijouterie.

Les boîtes de montre en vermeil, celles qui sont plaquées en or et les boîtes en argent ou en métal commun avec médaillons, gallons ou charnières en or, suivent le régime des boîtes d'argent.

La dénomination de *bijouterie* et celle de *joaillerie* s'appliquent aux petits ouvrages de luxe, précieux par le travail ou par la matière, et servant à la parure des personnes de l'un et de l'autre sexe. Sont considérés comme tels les colliers, peignes, bagues, anneaux, bracelets, pendants d'oreilles, épingles, cachets, breloques, boucles, clefs et chaînes de montre, tabatières et, sans exception, tous les joyaux ou bijoux en or ou en argent enrichis ou non de pierres, perles ou autres matières précieuses, soit vraies, soit de composition.

Les boîtes de montre *guillochées* ou *émaillées*, qu'elles soient finies ou simplement ébauchées, font partie de la *bijouterie*.

Par application de ce qu'a réglé la loi pour l'orfèvrerie de vermeil, et conformément d'ailleurs à la règle générale relative aux *produits mélangés*, la bijouterie de vermeil suit le régime de la bijouterie en or.

On traite de même comme orfèvrerie ou bijouterie d'or, l'orfèvrerie et la bijouterie en platine (*loi du* 28 *avril* 1816).

(Voir la note *Bijouterie*.)

(3) Le cudbéard teint en rouge : il n'est formé que de lichens. Le tournesol teint en bleu : ce dernier est toujours en pâte humide ou séchée en petits carreaux que l'on nomme *pierres de tournesol*.

(4) Les outils peuvent entrer par mer en colis de tout poids, mais sans mélange d'espèces payant des droits différents. — Les outils qu'apportent, pour leur propre usage, les ouvriers qui viennent s'établir en France, sont admis, par exception, au droit de 15 pour 100 de la valeur, lorsqu'ils sont importés par les bureaux ouverts à l'entrée des marchandises taxées à plus de 20 fr. par 100 kil., et qu'il est dûment reconnu qu'ils portent des traces évidentes de service : par tout autre bureau une autorisation de l'administration est nécessaire. Quand les outils sont neufs, les droits du tarif doivent, dans tous les cas, être appliqués.

Suite des Notes.

(5) La loi n'a spécialement taxé que les outres *vides*; elle ne s'est pas occupée des outres *pleines*. Celles-ci sont soumises aux mêmes droits que les liquides qu'elles contiennent, lorsque ces liquides sont taxés *au brut*. Quand ils sont tarifés au poids *net* ou à la mesure, les outres dans lesquelles ils sont contenus suivent le même régime que les outres vides.

(6) Le commerce peut importer, en exemption des droits, des futailles étrangères destinées à la réexportation de liquides ou de marchandises sèches d'origine française.

On peut aussi réimporter les futailles vides françaises ayant servi à des exportations (consulter à cet égard les Circulaires n°s 257, 1323, 1394, 1879).

(7) Les futailles contenant moins de 3 hect. ne doivent pas avoir plus de 4 cercles ; celles de plus grande dimension plus de 6 cercles. Il y a toutefois exception pour les foudres : faire enlever les cercles, les faire briser, et les admettre ensuite au droit de la ferraille, ou repousser les barriques comme prohibées à cause du fer ouvré qui est prohibé.

(8) Sans les cercles en fer.

(9) OUVRAGES EN BOIS *non dénommés*. Avant d'appliquer la taxe afférente à cet article, on doit s'assurer que les objets présentés n'appartiennent à aucune autre classe du tarif.

Sont rangés parmi les ouvrages en bois *non dénommés* : les arbalètes et arcs autres que ceux antiques ou de curiosité, ainsi que les assortiments de flèches; les bâtons vernissés ou non, mais non garnis; les bois d'arçons pour selles ou bâts, et les bois de colliers d'animaux; les bois préparés pour baguettes de fusil; les bois de fusils et de pistolets autres que de guerre, sauf les bois de fusil *en noyer* qui sont spécialement tarifés à la sortie; les bois ouvrés pour le pavage des rues; les bois sculptés, autres que les meubles; les boîtes ou barils à vis servant à mettre du sel; les cabinets ou cartels de pendule, qu'ils soient ou non peints, vernis ou dorés, mais à l'exclusion de ceux qui sont ornés d'incrustations; les cadrans en bois pour horloges; les pièces de charpente façonnées avec tenons, mortaises, etc.; les pièces de charronnage achevées ou ébauchées pour voitures, telles que brancards, jantes, moyeux, rais de roue, etc. ; les châsis non garnis, les cuves, cuveaux et seaux, même ceux avec cercles en fer, mais en proportion convenable ; les dos et pieds de chaises ; les écuelles en bois *vernies*; les embauchoirs de bottes; les formes de chapeau et de soulier; les manches de brosse et de fouet, en bois communs ; les manches d'écouvillon; les planches en bois blanc, qui sont façonnées pour instruments de musique : les pompes exclusivement composées de bois; les poulies, même celles montées sur un axe en fer; les semelles en écorce de bouleau ou d'autres bois blancs; les sciures de bois d'acajou et de buis ; les ailettes en bois avec ou sans crochet en fer; le bois coupé pour allumettes et tresses de chapeaux; les jas d'ancre, les roulettes et autres ouvrages grossiers en buis.

(10) On range dans cette classe : 1° les bottes, souliers, brodequins et autres ouvrages de cordonnerie, sans distinguer entre ceux à l'usage des hommes ou des femmes; 2° les gants, bas, culottes, gilets, chapeaux et autres étoffes d'habillement, sauf ceux en peaux garnies de fourrure, lesquels font partie des pelleteries ouvrées qui sont l'objet de la note 3 (page 49); 3° les objets d'équipement militaire, comme buffleteries, gibernes, baudriers, ceinturons, havre-sacs, etc.; 4° les malles, valises, portemanteaux, nécessaires et boîtes à chapeau ou autres, fabriqués en cuir; 5° les objets en cuir bouilli qui servent à divers usages domestiques. Du reste, la prohibition sur les ouvrages en peau ou en cuir *non spécialement tarifés* est générale; il n'y a d'exception que pour quelques articles, tels que ceux de gainerie, les portefeuilles, qui sont classés dans la mercerie

(*) Ceux en autres bois, bruts, comme ouvrages en bois non dénommés; ceux achevés, comme pièces d'armes de guerre.

(**) Toutes les fois que le poids des tubes sera égal ou inférieur à 3 kil. par mètre courant,

DÉNOMINATION DES MARCHANDISES.	UNITÉS sur lesquelles portent les DROITS.	DROITS D'ENTRÉE par navires français.	DROITS D'ENTRÉE par navires étrangers et par terre.	DROITS de SORTIE.
		F. C.	F. C.	F. C.
ayant intérieurement un diamètre de plus de 25 millimètres	100 k. N	40	44	
25 millimètres ou moins	id.	60	65 50	
autres	100 k. BB	prohibés	prohibés.	
en tôle et fer-blanc	100 k. B	id.	id.	
en acier	id.	id.	id.	
(A) en cuivre pur ou allié, simplement tournés, communs	100 k. NB	100	107 50	
fins	id.	200	212 50	
autres	100 k. B	prohibés	prohibés.	
en plomb	100 k. BB	24	26 40	
(B) en étain, poterie commune	100 k. NB	100	107 50	
fine	id.	200	212 50	
autres	100 k. B	prohibés	prohibés.	
en zinc et autres métaux non dénommés	id.	id.	id.	
Oxydes (1) de fer (colcotar) (C)	100 k. BB	exempt.	1	
d'étain	id.	exempt.	exempt.	
de cobalt, purs ou silicieux (safre), d'urane et de chrôme	id.			
de plomb jaune (*massicot*)	id.	37	40 70	
demi-vitreux rougeâtre ou jaunâtre (*litharge*)	id.	10	11	
rouge (*minium*)	id.	24	26 40	
rouge divisé (*mine-orange*)	id.	35	38 50	
de zinc blanc (*pompholix*)	100 k. BB	13	14 30	
gris cendré (*tuthie* ou *cadmie*)	id.	exempt.	exempt.	
de cuivre (*æs-ustum*)	id.	id.	id.	
Paille. *V.* Fourrages.				
de fer. *V.* Fer, Limaille.				
Pain d'épices	id.	13	14 30	
et biscuit de mer (2). Mêmes droits que les farines selon l'espèce.				
Papier (3) d'enveloppe à pâte de couleur	100 k. NB	80	86 50	
blanc (4) ou rayé pour musique	id.	150	160	25 c. 100 k.
colorié (5), en rames ou mains, pour reliure	id.	90	97	
peint en rouleaux pour tentures	id.	125	133 70	25 c. 100 k.
soyeux, dit papier de soie, papier de Chine, papier joseph et autres de la même espèce	id.	100	107 50	
mâché. *V.* Carton moulé.				
Parapluies (6) et parasols en soie	la pièce.	2	2	
en toile cirée ou autres	id.	75	75	
en coton	100 k. B	prohibés.	prohibés.	
Parfumeries, eaux de senteur (7) alcooliques	100 k. NB	150	160	25 c. 100 k
sans alcool (8)	id.	100	107 50	id.
vinaigres parfumés	id.	100	107 50	id.
pâtes liquides ou en pains (9)	100 k. BB	25	27 50	id.
savons liquid., en poud., pains et boul.	100 k. NB	164	174 70	id.
poudres à poudrer	100 k. BB	25	27 50	id.
de senteur (10) de Chypre	1 k. NB	9	9 90	id.
à dénommer	100 k. NB	184	195 70	id.
pommades de toute sorte (11)	id.	123	131 60	id.
fards, blancs	id.	98	105 40	id.
rouges	1 k. NB	17	18 70	id.
pastilles odor. à brûler, des pays hors d'Europe	id.	exemptes.	13	id.
des entrepôts	id.	8	13	id.
Parchemin. *V.* Peaux préparées.				
Passementerie (12). *V.* Tissus suivant l'espèce.				
Pastel (feuilles et tiges de)	100 k. BB	exemptes.	exemptes	
(pâte de), grossière (13)	id.	20	22	
autre, dite indigo pastel	1 k. NB	mêmes droits que l'indigo.		

NOTES.

le droit de 60 fr. leur est applicable, quel que soit le diamètre.

Ne sont considérés comme *raccords* que les manchons, les mamelons et les boîtes à diminution à vis intérieures ou extérieures.

Les raccords ne peuvent s'importer qu'avec les tubes et dans des proportions déterminées; c'est-à-dire qu'on admet deux raccords pour un tube, trois raccords pour deux tubes et ainsi de suite en comptant toujours un nombre de raccords supérieur d'une unité à celui des tubes. Les raccords excédant cette proportion doivent, comme ceux qui sont importés isolément, payer les droits des pièces détachées des machines.

(1) Oxydes : de *cobalt :* on le reconnaît en le traitant par l'acide hydrochlorique porté à une chaleur modérée; il le colore en *bleu*, puis la dissolution passe au rose lorsqu'on y ajoute de l'eau. D'*urane :* s'importe en poudre d'un beau jaune. *De plomb :* ne pas confondre le *minium* avec le *mine-orange*, sur préparation de plomb moins rouge et moins pesante que le minium, mais qui a plus d'éclat. *De zinc :* fixe, blanc, très-léger, floconneux ou laineux. *Tuthie* ou *cadmie :* en écailles de différentes grandeurs et épaisseurs; offre la couleur de la cendre commune.

L'oxyde de chrôme est assimilé à l'oxyde d'urane.

(2) Les biscuits destinés à l'avitaillement des navires français et étrangers sont exempts de tous droits de sortie. — Le pain nécessaire à la nourriture des voyageurs est également dispensé de droits, tant à l'entrée qu'à la sortie, pourvu que la quantité dont chaque voyageur est pourvu n'excède pas celle dont il peut avoir besoin pendant quatre jours.

(3) Il n'y a pas à distinguer, pour l'application du tarif, entre le papier de chiffons et celui qui est fabriqué avec d'autres matières, telles que la paille, le maïs, les chènevottes, etc.

Les papiers à écrire ornés de dessins ou d'encadrements coloriés ou en relief sont traités comme *étiquettes imprimées, gravées, etc.* Il en est de même des enveloppes à lettres revêtues de semblables ornements. Les enveloppes *unies* ne sont passibles que de la taxe afférente au papier avec lequel elles ont été confectionnées.

Le papier *gaufré*, qu'il soit ou non doré ou argenté, ainsi que les bordures et autres ornements pour cartonnage fabriqués avec ce même papier, rentrent dans la classe de la *dominoterie*, qui suit le régime de la *mercerie commune*.

Les petits cahiers de papier découpés à l'usage des fumeurs, dit *papier à cigarettes*, doivent être soumis au même droit que le papier dont ils sont formés. On assimile au papier d'enveloppe à pâte de couleur les feuilles de maïs préparées pour servir au même emploi que le papier à cigarettes.

Les vieux papiers écrits et les maculatures ou rognures de papier font partie des *drilles*.

Les préparations qu'on appelle *papier à cautère* et *papier anti-rhumatismal* sont des produits de pharmacie, qui appartiennent à la classe des *médicaments composés non dénommés*, et elles sont par conséquent prohibées à l'entrée. On traite de même comme *médicaments composés* un papier préparé avec de l'arsenic, qu'on emploie dans certains pays pour détruire les mouches.

Suite des Notes.

(4) Cette classe comprend les papiers à écrire ou à dessiner, même ceux dont la pâte a été colorée, ainsi que les papiers pour l'impression, et généralement tous les papiers collés ou non collés.

On assimile au papier blanc ou rayé pour musique : 1° le papier imprimé pour registres et généralement tous les imprimés dans lesquels il existe des blancs ou interlignes destinés à être remplis à la main; 2° les papiers, soit blancs, soit colorés, soit découpés, tels que ceux dont se servent les confiseurs pour garnir les boîtes de dragées; les papiers rendus transparents par un corps gras et dont on se sert pour calquer des dessins.

(5) Le papier doré et argenté est assimilé au papier colorié, ainsi que celui enduit de caoutchouc.

(6) Les carcasses de parapluies importées séparément acquittent le cinquième du droit sur les parapluies en soie. Si ces montures étaient en fer, elles seraient prohibées comme ouvrages en fer.

(7) Indépendamment du droit sur les eaux de senteur, celui des bouteilles ou cruchons est exigible. Les eaux de senteur non alcooliques se distinguent en ce qu'elles fondent le sucre et ne peuvent s'enflammer. — Il ne faut pas confondre avec les eaux de senteur les esprits, essences et quintessences tarifées à l'article *huiles*, ni les liqueurs reprises à l'art. *boissons*.

(8) Les parfumeries liquides de l'Algérie sont admises en France en franchise des droits. (Décision ministérielle du 21 juillet 1853.)

(9) Ces pâtes comprennent seulement celles d'amandes et de pignon. Ce qu'on appellerait *pâte de savon* serait également traité comme savons de parfumerie.

(10) Toutes les poudres de toilette parfumées sont comprises sous cette dénomin., notamm. les poudres dentifrices sèches ou en opiats.

(11) Sous la dénomination de *pommades*, on entend des graisses parfumées pour la toilette, et non des médicaments composés, plus connus sous les noms d'*onguent*, etc.

(12) La passementerie comprend les franges, galons, tresses, ganses, cordons, cordonnets, sangles, lacets, torsades, jarretières, aiguillettes, boutons, etc.

La passementerie de coton et celle de pure laine jouissent d'une prime à la sortie.

(13) La pâte grossière est faite avec les feuilles broyées. Lorsqu'elle est desséchée et qu'elle a été pressée dans des moules, elle est sous forme de petites boules ou petits pains d'un vert grisâtre. — L'indigo-pastel, fécule obtenue aussi des feuilles, s'importe ordinairement en petits pains quadrangulaires.

(A) *V.* Cuivre, p. 29, note 6. Par ouvrages simplement tournés, etc.

(B) *V.* Étain (ouvrages d'), p. 32, note 6. La dénomination, etc.

Les importations par terre sont assimilées aux importations par navires français.

(C) Par terre, exempt.

DÉNOMINATION DES MARCHANDISES.	UNITÉS sur lesquelles portent les DROITS.	DROITS D'ENTRÉE par navires français.		DROITS D'ENTRÉE par navires étrangers et par terre.		DROITS de SORTIE.	
		F.	C.	F.	C.	F.	C.
PASTILLES odorantes à brûler. *V.* Parfumeries.							
PÂTES d'Italie et autres pâtes granulées (1)	100 k. BB	20		22			
PAVÉS. *V.* Matériaux.							
PEAUX brutes (2) fraîches, grandes (3), par mer, des pays hors d'Europe	id.		10	4	50	(11)	
d'ailleurs	id.	3	50	id.			
par terre, du cru des pays limitrophes	id.		10		10		
autres	id.	4	50	4	50		
petites, de bélier, brebis et mouton, revêtue de leur laine (4)	100 k. B	moitié du droit des laines, selon leur valeur.					
d'agneau (5), revêtues de leur laine, pesant plus d'un kilogramme	id.	id.		id.			
pesant un kil. ou moins	id.		10	1			
dépouillées de leur laine	id.		10	1			
de chevreau	100 k. BN		10	1			
autres	100 k. BB		10	1			
sèches grandes. des pays hors d'Europe	id.		10	10			
du Brésil par nav. brésilien.	id.	....		5			
des entrepôts	id.	5		10			
par terre (6) d'origine européenne	id.	....		5			
de toute autre origine	id.	....		10			
petites de bélier, brebis et mouton, revêtues de leur laine	100 k. B	2 tiers du droit des laines, selon leur valeur.					
d'agneau, revêtues de leur laine, pesant plus d'un kilogramme	....	id.		id.			
pesant un kilogr. ou moins	id.		10	1			
dépouillées de leur laine	id.		10	1			
de chevreau	id.		10	1			
autres petites non dénommées	100 k. BN		10	1			
PEAUX préparées (7) — au tan — simplement tannées, pour semelles ou pour toute autre destination. — de porc	100 k. BN	200		212	50	25c. p. °/o.	
autres grandes	id.	45		49	50	id.	
petites	id.	120		128	50	id.	
corroyées pour tiges de bottes, avant-pieds, derrières et devants	id.	200		212	50	id.	
autres	id.	100		107	50	id.	
à l'alun, hongroyées	id.	40		44			
mégissées	id.	50		55			
PEAUX, parchemin et vélin (8) bruts	100 k. BB	1		1	10		
et achevés	id.	25		27	50		
de cygne, d'oie ou d'agneau pour éventails	100 k. NB	612		629	50		
cuir de veau odorant, dit de Russie, propre à la reliure (9).	la pièce,	5		5			
PEAUX de chien de mer brutes de toute pêche (10), fraîches ou sèches	100 k. BB		10	5			
de phoque brutes, de pêche française	id.		01	....			
de pêche étrangère	id.	....			20		
PELLETERIES (12) :							
PEAUX de lapin brutes	100 k. BN	Exemptes		Exemptes			
apprêtées	le 100	1		1			
de lièvre brutes	100 k. BN	Exemptes		Exemptes			
apprêtées	le 100	4		4			
de blaireau brutes	la pièce.		15		15		
apprêtées	id.		15		15		
de castorin, brutes et mégies	le 100	3		3			
éjarrées	id.	15		15			
teintes	id.	25		25			
de phoque mégies	id.		20		20		
éjarrées avec ou sans lustre	id.	3		3			
teintes et lustrées	id.	1		1			
brutes ou apprêtées, de chameau, jaguar, léopard, once, panthère, tigre.	id.	1	20	1	20		
d'ours et d'ourson	id.	1	05	1	05		
de lion, lionne et zèbre	id.		60		60		
de renards noirs ou argentés	id.	2	40	2	40		
croisé ou bleu	id.		90		90		

NOTES.

(1) Pâtes dont la farine de froment est la base. Les plus connues sont le vermicelle, le macaroni, les lazagnes. — Le tapioca et les autres pâtes granulées non dénommées sont assimilées aux pâtes d'Italie.

(2) Cet article ne comprend que les peaux sans fourrure, qui ne peuvent être destinées qu'aux tanneries ou mégisseries. Les peaux à fourrure sont reprises à l'article Pelleterie. — Il n'y a pas de distinction à faire entre les peaux brutes qui sont salées et celles qui ne le sont pas. — Pour les peaux brutes, petites, fraîches ou sèches des Etats sardes, V. l'Appendice après le Tableau des droits.

(3) Par *grandes*, on entend les peaux de bœuf, vache, taureau, taurillon, bouvillon, génisse, cheval, âne, buffle, bison, aurochs ou bœuf sauvage et mulet ;

Et par *petites*, celles de veau, mouton, brebis, bélier, agneau, chèvre, chevreau, cerf, chevreuil, chamois, daim, gazelle, élan, renne, cochon, sanglier, vigogne, lama, et cabiai ou cochon d'eau douce. — Les peaux revêtues de leur laine ne peuvent entrer que par les bureaux ouverts à l'importation des laines. — Les peaux qui jouissent de modérations de droits lorsqu'elles proviennent des pays limitrophes doivent être accompagnées de certificats d'origine, et des quittances de droits de sortie payés aux douanes étrangères.

(4) La loi n'a pas établi pour les peaux de mouton *revêtues de laine* la même distinction que pour les toisons des mêmes animaux vivants ; ainsi la moitié ou les deux tiers du droit des laines doivent être appliqués à ces peaux selon qu'elles sont fraîches ou sèches, et sans égard au degré de croissance de la laine. Toutefois, il y a exception : 1° pour les peaux fraîchement tondues, connues dans le commerce sous le nom de *razons* : ce sont celles dont la tonte est tellement récente que la croissance de la laine n'y est point encore sensible ; 2° pour les peaux d'agneau *entières* dont le poids n'excède pas un kilogramme, lesquelles, aux termes de la circulaire n° 1189 et ainsi que cela est indiqué au *Tableau des droits*, sont admissibles, quelle que soit la longueur de la laine, au droit de 1 franc ou 1 franc 10 cent. par 100 kilogrammes ; 3° pour les peaux dites *d'Astracan*, qui font partie des *pelleteries*.

(5) Les peaux d'agneau, revêtues de leur laine, *du poids de plus d'un kilogramme*, sont les seules auxquelles soit applicable la tarification ci-contre.

(6) Les grandes peaux *brutes* et *sèches* d'origine européenne ne peuvent être importées par terre que par les bureaux ouverts aux marchandises payant plus de 20 fr. le quintal, et par les bureaux de Blancmisseron, Évrange, Frauenberg, Grosbliederstroff, Maubeuge, Givet, Longwy, Sierck, Forbach, Strasbourg, Saint-Louis, les Rousses, Bellegarde, Valenciennes, Sarreguemines, Wissembourg, Jeumont.

(7) Les peaux préparées au tan ont toujours une teinte gris-rougeâtre. Les peaux de porc se reconnaissent par l'empreinte des soies : ne sont considérées comme petites peaux que celles pesant moins d'un kil. — Les peaux préparées à l'alun sont d'un blanc plus ou moins pur ; celles hongroyées sont des cuirs d'une grande dimension, blanchâtres à l'intérieur ; celles mégissées sont celles destinées à la ganterie et les cuirs blancs.

(8) On assujettit au même droit le parchemin et le vélin neufs ou écrits, soit entiers ou coupés en bandes. Les rognures qui ne peuvent servir qu'à la fabrication de la colle doivent être traitées comme oreillons. Le parchemin brut a moins l'apparence d'une peau que d'une feuille, toutes les extrémités irrégulières ont été coupées ; il est sec, il a quelques pouces de plus que la peau passée qu'on y a employée ; il est plus mince, plus blanc, plus flexible, moins gras et moins transparent.

(9) Il s'agit exclusivement ici du *cuir propre*

Suite des Notes.

à la reliure, traité à l'écorce de saule ou de bouleau, à l'exclusion de celui dont on se sert pour faire des semelles.

(10) Les peaux d'anguilles sont assimilées aux peaux de chiens de mer, connues aussi dans le commerce sous la dénomination de peaux de chagrin et de *roussette*.

(11) Les peaux brutes fraiches ou sèches payent à la sortie, par 100 kil. : celles grandes de vaches (*), 10 fr. ;— de bœuf et autres, 2 fr. ; — celles petites de chevreaux, 20 fr. ; — toutes autres, 2 fr.

(12) On doit considérer et traiter comme pelleteries toutes les peaux ou fractions de peau susceptibles d'être employées en vêtements ou en meubles. — On entend par brutes les peaux telles qu'elles ont été arrachées de dessus l'animal ; par éjarrées, celles dont le revers a été écharné jusqu'à la plante du jarret par apprêtées et mégies, celles qui ont été purifiées et assouplies.

(*) Seront considérées comme peaux de vaches les peaux dont le poids ne dépassera pas 35 kil. à l'état frais et 15 kil. à l'état sec.

DÉNOMINATION DES MARCHANDISES.	UNITÉS sur lesquelles portent les DROITS.	DROITS D'ENTRÉE par navires français.	DROITS D'ENTRÉE par navires étrangers et par terre.	DROITS de SORTIE.
		F. C.	F. C.	F. C.
Peaux de renard blanc, jaune et gris argenté de Virginie	le 100	20	20	
teintes	id.	2 40	2 40	
autres	id.	10	10	
de chacal, de chinchilla et de fouine	la pièce.	10	10	
d'agneaux dits d'Astracan (1) et de carcajou	id.	20	20	
de loutre	id.	45	45	
d'hyène, de loup cervier et de bois	id.	40	40	
de chèvres d'Angora et de castor.	id.	35	35	
de butor, cygne, eyder, glouton, marte, pekan, raton, vautour et blaireau	id.	15	15	
de chat-tigre et cervier	id.	15	15	
sauvage et domestique (en nombre)	le 100	3	3	
de civette, genette et putois même tigré	id.	3	3	
de grèbe, marmotte, d'oie et vison	id.	6	6	
de belette, berveski, chien, écureuil, mulot ou hamster, palmistes des Indes, petit-gris, rats musqués et autres, et taupe	id.	2	2	
de chikakois, d'hermine, kolynsky ou kulonok et lasquette	id.	3 75	3 75	
dos et ventres de fouine, lièvres blancs, martre, petit-gris, renard, etc.	....	(A)		
gorges de canard, de fouine, marte, pingouin et renard (en nombre)	le 100	2	2	
queues de carcajou, de fouine, loup, marte, pekan et renard	id.	2	2	
d'écureuil, d'hermine, de kolynsky ou kulonok, de petit-gris, de putois même tigré et vison	id.	25	25	
morceaux cousus (2) en peaux d'agneaux dits d'Astracan, d'hermine, de kolynsky ou kulonok, de lasquette, de martre, putois même tigré, et en dos et ventres de petit-gris	la pièce.	5	5	
en peaux de fouine, dos et ventres de chat-tigre et cervier, d'écureuil, dos, ventres et gorges de berveski, renard et vigogne	id.	1 50	1 50	
en peaux d'agneau ordinaires, de castor, mulot ou hamster, rat musqué, taupe, dos et ventres de lapin et lièvres blancs, pattes ou autres fractions de peaux quelconques non dénommées au présent.	id.	1	1	
Peignes à pointes d'acier. *V.* Serans ou peignes.				
à pointes de fer. *V.* Serans ou peignes.				
Pelleteries ouvrées (3)	la valeur.	15 p. %.	15 p. %.	
Peintures (4). *V.* Objets de collection.				
Pendules. *V.* Horlogerie, ouvrages montés.				
Pennes ou corons (5). *V.* Corons ou pennes.				
Perches (6)	le 1000	25	25	prohibées.
Perles fines de toute pêche (7)	1 k. NB	exemptes.	exemptes.	
fausses. *V.* Mercerie fine.				
Pétrole. *V.* Bitumes fluides sans distinction de couleur.				
Phosphore. *V.* Produits chimiques non dénommés.				
Pianos. *V.* Instruments de musique.				
Piastres. *V.* Monnaies d'argent.				
Picholines. *V.* Fruits de table confits.				
Pièces d'intérieur de métier à tulle (chariots, guides, bobines, etc.). *V.* Machines et mécaniques. Pièces détachées.				
Pieds d'élan	le 100	Exempts.	exemptes.	1/4 p. %.
Pierres et terres servant aux arts et métiers.				

NOTES.

(1) Dans cette classe rentrent toutes les peaux d'agneau *frisées*, propres à être employées en fourrures, qu'elles proviennent d'Astracan même, de Crimée, Perse, Pologne, Russie et autres lieux. On doit observer toutefois que les petites peaux d'Italie ou des Alpes, quoique un peu frisées, ne servant pas comme parure, restent dans la classe des autres peaux communes.

(2) Dans le commerce, on appelle *sacs*, *nappes* ou *touloupes* de *pelleterie*, des peaux ou parties de peau cousues ensemble pour former un tout plus facile à voir et à transporter. Les sacs ont le plus souvent 1m20 à 1m30 de hauteur, 1m20 à 1m35 de largeur à leur base, et 75 à 80 centimètres à leur tête. — Les nappes ont les mêmes dimensions que les sacs, avec cette différence qu'il faut en faufiler deux ensemble pour former un sac ; ainsi on comptera deux nappes pour un sac lors de la perception. — Les touloupes ont la forme des grands wildschouras à manches, et il entre dans leur confection environ un sac et demi ou trois nappes ; mais il n'y a aucune distinction à en faire pour la perception, attendu qu'ils doivent payer comme les sacs entiers.

(3) Ce qui s'entend des vêtements ou parties de vêtement, comme pelisses, manchons, garnitures, rochets, palatines, boas, aumusses, bonnets, bottes, et en général toutes les fourrures taillées, doublées ou assemblées par des coutures, autrement que pour former les ballotins appelés sacs, nappes ou touloupes.

(4) Les verres ou glaces qui recouvrent les peintures doivent entrer dans l'estimation des cadres ou bordures passibles du droit de 15 p. %.

(5) Les corons, c'est-à-dire, les déchets ou bouts de fil de laine, de lin, de chanvre ou de coton, qu'entraîne le décordage ou le tissage, et qui ont de 108 à 270 millim. de longueur, suivent le régime de la matière brute dont ces déchets dérivent.

(6) Les perches peuvent être exportées par les points pour lesquels le gouvernement suspend la prohibition et en payant les droits ci-après :

Perches { à houblon........... 50 f. le 1000 en N.
dites *waires*....... 33 d°
dites *wairettes*... 16 d°

La sortie est aujourd'hui permise :
1° Par la rivière de Meuse ;
2° Par divers bureaux du département du Nord.

(7) Les perles en nacre faites au tour, et recouvertes d'une légère couche d'écailles d'ablette, sont assimilées aux perles fines. Les perles fabriquées avec de la cire, et auxquelles on donne l'apparence de perles fines en les recouvrant d'un enduit à la colle de poisson coloré avec des écailles d'ablette, sont rangées dans la classe de la *mercerie fine* sous la dénomination de *perles fausses*.

(A) La moitié du droit des peaux.

DÉNOMINATION DES MARCHANDISES.	UNITÉS sur lesquelles portent les DROITS.	DROITS D'ENTRÉE par navires français.	DROITS D'ENTRÉE par navires étrangers et par terre.	DROITS de SORTIE.
		F. C.	F. C.	F. C.
PIERRES, briques à écurer	100 k. BB	Exemptes	1 00	
à lithographier	id.	id.	1 00	
ferrugineuses, émeri en pierres brutes..	id.	50	2 00	
préparé en grains ou en poudre	id.	8	8 80	
à dénommer (1)	id.	Exemptes	1	
calcaires à cristallisation confuse, dites *écossines*, brutes ou simplement équarries autrement que par le sciage, de la mer à Blancmisseron *exclusivement* (2)	id.	....	10	
par tous autres points	(A)			
ouvrées en pièces préparées pour la bâtisse et non polies (3)	la valeur.	15 p. %.	15 p. %.	
carreaux de pavage taillés dans des feuilles ou lames schisteuses d'extract. naturelle (3)	id.	id.	id.	
sciées	100 k. BB	(B)		
sculptées, moulées, polies ou autrement ouvrées	id.	(B)		
PIERRES gemmes (4), diamants, bruts	1 hect. NB	exemptes.	exemptes.	
taillés	id.	1	1 10	
à dénommer (5), brutes	id.	exemptes.	exemptes.	
taillées	id.	50	50	
ouvrées, chiques	100 k. BB	10	11	
autres (*)	la valeur.	15 p. %.	15 p. %.	
calaminaires. *V.* Zinc.				
à chaux. *V.* Matériaux.				
(déchets de). *V.* Matériaux, moellons.				
PIERRES infernale (nitrate d'argent). *V.* Médicaments composés non dénommés.				
lithographiée (6). *V.* Pierres ouvrées autres.				
de touche. *V.* Pierres et terres servant aux arts et métiers.				
PIMENT des colonies françaises	100 k. NB	10	....	
de l'Inde	id.	45	115	
d'ailleurs	id.	90	115	
confit au vinaigre. *V.* Fruits de table confits, câpres.				
au sucre. *V.* Confitures.				
PIN (bois et écorce de). *V.* Bois à construire ou écorce de pin.				
poussière de pin ou soufre végétal (7). *V.* Lycopode.				
PINCEAUX de poils fins ou de cheveux. *V.* Mercerie fine.				
PINNES MARINES (byssus de) ou poil de nacre	1 k. BB	05	05	
PIPES à fumer de faïence. *V.* Poterie de terre, faïence.				
de porcelaine ou d'écume-de-mer. *V.* Mercerie fine.				
PISTACHES (fruits du pistachier). *V.* Fruits de table secs.				
PISTOLETS. *V.* Armes à feu.				
de poche (8).				
PLANCHES gravées pour l'impression sur toile ou sur papier. *V.* Cylindres, planches et coins gravés.				
non gravées en cuivre. *V.* Cuivre laminé.				
de bois (**). *V.* Bois sciés.				
PLANTES alcalines (fucus)	100 k. BB	10	10	
PLANTS d'arbres	id.	exempts.	exempts.	
PLAQUÉS (9) (ouvrages en métaux communs, vernis, plaqués, dorés ou argentés)	100k. B	prohibés.	prohibés.	

NOTES.

(1) On range notamment parmi les pierres et terres *non dénommées* : l'écume-de-mer, l'amiante, les briques à polir les couteaux, les pierres et terres savonneuses, et notamment celles dites *pierres-de-lard*, les pierres lithographiques *brutes*, c'est-à-dire, sans dessins, les pierres à filtrer, les pierres à moulages, les terres à foulon, la terre moulard, la terre *dite* de Patna *et* le sable coloré pour bureaux, les pierres à aiguiser brutes, et les autres pierres dénommées en la Circulaire 307.

(2) On considère comme brutes, quelle qu'en soit la forme, les écossines ayant 16 cent. ou plus d'épaisseur qui ont été seulement sciées sur deux faces.

(3) Ce sont celles seulement ouvrées en pièce : 1° pour la bâtisse, qui ne sont point sciées en tranches de moins de 16 c. ni polies ; 2° celles taillées en cubes ou en parallélipipèdes, ainsi les auges, goulots et autres objets analogues, creusés par la taille ; 3° les chambranles de porte, appuis de fenêtre et marches d'escalier, le tout simplement piqué, c'est-à-dire, travaillé à la pointe ou au ciseau ; les carreaux de pavage taillés de même à la pointe et au maillet dans des feuilles ou lames schisteuses d'extraction naturelle.

(4) On entend par *gemmes*, quant à l'application des droits de douane, toutes les pierres à reflet, dites *pierres précieuses*, que l'on monte en joyaux ou en bijoux, ou dont on fait des objets de curiosité.

Il ne s'agit ici que des pierres non montées, ou de celles qui ont une monture provisoire en métal commun. Celles montées en or ou en argent rentrent dans la bijouterie.

(5) Ce sont particulièrement les rubis, saphirs, émeraudes, hyacinthes, topazes, aventurines, spaths adamantins, zircons, péridots, tourmalines, jargons, aigues-marines, astéries, grenats, sauf la *prime-brute* de grenat, qui est un grenat sans couleur ou très-peu coloré : celle-ci, à raison de sa faible valeur, est assimilée aux agates.

On range également dans la classe des pierres gemmes *non dénommées* ;

1° La *lazulite* ou *lapis-lazuli*, pierre fine d'espèce particulière, d'un beau bleu clair, dure, rayant le verre et faisant feu avec l'acier. C'est avec la lazulite *pulvérisée* que l'on fabrique l'outremer naturel ;

2° La *marcassite* de choix pour bijoux (*pyrite* ou *sulfure de fer*), qui est en cristaux polis, jaunes, éclatants et offrant l'aspect de l'or ;

3° Les *chrysolithes* dont on connaît quatre espèces, savoir, la chrysolithe *d'Espagne* ou chrysolithe ordinaire, qui est une chaux phosphatée ou apatite, d'un jaune verdâtre ; la chrysolithe *du Brésil*, qui est une *cymophane* parfois chatoyante ou opaline ; la chrysolithe *de Saxe*, qui est une variété de topaze verdâtre ; et enfin celle *de Sibérie*, qui est une aigue-marine ou une émeraude jaunâtre. Quelques lapidaires donnent aussi le nom de *chrysolithes* à des espèces de péridots d'un vert faible et jaunâtre.

(6) On entend par pierres lithographiées, celles qui sont revêtues de dessins et prêtes à être mises sous presse.

On traite également comme pierres *ouvrées* les pierres *lithographiées*, c'est-à-dire, les pierres chargées de dessins, de gravures ou d'écriture. Il ne faut pas les confondre avec les pierres *lithographiques*, qui n'ont pas reçu la main-d'œuvre dont il vient d'être parlé : celles-

Suite des Notes.

ci sont rangées parmi les *pierres servant aux arts et métiers non dénommées*.

(7) On assimile au lycopode la poussière de pin, c'est-à-dire la poudre fécondante de la fleur du pin, laquelle sert aux mêmes usages que le lycopode.

(8) Les pistolets de poche sont prohibés pour la consommation ; mais ils sont admis au transit, et peuvent jouir de la faculté d'entrepôt.

(9) La prohibition prononcée par la loi du 10 brumaire an V atteint les plaqués *de toute sorte* ; elle s'applique aussi aux ouvrages en cuivre doublé d'or ou d'argent, comme à ceux en fer plaqué en argent ; elle s'étend, en un mot, à tous les ouvrages en métaux communs recouverts d'une lame ou feuille d'or ou d'argent. Il y a exception, toutefois, à l'égard des boutons en plaqué, qui, rangés par la loi du 6 mai 1841 dans la classe des boutons fins, sont à ce titre admissibles aux droits.

(A). Mêmes droits que les marbres non dénommés.

(B) Le droit des marbres selon leur état.

(*) Les importations par terre sont assimilées à celles effectuées par navires français.

(**) Une ordonnance royale du 11 novembre 1847 autorise, sous des conditions déterminées, l'importation temporaire, en franchise des droits, des planches de pin et de sapin destinées à la confection des caisses propres à l'emballage des œufs, fruits, légumes et autres produits naturels.

DÉNOMINATION DES MARCHANDISES.	UNITÉS sur lesquelles portent les DROITS.	DROITS D'ENTRÉE par navires français.	DROITS D'ENTRÉE par navires étrangers et par terre.	DROITS de SORTIE.
		F. C.	F. C.	F. C.
Plaques de cheminée. *V.* Ouvrages en fonte.				
d'enclume (1). *V.* Fer étiré en barres plates, de 213 à 458 millimètres.				
Platine, métal. *V.* Or.				
Platre brut ou préparé. *V.* Matériaux.				
moulé ou coulé. *V.* Pierres ouvrées.				
Plocs. *V.* Poils.				
Plomb (2), minerai de toute sorte, y compris les scories, par nav. fr. et par terre.	100 k. BB	Exempt.	....	25c.100k.
par navires étrangers.......	id.	....	1 00	id.
allié d'antimoine.(3)................	id.	26 00	28 00	
métal brut(4)........................	id.	5	7	
limaille, par navires français et par terre.	....	Exempt.	....	id.
par navires étrangers.........	id.	....	1	
en balles de calibre....................	100 k. BB	prohibé.	prohibé.	prohibé
battu ou laminé.......................	id.	24	26 40	
ouvré de toute sorte.................	id.	24	26 40	
(acétate et chromate de). *V.* Sels.				
(carbonate de). *V.* Carbonates.				
(oxyde de). *V.* Oxydes.				
Plumes de parure (5), de coq et de vautour, sans distinction de couleur..	100 k. NB	Exemptes	Exemptes	
autres, blanches...........	id.	Exemptes	Exemptes	
noires...............	id.	Exemptes	Exemptes	
de toute autre couleur.	id.	Exemptes	Exemptes	
à écrire, brutes..........................	100 k. BB	10	10	
apprêtées...........	100 k. NB	240	254 50	
à lit, duvet de cygne, d'oie, de canard..	id.	200	212 50	
d'eyder, édredon épuré.....	1 k. NB	5	5 50	
non épuré (6).	id.	1 25	1 30	
autres..................................	100 k. NB	60	65 50	
métalliques autres qu'en or et argent (7).	1 k. NB	4	4 40	
Poids en état de servir (8).				
Poil de Messine (9).........................	1 k. BB	exempt.	exempt.	
Poils de chameau, d'autruche et de phoque, de vache et autres, poils de lièvre et de lapin, bruts..........	100 k. BB	10	1	
peignés et en bottes de longueurs assorties..	id.	10	11	
de chèvre et de chevreau : Duvet de cachemire brut......	id.	10	1	
peigné....	id.	10	11	
de chevron brut.......	id.	10	1	
peigné....	id.	10	11	
autres bruts......	id.	10	1	
peignés....	id.	10	11	
de castor, de blaireau bruts....	100 k. BN	10	1	
et autres non dénommés, peignés et en bottes, de long. assorties.....	id.	10	11	
Poils de porc et de sanglier (déchets de). *V.* Poils de vache, etc.				
de nacre. *V.* Pinnes marines.				
d'alpaga, de paco, de guanaco, de glama, comme laine en suint.				
Pointes d'acier p. peignes (10). *V.* Outils de pur acier.				
Poiré. *V.* Boissons fermentées.				
Poires. *V* Fruits de table.				
écrasées. *V.* Pommes écrasées.				
à poudre, gaînerie. *V.* Mercerie commune.				
en cuivre bronzé *V.* Mercerie fine.				
Poissons d'eau douce de toute pêche, frais, compris le saumon, les éperlans, les aloses et les mulets(A).	100 k. B	Exempts.	Exempts.	
préparés..	id.	40	44	
Poissons de mer (11), de pêche française, frais, secs, salés ou fumés.	......	exempts.	exempts.	
de pêche étrangère (12), frais, de Givet à Mont-Genèvre *inclus.*	100 k. B.	....	11	

NOTES.

(1) Plaques grossières de 160 millim. de largeur sur 15 d'épaisseur et 320 de longueur, dont 120 pour le manche. Elles pèsent environ 5 kil., consistant en 1/4 d'acier forgé et 3/4 de fer, et sont destinées à être étendues sur les enclumes brutes.

(2) Le plomb brut venant des États-Unis peut être admis à jouir des bénéfices de la convention du 24 juin 1822, c'est-à-dire, au droit par navires français.

Les scories doivent être au préalable examinées par l'École des mines, pour apprécier leur richesse en plomb.

(3) Cet alliage est composé d'environ 80 à 85 parties de plomb et de 15 à 20 parties d'antimoine : on y mêle parfois quelques centièmes de cuivre. On doit traiter, pour l'application du tarif, comme plomb *allié d'antimoine*, tout plomb en métal brut qui contient plus de 10 pour 0/0 d'antimoine.

(4) On range ici, outre la matière, plus ou moins pure, provenant de la fusion du minerai et qui est importée en masses de différentes formes dites *saumons*, les mitrailles ou ouvrages *détruits*, les vieux plombs de toute espèce, purs ou faiblement oxydés, qu'on peut ramener par la fusion à l'état de métal. On peut admettre comme plomb *brut* tout plomb qui ne contient pas plus de 10 pour 0/0 d'antimoine, et l'on doit soumettre, au contraire, au droit du plomb *allié d'antimoine* le plomb en métal brut dans lequel l'antimoine excède cette dernière proportion.

(5) On range dans la classe des plumes de parure les plumes d'autruche, de héron, d'oiseaux de paradis, de marabout, de paon, de coq, de vautour, et généralement toutes celles qui ne peuvent être considérées comme plumes à écrire ou à lit. Les peaux d'autruche et d'oiseaux de paradis, *garnies de leurs plumes*, suivent le même régime.

(6) Il faut, pour qu'il soit admissible à ce droit, que le duvet soit importé tel qu'il a été extrait du nid de l'oiseau, c'est-à-dire, plus ou moins mélangé de bois, de paille et de parties terreuses.

(7) Quand des porte-plumes, prohibés à l'entrée, accompagnent comme accessoires des plumes métalliques, on les admet au droit de ces plumes. — Les cartons imprimés ou chargés de dessins sur lesquels les becs de plumes sont fixés, sont défalqués du poids des plumes et admis comme étiquettes.

(8) L'entrée des poids anciens est prohibée; celle des poids établis d'après le système métrique l'est également par le fait des lois et règlements qui assujettissent la fabrication des poids et mesures à une marque d'étalonnage; et, d'ailleurs, les poids et mesures, soit anciens, soit nouveaux, rentrent dans les ouvrages de fonte, de cuivre ou d'étain, prohibés à l'entrée.

(9) Le poil de Messine, connu sous le nom de *crin de Florence* ou *pitre*, ressemble à du crin, mais est moins flexible et présente un reflet brillant.

(10) Lorsque ces pointes ou broches sont importées en assortiment, et destinées alors pour la revente, elles doivent être considérées comme outils de pur acier. Si elles sont apportées pour les besoins particuliers des fabricants, l'administration peut en autoriser l'admission au droit de 15 p. 0/0 de la valeur.

(11) Les poissons de pêche française peuvent être admis par tous les bureaux. Toutefois, lorsqu'il y a lieu à l'allocation d'une prime, soit pour l'armement, soit pour les produits de pêche rapportés par un navire français, les retours doivent toujours s'effectuer dans un port où il existe un agent de la marine qui puisse concourir à la rédaction des certificats exigés en pareil cas. — Doivent être traités comme provenant de pêche étrangère et soumis au droit de 40 francs par 100 kilog., conformément à l'art. 9 de la loi du 6 mai 1841, *les harengs salés* apportés dans nos ports depuis le 15 janvier jusqu'au 1er août de chaque année, ainsi que *les harengs frais* que, dans le cours de cette même période, des pêcheurs rapporteraient après avoir été absents d'un port de France *pendant plus de trois jours*. — Les cétacés et autres poissons qui échouent sur nos côtes sont assimilés aux produits de la pêche française. Il en est de même de la graisse qu'on peut en tirer.

Suite des Notes.

(12) Aux termes de la loi du 17 décembre 1814, on doit appliquer le droit de 40 ou de 44 fr. par 100 kilog. *brut* à tous les poissons de mer de *pêche étrangère*, qu'ils soient frais, secs, salés ou fumés.

Les poissons pêchés sur les côtes des départements du Var, des Bouches-du-Rhône et de l'Hérault, par les pêcheurs catalans ou autres espagnols qui y sont domiciliés ou stationnaires, sont affranchis de tous droits d'entrée, en vertu de la loi du 12 décembre 1790; mais, aux termes de la même loi, il faut, pour qu'il y ait lieu de les faire jouir de cette immunité, d'une part, que les pêcheurs espagnols soient soumis à la même juridiction que les français; et, de l'autre, qu'ils soient inscrits au bureau des classes, qui leur délivre un rôle où la composition obligée de l'équipage se trouve déterminée. — Les pêcheurs sardes et napolitains que, par tolérance, l'on a depuis longtemps admis à participer, sous ce rapport, aux mêmes avantages que les espagnols, sont provisoirement maintenus dans la jouissance de l'immunité.— Les sardines *fraîches* ou *en vert* provenant d'Espagne, et qui sont importées par les bureaux de Béhobie et d'Andaye ou par le port de Saint-Jean-de-Luz, sont assimilées aux poissons d'eau douce.

(A) Peuvent être transportés par les paquebots affectés au transport des voyageurs, et par les paquebots-poste, sans que ceux-ci soient assujétis à un autre droit de tonnage que 1 tonn. par 500 kil. de poisson apporté. (Circul. 441.)

DÉNOMINATION DES MARCHANDISES.	UNITÉS sur lesquelles portent les DROITS.	DROITS D'ENTRÉE par navires français.	DROITS D'ENTRÉE par navires étrangers et par terre.	DROITS de SORTIE.
			F. C.	F. C.
Poissons de mer par tout autre point	100 k. B	40	44	
secs, salés ou fumés	id.	40	44	
marinés ou à l'huile (1), de toute pêche, des colonies françaises	100 k. N	10	....	
d'ailleurs	id.	100	107 50	
Poivre des colonies françaises	100 k. NB	10		
de l'Inde	id.	40	105	
d'ailleurs	id.	80	105	
Poix blanche ou jaune. *V.* Résines indigènes brutes d'exsudation.				
de Bourgogne. *V.* Résines indigènes brutes d'exsudation.				
Pommades. *V.* Parfumeries.				
Pommes de terre	100 k. BB	exemptes.	exemptes.	25 c. 100 k.
et poires écrasées (2)	id.	exemptes.	exemptes.	
Pompes en bois. *V.* Ouvrages en bois non dénomm.				
à vapeur. *V.* Machines et mécaniques.				
Pompholix (oxyde de zinc blanc). *V.* Oxydes.				
Porcelaine (3). *V.* Poterie.				
Porcs	par tête.	25	25	25
Portefeuilles de maroquin, et porte-monnaie en peau ou en cuir vernis, avec ou sans garnit. de métal. *V.* Mercerie fine.				
Potasse. *V.* Alcalis.				
Poterie de terre grossière (4)	100 k. BB	6	6 60	id.
faïence (5)	100 k. NB	49	53 90	id.
de grès commun (6), ustensiles d'arts et métiers	100 k. BB	10	11	
vaisselle de table ou de cuis.	id.	15	16 50	
fine ou de terre de pipe	100 k. B	prohibée.	prohibée.	
porcelaine (7) commune	100 k. NB	164	174 70	25 c. 100 k.
fine	id.	327	344 50	25
d'étain (théières, cafetières et autres). *V.* Ouvrages en étain.				
chinoise (8). *V.* Pot., porcel. comm..				
d'étain. *V.* Étain (ouvrages d').				
Poudre à tirer (9)	....	prohibée.	prohibée.	prohibée.
Poudres d'albâtre. *V.* Albâtre brut.				
médicinales (10).				
d'or. *V.* Or brut.				
à faire de l'encre. *V.* Encre à dessiner en tablettes.				
Poulains	par tête.	15	15	
Poulies en bois (11). *V.* Ouvrages en bois non dénom.				
Praiss (sauce de tabac)	100 k. BB	1	1 10	
Prêle. *V.* Joncs et roseaux d'Europe.				
Présure et levure de bière	id.	Exempte.	Exempte.	
Presses (12). *V.* Machines et mécaniques à dénomm.				
Produits chimiques non dénommés (13)	100 k. B	prohibés.	prohibés.	
Provisions de route et autres objets importés par des voyageurs, ne faisant que traverser la France (A).				

NOTES.

(1) Pour ceux des États-Sardes, *V.* l'Appendice après le Tableau des droits.

(2) On leur assimile les fruits de table indigènes *de toute autre espèce*, sauf les raisins écrasés par une manipulation quelconque pour être convertis en boisson ou dans tout autre but ; les baies d'épine-vinette tenues en macération dans de la bière aigre.

(3) Toute porcelaine importée de l'étranger doit, selon qu'elle est fine ou commune, les droits du tarif, qu'elle soit vieille ou neuve. La loi ne dénommant pas les vieilles porcelaines parmi les objets de collection, le droit de 1 p. 0/0 ne doit jamais être perçu ; mais lorsqu'il s'agit d'objets antiques dépareillés, de figurines et autres statuettes analogues, qui portent des traces évidentes de service, les importateurs peuvent solliciter auprès de l'administration l'autorisation de les admettre comme meubles au droit de 15 p. 0/0 de la valeur.

(4) Les poteries de toute sorte auxquelles on a adapté des garnitures, pieds, couvercles ou autres ornements en métal, suivent à l'entrée le régime des ouvrages fabriqués avec ce même métal, lorsque d'ailleurs, par leur nature, ces poteries ne sont ni soumises à la prohibition, ni passibles de droits plus élevés que ceux qui sont afférents auxdits ornements. Ainsi, par exemple, si l'on présentait à l'importation des vases en grès fin ou en porcelaine fine garnis de couvercles en étain, dit *métal anglais*, il est entendu que les premiers sont repoussés et que les autres doivent acquitter la taxe de la porcelaine fine, sans aucune déduction pour le poids des couvercles ou garnitures. On considère comme prohibées, et on refuse d'admettre des porcelaines montées sur bronze ou sur cuivre doré.

On applique le régime de la poterie grossière aux *alcarazas*, vases poreux et non vernissés, dont on se sert dans le Midi, et principalement en Espagne, pour rafraîchir l'eau.

On admet, par exception, au droit de 15 pour 0/0 de la valeur, comme *meubles*, les poteries de toute espèce portant des traces évidentes de service, lorsqu'il est reconnu qu'elles font partie du mobilier ou de la vaisselle de ménage des individus qui viennent s'établir dans le royaume.

(5) On soumet au droit de la faïence les carreaux *de terre commune* recouverts, d'un côté, d'un vernis blanc ou chargé de dessins, qu'on emploie soit pour carrelage ou à la construction de poêles ou fourneaux, soit pour revêtement de murs ou d'intérieurs de cheminée.

(6) La loi a divisé la poterie de grès commune en deux classes. La première comprend, les pots, jarres, cruches, cruchons, bouteilles, creusets et autres objets de même nature, qui servent d'ustensiles aux arts et métiers, ou de récipients pour le transport des liquides : c'est le grès de l'espèce la plus lourde ; il n'a reçu

Suite des Notes.

qu'un simple vernis, produit par le sel marin qu'on a projeté sur les pièces pendant leur cuisson. La seconde classe se compose de poteries assez légères, mais communes, qui sont façonnées pour la table et la cuisine, notamment d'une poterie de grès rouge très-grossière, couverte à l'intérieur seulement d'un vernis transparent, et qui s'importe d'Italie.

(7) La porcelaine *commune* est celle non dorée qui n'a que la couleur de la pâte, soit blanche, grise ou jaune, ou qui ne porte que des dessins d'une seule couleur, sans paysages ni figures.

La porcelaine *fine* est celle à fond uni de couleur bleue, dorée ou non ; celle dorée, quelle que soit la couleur de la pâte ; celle peinte ou imprimée, décorée, sculptée, etc.

La porcelaine de Chine ou du Japon est soumise aux droits du tarif, à moins d'une autorisation spéciale de l'administration.

La porcelaine garnie en cuivre doré est prohibée.

Toute porcelaine décorée seulement en camaïeu, et quelle que soit d'ailleurs la nature des sujets représentés par les dessins, doit être considérée comme porcelaine *commune*.

Les *vieilles* porcelaines, même celle de Chine du Japon ou de Saxe, ne sauraient être rangées parmi les objets de simple curiosité dont l'entrée est permise au droit de 1 pour 0/0 de la valeur. Tout ce qu'on peut faire, c'est de les admettre par exception au droit de 15 pour 0/0, comme *meubles*, quand il est reconnu qu'elles portent des traces évidentes d'usage.

(8) La poterie qui vient en droiture de Chine n'est pas de la terre de pipe ou grès d'Angleterre, la seule que la loi du 10 brumaire an V frappe de prohibition ; c'est une espèce particulière à laquelle on applique le droit de la porcelaine commune.

(9) Les armateurs français et étrangers peuvent obtenir de l'administration des poudres et salpêtres des permis d'exportation pour la poudre de guerre et de traite qu'elle leur fournit, tant pour la défense de leurs bâtiments que pour leurs échanges à l'extérieur. Ces poudres acquittent à leur sortie le droit de 25 c. par 100 k. brut ; toutefois, ce droit n'est pas exigible sur les poudres de guerre qui sont embarquées à bord des navires français comme munitions, ni sur celles qu'on exporte comme marchandises à destination des colonies ou des comptoirs français.

(10) Les poudres médicinales sont prohibées à l'entrée, mais elles peuvent sortir en payant comme les substances dont elles proviennent.

(11) Les poulies en métal suivraient le régime des métaux ouvrés avec lesquels elles auraient été formées. Il en serait de même pour celles en faïence ou en porcelaine commune.

(12) Ce sont principalement les presses à emballer, d'imprimerie, de lingère, lithographiques, de pharmacie, de relieur et à tabac.

(13) On considère comme produits chimiques non dénommés tous ceux qui ne figurent pas au tarif ; à l'exception de ceux de ces produits qui appartiennent à la classe des couleurs, et de quelques articles dont l'assimilation à des produits chimiques tarifés avait été prononcée antérieurement à la prohibition prononcée par la loi du 17 mai 1826.

(A) Les provisions de route, les effets neufs, les petites parties de cristaux et de tabac, les tissus de fantaisie, les menus objets soit de tabletterie, soit de mercerie, accompagnant les voyageurs, sont admis à la consignation des droits, pour ceux tarifés, ou de celui 30 % lorsque la valeur de l'importation [illegible] objets prohibés n'excédera pas 200 f. par im[illegible]teur.

DENOMINATION DES MARCHANDISES.	UNITÉS sur lesquelles portent les DROITS.	DROITS D'ENTRÉE par navires français.	DROITS D'ENTRÉE par navires étrangers et par terre.	DROITS de SORTIE.
		F. C.	F. C.	F. C.
Prussiate de fer. *V.* Bleu de Prusse (1).				
de potasse cristallisé	100 k. NB	210	223	
Psaltérions. *V.* Instruments de musique.				
Quercitron des pays hors d'Europe (2)	100 k. BB	2	6	
des entrepôts	id.	4	6	
Queues de billard. *V.* Tabletterie non dénommée.				
de rats musqués. *V.* Musc.				
Quincaillerie (3).				
Quinquina. *V.* Ecorces médicinales.				
Rabot (fers de). *V.* Outils de fer rechargés d'acier.				
(bois de) (4). *V.* Ouvrages en bois non dén.				
Racines à vergette	id.	exemptes.	exemptes.	
de chicorée, vertes	id.	50	50	
sèches, non torréfiées	id.	2 50	2 70	
médicinales, ipécacuanha des pays hors d'Europe	1 k. NB	1	3	
des entrepôts	id.	2	3	
rhubarbe (5) de l'Inde	100 k. NB	35	65	
des autres pays hors d'Europe	id.	45	65	
des entrepôts	id.	55	65	
salsepareille (6), du Sénégal et de la Guyane française	id.	5	....	
d'ailleurs, hors d'Eur.	id.	10	20	
des entrepôts	id.	15	20	
jalap (racine de), des pays hors d'Europe	100 k. NB	80	100	
d'ailleurs	id.	90	100	
iris de Florence	100 k. BB	5	5 50	
travaillé en pois ou boules	100 k. NB	200	212 50	
réglisse	100 k. BB	exemptes	2	
à dénommer (7), des pays hors d'Europe	id.	exemptes.	20	
des entrepôts	id.	10	20	
Racines de bois commun. *V.* Bois à brûler en bûches.				
de buis. *V.* Bois d'ébénisterie, buis.				
de garou. *V.* Garou.				
Rack. *V.* Boissons distillées, eau-de-vie de riz.				
Rails. *V.* Fer étiré en barres à rainures.				
Raisins. *V.* Fruits de table frais ou secs à dénom.				
écrasés en cuve (8). *V.* Boissons fermentées, vins ordinaires et de liqueur.				
Rames de bateau. *V.* Ouvrages en bois.				
Rapatelle, toile à tamis. *V.* Tissus de crin.				
Rapures de corne de cerf et d'ivoire (9)	100 k. BB	exemptes.	exemptes.	
Rassades. *V.* Verres et cristaux, vitrifications en grains percés.				
Ratafias de toute sorte. *V.* Boissons distillées, liqueurs.				
Réglisse. *V.* Racines médicinales.				
en poudre. *V.* Médicaments composés non dénommés (jus de). *V.* Jus.				
Regrets d'orfèvrerie. *V.* Cendres et regrets.				
Résidus (10) de noir animal, par navires français et par terre	100 k. BB	Exempts.	....	2 25
par navires étrangers.	id.	....	50	id.
Résidus d'acide sulfurique non lessivé (11). *V.* Sels, sulfate de potasse.				
de cire. *V.* Cire non ouvrée.				
Résines indigènes (12), brutes, d'exsudat., molles, poix ou galipot, de combustion.	id.	5	5 50	

NOTES.

(1) Le *bleu minéral* suit le même régime que le bleu de Prusse. Ces deux produits sont composés des mêmes éléments, avec cette différence seulement que le premier contient beaucoup plus d'alumine et d'amidon que le second, ce qui lui donne une nuance plus claire approchant du bleu de ciel. Il en est de même du bleu dit *de Berlin*, qui n'est aussi qu'une variété du bleu de Prusse. Le bleu de Berlin s'importe en petits pains formant des parallélipipèdes réguliers, compactes, durs et d'un bleu fortement nuancé de reflets violets ou rougeâtres.

Sont également assimilées au bleu de Prusse, les tablettes de bleu impur servant aux blanchisseurs de linge, ainsi que les diverses préparations tinctoriales dans la composition desquelles le bleu de Prusse entre pour une fraction quelconque.

On ne doit pas confondre avec le bleu de Prusse le *bleu de montagne*, qui est du carbonate de cuivre porphyrisé et formé en petites masses pour la peinture, lequel, en raison de cette destination, est rangé parmi les *couleurs non dénommées*.

(2) Ecorce de chêne d'Amérique. On lui assimile les écorces de clavalier, de colpachi et de manglier rouge, ainsi que la racine de mango.

(3) Cette dénomination indéterminée, et qui fait double emploi avec celle de *fer, d'acier et cuivre ouvrés*, ou avec les ouvrages en *métaux vernis plaqués*, et quelques articles de *mercerie*, les *instruments aratoires, limes, râpes*, etc., n'est admise ni dans les déclarations, ni dans les expéditions.

(4) Si les bois de rabot étaient garnis de fer, d'acier ou de cuivre, alors ils seraient traités comme outils de fer, d'acier ou de cuivre, selon l'espèce.

(5) Médiocrement compacte, jaunâtre à l'extérieur, rougeâtre et marbrée de blanc à l'intérieur. Le rhapontic et le néchoacan, racines d'un liseron venant du Mexique, très blanches à l'intérieur et d'une saveur peu marquée, sont assimilés à la rhubarbe.

(6) C'est une souche ligneuse, munie de radicules longues, cannelées, blanches intérieurement et d'une saveur amère. Les salsepareilles les plus ordinairement importées sont celles de Honduras, du Brésil, du Pérou et de la Virginie.

(7) On range dans cette classe les racines désignées ci-après, savoir, celles

D'ache, d'acore odorant, d'actée en épi, d'angélique, d'anthore, d'argentine, d'aristoloche, d'armoise, d'arnica, d'arum, d'aspérule odorante, d'astragale, d'athamante, d'aunée, de bardane, de belladone, de bétoine, de bistorte, de bryone, de cabaret *ou* asarum, de caïnca, de calaguala, de canne (*arundo donax*), de câprier, de carline, de chardon-roland, de chélidoine, de chiendent, de chirayita, de colombo, de consoude, de contra-yerva, de costus arabique, dit aussi costus *indien* ou *syriaque*, de dent-de-lion *ou* pissenlit, de dompte-venin, d'ellébore noir *ou* blanc, d'ésule, de fabago, de fenouil, de fraisier, de fraxinel, de galanga grand et petit, de genseng, de gentiane, de glaïeul, de guimauve, d'hermodacte, d'impératoire, d'iris commun, de jusquiame, de livèche, de mandragore, de méum, de nard celtique, de nard indien, de nénufar, de pa-

Suite des Notes.

reirabrava, de patience, de pivoine, de polypode de chêne, de pyrèthre, de quinquina, de ratanhia, de saponaire officinale, de saxifrage, de scabieuse, de sénéka *ou* polygala de Virginie, de serpentaire de Virginie, de soldanelle *ou* chou-marin, de souchet, *autres* que celles du souchet comestible (*cyperus esculentus*), de squine, de strychnos, de tanaisie, de thapsie, de tormentille, de turbith végétal, de valériane, de victoriale *et* de zédoaire. La racine dite *saponaire d'Egypte* suit le régime du garou.

(8) La vendange, c'est-à-dire le raisin simplement écrasé dans les cuves, ne paye que la moitié; et le moût, c.-à-d. le jus du raisin sortant du pressoir, que les deux tiers du prix du vin ordinaire ou de liqueur, selon l'espèce.

(9) Petits morceaux, éclats et déchets d'ivoire; pourvu qu'il n'y ait pas parmi ces débris des morceaux encore propres à être employés par les tourneurs et les tabletiers : ceux-ci devraient être soumis au droit des dents d'éléphant en morceaux du poids de 1 k. et au-dessous.

(10) C'est le résidu du noir ou charbon d'os employé dans les raffineries de sucre pour décolorer les sirops.

Les résidus des matières diverses sont traités comme les matières mêmes, lorsqu'on peut en reconnaître la nature, et, dans le cas contraire, repoussés par la prohibition.

(11) Espèce de cendre de soufre non entièrement soluble dans l'eau bouillante, où elle dépose des matières hétérogènes. On lui applique le droit du sulfate de potasse, proportionnellement à ce qu'elle en contient, et qu'on fait déterminer par un chimiste du lieu, mais sous soumission de payer le supplément de droit que pourrait exiger l'examen fait sur des échantillons qu'on adresse à l'administration.

(12) Ce sont les résines des pins, des sapins et du mélèze. La poussière de pin, que l'on nomme aussi *soufre végétal*, et qui, en fait, n'est pas une résine, suit le même régime que le *lycopode*. On appelle *térébenthine* un produit résineux qui provient de plusieurs arbres du genre des pins, sapins, etc. La térébenthine *liquide*, à laquelle on donne le nom de *térébenthine du soleil*, a été épurée par le tamisage; elle est d'un jaune tirant quelquefois sur le blanc. La térébenthine *compacte* est le produit qu'on obtient en faisant fondre la résine molle après en avoir retiré la térébenthine *de soleil* : elle est grise et a l'aspect d'une pâte. On range dans la première de ces classes, c'est-à dire, parmi les térébenthines liquides, les térébenthines dites *de Suisse, de Venise et de Chio.*

DÉNOMINATION DES MARCHANDISES.	UNITÉS sur lesquelles portent les DROITS.	DROITS D'ENTRÉE par navires français.	DROITS D'ENTRÉE par navires étrangers et par terre.	DROITS de SORTIE.
		F. C.	F. C.	F. C.
RÉSINES indigènes; brai gras et goudron.....	100 k. BB	3 50	5 50	
épurées, térébenthine liquide.	id.	31	34 10	
compacte..	id.	8	8 80	
distillées, essence de térébenthine..	id.	25	27 50	
résidu de distillation, brai sec. colophane, résine d'huile...	id.	5	5 50	
RÉSINE de laque. V. Laque. à parfumer les appartements (1).				
RÉSINEUX exotiques. de toutes sortes (2). des pays hors d'Europe.	100 k. NB	exempt.	13	
des entrepôts.	id.	8	13	
RESSORTS de voiture. V. Fer, acier ouvré.				
RHUBARBE. V. Racines médicinales.				
RHUM. V. Boissons distillées, eau-de-vie de mélasse.				
RIZ (A), en grains, des ports de 1er embarquement de l'Inde et de la côte occidentale d'Afrique.....	100 k.	50	9	
d'ailleurs, hors d'Europe....	id.	2 50	9	
d'Europe................	id.	4	9	
des entrepôts..............	id.	6	9	
en paille, des ports de 1er embarquem. de l'Inde et de la côte occidentale d'Afrique.........	id.	25	4 50	
d'ailleurs, hors d'Europe....	id.	1 25	4 50	
d'Europe..............	id.	2	4 50	
des entrepôts.............	id.	3	4 50	
ROCOU des colonies françaises d'Amérique.....	100 k. BB	7 50	....	
d'ailleurs, hors d'Europe..............	id.	15	25	
des entrepôts.	id.	20	25	
ROGUES de morue et de maquereau de pêche française..	....	exemptes.	....	
de pêche étrangère.......	100 k. B	50	50	
RUBANNERIE et rubans. V. Tissus selon l'espèce.				
RUCHES à miel renfermant des essaims vivants....	par ruche	exemptes.	exemptes	
pleines renfermant du miel sans mouches. V. Miel.				
SABLE à fabriquer le verre ou la faïence. V. Pierres et terres servant aux arts et métiers.				
SABOTS de bétail (B)........................	100 k. BB	10	1	20
de bois garnis de fourrure. V. Merc. commune.				
SACS vides et neufs en toile. Comme le tissu dont ils sont formés.				
SAFRAN (stigmate de la fleur du crocus)..........	1 k. NB	5	5 50	
SAFRANUM. V. Carthame.				
SAFRE. V. Oxydes de cobalt purs ou siliceux (safre).				
SAGOU et salep des colonies françaises d'Amérique.	100 k. B	0 50	....	
de l'Inde (3)....................	100 k. BB	50	20	
d'ailleurs, hors d'Europe..........	id.	10	20	
des entrepôts...................	id.	15	20	
SALPÊTRE, nitrate de potasse. V. Sels, nitrate.				
SALSEPAREILLE. V. Racines médicinales.				
SANDARAQUE. V. Résineux exotiques à dénommer..				
SANG-DRAGON. V. Résineux exotiques à dénommer				
SANG de bétail (4) et fiel de bœuf clarifié.	100 k. BB	exempt.	exempt.	2 25
SANGLES en pièces de toute sorte. V. Passementerie suivant l'espèce.				
SANGSUES	1000 en n.	exemptes.	exemptes.	
SAPHIRS. V. Pierres gemmes à dénommer.				
SAPIN (bois de). V. Bois à construire.				
SARCOCOLLE, kino et autres sucs végétaux desséchés non dénommés (Voir résineux exotiques.)				
SARDINES ou sarraches. V. Poissons de mer.				
SARRETTE................................	100 k. BB	Exempte.	Exempte.	
SASSAFRAS (racines et bois de). V. Bois odorants.				
SAUMONS (5). V. Poisson d'eau douce ou de mer.				
SAVONNETTES en savons ordinaires. V. Savons ordin. parfumés. V. Parfumeries.				
SAVONS ordinaires, blancs, rouges, marbrés ou noirs.	100 k. B	prohibés.	prohibés.	
SCIES (6) circulaires de plus de 0m. 20 de diamètre.	id.	175	186 20	
de 0m. 20 de diamètre et au-dessous...................	id.	200	212 50	
autres ayant 146 centimètres de longueur ou plus, mais d'épaisseur d'usage....	100 k. NB	110	118	
ayant moins de 146 c. de longueur et jusqu'à 50 cent. exclusivement........	id.	175	186 20	
de 50 cent. et au-dessous....	id	200	212 50	
SELLERIE grossière, bâts non garnis de cuir......	la pièce.	50	50	
en cuir et autres....................	100 k. B	prohibée.	prohibée.	

NOTES.

(1) Cette résine, contenue dans des cornets à bouleau, provenant des forêts de Russie, et ayant subi une préparation, on serait fondé à lui appliquer la taxe des résineux exotiques venant des entrepôts. Mais, par exception, il en a été admis au droit des résines indigènes brutes de combustion (5. 50 le quintal).

(2) La classe des résineux exotiques ne comprend pas les résines chargées d'acide benzoïque; celles-ci sont des baumes.

(3) Le sagou exotique est en grains irréguliers, blanchâtres, demi-transparents, difficiles à broyer sous la dent, sans odeur et d'une saveur fade. Le sagou factice que l'on fabrique en Europe avec de la fécule de pomme de terre est assimilé aux pâtes d'Italie. — Le salep est une racine ronde ou oblongue, qui, bouillie, a la transparence et l'aspect d'une gomme.

(4) Tout sang liquide, sec ou cuit, à l'exception du sang de bouc, compris parmi les substances propres à la médecine.

(5) Le saumon conservé par la méthode Appert, ou par tout autre procédé analogue, suit le régime des poissons secs, salés, fumés ou marinés, selon l'espèce.

(6) Les scies peuvent entrer par mer en colis de tous poids, mais sans mélange d'espèces payant des droits différents. Les scies qui ont moins d'une ligne d'épaisseur sont soumises au plus fort droit. — La longueur des lames de scie doit être prise d'une extrémité à l'autre, sans égard aux tenons qui servent à les monter. Toutefois, ces tenons ne doivent pas être d'une longueur disproportionnée. — Les *scies non dentelées* payent comme les scies dentelées, suivant les dimensions.

(A) Les riz de toute origine peuvent être distillés. (Décret du 11 février 1857.)

(B) Les importations par terre comme par navires français.

DÉNOMINATION DES MARCHANDISES.	UNITÉS sur lesquelles portent les DROITS.	DROITS D'ENTRÉE par navires français.	DROITS D'ENTRÉE par navires étrangers et par terre.	DROITS de SORTIE.
		F. C.	F. C.	F. C.
Sels (1) marin, sel de saline et sel gemme, bruts ou raffinés autres que blancs :				
par terre, par la frontière de Belgique.	100 k. BB	....	2	
par les autres frontières...	id.	....	50	
par mer, des colonies et des autres établissements français..	100 k. B	Exempts.	....	
d'ailleurs, par la Manche et l'Océan...............	100 k. BB	1 75	2 25	
par la Méditerranée.......	id.	50	1	
raffinés blancs :				
par terre, par la frontière de Belgique.	id.	....	2 75	
par les autres frontières....	id.	....	50	
par mer, des colonies et des autres établissements français..	100 k. B	Exempts.	....	
d'ailleurs, par la Manche et l'Océan...............	100 k. BB	2 75	3 25	
par la Méditerranée.......	id.	50	1	
ammoniacaux bruts en poudre, *de quelque nature que ce soit*............	1 k. NB	50	50	
raffinés en pains............	id.	1	1 10	
nitrate de potasse et de soude, de l'Inde..	100 k. BB	1	11	
d'ailleurs, hors d'Europe.........	id.	6	11	
des entrepôts..................	id.	8	11	
hydrochlorate ou muriate de potasse........	id.	15	16 50	
sulfates de potasse (*sel de duobus*) (2)......	id.	10	11	
de soude (*sel de Glauber*), des colonies françaises.	100 k. NB	3	....	
des pays hors d'Europe.	id.	6	12	
des entrepôts..	id.	10	12	
de magnésie (*sel d'Epsom*)..........	id.	70	76	
d'alumine (*alun*) brûlé *ou* calciné..	id.	89 40	97 20	
de toute autre espèce.........	100 k. BB	25	28	
de baryte (*spath pesant*), en masse ou en poudre (*)..................	id.	Exempts.	1	25c. 100k.
de fer (*couperose verte*)...........	id.	6	6 60	Exemptes
de cuivre (*couperose bleue*)..........	id.	31	34 10	
de zinc (*couperose blanche*).........	id.	31	34 10	
double de fer et de cuivre, dit vitriol d'admonde et de Salzbourg......	id.	18 50	20 30	
alun brûlé ou calciné..............	100 k. NB	89 40	97 20	
de toute autre espèce..............	100 k. BB	25	28	
oxalate acide de potasse (*sel d'oseille*)........	100 k. NB	70	76	
tartrates, acide de potasse très-impur (*lie de vin*).	100 k. BB	Exempte.	Exempte.	
impur (*tartre brut*) (3).				
des colonies françaises...........	100 k. NB	3	12	
d'ailleurs hors d'Eur.	id.	6	12	
des entrepôts......	id.	10	12	
(*cristaux de tartre*) (4).	100 k. BB	25	27 50	
pur (*crème de tartre*) (5)	id.	30	33	
de potasse (*sel végétal*)........	100 k. NB	70	76	
de soude et de potasse (*sel de seignette*)...................	id.	70	76	
acétate de potasse (*terre foliée*) et de soude..	100 k. NB	70	76	
de fer concentré à un degré quelconq. (6).	100 k. BB	40	44	
liquide....................	id.	Exempt.	Exempt.	
de plomb (*sel de saturne*)............	id.	70	76	
de cuivre non cristallisé (*vert-de-gris*) humide	100 k. BB	13	14 30	
sec...	id.	31	34 10	
cristallisé (*verdet cristallisé*)	100 k. NB	41	45 10	
d'alumine......................	100 k. B	prohibé.	prohibé.	
arséniate de potasse..................	100 k. NB	70	76	
carbonate de magnésie.................	id.	200	212 50	
de potasse des colonies françaises...	100 k. BB	3	....	
d'ailleurs hors d'Europe.	id.	6	12	
des entrepôts..........	id.	10	12	
de baryte natif (7)..............	100 k. BB	Exempt.	2	
de plomb, céruse (8)............	id.	20	22	
blanc de plomb (9).....	id.	30	33	
blanc d'argent (10).....	id.	35	38 50	
borax brut natif (11) de l'Inde............	100 k. NB	Exempt.	6	
d'ailleurs..................	id.	3	6	
artificiel de l'Inde....................	id.	50	125	
d'ailleurs........	id.	100	125	
mi-raffiné de l'Inde................	id.	65	162 50	
d'ailleurs................	id.	130	162 50	
raffiné...........................	id.	180	191 50	
chromates de plomb (12)................	id.	75	81 20	
de potasse (**)................	id.	150	160	
sels de cobalt de toute sorte..............	100 k. BB	Exempts	Exempts.	
sel médicinal de Kreutnach...............	id.	10	11	
non dénomm. *V*. Produits chimiq. non dénomm.				

NOTES.

(1) Tous les sels s'expédient sous plomb, à l'exception des suivants : tartrates, acide de potasse très-impur; carbonate de baryte natif, sulfates de fer et de baryte.

Les sels destinés à la pêche lorsque ses produits sont livrés à la consommation intérieure, doivent, sauf pour la pêche d'Irlande et au Dogger Bank, 50 c. par 100 kil.

(2) Les résidus de la fabrication de l'acide nitrique et de l'acide sulfurique suivent le régime du sulfate de potasse. Mais lorsque le résidu d'acide sulfurique n'a pas été lessivé, le droit n'est perçu que sur la quantité de sulfate qu'il est reconnu contenir : provoquer toujours dans ce cas l'expertise légale. — Lessivé, le résidu d'acide sulfurique, sel blanc très-poreux, soluble dans l'eau bouillante, représente du sulfate de potasse pur. — Non lessivé, il a l'apparence d'une cendre de soufre.

(3) Le tartre brut destiné à être réexporté, après avoir été converti en crème de tartre ou en acide tartrique, est admis, sous des conditions déterminées, en franchise des droits (ordonnances royales des 28 novembre 1846 et 2 février 1848).

(4) Produit d'un blanc jaunâtre, ou d'un rouge vineux.

(5) Sel en cristaux très-blancs et demi-transparents.

(6) On ne doit considérer comme concentrés que les produits présentés sous forme sirupeuse ou pâteuse.

(7) Le carbonate de baryte natif est translucide à l'égal de la corne. On le distingue à son poids, à sa texture fibreuse, à sa couleur verdâtre. — La prohibition frappe les sulfates et carbonates de baryte artificiels, c'est-à-dire, ceux qui proviennent exclusivement de combinaisons chimiques.

(8) Ne pas laisser entrer sous le nom de céruse du sulfate de plomb qui est prohibé. D'un autre côté, ne pas laisser déclarer comme sulfate de baryte ou de craie de la céruse dont le droit est beaucoup plus élevé. (Consulter au besoin la Circulaire 833.)

(9) Quand il n'a reçu aucune préparation ultérieure, le blanc de plomb est en écailles lamellées de 2 à 5 millim. d'épaisseur, d'une surface raboteuse et grisâtre, d'une cassure lisse, d'un blanc azuré.

(10) On l'importe en petits pains rectangulaires du poids de 250 gr. environ et enveloppés de papier. La pâte de ce blanc est fixe et serrée, d'un blanc très-pur; sa cassure est bien nette.

(11) Le borax brut, destiné au raffinage, peut être importé au droit de 50 cent. ou de 2 fr. par 100 kil. brut, selon que le navire est français ou étranger, à charge de réexporter, dans l'année, le même poids de borax naturel raffiné.

(12) Est en poudre d'un jaune très-riche et très-brillant à l'état neutre; orangé à l'état de sous-chromate. On a cherché à introduire du chromatre de plomb en le déclarant comme stil de grain, jaune de Cassel ou de Roi. (Voir, pour déjouer cette fraude, les Circulaires 1125 et 1142.)

(*) Les importations par terre sont assimilées à celles par navires français.

(**) Consulter les Circulaires 1125 et 1142 au sujet du chromatre de potasse.

DÉNOMINATION DES MARCHANDISES.	UNITÉS sur lesquelles portent les DROITS.	DROITS D'ENTRÉE par navires français.	DROITS D'ENTRÉE par navires étrangers et par terre.	DROITS de SORTIE.
		F. C	F. C.	F. C.
Semoule en pâte (1)	100 k. BB	20	22	
en gruau	100 kilog.	(A)	(A)	
Séné. V. Feuilles médicinales.				
(follicules de). V. Fruits médicinaux.				
Sénevé. V. Épices préparées ou fruits médicinaux, selon l'espèce.				
Sépia. V. Couleurs non dénommées.				
Sérans ou peignes à pointes de fer ou de cuivre	100 k. NB	80	86 50	
à pointes d'acier	id.	200	212 50	
Serinettes. V. Instruments de musique.				
Serpents. V. Instruments de musique.				
Siamoise (2). V. Tissus de pur fil et de coton.				
Similor. V. Cuivre doré.				
Sirops des colon. franç. au delà du cap de B.-Espér.	100 k. NB	37 (B)	....	25c.100k.
d'Amérique (3)	id.	40 (B)	....	id.
de Chine, Cochinchine, Philippines, Siam	id.	48	68	id.
des autres contrées de l'Inde	id.	50	68	id.
d'ailleurs, hors d'Europe	id.	58	68	id.
des entrepôts	id.	63	68	id.
Sistres. V. Instruments de musique.				
Smalt. V. Cobalt vitrifié.				
Snack (cornes de). V. Cornes de cerf.				
Socs de charrue (4) finis. V. Instruments aratoires.				
Soies en cocons (5)	100 k. BB	exemptes.	exemptes.	30 c. le k.
écrues grèges, y compris les doupions	1 k. NN	05	05	
moulinées, y compris les doupions	id.	10	10	
teintes pour tapisserie, en pelotons d'un demi-kilogr. ou moins, *ou* en écheveaux *ou* bobines dont le poids n'excède pas 3 décagrammes	1 k. NN	3 06	3 30	1
toutes autres	1 k. NN	3 06	3 30	6 (B)
bourre en masse écrue	100 k. BN	exempte.	1	30 c. le k.
teinte	1 k. NN	0 10	0 10	id.
cardée frisons peignés, et toute autre que ouate	1 k. BB	0 10	0 10	id.
en feuilles et gommée, ouate	100 k. N	62	67 60	id.
filée. — *Fleuret* écrue ou azurée	1 k. NN	1	1 10	05
teint	id.	3	3 30	05
de porc ou de sanglier. V. Poils.				
Son de toute sorte de grains	100 k. BB	05	50	
Sorbet	100 k. NB	74	80 20	
Soude de toute sorte. V. Alcalis.				
(acétate, nitrate, sulfate, tartrate de). V. Sels.				
Soufre non épuré (*minerai compris*), des colonies françaises	100 k. BB	01	....	
des autres lieux de production	id.	10	1	
d'ailleurs	id.	60	1	
épuré, en *canons* ou *autrement* (6)	id.	1	1 50	
sublimé (*fleur de soufre*)	id.	2	2 50	
Souliers (7). Prohibés.				
Sparte et sparterie. V. Joncs et roseaux, chapeaux, cordages, nattes et tresses, vannerie suivant l'espèce.				
Spath. V. Pierres et terres servant aux arts.				
Spermacéti. V. Blanc de baleine.				
Statues en bois (8). V. Ouvrages en bois non dénommés.				
en bronze. V. Ouvrages en cuivre non dénommés.				
en marbre. V. Marbre sculpté.				
antiques. V. Objets de collection.				
Stil de grain (*pâte jaune d'argile et de nerprun*)	100 k. BB	25	27 50	
Storax. V. Baumes.				
Styrax, storax liquide. V. Baumes.				
Succin brut ou en grains simplement percés et enfilés en chapelets	id.	exempt.	exempt.	
taillé. V. Mercerie fine.				
Sucre non raffiné (9), de nuance égale au plus au 1er type actuel: Des colon. françaises au delà du cap de Bonne-Espérance	100 k. NB	39	....	
d'Amérique	id.	42	....	
de la Chine, de la Cochinchine, des Philippines et de Siam	id.	45	65	
des autres contrées de l'Inde	id.	47	65	
d'ailleurs, hors d'Europe	id.	50	65	
des entrepôts	id.	60	65	

NOTES.

(1) La semoule en pâte est granulée. Celle en gruau est une simple farine qui sert à fabriquer la semoule en pâte.

(2) La siamoise est une étoffe rayée ou à carreaux de plus. coul.; s'il s'en présentait en pur fil, elle devrait comme la toile de lin imprimée.

(3) On ne doit pas admettre comme sirops ceux qui, exclusivement employés en médecine, rentrent dans la classe des médicaments composés. Ceux mélangés d'alcool sont traités comme liqueurs.

(4) Les socs de charrue ébauchés au martinet doivent être traités comme fer rond, d'après la dimension des parties les plus amincies, attendu qu'ils n'ont pas plus de valeur que ce fer, et qu'avant de pouvoir être employés, le maréchal doit y ajouter l'acier nécessaire et leur donner la dernière main-d'œuvre.

(5) On appelle soie écrue les soies grèges ou moulinées qui n'ont subi aucune préparation de teinture. Les soies *écrues* sont, de leur nature, jaunes ou blanches, suivant les cocons dont elles ont été tirées; elles sont dures au toucher; mais ce caractère disparaît lorsqu'elles ont été décrusées, opération qui consiste à enlever à la soie la gomme dont elle est imprégnée, et qui représente environ 25 p. 0/0 de son poids. La soie *décrusée* est, dans le silence de la loi, assimilée aux soies écrues, quand elle n'a reçu aucune teinture; dans le cas contraire, on doit la soumettre au droit des soies teintes.

La soie grège est la soie telle que le ver l'a produite; on l'a mise seulement dans l'eau bouillante, afin de pouvoir la tirer plus facilement de dessus les cocons et la dévider. Un fil de soie grège réunit, suivant le degré de finesse qu'on veut obtenir, depuis 3 jusqu'à 20 brins, c'est-à-dire qu'il faut, pour les former, ce même nombre de cocons. Les brins, tant par le dévidage que par une opération préparatoire qu'on leur fait subir, contractent une adhérence parfaite et ne peuvent plus être séparés. La soie grège est en écheveaux plus ou moins forts et pliés de différentes manières, suivant l'usage des pays d'où elle est importée.

Le fil de soie grège *en douppions* est formé de 10 à 12 brins ou cocons.

On désigne par soies moulinées les soies qui, grèges et par conséquent encore écrues, ont reçu par le moulinage la préparation nécessaire pour les rendre propres à être mises en œuvre; elles prennent alors les noms d'*organsin*, *trame*, *poil*, *grenadine*, *rondelette*, *etc.* Ce qui les distingue entre elles, c'est, outre le nombre de fils dont elles sont formées, le plus ou le moins de tors donnés à la soie. — L'*organsin* est ordinairement formé de 2 ou 3 fils ou bouts réunis par 2 tors; il est employé, comme chaîne, dans la fabrication des étoffes. — La *trame* est aussi composée de 2 ou 3 bouts, mais qui n'ont reçu qu'un léger tors; elle est employée comme trame pour les étoffes, et sert aussi pour la passementerie et la bonneterie. — Le *poil* n'a qu'un seul bout très-tordu; il sert pour la rubannerie, la passementerie et la broderie. — L'*ovalée* a de 3 à 16 bouts légèrement tordus; elle s'emploie pour la fabrication des lacets, des broderies et pour la couture des gants. — La *mi-perlée* n'a que 2 bouts légèrement tordus. — La *grenadine*, la *soie perlée* (espèce de grenadine de qualité inférieure) et la *rondelette* ou *rondelettine*, sont formées de 2 bouts très-tordus; elles servent, la première, pour faire des effilés ou des dentelles grossières, et les deux autres pour la passementerie et la fabrication des boutons.

(6) Les allumettes ordinaires, simplement soufrées, sont assimilées au soufre épuré. Celles chim. sont class. comme merc. commune.

(7) La prohibition des souliers à l'entrée s'étend même sur les souliers de femme dont les empeignes sont en étoffe.

(8) Celles qu'on importe pour les musées impériaux sont exemptes de tous droits; mais il faut que la destination soit justifiée. Il en est de même pour les statues qui proviennent de l'école française à Rome.

(9) Les droits du tarif sont applicables non-seulement au sucre de cannes, mais encore à tous les sucres provenant de végétaux quelconques, tels que la betterave, la pomme de terre, le palmier, l'érable, le cocotier, le sucre

Suite des Notes.

de lait. — Empêcher l'importation de sucres raffinés réduits en poudre sous la dénomination de sucres au-dessus du premier type.—La matière sirupeuse qui provient du coulage des sucres pendant leur transport est admise au droit du sucre de nuance égale au plus au premier type. Il en est de même du vesou. Voir au besoin, sur le service des sucres, l'instruction génér. donnée par la Circul. 172 (1853).

(A) Mêmes droits que les far., selon l'espèce.

(B) La soie à coudre ne doit que 10 c. par kil. à la sortie.

DÉNOMINATION DES MARCHANDISES.	UNITÉS sur lesquelles portent les DROITS.	DROITS D'ENTRÉE. par navires français.	par navires étrangers et par terre.	DROITS de SORTIE.
		F. C.	F. C.	F. C.
SUCRE de nuance sup. au 1er type, des colonies françaises, au delà du Cap de Bonne-Espérance	100 k. NB	42	....	
d'Amérique	id.	45	....	
de la Chine, de la Cochinchine, des Philippines et de Siam	id.	48	68	
des autres contrées de l'Inde	id.	50	68	
d'ailleurs, hors d'Europe	id.	53	68	
des entrepôts	id.	63	68	
raffiné des colonies françaises, au delà du cap de Bonne-Espérance	id.	46 20	....	
d'Amérique	id.	49 50	....	
d'ailleurs	id.	Prohibé.	Prohibé.	
de lait (1). *V.* Sucre non raffiné.				
SUCS tannins. *V.* Tannins.				
SUIE de cheminée. *V.* Alcalis, cendres vives.				
de résine. *V.* Noir de fumée.				
SUIF. *V.* Graisses.				
SULFATES. *V.* Sels.				
de quinine. *V.* Produits chimiq. non dénommés.				
SULFURES d'arsenic, en masse (orpin, orpiment et réalgar) (2)	100 k. BB	8	8 80	
de mercure en pierres, naturel ou artificiel (cinabre)	100 k. NB	150	160	
pulvérisé (vermillon)	id.	200	212 50	
SUMAC ou fustet, écorces, feuilles et brindilles	100 k. BB	10	1	
moulu (3)	id.	15	16 50	
TABAC en feuilles ou en côtes pour la Régie, des pays hors d'Europe	id.	exempt.	10	
des entrepôts	100 k. BB	5	10	
pour compte particulier	100 k. B	prohibé.	prohibé.	
cigares et autres tabacs fabriqués, pour la régie, des pays hors d'Europe	100 k. BB	exempt.	15	
des entrepôts	id.	7	15	
pour compte particulier (4)	....	prohibés.	prohibés.	
TABATIÈRES d'écaille, d'ivoire. *V.* Tabletterie non dénommée.				
TABLEAUX, les toiles. *V.* Objets de collection; les cadres ou bordures. *V.* Meubles.				
TABLETTERIE, billes de billard en ivoire	1 k. NB	4	4 40	
peignes d'ivoire	1 k. NB	4	4 40	
d'écaille	id.	5	5 50	
non dénommée (5)	id.	prohibée.	prohibée.	
TABLETTES de bouillon (6). *V.* Médicaments composés non dénommés.				
TAFIA. *V.* Boissons distillées.				
TALC brut (7)	100 k. BB	exempt.	1	
TAMARINS. *V.* Fruits médicinaux.				
TAMBOURS et tambourins pour enfants. *V.* Bimbelot				
TAMIS de crin. *V.* Mercerie commune.				
TAM-TAM. *V.* Instr de mus., chapeaux chinois.				
TAN. *V.* Écorces à tan.				
TANNINS, sucs extraits de la noix de galle et des avelanèdes, liquides.	100 k. BB	5	5 50	
concrets.	id.	7	7 70	
d'autres végétaux (8) liquides	id.	50	50	
concrets.	id.	1 25	1 30	
TAPIOKA. *V.* Pâtes d'Italie et autres granulées.				
TAPIS. *V.* Tissus selon l'espèce.				
TARTRATES. *V.* Sels, tartrates.				
TARTRE. *V.* Sels, tartrates.				
TAUREAUX (A)	par tête.	3	3	
taurillons	id.	1	1	
TÉRÉBENTHINE. *V.* Résines indigènes.				
TERRES pyriteuses, dites cendres noires, cendres de Tropey, etc, par navires français et par terre	100 k. BB	exemptes.	....	
par navires étrangers	id.	....	1	
TERRES alumineuses (9). *V.* Sels, sulfate d'alumine de toute autre espèce.				
argileuses ou glaises, communes (10). *V.* Matériaux à dénommer.				
TERRE de Cologne. *Voir* Noir minéral de Cologne.				
foliée de tartre. *V.* Sels, acétate de potasse.				
à foulon. *V.* Pierres et terres servant aux arts à dénommer.				

NOTES.

(1) Matière semblable à un sel, compacte, grisâtre, cristallisée, retirée par évaporation du petit-lait. C'est un produit d'Europe, fabriqué principalement en Suisse et en Russie ; il peut entrer par tous les ports et bureaux ouverts aux marchandises payant plus de 20 fr. par 100 kil.

(2) La tarification dont il est ici question ne s'applique qu'à l'orpiment en masses. Quant à l'orpiment ou orpin *pulvérisé*, qui est en poudre ou en grains, et qu'on appelle aussi dans le commerce *jaune de Cassel*, *jaune de roi* ou *jaune royal*, il rentre dans la classe des *couleurs non dénommées*.

(3) On y assimile le redoul et le pudis. Le sumac ou fustet moulu est d'un vert jaunâtre et d'une saveur astringente. Les feuilles brisées dans les emballages doivent être traitées comme feuilles entières.

(4) Il est dérogé à cette disposition pour les provisions de tabac de santé et d'habitude importés pour l'usage personnel des destinataires. Les droits à percevoir dans ce cas sont fixés ainsi qu'il suit :

Cigares et cigarettes	24 00	par kil. et sans addit. du décime.
Tabac en poudre, en carottes ou autrem. fab.	10 00	

Les quantités importées ne doivent pas dépasser 10 kil. par destinataire. Elles ne peuvent être admises que par les bureaux ouverts au transit. (Décrets du 11 décembre 1851 et du 20 janvier 1852.)

Les restants de provisions déclarées par les voyageurs, à leur arrivée de l'étranger, sont admis, sous le payement du droit, par les douanes de première ligne de la frontière de terre et par toutes les douanes maritimes, lorsqu'ils ne dépassent pas un kilogramme de tabac ou cinq cents cigares. Les chefs locaux peuvent aussi autoriser l'expédition en transit de ces restants de provisions ; mais on n'applique ni l'une ni l'autre de ces facilités aux tabacs apportés par les conducteurs de voitures publiques, qui sont appelés, par leur service, à franchir journellement la frontière.

Le bureau d'importation appose les vignettes de la Régie sur les tabacs et les cigares ou cigarettes introduits en vertu du décret du 11 décembre 1851 et du 20 janvier 1852. On affranchit de cette formalité les cigares formant la provision de route des voyageurs, et les petites parties de tabac en poudre ou en feuilles dont le poids ne dépasse pas un kilogramme.

Toute quantité de cigares ou de tabac, circulant sans être revêtue de vignettes ou sans être accompagnée de la quittance des droits, est passible de la saisie.

(5) On range ici tous les petits ouvrages ou meubles de main en écaille, ivoire ou nacre, corne, os, bois fins, noix de coco, non repris à la mercerie. — Les crosses de parapluies et de parasols, les manches de couteaux, de brosses et de fouets, les queues de billard, les touches de piano et les trictracs sans pieds, les cannes montées, sont rangés parmi les objets de tabletterie. Les cannes de jonc, garnies de pommes d'or et d'argent, sont admises comme joncs; les pommes comme bijouterie.

(6) Un kilog. de ces tablettes représente 25 kilog. de viande.

(7) On assimile au talc brut *en masse* la *verrine* d'Allemagne ou *brillant*, qui consiste en petits fragments de verre soufflé, très-mince, dont on se sert pour saupoudrer les images et pour décorer des surtouts de table. Il y a de la verrine de différentes couleurs.

(8) Jusqu'à présent cette dénomination ne s'applique de plein droit qu'aux sucs tannins extraits du châtaignier et du sumac. On importe les premiers du Piémont et les derniers de Sicile. S'il en était présenté d'autres, on devrait informer l'administration et lui présenter des échantillons.

(9) Il n'est ici question que de celles qui contiennent 80 à 90 p. 0/0 d'alun, qu'on peut extraire par les procédés les plus simples : elles viennent d'Espagne, du pays de Liége, etc.

(10) Celles embarquées comme lest doivent payer les droits de sortie.

(A) Pour ceux des États sardes, *voir* l'Appendice après le Tableau des droits.

DÉNOMINATION DES MARCHANDISES.	UNITÉS sur lesquelles portent les DROITS.	DROITS D'ENTRÉE par navires français.	DROITS D'ENTRÉE par navires étrangers et par terre.	DROITS de SORTIE.
		F. C.	F. C.	F. C.
TERRE du Japon. *V.* Cachou.				
de Lemnos. *V.* Pierres et terres, etc., bol d'Arménie.				
TETS et blocailles (1). *V.* Fer (fonte de) brute.				
THÉ de l'Inde	1 k. NB	1 50	6	
des ports de la Baltique et de la mer Noire (2).	id.	2 50	6	
d'ailleurs	id.	5	6	
THÉRIAQUE. *V.* Médicaments composés non dénommés.				
THERMOMÈTRES. *V.* Instruments de calcul.				
TIGES de bottes. *V.* Peaux préparées.				
TIGES. *V.* Joncs d'Europe à dénommer.				
de millet propres à la confection des balais	100 k. BB	exemptes	exemptes.	
TISSUS de matières mélangées (3), confectionnés (4).				
de bourre de soie, façon cachemire	1 k. N	prohibés.	prohibés.	
de coton (5), nankin de l'Inde	1 k. NB	1	id.	
d'ailleurs.	....	prohibé.	id.	
dentelles fabriquées à la main et aux fuseaux (6)	la valeur.	5 p. o/o.	5 p. o/o.	
tulle avec applications d'ouvrages en dentelle de fil	id.	id	id.	
tous autres	100 k. B	prohibés.	prohibés.	
TISSUS de crin. — Toile à tamis (*rapatelle*)	100 k. NB	41	45 10	
passementerie	id.	150	160	
chapeaux	la pièce.	25	25	
tous autres sans exception	100 k. B	prohibés.	prohibés.	
TISSUS d'écorce, purs ou mélangés, en fibres de palmier, dits *pagnes* ou *rabanes* de 8 fils ou moins	mèt. carré	45	45	
au-dessus de 8 fils	100 k. NB	(A)	(A)	
autres	100 k. B	prohibés.	prohibés.	
TISSUS de bourre de soie (*fleuret*). — Étoffes pures	1 k. NN	7	7 70	
mêlées d'or ou d'argent fin	id.	10	11	
faux.	1 k. N	prohibées.	prohibées.	
TISSUS de bourre de soie (*fleuret*). — Couvertures.	100 k. NN	204	216 70	
tapis, même mêlés de fil	id.	306	323 50	
bonneterie	1 k. NN	6	6 60	
passementerie et rubans	100 k. NN	800	817 50	
TISSUS de laine, couvertures (7)	100 k. NB	200	212 50	
tapis de pieds, simpl., à chaîne de fil de lin ou de chanvre, dont l'envers présente un canevas.				
moquettes veloutées dont le canevas présente, dans l'espace d'un décimètre, au moins 40 carreaux en hauteur et 50 en longueur, par Dunkerque et Lille	id.	250	250	
par tous autres bureaux	id.	300	317 50	
autres moquettes	id.	300	317 50	
tapis de pieds, simpl., autres tapis, soit de pure laine, soit mêlés de fil, mais sans canevas à l'envers (8)	id.	500	517 50	
à nœuds, à chaîne, autre que de fil de lin ou de chanvre.	id.	500	517 50	
à chaîne de fil, de lin ou de chanvre.	id.	300	317 50	
burail et crépon de Zurich (9)	id.	200	212 50	
toile à blutoir sans couture (10).	id.	200	212 50	
bonneterie	100 k. B	prohibée.	prohibée	

NOTES.

(1) Les débris d'ouvrages en fonte appelés *têts et blocailles* sont admis aux droits de la fonte brute, en vertu de permissions spéciales, délivrées sur la demande du ministre du commerce, quand ils ne sont évidemment plus propres qu'à la refonte et sont destinés pour les forges situées dans le rayon frontière.

(2) Il s'agit de thés de *caravane* arrivés par terre dans ces ports, ce qui doit être justifié par des attestations de nos consuls dans les ports d'embarquement et par la production des factures d'achat, lettres de voiture, etc.

(3) Les tissus de matières mélangées sont prohibés à l'entrée, à l'exception de ceux uniquement composés de fil, mêlé de soie, de laine ou d'écorce. — A la sortie, les tissus mélangés doivent être traités comme tissus purs de la principale matière dont ils sont formés.

(4) Les tissus confectionnés en habillements, courte-pointe, draperies de croisée ou rideaux, etc., suivent le régime de l'étoffe principale dont ils sont formés. — Voir pour les exceptions l'artic. *Effets à usage.*

(5) Non-seulement les tissus de coton pur sont prohibés, mais encore ceux d'autres matières dans lesquelles il entre une partie quelconque de coton.

(6) Voici les indications les plus sûres pour reconnaître le tulle de la dentelle : en saisissant un des fils du tulle et en tirant à soi, on peut l'avoir dans toute la longueur de la pièce diagonalement aux lisières. Si l'on introduit une épingle dans une maille de tulle quel qu'il soit, on l'élargit facilement, tandis que les dentelles ne laissent pas échapper leurs mailles, celles-ci étant nouées. Les mailles de tulle offrent dans leur contexture une complète uniformité qui n'existe pas dans les dentelles. On s'en aperçoit difficilement à l'œil nu, mais on peut aisément le reconnaître avec une loupe.

(7) Les couvertures proprement dites, c'est-à-dire, des tissus à longs poils, beaucoup plus épais que le drap, et qui, fabriqués en morceaux de différentes dimensions, mais dont chacun forme un tout complet, servent comme objets de literie ou pour couvrir les chevaux. Les tissus de l'espèce fabriqués *en pièces* comme les draps, et propres par conséquent à être affectés aux mêmes usages que ceux-ci, rentrent dans la classe des tissus de laine dont l'importation est prohibée. Les couvertures affectées à l'usage des chevaux conduits en laisse, et portant des traces de service, sont admises au droit de 15 pour 100 ; celles usée entrent en franchise.

(8) Les tapis en laine autres que les tapis de pieds, et, par exemple, les tapis de table, rentrent dans la classe des tissus de laine *non dénommés* dont l'entrée est prohibée.

Les tapis de pieds se divisent, d'après le tarif, en deux classes, savoir : les tapis *simples* et les tapis à *nœuds*.

On range parmi les tapis *simples* : 1° les tapis à chaîne de fil de lin ou de chanvre, dont l'envers présente un canevas et qu'on appelle *moquettes ;* parmi elles figurent les moquettes qui présentent un mélange de coton, soit dans le canevas qui forme l'envers, soit dans la chaîne propr. dite ; 2° les autres tapis à tissu simple et sans canevas à l'envers, qu'ils soient de pure laine ou de laine mêlée avec d'autres matières. Dans cette dernière classe figurent les tapis serrés dont l'envers présente des *côtes*, parce que la laine, formant velours, entoure la trame sans être nouée.

Suite des Notes.

Les tapis *à nœuds* sont ceux dans lesquels chaque brin de lainage, qui forme le dessin, est fixé à la chaîne par un nœud, ce qui leur donne beaucoup de solidité. Ces tapis sont fabriqués à haute ou à basse lisse, d'un seul morceau, de façon à présenter par leur dessin un ensemble : tels sont les tapis d'Aubusson et ceux du Levant. Les tapis assemblés avec encadrement symétrique sont assimilés aux tapis de pieds à nœuds. On assimile également aux tapis de l'espèce à *chaîne de fil* : 1° la serge cirée *imprimée*, soit en pièces, soit en petits tapis ; 2° la toile cirée dont l'envers est formé d'une couche de laine tontisse.

Les *tapisseries* proprement dites, tissus croisés, en laine pure ou mélangée d'autres matières, fabriquées, à la manière des tapis, à haute ou à basse lisse, par conséquent d'un seul morceau formant dans son ensemble un dessin, de la nature de celles dites *des Gobelins* et *de Beauvais*, sont soumises aux mêmes droits que les tapis de pieds à nœuds.

Les ouvrages en tapisserie faits à la main et à l'aiguille sur canevas sont prohibés.

Les tapis et tapisseries *de toute sorte*, faisant partie du mobilier des individus qui viennent s'établir en France, sont admis, comme meubles, au droit de 15 p. 0/0 de la valeur, lorsqu'ils portent des traces évidentes d'usage et qu'ils ne sont pas importés comme objets de commerce. — On assimile aux tissus à nœuds à chaîne de fil la serge cirée imprimée, soit en pièces soit en tapis, et la toile cirée dont l'envers est formé d'une couche de laine tontice.

(9) L'admission du burail et crépon de Zurich est restreinte au seul bureau de St-Louis.

(10) Les draps manchons sans couture, destinés au service des machines à papier continu, sont traités comme les toiles à blutoir. Ces draps sont très-larges, fort épais, et servent soit à faire mouvoir les cylindres, soit à sécher le papier, en communiquant à celui-ci la chaleur qu'ils reçoivent en passant sur un cylindre non mobile.

(A) Mêmes droits que les toiles de lin, selon l'espèce.

DÉNOMINATION DES MARCHANDISES.	UNITÉS sur lesquelles portent les DROITS.	DROITS D'ENTRÉE par navires français.	DROITS D'ENTRÉE par navires étrangers et par terre.	DROITS de SORTIE.
		F. C.	F. C.	F. C.
Tissus de laine—passementerie et rubanerie de pure laine blanche.	100 k. NB	190	202	
teinte..	id.	220	233 50	
mélangée de fil, laine et poil..	id.	220	233 50	
autres, de toute sorte (1).	100 k. B	prohibés.	prohibés.	
Tissus de lin ou de chanvre, toile unie (2) écrue,		FR.		
de moins de 8 fils.	100 k. NB	60		
de 8 fils........	id.	80		
de 9 fils inclus. à 12 exclusiv...	id.	126		
de 12 fils......	id.	144		
de 13 fils inclus. à 16 exclus..	id.	201		
de 16 fils......	id.	267		
de 17 fils......	id.	287		
de 18 et 19.....	id.	297		
de 20 fils.......	id.	342		
au-dess. de 20 fils.	id.	467		
blanche ou mi-blanche(3) de moins de 8 fils.	id.	90		
de 8 fils.......	id.	116		
de 9 fils inclusiv. à 12 exclusiv..	id.	191		
de 12 fils......	id.	219		
de 13 fils inclus. à 16 exclus...	id.	306		
de 16 fils......	id.	417		
de 17 fils......	id.	457		
de 18 et 19 fils..	id.	477		
de 20 fils.......	id.	567		
au-dess. de 20 fils.	id.	817		
toile unie teinte de moins de 8 fils..	id.	90		
de 8 fils........	id.	116		
de 9 fils inclus.. à 12 exclus...	id.	146		
de 12 fils......	id.	167		
de 13 fils inclus. à 16 exclus...	id.	216		
de 16 fils.......	id.	289		
de 17 fils......	id.	317		
de 18 et 19 fils..	id.	329		
de 20 fils......	id.	380		
au-dessus de 20.	id.	537		
toile unie imprim. (4). de moins de 8 fils.	id.	90		
de 8 fils.......	id.	116		
de 9 fils inclus.. à 12 fils exclus.	id.	191		
de 12 fils......	id.	219		
de 13 fils inclus. à 16 exclus...	id.	306		
de 16 fils......	id.	417		
de 17 fils......	id.	457		
de 18 et 19 fils..	id.	477		
de 20 fils......	id.	567		
au-dessus de 20..	id.	817		
toile unie à matelas, sans distinction de finesse.	id.	212		
cirée (5), de moins de 8 fils.	id.	70		
de 8 fils inclus. à 13 exclus....	id.	120		
de 13 fils inclus. à 20 exclus...	id.	170		
de 20 fils et au-d.	id.	220		
peinte sur enduit pour tapiss.	id.	184	195 70	
toiles croisées grossières dite *treillis*, écrues	id.	60		
autres.	id.	90		
coutils, pour tenture ou literie.	id.	212		
pour vêtem., écr.	id.	322		
autres.....	id.	364		
linge de table (6) ouvragé écru, de 16 fils ou moins.	id.	267		
de 17 fils........	id.	287		
de 18 et 19 fils....	id.	297		
de 20 fils.........	id.	342		
de plus de 20 fils...	id.	467		
blanc, de 16 fils ou moins	id.	417		
de 17 fils.......	id.	457		
de 18 et 19 fils...	id.	477		
de 20 fils.......	id.	567		
de plus de 20 fils.	id.	817		
damassé écru, de 16 fils ou moins	id.	320 40		

NOTES.

(1) Ce sont notamment les draps, alépines, camelots, damas, étamines, mousselines, stoffs: les châles et mouchoirs; les tapis autres que de pieds; les flanelles, molletons, pannes, ratines.

(2) Les toiles de toute sorte peuvent être importées par les bureaux de mer en colis de tous poids, mais sans mélange des espèces payant des droits différents. Il est défendu d'importer dans le même colis des toiles différentes, telles que des toiles écrues, blanches, damassées; mais rien ne s'oppose à ce qu'on puisse importer dans le même colis des toiles de 8 à 12 fils, de 12 à 16 fils, etc.

Aux termes de la loi du 6 mai 1841 et de l'ordonnance royale du 26 juin 1842, tout fil qui, dans l'espace de 5 millimètres, apparaît *plus ou moins découvert*, doit être compté comme fil entier. — Toutefois, comme cette règle peut paraître rigoureuse, elle ne sera appliquée qu'après plusieurs épreuves. (Circulaire n° 1850.)

Sont passibles de la surtaxe applicable aux toiles *teintes* les toiles *écrues, blanches, mi-blanches* ou *imprimées* ayant, dans la chaîne ou la trame, un ou plusieurs fils de couleur (Loi du 6 mai 1841). — Sont admises comme écrues les toiles grisâtres auxquelles il a été donné une teinte plus foncée que leur couleur naturelle au moyen du noir de fumée, de l'ardoise pilée ou par tout autre procédé consistant dans la simple immersion du fil ou de la toile dans de l'eau colorée.

(3) Les toiles qui ne conservent pas la couleur prononcée de l'écru payent comme toiles blanches. On doit considérer comme telles les toiles non blanchies en pièces, mais fabriquées avec des fils plus ou moins lessivés.

(4) La toile peinte, excepté la toile peinte sur enduit pour tapisserie, qui est spécialement tarifée, et la siamoise, qui est une toile rayée par le tissage, suivent le régime de la toile imprimée.

(5) Les toiles cirées et vernies des deux côtés, dont le droit ne peut être déterminé à l'aide du compte-fil, étant les plus fines, payeront le droit le plus élevé. — Les toiles *de coton* et *percales*, quoique vernies, n'en sont pas moins prohibées à l'entrée. — Les toiles cirées, avec marbrures ou dessins, doivent être traitées comme la toile peinte sur enduit pour tapisserie.

(6) Le linge de table est divisé en deux classes: Linge *ouvragé* et Linge *damassé*.

Le linge ouvragé se fabrique avec des métiers ordinaires, c'est-à-dire sans tirage et par le seul jeu diversement combiné de la chaîne et de la trame, ce qui ne produit sur toute la surface de la serviette ou de la nappe, encadrement compris, qu'un même résultat de fabrication fort simple, toujours répété, tel que ceux qu'on appelle dans le commerce *œil-de-perdrix, damier, rosette, quadrillé, grain d'orge, etc.*

On entend par linge *damassé* celui qui, étant travaillé *lisse* comme le damas de soie, et sans aucun des fils saillants qu'on remarque dans le linge ouvragé, se fabrique avec des métiers à la tire ou à l'aide de ceux dits *à la Jacquart*, ce qui permet d'obtenir des dessins variés et compliqués, par exemple, des fleurs, des bouquets, des ornements, etc. Les nappes et serviettes damassées ont presque toujours un encadrement plus ou moins riche, mais sans dessin différent de celui du fond.

On ne doit admettre comme *écru* que le linge de table qui n'a reçu aucun degré de blanchiment, soit avant, soit après le tissage, et qui conserve la couleur prononcée de l'écru.

Les taxes indiquées par le Tarif ne sont applicables qu'au linge de table en pièces ou en coupons. Pour celui qui a été coupé et ourlé, voir *Effets à usage*.

DÉNOMINATION DES MARCHANDISES.	UNITÉS sur lesquelles portent les DROITS.	DROITS D'ENTRÉE par navires français.	DROITS D'ENTRÉE par navires étrangers et par terre.	DROITS de SORTIE.
		FR.		F. C.
Tissus de lin ou de chanv., linge dam. écru de 17 fils.	100 k. NB	344 40		
de 18 et 19 fils..	id.	356 40		
de 20 fils.......	id.	410 40		
de plus de 20 fils.	id.	560 40		
blanc, de 16 fils ou moins	id.	500 40		
de 17 fils.......	id.	548 40		
de 18 et 19 fils..	id.	572 40		
de 20 fils	id.	680 40		
de plus de 20 fils.	100 k. NB	980 40		
mouchoirs (1)......................	id.	(A)	(A)	
batiste et linon (2)..................	1 k. NB	25	27 50	
dentelles (3)........................	la valeur.	5 p. o/o.	5 p. o/o.	
tulle................................	100 k. B	prohibé.	prohibé.	
bonneterie...........................	100 k. NB	200	212 50	
passementerie et rubans de fil écrus, bis ou herbés............	id.	80	86 50	
mélangés de blanc.	id.	120	128 50	
blancs.................	id.	120	128 50	
teints en tout ou en partie.	id.	150	160	
rubans à jour.........................	id.	500	517 50	
tissus épais pour tapis de pieds, en fils de lin ou de chanvre teints, de moins de 8 fils aux cinq millim (4).................	100 k. NB	75	75	
Tissus de poil — châles de cachemire (5) fabriqués à la main dans les pays hors d'Europe, longs de toute dimension et carrés de 180 centimètres et au-dessus (6).......	la pièce.	100	100	
carrés de moindre dimension.........	id.	50	50	
écharpes de cachemire fabriquées à la main dans les pays hors d'Europe (7)........	la pièce.	50	50	
autres..................................	100 k. B	prohibés.	prohibés.	
couvertures ou tapis	100 k. NB	50	55	
bonneterie de castor..........	id.	400	417 50	
d'autres poils........	id.	200	212 50	
autres de toutes sortes.........	100 k. B	prohibés.	prohibés.	
Tissus de phormium tenax, d'abaca et de jute (8)....				
écrus, de moins de 8 fils................	100 k. NB	77	83 30	
de 8 fils..................	id.	90	97	
de 9 fils inclusiv. à 12 exclusiv....	id.	129	137 90	
de 12 fils et au-dessus............	id.	Droits des tissus de lin ou de chanvre.		
blanchis, de moins de 8 fils...............	id.	107	114 80	
de 8 fils..................	id.	126	134 80	
de 9 fils inclusiv. à 12 exclusiv...	id.	194	206 20	
de 12 fils et au-dessus..........	id.	Droits des tissus de lin ou de chanvre.		
teints, de moins de 8 fils..............	id.	107	114 80	
de 8 fils	id.	126	134 80	
de 9 fils inclusiv. à 12 exclusiv.....	id.	149	158 90	
de 12 fils et au-dessus............	id.	Droits des tissus de lin ou de chanvre.		
Tissus de soie (9) de toute origine, foulards écrus (10), de l'Inde............	1 k. NN	6	8	
d'ailleurs..............	id.	7	8	
imprimés de l'Inde........	id.	12	15	
d'ailleurs..............	id.	14	15	
crêpes unis des pays d'origine, en droiture............	id.	20	25	
d'ailleurs..............	id.	25	30	

NOTES.

(1) Les mouchoirs de fil avec encadrement de coton sont admissibles aux droits, lorsque la largeur du liséré n'excède pas trois centimètres.

On a souvent cherché à introduire des mouchoirs de batiste au droit des mouchoirs de fil ; s'il y avait doute, il faudrait adresser des échantillons à l'administration. Les mouchoirs de poche avec broderies en coton sont prohibés.

(2) Ces droits sont applicables aux batistes et linons unis, brochés à dessins continus ou encadrés, pour mouchoirs. — Les linons se distinguent des autres tissus, en ce que chaque fil de la trame est lié par deux fils de chaîne qui tournent autour de celui-ci et qui le retiennent de manière à former un carreau régulier. Lorsque le linon est fin, ce travail ne se remarque qu'à la loupe.

(3) La *guipure* est traitée comme dentelle, lorsqu'elle est présentée en bandes ; si elle était importée sous forme de fichus, bonnets, etc., on appliquerait le droit qui affecte les articles de modes. Le tulle de coton reste toujours prohibé.

(4) On y assimile les tapis en tissu d'abaca, de jute, d'aloès, qu'ils soient ou non teints : les petits tapis d'appartement en filaments de coco, avec ou sans bordures en laine, montés sur canevas en fil de chanvre ; quant aux paillassons de filaments de coco avec canevas en cordes, ils suivent le régime de la vannerie.

(5) Les seuls châles de cachemire dont l'entrée soit autorisée sont ceux qui, fabriqués aux fuseaux dans les pays hors d'Europe, sont connus sous le nom de *cachemires de l'Inde*. La prohibition prononcée par la loi du 7 juin 1820 a été maintenue à l'égard des autres, et notamment à l'égard des châles similaires fabriqués en Europe.

L'importation des châles de cachemire n'est permise, aux termes de la loi du 2 juillet 1836, que par les seuls bureaux qui sont ouverts au transit des marchandises prohibées. Ils ne peuvent ainsi être introduits que par les bureaux de Bayonne, Béhobie, Bellegarde, Blancmisseron, Bordeaux, Boulogne, Calais, Cette, Dunkerque, Forbach, Frauenberg, Grosbliederstroff, le Havre, Huningue, Jougne, Lauterbourg, Lille *par le chemin de fer*, Longwy, Marseille, Nantes, les Pargots, Perpignan *par le Perthus*, Pont-de-Beauvoisin, les Rousses, Saint-Blaise, Saint-Louis, Saint-Malo, Saint-Servan, Saint-Valery-sur-Somme, Sierck, Strasbourg, Trois-Maisons, Valenciennes *par le chemin de fer*, Verrières-de-Joux, Wissembourg, et, *à titre provisoire*, Roubaix et Tourcoing (*stations du chemin de fer*).

(6) L'effilé en forme de frange qui garnit les bordures reste en dehors du calcul de la dimension du châle. Pour mesurer les châles de cachemire, on doit les déployer sur une table et appliquer le mètre sur le tissu. Toute autre manière de procéder est interdite. Les châles et écharpes brodés en or et argent, fin ou faux, ou de toute autre matière, suivent le régime des cachemires.

(7) Le droit imposé sur les écharpes ne s'applique qu'à celles dont la surface n'excède pas celle des châles carrés de 180 centimètres. Les écharpes de dimensions supérieures doivent être assujetties aux droits des châles carrés de grande dimension.

Suite des Notes.

(8) Les tissus fabriqués avec le phormium tenax, l'abaca et le jute, sont les seuls tissus dont il soit ici question. Ils sont, en général, de qualité très-commune. Les toiles servent principalement pour la minoterie : on les emploie aussi pour doubler les tapis et pour l'emballage des marchandises.

Le tarif de ces tissus est basé, comme celui des toiles de lin ou de chanvre, sur le nombre de fils que présente le tissu en chaine, c'est-à-dire, en longueur, dans l'espace de 5 millimètres. Tout fil qui, dans cet espace, apparait *plus ou moins découvert*, doit, ainsi que cela résulte des termes de la loi, être compté comme fil entier. — Voir aussi, pour cet article, la *Circulaire* n° 2035.

(9) La prohibition établie par la loi du 7 juin 1820 sur les tissus de soie de l'Inde ou de tout autre pays hors d'Europe n'atteint plus ceux de ces tissus qui sont importés *directement* des pays d'origine. Elle doit continuer, au contraire, d'avoir son effet pour les tissus de l'espèce qui arrivent d'ailleurs que des pays d'origine ou qui en sont importés indirectement, c'est-à-dire, après escale dans un autre pays. Il suit de là que les tissus de soie de l'Inde, de la Chine, ou de tout autre pays hors d'Europe, ne peuvent, dans aucun cas, être importés pour la consommation par la frontière *de terre*, et qu'ils ne sont pas non plus admissibles aux droits, lorsque, importés *par mer*, ils arrivent de pays autres que ceux où ils ont été fabriqués, et, par conséquent, d'un entrepôt quelconque.

Ces dispositions restrictives ne s'appliquent ni aux foulards, ni aux crêpes.

(10) Les *foulards écrus* destinés à l'impression et qui sont admis temporairement doivent être mis en entrepôt ou réexportés dans le délai de trois mois. Les pièces de foulards doivent être déclarées par nombre, mesure et poids net, et chaque déclaration doit comprendre le nombre de pièces qui doivent faire l'objet d'une seule expédition et d'une même réexportation. Ils doivent être importés par les ports de Marseille, Bordeaux, Nantes, le Havre, Rouen et Dunkerque, et par les bureaux de Lille, Forbach, Strasbourg, Saint-Louis et le Pont-de-Beauvoisin. Ils pourront aussi être retirés des entrepôts de Paris et Lyon, où ils seraient arrivés par la voie du transit. Leur exportation devra s'effectuer par les mêmes ports et bureaux. Les ports de Boulogne et Calais sont ajoutés à cette nomenclature.

Les foulards damassés écrus et imprimés sont assimilés provisoirement aux foulards imprimés.

(A) Mêmes droits que la toile selon leur espèce.

DENOMINATION DES MARCHANDISES.	UNITÉS sur lesquelles portent les DROITS.	DROITS D'ENTRÉE par navires français.	DROITS D'ENTRÉE par navires étrangers et par terre.	DROITS de SORTIE.
		F. C.	F. C.	F. C.
TISSUS de soie, crêpes brodés ou façonnés, des pays d'origine, en droiture	1 k. NN	34	45	
d'ailleurs	id.	40	50	
Autres que les foulards et les crêpes de l'Inde et de tout autre pays hors d'Europe : des pays d'origine, en droiture	1 k. NN	Mêmes droits et même régime que les tissus similaires d'origine européenne.		
d'ailleurs	....	prohibés.	prohibés.	
d'Europe : étoffes pures unies (1), autres que les foulards	id.	16	17 60	
façonnées	id.	19	20 90	
brochées de soie	id.	19	20 90	
d'or ou d'argent fin	id.	31	34 10	
faux	1 k. N	prohibées	prohibées	
mêlées de fil sans autres mélanges	1 k. NN	13	14 30	
et d'or ou d'argent fin	id.	17	18 70	
faux	1 k. N	prohibées	prohibées	
couvertures	100 k. NN	204	216 70	
tapis, même mêlés de fil	id.	306	323 50	
gaze de soie pure (2)	1 k. NN	31	34 10	
mêlée de fil	id.	17	18 70	
mêlée d'or ou d'argent fin	id.	62	67 60	
faux	1 k. N	prohibée.	prohibée.	
tulle	1 k. N	prohibé.	prohibé.	
dentelles de soie, dites *blondes*	la valeur.	15 p. o/o.	15 p. o/o.	
d'or fin	1 k. NN	200	212 50	
d'argent fin	id.	100	107 50	
d'or ou d'argent faux	id.	25	27 50	
bonneterie	100 k. NN	1200	1217 50	
passementerie d'or ou d'argent fin	1 k. NN	30	33	
faux	id.	3	3 30	
de soie pure	id.	16	17 60	
passementerie de soie mêlée d'or ou d'argent fin	id.	25	27 50	
faux	id.	8	8 80	
d'autres mat	id.	8	8 80	
rubans, même de velours	100 k. NN	800	817 50	
en feuilles, de paille, d'écorce, de sparte, etc.	mèt. carré	45	45	
TOILE de lin ou de chanvre. *V.* Tissus de lin.				
à blutoir. *V.* Tissus de laine.				
de coton. *V.* Tissus de coton.				
de crin. *V.* Tissus de crin.				
cirée. *V.* Tissus de lin ou de coton suiv. l'esp.				
métallique de fer (3)	id.	75	81 20	
d'acier	id.	150	160	
de cuivre ou de laiton	id.	150	160	
à tamis de soie. *V.* Tissus de soie, gaze.				
TÔLE en fer. *V.* Fer platiné ou laminé.				
en acier. *V.* Fer carburé, acier.				
vernie. *V.* Ouvrages en fer ou acier.				
TOMBAC. *V.* Cuivre doré.				
TOPAZES. *V.* Pierres gemmes à dénommer.				
TORTUES	la valeur.	exemptes.	exemptes.	
(écailles de). *V.* Ecaille.				
TOULOUCOUNA (noix de). *V.* Fruits oléagineux.				
TOURBE carbonisée ou crue	le m. cube	exemptes.	exemptes.	
TOURMALINES. *V.* Pierres gemmes à dénommer.				
TOURNESOL en drapeaux. *V.* Maurelle.				
TOURS d'horloger (4). *V.* Outils de pur acier.				
TOURTEAUX de graines oléagineuses. de lin et de coton	id.	Exempts.	Exempts.	50
autres	id.	Exempts.	Exempts.	2 25
TRAITS d'argent, d'or. *V.* Or ou argent tiré.				
TRIANGLES. *V.* Instruments de musique.				
TRIPOLI. *V.* Pierres et terres servant aux arts.				
TRUFFES fraîches, marinées ou sèches	100 k. NB	exemptes.	exemptes.	
TUILES plates, bombées, faîtières. *V.* Matériaux.				
TULLES. *V.* Tissus suivant l'espèce.				
TURQUOISES. *V.* Pierres gemmes à dénommer.				
TYMPANONS. *V.* Instruments de musique.				
VACHES (A)	par tête.	1	1	50
VANILLE, des colonies françaises	1 k. N	exempte.		
des pays situés à l'ouest du cap Horn (5)	id	2 50	5 50	
d'ailleurs	id.	5	5 50	
VANNERIE à dénommer (6), en quelque végétal que ce soit, brut	100 k. BB	6	7	
pelé	id.	12	14	
coupé	id.	20	24	
tissus de vannerie (7)	mèt. carré	45	45	
VEAUX (8)	par tête.	25	25	
VÉGÉTAUX filamenteux. *V.* Filamenteux (végétaux).				

NOTES.

(1) Par étoffes pures unies, on entend les tissus pleins et maniables comme draps de soie, velours, taffetas croisés, lévantine, reps, satin, damas, gros de Tours, gros de Naples, ce qui les distingue, d'une part, des tapis et couvertures, et de l'autre, des tissus à jour ou gommés, comme la gaze, le crêpe, le tulle et le marly. — Les taffetas et autres étoffes de soie, cirés ou gommés, sont traités comme les étoffes unies.

(2) Pour celle des Etats sardes, *V.* l'Appendice après le Tableau des droits.

(3) Les toiles métalliques vernissées, peintes ou coloriées, ainsi que celles ouvrées, sont prohibées comme ouvrages en métaux.

(4) Lorsque les tours d'horloger sont composés de bâtis en bois, de divers accessoires, tels que mandrins, poulies, etc., roues d'engrenage, ils rentrent alors dans la classe des machines et mécaniques à dénommer.

(5) On assimile à la vanille les fèves odorantes dites *Tonka* ou *Tongo*. Ces fèves, qui servent à parfumer le tabac, proviennent de la Guyane, où elles sont connues sous le nom de *noix de gaïac*, ou plutôt de *coumarou*.

(6) La vannerie *non dénommée* se compose d'ouvrages tressés soit en osier, saule et autres bois, soit en jonc, paille, palme, roseau, sparte et autres plantes, rameaux ou écorces flexibles : elle comprend notamment les paniers, couffins, corbeilles, cabas, mannes, claies, barcelonnettes, paillassons, ruches vides, etc. Les petits ouvrages en fibres d'aloès, paille ou autres végétaux, qui par la nature ou la perfection du travail sortent de la classe des ouvrages ordinaires de vannerie, font partie de la mercerie fine.

(7) Les tissus de l'espèce de ceux dont il s'agit ici, destinés à servir pour les chapeaux de femme, contiennent le plus souvent, outre la paille, d'autres matières textiles, telles que la soie, le crin, etc. Lorsque ces matières sont simplement employées pour soutenir les brins de paille ou pour donner de l'élasticité au tissu, elles n'en changent pas le régime. Mais lorsqu'elles se trouvent dans une proportion notable; par exemple, quand elles forment des raies ou rubans plus ou moins larges, alternant avec la paille, etc., alors on leur applique le régime des tissus fabriqués avec la matière qui constitue le mélange. Si c'est de la soie, on perçoit le droit imposé sur les étoffes de soie mêlée de fil; s'il s'agit, au contraire, de crin ou de coton, la marchandise doit être repoussée en vertu de la prohibition qui affecte les tissus composés, en tout ou en partie, de l'une ou de l'autre de ces matières.

(8) Pour ceux des États sardes, *V.* l'Appendice après le Tableau des droits. Sont réputés veaux les jeunes sujets dont la mâchoire est étroite, et dont les dents de lait larges n'ont pas encore commencé à s'user, ce qui a lieu vers six mois.

DÉNOMINATION DES MARCHANDISES.	UNITÉS sur lesquelles portent les DROITS.	DROITS D'ENTRÉE par navires français.	DROITS D'ENTRÉE par navires étrangers et par terre.	DROITS de SORTIE.
		F. C.	F. C.	F. C.
VÉLIN. *V.* Peaux préparées.				
VELOURS de laine. *V.* Tissus de laine non dénommés.				
de soie. *V.* Tissus de soie.				
de coton. *V.* Tissus de coton non dénomm.				
VERDET. *V.* Sels, acétate de cuivre.				
VERJUS. *V.* Boissons fermentées.				
VERMEIL (vernis) rouge	100 k. NB	41	45 10	
argenterie dorée. *V.* Orfévrerie.				
VERMICELLE. *V.* Pâtes d'Italie.				
VERMILLON, sulfure de mercure. *V.* Sulfures.				
VERMOUTH (Voir Vins de liqueurs).				
VERNIS de toute sorte, sauf le vermeil	id.	82	88 60	
VÉRONIQUE. *V.* Feuilles médicinales à dénommer.				
VERRE cassé. *V.* Groisil.				
VERRERIE. *V.* Verres et cristaux.				
VERRES et cristaux, miroirs grands (*glaces*)(1), non étamés, de plus de 3 millimètres d'épaiss., ayant en superficie 50 décimèt. ou moins.	mèt. carré	15	15	
50 déc. exclus. à 100 déc. inclus	id.	22 50	22 50	
100 déc. exclus. à 200 déc. inclus	id.	28	28	
200 déc. exclus. à 300 déc. inclus	id.	40	40	
300 déc. exclus. à 500 déc. inclus	id.	50	50	
plus de 500 décimètres	id.	60	60	
de 3 millimètres d'épaiss. ou moins, ayant en superficie 50 décim. ou moins	id.	10	10	
50 déc. exclus. à 100 déc. inclus	id.	15	15	
100 déc. exclus. à 200 déc. inclus	id.	18 66	18 66	
200 déc. exclus. à 300 déc. inclus	id.	26 66	26 66	
300 déc. exclus. à 500 déc. inclus	mèt. carré	33 33	33 33	
plus de 500 décimètres	id.	40	40	
VERRES étamés, de plus de 3 mill. d'épaiss., ayant en superficie 50 déc. ou moins	id.	16 50	16 50	
50 déc. exclus. à 100 déc. inclus	id.	24 75	24 75	
100 déc. exclus. à 200 déc. inclus	id.	30 80	30 80	
200 déc. exclus. à 300 déc. inclus	id.	44	44	
300 déc. exclus. à 500 déc. inclus	id.	55	55	
plus de 500 décimètres	id.	66	66	
de 3 millim. d'épaiss. ou moins, ayant en superficie 50 déc. ou moins	id.	11	11	
50 déc. exclus. à 100 déc. inclus	id.	16 50	16 50	
100 déc. exclus. à 200 déc. inclus	id.	20 53	20 53	
200 déc. exclus. à 300 déc. inclus	id.	29 33	29 33	
300 déc. exclus. à 500 déc. inclus	id.	36 66	36 66	
plus de 500 décimètres	id.	44	44	
petits (2), *sans distinction d'épaisseur*	100 k. NB	100	107 50	
verres à lunettes ou à cadran, bruts	100 k. BB	10	11	
taillés et polis.	100 k. NB	200	212 50	
bouteilles pleines (3) (outre le droit des liquides).	le litre.	15	15	
vides	100 k. B	prohibées.	prohibées.	
verrerie, de toute autre sorte que celle ci-dessus (4).	id.	id.	id.	25 c. 100 k.
VITRIFICATIONS en grains percés	1 k. NB	1	1 10	
en masses ou en tubes, à tailler	1 k. N.	3	3 30	
taillés en pierres à bijoux	id.	6	6 60	
émail	id.	2	2 20	
VERT-DE-GRIS *V.* Sels, acétate de cuivre.				
VERT de montagne (carbonate de cuivre)	100 k. BB	31	34 10	
VESCE (graines de). V. Jarosse.				
VESSIES autres que celles de cerf et de poisson	100 k. BB	exemptes.	exemptes.	
natatoires de poisson, brutes et simplement desséchées (5)	id.	exemptes.	exemptes.	
de cerf. V. Moëlle et vessies de cerf.				
VÊTEMENTS. *V.* Effets à usage.				
VÉTIVER. *V.* Racines médicinales à dénommer.				
VIANDES fraîches de boucherie	id.	50	50	
de gibier (6) et volailles	id.	exempte.	exempte.	
salées de porc, lard compris	id.	50	50	
autres	id.	50	50	
(extrait de) en pains	1 k. NB	1	1 10	
VIELLES simples et organisées. *V.* Instrum. de mus.				
VIF-ARGENT. *V.* Mercure.				
VINAIGRES ordinaires. *V.* Boissons fermentées.				
VINS. *V.* Boissons fermentées.				
de Champagne ou imitation de Champagne (7).				
VINS. *V.* Boissons fermentées.				
VIOLES et violons. *V.* Instruments de musique.				
VIPÈRES		exemptes.	exemptes.	
VITRIFICATIONS. V. Verres et cristaux.				
VITRIOL rouge ou rubifié, dit colcothar. *V.* Oxyde de fer.				
blanc, bleu, vert. *V.* Sels, sulfates.				
(huile de). *V.* Acide sulfurique.				

NOTES.

(1) Ne sont considérées comme glaces que les pièces de verre poli, celles non polies; quelle qu'en soit l'épaisseur, rentrent dans la classe du verre à vitre. Les cadres supportent le droit de 15 p. 100.

(2) On entend par *petits* miroirs ceux qui, en longueur comme en largeur, ont moins de 40 centimètres. Cette dénomination comprend les miroirs non encadrés et les miroirs de toilette, de poche, etc., montés en fer-blanc, en cuivre, en bois ou en carton; mais, dans ce dernier cas, il faut que le miroir forme l'objet principal, car lorsqu'il n'est qu'un accessoire, comme, par exemple, quand il est ajouté à des coffrets, des nécessaires, etc., il doit être traité ou comme *tabletterie* ou comme *meubles*, suivant la nature de l'objet dont il dépend. Il y a exception, toutefois, pour les coffrets en bois commun avec damier, miroir et serrure grossière en cuivre, lesq. font partie de la *mercerie comm.*

(3) La taxe établie sur les bouteilles pleines n'est pas applicable aux flacons *de cristal* contenant des liquides, la loi n'ayant entendu déroger à la prohibition d'entrée qu'à l'égard des bouteilles, fioles ou flacons *en verre.* Cependant, lorsqu'il s'agit de petits flacons indispensables pour le transport de certaines substances, telles, par exemple, que des essences, et que ces flacons ne sont évidemment qu'un *accessoire*, on peut, même quand ils seraient en cristal, les admettre au droit imposé sur les bouteilles.

On ne doit dans aucun cas, pour l'application de la taxe sur les bouteilles pleines, exiger le transvasement des liquides : il est toujours facile, au moyen de vases semblables, d'établir le poids des récipients par approximation, ou d'en vérifier la contenance. Les bouteilles pleines importées des colonies sont admises en franchise.

(4) Il n'y a d'exception à la prohibition générale dont sont frappées, à l'entrée, les fabrications en verre ou en cristal non spécialement dénommées dans le *Tableau des droits*, qu'à l'égard : 1° des vases, tubes et bocaux susceptibles, par leur nature, d'être rangés parmi les instruments de chimie; 2° des verres à peintures *fines*, des verres antiques dits *de Venise* et des vieux vitraux, lesquels sont compris dans la classe des *Objets de collection hors commerce*; 3° des jouets d'enfants, qui rentrent dans la classe de la *bimbeloterie*; 4° des verres *grossièrement* peints, classés dans la *mercerie commune*; 5° des maillons en verre pour métier à tisser, et des tissus en grains de verre, qui font partie de la *mercerie fine*; 6° des boutons en verre et en cristal, lesquels sont rangés parmi les boutons *fins*; et 7° du verre filé, qui est assimilé aux *vitrifications en grains percés pour broderies.*

Les tissus de fil de verre suivent le régime de la verrerie *non dénommée*, et sont par conséquent prohibés à l'entrée. Il en est de même du verre broyé et réduit en poudre, ainsi que des globules de verre pour fleurs et fruits artificiels. Le verre simplement concassé rentre dans la classe du *groisil.*

(5) Les vessies natatoires de poissons ne sont pas solubles dans l'eau où, au contraire, elles se boursouflent, se gonflent, et reprennent leur forme primitive.

(6) La viande de gibier est prohibée à l'entrée et à la sortie, pendant tout le temps où la chasse n'est pas permise. (Loi du 3 mai 1844.)

(7) Les vins de Champagne ou imitation de Champagne sont consid. comme vins de liqueur.

DENOMINATION DES MARCHANDISES.	UNITÉS sur lesquelles portent les DROITS.	DROITS D'ENTRÉE par navires français.	DROITS D'ENTRÉE par navires étrangers et par terre.	DROITS de SORTIE.	NOTES
		F. C.	F. C.	F. C.	
VOILES de navire. *V.* Embarcations.					(1) Ceux dont la caisse est en métal doivent être traités comme machines non dénommées. Ceux montés sur ressorts sont prohibés comme voitures.
VOITURES suspendues, garnies ou peintes........	la valeur.	prohibées.	prohibées.		
à échelles, chariots, tombereaux, etc....	id.	15 p. 100.	15 p. 100.		
VOLAILLES............................	id.	exempte.	exempte.		(2) Petites concrétions de carbon de calcaire, d'un blanc rosé, et qui servent en pharmacie à faire des poudres absorbantes.
VULNÉRAIRES. *V.* Herbes médicinales à dénommer.					
WAGONS de terrassement, à caisse en bois et roues en fonte (1)...........................	100 k. NB	20	22		(3) Mêmes conditions d'admission que pour les cuivres en feuilles destinés au même usage. Voir au besoin circulaire 433 (1856).
WISKY. *V.* Boissons distil., eaux-de-vie non dénom.					
YEUX d'écrevisse (2).....................	100 k. BB	exempts.	exempts.		
ZINC, pierres calaminaires (minerai), par navires français et par terre...............	id.	exempt.	....		
par navires étrangers..................	id.	....	1		
calamine grillée (pulvérisée ou non)........	id.	10	1 50		
de première fusion, en masses brutes, soit saumons, barres ou plaques...........	id.	10	10		
laminé..................................	100 k. NB	50	55		
ouvré...................................	100 k. B	prohibé.	prohibé.		
en feuilles, destin. au doublage des nav. (3).	id.	exempt.	....		
limaille, par navires français et par terre....	100 k. BB	exempt.	....		
par navires étrangers............	id.	....	1		
ZOSTÈRE MARINE. *V.* Plantes alcalines.					

DISPOSITIONS RELATIVES A L'ILE DE CORSE.

Les produits du sol et de l'industrie française expédiés du continent à destination de la Corse ne sont soumis à aucun droit de sortie, et n'acquittent aucun droit à leur entrée dans l'île. Des décrets déterminent provisoirement les produits du sol et des fabriques de la Corse qui peuvent être admis sur le continent en exemption de droits, ainsi que les conditions de cette admission.

Sont, dans l'état actuel de la législation, admis à jouir de l'immunité :

1° Les articles dénommés ci-après : chevaux, bœufs et moutons, tortues, sangsues, viande fraîche de boucherie, peaux brutes, laines en masse, crins et poils, soie en cocons, cire jaune non ouvrée, suif brut, miel, engrais, oreillons, sang de bétail, anguilles et dorades salées provenant de l'étang de Chiurlino, huile extraite des poissons marinés en Corse, cornes, os et sabots de bétail bruts, froment, seigle, maïs, orge et avoine, pommes de terre, haricots, lupins et pois chiches, châtaignes et leurs farines, alpiste et millet, citrons et oranges frais, cédrats salés à l'eau de mer, figues et raisins, amandes en coques ou cassées, olives et noix communes, graines de lin, de pin et de garance, huile d'olive, herbes, fleurs et graines de lavande, mousse marine, bois à brûler et à construire, charbon de bois, perches et échalas, merrains de chêne et de châtaignier, osier en bottes, liége brut ou simplement râpé, calebasses vides, joncs de marais, écorces de tilleul pour cordages, lin et chanvre bruts en tiges, garance en racine, écorce de pin et de chêne-liége, mortina et lichens tinctoriaux, légumes verts, fourrages, plants d'arbres, agaric brut, bulbes et oignons, chardons cardières, drilles, grignon, marbres et granits bruts, vins et vinaigres de vin, eaux minérales, fromages de lait de brebis, dits de *Bruccio* ; alcools d'asphodèle, de cactus et autres, vieilles ferrailles, fers forgés en massiaux ou prismes ; acier en barres naturel ou de cémentation.

Ces articles doivent être accompagnés d'acquits-à-caution, qui ne sont délivrés que sur la présentation et le dépôt de certificats d'origine émanés des autorités locales. Pour les huiles et pour les céréales, ces certificats ne sont valables que lorsqu'ils ont été revêtus du visa du préfet, accordé d'après l'avis du directeur des douanes.

2° Les marchandises suivantes : brai sec, chanvre et lin teillés et peignés, coussinets en fonte pour chemin de fer, eau-de-vie de baies d'arbousier, fer étiré en barres de toutes dimensions, lorsque l'origine en est constatée, au vu d'échantillons, par les commissaires-experts du gouvernement ; fontes en masses pesant plus de 15 k., goudron, groisil, marbres polis et ouvrés, pâtes alimentaires dites pâtes d'Italie, poissons de mer salés dans les ateliers situés à la résidence des receveurs des douanes, potasses, soies grèges, soude naturelle, tartre brut, marbres sciés, livres imprimés dans l'île de Corse, les résines de toute sorte, les peaux tannées et apprêtées, les fers forgés en marliaux ou prismes, les fontes moulées, les aciers en cémentation, les essieux bruts pour locomotives ou voitur., les écorces de chêne-vert qui doivent être pareillement accompagnées d'acquits-à-caution, dont la délivrance par les douanes de la Corse est subordonnée à des conditions particulières qui ont été déterminées par l'article 7 de la loi du 6 mai 1841.

3° Enfin, les feuilles sèches recueillies en Corse et triturées, mais sous la condition qu'elles seront expédiées sous les formalités prescrites par le paragraphe 1er de l'article 10 de la loi du 21 avril 1818, c'est-à-dire, avec acquits-à-caution délivrés sur certificats des magistrats des lieux de récolte, attestant leur origine.

Toutes autres marchandises et denrées envoyées de l'île de Corse sur le continent français doivent être assujetties, à leur entrée, aux droits du tarif général, comme si elles étaient importées de l'étranger même.

Les produits de la Corse, dont l'admission en franchise sur le continent est autorisée, ne peuvent être importés que par les ports de Toulon, La Seyne, Marseille, Antibes, Cannes, Cette, Agde, Bayonne, Bordeaux, Nantes, Saint-Malo, le Havre, Honfleur, Rouen et Dunkerque. Toutefois, les coussinets en fonte pour chemin de fer, et les marbres polis et ouvrés, seront également admissibles par les bureaux d'Arles et de Bouc.

Le Tarif général des douanes est applicable en Corse, sauf les modifications suivantes :

DENOMINATION DES MARCHANDISES.	UNITÉS sur lesquelles portent les DROITS.	DROITS D'ENTRÉE par navires français.	DROITS D'ENTRÉE par navires étrangers.	DROITS de SORTIE.	NOTES.
		F. C.	F. C.	F. C.	
ANIMAUX vivants, bœufs...................	par tête.	1	1	1	
taureaux................	id.	1	1		
bouvillons................	id.	30	30		
vaches...................	id.	30	30	50	
génisses..................	id.	30	30		
veaux.....................	id.	15	15		
béliers, brebis et moutons......	id.	25	25	25	
agneaux....................	id.	10	10		
boucs et chèvres............	id.	exempts.	exempts.		
chevreaux..................	id.	id.	id.		
porcs, pesant plus de 15 kilogr. .	id.	0 25	0 25		
15 kilogr. ou moins (cochons de lait).	id.	0 10	0 10		

MODIFICATIONS

APPORTÉES

AUX TARIFS DES DOUANES DE L'ALGÉRIE

PENDANT L'ANNÉE 1860.

DÉCRET DU 11 FÉVRIER 1860.

NAPOLÉON,

Par la grâce de Dieu et la volonté nationale, Empereur des Français.

A tous présents et à venir, salut :

Art. 1er. Les produits naturels et les produits fabriqués dénommés dans les tableaux A et B annexés au présent décret sont ajoutés à ceux dont l'article 9 de la loi du 11 janvier 1851 et l'article 17 de la loi du 2 juillet 1856 autorisent l'admission en franchise de droits dans les ports de l'Empire.

Art. 2. Ceux des produits admis en franchise sur le continent français, conformément aux dispositions de l'article précédent, qui jouissent actuellement en Algérie soit de la franchise des droits de douane soit d'une modération quelconque de tarif, devront, à leur importation de l'étranger en Algérie, être soumis aux droits d'entrée du tarif général de France.

Art. 3. Les produits dénommés dans les tableaux A et B annexés au présent décret, dont les similaires jouissent en France d'une prime à l'exportation, devront, à leur importation d'Algérie en France, acquitter une taxe égale à cette prime conformément aux indications du tableau C.

TABLEAU A.

Produits naturels de l'Algérie auxquels la franchise est accordée à leur entrée en France.

Plumes d'oiseaux à écrire.
Soies moulinées.
Cire brute de toute sorte.
Orge perlé.
Pain et biscuit de mer.
Conserves alimentaires.
Olive en saumure ou à l'huile.
Graines de sorgho entières.
Résines d'exsudation brutes : résine molle.
— — — poix galipot.
— épurées : térébenthine.
— — — compacte ou liquide.
— de combustion : brai gras.
— — goudron.
— distillées : essence de térébenthine.
— — résidus de distillation.
— — brai sec, colophane, résine d'huile.
Graisses de poisson de pêche algérienne.
Bois communs de toutes sortes, bruts, équarris ou sciés.
Henné en feuilles pour la teinture.
Drinn en feuilles.
Garance moulue.
Or brut.
Argent brut.
Fer. Fonte brute non aciéreuse en masses pesant 15 kilogr. ou plus.
— Etiré en barres plates, carrées ou rondes.
— Platiné ou laminé : noir (tôle).
— — étamé (fer-blanc), plombé, cuivré ou zingué.
— Acier : en barres de toute espèce
— — en tôle de toute espèce.
Cuivre pur ou allié de zinc ou d'étain de première fusion en masses, barres ou plaques, laminé en barres ou en planches.
Etain : brut
— battu ou laminé.
Zinc laminé.
Antimoine métallique (régule).

TABLEAU B.

Produits fabriqués en Algérie auxquels la franchise est accordée à leur entrée en France.

Potasse brute.
Extrait colorant de la graine et de la plante de sorgho à l'état liquide.
Carmin.
Noir animal.
Parfumeries. Eaux distillées et de senteur : alcooliques.
— — sans alcool.
— Vinaigres parfumés.
— Pâtes liquides ou en pain.
— Savons liquides, en poudre, pains ou boules.
— Poudres de senteur.
— Pommades de toutes sortes.
— Fards.
— Pastilles odorantes à brûler.
Amidon.
Cire ouvrée (bougies, etc.).
Acide stéarique ouvré (bougies stéarines, etc.).
Chandelles.
Vins ordinaires et de liqueurs.
Vinaigres
Alcools de toute sorte.
Poteries de terre grossière.
— faïence commune.
Fils de crin, de palmier nain, d'alpha et d'aloès.
Nattes id. id. id. id.
Tresses id. id. id. id.
Cordages id. id. id. id.
Carton.
Papier.
Peaux préparées.
Pelleteries ouvrées.
Liége ouvré (en bouchons, etc.).
Ouvrages en bois de toute sorte.
Meubles de toute sorte.
Librairie en feuilles.
Orfévrerie d'or, de vermeil ou d'argent
Bijouterie id. id. id.
Brosserie de palmier nain et de drinn.
Blagues à tabac, brodées or, soie et argent sur cuir et sur tissu.
Bourses en soie, façon de Tunis.
Bracelets et cordons en passementerie arabe.
Chachias en velours.
Chapeaux du Sahara en paille ou sparte avec plumes d'autruche.
Coussins en cuir ou en velours brodés d'or et d'argent.
Coussins en drap, le drap valant moins de 4 fr. le kilogr.
Eventails brodés d'or et d'argent, en plumes d'autruche, en paille.
Ouvrages en marqueterie indigène ou en mosaïque arabe.
Lanternes mauresques.
Œufs d'autruche peints et garnis.
Paniers et corbeilles de nègres avec franges et tressages en drap.
Pantoufles pour hommes et pour femmes unies ou brodées, or et argent, sur cuir et sur velours.
Porte-cigares, porte-monnaie brodés, or ou argent, sur cuir ou sur velours.
Poupées en costumes indigènes.
Tuyaux de pipes en bois, garnis ou non, et pipes arabes.
Cannes en bois de myrte et autres.
Plateaux en cuivre ciselé.
Passementerie arabe, laine et soie, or et soie, tout or (la laine entrant pour moins de moitié dans le mélange).
Gandouras (espèce de grandes tuniques sans capuchon, en laine mélangée de soie) (la laine entrant pour moins de moitié dans le mélange).
Chapelets arabes.
Instruments de musique arabes.
Fichus de soie lamés d'or et d'argent.

TABLEAU C.

Droits à percevoir à l'importation en France sur les produits algériens ci-après :

	Les 100 kilogr.	
Soude naturelle.	3 fr.	60 c.
Savons autres que de parfumerie, blancs ou marbrés composés d'alcalis et d'huile d'olive ou de graines grasses ou mélangées de graisses animales. (L'huile entrant pour moitié au moins dans le mélange des corps gras).	6	50
(L'huile entrant pour moins de moitié).	5	»
Id. id. de graisses animales purs.	5	»
Id. id. de graisses animales mélangées de résine.	3	35
Peaux tannées, corroyées, hongroyées ou autrement apprêtées, teintes ou vernies.	5	»
Id. mégies, chamoisées ou maroquinées.	10	»
Coussins en drap ; le drap valant de 4 à 9 fr. le kilogr.	69	60
Id. id. 9 à 18 fr. le kilogr.	95	»
Id. id. plus de 18 fr. le kilogr.	122	»
Passementerie en laine ou en soie contenant au moins 75 p. % de laine.	75	
— — contenant au moins 60 p. % de laine.	54	»
Ganduras (espèces de grandes tuniques sans capuchon) : en laine pure valant au kilogramme de 3 à 8 fr.	50	»
— — — de 8 à 15 fr.	70	75
— — — plus de 15 fr.	91	»
Id. mélangés de soie et contenant au moins 75 p. % de laine.	75	»
— — — au moins 60 p. % de laine.	54	»
Liqueurs alcooliques, l'hectolitre.	12	50

DÉNOMINATION DES MARCHANDISES.	UNITÉS sur lesquelles portent les droits.	DROITS D'ENTRÉE. par navires français.	DROITS D'ENTRÉE. par navires étrangers.	DROITS de SORTIE.
		F. C.	F. C.	F. C.
Bois communs, à brûler, en bûches et en fagots (1)	le stère.	exempts.	exempts.	40
à construire, des colonies françaises et du Sénégal, de toute espèce	id.	id.	id.	
bruts	id.	05	10	50
sciés, de plus de 80 mill. d'épaiss.	id.	05	10	25
de 80 mill. et au-dessous	100m.del.	05	1	15
Denrées coloniales, etc. * — Tabac en feuilles	100 k. NB	60	65 50	
fabriqué	id.	100	107 50	
autres	....	(A)	(A)	
Farineux alimentaires, riz	100 k. BB	1	1 10	
châtaignes	id.	1	3	25
semoule en pâte	id.	15	16 50	
en gruau (grosse farine)	100 k.	(B)	(B)	
Métaux, minerai de fer	100 k. B	exempt.	25	prohibé.
Pêche, poissons de pêche étrangère	id.	15	16 50	exempts.
marinés, des colonies françaises	id.	10	....	id.
de l'étranger	id.	25	27 50	
Produits et dépouil. d'anim., viande de porc salée*	100 k. BB		50	
fromages de Sardaigne (2)	id.	5	5 50	
autres	id.	10	11	
Riz	100 k. B	1	1 10	
Châtaignes	id.	1	3	
Teintures et tanins, écorce (seconde) du chêne-liége, brute ou non moulue	100 k. B	10	10	prohib. (c)
feuilles de myrte	100 k. BB	exemptes.	exemptes.	50
Tissus de lin ou de chanvre *, dentelles	la valeur.	2 1/2 p. %	2 1/2 p. %	
autres	....	(A)	(A)	
de fleuret	1 k. NN	1	1 10	

NOTES.

(1) Les bois en bûches ne payent que 0,10 par stère à la sortie.

(2) La tarification spéciale dont il est ici question n'est applicable qu'aux fromages venant *de l'île de Sardaigne* même. Ceux qui sont importés de toute autre partie des États sardes doivent être assujettis à la taxe générale qui affecte, à l'entrée en Corse, les fromages étrangers.

(A) Moitié des droits portés au tarif général pour tous les articles compris sous cette dénomination.

(B) Mêmes droits que les farines selon l'espèce.

(c) Aux termes de l'ordonn. du 26 juin 1842 et de la loi du 9 juin 1845, la prohibition de sortie établie à l'égard de la seconde écorce du chêne-liége n'atteint pas les expéditions qui sont dirigées de l'île de Corse sur les ports de l'Algérie soumis à la domination française; mais, comme l'a expliqué la circulaire nº 1921, ces expéditions ne peuvent avoir lieu que sous la garantie d'un acquit-à-caution, afin qu'on puisse s'assurer que les écorces ainsi exportées ont accompli leur destination, c'est-à-dire qu'elles n'ont pas été conduites ailleurs que dans l'un des ports de nos possessions en Afrique en faveur desquels il est dérogé à la prohibition.

Pour toutes les marchandises taxées *au poids*, autres que celles qui figurent au tableau ci-contre, on doit, mais *pour l'entrée* seulement, réduire *à moitié* la portion du droit qui excède 5 fr. par 100 kil., conformément à ce qui est prescrit par l'art. 6 de la loi du 21 avril 1818.

Aux termes de l'article 7 de la même loi, la surtaxe de navigation doit être proportionnellement réduite pour les droits ainsi modifiés, c'est-à-dire qu'après que le droit principal a été établi, suivant la base indiquée dans le paragraphe précédent, la surtaxe doit être calculée proportionnellement à la quotité de ce droit, de la manière déterminée par l'article 7 de la loi du 28 avril 1816.

Dans l'application de ces règles, et ainsi que le prescrit l'art. 8 de la loi du 21 avril 1818, on doit ramener les centimes à des nombres décimaux, soit en abandonnant ceux qui n'excèdent pas 5, soit en forçant les autres.

Par exception à ces dispositions, l'huile d'olive, les légumes secs et leurs farines, les caractères d'imprimerie, le papier, l'encre d'impression, ainsi que les machines à imprimer sur caractères, la térébenthine et l'essence de térébenthine, les peaux fraîches et sèches, les fontes brutes, les fers en barres, les aciers en barres, les fromages blancs de pâte molle, les ferrailles étrangères, doivent acquitter les droits portés au tarif général.

Les marchandises réexportées *par navires français*, des entrepôts de l'État à destination de la Corse, doivent, à leur arrivée dans l'île, être traitées, sous le rapport des surtaxes, comme elles l'auraient été à la sortie de ces mêmes entrepôts en raison de leur provenance primitive, si, au lieu d'être dirigées sur la Corse, elles avaient été déclarées pour la consommation. Toutefois, dans le cas où ces marchandises auraient été originairement importées en France par navires étrangers, elles devraient être considérées à leur arrivée en Corse comme provenant des entrepôts d'Europe.

Quant aux marchandises étrangères réexportées des entrepôts de l'État à destination de la Corse *par navires étrangers*, elles doivent supporter la surtaxe de navigation afférente aux importations par navires étrangers, quel que soit le pavillon sous lequel elles ont été primitivement importées.

Les dispositions des traités de navigation et de commerce sont, de tous points, applicables en Corse, au même titre et sous les mêmes conditions que dans les autres parties de l'Empire.

RESTRICTION D'ENTRÉE *et* DE SORTIE. — Les marchandises qui, dans le tableau ci-dessus comme au tarif général, sont marquées d'un astérisque * ne peuvent être importées en Corse que par les seuls bureaux de Bastia, Bonifacio, Ajaccio, Calvi, l'île Rousse, Macinaggio, Porto-Vecchio Propriano, Saint-Florent et Centuri. En outre, et aux termes de l'article 12 de la loi du 7 juin 1820, les marchandises dénommées dans l'article 22 de la loi du 28 avril 1816, ne peuvent être admises *par ces mêmes bureaux* que lorsqu'elles y arrivent sur des bâtiments de 20 tonneaux et au-dessus : ces marchandises sont celles qui sont marquées de deux astérisques ** au *Tableau des droits* du tarif général.

L'importation des laines en Corse est restreinte aussi aux bureaux ci-dessus désignés par l'application de la restriction d'entrée résultant de l'article 1er de la loi du 17 mai 1826.

DISPOSITIONS RELATIVES A L'ALGÉRIE.

Les droits du tarif général des douanes sont applicables à toutes les marchandises importées en France, sauf les exceptions prononcées par la loi du 11 janvier 1851, en ce qui concerne l'admission en franchise des droits dans les ports de l'empire, des produits naturels et fabriqués de l'Algérie, énumérés ci-dessous dans les tableaux nos 1 et 2.

Toutefois l'application de la franchise est subordonnée à la condition que les marchandises arriveront par navires français, directement des ports d'Alger, Mers-el-Kébir, Oran, Philippeville, Bone, Mostaganem, Cherchell, Djemmaâ-Ghazouat, Dellys, Bougie, Gigelly, Arzew, Stora et La Calle.

Également, la franchise ne sera accordée que dans les ports ouverts à l'importation des marchandises taxées à plus de 20 fr. par 100 k.

Les transports entre la France et l'Algérie ne peuvent s'effectuer que par navires français, sauf le cas d'urgence et de nécessité absolue pour un service public. Ainsi, par décret du 1er octobre 1853 successivement prorogé par d'autres décrets, les grains, farines, riz pommes de terre et légumes secs, pourront être transportés en France par navires étrangers, jusqu'au 30 septembre 1859.

TABLEAU I.

Produits naturels de l'Algérie pour lesquels la franchise est accordée à leur entrée en France.

Animaux vivants de race chevaline, bovine, ovine, etc. — Bambous. — Bois d'ébénisterie indigène. — Bois de cactus. — Boyaux frais et salés. — Céréales en grains. — Cire non ouvrée, jaune ou brune. — Cochenille. — Corail brut de pêche algérienne. — Cornes de cerf. — Coton et laine. — Crins. — Cuivre pur et allié de première fusion en masse. — Dents d'éléphant. — Drilles. — Eaux de fleurs d'oranger. — Écorces à tan. — Écorces propres à la médecine. — Farines de céréales. — Feuilles de palmier nain. — Feuilles propres à la médecine. — Filaments végétaux bruts ou n'ayant subi qu'une préparation analogue au teillage. — Fleurs propres à la médecine. — Fontes brutes, aciéreuses. — Fourrages de toute sorte. — Fruits de table frais, secs ou tapés et confits de toute espèce. — Fruits oléagineux de toute sorte. — Garance en racine, verte ou sèche. — Gibier, volailles et tortues. — Gommes pures indigènes. — Graines à ensemencer. — Graines d'alpiste. — Graines oléagineuses de toute sorte. — Graisses de bœuf et de mouton (suif brut). — Groisil ou verre cassé. — Herbes propres à la médecine. — Huiles d'olive et de graines grasses. — Indigo — Kermès en grains. — Laines en masse. — Légumes frais et secs. — Lichens tinctoriaux. — Liége brut ou simplement râpé. — Marbre brut. — Miel. — Minerais de toute sorte. — Nerfs de bœuf et d'autres animaux — Ognons de scille marine. — Opium. — Os, sabots et cornes de bétail. — Oreillons. — Patates. — Peaux brutes. — Pelleteries. — Plomb brut. — Plumes de parures. — Poil de Messine. — Poils en masse. — Poissons de mer frais, secs, salés ou fumés, provenant de la pêche algérienne. — Pommes de terre. — Poudre d'or. — Racines propres à la médecine. — Ruches à miel renfermant des essaims vivants. — Safran. — Sangsues. — Sels de marais ou de saline et sels gemme ou fossile, sauf *perception du droit de consommation applicable au sel français*. — Soies et œufs de vers à soie. — Soufre non épuré (minerai compris). — Sparte en tiges brutes et battues. — Tabac en feuilles destiné à la régie. — Terres savonneuses.

TABLEAU II.

Produits fabriqués en Algérie qui seront admis en franchise en France.

Alcool d'asphodèle. — Armes de luxe damasquinées. — Ceintures algériennes en laine. — Cordages en sparterie et fil d'aloès. — Eaux de d'oranger. — Écharpes algériennes de coton, de laine et de soie brochées d'or. — Essences odoriférantes de jasmin, de géranium et toutes autres. — Farines de céréales. — Ferrailles. — Futailles vides. — Haïcks, burnous en laine ou mélangés de laine et de soie. — Joaillerie algérienne. — Livres, brochures, mémoires et autres écrits imprimés en Algérie. — Nattes. — Objets d'histoire naturelle. — Paniers à ouvrages en écorce et laine ou en fil d'aloès. — Pâtes alimentaires. — Pâtes à papier. — Parfumeries liquides. — Pipes en bois ornées de cuivre. — Poissons marinés à l'huile. — Sellerie indigène. — Tapis algériens mélangés de laine et d'écorce. — Tapis algériens étroits de grosse laine. — Tresses. — Vannerie.

IMPORTATIONS EN ALGÉRIE.

Les produits du sol et de l'industrie de l'Empire, à l'exception des sucres, et les produits étrangers nationalisés en France par le payement des droits, seront admis en Algérie en franchise des droits d'entrée, sur la présentation de l'expédition de douane délivrée à leur sortie de France et constatant leur origine.

Les produits étrangers, à l'exception de ceux mentionnés au § 4 ci-après, les produits des colonies françaises, et le sucre provenant des fabriques de France, acquitteront, à l'importation, les droits portés au tarif suivant.

TABLEAU DES DROITS D'ENTRÉE ET DE SORTIE APPLICABLES EN ALGÉRIE (1).

DÉNOMINATION DES MARCHANDISES.	UNITÉS SUR LESQUELLES portent les droits ou qui doivent être énoncées dans les déclarations.	ENTRÉE			SORTIE	
		TITRES de perception.	DROITS à l'importation en Algérie (2). par navires français.	par navires étrangers.	TITRES de perception.	DROITS (3
CHEVAUX. Etalons, juments. — mulets et mules. ...	Par tête.	11 janvier 1851.	Exempts.	Exempts.	11 janvier 1831.	Exempts
autres ...	...	*Voir* le Tarif	général.		10 juin 1857.	
BESTIAUX. Taureaux, bœufs, bouvillons, veaux. — vaches et génisses. — béliers, brebis, moutons, agneaux. — porcs. — cochons de lait. — boucs, chèvres, chevreaux. — autres. ...	Par tête.	11 janvier 1851.	Exempts.	Exempts.	id.	id.
BATIMENTS de mer (11) ...	id.	*Voir* le Tarif	général.			
SOIES. En cocons ...	100 k. BB	16 juillet 1855.	exemptes.	exemptes.	6 mai 1841. 24 octobre 1848. 26 juillet 1856.	30 c. le k.
écrues, grèges, y compris les doupions ...	1 k. NN	2 juillet 1836.	5	5	2 juillet 1836. 26 juillet 1856.	3 00
moulinées, y compris les douppions.	id.	id.	10	10	2 juillet 1836. 11 janvier 1851.	2 00
teintes, en cuit pour tapisserie, quand elles sont en pelotons pesant au plus un demi-kilogramme, ou en petits écheveaux ou en bobines dont le poids n'excède pas 3 décagr.	id.	15 mars 1791. 3 frimaire an v.	3 06	3 30	2 juillet 1836. 11 janvier 1851	1 00
à coudre, le poids de chaque écheveau ou de chaque bobine n'excédant pas 3 décagr. ...	id.	15 mars 1791. 3 frimaire an v.	3 06	3 30	2 juillet 1836. 11 janvier 1851.	10
toutes autres ...	id.	15 mars 1791. 3 frimaire an v.	3 06	3 30	2 juillet 1836. 11 janvier 1851.	6 00
bourre, en masses, écrue ...	100 k. BB	26 juillet 1856.	exempte.	1	24 octobre 1848.	30 c. le k.
teintes ...	1 k. NB.	id.	10	10	26 juillet 1856.	id.
cardée, en feuilles et gommé. — Ouate. ...	100 k. N. B.	28 avril 1816.	62 00	67 60	id.	id.
frisons peignés ...	1 k. NB	26 juillet 1856.	10	10	id.	id.
toute autre ...	id.	id.	10	10	id.	id.
filée (fleuret), écrue ou azurée ...	id.	id.	1	1 10	2 juillet 1836. 11 janvier 1851.	05
teinte ...	id.	id.	3 00	3 30	id.	id.
RIZ du Piémont, en grains, par navires français...	100 k. B.	10 février 1851.	3	...	id.	prohibée.
par navires sardes ...	id.	id.	...	8	id.	id.
par navires étrangers..	id.	15 avril 1832.	...	9	id.	id.
en paille... par navires français...	id.	10 février 1851.	1 50	...	id.	id.
par navires sardes. ...	id.	id.	...	4	id.	id.
par navires étrangers..	id.	2 juillet 1836.	...	4 50	id.	id.
autre ...	id.	*Voir* le Tarif	général.			
FRUITS de table frais. Citrons, oranges et leurs variét.	100 k. BB	11 janvier 1851.	Exempts.	Exempts.	id.	Exempts.
noix de coco ...	id.	id.	id.	id.	id.	id.
carobe ou carouge ...	id.	id.	id.	id.	id.	id.
autres, exotiques ...	id.	id.	id.	id.	id.	id.
indigènes ...	id.	id.	id.	id.	id.	id.
GRAINES à ensemencer. De jardin et de fleurs ...	id.	id.	id.	id.	id.	id.
de garance, de pastel et de chardons cardères.	id.	id.	id.	id.	id.	id.
forestales ...	id.	id.	id.	id.	id.	id.
de coton ...	id.	id	id.	id.	id.	id.
de prairie ...	id.	id.	id.	id.	id.	id.
SUCRE non raffiné, des colonies françaises et des fabriques de la métropole ...	100 k. NB	11 janvier 1851.	10 00	...	11 janvier 1851.	Exempt.
étranger, du 1er type et nuances inf., des entrepôts de France, importés primitiv. par navires franç., de Chine, Cochinchine, Philippines, Siam ...	id.	29 décemb. 1855.	33 75	...	id.	id.
des autres contrées de l'Inde ...	id.	id.	35 25	...	id.	id.
d'ailleurs, hors d'Europe ...	id.	id.	37 50	...	id.	id.
des entrepôts ...	id.	id.	50 25	...	id.	id.
importé primitiv. par navires étrang.	id.	id.	45	...	id.	id.
d'ailleurs que des entrepôts de Fran.	...	*Voir* le Tarif	général.			
au-dessus du 1er type, des entrepôts de France, primit. par navires français, Chine, Cochinchine, Philippines, Siam.	29 décemb. 1855.	id.	36	...	id.	id.
des autres contrées de l'Inde ...	id.	id.	37 50	...	id.	id.
d'ailleurs, hors d'Europe ...	id.	id.	39 75	...	id.	id.
des entrepôts ...	id.	id.	47 25	...	id.	id.
importé primitivem. par navires étrang.	id	id.	47 25	...	id.	id.
d'ailleurs que des entrepôts de France.	id.	*Voir* le Tarif	général			
raffiné, en France ...	11 janvier 1851.	11 janvier 1851.	20 00	...	id.	id.
dans les colonies françaises, au delà du cap de Bonne-Espérance ...	27 mars 1852.	27 mars 1852.	41 80	...	id.	id.
d'Amérique ...	id.	id.	45 10	...	id.	id.
à l'étranger ...	...	11 janvier 1851.	Prohibé.	Prohibé.	id.	id.

Voir les notes indiquées par les renvois à la suite des dispositions relatives à l'Algérie, page 73.

DÉNOMINATION DES MARCHANDISES.	UNITÉS sur lesquelles portent les droits ou qui doivent être énoncées dans les déclarations.	ENTRÉE. TITRES de perception.	ENTRÉE. DROITS à l'importation en Algérie (2) par navires français.	ENTRÉE. DROITS à l'importation en Algérie (2) par navires étrangers.	SORTIE. TITRES de perception.	SORTIE. DROITS(3).
Café. Des entrepôts de France	100 k. NB	16 décemb. 1843. 11 janvier 1851.	12 00	....	11 janvier 1851.	Exempts.
d'ailleurs que des entrepôts de France	id.	16 décemb. 1843. 11 janvier 1851.	15 00	16 50	id.	id.
Piment en grains ou moulu	100 k.	5 septemb. 1855.	15	16 50	id.	id.
Bois à brûler	Le stère ou le cent en nombre, selon l'espèce	11 janvier 1851	Exempts.	Exempts.	id.	id.
Charbon de bois et de chènevottes	Le mètre cube.	id.	id.	id.	id.	id
Bois à construire, de pin et de sapin, bruts et simplement équarris ou sciés	Le stère ou les 100 m. de long., selon l'espèce.	id.	id.	id.	id.	id.
d'orme, brut et simplement équarri	id.	id.	id.	id.	id.	id.
de noyer, scié, en planches ou plateaux de 1 mètre 46 centimètres ou plus de longueur, et ayant 27 millimètres ou plus d'épaisseur	id.	id	id.	id.	6 mai 1841.	30 fr. les 100 kil. B
dans tout autre état	id.	id.	id.	id.	id.	25 fr. le stère.
autres, bruts et simplement équarris ou sciés	id.	id.	id.	id.	11 janvier 1851.	Exempts.
mâts	La pièce.	id.	id.	id.	id.	id.
mâtereaux	id.	id.	id.	id.	id.	id.
espars	id.	id.	id.	id.	id.	id.
pigouilles	id.	id.	id.	id.	id.	id.
manches de gaffe	id.	id.	id.	id.	id.	id.
manches de fouine et de pinc. à goud.	id.	id.	id.	id.	id	id.
Perches	Le mille en nomb.	id.	id.	id.	id.	id.
Echalas	id.	id.	id.	id.	id.	id.
Bois en éclisses	Les mille feuilles.	id.	id.	id.	id.	id.
Bois feuillard	Le mille en nomb.	id.	id.	id.	id.	id.
Merrains de chêne et autres	id.	id.	id.	id.	id.	id.
Osier en bottes	100 k. BB	id.	id.	id.	id.	id.
Ecorces à tan, de sapin non moulues	100 k. B	16 juillet 1855.	exemptes.	exemptes.	id.	Prohib.(3).
moulue. — Tan	id.	28 avril 1816.	50 cent.	50 cent.	id.	id.
autres non moulues	id.	16 juillet 1855.	exemptes.	exemptes.	id.	id.
moulues. — Tan	id.	28 avril 1816.	50 cent.	50 cent.	id.	id.
Légumes verts	100 k. BB	11 janvier 1851.	Exempts.	Exempts.	id.	id.
Foin, paille et fourrages	id.	16 décemb. 1843. 11 janvier 1851.	50 cent.	50 cent.	id.	Exempts.
Plants d'arbres	id.	id.	Exempts.	Exempts.	id.	id.
Drilles	100 k. B	16 juillet 1855.	id.	I	id.	Prohib.(3)
Tourteaux de graines oléagineuses. De lin	100 k. BB	id.	id.	Exempts.	29 juillet 1850. II janvier 1851.	0 30
autres	id.	id.	id.	id.	9 juin 1855. II janvier 1851.	2 25
Chaux	id.	11 janvier 1851.	Exempts.	Exempts.	id.	Exempts.
Ardoises	Le mille ou le cent en nombre, selon l'espèce.	id.	id.	id.	id.	id.
Pierres à bâtir (4)	100 k. BB	id.	id.	id.	id.	id.
Pouzzolane	id.	id.	id.	id.	id.	id.
Bitumes solides, purs	id.	id.	id.	id.	id.	id.
mêlés de terre	id.	id.	id.	id,	id.	id.
mastic bitumeux	id.	id.	id.	id.	id.	id.
Houille crue (charbon de terre)	id.	id.	id.	id.	id.	id.
Tabacs en feuilles ou en côtes, venant des entrepôts de France	id.	1er sept. 1856.	20		id.	id.
venant de l'étranger	id.	id.	25	27 50	id.	id.
fabriqués (10)	id.	id.	40	44	id.	id.
Fer (minerai de)	....	*Voir* le Tarif général.				
fonte brute aciéreuse de Styrie ou de Carinthie, sans distinction de poids	100 k. BB	26 juillet 1856.	4	4 40	id.	id.
non aciéreuse, en masses pesant 15 kilogrammes ou plus	id.	id.	2	2 20	id.	id.
autres	....	*Voir* le Tarif général.				
étiré, sans distinction de mode de fabrication, en barres plates de 458 mill. et plus, la largeur multipliée par l'épaisseur	100 k.BB	26 juillet 1856.	5	5 50	id.	id.
de 213 millimètres inclusivement à 458 exclusiv., la larg. mult. par l'épaisseur	id.	id.	6	6 60	id.	id.
de moins de 213 mill. *id.*	id.	id.	7	7 70	id.	id.
en barres carrées de 22 millimètres et plus sur chaque face	id.	id.	5	5 50	id.	id.
de 15 millimètres inclusivement à 22 exclusivement, sur chaque face	id.	id.	6	6 60	id.	id.
de moins de 15 mill. *id.*	id.	id.	7	7 70	id.	id.

Voir les notes indiquées par les renvois à la suite des dispositions relatives à l'Algérie, page 73.

DÉNOMINATION DES MARCHANDISES.	UNITÉS sur lesquelles portent les droits ou qui doivent être énoncées dans les déclarations.	ENTRÉE. Titres de perception.	Droits à l'importation en Algérie (2) par navires français.	par navires étrangers.	SORTIE. Titres de perception.	Droits (3).
Fer étiré en barres rondes de 15 millimètres et plus de diamètre	100 k. BB	26 juillet 1856.	6	6 60	11 janvier 1851.	Exempts.
de moins de 15 millimètres de diamètre	id.	id.	7	7 70	id.	id.
en barres à rainures, *dites* Rails	id.	id.	Mêmes droits que les fers étirés, selon leurs dimensions.		id	id.
forge, en massiaux ou prismes	....	*Voir* le Tarif général.				
platiné ou laminé, noir. — Tôle	....	*Voir* le Tarif général.				
étamé. — Fer-blanc	100 k. BB	29 août 1855.	20 00	22	id.	id.
de tréfilerie	....	*Voir* le Tarif général.				
Acier (fer carburé),						
en barres	100 k. BB	26 juillet 1856.	15 00	16 50	id.	id.
en tôle, de toute espèce	id.	29 août 1855.	25 00	27 50	id.	id.
filé, de toute espèce	id.	id.	35 00	38 50	id.	id.
limailles et pailles	....	*Voir* le Tarif général.				
ferrailles (débris de vieux ouvrages en fer et en fonte)	....	id.	id.	id.	id.	id.
Mâchefer	....	id.	id.	id.	id.	id.
Cuivre (minerai de)	100 k. B	26 juillet 1856.	Exempt.	1 00	id.	Prohib.(1)
pur, de 1re fusion, en masses, barres, plaques, ou en objets détruits.						
des entrepôts de France, importé primitivement par navires français des pays hors d'Europe	100 k. BB	9 juin 1845. 11 janvier 1851.	00 05	....	id.	id.
des entrepôts de France, importé primitivement par navires français ou navires étrangers	id.	2 juillet 1836. 11 janvier 1851.	1 00	....	id	id.
de l'étranger, des pays hors d'Europe	id.	2 juillet 1836. 9 juin 1845. 11 janvier 1851.	0 05	1 50	id.	id.
des entrepôts	id.	2 juillet 1836. 11 janvier 1851.	1 00	id	id	id.
en tout autre état	....	*Voir* le Tarif général.				
allié de zinc de 1re fusion, en masses, barres, plaques, ou en objets détruits	100 k. BB	2 juillet 1836. 11 juin 1845. 11 janvier 1851.	Mêmes droits que le c. pur.	Mêmes droits que le c. pur.	id.	id.
en tout autre état	....	*Voir* le Tarif général				
allié d'étain	....	id.	id.			
doré	....	id.	id.			
argenté	....	id.	id.			
limaille	....	id.	id.			
Étain (Minerai d')	....	id.	id.			Exempts
brut	100 k. BB	11 janvier 1851.	Exempt.	Exempt.	id	id.
battu ou laminé	id.	id.	id.	d.	id.	id.
Zinc, pierre calaminaire (minerai)	....	*Voir* le Tarif général.				
calamine grillée, pulvérisée ou non	....	id.	id.			
de 1re fusion, en masse brutes, soit saumons, barres ou plaques	100 k. BB	11 janvier 1851.	Exempt.	Exempt.	id.	id.
laminé	id.	id.	id.	id.	id	id.
limailles	....	*Voir* le Tarif général.				
Sel marin, sel de saline et sel gemme	100 k. BB	16 décemb. 1843. 11 janvier 1851.	3 00	3 30	id.	id.
Poterie de grès fin (5), en blanc, platerie	id.	16 décemb. 1843. 11 janvier 1851.	27 50	30 20	id.	id.
creux	100 k. NB	16 décemb. 1843. 11 janvier 1851.	55 00	60 20	id.	id.
imprimée, platerie	id.	16 décemb. 1843. 11 janvier 1851.	50 50	55 00	id.	id.
creux	id.	16 décemb. 1843. 11 janvier 1851.	77 50	83 80	id.	id.
peinte et décorée	id.	16 décemb. 1843. 11 janvier 1851.	137 50	146 80	id.	id.
Carreaux en faïence	100 k. BB	11 janvier 1851.	Exempts	Exempts.	2 juillet 1836.	40 00
Fil de mulquinerie	....	*Voir* le Tarif général.			11 janvier 1851.	100 k. B
Tissus de coton (6) purs ou mélangés d'autres matières que la soie ou la laine,						
unis et croisés, dits calicots, percales, jaconas, coutils, printanière, etc.,						
écrus, de moins de 15 fils	1 k. NB	16 décemb. 1843. 11 janvier 1851.	0 85	90	id.	Exempts.
de 15 fils inclusivement à 20 fils exclusivement	id.	16 décemb. 1843. 11 janvier 1851.	1 30	1 40	id.	id.
de 20 fils inclusivement à 25 fils exclusivement	id.	16 décemb. 1843. 11 janvier 1851.	2 90	3 10	id.	id.

Voir les notes indiquées par les renvois à la suite des dispositions relatives à l'Algérie, page 73.

DÉNOMINATION DES MARCHANDISES.	UNITÉS SUR LESQUELLES portent les droits ou qui doivent être énoncées dans les déclarations.	ENTRÉE. TITRES de perception.	DROITS à l'importation en Algérie (2) par navires français.	par navires étrangers.	SORTIE. TITRES de perception.	DROITS(3).
TISSUS DE COTON écrus de 25 fils et au-dessus....	1 k. NB	16 décemb. 1843. 11 janvier 1851.	8 00	8 80	11 janvier 1851.	Exempts.
blancs, de moins de 15 fils..............	id.	16 décemb. 1843. 11 janvier 1851.	0 95	1 00	id.	id.
de 15 fils inclusivement à 20 fils exclusivement...............	id.	16 décemb. 1843. 11 janvier 1851.	1 40	1 50	id.	id.
du 20 fils inclusivement à 25 fils exclusivement...............	id.	16 décemb 1843. 11 janvier 1851.	3 00	3 30	id.	id.
teints ou imprimés de moins de 15 fils...	id.	16 décemb. 1843. 11 janv. 1851.	8 35	9 15	id.	id.
de 15 fils inclusivement à 20 fils exclusivement...............	id.	16 décemb. 1843. 11 janvier 1851.	1 70	1 80	id.	id.
de 20 fils inclusivement à 25 fils exclusivement...............	id.	16 décemb. 1843. 11 janvier 1851.	2 50	2 70	id.	id.
de 25 fils et au-dessus..........	id.	16 décemb. 1843. 11 janvier 1851.	5 00	5 50	id.	id.
de 25 fils et au dessus...	id.	16 décemb. 1843. 11 janvier 1851.	12 10	13 30	id.	id.
mouchoirs écrus........................	id.	16 décemb. 1843. 11 janvier 1851.	3 15	3 45	id.	id.
blancs..........................	id.	16 décemb. 1843. 11 janvier 1851.	3 35	3 65	id.	id.
teints ou imprimés............	id	16 décemb. 1843. 11 janvier 1851.	4 00	4 40	id.	id.
mousselines, gazes, organdis, etc. unis ou brochés, écrus de moins de 12 fils.	id.	16 décemb. 1843. 11 janvier 1851.	2 00	2 20	id.	id.
de 12 fils inclusivement à 16 fils exclusivement......	id.	16 décemb. 1843. 11 janvier 1851.	11 65	12 80	id.	id.
de 16 fils et au-dessus.	id.	16 décemb. 1843. 11 janvier 1851.	32 95	36 20	id.	id.
blancs, de moins de 12 fils...	id.	16 décemb. 1843. 11 janvier 1851.	2 15	2 35	id.	id.
de 12 fils inclusivem. à 16 fils exclusivem.	id.	16 décemb. 1843. 11 janvier 1851.	12 25	13 45	id.	id.
de 16 fils et au-desus.	id.	16 décemb. 1843, 11 janvier 1851.	33 75	37 10	id.	id.
teints ou imprimés, de moins de 12 fils........	id.	16 décemb. 1843. 11 janvier 1851.	3 55	3 90	id.	id.
de 12 fils inclusivem. à 16 fils exclusivem.	id.	16 décemb. 1843 11 janvier 1851.	17 00	18 70	id.	id.
de 16 fils et au-dessus.	id.	16 décemb. 1843. 11 janvier 1851.	45 40	49 90	id.	id.
brodés, écrus, de moins de 12 fils.......	id.	16 décemb. 1843. 11 janvier 1851.	4 00	4 40	id.	id.
de 12 fils inclusivement à 16 fils exclusivement....	id.	16 décemb. 1843. 11 janvier 1851.	23 30	25 60	id.	id.
de 16 fils et au-desssus...	id.	16 décemb. 1843. 11 janvier 1851.	65 90	71 60	id.	id.
blancs, de moins de 12 fils.....	id.	16 décemb. 1843. 11 janvier 1851.	4 30	4 70	id.	id.
de 12 fils inclusivement à 16 fils exclusivement.	id.	16 décemb. 1843. 11 janvier 1851.	24 50	26 90	id.	id.
de 16 fils et au-dessus....	id.	16 décemb. 1843. 11 janvier 1851.	67 50	73 30	id.	id.
teints ou imprimés de moins de 12 fils.........	id	16 décemb. 1843. 11 janvier 1851.	7 10	7 80	id.	id.
de 12 fils inclusiv. à 16 fils exclusiv.	id.	16 décemb. 1843. 11 janvier 1851.	34 00	37 40	id.	id.
de 16 fils et au-dessus	id.	16 décemb. 1843. 11 janvier 1851.	90 80	97 80	id.	id.
tulles et dentelles, écrus...............	id.	16 décemb. 1843. 11 janvier 1851.	65 90	71 60	id.	id.
blancs................	id.	16 décemb. 1843. 11 janvier 1851.	67 50	73 30	id.	id.
teints ou imprimés....	id.	16 décemb. 1851. 11 janvier 1851.	90 80	97 80	id.	id.
purs ou mélangés d'autres matières que la soie ou la laine,						
couvertures, bonneterie, rubannerie et passementerie, écrues..................	id.	16 décemb. 1843. 11 janvier 1851.	0 85	0 90	id.	id.
blanches................	id.	16 décemb. 1843. 11 janvier 1851.	0 95	1 00	id.	id.
teintes ou imprimées......	id.	16 décemb. 1843. 11 janvier 1851.	1 70	1 80	id.	id
mélangés de soie, de moins de 16 fils..	id.	16 décemb. 1843. 11 janvier 1851.	8 40	9 20	id.	id.

Voir les notes indiquées par les renvois à la suite des dispositions relatives à l'Algérie, page 73.

DÉNOMINATION DES MARCHANDISES.	UNITÉS SUR LESQUELLES portent les droits ou qui doivent être énoncées dans les déclarations.	ENTRÉE. TITRES de perception.	ENTRÉE. DROITS à l'importation en Algérie (2) par navires français.	ENTRÉE. DROITS à l'importation en Algérie (2) par navires étrangers	SORTIE. TITRES de perception.	SORTIE. DROITS (3).
TISSUS DE COTON mél. de soie, de 16 fils et au-dess.	1 k. NB	16 décemb. 1843. 11 janvier 1851.	18 60	20 40	11 janvier 1851.	Exempts.
nankin	....	*Voir* le Tarif général.				
TISSUS DE LAINE (7), purs ou mélangés d'autres matières que la soie,						
foulés et drapés (draps) valant par mètre moins de 10 francs	1 k. NB	16 décemb. 1843. 11 janvier 1851.	6 90	7 50	id.	id.
10 fr. inclusivement à 20 fr. exclusivement.	id.	16 décemb. 1843. 11 janvier 1851.	9 15	10 05	id.	id.
20 fr. inclusivement à 30 fr. exclusivement.	id.	16 décemb. 1843. 11 janvier 1851.	11 70	12 80	id.	id.
30 francs et au-dessus	id.	16 décemb. 1843. 11 janvier 1851.	16 90	18 50	id.	id.
foulés, légèrement foulés ou non foulés (casimir, mérinos, mousseline, nouveautés, etc.) valant par mètre moins de 10 francs	id.	16 décemb. 1843. 11 janvier 1851.	6 60	7 20	id.	id.
10 fr. inclusivement à 20 fr. exclusivement.	id.	16 décemb. 1843. 11 janvier 1851.	6 90	7 50	id.	id.
20 fr. inclusivement à 30 fr. exclusivement.	id.	16 décemb. 1843. 11 janvier 1851.	7 90	8 60	id.	id.
30 fr. et au-dessus	id.	16 décemb. 1843. 11 janvier 1851.	10 80	11 80	id.	id.
mélangés de soie	id.	16 décemb. 1843. 11 janvier 1851.	25 85	28 40	id.	id.
couvertures ordinaires	id.	16 décemb. 1843. 11 janvier 1851.	2 40	2 60	id.	id
à raies de couleur	id	16 décemb. 1843. 11 janvier 1851.	4 20	4 60	id.	id.
bonneterie orientale	id.	16 décemb. 1843. 11 janvier 1851.	9 15	10 5	id.	id.
autre	id.	16 décemb. 1843. 11 janvier 1851.	6 90	7 50	id.	id.
châles	id.	16 décemb. 1843. 11 janvier 1851.	Mêmes droits que les tissus non foulés, selon l'espèce.		id.	id.
passementerie et rubannerie	....	*Voir* le Tarif général.				
tapis	....	id.				
burail et crépon de Zurich	....	id.				
toile à blutoir, sans couture	....	id.				
CARTON en feuilles, de simple moulage ou pâte de papier	100 k. N	28 avril 1816. 27 mars 1817.	150 00	160 00	id.	Proh. (3).
autre	....	*Voir* le tarif général.				
CONTREFAÇONS (9)	100 k. B	16 décemb. 1843. 11 janvier 1851.	Prohibées	Prohibées	id.	Exempts.
ARMES DE GUERRE	....	16 décemb. 1843. 11 janvier 1851	Prohibées	Prohibées	id	id.
MUNITIONS DE GUERRE, poudre à tirer	....	16 décemb. 1843. 11 janvier 1851.	id.	id	id.	Proh. (3).
capsules de poudre fulminante.	....	16 décemb. 1843. 11 janvier 1851.	Prohibées	Prohibées	id.	Proh. (3).
projectiles	....	16 décemb. 1843. 11 janvier 1851.	id.	id.	id.	id.
BOIS DE FUSIL en noyer achevés ou ébauchés	La valeur.	15 mars 1791.	15 p. %.	15 p. %.	6 mai 1841. 11 janvier 1851.	30 f. 00 les 100 k. B.
TOUTES AUTRES MARCHANDISES prohibées à l'entrée en France. Des entrepôts de France	id.	16 décemb. 1843. 11 janvier 1851.	20 p. %.	20 p. %.	11 janvier 1851.	
de l'étranger	id.	16 décemb. 1843. 11 janvier 1851.	25 p. %.	25 p. %.	id.	Exemptes
tarifées à l'entrée en France.	....	11 janvier 1851.	Droits applicables dans les ports français de la Méditerran.		id.	id.

Voir les notes indiquées par les renvois à la suite des dispositions relatives à l'Algérie, page 73.

DROITS APPLICABLES A DIVERSES MARCHANDISES A LEUR IMPORTATION PAR LES FRONTIÈRES DE TERRE, DE TUNIS ET DU MAROC.

DÉSIGNATION DES MARCHANDISES.	UNITÉS sur lesquelles portent les droits.	DE LA TUNISIE.	DU MAROC.
		F. C.	F. C.
Bonnets de laine (bonneter. orient.).	1 k. N	4 50	2 25
Brenschia de Constantinople......	id.	15	7 50
Burnous en laine. Tissu non foulé valant par mètre moins de 10 f.	id.	3 30	1 65
en tissu de laine mélangée de soie................	id.	13	6 50
Ceintures en laine mélangée de soie.	id.	13	6 50
Dattes, fruits secs ou tapés	id.	8	4
El-adjar en tissus de coton mélangé de soie, de moins de seize fils.	id.	4 20	2 10
de seize fils et au-dessus.....	id.	9 30	4 65
Haïcks en laine avec filets de soie..	id.	3 30	1 65
en tissu de laine mélangée de soie....................	id.	13	6 50

DÉSIGNATION DES MARCHANDISES.	UNITÉS sur lesquelles portent les droits.	DE LA TUNISIE.	DU MAROC.
		F. C.	F. C.
Laines en masse, en suint, et pélades à la chaux, communes.	1 k. N.	5	5
fines...........	id.	10	10
lavées, communes.	id.	10	10
fines.....	id.	22 50	22 50
Peaux ouvrées (babouches)........	100 k. N	50	25
préparées	100 k. B	20	10
Schembir Tissu de soie et étoffe pure unie..........	1 k. N	8	4
Turbans en tissu de coton mélangé de soie, de moins de seize fils.	id.	4 20	2 10
de seize fils et au-dessus.....	id.	9 30	4 65
Autres marchandises..................	....	Prohibées	Prohibées
Mules, mulets, bestiaux..........	....	Exempts.	Exempts.

L'embarquement et le départ des productions coloniales françaises et des marchandises étrangères prises dans les ports de France devront être justifiés par les manifestes de sortie, certifiés par la douane, et indiquant les marques et numéros des colis, ainsi que le poids, l'espèce et l'origine des objets.

Sont et demeurent prohibés en Algérie les sucres raffinés à l'étranger, et, quelles qu'en soient la provenance et l'origine, les armes, munitions et projectiles de guerre, les contrefaçons en matière de librairie, de typographie, de gravures et de musique gravée.

Exportations de l'Algérie.

Les marchandises expédiées à destination d'un port français, sous les formalités prescrites en France pour le cabotage, seront affranchies des droits de sortie.

Restrictions d'entrée.

Les marchandises imposées en Algérie à la valeur, ou à un droit de plus de 15 fr. par 100 kilogrammes, ne pourront être importées que par les ports d'Alger, Mers-el-Kébir, Oran, Tenez, Philippeville et Bône.

Sauf l'exception relatée ci-dessous aux dispositions générales, toute importation par terre est prohibée, sous peine :

1° De la confiscation des objets saisis et des moyens de transport;

2° D'une amende de 1,000 à 3,000 francs, et d'un emprisonnement d'un à six mois.

Cabotage.

Les marchandises provenant de l'Algérie, celles qui y auront été admises en franchise, et celles qui, passibles des droits, les auront acquittés, pourront être transportées, en franchise de tout droit d'entrée et de sortie, d'un port à un autre de l'Algérie, moyennant les formalités prescrites en France pour le cabotage.

Dispositions générales.

Des arrêtés du gouverneur général de l'Algérie, délibérés en conseil d'administration, et approuvés par notre ministre secrétaire d'État au département de la guerre, pourront désigner, parmi les ports de l'Algérie où il n'existe pas d'établissements de douane, ceux dont les provenances seront admises en franchise dans les autres ports de cette possession, en ce qui concerne les objets ci-après :

Grains, légumes verts, lait, beurre, œufs, volailles, gibier, bois à brûler, charbon de bois, bois de construction, matériaux à bâtir et savon noir.

Toutes les autres marchandises, venant de ces ports ou y allant, seront traitées comme venant de l'étranger ou y allant.

NOTES.

(1) Le tableau des droits applicables en Algérie ne concerne que le commerce par mer. On ne peut introduire par terre que les marchandises dont l'admission en franchise par cette voie a été autorisée par l'arrêté du gouverneur général du 15 janvier 1844, par le décret du 11 août 1853, et par le décret du 5 juin 1856, relatif aux objets originaires de la régence de Tunis et du Maroc. (Voir le tableau ci-dessus.)

Les décimes additionnels sont exigibles, 1° sur tous les produits tarifés à la sortie; 2° sur les produits qui sont soumis à l'entrée aux conditions du Tarif métropolitain ou à des droits déterminés par la loi du 11 janvier 1851. On n'affranchit des décimes additionnels, et à l'entrée seulement, que les produits tarifés primitivement par l'ordonn. du 16 décemb. 1843.

Tous les produits importés en Algérie étant passibles, en règle générale, des droits en vigueur dans les ports français de la Méditerranée, les exceptions établies à cet égard par la loi du 11 janvier 1851 ne concernent que les marchandises nommément désignées soit par cette loi, soit par l'article 9 de l'ordonnance du 16 décembre 1843. Les produits dont le régime dans la métropole se règle sur celui de marchandises de la nature de celles qui jouissent en Algérie de la franchise ou d'une modération de droits doivent être assujetties, à l'entrée en Algérie, aux conditions du Tarif métropolitain. Il en est ainsi, notamment, pour les sirops, les confitures au sucre, les fontes aciéreuses, le mâchefer, etc.

Les produits exempts de droits doivent être déclarés, à l'entrée et à la sortie, selon les unités énoncées au Tarif général de France (loi du 11 janvier 1851, article 2). Soit ou non que, dans le tableau des droits exigibles en Algérie, les classifications du Tarif métropolitain aient été rappelées, on doit veiller à ce que les unités indiquées par ce tarif soient reproduites dans les déclarations.

Les modérations de droits et les assimilations de pavillon établies par les traités de commerce ne sont pas applicables en Algérie. Les produits des pays avec lesquels la France a conclu des conventions commerciales sont passibles, en Algérie, des conditions générales du tarif, soit que l'importation ait lieu directement, soit qu'elle s'effectue par la voie des entrepôts de la métropole. Il n'y a d'exception que pour le riz des États sardes, qui, d'après une prescription spéciale du traité du 5 novembre 1850, est admissible en Algérie au droit résultant de ce traité pour les importations en France. Sont, en outre, admissibles en franchise en Algérie, d'après le même traité, les bois à construire et à brûler, les merrains, les feuillards, le charbon de bois et les matériaux à bâtir (chaux et pierres à bâtir). Si l'exemption de droits dont ces produits jouissent en vertu de la loi du 11 janvier 1851 était retirée à titre général, elle devrait être maintenue jusqu'à l'expiration du traité, pour les importations effectuées des États sardes sous pavillon français ou sarde, et à charge de justification régulière d'origine.

(2) Les marchandises étrangères réexpédiées des entrepôts de France par navires français sont soumises en Algérie au droit qui leur est applicable, d'après leur provenance primitive, lorsqu'elles ont été originairement importées par navires français. Celles dont la réexpédition a pareillement lieu sous pavillon français, et qui sont arrivées primitivement en France par navires étrangers, acquittent le droit afférent aux importations des entrepôts par navires français (Décision ministérielle du 16 janvier 1851).

Si, par mesure exceptionnelle, des navires étrangers étaient admis à transporter de France en Algérie des marchandises étrangères, il y aurait lieu de percevoir le droit des importations sous pavillon étranger.

(3) Les droits exigibles à la sortie de l'Algérie doivent être perçus sur les produits algériens qui sont réexportés des entrepôts de la métropole. On ne soumet qu'à la taxe de réexportation, à la sortie de ces entrepôts, les produits algériens qui sont exempts de droits à la sortie de l'Algérie. Le commerce sera autorisé à placer en entrepôt ceux de ces produits qui seront destinés à la réexportation.

Il peut être dérogé, à titre temporaire, par des décrets de l'empereur, à la prohibition de sortie des drilles, du carton de simple moulage, des écorces à tan, du minerai de cuivre, et des armes, munitions et projectiles de guerre. Dans ce cas, les droits du tarif de la métropole sont exigibles (Loi du 11 janvier 1851, article 7).

(4) PIERRES A BATIR. L'exemption de droits établie par la loi du 11 janvier 1851, pour les pierres à bâtir, doit être appliquée tant aux pierres proprement dites qu'aux moellons, pavés et déchets de pierres.

(5) POTERIE DE GRÈS FIN. Cette dénomination désigne tant la poterie de grès fin que la poterie de terre de pipe (*faïence fine ou faïence anglaise*).

On entend par *platerie*, les plats, les assiettes et les objets analogues, et, par *creux*, tous les autres ustensiles en poterie.

(6) TISSUS DE COTON. Ainsi que cela a lieu, d'après le Tarif métropolitain, pour les tissus de lin ou de chanvre, le tarif des tissus de coton, à l'entrée en Algérie, est basé sur le nombre de fils que la chaîne de l'étoffe présente dans l'espace de 5 millimètres. Tout fil qui, dans cet espace, apparaît plus ou moins découvert, doit être compté comme fil entier (Ordonnance du 16 décembre 1843).

Lorsqu'il s'agit de tissus brochés, ouvragés ou damassés, le *compte-fils* doit être appliqué sur la partie unie de l'étoffe.

Pour les mousselines à raies, le *compte-fils* est appliqué successivement sur le *fond* du tissu et sur les *raies*. La moyenne du degré de finesse que l'on obtient de la sorte sert de base à la perception.

On traite comme blancs les tissus de coton amidonnés, ainsi que ceux qui ont reçu une préparation à la chaux.

Les mousselines rayées ou brochées avec des fils de couleur doivent être considérées comme teintes.

(7) On traite comme tissus de pure laine les haïcks en laine présentant, en forme d'encadrement, des raies en soie, de 11 millimètres de largeur au plus. Il ne doit pas y avoir plus de sept de ces raies.

(8) CHALES DE LAINE. Il ne s'agit que des châles de laine, purs ou mélangés de matières autres que le duvet de cachemire (Ordonnance du 16 décembre 1843). Les châles de cachemire sont soumis en Algérie aux droits du tarif métropolitain.

(9) La dénomination de *contrefaçons* désigne tous les ouvrages qui ont été reproduits par les procédés de la typographie, de la lithographie ou de la gravure. Elle est aussi applicable tant à la librairie qu'aux estampes, à la musique gravée, etc. (Loi du 6 mai 1841, et ordonnance du 16 décembre 1843).

(10) Les droits sur les tabacs ne sont pas passibles des déc. additionn.

(11) Les bâtiments étrangers de 80 tonn. et au-dessous peuvent être admis en Algérie à une francisation spéciale, qui leur permet de naviguer dans les eaux de cette colonie sous le pavillon français et en franchise de droits.

DISPOSITIONS RELATIVES AUX ÉTATS SARDES.

DÉSIGNATION DES MARCHANDISES.	UNITÉS sur lesquelles portent les droits.	TITRES de PERCEPTION.	DROITS.
TARIFS D'ENTRÉE.			F. C.
MODÉRATION DE DROITS APPLICABLES A DIVERS PRODUITS DES ÉTATS SARDES, EN VERTU DU TRAITÉ DU 5 NOVEMBRE 1850, ET DES CONVENTIONS ADDITIONNELLES DES 20 MAI 1851 ET 14 FÉVRIER 1852 (1).			
CÉRUSE, par navires français	100 k. B.	19 juillet 1851. 5 juillet 1836. 9 juin 1845. 10 février 1851.	13 33
par navires sardes et par terre	id.	5 juillet 1836. 9 juin 1845. 10 février 1851.	14 66
CORAIL taillé, mais non monté, par navires français	1 k. N.	28 avril 1816. 10 février 1851.	8 00
par navires sardes et par terre	id.	28 avril 1816. 10 février 1851.	8 80
FRUITS de table frais, citrons, oranges et leurs variétés, par navires français	100 k. B.	27 mars 1817. 10 février 1851. 19 juillet 1851.	4 00
par navires sardes	id.	27 mars 1817. 10 février 1851. 19 juillet 1851.	4 40
carrobe ou carouge, par navires français	id.	28 avril 1816. 10 février 1851. 19 juillet 1851.	0 25
par navires sardes	id.	28 avril 1816. 10 février 1851. 19 juillet 1851.	1
autres, indigènes, par navires français	id.	30 avril 1806. 10 février 1851. 19 juillet 1851.	Exempts.
par navires sardes	id.	30 avril 1806. 10 février 1851. 19 juillet 1851.	1 76
exotiques (2), par navires français	id.	28 avril 1816. 10 février 1851. 19 juillet 1851.	Exempts.
par navires sardes	id.	28 avril 1816. 10 février 1851. 19 juillet 1851.	3 52
GAZE de soie pure, importée par terre	1 k. N.	10 février 1851.	29 30
LIVRES, gravures et lithographies, musique gravée et autres ouvrages d'art et d'esprit (3).	*Voir* le Tarif	général.	
MULES ET MULETS, importés par navires français ou sardes, et par terre	Par tête.	10 février 1851.	6 00
PEAUX brutes, petites, fraîches ou sèches, de bélier, brebis et mouton, revêtues de leur laine	*Voir* le Tarif	général.	
d'agneau, quel que soit le mode d'importation, revêtues de leur laine, pesant plus d'un kilogramme	id.	id.	Exemptes.
un kilogramme ou moins	100 k. B.	14 février 1852.	id.
dépouillées de leur laine	id.	id.	id.
de chevreau, quel que soit le mode d'importation	id.	id.	id.
autres, importées par navires français ou sardes, et par terre	id.	10 février 1851.	id.
FROMAGES BLANCS, de pâte molle, par la frontière de Savoie	id.	14 février 1852.	3 30
SOIES en cocons	id.	id.	Exemptes.
écrues, grèges ou moulinées, y compris les douppions	1 kil. N.	id.	id.
HUILE d'olive, par navires français ou sardes, ou par terre	100 k. B.	20 décembre 1854.	10 00
FONTE aciéreuse de Savoie (4)	id.	14 février 1832.	3 00
POISSONS marinés ou à l'huile par navires français	100 k. N.	15 septembre 1856.	25 00
par navires sardes	id.	id.	27 50
RIZ (5), en grains, par navires français et par terre	100 k. B.	10 février 1851.	3 00
par navires sardes	id.	id.	8 00
en paille, par navires français et par terre	id.	id.	1 50
par navires sardes	id.	id.	4 00
DROITS APPLICABLES AUX FRUITS DE TABLE FRAIS DE LA PRINCIPAUTÉ DE MONACO (6).			
FRUITS de table frais, par navires français	id.	30 décembre 1850. 10 février 1851. 19 juillet 1851.	Droits applicables aux fruits des Etats sardes importés sous pavillon franç.
par navires de la principauté de Monaco	id.	30 décembre 1850. 10 février 1851. 19 juillet 1851.	Id., importés sous pavillon sarde.
par navires étrangers	*Voir* le Tarif	général.	
TARIF DE SORTIE (7).			
MULES et Mulets, exportés à destination des Etats sardes	Par tête.	10 février 1851.	Exempts.
SOIES écrues, grèges ou moulinées, y compris les douppions, exportées à destination des États sardes	1 k. N.	14 février 1852.	id.

(1) (2) (3) (4) (5) (6) (7) Voir les Notes indiquées par ces renvois à la suite des dispositions relatives aux produits des Etats sardes page 73.

NOTES.

(1) MODE D'APPLICATION DU TRAITÉ. Les produits sardes désignés dans le traité du 5 novembre 1850, dans la convention additionnelle du 20 mai 1851, et dans le traité du 14 février 1852, n'ont droit au régime de faveur que ces traités déterminent qu'autant qu'ils ont été importés en droiture et que l'origine en est régulièrement justifiée (*Décret du* 10 *février* 1851, et traité du 14 février 1852.)

Le transport direct s'établit par la production des manifestes, connaissements, factures et lettres de voiture, suivant le cas (*Ordonnance du* 8 *mai* 1846, *art.* 1er). On peut, en outre, pour les importations par mer, lorsqu'il y a doute sur les circonstances de la navigation, exiger, en vertu des règlements généraux, le rapport de mer des capitaines.

L'origine des produits est justifiée par des attestations de l'agent consulaire de France au port de départ lorsqu'il s'agit d'importations par mer, et, en ce qui concerne les importations par terre, au moyen de certificats délivrés par les autorités locales (A) (*Ordonnance du* 8 *mai* 1846, *art.* 1er). —Voir la note (5) ci-après, pour les justifications relatives au riz importé par terre.

On soumet aux conditions générales du Tarif, *quel que soit le mode de transport*, les produits des États sardes à l'égard desquels des modérations de droits n'ont pas été établies par les traités des 5 novembre 1850 et 14 février 1852.

Il en est de même pour les produits énumérés dans les traités : 1° lorsqu'ils sont importés par navires étrangers; 2° lorsqu'il s'agit d'un mode de transport qui n'a pas été expressément désigné par le décret du 10 février 1851. — Consulter le tableau. Toutes les fois que, d'après ce tableau, il n'y a pas lieu d'appliquer une taxe de faveur, les droits du Tarif général sont exigibles.

Le traité du 5 novembre 1850 sera exécutoire à dater du 1er mars 1851. Il est valable pour 4 ans, et, à l'expiration de ce délai, il continuera d'avoir son effet jusqu'à ce qu'il ait été régulièrement dénoncé (*Art.* 19 *du traité*). Tant qu'il restera en vigueur, aucune aggravation de droits ne pourra être établie sur les produits du sol et de l'industrie des États sardes (*Art.* 15 *du traité*). La convention additionnelle du 20 mai 1851 aura la même durée que le traité (*Art.* 4 *de la convention*). Il en sera ainsi du traité du 14 février 1852 (art. 8 du traité).

Les bœufs et vaches sardes doivent être importés par les bureaux ci-après :

DIR. DE BOURG.	DIR. DE GRENOBLE.	DIRECT. DE DIGNE.	DIR. DE TOULON.
Départ. de l'Ain.	*Dép. de l'Isère.*	*Dép. des H.-Alp.*	*Départ. du Var.*
Saint-Blaise.	Pont-d.-Beauvois.	Plampinet.	Roque-Esteron.
Seyssel.	Entre-2-Guiers.	Mont-Genèvre.	Le Broc.
	Chapareillan.	Abriès.	S.-Laur.-du-Var.
	Pontcharra.	Font-Gillarde.	
	Pont-de-Bens.	*Dép. des B.-Alp.*	
	Riv.-d'Allemont.	Larche.	
	Dép. des B.-Alpes.	Colmars.	
	Villars-d'Arène.	Entrevaux.	

(Ordonn. du 8 mai 1846, déc. du 10 fév. 1851, et traité du 14 fév. 1852.)

Il n'existe pas de restriction de cette nature pour les importations par le littoral de la Méditerranée.

Les bœufs et les vaches, entrant par d'autres bureaux de la frontière de terre que ceux qui sont énumérés ci-dessus, et les bestiaux sardes de toute sorte importés par la frontière du département de l'Ain, ou par le littoral de l'Océan, restent soumis aux conditions du Tarif général.

(A) Ce sont les syndics des communes. Les certificats qui en émanent doivent être revêtus du timbre communal.

(2) FRUITS FRAIS EXOTIQUES. Il ne s'agit, pour l'application du traité du 5 novembre 1850, que des fruits dont la production est commune à l'Europe et aux pays hors d'Europe, mais que le Tarif désigne sous la dénomination de *fruits exotiques*. De ce nombre sont, particulièrement, les grenades.

(3) CONTREFAÇONS D'OUVRAGES SARDES. Les livres en langue italienne ne peuvent être importés pour l'acquittement des droits, ou pour le transit, que par les bureaux ouverts à l'entrée de la librairie en langue française (*Décret du* 10 *février* 1851).

La nationalité des *ouvrages d'art et d'esprit* provenant de Sardaigne doit être établie au moyen de certificats délivrés par les intendants généraux et les intendants de province. Ces certificats donnent la liste complète des ouvrages, avec l'indication du titre et du nombre des exemplaires; ils constatent que les ouvrages sont tous édition non contrefaite et propriété sarde, ou qu'ils ont été nationalisés en Sardaigne par le payement des droits d'entrée. Les mêmes justifications sont obligatoires pour les ouvrages d'art et d'esprit, *rédigés en langue italienne*, qui sont importés de tout autre pays que la Sardaigne. Les certificats doivent alors émaner de la principale autorité de la ville la plus voisine du lieu d'expédition, et énoncer que les ouvrages sont tous publication non contrefaite d'ouvrages sardes (*Article* 2 *de la convention du* 5 *novembre* 1850).

La vérification des titres de nationalité est faite concurremment par la douane et par les inspecteurs-vérificateurs de la librairie (*Même convention, art.* 3).

Tout ouvrage d'art ou d'esprit provenant des États sardes, ou rédigé *en langue italienne*, doit être retenu par la douane lorsqu'il n'est pas accompagné d'un certificat de nationalité en due forme. Procès-verbal de la retenue est rédigé, et il en est envoyé immédiatement une expédition au consul de Sardaigne par le receveur du bureau d'entrée. Une seconde expédition est adressée directement à l'Administration, qui la fait parvenir aux parties intéressées. Celles-ci ont 50 jours pour se pourvoir. A l'expiration de ce délai, s'il n'a été signifié aucune réclamation au bureau d'entrée, les ouvrages sont laissés à la disposition des importateurs (*Convention du* 5 *novembre* 1850, *art.* 4, *et circulaire du* 12 *février* 1851, *n°* 2425).

Par *ouvrages d'art et d'esprit*, on entend les publications d'écrits, de composition musicale, de dessin, de peinture, de gravure, de sculpture, et toutes autres productions analogues (*Convent. du* 28 *août* 1843, *art.* 1er).

(4) L'importation des fontes aciéreuses de Savoie ne peut avoir lieu que par les bureaux de Chapareillan et d'Entre-Deux-Guiers, et jusqu'à concurrence de 1,200,000 kil. par an. (Traité du 14 février 1852, art. 6, et décret du 23 juin 1852.) Ne sont considérées comme fontes aciéreuses de Savoie que celles qui ont été produites dans le bassin de l'Arc et dans le bassin de l'Isère. (Même traité, art. 7.)

(5) RIZ. Pour le riz importé des États sardes par terre, on peut, jusqu'à nouvel ordre, ne pas exiger de certificat d'origine. Il suffit que les acquits de sortie des douanes sardes soient représentés.

On admet aux droits applicables dans la métropole, et sous l'accomplissement des mêmes conditions, le riz importé en Algérie par navires français ou par navires sardes.

(6) FRUITS DE LA PRINCIPAUTÉ DE MONACO. L'origine des fruits de table frais de la principauté de Monaco doit être justifiée par les certificats de l'agent consulaire de France au port de départ, et par des expéditions régulières de sortie émanant des douanes de la principauté. Il faut, en outre, que le transport direct ait été établi par la production des manifestes et des connaissements (*Ordonnance du* 8 *mai* 1846). Au besoin, on exigerait le rapport de mer des capitaines.

(7) VIVRES ET PROVISIONS DE BORD. Les vivres et provisions de bord, embarqués *à titre d'avitaillement*, sur les navires sardes, sont exempts des droits de sortie.

DISPOSITIONS RELATIVES A LA BELGIQUE.

Par suite du traité du 17 novembre 1849, des conventions du 22 août 1852, du traité du 27 février 1854, et de la convention spéciale du 18 avril 1859 avec la Belgique, les modérations de droits suivantes sont assurées aux produits ci-après, à leur importation en France :

DÉSIGNATION DES MARCHANDISES.	UNITÉS sur lesquelles portent les droits.	DROITS.
		fr. c.
Marchandises de toutes sortes importées par mer, directement de Belgique, sous pavillon belge	Mêmes régime et droits que pour les importations par navires français.	
Caractères d'imprimerie neufs, par navires français ou belges et par terre (A)	100 k. B	30 00
Cartes géographiques (A) id.	id.	20 00
Carton en feuilles (A) id.	id.	25 00
Encre à imprimer id.	id.	25 00
Gravures et lithographies (A) id.	id.	20 00
Livres en langue française (A) id.	id.	20 00
Musique gravée (A) id.	id.	20 00
Papier, sauf celui pour tenture (A) id.	id.	25 00
Planches gravées pour l'impression sur papier autre que le papier de tenture (A) id.	id.	20 00
Houblon id.	id.	40 00
Tissus de coton, par navires français ou belges et par terre, cotonnettes, de moins de 15 fils	1 k. N.	1 25
de 15 fils et plus	id.	2 25
étoffes à pantalons croisées ou façonnées en coton pur, de 30 fils ou moins	id.	1 00
de plus de 30 fils	id.	1 50
mélangé de lin, de 40 fils ou moins	id.	1 25
de plus de 40 fils	id.	2 50
de laine, sans distinction de finesse	id.	1 50
Chapeaux de paille grossiers, par navires français ou belges et par terre	la pièce.	0 40
Écossines brutes ou simplement équarries, autrement que par le sciage; importées de la mer à Blancmisseron		exemptes.

(A) Exempt du double décime par application du traité du 27 février 1854.

DÉSIGNATION DES MARCHANDISES.	UNITÉS sur lesquelles portent les droits.	DROITS.
Machines et mécaniques importées par terre	Droits applicables aux importations par mer sous pavillon français.	
Matériaux, chaux, par navires français ou belges et par terre		exempts.
ardoises pour toitures, par terre	1000 au nomb.	4 00
bruts ou simplement équarris autrement que par le sciage; de la mer à Blancmisseron	id.	exempts.
Miroirs grands, glaces non étamées ayant en superficie, 50 déc. m. ou moins	le mètr. carré.	11 50
50 à 100	id.	16 50
100 à 200	id.	21 50
200 à 300	id.	31 50
300 à 500	id.	41 50
plus de 500	id.	51 50
étamées, ayant en superficie, 50 décim. ou moins	id.	12 50
50 à 100	id.	18 00
100 à 200	id.	23 50
200 à 300	id.	34 50
300 à 500	id.	45 50
plus de 500	id.	56 50
Poterie de terre de pipe, faïence fine ayant la couleur naturelle de la pâte, assiettes et plats	100 k. B	33 00
autres pièces	id.	66 00
imprimée, assiettes et plats	id.	60 00
autres pièces	id.	90 00
peintes, dorées ou ornées, assiettes et plats, autres pièces	id.	165 00
Tresses de pailles fines, par navires français ou belges et par terre	1 k. N	2 75
Marchandises spécifiées en l'art. 22 de la loi du 28 avril 1816, importées par Lille ou Valenciennes	Droits applicables aux provenances des entrepôts d'Europe par navires français.	

DÉSIGNATION DES MARCHANDISES.		DROITS jusqu'à concurrence de 2 millions de kil. inclusivement.		de 2 millions à 3 millions de kilogr. inclusivement.		au delà de 3 millions de kilogrammes.	
		Unités sur lesquelles portent les droits.	Quotité des droits.	Unités sur lesquelles portent les droits.	Quotité des droits.	Unités sur lesquelles portent les droits.	Quotité des droits
FILS DE LIN OU DE CHANVRE, MESURANT AU KILOGR.							
Simples.			fr. c.		fr. c.		fr. c.
Ecrus	6,000 mètres ou moins	100 k. B.	17 60	100 k. B.	29 70	100 k. B.	35 75
	plus de 6,000 m.; pas plus de 12,000	id.	26 40	id.	39 60	100 k. N.	46 20
	plus de 12,000 m.; pas plus de 24,000	id.	44 00	100 k. N.	65 25	id.	75 85
	plus de 24,000 m.; pas plus de 36,000	100 k. N.	76 00	id.	104 85	id.	119 25
	plus de 36,000 mètres	id.	89 60	id.	132 65	id.	154 15
Blanchis, *à quelque degré que ce soit.*	6,000 m. ou moins	100 k. B.	28 60	100 k. B.	43 90	100 k. N.	51 55
	plus de 6,000 m.; pas plus de 12,000	id.	39 60	100 k. N.	55 70	id.	63 75
	plus de 12,000 m., pas plus de 24,000	100 k. N.	61 30	id.	87 55	id.	100 65
	plus de 24,000 m.; pas plus de 36,000	id.	102 20	id.	137 90	id.	155 75
	plus de 36,000 mètres	id.	139 00	id.	182 05	id.	203 55
Teints	6,000 m. ou moins	100 k. B.	39 60	id.	51 50	id.	57 45
	plus de 6,000 m.; pas plus de 12,000	100 k. N.	50 60	id.	63 30	id.	69 65
	plus de 12,000 m.; pas plus de 24,000	id.	71 80	id.	92 80	id.	103 30
	plus de 24,000 m.; pas plus de 36,000	id.	112 70	id.	141 60	id.	156 05
	plus de 36,000 mètres	id.	160 00	id.	186 25	id.	199 35
Retors.							
Ecrus	6,000 m. ou moins	100 k. B.	24 20	100 k. B.	36 30	100 k. B.	42 35
	plus de 6,000 m.; pas plus de 12,000	id.	39 60	100 k. N.	52 55	100 k. N.	59 00
	plus de 12,000 m.; pas plus de 24,000	100 k. N.	69 70	id.	90 70	id.	101 20
	plus de 24,000 m.; pas plus de 36,000	id.	120 10	id.	148 95	id.	163 35
	plus de 36,000 mètres	id.	152 60	id.	195 65	id.	217 15
Blanchis, *à quelque degré que ce soit.*	6,000 m. ou moins	100 k. B.	41 80	id.	54 15	id.	60 30
	plus de 6,000 m.; pas plus de 12,000	100 k. N.	57 10	id.	72 30	id.	79 90
	plus de 12,000 m.; pas plus de 24,000	id.	90 70	id.	118 00	id.	131 65
	plus de 24,000 m.; pas plus de 36,000	id.	149 50	id.	188 85	id.	208 50
	plus de 36,000 mètres	id.	217 70	id.	260 75	id.	282 25
Teints	6,000 m. ou moins	100 k. N.	52 80	id.	64 40	id.	70 20
	plus de 6,000 m.; pas plus de 12,000	id.	67 60	id.	80 20	id.	86 50
	plus de 12,000 m.; pas plus de 24,000	id.	101 20	id.	122 20	id.	132 70
	plus de 24,000 m.; pas plus de 36,000	id.	160 00	id.	188 85	id.	203 25
	plus de 36,000 mètres	id.	228 20	id.	251 85	id.	263 65

Ces droits ne sont applicables qu'aux importations effectuées par les bureaux d'Armentières, de Baisieux, de Blancmisseron, de Condé, d'Halluin, de Lille et de Valenciennes.

DÉNOMINATION DES MARCHANDISES.	UNITÉS sur lesquelles portent les droits.	QUOTITÉ DES DROITS jusqu'à concurr. de 2 mill. de kil. inclusiv.		au delà de 2 millions de kilogram.	
		F.	C.	F.	C.
Tissus de lin ou de chanvre, toile unie,					
écrue, de moins de 8 fils...	100 k. N	25	50	60	
de 8 fils...........	id.	30	60	80	
de 9 fils incl. à 12 excl.	id.	55	25	126	
de 12 fils...........	id.	63	75	144	
de 13 fils incl. à 16 excl.	id.	89	25	201	
de 16 fils..........	id.	127	50	267	
de 17 fils...........	id.	144	50	287	
de 18 et 19 fils......	id.	153		297	
de 20 fils..........	id.	191	25	342	
au-dessus de 20 fils..	id.	297	50	467	
Tissus de lin ou de chanvre, toile unie, blanche, mi-blanche ou imprimée.... de moins de 8 fils....	id.	51		90	
de 8 fils...........	id.	61	20	116	
de 9 fils incl. à 12 excl.	id.	110	50	191	
de 12 fils..........	id.	127	50	219	
de 13 fils incl. à 16 excl.	id.	178	50	306	
de 16 fils..........	id.	255		417	
de 17 fils..........	id.	289		457	
de 18 et 19 fils.....	id.	306		477	
de 20 fils...........	id.	382	50	567	
au-dessus de 20 fils..	id.	595		817	
Tissus de lin ou de chanvre, toile unie,					
teinte, de moins de 8 fils....	id.	51		90	
de 8 fils...........	id.	61	20	116	
de 9 fils incl. a 12 excl.	id.	72	25	146	
de 12 fils..........	id.	83	30	167	
de 13 fils incl. à 16 excl.	id.	102		216	
de 16 fils..........	id.	145	69	289	
de 17 fils..........	id.	170		317	
de 18 et 19 fils	id.	179	99	329	
de 20 fils..........	id.	223	12	380	
au-dessus de 20 fils..	id.	357		537	
Tissus de lin ou de chanvre, toile unie, à matelas, sans distinction de finesse..........	id.	118	15	212	
Tissus de lin ou de chanvre, toile croisée, grossière, dite treillis,					
écrue.............	100 k. N	25	50	60	
autre.............	id.	51		90	
coutil, pour tenture ou literie.	id.	127	07	212	
pour vêtements, écru..	id.	225	25	322	
autre.	id.	269	87	364	
Tissus de lin ou de chanvre, linge de table ouvragé,					
écru, de moins de 16 fils...	id.	136		267	
de 16 fils.	id.	127	50	267	
de 17 fils..........	id.	144	50	287	
de 18 et 19 fils......	id.	153		597	
de 20 fils	id.	191	25	342	
de plus de 20 fils....	id.	297	50	467	
blanc, de moins de 16 fils....	id.	269	87	417	
de 16 fils..........	id.	255		417	
de 17 fils	id.	269		457	
de 18 et 19 fils.....	id.	306		477	
de 20 fils...........	id.	382	50	567	
de plus de 20 fils....	id.	595		817	
Tissus de lin ou de chanvre, linge de table damassé,					
écru, de moins de 16 fils..	id.	136		320	40
de 16 fils..........	id	153		320	40
de 17 fils	id.	173	40	344	40
de 18 et 19 fils......	id.	183	60	356	40
de 20 fils..........	id.	229	50	410	40
de plus de 20 fils....	id.	357		560	40
blanc, de moins de 16 fils...	id.	269	87	500	40
de 16 fils..........	id.	306		500	40
de 17 fils..........	id.	346	80	548	40
de 18 et 19 fils......	id.	367	20	572	40
de 20 fils	id.	459		680	40
de plus de 20 fils....	id.	714		980	40
Tissus de lin ou de chanvre, mouchoirs................	id.	Mêmes droits que la toile, selon l'espèce.			
Tissus épais pour tapis de pied, en fils de lin ou de chanvre teints, de moins de 8 fils aux 5 millim..	id.	42	07	75	

Ces droits ne sont applicables qu'aux importations effectuées par les bureaux d'Armentières, d'Avesnes, de Baisieux, de Bavay, de Blancmisseron, de Condé, de Givet, de Lille, de Maubeuge, d'Orchies, de Rocroi, de Tourcoing et de Valenciennes.

DISPOSITIONS RELATIVES AUX PAYS-BAS.

En vertu du traité du 25 juillet 1840, et de la loi du 25 juin 1841, les modérations de droits sont accordées aux produits ci-après importés des Pays-Bas.

DÉNOMINATION DES MARCHANDISES.			UNITÉS s. lesquelles portent les droits.	DROITS.
Fromages de pâte dure de Hollande, par navires français et hollandais.			100 kil.	10 fr. 00 c.
Céruse de Hollande.			id.	13 33
Marchandises spécifiées en l'art. 22 de la loi du 28 avril 1816 (1), importées des Pays-Bas................	Par la frontière de terre.	Par la voie du Rhin et de la Moselle, sous pavillon franç. ou hollandais, et présentés aux bureaux de Strasbourg ou de Sierck.	....	Droits applicables aux provenances des entrep. d'Europe par nav. franç.
		Par tous autres bureaux..........	....	Droits du Tarif général.
Toutes autres marchandises......................	Par mer.	Sous pavillon hollandais..........	....	Droits applic. aux importations par nav. franç.

(1) Il s'agit des denrées coloniales : sucre, café, cacao, indigo, thé, poivre et piment, girofle, canelle et cassia lignéa, muscade et macis, cochenille et orseille, rocou, bois de teinture et d'ébénisterie, cotons en laine, gommes et résines autres que d'Europe, ivoire, caret et nacre de perle, nankin des Indes.

Autres pays avec lesquels la France a conclu des traités qui accordent un régime de faveur aux produits et aux navires de ces pays.

	COMMERCE.	NAVIGATION.
Angleterre. — Produits de toute origine, importés par navires anglais, directement ou de ses possessions en Europe.	Mêmes droits que pour les import. par nav. franç.	Droit de tonnage : 1 fr. par tonneau.
D'ailleurs	Conditions du Tarif général.	
Brésil. — Produits originaires et importés directement du Brésil par navires brésiliens.	Mêmes droits que pour les import. par nav. franç.	Assimilation au pavillon français pour les droits de tonnage et de navigation.
Deux-Siciles. Id. des Deux-Siciles par nav. de ce royaume.	Id.	Id.
Portugal. Id. du Portugal par navires portugais.	Id.	Id.

	COMMERCE.	NAVIGATION.
Russie. — Produits originaires et importés directement de la Russie par navires russes.	Mêmes droits que pour les importat. par nav. franç.	Assimilation au pavillon français pour les droits de tonnage et de navigation.
République du Chili, **du Paraguay** — Produits de toute origine importés directement de ces républiques par navires du pays.	Id.	Id.
de Bolivie — Produits originaires et importés directement de cette république par navires du pays.	Id.	Id.
de Costa-Rica. Id.	Id.	Id.
de l'Équateur. Id.	Id.	Id.
des États-Unis. Id.	Id.	Droit de tonn., 5 f. p. tonn.
Dominicaine. Id.	Id.	Assimilation de pavillon.
de Guatemala. Id.	Id.	Id.
du Mexique. Id.	Id.	Id.
de la Nouvelle-Grenade. Id.	Id.	Id.
Orientale de l'Uruguay. Id.	Id.	Id.
de Vénézuéla. Id.	Id.	Id.
Danemark. — Produis de toute origine importés par navires danois.	Tarif général.	Droit de tonnage, 2 f. 10 c. par tonneau.
Toscane. — Produits originaires et importés directement de la Toscane par nav. toscans.	Id.	Assimilation de pavillon.
Principauté de Monaco. — Produits originaires et importés directem. par nav. du pays.	Assimilation aux produits d'origine sarde.	Id.
Haïti. — **Perse.** — **Libéria.** — **Honduras.**	Traitement de la nation la plus favorisée pour les produits sous le pavillon.	

DISPOSITIONS *relatives aux produits importés des établissements français situés au delà du cap de Bonne-Espérance (autres que ceux de l'Inde) et de l'Océanie.*

DÉNOMINATION DES MARCHANDISES.	UNITÉS s. lesquell. portent les droits.	DROITS.
Modérations de droits réservées aux produits des établissements français situés au delà du cap de Bonne-Espérance.		
SUCRE non raffiné, du 1er type, et nuances inférieures	100 kil. N.	39 00
au-dessus du 1er type	id.	42 00
raffiné	id.	46 20
CACAO, fèves et pellicules	id.	49 50
CAFÉ	id.	50 00
GIROFLE, clous (fleurs)	1 kil. N.	0 30
griffes (pédoncules)	id.	0 07
VANILLE de Mayotte seulement	id.	exempte.
COTON en laine	100 kil.	id.
non égréné	100 kil. B.	0 07

DÉNOMINATION DES MARCHANDISES.	UNITÉS s. lesquell. portent les droits.	DROITS.
Tarifications applicables, quelle que soit l'origine des produits.		
GRAINES oléagineuses, de ricin	100 kil. B.	15 00
de sésame	id.	0 40
d'œillette et de colza	id.	0 20
de lin et autres	id.	0 10
HUILES de palme, de coco, de Touloucouna et d'Illipé	id.	1 50
POIVRE, thé, indigo	....	(1)
PRODUITS non spécifiés ci-dessus, naturels	....	(2)
fabriqués	....	(3)

(1) Droits du Tarif général.
(2) Les 4/5 des droits applicables à la provenance la plus favorisée, autre que les colonies françaises et les pays situés au-delà des îles et passage de la Sonde. — (3) Conditions du Tarif général.

Pays avec lesquels la France a conclu des traités ou conventions pour la garantie réciproque des ouvrages d'art et d'esprit.

	DATE DES TRAITÉS.		DATE DES TRAITÉS.
Portugal (en outre garantie des marques de fabrique)	12 avril 1851.	Espagne	15 novembre 1853.
Hanôvre	20 octobre 1851.	Principauté de Schwarzbourg-Souderhaussen	7 décembre 1853.
Angleterre	3 novembre 1851.	Principauté de Schwarzbourg-Rudolstadt	16 décembre 1853.
Brunswick	8 août 1852.	Principauté de Waldeck et Pyrmont	4 février 1854.
Canton de Genève	30 octobre 1858.	Belgigue	22 août 1852 et 27 février 1854.
Grand-Duché de Hesse	18 septembre 1852.	Grand-Duché de Bade	3 avril 1854 et 2 juillet 1857.
Landgraviat de Hesse	2 octobre 1852.	Pays Bas	29 mars 1855.
Principauté de Reuss (branche aînée)	24 février 1853.	Hambourg	2 mai 1856.
Duché de Nassau	2 mars 1853.	Saxe	19 mai 1856.
Principauté de Reuss (branche cadette)	30 mars 1853.	Grand-Duché de Luxembourg	6 juillet 1856.
Électorat de Hesse	7 mai 1853.		
Grand-Duché de Saxe-Veimar-Eisenach	17 mai 1853.		
Grand-Duché d'Oldenbourg	1er juillet 1853.		

TARIF DES CÉRÉALES.

(RÉTABLI PAR LE DÉCRET DU 7 MAI 1859.)

Pour l'application des droits d'entrée et de sortie sur les céréales, les départements frontières sont divisés en quatre classes, subdivisées en sections, conformément au tableau ci-après :

CLASSES.	SECTIONS.	DÉPARTEMENTS.	MARCHÉS RÉGULATEURS.
1re	Unique	Pyrénées-Orientales, Aude, Hérault, Gard, Bouches-du-Rhône, Var, Corse	Toulouse, Gray, Lyon, Marseille.
2e	1re	Gironde, Landes, Basses-Pyrénées, Hautes-Pyrénées, Ariége et Haute-Garonne	Marans, Bordeaux et Toulouse.
	2e	Jura, Doubs, Ain, Isère, Basses-Alpes, Hautes-Alpes	Gray, Saint-Laurent près Mâcon, le Grand-Lemps.
3e	1re	Haut-Rhin, Bas-Rhin	Mulhouse, Strasbourg.
	2e	Nord, Pas-de-Calais, Somme, Seine-Inférieure, Eure, Calvados	Bergues, Arras, Roye, Soissons, Paris, Rouen.
	3e	Loire-Inférieure, Vendée, Charente-Inférieure	Saumur, Nantes, Marans.
4e	1re	Moselle, Meuse, Ardennes, Aisne	Metz, Verdun, Charleville, Soissons.
	2e	Manche, Ille-et-Vilaine, Côtes-du-Nord, Finistère, Morbihan	Saint-Lô, Paimpol, Quimper, Hennebon, Nantes.

LE PRIX DE L'HECTOLITRE DE FROMENT ÉTANT DANS LES CLASSES				FROMENT, ÉPEAUTRE ET MÉTEIL.					
				DROITS D'ENTRÉE				DROITS DE SORTIE SUR LES	
				SUR LES GRAINS IMPORTÉS PAR NAVIRES		SUR LES FARINES IMPORTÉES PAR NAVIRES			
PREMIÈRE.	DEUXIÈME.	TROISIÈME.	QUATRIÈME.	français et par terre.	étrangers.	français et par terre.	étrangers.	grains.	farines.
au-dessus	au-dessus	au-dessus	au-dessus	l'hectolitre.	l'hectolitre.	100 kilog.	100 kilog.	l'hectolitre.	100 kilog.
de 28 fr. c.	de 26 fr.	de 24 fr.	de 22 fr.	— 25	— 25	— 50	— 50	A.	A.
28 à 27 f. 01 c.	26 à 25 f. 01 c.	24 à 23 f. 01 c.	22 à 21 f. 01 c.	— 25	1 50	— 50	2 16	6 —	12 —
27 26 01	25 24 01	23 22 01	21 20 01	— 25	1 50	— 50	2 16	4 —	8 —
26 25 01	24 23 01	22 21 01	20 19 01	1 25	2 50	3 50	5 16	2 —	4 —
25 24 01	23 22 01	21 20 01	19 18 01	2 25	3 50	6 50	8 16	— 25	— 50
24 23 01	22 21 01	20 19 01	18 17 01	3 25	4 50	9 50	11 16	— 25	— 50
23 22 01	21 20 01	19 18 01	17 16 01	4 75	6 —	14 —	15 66	— 25	— 50
au-dessous de 22 f. 01 c.	au-dessous de 20 f. 01 c.	au-dessous de 18 f. 01 c.	au-dessous de 16 f. 01 c.	Les droits ci-dessus seront augmentés de 1 fr. 50 c. par chaque franc de baisse.		Les droits ci-dessus seront augmentés de 4 fr. 50 c. par chaque franc de baisse.		— 25	— 50
				SEIGLE.					
au-dessus	au-dessus	au-dessus	au-dessus	l'hectolitre.	l'hectolitre.	100 kilog.	100 kilog.	l'hectolitre.	100 kilog.
de 28 fr.	de 26 fr.	de 24 fr.	de 22 fr.	— 15	— 15	— 32 1/2	— 32 1/2	B.	B.
28 à 27 f. 01 c.	26 à 25 f. 01 c.	24 à 23 f. 01 c.	22 à 21 f. 01 c.	— 15	1 40	— 32 1/2	1 98 1/2	3 60	7 80
27 26 01	25 24 01	23 22 01	21 20 01	— 15	1 40	— 32 1/2	1 98 1/2	2 40	5 20
26 25 01	24 23 01	22 21 01	20 19 01	— 75	2 —	2 27 1/2	3 93 1/2	1 20	2 60
25 24 01	23 22 01	21 20 01	19 18 01	1 35	2 60	4 22 1/2	5 88 1/2	— 15	— 32 1/2
24 23 01	22 21 01	20 19 01	18 17 01	1 95	3 20	6 17 1/2	7 83 1/2	— 15	— 32 1/2
23 22 01	21 20 01	19 18 01	17 16 01	2 85	4 10	9 10	19 76	— 15	— 32 1/2
au-dessous de 22 f. 01 c.	au-dessous de 20 f. 01 c.	au-dessous de 18 f. 01 c.	au-dessous de 16 f. 01 c.	Les droits ci-dessus seront augmentés de 90 cent. par chaque franc de baisse.		Les droits ci-dessus seront augmentés de 2 f. 92 c. 1/2 par chaque franc de baisse.		— 15	— 32 1/2
				ORGE.					
au-dessus	au-dessus	au-dessus	au-dessus	l'hectolitre.	l'hectolitre.	100 kilog.	100 kilog.	l'hectolitre.	100 kilog.
de 28 fr.	de 26 fr.	de 24 fr.	de 22 fr.	— 12 1/2	— 12 1/2	— 30	— 30	C.	C.
28 à 27 f. 01 c.	26 à 25 f. 01 c.	24 à 23 f. 01 c.	22 à 21 f. 01 c.	— 12 1/2	1 37 1/2	— 30	1 96	3 —	7 20
27 26 01	25 24 01	23 22 01	21 20 01	— 12 1/2	1 37 1/2	— 30	1 96	2 —	4 80
26 25 01	24 23 01	22 21 01	20 19 01	— 62 1/2	1 87 1/2	2 10	3 76	1 —	2 40
25 24 01	23 22 01	21 20 01	19 18 01	1 12 1/2	2 37 1/2	3 90	5 56	— 12 1/2	— 30
24 23 01	22 21 01	20 19 01	18 17 01	1 62 1/2	2 87 1/2	5 70	7 36	— 12 1/2	— 30
23 22 01	21 20 01	19 18 01	17 16 01	2 37 1/2	2 62 1/2	8 40	10 16	— 12 1/2	— 30
au-dessous de 22 f. 01 c.	au-dessous de 20 f. 01 c.	au-dessous de 18 f. 01 c.	au-dessous de 16 f. 01 c.	Les droits ci-dessus seront augmentés de 75 cent. par chaque franc de baisse.		Les droits ci-dessus seront augmentés de 2 fr. 70 c. par chaque franc de baisse.		— 12 1/2	— 30
				MAÏS					
au-dessus	au-dessus	au-dessus	au-dessus	l'hectolitre.	l'hectolitre.	100 kilog.	100 kilog.	l'hectolitre	100 kilog.
de 28 fr.	de 26 fr.	de 24 fr.	de 22 fr.	— 13 3/4	— 13 3/4	— 30	— 30	D.	D.
28 à 27 f. 01 c.	26 à 25 f. 01 c.	24 à 23 f. 01 c.	22 à 21 f. 01 c.	— 13 3/4	1 38 3/4	— 30	1 96	3 30	7 20
27 26 01	25 24 01	23 22 01	21 20 01	— 13 3/4	1 38 3/4	— 30	1 96	2 20	4 80
26 25 01	24 23 01	22 21 01	20 19 01	— 68 3/4	1 93 3/4	2 10	3 76	1 10	2 40
25 24 01	23 22 01	21 20 01	19 18 01	1 23 3/4	2 48 3/4	3 90	5 56	— 13 3/4	— 30
24 23 01	22 21 01	20 19 01	18 17 01	1 78 3/4	3 03 3/4	5 70	7 36	— 13 3/4	— 30
23 22 01	21 20 01	19 18 01	17 16 01	2 61 1/4	3 86 1/4	8 40	10 06	— 13 3/4	— 30
au-dessous de 22 f. 01 c.	au-dessous de 20 f. 01 c.	au-dessous de 18 f. 01 c.	au-dessous de 16 f. 01 c.	Les droits ci-dessus seront augmentés de 82 cent. 1/2 par chaque franc de baisse.		Les droits ci-dessus seront augmentés de 2 fr. 70 c. par chaque franc de baisse.		— 13 3/4	— 30
				SARRASIN.					
au-dessus	au-dessus	au-dessus	au-dessus	l'hectolitre.	l'hectolitre.	100 kilog.	100 kilog.	l'hectolitre.	100 kilog.
de 28 fr.	de 26 fr.	de 24 fr.	de 22 fr.	— 10	— 10	— 25	— 25	E.	E.
28 à 27 f. 01 c.	26 à 25 f. 01 c.	24 à 23 f. 01 c.	22 à 21 f. 01 c.	— 10	1 35	— 25	1 91	2 40	6 —
27 26 01	25 24 01	23 22 01	21 20 01	— 10	1 35	— 25	1 91	1 60	4 —
26 25 01	24 23 01	22 21 01	20 19 01	— 50	1 75	1 75	3 41	— 80	2 —
25 24 01	23 22 01	21 20 01	19 18 01	— 90	2 15	3 25	4 91	— 10	— 25
24 23 01	22 21 01	20 19 01	18 17 01	1 30	2 55	4 75	6 41	— 10	— 25
23 22 01	21 20 01	19 18 01	17 16 01	1 90	3 15	7 —	8 66	— 10	— 25
au-dessous de 22 f. 01 c.	au-dessous de 20 f. 01 c.	au-dessous de 18 f. 01 c.	au-dessous de 16 f. 01 c.	Les droits ci-dessus seront augmentés de 60 cent. par chaque franc de baisse.		Les droits ci-dessus seront augmentés de 2 f. 25 c. par chaque franc de baisse.		— 10	— 25
				AVOINE.					
au-dessus	au-dessus	au-dessus	au-dessus	l'hectolitre	l'hectolitre.	100 kilog.	100 kilog.	l'hectolitre.	100 kilog.
de 28 fr.	de 26 fr.	de 24 fr.	de 22 fr.	— 08 3/4	— 08 3/4	— 27 1/2	— 27 1/2	F.	F.
28 à 27 f. 01 c.	26 à 25 f. 01 c.	24 à 23 f. 01 c.	22 à 21 f. 01 c.	— 08 3/4	1 33 3/4	— 27 1/2	1 93 1/2	2 10	6 60
27 26 01	25 24 01	23 22 01	21 20 01	— 08 3/4	1 33 3/4	— 27 1/2	1 93 1/2	1 40	4 40
26 25 01	24 23 01	22 21 01	20 19 01	— 43 3/4	1 68 3/4	1 92 1/2	3 58 1/2	— 70	2 20
25 24 01	23 22 01	21 20 01	19 18 01	— 78 3/4	2 03 3/4	3 57 1/2	5 23 1/2	— 08 3/4	— 27 1/2
24 23 01	22 21 01	20 19 01	18 17 01	1 13 3/4	2 38 3/4	5 22 1/2	6 88 1/2	— 08 3/4	— 27 1/2
23 22 01	21 20 01	19 18 01	17 16 01	1 66 1/4	2 91 1/4	7 70	9 36	— 08 3/4	— 27 1/2
au-dessous de 22 f. 01 c.	au-dessous de 20 f. 01 c.	au-dessous de 18 f. 01 c.	au-dessous de 16 f. 01 c.	Les droits ci-dessus seront augmentés de 52 cent. 1/2 par chaque franc de baisse.		Les droits ci-dessus seront augmentés de 2 fr. 47 c. par chaque franc de baisse.		— 08 3/4	— 27 1/2

A. Le droit de sortie sera augmenté de 2 fr. sur les grains et de 4 fr. sur les farines, par chaque franc de hausse.
B. Le droit de sortie sera augmenté de 1 fr. 20 c. sur les grains et de 2 fr. 60 c. sur les farines, par chaque franc de hausse.
C. Le droit de sortie sera augmenté de 1 fr. sur les grains et de 2 fr. 40 c. sur les farines, par chaque franc de hausse.
D. Le droit de sortie sera augmenté de 1 fr. sur les grains et de 2 fr. 40 c. sur les farines, par chaque franc de hausse.
E. Le droit de sortie sera augmenté de 80 c. sur les grains et de 2 fr. sur les farines, par chaque franc de hausse.
F. Le droit de sortie sera augmenté de 70 c. sur les grains et de 2 fr. 20 c. sur les farines, par chaque franc de hausse.

LÉGISLATION ET TARIFS

DES

COLONIES ET POSSESSIONS FRANÇAISES.

LÉGISLATION.

Les colonies françaises sont régies généralement par des lois et règlements uniformes sinon dans tous leurs détails, du moins dans leurs bases essentielles. La législation ne peut, en cas d'urgence, être changée que par décrets rendus en la forme de règlements d'administration publique.

Par les mots *Colonies françaises* on n'entend, pour l'application du tarif, que les colonies à culture, c'est-à-dire l'île de la Réunion, la Guyane française, ce qui comprend l'île de Cayenne, la Martinique et la Guadeloupe avec ses dépendance, savoir : Marie-Galante, la Désirade, les Saintes et la partie française de l'île Saint-Martin. Elles sont régies seules par le régime dit *Pacte colonial*, dont les prescriptions principales consistent dans la réserve exclusive à la France du droit d'approvisionner ses colonies de tous les objets quelconques dont elles ont besoin ; dans la défense aux colonies de vendre leurs produits à d'autres pays qu'à la métropole ; dans la réserve aux navires français du transport de tous les objets d'échange entre les colonies et la France. Toutefois cette législation, absolue d'abord dans son application, a dû subir depuis quelques modifications, et notamment pour les colonies la facilité de recevoir certaines marchandises par navires étrangers, et de leur laisser exporter des sirops, des tafias et même des sucres raffinés.

Les autres possessions françaises sont : en Amérique. Saint-Pierre et Miquelon : — en Afrique, le Sénégal, Gorée et Albréda, Assinie, le Gabon, le Grand-Bassam ; — en Asie, Pondichéry et Karikal, côte de Coromandel ; — Mahé, côte de Malabar, Yanon, côte d'Orixa, Chandernagor, au Bengale : — en Océanie, Tahiti, Noukahiva, la Nouvelle-Calédonie et l'île des Pins.

Ces possessions sont, sous le rapport du tarif des douanes de la métropole, soumises à un régime très-différent de celui réservé aux colonies françaises.

Voici maintenant les dispositions spéciales à chaque colonie ou établissement pour les marchandises qui y sont importées ou qui en sont exportées.

MARTINIQUE.

1° *Ports ouverts au commerce français et étranger.* — Saint-Pierre, — Fort de France, — la Trinité, — du Marin.

2° *Commerce direct avec la France.* — Exclusivement réservé aux navires français de 40 tonneaux au moins.

3° *Produits coloniaux.* — Ne peuvent être exportés que pour la France, sauf les sirops, les tafias, les vins et liqueurs d'oranges ou d'autres fruits coloniaux, le rocou.

4°, 5°, 6°, 7° et 8° *Marchandises étrangères admises.* — Sont de deux sortes : celles qui peuvent faire concurrence à des produits français, celles que la France ne saurait fournir à la colonie. Les premières sont soumises à des droits, les autres sont reçues en franchise. Lorsque ces marchandises viennent d'Europe ou des pays non européens sur la Méditerranée elles ne sont admises que par navires français. Si elles ont été chargées dans les entrepôts de la métropole, elles jouissent de la réduction de droits d un cinquième. — Toutes les marchandises importées peuvent être ensuite reexportées en franchise de droits.

9° *Liquidation des droits.* — Pour les droits au poids, au nombre, à la mesure : d'après les vérifications faites des déclarations des capitaines.— Pour les droits à la valeur : d'après les mercuriales officielles établies mensuellement ou semestriellement. — Pour les articles non compris aux mercuriales : d'après les valeurs portées aux acquits-à-caution, ou aux factures représentées, augmentées de 25 %.

10° et 11° *Exportations.* — Les sucres, les sirops et les tafias paient seuls un droit de sortie qui tient lieu de l'impôt foncier. Pour les deux premiers c'est 4 %, pour les autres 3 % de leur valeur, déterminée tous les dix jours par une mercuriale.

12° *Entrepôts.*— Il existe deux entrepôts à la Martinique, l'un à Saint-Pierre, l'autre à Fort-de-France. Ils sont ouverts pour toutes les marchandises. Celles d'Europe ou des pays méditerranéens ne sont admises qu'apportées par bâtiments français, soit directement des lieux de production, soit des entrepôts métropolitains.

Les marchandises étrangères, dont l'admission pour la consommation est interdite, peuvent, après avoir été expédiées des entrepôts de France sur ceux de la colonie, être admises en payant les droits du tarif général.

Les marchandises entreposées peuvent être réexportées pour l'étranger par tous pavillons.

Celles destinées pour la France doivent être expédiées sous les formalités applicables aux mutations d'entrepôt.

Les marchandises repoussées de la consommation coloniale ne peuvent être apportées dans les entrepôts, ou en être reexportées que par navires de 25 tonneaux au moins.

Les fers et aciers étrangers non ouvrés, expédiés de la métropole, ne sont passibles que du cinquième des droits du tarif général. — Par application, les ouvrages fabriqués en France, avec des métaux admis sous le régime de l'admission temporaire, sont admis au cinquième du droit afférent à la matière première.

TARIFS.

DROITS D'ENTRÉE.

Marchandises françaises. . . . . exemptes.

Marchandises étrangères. . . . . admises à l'importation.

A

MARCHANDISES.	UNITÉS.	DROITS.	
		fr.	c.
Animaux vivants (1) :			
mules et mulets, par navires français.	par tête.	15	00
par navires étrangers.	id.	30	00
chevaux, bœufs.	id.	25	00
vaches, taureaux, taurillons, génisses, ânes.	id.	12	50
veaux, porcs, moutons, chèvres.	id.	4	00
tous autres.	id.	1	00
Bois : feuillard.	le millier.	10	00
merrains.	id.	6	00
aissantes.	id.	0	75
planches et autres.	100m long.	1	25
Goudron minéral.	100 kil.	0	05
végétal.	id.	0	75
Charbon de terre.	id.	0	10
Fourrages verts et secs.	id.	0	50
Graines potagères, fruits de table.	id.	6	00
Morues et autres poissons salés.	id.	7	00
Sel.	id.	5	00
Tabac en feuilles.	id.	60	00
préparé.	id.	120	00

(1) Les animaux destinés à la reproduction sont admis en franchise.

MARCHANDISES.	UNITÉS.	DROITS.	
		fr.	c.
Mouchoirs de l'Inde en coton teint en fil, sans apprêt, dits madras ou paliacats.	la pièce de 8 mouchrs.	8	00
glacés ou cylindrés à chaud, dits vandapolam et mazulipatam.	id.	4	00
Toiles à voiles écrues, de lin et de chanvre, ayant en chaine moins de 8 fils dans 5 millim.	100 kil.	60	00
Cuirs verts en poil, non tannés.	la pièce.	0	35
Charrues.	id.	25	00
Chapeaux de paille, dits panamas.	id.	5	00
Voitures, moulins à égrener le coton, pompes en bois non garnies, chaudières en fonte et potin.	valeur.	15	%
Houes et pelles.	la douzᵉ.	4	00
Serpes et coutelas.	id.	3	00
Rames et avirons.	1m de long.	0	05
Légumes secs (1).	l'hectol.	3	50
Maïs (2) en grains.	id.	2	00
en farine.	id.	5	00

(1) Régime exceptionnel provisoire, prorogé par le décret du 31 décembre 1859. — Le consulter au besoin.
(2) *Idem.*

(Suite du tableau *A*.)

MARCHANDISES.	UNITÉS.	DROITS.	MARCHANDISES.	UNITÉS.	DROITS.
		fr. c.			fr. c.
Riz	100 kil.	4 00	*Socs* et couteaux de charrue par nav. franç.	la pièce.	0 25
Farine de froment	id.	18 00	par nav. étrang.	id.	2 50
Viandes salées de tous pays, importées par tous les pavillons	id.	0 50	*Bananes*, ignames, patates, oranges, citrons, farine de manioc	....	exempts.
Vins étrangers à la France. par navires franç.	l'hectol.	0 25	*Guano* par nav. franç. des lieux d'origine et des entrep. franç.	....	id.
par navires étrang.	id.	5 00	d'ailleurs	100 kil.	0 50
Vanille par navires franç.	le kil.	5 00	par navires étrangers	id.	1 00
par navires étrang.	id.	10 00	*Pièges* à rats	la douz^e^.	3 00
Arachides	Droits du tarif général.		*Volailles*	....	exemptes.
Boucauts en bottes avec leurs fonds	la pièce.	0 25			

B

Marchandises étrangères admises par tous pavillons en franchise de droits.

Baumes et sucs médicinaux, bois d'ébénisterie et bois odorants, cire brute, cochenille, cocos et coques de, cuivre brut, curcuma, dents d'éléphant, écailles de tortue, étain brut, fanons de baleine, gingembre, gomme, grains d'amome, grains durs à tailler, indigo, joncs et roseaux, kermès, légumes verts, laque naturelle, muscades, nacre, or et argent, os et cornes de bétail, peaux sèches brutes, plomb brut, poivre, potasse, quercitron, quinquina, racines, écorces, herbes, feuilles et fleurs médicinales, substances animales propres à la médecine et à la parfumerie, sumac.

C

Marchandises importées en droiture, par navire français, des établissements français de la côte occidentale d'Afrique

Bœufs, ânes, chèvres, moutons	par tête.	0 fr.	50 c.
Riz	par 100 kil.	0	50
Arachides	Id.	1	00

D

Marchandises provenant de Pondichéry et des autres établissements français de l'Inde, par navire français.

Toileries de l'Inde. — Toiles de coton écrues ou blanchies, dites *coujous* ou *salempoor*. — Percale bleue, dite *sandrecana*. — Toiles à carreaux et mouchoirs, dits *Burgos*. — Pantalons et chemise de toile grossière. — Toiles à voile		20 %
Toiles dites *Guinées*	Id.	15 %
Meubles et jouets d'enfants	Id.	10 %
Huile de coco	100 kil.	4 %
Riz	Id.	exempt.
Sacs de gomis	100 en nomb.	0 50
Pantoufles de Pondichéry	valeur.	12 %

Les mêmes, importées des entrepôts de France, jouissent de la réduction d'un cinquième des droits.

TARIF DES DROITS DE NAVIGATION (1).

DÉSIGNATION des droits.	DROITS par tonneau.	DROITS par bâtiment.	DROITS par acte.	DÉSIGNATION des droits.	DROITS par tonneau.	DROITS par bâtiment.	DROITS par acte.
	fr. c.	fr. c.	fr. c.		fr. c.	fr. c.	fr. c.
Tonnage : bâtiments franç. venant de France ou de ses possessions.	....	....	....	Tonnage (suite) : avec 2/3 de chargement en bois	1 60		
bâtiments venant de l'étranger, de long cours et de grand cabotage, avec chargement : pour la consommation ou l'entrepôt	2 90			sur lest	0 20		
				de petit cabotage : chargés	1 15		
				sur lest	0 20		
				Droit de congé (bât. franç.) de passeport (bât. étrang.)	....	....	6 00
				Permis de charger et décharger au mouillage	....	5 00	
				Droit de francisation, au-dessous de 100 tonneaux	0 09		
				de 100 et moins de 200 tonn.	....	18 00	
				de 200 à 300 tonn.	....	24 00	
				pour chaque 100 tonneaux en plus	....	6 00	

(1) Les navires français venant de l'étranger qui opèrent des déchargements successifs dans divers ports de la colonie, ne paient les droits qu'au premier port d'abord. Les navires étrangers les paient au contraire dans tous les ports où ils font opération de commerce.

DROITS DE PILOTAGE.

TONNAGE.	Par bâtim^ts^ français venant de la France ou de ses possessions.	Par bâtiments venant de l'étranger.
	fr. c.	fr. c.
30 tonneaux et au-dessous	14 60	17 50
31 à 60	20 15	35 00
61 à 100	43 75	52 50
101 à 150	52 50	78 75
151 à 200	70 00	96 25
201 à 250	87 50	113 75
251 à 300	105 00	131 35
301 à 350	122 50	148 75
351 et au-dessus	140 00	160 25

DROITS OU TAXES DIVERS.

Droit de mouillage provisoire, navire français. . . . par navire 12 »

Droits de phare à Port-de-France. Long cours ou grand cabotage . . . Id. 10 »
petit cabotage . . . Id. 3 »

Droits d'interprète, bâtiment étranger, varient de 10 à 60 francs par navire, selon leur contenance. — Division comme droit de pilotage pour le tonnage.

Droit d'amarrage sur les corps-morts à Saint-Pierre :
Par bâtiment : Au long-cours. . . par voyage. 20 »
Au grand cabotage Id. 5 »
Au petit cabotage. Id. 3 »

Droit d'entrepôt. — Magasinage. — Par an, sans fraction, 1 % de la valeur des marchandises.
Par plomb. — Mutations d'entrepôt. 0 50

DROITS D'OCTROI

PERÇUS A L'ENTRÉE DES DENRÉES CI-APRÈS D'APRÈS MERCURIALE.

Aissantes blanches, le millier, 0 fr. 25; aissantes du nord, 0 fr. 40; animaux vivants par tête : ânes et ânesses, 1 fr.; bœufs, taureaux, vaches, 3 fr.; veaux, bouvillons, taurillons, génisses, 2 fr.; chevaux, juments et poulains, 10 fr. ; porcs, 0 fr. 50 ; béliers, moutons, agneaux, boucs, chèvres, chevreaux, 0 fr. 35 ; beurre, le frequin, 0 fr. 75 ou le kil. 0 fr. 05 ; bière en barrique baril, le litre 0 fr. 02 ; ou les 12 bouteilles, 0 fr. 25 ; biscuits, la caisse, 0 fr. 50 ou le baril, 0 fr. 25 ; bœuf salé, 1 fr. 50 ou le kil. 0 fr. 02 ; bois d'ébénisterie, 2 p. % de la valeur ; bois du nord, les 100 mètres 1 fr. ; bois blanc, 0 fr. 75 ; brai et goudron, les 100 kil. 0 fr. 25 ; briques, le millier 1 fr. ; bougie stéarique, de cire et autres, la caisse de 12 kil., 0 fr. 50 ; chandelles, la caisse 0 fr. 30 ; chaux, la futaille 0 fr. 20 ; carreaux en terre, le millier 1 fr. ; carreaux en marbre ou autres pierres, 2 fr. ; clous divers, le baril 0 fr. 50 ; conserves, alimentaires 5 p. % de la valeur ; cordages de toutes sortes, les 100 kil. 1 fr. ; couleurs (peinture), 2 fr. 50 ; cuivre laminé, 5 fr. ; eau-de-vie de vin, l'hectolitre 5 fr. ; de genièvre, 5 fr. ; de cerise (kirsch), 10 fr., essence de térébenthine, les 100 kil., 2 fr. 50 ; farine de froment, le baril 1 fr. 50 ; farine de maïs, 0 fr. 50 ; fromages de toute sorte, le kilo 0,02 ; fers en barres, les 100 kil. 1 fr. ; fruits de table verts et secs 2 fr. ; confits à l'eau-de-vie, la caisse 0 fr. 20 ; oléagineux (amandes, noix, noisettes, olives fraîches et arachides), les 100 kil. 2 fr. ; graisse de poisson, le k. 0 fr. 01 ; gruaux et fécules, les 100 kil. 0 fr. 50 ; huile d'olives en paniers, les 12 bouteilles, 0 fr. 30 ; huile en cave, les 12 probans, 0 fr. 10, en futailles, les 100 kil. 2 fr. 50 ; huile de graines, 2 fr. ; jambon le kilo 0 fr. 02 ; légumes secs les 100 kil., 0 fr. 50 ; légumes verts, 0 fr. 20 ; liége ouvré 5 fr. ; liqueurs, le litre 0 fr. 05 ; maïs en grains, l'hectolitre 0 fr. 20 ; merrains, le millier, 1 fr. ; mouchoirs de madras, la pièce de 8 mouchoirs, 0 fr. 50 ; mouchoirs des Indes, 0 fr. 25 ; orfévrerie de bijouterie et horlogerie, 2 1/2 p. % de la valeur ; parfumerie, par franc 0 fr. 05 ; pâte d'Italie, le kilo 0 fr. 02 ; pommes de terre les 100 kil. 0 fr. 10 ; poissons salés, fumés et en saumure (la morue exceptée), le kilo 0 fr. 01 ; porc salé, le baril 1 fr., idem le kilo ; riz, les 100 kil. 0 fr. 75 ; saindoux, le kilo 0 fr. 02 ; salaisons assorties, la caisse, 0 fr. 25 ; savon, 0 fr. 25 ; sel marin, les 100 kil. 0 fr. 50 ; sirops, confitures et bonbons, 5 fr. ; sucre raffiné, le kilo 0 fr. 10 ; suif brut, 0 fr. 02 ; tabac fabriqué, les 100 kil. 25 fr. ; tabac en feuilles, 5 fr. ; tissus de coton, de laine 1/2 p. % de la valeur ; de chanvre, de lin, de soie 1 p. % de la valeur ; autres tissus, idem ; tuiles plates et faîtières, le millier 1 fr. ; vins de Provence, en barrique, la barrique 2 fr. 50 ; en caisses, paniers ou dames-jeannes, la caisse, panniers, ou dames-jeannes, 0 fr. 25 ; vins de Bordeaux en barrique, la barrique 3 fr. 50 ; en caisses, panniers, dames-jeannes, la caisse, pannier, dame-jeanne, 0 fr. 30 ; vins de liqueur de Champagne, le pannier de 12 bouteilles 3 fr. ; de Madère, le litre 0 fr. 20 ; vins de liqueur, autres, le litre 0 fr. 10 ; viandes apprêtées 5 p. % de la valeur ; vinaigre, l'hectolitre 0 fr. 25 ; voitures suspendues, l'unité 20 fr. ; autres marchandises non dénommées ci-dessus, par franc, 0 fr. 02.

Le droit est liquidé sur le poids net pour toutes les marchandises tarifées par kilo ou par 100 kilos.

GUADELOUPE.

1° Les ports ouverts au commerce français ou étranger sont ceux de la Pointe-à-Pitre, de la Basse-Terre, du Moule, du Grand-Bourg, de Marie-Galante, du Port-Louis.

2 à 8° Même régime qu'à la Martinique ;

9° Même régime qu'à la Martinique sauf pour les marchandises non reprises aux mercuriales, qui paient à la valeur déclarée et peuvent être préemptées.

10° Droits de sortie ; sucres et sirops . . . . par 100 k. 2 fr.
cafés . . . . par 100 k. 3

11° Sont admis en franchise à la Guadeloupe et dépendances, les animaux vivants, le sel, les potiches en terre grossière, le beurre frais, la fécule de dictame, le maïs, les paillassons venant de la partie française de l'Ile Saint-Martin.

12° Deux entrepôts existent : l'un à la Basse-Terre ; l'autre à la Pointe-à-Pitre ; même régime qu'à la Martinique.

TARIFS.

D'importation : de navigation, comme à la Martinique.

Droits de pilotage comme à la Martinique, seulement l'échelle commence.

Bâtiments de 70 à 100 tonneaux franç.	43 fr.	75 c.
de 60 à 100 tonneaux étrang.	52	50

Puis les gradations continuent :

Droits de phare, par tous les bâtiments français ou étrangers, au long cours ou au grand cabotage, au 1er port d'abord seulement. 0 fr. 30 c.

Droits d'interprète : pour les batiments étrangers au-dessous de 60 tonneaux. 5 00

Varient ensuite de 30 à 135 fr. selon le tonnage.

A la Basse-Terre et à Marie-Galante ces droits sont augmentés de moitié en sus.

Droit de mouillage provisoire (72 heures) par navire, 11 fr.

Droit d'amarrage sur les corps morts : au Moule seulement, par tonneau, 0 f. 30.

Droits d'entrepôt, comme à la Martinique.

DROITS D'OCTROI.

Aissantes blanches, le mille en nombre 0 fr. 25 ; du nord, idem 0 fr. 40 ; ardoises, idem 1 fr. ; avoines en graines, par hectolitre 0 fr. 25 ; beurre salé par frequin ou 20 kil. net 1 fr. ; bœufs vivants, par tête 2 fr. ; bière l'hectolitre, 2 fr. ; biscuits de mer, par 100 kil. net 1 fr. ; bois blanc, par 100 mètres, 0 fr. 75 ; bois du nord, idem 1 fr. ; bougies par 100 kil. net, 5 fr. brai, goudron et térébenthine, idem 0 fr. 25 ; briques non réfractaires, le mille en nombre 1 fr. ; carreaux en terre cuite, idem 1 fr. ; carreaux de marbre, idem 3 fr. ; carreaux d'autres pierres, idem 2 fr. ; chandelles, suif brut (graisses de bœuf et de moutons), par caisse ou 12 kil. 50 net, 0 fr. 30 ; chaux éteinte, par 100 kil. 0 fr. 05 ; chevaux entiers, hongres, juments et poulains, par tête 10 fr. ; clous divers, par 100 kil. net 0 fr. 50 ; bordages divers, idem 2 fr. 50 ; cuivre laminé en feuilles, idem 5 fr. ; eaux-de-vie de toute sorte, l'hectolitre 10 fr. ; essence de térébenthine, par 100 kil. net, 2 fr. 50 ; farine de froment, par baril de 90 kil. net 1 fr. ; farine de maïs et autres que de manioc, l'hectolitre 0 fr. 75 ; fer en barres, par 100 kil. net 1 fr. ; fromages de toutes sortes, idem 2 fr. 50 ; fruits confits au vinaigre, 3 fr. ; à l'eau-de-vie, la caisse de 12 pobans, 1 fr. ; salaisons assorties, 3 fr. ; fruits de table secs ou tapés, par 100 kil. net, 3 fr. ; fruits de table, cocos, le mille en nombre 2 fr. ; autres par 100 k. net 0 fr. 25 ; huile d'olives, par pannier de 12 bouteilles, 0 fr. 30 ; par caisse de 12 pobans 0 fr. 10 ; huile d'olives et de graines grasses en fûts par 100 kil. net 2 fr. 50 ; légumes secs, fèves, par hectolitre 0 fr. 25 ; autres, idem 0 fr. 50 ; légumes verts, par 100 kil. net 0 fr. 20 ; légumes salés ou confits et conserves, idem 3 fr. ; légumes, l'hectolitre 4 fr. ; maïs en grains, idem 0 fr. 35 ; pâtes d'Italie, par 100 kil. net, 2 fr. ; peaux brutes, la pièce 0 fr. 25 ; teintures assorties et blanc de zinc préparé, par 100 kil. net. 2 fr. 50 ; poissons marinés ou à l'huile, et conservés, idem 2 fr. poissons salés ou fumés autres que morue, idem 1 fr. ; pommes de terre, idem 0 fr. 20 ; porcs et cochons de lait, par tête 1 fr. ; Riz en grains par 100 kil. net, 0 fr. 75 ; saindoux, idem 3 50 ; savons autres que ceux de parfumerie, idem 2 fr. ; son, idem 0 fr. 50 ; sucre raffiné, 2 fr. ; tabacs en feuilles, idem 3 fr. ; fabriqués, idem 25 fr. ; tuiles le mille en nombre, 1 fr. ; viandes salées de bœuf, le baril de 90 kil. net 1 fr. 75 ; viandes salées de porc et lard en planches idem 2 fr. 50 ; jambons, viandes apprêtées et conserves, idem 4 fr. ; vins ordinaires de côtes, l'hectolitre 0 fr. 75 ; de Bordeaux en simple fût, idem 1 fr. 25 ; en cercle et double fût, idem 3 fr. 50 ; vins de liqueurs, idem 10 fr. ; vinaigre, idem 0 fr. 60.

ILE SAINT-MARTIN.

Les produits français sont admis en franchise au port de Marigot. — Ceux étrangers entrent également librement, à l'exception des armes et munitions de guerre, sucres bruts, mélasses, rhums, tafias, coton en laine, sel marin, potiches en terre grossière, paillassons, fécule de dictame et maïs de Barbarie, qui sont prohibés.

L'exportation est également libre pour tous les produits, sauf les sucres, mélasses, rhums et tafias, les charbons de bois et le bois à brûler.

Les droits d'octroi sont les mêmes qu'à la Guadeloupe.

Il n'existe aucun droit de port ou de navigation.

GUYANE FRANÇAISE.

Le commerce direct avec la France ne peut se faire que par navires français.

Le port de Cayenne est ouvert à tous les bâtiments français et étrangers qui peuvent y charger, pour toute destination, les denrées du crû de cette colonie, et y apporter des marchandises de toute provenance, en payant les droits. — Il existe un entrepôt à Cayenne ; mais l'administration peut en refuser l'entrée à certaines marchandises, à son gré, la faculté de l'entrepôt fictif étant accordée à Cayenne à tous les négociants.

Les droits d'entrée sont perçus sur la valeur des marchandises, prises dans la colonie, d'après les mercuriales arrêtées tous les six mois, ou d'après les factures représentées et forcées de 50 %. — La douane peut exercer le droit de préemption.

TARIF D'ENTRÉE.

Marchandises françaises venant directement de France ou des colonies françaises, par navires français, et produits non prohibés du crû de ces colonies importés par navires français . . . . 2 %

Bacalhau, bœuf salé, beurre et saindoux, bois de sapin, blanc de baleine, chandelles, charbon de terre, chaux éteinte, farine de froment, de seigle ou de maïs, fers bruts, bois feuillard, goudron et brai, poissons salés, harengs saurs, huile de poisson, légumes frais et secs, merrains, porc salé, riz, sel, suif, tabac en feuilles . . . . 5 %

Autres marchandises non dénommées.		10 %
Fers et aciers étrangers non ouvrés venant des entrepôts de France, par navires français.		2 %
Mouchiors madras.	le mouchoir.	1 »
Vins étrangers, par navires français	l'hectolitre.	» 25
par navires étrangers	Id.	5 »
Viandes salées venant de l'étranger.	100 kil.	0 50

Chaudières fabriquées en France avec de la fonte étrangère, droit du tarif général sur la fonte.

Sont prohibées pour la consommation.

Venant des colonies françaises par bâtiments français ; Sucre brut et terré, café, coton en laine, cacao, cannelle, girofle, muscade, poivre, indigo, rocou non préparé, liqueurs spiritueuses, à l'exception des eaux-de-vie et liqueurs de France et de la Martinique, du kirsch et du genièvre.

Venant de l'étranger ou par bâtiments étrangers : poudre à tirer, sucre raffiné, coton filé, tissus de laine, de coton, de soie, de chanvre, vêtements confectionnés, y compris les chapeaux et les chaussures.

Sont admis en franchise de droits.

Sous tous pavillons et de toutes provenances : animaux vivants, métaux précieux, instruments d'agriculture, introduits à titre d'essai, machines et mécaniques nécessaires à l'industrie coloniale, chaux vive, objets d'histoire naturelle.

Par navires français venant directement de France : farines et farineux alimentaires, légumes frais et secs, bœuf et porc salés, morue et poissons salés, harengs saurs, chaudières à sucre, outils et instruments aratoires.

DROITS DE SORTIE

		par navire franç.	par navire étrang.
Sucre brut ou terré.	100 kil.	0 70	1 80
Café	id.	2 50	5 58
Coton	id.	2 00	3 58
Rocou.	id.	3 00	3 00
Girofle, ...	id.	2 35	4 90
— (Clous de)	id.	0 10	0 40
Tafia.	1000 litres.	0 50	0 50
Cacao:	100 kil.	0 45	1 80
Mélasse	1000 kil.	0 50	0 50
Peaux de bœuf.	chaque.	0 05	0 20
Bétail.		Prohibé.	Prohibé.

Marchandises étrangères prohibées :
provenant de saisie. . . . . la valeur. 2 %
sortant de l'entrepôt fictif. . . . . id. 1/4 %
Boin, poivre, cannelle, piment, gingembre, vanille, indigo, muscades, curcuma, simarouba, objets d'histoire naturelle, tortues, œufs frais, Exempts.

DROITS DE NAVIGATION.

Droits de francisation :
Bâtiments de 100 tonneaux et au-dessous. . par bâtiment. 60 »
101 à 200 . . . . id. 75 »
201 à 300. . . . . id. 90 »
au-dessus de 300 tonn. par 100 tonn. en sus. . 15 »

Droit de congé. — Voyage de long cours. . . . . Par bâtiment. 20 »
de grand et petit cabot. id. 15 »

Droits accessoires :
Pilotage à l'entrée. — Si le navire mouille en grande rade ou dans le port, varie de 30 à 90 francs par bâtiment, selon le tonnage, depuis 50 à 399 tonneaux ; puis au-dessus s'augmente de 15 fr. par chaque 100 tonneaux.
en rade. — Appel d'un pilote et non entrée dans le port.
Chaque marée. . . . . 10 »
Changement de mouillage. . . . . 6 »
Séjour à bord, par jour . . . . 6 »
(Plus la nourriture.)
Pilotage de la petite rade à la pointe de Macouria, par navire, quel que soit le tonnage. . . 30 »
à la sortie. — Mêmes droits qu'à l'entrée.

DROITS DE MAGASINAGE.

Bois de teinture et ébénisterie . . . . 1000 kil. 4 »
Tabac en feuilles. . . . . Le boucaut pesant plus de 600 kil. 3 »
moins de 600k. 2 »
Morue en bacaliau . . . . le boucaut. 1 »
Rhum et tafia. . . . . le fut au-dessus de 300 litres. 1 »
de 2 à 300 litres. » 75
de moins de 200 litres. » 40
Sucre. . . . . la barrique. 1 »
le tierçon. » 50
le sac ou balle. » 25

Les autres marchandises paient des droits qui varient de 15 c. à 75 c., selon leur nature et leur volume.
La durée du magasinage est d'une année.

ILE DE LA RÉUNION.

Ports ouverts au commerce : Saint-Denis, Saint-Paul, Saint-Pierre.
Rades ouvertes. La Possession, Saint-Gilles, Saint-Leu, Étang-Salé, Manapany, Sainte-Rose, Saint-Benoit, Champ-Borne, Bois-Rouge, Sainte-Suzanne, Sainte-Marie.

TARIF D'ENTRÉE.

Marchandises françaises. . . . . exemptes.
Sauf eaux-de-vie et spiritueux, par hectol. . 50 francs.

MARCHANDISES ÉTRANGÈRES DE TOUTES PROVENANCES.

MARCHANDISES.	DROITS.		
	Unités.	par navires français.	par navires étrangers.
		fr. c.	fr. c.
Animaux vivants :			
chevaux, de petite taille. . .	par tête.	10 00	30 00
ordinaires	id.	20 00	30 00
mulets	id.	10 00	30 00
bœufs, vaches, taureaux, bouvillons, taurillons génisses.	id.	exempts.	30 00
veaux, béliers, brebis, moutons, boucs, chèvres, porcs, ânes	id.	id.	5 00
agneaux et chevreaux	id.	id.	3 00
sangsues	le mille.	1 00	5 00
autres animaux vivants . . .	valeur.	exempts.	10 %
Produits et dépouilles d'animaux.			
Viandes salées ou séchées	100 kil.	0 50	0 50
Peaux brutes, non tannées. . . .	la pièce.	0 30	15 01
Laines pour matelas	valeur.	20 %	30 %
Crins bruts et plocs	100 kil. B	2 00	10 00
Graisse de mouton, suif, saindoux	id.	8 00	15 00
Fromages.	id.	15 00	25 00
Beurre salé.	id.	5 00	10 00
Guano, des lieux d'origine, et des entrep. franç.	id.	exempt.	1 00
d'ailleurs.	id.	0 50	1 00
Pêches :			
Morue et autres poissons salés (1) .	id.	2 50	7 00
Huîtres fraîches.	le mille.	exemptes.	2 00
Graisses et huiles de poisson . . .	100 kil.	40 00	45 00
Blanc de baleine et de cachalot. . .	id.	20 00	25 00
Matières dures à tailler			
Os et sabots d'animaux.	id.	exempts.	10 00
Farineux alimentaires :			
Céréales : froment en grains. . . .	l'hectol.	2 50	6 00
farine	100 kil. B	10 00	15 00
maïs, en grains	l'hectol.	1 00	4 00
farine	100 kil.	5 00	10 00
grains, dhales, embériques.	l'hectol.	2 00	5 00
riz des pays de production ou des ports de premier embarquement	100 kil. B	exempt.	5 00
d'ailleurs.	id.	3 00	8 00
légumes secs et leurs farines.	l'hectol.	3 00	8 00
grains perlés et mondés. .	100 kil. B	12 00	17 00
Fruits et graines :			
Fruits de table	id.	6 00	12 00
Fruits oléagineux, graines de lin et de l'Inde (1).	100 kil. B	1 50	7 00
Graines à ensemencer, de jardin et de fleurs.	id.	1 00	9 00
Denrées coloniales :			
Confitures de toutes sortes.	100 kil. N	80 00	100 00
Thé.	le kil. N	1 50	6 00
Tabac en feuilles.	100 kil. B	15 00	25 00
fabriqué	id.	20 00	30 00
Vanille.	le kil.	10 00	15 00
Sucs végétaux :			
Résines	id.	1 00	5 00
Huiles (2) de capéjut des îles Molusque	le kil. N	2 50	8 00
de coco	100 kil. B	8 00	12 00
de palma-christi	id.	25 00	30 00
Opium.	100 kil. N	200 00	212 50
Espèces médicinales :			
Graine de moutarde	100 kil. B	5 00	10 00
Bois communs :			
de construction : feuillards. . .	le mille.	10 00	15 00
merrains. . .	id.	2 00	5 00
aissantes. . .	id.	0 75	1 00
planches. . .	100m longr.	1 00	2 00
Teintures et tannins ;			
Feuilles et écorces pour la teinture et la tannerie.	100 kil. B	1 00	9 00
Produits et déchets divers :			
Fourrages verts et secs.	id.	0 50	15 00
Son, de tous grains	l'hectol.	0 50	4 00
Avoine et orge	id.	2 00	6 00
Plants d'arbres.	100 kil. B	exempts.	5 00
Pierres, terres, combustibles, minéraux :			
Matériaux : briques et carreaux. .	le mille.	4 00	9 00
tuiles, plates.	id.	4 00	9 00
bombées	id.	10 00	15 00
faitières	id.	15 00	20 00
tuyaux en terre cuite.	id.	25 00	30 00
tomettes.	id.	25 00	30 00
soufre, non épuré	100 kil. B	0 75	6 00
houille	id.	exempte.	5 00
Produits chimiques :			
Acides : citrique.	id.	2 00	7 00
sulfurique.	id.	10 00	15 00
Sels, marin et gemme	id.	5 00	10 00
sulfate d'alumine	id.	25 00	80 00

(1) Ceux des îles Saint-Paul et Amsterdam : ceux préparés à l'île de la Providence, importés par nav. fr., sont admis en franchise.
Les poissons secs sont assimilés aux poissons salés.

(1) Les arachides et les pistaches de terre leur sont assimilées.
(2) Les huiles d'Illipé et d'arachides importées de l'Inde par navires français paient les droits du tarif métropolitain.

MARCHANDISES.	DROITS. Unités.	par navires français.	par navires étrangers.
		fr. c.	fr. c.
Couleurs :			
noir à souliers	100 kil. N	120 00	130 00
animal	100 kil. B	7 00	12 00
Compositions diverses :			
Épices préparées :			
Moutarde et curcuma de l'Inde	id.	25 00	32 00
Soui et sauces anglaises	id.	15 00	20 00
Boissons fermentées :			
vins	l'hectol.	0 25	5 00
bière et porter	id.	6 00	11 00
Vitrifications :			
Poteries de terre	100 kil. B	6 00	11 00
porcelaine	100 kil. N	120 00	130 00
Tissus :			
de coton, nankin, venant directement de l'Inde ou de Chine	le kil. N	1 00	5 00
d'ailleurs	id.	4 00	5 00
d'écorces: pagnes de 8 fils	la pièce.	0 90	1 00
de plus de 8 fils	id.	1 80	2 00
rabanes	le cent.	2 00	3 00
de lin et de chanvre, toiles à voiles écrues dont la chaîne a moins de 8 fils dans 5 millimètres	100 kil. N	30 00	35 00
de poils : cachemires, châles longs et carrés de 1 m. 80 et plus	la pièce	100 00	120 00
moindres et écharpes	id.	50 00	70 00
de soie : foulards unis, écrus de l'Inde et de la Chine	le kil. N	6 00	8 00

MARCHANDISES.	DROITS. Unités.	par navires français.	par navires étrangers
		fr. c.	fr. c.
Tissus : foulards (suite) :			
d'ailleurs	le kil. N	7 00	8 00
imprimés : de l'Inde, etc.	id.	12 00	15 00
d'ailleurs	id.	14 00	15 00
crêpes : unis des pays d'origine	id.	20 00	25 00
d'ailleurs	id.	25 00	30 00
brodés et façonnés : des pays d'origine	id.	34 00	45 00
d'ailleurs	id.	40 00	50 00
Ouvrages en matières diverses :			
Chapeaux de fibres de palmiers, grossiers	la pièce.	0 25	1 00
fins	id.	0 75	2 00
Nattes de jonc et d'écorces, persiennes en rotin, panniers en rotin	valeur.	6 °/o	10 °/o
Cordages de Kair et de Bastin	100 kil. B	2 00	12 00
Chaudières de fontes et potin et moulins à égrener	valeur.	15 °/o	25 °/o
Charrues	la pièce.	25 00	35 00
Ouvrages en métaux: houes, pelles.	la douze.	4 00	8 00
tuyaux en tôle et fonte.	100 kil. B	40 00	45 00
crachoirs de l'Inde	la pièce.	1 50	2 00
Ouvrages en bois, pompes non garnies	valeur.	15 °/o	25 °/o
rames et avirons.	le mètre.	0 05	0 30
Serpes et coutelas	la douze.	3 00	4 00
Voitures	valeur.	20 °/o	30 °/o
Sacs de gounis	le cent.	5 00	5 50
Objets hors de commerce	valeur.	1 °/o	2 °/o

MARCHANDISES IMPORTÉES DE MAYOTTE, MASCATE, MADAGASCAR.

Les marchandises désignées au tableau précédent venant de Mayotte, remise des 3/4 des droits.

De Mascate et Madagascar, remise des 1/2 des droits, lorsqu'elles sont importées par navires français ou par ceux de l'Iman de Mascate.

MARCHANDISES IMPORTÉES DE LA CHINE.

Babarets en bois laqué avec dessins en or du Japon, balais en crins de coco, manches de bambou, bateaux chinois en racine de bambou avec sculpture; les mêmes en ivoire; bandèges en bambou peint et autres objets de tabletterie ou de mercerie, en bois, en ivoire, en nacre; importés par navires français, 12 p. °/o de la valeur.

MARCHANDISES IMPORTÉES DES ÉTABLISSEMENTS FRANÇAIS DANS L'INDE.

Par navires français.

Toiles de coton : pantalons et chemises en toile grossière, valeur . . . . . 20 p. °/o
Toiles *guinées*, valeur . . . . . 15 —
Mouchoirs, dite *paliacats*, la pièce de 8 . . . . . 8 fr.
— *vaudapolam*, *mazulipatam*, la pièce . . . 4 00
Meubles, jouets d'enfants, bracelets et colliers en composition friable, instruments de musique et costumes indiens en bois ou carton, valeur . . . . . 10 °/o
Huiles de coco et d'Illipé, 100 kil. B. . . . . . 4 fr.
Sacs de gomis, le cent . . . . . » 50
Pantoufles, sandales, babouches de Chine, valeur . . . . . 12 p. °/o

MARCHANDISES DE TOUTES PROVENANCES.

Admissibles en franchise par navires français, et aux droits du tarif de la métropole par navires étrangers.

Badiane, baumes médicinaux, bois d'ébénisterie et odorant, borax, cachou, camphre brut, cannelle, cire non ouvrée, cochenille, coques de coco, cuivre brut, cumin, curcuma, dents d'éléphant, écailles de tortue, étain brut, fanons de baleine, gingembre, gommes, gousses tinctoriales, graines d'amome, grains durs à tailler, indigo, joncs et roseaux, kermès, laque naturelle, légumes verts, lichens, millet, nacre, or et argent, peaux sèches et brutes, poivre et autres condiments, potasse, quercitron, quinquina, rocou, racines, écorces, fleurs, herbes médicinales, sagou, salep, séné, substances animales propres à la médecine et à la pharmacie, sumac.

MARCHANDISES IMPORTÉES DES ENTREPÔTS MÉTROPOLITAINS.

Tarifées. — Droits des importations de l'étranger.

Prohibées (eaux-de-vie exceptées). — Droits du tarif général de France.

Fers et aciers, bruts, ou ouvrés en France. — Un cinquième des droits du tarif général sur la matière brute.

TARIF DES DROITS DE NAVIGATION.

Droits de tonnage.

		Nav. ch.	Nav. sur lest.
Français.	— Venant d'ailleurs que des possessions britanniques en Europe	Exempts.	
	Venant de ces possessions, le tonneau	2 »	0 fr. 20 c.
	Caboteurs, venant de Maurice	1 »	0 fr. 20 c.
Étrangers.	— De Mascate	Exempts.	
	Caboteurs, venant de Maurice	1 »	0 fr. 20 c.
	Tous autres	2 »	0 fr. 20 c.

Les droits sont dus par les navires étrangers dans tous les ports où ils font des opérations de commerce.

Droits de congé et passeport.

Français (congé), l'acte . . . . . 6 fr.
Etrangers (passeport), de Mascate, caboteurs de Maurice, et navires anglais venant des possessions britanniques autres que l'Inde, l'acte . . . . . 6 fr.
Tous autres, l'acte . . . . . 20 fr.

Permis de charger ou de décharger.

Français, par navires . . . . . Exempts.
Etrangers, par navires . . . . . 5 fr.

Droits de francisation.

Bâtiments. — Au-dessous de 100 tonneaux, le tonneau. 0 fr. 09 c.
De 100 et moins de 200 tonn., le navire. . 18 » »
De 200 à 300 tonneaux, le navire . . . . . 24 » »
Chaque 100 tonneau en sus, le navire. . 6 » »

TAXES ACCESSOIRES.

Pilotage.

Français. — Caboteurs de Maurice :
Au-dessous de 100 tonneaux, le tonneau. . . 0 fr. 50 c.
Au dessus de 100 tonneaux, le tonneau. . . 7 » 50 »
Etrangers. — Au-dessous de 100 tonneaux, le tonneau. . 1 » »
Au-dessus de 100 tonneaux, le tonneau. . 15 » »

Mouillage provisoire.

Français. — . . . . . Exempts.
Etrangers. — Le navire . . . . . 11 » »

Droit de phare.

Tous navires, le tonneau . . . . . 0 » 20

Droit d'aiguade.

Tous navires, le kilolitre . . . . . 2 » »

Expéditions.

Acte de francisation	2	50
Manifeste	1	
Permis, passavants, acquits de paiement	»	15
Acquits à caution	»	50

TARIF DE SORTIE.

Denrées et productions coloniales, sauf les sucres, les cafés et les cotons. Pour l'étranger et par nav. étrang. 2 fr. par 100 kil. ou par hectol. de liquide.

Il est perçu à titre de taxe coloniale 3 1/2 °/₀ de leur valeur sur les produits ci-après :

Sucre, café, girofle, clous, griffes et essences, muscades et macis, coton, légumes secs, pommes de terre et oignons, miel, chocolat, sacs de vacoa.

Primes.

Les primes ci-après sont accordées à l'exportation :

Soie grège, doupions non compris, le kil. 16 fr.
Vanille (par quantité de 5 kil. au moins), le kil. 5 »

ENTREPOTS.

Un entrepôt réel est établi au port Saint-Denis; les marchandises provenant d'Europe, ou des pays situés sur la Méditerranée doivent y être apportées par navires français. Les réexportations s'effectuent par tous pavillons, sauf bien entendu pour la France.

L'entrepôt fictif est accordé aux marchandises françaises et aux huiles destinées à la fabrication des savons.

Les droits de magasinage sont très-élevés à l'entrepôt de Saint-Denis, où il n'est pas admis de dépôt représentant moins d'un dixième de tonneau d'encombrement. Les droits sont toujours perçus pour quinze jours au moins. Ils sont de deux sortes selon que les marchandises vont à la consommation ou à l'exportation. Les premiers varient de 1 fr. 50 à 10 fr. par mois et par tonne; les seconds de 1 à 8 fr. selon l'espèce des produits entreposés.

RÉFACTION DES TARES.

Des tares légales sont admises pour la perception des droits à la sortie. Elles sont fixées comme suit :

Sucre : balles de 50 k. à 60 k. en sacs doubles de vacoa, par balle. 3 k.
et dans cette proportion, quand les balles excèdent 65 kilos.
Café : balles de 50 kil., en sacs double de vacoa 2 k. 50
Girofle : balles de 30 k. — 2
balles de 30 à 50 — 3

Et dans cette proportion. Quand les balles pèsent plus à l'entrée on applique les tares légales du tarif général de France, si le commerce les reclame.

SÉNÉGAL ET SES DÉPENDANCES.

Navigation. — Entre la France et le Sénégal, compris l'ile de Gorée, et les possessions françaises; réservée aux navires français ainsi que le commerce dans le fleuve du Sénégal.

Importations. — Marchandises françaises, marchandises étrangères venant des entrepôts de France, et non dénommées ci-après, admises à Saint-Louis au droit de 2 °/₀ de leur valeur.

Cigares	10 °/₀
Poutrelles en fer et autres pour construction	exemptes.
Vins étrangers de toute espèce importés de l'étranger par navires franç., l'hectolitre	0 fr. 25
Fruits, légumes frais, pierres des Canaries, importés par nav. français	exempts.
Viandes salées de toutes provenances, venant même de l'étranger par navires franç., 100 kil.	0 fr. 50

Exportations. — Produits de la colonie, sauf les arachides et les cafés Rio-Nunez et Rio-Pongo, exportés par nav. franç. valeur 2 °/₀.

DROIT DE NAVIGATION.

Pilotage : Navires venant d'Europe, les premiers 100 tonn.	1 fr.	00 c.
excédant	0	75
caboteurs, par tonneau	0	75
Ancrage : bâtiments venant de France, par tonneau	0	50
Francisation : au-dessous de 100 tonn. par bâtiment	9 fr.	»
de 100 à 199 tonn.	18	»
de 200 à 299 tonn.	24	»
en sus de 300, par chaque 100 tonn.	6	»
Congés : bâtiments de long cours, par voyage	6	»
caboteurs, par année	6	»

GORÉE.

Les marchandises de toute espèce et de toute provenance, à l'exception des toiles guinées, peuvent être importées à Gorée et en être exportées en franchise par navires français ou étrangers. Ces derniers sont assujettis seulement au paiement d'un droit fixe de 50 c. par tonneau de jauge.

COMPTOIRS

D'ASSINIE, GABON, GRAND-BASSAN.

Sous le régime de la franchise.

OCÉANIE.

Les marchandises admises à la consommation dans la colonie ont à payer pour droits :

Importées par bât. franç. ou assimilés 5 °/₀ de leur valeur.
par bât. étrangers 10 °/₀

Sont affranchis de ces droits :

Les denrées alimentaires, les bestiaux vivants ; les volailles ; les graines potagères ; l'huile de coco et les produits des îles voisines de Tahiti ; les bois et planches propres aux constructions civiles ; les objets nécessaires à la réparation, à l'armement, à l'entretien des navires ; les machines, outils, instruments destinés à l'industrie et à l'agriculture ; les meubles, instruments, vêtements, livres à l'usage des personnes qui viennent se fixer dans la colonie.

Il n'existe pas de droits de sortie.

Tout navire entrant dans le port doit dans les 24 heures de son arrivée, remettre son manifeste original, à peine de 500 fr. d'amende. Tous les colis doivent être désignés séparément au manifeste, sous peine de la même amende. Les marchandises non inscrites ou faussement déclarées au manifeste sont confisquées avec amende de 1,000 fr. Le navire peut être retenu pour la sûreté de ces amendes.

Toute marchandise entrant dans la colonie doit être déclarée à la douane dans les trois jours qui suivent l'arrivée du navire.

Aucun débarquement ne peut avoir lieu qu'avec un permis, avant le lever et après le coucher du soleil. Il en est de même des embarquements.

Si des marchandises sont faussement déclarées comme poids, nombre ou mesure, l'excédant est assujetti au paiement du triple droit, s'il excède le vingtième pour les métaux et le dixième pour les autres denrées.

Tout excédent de colis est saisi avec amende de 300 fr.

L'entrepôt fictif est accordé. Ne peuvent en jouir les marchandises avariées ou sujettes à coulage. Le droit d'entrepôt est fixé à 1 °/₀ de la valeur des marchandises par année.

Il est accordé des réfactions de droits pour les marchandises avariées par événement de mer.

Aucun navire ne peut sortir du port sans passe port ou permis.

DROITS DE NAVIGATION.

Tonnage : bâtiments français, par tonn.	0 fr.	50 c.
étrangers, par tonn.	1	»

Sont exemptés de ce droit les navires baleiniers : les navires en relâche forcée, ceux qui ne séjourneront pas plus de 24 heures dans la colonie.

Ce droit n'est exigible qu'au port de premier abord.

Expédition : navires français ou assimilés	12 fr.	50 c.
étrangers	20	»
Passe-port ou permis : par navire étranger	5	»
Pilotage : vaisseaux et frégates de guerre, étrangers	120	»
corvettes	90	»
navires d'un rang inférieur	60	»
de commerce, par mètre de tirant d'eau.	12	»
tout mouvement de navire en rade	20	»

Il existe à Papeete des cales de halage et d'abatage où on trouve tous les objets nécessaires au radoub des bâtiments. Les taxes ont été fixées.

Location par jour, du quai d'abbattage :

Navires au-dessous de 100 tonneaux	15 fr.
De 100 à 200 tonneaux	25
De 201 à 301 tonneaux	35
De 301 à 400 tonneaux	40
Chaque 50 tonneaux en sus.	10

Location par jour de la cale de halage :

	Jour du halage	Jours suivants y compris celui de la mise à l'eau.
Navires au-dessous de 100 tonneaux.	80 fr.	40 fr.
De 100 à 200 tonneaux	120	60
De 201 à 300 tonneaux	180	90
De 301 à 400 tonneaux	240	120
Chaque 10 tonneaux en sus.	10	5

PRIX DES JOURNÉES D'OUVRIERS.

Contre-maître	12 fr. 50 c.
Ouvriers	10 fr.
Plongeurs	15 fr.
Manœuvres	4 fr.

ILES SAINT-PIERRE ET MIQUELON.

Les marchandises de toute origine importées par navires français sont admises en exemption de droits.

Celles étrangères, importées par navires étrangers, ont à payer 1 p. °/₀ de leur valeur, sauf les bestiaux, le bois de chauffage, le capelan et le hareng, les sels destinés à l'approvisionnement des navires.

Aucun navire ne peut aborder sans avoir un manifeste énonçant en toutes lettres les caisses, balles, barils, boucauts, etc., du chargement, avec les marques et numéros. Il doit être déposé dans les 24 heures de l'arrivée.

Tous les produits de pêche étrangère sont prohibés à l'importation.

Toute marchandise non déclarée est saisie avec amende de 15 à 100 fr. Les bâtiments armés pour la pêche ne peuvent embarquer de marchandises.

DROITS ET TAXES DE NAVIGATION.

Sont exempts des droits de navigation :
Les bâtiments au-dessous de 30 tonneaux ;
Ceux armés dans la colonie pour la pêche ou le cabotage ;

Ceux étrangers entièrement chargés de bois de chauffage ou de bestiaux.

Les bâtiments pêcheurs français ne payent les droits qu'une fois, à leur arrivée de France.

DROITS.

	Bâtiments français.	Bâtiments étrangers.
Tonnage.	—	—
Au-dessus de 30 tonneaux : par tonn. . .	0 fr. 25 c.	0 fr. 60 c.
Pilotage.		
De 30 à 40 tonneaux : par navire.	6 fr. 75 c.	20 fr.
De 30 à 150 tonneaux : Id.	11	00
De 40 à 70 tonneaux : Id.	00 00	30 00
De 150 et au-dessus Id.	13 50	00 00
De 80 et au-dessus : Id.	00 00	40 00
Feu et santé (pour chaque).		
Par bâtiment.	10 fr. 00	10 fr. 00
Ponton.		
Par jour et par tonneau.	0 fr. 20 c.	0 fr. 30 c.
Corps morts de la rade.		
Par bâtiment et par jour.	5 fr. 00	10 fr. 00

MAYOTTE ET DÉPENDANCES.

Sont placés sous le régime de la franchise absolue.

ÉTABLISSEMENTS FRANÇAIS DANS L'INDE.

Les denrées et marchandises de toutes provenances sont admises, sans distinction de pavillon et en franchise de droits, dans les ports français de l'Inde : mais le commerce direct entre ces ports et la France ne peut se faire que sous pavillon national.

Les navires de tous pavillons sont soumis aux droits ci-après :

Tonnage et manifeste.

Pondichéry, Karibal, Mahé : par tonn. . . 0 fr. 20 c.

Phare.

Pondichéry. Id. . . . 0 fr. 15 c.

Batelage.

Pondichéry. Id. . . . 4 fr. 88 c.

Les huiles d'origine française exportées des établissements français dans l'Inde pour la métropole sont soumises à un droit de sortie de 0 fr. 05 c. par velte.

Les droits de phare sont dus, qu'il y ait débarquement ou non débarquement des marchandises.

FIN DES TARIFS DES COLONIES FRANÇAISES.

MONNAIES, POIDS ET MESURES DE LA FRANCE.

Monnaies. — L'unité de compte est le franc, 100 cent. Les monnaies, or ou argent, sont à 9000/1000es. Les pièces que l'on frappe actuellement, et qui seules ont cours légal, valent : or, 100 fr., 40 fr., 20 fr., 10 fr., 5 fr. ; argent, 5 fr., 2 fr., 1 fr., 50 c., 20 c. ; cuivre, 10 centimes, 5 centimes, 2 centimes, 1 centime.

Les poids et mesures sont réglés par le système métrique décimal, dont l'unité fondamentale est le mètre, dix millionième partie du quart du méridien terrestre. Voici les principaux poids et mesures du système métrique.

Poids : kilogramme, 1000 grammes ; le gramme, le [illegible] d'un volume d'eau distillée, égal au cube de la 100e partie du mètre.

Mesures. — De longueur. — Mètre, 1000/1000e.

De superficie. — Are, carré de 10 mètres de côté, 100 mètres carrés.

De solidité. — Stère de 1 mètre de côté.

De capacité. — Hectolitre, mesure ayant pour volume 100 décimètres cubes.

MODIFICATIONS

APPORTÉES

AUX TARIFS DES DOUANES DE L'ASSOCIATION ALLEMANDE

PENDANT L'ANNÉE 1859.

1° Vins français.

On sait que les vins français en futailles importés dans les Etats de l'association par les ports prussiens, jouissent d'une remise de 20 °/₀ des droits lorsqu'ils y arrivent directement des ports français, et qu'ils sont accompagnés de certificats d'origine délivrés par un courtier assermenté, et visés par le consul prussien au port d'embarquement.

La même faveur est accordée aux vins français importés dans les mêmes conditions par les ports hanovriens et oldembourgeois.

Les vins de France, transitant par Brême, ne perdent pas le bénéfice du transport direct, pourvu que les futailles soient revêtues de cachets, apposés soit à Brémerhafen, soit à Brême, par les soins des consuls ou agents consulaires des États du Zollwerein.

2° Houilles.

Les houilles étrangères destinées aux bateaux à vapeur entretenant une correspondance régulière entre Stettin et tout autre port, sont affranchies du payement des droits d'entrée. Ces houilles peuvent être mises en entrepôt fictif.

3° Sucres.

L'impôt sur la betterave brute destinée à la fabrication du sucre est fixé à 1 fr. 87 c. 5 par 100 kil.

Le droit sur la mélasse étrangère est fixé à l'importation à 22 fr. 50 c. par 100 kil.

(Publication d'avril 1859).

TARIF D'IMPORTATION.

4° Glace brute (eau congelée), exempte.

Engrais artificiels, exempts, moyennant autorisation spéciale.

Asphalte, pissasphalte, ciment préparé avec la résine et autres matières, exempts.

Huiles importées en futailles :

d'olives, 100 kil. 10 fr.

Id. mélangées en douane de 500 grammes d'huile de térébenthine ou de 62 grammes d'huile de romarin par chaque 50 kil., exemptes.

— d'autres espèces, 100 kil. 3 fr. 75 c.

— de ricin, dénaturée par les mêmes procédés que l'huile d'olives, 100 kil. 3 fr. 75 c.

Tourteaux provenant des résidus de la fabrication des huiles de lin, colza et autres graines, entiers, concassés ou en farine, 100 kil. 25 c.

Suif, 100 kil. 7 fr. 50 c.

(La tare dont jouissait cet article est supprimée).

TARIF D'EXPORTATION.

Huile d'olives, mélangée d'huile de térébenthine ou de romarin, 100 kil. 1 fr. 25 c.

(Publication du 9 décembre 1859).

TARIF

DE L'ASSOCIATION

DES DOUANES ALLEMANDES.

OBSERVATIONS PRÉLIMINAIRES.

L'Association allemande, ou le Zollverein, est entrée le 1er janvier 1854 dans la troisième période de son existence.

La première avait duré huit ans, du commencement de 1834 à la fin de 1841.

La seconde douze ans, du commencement de 1842 à la fin de 1853.

Celle qui vient de s'ouvrir par le renouvellement du pacte d'association doit offrir la même durée de douze années.

Deux faits considérables en ont signalé le début.

L'un est l'accession des États voisins du littoral de la mer du Nord, qui formaient entre eux une union de douanes particulières connue sous la dénomination de Steuerverein;

L'autre est la conclusion d'un traité de commerce avec l'Autriche, où de larges concessions réciproques ont été stipulées entre les parties contractantes.

L'art. 9 du traité du 9 septembre 1851, entre la Prusse et le Hanovre, portait que des entrepôts francs seraient établis dans les places maritimes les plus importantes des deux pays.

Par suite de ce traité, un entrepôt franc a été créé à Harbourg, port hanovrien dont le commerce a pris quelque extension sous le nouveau régime, et qui paraît appelé à un certain avenir.

Un arrêté du 18 octobre 1854 a déclaré applicable à cet établissement, à partir du 1er novembre suivant, le règlement général d'entrepôt convenu avec les États associés, que l'on trouvera à la suite du tarif.

L'exercice du cabotage en Prusse était réservé exclusivement aux navires nationaux. Mais l'Angleterre ayant, en 1854, ouvert la navigation de ses côtes aux pavillons étrangers, la Prusse a imité cet exemple par une loi du 5 février 1855. Toutefois la faveur n'est accordée qu'à la condition de réciprocité.

Un nouveau tarif a été adopté, au mois de juillet 1856, par les commissaires réunis à Eisenach, et a été mis en vigueur à dater du 1er janvier 1857. C'est celui que nous publions aujourd'hui.

L'association a conclu en outre, avec la ville libre de Brême, une série de traités et de conventions qui établissent entre les parties contractantes les relations les plus étroites, et dont nous donnons également les principales dispositions.

Enfin les États allemands du Zollverein ont conclu, le 24 janvier 1857, avec l'Autriche, un traité pour l'établissement d'un système monétaire uniforme et la fabrication de monnaies communes.

Ce traité est applicable dans tous les États de la Confédération Germanique, hormis les villes hanséatiques et les deux Mecklenbourg, auxquels d'ailleurs l'accession est ouverte.

Dans le nouveau système l'argent seul est appelé à remplir le rôle de monnaie légale.

La livre de 500 grammes est substituée au marc de Cologne, pour base de la fabrication des monnaies, et ne comporte que des divisions décimales.

On sait qu'il existait dans les États qui ont pris part aux négociations trois unités monétaires :

En Prusse et dans les États du Nord, le *thaler*, à la taille de 14 au marc d'argent fin de Cologne, équivalait à 3 fr. 75 c. ;

En Autriche, le *florin* dit *de convention* égalait 2 fr. 61 c. ;

En Bavière et dans les autres États du Midi, *le florin*, à la taille de 24 1/2 au marc de Cologne, représentait 2 fr. 14 c., 28.

Trois monnaies d'argent distinctes sont maintenues pour les trois zones monétaires, et le rapport de ces monnaies à la nouvelle unité de poids est fixé comme suit :

La livre, ou les 500 grammes d'argent fin, donne :

En Prusse, et dans les États du Nord, 30 thalers ;

En Autriche, 45 florins ;

En Bavière et dans les États du Midi, 52 florins 1/2.

Sous ce nouveau régime la valeur du thaler et celle du florin des États du Midi restent exactement les mêmes ; celle du florin d'Autriche seule est réduite à 2 fr. 50 c.

Indépendamment des monnaies particulières aux trois zones, il est créé une monnaie d'argent commune, dite d'*association*, ayant cours dans le territoire de chaque État, aussi bien que la monnaie propre du pays.

Cette monnaie commune comporte deux types :

La pièce *simple* valant 1 thaler, ou 1 florin 1/2 d'Autriche, ou 1 florin 3/4 du Midi : soit 3 fr. 75 c. ;

La pièce *double* valant 2 thalers, ou 3 florins d'Autriche, ou 3 florins 1/2 du Midi : soit 7 fr. 50 c.

Il est également créé une monnaie d'or d'*association* comportant aussi deux types :

La couronne, à la taille de 50 par livre d'or fin, valant 35 fr. 10 c.

La demi-couronne, id. de 100 id. id. id. 17 fr. 50 c.

Toutefois ces deux dernières pièces n'ont pas cours obligatoire : elles peuvent subir les variations du change en argent.

Une dernière disposition digne de remarque, et qui concerne spécialement l'Autriche, interdit aux gouvernements contractants d'émettre ou de laisser émettre un papier-monnaie qui ne soit en tout temps échangeable à la demande des porteurs contre son équivalent exact en monnaie d'argent. Les exceptions qui pouvaient exister au moment de la conclusion du traité doivent prendre fin au plus tard le 1er janvier 1859.

COMPOSITION ACTUELLE DU ZOLLVEREIN.

1° États composant le Zollverein, et prenant part à ses délibérations : Prusse, Bavière, Saxe, Hanovre, Wurtemberg (royaumes de) ; Grands-duchés de Bade et de Hesse ;

Électorat de Hesse ;

Association de Thuringe, formée des territoires appartenant aux États ci-après, et de plus à la Prusse et à l'électorat de Hesse; savoir : Grand-duché de Saxe-Weimar, Eisenach, duchés de Saxe-Meiningen, Saxe-Altenbourg, Saxe-Cobourg-Gotha, principautés de Schwarzbourg-Sondershausen, Schwarzbourg-Rudolstadt, Reuss-Schleitz, Reuss-Greitz, Reuss-Lobenstein-Ebersdorf;

Duchés de Brunswick, d'Oldenbourg, de Nassau ;

Principauté de Birkenfeld;

Ville libre de Francfort.

2° États et territoires compris dans le Zollverein par suite de leur association avec l'un des États ci-dessus :

Mecklenbourg-Schwérin, enclavée dans la Prusse des villages de Rossow, Netzebaad, Schoenenberg ;

Landgraviat de Hesse-Hombourg ;

Principauté de Waldeck et comté de Pyrmont; duchés de Anhalt-Coethen, Anhal-Dessau, Anhalt-Bernbourg ;

Principauté de Lippe-Detmold ;

Grand-duché de Luxembourg ;

Principauté de Schaumbourg-Lippe ;

Possessions communes du Hanovre et du Brunswick ;

Parcelles, non habitées du territoire Brémois, traversées par le chemin de Hanovre à Brême, comprenant : 1° la portion du territoire Brémois située près de Sebaldsbrück ; 2° la portion qui longe les limites du champ d'Osterholtz.

TARIF.

DISPOSITIONS GÉNÉRALES.

1° Les droits à acquitter sont ceux en vigueur au jour de la déclaration et de la présentation en douane.

2° En principe général il est perçu à l'entrée par quintal brut (50 kil.), 15 gros d'argent = 52 kreutzer 1/2. = 1 fr. 87 50.

Ce droit acquitté il n'est rien dû pour la consommation intérieure.

En principe également il n'est pas perçu de droit de sortie.

Sont exceptés de cette règle générale :

Les articles qui payent à l'entrée un droit plus élevé ou moindre que le droit ci-dessus ;

Ceux qui payent un droit à la sortie.

3° Quand des marchandises sont expédiées sous passavant de contrôle, ou qu'elles doivent être plombées, on perçoit :

Pour un passavant 2 gros d'argent = 7 kreutzers = 0 fr. 25 c.

Pour chaque plomb apposé, 1 id. = 3 id. 1/2 = 0 fr. 12 c. 5.

4° Les droits se liquident d'après le poids brut ou d'après le poids net.

D'après le poids brut :

1° Sur toutes les marchandises en emballage, déclarées pour le transit ;

2° Sur celles déclarées pour la *consommation*, quand le droit à payer n'excède pas,

Par quintal, 1 thaler = 1 fl. 45 kr. = 3 fr. 75 c.;

3° Sur toutes les marchandises pour lesquelles il n'est pas indiqué de bonifications spéciales au tableau des tares.

D'après le poids net :

Sur toutes les marchandises qui ont droit à la bonification des tares.

En principe on admet comme tare légale :

1° Pour les marchandises en simples sacs de toile, en nattes de jonc, de paille, ou autre analogue, 4 p. 0/0.

2° Pour les marchandises présentées en balles de plus de 8 quintaux (400 k.), la tare indiquée au tableau des tares.

Le commerce est toujours libre de faire constater le poids net des marchandises.

L'administration a le même droit, si la nature des emballages n'est pas en rapport avec les usages ordinaires.

5° Pour les articles dans la confection desquels entrent des tissus qui ne contiennent pas de soie, la déclaration doit indiquer la nature précise de ces tissus

Les tissus de coton et lin sans mélange de laine doivent être déclarés tissus de coton, ou de lin.

Quant aux tissus dans lesquels il entre de la soie, on doit les déclarer tissus de soie mélangés.

6° Si un même colis renferme des marchandises passibles de droits différents, la déclaration doit indiquer le poids net de chaque espèce de marchandise, à peine d'être tenu de payer sur la totalité du colis le droit afférent le plus élevé.

Cette disposition ne s'applique pas toutefois aux articles de quincaillerie et de mercerie.

7° Les bureaux secondaires de première classe peuvent, à l'entrée, recevoir en quantités indéfinies les marchandises dont les droits n'excèdent pas par quintal (50 k.)

5 thalers = 8 fl. 3/4 = 18 fr. 75 c.

Celle dont le droit excède cette somme n'y sont admises qu'autant que le droit afférent à la totalité de l'importation n'excède pas

50 thalers = 87 fl. 1/2 = 187 fr. 50 c.

Les droits de sortie peuvent être perçus par lesdits bureaux, quel que soit le montant de la somme à acquitter.

Les bureaux secondaires de 2e classe peuvent, à l'entrée, recevoir ces marchandises dont les droits ne s'élèvent pas à

6 thalers = 10 fl. 1/2 = 22 fr. 50 c.,

et les animaux, mais dans le cas seulement où la somme des droits à percevoir sur la totalité du chargement ou du transport n'excède pas

10 thalers = 17 sl. 1,2 = 37 fr. 50 c.

Les marchandises payant plus de 10 thalers par quintal ne sont admises, dans ces bureaux, que par quantités isolées de 10 livres (5 kilog.) au plus, et à la condition expresse que les droits à percevoir n'excèdent pas 37 fr. 50 c.

Les grains dont l'admission est autorisée en quantités indéfinies ne sont pas soumis aux restrictions ci-dessus.

Les droits de sortie peuvent être perçus par lesdits bureaux jusqu'à concurrence de 37 fr. 50 c.

8° Sont admises en franchise les marchandises présentées en quantités assez minimes pour que la perception ne s'élève pas à 6 pfennings = 1 kreutzer = 0 fr. 06 c.

TABLEAU DES DROITS D'IMPORTATION.

DÉNOMINATION DES MARCHANDISES.	UNITÉS taxées.	DROITS. Unités allemandes. thalers.	florins.	Unités françaises. Base.	Droits.
		th. gr.	fl. kr.		fr. c.
Animaux : ânes, chevaux (1), mules et mulets. .	par tête.	1 10	2 20	par tête.	5 0
bœufs et taureaux (2).	id.	5 00	8 45	id.	18 75
vaches.	id.	3 00	5 15	id.	11 25
génisses, bouvillons, taurillons.	id.	2 00	3 30	id.	7 50
veaux.	id.	0 5	0 17 1/2	id.	0 62
cochons autres que cochons de lait, gras. .	id.	1 00	1 45	id.	3 75
maigres.	id.	0 20	1 10	id.	2 5[illegible]
de lait.	id.	0 05	0 17 1/2	id.	0 62
moutons.	id.	0 15	0 52 1/2	id.	1 87
Bêtes à laines autres que moutons et chèvres. . .	id.	0 05	0 17 1/2	id.	0 62
Bois bruts et ouvrés : bois à brûler, transportés par eau.	le klafter de Prusse.	0 02 1/2	»	le stère.	0 0
	le klafter de Bavière.	»	0 08		
Bois à construire, transp. par eau et terre, pour être réexportés par eau. . . . . . cerisier, chêne, cornouiller, érable, frêne, noyer, orme, poirier, pommier, prunier.	le schiffslast (last de navire) 37 1/2 quint. ou 75 pieds cub. pruss. de train.	1 [illegible]0	1 45	1,000 kil. ou le mètre cube de train.	2 0 1 62
aune, hêtre, mélèze, peuplier, pin ou sapin; autres tendres, cercles, fascines, osier pour vannerie, perches et pieux. . . .	le schifflas, ou 90 pieds cubes de train.	0 10	0 35	1,000 kil. ou le mètre cube de train.	0 66 0 4[illegible]
Bois sciés, merrains, douves et autres ayant reçu une main-d'œuvre :					
Cerisier, etc., etc.	id.	1 10	2 20	1,000 kil.	2 66
Aune, etc., etc.	id.	0 20	1 10	id.	1 33
Dans les provinces orientales de Prusse, et dans les ports du Hanovre et de l'Oldenbourg, on perçoit les droits ci-après :					
Blocs de bois dur, poutres, idem.	les 5 pièc.	1 00	»	les 5 pièc.	3 75
Bois tendre, poutres, idem. . . .	les 25 pièc.	1 00	»	les 25 pièc.	3 75
cercles, fascines, lattes, merrain, osier, perches et pieux, planches.	le schiffsl.	0 15	»	»	»
pour placage, débité, sans distinction d'origine, par terre et par eau (3).	id.	1 00	1 45	100 kil.	7 50
placage (ouvrages de), avec incrustations. .	id.	10 00	17 30	id.	75 0
meubles et autres articles de menuiserie peints, colorés, vernis, polis, ou avec parties en fer, laiton, ou cuir tanné. Ouvrages de tour, peints, colorés, etc. Tonnellerie peinte, colorée, etc. Fanons de baleine simplement dépouillés de leur épiderme.	id.	3 00	5 15	id.	22 50
vannerie fine; articles de Nuremberg de toute sorte; écume de mer, ouvrée; peignes et tabletteries, sculpture (ouvrages de); tour (ouvrage de), fins; autres articles fins incrustés, en relief, ou découpés au ciseau, à la gouge, à l'emporte-pièce (4); crayons noirs et rouges; horloges de bois; ouvrages bronzés.	id.	10 00	17 30	id.	75 0
tonnellerie commune, ou ayant déjà servi (5).	id.	0 05	0 17 1/2	id.	1 25
Bougies et chandelles : bougies de blanc de baleine, de cire, de stéarine; chandelles.	id.	6 00	10 30	id.	45 0
Brosserie et tamiserie : communes (6).	id.	3 00	5 13	id.	22 50
fines (7).	id.	10 00	17 80	id.	75 0
Calendriers destinés à être vendus dans l'intérieur (8).	id.	»	»	id.	»
Cartes à jouer, de toute forme et grandeur (9). . .	id.	10 00	17 30	id.	75 0
Charbon de terre, autre que lignite ou anthracite (10).	id.	0 01 1/4	0 04 1/4	id.	0 31
Coton : coton filé pur ou mélangé de laine ou de lin non blanchi, à 1 et 2 bouts non retors, et ouate.	id.	3 00	5 15	id.	22 50
non blanchi, à 3 bouts, et plus, non retors, blanchi et teint, de toute sorte.	id.	8 00	14 00	id.	60 0
tissus de coton purs ou mélangés de lin, sans mélange de soie et de laine, ou autres poils. Bonneterie; boutonnerie; dentelles; modes et broderies; passementerie; tricots; galons; tresses, etc., sans mélange d'acier, bois, cuir, fer, laiton, verre, et autres matières.	id.	50 00	87 30	id.	375 »
Cuivre rouge et jaune (laiton et ouvrage en cuivre) forgé, laminé, coulé, pour ustensiles, filé (11); feuilles pour toitures; fil ordinaire et plaqué; planches laminées, polies, plaquées,					

NOTES.

(1) Les chevaux et autres animaux ci-contre sont exempts de droits, si l'usage qu'on en fait à leur entrée prouve qu'ils font partie de l'attelage d'une voiture de voyage ou de transport, qu'ils portent des marchandises, ou que les voyageurs qui les montent en ont besoin pour faire leur route.

Les poulains non sevrés, qui suivent leur mère, sont aussi exempts de droits à l'entrée.

(2) Sur la ligne-frontière d'Oberwiesenthal, en Saxe, à Schusterinsel (île Schuster), dans le duché de Bade, les bœufs maigres, les taureaux, les vaches, les bouvillons, taurillons et génisses, sont admis, à l'entrée, moyennant payement des droits ci-après, savoir : bœufs, par tête, 5 fr.; taureaux et vaches, 3 fr. 75 c.; bouvillons, taurillons et génisses, 2 fr. 50 c. — Sur la ligne-frontière de Harbourg à Leez, ces deux points compris, sont admis à l'entrée, aux droits ci-après : poulains au-dessous d'un an, par tête, 1 fr. 87 c.; bestiaux maigres, importés sous contrôle pour l'engraissement : bœufs, par tête, 9 fr. 37 c.; vaches, 5 fr. 62 c.; bouvillons, taurillons, génisses, 3 fr. 75 c.

(3) Est réputé débité le bois dont dix à quinze feuilles présentent une épaiss. de 0m,0261.

(4) Tous les articles ci-contre montés en matières autres que bois, à l'exception de l'argent, de l'or, du platine, des pierres précieuses, perles fines, et du similor.

(5) Sont soumis au droit général d'entrée les articles ci-après : charronnage (ouvrages de) ébauchés; machines communes; menuiserie commune, non peinte; tonnellerie commune, non peinte; tour (ouvrages de) communs, non peints; vannerie commune; autres articles simplement ébauchés au rabot.

(6) Celles dans lesquelles entre le bois ou le fer, non polies, non vernies au vernis fin.

(7) Celles dans lesquelles entrent les métaux dorés ou argentés au feu, la nacre de perle, l'écaille, les perles fines, le corail et les pierres fines. — Les fonds de crible et de tamis en crin sont compris dans cet article.

(8) Ils sont soumis au régime particulier résultant des dispositions du timbre qui les concernent. Déclarés en simple transit, ils payent par quintal, 15 gr. d'argent ou 52 1/2 kr. La réexportation doit être constatée.

(9) En cas de déclaration, pour le transit, il est perçu, par quintal, 15 gr. d'argent, ou 52 1/2 kr.

(10) A la frontière maritime de Prusse et par l'Elbe, le droit d'entrée est réduit à : par quintal 0 th. 1 3 gr. 4/15; 2 à la frontière de Bade, au-dessus de Kehl, et à la frontière de Bavière, à la droite du Rhin, il est réduit à : par quintal 0 fl. 1 kr.

(11) Celui recouvert de gutta-percha est imposé à 10 th. ou 17 fl. 30.

DÉNOMINATION DES MARCHANDISES.	UNITÉS taxées.	DROITS. Unités allemandes.		Unités françaises.	
		thalers.	florins.	Bases.	Droits.
		th. gr.	fl. kr.		fr. c.
fonds de chaudières, de bassines, de casseroles, de poêlons, etc., etc.	le quintal.	6 00	10 30	100 kil.	45 0
ouvré, sans mélange de métaux précieux ; ceintures et autres articles dits gürtlewaaren ; chaudrons, poêlons et autres articles de chaudronnerie ; cloches ; épinglerie ; ouvrages vernis.	id.	10 00	17 30	id.	75 0
cuivre jaune, noir, brut ; rosette ; vieux en morceaux ; en limaille ; métal de cloche, monnaies de cuivre pur ou de billon (1), pour la refonte.	id.	0 15	»	id.	3 75
Drogueries et substances pharmaceutiques, teintures naturelles et préparées (2) :					
acides autres que muriatique et sulfurique, cire à cacheter, couleurs et autres articles pour peinture et dessin, couleurs en boîtes et autres ; encre de la Chine en boîtes ; pastel ; pinceaux fins ; huiles essentielles et autres ; pains à cacheter en pâte ; sels ; sucs épaissis ; taffetas d'Angleterre (3).	id.	3 10	5 50	id.	25 0
alun.	id.	1 10	2 20	id.	10 0
céruse (blanc de plomb) pure ou mélangée et chlorure de chaux.	id.	2 00	3 30	id.	15 0
couperose blanche, bleue, bleue et verte mélangées ; minium ; smalt ; soude brute et épurée ; verdet (vert-de-gris) raffiné, cristallisé, distillé ou moulu ; verre soluble, chromate de potasse ; sulfate d'ammoniaque.	id.	1 00	1 45	id.	7 50
couperose verte, et mordant de fer, y compris l'eau de rouille.	id.	0 07 1/2	0 26 1/4	id.	1 88
produits bruts des règnes minéral, animal, et végétal (4).	id.	0 05	0 17 1/2	id.	»
garance.	id.	0 05	0 17 1/2	id.	0 63
bois de teinture, moulus ou râpés.	id.	0 05	0 17 1/2	id.	1 25
potasse et védasse, craie moulue.	id.	0 05	0 17 1/2	id.	1 25
eaux minérales, en bouteilles ou cruches.	id.	0 07 1/2	0 26 1/4	id.	1 87
acides, muriatique, sulfurique.	id.	1 10	2 20	id.	10 0
muriate et sulfate de potasse.	id.	0 05	0 17 1/2	id.	1 25
graisse de poisson et huile de térébenthine.	id.	0 10	0 35	id.	2 50
Épiceries, confiseries boissons et autres articles de consommation alimentaire :					
bière de toute nature et hydromel, en futailles.	id.	2 15	4 22 1/2	id.	18 75
eau-de-vie pure de France ; autre, de toute sorte et mélangée ; rack ou arrack ; rhum.	id.	8 00	14 00	id.	60 0
lies de toute sorte, autres que lies de vin, et levures de bière.	id.	11 00	19 15	id.	82 50
vinaigre de toute sorte, en futailles.	id.	1 10	2 20	id.	10 0
bière en bouteilles ou en cruches ; vinaigre, idem.	id.	8 00	14 00	id.	60 0
huile, en bouteilles ou cruches.	id.	8 00	14 00	id.	60 0
vin et moût de vin (5) ; cidre en futaille.	id.	6 00	10 30	id.	45 0
en bouteille.	id.	8 00	14 00	id.	60 0
viande de boucherie, fraîche, salée, fumée, gros gibier ; graisse non fondue ; jambons ; lard ; saucissons.	id.	2 00	3 30	id.	15 0
fruits (du Midi) et feuilles, frais : citrons ; grenades, limons.	id.	2 00	3 30	id.	15 0
oranges douces et amères ; autres (6).	100 en nomb.	0 20	1 10	100 en nomb.	2 50
secs : amandes ; baies et feuilles de laurier ; dattes ; figues ; marrons et châtaignes ; noyaux de pêche ; oranges et écorces d'orange ; raisins de Corinthe et de caisse ; autres.	le quintal.	4 00	7 00	100 kil.	30 0
épices (7).	id.	6 15	11 22 1/2	id.	48 75
harengs salés.	la tonne.	1 00	1 45	id.	2 50
café : café faux ou surrogats de café.	le quintal.	5 00	8 45	id.	37 50
cacao, fèves (8) ; succédanés de chocolat, et café torréfié.	id.	6 15	11 22 1/4	id.	48 75
chocolat ; pâte et cacao simplement broyé.	id.	11 00	19 15	id.	82 50
fromage de toute sorte.	id.	3 20	6 25	id.	27 50
confiseries, conserves et préparations alimentaires ; câpres, caviar ; confitures et sucreries ; légumes et autres comestibles (champignons, truffes, volaille, poisson, coquillages de mer) conservés au sucre, au vinaigre, à l'huile, au sel, en bocaux, boîtes, ou simplement bouillis ou cuits ; fruits, racines ; moutarde préparée ; olives ; pâtés et viandes assaisonnées ; sagou et surrogats de sagou ; tablettes de bouillon, sauces.	id.	11 00	19 15	id.	82 50
amidon et empois ; farines ; fécules ; grains mondés ; gruaux ; pâtes ; poudre à poudrer (9).	id.	2 00	3 30	id.	15 0
coquillages : homards ; huîtres ; moules ; tortues.	id.	4 00	7 00	id.	30 0
riz mondé.	id.	1 00	1 45	id.	7 50
non mondé.	id.	0 20	1 10	id.	5 0
tabac en feuilles brutes et en côtes.	id.	4 00	7 00	id.	30 0
fabriqué en rouleaux ou râpé.	id.	11 00	19 15	id.	82 50
à priser en poudre, et cigares.	id.	20 00	35 00	id.	150 0
thé.	id.	8 00	14 00	id.	60 0

NOTES.

(1) Les monnaies ne peuvent être importées que sur autorisation spéciale.

(2) Sont compris dans cet article la pâte pectorale en tablettes et autres ; le sirop pectoral dit de nafé d'Arabie.

(3) Et généralement toute espèce de produits chimiques pour la médecine et les arts, toute espèce de préparations et d'articles compris sous les dénominations de drogueries, de substances et préparations pharmaceutiques, de teintures naturelles ou préparées, non spécialement repris au présent tarif.

(4) Sont soumis au droit général d'entrée tous les produits bruts des règnes animal, minéral et végétal, propres à la médecine et aux arts, non spécialement dénommés, comme soumis à des droits supérieurs ou inférieurs, et le sulfate de soude, pur, impur, calciné et cristallisé.

Le minium pour la fabrication du cristal, importé sur autorisation spéciale, ne paye à l'entrée que le quart du droit.

(5) Les vins français qui jouissent d'une atténuation de droits de 20 pour 100 doivent, pour obtenir cette remise,

1° S'ils viennent de Belgique, y avoir été importés directement par mer, d'un port français, entrer par terre par le bureau d'Aix-la-Chapelle, ou directement de France à Cologne par le chemin de fer ;

2° S'ils viennent des ports de Hambourg ou de Brême, entrer par la voie de l'Elbe ou du Weser, ou par le chemin de fer.

(6) Les fruits avariés ne sont pas soumis au payement du droit, quand l'abandon en est fait en présence des préposés.

(7) On comprend sous le nom général d'épices : l'anis étoilé (badiane) ; cannelle et fleur de cannellier ; cardamome ; casse ; galanga ; gingembre ; girofle (clous de) ; muscade (fleurs, macis et noix) ; piment ; poivre ; safran ; vanille.

(8) Les pellicules de cacao moulues sont assimilées au cacao en pâte.

(9) La farine de seigle doit à l'entrée par terre, sur la frontière de Saxe et de Bohême, par quintal 0 7 1/2 = 100 k. 1 f. 87 c.

Le pain de seigle doit : à l'entrée, par terre, sur la frontière de Saxe et de Bohême, par quintal 0 05 = 100 k. 1 f. 25 c.

DÉNOMINATION DES MARCHANDISES.	UNITÉS taxées.	DROITS.			
		Unités allemandes.		Unités françaises	
		thalers.	florins	Bases.	Droits.
		th. gr.	fl. kr.		fr. c.
sucre en pains ; en lumps ou morceaux ; en poudre, blanc ; candi.	le quintal.	10 00	17 30	100 kil.	75 0
brut, en farine (cassonade).	id.	8 00	4 00	id.	60 0
brut, pour les raffineries nationales (1), moyennant certaines conditions et formalités qui seront ultérieurement déterminées.	id.	5 00	8 45	id.	37 50
mélasse.	id.	2 00	3 30	id.	15 0
Étain brut et ouvré :					
ouvrages communs : assiettes et plats ; feuilles et plaques ; vases et autres pièces ; tuyaux et conduits.	id.	2 00	3 30	id.	15 0
ouvrages fins : bimbeloterie ; ouvrages vernis et non vernis.	id.	10 00	17 30	id.	75 0
étain, en saumons, en baguettes, vieux.	id.	0 15	0 52 1/2	id.	3 75
Fer et acier (ouvrages en fer et acier):					
fer brut : fonte de toute sorte, ferraille, limaille, mâchefer (2).	id.	0 10	0 35	id.	2 50
forgé, et laminé autre que façonné en barres de 1/2 pouce de Prusse (0m,013) sur chaque face et plus ; en loupes, en barres ; rails (3) ; acier brut de cémentation fondu et affiné.	id.	1 15	2 37	id.	11 25
fer forgé et laminé autre que laminé en barres de moins de 1/2 pouce de Prusse (0m,013, sur chaque face.	id.	2 15	4 22 1/2	id.	18 75
en barres, façonnées en grosses pièces pour machines et wagons, en tant que chaque pièce pèse un quintal (50 k.) et plus : platiné, laminé, noir (tôle) : en plaque brutes non polies.—Ancres et chaînes.	id.	3 00	5 15	id.	22 50
fer platiné, laminé, étamé (fer-blanc), de tréfilerie (fil d'archal), verni, en plaques polies.	id.	4 00	7 00	id.	30 0
acier, filé en plaques polies, en tôle polie.	id.	4 00	7 00	id.	30 0
fer et acier ouvrés : ouvrages de fonte, très-communs ; fourneaux ; grilles ; plaques, etc.	id.	1 00	1 45	id.	7 50
ouvrages communs ; en fer forgé non poli, fer et acier non poli ; fer platiné, laminé (tôle ou fer-blanc), fil de fer ou d'acier (4).	id.	6 00	10 30	id.	45 0
ouvrages fins, autres qu'aiguilles à coudre ou à tricoter en métal, et que crochets en métal, sans manche, repris à l'article Quincaillerie, en fonte affinée, fer poli, d'acier poli (5).	id.	10 00	17 30	id.	75 0
Goudron (minéral et autre), poix commune, huile de bouleau.	id.	0 05	0 17 1/2	id.	1 25
Grains, menus grains, graines et baies : — A. Blé ou froment, et autres grains non dénommés ci-après sous la lettre B. Légumineux tels que fèves, haricots, lentilles, pois communs vesces et jarosses.	scheffel prus.	0 02	0 07	l'hectolitre	0 46
B. Avoine, épeautre non mondé, orge et orge germé pour malt, seigle, sarrasin ou blé noir	id.	0 00 1/2	0 01 3/4	id.	0 11
Graines et baies : anis, carvi.	le quintal.	1 00	1 45	100 kil.	7 50
Graines oléagineuses : cameline ; chènevis ; graine de lin ; navette et colza ; pavot.	id.	0 01 1/4	0 04 1/4	id.	0 31
baies de genièvre ; graine de trèfle et autres non spécialement dénommées (6).	id.	0 05	0 17 1/2	id.	1 25
Habillements neufs ; supportés, y compris le linge supporté, quand ils sont destinés à être vendus dans l'intérieur.	id.	110 00	192 30	id.	825 0
Houblon.	id.	2 15	4 22 1/2	id.	18 75
Huile en futailles (7).	id.	1 10	2 20	id.	10 0
résidus de la fabrication des huiles de lin, colza, etc., en tourteaux ou farine.	id.	0 01 4/5	0 03 1/2	id.	0 25
Instruments d'astronomie, de chirurgie, de mathématiques, de mécanique, de musique, d'optique, de physique (8).	id.	6 00	10 30	id.	45 0
Laine et tissus de laine (9) :					
filée, blanche, à trois brins et plus, torse à 3 bouts : teinte de toute sorte, poil de chameau, filé, mélangé de soie non tordue.	id.	8 00	14 00	id.	60 0
tissus, purs ou mélangés de poils et toutes matières susceptibles d'être filées, autres que la soie, mais sans mélange d'acier, bois, cuir, fer, laiton, verre.	id.	50 00	87 50	id.	375 0
tissus foulés, draps, feutres, non imprimés, non foulés, non façonnés de toute sorte, bonneterie de toute sorte, tapis de pied.	id.	20 00	35 00	id.	150 0
Lin, chanvre et étoupe de lin et de chanvre.	id.	0 05	0 17 1/2	id.	1 25
lins et chanvre (fil et tissus de).					
fil non retors, écru :					
1° à la mécanique.	id.	2 00	3 30	id.	15 0
2° à la main.	id.	0 05	0 07 1/2	id.	1 25
fil non retors, blanchi, cuit, lessivé, teint.	id.	3 00	5 15	id.	22 50
tors (zwirn).	id.	4 00	7 00	id.	30 0
toile d'emballage grise et à voiles.	id.	0 20	1 10	id.	5 0
écrue (non apprêtée) ; coutil ; treillis (10).	id.	4 00	7 00	id.	30 0
toile blanchie, teinte, imprimée ou autrement préparée (apprêtée) ; ou tissée avec du fil blanchi : coutil et treillis blanchi ou autrement apprêté ; linge neuf ; nappes et serviettes écrues et blanchies ; sarraux de toile (11).	id.	20 00	35 00	id.	150 0

NOTES.

(1) Les sucres raffinés, provenant de sucres bruts coloniaux, jouissent seuls du bénéfice du drawback. Le sucre de betterave n'en profite pas. (Circul. du 8 janvier 1852.)

(2) Le fer brut, aux frontières des provinces occidentales de Prusse, à celles de Bavière, de Bade et de Hesse-Cassel (électorale), est exempt de droits.

(3) Le Hanovre est autorisé à importer en franchise les rails nécessaires à l'achèvement des chemins de fer de l'État.

(4) Payent aussi le même droit : les ouvrages, même montés en bois, étamés, vernis au vernis commun, recouverts de cuivre, mais non polis, tels que : anneaux ; boucles ; chaînes, autres que pour les navires ; ciseaux à tondre les draps et de tailleur ; clous ; étaux ; étrilles ; faux et faucilles ; fermoirs ; fers à repasser ; fléaux de balances, communs ; gonds et pentures de portes ; haches ; horloges de bâtiments ; lames d'armes blanches ; limes ; marteaux ; moulins à café, à brûler (brûloirs) et à moudre ; pelles ; poêles ; sérans ou peignes à chanvre ; serrures ; tenailles ; vis à bois, etc.

(5) Payent aussi le même droit : les ouvrages montés en bois, en fonte, corne, os, cuir, cuivre, étain et autres métaux communs, tels que : armes blanches et autres de toute sorte ; ciseaux ; couteaux ; cardes ; ouvrages vernis au vernis fin, etc., etc.

(6) Pour la graine de trèfle, le poids du scheffel, sac compris, pourra être évalué comme suit :
Sch. de Prusse. . 80 l. (44 k. 500)
— de Bavière. 360 l. (180 kil.).

(7) L'huile d'olive, à l'usage des fabriques, sera admise en franchise, quand il y sera fait, aux bureaux de la douane de la frontière, ou au moment de l'extraction des magasins d'entrepôt, un mélange préalable de 1 livre d'huile de thérébentine ou de 1/8 de livre d'huile de romarin par chaque quintal d'huile d'olives.

Sont admises au payement du droit général d'entrée les huiles de baleine, de coco et de palme.

(8) Il n'est pas tenu compte de la matière dont les instruments sont composés.

(9) Sont soumis au droit général d'entrée : laine filée, simple et double à un et deux bouts, non teinte ; les tissus très-grossiers de poil de vache et d'étoupe, et les sacs de crin pour tourteaux.

(10) Exception. La toile écrue, non blanchie, est exempte de droits à l'entrée, dans les États et pour les destinations ci-après : — *En Prusse*, pour les blanchisseries nationales et les marchés aux toiles. — Par la ligne frontière de Leobschutz à Seidenberg, dans la haute Lusace. — De Heiligenstadt à Nordhausen.—*En Saxe*, sur autorisation spéciale, par la ligne frontière d'Ostritz à Schandau. — *Dans la Hesse-Cassel* (électorale), pour les blanchisseries nationales et les marchés aux toiles, sur autorisation.

(11) Les tissus de lin pour pantalons mélangés d'un fil de laine rouge doivent payer comme les tissus de laine.

DÉNOMINATION DES MARCHANDISES.	UNITÉS taxées.	DROITS. Unités allemandes. thalers.		DROITS. Unités françaises. Bases.	
		thalers.	florins.	Bases.	Droits.
		th. gr.	fl. kr.		fr. c.
Lin batiste; bonneterie; cambrai; cordons et cordonnet, dentelles (gewebte kanten); franges; galons; gazes; rubans; tresses et filés de fil métallique et de lin; tulle en bandes façonné au métier (1).	le quintal.	30 00	52 30	100 kil.	225 0
dentelles (zwirnspitzen).	id.	60 00	105 00	id.	450 0
Paille écorce (bast) et jonc, ouvrés :					
nattes et tapis de pied, d'écorce (bast), de jonc et de paille, communs.	id	0 05	0 17 1/2	id.	1 25
1° non teints.	id.	0 05	0 17 1/2	id.	1 25
2° teints.	id.	3 00	5 15	id.	22 50
chapeaux de copeaux non garnis, de jonc, nattes pour table, de paille non fendue, tresses d'écorce et de paille.	id.	10 00	17 50	id.	75 0
chapeaux de paille et d'écorce (bast), fins ou communs sans distinction.	id.	50 00	87 30	id.	375 0
Papier et applications du papier :					
papier d'enveloppe, commun, blanc et de couleur, d'imprimerie, ordinaire, non collé, gris et mi-blanc, carton..	id.	1 00	1 45	id.	7 50
papier non collé, fin, collé, de couleur, autre que ceux dénommés, lithographié, imprimé ou réglé, pour devises, pour états et registres, pour étiquettes, pour lettres de voitures, factures, dominoterie (images grossières), carton à peindre ou à dessiner.	id.	5 00	8 45	id.	37 50
papier argenté, doré, gaufré, découpé à jour, à l'emporte-pièce, en filets dorés pour encadrement, à vignettes d'or et d'argent.	id.	10 00	17 30	id.	75 0
papier brouillard, d'emballage, gris. . . .	id.	0 15	0 52 1/2	id.	3 75
de tenture.	id.	20 00	35 00	id.	150 0
reliures en papier ou carton; ouvrages communs, idem vernis (2).	id.	10 00	17 30	id.	75 0
Peaux, crins, poils et caoutchouc :					
peaux petites pour fourrures.	id.	0 20	0 10	id.	5 0
préparées et ouvrées et caoutchouc ouvré : peaux grandes, tannées à la jusée; peaux chamoisées et mégies; cuirs pour semelles, pour sellerie et de Russie; veaux; tiges de bottes; parchemin, caoutchouc en plaques, gutta-percha plus ou moins épurée.	id.	6 00	10 30	id.	45 0
peaux pour gants, de Bruxelles et de Danemark; cordouan et maroquin; cuirs teints et vernis (3), caoutchouc filé non combiné avec d'autres matières.	id.	8 00	14 00	id.	60 0
Caoutchouc filé, combiné avec des fils écrus, non teints, non blanchis, de coton, de lin et de chanvre ou de laine (4). . .	id.	8 00	14 00	id.	60 0
cuir pour cardes, naturel et artificiel, destiné aux fabriques nationales de cardes. .	id.	0 03	5 15	id.	22 50
Exceptions. Peaux de chèvre et de mouton, en demi-apprêt, pour les fabriques nationales de maroquin et de cuir, moyennant contrôle.	id.	0 15	0 52 1/2	id.	3 75
cordonnerie commune; sellerie et coffreterie					
cordonnerie en peaux ou en caoutchouc, caoutchouc ouvré non combiné avec d'autres matières; soufflets; voitures et ouvrages garnis de cuir ou rembourrés. . .	id.	10 00	17 30	id.	75 0
cordonnerie fine; sellerie et harnacherie, avec anneaux et boucles, en tout ou partie, de métaux fins ou de métaux alliés; ouvrages fins en cordouan, cuir de Bruxelles et de Danemark; en peau chamoisée ou mégie; ouvrages en cuir verni, en parchemin et en caoutchouc verni. . . .	id.	22 00	38 30	id.	165 0
ganterie.	id.	44 00	77 00	id.	330 0
Pelleteries ouvrées : bonnets doubles; couvertures, idem; gants, idem; garnitures et fourrures pour pelisses doublées et articles semblables.	id.	22 00	38 30	id.	165 0
Pelisses de mouton sans dessus, couvertures non doublées, garnitures et fourrures non doublées pour pelisses, peaux de mouton ou d'angora blanchies ou teintes non doublées.	id.	6 00	10 30	id.	45 0
Pierres et ouvrages en pierre : meules de moulin cerclées en fer.	la pièce.	2 00	3 30	id.	7 50
albâtre, marbre, stéatite ouvrés; corail non monté; perles, idem; pierres fausses, taillées, non montées.	le quintal.		17 30	id.	75 0
marbre ouvré en grandes pièces, statues,		10 00			
bustes, etc.; pierres à aiguiser, fines, à feu; serpentine ouvrée.	id.		0 52	id.	3 75
Plomb brut, et ouvrages en plomb, en masses, en		0 15			
saumons, etc., vieux litharges de plomb, d'or, d'argent.	id.		0 26 1/4	id.	1 87
ouvré, en articles communs; feuilles roulées		0 07 1/2			
et autres, et plaques; grenaille et plomb à tirer : tuyaux et conduits; vases, etc.	id.		3 30	id.	15 0
ouvré, en articles fins, en tout ou partie de		2 00			
plomb, vernis ou non; bimbeloterie; autres articles.	id.	10 00	17 30	id.	75 0
Poteries : de terre commune : carreaux, creusets.	id.	0 10	0 35	id.	50

NOTES.

(1) Tous ces tissus sans mélange d'acier, bois, cuir, fer, laiton, verre.

(2) Les visières en carton verni, avec coiffe et garniture en cuir, doivent être considérées comme ouvrages communs.

(3) La gutta-percha préparée en lanières minces imitant le cuir est assimilée aux peaux préparées pour gants.

(4) La combinaison doit être faite de manière à ce que le caoutchouc, sans être étiré, reste visible sous les fils de l'espèce ci-dessus avec lesquels il est filé, tressé ou enveloppé.

DÉNOMINATION DES MARCHANDISES.	UNITÉS taxées.	DROITS. Unités allemandes. thalers.	florins.	Unités françaises. Bases.	Droits.
		th. gr.	fl. kr.		fr. c.
faïence et grès, blancs ou d'une seule couleur ; pipes de terre	le quintal.	5 00	8 45	100 kil.	37 50
faïence et grès, peints, imprimés, argentés, dorés, porcelaine blanche	id.	10 00	17 30	id.	75 0
porcelaine de couleur, ou blanche à filets de couleur, peinte ou dorée : boutons en porcelaine blanche et de couleur	id.	25 00	43 45	id.	187 50
faïence, grès, porcelaine blanche, poterie de toute sorte, émail avec ornements de métaux communs	id.	10 00	17 50	id.	75 0
faïence, grès, porcelaine blanche, poterie de toute sorte, émail avec ornements d'argent, d'or, de platine, de similor, et autres alliages métalliques fins; porcelaine autre que celle reprise ci-devant, avec ornements de métaux communs ou fins	id.	50 00	87 30	id.	375 0
Poudre à tirer	id.	2 00	3 30	id.	15 0
Quincaillerie, etc. (1)	id.	100 00	175 00	id.	750 0
Savons : vert (marbré), noir et autre à dégraisser	id.	1 00	1 45	id.	7 50
blanc, commun	id.	3 10	5 50	id.	25 0
fin en boules, pains, boîtes, cruches et pots	id.	10 00	17 30	id.	75 0
Soie et tiss. de soie : soie blanchie ou teinte, grège	id.	8 00	14 00	id.	60 0
écrue, moulinée, à coudre pour boutonnières, etc., etc	id.	11 00	19 15	id.	82 50
bourre ou fleuret, comme soie, tissus de soie, de bourre de soie ou de soie et bourre, purs, sans mélange d'acier, bois, cuir, fer, laiton, verre, tels que : blondes, dentelles, bonneterie, boutons, étoffes d'argent et d'or, gaze, modes, passementerie, petinet, rubans (2), châles et mouchoirs, tresses et filés de fil métallique et de soie, tricots et galons mélangés de soie, fil de coton et soie	id.	110 00	192 30	id.	825 0
tissus de soie ou de bourre, mélangés de toutes autres matières susceptibles d'être filées, laine, poil, coton, lin, employées isolément ou à la fois; autres qu'étoffes d'argent et d'or et que rubans, et galons	id.	55 00	96 15	id.	412 50
Sucre : en pain, en lumps ou morceaux, en poudre, blanc, candi	id.	10 00	17 30	id.	75 00
brut ou en farine (cassonnade)	id.	8 00	14 00	id.	60 00
brut pour les raffineries nationales	id.	5 00	8 45	id.	37 50
Mélasse commune, c'est-à-dire ne contenant pas de sucre cristallisable ou du moins en en quantité appréciable	id.	2 00	3 30	id.	15 00
autre	id.	4 00	7 00	id.	30 00
Suif (graisse animale fondue)	id.	2 00	3 30	id.	15 0
stéarine	id.	3 00	5 15	id.	22 50
Tissus cirés : toile cirée, commune, non imprimée	id.	2 00	3 30	id.	15 0
Toile cirée de toute autre sorte, mousseline cirée ; toile pour peinture	id.	5 00	8 45	id.	37 50
Taffetas gommé	id.	11 00	19 15	id.	82 50
Tissus de toutes sortes, enduits de caoutchouc ou de gutta-percha	id.	20 00	35 00	id.	150 0
Tissus gommés pour l'impression, destinés aux fabriques nationales, importés avec autorisation spéciale	id.	10 00	17 50	id.	75 0
Verre et verrerie : verre vert, en pièces creuses (3)	id.	1 00	1 45	id.	7 50
verre blanc, en pièces creuses, non taillé, verre à vitres et en feuilles, sans distinction de couleur	id.	3 00	5 15	id.	22 50
verre en pierres creuses, taillé au bouchon aux bords ou au pied seulement	id.	4 15	7 52 1/2	id.	33 75
verre moulé, taillé, dépoli, gravé, à dessins; boutons de verre ; émail de verre ; pendants de lustre ; perles de verre	id.	6 00	10 30	id.	45 0

	DIMENSION DES PIÈCES en pouces carrés: de Prusse.	de Bavière.	de Bavière rhénane.	Unités taxées.	thalers.	florins.	Bases.	Droits.
Glaces s. tain ou étamées, en pièc., n'excédant pas	144	166	122	id.	6 00	10 30	id.	45 0
de	144 à 288	167 à 333	123 à 235	id.	8 00	14 00	id.	60 0
Souffl., n'excédant pas	288	333	245	id.	3 00	5 15	id.	22 50
Coul. ou souffl., en pièces de plus de (4)	288 à 576	333 à 666	255 à 511	la pièce.	1 00	1 45	id.	3 75
	576 à 1000	666 à 1156	511 à 888	id.	3 00	5 15	id.	11 25
	1000 à 1400	1156 à 1618	888 à 1241	id.	8 00	14 00	id.	30 0
	1400 à 1900	1618 à 2196	1242 à 1684	id.	20 00	35 00	id.	75 0
	1900	2196	1684	id.	30 00	52 30	id.	112 50
Verrerie. — Pièces montées en métaux non précieux et autres matières non susceptibles d'être filées. — Miroirs dont les glaces ne dépassent pas 228 p. carrés (5).				le quintal.	10 00	17 30	id.	75 0
Zinc brut et ouvré : zinc brut				id.	1 00	1 45	id.	7 50
zinc en feuilles ; ouvré en ouvrages comm.				id.	3 10	5 50	id.	25 0
zinc ouvré en ouvrages fins et vernissés				id.	10 00	17 30	id.	75 0

NOTES.

(1) La quincaillerie comprend : argent, en feuilles, plaqué et ouvré; bonnets et casquettes d'étoffe, garnis de cuir; boutons avec moules en bois ; bronze ouvré ; corail fin monté; cordons de sonnettes ; éventails; fleurs artificielles ; horlogerie, montres, pendules ; lustres en bronze ; nacre ouvrée ; or, en feuilles, plaqué et ouvré ; papier mâché (carton moulé) en ouvrages fins, vernis ; parapluies et parasols (ombrelles) ; parfumerie fine, perles fines, montées; perruques et ouvrages de perruquerie; pierres fines, montées; plaqués d'argent et d'or ; plumes de parure, apprêtées et ouvrées; similor et autres alliages métalliques fins, ouvrés ; ouvrages en tissus de coton, laine, lin, soie, où il entre de l'acier, du fer, du laiton, du bois, du cuir ou verre; ouvrages, en tout ou en partie, d'argent, d'or et autres métaux fins, de bronze (dorés au feu) ; ouvrages montés en albâtre, ambre jaune, baleine, bois, corne, cuir, écume de mer, ivoire, laque, liége, marbre, os, pierres fausses, plâtre, verre, les gants de coton, de laine, de demi-soie et de soie, avec bracelets en caoutchouc au poignet, etc., etc.

Et généralement, tous les articles compris sous les dénominations de quincaillerie (Kurzewaaren, quincaillerie) et de pierrerie fine (galanterie waaren), non dénommés à Bois, Brosserie, Coton, Cuivre, Droguerie, Étain, Fer, Instruments, Laine, Lin, etc. (Fil et tissus de), Paille ouvrée, Papier, Peaux ouvrées, Pierres, Plomb, Poterie, Savon, Soie, Tissus, etc., Cire ouvrée (tissus), Verre, Zinc.

Il y a toutefois exception pour les ouvrages en écaille, les crochets en métal, les besicles montées de toute sorte, qui doivent payer par quint. 50 th. ou 87 fl. 30 kr., soit 375 fr. par 100 kil.

(2) Y compris les rubans mélangés de fils isolés en caoutchouc.

(3) Dans l'emballage à claire-voie, on compte pour 1 q. de Prusse 5 1/2 pieds cubes de Prusse.

Pour 1 q. de douane, 6 2/5 pieds cubes de Bavière ; 4 1/2 pieds cubes de Bavière rhénane.

(4) Les glaces brutes non polies sont admises à l'entrée, moyennant le payement du droit général.

(5) Les miroirs dont la glace dépasse 288 pouces carrés (0m,1967), non compris le cadre, payent le droit indiqué à la section des glaces, proportionnellement aux dimensions du verre, et en plus le droit sur le cadre.

Dans tous les cas, le minimum du droit à acquitter est fixé, par quintal, à 10 thalers ou 17 flor. 30 kr. = par 100 kil., 75 fr.

TARIF DES DROITS D'EXPORTATION.

DÉNOMINATION DES MARCHANDISES.	UNITÉS taxées.	DROITS. Unités allemandes. thalers.		DROITS. Unités françaises. Bases.	Droits.	NOTES.
		thalers.	florins.	Bases.	Droits.	
		th. gr.	fl. kr.		fr. c.	
Cendres de bois	le quintal.	0 10	0 35	100 kil.	2 50	(1) Sont exempts de droits les os exportés par la partie de la frontière comprise entre la Russie et le Mecklembourg.
Charbon de bois, écorce à tan	id.	0 02 1/2	0 08 3/4	id.	0 62	
Coton brut	id.	0 05	0 17 1/2	id.	1 25	
Débris et déchets : Cornes entières, pointes et râpures de cornes, nerfs et tendons, oreillons; rognures de cuir pour faire la colle, et autres déchets de tannerie, os entiers et en morceaux (1) ; déchets et parties de peaux brutes grandes et petites, peaux vieilles en morceaux hors d'état de servir et déchets desdites peaux; sabots et griffes	id.	0 15	0 52 1/2	id.	3 75	
Drilles, chiffons, et autres débris pour la fabrication du papier ; savoir : cordages vieux et vieilles cordes, drilles triturées demi-ouvrées, autres de coton, de laine, de lin et de chanvre; filets vieux, maculatures de papier écrit ou imprimé, rognures de papier	id.	3 00	5 15	id.	22 50	
vieux cordages, vieilles cordes, vieux filets exportés par les ports de la Prusse, du Hanovre et de l'Oldenbourg	id.	0 10	» »	id.	2 50	
Drogueries : Aloès, bois de teinture en bûches, curcuma, noix de galle, gaude, guède, baies de nerprun, nitrate de soude, quercitron, résines de toute sorte brutes ou épurées, carthame, salpêtre brut ou raffiné, soufre, sumac, térébenthine	id.	0 02 1/2	0 08 3/4	id.	0 62	
alkermès ou kermès en grains, avelanèdes, baies d'Avignon, bois de buis, cèdre, gaïac, liége d'ébénisterie, en billes ou planches; cachou (terre du Japon), caoutchouc en bouteilles ou poires, en chaussures, etc., etc., etc.; cochenille, corne en feuilles ; coquillages ; dents d'éléphant et d'autres animaux ; écaille brute; écume de mer brute ; épine-vinette (bois et racine) ; feuilles de palmier; génestrolle ; gommes adragante, arabique, du Sénégal; gutta-percha brute ; herbe aux puces ; indigo ; joncs ; jus de citron en futailles ; kyno ; lac-dye, verre de la Sibérie ; myrobolans, nacre de perle ; noix de coco, noix de palmier ; orcanette ; os bruts en plaques ; racines pour la teinture ; rocou ; rotin ; salep ; spath de Derby	id.	0 05	0 17 1/2	id.	1 25	
Huile en futaille, mélangée d'une livre d'huile de térébenthine par quintal	id.	0 05	0 17 1/2	id.	1 25	
Laines brute, peignée, et pélades	id.	0 10	0 35	id.	2 50	
de mouton des Landes, exportée par la frontière du Hanovre et de l'Oldenbourg.	id.	0 02 1/2	0 08 3/4	id.	0 62	
Minerais de fer et acier : autres compris sous les dénominations générales de *Erze* et *Stufen*,	id.	0 05	0 17 1/2	id.	1 25	
calamine et blende	id.	0 02 1/2	0 08 3/4	id.	0 62	
Peaux, crins et poils. Peaux brutes, grandes et petites pour tannage, maroquinage, etc., etc., salées, sèches, vertes. Peaux petites, brutes en poil, d'agneau, de chèvre, de mouton. Crin brut	id.	1 20	2 55	id.	12 50	
Peaux de lapin et de lièvre brutes	id.	0 15 1/2	0 52 1/2	id.	3 75	
Poils de chèvre, de vache, et d'autres gros bétail	id.	0 05	0 17 1/2	id.	1 25	

TABLEAU DES MARCHANDISES EXEMPTES DE DROITS.

Animaux vivants, non spécialement dénommés au Tarif.
Arbres (plants d'), ceps de vigne, boutures à repiquer, plantes vivantes en caisses ou pots.
Argent et or, en lingots, en barres, en morceaux ; monnayés, autres qu'en petites monnaies étrangères renfermant de l'argent (billon).
Art (objets d') destinés aux expositions, musées, bibliothèques, cabinets d'histoire naturelle et autres établissements publics des États associés.
Bois communs : à brûler, importé par terre ; à construire, importé par terre et non destiné à entrer dans les chantiers pour être exporté par eau; balais, idem ; fagots, idem ; osier, idem ; — d'ébénisterie des pays hors d'Europe, importés en billes ou en madriers.
Coton brut.
Cuivre (cendres de).
Débris et déchets : Débris animaux, cornes, etc. (en voir la nomenclature au Tarif de sortie) ; sang de bétail frais ou desséché. — Débris minéraux : cendres, crasses ou scories, et limaille de plomb ; regrats d'orfèvre; lessive résultant de la fabrication du savon ; porcelaine cassée, verre cassé, groisil, et autres débris de verrerie. — Débris divers : Drilles et chiffons, et autres débris pour la fabrication du papier (voir la nomenclature au Tarif de sortie).
Drèche et marc de raisin.
Eau de rouille.
Effets à usage et objets de transport : Embarcations employées au transport des personnes et des marchandises ; — agrès et apparaux ayant déjà servi ; — habillements et linge que les voyageurs, voituriers, marins et mariniers, portent avec eux pour leur usage personnel ; — modèles et cartes d'échantillons ne pouvant servir à aucun autre usage, que les commis-voyageurs apportent avec eux ; — outils et instruments à l'usage des ouvriers en voyage ; — instruments et tous objets à l'usage des artistes en voyage, ou des artistes ambulants ; — provisions de bouche des voyageurs, voituriers, marins et mariniers, pour leur consommation pendant leur voyage; — voitures et chariots des voyageurs et voituriers pour le transport des personnes et des marchandises.
Engrais et débris divers : Cendres de chaux, lessivées ; — fumiers d'animaux et autres engrais ; — résidus d'os ayant servi au raffinage, ou terre à sucre ; — sel pour engrais, moyennant permis spécial et sous le contrôle de l'administration.
Fourrages, foin, herbes, produits des champs et grains en gerbes, directement importés du lieu de production.
Fruits communs, frais.
Graines ou semences forestales.
Huile d'olives en futailles, à laquelle il a été ajouté une livre d'huile de térébenthine par quintal.
Laine brute, peignée, et laines pélades.
Laines (déchets de), de filage, de tissage, peignage des étoffes ; de la tonte des étoffes; laine d'effilochage de drilles ou chiffons.
Lait.
Lin et chanvre en tiges ou bottes, rouis ou non ; — graines ou semences de prairies.
Meubles et effets à usage : Habillements, linge et effets à usage, neu

qu'importent avec eux, pour leur usage personnel, les étrangers qui, par suite de mariage, s'établissent dans le pays, y compris les objets donnés en pays étrangers par des tierces personnes, comme cadeaux à une fiancée; — ayant servi ou supportés, qu'importent avec eux, pour leur usage personnel, les étrangers qui s'établissent dans le pays. — Meubles ayant servi, qu'importent avec eux, pour leur usage personnel, les étrangers qui s'établissent dans le pays; — outils et instruments ayant servi, qu'importent avec eux, pour l'exercice personnel de leur profession, les étrangers qui s'établissent dans le pays.
Minerais: calamine, fer, acier, et autres dits *erze* et *stufen*.
Mottes à brûler (résidus de tanneries, pour chauffage).
Œufs.
Paille entière, hachée en balles; — feuilles pour litière; — son.
Papiers écrits (actes et manuscrits).
Peaux, crins et poils (en voir la nomenclature au Tarif de sortie).
Pierres transportées par terre et non destinées à la réexportation par eau: ardoises; briques et tuiles: chaux (pierres à); meulières; moellons; pierres de taille brutes et taillées; pierres à aiguiser, communes; chaux et plâtre calcinés.
Pierres à construire, taillées ou non, transportées par eau et par terre, à destination d'un chantier d'où elles doivent être réexportées par eau; et en outre, briques et tuiles de toutes sortes; pierres à aiguiser communes; meules de moulins, non cerclées en fer; trass et tuf; ardoises.
Plantes potagères et autres, fraîches; amadou brut, tel qu'il est recueilli sur les arbres; chicorée non torréfiée; fleurs; garance, en racine verte. — Légumes et autres plantes alimentaires; choux; navets; pommes de terre; racines. — Mousses et lichens, arachides, cardes végétales ou chardons cardières.
Plomb (minerai de) dit alquifoux, ou émail de potier.
Poisson frais, écrevisses de rivière, moules en coquilles, fraîches.
Prêle, roseaux (*schilfrohr*) et joncs pour toiture (*dachrohr*); écorces.
Produits ruraux, bestiaux et produits de bestiaux, des propriétés coupées par la frontière, dont les bâtiments d'habitation ou d'exploitation sont situés en deçà de la frontière.
Résidus de la distillation de l'eau-de-vie.
Ruches avec essaims d'abeilles vivantes.
Soies en cocons et déchets de cocons; pennes et corons (déchets du dévidage et du moulinage de la soie grége).
Terres et substances minérales, non spécialement tarifées; argile; bol; émeri; hématite; manganèse; marne; pierre ponce; plâtre; sable, sphalte pesant, en cristaux; terres à foulon, à potier, et terre de pipe; — brun rouge; — craie; — pierre noire et rouge; — ocre; — ombre; — terres jaune, rouge, verte; — spath fluor brut en morceaux; — terres à foulon, jaune, rouge, verte; — à pipe, à polir, à porcelaine; — tripoli et autres.
Tourbe, lignite, anthracite, cendres de charbon de terre, charbon de tourbe; charbon de bois; écorces à tan.
Volaille et menu gibier de toute sorte, sauf celle farcie ou découpée, qui doit acquitter le droit de la viande.

Outre les articles repris ci-dessus, ne figurent pas dans les liquidations et ne sont pas soumises à la perception des droits:
1° Les quantités de marchandises pour lesquelles le droit ne s'élève pas à 6 *pfennings* d'argent (*silberpfening*), ou à 1 *kreutzer;*
2° Les quantités dont le poids n'excède pas 1/1000e de quintal *de douane* ou un hectogramme.

TABLEAU DES TARES.

Nota. Dans le tableau ci-après des marchandises sur lesquelles sont allouées les tares, on s'est borné à indiquer les têtes des articles. — Pour le surplus des énonciations, il sera facile de les connaître en se reportant aux Tableaux des droits d'entrée et de sortie.

DÉNOMINATION DES MARCHANDISES.	CONTENANTS.	NOMBRE de livres ou de kil. alloués respectivement par 100 kil.
Bois bruts et ouvrés. — Meubles et autres articles de menuiserie peinte, etc.	en balles	6
	en caisses ou tonneaux	16
articles dits de Nuremberg.	en balles	9
	en caisses	20
	en tonneaux ou paniers	13
Bougies et chandelles	en caisses	16
Brosserie et *tamiserie* communes	en balles	6
	en caisses ou tonneaux	16
fines	id. id.	20
Coton (fils et tissus). Coton filé, pur ou mélangé, etc.	en balles	7
	en caisses	18
	en paniers	13
Tissus de coton	en ballots	7
	en caisses ou tonneaux	18
Cuivre rouge et jaune, laiton, forgé	en ballots	4
	en caisses ou tonneaux	13
	en paniers	6
Drogueries, etc., acides, etc.	en balles	6
	en caisses ou tonneaux	16
	en paniers	9
alun	en tonneaux	11
céruse	id.	6
acides muriatique et sulfurique	en caisses	23
	en paniers	9
phosphore	en caisses de fer-blanc remplies d'eau, et indépendamment de la tare légale pour l'emballage extérieur	20
Épiceries. Bière de toute sorte en futailles	en double fût	11
Eau-de-vie, etc., en bouteilles	en caisses	24
bière et vins	en paniers	16
en futailles	en double fût	11
Lies, autres que de vin et levûre de bière	en paniers	7
beurre	en futailles ou en pots	16
viandes	en ballots	6
	en caisses ou tonneaux	16
	en paniers	9
fruits du Midi, etc. frais, etc.	en ballots	6
	en caisses ou tonneaux	20
	en paniers	13
secs, etc.	en ballots	6
	en caisses	16
	en tonneaux ou paniers	13
Épices	en ballots	4
	en caisses	18
	en paniers	13
	en tonneaux	16
Café en grains et faux café ou succédanés du café	en balles ou sacs	2
	en caisses ou tonneaux de bois dur	12
	en tonneaux de bois tendre	8
cacao, fèves et pellicules	en balles ou sacs	3
	en caisses	13
	en paniers	9
	en tonneaux de bois dur	13
	id. de bois tendre	10
café torréfié	en balles	6
cacao, chocolat, etc.	en tonneaux ou caisses	20
	en paniers	13
fromage de toute sorte	en balles	6
	en caisses, moins de 50 k.	16
	id. de plus de 50 kil.	20
	en baquets ou tonneaux	11
	en paniers	8
confiserie, etc.	en balles	6
	en caisses ou tonneaux	20
	en paniers	13
amidon	en balles	6
	en caisses, paniers, tonn.	13
tabac en feuilles, sans préparation et en côtes	en balles de roseaux, de jonc ou d'écorce	4
	en autres balles	2
	en boucauts	12
	en surons de peau	8
	en autres surons ou en paniers dits *canasters*	12
	en d'autres paniers	9
fabriqué, etc.	en balles	6
	en boucauts	16
	en paniers *canasters*	12
	en d'autres paniers	13
cigares outre la tare du tabac fabriqué pour l'emballage extérieur	en petites caisses	24
	en petits paniers et en boîtes de carton	12
thé	en caisses	23
sucre en pains	en caisses	13
	en boucauts de bois dur	14
	id. de bois tendre	10
	en paniers	7
brut et en farine	en balles	6
	en caisses de moins de 400 kil.	13
	id. de 400 kil. et plus	16
brut pour les raffineries	en boucauts de bois dur	13
	id. de bois tendre	10
	en paniers dits *canasters* et *cranjangs*	10
	en d'autres paniers	7
mélasse	en boucauts	11
Étain, ouvrages communs, etc.	en caisses ou tonneaux	10
	en paniers	6
ouvrages fins, etc.	en caisses ou tonneaux	20
	en paniers	13
Fers et aciers: fer forgé, fer en barres, fer platiné	en balles	4
fer et acier ouvrés, ouvrages communs	en caisses ou tonneaux	10
	en paniers	

Suite du Tableau des tares.

DÉNOMINATION DES MARCHANDISES.	CONTENANTS.	NOMBRE de livres ou de kil. alloués respectivement par 100 kil.
Fer et acier ouvré, ouvrages fins.	en balles. en caisses ou tonneaux. en paniers.	4 13 6
Habillements, etc.	en balles. en caisses. en paniers.	9 20 11
Instruments, etc.	en balles. en caisses ou tonneaux.	9 23
Laines (et tissus de) : laine filée, etc.	en balles. en caisses ou tonneaux	6 16
tissus de laine.	en balles. en caisses.	7 20
Lin et chanvre (fils et tissus de) : fil non retors, écru, à la mécanique; fil non retors, blanchi; fil retors; toile écrue, etc.	en balles. en caisses.	6 13
toile blanchie	en balles. en caisses. en paniers.	6 13 9
batiste.	en balles. en caisses. en paniers.	6 18 13
dentelles.	en balles. en caisses.	11 23
Paille, écorces, etc. : ouvrées; nattes et tapis, etc., teints.	en balles. en caisses ou tonneaux.	6 16
chapeaux de copeaux, etc., de paille, etc.	en balles. en caisses.	9 20
Papier, etc., papier non collé, fin, etc.; papier argenté, etc.	en balles. en caisses.	6 16
papier de tenture, ouvrages en papier, etc.	en balles. en caisses. en paniers.	6 16 13
Peaux, crins et poils : peaux brutes, etc.	en balles. en tonneaux ou caisses.	6 13
peaux préparées et ouvrées, etc., peaux grandes tannées, etc.	en balles.	6
peaux pour gants, etc.	en caisses ou tonneaux.	16
cordonnerie et sellerie communes.	en paniers.	13
fines	en balles. en caisses ou tonneaux. en paniers.	6 20 13
Pelleteries ouvrées, bonnets doublés, etc.	en balles. en caisses. en tonneaux.	6 20 16
couvertur. n. doublées, etc.	en balles. en caisses ou tonneaux.	6 13
Plomb ouvré, en articles communs.	en caisses ou tonneaux.	6
fins.	en caisses ou tonneaux. en paniers.	20 13
Poteries.	en caisses. en paniers.	22 13
Poudre à tirer.	en barils.	13
Quincaillerie	en balles. en caisses ou tonneaux. en paniers.	9 20 13
Savons blanc, commun.	en balles. en caisses.	6 13
fin, en boules.	en caisses.	16
Soies (et tissus de), soie, etc.	en balles. en caisses ou tonneaux.	9 16
tissus de, etc., purs, etc.	en balles. en caisses.	13 22
mélangés, etc.	en balles. en caisses.	11 20
Suif.	en caisses ou tonneaux.	13
Tissus cirés : toile cirée, de toute sorte, etc., taffetas gommés, tissus de toute sorte enduits de caoutchouc, etc. plus le nota.	en balles. en caisses. en paniers.	6 13 9
Verres et verreries : verre blanc en pièces creuses, uni, plus le nota.	en caisses ou tonneaux. en paniers, en châssis.	23 13
verre blanc, moulé, taillé, etc.	en caisses ou tonneaux. en paniers.	23 13
glaces, etc., coulées ou soufflées.	en caisses.	17
verres et verreries de couleur.	en caisses ou tonneaux. en paniers.	20 13
Zinc, etc., en feuilles, etc.	en caisses ou tonneaux. en paniers.	10 6
en ouvrages fins, etc.	en caisses ou tonneaux. en paniers.	20 13

TABLEAU

DES DROITS SUR LES MARCHANDISES DÉCLARÉES EN TRANSIT.

En principe, les marchandises exemptes de droits sont également exemptes des droits de transit.

Les marchandises pour lesquelles le droit d'importation ou celui d'exportation, ou ces deux droits réunis, ne s'élèvent pas à 2 fr. 50 c. par 100 k.; celles sur lesquelles le droit d'importation ou d'exportation se perçoit par mesure de capacité ou par pièce, acquittent au transit le montant du droit d'importation.

Les marchandises qui ont à payer soit à l'entrée, soit à la sortie, plus de 2 fr. 50 c. par 100 k. n'acquittent en transit que 2 fr. 50 c.

Des droits plus faibles ont été exceptionnellement établis pour certaines marchandises ou pour certaines routes; en voici le relevé :

Marchandises importées à droite de l'*Oder*, par mer, ou par terre par la frontière de *Memel* à *Myslowitz*, non compris le chemin de fer, et exportées par tous points quelconques;

Importées par les bouches de l'Oder, ou toute autre voie à gauche de l'Oder, et exportées à droite de Mémel, non compris le chemin de fer;

Importées par le chemin de fer de Myslowitz et exportées à droite de l'Oder;

Le quintal 0 th. 3 s. 1/2 ou 0 fl. 12 k. 1/4 ou 100 k. 0 fr. 87 c. 1/2.

Épiceries, sel importé par les ports de *Dantzick* et de Mémel et par Pillau, pour le service de l'administration des sels en Pologne :

Le last de Prusse 3 th. 0 s. ou 1000 k. 5 fr. 94 c.

A. Marchandises importées par les bouches de l'Oder, ou à gauche de ce fleuve, ou par la voie de Neu-Berun, ou par le chemin de fer de Myslowitz, et exportées à gauche de l'Oder, ou par la voie de Neu-Berun ou par le chemin de fer de Myslowitz, ou par les bouches de l'Oder :

Le quintal 0 t. 5 s. ou 0 fl. 17 k. 1/2 ou 100 k. 1 fr. 25 c.

B. Marchandises importées et exportées par la frontière du Sud, de Sarrebrück au Danube, exclusivement;

Importées par le Rhin des ports de Mayence et de Biebrich, ou des autres ports en amont de ce fleuve, de ceux du Mein et du Neckar, et exportées par la frontière entre Mittenwald et le Danube, ou réciproquement;

Importées et exportées par la frontière entre Schusterinsel, dans le grand-duché de Bade, et Waidhaus en Bavière;

Le quintal 0 th. 2 s. 1/2 ou 0 fl. 8 k. 3/4 ou 100 k. 0 fr. 62 c. 1/2.

C. Marchandises importées par le Rhin des ports de Mayence et de Biébrich, ou des autres ports en amont de ce fleuve et exportées par la frontière entre Sarrebrück et Neubourg sur le Rhin; inclusivement ou réciproquement :

Le quintal 0 th. 1 s. 1/4 ou 0 fl. 4 k. 1/2 ou 100 k. 0 fr. 31 c. 2.

D. Sont perçus exceptionnellement les droits ci-après sur les animaux (bestiaux) en transit par les voies ci-avant, lettres B et C et

1° A l'importation et à l'exportation par la rive gauche du Rhin;

2° A l'importation par la rive gauche du Rhin au nord de Sarrebrück, et à l'exportation par la frontière sud entre Neubourg sur le Rhin et Mittenwald en Bavière, ou réciproquement :

Anes, mules, mulets, chevaux autres que poulains, bœufs et taureaux vaches, bouvillons, taurillons, génisses.

Par tête, 0 fr. 10 c. 5.

Poulains qui tettent encore, bêtes à laines, cochons :

Par tête, 0 fr. 04 c.

Quant aux marchandises dont le transit s'opère par des routes qu ne traversent que de petites portions du territoire de l'*Association* et pour lesquelles la nature des localités motive une simple taxe de contrôle par charge de cheval (1), les administrations supérieures des États associés sont autorisées à permettre ces réductions ou facilités.

(1) La charge de cheval = 150 k.

EXTRAIT

DES PRINCIPALES DISPOSITIONS DU RÈGLEMENT GÉNÉRAL SUR LES ENTREPÔTS.

(Actuellement applicable à l'entrepôt de Harbourg.)

. . . .

Art. 8. Pour obtenir l'autorisation d'entreposer des marchandises ou de les extraire de l'entrepôt, il faut être négociant, expéditeur, courtier de navire, ou fabricant de l'endroit, tout au moins agent établi pour le compte de négociants ou fabricants d'un État de l'union.

Toutes autres personnes devront, pour pouvoir faire usage de l'entrepôt, prendre pour fondé de pouvoirs l'un des commerçants ci-dessus désignés, afin d'obtenir en son nom l'autorisation d'entreposer ou de retirer des marchandises.

Art. 9. Pourront être admises à l'entrepôt franc les marchandises étrangères n'ayant pas acquitté les droits, de même que les objets de libre circulation.

Art. 10. Sont inadmissibles à l'entrepôt les marchandises qui pourraient causer des dommages, telles qu'objets suspects de contagion, produits susceptibles de s'enflammer ou de faire explosion, matières exposées à a décomposition.

Art. 16. L'ouverture et la visite des colis n'est pas obligatoire pour l'admission dans l'entrepôt. On peut se contenter de constater le nombre, la marque, l'emballage et le poids.

Art. 17. Si l'administration soupçonne une fausse déclaration relativement à la nature des marchandises, elle fait plomber les colis.

Art. 19. Les manutentions en entrepôt se font aux frais de l'entrepositaire.

Art. 22. L'entrepositaire a le droit de surveiller ses marchandises. Il peut les faire aérer, transvaser, tamiser si leur conservation l'exige.

Il peut aussi, s'il le juge convenable, sceller ses colis au moyen d'un cachet particulier.—Celui-ci devra être reproduit en marge du certificat d'entrepôt.

Art. 24. Aucune marchandise ne peut être déplacée en entrepôt sans l'autorisation de l'administration.

Art. 25. On peut diviser les marchandises, les assortir, en entrepôt, mais on ne peut en exposer en vente.

Art. 28. Les ordures et parties avariées retirées des colis pourront, au choix de l'entrepositaire, être réexportées ou détruites sous la surveillance de la douane.

Art. 29. L'entrepositaire peut lever des échantillons des marchandises entreposées.

Art. 30. L'administration de l'entrepôt est autorisée à reconnaître comme ayant droit de disposer de la marchandise entreposée le porteur du certificat d'entrepôt, conformément aux observations y contenues, sans examiner s'il est le possesseur légitime dudit certificat.

En cas de contestation sur la propriété du certificat d'entrepôt, l'administration attendra pour délivrer la marchandise la décision de l'autorité compétente.

Art. 31. Les transferts en entrepôt devront être signifiés à l'administration.

Art. 33. Le droit d'entrepôt sera perçu sur le poids brut.

Art. 34. La durée de l'entrepôt est illimitée. Toutefois l'administration, si elle a à arguer de motifs graves, peut réclamer l'extraction des marchandises pourvu que quatre semaines auparavant elle ait donné avis de la mesure.

Art. 36. Pour l'extraction des marchandises de l'entrepôt, l'entrepositaire devra rendre le certificat, et faire en même temps une déclaration de sortie.

Art. 40. L'enlèvement des marchandises est à la charge de l'entrepositaire.

DISPOSITIONS SPÉCIALES A L'ENTREPOT FRANC DE HARBOURG.

Art. 4. Les marchandises passibles d'un droit de sortie devront l'acquitter avant leur admission à l'entrepôt franc. Elles devront également avoir acquitté le droit de transit.

TARIF DES DROITS A PERCEVOIR DANS L'ENTREPOT FRANC DE HARBOURG.

	th.	s.	pf.		fr.	c.
Droit de quaiage, par quintal de douane,	0	0	2,	par 100 k.	0	04, 16.
Droit de pesage, id.	0	0	2,	id.	0	04, 16.
Droit d'entrepôt, par mois, pour les marchandises sèches, par quint. de douane.	0	0	4,	id.	0	08, 32.
Pour les marchandises liquides id.	0	0	6,	id.	0	12, 48.

Les colis pesant moins de 1 quintal (50 k.) payent comme s'ils pesaient 1 quintal.

N'est pas comptée toute surcharge n'atteignant pas 25 k. — Celles excédant 25 k. payent comme pour 1 quintal.

Les droits d'entrepôt doivent être payés tous les mois.

Les marchandises sont la caution des droits d'entrepôt.

Le droit est dû comme pour un mois par toute marchandise restant entreposée plus de vingt-quatre heures.

POIDS ET MESURES, MONNAIES.

POIDS ET MESURES.

Le quintal *de douane* (*Zoll centner*), qui sert de base au présent tarif, est le quintal généralement adopté dans la Hesse-Darmstadt (ducale) et le grand-duché de Bade. Ce quintal, et les autres poids et mesures indiqués, ont, avec les poids et mesures de France, les rapports ci-après :

Douane.

Quintal (100 livres)	50 k.	00
Livre	0	50
Schiffslast (*last* de mer) (37 1/2 quintaux)	1,875	00
Tonne (harengs) (3 idem)	150	00

Prusse.

Quintal (110 livres)	51	450
Livre	0	467
Last (sel) (4,050 livres)	1,894	185
Scheffel (1) (16 *metzen*)	54 lit.	9430
Tonne (chaux et plâtre) (4 *scheffels*)	2 hect.	20
Pouce carré (1/12 de pied du Rhin)	0 m. car.	000683
Pied cube	0 m. cub.	030914
Klafter (6 pieds de lon et de large sur 3 pieds de haut)	3 st.	3389

Saxe.

Scheffel de Dresde (*metzen*)	103 lit.	900

(1) Pour la *graine de trèfle*, le *scheffel* (89 livres de douane) = k. 50.

Bavière.

Metzen	37 lit.	0596
Scheffel (2) (6 *metzen*)	222	3576
Pouce carré (1/12 de pied) — de la Bavière rhénane (ancien pouce de France)	0 m. car.	000732
Pouce carré (1/12 de pied) — de Bavière (vieille)	0	000591
Pied cube de la Bavière rhénane (ancien pied de France)	0 m. cub.	034277
Klafter (6 pieds de long et de large sur 3 1/2 pieds de haut)	3 st.	1325

MONNAIES.

Les unités monétaires indiquées au présent tarif sont : 1° le *thaler*, à la taille de 14 au marc d'argent fin, avec la division en 30 *gros d'argent* (*silbergroschen*), établie par *décrets* des 30 septembre 1821 et 22 juin 1825 ; 2° le florin, à la taille de 24 1/2 au marc, adopté, d'après les dernières conventions monétaires de l'*Association*, pour les États de l'*Association* autres que la Prusse et la Saxe. Ces monnaies présentent, avec les monnaies de France, les rapports suivants :

Thaler (30 gros d'argent, 24 bons gros)	=	3 fr.	75 c.
Gros — Gros d'argent (12 *pfeings*)	=	0	12 5/10
Gros — Bon gros (2 *pfenings*)	=	0	15 6/10
Pfening — 1/12 de gros d'argent	=	0	01
Pfening — 1/12 de bon gros	=	0	01 0/14
Florin (60 kreutzers)	=	2	14 1/3
Kreutzers	=	0	03 6/10

(1) Pour la *graine de trèfle*, le poids du *scheffel* (360 liv. de douane) = 180 k.

FIN DU TARIF DES DOUANES ALLEMANDES.

MODIFICATIONS

APPORTÉES

AUX TARIFS DES DOUANES D'ANGLETERRE

PENDANT L'ANNÉE 1859.

1° Nulle marchandise ne peut être embarquée pour l'exportation sans être déclarée à la douane, alors même qu'il s'agit d'objets non tarifés. Les espèces monnoyées et les lingots embarqués comme marchandises ne sont pas exemptés de cette formalité. Les contraventions à cet ordre sont réprimées par la saisie des objets et une amende de 20 liv sterl. (500 fr.)

(Ordre du 21 janvier 1859).

TARIF D'IMPORTATION.

2° Baudruche pour batteur d'or, exempt.

Magnésie calcinée, exempte.

Dessins et aquarelles à la main, exempts.

(Ce dernier article à titre exceptionnel pendant six mois, afin de constater s'il est possible de les distinguer sûrement des estampes coloriées ou non).

(Décisions des 4, 18 et 28 mars 1859).

Dessins et esquisses, unis ou coloriés, entièrement exécutés à la main, exempts.

(Décision de septembre 1859).

TARIF

DES

DOUANES ANGLAISES.

EN VIGUEUR AU 1er JANVIER 1859.

L'acte du 20 août 1853, qui avait complètement réformé le tarif anglais, a subi depuis d'importantes modifications.

Les objets manufacturés à Gibraltar, à Malte et à Héligoland, avec des matières étrangères qui n'auraient pas acquitté les droits du Tarif dans ces possessions anglaises, ou qui auraient profité, à leur exportation, du drawback alloué, doivent continuer à payer, à leur importation dans le Royaume-Uni, les droits intégraux du Tarif général.

Le nouveau Tarif se divise ainsi :

1° Tableau A. Droits applicables dans la Grande-Bretagne et en Irlande ;
2° Tableau B. Droits applicables dans l'île de Man ;
3° Tableau C. Marchandises exemptes de droits dans la Grande-Bretagne et l'Irlande ;
4° Tableau D. Marchandises exemptes de droits dans l'île de Man ;
5° Tableau E. Primes et drawbacks.

Des échantillons types, renouvelés de temps en temps, sont déposés en douane, pour servir de point de comparaison entre les sucres déclarés pour la consommation intérieure.

TABLEAU A.

TARIF D'IMPORTATION

DANS LA GRANDE-BRETAGNE ET EN IRLANDE.

DÉNOMINATION DES MARCHANDISES.	BASES DE PERCEPTION.		DROITS.		OBSERVATIONS.
	Unités anglais.	Unités franç.	Unités anglais.	Unités français.	
			l. s. d.	f. c.	
Agates et cornalines montées	la valeur.	la valeur.	10 p. %	10 p. %	(1) L'importateur, au lieu de calculer le cube de la pile au moment de la première déclaration, pourra, à son choix, déclarer les battens et bouts de battens, les deals et bouts de deals, les planks au nombre, en calculant leur cube d'après l'échelle ci-après. Ladite déclaration devra énoncer le nombre et les dimensions des pièces déclarées. Les droits imposés par le présent acte seront alors fixés, calculés et liquidés sur les battens, bouts de battens, les deals, bouts de deals, et les planks, d'après leur cube calculé.
Allumettes chimiques dites Lucifer	1000 en nombr.	1000 en nombr.	0 0 0 1/2	0 05	
dites Vesta, pas plus de 1000	la 12e de boites.	la 12e de boites.	0 0 6	0 62	
plus de 1000	les 1000 allum.	les 1000 allum.	0 0 1/2	0 05	
Amandes douces de Malaga et autres	le quintal.	100 kil.	0 10 0	24 60	
Pâte	la livre.	le kil.	0 0 2	0 46	
Amidon et gomme (d'), dite gomme anglaise	le quintal.	100 kil.	0 0 4 1/2	0 92	
Amorces ou capsules de poudre fulminante	1000 en nombr.	1000 en nombr.	0 0 1	0 11	
Armes. Épées, coutelas, matchettes ou petits sabres, baïonnettes, canons de fusil, platines de fusil, canons ou mortiers non accompagnés de leurs trains	le quintal.	100 kil.	0 2 6	6 15	
Canons ou mortiers accompagnés de leurs trains et montés, mousquets, fusils, pistolets et armes à feu non dénommées	la valeur.	la valeur.	10 p. %	10 p. %	
Canons ou mortiers en cuivre	le quintal.	100 kil.	0 10 1	24 60	
Arrowroot	id.	id.	0 0 4 1/2	0 92	
Beurre des possessions anglaises	id.	id.	0 2 6	6 15	
autre	id.	id.	0 5 0	12 30	
Bière. — Beer ou ale	le baril.	l'hectolitre.	1 0 0	17 19	
mum	id.	id.	1 0 0	17 19	
spruce	id.	id.	1 0 0	17 19	
autres de toute espèce	id.	id.	1 0 0	17 19	
importée de l'île de Man	id.	id.	0 10 0	8 60	
Bijouterie montée	la valeur.	la valeur.	10 p. %	10 p. %	
Bimbeloterie ou jouets d'enfants. — Billes de marbre	le quintal.	100 kil.	0 1 0	2 46	
autres	pied cube.	décistère.	0 0 4	1 40	
Biscuit et pain	le quintal.	100 kil.	0 0 4 1/2	0 92	
Bois (1). — Deals, battens, boards et autres bois sciés ou équarris non spécialement tarifés, d'ailleurs que des possessions anglaises	id.	le mètre cube.	0 10 0	8 23	
des possessions britanniques	id.	id.	0 2 0 plus 5 p. % du	1 77 droit ci-dessus.	

Suite des Notes.

Battens, 0m,0635 sur 0m,1651, et pas plus de 0m,0665 sur 0m,1679.		BASES de percept.	STÈRES.
		—	—
Bois à construire (timber) ou autres (wood). pas plus de 1m,2192		120 en nombre.	1m,613
plus de 1m,2192	pas plus 1m,5240	id.	2,010
1,5240	1,8288	id.	2,435
1,8288	2,1336	id.	2,831
2,1336	2,4384	id.	3,228
2,4384	2,7432	id.	3,624
2,7432	3,0480	id.	4,050
3,0480	3,3528	id.	4,446
3,3528	3,6576	id.	4,842
3,6576	3,9624	id.	5,238
3.9624	4,2672	id.	5,663
4,2672	4,5720	id.	6,060
4,5720	4,8768	id.	6,556
4,8768	5,1816	id.	6,852
5.1816	5,4864	id.	7,277
5,4864	5,7912	id.	7,673
5,7912	6,0960	id.	8,070
6,0960	6,4080	id.	8,495

Battens de 0m,0635 sur 0m,1778, et pas plus de 0m,0663 sur 0m,1841.		BASES de percept.	STÈRES.
		—	—
Bois à construire (timber) ou autres (wood). pas plus de 1m.2192		120 en nombre.	1m,727
plus de 1m,2192	pas plus 1m,5240	id.	2,280
1,5240	1,8288	id.	2,704
1,8288	2,1336	id.	3,129
2,1336	2,4384	id.	3,582
2,4384	2,7432	id.	4,006
2,7432	3,0480	id.	4,431
3,0480	3,3528	id.	4,884
3,3528	3,6576	id.	4,309
3,6576	3,9624	id.	4,762
3,9624	4,2678	id.	5,186
4,2672	4,5720	id.	5,611
4,5720	4,8768	id.	6,064
4,8768	5,1816	id.	6,489
5,1816	5,4864	id.	6,913
5,4864	5,7912	id.	7,366
5,7912	6,0960	id.	7,791
6,0960	6,4008	id.	8,215

(*Voir, page 90, la suite de la note.*)

DÉNOMINATION DES MARCHANDISES.	BASES DES PERCEPTIONS. Unités anglais.	BASES DES PERCEPTIONS. Unités français.	DROITS. Unités anglais.	DROITS. Unités français.	OBSERVATIONS.
			l. s. d.	fr. c.	
Bois. Merrains excéd. en long. 72 p. (1^{m}829). largeur, 7 p. (0^{m}178). épaisseur, 3 1/4 (0^{m}083).	le load.	le mètre cube.	0 9 0	7 94	(1) Plus 5 pour 100 du droit à titre de droit additionnel. (2) L'importation des spiritueux ne peut avoir lieu que par navires de 50 tonneaux au moins et en fûts de 20 gallons (90 litres 86) ou en bouteilles ne contenant pas plus de 3 pintes (1 litre 704).
importés des possessions anglaises (1).	id.	id.	0 2 0	1 77	
à brûler, autre que des poss. angl. (1).	le fathom.	id.	0 6 0	1 22	
Anspects n'ayant pas pl. de 7 p (2^{m}134).	120 en nombre.	120 en nombre.	0 6 0	7 50	
importés des possess. britanniques (1).	id.	id.	0 0 6	0 62 50	
excédant 7 pieds (2^{m}134)	id.	id.	0 12 0	15 00	
importés des possess. britanniq. (1).	id.	id.	0 1 0	1 25	
Courbes, ayant jusqu'à 5 pouc. (0^{m}32).	id.	id.	0 3 0	3 75	
importées des possess. britanniq. (1).	id.	id.	0 0 3	0 31	
ayant de 5 p. à 8 p. (0^{m}52).	id.	id.	0 12 0	15 00	
importées des possess. britann. (1).	id.	id.	0 1 0	1 25	
Lattes.	le fathom.	le mètre cube.	0 12 0	2 44	
importées des possess. britann. (1).	id.	id.	0 1 0	0 21	
Rames et avirons.	120 en nombre.	120 en nombre.	2 5 0	56 25	
importés des possess. britann. (1).	id.	id.	0 3 9	4 18	
Esparres ou perches de 22 p. de long. (6^{m}706) sur moins de 4 pouces de diamètre (0^{m}102).	id.	id.	0 6 0	7 50	
importées des possess. britann. (1).	id.	id.	0 0 6	0 62 50	
de plus de 22 pouc. de longueur et du même diamètre (0^{m}102).	id.	id.	0 12 0	15 00	
importées des possess. britann. (1).	id.	id.	0 1 0	1 25	
de toute longueur et ayant 4 p. 1/2 de diamètre	id.	id.	1 4 0	30 00	
importées des possess. britann. (1).	id.	id.	0 2 0	2 50	
Rais pour roues n'ayant pas plus de 2 pieds de longueur (0^{m}610).	1000 en nombr.	1000 en nombr.	1 4 0	30 00	
importés des possess. britann. (1).	id.	id.	0 1 0	1 25	
ayant plus de 2 pieds de long.	id.	id.	2 8 0	60 00	
importés des possess. britann. (1).	id.	id.	0 2 0	2 50	
dressé à la varlope ou au rabot ou autrement préparé pour un emploi quelconque et non dénommés, importés des possessions anglaises (1).	la valeur.	la valeur.	5 p. %	5 p. %	
d'ailleurs, droit principal.	pied cube.	décistère.	0 0 2	0 70	
additionnel. . . .	la valeur.	la valeur.	10 p. %	10 p. %	
non dénommés, autres que ceux ci-dessus, et à l'exception des bois équarris, importés des poss. angl. (1).	le load.	le stère.	0 1 0	0 88	
d'ailleurs.	id.	id.	0 7 6	6 62	
Planchettes pour la fabrication de petites boites.	le quintal.	100 kil.	0 1 0	2 47	
scié pour marqueterie.	id.	id.	0 1 0	2 47	
Boissons et liqueurs (2).—Esprits ou eaux spiritueuses de toutes sortes, n'excéd. pas la force de preuve d'après l'hydrom. de Sike (56° de l'alcoom. centésimal), et en proportion pour toute force au-dessus et au-dessous, non édulcorés, non mélangés d'une substance quelconque qui empêche que le degré de force ne puisse être exactement vérifié, importés d'une possess. anglaise en Amérique ou de l'île Maurice en Angleterre et en Écosse	le gallon.	l'hectolitre.	0 8 2	224 70	
en Irlande.	id.	id.	0 8 2	224 70	

Suite de la Note de la page 89.

Battens de 0^{m},0762 sur 0^{m},1778, et pas plus de 0^{m},0825 sur 0^{m},2921.		BASES de percept.	STÈRES.
		—	—
Bois à construire (timber) ou autres (wood).		120 en	
pas plus de 1^{m},2192.		nombre.	2,067
plus de 1^{m},2192 pas plus	1^{m},5240	id.	2,[illegible]77
1,5240	1,8288	id.	3,115
1,8288	2,1536	id.	3,624
2,1336	2,4384	id.	4,134
2,4384	2,7432	id.	4,672
2,7432	3,0480	id.	5,182
3,0480	3,3528	id.	5,691
3,3528	3,6576	id.	6,229
3,6576	3,9624	id.	6,739
3,9624	4,2672	id.	7,249
4,2672	4,5720	id.	7,759
4,5720	4,8768	id.	8,297
4,8768	5,1816	id.	8,806
5,1816	5,4864	id.	9,316
5,4864	5,7912	id.	9,834
5,7912	6,0960	id.	10,364
6,0960	6,4008	id.	10,873

Deals de 0^{m},0762 sur 0^{m},2286, et pas plus de 0^{m},0825 sur 0^{m},2443.		BASES de percept.	STÈRES.
pas plus de 1^{m},2192.		id.	2,690
plus de 1^{m},2192 pas plus	1^{m},5240	id.	3,341
1,5240	1,8288	id.	4,021
1,8288	2,1336	id.	4,672
2,1336	2,4384	id.	5,351
2,4384	1,7432	id.	6,034
2,7432	3,0480	id.	6,682

		BASES de percept.	STÈRES.
		—	—
Bois à construire (timber) ou autres (wood).		120 en	
plus de 3^{m},0480 pas plus	3^{m},3528	nombre.	7,362
3,3528	3,6576	id.	8,041
3,6576	3,9624	id.	8,693
3,9624	4,2672	id.	9,372
4,2672	4,5720	id.	10,023
4,5720	4,8768	id.	10,703
4,8768	5,1816	id.	11,383
5,1816	5,8464	id.	12,034
5,4864	5,7912	id.	12,713
5,7912	6,0960	id.	13,393
6,0960	6,4008	id.	14,044

Planks de 0^{m},0762 sur 0^{m},2794, et pas plus de 0^{m},0825 sur 0^{m},2921.		BASES de percept.	STÈRES.
pas plus de 1^{m},2192.		id.	3,256
plus de 1^{m},2192 pas plus	1^{m},5240	id.	4,077
1,5240	1,8288	id.	4,898
1,8288	2,1336	id.	5,719
2,1336	2,4384	id.	6,541
2,4384	2,7432	id.	7,362
2,7432	3,0480	id.	8,154
3,0480	3,3528	id.	8,976
3,3528	3,6576	id.	9,797
3,6576	3,9624	id.	10,618
3,9624	4,2672	id.	11,439
4,2672	4,5720	id.	12,260
4,5720	4,8768	id.	13,081
4,8768	5,1816	id.	13,874
5,1816	5,4864	id.	14,695
5,4864	5,7912	id.	15,516
5,7912	6,0960	id.	16,337
6,0960	6,4008	id.	17,158

DÉNOMINATION DES MARCHANDISES.	BASES DE PERCEPTION. Unités anglais.	Unités français.	DROITS. Unités anglais.	Unités français.	OBSERVATIONS.
			l. s. d.	fr. c.	(1) Les vins réexportés et déclarés provisions de bord des navires jouissent du drawback pour les droits qu'ils ont payés à leur importation. (2) Pour les chapeaux de femme, voir l'article *Modes*.
Boissons (suite). Rhum d'une possession anglaise dans les limites de la charte de la compagnie des Indes orientales, placée dans les conditions imposées par l'acte du 6 avril 1841.	même régime que les spiritueux d'une poss. anglais. en Amér.				
autres.	le gallon.	l'hectolitre.	1 15 0	412 72	
édulcorées ou mélangées d'une substance quelconque qui empêche de vérifier exactement le degré de force.	id.	id.	1 0 0	550 30	
Esprits parfumés pouvant être employés comme parfumeries	id.	id.	1 0 0	550 30	
Spiritueux ou esprits mélangés d'une substance quelconque, non dénommée, autre que le vernis . . .	mêmes droits que les esprits, etc., suivant l'espèce.				
Vins (1). Étrangers, rouge.	le gallon.	l'hectolitre.	0 5 6	151 33	
blanc.	id.	id.	0 5 6	151 33	
lie de.	id.	id.	0 5 6	151 33	
importés ou produits des possessions britanniques, rouge. . . .	id.				
blanc. . . .	id.	id.	0 2 9	75 67	
lie de. . . .	id.		plus 5 p. %	des dr. ci-dess.	
Boîtes en cuivre.	le quintal.	100 kil.	1 10 0	73 80	
autres.	la valeur.	la valeur.	10 p. %	10 p. %	
Bonbons non dénommés, y compris les fruits et végétaux conservés au sucre. . .	la livre.	le kil.	0 0 1 1/2	0 34	
Bouchons carrés disposés à être arrondis . . .	le quintal.	100 kil.	0 8 0	19 63	
autres	la livre.	le kil.	0 0 6	1 38	
Brocard d'argent ou d'or.	id.	id.	0 5 0	13 78	
Broderies et ouvrages à l'aiguille sur soie pure ou mélangée d'autres matières, et non sur tulle de soie.	la valeur.	la valeur.	15 p. %	15 p. %	
Imitations de dentelle sur tulle de soie.	la livre.	le kilo.	0 10 0	27 56	
de coton. . . .	id.	id.	0 8 0	22 05	
Rideaux en mousseline brodée ou autres.	id.	id.	0 1 0	2 76	
Broderies non dénommées.	la valeur.	la valeur.	10 p. %	10 p. %	
des possessions anglaises.	id.	id.	5 p. %	5 p. %	
Bronze ouvré, soit en bronze, soit en imitation de bronze.	le quintal.	100 kil.	0 10 0	24 67	
Cacao, fèves.	la livre.	le kil.	0 0 1	0 23	
Pellicules.	le quintal.	100 kil.	0 2 0	4 92	
Pâte et chocolat.	la livre.	le kil.	0 0 2	0 46	
Café séché au four, torréfié, moulu	id.	id.	0 0 3	0 69	
Chicorée ou toute autre substance végétale torréfiée, moulue.	id.	id.	0 0 4	0 92	
Cannelle de Ceylan.	id.	id.	0 0 2	0 46	
Cannes, montées, peintes ou autrement ornées	100 en nombre.	100 en nombre.	0 6 0	7 50	
pour ombrelles et parapluies	id.	id.	0 3 0	3 75	
Caoutchouc ou gomme ouvrée.	la livre.	le kil.	0 0 2	0 46	
Câpres, y compris la saumure.	id.	id.	0 0 1 1/2	0 35	
Cartes à jouer	les 12 jeux.	les 12 jeux.	0 15 0	18 75	
Carton — mill board.	la livre.	le kil.	0 0 2 1/2	0 57	
paste board	id.	id.	0 0 2 1/2	0 57	
Cassave en poudre.	100 livres.	100 kil.	0 0 4 1/2	0 92	
Cassia lignea.	la livre.	le kil.	0 0 1	0 23	
Chandelles et bougies de blanc de baleine. . .	le quintal.	100 kil.	0 2 4	5 75	
de stéarine	id.	id.	0 2 4	5 75	
de suif et de cire. . . .	id.	id.	0 2 4	5 75	
Chapeaux et bonnets de copeaux.	la livre.	le kil.	0 2 6	6 89	
d'écorce, de canne, de crin.	id.	id.	0 2 6	6 89	
de paille.	id.	id.	0 2 6	6 89	
de poil, laine, castor. . . .	l'un.	l'un.	0 1 0	1 25	
de feutre.	id.	id.	0 0 6	0 62	
de soie ou d'autres étof. (2).	id.	id.	0 1 0	1 25	
Chloroforme	la livre.	le kil.	0 3 0	8 28	
Cocculus indicus (coque du Levant)	le quintal.	100 kil.	0 5 0	12 30	
Confitures et confiseries, confitures sèches. .	la livre.	id.	0 0 1 1/2	0 34	
Conserves. — Pickles au vinaigre.	le gallon.	le litre.	0 0 1	0 02	
Corail brut (négligées).	la livre.	le kil..	0 1 0	2 76	
Corsets	la 12ᵉ de paires.	la 12ᵉ de paires.	0 2 0	2 50	
Coton. — Articles confectionnés en tout ou en partie. Bas.	id.	id.	0 0 6	0 62	
Chaussettes.	id.	id.	0 0 3	0 31	
Gants	id.	id.	0 0 3	0 31	
Franges.	la livre.	le kil.	0 0 2	0 46	
non dénommés.	la valeur.	la valeur.	5 p. %	5 p. %	
Cuir ouvré. — Cordonnerie, bottines, brodequins, souliers et galoches pour femme, fourrés, garnis de fourrures ou autrement garnis. . .	la 12ᵉ de paires.	la 12ᵉ de paires.	0 7 6	9 38	
Autres	id.	id.	0 6 0	7 50	
Souliers à semelles de liége, à doubles semelles, piqués et claqués	id.	id.	0 5 0	6 25	
garnis de fourrures, etc..	id.	id.	0 6 0	7 50	
Souliers de soie, satin ou autres étoffes, de peaux de toutes espèces.	id.	id.	0 4 6	5 63	
les mêmes, fourrés..	id.	id.	0 5 0	6 25	
Souliers et brodequins, bottines ou galoches, n'ayant pas plus de 7 pouces (0ᵐ178) de longueur.	id.	id.	2/3 des droits ci-dessus.		
Bottes et souliers pour hommes, l'empeigne ou le quartier ayant en hauteur, à partir de la semelle intérieure, le quartier pas plus de 20 pouces 3/4 (0ᵐ0698), l'empeigne pas plus de 4 pouces (0ᵐ1016).	id.	id.	0 7 0	8 75	

DÉNOMINATION DES MARCHANDISES.	BASES DE PERCEPTION. Unités anglais.	BASES DE PERCEPTION. Unités français.	DROITS. Unités anglais.	DROITS. Unités français.
			l. s. d.	fr. c.
Cuir ouvré (suite).				
pas plus de 6 pouces (0^{m}1524)	la 12e de paires.	la 12e de paires.	0 10 6	13 12
plus de 6 pouces.	id.	id.	0 14 0	17 50
Bottes pour enfants, n'ayant pas plus de 0^{m}178 de long	id.	id.	0 9 4	11 66
Souliers de même dimension	id.	id.	0 4 8	5 84
Tiges de bottes, partie antérieure ayant en hauteur pas plus de 9 p. (0^{m}229). .	id.	id.	0 1 9	2 19
plus de 9 pouces. . .	id.	id.	0 2 9	3 44
partie postérieure . .	id.	id.	0 1 6	1 87
Cuir pour cordonnerie simplement taillé	le quintal.	100 kil.	0 10 0	24 60
Ouvrages en cuir, ou dont le cuir constitue la principale valeur, non dénommés	la valeur.	la valeur.	10 p. %	10 p %
Cuivre jaune et rouge, ouvré et non spécialement dénommé.	le quintal.	100 kil.	0 10 0	24 60
Daguerréotype (plaques de)	la livre.	le kil.	0 0 3	0 69
Dentelles en laine	id.	id.	0 1 0	2 76
en fil ou coton, excepté le point de Bruxelles, ou les dentelles de Saxe, et n'excédant pas 1 pouce (0^{m}0645) de largeur	id.	id.	1 0 0	55 20
excédant 1 pouce (0^{m}0645) de largeur.	id.	id.	2 0 0	110 40
en soie, et applications	id.	id.	1 10 0	82 80
de Saxe, et autres dites dentelles de Malte	id.	id.	0 8 0	22 08
de Bruxelles, et autres faites à la main, non dénommées..	la valeur.	la valeur.	10 p. %	10 p. %
Dés à jouer	la paire.	la paire.	1 1 0	26 25
Dessins ou gravures, noirs ou coloriés	la livre.	le kil.	0 0 3	0 69
admis en vertu de traités internationaux (1).	id.	id.	0 0 1 1/2	0 34
Eaux de senteur et extraits de Cologne, les 30 flacons ne devant pas contenir plus de 1 gallon (4^{l}543).	le flacon.	le flacon.	0 0 8	0 80
non en flacons.	le gallon.	le litre.	1 0 0	5 50
Embarcations étrangères avec leurs apparaux et agrès, autres que les voiles	la valeur.	la valeur.	5 p. %	5 p. %
Essence de spruce (2).	id.	id.	10 p. %	10 p. %
Étain pur, en feuilles, pour l'étamage des glaces, et ouvré, non dénommé.	le quintal.	100 kil.	0 10 0	24 60
allié de cuivre, de plomb, de zinc, ouvré, non dénommé.	id.	id.	0 2 0	4 92
Extraits de cardamome, cocculus indicus, graines de Guinée, de Paradis, de noix vomique, d'opium, de poivre de Guinée, de quassia (bois de Surinam), de quinquina, de ratanhia, de vitriol.	la valeur.	la valeur.	20 p. %	20 p. %
autres, non dénommés (3).	id.	id.	20 p. %	20 p. %
Farines, de maïs et non dénommées.	le quintal.	100 kil.	0 0 4 1/2	0 92
de moutarde.	id.	id.	0 1 6	3 70
Fer et acier, ouvrés en machines, moulures, outils, coutellerie, et tous autres articles en fer ou acier non dénommés. . .	id.	id.	0 2 6	6 15
Articles de fantaisie, ornés ou décorés avec fer ou acier	id.	id.	0 15 0	37 00
Ouvrages en fer, chargés de cuivre par un procédé galvanique	id.	id.	0 3 6	8 61
Fleurs artificielles, en soie ou autres tissus, ou matière.	par pied cube, telles qu'elles sont emballées, sans tenir compte des espaces vides.	par mètre cube, telles qu'elles sont emballées, sans tenir compte des espaces vides.	0 12 0	30 40
Fromages (4).	le quintal.	100 kil.	0 2 6	6 15
des possessions britanniques. . . .	id.	id.	0 1 6	3 70
Fruits. — Cerises fraîches.	le boisseau.	l'hectolitre.	0 0 2	0 57
sèches.	id.	id.	0 0 1 1/2	0 34
Coings.	id.	id.	0 0 3	0 86
Dattes.	le quintal.	100 kil.	0 10 0	24 60
Figues.	id.	id.	0 15 0 plus 5 p. % du droit ci-dess.	37 00
Nèfles	le boisseau.	l'hectolitre.	0 0 2	0 57
Noisettes	id.	id.	0 1 0	3 44
Noix.	id.	id.	0 1 0	3 44
Oranges et citrons.	id.	id.	0 0 8	2 29
Poires fraîches.	id.	id.	0 0 3	0 86
sèches.	id.	id.	0 1 0	3 44
Pommes fraîches.	id	id.	0 0 3	0 86
des possessions anglaises.	id.	id.	0 0 2	0 57
sèches.	id.	id.	0 1 0	3 44
Prunes dites de France et pruneaux de Tours.	le quintal.	100 kil.	0 15 0	37 00
sèches ou conservées autrement que dans le sucre et non autrement dénommées.	id.	id.	0 15 0	37 00
conservées dans le sucre.	la livre.	le kil.	0 0 2	0 34
Raisins frais	le boisseau.	l'hectolitre.	0 0 2	0 57
de Corinthe.	le quintal.	100 kil.	0 15 0 plus 5 p. % du droit ci-dessus.	37 00
secs, autres que de Corinthe.	id.	id.	0 10 0	24 60
non dénommés, frais.	le boisseau.	l'hectolitre.	0 0 2	0 57
Gants (5) de peau (de cheval)	la 12e de paires.	la 12e de paires.	0 3 6	4 37
Mitaines	id.	id.	0 2 4	2 92
autres que de cheval, pour hommes.	id.	id.	0 3 6	4 37

OBSERVATIONS.

(1) L'importateur peut payer à son choix, pour gravures en feuilles, 5 cent. la feuille; pour gravures reliées ou brochées 16 c. par douzaine de feuilles.

(2) Sorte de bière fort aimée des marins du Nord.

(3) Ou au choix de l'importateur : la livre angl. 0 5 0
le kil. . . . . 13 f. 78 c.

(4) Le droit se perçoit sur le poids constaté au débarquement.

(5) Les gants paient en sus, à titre de droit additionnel, 5 p. 100 des droits exigibles.

DÉNOMINATION DES MARCHANDISES.	BASES DES PERCEPTIONS.		DROITS.		OBSERVATIONS.
	Unités anglais.	Unités français.	Unités anglais.	Unités français.	
			l. s. d.	fr. c.	
Gants pour femmes et mitaines	la 12e de paires.	la 12e de paires.	0 4 6	5 62	
Gâteaux de figues	le quintal.	100 kil.	0 15 0 plus 5 p. %	36 90 de la valeur.	
Gingembre confit	id.	id.	0 10 0	23 00	
autre	id.	id.	0 5 0	12 30	
Girofle (clous de)	la livre.	le kil.	0 0 2	00 46	
Gongs	le quintal.	100 kil.	1 0 0	49 20	
Graines et semences de Guinée, de Paradis.	id.	id.	0 15 0	37 00	
de Carvi.	id.	id.	0 5 0	12 30	
des possess. anglaises.	id.	id.	0 2 6	6 15	
Grains et farines.					
Grains. — Froment, orge, avoine, seigle, pois, féverolles, maïs, sarrazin.	le quarter.	l'hectolitre.	0 1 0	0 43	
Orge perlé.	le quintal.	100 kil.	0 0 4 1/2	0 93	
Farines de froment, d'orge, d'avoine, de seigle, de pois, de féverolles, de maïs, de sarrazin, de pommes de terre.	id.	id.	0 0 4 1/2	09 3	
Grains pour collier, Arango, de corail, de cristal, de jais, non dénommés	un seul	droit de	0 0 2	0 46	
Gutta-percha, objets moulés	la livre.	le kil.	0 0 2	0 46	
non moulés, tels que bandes, feuilles, semelles, tubes.	le quintal.	100 kil.	0 5 0	12 30	
Horlogerie. Pendules n'excédant pas la valeur de 5 sh. (6 f. 25 c.) l'une.	la douzaine.	la douzaine.	0 4 0	5 00	
valant plus de 5 sh. (6 f. 25 c.), et pas plus de 12,6 (13 f. 12 c.).	id.	id.	0 8 0	10 00	
valant plus de 12,6 (13 f. 12 c.), et pas plus de 3 l. st. (75 f.).	la pièce.	la pièce.	0 2 0	2 50	
valant plus de 3 l. st. (75 f.), et pas plus de 10 l. st. (250 f.).	id.	id.	0 4 0	5 00	
valant plus de 10 l. st. (250 f.).	id.	id.	0 10 0	12 50	
Montres d'or, d'argent, ou d'autre métal, excédant la valeur de 10 l. st. chacune (250 f.).	id.	id.	1 0 0	25 00	
Autres, en or, à boîtes ordinaires.	id.	id.	0 5 0	6 25	
de chasse	id.	id.	0 7 6	9 37	
à répétition.	id.	id.	0 15 0	18 75	
en argent, ou autre métal que l'or, à boîtes ordinaires.	id.	id.	0 2 0	3 12	
de chasse	id.	id.	0 3 6	4 37	
à répétition	id.	id.	0 8 0	10 00	
Houblon	le quintal.	100 kil.	2 5 0	62 30	
Huiles d'amandes.	la livre.	le kil.	0 0 1	0 23	
essentielles de parfumeries, de bergamotte, carvi, canéfice, girofle, lavande, citron, menthe, de rose, menthe frisée, aspic, de thym, non dénommées	id.	id.	0 1 0	2 76	
de laurier	id.	id.	0 0 1	0 23	
Instruments de musique, boîtes à musique, petites, n'excédant pas 4 pouces en longueur.	par air.	par air.	0 0 3	0 31	
grandes.	id.	id.	0 0 8	0 80	
à ouvertures, ou pour accompagnements.	id.	id.	0 2 6	3 12	
Pianos, grands, horizontaux.	l'un.	l'un.	3 0 0	75 00	
verticaux	id.	id.	2 0 0	50 00	
Harmoniums, ou séraphins.	id.	id.	0 12 0	15 00	
Accordéons, dits chinois.	les 100 notes.	les 100 notes.	0 1 0	1 25	
Autres, y compris les flutinos et les concertinos carrés d'Allemagne.	id.	id.	0 5 0	6 25	
Concertinos de forme octogone.	id.	id.	0 4 0	5 00	
de cuivre, de toute sorte et partie séparée desdits instruments	la livre.	le kil.	0 0 9	2 07	
non dénommés	la valeur.	la valeur.	10 p. %	10 p. %	
Laine, ouvrée et objets mélangés de coton, et non de poil de chèvre, savoir :					
Tapis.	la yard carrée.	le mètre carré.	0 0 6	0 74	
Châles, écharpes, et fichus de col simples.	la livre.	le kil.	0 0 4	0 92	
imprimés.	id.	id.	0 0 8	1 84	
Couvertures.	la yard carrée.	le mètre carré.	0 0 6	0 74	
Gants	la 12e de paires.	la 12e de paires.	0 0 3	0 31	
Objets confectionnés, même partiellement, n'étant pas spécialement imposés	la valeur.	la valeur.	5 p. %	5 p. %	
Laque ouvrée, et ouvrages laqués.	le quintal.	100 kil.	1 0 0	49 20	
Légumes, oignons.	le bushell.	l'hectolitre.	0 0 1	0 28	
Lin ou chanvre (fil de), pour broderies.	la livre.	le kil.	0 0 6	1 36	
Tissus purs ou mélangés de coton, mouchoirs en batiste à bordures ou ourlés, mais sans garnitures.	la douzaine.	la douzaine.	0 2 6	3 12	
Bas.	la 12e de paires.	la 12e de paires.	0 0 6	0 62	
Chaussettes	id.	id.	0 0 3	0 31	
Gants.	id.	id.	0 0 3	0 31	
Corsets.	id.	id.	0 2 0	2 50	
Autres articles, soit en lin, soit mélangés de coton ou de laine, et non dénommés ou spécialement tarifés.	la valeur.	la valeur.	5 p. %	5 p. %	
Livres imprimés en ou depuis 1801, reliés ou non.	le quintal.	100 kil.	1 10 0	73 80	
admis en vertu de traités internationaux.	id.	id.	0 15 0	37 00	
provenant des possessions britanniq.	id.	id.	0 15 0	39 90	
Lorgnettes de spectacle, simples.	la pièce.	la pièce.	0 1 0	1 25	

DENOMINATION DES MARCHANDISES.	BASES DES PERCEPTIONS. Unités anglais.	Unités français.	DROITS. Unités anglais.	Unités français.	OBSERVATIONS.
			l. s. d.	fr. c.	
Lorgnettes. — Jumelles et lunettes d'approche autres que télescopes. . .	la pièce.	la pièce.	0 2 6	3 12	
Macaroni et vermicelle.	le quintal.	100 kil.	0 1 0	2 46	
Macis	la livre.	le kil.	0 1 0	2 76	
Marmelades.	id.	id.	0 0 1 1/2	0 34	
Morphine et sels qui en dérivent	id.	id.	0 10 0	27 60	
Moutarde préparée.	le quintal.	100 kil.	0 5 0	12 30	
Munitions de guerre.—Balles, boulets et grenaille en fer	id.	id.	0 2 6	6 15	
en plomb	id.	id.	0 2 0	4 92	
Fusées et autres combustibles de guerre non dénommés.	la valeur.	la valeur.	10 p. %	10 p. %	
Muscades, excepté celles appelées sauvages.	la livre.	le kil.	0 1 0	2 76	
sauvages dans leur coque.	id.	id.	0 0 3	0 69	
dépouill. de leur coque.	id.	id.	0 0 5	1 15	
Noix vomique.	le quintal.	100 kil.	0 2 0	4 92	
Œufs.	pied cube.	le décistère.	0 0 8	2 80	
des possessions anglaises.	id.	id.	0 0 4	1 40	
Opium.	la livre.	le kil.	0 1 0	2 76	
Orfévrerie d'argent ou de vermeil.	l'once troy.	l'hectogramm.	0 1 8	9 60	
d'or.	id.	id.	1 1 0	120 40	
Paniers et corbeilles.	pied cube.	le mètre cube.	0 0 4	1 40	
Papiers de toute sorte, neufs	la livre.	le kilog.	0 0 2 1/2	0 57	
Parfumerie non dénommée.	id.	id.	0 2 0	0 46	
Pierres à bijoux, émeraudes et autres pierres précieuses.	la valeur.	la valeur.	10 p. %	10 p. %	
Plaques pour daguerréotype.	la livre.	le kil.	0 0 3	0 69	
Plomb ouvré, et objets en plomb non dénommés, autres que minerais, mine, en saumons, en feuilles, rouge, blanc et chromate de.	le quintal.	100 kil.	0 2 0	4 92	
Plumes d'autruche préparées, aigrettes préparées, non dénommées, et toutes plumes de parure préparées.	la livre.	le kil.	0 3 0	8 27	
Poils, tissus de poil de chèvre et autres, confectionnés en tout ou en partie, non dénommés ou tarifés.	la valeur.	la valeur.	5 p. %	5 p. %	
Poivre de toute sorte.	la livre.	le kil.	0 0 6 plus 5 p. % des droits ci-dess.	1 38	
Piment.	le quintal.	100 kil.	0 5 0	12 30	
Pommades.	la livre.	le kil.	0 0 2	0 46	
Porcelaine de Chine ou autre, unie, peinte, dorée ou décorée.	le quintal.	100 kil.	0 10 0	24 60	
Poteries non dénommées	id.	id.	0 10 0	24 60	
Poudre à poudrer.	la livre.	le kil.	0 0 2	0 46	
parfumée.	id.	id.	0 0 2	0 46	
non dénommée, servant au même usage que l'amidon.	le quintal.	100 kil.	0 0 4 1/2	0 93	
Pruneaux.	id.	id.	0 7 0	17 23	
Quassia, bois de Surinam.	id.	id.	0 1 0	2 46	
Quinine (sulfate de).	l'once.	l'hectogramm.	0 0 6	2 20	
Réglisse en pâte.	le quintal.	100 kil.	1 0 0	49 21	
des possessions anglaises.	id.	id.	0 10 0	24 60	
en poudre.	id.	id.	1 0 0	49 21	
des possessions anglaises.	id.	id.	0 15 0	36 90	
Jus de.	id.	id.	1 0 0	49 21	
Riz non mondé et en balle.	id.	id.	0 0 9	0 36	
mondé et non en balle.	id.	id.	0 0 4 1/2	0 93	
Sagou.	id.	id.	0 0 4 1/2	0 93	
Salicine (faux quinquina).	l'once.	l'hectogramm.	0 0 3	11 02	
Savons, dur ou sec, mou ou liquide, de Naples	le quintal.	100 kil.	0 0 8	1 64	
à odeur ou de fantaisie.	la livre.	le kil.	0 0 2	0 46	
Sauce indienne, dite soye.	le gallon.	le litre.	0 0 6	0 12	
non dénommée.	la livre.	le kil.	0 0 1	0 23	
Semoule	le quintal.	100 kil.	0 0 4 1/2	0 92	
Soies. — Satin, uni, à raies, à dessins ou broché, tissus en pièces.	la livre.	le kil.	0 5 0	13 78	
Objets en satin, non autrement dénom., confect. en tout ou en partie.	id.	id.	0 6 0 ou, au choix de la douane, 15 p. % ad valorem.	16 54	
Gaze, crêpe, unis, à raies, à dessins ou brochés, tissus en pièce	id.	id.	0 9 0	24 81	
Objets en gaze ou crêpe non autrement dénommés.	id.	id.	0 10 0 ou, au choix de la douane, 15 p. % ad valorem.	27 56	
Gaze mélangée de soie, de satin ou d'autres matières et entrant en proportion moindre que moitié dans la fabrication, tissus en pièces.	id.	id.	0 9 0	24 81	
Objets en gaze mélangés non autrement dénommés, confectionnés en tout ou en partie.	id.	id.	0 10 0 ou, au choix de la douane, 15 p. % ad valorem.	27 56	
Velours, uni ou broché, tissus en pièces.	id.	id.	0 9 0	24 81	
Objets en velours, non dénommés.	id.	id.	0 10 0 ou, au choix de la douane, 15 pour % ad valorem.	27 56	
Velours mélangé de coton ou d'autres matières.	id.	e kil.	0 3 0	8 28	
Rubans unis, ou d'une seule couleur.	id.	id.	0 6 0	16 54	
unis en satin, d'une seule couleur.	id.	id.	0 8 0	22 05	
en soie ou satin, à raies, à dessins ou brochés, ou unis de plusieurs couleurs.	id.	id.	0 10 0	27 56	
de gaze ou crêpe, unis, à raies, à dessins ou brochés.	id.	id.	0 14 0	38 59	

DÉNOMINATION DES MARCHANDISES.	BASES DES PERCEPTIONS. Unités anglais.	BASES DES PERCEPTIONS. Unités français.	DROITS. Unités anglais.	DROITS. Unités français.	OBSERVATIONS.
			l. s. d.	fr. c.	
Soies (suite).					
de gaze, mélangés de soie, satin ou autres, mais dans la fabrication desquels la gaze entre en proportion moindre que moitié. . .	id.	id.	0 12 0	33 08	
de velours, de soie pure ou mélangée de coton, n'ayant pas plus de 9 pouces (0m229) de large, unis ou gaufrés à la presse sans bordure de satin ou de fantaisie.	id.	id.	0 5 0	13 80	
à dessins brochés, à raies, mouchetés ou à bordures de satin ou de fantaisie.	id.	id.	0 10 0	27 60	
en peluche de soie, comme velours; en soie mélangée ou rehaussés de velours ou de peluche, comme en velours à dessins brochés, filet de fantaisie ou tricot. . . .	id.	id.	0 8 0	22 05	
Peluche de soie pure ou mélangée d'une autre matière; articles confectionnés.	id.	id.	0 3 6	9 66	
Tissus autres que rubans	id.	id.	0 3 0	8 28	
Bonneterie.	id.	id.	0 8 0	21 69	
Tulle ou dentelles.	id.	id.	0 8 0	22 05	
Peluches, noires, communément employées pour la confection des chapeaux.	id.	id.	0 1 0	2 76	
Parasols et ombrelles	la pièce.	la pièce.	0 1 0	1 25	
Damas de soie et laine, ou mêlé d'autre matière pour ameublement.	la livre.	le kil.	0 0 10	2 28	
autres non dénommés.	la valeur.	la valeur.	15 p. %	15 p. %	
Articles et ouvrages de modes, en soie ou dont la soie forme la partie principale, turbans ou bonnets.	la pièce.	la pièce.	0 3 6	4 37	
chapeaux de femme.	id.	id.	0 7 0	8 75	
robes.	id.	id.	1 10 0	37 50	
Corahs, chopphas, bandanas, draps, tussore, foulards et taffetas, en pièces ayant en longueur, pas plus de 6 1/4 yards (5m15). . . .	id.	id.	0 0 6	0 62	
plus de 6 1/4, pas plus de 6m629.	id.	id.	0 0 8	0 80	
plus de 7 1/4, pas plus de 10m968	id.	id.	0 10 0	1 02	
Crêpes de Chine en pièces, unis ou damassés	la livre.	le kil.	0 3 0	8 28	
brodés	id.	id.	0 5 0	13 80	
Châles, écharpes, fichus, com. en pièces.					
Damas de Chine, pongées, foulards unis, à dessins, en pièces, ayant en longueur pas plus de 9 yards (8m230)	la pièce.	la pièce.	0 1 6	1 87	
plus de 9 et pas plus de 16m459.	id.	id.	0 3 0	3 75	
en pièces, ayant en longueur pas plus de 15 yards (13m716). . . .	id.	id.	0 2 0	2 5	
plus de 15 et pas plus de 21 yards (19m202).	id.	id.	0 3 0	3 75	
plus de 21 et pas plus de 31 yards (28m346).	id.	id.	0 5 0	6 25	
Tissus et articles confectionnés en tout ou en partie purs ou mélangés, non dénommés; tissus d'une possession anglaise.	la valeur.	la valeur.	5 p. %	5 p. %	
autres.	id.	id.	15 p. %	15 p. %	
Articles confectionnés d'une possession anglaise.	id.	id.	5 p. %	5 p. %	
autres.	id.	id.	15 p. %	15 p. %	
Spa (ouvrages de), ...	le pied cube.	le mètre cube.	0 0 6	2 10	
Stéarine et bougies.	le quintal.	les 100 kil.	0 3 6	8 61	(1) Jusqu'au 31 mars 1860 les droits seront élevés ainsi qu'il suit :
Sucres. — Candi, blanc ou brun et sucre raffiné ou rendu, par un procédé quelconque, égal en qualité au sucre raffiné.	le quintal.	100 kil.	0 13 4 (1)	32 80	s. d. 18 4 — f. c. 45 09
Terré blanc, et sucre rendu, par un procédé quelconque, égal en qualité au sucre terré blanc, non raffiné, ni égal en qualité au sucre raffiné.	id.	id.	0 11 8	28 70	16 00 — 39 56
brun, et sucre rendu, par un procédé quelconque, égal en qualité au sucre terré brun et inférieur en qualité au sucre terré blanc. .	id.	id.	0 10 6	25 83	13 10 — 34 00
Moscouade blond, et sucre rendu, par un procédé quelconque, égal en qualité au sucre moscouade blond, et inférieur en qualité au sucre terré blanc	id.	id.	0 10 6	25 83	13 10 — 34 00
brun, et sucre inférieur en qualité au sucre terré brun et au sucre moscouade blond.	id.	id.	0 9 6	23 34	12 8 — 31 14
Mélasses	id.	id.	0 3 9	9 22	5 00 — 12 30
Jus de canne.	id.	id.	0 10 4	25 42	

DÉNOMINATION DES MARCHANDISES.	BASES DES PERCEPTIONS.		DROITS.		OBSERVATIONS.
	Unités anglais.	Unités français.	Unités anglais.	Unités français.	
			l. s. d.	fr. c.	
Suif.	le quintal.	100 kil.	0 1 6	3 69	(1) Les droits se perçoivent au brut. Jusqu'au 31 mars 1860 le droit sur le thé sera élevé à : 1 s. 5 d. | 3 f. 90 c.
des possessions britanniques.	id.	id.	0 0 1	0 20	
Tabac en feuilles écotées et non écotées	la livre.	le kil.	0 3 0	8 27	
Cigares et tabac à fumer.	id.	id.	0 9 0	24 81	
en poudre.	id.	id.	0 6 0	16 54	
			plus 5 p. % des droits ci-dess.		
Côtes entières ou en poudre.	prohibées.	prohibées.			
Tapioca.	le quintal.	100 kil.	0 0 4 1/2	0 93	
Thé (1).	la livre.	le kil.	0 1 0	2 76	
Tissus de coton.—Bas.	les 12 paires.	les 12 paires.	0 0 6	0 62	
Chaussettes.	id.	id.	0 0 3	0 31	
Franges.	la livre.	le kil.	1 0 3	0 46	
Gants	les 12 paires.	les 12 paires.	1 0 3	0 31	
Articles confectionnés, non dénommés ou spécialement imposés.	la valeur.	la valeur.	5 p. %	5 p. %	
de laine, manufactures de laine ou de laine mélangée de coton, non particulièrem. dénomm. ou tarifés	id.	id.	5 p. %	5 p. %	
Toiles cirées.	la yard carrée.	le mètre carré.	0 0 1 1/2	0 18	
Tour (ouvrages de) non dénommés.	le pied cube.	le mètre cube.	0 0 4	1 40	
Tresses ou autres ouvrages propres à la fabrication ou ornements des chapeaux d'hommes ou de femmes.	la livre.	le kil.	0 0 2	5 52	
de copeaux ne valant pas plus de 6 d. (60 c.) la pièce de 60 yards (54m840).	id.	id.	0 0 6	1 38	
de paille et non dénommées	id.	id.	0 2 0	5 52	
Vannerie, cordonnet simple et torsade de paille et autres	id.	id.	0 0 6	1 38	
Damasserie en osier.	le quintal.	100 kil.	0 10 0	24 60	
Vernis contenant une quantité quelconque d'alcool ou d'esprit	le gallon.	le litre.	0 12 0	3 30	
Verrerie. — Cristaux blancs ou de coul., taillés, color. ou orn., de fantaisie.	le quintal.	100 kil.	0 10 0	24 60	
Vinaigre.	le gallon.	l'hectolitre.	0 0 3	6 88	
Zinc ouvré en objets non dénommés	le quintal.	100 kil.	0 2 0	4 92	
Marchandises non dénom., non prohib. à l'import. ou à la consom. dans la Gr-Bretagne ou l'Irl., fabriq. en entier ou en part.	la valeur.	la valeur.	10 p. %	10 p. %	

TABLEAU B.
TARIF D'IMPORTATION DANS L'ILE DE MAN.

DÉNOMINATION DES MARCHANDISES.	BASES DES PERCEPTIONS.		DROITS.		OBSERVATIONS.
	Unités anglais.	Unités français.	Unités anglais.	Unités français.	
			l. s. d.	fr. c.	
Café n'ayant pas acquitté les droits d'importation dans la Grande-Bretagne ou en Irlande.	la livre.	le kil.	0 0 2	0 46	(1) L'importation et l'exportation des spiritueux ne peut avoir lieu que par navires de 50 tonneaux au moins et en fûts de 20 gallons (90 litres 86).
Eau de Cologne en flacons, les 30 flacons ne contenant pas plus de 1 gallon (4l 543).	le flacon.	le flacon.	0 0 4	0 40	
autre.	le gallon.	l'hectolitre.	0 10 0	275 14	
Grains et farines.					
Grains : Froment, orge, avoine, seigle, pois, fèves, maïs, sarrazin.	le quarter.	l'hectolitre.	0 1 0	0 43	
Farines : Des grains ci-dessus dénom..	le quintal.	100 kil.	0 0 4 1/2	0 93	
Spiritueux (1).—Eau-de-vie, genièvre et spiritueux étrangers n'étant pas des liqueurs, cordiaux ou spir. parfum.	le gallon.	l'hectolitre.	0 6 0	165 08	
Spiritueux anglais ou irlandais exportés d'un entrepôt du royaume où ils avaient été déposés en franchise de droits.	id.	id.	0 3 0	82 54	
Rhum et autres spiritueux des colonies anglaises, autres que spiritueux édulcor., mélang., liqueurs, cordiaux et spiritueux parfumés.	id.	id.	0 3 8	100 89	
Nota. — Ces droits s'appliquent aux spiritueux qui n'excèdent pas la force de preuve d'après l'hydromètre de Syke (56 degrés de l'alcoomètre centésimal, ou 21 1/2 degrés Cartier). Ils doivent être diminués ou augmentés en proportion du degré de force au-dessous ou au-dessus, et pour toute quantité au-dessus de 1 gallon (4l 543).					
Shrab des possessions anglaises.	id.	id.	0 3 8	100 89	
Liqueurs, cordiaux et spiritueux mélangés, édulcorés, parfumés, des possessions anglaises.	id.	id.	0 5 0	137 57	
autres.	id.	id.	0 10 0	275 14	
Sucres. — Moscouade	le quintal.	100 kil.	0 1 0	2 46	
Candi, blanc ou brun, sucre raffiné ou rendu, par un procédé quelconque, égal en qualité au sucre raffiné, anglais ou étranger.	id.	id.	0 3 0	7 38	
Tabac non fabriqué.	la livre.	le kil.	0 1 6	4 14	
fabriqué.	id.	id.	0 4 9	13 11	
Cigares	id.	id.	0 4 9	13 11	
Thé.	id.	id.	0 0 6	1 38	
Vins.	en tonneaux de 252 gallons.	l'hectolitre.	12 0 0	25 23	

TABLEAU C.

MARCHANDISES EXEMPTES DE DROITS A LEUR IMPORTATION DANS LA GRANDE-BRETAGNE ET EN IRLANDE.

Acajou. — Acides borique, citrique, muriatique, sulfurique tartrique. — Acier brut et riblons. — Agates et cornalines non montées, taillées ou ouvrées, non taillées ni ouvrées. — Airelles (baies d'). — Albumine. — Alcali autre que de soude. — Algarrobila (graines d'). — Aloès. — Aluminium. — Alun de roche et autres. — Amandes amères. — Amboyne (bois d'). — Ambre gris, ambre jaune brut. — Ammoniaque, gomme, liquide et sulfate d'. — Angélique. — Animaux vivants. — Antimoine, minerai, sulfuré, métallique. — Arbres, arbrisseaux et plants d'arbres. — Argent, minerai, orfévrerie. — Aristoloche. — Arsenic. — Art (ouvrages d'), en métal de toute sorte. — Asphalte ou bitume de Judée. — Articles non dénommés ni tarifés, non prohibés à la consommation dans la Grande-Bretagne ou l'Irlande, non fabriqués entièrement ou en partie.

Baies de toute sorte. — Bananes. — Baz (bois de). — Barille ou soude. — Baryte en poudre. — Baumes non dénommés. — Bijouterie, pierres précieuses non montées. — Bœuf (bois de). — Bœuf, viande fraîche ou salée. — Bois (cercles en). — Bois pour constructions navales ; chevilles et gournables pour constructions navales, et toutes gournables provenant des possessions anglaises. — Bouleau et sapins équarris, n'ayant pas plus de 8 pouces carrés (0m,52c) et en longueur pas plus de 3 pieds (0m,9145), importés seulement pour la fabrication des barils à harengs à l'usage des pêcheurs. — Bois à brûler des possessions anglaises. Manches de pelles. Merrains de dimensions non dénommées. — Bois de rebut pour arrimage. — Bois de teck. — Bois d'ébénisterie non dénommés. — Bouchons pour pêche. — Bourre de laine, bourre tontisse. — Bouteilles de terre, grès ou verre. — Boutons. — Boyau de ver à soie pour pêche. — Briques.

Cachou. — Cadres pour tableaux, dessins, miroirs. — Calamine ou pierre calaminaire. — Camboge ou gomme gutte. — Camées non montés. — Camomille (fleurs de). — Camphre brut ou raffiné. — Canarie (graine de). — Cannelle blanche. — Canne en bambous, rotins, à pêche et cannes non dénommées. — Cantharides. — Caoutchouc brut. — Cardamome. — Carmin. — Cartes géographiques, hydrographiques unies ou coloriées. — Carthame ou safran bâtard. — Cassia (fleurs et boutons de). — Cassia fistula. — Castoreum. — Cauris. — Caviar. — Cendres non dénommées. — Chanvre de toute sorte et autres substances analogues. — Charbon de terre et résidus. — Chardons cardières. — Châtaignes et marrons. — Cidre. — Cinabre natif. — Cirage. — Cire. — Cire à cacheter, de myrthe, végétale. — Citrate et chlorite de chaux. — Citrons. — Civette. Cobalt, à tout état. — Cochenille. — Colle forte et oreillons. — Colle de poisson. — Colombo (racine de). — Coloquinte. — Concombres confits au sel. — Conserves au sel. — Corail. — Cordages et cordes. — Cordes pour instruments de musique. — Cornes entières et en morceaux. — Coton et tissus de, sauf les articles confectionnés. — Couleurs, préparées ou non. — Couperose. — Craie brute ou préparée. — Crayons simples ou à gaînes de bois. — Crème de tartre. — Cretons. — Creusets. — Cristal de roche, brut, taillé ou ouvré autre qu'en graines pour colliers. — Cubèbes. — Cuivre rouge de toute sorte, même ouvré en objets battus, planches, plaques ou monnoyé. — Curcuma.

Dents d'éléphant, de cheval et veau marin, de morse. — Diamants. Dibidivi. — Drilles, chiffons et pâtes de chiffons. — Drogueries non dénommées. — Duvet.

Eau de fleur d'orange, de fleur de sureau, de rose, forte, minérale. — Ébène (bois d'). — Écaille brute. — Échantillons d'histoire naturelle. — Écorces de toutes sortes non dénommées. — Ellébore. — Émail. — Encre de Chine et à imprimer. — Engrais non dénommés. — Éponges. — Esquine (racine d'). — Étain, minerai, régule, en blocs, saumons, lingots, ou masses oxymuriate d'étain. — Étoupes. — Extraits de campêche, de carthame, de châtaignier, de quercitron, d'écorces ou autres substances végétales propres au tannage ou à un emploi industriel.

Fanons de baleine. — Fer, fonte, ferrailles, minerai, ouvrés non dénommés. — Ficelle pour fouets. — Fils pour lacets de corset, de lin retors non dénommés, à voiles ; de coton, de laine pour tissage, non tors, non teints ou teints en partie seulement, de lin non retors, de poils, de soie non teints, métalliques, d'argent, dorés ou argentés. — Foin. — Fusils (bois de), bruts. — Futailles vides.

Galle (noix de), en poudre. — Garance en racines ou autres, y compris la garancine. — Gaude. — Gaze de fil de lin. — Gélatine. — Gentiane. — Gingembre. — Glace. — Gommes non dénommées. — Goudron. — Graines non dénommées. — Graines de verre pour chapelets — Graisses. — Grenades, fruits et écorces. — Grenats, taillés ou non et non montés. — Guano.

Huiles animales, de chènevis, de coco, de graines non dénommées, de sparmaceti, de térébenthine.

Iris (racine d').

Jais. — Jalap. — Jambons. — Joncs à tresser. — Jus de limon, de citron, d'orange.

Laines brutes (tissus de), non dénommés. — Laiton. — Langues. — Lard. — Lavande (fleurs de). — Légumes et végétaux confits au sel, non dénommés. — Levure sèche. — Liége brut. — Lin brut ou apprêté (tissus de), non dénommés. — Litharge. — Livres imprimés avant 1801. — Lunettes non dénommées.

Manganèse (minerai de). — Manne. — Manuscrits. — Matelats — Mèches pour bougies et chandelles. — Médailles. — Mercure natif ou fluide, préparé. — Métal de cloche, battu en feuilles autre que or, métaux de toute sorte, vieux et propres seulement à être retravaillés. — Miel. — Minerais non dénommés. — Minéraux non dénommés et fossiles. — Modèles en liége ou bois. — Monnaies hors de cours. — Mousses (lichens), non dénommées. — Musc. — Myrre.

Nacre de perle en coquilles. — Naphte. — Nattes entières ou en pièces. — Nickel. — Nitrate de soude. — Noir de bois et de fumée. — Noix de coco, de pistaches et noyaux non dénommés.

Ocre. — Oiseaux chanteurs. — Oliban. — Olives. — Or et argent en lingots, battu en feuilles. — Or faux de Manheim et Hollande. — Orpiment. — Orseille. — Os, calcinés ou non, à l'état de noir animal, autres que fanons de baleine. — Osier en bottes ou coupé. — Outremer.

Paille ou herbes, préparées pour tresses. — Pains à cacheter. — Palmes et rameaux bruts et ouvrés, papiers vieux et hors d'usage autres qu'à être refabriqués. — Parchemin. — Pastel ou vouède. — Peaux de toutes sortes, cuirs ou pelleteries, brutes ou préparées. — Perles. — Phosphore. — Pierres, marbres, ardoises, meules et autres. — Pipes à fumer en terre. — Platine (minerai et fil de). — Plâtre de toute sorte. — Plomb, minerai, en saumons, laminé, noir, rouge, blanc, chromate. — Plumes de parure non apprêtées. — Plumes à écrire, même celles métalliques. — Poils et tissus de, non désignés. — Poires. — Poissons frais, ou préparés. — Poix. — Pommes de terre. — Porc, frais et salé. — Potasse (bi-chromate, prussiate et sulfate de). — Poudre à tirer. — Poteries antiques.

Racines non dénommées. — Rafles de raisin. — Racine de réglisse. — Résine. — Rhubarbe. — Riz en grabeau. — Rocou en boules ou tablettes. — Rubans de lin et de chanvre, façonné ou non.

Sabots de bétail. — Safran. — Safre. — Saindoux. — Salep. — Salpêtre. — Salsepareille. — Sang-dragon. — Sangsues. — Sassafras. — Saucissons et saucisses. — Scamonée. — Schilles. — Sel commun et sels non dénommés. — Smalt. — Soie, en cocons, bourre et déchets, grège moulinée, teinte ou non teinte. — Soies de porcs et sangliers. — Son de froment. — Soude. — Soufre. — Sparmaceti. — Spigélie (racine de). — Stapisaigre. — Suif végétal. — Sulfate d'ammoniaque, de potasse, de soude. — Sumac.

Tableaux. — Talc. — Tamarins. — Tartre brut. — Télescopes. — Térébenthine. — Terre du Japon, de Sienne, verte, d'ombre. — Tournesol. — Tourteaux de graines oléagineuses. — Trass. — Truffes. — Tuiles.

Vallonées. — Vanille. — Vases anciens, autres qu'en pierre ou en bois. — Vélin. — Verjus. — Vermillon. — Vernis ne contenant ni esprit ni alcool. — Verreries, bouteilles en verre ou cristal, même taillées, ou recouvertes d'osier ; cristaux blancs, non taillés ou décorés. — Verre à vitres autres que glaces. — Verrine, cylindres, garde-brises ; verre peint, étamé non dénommé en glaces, soufflé, coulé, étamé, poli ou non, et toute verrerie non dénommée. — Vert-de-gris. — Vessies autres que de poisson. — Viandes, fraîches, salées ou conservées. — Voitures de toutes sortes. — Volaille et gibier, y compris les lapins.

Zinc brut, laminé (oxyde et blanc de), ouvré en baguettes ou tringles.

TABLEAU D.

MARCHANDISES EXEMPTES DE DROITS A LEUR IMPORTATION DANS L'ILE DE MAN.

Bois de toute espèce. — Chanvre. — Fer.

Houblon de la Grande-Bretagne ou d'Irlande.

Marchandises non dénommées, importées de la Grande-Bretagne et d'Irlande, et ayant droit à une prime ou un drawback d'excise à leur exportation de ces pays. — Marchandises et produits non dénommés provenant du sol ou de l'industrie de la Grande-Bretagne ou de l'Irlande et importés de ces pays. — Marchandises et articles dénommés autres que produits du sol ou de l'industrie de la Grande-Bretagne ou de l'Irlande, et importés de ces pays après avoir été déclarés pour la consommation et y avoir acquitté les droits d'importation.

TABLEAU E.

PRIMES OU DRAWBACKS

DE DOUANE REMBOURSABLES A LA DOUANE DU PORT D'EXPORTATION OU A CELLE DANS LAQUELLE ONT ÉTÉ ACQUITTÉS LES DROITS D'IMPORTATION.

DÉNOMINATION DES MARCHANDISES.	UNITÉS ANGLAISES.		UNITÉS FRANÇAISES.		OBSERVATIONS.
	Bases.	Drawbacks.	Bases.	Drawback.	
		l. s. d.		f. c.	
Café torréfié exporté comme provisions de bord ou expédié sur l'île de Man, pour la consommation de l'île.	la livre.	0 0 3	le kil.	0 69	
Riz mondé. Le riz mondé dans le royaume doit provenir de riz en paille ayant acquitté les droits d'importation ; avoir été entreposé un mois après cet acquittement, et être resté déposé en entrepôt jusqu'au moment de l'exportation.	le quintal.	0 0 4 1/2	100 kil.	0 93	
Tabac fabriqué dans la Grande-Bretagne ou en Irlande, exporté ou embarqué comme provision de bord, en cordes, rouleaux, carottes, cigares. . . . . *Nota.* Les cigares ne peuvent être exportés avec prime que dans des colis contenant cha-	la livre.	0 2 7 1/2 plus 5 p. % du drawback ci-des.	le kil.	7 23 plus 5 p. % du drawback ci-des.	

BIBLIOTHÈQUE ... IMPR.

DÉNOMINATION DES MARCHANDISES.	UNITÉS ANGLAISES.		UNITÉS FRANÇAISES.		OBSERVATIONS.
	Bases.	Drawbacks.	Bases.	Drawbacks.	
		l. s. d.		f. c.	
cun au moins 80 livres, poids net, en cigares (36 k. 283 g.).					
Vins réexportés ou embarqués comme provisions de bord.					
De l'étranger.	le gallon.	0 5 6	l'hectolitre.	151 33	
Des possessions anglaises.	id.	0 2 9 plus 5 p. °/₀ des drawbacks ci-des.	id.	75 67 plus 5 p. °/₀ des drawbacks ci-des.	
Sucre, dirigé sur l'étranger ou l'île de Man, parfaitement raffiné, complétement séché à l'étuve, et d'une blancheur uniforme,					
en pains entiers ou en morceaux. . .	le quintal.	0 17 2	100 k.	42 22	
pilé, écrasé ou concassé en entrepôt..	id.	0 17 2	id.	42 22	
candi.	id.	0 17 2	id.	42 22	
raffiné par la machine centrifuge, et non inférieur en qualité au type n° 3 approuvé par les lords de la Trésorerie.	id.	0 17 2	id.	42 22	
raffiné, non séché à l'étuve, pilé, écrasé ou concassé, et non inférieur au type n° 1 approuvé par les lords de la Trésorerie.	id.	0 16 4	id.	40 17	
Nota. Ledit sucre ne doit pas contenir plus de 5 °/₀ d'humidité, comparé à du sucre séché à l'étuve.					
bâtard ou raffiné, non séché à l'étuve, concassé, pilé, écrasé, non inférieur en qualité à l'échantillon-type n° 2 approuvé par les lords de la Trésorerie.	id.	0 15 1	id.	37 10	
inférieur en qualité audit type n° 2. .	id.	0 12 8	id.	31 14	
fabriqué par un procédé pneumatique égal en qualité à l'échantillon-type n° 3 approuvé par les lords de la Trésorerie.	id.	0 18 9	id.	46 14	
Le même, égal en qualité à l'échantillon-type n° 1.	id.	0 17 10	id.	43 87	
Nota. Les sucres fabriqués par un procédé pneumatique ne peuvent être exportés que par le port de Londres.					

ANNEXES.

IMPORTATION.

1° MARCHANDISES PROHIBÉES D'UNE MANIÈRE ABSOLUE.

Drèche en graines ou sous la forme d'extrait concentré ou d'essence, autres que liqueurs fermentées fabriquées avec la drèche.

Estampes, peintures, livres, cartes, lithographies, gravures et autres articles indécents ou obscènes.

Extraits.—Essence ou mélanges de café, de chicorée, de thé, de tabac.

Livres pour lesquels subsistent encore les droits d'auteur, primitivement composés, écrits ou imprimés dans le Royaume-Uni et réimprimés dans un autre pays.

Monnaies fausses ou monnaie sterling contrefaite. — Monnaies d'argent du royaume ou ressemblant à la monnaie du royaume et n'ayant pas le titre légal.

Tabac, à priser, en carottes, côtes de, séparées de la feuille, fabriquées ou non, en poudre.

2° MARCHANDISES DONT L'IMPORTATION EST SOUMISE A CERTAINES RESTRICTIONS.

Armes, munitions, poudre, ustensiles de guerre.— Ils peuvent être prohibés par proclamation.

Animaux malades, et parties desdits animaux.—Peuvent être prohibés par ordre en conseil.

Soies (tissus de) ; ceux fabriqués en Europe ne peuvent être importés que par bâtiments de 50 tonn. (56 mètres cubes 635) et par les ports suivants : Londres, Liverpool, Hull, Southampton, Douvres et Folkstone, venant de Calais ou Boulogne directement; Leith, Dublin.

Spiritueux autres que de senteur ou médicinaux.—Ils ne peuvent être importés que par bâtiments de 50 tonn. au moins et en fûts de la capacité ci-après :

Tonneaux ou autres contenant 20 gallons (90 litres 86) ;

Bouteilles de grès ou de verre, pas plus de 3 pintes (1 litre 704).

Les spiritueux doivent toujours être inscrits comme objets de cargaison, au manifeste du navire.

Tabac à fumer, à priser, et cigares.

Ils ne peuvent être importés que par bâtiments de 120 tonneaux au moins (135^{mc} 922), en colis contenant chacun au moins 80 livres poids net (36 k. 283), et par les ports ci-après :

Londres, Liverpool, Bristol, Hull, Lancastre, Cowes, Falmouth Withe-Haven, Plymouth, Newcastle, Southampton, Preston, Swansea Port Glascow, Glascow, Aberdeen, Greenock, Leith, Dublin, Belfast, Cork, Drogheda, Galway, Limerick, Loudonderry, Newry, Sligo, Waterford, Wexford.

TABLEAU DES DROITS DE DOCKS OU DE TONNAGE PERÇUS DANS LE PORT DE LONDRES.

Tout bâtiment arrivant :

1° Des pays formant le nord de l'Europe, ou de la France en deçà d'Ouessant, ou partant du port de Londres pour ces pays, doit payer par tonneau (1me 133), 0 l. 0 s. 0 d. 1/2 (0 fr. 05 c.)

2° Des colonies, des pays formant le midi de l'Europe ou de la France, 1° entre Ouessant et l'Espagne ; 2° en deçà de la Méditerranée, par tonneau, 0 l. 0 s. 0 d. 3/4 (0 fr. 08 c.).

Sont exempts desdits droits :

Les caboteurs de 45 tonn. et au-dessous;

Les bâtiments apportant des cargaisons pour la réexportation;

Les bâtiments sortant du port sans rompre charge, ou ayant chargé des marchandises destinées à l'exportation;

Les bâtiments entrant ou sortant sur lest.

DROITS SUPPLÉMENTAIRES PERÇUS A LONDRES POUR LES ORPHELINS.

Vins en futailles.				
Du Cap.	La pipe. . . .	0 l.	1 s.	10 d.
De France.	Le hogshéad.	0	1	0
De Portugal.				
De Lisbonne. . .	La pipe. . . .	0	2	3 1/2
D'ailleurs.	id.	0	2	5
En caisses.	La caisse. . .	0	6	3

Ces droits équivalent à 0 fr. 53 c. par hectolitre.

TABLEAU DES PUISSANCES ÉTRANGÈRES ADMISES AU BÉNÉFICE DE LA REMISE DES DROITS DIFFÉRENTIELS DE NAVIGATION.

La France, l'Autriche, la Russie, la Suède, le Danemark, les Pays-Bas, la Belgique, les États de l'association allemande, Lubeck, Brême, Hambourg, le Hanovre, les duchés de Mecklenbourg et d'Oldenbourg, la ville libre de Francfort, la Sardaigne, la Toscane, les Deux-Siciles, le Portugal, la Grèce, l'Empire ottoman, les États-Unis, les Républiques de l'Amérique du Sud, l'Espagne, les États-Romains et le Brésil.

MONNAIES, POIDS, MESURES (CITÉS AU TARIF).

MONNAIES.

Livre sterling.	25 fr.	00
Schilling.	1	25
Denier.	0	10

POIDS.

La livre	0 k.	453
L'once	0	028
Le quintal	50	797
Le tonneau	1015	940

MESURES.

Yard.	0 m.	914
Pied	0	304
Pouce.	0	025
Yard carrée.	0m.c.	836
Pied carré.	0	092
Pouce id.	0	064
Pied cube.	28 d.c.	315
Pouce id..	0	016
Load (last de bois).	1m.c.	415
Gallon	4 lit.	543
Quarts.	1	136
Baril autre qu'à bière.	143	105
— à bière.	145	376
Tonne	1144	836
Last	1717	254
Boisseau	36 lit.	344
Quarter.	290	752

FIN DU TARIF DES DOUANES ANGLAISES.

TARIF

DES

DOUANES DE L'AUTRICHE.

OBSERVATIONS PRÉLIMINAIRES.

Le Tarif que nous publions a été promulgué par un ordre souverain du 5 décembre 1853, et a été appliqué à partir du 1er janvier 1854 dans tout l'empire moins les territoires exceptés qui sont : le royaume de Dalmatie, la ville franche de Brody, en Gallicie, les ports francs de Trieste, Venise, Fiume.

Les modifications qui ont été apportées depuis quatre ans à ce tarif ont été inscrites à celui que nous reproduisons et qui se trouve ainsi parfaitement au courant jusqu'au 1er janvier 1859.

DÉCLARATIONS.

Toute marchandise doit être déclarée en douane sous sa dénomination légale, c'est-à-dire sous la dénomination qui lui est affectée dans un article du tarif : il n'est pas permis de la désigner par une expression plus générale.

Les parties de marchandise qui, par leur nature, ou en vertu de dispositions spéciales, ne rentreraient pas dans un article particulier du tarif, doivent être déclarées comme marchandises entières, par exemple les parties de machines comme *Machines*.

Les marchandises composées de matières différentes, et qui ne sont pas classées parmi la quincaillerie, ou qui ne sont pas soumises à un droit spécial, doivent être déclarées sous la dénomination de l'article auquel se rattache la partie de la marchandise la plus fortement taxée. Toutefois on n'a pas à tenir compte des objets servant à consolider ou à joindre les parties constitutives d'une marchandise, tels par exemple que les clous ou les vis d'une serrure.

Il n'est pas défendu de déclarer séparément les parties d'une marchandise composée, lorsque ces parties peuvent se séparer complétement — mais il faut qu'elles soient alors emballées séparément. — Ainsi des encriers en porcelaine blanche dans une écritoire en argent peuvent être déclarés les uns *Poterie fine*, l'autre *Quincaillerie* de l'espèce la plus fine.

La base de taxation est, dans la règle, le poids, et particulièrement le quintal de douane égalant 50 kil.

Le poids d'après lequel le droit doit être perçu est, à l'entrée, tantôt le poids net, tantôt le poids brut ; à la sortie et au transit, toujours le poids brut. Il est établi des tares légales qui servent de base aux perceptions. Ne sont jamais déduits du poids brut constaté les planchettes et bobines des rubans, fils et entoilages ; les papiers intérieurs de certains draps, taffetas cirés : les objets extérieurs nécessaires pour préserver les marchandises : ainsi, les trousses, bouteilles, papiers, cartons, ficelles. — Il n'est tenu compte non plus ni des ordures ni des déchets qui pourraient être mêlés à la marchandise.

C'est donc le poids brut réel des colis qui doit toujours être énoncé dans les déclarations.

Les marchandises en vrac payent au poids net alors que le tarif établirait le droit au poids brut. — Leur poids est estimé d'après le nombre des bêtes de somme ou de trait, ou le nombre d'hommes employés au transport. — Ainsi, 600 kil. par bête de trait : 200 kil. par bête de somme : 100 kil. par brouette : 50 kil. par homme.

Le poids net est constaté, dans la règle, non par la pesée, mais par le calcul, en déduisant du poids brut reconnu la tare que le tarif indique. — Lorsqu'il s'agit de marchandises dont le tarif fixe la tare à plus de 4 p. 100, et si chaque colis pèse plus de 400 kil. brut, le redevable est libre de se contenter de la tare légale sur 400 kil. seulement, ou de réclamer par sa déclaration la pesée effective. — Quant aux tissus de coton et de laine, ils n'obtiennent la tare légale que pour six quintaux (300 kil.).

Le poids net est toujours constaté dans les cas ci-après.

Lorsque la marchandise est emballée dans un contenant pour lequel le tarif ne fixe pas de tare :

Lorsqu'elle se trouve dans un contenant autre que celui généralement adopté.

Lorsqu'un colis contient des marchandises différemment classées par le tarif.

Le commerce a le droit de faire constater le poids net.

Lorsque la marchandise est renfermée dans plusieurs emballages, — on doit l'exprimer dans la déclaration primitive. Mais dans ce cas les emballages intérieurs doivent payer les droits du tarif. — Exemple :

Des marchandises de mode de l'espèce la plus fine sont enveloppées dans du papier, puis dans des cartons, puis les cartons sont mis dans une caisse. — Si l'on n'accepte pas la tare légale, il faut faire peser les objets de mode avec les papiers, ce qui établit leur poids net, puis payer le droit du tarif sur les cartons.

Lorsque les marchandises sont envoyées par la poste, ou par chemin de fer dans des wagons fermés, ou par navires sous le scellé, le destinataire peut déclarer et exiger le poids net effectif.

Le contenant doit toujours être déclaré exactement et sous la dénomination qui lui est propre d'après le tarif, *futaille, caisse, panier, balle*.

Est réputée irrégulière toute déclaration qui désigne la marchandise sous une autre dénomination que celle du tarif, ou qui substitue une autre distinction à celle à laquelle la marchandise appartient, ou qui énonce inexactement l'emballage et la quantité de la marchandise : — par exemple — au lieu de *Produits des jardins*, des *Fruits de table ;* — Au lieu de balles, des futailles ; — au lieu de trois quintaux, deux quintaux.

Dans ces cas le déclarant est passible des peines définies dans la loi sur les contraventions aux lois de finance.

PAYEMENT DES DROITS.

Par décision impériale du 3 juillet 1854, l'acquittement des droits en argent monnoyé est devenu obligatoire. — Les payements doivent être faits en pièces de 3 kreutzers, — 5 kreutzers, — 10 kreutzers, — 20 kreutzers, — 1 florin, — 2 florins, ou en monnaie d'or.

Les monnaies de billon ne sont reçues que pour une somme de moins de 10 kreutzers, et comme appoints.

Dans la liquidation des droits on néglige les fractions de moins de 1/2 kreutzer, ou de 2 centesimi dans le royaume Lombardo-Vénitien.— Les fractions plus fortes sont comptées pour 1 kreutzer ou 5 centesimi.

PROHIBITIONS ET RESTRICTIONS.

Toutes les marchandises peuvent, sans autorisations spéciales, être expédiées à l'entrée, à la sortie et au transit, excepté les suivantes dont l'entrée et le transit sont prohibés dans l'intérêt des monopoles de l'État. — Sel de cuisine, — poudre à tirer, — Tabac brut et fabriqué.

Il y a restriction commerciale à l'égard des fruits secs coloriés : vaisselle ou jouets d'enfants de couleur verdâtre ; vaisselle à reflets d'or, — armes de guerre et parties d'armes, — médicaments préparés, — fard blanc, préparations fulminantes.

Les marchandises comprenant certaines parties dont l'importation ou le transit sont ou prohibés ou permis seulement sur autorisations spéciales, sont assujetties aux mêmes restrictions que les marchandises mêmes.

ASSUJETTISSEMENT AUX DROITS. — EXEMPTIONS.

Toute marchandise qui franchit la ligne des douanes est passible d'un droit qu'elle doit acquitter. — Sont seuls exemptés du payement des droits :

Voitures de voyageurs ou servant aux transports, — si elles portent des traces visibles d'usage ;

Traineaux, brouettes, paniers de charge, hottes, et autres appareils pour bêtes de somme et de trait ;

Embarcations étrangères entrant dans les ports ;

Embarcations indigènes, si elles n'ont pas augmenté leur mobilier à l'étranger.

Emballages des marchandises, lorsqu'ils ne sont pas de nature à payer des droits plus élevés que la marchandise elle-même.

Cadavres, squelettes, préparations anatomiques (l'esprit-de-vin qui les contiendrait est assujetti au droit).

Ouvrages d'art destinés aux établissements scientifiques et artistiques de l'État ou des provinces — accompagnés de certificats attestant la destination.

Ouvrages des artistes autrichiens résidant à Rome, — avec certificat de l'ambassade impériale ;

Effets à l'usage des voyageurs ;

Provision de bord des navires, à l'entrée et à la sortie.

Effets mobiliers des individus qui de l'étranger viennent s'établir dans le pays ;

Trousseaux des personnes qui viennent habiter le pays par suite de leur mariage. Sont toutefois exceptés de la franchise les denrées alimentaires, — objets de consommation, — le bétail, — les tissus non confectionnés, — les produits demi-fabriqués, — les matières premières ;

Effets recueillis dans une succession avec justification des autorités ou des tribunaux.

Objets destinés à l'usage des agents diplomatiques accrédités près la cour impériale.

Décorations conférées par des souverains étrangers ;

Éléments d'une procédure judiciaire, pièces de conviction, objets dérobés, etc. — adressés à un tribunal ;

Journaux et écrits périodiques adressés par la poste ;

Cartes d'échantillons et échantillons ;

Manuscrits et documents ;

Produits de l'agriculture et de l'élève du bétail, provenant de propriétés limitrophes appartenantes à des sujets autrichiens.

Sont exemptes seulement des droits de transit :

Marchandises entrant par mer, quelle que soit la voie par où elles sortent ;

Marchandises importées par la ligne du Tyrol, du Vorälberg, de Liechtenstein et exportées vers les états italiens étrangers, et *vice versa ;*

Marchandises importées par les trois mêmes points et exportées par Trieste, Monfalcone, Motta et Venise, ou par le Pô et les canaux qui s'y rattachent ;

Marchandises entrant ou sortant par la route du Splügen ou par celle de Villa et Chiavenna.

Marchandises entrant par un bureau de douane du territoire de Cracovie et sortant par un même bureau du même territoire, sans toucher la Gallicie ;

Marchandises entrant par le Danube et le Pô et sortant par les mêmes fleuves, les canaux compris ;

Marchandises provenant du libre commerce de l'association allemande, importées par les frontières des États associés, que le tarif affranchit des droits d'entrée d'une manière absolue ou pour ce mode spécial d'importation ;

Marchandises entrant ou sortant par le littoral modenais;
Entrant par le littoral modenais et sortant par les routes de Pontremoli et de Cisa — et *vice versa*;
Importées des États de l'Église et exportées vers la Toscane en suivant la route Giardini par Serra-Bassa;
Paquets portés par les courriers traversant le pays et clos officiellement par les cours.
Marchandises tirées d'un entrepôt public qui sortent dans les six mois de leur mise en entrepôt par le même bureau de douane par lequel elles sont entrées.

DROITS ACCESSOIRES.

Les droits accessoires ci-après peuvent être perçus lors des expéditions en douane.

1° Droit de balance : — 2 kreutzers par quintal brut (0 fr. 17 cent. par 100 kil.) pour les marchandises qui doivent être soumises à une pesée spéciale, ou qui sont pesées sur la demande des intéressés.

Les fractions au-dessous de 1/2 quintal sont négligées. — Celles de 1/2 quintal et plus payent pour le quintal.

2° Droit de scellé — 1 kreutzer pour chaque plomb, — 1/2 kreutzer pour chaque cachet de cire.

Les marchandises expédiées en transit sous un acquit à caution ne payent que la moitié du droit susdit. — Les marchandises exemptes au transit ou ne payant pas plus de 3 kreutzers par quintal sont affranchies du droit de scellé.

3° Droit de bulletin;
4° Droit de magasinage;
5° Droit d'escorte;
6° Surtaxes de quarantaine;
7° Péages des fleuves, droits de port et navigation.

Ces divers droits, peu importants d'ailleurs, ont été réglés par des décisions impériales. — Il ne nous a pas paru indispensable de les rappeler ici.

CONSTATATION DU PAYEMENT DES DROITS. — TIMBRE DE PAYEMENT.

Tout payement de droits doit être suivi d'une constatation officielle.

Les tissus destinés à la vente doivent être empreints au moment de l'acquittement d'un timbre spécial de payement. — Ceux trouvés chez des industriels sans avoir le timbre sont présumés avoir été introduits en fraude.

BUREAUX DE DOUANE.

Les bureaux de douane se divisent en bureaux principaux et bureaux secondaires.

Chacune de ces catégories comprend des bureaux de première et seconde classe.

Les bureaux secondaires ne sont établis que sur la ligne même de douane.

Il existe des bureaux principaux tant sur la ligne de douane que dans l'intérieur du territoire douanier.

ATTRIBUTIONS DES BUREAUX DE DOUANE.

Dans la règle, les bureaux principaux et les bureaux secondaires de première classe ont qualité pour toute espèce de perception.

Les bureaux secondaires de seconde classe ne sont ouverts qu'à certaines opérations. — On a indiqué au tableau des droits les marchandises qui ne peuvent entrer que par les bureaux principaux ou ceux de première classe.

Toutefois, dans l'intérêt de la circulation et des voyageurs, on peut acquitter dans tous les bureaux des marchandises réservées, pourvu que leur poids n'excède pas 50 kil. — Quant aux marchandises taxées à plus de 100 florins le quintal (522 fr. les 100 kil.) elles ne peuvent entrer par les bureaux secondaires de deuxième classe qu'autant que les acquits de payement ne doivent pas excéder 15 florins (39 fr. 15 cent, par 100 kil.).

Les objets qu'apportent avec eux les voyageurs pour leur usage personnel peuvent être acquittés dans tous les bureaux secondaires jusqu'à concurrence de la moitié des quantités admissibles par les bureaux principaux de seconde classe.

Les animaux de boucherie et de trait réservés pour l'acquittement des droits aux bureaux de première classe, peuvent être admis par les bureaux de seconde classe jusqu'à concurrence du quintuple de l'unité de perception.

Les bureaux principaux et les bureaux secondaires de première classe ont seuls pouvoir pour autoriser, sous acquit à caution, le renvoi des marchandises d'un bureau à l'autre, à l'effet d'être ultérieurement expédiées. Il en est de même pour la constatation de sortie des marchandises payant à l'entrée plus de 15 florins par quintal (78 f. 30 c. par 100 kil.) et de celles qui ont droit à une restitution des droits.

TRAITÉ DE COMMERCE ET DROITS SPÉCIAUX.

Il existe dans le tarif autrichien d'assez nombreuses restrictions en faveur des marchandises provenant du libre commerce de l'association des douanes allemandes et importées par les frontières des États associés.

Il y a également des restrictions, des atténuations de droits pour certaines marchandises venant des États voisins ou par les frontières du royaume Lombardo-Vénitien, des duchés de Modène et de Parme, etc., avec certificats d'origine.

Nous n'avons pas pu donner toutes ces indications qui auraient ajouté beaucoup à la publication, et sans utilité pour le commerce français.— Il faudrait donc se reporter au texte du Traité de commerce entre l'Autriche et le Zolbwerein si l'on avait intérêt à faire une comparaison entre les droits généraux du tarif et ceux exceptionnellement accordés aux produits des États associés, *ou provenant de son libre commerce.*

TABLEAU

DES DROITS D'ENTRÉE, DE SORTIE (1), DE TRANSIT.

N°s d'ordre des sections du Tarif.	DÉNOMINATION DES MARCHANDISES.	DROITS. Unités allemandes. Bases.	Entrée.	Transit.	Unités françaises. Bases.	Entrée.	Transit.	OBSERVATIONS.
			fl. kr.	fl. kr.		fr. c.	fr. c.	
	Denrées coloniales et fruits du midi.							(1) Les droits de sortie ne portant que sur un petit nombre d'articles, seront donnés dans cette colonne. (2) Admises par les bureaux principaux de 2e classe. (3) Les raisins secs avariés pour l'industrie, et avec autorisation, payent seulement 1 fr. 04 c. par 100 kil. (4) On peut payer au choix, pour les oranges, citrons et limons, 2 f. 17 c. le 100 en nombre.
1	*Cacao* brut, fèves et pellicules. . .	quint. N.	7 30	0 15	100 kil. N.	39 15	1 31	
	broyé, beurre de —, et cacao en pâte.	id.	10 00	0 15	id.	52 20	1 31	
2	*Café* brut et succédanés de.	id.	7 30	0 15	id.	39 15	1 31	
	torréfié.	id.	10 00	0 15	id.	52 20	1 31	
3	*Épices* communes : badiane, cardamome, cubèbe, galanga, gingembre, piment, poivre (2). .	id.	7 30	0 15	id.	39 15	1 31	
	fines : cannelle, cassia lignea, fleurs de cannellier, clous et griffes de girofle.	id.	15 00	0 15	id.	78 30	1 31	
	de l'espèce la plus fine : macis, noix muscades, vanille, safran.	id.	50 00	0 15	id.	261 00	1 31	
4	*Sagou*, tapioca, succédanés de sagou, arrow-root.	id.	5 00	0 15	id.	26 10	1 31	
5	*Fruits* du midi, fins : amandes, ananas, dattes, pignons doux, pistaches, raisins (3).	id.	5 00	0 15	id.	26 10	1 31	
	demi-fins : oranges, citrons, limons, figues sèches, grenades, pommes de paradis, azerolles (4).	id.	2 30	0 15	id.	13 05	1 31	
1	communs : figues fraîches, carrobes, châtaignes, noix de coco, écorces sèches d'orange et de citron, orangettes en saumure, limons et citrons découpés, olives au sel.	quint. B.	0 45	0 06	100 kil. B.	3 92	0 52	
6	*Thé*.	quint. N.	15 00	0 15	100 kil. N.	78 30	1 31	

Nos d'ordre des sections du Tarif.	DÉNOMINATION DES MARCHANDISES.	DROITS. Unités allemandes. Bases.	Entrée.	Transit.	Unités françaises. Bases.	Entrée.	Transit.
			fl. kr.	fl. kr.		fr. c.	fr. c.
7	*Sucre* raffiné.	quint. N.	12 30	0 15	100 kil. N.	65 25	1 31
	brut.	id.	9 00	0 15	id.	46 98	1 31
	id. pour raffineries (1). . . .	id.	6 00	0 15	id.	31 32	1 31
	mélasse et sirop capillaire incristallisable.	id.	3 00	0 15	id.	15 66	1 31
8	*Tabac* brut et fabriqué :						
	tabac brut (2).	id.	10 00	0 15	id.	52 20	1 31
	fabriqué	id.	25 00	0 15	id.	130 50	1 31
	En plus, pour droit de licence :						
	tabac brut.	la livre N.	2 00	. . . .	le kil. N.	9 32	. . . .
	fabriqué	id.	2 30	. . . .	id.	11 65	. . . .
	Produits des jardins et des champs.						
9	*Produits* des jardins et fruits de table frais (3).	. . . .	exempts.	exempts.	. . . .	exempts.	exempts.
	Y compris les truffes, la garance en racine, fraîche.						
	préparés, et produits de jardinage préparés.	quint. B.	0 45	0 06	100 kil. B.	3 92	0 52
	Légumes séchés au four ou au soleil, découpés, salés, ou confits au vinaigre, en barils, en conserves, boîtes ou bouteilles.						
	Fruits de table séchés, et marmelade sans sucre; noix et noisettes vertes ou sèches.						
10	*Grains* ou légumineuses et fruits à gousses :						
	froment et épeautre sans sa balle.	id.	0 20	0 06	id.	1 74	0 52
	épeautre en balle, lentilles et autres grains (4). . . .	id.	0 15	0 06	id.	1 31	0 52
	orge, malt ou drèche, avoine.	id.	0 10	0 06	id.	0 87	0 52
11	*Riz* sans sa balle.	id.	0 45	0 06	id.	3 92	0 52
	en balle.	id.	0 15	0 06	id.	1 31	0 52
12	*Farines* et farineux alimentaires :						
	grains mondés, perlés, décortiqués, gruaux.	id.	0 45	0 06	id.	3 92	0 52
13	*Plantes* et parties de plantes non reprises à d'autres sections du Tarif :						
	houblon (5).	quint. N.	2 30	0 15	100 kil. N.	13 05	1 30
	feuilles de mûrier (6). . . .	quint. B.	exemptes.	0 06	100 kil. B.	exemptes.	0 52
	autres non dénommés spécialement (7).	id.	0 45	0 06	id.	3 92	0 52
	amadou de bois préparé et chardons-cardières. . . .	. . . .	exempts.	exempts.	. . . .	exempts.	exempts.
	Graines oléagineuses.	quint. B.	0 03	0 06	100 kil. B.	0 26	0 52
	Graines de trèfle et autres graines de jardins et de champs non dénommées.	id.	0 15	0 06	id.	1 31	0 52
	Graines de moutarde, d'anis, de cumin, et farine de moutarde.	id.	0 45	0 06	id.	3 92	0 52
	Animaux.						
14	*Poissons*, coquillages pleins et autres animaux aquatiques :						
	poisson frais, écrevisses fraîches, escargots, grenouilles, harengs frais ou saurs; caspétoni, sarrache, scoranze salés; morue sèche; carpes, esturgeons et silures préparés, importés par la ligne frontière de la Transylvanie et de la Bukowine; castors et loutres.	id.	1 30	0 15	id.	7 83	1 31
	poissons non dénommés, préparés, c'est-à-dire salés, séchés, fumés, marinés; coquillages et testacés de mer, huîtres, homards, araignées de mer, tortues (8).	quint. N.	2 30	0 15	100 kil. N.	13 05	1 31
	La saumure expédiée en barils séparés, pour ouiller le poisson en cours de transport, venant de l'étranger, paye comme le poisson même.						
	La saumure expédiée isolément, c'est-à-dire sans poisson à ouiller, est prohibée à l'importation et au transit.						
15	*Bêtes* de boucherie (9) et de trait :						
	bœufs et taureaux.	par tête.	4 00	0 15	par tête.	10 44	0 65
	vaches, bouvillons, taurillons, génisses.	id.	2 00	0 15	id.	5 22	0 65
	veaux.	id.	0 24	0 06	id.	1 05	0 26
	béliers, brebis, moutons, chèvres et boucs.			0 06	id.	0 65	0 26

OBSERVATIONS.

(1) Admis par les bureaux principaux de 2e classe.

(2) Les tabacs ne peuvent entrer ou transiter qu'avec des autorisations spéciales.

(3) Admis par les bureaux secondaires de 2e classe.

(4) Le maïs en épis ne paye que moitié de ce droit.

(5) Admis par tous les bureaux à l'entrée.

(6) A l'exportation par mer et par les frontières des États italiens étrangers, doivent payer, par quintal brut, 0 fl. 45 kr., 100 kil. B. 3 fr. 91 c.

Admises par tous les bureaux à l'entrée.

(7) Admises à l'importation par les bureaux principaux de 2e classe.

(8) Est traité comme Aliments préparés fins le poisson préparé d'une manière autre que celle indiquée ci-contre, ou conservé en boîtes, bouteilles, bocaux.

(9) Les droits s'appliquent aux animaux qui auraient été tués, mais qui n'auraient pas été écorchés, sinon ils payeraient comme viande.

Nos d'ordre des sections du Tarif.	DÉNOMINATION DES MARCHANDISES.	DROITS. Unités allemandes. Bases.	Entrée.	Transit.	Unités françaises. Bases.	Entrée.	Transit.
			fl. kr.	fl. kr.		fr. c.	fr. c.
	agneaux et chevreaux. . . .	par tête.	0 10	0 06	par tête.	0 44	0 26
	cochons.	id.	1 00	0 15	id.	2 61	0 65
	cochons de lait dont le poids ne dépasse pas 10 kil. . . .	id.	0 10	0 06	id.	0 44	0 26
	chevaux et poulains.	id.	2 00	0 15	id.	5 22	0 65
	mulets, bardots, ânes. . . .	id.	1 00	0 15	id.	2 61	0 65
16	*Animaux* non repris à d'autres sections :						
	gibier gros, cerfs, chevreuils, chamois, sangliers.	id.	1 30	0 15	id.	3 92	0 65
	ruches avec essaims vivants, animaux non dénommés, y compris le petit gibier (1).	....	exempts.	exempts.	....	exempts.	exempts.
	animaux empaillés.	quint. B.	0 45	0 06	100 kil. B.	3 92	0 52
	Produits animaux non repris à d'autres classes :						
17	*Peaux* grandes et petites, brutes, vertes ou séchées, salées, mais sans autre préparation, et pelleteries :						
	peaux grandes et petites, communes, brutes (2). . .	id.	exemptes.	0 15	quint. B.	exemptes.	1 31
	Ce sont les peaux de bestiaux, gros et petits, de cheval et autres bêtes de trait, de bison, de buffle, de chameau, de blaireau, de chien, de gros gibier, de lièvre, de lapin, de poisson.						
	peaux non dénommées, brutes.	id.	0 45	0 06	100 kil. B.	3 92	0 52
	pelleteries.	quint. N.	2 30	0 15	100 kil. N.	13 05	1 31
	Sous cette dénomination sont comprises toutes peaux grandes et petites, — de chair, à demi ou complètement ouvrées, — et de fleur en poils, sans autre préparation.						
18	*Poils*, soies de porc et de sanglier, et plumes :						
	poils non spécialement dénommés, bruts ; soies de porc et de sanglier, et déchets de (3).	quint. B.	exempts.	0 15	100 kil. B.	exempts.	1 31
	poils de chien, de chevreuil, de vache et autre gros bétail, de chèvre, bruts (4).	id.	id.	0 06	id.	id.	0 52
	poils préparés, c'est-à-dire peignés, bouillis ou teints; plumes à écrire brutes ; de parure non apprêtées ; et plumes non dénommées (5).	id.	0 45	0 06	id.	3 92	0 52
	plumes à écrire apprêtées. .	quint. N.	7 30	0 15	100 kil. N.	39 15	1 31
19	*Viande :*						
	fraîche.	quint. B.	0 45	0 06	100 kil. B.	3 92	0 52
	préparée, c'est-à-dire salée, fumée, marinée.	quint. N.	2 30	0 15	100 kil. N.	13 05	1 31
	cervelas, saucisses, saucissons, boudins et autres (6).	id.	7 30	0 15	id.	39 15	1 31
	autrement préparée que ci-dessus, comme aliments préparés fins.						
20	*Miel*, cire, fromage :						
	miel, sirop de miel, et miel en rayons, avec ou sans les abeilles mortes.	quint. B.	1 00	0 15	100 kil. B.	5 22	1 31
	cire blanche et jaune et crasse de cire.	quint. N.	4 00	0 15	100 kil. N.	20 88	1 31
	fromages.	id.	5 00	0 15	id.	26 10	1 31
21	produits animaux non spécialement dénommés, non repris à d'autres sections du tarif (7).	quint. B.	0 45	0 06	100 kil. B.	3 92	0 52
	œufs, lait, crème, recuite (8).	....	exempts.	exempts.	....	exempts.	exempts.
	Graisses et huiles grasses.						
22	*Graisses :*						
	beurre frais salé et fondu, graisse de cochon, d'oie, lard, blanc de baleine. . .	quint. N.	2 30	0 15	100 kil. N.	13 05	1 31
	stéarine et acide stéarique. .	id.	4 00	0 15	id.	20 88	1 31
	huile de poisson.	quint. B.	0 30	0 06	100 kil. B.	2 61	0 52
	graisses non dénommées, non parfumées.	id.	0 45	0 06	id.	3 92	0 52
23	*Huiles* grasses, en bouteilles ou en cruches.	quint. N.	12 30	0 15	100 kil. N.	65 25	1 31
	huile d'olives, en futailles ou en outres.	id.	3 00	0 15	id.	15 66	1 31
	huile d'olives de Dalmatie importée en futailles, par mer, par Fiume, Trieste, Venise, Chioggia, Cavanella di Po.	id.	1 30	....	id.	7 83	....

OBSERVATIONS.

(1) Admis par les bureaux secondaires de 2e classe.

(2) A la sortie, 13 f. 05 c. par 100 kil.
Peuvent être exportées par les bureaux secondaires de 1re classe.

(3) Payent à la sortie 7 fr. 83 c. par 100 kil. B.

(4) A la sortie, 1 f. 31 c. par 100 kil.

(5) Les plumes de parure apprêtées, comme quincaillerie fine.

(6) Dans les provinces où il est perçu un droit d'abatage, la viande et les cervelas doivent, en sus des droits ci-contre, 1 fr. 96 c. par 100 kil.

(7) Admis par les bureaux secondaires de 2e classe.

(8) *Id.*

Nos d'ordre des sections du Tarif.	DÉNOMINATION DES MARCHANDISES.	DROITS. Unités allemandes. Bases.	Entrée.	Transit.	Unités françaises. Bases.	Entrée.	Transit.
			fl. kr.	fl. kr.		fr. c.	fr. c.
	huile d'olives pour fabriques, dans laquelle on mélange, dans les bureaux principaux, 500 grammes d'huile de térébenthine ou 70 grammes d'huile de romarin par 50 kil.	quint. B.	0 45	....	100 kil. B.	3 92	....
	huiles de cocos et de palmes en futailles	id.	0 45	0 06	id.	3 92	0 52
	huiles non dénommées, non parfumées, en futailles et en outres	id.	1 30	0 15	id.	7 83	1 31
	Boissons et aliments préparés.						
24-25	*Bière* (1), hydromel et vinaigre, en bouteilles et en cruchons	quint. N.	7 30	0 15	100 kil. N.	39 15	1 31
	en futailles	quint. B.	0 45	0 06	100 kil. B.	3 92	0 52
26	*Boissons* spiritueuses distillées, eau-de-vie, esprit-de-vin, rack ou arack, rhum	quint. N.	7 30	0 15	100 kil. N.	39 15	1 31
	liqueurs, essence de punch, et autres édulcorées (2)	id.	12 30	0 15	id.	65 25	1 31
27	*Vin* et cidre, moût de raisin et d'autres fruits, en bouteilles ou en cruchons	id.	12 30	0 15	id.	65 25	1 31
	en futailles et en outres	id.	10 00	0 15	id.	52 20	1 31
28	*Aliments* préparés non repris à d'autres sections :						
	pain ordinaire, pain aux fruits, biscuit de mer (3)	quint. B.	0 45	0 06	100 kil. B.	3 92	0 52
	pâtes alimentaires non cuites, pains à cacheter, fruits séchés coloriés (4)	quint. N.	2 30	0 15	100 kil. N.	13 05	1 31
	moutarde (farine de), en bouteilles, pots et vessies, confectionnée, câpres	id.	7 30	0 15	id.	39 15	1 31
	aliments préparés, fins (5)	id.	15 00	0 15	id.	78 30	1 31
	Sous cette dénomination sont compris : chocolat et succédanés de —, racahout, confitures et sucreries, pâtisseries, conserves alimentaires, pâtés, tablettes de bouillon, gelées, sauces.						
	Matières à brûler et à construire.						
29	*Bois :* à brûler, y compris écorces, fascines, osier, fagots (6)	100 pieds cub.	0 24	0 06	mètre cube	0 33	0 08
	à ouvrer, commun, d'Europe, brut et ébauché (7)	id.	0 45	0 06	id.	0 61	0 08
	à ouvrer, des pays hors d'Europe, en blocs, planches, billes (8)	quint. B.	exempt.	0 06	100 kil. B.	exempt.	0 52
30	*Charbon* de bois, de tourbe; tourbe, charbon de terre, lignite, anthracite (9)	....	exempts.	exempts.	....	id.	exempts.
31	*Matières* à tourner et à tailler : dents d'animaux; écailles de tortues; écume de mer; coquillages vides, y compris la nacre de perle; baleine brute; rotins autres qu'en éclisses; cannes et joncs fins; coques de noix de coco; noix d'arec et autres à coques dures (10)	quint. B.	id.	0 06	100 kil. B.	id.	0 52
	ivoire débité en plaques et en morceaux; nacre de perle, *id.*; corail brut et percé, non poli; succin ou ambre jaune; jais	id.	0 45	0 06	id.	3 92	0 52
32	*Matières* minérales non reprises à d'autres sections :						
	pierres brutes, dégrossies ou non, même en plaques, mais non taillées ni polies; — terres propres aux arts et métiers, y compris le terreau, la terre de marais, la glace, et les pierres lithographiques (11)	....	exemptes.	exemptes.	....	exemptes.	exemptes.
	pierres non dénommées, planées ou polies; à aiguiser et à repasser; fines; de touche; à feu; ardoises et crayons d'—; craie et pierre rouge taillée en crayons; papier à polir; sable coloré pour bureaux; émeri moulu; et toutes matières minérales non dénommées, moulues ou lavées	quint. B.	0 45	0 0	100 kil. B.	3 92	0 52

OBSERVATIONS.

(1) Dans les provinces où il existe un droit de consommation, la bière en futailles paye en sus 3 fr. 48 c. par 100 kil.

(2) Dans le Tyrol et le Voralberg on paye en sus, par 100 kil. nets, un droit de consommation de 26 fr. 10 c.

(3) Admis par les bureaux secondaires de 2e classe.

(4) Les fruits séchés coloriés sont prohibés en principe, et ne peuvent entrer ou transiter qu'avec des autorisations spéciales.

(5) Admis par les bureaux principaux de 2e classe.

(6) A la sortie, mètre cube 0 fr. 33 c. — Admis par les bureaux secondaires de 2e classe.

(7) A la sortie, mètre cube 0 fr. 61 c.

(8) A la sortie, 100 kil. bruts 0 fr. 52 c.

(9) Admis par les bureaux secondaires de 2e classe.

(10) A la sortie, 100 kil. bruts 0 fr. 52 c. — Admis par les bureaux secondaires de 2e classe.

(11) Admises par les bureaux secondaires de 2e classe.

N°s d'ordre des sections du Tarif.	DÉNOMINATION DES MARCHANDISES.	DROITS.						OBSERVATIONS.
		Unités allemandes.			Unités françaises.			
		Bases.	Entrée.	Transit.	Bases.	Entrée.	Transit.	
			fl. kr.	fl. kr.		fr. c.	fr. c.	
•	*Substances propres à la médecine, à la parfumerie, à la teinture, au tannage, à la chimie.*							
33	*Substances* propres à la médecine et à la parfumerie :							
	fines : abelmosch, ambre gris, camphre, cantharides, cassia fistula, castoréum, cloportes, coloquintes, copahu (baume de), fèves, fleurs, eau de fleur d'oranger, gommes et gommes-résine; huiles, manne, opium, patchouli, racines, jus de réglisse, scammonée.	quint. N.	5 00	0 15	100 kil. N.	26 10	1 31	
	de l'espèce la plus fine : huiles éthérées, parfumées; baumes naturels, non dénommés; beurre de muscade; musc; civette; queues de rats musqués; éponges (1).	id.	12 30	0 15	id.	65 25	1 31	
34	*Substances* propres à la teinture et au tannage :							
	Bois et racines tinctoriales, ces dernières même moulues; bablah libidibi, cachou, quercitron, sumac (2).	quint. B.	exempts.	0 06	100 kil. B.	exempts.	0 52	
	tan et écorces à tan (3). . .	. . . .	id.	exempts.	. . . .	id.	exempts.	
	glands et cupules de —, avelanèdes entières ou pulvérisées, noix de galle (4). .	quint. B.	id.	0 06	100 kil. B.	id.	0 52	
	garance moulue ou non, guède, gaude ou vaude. .	id.	0 06	0 06	id.	0 52	0 52	
	bois de teinture coupés, râpés, moulus.	id.	0 30	0 06	id.	2 61	0 52	
	cochenille, kermès, extrait de garance, indigo, baies de nerprun, lacdye, tournesol, rocou, carthame, sépia brute en vessie. . .	id.	0 45	0 06	id.	3 92	0 52	
	extraits de bois de teinture et de substances propres au tannage.	id.	1 30	0 15	id.	7 83	1 31	
35	*Gommes*, résines, et autres sucs de plantes non dénommés (5).	id.	0 45	0 06	id.	3 92	0 52	
	huile de pierre (pétrole) noire; glu; jus de citron en futailles.	id.	0 24	0 06	id.	2 09	0 52	
	térébenthine (huile de); poix et goudron distillés; huile de pierre (pétrole) rouge et blanche.	id.	0 45	0 06	id.	3 92	0 52	
36	*Sel* de toute sorte (6).	id.	0 24	0 06	id.	2 09	0 52	
37	*Substances* propres à la chimie :							
	soufre en masses et en canons; fleur de soufre; nitrate de soude (7).	id.	exempts.	0 06	id.	exempts.	0 52	
	potasse et autres cendres de bois vives (8).	id.	id.	0 06	id.	id.	0 52	
	tartre brut, non raffiné ou cristallisé (9).	id.	id.	0 06	id.	id.	0 52	
	borax brut et acide borique; salpêtre brut, soudes, vitriol de fer; eaux minérales naturelles.	id.	0 24	0 06	id.	2 09	0 52	
	arsenic et acide arsénieux; antimoine et régule d'—; verre soluble; tartre raffiné et cristallisé; sel digestif (10); sel de glauber; salpêtre raffiné; mèches soufrées.	id.	0 45	0 06	id.	3 92	0 52	
	sulfure d'arsenic; vitriol; alun; acides sulfurique, muriatique, nitrique; eau régale; sels ammoniacaux; esprit de corne de cerf et de sel ammoniac; borax raffiné; acide tartrique. .	id.	1 30	0 15	id.	7 83	1 31	
	blanc de plomb et de zinc; chlorure de chaux; prussiate et chromate de potasse; vert-de-gris; massicot; minium; oxyde de zinc.	quint. N.	2 30	0 15	100 kil. N.	13 05	1 31	
	Métaux à l'état de minerais, bruts et demi-ouvrés.							
38	*Minerais* de plomb, de zinc, de fer, de cuivre, d'étain. . . .	. . . .	exempts.	exempts.	. . . .	exempts.	exempts.	
	d'or et d'argent (11).	quint. B.	id.	0 06	100 kil. B.	id.	0 52	

OBSERVATIONS.

(1) Admission par les bureaux principaux de 2e classe.

(2) A la sortie, 100 kil. bruts 0 fr. 52 c.

(3) Admission par les bureaux secondaires de 2e classe.

(4) A la sortie par bureaux secondaires de 1re classe, 2 f. 09 c. p. 100 kil.

(5) Sont exempts de tous droits la résine commune d'arbres conifères; goudron minéral et autres; huile de bouleau; colophane; bitumes; poix minérale; malthe.

(6) Ne peut entrer ou transiter qu'avec des autorisations spéciales.

Le sel employé dans l'industrie est exempté des droits d'entrée pour ceux des établissements trop éloignés des salines du pays pour s'y approvisionner.

(7) A la sortie, 100 kil. bruts 0 fr. 52 c.

(8) *Id.*, *id.*, 2 fr.

(9) *Id.*, *id.*, 3 fr. 92 c.

(10) Le sel digestif pour la fabrication du verre, du cristal et de l'alun, peut, avec autorisation spéciale, être admis au droit de 0 f. 52 c. p. 100 k.

(11) A la sortie par bureaux secondaires de 1re classe, 1 f. 05 c. p. 100 kil., avec autorisation spéciale.

Nos d'ordre des sections du Tarif.	DÉNOMINATION DES MARCHANDISES.	DROITS.						OBSERVATIONS.
		Unités allemandes.			Unités françaises.			
		Bases.	Entrée.	Transit.	Bases.	Entrée.	Transit.	
			fl. kr.	fl. kr.		fr. c.	fr. c.	
	Minerais et résidus de cobalt et de nickel (1)	quint. B.	exempts.	0 15	100 kil. B.	exempts.	1 31	(1) A la sortie, 100 kil. bruts 15 fr. 66 c. (2) Les cylindres en cuivre destinés à l'impression des tissus dans les fabriques nationales sont, jusqu'au 13 novemb. 1859, admissibles aux droits des métaux communs. (3) A la sortie, 100 kil. bruts, 0 fr. 52 c.
39	*Plomb* brut et vieux; matte de —; cendres de	quint. B.	1 00	0 15	100 kil. B.	5 22	1 31	
	par mer et par les frontières des États italiens étrangers; litharge	id.	1 30	0 15	id.	7 83	1 31	
	coulé : vases, tuyaux, plaques, de chasse, laminé, étiré, caractères d'imprimerie, clichés	quint. N.	4 00	0 15	id. N.	20 88	1 31	
40	*Fer* brut, vieux, déchets de	quint. B.	0 24	0 06	100 kil. B.	2 10	0 52	
	les mêmes, à l'importation par mer et par les frontières des États italiens étrangers, autres que les parties du territoire de Modène et de Parme au-delà des Appenins	id.	0 36	....	id.	3 15	....	
	forgé et laminé en barres non façonnées et en loupes	quint. N.	2 00	0 15	100 kil. N.	10 44	1 31	
	par mer et par les frontières des États italiens étrangers, etc. (comme ci-dess.)	id.	2 30	....	id.	13 05	....	
	rails	id.	2 30	0 15	id.	13 05	1 31	
	Acier brut et de cémentation, fondu et affiné	id.	2 30	0 15	id.	13 05	1 31	
	Tôle de fer noire; ferrures et garnitures en —; tôle d'acier brute; fer en plaques brutes, non polies; acier sous les mêmes formes; bandes de roues pour locomotives	id.	4 00	0 15	id.	20 88	1 31	
	et plaques de fer polies, étamées, recouvertes de zinc et vernies; tôle et plaques d'acier adoucies et polies; fer de tréfileries; acier filé non poli; fer forgé ou laminé en une forme préparée d'avance pour certains usages; forgé en grosses pièces pesant 50 kil. et plus chacune; lames pour socs de charrue; ancres et chaînes de navires	id.	5 00	0 15	id.	26 10	1 31	
	filé, poli, et cordes en acier pour instruments de musique	id.	5 00	0 15	id.	26 10	1 31	
	fonte brute et ouvrages en fonte brute, sans mélange d'autres matières	quint. B.	1 00	0 15	100 kil. B.	5 22	1 31	
41	*Mercure*	id.	7 30	0 15	id.	39 15	1 31	
42	*Zinc* brut; vieux et en morceaux	id.	0 24	0 06	id.	2 09	0 52	
	en plaques, feuilles, tuyaux, filé	quint. N.	4 00	0 15	100 kil. N.	20 88	1 31	
	coulé, brut, c'est-à-dire sans autre main d'œuvre, et non combiné avec des matières autres qu'ouvrages en bois communs, ou que barres et plaques de fer	id.	7 30	0 15	id.	39 15	1 31	
43	*Métaux* communs non repris à d'autres sections : cuivre rouge et jaune; nickel et oxyde de —; argentan; métaux mélangés communs, non dénommés, bruts (2)	quint. B.	0 45	0 06	100 kil. B.	3 92	0 52	
	les mêmes, laminés, étirés, filés, coulés, forgés	quint. N.	7 30	0 15	100 kil. N.	39 15	1 31	
44	*Métaux* fins, bruts, débris et déchets, et monnaies :							
	or et argent bruts, vieux; cendres et regrets d'orfèvres; en flans à monnaies	....	exempts.	exempts.	....	exempts.	exempts.	
	platine brut, métallique, vieux, éponge de —; et métaux fins non dénommés, bruts et vieux	quint. B.	0 45	0 06	100 kil. B.	3 92	0 52	
	monnaies courantes : menue monnaie et billon pour la refonte, importés sur autorisations spéciales, en quantités plus fortes que 65 fr. 25 c.	id.	0 45	....	id.	3 92	....	
	pour collections ou en métaux fins; médailles en métaux fins	....	exemptes.	exemptes.	....	exemptes.	exemptes.	
	Matières textiles pour la bonneterie, et autres tissus.							
45	*Coton* brut et déchets de (3)	quint. B.	exempt.	0 06	100 kil. B.	exempt.	0 52	
	cardé	id.	0 30	0 06	id.	2 61	0 52	
46	*Lin* et chanvre; chanvre de Ma-							

Nos d'ordre des sections du Tarif.	DÉNOMINATION DES MARCHANDISES.	DROITS. Unités allemandes. Bases.	Entrée.	Transit.	Unités françaises. Bases.	Entrée.	Transit.
			fl. kr.	fl. kr.		fr. c.	fr. c.
	nille ; aloès et déchets de — ; laine de bois ; zostère marine (1).	quint. B.	0 03	0 06	100 kil. B.	0 20	0 52
47	*Laine* brute, peignée, et déchets de (2).	. . . .	exempte.	exempte.	. . . .	exempte.	exempte.
	cardée, blanchie, teinte. . .	quint. B.	0 45	0 06	100 kil. B.	3 92	0 52
48	*Soie* en cocons (3).	id.	exempte.	0 06	id.	exempte.	0 52
	écrue, grége (4).	id.	0 45	0 06	id.	3 92	0 52
	déchets non filés (5).	id.	0 45	0 15	id.	3 92	1 31
	écrue, moulinée, organsin, trame, à coudre, purs ou mélangés d'autres matières susceptibles d'être filées (6).	quint. N.	7 30	0 15	100 kil. N.	39 15	1 31
	déchets filés, purs, ou mélangés d'autres matières susceptibles d'être filées, non teints, non blanchis (7).	id.	7 30	0 15	id.	39 15	1 31
	les mêmes, teints ou blanchis (8).	id.	15 00	0 15	id.	78 30	1 31
49	*Fils :* de coton, purs ou mélangés de lin ou de laine ; écrus, non teints, et autres que retors (9) à trois bouts ou plus ; ouate. .	id.	5 00	0 15	id.	26 10	1 31
	Blanchis, retors, mais non teints, mèches cirées ou non.	id.	10 00	0 15	id.	52 20	1 31
	Teints, retors ou non retors.	id.	12 30	0 15	id.	65 25	1 31
50	de lin et de matières végétales autres que le coton :						
	écrus, non teints, non retors.	id.	2 30	0 15	id.	13 05	1 31
	blanchis, lessivés, teints, mais non retors.	id.	7 30	0 15	id.	39 15	1 31
	retors.	id.	12 30	0 15	id.	65 25	1 31
51	de laines et autres poils. . .						
	écrus, non teints et autres que retors à trois bouts ou plus.	id.	5 00	0 15	id.	26 10	1 31
	teints, retors à trois bouts ou plus	id.	12 30	0 15	id.	65 25	1 31
52	*Tissus* et bonneterie :						
	de coton, purs ou mélangés de lin, combinés ou non avec le caoutchouc filé, mais sans mélange de laine, de soie ou de poils ; — communs, c'est-à-dire autres que velours : tissus écrus non blanchis, épais, non teints, non imprimés, y compris les tissus croisés ou façonnés ou tirés à poils ; filets et réseaux ; marly, sangles (10). . . .	id.	40 00	0 15	id.	208 80	1 31
	demi-fins, c'est-à-dire tissus épais apprêtés, blanchis, teints d'une ou plusieurs couleurs, non imprimés, velours, passementerie, bonneterie (11). .	id.	75 00	0 15	id.	391 50	1 31
	fins, c'est-à-dire tissus légers de toute sorte : tissus épais imprimés, autres que ceux repris ci-après (12).	id.	100 00	0 15	id.	522 00	1 31
	de l'espèce la plus fine, c'est-à-dire tulle, pétinet, dentelles, broderies, tissus de toute sorte mélangés d'or, argent, filés fins ou faux, ou de verre filé (13).	id.	250 00	0 15	id.	1,305 00	1 31
53	de lin et autres végétaux filamenteux, sauf le coton ; en amiante ; combinés ou non avec le caoutchouc filé, mais sans mélange de soie, de laine ou d'autres poils.						
	ouvrages de corderie non blanchis, goudronnés, encollés, vernis ou non. . .	quint. B.	1 30	0 15	100 kil. B.	7 83	1 31
	les mêmes blanchis et toiles à voiles, grises.	quint. N.	5 00	0 15	100 kil. N.	26 10	1 31
	Tissus de lin de l'espèce la plus commune, c'est-à-dire toile écrue, non façonnée ; coutil écru, non façonné ; treilli écru, non façonné ; filets et réseaux non blanchis ; marly non blanchi ; sangles non blanchies ; tuyaux de toute sorte.	id.	15 00	0 15	id.	78 30	1 31
	communs, c'est-à-dire tis-						

OBSERVATIONS.

(1) Admission par bureaux secondaires de 2e classe.

(2) *Id.*, *id.*

(3) A la sortie, 100 kil. bruts 65 fr. 25 c. — Par bureaux secondaires de 1re classe.

(4) Importation par bureaux principaux de 2e classe. Exportation par bureaux secondaires de 1re classe. — Droit, 100 kil. bruts, 156 fr. 60 c.

(5) Mêmes bureaux pour l'importation et l'exportation. — Droit de sortie, 13 fr. 05 c. par 100 kil. B.

(6) Admission par bureaux principaux de 2e classe. Exportation par bureaux secondaires de 1re classe. — Droit de sortie, 52 fr. 20 c. par 100 kil., sauf pour la soie écrue moulinée mélangée d'autres matières, libre à la sortie.

(7) Importation par bureaux principaux de 2e classe.

(8) Exportation libre. Bureaux secondaires de 1re classe.

(9) Sont traités comme non retors les fils à deux bouts de matières différentes, par exemple de coton et de lin.

(10) Importation par bureaux principaux de 1re classe.

(11) *Id.*, *id.*

(12) *Id.*, *id.*

(13) *Id.*, *id.*

(14) Importation par bureaux principaux de 2e classe.

N°s d'ordre des sections du Tarif.	DÉNOMINATION DES MARCHANDISES.	DROITS.						OBSERVATIONS.
		Unités allemandes.			Unités françaises.			
		Bases.	Entrée.	Transit.	Bases.	Entrée.	Transit.	
			fl. kr.	fl. kr.		fr. c.	fr c.	
	sus épais, apprêtés, blanchis, ou fabriqués avec du fil blanchi; teints d'une ou de plusieurs couleurs; non façonnés, non imprimés. .	quint. N.	40 00	0 15	100 kil. N.	208 80	1 31	(1) Importation par bureaux principaux de 1re classe. (2) *Id., id.* (3) *Id., id.* (4) Importation par bureaux principaux de 2e classe. (5) *Id., id.* — Ne sont réputés foulés que les tissus ayant subi l'opération complète. (6) Importation par bureaux principaux de 1re classe. (7) *Id., id.* (8) *Id., id.* (9) *Id., id.* (10) *Id., id.* (11) Importation par bureaux principaux de 2e classe. (12) *Id., id.*
	demi-fins, c'est-à-dire, tissus épais imprimés et façonnés: passementerie et bonneterie de toute sorte (1).	id.	75 00	0 15	id.	391 50	1 31	
	Fins, Cambrai et toute toile ayant plus de 100 fils en chaîne par pouce courant de Vienne (0m026); batiste; gaze: tissus légers autres que ceux ci-après (2). . .	id.	100 00	0 15	id.	522 00	1 31	
	de l'espèce la plus fine, dentelles, broderies, tissus dans lesquels entrent l'argent, l'or, filés, fins ou faux, ou le verre filé (3). . .	id.	250 00	0 15	id.	1,305 00	1 31	
84	*Tissus* de laine et autres poils ou combinés avec le caoutchouc filé, et autres matières textiles à l'exception de la soie.							
	De l'espèce la plus commune, c'est-à-dire grosses couvertures (kotzen); tissus grossiers (loden, etc.); draps pour matelots (sigona); étendelles; fonds de tamis et tresses en crin pur: rognures de chapeau; tibaudes; lisières; feutres goudronnés; ouvrages à mailles et filets à mailles nouées non teints; semelles en poils de vache ou autre, feutrées (4).	id.	7 50	. . . . . .	id.	39 15	. . . . . .	
	draps pour matelots (sigona) importé par Venise et Chioggia.	quint. B.	1 00	. . . . . .	id.	5 22	. . . . . .	
	Communs, tissus foulés non imprimés, autres que velours; feutres autres que chapeaux et casquettes, non imprimés; tapis de pied, autres que ceux repris ci-dessus (5).	quint. N.	50 00	. . . . . .	id.	261 00	. . . . . .	
	demi-fins, tissus façon velours, épais de toute sorte, non foulés, non imprimés; passementerie, bonneterie (6).	id.	75 00	0 15	id.	391 50	1 31	
	fins, tissus légers de toute sorte; tissus épais imprimés (7).	id.	100 00	0 15	id.	522 00	1 31	
	de l'espèce la plus fine, dentelles, broderies, châles et fichus; tissus de toute sorte mélangés d'or ou d'argent filé, fin ou faux, ou de verre filé (8).	id.	250 00	0 15	id.	1,305 00	1 31	
85	*Tissus* de soie et bonneterie de: purs ou mélangés d'autres matières textiles.							
	Fins; tissus de soie purs; mélangés d'or ou d'argent; filé, fin ou faux, ou de verre filé, rubans de toute sorte; blondes; dentelles; broderies de toute sorte (9).	id.	250 00	0 15	id.	1,305 00	1 31	
	Communs, c'est-à-dire, tous les tissus autres que ceux ci-dessus, mélangés ou non avec des matières textiles (10).	id.	150 00	0 15	id.	783 00	1 31	
86	*Toile* cirée, mousseline gommée, taffetas gommé.							
	toile cirée commune pour emballage et non imprim.	id.	5 00	0 15	id.	26 10	1 31	
	fine, c'est-à-dire de toute autre sorte: mousseline gommée; toile à peindre (11).	id.	20 00	0 15	id.	104 40	1 31	
	taffetas gommé (12)	id.	50 00	0 15	id.	261 00	1 31	
	Nota. — Sont traités comme mousseline gommée, les tissus de coton et de laine revêtus d'un enduit en caoutchouc, gutta-percha ou autres résines. Les mêmes tissus goudronnés.							
	Comme taffetas gommé, les tissus de soie préparés de la manière indiquée ci-dessus.							
87	*Habillements*, effets de, modes, ouvrages de:							
	Communs effets d'habille-							

N°s d'ordre des sections du Tarif.	DÉNOMINATION DES MARCHANDISES.	DROITS.						OBSERVATIONS.
		Unités allemandes.			Unités françaises.			
		Bases.	Entrée.	Transit.	Bases.	Entrée.	Transit.	
			fl. kr.	fl. kr.		fr. c.	fr. c.	(1) Importation par bureaux principaux de 1re classe. (2) *Id., id.* (3) *Id, id* (4) Importation par bureaux principaux de 2e classe. (5) *Id., id.* (6) Importation par bureaux principaux de 1re classe.
	ment et ouvrages de mode de toute sorte confectionnés en tissus de coton, de lin ou de laine de l'espèce la plus commune, communs, ou demi-fins; chapeaux de feutre en laine, communs et non brillants (1).	quint. N	75 00	0 15	100 kil. N.	391 50	1 31	
	fins; effets d'habillement et ouvrages de mode de toute sorte confectionnés en tissus de coton, de lin ou de laine fins, ou en tissus de soie communs combinés ou non avec des tissus ou des articles de bonneterie moins imposés, chapeaux et casquettes de feutres, autre que chapeaux communs de feutre non brillants (2).	id.	150 00	0 15	id.	783 00	1 31	
	de l'espèce la plus fine; effets confectionnés en tissus de l'espèce la plus fine ou en tissus de soie fine combinés ou non avec des tissus ou des articles de bonneterie moins imposés; fleurs artificielles; chapeaux de toute sorte garnis, c'est-à-dire avec ornements de matières différentes de celles dont le chapeau est confectionné (3).	id.	250 00	0 15	id.	1,305 00	1 31	
	Ouvrages en soie de porc ou de sanglier; en écorces; en fibres de noix de coco; etc., etc. Papier et ouvrages en papier.							
88	*Brosserie* et tamiserie communes; ouvrage en soie de porc ou de sanglier combiné ou non avec le bois ou le fer; plumeaux en plumes teintes idem : cribles en bois, achevés avec fond en osier ou fil de fer; fonds de cribles non colorés, non vernis, au vernis commun ou fin, non peints, non polis	id.	4 00	0 15	id.	20 88	1 31	
	fine: ouvrages ne rentrant pas dans la catégorie des ouvrages fins en peau et en caoutchouc; de la poterie de l'espèce la plus fine, ou de la quincaillerie. Pinceaux en poils, plumeaux en plumes teintes; brosses à frotter et à panser les chevaux (4).	id.	15 00	0 15	id.	78 30	1 31	
89	*Ouvrages* en écorces, en jonc, en fibres de noix de coco, en herbe, en roseau, en copeaux, en rotins de petit calibre et en paille.							
	de l'espèce la plus commune; tapis de pied et nattes; en écorce, en jonc, en paille et en roseau, non teints.	quint. B.	0 15	0 06	100 kil. B.	1 31	0 52	
	communs; mêmes tapis, teints; écuelles, assiettes, paniers, etc., en écorce, jonc, roseau, paille, etc.; rotin brut en éclisses; balais en paille de riz, en millet, en bruyère; combinés ou non avec les ouvrages en bois de l'espèce la plus commune ou communs	quint. N.	2 30	0 15	100 kil. N.	13 05	1 31	
	demi-fins, tresses et tapis autres que ceux repris ci-dessus; chapeaux autres que d'écorce ou de paille non garnis; rotin de petit calibre en éclisses (5). . .	id.	10 00	0 15	id.	52 20	1 31	
	tresses en paille pour chapeaux importées directement du canton du Tessin par la Lombardie (6).	id.	2 30	....	id.	13 05	....	
	fins; tresses mélangées de soie ou autres matières textiles ou de crin	id.	75 00	0 15	id.	391 50	1 31	
	de l'espèce la plus fine;							

Nos d'ordre des sections du Tarif.	DÉNOMINATION DES MARCHANDISES.	DROITS. Unités allemandes. Bases.	Entrée.	Transit.	Unités françaises. Bases.	Entrée.	Transit.	OBSERVATIONS.
			fl. kr.	fl. kr.		fr. c.	fr. c	
	chapeaux d'écorce ou de paille non garnis (1). . .	quint. N.	250 00	0 15	100 kil. N.	1,305 00	1 31	(1) Importation par bureaux principaux de 1re classe. (2) *Id.*, *id.*, de 2e classe. (3) *Id.*, *id.* (4) *Id.*, *id.*, de 1re classe. (5) *Id.*, *id.*, de 2e classe. (6) *Id.*, *id.* (7) *Id.*, *id.*, de 1re classe. (8) *Id.*, *id.*, de 2e classe. (9) *Id.*, *id.*, de 1re classe. (10) *Id.*, *id.* (11) *Id.*, *id.*, de 2e classe.
60	*Papier* et ouvrages en papier :							
	Papier de l'espèce la plus commune.	quint. B.	0 45	0 06	100 kil. B.	3 92	0 52	
	commun, non collé.	quint. N.	3 00	0 15	100 kil. N.	15 66	1 31	
	fin : papier collé de toute sorte ; de couleur ; lithographié, imprimé ou réglé, pour devises, pour étiquettes, factures et états ; rendu transparent au moyen de l'huile ou de la cire; carton à peindre.	id.	7 30	0 15	id.	39 15	1 31	
	de l'espèce la plus fine: doré, argenté, à vignettes d'or ou d'argent fin ou faux, bronzé, gauffré, découpé à l'emporte-pièce, en filets de l'espèce ci-dessus (2).	id.	15 00	0 15	id.	78 30	1 31	
	de tenture (3).	id.	30 00	0 15	id.	156 60	1 31	
	Cartes à jouer (4). . . . . assujetties en outre au timbre de consommation.	id.	30 00	0 15	id.	156 60	1 31	
	Ouvrages en papier, carton-pâte, carton-pierre, asphalte et autres matières analogues, même vernis au vernis commun; combinés avec d'autres matières, non repris à la quincaillerie (5).	id.	15 00	0 15	id.	78 30	1 31	
	Peaux préparées et ouvrées, fourrures et autres produits semblables.							
61	*Fourrures*, brutes, pelleteries ouvrées, non combinées avec d'autres matières ; pelisses de mouton sans dessus (6). . . .	id.	10 00	0 15	id.	52 20	1 31	
	confectionnées, doublées (7).	id.	100 00	0 15	id.	522 00	1 31	
62	*Peaux* préparées et ouvrées et caoutchouc ouvré ; cuir commun non dénommé; caoutchouc en plaques; gutta-percha plus ou moins épuré. . .	id.	7 30	0 15	id.	39 15	1 31	
	Cuir fin, c'est-à-dire cuirs teints, autres que simplement noircis; vernis, dorés, gauffrés; parchemin, caoutchouc filé, non combiné avec d'autres matières.	id.	12 30	0 15	id.	65 25	1 31	
	Ouvrages en cuir et en caoutchouc commun : cordonnerie, sellerie commune, soufflets communs; ouvrages en caoutchouc et en gutta-percha non teints, non peints ; non vernis, non gauffrés ; mêmes objets combinés avec le bois ou les métaux communs ne rentrant pas dans la quincaillerie; coffres, malles, porte-manteaux, havresacs, même garnis de serrures, boucles en métaux communs, ne rentrant pas dans la quincaillerie ; ouvrages rembourés et matelats avec enveloppes de toute sorte, enveloppes en peaux, sacs de chasse et de voyage (8). . . .	id.	15 00	0 15	id.	78 30	1 31	
	Ouvrages en peau et en caoutchouc fins autres que ci-dessus et que gants; bas, casquettes; cravaches ; cuirs à repasser ; culottes; portefeuilles ; vêtements de dessous ; ouvrages en peau fine ; sacs de chasse et de voyage ; chaussures et tissus en tricot. Sellerie, bourrelerie et ustensiles avec boucles et anneaux en métaux fins ou dorés et argentés ou recouverts de vernis (9).	id.	40 00	0 15	id.	208 80	1 31	
	Gants, même simplement découpés ou combinés avec des tissus ou de la bonneterie (10). .	id.	75 00	0 15	id.	391 50	1 31	
	Ouvrages en os, en bois, en verre, en pierres et poteries.							
63	***Ouvrages*** en os, en tant qu'ils ne rentrent pas dans la quincaillerie (11).	id.	15 0	0 15	id.	78 30	1 31	

N°s d'ordre des sections du Tarif.	DÉNOMINATION DES MARCHANDISES.	DROITS. Unités allemandes.			Unités françaises.			OBSERVATIONS.
		Bases.	Entrée.	Transit.	Bases.	Entrée.	Transit.	
			fl. kr.	fl. kr.		fr. c.	fr. c.	
	fanons de baleine dépouillés de leur épiderme.	quint. N.	5 00	0 15	100 kil. N.	26 10	1 31	(1) Importation par bureaux principaux de 2e classe. (2) *Id., id.* (3) *Id., id.* (4) *Id., id.* (5) *Id., id.* (6) *Id., id.* (7) *Id., id.* (8) *Id., id.* (9) *Id., id.*
64	*Ouvrages* en bois et en autres matières végétales.							
	de l'espèce la plus commune.	quint. B.	0 24	0 06	100 kil. B.	2 09	0 52	
	communs, ouvrages de placage sans incrustation; parquets sans incrustation; liége en plaques, en feuilles, en bouchons, en semelles.	id.	2 00	0 15	id.	10 44	1 31	
	fins, meubles; ouvrages combinés avec l'écorce, le jonc, le roseau, la paille, les métaux communs, peints, colorés, vernis, polis; ouvrages de placage et parquet avec incrustations.	quint. N.	5 00	0 15	100 kil. N.	26 10	1 31	
	de l'espèce la plus fine, vannerie fine; horloges en bois et caisses pour horloges; bimbeloterie; ouvrages fins de tours recouverts d'un vernis d'or ou d'argent; meubles de boule et incrustés; bois, bronze, meubles rembourrés (1).	id.	15 00	0 15	id.	78 30	1 31	
65	*Verres* et verreries.							
	de l'espèce la plus commune, verrerie non moulée, non taillée, non dépolie, émail en masse.	quint. B.	1 30	0 15	100 kil. B.	7 83	1 31	
	verre commun, verre blanc, en pièces creuses, uni, non taillé, non dépoli, non moulé, ou taillé ou poli seulement au bouchon, au pied ou au bord. Verre à vitres et en feuilles ou disques de couleur naturelle, vert, mi-blanc, blanc (2).	quint. N.	5 00	0 15	100 kil. N.	26 10	1 31	
	Verre demi-fin, verre blanc moulé, taillé, dépoli, gravé à dessins, pandeloques de lustre, boutons, perles, émail et perles; glaces polies, étamées ou non, n'excédant pas 0m·c197 (3). . .	id.	10 00	0 15	id.	52 20	1 31	
	Verre fin, verres et verreries de couleur, peints, dorés, argentés, avec camées; ouvrages combinés avec d'autres matières ne rentrant pas dans la quincaillerie; glaces encadrées n'excédant pas 0m·c197, vitrifications non montées (4).	id.	15 00	0 15	id.	78 30	1 31	
	Glaces encadrées ou non, étamées ou non, de plus de 0m·c197 (5).	id.	20 00	0 15	id.	104 40	1 31	
66	*Ouvrages* en pierre, ouvrages de statuaire; pierres gemmes fines, corail fin ou faux, ouvré, mais non montés; perles fines non montées (6).	id.	15 00	0 15	id.	78 30	1 31	
	ouvrages communs.	quint. B.	1 30	0 15	100 kil. B.	7 83	1 31	
	ouvrages fins, c'est-à-dire ouvrages en pierre, combinés ou non avec le bois ou les métaux communs, mais non dorés, ni argentés, fins ou faux, ni recouverts d'un vernis d'or ou d'argent (7).	quint. N.	15 00	0 15	100 kil. N.	78 30	1 31	
67	*Poteries*, porcelaine, grès et terre cuite : de l'espèce la plus commune, en terre à potier avec ou sans couvercle, creusets, carreaux.	quint. B.	0 24	0 06	100 kil. B.	2 09	0 52	
	commune; grès d'une seule couleur ou blanc, blanc à filets de couleur, non dorés ni argentés	quint. N.	5 00	0 15	100 kil. N.	26 10	1 31	
	demi-fine, grès de plusieurs couleurs, peints, imprimés, dorés, argentés. . .	id.	10 00	0 15	id.	52 20	1 31	
	fine, porcelaine blanche ou avec filets de couleurs non dorée ni argentée (8). . .	id.	15 00	0 15	id.	78 30	1 31	
	de l'espèce la plus fine, porcelaine de couleur, peinte, imprimée, dorée, argentée (9).	id.	40 00	0 15	id.	208 80	1 31	
	Nota. — Par porcelaine on entend, outre la porcelaine proprement dite, celle fritée, et la demi-							

N°s d'ordre des sections du Tarif.	DÉNOMINATION DES MARCHANDISES.	DROITS. Unités allemandes. Bases.	Entrée.	Transit.	Unités françaises. Bases.	Entrée.	Transit.	OBSERVATIONS.
			fl. kr.	fl. kr.		fr. c.	fr. c.	
	porcelaine. Par poterie de grès, toute poterie composée d'une pâte dure d'une seule et même couleur non vitreuse. Les tuyaux pour drainage (poterie de l'espèce la plus commune) sont affranchis de droits.							(1) Importation par bureaux principaux de 2e classe. (2) *Id.*, *id.* (3) *Id.*, *id.* (4) *Id.*, *id.* (5) *Id.*, *id.* (6) *Id.*, *id.* (7) *Id.*, *id.*
	Ouvrages en métaux.							
68	*Ouvrages* en plomb; bimbeloterie; vernis, mais non dorés ni argentés, fin ou faux, ni recouverts d'un vernis d'or ou d'argent (1).	quint. N.	15 00	0 15	100 kil. N.	78 30	1 31	
69	en fer, de l'espèce la plus commune; objets noirs (bruts) ou simplement blanchis, mais non adoucis, non polis, non vernis, non combinés avec matière autre que le bois; charrues; batterie de cuisine même émaillée; fers à repasser; outils autres qu'instr. tranchants (2). .	id.	5 00	0 15	id.	26 10	1 31	
	communs : ouvrages recouverts de cuivre ou d'étain, non adoucis, non polis, non vernis, même combinés avec le bois; vis à bois, limes et rapes; moulins à café; chaînes autres que pour navires et ancres; horloges d'édifices; fléaux communs, brosses métalliques; haches, scies ayant plus de 0m,475 de long; faux et faucilles; ciseaux communs à tondre ou pour tailleurs, tranchets et couteaux grossiers (3).	id.	10 00	0 15	id.	52 20	1 31	
	Nota. — Les ouvrages en métaux repris aux deux catégories ci-dessus ne sont pas exclus de la classe dans laquelle ils sont rangés, s'ils ont des accessoires peu importants en métaux communs autres que maillechort ou argentan, non dorés ni argentés, fin ou faux, ni recouverts d'un vernis d'or ou d'argent.							
	fins : ouvrages adoucis, polis, vernis, mais non dorés ou argentés, ou vernisés or ou argent; non compris non plus les aiguilles à coudre et à tricoter, les perles d'acier, les crochets et aiguilles à broder au tambour, sans manche. Tissus et tresses fines en fer filé et ouvrages desdites matières; ciseaux et couteaux fins, scies ayant plus de 0m,475 de longueur; crochets et aiguilles avec manches; fil de fer couvert de papier; ressorts d'horlogerie; peignes à carder; armes et parties d'armes; bandes de coton caoutchoutées avec pointes en fer (4). .	id.	15 00	0 15	id.	78 30	1 31	
	Crochets et aiguilles à broder au tambour sans manches et aiguilles à tricoter.	id.	25 00	0 15	id.	130 50	1 31	
	Nota. — Une couche de noir, ou un simple vernis hydrofuge, n'est pas considéré comme vernis.							
70	non dénommés de toute sorte en métaux purs ou alliés communs, non dorés ou vernissés; bronze en poudre, clinquant, feuilles métalliques, autres qu'or et argent faux (5). . . .	id.	15 00	0 15	id.	78 30	1 31	
	Voitures et embarcations.							
71	*Navires* et embarc. : en bois doubl. ou non de fer ou de cuivre (6).	le tonn. de 20 quint.	0 24	0 06	le tonn. de 1,000 kil.	1 04	0 26	
	en fer et bateaux à vapeur (7).	id.	5 00	0 15	id.	26 10	0 65	
	Nota. — Les agrès, apparaux et							

N° d'ordre des sections du Tarif.	DÉNOMINATION DES MARCHANDISES.	DROITS. Unités allemandes. Bases.	Entrée.	Transit.	Unités françaises. Bases.	Entrée.	Transit.	OBSERVATIONS.
			fl. kr.	fl. kr.		fr. c.	fr. c.	
	chaloupes sont admis librement avec le navire, dans la juste proportion de ses besoins de navigabilité; mais le mobilier de bord est soumis au droit.							(1) Importation par bureaux principaux de 2e classe.
72	*Voitures* et traîneaux pour le transport des marchandises.	la pièce.	2 30	0 15	la pièce.	6 53	0 65	(2) *Id.*, *id.*
	pour le transport des personnes, non garnis de cuir, ni rembourrés (1).	id.	15 00	0 15	id.	39 15	0 65	(3) *Id.*, *id.*
	garnis en cuir et rembourrés (2).	id.	100 00	0 15	id.	261 00	0 65	(4) Importation par bureaux principaux de 1re classe.
	Wagons, pesant plus de 2,500 kilos (3).	id.	250 00	0 15	id.	652 50	0 65	(5) Jusqu'au 8 février 1862 les métiers à tisser à mécanique sont exceptés des droits d'entrée.
73	*Instruments, Machines et Quincaillerie.*							(6) Importation par bureaux principaux de 2e classe.
	Instruments de musique, d'astronomie, de chirurgie, de mathématiques, de mécanique, d'optique, autres que bésicles et lorgnettes, de physique, et partie d' (4).	quint N.	10 00	0 15	100 kil. N.	52 20	1 31	(7) Importation par bureaux principaux de 1re classe.
74	*Machines*, en fer, et partie de, en fer seul ou en fer combiné avec accessoires ou d'autres matières, excepté celles reprises à la quincaillerie (5). . . .	id.	4 00	0 15	id.	20 88	1 31	(8) *Id.*, *id.*
	non dénommées (6).	id.	15 00	0 15	id.	78 30	1 31	
	Nota. — Machines en bois, voir ouvrages en bois.							
	Parties de — en fonte, voir fonte brut.							
	idem en zinc coulé, voir zinc coulé.							
	idem en cuivre, laiton, étain et autres métaux communs, coulés en pièces pesant au moins 12 k. 50, voir métaux communs non repris, etc.; laminés, étirés, filés, etc., etc.							
75	*Quincaillerie* : elle comprend les ouvrages de toute sorte en or et en argent, métaux fins, pierres précieuses, perles, coraux, ambre, ivoire, écume de mer, écaille, cheveux, cire moulée, nacre de perle et autres coquillages, maillechort.							
	En métaux communs dorés fin ou faux ou recouverts d'un vernis or ou argent.							
	de l'espèce la plus fine; ouvrages or et argent, pierres fines et perles fines montées, montre de poche en or ou en argent (7).	id.	250 00	0 15	id.	1,305 00	1 31	
	fine : ouvrages en platine et en métaux fins autres qu'or et argent; en perles fausses; en métaux communs dorés ou argentés; objets de toilette en métaux communs dorés ou argentés, faux ou vernissés, or ou argent, montres de poche autre que d'or et d'argent; pendules d'attache et de console; aiguilles à coudre; perles en métal, perles fausses; dents artificielles; éventails; or et argent en feuilles, fin ou faux; plumes de parure apprêtées, ouvrages en plumes et en cheveux (8).	id.	100 00	0 15	id.	522 00	1 31	
	commune : ouvrage en papier mâché, vernis au fin, en argentan; en métaux communs dorés ou argentés, faux ou vernissés or ou argent, autres qu'objets de toilette; en pierres demi-fines; modèles en cire; parfumeries, bésicles montées, lorgnettes; cordes de boyau même recouvertes de soie; ouvrages en baudruche. . .	id.	50 00	0 15	id.	261 00	1 31	
	Produits chimiques, couleurs composées de graisses et matières inflammables.							
76	*Produits* chimiques et couleurs							

Nos d'ordre des sections du Tarif.	DÉNOMINATION DES MARCHANDISES.	DROITS. Unités allemandes. Bases.	Entrée.	Transit.	Unités françaises. Bases.	Entrée.	Transit.
			fl. kr.	fl. kr.		fr. c.	fr. c.
	Médicaments préparés (1).	quint. N.	15 00	0 15	100 kil. N.	78 30	1 31
	Nota. — Les pharmaciens sont seuls autorisés à importer les médicaments préparés.						
	Colles de poisson, de corne, à bouche, d'oreillons.	quint. B.	0 45	0 06	100 kil. B.	3 92	0 52
	Produits amylacés, poudre à poudrer, amidon, colle de pâte, gomme et succédanés de la gomme.						
	Noirs de fumée, de charbon, d'imprimeurs, de Francfort, charbon en poudre; cambouis. . .	id.	0 45	0 06	id.	3 92	0 52
	Eaux minérales artificielles. . . .	quint. N.	2 30	0 15	100 kil. N.	13 05	1 31
	Produits chimiques fins et couleurs fines; eau de laurier-cerise, préparations mercurielles, encre, vernis, laques; substances à polir; encre de Chine, fusain, crayon de mine de plomb, de pastel, de sanguine; cinabre; couleurs de toute sorte (2).	id.	15 00	0 15	id.	78 30	1 31
	non dénommés, non repris à d'autres sections du tarif. Notamment artifices, levure artificielle, gélatine et ouvrages de.....; pastilles à brûler; cirage; cire à cacheter, cire teinte, jus de limon en bouteilles. . . .	id.	5 00	0 15	id.	26 10	1 31
77	*Bougie*, chandelles, savon.						
	Bougie de cire, d'allume ou filée.	id.	7 30	0 15	id.	39 15	1 31
	de stéarine, de blanc de baleine composée de graisse, non dénommée.	id.	5 00	exempts.	id.	26 10	exempts.
	chandelles.	id.	3 00	0 15	id.	15 66	1 31
	torches de résine.	quint. B.	0 45	0 06	100 kil. B.	3 92	0 52
	Savon commun, non parfumé. . .	quint. N.	3 00	0 15	100 kil. N.	15 66	1 31
	fin, parfumé.	id.	15 00	0 15	id.	78 30	1 31
78	*Matières* inflammables,						
	communes : mèches en coton, soufrées; allumettes; mèches d'artillerie; briquets phosphoriques. .	id.	5 00	0 15	id.	26 10	1 31
	capsules de poudre fulminante (3).	id.	50 00	0 15	id.	261 00	1 31
	poudre à tirer.	id.	25 00	0 15	id.	130 50	1 31
	acides fulminants, or, argent, mercure et autres matières fulminantes non dénommées, poudre coton.	id.	250 00	0 15	id.	1,305 00	1 31
79	*Objets de littérature et d'art.*						
	Livres cartes scientifiques, musique (4).	id.	3 00	0 15	id.	15 66	1 31
	Estampes, gravures, lithographies dominoterie.	id.	7 30	0 15	id.	39 15	1 31
	Nota. — Les livres avec fermoirs ou autres ornements, voir quincaillerie. Les almanachs, journaux et annonces sont soumis au contrôle et au timbre.						
	Peintures et dessins originaux (5).	quint. B.	0 45	0 06	100 kil. B.	3 92	0 52
	Nota.—Les stores et tapis peints, voir matières dont ils sont confectionnés. Les cadres qui ne rentrent pas dans la quincaillerie fine paient comme les peintures. S'ils rentrent au contraire dans cette catégorie, le droit est liquidé, Moitié comme peinture; Moitié comme la matière dont ils sont formés.						
80	*Débris et déchets.*						
	Sel pour engrais (6).	....	exempt.	exempt.	....	exempt.	exempt.
	Son et balle de grains, tourteaux, mottes à brûler; sang, tendons, nerfs, engrais animaux et autres; copeaux et sciures de bois; levains naturels; crasses et scories; verres et poteries cassés; résidus de distillation, marc de raisin, drilles (7).	....	id.	id.	....	id.	id.
	rognures de papier et maculatures (8).	quint. B.	id.	0 15	100 kil. B.	id.	1 31
	Os et noirs d'; sabots, onglons, pieds, cornes entières ou en morceaux, feuillets ou râpu-						

OBSERVATIONS.

(1) Importation par bureaux principaux de 2e classe.

(2) *Id., id.*

(3) Ne peuvent, ainsi que les objets suivants, être importés qu'avec autorisation spéciale du gouvernement. Le transit ne peut également avoir lieu qu'avec permission particulière.

(4) Importation par bureaux principaux de 1re classe.

(5) Importation par bureaux principaux de 2e classe.

(6) Importation par bureaux spécialement désignés.—Autorisation préalable.

(7) Importation par bureaux secondaires de 2e classe.

(8) A la sortie, par bureaux secondaires de 1re classe, 20 fr. 88 c. par 100 kil. B.

Nos d'ordre des sections du Tarif.	DÉNOMINATION DES MARCHANDISES.	DROITS. Unités allemandes. Bases.	Entrée.	Transit.	Unités françaises. Bases.	Entrée.	Transit.	OBSERVATIONS.
			fl. kr.	fl. kr.		fr. c.	fr. c.	
	res; oreillons; peaux vieilles et rognures de (1). . . . . . . *Débris* et déchets non dénommés, comme la matière brute dont ils proviennent : ivoire, coton, laine, etc., etc.	quint. B.	exempts.	0 06	100 kil. B.	exempts.	0 52	(1) A la sortie, 3 fr. 92 c. par 100 kil.

TABLE SYSTÉMATIQUE.

CLASSES.	SECTIONS.	DÉNOMINATIONS.	Pages.
1	....	*Denrées coloniales et fruits du midi.*	100-101
	1 à 7	Cacao; café; épices; sagou; tapioca, etc.; fruits du midi.	
2	8	*Tabac brut et fabriqué.*	101
3	....	*Produits des jardins et des champs.*	101
	9 à 13	Produits des jardins et fruits de table: grains et légumineuses et fruits à gousses; riz, farines et farineux alimentaires, plantes et parties de plantes non reprises à d'autres sections.	
4	....	*Animaux.*	101-102
	14 à 16	Poissons et coquillages; bêtes de boucherie et de trait; animaux non repris à d'autres sections.	
5	....	*Produits animaux non repris à d'autres classes.*	102
	17 à 21	Peaux grandes et petites brutes et pelleteries; poils, soies de porc et de sanglier et plumes; viande, miel, cire, fromage; produits animaux non dénommés, non repris à d'autres classes du tarif.	
6	....	*Graisses et huiles grasses.*	102
	22-23	Graisses, huiles grasses.	
7	....	*Boissons et aliments préparés.*	103
	24 à 28	Bière, hydromel, vinaigre; boissons spiritueuses distillées; vins, cidre, etc.; aliments préparés non repris à d'autres sections.	
8	....	*Matières à brûler et à construire.*	103
	29 à 32	Bois, charbons et tourbe; matières à tourner et à tailler; matières minérales non reprises à d'autres sections.	
9	....	*Substances propres à la médecine, à la parfumerie, à la teinture, au tannage et à la chimie.* . . .	104
	33 à 37	Substances etc.; gommes, résines, et autres sucs de plante, sel de cuisine; substances propres à la chimie.	
10	....	*Métaux, à l'état de minerais, bruts et demi-ouvrés.*	104-105
	38 à 44	Minerai, plomb, fer, mercure, zinc, métaux communs, fins, débris, déchets et monnaies.	
11	....	*Matières textiles pour la bonneterie et autres tissus.*	105-106
	45 à 48	Coton; lin et chanvre; laine; soie.	
12	....	*Fils.*	106
	49 à 51	De coton; de lin; de laine.	
13	....	*Tissus et bonneterie.*	106-107
	52 à 57	Tissus de coton, lin, laine, soie; toile cirée; mousseline et taffetas gommé; effets d'habillement; ouvrages de modes.	
14	....	*Ouvrages en soies de porc; en écorces; papier; ouvrages en papier.*	108-109
	58 à 60	Brosserie et tamiserie; ouvrages en écorces et en paille; papier et ouvrages en papier.	
15	....	*Peaux préparées et ouvrées, fourrures et autres produits.*	109
	61-62	Fourrures; peaux préparées et ouvrées; caoutchouc ouvré.	
16	....	*Ouvrages en os, en bois, en verre, en pierre, et poteries*	110-111
	63 à 67	En os, en bois, verres et verreries; ouvrages en pierre; poteries.	
17	....	*Ouvrages en métaux.*	111
	68 à 70	En plomb, en fer, en métaux non dénommés.	
18	....	*Voitures et embarcations.*	111-112
	71-72	Navires et autres embarcations, voitures et traîneaux.	
19	....	*Instruments, machines, quincaillerie.*	112
	73 à 75	Instruments, machines, quincaillerie.	
20	....	*Produits chimiques, couleurs composées de graisse; matières inflammables.*	112-113
	76 à 78	Produits chimiques et couleurs; bougies, chandelles, savon; matières inflammables.	
21	79	*Objets de littérature et d'art.* . . .	113
22	80	*Débris et déchets.*	113-114

TABLEAU

DES TARES ALLOUÉES AU COMMERCE.

Cacao brut. — En tonneaux de bois dur, en caisses, 13 %; — en tonneaux de bois tendre, 10 %; — en paniers, 9 %; en balles, 3 %.

fabriqué. — En tonneaux ou en caisses, 20 %; — en paniers, 13 %; — en balles, 9 %.

Sucre. — Comme Cacao.

Epices. — En tonneaux ou caisses, 16 %; — en paniers, 9 %; — en balles, 4 %.

Fruits du midi. — Fins. — En tonneaux, caisses ou paniers, 13 %; en balles, 6 %.

Demi-fins. — En tonneaux et caisses garnis de foin, 20 %. — Les mêmes non garnis de foin et en paniers, 13 %: en balles, 6 %.

Thé. — En tonneaux ou caisses, 23 %.

Sucre. — raffiné. — En tonneaux de bois dur et caisses, 12 %; — en bois tendre, 8 %; — en caisses, 12 %; — en paniers, 6 %.

Brut. — En caisses de 400 kil. et plus, 14 %; de moins de 400 kil., 11 %; — en tonneaux et en nattes, 7 %; — en paniers, 6 %; — en balles, 5 %.

Mélasse. — En tonneaux à double fond, 11 %.

Tabac. — Brut. — En boucauts, surons, canasters, 12 %; — en autres paniers, 9 %; — en balles, 4 %.

Fabriqué. — En boucauts, 16 %; — en paniers, 13 %; — en balles, 6 %.

Cigarres (outre la tare ci-dessus): — En petites caisses, 24 %; — en paniers et petites boîtes, 12 %.

Houblon. — En tonneaux ou caisses, 13 %; — en paniers, 9 %; — en balles, 4 %.

Poisson non dénommé. — En tonneaux ou caisses, 13 %; — en paniers, 9 %; — en balles, 6 %.

Peaux et *Pelleteries.* — Comme poisson.

Plumes. — En tonneaux ou caisses, 18 %; — en balles, 7 %.

Viande. — En tonneaux ou caisses, 16 %; — en paniers et balles, — comme poisson.

Cire. — En tonneaux, 13 %; — en paniers et balles, — comme poisson.

Fromages. — En caisses de 50 kil. et plus, 16 %; — de moins de

50 kil. 13 %. — En tonneaux ou baquets, 11 %; — en paniers, 8 %; — en balles, 6 %.
Graisses. — En tonneaux, caisses, pots, baquets, 13 %; — en paniers, 9; — en branches ou en balles, 6 %.
Huiles. — Grasses. — En caisse, 24 %; — en paniers, 16 %.
d'olives, — En futailles, 11 %; — en outres, emballées, 6 %; — non emballées, 4 %.
Bière et *hydromel.* — Comme huiles grasses.
Eau-de-vie. — Liqueurs, — comme huiles grasses; — plus, en tonneaux à double fond, 11 %.
Vins, — comme eau-de-vie.
Aliments préparés. — En tonneaux ou caisses, 16 %; — en paniers, 13 %; — en balles, 6 %.
Substances propres à la médecine, — à la chimie. — Comme graisses.
Plomb, — brut ou coulé. — En tonneaux ou caisses, 6 %.
Fer, zinc, métaux communs. — En tonneaux ou caisses, 10 %; — en paniers, 6; — en balles, 4 %.
Soie. — En tonneaux ou caisses, 16 %; — en paniers, 11 %; — en balles, 7 %.
Fils de coton. — En tonneaux ou caisses, 18 %; — en paniers, 13 %; — en balles, 7 %.
de lin. — En tonneaux ou caisses, 13 %; — en paniers, 9 %; — en balles, 6 %.
de laine. — En tonneaux ou caisses, 16 %; — en paniers, 11 %; — en balles, 6 %.
Tissus de coton. — En tonneaux ou caisses, 18 %; — en paniers, 13 %; — en balles, 7 %.
de lin, — *idem.*
ouvrages de corderie. — En tonneaux ou caisses, 13 %; — en paniers, 9 %; — en balles, 6 %.
autres, — de laine, de l'espèce la plus commune: comme ouvrage de corderie.
autres, — comme de coton.
de soie. — En tonneaux ou caisses, 22 %; — en paniers, 18 %; — en balles, 13 %.
toile cirée, — comme ouvrages de corderie.
Habillements (effets d') et ouvrages de modes: communs, fins, — en tonneaux ou caisses, 20 %; — en paniers, 14 %; — en balles, 9 %.
de l'espèce la plus fine. — En tonneaux ou caisses, 22 %; — en paniers, 16; — en balles, 11 %.
Brosserie et *tamiserie.* — Communes. — En tonneaux ou caisses, 16 %; — en paniers, 12 %; — en balles, 6 %.
fines. — En tonneaux ou caisses, 20 %; — en paniers, 13 %; — en balles, 9 %.
Ouvrages en écorces, etc. — Communs, — demi-fins, — fins. — Comme brosserie, selon l'espèce.
Papier et ouvrages en. — Comme ouvrages en écorces communs et demi-fins.
Fourrures — brutes. — En tonneaux ou caisses, 13 %; — en paniers, 9 %; — en balles, 6 %.
confectionnées. — En caisses, 20 %; — en tonneaux, 16 %; — en paniers, 12 %; — en balles, 6 %.
Peaux préparées et ouvrées. — Cuir commun, fin; ouvrages en cuir communs. — Comme brosserie commune.
Ouvrages en peau, fins et gants. — Comme brosserie fine.
Ouvrages en os, — fanons de baleine, etc. — Comme brosserie commune.
autres, — en tonn. ou caisses, 20 %; — en paniers, 13 %; — en balles, 6 %.
en bois, — fins. — Comme brosserie commune.
de l'espèce la plus fine. — Comme brosserie fine.
Verres. — En tonneaux ou caisses, 23 %; — en paniers ou bannes, 13 %.
Ouvrages en pierre. — Pierres gemmes fines. — En tonneaux ou caisses, 16 %; — en balles, 6 %.
Ouvrages en pierres, fins, — en tonneaux ou caisses, 16 %; — en balles, 6 %; — en paniers, 12 %.
Poteries. — En tonneaux ou caisses, 22 %; — en paniers, 13 %.
Ouvrages en plomb. — En tonneaux ou caisses, 20 %; — en paniers, 13 %.
en fer, — de l'espèce la plus commune et communs. — En tonneaux ou caisses, 10 %; en paniers, 6 %; — en balles, 4 %.
fins, — crochets et aiguilles à broder, et ouvrages en métaux non dénommés. — En tonneaux ou caisses, 13 %; — en paniers, 6 %; — en balles, 4 %.
Instruments. — En tonneaux ou caisses, 23 %; — en paniers, 16 %; — en balles, 9 %.
Machines. — Comme instruments, et de plus, en demi-caisses ou chassis, 4 %.
Quincaillerie — de l'espèce la plus fine. — En tonneaux ou caisses, 23 %; — en paniers, 13 %; — en balles, 9 %.
fine. — En tonneaux ou caisses, 20 %; — en paniers, 13 %; — en balles, 9 %.
commune. — En tonneaux ou caisses, 23 %; — en paniers, 16 %; — en balles, 9 %.
Produits chimiques. — En tonneaux ou caisses, 16 %; — en paniers, 9 %; — en balles, 6 %.
Bougie, stéarine, chandelle. — *Idem.*
Savon, commun et fin. — En tonneaux ou caisses, 13 %; — en paniers, 9 %; — en balles, 6 %.
Matières inflammables communes. — En tonneaux ou caisses, 20 %.
capsules de poudre fulminante. — En tonneaux ou caisses, 16 %.
poudre à tirer, — En tonneaux, 13 %.
acides fulminants. — En tonneaux ou caisses, 16 %.
Objets de littérature et d'art. — En tonneaux ou caisses, 13 %; — en paniers, 6 %; — en balles, 4 %.

MONNAIES, POIDS ET MESURES.

Les monnaies, poids et mesures désignés dans le présent tarif, ou en usage en Autriche, ont les rapports suivants avec nos monnaies, poids et mesures.

MONNAIES (1).

Florin = 60 kreutzers	=	2 fr. 61 c.
Kreutzer = 4 pfennigs	=	0 04/35
Pfennig	=	0 01/09

POIDS.

Quintal = 100 livres	de Douane	=	50 k. 00 gram.
	de Vienne	=	56 00
Livre = 32 loths	de Douane	=	0 500
	de Vienne	=	0 560
Loth	de Vienne	=	0 k. 0175.
Tonneau = 20 quintaux	de Douane	=	1000.

MESURES DE LONGUEUR.

Pied = 12 pouces	=	0 m. 31660
Pouce	=	0 02638

MESURE DE CAPACITÉ.

Mass	=	1 litre 40.

MESURE DE SOLIDITÉ.

Klafter de la Basse-Autriche	=	2 m. 274.

(1) Le rapport en douane des monnaies d'or, nationales et étrangères, et des monnaies d'argent étrangères au florin autrichien, a été fixé comme suit.

Monnaies d'or.

Nationales: — Ducats = 4 florins 33 kreutzers 3/4; Souverains d'or de la Basse-Autriche et Italienne, nouvellement frappés = 13 fl. 31 k.
Étrangères: — Pièces de 20 fr. françaises, belges, sardes = 7 fl. 42 k.; — Frederic de Prusse = 8 fl.; — Demi-impériales de Russie = 7 fl. 57 k.; — Ducats de Bavière = 4 fl. 33 k. 3/4.

Monnaies d'argent.

Étrangères: — Pièces de 5 fr. = 1 fl. 54 k. 3/4; — Pièces de 2 Thalers de l'ass. all. = 2 fl. 51 k.; — Thaler de 14 au marc d'argent = 1 fl. 25 k. 1/2; — Florins de 24 1/2 au marc d'argent = 0 fl. 49 k.

EMPIRE D'AUTRICHE.

TARIF DES DOUANES DE LA DALMATIE.

OBSERVATIONS PRÉLIMINAIRES.

Le régime commercial de la Dalmatie a toujours été distinct de celui du reste de la monarchie autrichienne. Cette séparation s'explique par la situation géographique de ce pays.

Le nouveau tarif dalmate porte la date du 18 février 1857 : il a été mis en vigueur le 1er mai suivant. Il diffère essentiellement du tarif précédent qui remontait à 1829. Ainsi les droits de sortie ont été supprimés ; le transit n'est plus soumis qu'à une taxe unique et peu élevée ; le nombre des marchandises exemptes de droit à l'importation a été augmenté.

Voici les principales dispositions qu'il nous paraît utile de porter à la connaissance du commerce, en ce qui concerne l'application du tarif en Dalmatie.

1° DÉCLARATIONS.

Toutes les marchandises doivent être déclarées sous la dénomination que leur assigne le tableau des droits. Les parties de marchandises qui par leur nature ne rentrent pas dans un article particulier du Tarif, doivent être déclarées comme marchandises entières ; les déchets, comme les matières premières dont ils proviennent. Les marchandises composées de diverses matières, de même que les mélanges non spécialement tarifés, comme la matière la plus fortement taxée qui entre dans leur composition. Toutefois il est facultatif de déclarer séparément les parties d'une marchandise composée, lorsqu'elles peuvent être présentées séparément en douane.

DÉCLARATION DU POIDS.

La base de taxation est, dans la règle, le poids quintal de Vienne = 56 kil. Par poids on entend toujours celui brut, c'est-à-dire de la marchandise emballée avec l'enveloppe nécessaire à sa conservation, et l'enveloppe spéciale extérieure employée pour le transport. Dans la tare légale il n'est rien accordé pour les planchettes, bobines, trousses, bouteilles, cartons qui contiennent les marchandises, non plus que pour les ordures et déchets qui s'y trouveraient mêlés. Quant aux objets importés en vrac, ils doivent toujours être déclarés au poids net, alors même qu'ils seraient tarifés au brut.

CONSTATATION DU POIDS.

Le poids brut se constate par la pesée. Toutefois on n'y recourt pas toujours, et on se contente de la déclaration du redevable, lorsqu'il s'agit de marchandises peu imposées et qu'il n'existe pas de soupçon de fraude sur son exactitude.

Le poids net se constate non par la pesée mais par le calcul. On l'obtient en déduisant du poids brut la tare que le tarif indique. Il y a exception lorsque la marchandise est emballée dans un contenant pour lequel il n'y a pas de tare, en dehors des habitudes du commerce ; lorsque les colis renferment des articles diversement imposés ; enfin lorsque la marchandise est imposée à plus de 7 florins par quintal (32 fr. 62 c. par 100 kil.) et que le déclarant requiert la pesée effective. Ne sont pas pesés le foin, la paille, la sciure de bois, les rognures de papier qui servent à garantir les faïences, verres, cristaux, etc., pendant le transport. Il est également facultatif au commerce de déduire le poids des contenants les plus apparents en les déclarant à part sous leur dénomination et en en payant les droits.

ACQUITTEMENT DES DROITS.

Les droits doivent être payés en monnaies légales de l'Empire, soit en florins de convention au titre de 20 au marc de Cologne. Les fractions au dessous d'un 1/2 kreutzer (0 fr. 0217) sont négligées, celles au-dessus sont comptées comme un kreutzer (0 fr. 0435).

Sont prohibés à l'entrée et au transit, à moins d'autorisations spéciales ;

Le sel de cuisine, — la poudre à tirer, — le tabac fabriqué.

Toutefois quelques parties de ces marchandises peuvent être laissées aux voyageurs pour leur consommation personnelle.

MARCHANDISES EXEMPTES DE DROITS.

Voitures de voyageurs ou servant ordinairement au transport de voyageurs ; traîneaux, brouettes, paniers de charge, hottes et autres appareils ; bêtes de somme et de traits employées à des transports ; embarcations ; emballages et contenans apportant des marchandises devant être réexportés, ou rapportés de l'étranger après avoir servi à y porter des marchandises.

Produits des jardins frais, fruits de table, plantes et parties de plantes, grains et légumineuses seulement à l'entrée par terre ; poissons frais, provenant de la pêche nationale ; bêtes de boucherie et de trait ; ruches avec abeilles vivantes ; animaux non dénommés au tarif ; peaux brutes, vertes ou sèches, salées, mais sans autres préparations ; poils bruts, soie de porc, piquant de porc-épic et d'autres animaux ; œufs, lait, crème ; bois à ouvrer autres que d'Europe en blocs, planches, pieux ; charbons de bois, de terre, de tourbe ; matières minérales non dénommées au tarif ; substances propres à la teinture, au tannage, à la chimie ; métaux fins, bruts, en masses, barres, plaques, grains, poudre, et morceaux ; éponge de platine ; monnaies courantes, et pour collection en métaux fins ; coton brut et cardé ; lin et chanvre, même celui de Manille ; laine brute et peignée ; laine de bois ; zostère marine ; laine moulue, même blanchie ou teinte ; soie en cocons ; étoupes et déchets ; sels pour engrais ; son ; tourteaux et autres déchets divers (voir au besoin leur dénomination au tarif d'Autriche).

Toute marchandise pesant moins de 1/16 de livre viennoise (0 k. 35) et dont le droit ne dépasse pas un kreutzer.

Les cadavres, squelettes, préparations anatomiques ; mais l'esprit-de-vin qui les contient subit la taxe d'entrée ; objets d'art ou d'histoire naturelle destinés aux établissements scientifiques ; ouvrages des artistes autrichiens à Rome ; effets des voyageurs, traversant la Dalmatie ou venant s'y établir, lesdits effets ne constituant pas un fait de commerce ; provisions de bord des navires ; et autres marchandises qui sont exemptes de droits à leur entrée dans l'empire d'Autriche.

DROIT DE TRANSIT.

Il est perçu en principe comme droit de transit 10 kreutzers (0 fr. 43 c. 5) sur l'unité qui sert de base à la perception. Cependant les marchandises imposées à l'entrée à moins de 10 kreutzers ne paient pas plus au transit qu'à l'importation. Enfin les marchandises exemptes de droit de douane le sont aussi du droit de transit : il en est de même de celles qui pour transiter par la Dalmatie entrent par terre, ou même par mer lorsqu'elles sont destinées à la Croatie ou au Monténégro.

BUREAUX DE DOUANE ET LEURS ATTRIBUTIONS.

Les bureaux se divisent en bureaux principaux et bureaux secondaires. Les premiers sont autorisés à faire toute espèce de perception. Toutefois les bureaux secondaires peuvent vérifier toutes marchandises dont la quantité ne donne pas lieu à une perception de plus de 100 florins (261 fr.).

TABLEAU DES DROITS D'IMPORTATION.

Nos d'ordre des sections du Tarif.	DÉNOMINATION DES MARCHANDISES.	DROITS. Unités allemandes. Bases.	Droits.	Unités françaises. Bases.	Droits.	OBSERVATIONS.
			fl. kr.		fr. c.	
	1. *Denrées coloniales, substances propres à la médecine, droguerie.*					(1) Pour les principaux objets repris sous cette rubrique, voir le tarif d'Autriche. Cette observation s'applique à toutes les autres sections reprises sous un nom générique.
1	*Denrées* coloniales.					
	Épices (1)	quint. N.	5 00	100 kil. N.	23 30	
	Cacao, café, thé, sucre candi et raffiné en pains	id.	5 00	id.	23 20	
	Sagou, tapioca, arrow-root, sucre pilé et cassonade.	id.	3 00	id.	13 98	
	mélasse	quint. B.	1 30	100 kil. B.	6 99	
2	*Substances* propres à la médecine, drogueries.					
	fines	quint. N.	5 00	100 kil. N.	23 30	
	demi-fines	id.	2 30	id.	11 65	
	communes	quint. B.	0 45	100 kil. B.	3 50	
	térébenthine, huile de pétrole noire, glu, jus de citron en futailles	id.	0 24	id.	1 86	
	Produits des champs et des jardins.					
3	*Tabac* brut et fabriqué	....	prohibés.	....	prohibés.	
4	*Grains*, légumineuses ou fruits à gousses, et leurs produits farineux.					
	grains et légumineuses importés par mer	quint. B.	0 06	100 kil. B.	0 47	
	riz	id.	0 15	id.	1 17	
	farines et farineux, grains mondés, perlés et décortiqués et gruaux de toute sorte	id.	0 24	id.	1 86	
5	*Fruits* de table.					
	communs	id.	0 24	id.	1 86	
	fins	id.	1 30	id.	6 99	

Nos d'ordre des sections du Tarif.	DÉNOMINATION DES MARCHANDISES.	DROITS. Unités allemandes. Bases.	Droits.	Unités françaises. Bases.	Droits.
			fl. kr.		fr. c.
6	*Produits* du règne végétal non repris à d'autres sections du tarif.				
	bois à brûler (1) et bois à ouvrer non repris à d'autres sections du tarif.	100 pds cub.	0 24	mètre cube	0 33
	houblon	quint. B.	1 30	100 kil. B.	6 99
	produits des jardins préparés.	id.	0 15	id.	1 17
	graines oléagineuses, olives non salées.	id.	0 06	id.	0 47
	3. *Animaux et produits.*				
7	*Animaux* non repris à d'autres sections.				
	gibier, gros.	par tête.	1 00	par tête.	2 61
8	*Poissons*, coquillages et autres animaux aquatiques.				
	frais, vivants ou tués, ne provenant pas de la pêche des pêcheurs nationaux et non importés par lesdits pêcheurs.	quint. B.	0 24	100 kil. B.	1 86
	harengs, cospettoni, scoranze, stockfisch, sarache, salés.	id.	1 00	id.	4 66
	poissons autres, préparés, c'est-à-dire, séchés, salés, fumés, marinés. (2).	quint. N.	2 30	100 kil. N.	11 65
	régime de la saumure, voir le tarif d'Autriche.				
9	*Produits* animaux non repris à d'autres sections du tarif.				
	ivoire et autres dents d'animaux, écaille de tortue, nacre de perle et autres, fanons de baleine. . . .	quint. B.	0 45	100 kil. B.	3 50
	viande fraîche, boyaux salés et séchés.	id.	0 24	id.	1 86
	viande salée, séchée, fumée, charcuterie, fromages; plumes à écrire apprêtées.	quint. N.	2 30	100 kil. N.	11 65
	miel et sirop de; ruche contenant le miel et la cire avec ou sans les abeilles mortes.	quint. B.	0 30	100 kil. B.	2 33
	cire et crasse de cire.	id.	1 30	id.	6 99
	poils, cheveux, crins, peignés, bouillis, teints; plumes de parure non apprêtées; plumes non dénommées, plumes à écrire brutes; baudruches; débris d'éponge et autres produits non dénommés.	id.	0 45	id.	3 50
	4. *Boissons, aliments préparés, huiles grasses, graisses et leurs composés.*				
10	*Boissons*. Vinaigre, bière, hydromel, cidre, en futailles. .	id.	0 45	id.	3 50
	eau-de-vie non sucrée, alcool, rack, rhum, en futailles.	quint. N.	5 00	100 kil. N.	23 30
	boissons spiritueuses distillées, en bouteilles; essence de punch.				
	autres spiritueux édulcorés.	id.	7 30	id.	34 96
	vins communs, en futailles et en outres.	id.	2 00	id.	9 32
	vins communs en bouteilles, et vins fins, c'est-à-dire autres que ceux d'Autriche, d'Italie et de la Turquie limitrophe.	id.	7 30	id.	34 96
11	*Aliments* préparés non repris à d'autres sections.				
	pain commun, biscuit de mer, pâtes alimentaires sans sucre.	quint. B.	0 15	100 kil. B.	1 17
	pain d'épices, biscuits, patisserie sucrée, câpres, moutarde préparée, succédanés de café.	id.	2 30	id.	11 65
	chocolat, confitures, sucreries, autres aliments préparés non dénommés.	id.	7 30	id.	34 96
12	*Huiles* grasses, graisses et leurs composés.				
	graisses	id.	0 45	id.	3 50
	huiles d'olives, et résidus d'huiles d'olives en futailles et en outres.	quint. N.	2 30	100 kil. N.	11 65
	huiles grasses non dénommées en futailles.	quint. B.	0 45	100 kil. B.	3 50
	les mêmes, et d'olives, en bouteilles et en cruches.	quint. N.	7 30	100 kil. N.	34 96
	bougies autres que de cire, savons et autres composés de graisses non parfumés.	id.	2 30	id.	11 65
	bougies de cire et autres composés de cire, non compris les ouvrages modelés.	id.	5 00	id.	23 30
	5. *Fils, tissus, bonneterie, effets d'habillement, modes*				
13	*Fils* et tissus de coton (3).				
	fils simples et retors, ouates, tissus communs, non blanchis, non teints, non imprimés; canevas, toile à voiles en coton.	id.	2 30	id.	11 65
	tissus communs, blanchis ou teints.	id.	5 00	id.	23 30
	tissus non dénommés.	id.	15 00	id.	69 91
	tissus fins, batiste, etc. (4).	id.	50 00	id.	233 03
14	*Fils* et tissus de laine.				
	fils retors et non retors, tissus grossiers, etc., etc. (voir tarif d'Autriche).	id.	2 30	id.	11 65
	tissus et bonneterie non dénommés (5).	id.	7 30	id.	34 96
	tissus et bonneterie non dénommés, demi-fins. . .	quint. N.	15 00	100 kil. N.	69 91
	les mêmes, fins.	id.	50 00	id.	233 03
15	*Fils* et tissus de lin, et d'autres végétaux filamenteux autres que le coton.				
	ouvrages de corderie, non blanchis et non teints (6).	quint. B.	0 45	100 kil. B.	3 50
	fils non retors et retors, toile écrue, toile à voiles, toile cirée non imprimée, outres, tuyaux et sceaux pour pompes à incendie, ouvrages de corderie blanchis ou teints.	quint. N.	1 30	100 kil. N.	6 99
	tissus de lin, communs (6).	id.	5 00	id.	23 30
	fins (6).	id.	50 00	id.	233 03
	et ouvrages de lin non spécialement dénommés. . .	id.	15 00	id.	69 91
16	*Soie* et tissus de soie.				
	soie écrue non filée, et déchets de soie non filés. .	quint. B.	0 45	100 kil. B.	3 50
	soie filée et bourre de soie, fleuret filé.	quint. N.	2 30	100 kil. N.	11 65
	tissus de soie fins (6).	id.	50 00	id.	233 03
	tissus de soie non dénommés et taffetas gommé. . .	id.	15 00	id.	69 91
17	*Habillement* (effets d') et ouvrages de modes (6).	id.	50 00	id.	233 03

OBSERVATIONS.

(1) Le bois à brûler peut être déclaré au klafter de la basse Autriche. Klafter=72 p. c. de Vienne = 2 m. c. 274.

(2) Apprêtés d'une autre manière, ou conservés en boîtes ou bocaux de verre, voir Aliments préparés.

(3) Sont traités comme en coton, les objets mélangés d'autres fils végétaux filamenteux.

Comme en laine, tous tissus de coton mélangés de matières animales autres que la soie.

Comme en soie, tous objets mélangés de soie.

(4) Voir pour les dénominations le Tarif d'Autriche.

(5) Ceux mélangés de soie sont traités comme tissus de soie.

(6) Voir pour les dénominations le Tarif d'Autriche.

Nos d'ordre des sections du Tarif.	DÉNOMINATION DES MARCHANDISES.	DROITS. Unités allemandes. Bases.	Droits.	Unités françaises. Bases.	Droits.	OBSERVATIONS.
			fl. kr.		fr. c.	
	6. *Métaux, poteries, verres et verreries.*					(1) Voir pour les dénominations le Tarif d'Autriche. (2) Les machines en autres matières comme ouvrages desdites matières. (3) Voir pour les dénominations le Tarif d'Autriche.
18	*Fer* et ouvrages en fer.					
	fer brut et ferrailles ; ancres, enclumes.	quint. B.	0 06	100 kil. B.	0 47	
	fer forgé et laminé (1).	id.	0 24	id.	1 86	
	ouvrages en fer non dénommés, y compris ceux combinés avec le bois.	id.	1 00	id.	4 63	
	ouvrages en fer fins (1).	quint. N.	7 30	100 kil. N.	34 96	
19	*Métaux* communs autres que fer et ouvrages desdits métaux.					
	métaux communs bruts (1).	quint. B.	0 24	100 kil. B.	1 86	
	les mêmes, coulés, laminés, étirés, filés, cloches pesant la pièce plus de 14 kil., et autres articles pesant la pièce plus de 56 kil. ; caractères d'imprimerie, clichés et matrices, cuivre battu en pièces creuses, non achevées, laiton pulvérisé, bronze en poudre, mercure ou vif-argent.	quint. N.	2 30	100 kil. N.	11 65	
	objets en métaux communs, à l'exception des ouvrages dorés, argentés, fin, ou recouverts d'un vernis d'or et d'argent, non compris dans les autres sections du tarif, même combinés avec d'autres matières, mais non repris à la quincaillerie.	id.	7 30	id.	34 96	
20	*Poteries*, ouvrages en terre cuite.					
	poteries de toute sorte non dénommée.	quint. B.	0 24	100 kil. B.	1 86	
	ouvrages en grès.	quint. N.	2 30	100 kil. N.	11 65	
	porcelaines et autres ouvrages en terre cuite, combinés avec d'autres matières, mais non repris à la quincaillerie.	id.	7 30	id.	34 96	
21	*Verres* et verreries.					
	verre commun (1).	quint. B.	0 45	100 kil. B.	3 50	
	verres et verreries non dénommés.	quint. N.	2 30	100 kil. N.	11 65	
	verreries fines (1).	id.	7 30	id.	34 96	
	7. *Ouvrages non repris à d'autres classes du tarif.*					
22	*Papier* et ouvrages en papier.					
	papier commun (1).	quint. B.	0 45	100 kil. B.	3 50	
	papier non dénommé, cartes géographiques, livres, musique.	quint. N.	2 30	100 kil. N.	11 65	
	papier fin (1).	id.	5 00	id.	23 30	
	ouvrages en papier (1).	id.	7 30	id.	34 96	
23	*Peaux préparées et ouvrées, fourrures, caoutchouc et gutta-percha.*					
	Fourrures brutes et confectionnées, non combinées avec d'autres matières ; pelisses de mouton sans dessus, cuir non dénommé ; caoutchouc en plaques, gutta-percha épurée	id.	2 30	id.	11 65	
	cuir verni, gaufré, doré, argenté, parchemin, caoutchouc filé.	id.	5 00	id.	23 30	
	ouvrages en peaux et en caoutchouc non dénommés, même combinés avec d'autres matières, ne rentrant pas dans la quincaillerie.	id.	7 30	id.	34 96	
	Ouvrages en bois et en pierres.					
24	*Ouvrages* en bois de l'espèce la plus commune (1).	quint. B.	0 06	100 kil. B.	0 47	
	pierres communes taillées et polies, pierres à aiguiser et repasser, de touche, à feu, ardoises en table, encadrées ou non, et crayons d'ardoise, craie et pierre rouge en crayon, pierres moulues de toute sorte, ouvrages en pierre gros, non repris à la quincaillerie.	id.	0 24	id.	1 86	
	ouvrages en bois commun (1).	id.	0 24	id.	1 86	
	les mêmes demi-fins (1).	quint. N.	2 30	100 kil. N.	11 65	
	ouvrages en bois et pierre fins (1).	id.	7 30	id.	34 96	
	Embarcations, voitures et traîneaux.					
25	*Embarcations* de moins de 30 tonneaux	la pièce.	0 45	la pièce.	1 96	
	de 30 à 100 tonneaux.	id.	1 30	id.	3 91	
	de plus de 100 tonneaux.	id.	7 30	id.	19 58	
	voitures et traîneaux communs, c'est-à-dire charrettes, et chariots de roulage.	id.	0 24	id.	1 04	
	voitures et traîneaux pour les personnes, garnis et rembourrés.	id.	7 30	id.	19 58	
	Machines et instruments.					
26	*Machines* en fer, c'est-à-dire en fer ou en acier, seuls ou combinés avec d'autres matières (2).	quint. N.	2 30	100 kil. N.	11 65	
	Instruments de mathématiques, d'optique, de musique. .	id.	7 30	id.	34 96	
27	*Quincaillerie et mercerie.*					
	Quincaillerie fine (3).	id.	50 00	id.	233 03	
	demi-fine (3).	id.	15 00	id.	69 91	
	commune (3).	id.	7 30	id.	34 96	
	Mercerie de l'espèce la plus commune (2).	quint. B.	0 45	100 kil. B.	3 50	
28	*Produits chimiques et couleurs.*					
	Eaux minérales, vitriol de fer, soude, carbonate de soude autre que la soude non épurée ; borax et acide borique ; arsenic et acide arsénieux ; antimoine cru et régule ; verre soluble ou silicate de potasse ; crême de tartre raffinée et cristallisée ; muriate de potasse ; salpêtre brut et raffiné ; mèches souffrées.	id.	0 24	id.	1 86	
	Amidon, poudre à poudrer, colles de toute sorte, gomme laque, noire de fumée, de charbon, d'imprimerie de Francfort ; charbon en poudre ; cirage pour chaussure ; lithafge ; orpiment ; vitriol de cuivre, de zinc,					

N°s d'ordre des sections du Tarif.	DÉNOMINATION DES MARCHANDISES.	DROITS. Unités allemandes. Bases.	Droits.	Unités françaises. Bases.	Droits.	OBSERVATIONS.
			fl. kr.		fr. c.	
	d'admonde ; alun ; acides muriatique, nitrique, sulfurique ; eau régale ; cochenille ; kermès ; indigo ; lac-dye ; tournesol ; rocou ; sépia en vessie ; vert de vessie.	id.	0 45	id.	3 50	(2) Avec une autorisation spéciale, on paye 23 fr. 30c. par 100 kil. N.
	Sels de cuisine.	....	prohibés.	....	prohibés.	
	sels ammoniacaux, esprit de sel ammoniac; acide tartrique ; chromate et prussiate de potasse, chlorure de chaux ; blanc de plomb et de zinc ; massicot ; minium ; tutie ; vert-de-gris ; borax raffiné.	quint. B.	1 30	100 kil. B.	6 99	
	Produits chimiques et couleurs non spécialement dénommés (1).	quint. N.	5 00	100 kil. N.	23 20	
	Poudre à tirer (2).	....	prohibée.	....	prohibée.	

TABLEAU DES TARES.

Elles sont les mêmes que pour l'empire d'Autriche. (Voir le Tarif.)

TARIF DES DROITS DE CONSOMMATION.

N°s d'ordre des sections du Tarif.	DÉNOMINATION DES MARCHANDISES.	DROITS. Unités allemandes. Bases.	Droits.	Unités françaises. Bases.	Droits.	OBSERVATIONS.
			fl. kr.		fr. c.	
	Boissons.					
1	vins, commun	quint. B.	0 20	100 kil. B.	1 55	
2	fin.	id.	1 20	id.	6 21	
3	liqueurs, rhum.	id.	2 00	id.	9 32	
4	eau-de-vie et esprit-de-vin.	id.	1 20	id.	6 21	
5	vinaigre.	id.	0 06	id.	0 47	
6	bière.	id.	0 24	id.	1 86	
	Bêtes de boucherie					
7	gros bétail.	par tête.	1 30	par tête.	3 92	
8	veaux de moins d'un an.	id.	0 30	id.	1 31	
9	porcs.	id.	0 48	id.	2 09	
10	brebis, béliers, moutons, chèvres, boucs.	id.	0 06	id.	0 26	
	Céréales et autres denrées :					
11	farines de froment.	quint. B.	0 06	100 kil. B.	0 47	
12	d'autres grains, son et orge mondé.	id.	0 04	id.	0 31	
13	*Pâtes* alimentaires.	id.	0 15	id.	1 17	
14	*Légumineuses*, ou fruits à gousses, secs.	id.	0 05	id.	0 39	
15	*Riz*.	id.	0 10	id.	0 78	
16	*Fromage*.	id.	0 50	id.	3 88	
	Bougies.					
17	de cire.	id.	3 20	id.	15 54	
18	de stéarine.	id.	1 00	id.	4 66	
19	chandelles.	id.	0 25	id.	1 94	
20	*Huiles* de toute sorte autres que d'olives.	id.	0 30	id.	2 33	
21	*Beurre*, graisses, jambon et autres viandes salées et fumées.	id.	0 20	id.	1 55	
22	*Viande* fraîche de toute sorte.	id.	0 10	id.	0 78	
23	*Poisson*, salé, bouilli, séché, mariné, fumé.	id.	0 15	id.	1 17	

MONNAIES, POIDS ET MESURES.

MONNAIES.

Florin	60 kreutzers	=	2 fr. 61
Kreutzer	4 pfennigs	=	0 04 35

POIDS.

Quintal de Vienne	= 100 livres	56 k.
Livre	= 32 loths	0 560
Loth		0 0175
Tonneau	= 20 quint.	1,120

MESURES DE LONGUEUR.

Pied de Vienne	= 12 pouces	0 m.31666
Pouce		0 m.02638

MESURE DE CAPACITÉ.

Mass. . . . . 1 l. 40

MESURE DE SOLIDITÉ.

Klafter de la basse Autriche 2 m.274.

FIN DU TARIF DES DOUANES DE L'AUTRICHE ET DE LA DALMATIE.

TARIF

DES

DOUANES DE BELGIQUE.

OBSERVATIONS GÉNÉRALES.

On pourra toujours se libérer du droit de transit en payant **10 c. par 100 fr.** de la valeur de l'objet déclaré, que le droit d'entrée soit appliqué au poids, au nombre ou à la mesure.

Toutes les marchandises non dénommées au présent tableau payent 2 pour 100 de leur valeur à l'entrée (1).

Les droits inscrits sont ceux exigés pour les importations par navires étrangers. — Celles effectuées par navires belges, ou qui leur sont assimilées, jouissent d'une réduction de droits de 10 pour 100.

DISPOSITIONS FONDAMENTALES.

PUBLICATION DES LOIS ET ARRÊTÉS ROYAUX.

Les lois et arrêtés royaux en matière de douane sont exécutoires dans tout le royaume le dixième jour après celui de leur insertion au *Moniteur*.

POUVOIR DU GOUVERNEMENT EN MATIÈRES DE TARIF.

Le roi peut, pour des cas particuliers et lorsque l'intérêt du commerce et des fabriques l'exige;

Prohiber ou soumettre à des droits plus forts à l'entrée les produits industriels provenant des pays où les produits belges sont prohibés ou très-fortement imposés;

Assimiler les marchandises non dénommées;

Prendre les mesures nécessaires pour que les produits de l'Asie, de l'Afrique et de l'Amérique arrivant sous pavillon du pays d'origine soient admis au même droit que par navires belges, mais à titre de réciprocité dans ces pays pour les produits de la Belgique;

Autoriser les navires venant des pays transatlantiques ou d'au delà du détroit de Gibraltar à faire escale dans des ports intermédiaires pour y faire toutes opérations de commerce;

Grever de droits différentiels les arrivages par rivières ou canaux, sous pavillon étranger, si le pavillon belge est assujetti dans les États de provenances de surtaxes de navigation;

Déterminer la forme et la nature des justifications d'origine;

Augmenter dans certains cas les encouragements de provenance et de pavillon;

Autoriser la libre importation de la chaux dans les parties du royaume où cela est reconnu utile;

Diminuer ou supprimer le droit sur le poisson de pêche étrangère;

Interdire l'entrée des tabacs d'Europe par certains bureaux des frontières de terre;

Prohiber la sortie des munitions de guerre et de la poudre à tirer;

Modifier, supprimer les droits de transit;

Lever les prohibitions de transit;

Permettre l'admission temporaire, par acquits à caution, des marchandises étrangères destinées à recevoir une main d'œuvre dans le royaume;

Élever le droit de tonnage sur les navires des pays étrangers;

Désigner les lieux où seront établis les bureaux de douanes, et les attributions de ceux-ci;

Désigner les voies ou routes autorisées pour le transport des marchandises, à l'entrée ou à la sortie.

CHANGEMENTS AU TARIF.

Le Tarif applicable est celui qui existe au moment de l'inscription en douane de la déclaration générale pour les importations par mer; des feuilles de route au bureau frontière pour les importations par chemin de fer sur succursale d'entrepôt; de la déclaration en détail dans les autres cas.

Pour les marchandises d'entrepôt ou de dépôt, c'est la date de la déclaration de mise en consommation ou de transit qui détermine le droit à appliquer.

Pour les marchandises en cours de transit que l'on renonce à expédier à l'étranger, c'est la date de la renonciation qui fixe la perception exigible.

Pour les marchandises provenant de saisies ou vendues pour la consommation, on applique le droit en vigueur au moment où la saisie a été faite.

PRESCRIPTION.

Les déclarants n'ont le droit de réclamer les sommes payées en trop pour des marchandises exemptes de l'accise que pendant une année à partir du jour de la déclaration.

(1) Voir pour les marchandises exemptes de droits le tableau ci-après, page 126.

APPLICATION DU TARIF.

Aucune marchandise ne peut entrer dans le pays ou en sortir si ce n'est en passant par un bureau de douane, où elle doit être déclarée et vérifiée.

DÉCLARATIONS ET VÉRIFICATIONS.

A l'entrée par mer, les capitaines ou seconds doivent dans les vingt-quatre heures au plus tard faire au premier bureau leur déclaration générale, et y exhiber les papiers de bord, les navires fussent-ils même sur lest.

Là les navires sont chargés, la déclaration doit contenir l'état de toutes les marchandises avec indication de leur espèce, du nombre des colis, de leurs marques, des quantités si les marchandises sont en vrac, et du lieu de destination du navire.

Les marchandises exemptes de l'accise importées par mer doivent être déclarées en détail immédiatement après leur arrivée au port de déchargement. Pour les marchandises d'accise cette déclaration doit être faite dans le délai de huit jours après l'arrivée.

A l'entrée par terre, rivières ou canaux la déclaration en détail doit être faite immédiatement après l'arrivée au bureau frontière.

Pour les marchandises de sortie la déclaration peut se faire soit au bureau frontière, soit au lieu de chargement, ou au bureau le plus voisin.

Il n'y a d'exception à ces règles que pour les marchandises arrivant par le chemin de fer, ou pour celles transbordées des bateaux à vapeur à Anvers et à Ostende, et dirigées sur les entrepôts. C'est à l'arrivée à destination que se font les déclarations en détail.

La déclaration en détail doit contenir toutes les indications nécessaires: ainsi l'espèce, la qualité, l'origine, le mode de transport, la destination, le nombre des colis, avec leurs marques et numéros, le poids, la quantité ou la mesure, le degré de force pour les boissons distillées, la valeur pour les marchandises tarifées à la valeur.

Cette déclaration doit être faite par écrit et signée, toutes les fois qu'il s'agit d'une opération de commerce.

Aucune déclaration ne peut être faite avant l'arrivée des marchandises.

Les consignataires peuvent demander à examiner les marchandises avant de faire la déclaration en détail.

Les marchandises ne peuvent être énoncées dans les déclarations que sous les dénominations du tarif. Quant à celles qui n'y sont pas désignées nominativement elles doivent être déclarées sous la dénomination la plus usitée dans le commerce.

Pour les marchandises exemptes de l'accise, on peut rectifier les déclarations en détail tant que la vérification n'est pas commencée. Toutefois la rectification ne peut porter que sur la quantité, l'espèce ou la valeur.

MARCHANDISES TARIFÉES AU POIDS.

On doit toujours déclarer le poids au brut, soit que l'on réclame le poids net légal, ou le poids effectif, qui est toujours obligatoire pour les marchandises soumises à l'accise, sauf le sucre de canne.

Le poids net doit être aussi indiqué lorsque la loi l'exige absolument.

Le poids net légal se calcule en déduisant la tare que la loi accorde du poids brut reconnu. Le poids net effectif est celui que les employés constatent par la pesée.

A l'entrée par terre, ou par canaux et rivières, il faut, si l'on veut payer les droits au poids net effectif, le déclarer au premier bureau d'entrée.

MARCHANDISES TARIFÉES A LA VALEUR.

La valeur à déclarer en douanes est celle que les marchandises ont dans le lieu et au moment où elles sont présentées pour être soumises à la vérification. Cette valeur doit donc comprendre, outre le prix d'achat à l'étranger, les frais supportés pour droits de sortie, frêt, assurance, etc., etc.

On ne peut comprendre dans une seule déclaration des marchandises de même espèce estimées ensemble à plus de huit mille quatre cent quatre-vingts francs.

On ne peut présenter démontées ou dépareillées des marchandises dont la valeur résulte de leur ensemble: ainsi des gants, des souliers dépareillés; des pendules démontées et dont il manquerait quelque pièce; un candélabre; un flambeau, etc., etc., et autres objets qui se vendent par paire.

PRÉEMPTION.

La loi confère aux employés le droit de préempter les marchandises taxées à la valeur; dans ce cas ils doivent payer aux déclarants:

Le prix déclaré de la marchandise, et celui des emballages;

10 p. % en sus, si le paiement se fait dans les vingt-quatre heures après la réception de l'autorisation de préempter donnée par le directeur;

11 p. % si le payement se fait le second jour;

12 p. % s'il n'a lieu que le troisième.

Passé ce délai, la préemption est nulle et l'on doit au préempté une indemnité de 3 p. % de la valeur déclarée.

La préemption doit être déclarée après la visite sommaire, sans qu'il soit permis de lever des échantillons avant d'avoir payé la valeur préemptée.

La préemption serait annulée si l'on reconnaissait que les marchan-

MODIFICATIONS

APPORTÉES

AUX TARIFS DES DOUANES DE BELGIQUE

PENDANT L'ANNÉE 1859

1° Les droits de magasin sur les grains déposés à l'entrepôt public de Liége sont établis comme suit :

Grains, froment, épeautre, seigle, orge, sarrasin, maïs, pois, avoine, fèves. . . . . En vrac, par mois, 100 kil. 0 fr. 06 c.

Vesces, gruau, orge perlé. . . . En sacs, id. id 0 fr. 04 c.

(Arrêté royal du 21 janvier 1859).

2° Les œuvres d'art et de littérature expédiées en transit direct par les chemins de fer en waggons fermés et cadenassés ou plombés, ne sont plus soumises à la vérification ou à la justification d'origine.

(Décision du 14 avril 1859.)

TARIF D'EXPORTATION.

3° Charbons de bois, écorces à tan, exempts.

(L'exportation des chevaux, qui avait été prohibée, est rendue libre).

(Arrêté royal du 14 juillet 1859).

4° Le régime de l'entrepôt fictif est rendu applicable aux bois de construction. L'administration peut exiger l'estampillage de ces bois.

(Arrêté royal du 28 juillet 1859).

dises ont été dépareillées et amalgamées pour leur donner une valeur factice. Dans ce cas ces marchandises devraient être réexportées.

RESTRICTIONS D'EMBALLAGE.

Les marchandises doivent être présentées en douane *par espèce*, c'est-à-dire imposées à un droit commun.

MARCHANDISES PROHIBÉES, INCONNUES, NON ACCEPTÉES, OU SANS CONSIGNATAIRE.

Les marchandises prohibées, mais déclarées au premier bureau sous leur propre et véritable dénomination, peuvent être réexportées ou mises en entrepôt.

Celles dont l'espèce ou la nature sont inconnues, ou qui ne sont pas réclamées, sont mises au dépôt légal, où elles peuvent rester pendant un an. Après ce délai elles sont vendues si elles n'ont pas été déclarées pour la consommation ou la réexportation.

Le produit de la vente, déduction faite des droits et des frais, peut être réclamé pendant deux ans par les propriétaires de ces marchandises; passé ce délai le produit est acquis au trésor.

S'il s'agit de marchandises sujettes à prompte détérioration elles peuvent être vendues de suite; mais le produit de la vente n'est acquis au trésor qu'après trois ans.

ACQUITTEMENT DES DROITS.

Toute marchandise importée est réputée d'origine étrangère et soumise aux conditions du Tarif.

Les produits composés de matières ou substances diversement taxées doivent, lorsqu'ils ne sont pas spécialement imposés, être traités comme s'ils étaient de la matière ou substance qui en forme la partie principale.

Les droits du tarif doivent être payés au comptant, et avant l'enlèvement des marchandises. Toutefois on peut obtenir crédit pour le payement de l'accise dont sont passibles les boissons distillées, le sel brut, le sucre brut de canne et le vin.

RÉDUCTIONS POUR AVARIES.

Pour les marchandises importées par eau qui se sont avariées en route et que par ignorance on aurait déclarées comme saines, il est accordé une déduction des droits de douane, pourvu que le déclarant en fasse la demande avant d'avoir pris possession des marchandises. Aucune demande n'est admise si l'avarie n'est survenue pendant la traversée.

Pour les marchandises tarifées au poids ou à la mesure, la réduction de droits se fait en proportion de ce que les quantités avariées, vendues publiquement, ont rapporté de moins que des marchandises saines de la même espèce. — La réduction peut cependant s'établir sur le degré d'avarie, par l'expertise de deux ou trois courtiers ou experts jurés, nommés : l'un par l'administration, l'autre par l'intéressé, et le troisième, au besoin, par l'autorité communale.

Pour les marchandises tarifées à la valeur, c'est à l'intéressé à faire sa déclaration en conséquence.

RÉFACTIONS POUR TARE ET POUR COULAGE.

La tare sur les marchandises imposées au poids, et pour lesquelles il n'est point fixé de tare au tarif, est réglée ainsi qu'il suit :

Pour toutes les futailles ou caisses en bois, sans distinction, 15 k. par 100 k. bruts;

Pour tous emballages en cuir, paniers, canassers et autres semblables, 8 p. %;

Pour les emballages en nattes, en toiles, et pour tous autres emballages de la même nature, 3 p. %.

Il n'est point accordé de réfaction pour tare lorsque la marchandise est tarifée au poids brut ou au poids net, ni quand le poids net a dû être déclaré conformément à la loi.

Les remises suivantes sont accordées pour le coulage de toutes marchandises liquides, non passibles de l'accise, qui sont imposées à la mesure :

Pour celles qui arrivent d'Angleterre, d'Embden, de Brême, de Hambourg, des Pays-Bas et d'autres lieux voisins connus sous le nom de Kleine-Oost, ainsi que pour celles venant de France par les rivières, 6 p. %;

Pour celles venant de France par mer ou d'autres pays, par le Rhin et le Wahal, 12 p. %;

Pour celles venant de tous autres lieux plus éloignés, 14 p. % ;

Enfin sans distinction de provenance :

Pour l'huile de baleine, 12 p. %;

Pour le lard de baleine, 6 %.

L'on peut toujours réclamer la vérification, et ne payer que sur les quantités reconnues.

EMBALLAGES.

En général les emballages sont admis en franchise, à moins qu'ils n'aient une valeur commerciale réelle. C'est ainsi que l'on doit percevoir les droits sur les caisses de métal dans lesquelles s'importe le ferblanc ; dans certains cas, sur les cruchons en poterie, les bouteilles, les bocaux en verre, etc., etc.

ÉCHANTILLONS.

Ils sont admis en franchise lorsqu'ils sont de nature à ne pouvoir être utilisés autrement que comme modèles ou types, ou lorsqu'il s'agit d'objets dépareillés, etc., n'étant d'aucune valeur. Toutefois les morceaux de tissus, dont la longueur excède 30 centimètres sur toute la largeur de l'étoffe, suivent le régime ordinaire des marchandises et sont soumis aux prescriptions du tarif.

CONTESTATIONS SUR L'APPLICATION DU TARIF.

Toutes les fois que les employés ont des doutes sur la nature ou l'espèce d'une marchandise soumise à la vérification, ils en doivent suspendre l'admission, prélever des échantillons et les envoyer à l'administration chargée de statuer. L'importateur est autorisé néanmoins à disposer de la marchandise, s'il le veut, en consignant le droit le plus élevé que l'on suppose être applicable, et en s'engageant à s'en rapporter à la décision qui interviendra.

EXEMPTIONS DE DROITS.

Il y a exemption exceptionnelle de droits pour :

1° Les objets que les ambassadeurs ou ministres belges près des puissances étrangères exportent à l'occasion de leur premier départ;

2° Les objets appartenant aux ambassadeurs ou ministres étrangers en Belgique, pourvu qu'il y ait réciprocité, dans les pays qu'ils représentent, pour les agents diplomatiques belges ;

3° Les chevaux et voitures des voyageurs, ainsi que les bagages de ceux-ci, en ce qui concerne leurs habillements et effets de corps ;

4° Les chevaux et bestiaux allant au paccage, ou en venant, qu'ils appartiennent à des Belges ou à des étrangers ;

5° Les récoltes de toute espèce, y compris les engrais et semences, provenant des propriétés limitrophes ou en provenant. — En tout cas, les propriétés ne doivent pas se trouver à plus de 5,500 mètres de la frontière, et les importations ou exportations doivent avoir lieu à l'époque des semailles ou des récoltes ;

6° Les provisions de bord des navires de mer, en ce qui concerne les objets de subsistance, calculées sur le nombre des personnes, la longueur et la nature du voyage, ainsi qu'à l'égard des objets destinés à être employés au service du bord.

Les provisions de bord doivent être déclarées en détail, par les capitaines, à leur arrivée, comme s'il s'agissait de marchandises.

Aucun objet ne peut être embarqué sur des navires belges ou étrangers, à titre de provisions, qu'après la déclaration et en vertu d'un permis.

RÉIMPORTATIONS EN EXEMPTIONS DE DROITS.

Peuvent être réimportées en franchise des droits les marchandises belges qui n'auraient pu être introduites dans les pays étrangers par suite d'une prohibition dont l'expéditeur belge n'aurait eu connaissance qu'après leur départ ; — les objets de fabrique ou autres, reconnus d'origine belge, expédiés à l'étranger, et qui en reviennent non vendus ou non acceptés ;

Les sacs, futailles, caisses et autres emballages, ayant servi à l'exportation de marchandises, pourvu que l'intéressé se soit réservé cette faculté au moment de l'exportation. — Dans ce cas, ces emballages sont estampillés, marqués ou poinçonnés par le soin de la douane.

Les étrangers qui viennent s'établir ou fixer leur résidence en Belgique ; les Belges qui, après une résidence en pays étranger, reviennent dans leur patrie ; les artistes qui viennent exercer en Belgique, même temporairement, une profession libérale ou mécanique ; les établissements publics du Gouvernement et les sociétés savantes, peuvent recevoir en exemption des droits, selon leur position :

1° Des habillements, linge de corps, de lit, et de table ; — des meubles de toute espèce hors de commerce ; — de l'argenterie vieille, marquée au chiffre ou aux armes des importateurs ;

2° Des instruments d'art, libéraux ou mécaniques, et des instruments aratoires exclusivement relatifs à la profession des intéressés ; — des costumes, partitions et décorations de théâtre, animaux et objets évidemment destinés à des représentations publiques ;

3° Des objets de collection, de science, de numismatique, d'art et d'histoire naturelle, y compris les manuscrits ; — des livres reliés ou brochés, à l'exclusion de ceux en feuilles, pourvu qu'ils ne soient pas neufs et qu'il ne soit présenté qu'un seul exemplaire de chaque ouvrage ; — des estampes ou dessins encadrés ou en feuilles, et des cartes géographiques, pourvu qu'il ne soit également présenté qu'un seul exemplaire du même sujet.

Les demandes en exemption doivent être appuyées d'une liste détaillée en double des objets à admettre.

Le Gouvernement peut, dans tous les cas, refuser l'exemption s'il le juge convenable; sa décision n'est sujette à aucun recours.

Le Gouvernement peut autoriser l'admission en franchise des machines, métiers, et appareils nouveaux ou perfectionnés, y compris les bateaux à vapeur présentant un ensemble de perfectionnements tels qu'ils puissent être considérés comme modèles.

TRAITÉS DE COMMERCE ET DE NAVIGATION.

La Belgique a conclu, avec plusieurs puissances étrangères, des traités de commerce et de navigation qui dérogent aux dispositions générales du tarif des douanes. Ces dérogations portent sur trois points :

1° Assimilation des pavillons étrangers au pavillon belge, pour l'importation des marchandises assujetties à des droits différentiels;

2° Réduction spéciale des droits à l'entrée, à la sortie, au transit de certaines marchandises ;

3° Abaissement du droit de tonnage sur les navires étrangers au niveau du droit payé par les navires belges.

L'assimilation des pavillons étrangers au pavillon belge, pour l'importation des marchandises soumises à des droits différentiels, existe dans les cas et pour les pavillons ci-après :

1° Importation directe par mer de l'État auquel appartient le pavillon, quelle que soit l'origine des marchandises importées.

Pavillons assimilés. — Autriche, États-Unis, France (1), Grande-Bretagne, Grèce, Guatemala, îles Ioniennes, Mexique, Pays-Bas, Pérou, États Romains, Sardaigne.

Pour le pavillon de la Grande-Bretagne, l'assimilation existe tant pour les ports du Royaume-Uni que pour ceux des colonies ou possessions.

Pour le pavillon des Pays-Bas, elle s'étend aux importations par canaux et rivières, etc. ; celles-ci sont en outre assimilées aux importations par mer, pour la déduction de la surtaxe de 10 p. %.

2° Importation directe, par mer, de l'État auquel appartient le pavillon lorsque les marchandises sont originaires du même État.

Pavillons assimilés. — Brésil, Chili, Deux-Siciles, Russie.

3° Importation par mer de toute provenance, lorsque les marchandises rentrent dans la catégorie, d'ailleurs ou autrement, du tarif des droits différentiels.

(1) Voici les dates des traités entre la France et la Belgique : 17 novembre 1849, dix ans de durée, avec réserve tacite de réconduction d'année en année. — Traité de commerce et de navigation, 22 août 1852. — Convention littéraire et artistique, dix ans de durée à partir du 12 mai 1854. — 22 août 1852, convention commerciale, dix ans de durée. — 27 février 1854, traité de commerce, cinq ans de durée.

Pavillons assimilés. — Autriche, États-Unis, États Romains, France, Grande-Bretagne, Guatemala, îles Ioniennes, Pays-Bas, Pérou, Sardaigne.

DROITS ACCESSOIRES PERÇUS PAR LA DOUANE.

1° Droit de tonnage sur les navires de mer :

Le tonneau est estimé équivaloir à mille kilolitres représentés par un mètre cube et demi.

Les bâtiments soumis à ce droit sont divisés en trois classes :

Bâtiments belges, payent, par an, à leur première entrée et à leur première sortie, du 1er janvier au 31 décembre, 0 fr. 95 c. 40/100 par tonneau.

Bâtiments étrangers assimilés aux navires belges (1), mêmes droits;

Bâtiments étrangers non assimilés paient, par voyage, 2 fr. 22 c. 60/100 par tonneau;

Les bâtiments entrant par relâche forcée sont exemptés de payer le droit de tonnage. Il en est de même pour les bateaux-pilotes.

2° Droits d'accise à l'importation :

Sel brut (2). . . . . . 18 fr. par 100 k.
Sucre brut de canne. 45 fr. par 100 k.
Vins (3). . . . . 33 fr. par hectolitre.

Liquides alcooliques : eau-de-vie, rhum, arak et tous ceux sans mélange de substance qui en altère le degré, 50 fr. par hect. (à 50 degrés ou au-dessous de l'alcoomètre de Gay-Lussac, à la température de 15 degrés du thermomètre centigrade); par chaque degré au-dessus de 50, 1 fr. par hectolitre.

Liqueurs sans distinction de degré, 60 fr. par hectolitre.

(1) Les navires français sont assimilés.
(2) Le sel de France jouit d'une déduction de 7 p. 100
(3) Réduit à 24 fr. 75 c. par hectol. pour les vins de France.

3° Droits de timbre des expéditions :

Varient de 0 fr. 25 c. à 1 fr. par expédition.

4° Centimes additionnels :

20 p. % sur le principal des droits d'entrée, de sortie, de transit, de tonnage;

30 p. % des droits de timbre sur les acquits d'entrée, de sortie, de transit, de navigation.

EXPORTATIONS AVEC DÉCHARGE DE L'ACCISE.

Il est accordé décharge de l'accise pour les produits suivants, fabriqués en Belgique :

Bières, eaux-de-vie, sel raffiné, sirops provenant du raffinage du sucre brut à l'exception des mélasses, sucres raffinés, sucres bruts de betteraves, vinaigres.

Il n'est pas délivré de permis d'exportation au-dessous des quantités suivantes :

Bières en cruches. . . . . 10 hectolitres.
— en bouteilles et cruchons. 2 id.
Eaux-de-vie. . . . . 10 id. à 50 degrés, à moins qu'il ne s'agisse de provisions de bord.
Sel raffiné. . . . . 2,500 k.
Sucre brut de betterave. 200 k.
Sucres raffinés, candis. . 100 k.
— autres. . 200 k.
Vinaigres . . . . 40 hectolitres.

Les boissons doivent être reconnues de bonne qualité ordinaire. Il en est de même des vinaigres.

Le sel doit être renfermé dans des colis d'un poids brut de 50 kilos au moins. L'exportation en vrac n'est permise que par mer. S'il s'agit d'exportation en France, il faut justifier, dans les quinze jours, que les droits ont été payés à l'importation en France.

TARIF D'IMPORTATION.

DÉNOMINATION DES MARCHANDISES.	BASES des droits.	DROITS d'entrée. fr.	c.
Acier non ouvré (1).	100 kil.	1	
ouvré, ouvrages et outils d'acier.	valeur.	12	%
Amidon.	100 kil.	25	40
Bestiaux.			
taureaux, bœufs, vaches, bouvillons, taurillons, génisses, et veaux pesant 30 kil. et au-delà.	par kil. du poids brut des animaux sur pied.		01
veaux pesant moins de 30 kil., moutons, agneaux et cochons.	par tête.		40
Beurre frais et salé.	100 kil.	7	70
Bleu minéral et *torentjes blaauw*.	id.	5	
de Prusse.	id.	12	70
Bois : balais de bouleau.	100 fr.		60
de construction, de chêne et de noyer.	mètre cube.	1	20
autres, en grume.	id.	3	60
refendus, pour douves, merrains ou caisses.	id.	1	20
sciés, de plus de 5 cent. d'épaisseur.	id.	7	20
de 5 cent. et moins.	id.	10	80
divers (2).	valeur.	6	%
ouvrages de bois.	id.	24	%
d'osier.	100 fr.	7	20
Boissons distillées. Eaux-de-vie et liqueurs de toute espèce :			
En cercles.	l'hectolitre.	7	20
En bouteilles ou cruchons.	id.	12	
fermentées autres que vin (3) :			
En cercles.	id.	6	
En bouteilles ou cruchons.	id.	9	
liquides, alcooliques quelconques, non soumises aux accises, contenant en mélange ou en solution des substances qui en altèrent le degré.	le litre.		60
Bonneterie de coton, bas, chaussettes, bonnets et gants.	le kil.	4	80
autres articles.	id.	1	80
de laine.	id.	3	40
de lin.	id.	2	40
Cacao en fèves ou en pelures.	100 kil.	18	
Café : torréfié ou non.	id.	13	20
Cannelle commune (4).	100 kil.	48	
fine (5).	id.	240	
Caoutchouc brut concret ou liquide.	id.	6	
ouvré pur.	id.	60	
mélangé d'autres matières dont il forme la partie principale.	id.	300	
ouvré en passementerie et en rubannerie.	id.	420	
filé.	id.		60
Caractères d'imprimerie.	id.	30	50
Cartes géographiques et de marine.	100 fr.	1	20
à jouer.	la grosse.	15	50
Céruse ou blanc de plomb.	100 kil.	5	
Champignons et morilles.	id.	60	
Chandelles de suif et de composition.	id.	34	30
bougies.	id.	101	80
Chapeaux de poil de feutre, et autres en laine, paille, toile cirée, cuir vernissé.	valeur.	12	%
Charbon de terre (houille).	1000 kil.	1	70
Chevaux.	par tête.	18	
poulains.	id.	6	
Chicorée (racines de) vertes et séchées.	100 kil.	3	60
brûlées, préparées et moulues	id.	6	
Chocolat.	id.	30	50
Cire brute.	id.	2	50
blanche	id.	15	20
Conserves alimentaires (6).			
à l'eau-de-vie, au miel et au sucre.	id.	90	
autres.	id.	30	
Cordages de 5 cent. de diamètre et plus.	id.	6	
de moins de 5 cent. de diamètre.	id.	24	
Crins frisés ou autrement préparés.	id.	36	
Cuivre pur, ou allié de zinc ou d'étain : battu, étiré, ou laminé (7).	id.	12	
ouvré (8).	valeur.	12	%
monnaie étrangère.	100 kil.	60	
Drogueries (9).	id.	2	20
Épiceries non spécialement tarifées (10).	id.	24	
Estampes ou gravures.	id.	1	20
Étain ouvré.	id.	25	40

(1) La dénomination d'acier non ouvré comprend celui en feuilles, planches, barres et filé.

(2) Comprenant les pièces de bois en grume ou non scié, ayant moins de 60 c. de circonférence au gros bout, les cercles et cerceaux; le feuillard, les gaules, perches, échalas, mâts, espars, rames, saules pour cerceaux, bois de chauffage, les osiers, houssines, verges.

(3) Comprenant la bière, le cidre, l'hydromel, le poiré, le verjus, les vinaigres.

(4) Cannelle de Chine, cassia lignea, cassia vera.

(5) Cannelle de Ceylan, de Java et autres de même espèce.

(6) Sont rangés dans cette classe le caviar, les confiseries et bonbons, les écorces de citron et d'oranges confites, écorces de melon confites, fruits confits à l'eau-de-vie ou au sucre, fruits salés ou en saumure, gingembre confit, légumes en conserve, pâtés et extraits de viandes.

(7) Comprenant les clous et le fil de cuivre.

(8) Comprenant les ouvrages de cuivre de toute espèce.

(9) Sont classés comme drogueries : agaric, aloès, ambre jaune, anis étoilé et anis vert, baies de genièvre, baies de laurier, benjoin, bois pour la médecine, camphre brut et raffiné, cantharides, cascarilla, cassia fistula, castoreum, colle forte et de poisson, coloquinte, corne de cerf, crême et cristal de tartre, drogues non tarifées, écorces de citron et d'orange non confites, gingembre non confit, glace, gomme du Sénégal, de la Barbarie, de l'Arabie, gomme ammoniaque, assa-fœtida, galbanum, gutte, euphorbe, gaïac, myrrhe, oliban et sandaraque, huiles d'épiceries, ipécacuanha, jalap, jus de citron et de limon, magnésie, manne, marc de racines et de roses, musc, opium, quinquina, rhubarbe, salsepareille, sang-dragon, séné, tartre de vin, eaux de source, minérales ou artificielles, gazeuses ou non, essence ou extrait de caoutchouc.

(10) Sont assimilés aux épiceries le cardamome, le cumin, le safran, le soja, la vanille.

DÉNOMINATION DES MARCHANDISES.	BASES des droits.	DROITS d'entrée. fr. c.
tain (étain en feuilles minces)	100 kil.	60
Fer, minerai (1)	....	libre.
fonte brute et vieux fer	100 kil.	2 40
fer battu, étiré, laminé	id.	4 80
fonte ouvrée, ouvrages et ustensiles de fer coulé, tels que plaques de cheminées, poêles, poids, vases, enclumes	id.	16 10
mulet ou fonte épurée, comme fonte brute	....	....
forgé en barres, verges et carillons (comme fer battu)	....	....
tôle, plaques laminées et tôle noire, comme fer battu	....	....
clous, comme fer battu, étiré, laminé	....	....
vis	100 kil.	30
fer battu (ouvrages de), chaudières, enclumes	id.	30
en cercles et bandes de fer, dites feuillard (comme fer battu, etc.)	....	....
mitraille dite petite mitraille de fer battu (comme fonte brute)	....	....
fil de fer ou d'archal (comme fer battu)	....	....
vieux ou ferraille, autre que mitraille (comme fonte brute)	....	....
blanc non ouvré	100 kil.	30
blanc ouvré, ouvrages de fer-blanc, vernis, peints ou non	100 fr.	19 20
Figues	100 kil.	6
Filaments végétaux non spécialement tarifés (2), peignés	id.	6
Filets et autres ustensiles pour la pêche, y compris les ustensiles et appareils pour la pêche de la baleine	100 fr.	1 20
Fils de lin, de chanvre ou d'étoupes (droits additionnels compris) (3) :		
de caret, dit schyfgaren	100 kil.	12 70
à dentelles, écru et non tors	100 fr.	60
blanc et tors	id.	6
pour filet à harengs	id.	60
à voiles, ou ficelle filée au rouet de cordier	100 kil.	5 10
autres fils, mesurant au kilogr. :		
simples, écrus, 6,000 mètr. ou moins	id.	19 20
plus de 6,000 mètres et pas plus de 12,000	id.	28 80
plus de 12,000 mètres et pas plus de 24,000	id.	48
plus de 24,000 mètres	id.	84
blanchis, à quelque degré que ce soit, 6,000 mètres ou moins	id.	31 20
plus de 6,000 mètres et pas plus de 12,000	id.	43 20
plus de 12,000 mètres et pas plus de 24,000	id.	67 20
plus de 24,000 mètres	id.	114
teints, 6,000 mètres ou moins	id.	43 20
plus de 6,000 mètres et pas plus de 12,000	id.	55 20
plus de 12,000 mètres et pas plus de 24,000	id.	79 20
plus de 24,000 mètres	id.	126
retors, écrus, 6,000 mètres ou moins	id.	26 40
plus de 6,000 mètres et pas plus de 12,000	id.	43 20
plus de 12,000 mètres et pas plus de 24,000	id.	76 80
plus de 24,000 mètres	id.	134 40
blanchis, à quelque degré que ce soit, 6,000 mètres ou moins	id.	45 60
plus de 6,000 mètres et pas plus de 12,000	id.	62 40
plus de 12,000 mètres et pas plus de 24,000	id.	100 80
plus de 24,000 mètres	id.	168
teints, 6,000 mètres ou moins	id.	57 60
plus de 6,000 mètres et pas plus de 12,000	id.	74 40
plus de 12,000 mètres et pas plus de 24,000	id.	112 80
plus de 24,000 mètres	id.	180

DÉNOMINATION DES MARCHANDISES.	BASES des droits.	DROITS d'entrée. fr. c.
de coton non tors ou non teints	100 kil.	101 80
de coton, tors ou teints	id.	127 20
de coton retors, à faire tulle du n° 140 métrique et au-dessus	id.	6
de laine, écrus et non tors	id.	120
— dégraissés, blanchis	id.	144
— tors ou teints	id.	168
de poils de chèvre écru	id.	5
de poils de chèvre teint	id.	30 60
de vache et autres animaux, non tarifés	id.	60
déchets, ou autres fils de laine ou de poil	id.	05
Toute espèce de fils non spécialement tarifés	100 fr.	12
Fromages de toute espèce	100 kil.	12 70
Fruits de toute espèce, amandes	id.	36
citrons, limons et oranges	id.	6
raisins	id.	24
prunes et pruneaux	id.	18
non dénommés verts	id.	2 40
secs	id.	6
Futailles neuves et vides	....	prohibées.
vieilles	100 fr.	3 60
barils à harengs vides	....	prohibés.
Graines : non dénommées (4)	....	libres.
de lin à semer, du 1er août au 1er avril (5)	....	libres.
oléagineuses	1000 k.	2 40
Grains. Froment, épeautre mondé, méteil, pois, lentilles, fèves, seigle, maïs, sarrazin, féverolles, vesces, orge, drèche, avoine, épeautre non mondé	100 k.	60
Gruau et orge perlé, farines et moutures de toutes espèces, son, fécule, et autres amylacées, pain, biscuit, macaroni, semoule, vermicelle et pain d'épice	id.	1 20
Graisses, suif, dégras, saindoux et beurre rance	id.	2 40
Habillements neufs, à l'usage d'hommes et de femmes	valeur.	24 %
vieux, pour hommes et femmes, sans être chiffons	id.	12 %
Houblon	100 kil.	1 60
Huile d'olive et autres huiles alimentaires (6)	id.	18
de fabrique (7)	id.	2 40
de graines	id.	6
Instruments de mathématiques, physique, chirurgie et d'optique	100 fr.	3 60
de musique	id.	6
Jus de réglisse	100 kil.	12
Laine, sans distinction d'origine (de toute espèce) (8)	....	libre.
teinte ou peignée	100 kil.	30
Laque de Venise, en boules (*kogel-lack*)	id.	5
en feuilles (*schil-lack*)	id.	2 50
Levure	100 fr.	3 60
Livres brochés ou en feuilles	100 kil.	38 20
cartonnés ou reliés	id.	50 90
en feuilles, brochés, cartonnés ou reliés, imprimés cinquante ans avant l'époque de l'importation, et pourvu qu'il ne soit présenté qu'un exemplaire de chaque ouvrage	id.	10
Machines et mécaniques en fonte (9)	id.	6
en fer ou acier	id.	9
en bois	100 fr.	12
en cuivre ou autre matière	100 kil.	14 40
pour filature, sans distinction	id.	14 40
Nota. — Sont compris sous cette dénomination les baudruches pour batteurs d'or, le caoutchouc combiné avec d'autres matières, préparé pour servir à l'impression des étoffes et à la confection des cardes, les cardes en fil de métal, les plaques rubans et garnitures de cardes de toute espèce, enfin toutes les pièces détachées de machines qui suivent, selon la matière dont elles sont composées, le régime des machines et mécaniques.		-

(1) Prohibé à la sortie, mais le gouvernement peut autoriser la sortie des minerais de fer par les bureaux de la frontière de la province du Luxembourg. — Un arrêté royal du 14 octobre 1856 a autorisé l'exportation des minerais violets dits oligistes par toutes les frontières du royaume.

(2) Comprenant le chanvre en masse et peigné, le lin brut et peigné, et les étoupes.

(3) En vertu du traité conclu avec la France, ce tarif est remplacé temporairement par le tarif français.

(4) Comprenant la graine d'alpiste, le millet, les graines forestales, la graine de trèfle, la graine d'oignon, les graines de jardin.

(5) Importée directement de Riga, avec justification d'origine.

(6) Comprenant l'huile de faine, de pavot, d'œillette, etc., etc.

(7) Les huiles d'olive dénaturées ou rancées sont admises comme huile de fabrique. Il en est de même des huiles de palme, de coco, de coulouconna et d'illipé et des huiles de poissons.

(8) Comprenant les laines provenant de vieilles étoffes et de vieux matelas, les peignons ou déchets de peignage, les bouts de laine teints ou non.

(9) Le gouvernement est autorisé à admettre en franchise provisoire des droits d'entrée les machines, métiers ou appareils, y compris les bateaux à vapeur, présentant un ensemble de perfectionnement tel qu'ils puissent être considérés comme modèles. Ces machines, métiers et appareils seront considérés comme nouveaux, tant qu'il n'en aura pas été construit de semblables en Belgique, et que ceux construits dans le pays n'auront pas fonctionné. Les demandes d'admission en franchise doivent être adressées au directeur des contributions de la province par où a lieu l'importation, et être accompagnées d'un inventaire explicatif et d'un plan sur échelle exprimant d'une manière claire et précise les modifications et perfectionnements qui constituent la nouveauté de l'invention.

DÉNOMINATION DES MARCHANDISES.	BASES des droits.	DROITS d'entrée.
		fr. c.
Manuscrits	100 kil.	12
Mercerie et quincaillerie (1)	100 fr.	12
Meubles de toutes espèces	id.	24
Miel	100 kil.	12
Modes (ouvrages de), y compris les fleurs artificielles	valeur.	24 %
Montres en or	la pièce.	2 50
en argent	id.	1 30
Mulets. Voir *Chevaux*.		
Munitions de guerre :		
armes blanches et à feu, de toute espèce, telles que fusils, carabines, pistolets et fontes de pistolets, piques, hallebardes, épées, sabres, baïonnettes et autres ustensiles portatifs de guerre de toute espèce, montés ou non montés, y compris les casques et les cuirasses et les pièces d'armes détachées	100 fr.	7 20
canons de bronze	100 kil.	22 90
idem, de fer	id.	5
boulets de canon	id.	5
balles de plomb, de fusil et de pistolet	id.	5
Nattes	100 fr.	3 60
de Moscovie	id.	1 20
Navires et autres embarcations	ton. de jauge (2).	6
Objets d'art ou de collection, non spécialement tarifés, et qui par leur nature offrent un intérêt de science ou de curiosité	100 fr.	2 40
Ocre non moulu	....	libre
moulu	....	id.
Or et argent ; objets d'orfévrerie et vaisselle d'or et d'argent ouvrés et non rompus	100 fr.	7 20
feuilles, battu	id.	6
Ouvrages de terre :		
poterie commune de terre ou de grès de toute espèce	100 kil.	3 60
faïences en terre commune, ou en pâte colorée, non décorées	id.	9 60
idem, décorées	id.	14 40
en terre de pipe et en pâte blanche ou colorée, non décorées	id.	21 60
idem, décorées	id.	32 40
porcelaines, blanches ou teintes	id.	72
idem, peintes ou dorées	id.	96
creusets	100 fr.	1 20
pipes de terre à fumer (de toute provenance)	1,000 pièces.	5
briques de 24 1/2 centimètres de longueur sur 1 3/4 centimètre de largeur et 5 centimètres d'épaisseur et au-dessous	1,000 en nomb.	3 80
de plus grande dimension	id.	7 70
tuiles et pannes	id.	5
Papier de toute espèce, blanc, gris, bleu, pour les raffineries de sucre, ainsi que les registres en papier blanc ou rayé	100 fr.	18
à meubler	id.	12
de musique, carton, papier destiné à la fabrication des cartes à jouer, papier coloré, maroquiné et maculature	id.	3 60
étranger, portant les marques des papeteries de Belgique	....	prohibé.
Parchemin	id.	7 20
Parfumeries	id.	12
Passementerie, comme franges, cordons, galons, aiguillettes et lacets, de lin ou de coton, ou mélangée de ces matières	100 kil.	180
de laine ou de poil de chèvre mélangée ou non de toute autre matière que la soie	id.	300
de soie pure	100 fr.	7 20
de toute matière mélangée de caoutchouc avec soie ou non	100 kil.	420
de toute autre espèce non spécialement tarifée	100 fr.	18
Peaux de chèvre et de mouton tannées en croûte	100 kil.	6
tannées, préparées ou apprêtées	id.	38 40
ouvrages de cuir et de peau	100 fr.	21 60
Pelleteries apprêtées	id.	7 20
Pierres polies ou sculptées autres que statues	id.	12
ardoises pour toitures	le 1,000	6
Plomb laminé ou ouvré et plomb en grenaille	100 kil.	6
Plumes de plumets et panaches, que l'on peut classer à l'article *Modes*	valeur.	24 %
Poissons d'eau douce.		
saumon et autres poissons frais, secs, salés ou fumés	100 kil.	7 70
de mer,		
anchois, frais, secs, salés	id.	7 70
homards à destination des parcs du pays	100 fr.	7 20
autres	id.	14 40
huîtres à destination des parcs du pays	100 kil.	18
autres	id.	30
morues en saumure ou au sel sec	la tonne (3).	30
barbues salées, églefins salés, et déchets de tête de cabillaud, comprenant la gorge, les joues et la lèvre supérieure	100 fr.	2 40
écrevisses autres que homards	id.	7 20
harengs de toute espèce	100 kil.	1 20
limaçons (caracoles) et moules	100 fr.	1 20
plies séchées	100 kil.	1 20
sardines fumées ou séchées	1,000 en nomb.	9 60
stockfisch	100 kil.	1 20
non dénommés :		
frais, fins et communs	id.	14 40
salés	100 fr.	12
fumés ou séchés	100 kil.	7 20
Poivre et piment	id.	24
Pommes de terre	l'hectolitre.	10
Poudre à tirer	100 kil.	40 70
Produits chimiques : acide hydro-chlorique et sulfurique	id.	2 40
acide nitrique et acétique	id.	6
non spécialement tarifés	100 fr.	6
chlorure de chaux	100 kil.	4 80
sels ammoniacaux	id.	24
soudes et sels de soude de toute espèce, à l'exception du muriate de soude et du nitrate de soude	id.	7 20
natron d'Égypte, marquant au moins 30 degrés à l'alcalimètre, importé directement de ce pays sous pavillon belge, moyennant les justifications à déterminer par le gouvernement, et seulement par le bureau d'Anvers	100 kil.	60
sulfates : alun	id.	4 80
— de magnésie	id.	7 20
— de potasse	id.	7 20
Produits divers nécessaires à l'industrie (4)	valeur.	6 %
Riz en paille non pelé	100 kil.	1 20
pelé	id.	2 40
Rubannerie de lin ou de coton, ou mélangée de ces matières : écrue	id.	72
blanchie ou teinte	id.	120
de laine ou de poil de chèvre, mélangée ou non de toute autre matière que la soie	id.	240
de pure soie	le kil.	6
de toute matière mélangée de caoutchouc, avec soie ou non	100 kil.	420
de toute espèce, non spécialement tarifée	valeur.	18 %
Sarraux en toile de lin brut	id.	12 %
Saumure, quelle qu'en soit la densité	....	prohibée.
Savon dur	100 kil.	12
mou	id.	15 20
parfumé	id.	25 40
Sel brut, par navires étrangers, venant directement de la mer et jaugeant au moins 50 tonneaux, sous pavillon belge	....	libre.
par navires étrangers	100 kil.	5
autrement	....	prohibé.
raffiné	100 kil.	40 70
Sirop et mélasse	id.	90
Soies à coudre ou à broder	id.	102
Sucre brut	id.	1 20
raffiné ou brut, mélangé de sucre raffiné	id.	114
Tabacs en feuilles ou rouleaux	id.	13 20
côtes	id.	8 40
cigares	id.	258
autres	id.	42
Tapis et tapisseries : tapis à nœuds, en laine, genre Savonnerie ou de Smyrne, avec trame et chaîne en laine, lin, chanvre, coton ou soie	id.	180
moquettes veloutées, épinglées, bouclées ou en verges rondes, et, en général, tous tapis autres que		

(1) Comprenant : baleine (fanons de) apprêtés, boutons, brosserie, cheveux ouvrés, perruques et boucles, cire à cacheter, corail ouvré, coutellerie, crayons, cristal de roche ouvré, écaille de tortue ouvrée, épingles, éponges, horloges et pendules, jouets d'enfants, liége coupé, montres de similor, nacre de perle ouvrée, parapluies et parasols, pierres à feu et chique, plumes à écrire apprêtées.

(2) Le tonneau de jauge = 1 m. 1/2 cube.

(3) La tonne = 150 à 160 kil.

(4) Savoir : Carcasses pour ouvrages de modes, cordes de boyaux pour instruments de musique, dessin de fabrique, drap (pour l'impression, feutres pour doublage, pour marteaux de piano, pour polir les glaces : fournitures d'horlogerie, fournitures de parapluie, touches et mécanismes pour pianos, tresses et bordures pour chapeaux en paille, pure ou mélangée de soie ou de crin, corne en feuilles.

DÉNOMINATION DES MARCHANDISES.	BASES des droits.	DROITS d'entrée. fr.	c.
ceux dénommés ci-dessus, dont l'envers présente un canevas en fil de lin, chanvre, coton.	100 kil.	150	
tous autres en laine, poil, fil ou coton, y compris les tapis feutres.	id.	108	
Teintures et couleurs, non tarifées spécialement, préparées à l'huile.	id.	6	
Thé (1).	id.	90	
Tissus, toiles et étoffes : de coton, blanc ou écru.	id.	216	20
imprimé ou teint.	id.	390	
coutils de toute espèce en coton ou dans lesquels le coton domine, à l'exception des coutils à pantalons.	id.	168	
étoffes à pantalons de coton, ou dans lesquelles le coton domine, écrues.	id.	300	
blanchies ou teintes.	id.	360	
nankin large.	la pièce.		20
étroit.	id.		10
tulles et dentelles de coton, unis ou brochés, écrus.	100 fr.	14	40
blancs, apprêtés ou teints.	id.	21	60
brodés.	id.	21	60
de laine ou de poils, draps, casimirs et autres tissus similaires où la laine domine.	id.	300	
purs ou mélangés, autres que les draps, etc., coatings, calmoucks, duffels, tiretaines, frises, kerseys, baies, couvertures de laine et autres tissus lourds et épais de même nature.	id.	192	
tous autres tissus de laine et de poils, purs ou mélangés, écrus ou blanchis.	id.	300	
teints.	id.	360	
imprimés.	id.	450	
châles de l'Inde dits cachemires et thibets.	valeur.	18 °/o	
Tissus de lin ou de chanvre sans distinction du mode d'importation. Toile unie dont la chaîne présente, plus ou moins découverts, dans l'espace de 5 millimètres, écrue (2),			
moins de 8 fils.	100 kil.	36	
8 fils à 12 exclusiv.	id.	78	
12 fils à 16 exclusiv.	id.	126	
16 fils à 18 fils exclusiv.	id.	204	
18 fils à 20 fils exclusiv.	id.	288	
de 20 fils et au-dessus.	id.	420	
blanche, mi-blanche ou imprimée.			
moins de 8 fils.	id.	54	
8 fils inclusiv. à 12 exclusiv.	id.	117	
12 fils à 16 exclusiv.	id.	189	
16 fils à 18 fils exclusiv.	id.	306	
18 fils à 20 fils exclusiv.	id.	432	
de 20 fils et au-dessus.	id.	630	
teinte,			
moins de 8 fils.	id.	72	
8 fils à 12 exclusiv.	id.	102	
12 fils à 16 exclus.	id.	144	
16 fils à 18 fils exclusiv.	id.	240	
de 18 à 20 fils exclusiv.	100 kil.	336	
de 20 fils et au-dessus.	id.	504	
tissus croisés, coutils de toute espèce en lin, ou dans lesquels le lin domine, à l'exception des coutils à pantalons.	id.	168	
étoffes à pantalons en lin ou dans lesquelles le lin domine, écrues.	id.	300	
blanchies ou teintes.	id.	360	
toiles pour linge ou serviettes, ou linge de table neuf, ouvragé, écru.	id.	318	
blanchi.	id.	501	
damassé sans distinction.	id.	621	
Batiste.	le kil.	6	
Linon.	id.	3	80
Tulles et dentelles de lin.	valeur.	12 °/o	
Tous autres tissus de lin, de chanvre ou d'étoupe, purs ou mélangés, non compris dans les dénominations qui précèdent.	id.	12 °/o	
Tissus de soie de toute espèce, tels que satin, taffetas, velours de soie, foulards et autres, excepté les rubans, écrus ou demi-blancs pour l'impression et la teinture.	le kil.	6	
blanchis teints ou imprimés.	id.	12	
Tulles de soie et dentelles dites blondes, mêlés ou non d'or et d'argent.	100 fr.	12	
Toiles cirées.	id.	7	20
peintes sur enduit pour tapisserie.	id.	7	20
Étoffes de toutes matières qui ne sont pas classées dans une des catégories énoncées ou non dénommées.	id.	18	
Tourteaux.	100 kil.		60
Truffes.	id.	120	
Verrerie, glaces à miroirs non étamées.	100 fr.	12	
glaces à miroirs, étamées.	id.	14	40
et cristallerie de toute sorte, taillée, gravée, dorée.	100 kil.	120	
et cristallerie de toute sorte, unie ou moulée.	id.	48	
formant comme partie principale un ensemble avec des objets d'une autre matière, auxquelles elles sont jointes ou adhérentes.	100 fr.	12	
verre à vitres.	100 kil.	18	
cloches à cylindres et bocaux.	100 fr.	24	
bouteilles ordinaires.	les 100.	7	20
idem, d'une contenance de 7 litres et au-dessus.	la pièce.		70
fioles d'apothicaire, flacons d'eau de Cologne et autres de cette espèce.	100 fr.	12	
flint-glass en tables et masses brutes.	id.	2	40
verre cassé ou groisil.	l'hectolitre.		10
Viande de toutes espèces.	100 kil.	1	20
Vinaigre (voir Boissons fermentées autres que vins).			
Vins en cercles ou futailles.	l'hectolitre.	2	40
en bouteilles de 116 ou plus à l'hectolitre.	100 bouteill.	14	40
Voitures.	valeur.	12 °/o	
Zinc laminé ou étiré.	100 kil.	3	

(1) La taxe sur le thé est calculée comme suit : Caisses ordinaires pesant 55 kil. ou plus. . . . . 18 °/o. Caisses ordinaires pesant moins de 55 kil. . . . . 25 °/o.

(2) Par suite du traité conclu avec la France, ce tarif est suspendu momentanément et remplacé par le tarif français.

MARCHANDISES EXEMPTES DE DROITS D'IMPORTATION.

Abeilles en ruches. — Acide borique. — Agrès et apparaux pour navires belges. — Ancres pour la marine. — Anes. — Animaux non dénommés. — Baleine (fanons de), bruts. — Bois de noyer, raboté pour bois de fusil ; de teinture. — Borax. — Boyaux frais, secs ou salés. — Cachou, et terra japonica. — Caractères d'imprimerie. — Cendres de savonneries, de foyers, salines, anglaises. — Chaînes en fer pour la marine. — Chanvre en masse. — Charbon de bois et de tourbe. — Chaux. — Cheveux bruts. — Cobalt. — Coquillages. — Corail brut. — Coris ou cauris. — Cornes et bouts de cornes. — Coton en laine. — Crins bruts. — Cuirs et peaux (rognures de). — Cuivre brut, comprenant le cuivre en masse, gâteaux, rosettes, blocs, lingots, vieux cuivre, mitraille, rognures, limailles et la monnaie. — Déchets de coton et de fil de coton. — Dents de narval et d'éléphant. — Drilles et chiffons. — Écailles de tortues brutes. — Écorce à tan. — Engrais. — Étain brut. — Filaments végétaux non dénommés, bruts. — Fonte brute et vieux fer. — Goudrons. — Graines non dénommées comprenant les graines d'alpiste, le millet, les graines forestales, celles de trèfle, d'oignon et de jardin, ainsi que celles de lin à semer. — Indigo. — Laines en masse. — Lait. — Légumes verts et secs, non dénommés au tarif. — Lin brut. — Métaux, minéraux et terres non spécialement tarifés ; sont rangés dans cette classe : antimoine, arsenic brun-rouge moulu ou non, calamine, cendres d'étain, de plomb et regrets d'orfèvrerie, cobalt, craie moulue ou non, craie rouge moulue ou non, cristal de roche brut, cuivre (minerai de), émeri, jais, manganèse, minéraux, non dénommés, ocre moulue ou non, pierres gemme, plombagine, sable, gravier, terre de bruyère, à faïence, à potier, trass ou pierre de tuf moulu ou non, vif-argent ou mercure. — Nacre de perle brute. — Œufs de toute espèce. — Or et argent en poudre, barres, lingots, objets rompus, fils. — Os de toute sorte. — Peaux d'anguilles séchées, peaux brutes. — Pierres, marbre brut et en bloc, ou dalles. — Pierres gemmes et précieuses. — Plomb brut ou vieux plomb. — Plumes à écrire et de lit, brutes. — Poils de toute espèce, y compris les crins. — Poissons de la pêche nationale frais, encaqués ou salés. — Quercitron. — Queues de bêtes à cornes. — Récoltes et fourrages, comprenant les grains et les graines en épis, le foin et la paille. — Résines et bitumes, comprenant brai sec, goudron, térébenthine et huile de poix et térébenthine de Venise. — Rognures de parchemin. — Rotins, joncs, roseaux et bambous exotiques. — Sabots et déchets de sabots de bétail ou de chevaux. — Salpêtre raffiné, nitrates de potasse et de soude. — Sang de bétail liquide, sec ou cuit. — Savates. — Soies autres qu'à coudre ou broder. — Soufre brut et autres. — Statues et bustes. — Sumac. — Tableaux. — Teintures et couleurs non tarifées, autres que préparées à l'huile sont comprises dans cette classe : avelanèdes, azur ou smalt, baies jaunes, bleu de montagne, et autres non dénommés, cachou et terre japonica, cendres anglaises, cochenille, colcotar, couperose, curcuma moulu ou non, garance, gaude, indigo, lies de vin et de bière liquides, litharge, minium, noir animal et noir d'Espagne, noix de galle, orseille, pastel, quercitron, rocou, safranum, safre, sumac, terre de Cologne, tournesol, vermillon, vert de brême, vert de frise, vert de Brunswick et non dénommés, vitriol bleu et blanc, zinc (blanc de). — Végétaux et substances végétales, non tarifées savoir : arbres et plantes vivantes, bruyères, mousses, racines à vergettes, calebasses vides et coques de coco, cardes champêtres, grains durs à tailler, joncs et roseaux d'Europe, rotins, roseaux et bambous exotiques bruts et non apprêtés, liége brut, oignons de fleurs, plantes marines.—Vessies brutes.—Zinc brut comprenant la limaille et les rognures.

TARIF DES DROITS DE SORTIE.

Charbons de bois.	valeur.	7 %
Drilles et chiffons.		prohibés.
Écorces à tan, par la frontière de terre.. .	valeur.	7 %
Étoupes de lin et de chanvre..	100 kil.	4 90
Fer (minerai de) (1).		prohibé.
Os de toute espèce.	1,000 kil.	58 00

(1) Ensuite de permissions spéciales (lois ou arrêtés royaux), les minerais peuvent être exportés librement par la province du Luxembourg, sortant par la frontière entre l'Escaut et la mer, pourvu qu'ils aient été extraits de l'arrondissement de Tournai. — Les minerais oligistes, par toutes les frontières.

TARIF DES DROITS DE TRANSIT.

RÉGIME GÉNÉRAL.

DÉNOMINATION DES MARCHANDISES.	BASES des droits.	DROITS de transit.
		fr. c.
Bestiaux, transit direct par le chemin de fer.		
bœufs, taureaux, vaches.	par tête.	9 30
bouvillons, taurillons, génisses. . .	id.	4 60
Charbon de terre arrivant d'une partie d'un État limitrophe, et destiné pour une autre partie du même État.	1,000 kil.	50
transitant autrement.	id.	7
Chevaux et poulains, transitant autrement que par le chemin de fer.	par tête.	4 60
Pierres : ardoises.	le 1,000.	1 90
Tissus de laine transitant autrement que par le chemin de fer.	100 kil.	9 30
Toutes autres marchandises :		
libres, tant à l'entrée qu'à la sortie.	....	libres.
autres, transitant par le chemin de fer.	....	id.
Transitant autrement.		
si elles sont libres ou prohibées à l'entrée.	valeur.	10 %
tarifées à l'entrée à la valeur.	id.	10 %
tarifées selon la mesure ou le nombre.	base du droit d'ent.	10
tarifées au poids, par 100 kil.	id.	10
par moins de 100 kil..	100 kil.	10
Sont exclus du transit :		
Bestiaux. — Boissons distillées et liqueurs soumises à l'accise. — Drilles et chiffons. — Vinaigres, excepté par le chemin de fer. — Cordages de toute espèce, sortant d'entrepôt par mer et par l'Escaut, en quantités inférieures à 1,000 kil. — Fer, minerai, étiré en barres, fonte, tôles, ancres, ferraille et mitraille. — Gibier, lorsque la chasse est fermée. — Poissons de mer de pêche étrangère. — Poudre à tirer. — Rossignols, fauvettes et leurs couvées. — Saumure et eau de mer. — Sel brut ou raffiné. — Sirop et mélasse. — Sucre raffiné.		

TARIFS SPÉCIAUX.

Droits de faveur résultant de traités ou conventions diplomatiques.

PRODUITS FRANÇAIS. — TABLEAU *des droits d'entrée établis par le traité de commerce et par les conventions conclues avec la France, le* 27 *février* 1854 *et le* 22 *avril* 1852.

DÉNOMINATION DES MARCHANDISES.	UNITÉS sur lesquelles portent les droits.	DROITS d'entrée.
		fr. c.
Caractères d'impr. neufs ou clichés (*a*) (*).	100 kil.	15
Cartes géographiques ou marines (*b*). . .	id.	10
Carton en feuilles (*a*).	id.	4 50
Encre d'imprimerie (*a*).	id.	2
Estampes (*b*).	id.	10
Fils de laine (*a*), écrus, ni tors, ni teints..	id.	45
Fils de lin ou de chanvre. Voir page 9.		
tors, dégraissés, blanchis ou teints..	id.	60
Gravures (*b*).	id.	10
Habillements et vêtements à l'usage d'hommes et de femmes (*a*) (*e*), neufs. . . .	100 fr.	10
supportés	id.	2
Lithographies (*b*).	100 kil.	10
Livres en langue française en feuilles, brochés, cartonnés ou reliés (*b*).	id.	10
Musique (*b*).	id.	10
Objets servant d'échantillons importés par des commis-voyageurs français (*f*).. .	id.	»
Ouvrages de mode (*a*) (*e*).	100 fr.	10
Papiers de toute espèce, blanc, gris, bleu, à l'usage des raffineries de sucre, et tous autres papiers, sauf ceux compris sous les rubriques ci-après, et à l'exception aussi des papiers de tenture et des papiers gaufrés, moirés ou présentant des dessins en relief (*a*)..	100 kil.	12 50
Papier colorié ou maroquiné (*a*).	100 kil.	9
rayé, pour musique (*a*), ou destiné à la fabrication des cartes à jouer (*a*).	id.	4 50
Pierres : ardoises pour toitures (*a*).	1,000 pièces.	4
Planches gravées destinées à l'impress. sur papier autre que papier de tenture (*b*).	100 kil.	10
Plâtre préparé (*a*).	10 hectol.	5 30
Tissus de coton, teints ou imprimés (*a*). .	100 kil.	212
Tissus de laine : draps, casimirs et autres tissus similaires où la laine domine (*g*); coatings, calmoucks, duffels, tiretaines, frises, kerseys, baies, couvertures et autres tissus, lourds et épais, de la même nature (*a*) (*h*).	id.	120
tous autres (*a*)(*h*), écrus ou blanchis.	id.	187 50
teints..	id.	225
imprimés.	id.	281 25
Tissus de lin et de chanvre. Voir page 8.		
Tissus de soie (*a*) (*c*), satin, taffetas, velours de soie, rubans et autres.	le kil.	4
Foulards écrus.	id.	4
teints ou imprimés.	id.	4
Vins de France (*a*) (*k*), en cercl. ou en bout.	l'hectol.	50
en bouteilles.	id.	2

(*) Voir les notes à la fin du tableau page 128.

DÉNOMINATION DES MARCHANDISES.	UNITÉS sur lesquelles portent les droits.	DROITS D'ENTRÉE. Jusqu'à concurrence de 2 millions de kil.	Au delà de cette quantité.
		fr. c.	fr. c.
Mesurant au kilogramme :			
Tissus de lin ou de chanvre (*a*) (*c*), toile unie (*i*) écrue, de moins de 8 fils	100 k net.	25 50	60
de 8 fils	id.	30 60	80
de 9 fils inclus. à 12 exclus	id.	55 25	126
de 12 fils	id.	63 75	144
de 13 fils inclus. à 16 exclus	id.	89 25	201
de 16 fils	id.	127 50	267
de 17 fils	id.	144 50	287
de 18 et 19 fils	id.	153	297
de 20 fils	id.	191 25	342
au-dessus de 20 fils	id.	297 50	467
blanche, mi-blanche ou imprimée, moins de 8 fils	id.	51	90
de 8 fils	id.	61 20	116
de 9 fils inclusivement à 12 exclusivement	id.	110 50	191
de 12 fils	id.	127 50	219
de 13 fils inclusivement à 16 exclusivement	id.	178 50	306
de 16 fils	id.	255	417
de 17 fils	id.	289	457
de 18 et 19 fils	id.	306	477
de 20 fils	id.	382 50	567
au-dessus de 20 fils	id.	595	817
teinte, de moins de 8 fils	id.	51	90
de 8 fils	id.	61 20	116
de 9 fils inclusivement à 12 exclusivement	id.	72 25	146
de 12 fils	id.	83 30	167
de 13 fils inclusivement à 16 exclusivement	id.	102	216
de 16 fils	id.	145 69	289
de 17 fils	id.	170	317
de 18 et 19 fils	id.	179 99	329
de 20 fils	id.	223 12	380
au-dessus de 20 fils	id.	357	537
à matelas, sans distinction de finesse	id.	118 15	212
Toile ayant *dans la chaîne* ou *trame* un ou plusieurs fils de couleur (*i*) :			
écrue, de moins de 8 fils	id.	51	90
de 8 fils	id.	61 20	116
de 9 fils inclusivement à 12 exclusivement	id.	72 25	146
de 12 fils	id.	83 30	167
de 13 fils inclusivement, à 16 exclusivement	id.	102	216
de 16 fils	id.	145 69	289
de 17 fils	id.	170	317
de 18 et 19 fils	id.	179 99	329
de 20 fils	id.	223 12	380
au-dessus de 20 fils	id.	357	537
blanche, mi-blanche ou imprimée, moins de 8 fils	id.	76 50	120
de 8 fils	id.	91 80	152
de 9 fils inclusivement à 12 exclusivement	id.	127 50	211
de 12 fils	id.	147 5	242
de 13 fils inclusivement à 16 exclusivement	id.	191 25	321
de 16 fils	id.	273 19	439
de 17 fils	id.	314 50	487
de 18 et 19 fils	id.	332 99	509
de 20 fils	id.	414 37	605
au-dessus de 20 fils	id.	654 50	887
Toile croisée grossière, dite *treillis*, écrue	id.	25 50	60
autre	id.	51	90
Coutils pour tenture ou literie	id.	127 7	212
pour vêtements écrus	id.	225 25	322
autres	id.	269 87	364
Linge de table (*i*), ouvragé, écru, de moins de 16 fils	id.	136	267
de 16 fils	id.	127 50	267
de 17 fils	id.	144 50	287
de 18 et 19 fils	id.	153	297
de 20 fils	id.	191 25	342
de plus de 20 fils	id.	297 50	467
blanc, de moins de 16 fils	id.	269 87	417
de 16 fils	id.	255	417
de 17 fils	id.	289	457
de 18 et 19 fils	id.	306	477
de 20 fils	id.	382 50	567
de plus de 20 fils	id.	595	817
damassé, écru, de moins de 16 fils	id.	136	320 40
de 16 fils	id.	153	320 40
de 17 fils	id.	173 40	344 40
de 18 et 19 fils	id.	183 60	356 40
de 20 fils	id.	229 50	410 40
de plus de 20 fils	id.	357	560 40
blanc, de moins de 16 fils	id.	269 87	500 40
de 16 fils	id.	306	500 40
de 17 fils	id.	346 80	548 40
de 18 et 19 fils	id.	367 20	572 40
de 20 fils	id.	459	680 40
de plus de 20 fils	id.	714	980 40
Pièces de lingerie cousues, neuves ou vieilles	....	Mêmes droits que les tissus dont elles sont formées, et 1/10 en sus.	
Mouchoirs	....	Mêmes droits que la toile, selon l'espèce.	
Tissus épais pour tapis de pied, en fils de lin ou de chanvre teints, de moins de 8 fils aux 5 millimètres	100 k. net.	42	75

DÉNOMINATION DES MARCHANDISES.	UNITÉS sur lesquelles portent les droits.	DROITS D'ENTRÉE. Jusqu'à concurrence de 2 millions de kil.	De 2 millions à 3 millions de kil. inclusiv.	Au delà de 3 millions de kil.
Mesurant au kilogramme :		fr. c.	fr. c.	fr. c.
Fils de lin ou de chanvre (*a*) (*c*), simples (*d*), écrus, 6,000 mètres ou moins. . . .	100 kil. brut.	17 50	29 70	33 75
	id.	20 40	39 60	
plus de 6,000 m., pas plus de 12,000.	100 kil. net.			46 20
	100 kil. brut.	44		
plus de 12,000 m., pas plus de 24,000.	100 kil. net.		65 25	75 85
plus de 24,000 m., pas plus de 36,000.	id.	76	104 85	119 25
plus de 36,000 m.	id.	89 60	132 05	154 15
Fils de lin ou de chanvre (*a*) (*c*), simples (*d*), blanchis à quelque degré que ce soit, 6,000 mètres ou moins.	100 kil. brut.	28 60	43 90	
	100 kil. net.			51 55
plus de 6,000 m., pas plus de 12,000.	100 kil. brut.	39 60		
	100 kil. net.		55 70	63 75
plus de 12,000 m., pas plus de 24,000.	id.	61 31	87 55	430 65
plus de 24,000 m., pas plus de 36,000.	id.	102 20	137 90	155 75
plus de 36,000 m.	id.	139	182 05	203 55
teints, 6,000 m. ou moins.	100 kil. brut.	39 60		
	100 kil. net.		51 50	57 45
plus de 6,000 m., pas plus de 12,000.	id.	50 60	63 30	69 65
plus de 12,000 m., pas plus de 24,000.	id.	71 80	92 80	103 30
plus de 24,000 m., pas plus de 36,000.	id.	142 60	144 60	156 05
plus de 36,000 m.	id.	160	180 25	199 35
retors (*d*) écrus, 6,000 m. ou moins.	100 kil. brut.	24 20	36 30	42 35
	id.	39 60		
plus de 6,000 m., pas plus de 12,000.	100 kil. net.		52 55	59
plus de 12,000 m., pas plus de 24,000.	id.	69 70	90 70	101 20
plus de 24,000 m., pas plus de 36,000..	id.	120 10	148 95	163 35
plus de 36,000 m.	id.	152 60	195 65	217 15
blanchis à quelque degré que ce soit, 6,000 m. ou moins..	100 kil. brut.	41 80		
	100 kil. net.		54 15	60 30
plus de 6,000 m., pas plus de 12,000.	id.	57 10	72 30	79 90
plus de 12,000 m., pas plus de 24,000.	id.	90 70	118	131 65
plus de 24,000 m., pas plus de 36,000..	id.	149 50	188 85	208 50
plus de 36,000 m..	id.	217 70	260 75	282 25
teints, 6,000 m. ou moins.	id.	52 80	64 40	70 20
plus de 6,000 m., pas plus de 12,000.	id.	67 60	80 20	86 10
plus de 12,000 m., pas plus de 24,000.	id.	101 10	122 20	132 70
plus de 24,000 m., pas plus de 36,000.	id.	160	188 85	203 25
plus de 36,000 m..	id.	228 20	251 85	263 65

(*a*) Ces marchandises ne seront admises aux droits réduits que sur la production de certificats constatant qu'elles sont d'origine française.

(*b*) Ne peuvent être admis à l'entrée, soit pour la consommation, soit pour le transit direct ou par entrepôt, que sur la production d'un certificat de l'expéditeur attestant que l'envoi ne comprend que des ouvrages de propriété, en édition originale, ou des ouvrages du domaine public.

(*c*) Ces marchandises ne seront admises aux droits réduits que pour autant qu'elles aient été importées par la frontière entre la Belgique et la France, d'Adinkerke à Aubange inclusivement.

(*d*) Les fils ourdis en chaîne et les fils pour cordonnier payent les mêmes droits que les fils retors. Pour l'application des droits sur les fils de lin et de chanvre retors, on multipliera le nombre de mètres que mesure un kilogramme de fil déclaré, par le nombre de bouts de fil simple dont il est composé : le produit déterminera la classe à laquelle ce fil appartient, et par suite le droit à appliquer. Les fils d'espèce ou de classe différentes doivent être présentés en douane par balles ou colis séparés, de manière qu'il n'y ait, dans chaque balle ou colis, que des fils d'une même espèce et d'une même classe. A défaut de cette séparation, la douane perçoit le droit du fil du numéro le plus élevé contenu dans la balle ou le colis. Sont seuls ouverts à l'importation des fils de lin ou de chanvre les bureaux ci-après : Aubange, — Hertain, — Quiévrain (*station*), — Courtrai (*station*), — Mouscron (*station*). Les fils français entrant par la zone privilégiée, pour être dirigés sur entrepôt, jouissent de l'application du tarif spécial. La vérification des fils français s'opère par les mêmes moyens que celle des fils de toute autre origine; mais lorsqu'il y a lieu de recourir au dévidage des fils, les employés doivent, en général, et sauf le cas de soupçon de fraude, s'abstenir de procéder à la pesée comparative des écheveaux, en vue de déterminer ceux sur lesquels les épreuves doivent porter. Le choix une fois fait, les employés doivent constater, avant le dévidage, le poids des écheveaux qui serviront aux épreuves. La finesse des fils sera calculée par la comparaison de ce poids avec le nombre de mètres trouvé au dévidage. Sous tous autres rapports, les fils français restent soumis, dans la zone privilégiée, comme partout ailleurs, aux conditions générales du tarif.

(*e*) Les habillements et vêtements en tissus de lin ou de chanvre suivent le régime des *pièces de lingerie cousue*. On rappelle ici que les habillements et vêtements importés par les voyageurs ne peuvent être admis en franchise de droits, en vertu du n° 3 de l'article 5 de la loi générale, que pour autant qu'ils ne sont ni neufs ni objets de commerce.

(*f*) Ceux de ces objets qui ne jouissent pas de la libre entrée en vertu des paragraphes 180, 181 et 182 des observations préliminaires du tarif, peuvent être admis en franchise temporaire. Dans ce cas, la réexportation ou la réintégration en entrepôt sera garantie au moyen d'un acquit de transit donnant la description exacte des échantillons et de leur espèce, ainsi que tous les autres détails propres à faciliter ultérieurement la constatation de leur identité. Les objets pouvant comporter ce complément de garantie seront en outre revêtus de l'estampille, du plomb ou du cachet de la douane. L'acquit de transit sera délivré sous caution ou consignation des simples droits; il désignera le bureau de sortie, et déterminera, d'après la déclaration de l'intéressé, le délai en dehors duquel il cessera d'être valable. Ce délai ne pourra dépasser une année. Si les droits d'entrée ont été consignés au bureau d'importation, ils seront restitués au bureau de sortie, après que les employés auront reconnu l'identité des échantillons.

(*g*) Ces tissus restent soumis aux droits actuels; mais ils sont affranchis de la surtaxe de 9 ou 6 3/4 p. °/₀ fixée par l'arrêté royal du 27 août 1838, en vertu de la disposition particulière (*c*) de la loi du 7 avril de la même année.

(*h*) Les employés ne doivent pas perdre de vue que ce tarif ne s'applique pas aux *tissus de poil*, compris sous une même dénomination avec ceux de *laine* dans l'arrêté royal du 14 juillet 1843; à l'égard de ceux-là les droits du tarif général sont maintenus.

(*i*) Pour l'application du tarif spécial afférent aux tissus de lin ou de chanvre d'origine française, on compte le nombre de fils contenus dans l'espace de 5 millimètres sur quatre points différents de la largeur du tissu, et la fraction de fil n'est prise pour fil entier qu'autant qu'elle se retrouve trois fois sur quatre. — Ne sont admis comme écrus que les toiles et le linge qui n'ont reçu aucun degré de blanchiment, soit avant, soit après le tissage, et qui conservent la couleur prononcée de l'écru. — Nulle distinction ne doit être faite, pour la quotité de la taxe applicable, entre les tissus de lin ou de chanvre qui sont déclarés, à l'entrée, pour l'acquittement dans les bureaux de la zone privilégiée, et ceux qui sont expédiés de ces bureaux sur entrepôt. Les uns et les autres seront admis aux mêmes droits. — Les règles générales restent applicables aux tissus français sous tous autres rapports que ceux pour lesquels il y est expressément dérogé ci-dessus.

(*k*) Sans distinction des frontières par lesquelles les vins sont importés. — Le droit d'accise est réduit de 25 pour 100. — On fabrique à Cette (France) des vins imitant parfaitement ceux d'Espagne, de Portugal et d'autres pays, tels que les vins de Malaga, d'Alicante, de Xerès, de Porto, de Chypre, de Malvoisie, de Madère, etc. Les droits ci-dessus sont applicables à ces vins imités; mais il faut que leur origine française soit constatée par un certificat du maire du lieu de fabrication visé par le consul belge dans l'endroit d'où ils sont expédiés en Belgique.

TARIF DE SORTIE

SPÉCIAL AUX MARCHANDISES EXPORTÉES A DESTINATION DE LA FRANCE.

Charbons de bois exportés en France.	exempts.
Étoupes exportées en France.	4 fr. 94 c. (1) les 100 kil.
Fer (minerai) : pyrites de fer exportées par la frontière limitrophe de la France.	1 fr. 20 c. les 100 fr. de valeur.

(1) Pendant toute la durée du traité du 27 février 1854, ce chiffre, taux du droit de sortie ordinaire, ne peut être augmenté pour les exportations à destination de la France. La même restriction s'applique aux lins et aux chanvres bruts ou teillés, actuellement libres à la sortie.

PRODUITS DU ZOLLVEREIN.

RETOUR AU RÉGIME GÉNÉRAL.

(Circulaire du 24 décembre 1853.)

Il résulte d'une communication récente de M. le ministre des affaires étrangères qu'on ne renouvellera pas, quant à présent, le Traité conclu avec le Zollverein le 1er septembre 1844, ni la convention additionnelle du 18 février 1852. Je crois, en conséquence, devoir rappeler quels sont les droits de douane à percevoir, à partir du 1er janvier prochain, sur les produits dénommés dans les actes internationaux.

§ 1er. Les droits d'entrée fixés par le Tarif général redeviennent applicables aux articles ci-après :

Eau minérale et cruchons contenant cette eau,
Outils et instruments de fer et d'acier,
Mercerie (ouvrages de Nuremberg),
Ouvrages de mode,
Tissus de coton,
Tissus de soie,
Vins,
Graines (semences) autres que graines oléagineuses.

Quant aux *vins du Rhin*, le rétablissement de l'ancien régime s'étend même aux importations des Pays-Bas.

§ 2. (Il est relatif aux comptes des entrepôts particuliers et au recensement des vins du Zollverein en entrepôt le 31 décembre 1853.)

§ 3. La *loi* du 25 février 1842 continue d'être applicable à une quantité déterminée de *fils de lin et de chanvre* de Westphalie et de Brunswick pour la fabrication des coutils et des toiles à carreaux.

De même, la *loi* du 6 juin 1839 continuera de sortir ses effets.

§ 4. Il n'y aura aucun changement à l'*exportation des écorces à tan*, puisque le droit a été fixé à 6 °/0 *ad valorem*, par la *loi* du 26 avril 1853, pour toutes les frontières de terre.

§ 5. Jusqu'à nouvel ordre, le régime de transit en vigueur continuera d'être appliqué aux objets venant du Zollverein ou y allant.

§ 6. Avant la conclusion du traité du 1er septembre 1844, les navires du Zollverein étaient assimilés aux navires belges, quant au droit de tonnage et au remboursement du péage sur l'Escaut; ils continueront de jouir du bénéfice de cette assimilation.

Marchandises admises au bénéfice de l'importation temporaire, pour recevoir une main-d'œuvre en Belgique.

Châles de laine destinés à l'impression, — fils de lin destinés à la fabrication des tissus de lin, — peaux de chèvre et de mouton pour maroquinage, — roues, bandages et essieux bruts pour locomotives, — tissus de lin destinés à être blanchis et apprêtés.

MONNAIES, POIDS ET MESURES.

Le système des monnaies, poids et mesures, est le même qu'en France, c'est-à-dire le système métrique décimal.

L'unité monétaire est le franc : 100 centimes.
Poids : kilogramme, 1,000 grammes.

Mesures de longueur : mètre, 100 centimètres.
— de superficie : are, 100 centiares.
— de solidité : stère, 100 decistères.
— de capacité : hectolitre, 100 litres.

FIN DU TARIF DES DOUANES DE BELGIQUE.

TARIF

DES

DOUANES DE DANEMARK.

DISPOSITIONS RÉGLEMENTAIRES.

MODE D'IMPORTATION.

Tout importateur doit remettre à la Chambre des Douanes une déclaration spécifiée des marchandises qu'il introduit. L'exactitude de cette déclaration doit être reconnue par l'inspecteur des douanes, sous peine, pour le déclarant, de payer cinq fois les droits d'entrée sur les articles omis ou mal déclarés.

SURTAXE SUR LES BATIMENTS ÉTRANGERS.

1° Les marchandises de toute sorte importées par navires de nations non privilégiées jaugeant cinq lasts de commerce (dix tonneaux) et au-dessus, de même que le sel importé par navires suédois de même tonnage payent, outre les droits portés au tarif, une surtaxe de la moitié de ces droits.

Les marchandises importées directement des pays hors d'Europe par navires non privilégiés sont exempts de cette surtaxe.

2° Les marchandises exportées par navires non privilégiés de cinq lasts de commerce (dix tonneaux) et au-dessus, payent, outre les droits d'exportation du tarif, une surtaxe de la moitié de ces droits.

TARES.

Les marchandises dont la tare n'est pas spécialement portée au tarif, payent les droits au poids net vérifié par la douane.

La tare indiquée au tarif pour chaque espèce de marchandises ne concerne que l'emballage ordinaire qui sert d'enveloppe aux marchandises. — Pour les enveloppes de toile, les nattes et les liens qui entourent les colis on compte une tare spéciale d'après les dispositions mentionnées au tableau, page 142.

Il n'est accordé aucune tare pour les enveloppes spéciales aux marchandises fines d'un petit volume; les importateurs peuvent les ôter avant le pesage.

TAXE DE GUERRE.

En dehors des droits fixés au tarif, il est établi sur les marchandises ci-après désignées une taxe de guerre fixée comme suit :

Café moulu ou non, brûlé ou non, et chicorée . .	33 1/2 °/₀.
Houille.	50 °/₀.
Sucre de toute espèce, mélasse et sirop	25 °/₀.
Thé	20 °/₀.
Tabac de toute espèce et cigares.	20 °/₀.
Vins en barriques et en bouteilles	10 °/₀.

EXCEPTIONS AU TARIF.

DROITS SPÉCIAUX A CERTAINS PRODUITS.

Les produits des pays transatlantiques, de l'Afrique, des Indes orientales et de la Chine (à l'exception du rhum et de l'arack), jouissent d'une réduction de 25 °/₀ sur le montant des droits d'entrée et les frais de douane aux conditions suivantes :

A l'expédition desdits pays il devra être constaté par les autorités locales que les marchandises ont été chargées dans un port transatlantique, sur une place africaine, située hors de la Méditerranée, aux Indes ou en Chine. — Le transport de ces marchandises devra être effectué directement du lieu de chargement dans un port du Danemark ou des duchés par navires danois ou par navires privilégiés, qui, à l'expédition du Danemark, auront arrimé au moins la moitié de la jauge de marchandises chargées dans un port du Danemark ou des duchés et opéré leur déchargement dans le pays transatlantique d'où proviennent les produits qu'ils apportent.

PROVISIONS DE BORD.

Les provisions de bord des navires nationaux sont exemptes de droits à la sortie pourvu que les quantités déclarées n'excèdent pas les quantités indispensables au voyage.

PRODUITS DE L'ISLANDE, DU GROËNLAND ET DES ILES FŒROË.

Les marchandises non dénommées au tarif d'exportation sont libres à la sortie. Toutefois celles d'Islande, du Groënland et des îles Fœroë, qu'elles soient ou non portées au tarif, payent à leur exportation pour l'étranger 1 °/₀ de la valeur.

EFFETS MOBILIERS ET A USAGE IMPORTÉS PAR LES VOYAGEURS.

Les effets qui ont déjà servi tels que habillements, meubles et autres similaires venant de l'étranger, ne payent aucun droit à l'entrée pourvu qu'ils soient importés comme meubles et effets de voyage pour compte et à l'usage de ceux qui s'en sont déjà servi. L'importateur doit faire à l'entrée une déclaration en conséquence.

DROITS DE TRANSIT.

En vertu du traité conclu le 14 mars 1857 entre le roi de Danemark d'une part, et l'empereur d'Autriche, le roi des Belges, l'empereur des Français, la reine de la Grande-Bretagne, le roi de Hanôvre, le grand-duc de Mecklembourg-Schwérin, le grand-duc d'Oldenbourg, le roi des Pays-Bas, le roi de Prusse, l'empereur de Russie, le roi de Suède et de Norwége, les sénats des villes libres et anséatiques de Lubeck, Brême et Hambourg, d'autre part,

Les droits de toute sorte, qui, sous le nom de droits du Sund, atteignaient les navires et les marchandises au passage des détroits du Sund et des Belts ont été supprimés moyennant rachat.

Par suite de cette suppression, les droits de transit qui atteignaient les marchandises expédiées de la mer du Nord dans la Baltique par les routes et canaux intérieurs du Danemark ont été supprimés pour les marchandises dont la nomenclature est ci-dessous, et abaissés au taux uniforme de 10 skillings par 500 livres danoises (0 fr. 25 c. par 100 kil.) pour les autres marchandises.

LISTE DES MARCHANDISES EXEMPTES DU DROIT DE TRANSIT.

Agaric. — Amadou non préparé. — Ambre jaune. — Animaux vivants de toute espèce. — Antimoine. — Arbres et arbrisseaux vifs. — Ardoises en tablettes et crayons d'ardoise. — Ardoises pour toiture. — Argent en barres et à refondre. — Arsenic. — Asphalte (bitume de Judée et bitume glutineux). — Assa fœtida. — Avelanèdes.

Baies ou graines de genièvre. — Balais et frottoirs (s'ils ne doivent pas être compris dans l'article brosserie). — Bambous, roseaux ou cannes d'Inde et autres roseaux bruts non manufacturés. — Beurre. — Blanc de baleine (spermaceti et huile de spermaceti). — Blés : sarrasin, orge, avoine, maïs, seigle, froment, vesces. — Bois à l'usage des pharmaciens. — Bois de toute sorte. — Bois flotté, bois servant au lieu de liége à tenir les filets des pêcheurs à flot. — Bol blanc et rouge et terra sigillata. — Borax brut ou raffiné. — Boyaux. — Briques. — Briques égrugées ou poudre de brique. — Bronze ou airain. — Buisson. — Bulbes ou oignons de fleurs.

Cadmium. — Calamine. — Camphre. — Cantharides. — Carreaux. — Cartes géographiques et maritimes. — Castoréum. — Cendres ; potasse, soude et autres sortes de cendres. — Cerceaux de bois. — Cercles en fer et rails pour chemins de fer. — Chanvre sérancé ou non. — Charbon de bois. — Chardons à carder. — Charronnage. — Chaux. — Chiffons. — Ciments de toute sorte. — Cire. — Colle de poisson. — Coquilles. — Coraux. — Cordages. — Cornes de bœuf et de vache (ou de bêtes à cornes), ainsi que bouts de cornes. — Coton. — Cuivre : cuivre rosette non forgé et non préparé par rouleaux, et plaques de cuivre en carreaux à monnaies.

Déchet de blé : gruau, comme fourrage pour bétail, son, fétu, balle et autres déchets de blé. — Dents d'éléphant ou ivoire. — Dents de morse (de cheval marin ou de vache marine). — Dossiers de procédure ou d'administration. — Douvaines, merrains et fonçailles.

Ecailles de tortue. — Echantillons sans valeur. — Eclisses pour relieurs, cordonniers, fourbisseurs, ainsi que ramille fendue. — Ecume de mer. — Emballages vieux ou usés : futailles, caisses, coffres, sacs et vieilles bouteilles clissées vides. — Emeri. — Etain brut non ouvré et étain rapé.

Fanons, baleine en fanons et fanons fendus. — Farine tirée des blés qui sont libres des droits de transit. — Feldspath non pulvérisé. — Fer écru (brut). — Fer en barres de toute sorte (le fer feuillard ou à cercles est cependant sujet aux droits). — Fèves. — Figures et statues en plâtre. — Fleurs et plantes à fleurs. — Fleurs de cannelle (flores cassiæ). — Foin. — Fumier et engrais artificiel, aussi par exemple : engrais breveté, noir animal, etc. (Le salpêtre de Chili, l'ammoniac sulfaté et les marchandises semblables ne sont pas exempts, malgré leur emploi peut-être intentionné comme engrais. Le plâtre en poudre pourtant est exempt de droit de transit, quand il est certifié qu'il sera employé seulement comme engrais.)

Glace naturelle. — Glands. — Globes. — Goudron et eau de goudron. — Graine : chenevis, graine de lin, de colza et autres graines ou semences de toute sorte, ainsi que les graines à l'usage des pharmaciens ; par exemple, graine de fenouil. (Le carvi et l'anis sont sujets aux droits.)

Hareng salé. — Hardes et bagages de voyageurs ; meubles et ustensiles de ménage usés s'ils sont transportés pour cause de déménagement ; habillements et vêtements supportés, transportés d'après le jugement des employés de la douane comme bagage de voyageur, sans qu'il soit nécessaire que le propriétaire les accompagne. — Herbes potagères et fraîches, ainsi que les baies d'airelle ou myrtille, fraises, framboises, groseilles, airelles rouges ou ponctuées, groseilles vertes, gratte-cul et raisins frais, raifort sauvage et oignons. — Houille ou charbon de terre de toute sorte, ainsi que cokes et *cinders*. — Huile de chenevis. — Huîtres.

Jonc de chaumage.

Laine de toute sorte. — Lait. — Laiton non ouvré (non forgé et non préparé par rouleaux). — Lard, foie et cretons pour la fabrication de l'huile de poisson. — Lard frais. — Lentilles. — Lie de vin dans l'état sec (baissière). — Liége. — Lin sérancé ou non. — Livres imprimés avec les gravures qui les accompagnent, reliés ou non.

Malt. — Manganèse. — Manne. — Médailles. — Métaux non ouvrés (bronze et autres alliages de métaux semblables au laiton), non forgés et non préparés par rouleaux. — Mine de plomb. — Minerais non fondus de toute espèce. — Mineraux et objets d'histoire naturelle, tels que terres, pierres et minerais, plantes et fruits, coquillages, insectes, oiseaux et

MODIFICATIONS

APPORTÉES

AUX TARIFS DES DOUANES DE DANEMARCK

PENDANT L'ANNÉE 1859.

1° DROIT DE TRANSIT.

Le droit de transit sur l'Eider ne sera perçu que sur les marchandises expédiées d'un pays étranger à *un port franc* ou à un autre pays étranger, ou venant d'*un port franc* à destination d'un pays étranger ou d'*un autre port franc*.

(Ordonn. roy. du 15 avril 1858, publiée en mars 1859).

2° NAVIGATION.

Tarif du service de la corporation des bateliers de l'Elseneur.

1° Transports aux navires ancrés dans le Sund, et desdits navires à Elseneur.

A. *Transport des personnes.*

Une personne avec ses bagages, 6 fr.
Chaque personne en plus, avec bagages, 1 fr. 50 c.
Les enfants au-dessous de deux ans, exempts.
Enfants de deux à douze ans, matelots, ouvriers, personnes à gages, moitié des droits ci-dessus.

B. *Transport des marchandises.*

Futailles et tonneaux à eau vides, sacs ou autres objets pour provisions, apportés par les capitaines venant à terre, exempts.

Marchandises pesant moins d'un 1/2 tonneau. Par 100 kilogr. 0 fr. 12 c. 5.

Marchandises pesant plus d'un 1/2 tonneau. Par 1/2 tonneau. 1 fr. 50 c.

Le poids excédant un 1/2 tonneau est transporté gratis jusqu'à concurrence de 50 kilogr. Au-dessus de ce poids on paie comme pour un 1/2 tonneau.

2° Transport à Helsingburg et Humlebœk, et *vice versâ*.

A. *Transport des personnes.*

Comme pour les navires ancrés dans le Sund.

B. *Transport des marchandises.*

Pour une voiture fermée ou une calèche, 9 fr.
Pour toute autre voiture, 6 fr.
Pour chevaux et bestiaux ; par tête, 6 fr.
Autres marchandises. — Comme au n° 1 : transport dans le Sund.

3° Transport à Vedboek ou Landskrona :
Moitié en sus des droits, n° 1 : pour le transport à Vedboek.
Double des droits, n° 1 : pour le transport à Landskrona.

DISPOSITIONS GÉNÉRALES.

Le transport ne peut être exigé si le fret doit s'élever à moins de 6 fr., sauf en ce qui concerne les bateaux à vapeur faisant un service régulier et passant sous voiles. Mais dans ce cas il y a à payer :

Par un vent dit à 1 ris, simple droit.
— 2 ris, double droit.
— 3 ris, ou lorsqu'il y a de la glace, triple droit.

Pour porter aux navires des ancres et des chaînes, on doit payer :
Pour les premiers 100 kil. 9 fr.
Pour les 800 kil. suivants 6 fr.
Pour chaque 100 kil. en sus jusqu'à 8,000, 75 c.
Pour chaque 100 kil. en sus, 37 c. 5.

Les bateliers doivent prêter assistance pour l'embarquement et le débarquement des marchandises, et ce sans rémunération.

DROITS SANITAIRES.

Navires à destination de la Baltique, touchant à un port danois :
Navires de plus de 120 tonneaux, 18 fr.
— de moins de 120 tonneaux, 9 fr.

(Publication de mars 1859).

autres animaux empaillés ou conservés dans l'esprit de vin pour les cabinets d'histoire naturelle et les collections scientifiques. — Modèles de toute sorte. — Monnaies de toute sorte. — Mousse pour emballer et pour empailler, et coton silvestre. — Musique écrite ou imprimée. — Musc.

Nacre de perles, brute ou en coquilles. — Nattes usées. — Noix de galle.

Objets d'art, tels que statues, bustes, bas-reliefs. — Opium. — Or en barres et à refondre. — Orge mondé, grains et gruaux tirés des blés qui sont libres des droits de transit. — Os. — Osiers pelés ou non. — Ouvrages de cordier, y compris les sangles de chanvre et les filets de pêcheurs.

Paille et paille coupée ou hachée. — Peaux corroyées ou non sans exception, telles que peaux de pelleterie, cuir de veau et basane, cordouan, maroquin, etc. — Peaux de morse (de cheval marin ou de vache marine). — Perches de genièvre. — Perles fines (véritables). — Pierre ponce. — Pierre sanguine ou hématite. — Pierres à chaux. — Pierre à craie et craie en poudre. — Pierres à plâtre. — Pierres précieuses. — Pierres de toute sorte. — Plaques de bois. — Platine non ouvrée. — Plâtre brut. — Plomb en saumons, vieux plomb à refondre, et vieux plomb laminé. — Plumes à lit et duvet. — Poils de toute sorte (y compris les soies de porc, les poils et la laine de porc); le crin frisé ou crépé est sujet aux droits. — Pois. — Poissons frais. — Poix. — Pommes de terre. — Pouzzolane.

Rognures de papier et déchets de papier de toute sorte. — Rouge brun.

Sang. — Sangsues. — Sel (excepté le sel officinal). — Stéatite. — Suif. — Sumac.

Tableaux, ainsi que gravures, lithographies et sténographies. — Tan brut. — Terre de Cologne blanche. — Terres, telles que terre à pipe, marne, terre d'Angleterre, terre de porcelaine, argile à foulon, argile pour raffiner le sucre (ou terre à sucre), et autres espèces de terres, d'argile et de marne, à moins qu'elles ne soient du genre des couleurs.— Tortues. — Tourbe. — Tourteaux. — Tripoli. — Tuiles. — Tuyaux de plume.

Varech pour emballer et empailler. — Verre de Moscovie ou pierre spéculaire. — Viande fraîche et salée. — Vif-argent. — Voitures ou chariots de toute sorte, ainsi que les wagons de chemins de fer et les tenders (les locomotives sont sujettes aux droits); les pièces détachées des voitures et des wagons, et les voitures et wagons démontés sont sujets aux droits s'ils ne peuvent pas être considérés comme ouvrage de charron.

Yeux d'écrevisses.

Zinc brut non ouvré ou en tables.

MARCHANDISES

ADMISES EN FRANCHISE DE DROITS A L'IMPORTATION.

Algues et varech pour emballer et rembourrer. — Amadou non apprêté. — Ambre jaune ou succin. — Animaux sauvages vivants. — Ancres de navires repêchées sur les côtes du pays. — Antimoine. — Arbres et arbrisseaux à planter. — Argent en lingots et vieux pour la refonte. — Argiles non spécialement tarifés. — Aubier, feuilles de palmier sèches employées comme osier.

Baies de genièvre. — Bambous d'Espagne et autres joncs bruts. — Blanc de baleine (spermacéti). — Bol blanc et rouge, ainsi que terre sigillée. — Bois bruts non spécialement tarifés. — Bronze non ouvré et composé pour les objets non dénommés au tarif.

Caisses d'emballage vides et vieilles. — Cailloux. — Calamine. — Cartes maritimes, géographiques, dites de Bauerkeller, en cadre. — Cendres de toute espèce, ainsi que soude. — Charbon de bois. — Chardons à carder. — Chiffons ou drilles. — Cire d'Abeilles. — Cochons de lait, accompagnant la mère. — Corail. — Cornes de bêtes et bouts de cornes. — Coton en laine. — Craie blanche et rouge, non broyée. — Cuivre brut ou en plaque pour monnayeur, vieux pour la refonte. — Crin de cheval, soies de cochon et poils non dénommés bruts.

Daguerréotypes en cadres et sous verres. — Dents d'éléphant, de morse et escarbelle. — Douves non façonnées.

Ecume de mer brute. — Effets à usage importés par les voyageurs. — Engrais naturels ou composés. — Emeri. — Etain brut ou rapé, vieux pour la refonte.

Fer en gueuses et limaille, vieux pour la refonte. — Fleurs, plantes, oignons et bulbes. — Foin.

Glands. — Globes avec la monture qui y appartient. — Graines pour arbres, semences de prés et de jardins. — Grains non moulus : blé, sarrasin, orge, avoine, froment, maïs, seigle, pois, vesces. — Gravures, peintures, lithographies et autres objets d'art similaires.

Huile de chenevis.

Laine brute. — Laiton non ouvré et vieux pour la refonte.— Lard, foie, etc. pour huile de poisson. — Lard frais. — Lie de vin sèche. — Liége. — Livres imprimés reliés ou non, avec ou sans gravure y appartenant.

Manganèse. — Minerais de toute espèce et métaux non fondus. — Monnaies et médailles d'or, d'argent et de bronze. — Moulures de plâtre sous verre ou encadrées. — Mousses pour rembourrer et emballer. — Modèles de toute espèce. — Musique écrite ou gravée.

Nacre non ouvrée. — Nattes usées pour emballage, etc. — Noix de galle, galles à bonnet, Myrobolans.

Oiseaux de chant. — Os d'animaux. — Os et fanons de baleine venant directement des pêches. — Osier pour vanniers. — Or en barres et vieux pour la refonte.

Paille. — Perches de genévrier. — Peaux et cuirs non préparés de gros bétail et de chevaux, sèches, pesant moins de vingt livres (dix kilogr.) chaque; mouillées et salées pesant plus de quarante-huit livres (vingt-quatre kilogr.) chaque; non préparées de renne, élan, cerf, chevreuil, lièvre, veau, mouton, agneau, porc, chèvre. — Peaux de morse (vache marine). — Peaux pour fabriques de colle, rognures, etc. — Pierres en blocs de toute espèce. — Pierres précieuses, pierres lithographiques, pierre hématite (sanguine), pierre de lard, pierre à chaux et gypseuse, pierre spéculaire, pierre ponce. — Pommes de terre et patates. — Pouzzolane. — Plomb en saumons ou vieux, et revêtements de plomb usés. — Poissons frais de toute sorte. — Productions naturelles, telles que minéraux, pierres, minerais, coquilles, animaux empaillés ou conservés dans l'esprit-de-vin, insectes, plantes, fruits, etc., secs ou dans l'esprit-de-vin, pour collections scientifiques.

Rognures de papier.

Sang. — Sangsues. — Sacs pour emballages de marchandises. — Sculptures, statues, bas-reliefs et autres similaires. — Spath. — Sumac.

Terre à foulon. — Terre d'ombre de Cologne blanche. — Tourbe. — Tripoli. — Tonneaux vides ou vieux pour emballages.

Verre cassé. — Vif-argent.

Zinc brut ou en tables.

MARCHANDISES SOUMISES AUX DROITS A L'IMPORTATION.

DÉNOMINATION DES MARCHANDISES.	Unités danoises. Bases.	Unités danoises. Droits.	Unités françaises. Bases.	Unités françaises. Droits.	TARES.
		rix. sk.		fr. c.	
Acajou (bois d')	100 pieds cubes	2 58	le mètre cub.	0 24	
Acides sulfurique (huile de vitriol)	100 liv.	1 24	100 kil.	7 10	Acides en bouteilles et verres sans enveloppes, ou en gros paniers simples ou doubles, avec la paille, 20 %; en cruches de terre encaissées en sciure de bois, 40 %; en cruches seules, 30 %.
muriatique	id.	1 48	id.	8 52	
nitrique (eau-forte) et autres acides minéraux, tels que acides phosphoriques, etc.	id.	6 00	id.	17 04	
autres acides non minéraux, tels que acides de bois	id.	0 80	id.	2 37	
Agaric (amadou de mélèze)	id.	2 08	id.	11 82	
Agrès et appareaux sauvés de naufrages, et débris de navires, bons seulement au dépècement	la valeur.	8 %	la valeur.	8 %	
Aiguilles à coudre	100 liv.	33 32	100 kil.	189 36	
autres épingles et aiguilles, à l'exception de carrelets, aiguilles à ravauder, à voiles, d'emballage, à passer, à carder, à tricoter, qui payent comme quincaillerie, ainsi qu'agrafes et porte-agrafes	id.	16 64	id.	94 72	
Allumettes à friction	id.	20 80	id.	118 34	
autres	id.	3 12	id.	17 74	
Alun	id.	0 24	id.	1 42	
Amandes	id.	3 12	id.	17 74	En nattes de paille, 8 %; en barriques, 12 %; en emballages de toile, 4 %; en sérones, 5 %.
Amidon	id.	2 48	id.	14 20	En barriques, 16 %.
Anes	la tête.	2 00	la tête.	5 68	
Anis ordinaire	100 liv.	0 88	100 kil.	5 20	En futailles et caisses, 16 %; en nattes de paille, 8 %; en emballages de toile, 3 %.
étoilé	id.	3 12	id.	17 74	
Ardoises (tables et crayons d')	id.	0 64	id.	2 80	En barriques et caisses, 12 %.
Argent et platine pressé pour l'usage des orfèvres	100 loth.	4 16	le kil.	17 78	
en ouvrages neufs	id.	8 32	id.	35 56	
battu en feuilles, véritable ou faux	100 liv.	16 64	100 kil.	94 68	
Armuriers (ouvrages d') : canons de fusils seulement dégrossis	id.	3 12	id.	17 74	
tous autres objets, montés ou non	id.	12 48	id.	71 00	En caisses, 16 %.

DÉNOMINATION DES MARCHANDISES.	Unités danoises. Bases.	Unités danoises. Droits.	Unités françaises. Bases.	Unités françaises. Droits.	TARES.
		rix. sk.		fr. c.	
Arsenic autre que blanc, orpiment et compositions arsenicales	100 liv.	0 64	100 kil.	2 80	
Artifices (feux d')	id.	4 16	id.	23 66	
Asphalte	id.	0 24	id.	1 48	En futailles et caisses, 16 %; en nattes, 4 liv. la pièce.
Avirons et rames	id.	12 00	id.	68 16	
Balais	2,000 pièces.	8 32	2,000 pièces.	23 66	
Bambous seulement perforés, tels que tuyaux de pipes	100 liv.	3 12	100 kil.	17 74	
travaillés avec ou sans viroles, tels que cannes, fouets, etc.	id.	16 64	id.	94 68	
Bateaux et embarcations de 2 last et au-dessous	last de comm.	12 1/2 %	par tonneau.	12 1/2 %	
bâtiments au-dessus de 2 lasts, en chêne ou teck	id.	20 00	id.	28 40	
en sapin et autre bois	id.	14 00	id.	19 88	
en fer et à vapeur	id.	14 00	id.	19 88	
Baume de Riga (y compris le droit des bouteilles)	100 bout.	2 08	100 bout.	5 91	
autres	100 liv.	2 08	100 kil.	11 82	
Bêtes à cornes (taureaux, bœufs, vaches ou génisses)	par tête.	4 00	par tête.	11 56	
veaux	id.	0 80	id.	2 37	
Beurre	tonn. de 224 l.	6 00	100 kil.	12 78	1 tonneau, 36 liv.; 1/2 tonn., 20 l.; 1/3 tonn., 16 l.; 1/4 tonn., 12 l.; 1/8 tonn., 7 l.; 1/16 tonn., 4 l.; en barriques de la grandeur de 2 tonneaux, 60 liv. par barrique.
Bière en barriques	1 tonneau. 1 velte. 1 pot.	3 00 0 16 0 02	l'hectol. 10 litres. 1 litre.	6 13 0 59 0 06	
en bouteilles (y compris le droit des bouteilles)	100 bout.	4 16	100 bout.	11 81	
Bijouterie de quincaille (objets formés de l'assemblage de diverses matières non spécialement tarifées)	100 liv.	33 32	100 kil.	189 32	
Blondes (crêpe et tulle de soie ou mêlé de soie)	1 liv.	1 48	le kil.	8 52	
Bois (ouvrages de charpentier ordinaires, tels que : gouttières, anspects, pelles, auges, écopes, sabots, chaises, tables, bancs, etc., en bois)	100 liv.	0 24	100 kil.	1 48	
Bois de charpente, pin, sapin, et autres non dénommés)	100 pieds cubes	3 32	le mètre cube	0 31	
rond, importé pour être équarri, ajusté, taillé à vive arête, scié en planches ou lattes	id.	2 48	id.	0 13	
ouvrages de Finlande en bois	last de comm.	2 24	100 kil.	0 55	
de teinture en pièces, râpé ou moulu, de toute espèce, ainsi que racines, plantes et baies tinctoriales non spécialement tarifées	100 liv.	0 24	id.	1 48	
Boîtes de copeaux	id.	1 04	id.	5 90	
de papier ou carton pour apothicaires	id.	6 24	id.	35 50	En tonneaux et caisses, 16 %.
autres espèces	id.	12 48	id.	71 00	
avec instruments, telles que nécessaires à barbe, à coudre, etc.	id.	33 32	id.	189 32	
Briques de 5 livres (2 kil. 500 gr.) et au-dessous la pièce	1,000 pièces.	1 04	1,000 pièces.	2 95	
au dessus de 5 liv. la pièce, briques apyres et carreaux d'argile cuits	id.	2 08	id.	5 91	
Broderies autres que celles pour habillements	la livre.	1 00	le kil.	5 68	
Bronze (canons de)	100 liv.	8 32	100 kil.	47 32	
Brosserie : brosses à goudron et autres, balais, pinceaux de maçons et de peintres ; vergettes de toute espèce, ordinaires, montées en fer ou en bois, ni vernis ni polis	id.	4 16	id.	23 66	En futailles et en caisses, 35 %.
fins en bois verni ou poli, ou combinés avec d'autres matières	id.	25 00	id.	142 00	
Cacao de tous pays	id.	2 32	id.	13 20	En futailles, 12 %; en emballages de toile, 3 %.
Café	id.	3 12	id.	17 74	En barriques et caisses de plus de 400 liv., 14 %; de 400 et au-dessous, 17 %; en sacs de gonnis, simples, 2 %; doubles, 4 %; en sacs de toile, simples, 3 %; doubles, 5 %; — de jonc, simples, 2 liv. par sac; doubles, 4 liv. par sac.
brûlé, moulu et non moulu, ainsi que chicorée et toutes autres substances brûlées qui pourraient être employées comme café, moulues et non moulues	id.	4 16	id.	23 66	Pour chicorée en barriques et caisses, 10 %. En cas de réclamation *a minima*, on pourra, sur le consentement de l'inspecteur des douanes, procéder à une vérification.
Cannes de bambou, dites naturelles, avec ou sans virole	id.	3 12	id.	17 74	
Câpres	id.	2 48	id.	14 20	En barriques, 20 %; en bouteilles et verres, en caisses, 50 %; sans caisses, 40 %.
Capsules en cuivre pour fusil à percussion	id.	33 32	id.	189 32	
Caractères d'imprimerie, ainsi que plaques de métal pour imprimer la musique, ornements d'imprimerie, etc.	d.	2 48	id.	14 20	En caisses, 10 %.
Cardamome	id.	16 64	id.	94 68	En barriques ou caisses, 28 %; en emballages de toile, 3 %; en sacs de joncs, simples, 2 l. la pièce; doubles, 4 l. la pièce; en sacs de gonnis, simples, 2 %; doubles, 4 %.
sauvage	id.	4 16	id.	23 66	
Cardes à main	id.	12 48	id.	71 00	
Carreaux (dalles) de marbre ou d'albâtre	100 pds carrés	3 32	mètre carré.	0 31	
de Gothland et autres de même espèce	100 pièces.	1 32	100 pièces.	3 78	

DÉNOMINATION DES MARCHANDISES.	Unités danoises. Bases.	Unités danoises. Droits.	Unités françaises. Bases.	Unités françaises. Droits.	TARES.
		rix. sk.		fr. c.	
Carri (poudre de)	100 liv.	12 48	100 kil.	71 00	En bouteilles ou verres, en caisses, 50 %; sans caisses, 40 %.
Carrosserie et charronnage (ouvrages de) :					
carrosses, landaws, voitures dites viennoises et autres similaires, couvertes et à 2 chevaux	la pièce.	40 00	la pièce.	113 60	
toutes autres espèces de voitures, avec ou sans soufflets ou siéges	id.	12 00	id.	34 08	
parties de voitures : soufflets	id.	4 00	id.	11 36	
siéges ou bancs vernis	id.	2 00	id.	5 68	
traîneaux	id.	6 00	id.	17 04	
tous autres ouvrages de charronnage ou parties de voitures	100 liv.	4 16	100 kil.	23 66	
Cartes à jouer (1)	le jeu.	0 03	le jeu.	0 08	
Casquettes	100 pièces.	50 00	100 pièces.	142 00	
Cathécu (terra Japonica Gambier)	100 liv.	0 48	100 kil.	2 84	
Cerceaux pour tonneaux	120 pièces.	0 06	120 pièces.	0 17	
Céruse ou blanc de plomb, ainsi que sulfate de plomb	100 liv.	1 04	100 kil.	5 90	En futailles, 10 %.
Chaux cuite	100 tonnes de 8 boisseaux.	12 28	l'hectol.	1 38	
Chevrotines, grenailles, dragées, plomb de chasse	100 liv.	1 04	100 kil.	5 90	En barriques et caisses, 12 %; en emballages de toile, 3 %.
Chicorée en racines, crue (y compris les carottes (mohren) séchées	id.	0 32	id.	1 90	En barriques ou caisses, 16 %; en emballages de toile, 3 %.
Chevaux: étalons ou hongres, juments	par tête.	8 00	par tête.	22 72	
Chocolat	100 liv.	15 00	100 kil.	85 20	En barriques ou caisses, 16 %.
Choux frais de toute espèce	60 pièces.	0 20	60 pièces.	0 59	
Cidre	le tonneau.	2 00	l'hectol.	4 00	
Ciment	id.	0 48	id.	1 00	
Cirage pour chaussures	100 liv.	2 08	100 kil.	11 82	
Cire à cacheter de toute espèce	id.	16 64	id.	94 68	
lac-dye	id.	4 16	id.	23 66	En caisses, 30 %; en barriques, 20 %; en serons, 16 %.
Clous et tiges de girofle	id.	6 24	id.	35 50	En barriques, 12 %; en sacs de toile, 3 %; en sacs de jonc, simples, 4 l. la pièce; double, 8 l. la pièce.
Cochenille et poudre de cochenille	la livre.	0 24	le kil.	1 42	En barriques et caisses, 20 %; en serons, 16 %; en emballages de toile, 3 %.
Cochons petits ou grands, vivants	la pièce.	0 64	la pièce.	1 90	
Colle de poisson	la livre.	0 40	le kil.	2 36	En caisse, 4 %; en emballages de toile, 4 %.
autre	100 liv.	3 12	100 kil.	11 74	En barriques et caisses, 16 %.
Conduits et tuyaux en terre pour l'eau ou la chaleur	id.	0 24	id.	1 42	
Conserves alimentaires préparées et hermétiquement fermées	id.	8 32	id.	47 32	
Cordages, fil de carret et autres articles de corderie, sangles, cordages d'aubier	id.	1 64	id.	9 48	
vieux et dépecés pour étoupes	id.	0 16	id.	0 94	
Cordes, cordes et cordons de boyaux	id.	41 64	id.	236 48	
de fil d'acier	id.	1 48	id.	8 52	
de laiton et de cuivre, ainsi que cordes à cannetille	id.	2 48	id.	14 20	
Cordonnerie de toute espèce, y compris les souliers de feutre	id.	66 64	id.	374 88	
Cornes de cerf râpées ou non, de renne	id.	2 08	id.	11 82	En barriques ou caisses, 16 %.
en plaques (de toute sorte)	id.	2 48	id.	14 20	En barriques ou caisses, 16 %; en emballages de toile, 3 %.
Cotons manufacturés : tricots	id.	33 32	id.	189 32	
autres tissus imprimés ou teints non spécialement tarifés	id.	33 32	id.	189 32	
blancs, ainsi que ouate	id.	15 00	id.	85 20	
fil de coton tordu ou non, blanc	id.	2 48	id.	14 20	En balles pressées avec cercles en fer, 6 %.
teint	id.	5 20	id.	29 58	
Couleurs pour peinture et autres :					
fines, telles que chrome, bleu de Prusse, vert (bleu) de Brême, bleu nouveau (Nyblaat) et autres couleurs vertes, rouge de Prusse, laque de Florence, laque de Venise et autres laques, carmin, cinabre, outremer et autres similaires, ainsi que couleurs pour dessin, telles que pastels, sucs de plantes, encre de Chine, en tablettes, vessies, verres, boîtes, etc.	id.	8 32	id.	47 32	En barriques et caisses, 16 %; pas de tare pour les couleurs à dessiner.
ordinaires, telles que brun rouge (rouge d'Angleterre, de Suède, de Prusse), ocre, ombre, terre brune de Cologne, terre verte, stil de grain, spath pulvérisé, noir d'os carbonisés ou pulvérisés, caput mortuum, ainsi que les autres couleurs ordinaires non spécialement tarifées	id.	0 64	id.	2 80	En barriques et caisses, 10 %.
toutes couleurs broyées à l'huile ou au vernis, ainsi que vernis	id.	5 20	id.	29 58	En barriques, 20 %; en bouteilles, verres ou cruches, en caisses, 50 %; sans caisse, 40 %.
couleurs bleues, bleu d'émail, bleu de smalt	id.	3 72	id.	21 30	En futailles et caisses, 16 %.
Craie broyée	id.	0 64	id.	2 80	En barriques, 12 %.
Cravates, cols de cravates couverts de soie ou d'étoffes mélangées de soie	la livre.	2 00	le kil.	11 36	
couvertes d'autres étoffes	id.	1 00	id.	5 68	
matériaux intérieurs	100 liv.	33 32	100 kil.	189 32	
Crayons de mine de plomb, dits de charpentier	id.	2 64	id.	15 16	
toutes autres espèces	id.	20 80	id.	118 34	
Crême de tartre	id.	1 04	id.	5 90	En barriques et caisses, 10 %.

(1) Outre le droit d'entrée, les cartes à jouer payent un droit de timbre de 8 skillings par jeu.

DÉNOMINATION DES MARCHANDISES.	Unités danoises. Bases.	Droits. rix.	sk.	Unités françaises. Bases.	Droits. fr.	c.	TARES.
Creusets de plombagine et d'argile	100 liv.	0	24	100 kil.	1	42	En futailles et caisses, 12 %.
Cribles, tamis et tous ouvrages similaires	id.	4	16	id.	23	66	
Cumin de toute espèce	id.	1	48	id.	8	52	En barriques, 16 %; en sacs, 3 %.
Cuscute ou Epithyme (graines de)	le tonneau.	0	64	l'hectol.	1	30	
Dattes	100 liv.	2	24	100 kil.	12	78	En barriques ou caisses, 16 %; en emballages de toile, 3 %; en sacs de jonc, doubles, 4 l. la pièce; — simples, 2 l. la pièce.
Dentelles de fil ou de coton, tissées	la livre.	1	24	le kil.	7	10	
à la main	id.	5	00	id.	28	40	
Devises de confiseurs	100 liv.	5	20	100 kil.	29	58	En caisses, 40 %.
Drèche non moulue	le tonneau.	0	40	l'hectol.	0	83	
Drogueries simples et composées, qui ne sont pas tarifées spécialement et ne peuvent être comprises dans aucune des classes du tarif, telles que : écorces et bois pour pharmacie, feuilles, fleurs, baies, mousses et herbes, graines et racines ; — poix blanche, manganèse, préparations de mercure, sels de pharmacie et sels d'étain ; — agaric, arsenic blanc, castoréum, borax, camphre, assa fœtida, flores cassiæ, cantharides, yeux d'écrevisses, manne, musc et opium	100 liv.	2	08	100 kil.	11	82	
Duvet d'édredon	id.	33	32	id.	189	32	En barriques et caisses, 16 %; en emballages de toile, 4 %.
d'autres oiseaux	id.	8	32	id.	47	32	
Eaux-de-vie de grains et de pommes de terre, de 8 degrés et au-dessous	30 veltes.	18	00	l'hectol.	22	50	
(Au-dessus de 8 degrés, le droit augmente de 54 skillings par 30 veltes pour chaque quart de degré.)							
de raisin, ainsi que l'arrack, le genièvre et le rhum, en barriques, cruches ou barils, de 8 degrés et au-dessous	id.	18	00	id.	22	50	
(Au-dessus de 8 degrés, le droit augmente de 54 skillings par 30 veltes pour chaque quart de degré.)							
de raisin, arrack, genièvre et rhum, en bouteilles	100 bouteilles de 3/4 de pot.	12	48	100 bouteilles à 3/4 de litre.	35	50	
genièvre en cantines de 15 bouteilles de 1 3/4 de pot	la cantine.	2	78	la cantine.	7	99	
de 12 bouteilles de 1 1/4 de pot	id.	1	80	id.	5	21	
(Pour les cantines de moindre capacité, le droit se calcule d'après le contenu cubique des bouteilles, et proportionnellement au taux du tarif.)							
rhum expédié de Sainte-Croix, ou, suivant l'acquit à caution, fabriqué à Saint-Thomas ou à Saint-Jean, et importé par navires danois, de 8 degrés et au-dessous	30 veltes.	17	48	l'hectol.	21	09	
(Au-dessus de 8 degrés, le droit augmente de 52 1/2 skillings pour chaque quart de degré.)							
aquavit et liqueurs à base d'eau-de-vie : en barriques	id.	38	00	id.	48	00	
en bouteilles	100 bouteilles à 3/4 de pot.	22	00	100 bouteilles à 3/4 de litre.	62	48	
Eaux minérales ou de sources, en cruches, bouteilles	100 pièces.	1	64	100 pièces.	4	74	
Éclisses pour relieurs, fourbisseurs et cordonniers, rameaux de bouleau fendus	100 liv.	0	16	100 kil.	0	94	
Ecorce de cannelle véritable ou fausse, ou cassia lignea	id.	5	20	id.	29	58	Écorce de cannelle dans toute espèce d'emballage, 16 %; cassia lignea, en caisses, 28 %; — en nattes de paille, 12 %; quinquina cascarille, etc., en tonneaux ou caisses, 16 %; en emballages de toile, 4 %.
de quinquina et cascarille, et autres pour la pharmacie	id.	2	08	id.	11	82	
Etain (substance oléagineuse)	id.	2	08	id.	11	82	
Encens de toute espèce et cire parfumée pour poêles	id.	25	00	id.	142	00	
Encre à écrire et poudre à encre	id.	6	24	id.	35	50	
d'imprimerie	id.	1	04	id.	5	90	En barriques, 16 %.
Enveloppes de lettres (papier seulement taillé et plié : blanches	la livre.	0	04	le kil.	0	22	
de couleur	id.	0	06	id.	0	35	
autres	id.	0	12	id.	0	70	
Epinglerie (ouvrages d') autres que les épingles et aiguilles dénommées	100 liv.	6	24	100 kil.	35	50	
Eponges à laver	id.	33	32	id.	189	32	En emballages de toile, 4 %.
toute autre espèce, apprêtées	id.	3	12	id.	17	74	
Essences aromatiques, eaux et huiles de senteur	id.	16	64	id.	94	68	
Etamines de crin de cheval	id.	33	32	id.	189	32	
Etoffes cirées, taffetas ciré	id.	30	00	id.	170	40	
toile d'emballage au-dessous de 20 fils	id.	3	12	id.	17	74	
autres, telles que toile de lin, de coton, bombasins cirés, et toile cirée veloutée, toile vernie	id.	16	64	id.	94	68	
Etoupes de chanvre	id.	0	32	id.	1	88	En nattes, 4 l. la pièce.
de lin	id.	0	48	id.	2	84	
Extraits de bois de teinture	id.	3	12	id.	17	74	
pour punch	30 veltes.	24	00	l'hectol.	30	02	
Faïence blanche et autre, ou combinée avec des métaux, telle que cruches avec couvercles	100 liv.	3	00	100 kil.	17	04	En tonneaux, 34 %; en paniers, 22 %.
Fard	la livre.	0	48	le kil.	2	84	
Fer en barres	100 liv.	0	36	100 kil.	2	12	
pour cercles, fer emning et rails	id.	0	36	id.	2	12	
pour lest	id.	0	20	id.	1	16	
forgé :							
fil de fer et fil d'archal	id.	1	48	id.	8	52	En barriques, 9 %.

DÉNOMINATION DES MARCHANDISES.	Unités danoises. Bases.	Unités danoises. Droits.	Unités françaises. Bases.	Unités françaises. Droits.	TARES.
		rix. sk.		fr. c.	
clous de 3 pouces et au-dessus (y compris les vieux fers à cheval)	100 liv.	1 32	100 kil.	7 56	En barriques, 8 °/₀; en caisses, 20 °/₀.
au-dessous de 3 pouces	id.	2 08	id.	11 82	
en plaques forgées et laminées, de 1/8 de pouce d'épaisseur, et au-dessus	id.	0 36	id.	2 12	En caisses, 12 °/₀.
au-dessous de 1/8 de pouce, ou tôle noire ou non étamée	id.	0 72	id.	4 26	
blanche ou étamée	id.	2 32	id.	13 26	
ancres de navire, chaînes, caisses à eau, enclumes	id.	1 54	id.	8 88	
chaudières à vapeur	id.	1 04	id.	5 90	
de fonte ordinaire, comme canons, bombes, grenades, boulets, poêles, marmites, poêlons, chaudières, fours, plaques de cheminée, grils pour fours, tuyaux, creusets, balustrades, treillis, balances, poids, etc., et objets plus simples de fer de fonte, limés, polis ou tournés, tels que mortiers faits au tour, fers à repasser, carreaux, axes et pivots, enclumes et marteaux polis.	id.	1 54	id.	8 88	
plus fin, limé, poli, ciselé, comme chandeliers, pieds d'écrans et de pendules, lampes, cabarets, plateaux, écritoires, cassolettes, serre-papier, coupes à fruits, vases à fleurs, bustes, statues, bas-reliefs, médaillons	id.	12 48	id.	71 00	
ijouterie, comme bagues, épingles, croix, cachets, chaînes de montre et de cou, crochets de montre et pour tricoter, ceintures, bracelets, boucles, etc.	id.	33 32	id.	189 32	
quincaillerie simple, comme étaux, marteaux, balances, fers de cheval, tuyaux de poêles et ouvrages de fer en lames, poêlons, bêches et pelles, faux, faucilles, ciseaux de menuisier, repassoirs, fers de rabot, haches, vrilles, feuilles de scie, couteaux à pain, jambettes ordinaires, forces, mandrins, serrures, verroux, gonds, vis à bois, compas de fer et cercles, fer maillé ou twist, moulins à café, ainsi que fer de fonte étamé, émaillé, peint ou verni (à l'exception d'éperons et boucles), boutons de fer en fonte, couteaux et ciseaux, chaînes de licou pour chien, entraves, ressorts de fer pour bandages de hernie, équerres	id.	3 12	id.	17 74	
quincaillerie plus fine, comme ciseaux et couteaux non compris dans la classe précédente, fourchettes, lames de sabre et d'épée, pincettes et pelles à feu, tire-bouchons, briquets, patins, fourreaux de sabre, hameçons et crochets à pêcher, plumes de fer, carrelets, aiguilles à tricoter, à ravauder, à voiles, d'emballage, lardoires, passe-lacets, crochets de carabine, machines à corset et tous ouvrages de faiseurs d'éperons et boucles (polis, vernis, peints, émaillés ou étamés), ainsi que boutons forgés	id.	6 24	id	35 50	
objets incrustés à facettes, plaqués ou autrement travaillés, comme couteaux et fourchettes à manches plaqués d'argent ou de maillechort, ainsi que bijouterie d'acier.	id.	16 64	id.	94 68	
ouvrages en ferblanc ou en tôle : blancs.	id.	8 32	id.	47 32	
vernis ou peints, avec plaqués ou non.	id.	16 64	id.	94 68	
Feuilles pour placage, d'acajou et autres bois.	id.	6 64	id.	37 88	
Feutre de poil de bétail pour radoub de navires.	id.	0 20	id.	1 12	
Feverolles pour bétail	1 tonneau.	0 24	l'hectol.	0 51	
Figues	100 liv.	1 04	100 kil.	5 90	En barriques ou caisses, 14 °/₀; en doubles nattes de jonc, 4 liv.
Filets de toute espèce, pour la pêche, pour traîneau, etc.	id.	1 64	id.	9 48	
Fleurs autres que celles spécialement dénommées.	la livre.	5 00	le kil.	28 40	
Formes de chapeaux de feutre avec ou sans apprêt	100 pièces.	12 48	100 pièces.	71 00	
pour raffineries (pots de terre)	100 liv.	0 12	100 kil.	0 70	
Fourbisseurs (ouvrages de) ou toute sorte d'armes blanches, avec ou sans fourreau et sans égard à la matière dont elles sont faites.	id.	12 48	id.	71 00	
Fromages	id.	4 16	id.	23 66	En caisses, 20 °/₀; en paniers, 12 °/₀.
Fruits, frais : pommes et poires	100 tonneaux	25 00	l'hectol.	5 10	
cerises, prunes et autres	100 liv.	0 24	100 kil.	1 42	
secs : à l'exception des prunes	id.	1 24	id.	7 50	En barriques et caisses, 16 °/₀; en emballages de toile, 3 °/₀.
prunes : Ste-Catherine, Brignoles, pruneaux, etc.	id.	0 75	id.	4 45	Pruneaux en barriques, 10 °/₀; autres prunes en caisses, d'environ 80 à 100 liv. brut, 14 °/₀; 40 à 50 liv., 18 °/₀; 20 à 25 l., 20 °/₀.
au sucre, au sirop, à l'eau-de-vie; confitures et sucreries	id.	5 20	id.	29 58	En caisses, 16 °/₀; en flacons et verres avec la caisse, 50 °/₀; — sans la caisse, 40 °/₀.
Ganterie : gants de toute espèce, cousus ou seulement taillés, y compris ceux en tissus de laine	1 livre.	1 24	le kil.	7 11	
autres ouvrages de gantiers, tels que vestes et camisoles, culottes, bretelles, etc.; bourses de peaux pour plomb de chasse.	id.	0 64	id.	3 80	
Garance et rouge de garance	100 liv.	0 80	100 kil.	4 74	En tonneaux 16 °/₀.

DÉNOMINATION DES MARCHANDISES.	Unités danoises.		Unités françaises.		TARES.
	Bases.	Droits.	Bases.	Droits.	
		rix. sk.		fr. c.	
Gâteaux de toute espèce	100 liv.	5 20	100 kil.	29 58	
Gibier de toute espèce	id.	4 16	id.	23 66	En barriques et caisses, 16 %.
Gingembre blanc et brun	id.	2 08	id.	11 82	En tonneaux, 12 %; en sacs de gomi, simples, 20 %; doubles, 4 %; en emballage de toile, 3 %.
Gommes de toute espèce et galoches en gomme élastique	id.	4 16	id.	23 66	En caisses de teck ou autre bois pesant, 24 %; en barriques ordinaires et caisses, 16 %; en emballages de toile, 3 %.
Goudron	1 tonneau.	0 48	l'hectol.	1 01	
de houille	id.	0 32	id.	0 76	
Graine de Canari	100 liv.	0 80	100 kil.	4 74	En emballages de toile, 3 %.
d'écarlate, vermillon de Kermès	id.	25 00	id.	142 00	
Grains moulus : gruaux de froment	id.	1 16	id.	5 36	En barriques, 12 %; en sacs, 3 %.
id. semoule, orge perlé et autres	id.	0 80	id.	4 74	
farines d'orge, froment, maïs et pommes de terre	id.	1 24	id.	7 11	En barriques, 12 %; en sacs, 3 %.
id. autres	id.	0 48	id.	2 82	
Graisses et axonge	id.	1 04	id.	5 90	1 tonneau, 24 liv.; 1/2 tonneau, 18 liv.; 1/4 tonneau, 12 liv.; 1/8 tonneau, 8 livres.
Gypse en poudre	100 tonneaux de 8 boiss.	12 43	l'hectol.	0 58	
Habillements cousus et linge	(1)	(1)	(1)	(1)	
Houblon	100 liv.	6 00	100 kil.	34 08	En sacs, 4 %.
Houille	100 tonneaux	6 24	l'hectol.	0 20	
Huiles : de lin, colza, navette, palmier, coco	100 liv.	3 12	100 kil.	11 74	Huile de térébenthine, en barriques simples, 20 %; doubles, 34 %. Autres huiles, en barriques, 18 %; en bouteilles et verres, avec caisses, 50 %; sans caisses, 40 %; en cruches de terre, 33 %.
d'olives, en barriques et cruches	id.	3 12	id.	11 74	
en bouteilles et verres	id.	8 32	id.	47 32	
de poisson en barriques	1 tonneau.	2 24	l'hectol.	12 78	
toutes autres espèces	100 liv.	2 08	100 kil.	11 82	
Huîtres fraîches	800 pièces.	3 00	800 pièces.	8 52	
marinées	100 liv.	4 16	100 kil.	23 66	En bouteilles ou verres, avec caisses, 50 %; sans caisses, 40 %.
Hydromel	1 tonneau.	4 00	l'hectol.	8 00	
Indigo	100 liv.	12 48	100 kil.	71 00	En caisses, 30 %; en barriques, 20 %; en sérones, 16 %.
Instruments aratoires	id.	1 04	id.	5 90	
de mathématiques, physique, optique, chirurgie et autres similaires	id.	20 80	id.	118 34	
de musique : à clavier (pianos et autres)	la pièce.	32 00	la pièce.	90 88	
harpes, orgues portatives, de Barbarie	id.	12 00	id.	34 08	
violons, violes, flûtes, clarinettes, cors, trompettes	la douzaine.	1 48	la douzaine.	4 26	
autres	la pièce.	0 64	la pièce.	1 90	
Ivoire en plaques	100 liv.	16 64	100 kil.	94 68	
Jouets ou bimbeloterie de Nuremberg	id.	8 32	id.	47 32	
Laine : fil de toute espèce non teint	id.	6 24	id.	35 50	
teint	id.	6 32	id.	35 96	
objets de laine pure, foulés et tondus	id.	66 64	id.	380 48	
étoffes pour tapis d'appartement	id.	25 00	id.	142 00	
tissus ordinaires, tels que tiretaines, couvertures de lit, penchina, bas et tricots communs, bonnets de matelots	id.	12 48	id.	71 00	
autres tissus purs ou mélangés de coton ou de lin, ouvrages d'angora, lapin, castor et poil de chèvre, tricots de laine autres que communs	id.	41 64	id.	135 68	
Laiton : filé non poli	id.	2 08	id.	11 32	En barriques et caisses, 12 %.
poli	id.	2 48	id.	14 20	
argenté et fil de maillechort	id.	16 64	id.	94 68	
compositions de métal, fer-blanc et plaques, chevilles, clous, tuyaux tirés pour lampes, non plaqués	id.	2 80	id.	16 10	En caisses, 12 %.
plaques plaquées, maillechor en plaques et fer-blanc	id.	10 40	id.	59 16	
ouvrages en laiton et de ciseleurs : non polis, grossièrement limés ou tournés, tels que marmites, cloches, sonnettes, mortiers, casseroles, écrous et autres parties de machines, robinets, gonds, pentures (le fer y compris), dés à coudre, anneaux de rideau, clefs de montre, roulettes pour meubles, chaudrons, bassines, clous, boutons	id.	8 32	id.	47 32	
polis et fourbis, tels que ouvrages de ferblantier en laiton poli, boutons de tiroirs, crochets à vis, vis à rideaux et patères et autres objets pressés et seulement vernis, fils et étamines de laitons, boutons polis et vernis	id.	16 64	id.	94 68	
bronzés, vernis, plaqués, argentés et dorés, tels que chandeliers, lampes, attaches pour rideaux, sonnettes de table, vaisselle, étriers, boucles fines, éperons, boutons de tiroir, crochets à vis ; objets pressés, tels que vis à rideaux, patères, bas-reliefs et ornements de bronze pour meubles, garnitures de pipe et ouvrages de fourbisseurs, poignées et fourreaux de					

(1) Droit des matières principales dont ils sont confectionnés, avec augmentation de moitié pour la confection.

DÉNOMINATION DES MARCHANDISES.	Unités danoises. Bases.	Unités danoises. Droits.	Unités françaises. Bases.	Unités françaises. Droits.	TARES.
		rix. sk.		fr. c.	
sabre et d'épée, boutons, étuis, montures de montres et de pendules, vases et ornements de table; bijouterie, comme bracelets, boucles d'oreilles, épingles, chaînes, etc.; ouvrages en composition, comme maillechor, packfong, argentan, métal anglais	100 kil.	33 32	100 kil.	189 32	
peints et vernis	id.	16 64	id.	94 68	
Lampes de diverses matières (à l'exception de celles reprises à ces matières), et lanternes de voitures	id.	16 64	id.	94 68	
veilleuses sur liége et bois	id.	8 32	id.	47 32	
Laurier, baies et feuilles	id.	0 80	id.	4 74	En barriques et caisses, 16 %; en emballages de toile, 4 %.
Lentilles	id.	0 24	id.	1 42	En emballages de toile, 3 %.
Levure	id.	6 24	id.	35 50	En emballages de toile, simples, 3 %; doubles, 5 %.
Liége en bouchons	id.	3 12	id.	11 74	En emballages de toile, 4 %.
Lignes pour la pêche	id.	6 24	id.	35 50	
Lin non sérancé	id.	1 04	id.	5 90	En nattes, 4 liv. chaque; en emballages de toile, 4 %.
sérancé	id.	3 12	id.	11 74	
Litharge d'argent	id.	1 04	id.	5 90	En barriques et caisses, 10 %.
Lits de plumes et matelas en crin	id.	8 32	id.	47 32	
Lin : fil non tordu	id.	4 64	id.	26 52	
tordu	id.	9 36	id.	53 04	
toile ou linge ouvré, de lin ou de chanvre non blanchi :					
au-dessus de 20 fils (ainsi que toile à voiles, à prélat et voiles cousues)	id.	6 24	id.	35 50	
de 20 fils et au-dessous (toile d'emballage, préparée pour peintres, linge ouvré ordinaire non blanchi, sans dessins)	id.	1 04	id.	5 90	En barriques et caisses, 12 %.
autres espèces de linge (y compris le tricot de fil)	id.	15 00	id.	85 20	
Machines, telles que machines à vapeur, à carder, à filer, à tordre, à papier et autres similaires, employées dans les fabriques et établissements industriels, montées ou en parties détachées; non spécialement tarifées	id.	1 04	id.	5 90	
Marchandises non dénommées	id. ou valeur.	3 12 ou 10 %	id. ou valeur.	17,74 ou 10 %	
Marrons ou chataignes	100 liv.	1 04	100 kil.	5 90	En barriques et caisses, 16 %; en emballages de toile, 3 %.
Masques	id.	16 64	id.	94 68	
Mèches à canon	id.	0 80	id.	4 74	
Mélasses expédiées de Ste-Croix ou fabriquées à St-Jean, importées par navires danois	id.	0 80	id.	4 74	En barriques, 12 1/2 %.
autres	id.	1 48	id.	8 52	
Menuiserie (ouvrages de menuisiers et tourneurs) en sapin	id.	2 48	id.	14 20	
en chêne, hêtre, bouleau, frêne et autres bois indigènes	id.	4 16	id.	23 66	
plaquée ou non, en acajou, bois exotiques et bois doré	id.	6 64	id.	37 88	
Meules au-dessus de 41 pouces de diamètre	100 p^ds cubes.	16 64	le mètre cube	1 65	
Miel	100 liv.	1 24	100 kil.	7 11	En barriques, 16 %.
Millet (gruaux de)	id.	1 48	id.	8 52	En sacs, 3 %.
Minium	id.	1 04	id.	5 90	En barriques et caisses, 10 %.
Montres et pendules : montres de poche, boite en or	la pièce.	1 24	la pièce.	3 05	
en argent, et mouvements de montre	id.	0 48	id.	2 84	
pendules, avec mouvement en bois ou bois et métal, telles que celles de Nuremberg et de la forêt Noire	100 liv.	8 32	100 kil.	47 32	
autres	id.	33 32	id.	189 32	
fournitures de montre et de pendule	id.	50 00	id.	284 00	
boites pour montres et pendules en marbre, albatre, bronze ou autre métal	id.	33 32	id.	189 32	
Morilles	id.	6 24	id.	35 50	
Moutarde : non moulue (graines)	id.	0 64	id.	2 80	En barriques, 16 %; en emballages de toile, 3 %.
moulue, en verres ou cruches	id.	5 20	id.	29 58	
en autres emballages	id.	8 32	id.	47 32	En barriques et caisses, 16 %.
Moutons, chèvres, boucs, agneaux, chevreaux vivants	par tête.	0 24	par tête.	1 42	
Muscade (fleurs de)	100 liv.	25 00	100 kil.	142 00	En caisses, 25 %; en emballages de toile, 4 %.
(noix de)	id.	16 64	id.	94 68	En barriques et caisses, 12 %; en emballages de toile, 3 %.
Nattes ou tissus de paille	la livre.	1 00	le kil.	5 68	
pour emballages	100 pièces.	0 60	100 pièces.	1 78	
Noir de fumée	100 liv.	2 08	100 kil.	11 82	En emballages au-dessous de 50 liv. bruts, 75 %; de 50 liv. et au-dessus, 50 %; en sacs, d'après la tare générale.
Noix et noisettes de toute espèce, non spécialement tarifées	id.	0 72	id.	4 26	En barriques et caisses, 16 %; en sacs de toile, 3 %.
Noyaux de pêche	id.	3 12	id.	17 74	En barriques et caisses, 16 %.
Œufs	2,000 pièces.	3 12	2,000 pièces.	8 87	
Œufs de fourmis	100 liv.	0 64	100 kil.	2 80	
Oiseaux vivants ou tués frais, oies	100 têtes.	16 64	100 têtes.	47 34	
canards	id.	8 32	id.	23 67	
poules, perdrix	id.	12 48	id.	35 50	
dindes	id.	25 00	id.	71 00	
communes	id.	6 24	id.	17 75	
salés ou marinés	100 liv.	2 08	100 kil.	11 82	
fumés	id.	6 24	id.	35 50	
Olives en barriques et en verres	id.	3 12	id.	17 74	En verres et bouteilles, avec caisses, 50 %; sans caisses, 40 %.

DÉNOMINATION DES MARCHANDISES.	Unités danoises.		Unités françaises.		TARES.
	Bases.	Droits.	Bases.	Droits.	
		rix. sk.		fr. c.	
Or : travaillé par moulage et autrement, y compris ce qui peut être enchâssé en or	1/2 once.	1 00	l'hectogr.	17 75	
battu en feuilles, fin ou faux	100 liv.	16 64	100 kil.	94 68	
ouvrages de tireurs d'or, de toute espèce	id.	50 00	id.	142 00	
Oranges : fraîches de toute espèce, citrons, limons, etc.	100 pièces.	0 32	100 pièces.	0 95	
séchées, écorces d'oranges amères, citrons, etc.	id.	1 04	id.	2 95	En barriques et caisses, 16 %; en nattes de paille, 8 %; en emballages de toile, 4 %.
au sucre ou confites	id.	5 20	id.	14 79	En caisses, 16 %; en bouteilles et verres, avec caisses, 50 %; sans caisses, 40 %.
citrons et limons au vinaigre	id.	1 04	id.	2 95	En barriques, 20 %; en bouteilles et verres, avec caisses, 50 %; sans caisses, 40 %.
salés	id.	0 60	id.	1 77	En barriques, 20 %.
jus de citrons et de limons	la barrique de 30 veltes.	3 00	la barrique de 139 litres.	8 52	
Orseille	100 liv.	1 04	100 kil.	5 90	En barriques et caisses, 16 %.
Os : broyés ou moulus	id.	0 32	id.	1 90	
brûlés ou pulvérisés	id.	0 80	id.	7 74	En futailles, 16 %.
Paille (ouvrages en) : chapeaux, formes et fleurs, bruts	la livre.	2 00	le kil.	11 36	
corbeilles pour fourrage, etc.	100 liv.	0 48	100 kil.	2 82	
Pains à manger	id.	1 04	id.	5 90	En futailles, 16 %.
à cacheter	id.	10 40	id.	59 16	
Papier et cartons : papier à écrire, à musique, à dessiner, ainsi que papier collé, blanc, doré sur tranches	id.	4 16	id.	23 66	
papier à imprimer et papier non collé	id.	2 48	id.	14 20	
papier à gargousses	id.	2 08	id.	11 82	
carton, papier sablé et pour toitures	id.	1 24	id.	7 15	
de laine gris et maculatures	id.	0 64	id.	2 80	
cartons drapiers	id.	0 72	id.	4 26	En caisses, 16 %; en emballages de toile, 3 %.
bleu, dit à sucre	id.	0 48	id.	2 84	
de tenture pour tapisseries	id.	12 48	id.	71 00	
de couleur, pressé, doré, argenté, à bordures, à images, pour couvertures de livres, lettres de change, etc.	id.	6 24	id.	35 50	
cartonnage et ouvrages de papier mâché, à l'exception des jouets	id.	12 48	id.	71 00	
Parapluies et ombrelles, couvertures de soie ou mélangées de soie	100 pièces.	50 00	100 pièces.	182 00	
avec autres couvertures ou sans couvertures.	id.	25 00	id.	71 00	
Parures de femmes (objets de mode) non spécialement tarifées, c'est-à-dire, bonnets, bandes et mouchoirs brodés, et en général objets de lingerie de luxe ; objets brodés en perles avec ou sans garnitures ; habillements brodés à la mécanique; objets d'étoffes riches ajustés pour habillement munis de garnitures de parures; chapeaux de dames de toute espèce garnis ou non (à l'exception des chapeaux, de papier, de paille et de copeaux non garnis)	la livre.	3 32	le kil.	18 92	
Passementerie et boutonnerie : de soie ou mélangée de soie	id.	1 48	id.	8 52	
toute autre espèce	100 liv.	50 00	100 kil.	284 00	
Pâtés, sans déduction de tare	1 livre.	0 64	le kil.	2 80	
Patins	id.	0 02 2/5	id.	0 08	
Peaux et cuirs : cuirs de gros bétail et de chevaux, non préparés : secs, au-dessous de 20 livres la pièce	100 liv.	4 16	100 kil.	23 66	
mouillés et salés, au-dessous de 40 livres la pièce, et avec la tête, la corne et la queue au-dessous de 48 l.	id.	2 08	id.	11 82	
tannés et préparés à moitié ou entièrement, cuirs de semelles	id.	8 32	id.	47 32	
de vache ou cheval	id.	16 64	id.	94 64	
id. vernis	id.	20 80	id.	118 32	
peaux tannées en blanc ou ramaillées	id.	8 32	id.	47 32	
cuir de Russie	id.	4 16	id.	23 66	
de veau	id.	16 64	id.	94 64	
id. vernies	id.	20 80	id.	118 32	
de porc	id.	20 80	id.	118 32	
de renne, élan, cerf, chevreuil, daim, bouc, veau, belier, mouton, agneau et similaires, tannées en blanc ou ramaillées	id.	16 64	id.	94 64	
de cordouan, maroquin, parchemin, peaux colorées, cuirs dorés, argentés ou avec des dessins pressés ou empreints, maroquin.	id.	25 00	id.	142 00	
de pelletiers préparées ou non	id.	12 48	id.	71 00	
ouvrages en toute sorte de peaux : portefeuilles, lanières, etc.	id.	33 32	id.	189 32	
Perches de bois pour cerceaux et cercles de tonneaux : de plus de 9 pieds de long	1,000 pièces.	0 32	1,000 pièces.	0 94	
de 9 pieds et au-dessous	id.	0 08	id.	0 23	
Perruquiers (ouvrages de)	la livre.	2 00	le kil.	11 36	
Pierres à aiguiser de toute espèce, jusqu'à 10 pouces de diamètre	36 pièces.		36 pièces.		
de 10 à 14 pouces de diamètre	30 id.		30 id.		
de 14 à 16 id.	27 id.		27 id.		
de 16 à 18 id.	21 id.		21 id.		
de 18 à 20 id.	18 id.	0 80	18 id.	2 37	
de 20 à 24 id.	12 id.		12 id.		
d 24 à 28 id.	9 id.		9 id.		
de 28 à 32 id.	6 id.		6 id.		
de 32 à 36 id.	5 id.		5 id.		
de 36 à 41 id.	3 id.		3 id.		
au-dessus de 41 pouces de diamètre	100 p^ds cubes	16 64	le mètre cube	1 65	

DÉNOMINATION DES MARCHANDISES.	Unités danoises.		Unités françaises.		TARES
	Bases.	Droits.	Bases.	Droits.	
		rix. sk.		fr. c.	
Pignons décortiqués, noyaux de pistaches	100 liv.	3 12	100 kil.	17 74	En sacs de toile, 3 %; en sacs de jonc, simples, 2 liv. par sac; doubles, 4 liv. par sac.
Piment	id.	1 64	id.	9 48	
Pipes à fumer en craie ou terre, sans déduction de tare	id.	1 48	id.	8 52	
(têtes de), avec ou sans monture, en écume de mer, vraie ou fausse	id.	25 00	id.	142 00	En caisses, 16 %.
en porcelaine, bois, pierre, terre, etc.	id.	12 48	id.	71 00	
tuyaux de) ordinaires, de bois avec l'écorce, ainsi que tuyaux seulement percés	id.	3 12	id.	17 74	
— élastiques	id.	25 00	id.	142 00	
Plantes potagères, non spécialement tarifées: fraîches, séchées ou salées	id.	0 32	id.	1 90	Oignons de toute espèce, excepté ceux à fleurs, en barriques et caisses, 16 %; cornichons et concombres confits et salés, en barriques, 20 %; en verres et bouteilles, avec caisses, 50 %; sans caisses, 40 %.
confites au vinaigre	id.	1 04	id.	5 90	
au sirop et au sucre	id.	5 20	id.	14 79	
Plomb : en rouleaux et plaques, papier de plomb.	id.	0 64	id.	2 80	
tuyaux, chaudières, poids et autres ouvrages grossiers	id.	0 80	id.	2 37	
Plombagine	id.	0 64	id.	2 80	En futailles ou caisses, 16 %.
Plumes (parures en) d'autruche	la douzaine.	2 00	la douzaine.	5 68	
id. autres	la livre.	3 32	le kil.	47 32	
à écrire de toute espèce, hollandées ou non.	100 liv.	40 00	100 kil.	227 20	En caisses, 45 %.
Poils (crin frisé)	id.	5 20	id.	29 58	En emballages de toile, 4 %.
Pois secs	id.	8 32	id.	47 32	En barriques et caisses, 16 %.
Poissons salés ou marinés: anchois épicés, lamproyons, lamproies, moules, sardines, caviar.	id.	4 16	id.	23 66	En barils, 25 %; en bouteilles et verres, avec caisses, 50 %; sans caisses, 40 %.
saumons	id.	3 12	id.	11 74	1 tonneau, 56 liv.; 1/2 tonn., 40 liv.; 1/4 tonn., 28 liv.; 1/8 tonn., 20 liv.
anguilles	id.	0 80	id.	2 37	
harengs (le tonneau plein ou non) ou autres espèces, et frai de poisson	par tonneau.	1 00	par tonne de 131 kil.	2 84	
séchés ou salés à sec de toute espèce	100 liv.	0 80	100 kil.	2 37	
fumés : saumon fumé ou saupoudré de sel.	id.	5 20	id.	29 58	
autres	id.	0 80	id.	2 37	
Poivre de toute espèce	id.	2 08	id.	11 82	En caisses, 16 %; en sacs de gonnis, doubles, 4 %; simples, 2 %; de toile, 3 %.
Poix ordinaire	le tonneau de 248 liv. brut.	1 00	par tonne de 124 kil. brut.	2 84	Le tonneau, 24 livres.
Porcelaine : blanche et avec peinture bleue ordinaire	100 liv.	8 32	100 kil.	47 32	
avec bords dorés ou en couleur, ou avec peinture d'une seule couleur, et bords dorés ou non	id.	16 64	id.	94 64	
avec peintures de diverses couleurs et ornements d'or	id.	33 32	id.	189 32	En barriques, 34 %; en paniers, 22 %.
Poterie de terre, non spécialement tarifée	id.	1 04	id.	5 90	
d'étain ou plomb (et boutons d'étain)	id.	12 48	id.	71 00	
Poudre à canon	id.	4 16	id.	23 66	En barriques et caisses, 16 %.
pour les cheveux	id.	3 12	id.	17 74	En barriques et caisses, 16 %.
Préparations chimiques, non spécialement tarifées	id.	2 08	id.	11 82	
Raifort	id.	1 04	id.	5 90	
Raisins frais	id.	6 24	id.	35 50	En cruches et autres emballages, 65 %.
secs	id.	1 16	id.	6 62	En barriques, 14 %; en caisses, 24 %; en sacs de jonc, simples, 2 liv. chaque; doubles, 4 liv.; en nattes de paille, 8 %.
Réglisse (suc de)	id.	1 48	id.	8 52	En caisses, 16 %.
Résine ordinaire, brune et jaune	id.	0 24	id.	1 42	En barriques et caisses, 16 %; en nattes, 4 liv. la pièce.
Riz non écossé (nellon, paddy)	id.	0 80	id.	2 37	En barriques, 12 %.
en gruau ou farine	id.	1 80	id.	10 42	En sacs de gonnis, doubles, 4 %; simples, 2 %; en emballages de toile, 3 %.
Rotins	la livre.	0 06 2/5	le kil.	0 51	
Roucou	100 liv.	2 08	100 kil.	11 32	
Rubans de soie ou mêlés de soie	la livre.	1 48	le kil.	8 52	En barriques et caisses, 16 %; avec le bois ou carton sur lequel ils sont roulés, pour le bois, 12 %; pour le carton, 5 %; avec bois et carton, en boîtes, 40 %.
toutes autres espèces, ainsi que bandelettes et sangles fines	100 liv.	15 00	100 kil.	85 20	
Sagou en gruau et farine (tapioca et poudre pour les cheveux)	id.	2 08	id.	11 82	En caisses, 18 %; en sacs de gonnis, simples, 2 %; doubles, 4 %.
Salep (y compris l'arrow-root pulvérisé)	id.	3 12	id.	17 74	En caisses, 16 %; en verres et bouteilles, avec caisses, 50 %; sans caisses, 40 %.
Salpêtre brut ou raffiné	id.	0 80	id.	7 74	En toute espèce d'emballage, 10 %.
Saucissons fumés	id.	3 12	id.	17 74	En barriques, 16 %.
Savons : vert	id.	2 08	id.	11 82	En barriques et caisses, 14 %.
blanc et coloré, en batons parfumés	id.	2 48	id.	14 20	En caisses, 14 %; en nattes, 4 liv. chaque.
parfumé, tablettes, savonnettes, en poudre	id.	20 80	id.	118 32	En caisses, 14 %.
Sels : gemme ou minéral	id.	1 24	id.	7 15	

DÉNOMINATION DES MARCHANDISES.	Unités danoises.		Unités françaises.		TARES.
	Bases.	Droits.	Bases.	Droits.	
		rix. sk.		fr. c.	
autres, chargés en grenier ou en barriques.	le tonneau.	1 16	l'hectol.	2 30	
en sacs . . .	100 liv.	0 50	100 kil.	2 96	3 °/₀.
Sellerie et ouvrages de teinturiers : avec garnitures dorées, plaquées, de maillechor ou d'argent.	id.	33 32	id.	189 32	
simples ou vernis en noir	id.	16 64	id.	94 64	
Serans ou affinoirs : petits, de fer ou de laiton. .	100 paires.	4 16	100 paires.	11 83	
pour fabriques	la paire.	1 64	la paire.	4 74	
Sirop	100 liv.	1 48	100 kil.	8 52	En barriques et caisses, 12 1/2 °/₀.
Soga et sauces	100 pots.	8 32	100 pots.	23 66	
Soieries : soie écrue, tordue ou non.	la livre.	0 32	le kil.	1 90	
autres marchandises de soie ou mélangées de soie, non spécialement tarifées	id.	1 48	id.	8 52	Pour le bois ou le carton autour duquel elles sont enroulées : bois, 12 °/₀ ; carton, 5 °/₀.
Son de grains	100 tonneaux	8 32	l'hectol.	1 70	
d'amandes	100 liv.	3 12	100 kil.	17 74	
Soufre brut.	id.	0 24	id.	1 42	
en bâtons, toile soufrée et fleur de soufre. .	id.	1 04	id.	5 90	En barriques et caisses, 10 °/₀.
Stéarique	id.	2 08	id.	11 82	
Stores peints	id.	50 00	id.	284 00	
Succade	id.	5 20	id.	14 79	En caisses, 16 °/₀.
Sucre : raffiné ou lumps.	id.	6 64	id.	39 68	Raffiné, mélis, lumps, en barriques, 10 °/₀ ; candi, en caisses, 16 °/₀ ; en paniers, 12 °/₀.
non raffiné, expédié de Ste-Croix ou fabriqué à St-Thomas et à St-Jean, importé par navires danois.	id.	1 64	d.	9 48	En caisses de 500 liv. brutes et au-dessous, 12 °/₀ ; au-dessus de 500 liv., et en barriques, 17 °/₀ ; en sacs de gonnis, simples, 2 °/₀ ; doubles, 4 °/₀ ; en emballages de toile, 3 °/₀ ; en sacs de jonc, simples, 2 liv. la pièce ; doubles, 4 liv. id. ; en paniers, 12 °/₀.
dans tous les autres cas	id.	2 60	id.	14 92	
Sucre de Saturne.	id.	1 04	id.	5 90	En futailles, 10 °/₀ ; en futailles et caisses, 12 °/₀.
Suif.	id.	2 08	id.	11 82	En barriques, 10 °/₀.
Tabac : en feuilles et côtes	id.	1 54	id.	8 88	En barriques, 12 °/₀ ; en paniers, 3 °/₀ ; en nattes, 4 liv. la pièce ; en emballages de toile, 3 °/₀ ; en serons, 15 °/₀.
à fumer de toute espèce ; en rouleaux et carottes ; tabac en carotte détortillé, tabac à chiquer de toute espèce.	id.	6 00	id.	34 08	En barriques, caisses, paniers, 18 °/₀.
à priser de toute espèce, y compris râpé en bâtons et carottes.	id.	8 32	id.	47 32	En bouteilles, en caisses, 50 °/₀ ; sans caisses, 40 °/₀ ; autres emballages, 15 °/₀.
cigares	id.	33 32	id.	189 32	En simples caisses, 30 °/₀ ; plusieurs caisses dans une caisse extérieure, 50 °/₀ ; en boîtes de paille, 20 °/₀.
Tablettes de bouillon.	id.	5 20	id.	14 79	
Tailleurs de pierre et sculpteur (ouvrages de) : objets à usage, tournés, gravés ou enrichis de figures et ornements, comme montures de pendules, plateaux de table, vases, lampes, chandeliers, combinés avec quelques parties de métal, etc.	id.	33 32	id.	189 32	En caisses, 16 °/₀.
simples ouvrages de tailleurs de pierre, tels que pierres sépulcrales, dessus de table, corniches, mortiers, etc ; en marbre : dessus de table, albâtre ou porphyre	id.	1 04	.	5 90	En caisses, 16 °/₀.
dessus de table en grès, pierre serpentine ou ordinaire	id.	1 24	id.	7 15	En caisses, 16 °/₀.
Tain pour miroirs et pour menuisiers.	id.	4 16	id.	23 66	
Tamarins confits ou non	id.	1 24	id.	7 15	En barriques et caisses, 16 °/₀ ; en cruches de terre, 30 °/₀.
Tapis : de poils	id.	6 24	id.	35 50	
de fil de chanvre et de toile peinte.	id.	4 16	id.	23 66	
Tartre préparé ou non, et chrystalli tartari. . . .	id.	1 04	id.	5 90	En barriques, 16 °/₀.
Térébenthine de Venise ou commune	id.	0 32	id.	1 90	
Thé de toute espèce.	id.	10 40	id.	59 16	En barriques, 17 °/₀ ; en caisses de plus de 75 liv. brutes, 24 °/₀ ; de 50 à 75 livres brutes, 30 °/₀ ; de 25 à 50 liv., 35 °/₀ ; au-dessous de 25 liv., 4 °/₀ ; en boîtes de 1 à 4 liv., 50 °/₀.
Tonneaux en douves et ouvrages de tonnellerie . .	id.	1 04	id.	5 90	
Tortues.	id.	25 00	id.	142 00	
Tournesol en pains.	id.	2 48	id.	14 20	En barriques et caisses, 16 °/₀.
Tourneurs (ouvrage de) : rouets et poulies	id.	6 24	id.	35 50	
tabletterie : d'os, de baleine, corne, coco et bois avec ou sans monture et anneaux ; peignes et boutons de ces matières ; cannes de ces matières achevées ou non.	id.	16 64	id.	94 68	
— d'ivoire, nacre, ambre ou écaille, avec ou sans monture ou anneaux de métal, peignes et boutons de ces matières.	id.	1 64	id.	9 48	
— composée du mélange des matériaux, compris dans les deux catégories ci-dessus	id.	33 32	id.	189 32	
Tourteaux oléagineux	id.	0 20	id.	2 36	En barriques, 20 °/₀.
Truffes	id.	8 32	id.	47 32	En caisses, 16 °/₀ ; en verres et bouteilles, avec caisses, 50 °/₀ ; sans caisses, 40 °/₀.
Tuiles : non vernissées.	1,000 pièces.	2 08	1,000 pièces.	5 91	
vernissées et ardoises pour toiture	id.	3 12	id.	8 87	
Vanille	la livre.	1 24	le kil.	7 10	En boîtes d'étain, 20 °/₀.
Vannerie : avec écorces et corbeilles grossières de copeaux.	100 liv.	1 04	100 kil.	5 90	
sans écorce et corbeilles autres que de copeaux.	id.	10 40	id.	59 16	

DÉNOMINATION DES MARCHANDISES.	Unités danoises.		Unités françaises.		TARES.
	Bases.	Droits.	Bases.	Droits.	
		rix. sk.		fr. c.	
refendue	100 liv.	60 00	100 kil.	340 80	
Vermicelles et macaronis	id.	4 16	id.	23 66	En caisses, 30 %.
Verrerie: verres à vitre, verts et blancs ou teints dans la masse; verres de table de toute espèce.	id.	1 48	id.	8 52	En caisses, emballage simple, 14 %; double, 22 %.
(Les vitres peintes sont exemptes de droits à l'entrée, lorsqu'elles peuvent être considérées comme gravures, lithographies, etc. Dans le cas contraire, comme verrerie « toutes autres espèces. »)					
verres de couronne (krongles) en plateaux ronds	id.	2 58	id.	14 78	
— en carreaux	id.	4 16	id.	23 66	
vitres pour lucarnes ou tuiles de verre, verres patentés pour navires et vitres pour fanaux	id.	1 48	id.	8 52	En caisses, 16 %.
verres à miroir sans tain jusqu'à 25 pouces carrés la pièce	100 pièces.	0 72	100 pièces.	2 13	
— de 26 pouces carrés à 50 pouces c. la pièce.	id.	1 64	id.	4 74	
51 — 75 —	id.	2 88	id.	8 28	
76 — 100 —	id.	4 16	id.	16 83	
101 — 150 —	id.	8 32	id.	23 66	
151 — 200 —	id.	16 64	id.	47 34	
201 — 250 —	id.	25 00	id.	71 00	
251 — 300 —	id.	33 32	id.	94 66	
301 — 350 —	id.	41 64	id.	116 44	
351 — 400 —	id.	50 00	id.	142 00	
401 — 450 —	id.	58 32	id.	165 66	
451 — 500 —	id.	75 00	id.	213 00	
501 — 550 —	la pièce.	0 88	la pièce.	2 60	
551 — 600 —	id.	1 08	id.	3 07	
601 — 700 —	id.	1 32	id.	3 78	
701 — 800 —	id.	1 64	id.	4 74	
801 — 900 —	id.	2 24	id.	6 39	
901 — 1000 —	id.	2 64	id.	7 58	
1001 — 1100 —	id.	3 40	id.	9 70	
1101 — 1200 —	id.	3 80	id.	10 89	
1201 — 1300 —	id.	4 20	id.	11 95	
1301 — 1400 —	id.	5 00	id.	14 20	
1401 — 1500 —	id.	5 48	id.	15 62	
1501 — 1600 —	id.	6 00	id.	17 04	
1601 — 1700 —	id.	7 00	id.	19 88	
1701 — 1800 —	id.	8 00	id.	22 72	
(Au-dessus de 1800 p. c. on paye 1 rixdaler par chaque 100 p. c. additionnels.)					
étamés, sans cadres (comme sans tain avec augmentation de 50 %).					
— avec cadres (jusqu'à 75 pouces carrés), de papier ou copeaux	100 liv.	12 48	100 kil.	71 00	
— en tôle ou étain	id.	8 32	id.	47 32	
(Autres espèces, comme verres sans tain, avec augmentation de 75 %.)					
(De 76 p. c. et au delà, comme verres sans tain, avec augmentation de 75 %.)					
bouteilles et flacons verts: de 1/2 pot et au-dessous	100 pièces.	1 24	100 pièces.	3 55	
— de 1/2 pot à 1 pot	id.	1 64	id.	4 74	
— au-dessus de 1 pot, ainsi que verres à confitures, verts	du contenu de 100 pots.	1 64	du contenu de 100 litres.	4 74	
flacons de verre blanc et bleu (comme verrerie « autres espèces »).					
fioles vertes et blanches de toutes espèces, ainsi que celles pour usage physique ou chimique	100 liv.	1 32	100 kil.	7 56	Cornues et cucurbites, en caisses, 50 %; verres à médecine et à moutarde, en barriques et caisses, 32 %; id., en paniers, 22 %.
toutes autres espèces de verrerie	id.	7 28	id.	41 40	En barriques et caisses, 32 %; en paniers, 22 %.
Vert de gris non raffiné	id.	4 16	id.	23 66	En barriques et caisses, 16 %.
Viandes de bêtes à corne, moutons et agneaux : salée de toute espèce	id.	1 04	id.	5 90	En barriques, 28 %.
— fumée (y compris les langues de bœuf)	id.	2 08	id.	11 82	En barriques, 16 %; en emballages de toile, 3 %.
Vins : en barriques	30 veltes.	15 00	l'hectol.	18 00	
en bouteilles	100 bouteill. à 3/4 de pot.	12 48	100 bouteill. à 3/4 de litre.	35 49	
de raisins secs	30 veltes.	20 00	l'hectol.	22 00	
Vinaigre de vin, bière et autres	id.	3 72	id.	6 00	
aromatique en bouteilles	100 bouteill. à 3/4 de pot.	8 32	100 bouteill. à 3/4 de litre.	23 66	
Vitriol vert	100 liv.	0 12	100 kil.	0 70	
blanc	id.	0 32	id.	1 88	En barriques et caisses, 16 %.
bleu	id.	0 48	id.	2 84	
Zinc : en plaques	id.	1 16	id.	6 62	En caisses, 10 %.
en chevilles ou clous	id.	2 32	id.	13 26	
ouvré fondu	id.	12 48	id.	71 00	
en plaques	id.	16 64	id.	94 68	

MARCHANDISES

SOUMISES AUX DROITS A L'EXPORTATION.

DÉNOMINATION DES MARCHANDISES.	Unités danoises.		Unités françaises.		TARES.
	Bases.	Droits.	Bases.	Droits.	
		rix. sk.		fr. c.	
Chevaux	par tête.	3 00	par tête.	8 52	
Chiffons ou drilles	100 liv.	2 80	100 kil.	16 10	Pour cordes d'emballage, 1 %; en emballages de toile, 3 %; en nattes, 3 liv. la pièce.
Cuivre, vieux	id.	4 16	id.	23 66	En barriques et caisses, 12 %.
Etain, vieux	id.	2 48	id.	14 20	En barriques et caisses, 12 %.
Fer, vieux	id.	0 32	id.	1 90	En barriques et caisses, 12 %.
Laiton, vieux	id.	4 16	id.	23 66	En barriques et caisses, 12 %.
Laine	id.	1 04	id.	5 90	En emballages de toile, 2 %.
Os d'animaux, entiers ou brisés	id.	0 10	id.	0 58	Pour cordes d'emballage, 1 %; en emballages de toile, 3 %; en nattes, 4 liv. la pièce.
Peaux pour fabriques de colle (oreillons)	id.	0 80	id.	4 74	Pour cordes d'emballage, 1 %; en emballages de toile, 3 %; en nattes, 4 liv. la pièce.
Peaux et cuirs : cuirs non préparés de gros bétail et chevaux : secs	id.	4 16	id.	23 66	
id. humides ou salés	id.	2 00	id.	11 36	En barriques, 12 %.
peaux non préparées ou peu préparées : de chèvre	id.	3 32	id.	47 32	Pour cordes d'emballage, 1 %; en toile, 3 %; en nattes, 4 liv. la pièce. Sur les cuirs et peaux salés dont le sel n'a pas été râclé ni enlevé d'une autre manière, on accorde 8 % pour le sel.
— de veau, mouton et agneau : sèches	id.	2 08	id.	11 82	
id. humides ou salées	id.	1 00	id.	5 68	
— de lièvre et de lapin	id.	20 00	id.	113 60	
Verres cassés	id.	0 24	id.	1 42	En barriques et caisses, 16 %.

Les marchandises non dénommées au tarif ci-dessus sont exemptes de droits à l'exportation.

Lorsque les marchandises dont la tare est portée au tarif arrivent en emballages autres que ceux indiqués pour chaque article spécial, la tare est accordée dans les proportions suivantes :

	Unités danoises.		Unités françaises.	
Pour les tonneaux contenant des marchandises sèches	1 tonneau.	24 liv.	1 tonneau.	12 kil.
	1/2 id.	18 id.	1/2 id.	9 id.
	1/4 id.	12 id.	1/4 id.	6 id.
	1/8 id.	8 id.	1/8 id.	4 id.
Pour autres barriques et caisses	....	16 %	....	16 %
Pour marchandises en bouteilles, flacons, verres et cruches, pesées avec les caisses	....	50 %	....	50 %
pesées sans les caisses	....	40 %	....	40 %
Pour marchandises en boîtes de fer, de cuivre, de fer-blanc ou en flacon	....	20 %	....	20 %
Pour nattes d'aubier pour enveloppes	par natte.	4 liv.	par natte.	2 kil.
de paille	....	8 %	....	8 %
Pour sacs de gonnis simples	la pièce.	2 %	la pièce.	2 %
doubles	id.	4 %	id.	4 %
Pour sacs et nattes de jonc simples	id.	2 liv.	id.	1 kil.
doubles	id.	4 liv.	id.	2 kil.
Pour emballages de serpillière commune	....	3 %	....	3 %
en toile plus grossière que serpillière	....	6 %	....	6 %
Pour emballages simples en toile, servant d'enveloppes aux caisses, et qui ne sont pas ôtées avant le pesage	....	2 %	....	2 %
Pour doubles emballages en toile, et qui ne sont pas ôtées avant le pesage	....	4 %	....	4 %
Pour cadres de bois, dont le papier, les plaques de zinc, etc., sont garnis aux extrémités	....	3 %	....	3 %
Pour les cordes qui attachent les emballages on accorde, outre la tare fixée	....	1 %	....	1 %

On n'accorde aucune tare pour les cordes ou les liens du lin, du chanvre et des étoupes.

TARIF DES DROITS DE TONNAGE.

	Par last de commerce.	Par tonneau de 1 mètre cube
	rix. sk.	fr. c.
1° Pour les voyages d'une douane à une autre dans le Danemark proprement dit et les duchés	0 08	0 13
2° Pour les voyages en Islande, Groënland et les îles Fœroë	0 16	0 25
3° Pour les voyages de ou à des ports de Norwége, Suède, Russie, de la mer Baltique, Allemagne, Hollande, Belgique, Grande-Bretagne et Islande, France et Espagne jusqu'au Cap Finistère	0 48	0 75
4° Pour les voyages de ou à d'autres ports d'Europe ainsi que de et à tous les ports de la Méditerranée, de la mer Noire et des colonies danoises aux Indes occidentales	0 80	1 1
Nota. — Les navires non privilégiés payent 50 % de plus que le droit de tonnage prescrit sous les n° 1 à 4, ainsi que les navires suédois qui déchargent du sel pour le nombre de lasts que ce sel occupe dans le navire.		
5° Pour voyages à ou de tous autres ports transatlantiques non désignés sous le n° 4 (tous navires sans exception)	1 64	2 57
6° Les navires qui de l'étranger importent de la poix, de la potasse et du goudron (aussi goudron de houille), acquittent le droit de tonnage sur le nombre de lasts que ces objets occupent dans le navire et sans égard au lieu de provenance ni à la nationalité du navire	0 32	0 50

TARIF DES DROITS DE FANAUX.

	rix. sk.	fr. c.
1° A l'expédition d'un port à un autre du Danemark proprement dit et des duchés, ainsi qu'à l'expédition, tant au départ qu'à l'arrivée, d'Altona, d'Islande, du Groënland, des îles Færoë et à l'entrée ou à la sortie des bâtiments faisant la pêche en pleine mer (y compris la pêche de la baleine et des veaux marins), par last de commerce sur la jauge entière du navire.	0 03	0 04
2° A l'expédition, tant à la sortie qu'à l'entrée, de tout autre port, pour le navire sur la jauge entière, par last.	0 10	0 25
Pour la cargaison, sur le nombre de lasts chargés ou déchargés.	0 16	0 25
(Pour la navigation à Hambourg, les droits de fanaux sont perçus dans tous les cas comme pour la navigation extérieure. Il en est de même de la navigation avec la Norwége par le canal d'Agger. Les droits de fanaux sont perçus sur les bâtiments qui se servent du fanal de Spragoë, de même que pour la navigation entre Kjerteminde, Horsens, Veile, Fredericia, Kolding ou Hadersleb, et entre Aalbourg et Frederikshavn.)		

TARIF DES FRAIS DE DOUANE.

	rix. sk.	fr. c.
1° Pour les marchandises et animaux vivants :		
Pour les marchandises : sur le montant des droits de douane et de la redevance d'exportation	6 °/o	6 °/o
Pour les animaux : par cochon, veau, mouton, etc.	0 04	0 11
par cheval, bœuf ou autre gros bétail	0 16	0 46
2° Pour les navires :		par tonneau :
Pour la navigation intérieure, par last de commerce	0 03	0 04
Pour la navigation extérieure, par last de commerce	0 08	0 12
3° Pour le jaugeage du navire, l'expédition du certificat de jauge, pour marquer au fer chaud la jauge sur le navire :		
Pour jaugeage complet, par chaque last que mentionne le certificat	0 10	0 15
Pour un nouveau jaugeage, par chaque last	0 05	0 07
Pour le simple visa du certificat de jauge	exempts.	exempts.
Pour embarcation, jaugeant et au-dessus	id.	id.

POIDS, MESURES ET MONNAIES.

POIDS.

Tonne (112 livres).	56 kil. 250 gr.
Livre.	00 500.

Nota. — Le poids de la tonne n'est pas absolu. Il change selon la nature des marchandises. Ainsi la tonne de hareng est de 262 livres, la tonne de pommes de terre de 150 livres, etc.

MESURES.

1° *Longueur.*

Toise (6 pieds).	2 mètres	834
Pied (12 pouces).	0	472
Pouce	0	039 1/2.

2° *Superficie.*

Pied cube (1728 pouces cubes). . 30 déc. cubes 915.

3° *Capacité.*

Liquides.			*Marchandises sèches.*		
Tonne (139 pots) . .	1 hect.	39 L	Last (22 barils) . .	20 hect.	60 l.
Pot	0	01	Baril (8 skippes) . .	00	93 6
Velte	0	07 50.	Skieppe ou boisseau	00	18.

MONNAIES.

Rixdaler courant (96 skillings)	2 fr.	84 c.
Skilling.	0	02,8.

FIN DU TARIF DES DOUANES DE DANEMARK.

TARIF

DES

DOUANES DES PAYS-BAS.

Le tarif actuellement en vigueur dans les Pays-Bas a été voté par la loi du 19 juin 1845, mais il a été très-sensiblement modifié depuis, notamment par la loi des 8 août 1850 et 1er septembre 1854, ainsi que par de nombreux actes du gouvernement. Celui que nous publions ici a été mis au courant jusqu'au 1er janvier 1859.

Il comprend : Les dispositions réglementaires : le tableau des droits ; les observations destinées à compléter ou interpréter la lettre du tarif ; les droits additionnels qui s'ajoutent au droit principal de douane ; le tableau des monnaies, poids et mesures.

DISPOSITIONS RÈGLEMENTAIRES.

DISPOSITIONS GÉNÉRALES.

Toutes les marchandises dénommées au tarif sont assujetties aux droits qui y sont inscrits ;

Celles non dénommées qui, par leur nature, ne peuvent être rangées parmi les articles dénommés acquittent 1 p. % de leur valeur.

DES POUVOIRS DU GOUVERNEMENT.

Le gouvernement peut augmenter ou diminuer les droits d'entrée ou de sortie, et même supprimer les droits, mais les mesures prises en vertu de cette réserve doivent être portées à la connaissance des États Généraux dans les trente jours qui suivent l'ouverture de leur plus prochaine session. Dans le cas où les États Généraux n'approuveraient pas la loi, les dispositions prescrites par le gouvernement resteraient encore en vigueur vingt jours après le rejet de la loi.

DES EXEMPTIONS ET DES EXCEPTIONS.

Outre les marchandises exemptées au tarif des droits d'entrée et de sortie, sont encore exemptes celles ci-après :

A l'importation.

1° Les productions des possessions d'outre-mer de l'État (autres que le sucre raffiné, la mélasse et le thé) importées directement et sans rompre charge, par bâtiments néerlandais, à condition que leur origine aura été constatée, et que les droits de sortie en auront été acquittés dans lesdites colonies.

En ce qui concerne les possessions des Indes occidentales l'exemption de droit est applicable.

Surinam : à tous les produits sans distinction ;

Curaçao : aloès (gomme de), arrow-root, bois jaune, café, cochenille, coco (noix de), confitures, dibidivi, gomme adragante, huile de Ben et de Calapata, indigo, jus de limon, kary, laines, limons aigres, oranges et écorces d'oranges, peaux, pindaïba, pitte ou pite, sel, tabac en feuilles et fabriqué ;

Bonaire : aloès (gomme de), bois à brûler du Brésil, de Gaïac ; cochenille, huile de Ben, pite, sel ;

Arouba : chaux ;

St Eustache : ciment, rhum, sucre ;

Côte de Guinée : bois de teinture, cire, coton, dents d'éléphants et d'hippopotame, drogueries, gommes, grains, blé de Turquie ou maïs, huile de palme, peaux de singe et autres ; noix de terre (arachides), poivre, riz, sésame (graine de), tabac.

Ont droit à la même exemption les productions ci-dessus importées par navires des nations qui,

1° Assimilent, tant à l'entrée qu'à la sortie de leurs ports, le pavillon néerlandais au pavillon national (le cabotage et la pêche exceptés) ;

2° Assimilent, tant à l'entrée qu'à la sortie de leurs colonies, si elles en possèdent, le pavillon néerlandais au pavillon national ;

3° Ne perçoivent, au préjudice des produits des colonies néerlandaises, ou au préjudice de l'importation de produits d'autres parties du monde par l'entremise des ports néerlandais, aucuns droits différentiels autres que ceux établis en faveur des produits de leurs propres colonies, ou de leur propre importation en droiture (1).

2° Les marchandises réimportées :

1° Des possessions d'outre-mer de l'État ;

2° Les marchandises dont l'origine néerlandaise aura été reconnue ;

3° Les marchandises qui n'auraient pu être admises à l'étranger qu'avec grand dommage en raison d'une prohibition ou d'une augmentation considérable des droits d'entrée, encore inconnue dans le pays au moment de l'exportation.

Les réimportations doivent avoir lieu dans un délai de deux ans au plus.

Dans ces cas les droits de sortie sont remboursés.

3° Le mobilier de bord, y compris les cordages, importés comme objets servant à l'usage pourvu que cet usage soit prouvé.

Les objets importés dans le pays pour recevoir une main d'œuvre, et destinés à être réexportés, alors qu'ils auraient été extraits des entrepôts. Toutefois cette exemption ne peut s'étendre aux marchandises passibles des droits d'accises.

4° Les munitions de guerre, vivres et autres objets destinés aux armées néerlandaises, aux bâtiments de guerre de l'État, aux navires particuliers armés en course, ou à ceux employés à la pêche.

5° Les objets appartenant aux ambassadeurs accrédités dans les Pays-Bas, à charge de réciprocité pour les ambassadeurs néerlandais.

6° Le bagage ordinaire des voyageurs importé pour leur usage personnel et ne se composant pas d'objets de commerce.

Les *meubles en déménagement*, c'est-à-dire, pour les cultivateurs : le bétail, les ustensiles aratoires, les semailles.

Pour les fabricants et artisans : les outils et instruments ayant déjà servi et nécessaires à leur industrie.

Les objets d'or et d'argent.

L'importation doit s'en faire en une seule fois.

7° Les fruits d'arbre, de la terre, et les végétaux provenant des propriétés limitrophes des sujets néerlandais et situées à 5,500 mètres au plus de la frontière.

Ces importations ne peuvent avoir lieu que pendant la saison des récoltes.

A l'exportation :

1° Les marchandises transportées dans les possessions d'outre-mer de l'État ;

2° Tous les articles exportés pour le compte du gouvernement ;

3° Les objets appartenant aux ambassadeurs des Pays-Bas accrédités près les cours étrangères à leur premier départ pour leur mission ;

4° Les chevaux et voitures servant à des voyages à l'étranger, ou à la culture des propriétés limitrophes.

DE L'ÉVALUATION DES DROITS.

L'acquittement des droits a lieu en proportion des quantités réellement présentées. Dans l'évaluation les fractions de la livre, du litron, de la palme, sont considérées comme leur entier.

Quelque minime que soit la quantité ou la valeur des marchandises déclarées il n'est en aucun cas perçu comme droit d'entrée moins de 0 fl. 05 c. (0 fr. 10 c. 6) par chaque liquidation.

DE LA TARE.

Les tares sont ainsi fixées en général :

futailles, caisses en bois.	13 p. %.
emballages en cuir, nattes, paniers, *canasters*, toiles et autres matières semblables.	8 p. %.

Il existe des tares spéciales pour les objets ci-après : Eau-forte ; indigo ; ouvrages en terre ; sucre ; thé ; verre, verreries, cristaux ; vitriol (huile de). Voir aux observations du Tarif.

Les déclarants peuvent toujours réclamer la constation du poids net de la marchandise ; la vérification est alors à leurs frais.

Dans le cas où il y aurait un grand nombre de futailles, caisses, etc., de même nature, la tare pourra être fixée par la pesée d'une partie desdits emballages seulement ; elle servira à établir une moyenne.

Si des marchandises imposées au poids et à la valeur sont présentées dans le même colis, le poids net des premières est constaté aux frais du déclarant.

A l'importation par mer, les liquides exempts de droits d'accises et imposés à la mesure jouissent des réductions ci-après pour coulage.

Articles importés d'Angleterre, d'Embden, de Brême, de Hambourg, et des lieux connus sous le nom de Petit-Orient (Klein-Ost), pays riverains de la Baltique, de Belgique, de France, d'Espagne, en deçà du détroit de Gibraltar, de Portugal. . . . . 6 p. %

D'ailleurs par mer. . . . . 12 p. %

Les déclarants, s'ils se croient lésés, peuvent faire constater les quantités réelles, mais à leurs frais.

DROITS ACCESSOIRES PERÇUS PAR LA DOUANE.

Aux droits principaux d'entrée et de sortie inscrits au Tarif, s'ajoutent les deux droits accessoires ci-après :

Centimes additionnels ;
Timbre de dimension.

Les centimes additionnels sont fixés chaque année par le budget ; ils sont restés depuis la loi du 30 décembre 1855 à 0 fr. 13 c. par florin (0 fr. 13 c. par franc).

Le droit de timbre est un droit fixe à percevoir sur chaque expédition délivrée en douane, et gradué suivant la grandeur du papier. Il existe cinq divisions, mais la dernière seule, la plus petite, se perçoit en douane ; 0 fl. 15 c. (0 fr. 31 c. 80).

Le droit *de timbre* est majoré de centimes additionnels fixés à 38 p. 100 du droit principal.

Ainsi le total du droit de timbre est de 0 fr. 44 c. 52.

Ce droit n'est perçu toutefois qu'autant que la perception totale doit dépasser, en principal et additionnel, 20 fl. (42 fr. 40 c.).

(1) Jouissent de cet avantage les bâtiments des États ci-après : Angleterre ; Association allemande ; Autriche ; Costa Ricca ; États-Romains ; États Sardes ; États-Unis ; Grèce ; Iles Ioniennes ; Mecklembourg-Schwérin ; Toscane ; Suède et Norwège ; villes anséatiques.

TABLEAU DES DROITS D'ENTRÉE ET DE SORTIE.

DÉNOMINATION DES MARCHANDISES.	DROITS. Unités néerlandaises.			Unités françaises.		
	Bases.	Entrée.	Sortie.	Bases.	Entrée.	Sortie.
		fl. c.	fl. c.		fr. c.	fr. c.
Abeilles	la ruche.	0 05	exemptes.	la ruche.	0 10 6	exemptes.
Acier :						
en barres, feuilles, planches	....	exempt.	id.	....	exempt.	id.
filé	100 liv.	1 50	id.	100 kil.	3 18	id.
ouvrages en	valeur.	6 %	id.	valeur.	6 %	id.
Amandes	100 liv.	2 00	id.	100 kil.	4 24	id.
Amidon en poudre à poudrer	id.	4 50	id.	id.	9 54	id.
Anes et mulets	par tête.	2 00	id.	par tête.	4 24	id.
Arbres, arbustes, arbrisseaux, plantes, fleurs, oignons à fleurs, etc., etc.	....	exempts.	id.	....	exempts.	id.
Azur ou smalt	100 liv.	0 60	id.	100 kil.	1 27 2	id.
Baies ou graines de genièvre	....	exemptes.	id.	....	exemptes.	id.
Baleine en :						
fanons bruts	....	id.	id.	....	id.	id.
coupés, fendus	valeur.	6 %	id.	valeur.	6 %	id.
Bestiaux :						
agneaux	par tête.	exempts.	0 05	par tête.	exempts.	0 10 6
cochons	id.	id.	0 05	id.	id.	0 10 6
moutons	id.	id.	0 10	id.	id.	0 21 2
taureaux, bœufs, vaches, génisses	id.	id.	0 50	id.	id.	1 06
veaux	id.	id.	0 10	id.	id.	0 21 2
Beurre :						
rance	valeur.	4 %	exempt.	valeur.	4 %	exempt.
autre	100 liv.	3 00	id.	100 kil.	6 36	id.
Bière :						
en cercle	le baril.	2 50	id.	l'hectol.	5 30	id.
en bouteilles de 116 ou plus à l'hectolitre (1)	100 bout.	2 75	id.	100 bout.	5 83	id.
en cruchons à eau minérale de 1 litre 2 ou moins	100 cruch.	3 00	id.	100 cruch.	6 36	id.
Blanc, de krems, de perle, de plomb	100 liv.	1 40	id.	100 kil.	2 96 8	id.
de zinc	id.	2 50	id.	id.	5 30	id.
Bois :						
commun pour constructions civiles et navales importé par mer en cargaison complète, non scié (2)	le tonn. de 1 aune 1/2 cube.	0 25	id.	le tonn. de 1 m. 50 c. cube.	0 53	id.
scié	id.	0 75	id.	id.	1 59	id.
mats et espars	valeur.	1/2 %	id.	valeur.	1/2 %	id.
merrains à panneaux y compris les pièces de rebut	100 en nomb.	7 50	id.	100 en nomb.	15 90	id.
à futailles y compris les pièces de rebut ; longues	id.	4 00	id.	id.	8 48	id.
autres	id.	1 00	id.	id.	2 12	id.
rames brutes et pour caisses à sucre candi	valeur.	1/2 %	id.	valeur.	1/2 %	id.
autre, non dénommé, non scié	id.	1 %	id.	id.	1 %	id.
scié	l'aune c.	0 50	id.	mèt. cube.	1 06	id.
à brûler	valeur.	6 %	id.	valeur.	6 %	id.
bouleau, bruyères (balais)	id.	2 %	id.	id.	2 %	id.
cercles et cerceaux	id.	6 %	id.	id.	6 %	id.
douves brutes	id.	1 %	id.	id.	1 %	id.
feuillard	id.	6 %	6 %	id.	6 %	6 %
saule, osier, houssines, verges, échalas, gaules et perches autres que bois feuillard ou pour cercles et cerceaux	id.	6 %	1 %	id.	6 %	1 %
ouvré	id.	6 %	exempt.	id.	6 %	exempt.
d'ébénisterie non ouvré ; acajou, buis, cèdre, gaïac, noyer non scié (3)	id.	1 %	id.	id.	1 %	id.
scié (4)	id.	3 %	id.	id.	3 %	id.
noyer scié pour bois de fusil	....	exempt.	id.	....	exempt.	id.
d'ébénisterie ouvré	valeur.	6 %	id.	valeur.	6 %	id.
de teinture moulus, coupés ou dépouillés de leur écorce ; fernambouc	100 liv.	5 00	id.	100 kil.	10 60	id.
autres	id.	1 00	id.	id.	2 12	id.
non moulus	....	exempt.	id.	....	exempt.	id.
Boissons distillées :						
liqueurs en cercles et en cruches	....	id.	id.	....	id.	id.
en bouteilles de 116 ou plus au baril (5)	100 bout.	1 50	id.	100 bout.	3 18	id.
rack, rhum, eaux-de-vie, comme liqueurs.						
Borax brut, tinkal et borax à moitié raffiné	....	exempt.	id.	....	exempt.	id.
raffiné	100 liv.	1 00	id.	100 kil.	2 12	id.
Boucs et chèvres	....	exempts.	id.	....	exempts.	id.
Brun rouge non moulu	....	id.	id.	....	id.	id.
moulu	100 liv.	0 10	id.	100 kil.	0 21	id.
Café	....	exempt.	id.	....	exempt.	id.
Camphre brut	100 liv.	2 00	id.	100 kil.	4 24	id.
raffiné	id.	3 00	id.	id.	6 36	id.
Cannelle de Ceylan et de Java	livre.	0 20	id.	le kil.	0 42 4	id.
Caractères d'imprimerie	100 liv.	9 00	id.	100 kil.	19 08	id.
Cardes végétales, chardons, cardières	....	exempts.	id.	....	exempts.	id.
de fil d'archal	valeur.	1 %	id.	valeur.	1 %	id.
Cartes :						
géographiques, marines	id.	1 %	id.	id.	1 %	id.
à jouer, coupées ou non	100 liv.	6 00	id.	100 kil.	12 72	id.
Cendres :						
potasse, perlasse, védasse, soude (6)	....	exemptes.	id.	....	exemptes.	id.
des savonneries et salines	10 rasières.	id.	2 00	l'hectol.	id.	0 42 4
des foyers	id.	id.	0 05	id.	id.	0 01
Chandelle et bougie :						
chandelle	100 liv.	10 00	exempte.	100 kil.	21 20	exempte.

OBSERVATIONS.

(1) Si les bouteilles sont de moins de 116 à l'hect., le droit est de 5 fr. 30 c. l'hect.

Les bouteilles acquittent en outre le droit indiqué à l'art. *Verre*.

(2) Sont compris dans le présent article, les planches mesurant : épaisseur, 0 m. 05 c. ; largeur, 0 m. 30 c. ; longueur, 4 m. — Les blocs et billes pour chemins de fer, sciés une seule fois en long, bruts ou simplement équarris à la hache.

Est réputée complète la cargaison qui remplit la moitié de la capacité du navire, telle qu'elle est établie par le certificat de jaugeage. Le droit est dû dans ce cas pour le nombre total de tonneaux indiqué, bien qu'il se trouve d'autres articles en sus du bois.

En cas de cargaison mélangée de bois scié et non scié, on retranche du jaugeage les tonneaux du premier, et le second paye pour la totalité du tonnage restant.

Sont encore compris dans le présent article : le bois pour douves ; les douves brutes ; les merrains à panneaux et à futailles, longues et autres ; les mâts.

(3) Y compris le bois scié de 0 m. 10 c. d'épaisseur.

(4) Y compris les planches pour caisses à cigares, simplement sciées.

(5) Les bouteilles acquittent en plus le droit comme verre.

(6) Sont comprises sous ces dénominations toutes les cendres calcinées obtenues par le lessivage de cendres.

DÉNOMINATION DES MARCHANDISES.	DROITS. Unités néerlandaises. Bases.	Entrée.	Sortie.	Unités françaises. Bases.	Entrée.	Sortie.
		fl. c.	fl. c.		fr. c.	fr. c.
bougies.	100 liv.	25 00	exemptes.	100 kil.	53 00	exemptes.
Chanvre :						
en masse.	....	exempt.	id.	....	exempt.	id.
peigné.	100 liv.	1 40	id.	100 kil.	2 96 8	id.
Chapeaux :						
en feutre.	la pièce.	0 50	id.	la pièce.	1 06	id.
à fond de feutre, recouverts de peluche de soie.	id.	0 25	id.	id.	0 53	id.
autres à l'exception de ceux en paille, et de ceux pour femmes.	id.	0 25	id.	id.	0 53	id.
feutre pour chapeaux (1).	id.	0 25	id.	id.	0 53	id.
Charbons :						
de terre, y compris le coke.	....	exempt.	id.	....	exempt.	id.
de bois.	valeur.	1 %	id.	valeur.	1 %	id.
Charronnage (ouvrages de) ; montés et ferrés ou non.	id.	6 %	id.	id.	6 %	id.
Chaux :						
non éteinte.	10 rasières.	1 00	id.	l'hectol.	0 21 2	id.
éteinte.	id.	0 35	id.	id.	0 07 42	id.
Chevaux et poulains :						
chevaux.	par tête.	6 00	1 00	par tête.	12 72	2 12
poulains (2).	id.	2 00	0 50	id.	4 24	1 06
Chicorée (racine de) :						
coupée, séchée, préparée, moulue.	100 liv.	1 20	exempte.	100 kil.	2 54	exempte.
autre.	id.	0 05	0 05	id.	0 10 6	0 10 6
Chocolat.	id.	8 00	exempt.	id.	16 96	exempt.
Cidre, poiré, hydromel :						
en cercles.	le baril.	7 50	id.	l'hectol.	15 90	id.
en bouteilles de 116 et plus au baril.	100 bout.	8 25	id.	100 bout.	17 40	id.
en cruches à eau minérale.	100 cruch.	9 50	id.	100 cruch.	20 14	id.
Cire :						
jaune ou non blanchie.	100 liv.	1 00	id.	100 kil.	2 12	id.
blanchie.	id.	6 00	id.	id.	12 72	id.
à cacheter.	valeur.	6 %	id.	valeur.	6 %	id.
figures et articles en cire non spécialement tarifés.	id.	6 %	id.	id.	6 %	id.
Cobalt.	......	exempt.	id.	....	exempt.	id.
Colle forte.	100 liv.	4 00	id.	100 kil.	8 48	id.
Corail :						
brut.	valeur.	1 %	id.	valeur.	1 %	id.
ouvré.	id.	6 %	id.	id.	6 %	id.
Cordages, câbles, haubans.	100 liv.	2 00	id.	100 kil.	4 24	id.
cordes de boyaux pour instruments de musique.	valeur.	6 %	id.	valeur.	6 %	id.
Cornes et bouts de corne.	......	exempts.	id.	....	exempts.	id.
Coton en laine.	......	id.	id.	....	id.	id.
Craie non moulue.	......	id.	id.	....	id.	id.
moulue.	1,000 liv.	0 10	id.	1,000 kil.	0 21 2	id.
Cristal de roche, brut.	valeur.	1 %	id.	valeur.	1 %	id.
Cuivre :						
minerai et cuivre brut en masses.	......	exempt.	id.	....	exempt.	id.
battu ou laminé rouge ; en barres rondes ou carrées ; bassins et chaudières tels qu'ils sortent du martinet ; filé.	100 liv.	4 00	id.	100 kil.	8 48	id.
planches et feuilles pour le doublage des navires, chevilles et clous.	id.	1 00	id.	id.	2 12	id.
autre, non dénommé.	id.	4 00	id.	id.	8 48	id.
jaune en plaques.	id.	2 00	id.	id.	4 24	id.
autre, comme rouge.						
ouvré ; verni ou non ; peint ou doré, plaqué ; bronzes ; filé et doré.	valeur.	6 %	id.	valeur.	6 %	id.
médailles en cuivre et bronze.	......	exemptes.	id.	....	exemptes.	id.
flans et monnayes	......	prohibés.	id.	....	prohibés.	id.
vieux, déchet, limaille, mitraille.	100 liv.	0 20	1 50	100 kil.	0 42 4	3 18
Cumin.	......	exempt.	exempt.	....	exempt.	exempt.
Curcuma :						
non moulu.	......	id.	id.	....	id.	id.
moulu.	100 liv.	0 10	id.	100 kil.	0 21 2	id.
Dents d'éléphant et de narval.	......	exemptes.	id.	....	exemptes.	id.
Drilles et chiffons :						
de laine non mélangés	100 liv.	id.	5 00	100 kil.	id.	10 60
autres non spécialement tarifés (3).	id.	id.	10 00	id.	id.	21 20
cordages vieux et hors d'usage, coupés en pièces, ou réduits en filasse ; vieux filets.	id.	id.	3 00	id.	id.	6 36
Drogueries, non tarifées	valeur.	1 %	exemptes.	valeur.	1 %	exemptes.
Eau-forte (4).	100 liv.	1 00	id.	100 kil.	2 12	id.
Eaux minérales :						
en bouteilles ordinaires.	100 bout.	2 50	id.	100 bout.	5 30	id.
idem de 7 litres ou plus.	la bout.	0 25	id.	la bout.	0 53	id.
en cruches.	valeur.	2 %	id.	valeur.	2 %	id.
Écaille de tortue, non ouvrée et nacre de perle brut.	....	exemptes.	id.	....	exemptes.	id.
Écorces :						
de citron et d'orange confites.	valeur.	6 %	id.	valeur.	6 %	id.
autres.	id.	1 %	id.	id.	1 %	id.
à tan, non moulues.	....	exemptes	id.	....	exemptes	id.
moulues ou tan.	valeur.	6 %	id.	valeur.	6 %	id.
de melon, confites.	100 liv.	3 00	id.	100 kil.	6 36	id.
Emeri, en poudre.	id.	0 10	id.	id.	0 21 2	id.
autre.	....	exempt.	id.	....	exempt.	id.
Engrais :						
poudrette.	tonn. de 1 aune cub.	id.	0 25	tonn. de 1 mèt. cub.	id.	0 53
guano.	....	id.	exempt.	....	id.	exempt.

OBSERVATIONS.

(1) Les carcasses non apprêtées pour chapeaux de soie, ne pesant pas, la pièce, plus de 6 gros (0 k. 06), acquittent un droit de 6 % de leur valeur.

(2) Ne sont réputés poulains que les sujets ayant toutes leurs dents de lait.

(3) Sont compris sous cette dénomination : papier vieux de rebut, déchiré ou non ; linge de toile et de coton vieux, et vêtements des mêmes étoffes, usés et se vendant au poids ; pâte de papier entièrement ou en partie préparée.

(4) Jouit d'une tare de 8 % lorsqu'elle est importée en bouteilles ou cruches enveloppées ou non de nattes de jonc.

DÉNOMINATION DES MARCHANDISES.	DROITS. Unités néerlandaises. Bases.	Entrée.	Sortie.	Unités françaises. Bases.	Entrée.	Sortie.
		fl. c.	fl. c.		fr. c.	fr. c.
autres (1)	1,000 liv.	exempts.	0 50	1,000 kil.	exempts.	1 06
Épices : girofle, clous et antoles; muscades; macis; noix	valeur.	3 °/o	exemptes	valeur.	3 °/o	exemptes.
Épingles	id.	6 °/o	id.	id.	6 °/o	id.
Étain, ouvré	100 liv.	7 00	id.	100 kil.	14 84	id.
autre	....	exempt.	id.	....	exempt.	id.
Étoupes, y compris déchets de chanvre seulement	....	id.	id.	....	id.	id.
Fer : minerai; fonte; en barres, verges, carillons; en bandes dit feuillard; tôle; rails pour chemins de fer; tuyaux en fonte pour gaz et conduits d'eau (2)	....	id.	id.	....	id.	id.
ancres, chaînes de navires et cabestans	valeur.	1 °/o	id.	valeur.	1 °/o	id.
clous	100 liv.	0 75	id.	100 kil.	1 59	id.
fil d'archal	id.	1 50	id.	id.	3 18	id.
ouvrages et ustensils, en fonte	valeur.	6 °/o	id.	valeur.	6 °/o	id.
en fer forgé, battu ou laminé non spécialement tarifés (3)	id.	2 °/o	id.	id.	2 °/o	id.
vieux ou ferrailles; déchets, paille et limaille	1,000 liv.	exempts.	0 50	1,000 kil.	exempts.	1 06
fer-blanc, en feuilles	100 liv.	1 00	exempt.	100 kil.	2 12	exempt.
ouvré, verni ou non, peint ou non	valeur.	6 °/o	id.	valeur.	6 °/o	id.
Figues	100 liv.	1 00	id.	100 kil.	2 12	id.
Fils :						
de chanvre, de lin, d'étoupe, écru et à tisser	valeur.	1/2 °/o	id.	valeur.	1/2 °/o	id.
de caret	100 liv.	1 00	id.	100 kil.	2 12	id.
ficelle, filée au rouet	id.	3 00	id.	id.	6 36	id.
à coudre, et autres non dénommés	id.	10 00	id.	id.	21 20	id.
de coton, non tors et non teints	id.	1 00	id.	id.	2 12	id.
tors ou teints	id.	6 00	id.	id.	12 72	id.
bobiné ou dévidé sur l'époulin	valeur.	6 °/o	id.	valeur.	6 °/o	id.
de laine et de sayette, écru, non teint	100 liv.	6 00	id.	100 kil.	12 72	id.
tors ou teints	id.	8 00	id.	id.	16 96	id.
de poils de chèvre d'Angora, écru	id.	2 00	id.	id.	4 24	id.
tors ou teint	id.	12 00	id.	id.	25 44	id.
déchets de (c. écru).						
Filets et autres ustensiles pour la pêche y compris les ustensiles et appareils pour la pêche de la baleine	valeur.	1 °/o	id.	valeur.	1 °/o	id.
Foin	....	exempt.	id.	....	exempt.	id.
Fromage :						
dit potkaas (4), par terre	100 liv.	0 50	id.	100 kil.	1 06	id.
autre	id.	5 00	id.	id.	10 60	id.
Fruits :						
frais ou secs, non spécialement tarifés	valeur.	3 °/o	id.	valeur.	3 °/o	id.
confits, de toute sorte	id.	10 °/o	id.	id.	10 °/o	id.
Futailles et tonnellerie :						
neuves	id.	10 °/o	id.	id.	10 °/o	id.
vieilles (5)	id.	3 °/o	2 °/o	id.	3 °/o	2 °/o
Garance :						
en branches ou racines	1,000 en n.	exempte.	1 00	1,000 en n.	exempte.	2 12
alizari; racin, séché ou non	100 liv.	0 50	1 00	100 kil.	1 06	2 12
non robée et fine grappe; commune; mull	id.	3 00	exempte.	id.	6 36	exempte.
garancine	valeur.	6 °/o	id.	valeur.	6 °/o	id.
Gibier, volaille, viande de gibier	id.	6 °/o	3 °/o	id.	6 °/o	3 °/o
Gingembre, sec	id.	1 °/o	exempt.	id.	1 °/o	exempt.
confit	100 liv.	6 00	id.	100 kil.	12 72	id.
Goudron	....	exempt.	id.	....	exempt.	id.
Graines :						
d'alpiste et de moutarde	la rasière.	0 20	id.	l'hectol.	0 42 4	id.
d'oignon, de jardin, de fleurs	100 liv.	2 50	id.	100 kil.	5 30	id.
de prairie	....	exemptes.	id.	....	exemptes.	id.
de trèfle, de spergule	le last.	1 00	id.	l'hectol.	0 07 7	id.
oléagineuses	id.	2 00	id.	id.	0 14 13	id.
Grains (6) *:*						
froment, épeautre mondé	id.	8 00	id.	id.	0 56 63	id.
seigle et maïs	id.	6 00	id.	id.	0 42 40	id.
orge et drèche	id.	4 50	id.	id.	0 31 80	id.
sarrazin	id.	5 00	id.	id.	0 35 33	id.
avoine, épeautre non mondé	id.	4 00	id.	id.	0 28 27	id.
fèves, vesces, pois, lentilles	id.	6 00	id.	id.	0 42 40	id.
mondés ou concassés, non spécialement tarifés	100 liv.	2 00	id.	100 kil.	4 24	id.
pain, biscuit, farine, semoule	id.	4 50	id.	id.	9 54	id.
vermicelle, macaroni, son	id.	2 00	id.	id.	4 24	id.
Graisse, dégras, suif et panne de cochon (7)	id.	0 50	id.	id.	1 06	id.
Gravures et estampes	valeur.	1 °/o	id.	valeur.	1 °/o	id.
Gutta percha :						
brute	....	exempte.	id.	....	exempte.	id.
ouvrée (8)	....	....	....	....	....	....
Habillements (effets d') neufs et supportés, autres que chiffons (9)	valeur.	6 °/o	exempts.	valeur.	6 °/o	exempts.
Horlogerie (objets d'), autres que montres de poche	id.	6 °/o	id.	id.	6 °/o	id.
Huiles :						
olie, comestibles (10)	le baril.	1 00	id.	l'hectol.	2 12	id.
de graines oléagineuses	id.	5 00	id.	id.	10 60	id.
de palme	100 liv.	0 40	id.	100 kil.	0 84 8	id.
de senteur, importées dans leur état naturel, et non préparées pour l'usage immédiat (11)	valeur.	1 °/o	id.	valeur.	1 °/o	id.
traan de poisson	....	exempte.	.	....	exempte.	id.

OBSERVATIONS.

(1) L'exportation par les frontières de terr ne peut avoir lieu que pour les pays où la sortie des engrais n'est pas prohibée.

(2) Les fers en barres, verges et carillons, et le feuillard, galvanisés, jouissent également de la franchise.

(3) Sont compris dans cette catégorie les haches, pioches, bêches, pics, houes, marteaux, même garnis de manches en bois; vis.

Sont soumis au droit de 6 °/o les objets autres que ceux indiqués ci-dessus, en fer battu ou en fonte, ou en fer battu combiné avec une autre matière.

(4) Il s'agit absolument du fromage commun habituellement importé dans le Limbourg.

(5) Les futailles vides réimportées après avoir servi à des transports de liquides, sont admises en franchise.

(6) Le froment, l'épeautre, le seigle, le maïs, l'orge, la drèche, le sarrazin, l'avoine, jouissent du droit d'entrepôt, avec réfaction de 1 °/o si le séjour est d'un mois au moins; de 2 °/o s'il dépasse une année.

(7) La graisse attenante aux viandes suit le régime de celles-ci.

(8) Comme les articles qu'ils forment réellement.

(9) Ne sont pas compris dans cet article les objets tricotés à la main ou au métier.

(10) L'huile d'olives pour fabriques ne paye que moitié de ce droit.

(11) Préparées, comme Parfumeries.

DÉNOMINATION DES MARCHANDISES.	DROITS. Unités néerlandaises.			DROITS. Unités françaises.		
	Bases.	Entrée.	Sortie.	Bases.	Entrée.	Sortie.
		fl. c.	fl. c.		fr. c.	fr. c.
Indigo	la livre.	0 04	exempt.	le kil.	0 08 5	exempt.
Instruments de mathématiques, de physique, de chirurgie, d'optique	valeur.	3 %	id.	valeur.	3 %	id.
de musique	id.	6 %	id.	id.	6 %	id.
Joncs et roseaux	....	exempts.	id.	....	exempts.	id
Jus de limon et de citron :						
en cercles	le baril.	7 50	id.	l'hectol.	15 90	id.
en bouteilles de 116 ou plus au baril	100 bout.	8 25	id.	100 bout.	17 49	id.
en cruches à eau minérale de 1 litre, 2 ou moins	100 cruch.	9 50	id.	100 cruch.	20 14	id.
Laine peignée ou teinte	100 liv.	5 00	id.	100 kil.	10 60	id.
autre	....	exempte.	id.	....	exempte.	id.
Lard de baleine et de phoque	exempt.	exempt.	id.	exempt.	exempt.	id.
Légumes frais et secs	....	exempts.	id.	....	exempts.	id.
confits	valeur.	6 %	id.	valeur.	6 %	id.
Levure	100 liv.	1 50	id	100 kil.	3 18	id.
Liége, brut en planches	....	exempt.	id.	....	exempt.	id.
coupé, façonné	100 liv.	20 00	id.	100 kil.	42 40	id.
Lin, brut non peigné	....	exempt.	id.	....	exempt.	id.
peigné	100 liv.	2 40	id.	100 kil.	5 08 8	id.
Litharge d'or et d'argent	....	exempte.	id.	....	exempte.	id.
Livres, en langue hollandaise ou flamande, reliés, cartonnés, brochés (1)	100 liv.	1 00	id.	100 kil.	2 12	id.
autres, en feuilles, brochés, reliés	id.	10 00	id.	id.	21 20	id.
Machines et mécaniques à vapeur ou non (2)	valeur.	1 %	id.	valeur.	1 %	id.
Manganèse	....	exempt.	id.	....	exempt.	id.
Mercerie (3)	valeur.	3 %	id.	valeur.	3 %	id.
Meubles	id.	8 %	id.	id.	8 %	id.
Miel	100 liv.	2 50	id.	100 kil.	5 30	id.
Millet	id.	0 30	id.	id.	0 63 6	id.
Modes (ouvrages de)	valeur.	6 %	id.	valeur.	6 %	id.
Munitions de guerre :						
armes blanches et à feu, balles pour fusils et pistolets	id.	6 %	id.	id.	6 %	id.
canons (4) en fer	100 liv.	2 00	id.	100 kil.	4 24	id.
en métal	id.	9 00	id.	id.	19 08	id.
boulets en fer	id.	1 00	id.	id.	2 12	id.
Nattes de Moscovie	valeur.	1 %	id.	valeur.	1 %	id.
autres et bandes pour la fabrication des	id.	6 %	id.	id.	6 %	id.
Noir d'os	100 liv.	0 25	id.	100 kil.	0 53	id.
Noix de galle, d'ivoire, de terre	....	exemptes.	id.	....	exemptes.	id.
Objets d'histoire naturelle	....	exempts.	id.	....	exempts.	id.
Ocre non moulu	....	id.	id.	....	id.	id.
moulu	100 liv.	0 10	id.	100 kil.	0 21 2	id.
Œufs	1,000 en n.	0 50	id.	1,000 en n.	1 06	id.
Or et argent :						
en barres, lingots, masses; en poudre; monnayés; en médailles et jetons	....	exempts.	id.	....	exempts.	id.
en feuilles, battus, filés (5)	valeur.	3 %	id.	valeur.	3 %	id.
ouvrés, en objets d'orfévrerie, vaisselle; rompus (6)	....	exempts.	id.	....	exempts.	id.
autres, montres; ouvrages non achevés, autres	valeur.	6 %	id.	valeur.	6 %	id.
Oreillons	100 liv.	exempts.	3 00	100 kil.	exempts.	6 36
Orseille	....	id.	exempte.	....	id.	exempte.
Os de toute sorte	100 liv.	id.	0 50	100 kil.	id.	1 06
Ouvrages en terre :						
briques, tuiles, pierres cuites	1,000 en n.	1 50	exemptes.	1,000 en n.	3 18	exemptes
creusets	valeur.	1 %	id.	valeur.	1 %	id.
faïence de toute sorte	100 liv.	6 00	id.	100 kil.	12 72	id.
pipes à fumer (7)	20 grosses.	6 00	id.	20 grosses.	12 72	id.
porcelaine blanche et peinte	100 liv.	6 00	id.	100 kil.	12 72	id.
dorée	id.	15 00	id.	id.	31 80	id.
poteries	valeur.	6 %	id.	valeur.	6 %	id.
Ouvrages en osier ou vannerie	id.	6 %	id.	id.	6 %	id.
Paille	id.	exempte.	10 %	id.	exempte.	10 %
Paille et éclisse :						
tressées en bandes ou lès p. chapeaux	id.	2 %	exemptes.	id.	2 %	exemptes.
en feuilles et garnitures de	id.	6 %	id.	id.	6 %	id.
Papier de toute espèce	id.	5 %	id.	id.	5 %	id.
carton et papier pour cartes à jouer	id.	3 %	id.	id.	3 %	id.
papier vieux, comme drilles et chiffons.						
à polir, comme mercerie.						
Parapluies et parasols	id.	6 %	id.	id.	6 %	id.
Parchemin	100 liv.	15 00	id.	100 kil.	31 80	id.
Parfumerie y compris les huiles et eaux de senteur	valeur.	6 %	id.	valeur.	6 %	id.
Patisseries, pain d'épices, confiseries, sucreries (8)	100 liv.	25 00	id.	100 kil.	53 00	id.
Peaux et cuirs :						
peaux non apprêtées, grandes et petites, vertes, salées, séchées	valeur.	1/2 %	id.	valeur.	1/2 %	id.
de chien de mer et autres similaires de pêche nationale	....	exemptes.	id.	....	exemptes.	id.
autres	valeur.	2 %	id.	valeur.	2 %	id.
apprêtées; grandes, tannées (9)	100 liv.	6 00	id.	100 kil.	12 72	id.
petites de lapin, de lièvre, de chien de mer et autres similaires	id.	15 00	id.	id.	31 80	id.
cuirs passés en mégie, en chamois; maroquin, safian, cordouan, vernis	id.	15 00	id.	id.	31 80	id.
dorés	valeur.	6 %	id.	valeur.	6 %	id.
de Russie (youfte)	id	1 %	id.	id.	1 %	id.

OBSERVATIONS.

(1) Les contrefaçons sont prohibées à l'entrée.

(2) Les pièces séparées ou accessoires, les feutres à papier, et les toiles métalliques, suivent le régime des machines et mécaniques.

(3) La mercerie comprend les flacons à eau de senteur, les ornements de cheminées, les encriers, les porte-cigares, les cachets, bagues et autres objets de cette espèce en verre, cristal, albâtre, porcelaine, gutta-percha ou agate, avec ou sans couvercles en métaux.

(4) Les vieux canons hors de service sont traités comme fer ou cuivre vieux.

(5) Sont traités comme passementerie les fils d'or ou d'argent tissés ou brochés sur soie.

(6) Doivent être dirigés sur le bureau de garantie, pour y être examinés.

(7) La grosse est de douze douzaines.

(8) Y compris les conserves alimentaires en bocaux ou boîtes hermétiquement fermées.

(9) Y compris les peaux de mouton teintes, même façon maroquin.

DÉNOMINATION DES MARCHANDISES.	DROITS. Unités néerlandaises.			Unités françaises.		
	Bases.	Entrée.	Sortie.	Bases.	Entrée.	Sortie.
		fl. c.	fl. c.		fr. c.	fr. c.
ouvrés ; sellerie, cordonnerie, malleterie, autres	valeur.	6 %	exemptes.	valeur.	6 %	exemptes.
Pelleteries non apprêtées	id.	1 %	1 %	id.	1 %	1 %
apprêtées	id.	6 %	exemptes.	id.	6 %	exemptes.
Pierres : ardoises	1,000 en n.	0 10	id.	1,000 en n.	0 21 2	id.
non ouvrées	....	exemptes.	id.	....	exemptes.	id.
de tuf ou trass non moulues	1,000 liv.	0 20	0 50	1,000 kil.	0 42 4	1 06
moulues, broyées, battues à ciment	id.	5 00	exemptes	id.	10 60	exemptes.
dures, non cuites, brutes ou dégrossies, telles qu'elles sortent de la carrière ; albâtre, marbre, autres à paver, non cuites, de roche, à lithographier, à feu et à silex, pour meules	valeur.	1 %	id.	valeur.	1 %	id.
ouvrées, polies, sculptées, marbre, statues, bustes	....	exempts.	id.	....	exempts.	id.
autres : albâtre et autres pierres	valeur.	6 %	id.	valeur.	6 %	id.
gemmes, perles et pierres précieuses	....	exemptes.	id.	....	exemptes.	id.
Piment	100 liv.	1 00	id.	100 kil.	2 12	id.
Platine, brut ou en barres	....	exempt.	id.	....	exempt.	id.
ouvré et étiré en fils	la livre.	0 10	id.	le kil.	0 21 2	id.
Plâtre brut, comme pierre à chaux :						
calciné ou moulu	....	exempt.	id.	....	exempt.	id.
figures et ouvrages en	valeur.	6 %	id.	valeur.	6 %	id.
Plomb, brut, en blocs, saumons	....	exempt.	id.	....	exempt.	id.
ouvré	100 liv.	2 00	id.	100 kil.	4 24	id.
Plumes à écrire, brutes	....	exemptes.	id.	....	exemptes.	id.
apprêtées	1,000 en n.	0 80	id.	1,000 en n.	1 70	id.
à lit et à duvet	100 liv.	2 00	id.	100 kil.	4 24	id.
Poils, cheveux, soies de porc :						
poils et cheveux, bruts	valeur.	1/2 %	3 %	valeur.	1/2 %	3 %
autres (1)	id.	6 %	exempts.	id.	6 %	exempts.
soies de porc	100 liv.	2 00	1 50	100 kil.	4 24	3 18
Poisson de mer :						
de pêche nationale, frais, salé, séché, fumé	....	exempt.	exempt.	....	exempt.	exempt.
de toute sorte, de mer et de rivière, frais et fumé, séché ou salé, caqué et non caqué (2), non spécialement dénommé	la tonne de 150 liv.	0 75	id.	la tonne de 150 liv.	1 59	id.
roumeling-salé (3)	id.	0 25	id.	id.	0 53	id.
Poivre, y compris le grabeau	100 liv.	1 50	id.	100 kil.	3 18	id.
Poix	....	exempte.	id.	....	exempte.	id.
Pommes de terre	la rasière.	0 05	id.	l'hectol.	0 10 6	id.
Poudre à tirer (4)	100 liv.	10 00	id.	100 kil.	21 20	id.
Produits chimiques :						
vernis, eaux de senteur et autres liquides distillés ou préparés à l'alcool, non spécialement tarifés aux lois sur les accises	le litron.	0 45	id.	le litre.	0 95 4	id.
autres non spécialement tarifés	valeur.	1 %	id.	valeur.	1 %	id.
Pruneaux	100 liv.	0 30	id.	100 kil.	0 63 6	id.
Raisins : verjus	id.	0 25	id.	id.	0 53	id.
secs, de Corinthe	id.	1 00	id.	id.	2 12	id.
autres	id.	0 60	id.	id.	1 27 2	id.
Résine et brai sec	....	exempt.	id.	....	exempt.	id.
Riz en balles ou Paddy	100 liv.	0 20	id.	100 kil.	0 42 4	id.
autre	id.	0 30	id.	id.	0 63 6	id.
Rotins de petit calibre	id.	0 40	id.	id.	0 84 8	id.
Salpêtre, brut	....	exempt.	id.	....	exempt.	id.
raffiné	100 liv.	1 00	id.	100 kil.	2 12	id.
Savon :						
dur et mou	id.	4 50	id.	id.	9 54	id.
parfumé	id.	7 50	id.	id.	15 90	id.
Sel, brut	....	exempt.	id.	....	exempt.	id.
raffiné	100 liv.	16 00	id.	100 kil.	33 92	id.
Sirop et mélasse :						
mélasse brute, provenant de la canne à sucre après la première cristallisation	id.	3 00	id.	id.	6 36	id.
autre, et épurée ainsi que sirop	id.	10 00	id.	id.	21 20	id.
Soie :						
écrue, grége, déchets, organsin, trame, moulinée, écrue	....	exempte.	id.	....	exempte.	id.
à coudre, à broder, fleuret, filoselle, autre	valeur.	3 %	id.	valeur.	3 %	id.
Soufre, brut	....	exempt.	id.	....	exempt.	id.
épuré	100 liv.	0 50	id.	100 kil.	1 06	id.
Stéarine ou graisse pressée	id.	4 00	id.	id.	8 48	id.
Sucre (5) :						
brut, mélangé de sucre raffiné	id.	36 00	id.	id.	76 32	id.
autre	id.	0 20	id.	id.	0 42 4	id.
tété et terré	id.	0 20	id.	id.	0 42 4	id.
raffiné	id.	36 00	id.	id.	76 32	id.
Sumac	....	exempt.	id.	....	exempt.	id.
Tabac :						
en feuilles ou roles	100 liv.	0 70	id.	100 kil.	1 84 4	id.
côtes applaties	id.	1 50	id.	d.	3 18	id.

OBSERVATIONS.

(1) Le crin lavé, bouilli et frisé, dit *krulsaar*, est assimilé à Poils et cheveux autres.

(2) Importation prohibée du 1er mai au 30 novembre.

(3) Mélange de poissons de diverses espèces.

(4) L'importat. par terre, ou le long des petites rivières, de quantités de plus de 25 kil., est prohibée. — L'importat. par rivières n'est autorisée que par la Meuse, le Rhin et l'Escaut, et par navires pontés de 40 tonneaux au moins.

(5) Tares : en caisses, de la Havane, 13 % ; de Rio, de Fernambouc, des Indes orientales, 18 % ; d'ailleurs, 15 % ; en futailles, 14 % ; en emballages de cuir, nattes, paniers, sacs, 5 % ; en canasters, 10 %.

DÉNOMINATION DES MARCHANDISES.	DROITS. Unités néerlandaises. Bases.	Entrée.	Sortie.	Unités françaises. Bases.	Entrée.	Sortie.
		fl. c.	fl. c.		fr. c.	fr. c.
fabriqué	100 liv.	12 00	exempt.	100 kil.	25 44	exempt.
cigares	id.	40 00	id.	id.	84 80	id.
Tableaux	....	exempts.	id.		exempts.	id.
Tain	la livre.	0 05	id.	le kil.	0 10 6	id.
Tapis et tapisseries de toute sorte (1)	valeur.	10 %	id.	valeur.	10 %	id.
Teintures et extraits de bois de teintures;						
préparées ou broyées à l'huile	id.	6 %	id.	id.	6 %	id.
autres non tarifées	id.	1 %	id.	id.	1 %	id.
extraits de bois, comme les teintures préparées à l'huile.						
Térébenthine et huile de	id.	1 %	id.	id.	1 %	id.
Terres :						
craie rouge moulue	100 liv.	0 10	id.	100 kil.	0 21 2	id.
autres y compris l'alquifoux	....	exemptes.	id.	....	exemptes.	id.
Thé (2)	100 liv.	20 00	id.	100 kil.	42 40	id.
Tissus, toiles, étoffes :						
de chanvre, de lin, d'étoupe ; batiste et toile de Cambrai	valeur.	1 %	id.	valeur.	1 %	id.
coutil	id.	6 %	id.	id.	6 %	id.
damassés	id.	1 %	id.	id.	1 %	id.
toiles à carreaux, écrues ou blanchies, teintes ou imprimées	id.	1 %	id.	id.	1 %	id.
à voiles (3)	le rouleau.	0 50	id.	le rouleau.	0 50	id.
de coton, écrus, blanchis, teints, imprimés	valeur.	4 %	id.	valeur.	4 %	id.
de laine.						
draps, casimirs et leurs similaires	100 liv.	30 00	id.	100 kil.	63 60	id.
autres, mélangés de coton, sans autre mélange, dont la chaîne seule est en coton, et pesant les 6 aunes 1 livre ou plus	valeur.	4 %	id.	valeur	4 %	id.
autres purs ou mélangés pesant les 6 aunes 1 liv. ou plus; écrus et autres	100 liv.	30 00	id.	100 kil.	63 60	id.
pesant les 6 aunes moins de 1 livre ; écrus et autres	valeur.	5 %	id.	valeur.	5 %	id.
de soie y compris les rubans (4)	la livre.	2 00	id.	le kil.	4 24	id.
Nota. — Sont soumis au droit de la matière dominante les tissus, toiles et étoffes mélangés de coton, soie, lin, ou chanvre, dans lesquels il n'entre pas de *laine*.						
autres, non dénommés ci-dessus, purs ou mélangés, y compris les toiles de coton et les tissus de coton cirés	valeur.	6 %	id.	valeur.	6 %	id.
bonneterie à la main ou au métier en coton, soie, laine, poil ou fil	id.	4 %	id.	id.	4 %	id.
dentelles et tulles	id.	4 %	id.	id.	4 %	id.
passementerie	id.	6 %	id.	id.	6 %	id.
rubans autres que de soie	id.	6 %	id.	id.	6 %	id.
Tourbe	2 rasières.	0 05	id.	2 hectol.	0 10 6	id.
Tournesol	100 liv.	3 00	id.	100 kil.	6 36	id.
Tourteaux	id.	0 50	id.	id.	1 06	id.
Vaisseaux, navires, barques	valeur.	1 %	id.	valeur.	1 %	id.
Verre, verrerie, cristaux :						
bouteilles ordinaires contenant 7 litres et plus	la pièce.	0 20	id.	la pièce.	0 42 4	id.
autres	100 bout.	1 00	id.	100 bout.	2 12	id.
fioles d'apothicaire	valeur.	6 %	id.	valeur.	6 %	id.
verre à vitres, et tuiles	id.	5 %	id.	id.	5 %	id.
glaces à miroir	id.	6 %	id.	id.	6 %	id.
verreries, cristaux						
unis, autres que de couleur et taillés	100 liv.	3 00	id.	100 kil.	6 36	id.
dorés, de couleur, à côtes, taillés ou à dessins	id.	6 00	id.	id.	12 72	id.
verre cassé ou groisil	id.	exempt.	1 50	id.	exempt.	3 18
Viande de mouton et de cochon fraîche ou salée	id.	1 00	exempte.	id.	2 12	exempte.
fumée et séchée	id.	1 25	id.	id.	2 65	id.
autre non spécialement tarifée fraîche ou salée	id.	6 00	id.	id.	12 72	id.
fumée ou séchée	id.	8 00	id.	id.	16 96	id.
Vif-argent	....	exempt.	id.	....	exempt.	id.
Vin en cercles ou en cruches	....	id.	id.	....	id.	id.
en bouteilles de 116 et plus à l'hectol.	100 bout.	8 25	id.	100 bout.	17 49	id.
Vinaigre de toute sorte :						
marquant à l'échelle B de l'aréomètre néerlandais 2 degrés de force ou moins ; en cercles	le baril.	7 50	id.	l'hectol.	15 90	id.
en bouteilles de 116 ou plus à l'hectol.	100 bout.	8 25	id.	100 bout.	17 49	id.
en cruches à eau minérale de 1 litre 2 ou moins	100 cruch.	9 50	id.	100 cruch.	20 14	id.
d'une plus grande force, en cercle.	le baril.	50 00	id.	l'hectol.	106 00	id.
en bouteilles de 116 ou plus au baril.	100 bout.	45 00	id.	100 bout.	95 40	id.
en cruches à eau minérale de 1 litre 2 ou moins	100 cruch.	60 00	id.	100 cruch.	127 20	id.
Vitriol (5)	valeur.	3 %	id.	valeur.	3 %	id.
huile de (6)	100 liv.	0 10	id.	100 kil.	0 21 2	id.
Zinc :						
laminé, autre que spécialement tarifé.	id.	1 50	id.	id.	3 18	id.
autre	....	exempt.	id.	....	exempt.	id.
fil de zinc	100 liv.	1 50	id.	100 kil.	3 18	id.
planches et feuilles (7) pour le doublage des navires et clous	id.	0 30	id.	id.	0 63 6	id.
ouvrages et ustensiles vernis ou non vernis, peints ou non peints	valeur.	6 %	id.	valeur.	6 %	id.

OBSERVATIONS.

(1) Y compris les tapis en toile cirée.

(2) Tares : en caisses de 55 kil. et plus, 18 % ; en caisses autres, 25 %.

(3) Le rouleau = 42 mètres ou moins ; s'il est d'un plus grand aunage, le droit est doublé.

(4) On peut faire liquider le droit sur la valeur à 6 % si on le désire.

(5) Autre que le vitriol vert (couperose).

(6) Tare : en bouteilles ou en cruches entourées ou non d'osier, 8 %.

(7) Sont réputées telles celles ayant 0 m. 50 c. de largeur, et 2 m. à 2 m. 25 c. de longueur.

MONNAIES, POIDS, MESURES.

MONNAIES.

Florin (100 centièmes)	=	2 fr. 12.
Centième	=	0 02 12.

POIDS.

Livre (100 gros)	=	1 k.
Gros	=	0 01.
Tonneau de mer	=	1000.

MESURES DE LONGUEUR.

Aune (10 palmes)	=	1 m.
Palme (10 pouces)	=	0 10.
Pouce	=	0 01.

MESURES DE SOLIDITÉ.

Aune cube	=	1 m. c.
Tonneau de mer (1 aune 1/2 cube)	=	1 m. c. 500.

MESURES DE CAPACITÉ.

Liquides.

Baril (100 litrons)	=	100 litres.
Litron (10 verres)	=	1 id.
Verre	=	0 10.

Marchandises sèches.

Rasière (100 litrons)	=	100 litres.
Litron	=	1 id.
Lest ou last	=	3000 id.

FIN DU TARIF DES DOUANES DES PAYS-BAS.

TARIF

DES

DOUANES DE RUSSIE.

Le tarif russe a été approuvé par un ukase du 9 juin 1857 : il a été immédiatement mis en vigueur pour le commerce européen, sauf ce qui concerne la douane d'Odessa, où il n'a été exécutoire qu'à dater du 15 août. Son application reste étendue à la frontière de Pologne, et ce royaume continue à se trouver ainsi régi par le système des douanes impériales.

Il est à remarquer que le tarif n'est pas uniformément applicable dans toute la Russie, les droits exigés dans les ports de la mer Noire, des provinces transcaucasiennes, n'étant pas les mêmes que ceux exigés dans le reste de l'empire et dans le royaume de Pologne. Cette division a été indiquée dans notre publication : il importera donc, lorsque l'on consultera le tarif, de s'assurer de la destination des marchandises, pour se rendre compte des droits qu'elles auront à acquitter.

Le tarif russe se divise en quatre sections ayant pour titres :

Matières alimentaires ;

Matières premières, et articles à l'usage des fabriques, manufactures, usines, métiers, et de l'agriculture ;

Produits des fabriques, manufactures, usines et métiers ;

Marchandises diverses.

C'est donc à l'une ou à l'autre de ces sections qu'il faudra se reporter lorsque l'on voudra consulter le tarif.

Le tarif russe est aujourd'hui le seul où les substances médicinales et les médicaments composés figurent sous les dénominations latines que leur appliquaient en Europe les anciennes pharmacopées.

Elles sont, à la suite du tarif général, l'objet d'une section spéciale.

Les douanes et barrières de l'empire et du royaume de Pologne, ouvertes au commerce, sont divisées en trois classes.

Celles de première classe peuvent admettre l'importation de toutes les marchandises étrangères non prohibées, en observant toutefois les restrictions indiquées dans le tableau B. Elles prélèvent les droits dans les termes de six, huit et douze mois. — Outre le droit d'entrepôt, quelques-unes jouissent encore du privilége d'expédier les marchandises sur d'autres douanes d'entrepôt.

D'après ces priviléges, les douanes de première classe se divisent elles-mêmes en deux catégories.

Les douanes de la première classe, première catégorie, sont : Saint-Pétersbourg, Archangel, Riga, Moscou (1); pour les marchandises envoyées des entrepôts ou expédiées par poste de l'étranger : Odessa, Réval (2), Libau, Théodosie, Taganrog, Kertch, Polangen, Tauroggen, Yourbourg, Radziwiloff (3).

Les douanes de la première classe, seconde catégorie, sont : Houssiatine, Novossélitz, Scoulianv, Berdiansk, celle intérieure d'Odessa.

Elles peuvent accorder des crédits de six mois pour l'acquittement des droits, mais ne jouissent pas du pouvoir d'expédier des marchandises à d'autres douanes d'entrepôt.

Les douanes de seconde classe sont celles de déclaration. — Elles ne peuvent percevoir les droits que sur les marchandises inscrites au tableau A ; elles doivent expédier les autres sur les douanes d'entrepôt, et ce dans un délai de deux mois.

Les autres douanes de l'empire, qui composent la troisième classe, sont aussi divisées en deux catégories :

Celles pouvant accorder un mois de crédit, et recevoir toutes les marchandises dont l'importation est permise par les douanes de première classe, sauf celles qui, marquées B, ne sont admises que dans certaines douanes : Narva, Pernau, Issakovetz ;

Toutes les autres, qui ne peuvent percevoir les droits que sur les marchandises désignées dans le tableau A, en accordant un mois de crédit.

Comme exception, le sel étranger jouit d'un crédit de trois mois s'il est importé dans les gouvernements de la Baltique, et de six mois s'il est introduit par les douanes de Narva et de Windau.

Les douanes et barrières de la mer Noire, de la mer d'Azoff et du Danube, ainsi que celles de la Bessarabie, ne peuvent recevoir que des marchandises non sujettes à la contagion, et admises par les règlements de quarantaine.

Dans le royaume de Pologne les douanes de première classe sont : Varsovie, Wierzbolow, Peplowech, Nieszawa, Pyzdry, Szczypiorna, Praszka, Granica, Michalowice, Zawichost, Tomaszow.

Elles peuvent admettre l'importation de toutes les marchandises étrangères non prohibées, ou expédier sur l'entrepôt de Varsovie toutes celles marquées B. Un terme de deux mois leur est accordé pour l'expédition des marchandises à Varsovie, et un terme de six mois pour la perception des droits sur les marchandises d'importation.

Exceptionnellement, Varsovie est autorisée à prélever les droits sur toutes les marchandises importées par les douanes de première et seconde classe, à accorder des délais de six et de huit mois pour la réexportation des marchandises ou l'acquittement des droits. — Les bureaux de Nieszawa, de Granica, de Zawichost, peuvent accorder aux négociants jouissant de la faculté de l'entrepôt un délai de huit mois pour l'acquittement des droits.

Les douanes de seconde classe sont celles de Wincenta, Zielun, Lubiez, Slupca, Wieruszow, Herby, Igolomia, Krzeszow.

(1) Les négociants qui n'ont pas le droit d'entrepôt ne jouissent que d'un crédit de six mois.

(2) Ne peut accorder de crédit dépassant six mois.

(3) Dans ces huit dernières douanes, le crédit est de huit mois pour les négociants qui jouissent du droit d'entrepôt, et de six mois pour les autres.

Elles peuvent acquitter les droits sur les marchandises indiquées A ; expédier les autres sur l'entrepôt de Varsovie. Elles accordent deux mois de délai pour l'acquittement ou la réexportation.

Les douanes de troisième classe peuvent seulement percevoir les droits pendant le terme d'un mois sur les marchandises désignées au tableau A. — L'expédition des autres marchandises sur d'autres douanes leur est interdite.

Les administrations réunies de quarantaine et de douane des provinces transcaucasiennes sur la côte orientale de la mer Noire, auxquelles s'étend l'action du tarif des douanes, sont : Redout-Kalé, Soukhoum-Kalé, Noverossysk, Nicolaïeff, Otschemtschir, Yélendschyk, Anapa, Alexandropol, Nahitschévan, Bakou.

Les trois premières peuvent admettre toutes les marchandises quelconques dont l'importation est licite, ou les expédier sur l'entrepôt de Tiflis ;

Les autres peuvent recevoir toutes les marchandises turques et celles d'Europe marquées au tableau A.

A Redout-Kalé et à Soukhoum-Kalé, l'entrepôt peut être d'une année ; à Novorossysk, de cinq mois ; à Alexandropol, Nahitschévan, Bakou, de trois mois ; dans les autres bureaux, d'un mois.

Les marchandises non dénommées au tarif doivent être assimilées à celles qui en approchent le plus par leur nature et leur qualité.

Les marchandises de transit doivent acquitter, quelle que soit leur nature, un droit de 8 fr. 55 c. par 100 kil. — Toutefois seront exceptées de ce droit les marchandises d'Europe expédiées de Redout-Kalé et de Soukhoum-Kalé, par Tiflis et Nahitschévan, pour la Perse.

Outre les droits établis par le présent tarif, on perçoit dans les ports et villes ci-après, au profit de ces dernières et de diverses institutions, des droits spéciaux sur les marchandises d'importation et d'exportation.

A Archangel, sur toutes les marchandises, 1/2 pour 100 de leur valeur.

A Odessa, sur le froment exporté par mer, 0 fr. 03 c. par hect., au profit de la ville : 0 fr. 04 1/2 c., au profit du lycée.

A Théodosie, sur le froment exporté par mer, 0 fr. 2 c. par hectolitre ; — sur l'orge, 0 fr. 1 c.

A Tangarog, sur toutes les marchandises imposées au poids,
à l'importation, 0 fr. 12 c. par 100 kil. ;
à l'exportation, 0 fr. 6 c. id.
Sur le vin, à l'importation, 0 fr. 8 c. l'hectolitre.

A Mariopoul, à l'importation, sur toutes les marchandises étrangères, sans distinction de tare :

Sèches.	100 kil.	0 fr. 12 c.
Liquides.	id.	0 6

En général, sur toutes les marchandises sèches qui se vendent dans le commerce par mesure de capacité, l'hect., 0 fr. 3 c. Sur les produits bruts, 100 kil. 0 fr. 6 c.

A Kertch, sur tous les navires et bâtiments de cabotage, au chargement et au débarquement :

Par *last* de marchandises (2,025 kil.), 0 fr. 24 c.

Pour le sel, au chargement par 1,000 kil., 0 fr. 21 c.

A Saint-Pétersbourg et à Moscou, sur toutes les marchandises étrangères, à l'importation, par chaque rouble de droit, 2 p. 100.

A Berdiansk, sur le blé exporté, l'hect.,	0 fr. 9 c.
Sur les marchandises d'encombrement, 100 kil.	0 fr. 12 c.
Sur les id. exportées en tonneaux, id.	0 fr. 12 c.

Les voyageurs ne peuvent apporter parmi leurs effets, ni la nouvelle monnaie de cuivre de Russie, ni les monnaies étrangères de bas aloi, ni les billets de crédit de Russie et du Trésor de l'empire, ni les cartes à jouer, ni les billets de loteries étrangères, qui sont tous prohibés à l'entrée.

Il est permis à chaque voyageur d'importer individuellement, francs de droits, qu'ils soient ou non prohibés, les effets suivants :

Une pelisse, et autres vêtements en fourrures destinés à divers usages.

Objets de vêtement et chaussure, supportés ; linge marqué et cousu, ayant servi ; matelas et coussins de voyage.

Vaisselle en argent ou faïence, pour la table, le thé et le café, verres et gobelets, à raison d'un service de voyage, ne contenant pas plus de six objets par personne.

Vaisselle plate, tels que plats, saucières, etc., deux pièces par chaque douzaine de petits objets.

Montres, tabatières, épées, bijoux en or, en argent ou autre métal, menus objets de luxe et de fantaisie : deux objets par personne. Pistolets, une paire ; fusil, un seul par équipage ; bagues et autres menus objets de dame, non neufs ; ce qu'elles ont avec elles.

Les voitures à leur usage, à raison d'une voiture par deux personnes, non compris les domestiques mâles, et seulement lorsque les voyageurs arrivent par terre. Importées par mer ou sur bateaux à vapeur, les voitures sont soumises aux droits, sous réserve de remboursement lorsqu'on les réexporte ou reconduit à l'étranger.

Les effets des voyageurs doivent les accompagner : sinon ils sont considérés et traités comme marchandises.

Les marchandises que des voyageurs chercheraient à importer frauduleusement, soit dans des caches pratiquées dans les voitures, soit sur leurs personnes, soit masquées dans leurs effets, peuvent être saisies, et les contrevenants condamnés au payement :

1° Du quintuple des droits d'entrée pour les objets dont l'importation est permise ;

MODIFICATIONS

APPORTÉES

AUX TARIFS DES DOUANES DE RUSSIE

PENDANT L'ANNÉE 1859.

1° Établissement d'un droit de 1/2 0/0 ad valorem, sur toutes les marchandises importées ou exportées par le port d'Onéga, à l'exception de celles appartenant aux habitants de la côte.

(Décision du 26 décembre 1858.)

2° Appareils à gaz complets, admis en franchise.
Accessoires importés séparément, droits afférents à la matière première dont ils sont fabriqués.

(Décision du 24 décembre 1858.)

3° Meubles en fonte, avec ornements en cuivre ou bronze n'augmentant pas sensiblement la valeur de ces meubles, importés par mer, 80 copecks par poud, 19 fr. 51 c. par 100 kil.; par terre, 50 copecks par poud,, 12 fr. 20 c. par 100 kil.
Meubles en fer avec les mêmes ornements, dont chacun desdits ornements pèserait moins d'un poud, à l'importation par toutes les frontières, 4 roubles par poud, 24 fr. 40 c. par 100 kil.
Les mêmes avec ornements pesant chacun plus d'un poud, 1 rouble par poud, 6 fr. 10 c. par 100 kilos.
Si les ornements en bronze forment la principale valeur des meubles, mêmes droits que les bronzes.
Si les meubles sont recouverts en cuir, ou d'un tissu quelconque, 25 0/0 en sus des droits ci-dessus.
Lits en fer, 1 rouble par poud, 6 fr. 10 c. par 100 kilos.
Jus de cerises et autres fruits, sans sucre, 40 copecks par poud, 9 fr. 75 c. par 100 kilos.
Cannelle, peut être importée par les douanes de 2e et de 3e classe.

(Décision du 4 janvier 1859.)

4° Droit de tonnage à Archangel : 5 copecks par last, 0 fr. 20 c. par tonneau de jauge française.

(Décision du 21 janvier 1859.)

5° Poti, port situé à l'embouchure du Rion, dans la mer Noire, est déclaré port de commerce.
Protêts des lettres de change et des obligations non payées, appartenant à des sujets français, mêmes droits que pour les sujets russes.

(Décision du 11 janvier 1859.)

6° Objets fabriqués avec l'argile commune, dorés ou peints, importés par mer, 40 copecks par poud, 9 fr. 75 c. par 100 kilos ; par terre, 10 copecks par poud, 2 fr. 44 c. par 100 kilos.
Figures découpées importées dans des boîtes, 30 c. par livre, 2 fr. 92 c. le kilo.
Objets en zinc peint, à l'exception des encriers, pesant moins de 3 livres chacun, 4 roub. par poud, 24 fr. 40 c. par 100 kilos.
Clous d'épingle en fer : mêmes droits que les fils de fer et d'acier.
La taxe sur les fils de cuivre importés en fûts est portée à 7 0/0 du poids brut.

(Décision du 15 janvier 1859.)

8. Règlement de port de la ville de Poti, droits de douanes à percevoir :
Boissons, 20 0/0 ad val.
Autres marchandises, 5 % des droits inscrits au tarif général de l'Empire.
Droits de tonnage, tels qu'ils ont été fixés par l'oukase du 14 décembre 1846.

(Décision du 11 janvier 1859.)

8. Dans le grand-duché de Finlande, il est perçu, jusqu'à nouvel ordre, un droit additionnel de 3 % de leur valeur sur toutes les marchandises quelconques importées.

(Décret du 22 janvier 1859.)

10. Fer et acier ouvrés, revêtus d'un tissus quelconque, à l'importation par terre ou par mer, 4 roubl. par poud, 24 fr. 40 c. les 100 kilos.
Verroteries et rassades, perles fausses non ouvrées, mais en fils.
Raisins de Corinthe importés dans les ports de la mer Noire et de la mer d'Azow, exempts.
Harengs salés de Hollande, 0 fr. 90 c. par tonneau, 2 fr. 45 par 100 kilos.

(Décisions des 15 février et 19 janvier 1859.)

ASSIMILATIONS.

11. Ammoniaque mordant, comme sels, acides, oxydes et substances chimiques non dénommées.
Anneaux de verre, comme petits objets communs.
Appareils de plongeur : pour la cuisson d'extraits tinctoriaux, pour la fabrication du sucre de betteraves; télégraphiques, comme machines et mécaniques
Bottines avec semelles en caoutchouc, chaussures de feutre : comme chaussures.
Carcasses de parapluies en fil de fer et d'acier sans manches : comme objets en fil de fer.
Carreaux d'argile réfractaire, comme briques réfractaires.
Chaises et corbeilles en bois tressé et peint, comme ouvrages de menuiserie en bois commun.
Chiffons de coton, comme chiffons de toutes sortes.
Coffrets en bois et en carton, convers de papiers de couleur et de fleurs artificielles, comme objets en papier mâché.
Copeaux de fonte, comme minerais.
Coquillages avec ressorts à musique, comme jouets d'enfants.
Coton filé, teint et entouré de clinquant, comme coton filé teint.
Coton saturé de soufre, comme soufre.
Crics comme machines.
Dentelles de soie avec or ou argent, comme dentelles.
Eau-de-vie de prunelle sans sucre ni mélange, comme eau-de-vie de France.
Écosses de cacao, comme cacao en fèves.
Feuilles de parquet, comme ouvrage de menuiserie.
Fil de fer, cuivré, tourné en cercle, comme fil de fer.
Formes en fer pour sucre : peintes ou non, comme objets en fer-blanc pour fabriques.
Gants de coton tissés d'un côté en crins de cheval, comme crins et soies de porc ouvrées.
Gants de laine doublés de peau, comme gants de canepin.
Gomme artificielle, comme gomme arabique.
Gomme élastique en bâtons de cyprès, crayons, comme crayons.
Gomme élastique liquide, comme gomme non ouvrée.
Goudron de houille, comme poix et goudron.
Graines de Tonka (fèves), comme herbes odoriférantes.
Grillages de fil de fer et de cuivre, comme outils pour métiers.
Harpes éoliennes, comme instruments de musique non dénommés.
Limaille de fer, comme graphite.
Liquide, pour lavage de la laine, composé de carbonate d'ammoniaque, de silicate d'ammoniaque et de substances organiques, comme soude naturelle.
Locomotives et tenders, comme machines.
Machines (petites), en zinc, à tailler les crayons, comme plomb ouvré.
Manomètres sans ornements, comme baromètres.
Mannequins, comme machines et modèles.
Mastic de vitrier, minerais de créolite, comme minerais.
Noix de pierre pour tourneur, comme noix de toute espèce.
Objets en argentan ou nouvel argent, comme plaqué.
Parrafixe, comme stéarine brute.
Papier collé sur tissu de soie, comme papier sur gaze.
Papier à cartes de musique, comme papier à dessin.
Papier pour la destruction des insectes, comme papier d'émeri.
Peaux mégies, préparées pour coiffes de chapeaux comme ouvrages en peau.
Peaux de mouton avec laine teinte, 50 % en sus du droit.
Peignes en gutta-percha, comme gomme élastique ouvrée.
Pierres à aiguiser montées sur bois, comme outils pour métiers.
Planches en bois gravées, pour imprimer les indiennes, comme bois pour imprimerie, selon l'espèce.
Queues de renard, comme fourrures.
Rouleaux en bois couverts en peau, pour imprimeurs, comme ouvrages de menuiserie en bois commun.
Sacs de coton épais, comme sacs à battre la viande.
Seaux à incendie en tissu de chanvre, comme cables et cordes.
Surrogat de savon, comme savon ordinaire.
Tabac à chiquer, comme tabac à fumer en rouleaux.
Tabatière en bois, comme bois ouvré.
Tabatières en zinc ou étain, comme zinc ou étain ouvré.
Tissus de coton épais, lamé d'argent, comme tissus de coton lamé d'argent.
Toiles à voiles goudronnées, comme tuyaux pour pompes à incendie.
Toiles à tableaux, recouvertes d'enduit, comme toiles cirées.
Tourteaux d'huile, comme paille et foin.

Tuyaux de fer étirés, comme ouvrages de forgeron.
Vaisselle de faïence avec dessin d'une seule couleur; ombrée ou au patron, découpée avec ou sans espaces blancs, comme vaisselle blanche.
Vaisselle avec couvercle en étain, comme étain ouvré.
Vaisselle en fonte, comme fonte ouvrée.
Verre pilé, comme pierres communes.
Visières et courroies en toile cirée, comme toile de lin cirée.

(Décision du 3 mars 1859).

12° Marchandises soumises aux droits différentiels d'exportation.
Ces droits ne seront perçus que sur les marchandises ci-après, et seulement lorsqu'elles seront dirigées d'un port russe sur une douane plus éloignée et par cabotage.
Truffes, mousserons et champignons. — Arrack, rhum, eau-de-vie françaises. — Pâtes et fruits sans sucre : sel de cuisine : soie filée : tissus de coton blancs et de couleur, unis, serrés. — Les mêmes imprimés. Toiles imprimées. — Tissus de lin. — Toiles cirées ou goudronnées. — Tapis de laine. — Tissus de laine. — Bonneterie de laine. — Peaux de renard, sauf celles de renards noirs.

(Décision du 4 juillet 1859).

13° Porte-cigares et porte-monnaie en cuir, sans aucun ornement d'autres matières, 40 copecks par livre, 3 fr. 90 le kil.

(Décision du 20 août 1859.)

14° Tabliers de coton. Droits selon l'étoffe, avec surcharge de 20 %.
Substance *antihydrolithe*. — Comme substance destinée au polissage des métaux.

(Décision du 9 août 1859.)

15° Jaugeage des navires.
En sont exemptés les navires français qui payent les droits de tonnage d'après leur acte de francisation, à raison de deux tonneaux français par tonneau russe.

(Décision du 6 juillet 1859.)

16° Étoffes de soie rayées et mélangées de coton. Lorsque le coton ne se trouve que dans les raies seulement, 4 roubles par livre, 9 fr. 75 p. kil.

(Décision du 25 novembre 1859.)

17° Fers et fontes. Droits à l'entrée, tant par mer que par terre, à la seule exception des ports de la mer d'Azof, par lesquels l'importation reste prohibée. = et des bureaux sur la frontière de Pologne, où les anciens droits sont maintenus.

Fontes...	5 copecks	par poud	=	1 fr. 22	par 100 kil.
Fers en barres, rails et ferrailles..........	35	id.	id.	= 8 fr. 54	id.
— dits Sortovoie....	45	id.	id.	= 10 fr. 98	id.
— pour alambics, chaudières et en tôle.	70	id.	id.	= 17 fr. 08	id.

(Décision du 24 juin 1859.)

18° Colis arrivant de Saint-Pétersbourg à l'adresse des personnes qui n'appartiennent pas à la classe commerçante.
Ne sont délivrés en douane que lorsque le connaissement porte que le frêt dû pour les colis a été acquitté.

(Décision du 18 octobre 1859.)

19° Tissus.
Baies et frises de laine, ratines, cuirs de laine, étoffes de laine rases pour pantalons, flanelles, moquettes, peluches, frises, aussi en laine pure ou mélangée de coton et de bourre de soie, d'une seule couleur, bariolés, unis, brochés, imprimés, importés dans l'empire et le royaume de Pologne......... 80 copecks par livre = 19 fr. 51 par 100 kil.

(Décision du 20 décembre 1859.)

20° Glaces brutes, non polies ni étamées.
A l'importation. . . 2 roubles par poud = 48 fr. 78 par 100 kil.

(Décision du 31 décembre 1859.)

2° Du double du prix de vente pour les articles prohibés;
3° De 10 pour 100 de la valeur pour les objets dont l'entrée est permise en franchise de droits : les voitures et chevaux sont en outre confisqués.

Les voyageurs qui auraient déclaré des marchandises dont l'admission est permise, et pour lesquelles on leur réclamerait des droits qui leur paraîtraient trop élevés, sont autorisés à les faire réexporter.

Les effets des voyageurs peuvent être visités et expédiés à toutes les douanes et barrières européennes.

Les employés des douanes sont tenus de se conduire poliment avec les voyageurs; et comme ils ne remplissent que leur devoir en visitant les voyageurs, ils ont droit, dans l'exercice de leurs fonctions, à une réciprocité d'égards de la part de ces derniers.

Les voyageurs sont tenus de déclarer les lettres qu'ils apportent ou qu'ils emportent. S'ils veulent remettre eux-mêmes les premières, ils doivent payer le port au bureau de poste, qui percevra le droit et timbrera les lettres. En cas de contravention, chaque lettre entraîne une amende de 30 fr. contre le voyageur.

Les marchandises doivent, d'après leur nature, payer les droits *au brut* ou *au net*. Il faut, à cet égard, consulter le tableau des tares imprimé à la suite du tarif.

TARIF GÉNÉRAL.

IMPORTATION.

1re DIVISION.

MARCHANDISES EXEMPTES DE DROITS.

Albâtre brut.
Amadou d'agaric (éponge de coton imbibée de salpêtre).
Animaux domestiques de toute espèce, excepté les chevaux hongres, animaux et oiseaux sauvages.
Ardoises en carreaux et en dalles, sans placage et sans encadrement.
Asphalte ou bitume de Judée à l'état concret, et glu ou résine préparée pour les oiseleurs.
Avelanèdes ou glands de chêne.
Bois — de frêne, de sapin, d'orme, de hêtre, et autres non-spécialement dénommés — en bûches, poutres ou planches, à l'exception des feuilles pour instruments de musique : bois de construction de toute espèce. — Ouvrages de charpenterie de toute sorte; de charronnerie; tonnellerie et futailles démontées, merrains de chêne; espars, beauprés, mâts, planchettes pour crépi; tilles durcies; cordes en tille; essaudoles; voliges; osier pour vannerie, joncs communs, balais d'herbes, de branches, et autres marchandises forestières semblables.
Calamine non grillée en morceaux et en queues.
Charbon de bois, de tourbe, houille, tourbe.
Chicorée en herbe et en racine, non préparée.
Chiffons, drilles, rognures de papier, de cuir, de parchemin.
Ciment, pouzzolane et trass, et toutes chaux hormis le chlore, l'antimoine et les solutions de chaux.
Coraux fins et faux, non ouvrés.
Cornes et sabots de bétail, non dénommés.
Crins non ouvrés.
Diamants, pierres précieuses non ouvrées, perles fines.
Echantillons de tous tissus ayant moins de 0 m. 71 c., ou collés sur feuilles, reliés en livres.
Ecorces à tan, de toute espèce.
Email en morceaux et en poudre, sauf l'azur de cobalt.
Emeri et toutes substances propres à nettoyer et polir les métaux.
Figures en cire, non habillées; appareils anatomiques en cire et en carton-pierre.
Foin, paille, herbes semblables, non nettoyés.
Globes ou sphères et cartes géographiques.
Grenats fins et faux, non ouvrés.
Graphite, sanguine, craies brutes et non purifiées.
Guano et autres engrais.
Jais non ouvré.
Légumes et comestibles frais, séchés, pressés, non dénommés.
Liége non ouvré.
Lin et chanvre peigné ou non, étoupes, laine des bois.
Livres, gravures, estampes, tableaux non encadrés, lithographies, musique et manuscrits.
Machines complètes pour l'industrie ou l'agriculture; machines à copier; navires de mer et bateaux de rivière (modèles de).
Métaux et minerais bruts de toute espèce, non dénommés.
Monnaies, sauf celles étrangères en billon ou en argent de bas aloi, et la nouvelle monnaie russe.
Montres, chronomètres, instruments astronomiques.
Nacre de perle, écaille, ambre, écume de mer, non ouvrés.
Objets d'art, importés par Saint-Pétersbourg ou Varsovie.
Objets de collection, ne formant pas articles de commerce.
Os communs non ouvrés, non dénommés.
Peaux brutes, salées ou séchées, non dénommées.
Peignes à tisser (verges rotins pour), rameaux, navettes, picots en fer, cadres de toute espèce.
Pierres communes, brutes, de toute espèce; pierres destinées aux arts et métiers; pierres gemmes, non ouvrées; jaspe, mosaïques non enchâssées; poudre d'or et d argent pour bureau.
Plantes vivantes de toute espèce; arbres, semences, racines, non dénommés.
Platine (objets en), à l'usage des fabriques, arts et métiers.
Plâtre non ouvré et pierres à plâtre.
Poils ou duvets, non dénommés.
Pompes à incendies et leurs accessoires.
Poteries, en grès et en argile, à l'épreuve du feu, autres que vaisselle; tuyaux en terre cuite pour conduits d'eau et drainage.
Sangsues.
Soufre et fleur de soufre.
Terres et argiles, non dénommés; briques et tuiles.
Thermomètres, baromètres, microscopes, sans ornements, en bronze.
Vaccins de toute espèce.
Vannerie commune.
Verres optiques, à lunettes et à lorgnettes, non montés.

2e DIVISION.

MARCHANDISES SOUMISES AU DROIT UNIFORME DE 4 fr. 88 c. PAR 100 kil.

Antimoine cru ou sulfuré, et régale d'antimoine.
Borax brut ou raffiné.
Calamine grillée et pulvérisée.
Cauris.
Cire blanche, jaune, rouge, non ouvrée, et cire préparée pour emplâtre d'ente.
Cobalt et oxyde de cobalt grillé, à l'exception de l'azur de.
Cornes de poissons et de cerfs, de toute espèce, en morceaux, à l'état brut ou râpées.
Duvet d'eyder et d'autres oiseaux, ainsi que plumes à lit.
Etain en lingots ou saumons, battu ou laminé, et en objets détruits, ainsi qu'étain pour miroitier.
Gaïac (bois de) moulu.
Gomme élastique, caoutchouc et gutta-percha, non ouvrés.
Herbes, fleurs, racines odorantes pour cosmétiques, non dénommées.
Laine en suint et lavée, non teinte, et bourre tontice, teinte et non teinte.
Litharge ou oxyde de plomb, scories et cendres de plomb.
Mica ou verre de Moscovie.
Noix de galle et dibidivi.
Os de toute sorte, brûlés et broyés; noir animal et noir de fumée.
Os et dents de morse, d'éléphant, de mammouth, de poisson, en morceaux bruts, ainsi qu'en feuilles ou tablettes pour peinture et instrum. de musique.
Paille préparée et nettoyée, non ouvrée.
Papier émeri, cartons pour fabriques, papier mâché et carton-pierre, non ouvré; objets en papier mâché ou carton-pâte, sans lustre et non teints.
Parchemin en feuilles percées pour la meunerie.
Peaux de poisson préparées.
Poil de chèvre et de chameau.
Poudre de bronze.
Sel ammoniac et hydrochlorate d'ammoniaque, brut et raffiné.
Son d'amandes, non parfumé.
Talc en morceaux et pulvérisé.
Tartre brut, cristal de tartre et crème de tartre.

NOTA. Les marchandises ci-dessus acquittent dans les ports transcaucasiens un droit uniforme de 4 f. 88 c. par 100 kil., excepté l'antimoine, le duvet d'eyder ou d'édredon, l'oxyde de plomb, le poil de chameau ou de chèvre, le tartre brut et raffiné.

En vertu d'un ukase du 27 mars (8 avril) 1858, toutes les marchandises d'importation et d'exportation du commerce européen, à l'exception du sucre brut et raffiné, sont soumises à une surtaxe de 5 p. % additionnels du montant des droits d'entrée et de sortie.

Cet impôt, qui sera perçu jusqu'à nouvel ordre, est destiné à la construction d'édifices pour l'entrepôt des marchandises d'importation et d'exportation et aux travaux d'amélioration des ports.

DÉNOMINATION DES MARCHANDISES.	BASES.	DROITS dans l'empire et dans le royaume de Pologne.	DROITS dans les ports de la mer Noire des provinces transcaucasiennes.
3e DIVISION.			
MARCHANDISES SOUMISES A DIVERS DROITS D'ENTRÉE ET MARCHANDISES PROHIBÉES.			
SECTION 1re.			
DENRÉES ET MATIÈRES ALIMENTAIRES.			
Anis, graine de cumin, badiane en coque et pelée, coriandre, graine de pivoine et graine de moutarde	100 k.	6 10	4 88
Bekmès, ou résiné ordinaire, mélangé de farine et coupé en morceaux (1)	id.	9 77	9 77
Beurre de vache et de brebis. — Par mer	id.	19 55	9 77
Par terre	id.	9 77	....
Boissons distillées. — Arack ou rack, rhum et eau-de-vie de France (2) :			
Par terre, sans distinction de degré	l'hect.	189 24	....
Par mer, ne dépassant pas 10 degrés	l'hect.	189 24	189 24
A Redout-Kalé	id.	....	164 83
Au-dessus de 10 jusqu'à 15 degrés, moitié en sus ; au-dessus de 15 degrés, le double du droit.			
Autres, ainsi que les liqueurs, ratafias, infusions spiritueuses, sauf celles dénommées dans le tableau des substances médicales, et kirschwaser (3)	»	prohibées.	prohibées.
Boissons fermentées. — Vins de toute espèce, en futailles	l'hect.	51 28	51 28
De Champagne, de St-Peray, de Bourgogne, et autres vins mousseux, en bout.	la boute.	3 60	2 80
Autres que mousseux, importés en bouteilles	id.	1 20	1 20
Hydromel, vin de cerises, porter et bière : en futailles	100 k.	58 61	48 84
en bouteilles	la boute.	0 80	0 80
Cidre de pommes et de poires, vinaigre : en futailles, vinaigre de vin, de cidre et de bière	100 k.	29 30	29 30
en bouteilles, de table et cidre	la boute.	0 40	0 40
Eau de soude et limonade gazeuse, avec ou sans sucre	id.	0 08	0 08
Remarque générale. — Une diminution de 0 fr. 32 c. par 4 fr., des droits fixés ci-dessus, est accordée aux vins et autres boissons importés par la frontière de terre occidentale, dans les entrepôts des douanes de St-Pétersbourg, Riga, Moscou, Odessa.			
Céréales, seigle, orge, maïs, par mer	l'hect.	1 14	0 38
par terre	id.	0 38	....
Millet, par mer	id.	1 43	0 38
par terre	id.	0 48	....
Froment, épeautre, pois, lentilles, fèves, haricots, par mer	id.	1 72	0 57
par terre	id.	0 57	....
Avoine et sarrasin, par mer	id.	0 86	0 29
par terre	id.	0 29	....
Riz, par mer	100 k.	12 21	4 88
par terre	id.	10 99	....
Sagou (4)	id.	36 63	36 63
Champignons secs, non dénommés au tableau des substances médicinales	»	prohibés.	exempts.
Dans le royaume de Pologne	100 k.	9 77	....
Truffes fraiches, sèches ; mousserons et autres champignons à l'huile, au vinaigre et en saumure, par mer	id.	87 91	29 30
par terre	id.	29 30	....
Confitures et bonbons de toute espèce, apprêtés au sirop de sucre et de miel : *assia* en pots et en flacons, sirops de fruits, pain d'épice et autres pâtes de ce genre, pâtes de toute sorte ; *soïas* ou sauce anglaise, et autres assortiments du même genre, par mer	id.	146 52	78 14
par terre	id.	97 68	....
Coquillages pleins, huîtres, homards, moules, escargots, sèches, araignées de mer et autres de même genre : Frais	100 k.	24 42	8 55
Salés, séchés, marinés, y compris les tortues (5)	id.	48 81	18 31
Denrées coloniales. — Vanille	le kil.	1 98	1 98
Clous de girofle, muscades et fleurs de muscades ; cannelle et fleurs de, — cannelle blanche, casse, giroflée, cardamome, par mer	100 k.	97 68	73 26
par terre	id.	73 26	....
Poivre de toute espèce, en cosses, en grains ou pilé, par mer	id.	61 05	30 63
par terre	id.	43 95	....
Galanga, par mer	id.	24 42	12 21
par terre	id.	14 65	....
Gingembre sec, autre que jaune, piment et autres épices non dénom., râpées ou non râpées, broyées ou non broyées, par mer	id.	48 84	24 42
par terre	id.	36 63	....
Cacao, en fèves et en coques, par mer	id.	48 84	30 52
par terre	id.	30 52	....
— moulu ou en tablettes, ainsi que chocolat, par mer	id.	195 35	78 14
par terre	id.	146 52	....
Café et surrogats de café, tels que chicorée torréfiée, glands torréfiés, etc. (6), par mer	id.	61 05	48 84
par terre	id.	57 39	....
Sucre brut (7), sans distinction de couleur, par mer	id.	73 26	48 84
par terre	id.	48 84	....
— raffiné en pains (8), par mer	id.	122 10	73 26
par terre	id.	97 68	....

(1) De Turquie, il peut être importé à Redout-Kalé et au fort Saint-Nicolas, en payant 5 p. 100 de sa valeur ; aux ports entre l'Ingoura et le Kouban, en franchise des droits.

(2) Il faut, pour que l'augmentation du droit ait lieu, que le degré de force indiqué soit dépassé ; ainsi des spiritueux de 10 et demi paieraient pour 10 et non pour plus de 10 degrés.

L'importation ne peut avoir lieu que dans des fûts d'un poids brut :
24 k. 571 par terre,
122 k. 857 par mer.

(3) Sauf les fermiers des eaux-de-vie ; dans ce cas elles paient :

Dans l'empire	2 f. 40	la boute.
En Pologne, le kirschwaser	1 60	id.
Liqueurs, ratafias et infusions spiritueuses	3 84	id.
A Redout-Kalé, liqueurs, ratafias et infusions spiritueuses	2 40	la boute.
Eaux-de-vie de grains et esprit de grains non édulcorés, kirsch, genièvre, ne dépassant pas 10 degrés	164 83	l'hect.

Au-dessus de 10 jusqu'à quinze degrés, moitié en sus des droits ; plus de 15 degrés, le double des droits.

(4) Les farines et gruaux de toute sorte, ainsi que la drêche, sont passibles d'une surtaxe de 50 p. 100 sur le droit des céréales respectives, sauf l'orge perlé et le gruau de manne qui doivent payer par mer 1 f. 71 l'hect.; par terre » 57 id.; dans les ports de la mer Noire et dans les provinces transcaucasiennes » 57 l'hect.

De Turquie, de blé de toute sorte, le riz en grains, en farine, en gruau, et la drêche, sont admis à Redout-Kalé et à la frontière de Saint-Nicolas, moyennant 5 p. 100 de leur valeur ; dans les ports entre l'Ingoura et le Kouban, en franchise.

(5) Les tortues et les écrevisses vivantes sont exemptes de droit.

(6) Dans les ports de la mer Noire des provinces transcaucasiennes, les surrogats de café acquittent 100 k. 14 fr. 65 c.

(7) Le sucre brut, importé pour les raffineries dans les provinces transcaucasiennes, avec permission spéciale du ministre des finances, ne paiera que 30 fr. 52 c. par 100 k.

(8) Les sucres mélis, lumps, candis, en morceaux ou pilés, sont prohibés.

DÉNOMINATION DES MARCHANDISES.	BASES.	DROITS dans l'empire et dans le royaume de Pologne.	DROITS dans les ports de la mer Noire des provinces trans-caucasiennes.
Denrées coloniales (suite).			
Thé de toute espèce.	»	prohibé.	prohibé.
Écorces de citron, d'oranges, séchées et non confites.	100 k.	4 88	3 17
Feuilles de laurier et baies.	id.	29 30	24 42
Fromage, par mer	id.	122 10	51 05
par terre.	id.	97 68	....
Fruits et légumes. — Frais, trempés, salés, y compris les raisins trempés	id.	10 99	exempts.
Oranges douces et amères, citrons, par mer.	caisse de 300.	3 20	1
par terre	id.	1 60	....
Raisins frais	100 k.	48 84	24 42
Remarque. — Les cerises et prunes de toute espèce, fraîches, trempées ou salées, ainsi que les pommes et poires fraîches, de toute espèce, sont exemptes de droits à leur importation par les douanes de terre. Par les douanes du royaume de Pologne, l'importation des pommes de paradis n'est permise que pour le conseil de curatelle de l'hôpital hébraïque de Varsovie. —			
— raisins secs.—Noix et noisettes de Valachie, d'Espagne, de Lubeck, de Grèce.— Noix de cèdre et autres, cultivées ou sauvages. — Châtaignes et marrons, noix de coco, noyaux de pêche, carouges	id.	14 65	4 88
Amandes avec ou sans coques	id.	36 63	12 21
Dattes, figues, pruneaux, raisins et autres non dénommés et non confits dans le sucre, ainsi que confitures turques.	id.	24 42	7 83
Raisins de Corinthe.	id.	9 77	7 33
Câpres.	100 k.	12 21	exemptes.
Olives vertes et séchées:			
par mer.	id.	39 07	29 30
par terre.	id.	29 30	....
Jus de Grenade, dit Nardeck, jus de tomate, de sureau et de groseille.	id.	9 77	9 77
Fruits cuits sans sucre et pastilla.			
par mer.	id.	146 52	48 84
par terre.	id.	48 84	....
A l'eau-de-vie, au vinaigre et à l'huile, marinés et conservés au naturel.	id.	97 68	61 05
Houblon.	id.	24 42	24 42
Huile d'olive et autres de graines importées dans des vases en verre.	id.	58 61	48 84
Mélasse autre que de miel.	id.	24 42	19 53
de miel.	id.	14 65	14 65
Miel brut.	id.	14 65	14 65
Moutarde en farine.	id.	24 42	24 42
préparée, pesée avec le vase.	id.	97 68	97 68
Poissons. — Anchois, sardines, caviar.	id.	48 84	48 84
Non dénommé, salé, fumé, séché, mariné, ou préparé de toute autre manière.	id.	24 42	24 42
Harengs fumés.	id.	4 88	2 44
salés, par mer, excepté de Hollande.	id.	2 44	1 08
de Hollande.	id.	4 88	3 25
de Norwége, importé dans les ports du gouvernement d'Archangel par les habitants des côtes de ce gouvernement.	id.	0 95	.....
importé par terre, de toute sorte, en barils.	id.	2 44	....
en petits tonneaux.	id.	3 66	....
Morues et têtes de morues sèches importées dans le port d'Archangel par les habitants des côtes de ce gouvernement (1).	id.	exemptes.	....

DÉNOMINATION DES MARCHANDISES.	BASES.	DROITS dans l'empire et dans le royaume de Pologne.	DROITS dans les ports de la mer Noire des provinces trans-caucasiennes.
Pommes de terre, par mer.	l'hect.	0 38	exemptes.
par terre.	id.	exemptes.	id.
Sagou.	100 k.	36 63	36 63
Sel de cuisine de toute sorte.	....	....	prohibé.
par les ports du gouvernement d'Archangel.	100 k.	4 88	id.
par les ports du gouvernement de Saint-Pétersbourg par terre, et par toutes les douanes, à l'exception de celles sur la frontière de la Prusse.	id.	9 77	....
par la frontière de Prusse.	id.	7 81	....
par les ports des gouvernements d'Esthonie, de Livonie, de Courlande, à l'exception de ceux de Réval, de Pornau, de Kounda, d'Arensbourg et de Narva.	id.	7 08	....
par les ports de Réval, d'Arensbourg, de Kounda, de Pernau (2).	id.	4 64	....
par les ports de la mer Noire, y compris les ports d'Odessa et de la mer d'Azof.	....	....	prohibé.
Tabac en feuilles et paquets, avec ou sans côtes, ainsi que les côtes seules (3).	100 k.	146 52	30 52
à fumer, haché, de toute sorte, ainsi que tabac à priser en rouleaux et en carottes.	id.	586 04	244 18
en cigares, et haché enveloppé de feuilles.	le kil.	19 54	2 44
à priser, râpé de toute sorte.	id.	7 81	2 93
Vermicelle et macaroni.	100 k.	24 42	24 42
Viande salée, fumée, séchée, saucissons:			
par mer.	id.	29 30	14 65
par terre.	id.	14 63	....
SECTION 2e.			
MATIÈRES PREMIÈRES BRUTES OU FAÇONNÉES SERVANT A L'AGRICULTURE, AUX FABRIQUES, AUX ARTS ET METIERS.			
Amidon blanc, farine de pomme de terre, poudre à poudrer sans odeur, arrow-root.	100 k.	12 21	12 21
Bois. — Exotique de toute sorte, à l'usage des menuisiers et des tourneurs, hormis les bois dénommés dans la première division, savoir : de palissandre, de noyer, de gaïac, de cèdre, de cyprès, d'acajou, de palmier, de sassafras, et autres bois semblables de prix en poutres équarries et rondes, et en planches, ainsi que bois odorants de toute espèce non moulus.			
En billes et copeaux.	id.	2 44	2 44
En feuilles (4).	id.	9 77	9 77
Odorants, moulus, de toute espèce.	id.	73 26	73 26
Frêne, orme, sapin, hêtre, sciés en feuilles pour instrument de musique.			
Importés par les ports des mers Baltique et Blanche.	id.	9 77	....
par d'autres ports ou par terre.	id.	exempts.	exempts.
Chardons cardières.	id.	2 44	exempts.
Cheveux non ouvrés.	id.	97 68	97 68
Colle de poisson en feuilles et en morceaux, gélatine pour clarifier les vins.	id.	97 68	97 68
Coton. — En laine.	id.	6 10	exempt.
Filé, blanc.	id.	85 47	85 47
de couleur, ou bien mélangé de fils blancs et de fils de couleur tordus ensemble.	id.	122 10	122 10
Mèches de coton pur, ou mé-			

(1) Tout poisson de pêche russe, importé sur des bâtiments russes, est exempt des droits.

(2) On ne peut importer à ce droit :
à Pernau que 3,749,535 k.
à Arensbourg 982,860
à Kounda 819,050

Sur les excédants on paie le droit général de 7 fr. 08 c. par 100 k.

(3) De Turquie ces tabacs sont admis à Redout-Kalé et dans le fort Saint-Nicolas au droit de 5 p. 100 de leur valeur.

Dans les ports entre l'Ingoura et le Kouban, en franchise.

Dans le royaume de Pologne l'importation des tabacs de toute espèce n'est permise que sur autorisation spéciale de la commiss. des finances.

(4) On appelle bois en feuilles, le bois scié selon son fil, dont l'épaisseur ne dépasse pas 0^m^,0111. — Au-delà de cette épaisseur ce bois est classé parmi les planches.

DÉNOMINATION DES MARCHANDISES.	BASES.	DROITS dans l'empire et dans le royaume de Pologne.	DROITS dans les ports de la mer Noire des provinces transcaucasiennes.
langé de lin ou de chanvre. Mèches de lin pur; fil d'ortie, charpie préparée.	100 k.	85 47	85 47
Couleurs et matières tinctoriales.			
Blanc d'argent, céruse d'Angleterre et autres carbonates de plomb, blanc de plomb en écailles, blanc de zinc.	id.	9 77	9 77
Bleu de Berlin, ou de Prusse et bleu de Paris.	id.	39 07	39 07
Bois de teinture sous diverses dénominations :			
en bûches ou petits billots.	id.	1 95	1 22
moulus.	id.	2 93	2 93
Cochenille de toute espèce à l'exception de l'extrait. .	id.	58 61	58 61
Couleurs pour la miniature, en tablettes, en poudre, sur coquilles ou en vessies ainsi que encre de Chine; en boîtes ordinaires et sans boîtes, pesées avec les boîtes; laque de Florence de toute espèce; pourpre de Cassius : extrait de cochenille, carmin et cardamine.	id.	97 68	48 84
Extrait de bois de teinture, de toute autre substance: colorante hormis les extraits d'indigo et de cochenille, de même que garancine :			
par mer.	id.	39 07	29 30
par terre.	id.	29 30	. . . .
Garance moulue.	id.	12 21	12 21
Graines d'Avignon.—Kermès en grains, baies de nerprun, et autres semblables, vert de vessie, orseille, lacmus et tournesol, pastel, gaude, quercitron et henné, racine de garance, curcuma, rocou, carthame, ocre et terre d'ombre, terre de Sienne, brun rouge, colcotas, stil de grain. . .	id.	2 44	2 44
Indigo en morceau et moulu.			
par mer.	id.	85 47	30 52
par terre. . . .	id.	61 65	. . . .
sec, broyé, préparé à l'eau et à l'huile et extrait d'indigo	id.	97 68	30 52
Outremer naturel et artificiel.	id.	48 84	48 84
Safran.	id.	293 02	214 18
Vernis à l'esprit de vin. . .	id.	2 93	2 41
à l'huile.	id.	146 52	146 52
Vert-de-gris ou verdet, vert-de-gris de Venise.	id.	48 84	39 07
Couleurs et matières tinctoriales non spécialement dénommées (1).	id.	24 42	24 42
Craie blanche, lavée, raffinée. . .	id.	122 10	122 10
Encens commun, ou encens de Turquie et storax. En morceaux, moulus ou en poudre.	id.	23 20	23 20
Benjoin, ou racine de benjoin pur.	id.	146 52	30 52
Encre à écrire, d'imprimerie, poudre à faire l'encre, cirage pour chaussures, et pâtes et mastics pour cuirs à rasoirs ou pour polir les métaux.	id.	24 42	24 42
Éponges de toute espèce.	id.	36 63	12 21
Fanons de baleine à l'état brut. .	id.	48 84	24 42
Nettoyés, en baguettes. . . .	id.	97 68	48 84
Fil tordu, blanchi, écru, teint, non teint, de lin, de chanvre, d'étoupe, de chaînette à tisser. .	id.	73 26	73 26
Gommes adragante, d'Arabie ou du Sénégal, copal, gutte, sandaraque et autres non spécialement désignées.	id.	9 77	9 77
Goudron, résine cuite, liquide, épaisse, naphte noire ou résine minérale et asphalte liquide. .	la futaille.	1 40	1 20
Asphalte de toute sorte . . .	id.	. . . .	exempt.

DÉNOMINATION DES MARCHANDISES.	BASES.	DROITS dans l'empire et dans le royaume de Pologne.	DROITS dans les ports de la mer Noire des provinces transcaucasiennes.
Huile d'olive commune, de lin, de chanvre, de navette, de noisette, de tournesol, de moutarde, préparée pour l'éclairage, de palmier, de coco et autres non spécialement dénommées dans ce tableau, ni dans le tableau des substances pharmaceutiques, de même que l'huile cuite pour la peinture, en fûts,			
par mer.	100 k.	45 18	. . . .
par terre	id.	30 52	. . . .
Remarque. — 1° Pour les huiles importées dans des vases en verre, voir ci-devant, page 4.			
2° Dans les ports transcaucasiens de la mer Noire, l'importation des huiles de lin et de chanvre est permise moyennant un droit de 15 cop. par peund	id.	. . . .	3 66
Huiles de navette, de noix, de tournesol, composée pour éclairage.	id.	. . . .	5 86
d'olive commune, de coco, de palmier et autres, non dénommées, en fûts. . .	id.	. . . .	15 26
de térébenthine, et térébenthine de toute sorte . . .	id.	7 33	7 33
Jus de citron	l'hect.	1 47	1 47
Laine de mouton, écrue et teinte, lavée ou non	100 k.	9 77	9 77
Et poils de toute espèce, filés, peignés ou cardés, ainsi que fils de laine à coudre, pour broderies et passementeries, non mêlés ou mêlés de coton, de lin ou de chanvre, teints ou non teints.	id.	97 68	48 84
Métaux :			
Acier de toute espèce, non ouvré.	id.	18 31	18 31
Cuivre rouge et vert, battu et laminé, en saumons, lingots et en feuilles; laiton en lingots, en rouleaux et en pièces brisées; alliages métalliques tels que tombac, métal de prince, argentan, maillechort, métal anglais et autres semblables en lingots et pièces brisées	id.	14 65	14 16
Fer : fonte brute en barres, et objets en fonte brisés. .	id.	3 66	3 66
forgé en barres de l'épaisseur de 0m. 0127 et au-delà, rails et objets brisés de fer,			
Par mer :			
par les ports de la mer Blanche. . .	id.	9 77	. . . .
par la Baltique, les province transcaucasiennes, la mer Noire, Odessa et par la Vistule dans le royaume de Pologne . . .	id.	12 21	7 33
Par terre	id.	7 33	. . . .
— forgé en barres de l'épaisseur de moins de 0m. 0127, et le sortovoie de toute espèce,			
par les ports de la mer Blanche et de la Baltique, et dans les ports transcaucasiens de la mer Noire et à Odessa. .	id.	17 09	12 21
par terre.	id.	12 21	. . . .
Pour chaudières alambics et en tôle,			
par les ports de la mer Blanche, de la Baltique, et par les ports transcaucasiens de la mer Noire et à Odessa. .	id.	21 98	12 21
par terre.	id.	14 65	. . . .

(1) Payeront le droit établi par cet article, le bleu de montagne, le bleu minéral, l'azur de Cobalt, le smalt, le safre, le cinabre.

DÉNOMINATION DES MARCHANDISES.	BASES.	DROITS	
		dans l'empire et dans le royaume de Pologne.	dans les ports de la mer Noire des provinces trans-caucasiennes.
Remarque. — Est prohibée l'importation du fer et de la fonte bruts, dans les ports de la mer Noire et d'Azoff, excepté Odessa, et dans les ports transcaucasiens de la mer Noire, de même que l'exportation des mêmes métaux de ces derniers ports et d'Odessa, dans les autres ports de la mer Noire et d'Azoff.			
Mercure natif ou vif argent.	100 k.	24 42	24 42
Plomb en saumons, en feuilles, en rouleaux et tuyaux de toute espèce.	id.	1 22	0 61
Zinc en morceaux.	id.	14 65	14 65
en feuilles.	id.	43 95	36 63
Ouates de coton.	id.	24 42	24 42
Peaux préparées.			
Petites : de mouton, de bouc, de chèvre, de chevreau, d'agneau, de chien, de chamois, de veau, tannées, imbibées d'alun, mégies et vernies, ainsi que le maroquin.	id.	244 18	244 18
Grandes : de bœuf, de vache, de cheval et autres, tannées, imbibées d'alun, mégies et vernies, hormis celles de poisson préparées	id.	97 68	97 68
Remarque.— 1° Les courroies en peaux de morse acquittent 97 fr. 68 c. par 100 kil. 2° Le maroquin turc pourra être importé : A Redout-Kalé et au fort Saint-Nicolas, en payant 5 p. 100 ; Aux ports situés entre l'Ingoura et le Kouban, en franchise de droits.			
Produits chimiques.			
Acide muriatique ou hydrochlorique, chlorure de calcium, eau de Javelle et de Tenant	id.	9 77	6 10
Acide oxalique, sel d'oseille ou oxalate de potasse, et acide tartrique.	id.	48 84	48 84
Acide sulfurique, couperose verte et noire ou sulfate de fer, couperose blanche ou sulfate de zinc, couperose bleue de Turquie ou sulfate de cuivre, et sulfate double de fer et de cuivre, dit vitriol de Saltzbourg, natif, factice, raffiné et non raffiné	id.	9 77	9 15
Alun calciné et de toute autre espèce	id.	2 44	2 44
Arsenic métallique, arsenic blanc, acide arsénieux, orpiment ou arsenic rouge, réalgar ou sulfate d'arsenic jaune.	id.	12 21	7 33
Kali borussicum et chromate de potasse	id.	61 05	36 63
Nitrate de soude (salpêtre du Chili), par mer	id.	1 47	prohibé.
par terre.	id.	0 98	......
Nitrate de potasse ou salpêtre brut	id.	43 95	prohibé.
raffiné.	»	prohibé.	id.
Potasse et perlasse.	id.	1 22	1 22
Soude naturelle et factice, ou carbonate de soude calcinée, sels de soude et cristaux de soude, sulfate de baryte ou spath pesant.	id.	2 44	2 44
Sels, acides, oxydes et autres produits chimiques non spécialement dénommés dans le présent tableau ni dans celui des substances médicales.	id.	24 42	24 42
Remarque. — 1° L'importation des arsenics n'est permise qu'en doubles fûts ou sous doubles enveloppes. 2° Les boîtes contenant les réactifs chimiques à l'usage des laboratoires sont assimilées à cet article en comptant le poids de la boîte et des ustensiles qui la garnissent.			
Résine, galipot, poix colophane, colle forte et de cordonnier.	id.	2 20	1 71
Soie écrue, teinte ou non teinte, grège ou bourre de soie, peignée ou non peignée, teinte ou non teinte, et ouate de soie.	100 k.	9 77	exempts.
filée (trame et organsin) de même que dévidée pour chaîne et trame, toute préparée pour chaîne de tissu ; fil de bourre de soie ou d'étoupe de soie, et toutes sortes de fils de laine ou de poils, mélangés avec soie, teints, non teints et imprimés, par mer.	id.	146 52	146 52
par terre	id.	97 68	» »
Sparmacéti et stéarine non ouvrée.	id.	24 42	24 42
Suif de toute sorte de bétail, graisse de poisson et huile de baleine (voir le tableau des produits pharmaceutiques)	id.	7 33	» »
Dans les ports de la mer Noire, des provinces transcaucasiennes,			
suif de bétail.	id.	....	1 22
autre.	id.	....	4 88
SECTION 3e.			
PRODUITS DE FABRIQUES, DE MANUFACTURES ET DE MÉTIERS.			
Albâtre ouvré. — Vases, statues, bas-reliefs, etc., sans ornements en bronze ou autres	id.	48 84	48 84
avec ornements, à l'exception des objets appartenant à la mercerie fine	id.	73 26	73 26
Remarque. — Si les ornements en bronze constituent évidemment la principale valeur de l'objet, on percevra la moitié du droit fixé pour les ouvrages en bronze.			
Allumettes chimiques de toute espèce.	id.	prohibées.	prohibées.
Ardoises ouvrées, c'est-à-dire en planches encadrées, plaquées sur bois ou sur feuilles de carton ; crayons d'ardoise, simples et recouverts de feuilles minces d'or, d'argent ou d'oripeau.	id.	19 53	19 53
Balances de toute sorte, avec leurs accessoires et poids étrangers, les poids et pesons de Russie étant prohibés	id.	18 84	18 84
Bois ouvré et ouvrages de tourn.			
Menuiserie et ouvrages tournés en bois commun, non polis, non vernis, et sans placage, de même que cages d'oiseaux en bois, par mer	id.	9 77	4 88
par terre	id.	4 88	» »
Remarque. — La vaisselle en bois simple, peinte et vernie, est admise par la frontière de Bessarabie et par les ports de la mer Noire, en franchise de droits ; et par toutes les autres frontières et ports, d'après les droits fixés par le présent article.			
Menuiserie et ouvrages tournés, en bois polis, vernis, plaqués, dorés, argentés, ainsi qu'avec ornements dorés ou argentés. Objets tournés, en os et en corne ordinaire et autre matière, à taille non spécialement dénommée, hormis les petits objets appartenant à la mercerie, par mer	id.	48 84	24 42
par terre.	id.	24 62	» »
Remarque. — Les meubles recouverts de cuir ou d'une étoffe quelconque, payent 25 p. 100 en sus du droit ci-dessus.			
Menuiserie et ouvrages tournés, avec ornements en bronze et autres matières ; meubles en marqueterie ou avec incrustations en cuivre, bois, nacre, écaille,			

DÉNOMINATION DES MARCHANDISES.	BASES.	DROITS dans l'empire et dans le royaume de Pologne.	DROITS dans les ports de la mer Noire des provinces trans-caucasiennes.
ivoire, acier, recouverts ou non recouverts, à l'exception des objets appartenant à la mercerie fine,			
par mer	100 k.	146 52	29 30
par terre	id.	122 10	......
Remarque. — Ne sont pas considérés comme ornements les anses, roulettes, manches, boutons, viroles, anneaux et autres accessoires semblables en bronze, qui n'augmentent pas sensiblement la valeur des objets.			
Ouvrages en bois sculpté ou ciselé. Dans ce nombre : lustres et girandoles en bois, cadres vides pour tableaux, dessins et glaces, dorés et argentés, hormis les objets rangés dans la mercerie fine,			
par mer	id.	97 68	29 30
par terre	id.	73 26	......
Remarque. — Les ouvrages en feutre, en cordage effiloché, et autres matières imitant le bois sculpté sont assimilés à cet article.			
Cadres de toute sorte, importés avec glaces, tableaux ou dessins, hormis les cadres en métal, en comptant la fraction d'archine au-dessus ou au-dessous d'une archine entière, comme archine entière	le mètre.	1 12	1 12
Remarque. — 1° Les cadres en métal acquittent les droits selon l'article auquel ils se rapportent, y compris le poids des tableaux contenus dans les cadres, s'ils ne peuvent être pesés séparément ; 2° Voir ci-dessus pour les cadres vides.			
Caractères d'imprimerie en toutes langues, matrices, moules en métal ou en bois, pour ornements typographiques et pour la fonte des caractères, et tous autres objets relatifs aux caractères d'imprimerie	100 k.	7 33	6 10
Cartes à jouer de toutes sortes (1).	la douzaine	2 48	2 16
Casquettes et bonnets de toutes sortes, sans fourrure	la pièce.	2	1
Remarque. — Les casquettes de paysan, en feutre ou drap grossier, bordées ou non bordées de peaux de mouton, importées par la frontière de terre, payent 60 c. par pièce.			
Chandelles de suif et de stéarine, torches de résine et mèches à feu	100 k.	24 42	24 42
Remarque. — Dans les ports de la mer Noire des provinces transcaucasiennes, les torches de résine sont admises en franchise des droits tandis que les mèches à feu sont prohibées.			
Chapeaux de feutre fins et communs, de cuir vernis et autres.	la pièce.	3 20	3 20
de copeaux, d'écorce	le kil.	19 54	11 72
de paille de riz, de carton imprimé imitant la paille d'Italie, de fibre de palmier et autres substances végétales, hormis la paille mêlée et non mêlée de soie et d'autres fils sans rubans et fleurs.	id.	11 72	11 72
de paille non confectionnés.	id.	29 31	29 31
confectionnés	la valeur.	35 %	35 %
Cheveux ouvrés	le kil.	5 86	5 86
Cire ouvrée, cire à cacheter, résine rouge	100 k.	48 84	48 84

DÉNOMINATION DES MARCHANDISES.	BASES.	DROITS dans l'empire et dans le royaume de Pologne.	DROITS dans les ports de la mer Noire des provinces trans-caucasiennes.
Coraux fins ouvrés, formés en chapelets, en mèches, gravés, montés et non montés	le kil.	26 37	10 26
Cordages et cordes, goudronnés ou non. — Tuyaux en chanvre pour pompe à incendie (2).	100 k.	9 77	9 77
Cordes pour instruments de musique pesées avec les bobines.	le kil.	2 93	2 93
Crin de cheval et soies de porcs ouvrés. Tissus de crin de toute espèce, hormis les tamis et les crinolines.	100 k.	97 68	97 68
Tamis de crin, brosseries communes, montées en bois communs, sans placage, pinceaux de peintres en soie de porcs et autres, de même que les estompes à dessins en peau de daim.	id.	48 84	48 84
Brosserie fine	le kil.	9 77	9 77
Cuir (ouvrage en).			
Chaussures d'homme et de femme, excepté en soie et en caoutchouc	id.	4 88	4 88
de dame, en étoffe de soie	id.	9 77	9 77
Parchemin, hormis les feuilles percées de trous pour la meunerie	id.	0 98	0 98
Gants glacés et de peau de daim et de chamois (3) ; et objets de toute sorte en peau de chamois ou de daim, hormis la chaussure et les appareils de chirurgie	id.	19 54	19 54
Harnais de toute sorte avec boucles, mors de bride, bridons, selles et objets de sellerie de toute espèce. — Et ouvrages de cuir non-dénommés (4)	id.	3 91	2 44
Eaux de Cologne. — Des Alpes, — de la reine de Hongrie. — Eau de mélisse composée :			
Dans des flacons ordinaires.	100 k.	97 68	97 68
Dans des flacons taillés et polis, ornés d'or et d'argent, avec bouchons et couvercles en métal, ou coulés avec des dessins.	le kil.	9 77	7 81
Éventails de toute sorte	valeur.	25 %	25 %
Fleurs artificielles de toute sorte y compris le poids des boîtes ou cartons	le kil.	58 61	29 31
Gomme élastique, et gutta-percha ouvrés.			
ouvrages purs, hormis les jouets d'enfants	id.	29 31	21 98
chaussure, en .... purs ou combinés avec cuir et étoffe de toute sorte	id.	3 91	3 91
ouvrages combinés avec d'autres matières, telles que coton, lin, chanvre, soie, laine, ainsi que bretelles et jarretières de tout genre avec ou sans caoutchouc confectionnées ou seulement préparées	id.	6 83	3 91
Remarques. — Les vêtements confectionnés, caoutchoutés ou non payent comme vêtements confectionnés en général. Les instruments, appareils et bandages de chirurgie, et les courroies pour fabrique payent 73 fr. 26 c. par 100 k. Les sondes et bougies en caoutchouc sont prohibées.			
Habits et *habillements* confectionnés :			
Pour hommes, enfants, et femmes. — De toute sorte,			

(1) Ne peuvent être importées que pour le compte de la maison impériale des Enfants-Trouvés, qui a le privilége de la vente des cartes.

Les cartes d'enfants avec alphabet, ou avec figures d'histoire naturelle, comme jouets d'enfants ; 2 fr. 93 c. le kilo.

(2) Les cordages appartenant à des machines pour fabriques, et importés avec ces machines sont exempts de droits.

Les cordes mélangées de coton, de laine, soie ou bourre de soie sont assimilées à la passementerie et acquittent le droit selon la matière avec laquelle le lin ou le chanvre sont mêlés.

(3) Les gants découpés, mais non cousus acquittent seulement la moitié du droit.

Les bas et guêtres en peau de chamois, importés dans les ports de la mer Noire des provinces transcaucasiennes, payeront 4 fr. 88 c. le kilo.

(4) Les courroies de fabrication turque et les harnais de toute sorte confectionnés avec ces courroies, y compris les arçons turcs montés et non montés, pourront être importés ;

A Redout-Kalé et au fort Saint-Nicolas, en payant 5 p. 100 de leur valeur :

Par les ports situés entre l'Ingoura et le Kouban, en franchise.

DÉNOMINATION DES MARCHANDISES.	BASES.	DROITS dans l'empire et dans le royaume de Pologne.	DROITS dans les ports de la mer Noire des provinces trans-caucasiennes.
cousus; coiffures, comme bonnets, chapeaux, toques et autres de ce genre. . .	valeur.	35 %	35 %
Bas, chaussettes, calottes, gants et sacs de fabrication turque :			
A Redout-Kalé et au fort Saint-Nicolas.	id.	5 %	. . . .
Par les ports entre l'Ingoura et le Kouban.	. . . .	. . . .	franchise.
Remarque. — Les confections en tissus de coton, toile, ou batiste avec ou sans dentelle et tulle, et en batiste brodée, payent par kil. 39 f. 07 c. dans tout l'empire.			
Les effets ayant servi importés par les voyageurs, sont admis en franchise.			
Horlogeries (ouvrage d'). — Mouvements de pendules, d'horloges, montés sans cage ou cartel, ou séparés de la cage ou du cartel.	la pièce.	2 40	1 20
Remarque. — Les cages ou cartels paient selon la matière dont ils sont composées.			
Les montres et les chronomètres astronomiques sont admis francs de droits.			
Horloge de clocher.	id.	60	60
En bois avec rouages en cuivre ou en bois.	id.	1	1
Montres astronomiques. . .	id.	exemptes.	exemptes.
Montres et chronomètres de poche, en or et dorés de toute sorte, avec ou sans ornements.	id.	4 80	4 80
En argent ou tombac. .	id.	2 40	2 40
Pièces détachées. — Roues, ressorts, cadrans, aiguilles, mécaniques, etc., de même que clefs de montre, canons de clef, hormis ceux appartenant à la mercerie fine et fournitures pour lampe Carcel.	le kil.	78	25
Instruments d'astronomie, télescopes, microscopes, baromètres, thermomètres, etc., sans ornements en bronze ou autres.	id.	exempts.	exempts.
de mathématiques, de physique, d'hydraulique, de chimie, de chirurgie, d'optique, et autres instruments semblables en cuivre, acier et autres matières, daguerréotypes avec accessoires, et fournitures pour daguerréotypes et photographies, instrumens en cuivre pour estampes et impressions à l'usage des relieurs, bandages chirurgicaux, sauf ceux en gomme élastique.	100 k.	146 52	146 52
Remarque. — Les étuis dans lesquels sont importés ces instruments acquittent le droit suivant la matière dont ils sont composés.			
de musique de toute espèce ainsi que divers accessoires, tels que chevalets de violons, diapasons en acier, métromètres et autres; sauf ceux non dénommés ci-après.	le kil.	1 95	1 95
positifs et serinettes. . . .	la pièce.	4	4
basses et violoncelles. . .	id.	8	8
flageolets, cornet de poste.	id.	60	60
harmonicas, orgues. . . .	id.	40	20
harpes.	id.	100	100
archets de violons et autres.	id.	80	80
forté-pianos, pantaléons, orgues d'église :			
par terre.	id.	140	. . . .
par mer.	id.	180	100
Remarque. — Les étuis et caisses sont exempts de droits.			
Liége ouvré	100 k.	43 95	9 15
Marbres, porphyres, granits, serpentines et autres pierres semblables :			
ouvrés, sans ornements en bronze ou autres matières.	100 k.	9 77	9 77
avec ornements en bronze ou autre métal	id.	48 84	48 84
Remarque. — Si les ornements en bronze constituent évidemment la principale valeur de l'objet, on perçoit la moitié du droit fixé pour les ouvrages en bronze.			
Matelas et coussins en plumes, duvet, crin et laine.	•	prohibés.	(1)
Les mêmes, destinés ou adressés à des voyageurs	100 k.	24 42	24 42
Mercerie fine — comprenant les objets ci-dessus dénommés, soumis à un droit uniforme de	le kil.	9 77	9 77
A Ouvrages en matières diverses et de tout genre, dont le poids n'atteint pas 1 k. 23 par pièce, avec incrustations, ornements ou montures en or, argent, platine, bronze, acier, nacre, porcelaine, écaille, ivoire, corail, ambre jaune ou succin, émail ou autres matières de prix. —			
B Ouvrages de tout genre et de tout poids, en ivoire, nacre, écaille, émail et succin, ou en imitation de ces matières. —			
C Petits ouvrages en bronze, dont le poids n'atteint pas 0 k. 410 par pièce, patinés, vernis, dorés, argentés ou non. —			
D Quincaillerie et coutellerie fine, en acier, montées en matières dénommées au § A.			
E Quincaillerie fine, en métaux communs, dorée ou argentée, bijouterie fausse, pierres gemmes telles que : agates, grenats, perles, cristal de roche, lapis-lazuli, malachite, ouvrés et montés en or, argent, platine, bronze et acier, ainsi que clefs de montre en or ou dorées.			
F Binocles, lorgnons et lunettes, montés ou non, en matière quelconque. —			
G Nécessaires de toilette, à ouvrage et autres, y compris le poids de la garniture. — Portefeuilles, albums, buvards, calepins, porte-cigares, porte-monnaie, bourses, sacs à ouvrages pour dames, tabatières de tout genre, hormis celle en or, argent, platine, et celles reprises à la mercerie commune.			
Remarque. — Les objets dans lesquels l'or, l'argent ou le platine forment la partie principale, payent les droits de la bijouterie. —			
Les étuis qui renferment les objets mentionnés dans cet article acquittent le droit de la matière dont ils sont composés. —			
Mercerie commune — comprenant les objets ci-dessus dénommés.	le kil.	2 93	2 93
A Objets de menuiserie, tournés ou sculptés; objets en marbre, granit, serpentine et semblables pierres dont le poids n'atteint pas 1 k. 23 par pièce, sans accessoire par toilette. — Ouvrages de main, et autres sans incrustations, non ornés ou montés de matières précieuses, mais montés et ornés de matières communes telles que corne, fanon de baleine, fer, cuivre, maillechort. —			
B Quincaillerie en métaux communs, hormis l'acier, non			

(1) Dans les provinces transcaucasiennes on perçoit les droits afférents aux matières qui rembourrent les matelas ou coussins.

DÉNOMINATION DES MARCHANDISES.	BASES.	DROITS dans l'empire et dans le royaume de Pologne.	DROITS dans les ports de la mer Noire des provinces transcaucasiennes.
dorés ni argentés. — en pierres gemmes et imitations non montées, mais ouvrées. Ouvrages en racines d'iris de Florence et en vitrifications, hormis les bourses et les sacs à ouvrages de dames.			
C Bimbeloterie de tout genre, y compris les jouets d'enfant en caoutchouc et les masques.			
D Ouvrages en fanons de baleine, écume de mer et jais, sans monture ou avec monture commune.			
E Ouvrages en paille et en sparterie, non repris comme mercerie fine.			
F Articles ci-après dénommés, non ornés, mais montés, tels : que épingles, agrafes, épingles à cheveux, crayons de toute espèce, craie noire en bâtons, pains à cacheter, plumes d'oie et d'acier, y compris le poids des cartons et boîtes ; — porte-crayons, porte-plumes, badines, cannes, tuyaux de pipes, cravaches, fouets, lignes et hameçons ; objets de fabrication turque, connus sous le nom de fourdavet (tabatières et petites boîtes en bois, galoubets, petits miroirs, anneaux, bagues, bracelets en verre et en tombac. — Boucles d'oreilles et colliers en tombac. — Limes et vrilles petites. — Roseaux dont les Tartares se servent pour écrire. — Encre de Turquie, briquets, etc.) ; objets en soie de porc et brosses à barbe, hormis les objets dénommés. —			
Remarque. — Les objets de mercerie commune ci-après, importés dans les ports de la mer Noire des provinces transcaucasiennes, payent exceptionnellement :			
Fouets de cocher	la pièce.	......	60
Crayons noirs ou rouges, et craie noire	la douz[e].	......	28
Les mêmes, en bois de cyprès et en tuyaux de verre	id.	......	60
Pipes de toute espèce, montées.	le kil.	......	2 44
Id. dans les ports de Redout-Kalé et St-Nicolas	......	......	5 %
Id. entre l'Ingoura et le Kouban	......	......	exemptes.
Brosserie commune	le kil.	......	1 46
Métaux (ouvrages en) :			
Bronze (objets en) ou en composition imitant le bronze, non dorés, argentés, vernissés ou bronzés	id.	3 90	2 44
dorés, argentés, bronzés ou vernissés, de même que tout objet en argent plaqué (1)	id.	4 89	4 40
Cuivre et laiton ouvrés, objets de toute sorte en cuivre, autres que munitions de guerre, non spécialement dénommés	100 k.	97 68	97 68
Munitions de guerre	id.	97 68	prohibées.
Fils et cordes en laiton pour instruments de musique, y compris le poids des bobines, ouvrés en objets de toute sorte, autres que toile, par mer	100 k.	73 26	58 61
par terre	id.	61 05	......
Oripeau blanc et jaune, en livrets, et paillons de toute sorte	le kil.	4 40	4 40

DÉNOMINATION DES MARCHANDISES.	BASES.	DROITS dans l'empire et dans le royaume de Pologne.	DROITS dans les ports de la mer Noire des provinces transcaucasiennes.
Étain et zinc, objets de toute sorte, ouvrés, par mer	100 k.	97 68	97 68
par terre	id.	73 26	......
Fer, fer de fonte et acier ouvrés :			
Produits de forges, ni limés ni polis (2)	id.	24 42	14 65
Objets étamés, autres qu'en tôle	id.	24 42	14 65
Fil de fer et d'acier, cordes pour instruments de musique (y compris le poids des bobines)	id.	43 95	32 97
Tôle, objets étamés ou non étamés	id.	61 05	61 05
Fer-blanc en feuilles vernies ou non	id.	36 63	36 63
Objets en fer-blanc de toute sorte :			
non peints	id.	61 05	61 05
peints, dorés, ornés	id.	195 35	195 35
Aiguilles à coudre	le kil.	14 65	8 79
à tricoter et à emballer	id.	2 44	2 44
Fil de fer et d'acier (objets en). Carcasses, c'est-à-dire fil d'archal recouvert de coton, de soie ou de fil, et objets de toute sorte en fil de fer et d'acier, autres que ceux dénommés (3)	100 k.	97 68	97 68
Épées, sabres, poignards (lames de), de toute sorte	le kil.	3 91	prohibées.
Faux, faucillons, faucilles, couperets pour hacher la paille	100 k.	9 77	4 88
Coutellerie ordinaire, autre qu'à l'usage de chirurgie	le kil.	3 91	3 91
fine, à manches en ivoire, en écaille, en nacre,	id.	9 77	9 77
montée en argent et en or, avec et sans autres ornements	id.	19 54	19 54
Forces à tondre	......	exemptes.	exemptes.
Armes à feu de toute sorte, et accessoires d'	le kil.	3 91	3 91
Armes à vent, ou agissant sans poudre	......	prohibées.	prohibées.
Objets en fer et acier, ou avec parties de cuivre, et étamés, à l'usage des arts et métiers, des usines et fabriques, autres que dénommés, fleurets pour escrime et soufflets de forge, par terre	100 k.	12 21	......
par mer	id.	19 53	12 21
Serrurerie (objets de) :			
non polis (4)	id.	97 68	97 68
polis et avec appliques en cuivre	id.	195 35	195 35
Fer de fonte ouvré, autre que vaisselle émaillée :			
par mer	id.	19 53	12 21
par terre	id.	12 21	......
Vaisselle émaillée, vernissée	id.	29 30	15 87
Munitions de guerre	......	prohibées.	prohibées.
Objets dont le poids n'excède pas 1 k. 23 par pièce	100 k.	97 68	97 68
Ouvrages en acier fondu, d'un poids au-dessus de 8 k. 19, comme cloches, mortiers ; plaques qui ne peuvent être assimilées à aucun autre article du présent tarif, de même que ressorts et essieux pour équipages, par mer	id.	36 63	24 42
par terre	id.	24 42	......
Remarque.— Tous objets pesant moins de 8 k. 19, qui ne peuvent être assimilés à d'autres articles de ce tarif, payent	id.	97 68	97 68
Or, argent, platine :			
Or et argent, objets non dénommés, en or	le kil.	292 68	292 68
en argent et en vermeil	id.	19 54	19 54
Objets avec pierres précieu-			

(1) Les objets en bronze, dont le poids n'atteint pas 0 k.410, payent comme mercerie fine.

(2) Les apparaux de navires, destinés à des bâtiments russes, peuvent être introduits en franchise des droits, avec l'autorisation du ministre des finances.

(3) Les cages d'oiseau en fil de fer, comme celles en fil de cuivre, 100 k., 146 fr. 52 c.

Dans les provinces transcaucasiennes, la pièce, 0 fr. 40 c.

(4) Y compris les caisses en fer dont le poids n'excède pas 16 k. 381 ; pour l'excédant, 24 fr. 42 c. par 100 k.

DÉNOMINATION DES MARCHANDISES.	BASES.	DROITS dans l'empire et dans le royaume de Pologne.	DROITS dans les ports de la mer Noire des provinces transcaucasiennes.
ses, diamants et perles fines	la valeur.	2 %	2 %
Objets avec pierres non précieuses, ou avec émail, coraux, mosaïques, décorations et croix de chevalerie d'ordres étrangers, les croix et décorations russes étant prohibées, sauf dans les ports transcaucasiens.	le kil.	9 77	9 77
Platine (objets en), sauf les vases et instruments à l'usage des fabriques et métiers (1)	id.	146 52	146 52
Passementerie d'or et d'argent:			
Or et argent étirés, filés, laminés, paillettes et objets de toute espèce, dorés et argentés	id	48 84	35 17
Or et argent en feuilles ou battus, purs et doubles, en livrets	id.	9 77	9 77
Plomb ouvré, objets en plomb.	id	29	29
Balles et dragées	id.	29	prohibées.
Paille et *sparterie* (rubans et tresses de) de toute sorte et de toute largeur, non mêlés ou mêlés de coton, crin, chanvre, lin, soie, ainsi qu'agréments.	id.	7 81	7 81
Papier à écrire, excepté le papier dénommé ci-après:			
Papier brouillard et papier pour impression typographique, blanc et de couleur, de même que papier et bordures pour tentures, par mer	100 k.	146 52	146 52
par terre	id.	122 10	....
Papier pour d'autres usages (hormis le papier de tenture), doré, argenté, estampé, enluminé; orné de dessins, d'applications en gaze, de chiffres, écussons, etc.; — transparent à calquer, — à cigarettes, — de riz, — de Chine, — enveloppes de lettres, — cartonnages, fleurs en papier, abat-jour, hormis ceux appartenant à la mercerie et tous ceux non dénommés.	id.	244 18	244 18
Remarque. — Tout papier à devises, avec musique ou paroles imprimées, est soumis à la censure.			
Papier à dessiner, blanc ou coloré, pour musique, — à broder avec dessins, et papier pour cartes, dit carton de Bristol	id.	48 84	48 84
Ouvrages en carton-moulé et en carton-pierre, polis, vernis, peints, dorés ou argentés, avec incrustations et ornements, hormis les articles rangés dans la mercerie	id.	244 18	244 18
Parasols et *parapluies* de toute sorte, avec et sans étoffes, et cannes à parapluie:			
avec manches en bois, corne, fer	la pièce.	6	....
avec manches faits d'autres matières	id.	12	....
tendus en étoffe de coton	id.	....	80
de soie	id.	....	2 40
Parfumeries et *cosmétiques*	le kil.	9 77	9 77
Plâtre (objets de) blancs ou peints.	100 k.	9 77	9 77
Plumes de parure, oiseaux de paradis empaillés, plumets et plumes pour chapeaux, le poids des étuis ou cartons compris.	le kil.	19 54	19 54
Poterie commune. — Carreaux vernissés, — Pots et objets de toute sorte, autres que ceux dénommés, par terre	100 k.	4 88	....
par mer	id.	9 77	4 88
Vaisselle et objets en faïence de toute sorte, blancs ou unicolores, avec simple bordure unicolore et sans ornements, par mer	100 k.	39 07	19 53
par terre	id.	14 65	....
Remarque. — Y compris les water closets en faïence, avec leurs accessoires.			
Vaisselle de plusieurs couleurs, dorée, argentée, peinte ou imprimée, par mer	id.	97 68	73 26
par terre	id.	73 26	....
Remarque. — La porcelaine opaque paye 30 p. 100 en plus.			
Vaisselle en porcelaine, blanche ou d'une seule couleur, avec bordures coloriées ou dorées, mais sans ornements, par mer	id.	146 52	48 84
par terre	id.	122 10	....
La même avec peinture, dessins, arabesques ou autres ornements coloriés ou dorés, par mer	id.	293 02	146 52
par terre	id.	268 61	....
Ouvrages en porcelaine, tels que vases, statuettes, etc., décorés, dorés ou avec ornements en bronze, par mer	id.	586 04	586 04
par terre	id.	504 40	....
Les même sans peinture, dorure ou ornements en bronze, par mer	id.	293 02	293 02
par terre	id.	268 61	....
Remarques. — Les chiffres ou écussons ne constituent pas des ornements.			
Les objets avec ornements en bronze, dont le poids n'atteint pas 1 k. 23, sont traités comme la mercerie.			
Les emballages acquittent selon la matière dont ils sont composés.			
Prêle et autres plantes semblables, ouvrées	id.	24 42	24 42
Savon non parfumé (2)	id.	36 63	36 63
parfumé, et poudre de	id.	122 10	122 10
Tissus de coton — serrés de toute espèce; — écrus, blanchis, teints unicolores, tissés de fils de couleurs variées, brochés ou estampés. — Tissus de crins ou crinolines, mélangés de soie, laine et coton; — marlis et autres tissus semblables; — bonneterie; — couvertures pour meubles, dites *anti-gras*; rubannerie et passementerie; — canevas avec ou sans broderies commencées; — chenille et ouvrages de —			
par mer	le kil.	3 91	3 41
par terre	id.	3 41	....
Biaz d'Amérique:	id.	....	1 05
Les mêmes tissus, imprimés et brodés; — peluches ou velours; — étoffes et mouchoirs en coton pur, imitant les châles turcs et cachemires; — rubans en velours de coton, par mer.	id.	6 83	4 88
par terre	id.	6 35	....
Tissus légers, blancs, teints, unicolores, tissés de fils de couleurs variées, brochés et brodés en fil de coton, de lin ou de chanvre.	id.	9 77	7 81
Les mêmes tissus imprimés.	id.	13 68	12 21
Remarque. — En cas de doute ou contestation, seront reconnus comme serrés les tissus qui donneront en poids 1 k. par 14 mètres carrés.			
Tissus de coton de toute sorte, avec application en paille, or, argent ou clinquant, coupes pour robes avec ou sans volants	id.	19 54	19 54

(1) Les vases et instruments en platine, à l'usage des fabriques et métiers, sont admis en franchise, mais avec autorisation spéciale obtenue à l'avance.

(2) Le savon turc importé de Turquie, parfumé ou non, paye : Par Redout-Kalé et le fort Saint-Nicolas 5 p. 100 ; Par les ports entre l'Ingoura et le Kouban, *franco*.

DÉNOMINATION DES MARCHANDISES.	BASES.	DROITS dans l'empire et dans le royaume de Pologne.	DROITS dans les ports de la mer Noire des provinces trans-caucasiennes.
Remarque. — Les tissus, la passementerie, la bonneterie ayant la chaîne et la trame mélangées de laine ou de soie payeront comme ces tissus.			
S'il s'agissait de tissus brochés ou brodés en laine ou soie, on percevrait 20 p. 100 en sus du droit, selon la classe à laquelle appartiendrait les tissus de coton			
Les objets dits de lingerie, hormis ceux en tulle ou dentelle, ou ornés de tulle ou dentelle, payent, en sus du droit du tissu dont ils sont formés, 20 p. 100 en plus de ce même droit.			
Tissus de lin et de chanvre :			
Batiste écrue, blanche, unie; toile de Cambrai, écrue, blanche, unie; linon écru, blanc, uni, teint, tissé en fils de couleur variés, et imprimé, en lin pur ou mélangé de coton, en pièces et en mouchoirs.	le kil.	12 21	12 21
Remarque. — Les batistes de Cambrai et linons brodés sont assimilés aux dentelles; les confections en batiste et en toile, cousues ou seulement taillées (hormis celles ornées de tulle ou dentelles) ou en batiste brodée, les chemises et caleçons payent 20 p. 100 en sus de ces droits.			
Toile de lin et de chanvre mélangée ou non de coton : écrue, blanche, teinte, d'une seule couleur ou de tissure bariolée, à l'exception des toiles imprimées et spécialement dénommées,			
par mer	valeur.	25 %	25 %
par terre	id.	25 %	......
Toiles imprimées et toile écrue dite kolomianka, mélangées ou non de coton,			
par mer	le kil.	6 83	5 86
par terre	id.	6 35	......
Toiles à voiles, coutil teint pour matelas d'une seule couleur ou bariolé, et autres tissus grossiers, en lin et chanvre, mélangés ou non de coton, à l'exception de la kolomianka pour pantalons, gilets, paletots, etc.	id.	98	98
Linge de table et essuie-mains, kolomianka pour pantalons, etc., et autres tissus croisés, écrus, blanchis, teints, bariolés, mélangés ou non de coton, ourlés, non ourlés et marqués, par mer	id.	6 83	6 35
par terre	id.	6 35	......
Toile cirée ou gommée, en lin[1], chanvre, coton, ou mélangée, à l'exception de celle de soie, par mer	id.	1 46	98
par terre	id.	98	......
Bas, gants, bonnets de toute espèce, caleçons, camisoles et objets tressés et tricotés, en lin et chanvre,			
par mer	id.	4 88	4 40
par terre	id.	4 40	......
Passementerie	id.	19 54	19 54
Sacs en toile grossière,			
par mer	100 en nomb.	12	exempts.
par terre	id.	9 60	id.
Filets de pêche	100 k.	48 84	48 84
Tissus de laine. — Draps, demi-draps, draps de dame, casimir, castor, vigogne et tricot-casimir ou satin de laine, unicolore et de diverses couleurs, unis et imprimés.	le kil.	13 68	13 18
Boy, ratine, draps et toute sorte d'étoffes ratinées pour pantalons, bariolées, d'une			

DÉNOMINATION DES MARCHANDISES.	BASES.	DROITS dans l'empire et dans le royaume de Pologne.	DROITS dans les ports de la mer Noire des provinces trans-caucasiennes.
seule couleur, unies, brochées et façonnées	le kil.	9 77	9 77
Flanelle, trips, peluches, frises et molletons, d'une seule couleur, bariolés, unis, brochés et façonnés.	id.	6 83	3 91
Remarque. — Ces mêmes étoffes, de même que les mouchoirs, couvertures, écharpes en tissu similaire, payent une surtaxe de 50 p. 100 quand elles sont ornées de broderies ou d'appliques.			
Les draps et autres étoffes qui ne contiennent que quelques fils de soie, sous forme de mouches, points, rayures, ne subissent pas de surtaxe.			
Mouchoirs et couvertures des tissus ci-avant	id.	(1)	(1)
Draps et sacs de laine pour fabriques; lisières et feutres, y compris ceux imprimés, par mer	id.	1 46	98
par terre	id.	98	......
Tapis de pied de toute sorte et de toute dimension, de même que reps et étoffes semblables, pour tapis (excepté lorsqu'elles sont imprimées), unicolores et bariolés, façonnés, imprimés, brochés et brodés, de même que cousus de plusieurs morceaux avec franges cousues,			
par mer	id.	4 40	1 95
par terre	id.	3 91	......
Remarque. — Ces mêmes tissus, mélangés de soie ou bourre de soie, de fil d'or, d'argent ou de clinquant, payent une surtaxe de 50 p. 100.			
Les reps et autres étoffes imprimées pour tapis payent 30 p. 100 en sus du droit.			
Tissus fermes, de toute dénomination, en laine peignée, tels que camelots, baracans, stoffs, casinettes, patent-cards, ne donnant pas plus de 6 m. c. 17 au kil.			
Autres qu'imprimés et brodés, par mer	id.	5 86	4 88
par terre	id.	4 88	......
Imprimés et brodés,			
par mer	id.	7 81	6 83
par terre	id.	6 83	......
Tissus légers de toute dénomination, en laine peignée, tels que mérinos, mousseline de laine, barége, ne donnant pas plus de 6 m. c. 17 au kil.			
Autres qu'imprimés et brodés	id.	11 72	11 72
Camelots fins, tels que demi-mérinos, victorine, mousseline de laine, unicolores.	id.	......	4 88
Camelots bariolés, avec dessins en couleur, tissés, brochés, de différentes couleurs	id	......	9 77
Imprimés	id.	15 63	13 68
Remarque. — Les tissus de laine peignée, mélangés de soie, c'est-à-dire ayant la chaîne, la trame ou le dessin en soie, excepté les reps et tissus pour tapis, doivent payer.	id.	19 54	19 54
Les mouchoirs-écharpes et couvertures non dénommés acquittent comme les tissus dont ils sont formés.			
Étamine à pavillon.			
Toile à blutoir (tissu de laine blanche employé dans les moulins.)			
Ceintures de laine d'une seule coul., à tissure bariolée, et impr., sans mélang. de soie.	id.	1 95	1 95
Châles, mouchoirs et écharpes avec dessins de cou-			

(1) Comme les tissus dont ils sont formés.

DÉNOMINATION DES MARCHANDISES.	BASES.	DROITS dans l'empire et dans le royaume de Pologne.	DROITS dans les ports de la mer Noire des provinces transcaucasiennes.
leurs à l'imitation des châles et mouchoirs turcs et de cachemires, de laine pure ou mélangée de coton, de soie ou de bourre de soie, de même qu'unis, avec bordures brochées, cousues ou inhérentes à ces objets.	le kil.	39 07	39 07
Bordures séparées et tissus semblables	id.	39 07	39 07
Châles, mouchoirs, écharpes et ceintures turcs, et cachemires	valeur.	35 %	35 %
Bonneterie et passementerie de toute sorte, blanches, de couleur, bariolées et brodées ; et passementerie en laine pure ou mélangée de coton, de lin ou de chanvre, blanche, unicolore et bariolée, par mer..	le kil.	5 37	4 88
par terre.	id.	4 88	. . . .
Remarque. — La bonneterie et la passementerie mélangée de soie acquitte comme celle de soie.			
Calottes ou bonnets turcs dits fess : rouges, blancs, brodés avec paillettes.	la douz°.	7 20	4
Tissus de soie :			
Étoffes — non-transparentes, — blanches d'une seule couleur, — changeantes, — unies et façonnées, — bariolées, à dessins de couleur et moirées, — tissées, brochées, estampées, brodées, imprimées et chinées; velours et peluche, de même que mouchoirs, écharpes, couvertures, tapis grands et petits, chenille et toute sorte d'étoffes en chenille de soie (1). . .	le kil.	39 07	39 07
Avec or ou argent fin ou faux; avec appliques, et tissés avec de la paille, de même que brocarts et draps d'or et d'argent	id.	58 61	58 61
Étoffes transparentes et demi-transparentes, telles que gazes, mousselines, vapeurs, crêpes, blanches d'une seule couleur; changeantes, unies, façonnées et bariolées, à dessins de couleur, brochées, brodées, chinées, estampées, imprimées, mélangées ou non avec or et argent fins ou faux, ou avec paille, avec ou sans appliques, ainsi que mouchoirs, écharpes et couvertures (hormis le tulle et les étoffes tressées en soie transparentes, tels que trou-trou et semblables), gaze d'or et d'argent.	id.	68 38	68 38
Bonneterie et passementerie en soie de toute sorte, blanche, de couleur, bariolée, pure ou mélangée coton, laine, lin ou chanvr.	id.	19 54	19 54
Remarque. — Les objets mentionnés ci-dessus avec ornements en or, argent ou clinquant payent une surtaxe de 50 p. 100.			
Dans les ports transcaucasiens, les passements et les franges payent. .	id.	. . . .	8 79
Les cordons, rubans, houppes et canevas	id.	. . . .	14 65
Mélangés d'or et d'argent fin.	id.	. . . .	29 30
faux.	id.	. . . .	8 79
Taffetas gommés et cirés. . .	id.	9 77	9 77
Tamis en soie (et étoffes pour tamiser la farine) . .	id.	98	98
Dentelles et tulles en coton, lin, chanvre, laine ou soie, ainsi que toutes confections en dentelles ou tulles, ou ornées de... ; telles que collerettes, pèlerines, manches, manchettes, mouchoirs, cousus et marqués ou seulement découpés ; batiste brodée de toute espèce et tissus de soie tressés, non tressés, tels que trou-trou et autres semblables.	le kil.	39 07	39 07
Tissus d'origine turque, de coton pure :			
Borla blanche ou Astar simple, ou brochée, à l'instar des mouchoirs, avec des bordures blanches. Essuie-mains en coton blanc. — Kindiak ou Bogazi.—Tissus teints et autres semblables. En outre, Pachtémales ou essuie-mains en coton broché, avec raies de couleur et bordures.	le mètre.	» 06	. . . .
Borla lusiré (ou akhtè), blanche et teinte. — Koumatch, Basma. — Toile de coton imprimée et voiles de la même toile Manidje-Aladja-Démi (étoffe de coton, à carreaux, employée en Asie pour couvrir les coussins.) Étoffe de coton, à carreaux, appelée Tcharchav. — Ceintures turques rayées. — Tchember ordinaire, ou toile de coton à claire voie ; mouchoirs en coton, connus sous le nom de Janikapé	id.	» 11	. . . .
Tissus de coton mélangés de soie :			
Cham-Aladja, broché de soie écrue	id.	» 28	. . . .
Tchékoulé, broché de soie écrue. — Pachtémales de soie mélangés de coton, employés comme essuie-mains, et de soie pure.	id.	1 56	. . . .
Kontnia - Ghésé - Tchitari, Germessud, d'Anatolie, kadifedian (tissu de soie, mélangé de coton, employé en Asie pour coussins). Bouroundjouk (tissu mêlé de coton pour chemises) Ceintures en rubans, mêlées de soie et de coton, brochées d'or ou d'argent faux. — Mouchoirs de mousseline de coton, à dessins imprimés, dans le goût asiatique, ainsi que ceux dits Testémal. Bourses turques, à tabac et autres, cousues, en coton, soie mélangée de coton, soie pure, et en laine.	le kil.	5 86	. . . .
Germessud de Constantinople. — Obiar sans or ni argent. — Stamboulchali sans or ni argent. Damkané et Tchetchekli, tissés de coton mélangés de soie, brochés de fleurs d'argent. — Pachtémales en demi-soie, brochés d'or et d'arg. faux.	id.	9 77	. . . .
Tissus de provenance turque, non-dénommés, avec or et argent fin ou faux :	. . . .	(2)	(2)
Pétain, tissu de soie mélangé de coton, broché d'or et d'argent. — Nezoiou. — Mouchoirs de soie et de coton, avec bordures en or et en			

(1) Les mêmes articles mélangés de coton, de chanvre ou de laine transparents, non transparents et demi-transparents, ne paient que moitié du droit.—Cette disposition ne s'applique toutefois ni aux velours et peluches, ni aux tissus de provenance turque.

(2) Mêmes droits que les tissus similaires d'origine européenne.

DÉNOMINATION DES MARCHANDISES.	BASES.	DROITS dans l'empire et dans le royaume de Pologne.	DROITS dans les ports de la mer Noire des provinces trans-caucasiennes.
argent fin ou faux, et Pachtémales en soie, broché de clinquant. . .	le kil.	5 86	. . . . . .
Remarque.— Les Borla ou Astar, Kindiak ou Bogazi, Pactémales avec raies de couleur, Pétaïn dits Nezorou, et Pactémales en soie brochés de clinquant, importés à Redout-Kalé, et au port St-Nicolas, payent 5 p. 100 de leur valeur. — Ils sont admis en franchise dans les ports situés entre l'Ingour et le Kouban.			
Verres et cristaux. — Communs, coulés, non polis : Verre à vitre, vaisselle et objets de toute sorte, compris les pendeloques de lustre en verre, non polies, par terre et dans les ports des mers Noire et d'Azoff.	100 k.	24 42	24. 42
dans les autres ports . .	id.	48 84	. . . . . .
Les mêmes, polis, avec dorures, peintures et ornements en bronze, verres de montre, ainsi que les cristaux colorés ou décorés en or, par mer	id.	244 18	244 18
par terre.	id.	219 78	. . . . . .
Verres d'optique, autres que lunettes et lorgnettes . . .	le kil.	98	98
Remarques. — Les abat-jour et globes pour lampe, en verre dépoli, acquittent le droit ci-dessus avec une surtaxe de 50 p. 100.—Les bouteilles à vin sont admises dans les ports de la mer Noire et sur la frontière de Bessarabie, au droit de 0 f. 02 c. par pièce — Les lustres en verre et cristal et les girandoles paient les mêmes droits que ci-dessus. — Les verres d'optique non montés sont admis en franchise.			
Miroirs et glaces, sans cadres, de moins de 0m,1971c à 0m,3942c (1).			
de 0, 3962 à 0, 5913. . .	la pièce.	6	3 60
de 0, 5933 à 0, 7884. . .	id.	11 60	6 96
de 0, 7904 à 0, 9855. . .	id.	20 48	12 30
de 0, 9875 à 1, 1825. . .	id.	42 60	25 56
de 1, 1846 à 1, 2797. . .	id.	51 60	30 96
de 1, 3817 à 1, 5768. . .	id.	75 20	45 12
de 1, 5788 à 1, 7739. . .	id.	76 32	47 52
de 1, 7756 à 1, 9710. . .	id.	95 60	56 16
de 1, 9730 et plus	id.	120	72
Sans tain. — 25 p. 100 de moins que les miroirs étamés, selon leurs dimensions.	id.	132	79 20
Jais en verre et rassades non ouvrés, ainsi que grains métalliques non ouvrés. .			
Voitures. Carrosses et calèches à ressorts :	100 k.	36 63	14 26
à 4 roues.			
à 2 roues.	la pièce.	400	200
Voitures et véhicules de toute sorte, sans ressorts, à 4 ou à 2 roues, de même que les petites voitures à bras et à ressorts, pour conduire les enfants.	id.	200	80
Remarque. — Les voitures d'enfants, sans ressorts et non garnies d'ouvrages de sellerie paient comme mercerie commune.	100 k.	244 18	122 10
Pièces détachées de voitures, hormis celles admises en franchise de droits et les essieux et ressorts, mais y compris les lanternes d'équipage.			
Remarque. — Les voitures des voyageurs, importées par mer, sont soumises au paiement des droits,	id.	97 63	48 84

DÉNOMINATION DES MARCHANDISES.	BASES.	DROITS dans l'empire et dans le royaume de Pologne.	DROITS dans les ports de la mer Noire des provinces trans-caucasiennes.
qui leur sont remboursés lors de la réexportation des voitures.			
SECTION 4e.			
MARCHANDISES DIVERSES.			
Chevaux hongres, par terre	par tête.	4	exempts.
Monnaies russes nouvelles en cuivre, de même que la monnaie étrangère de bas aloi, telles que billon, berlinki, zwolver, ditki, à l'exception de celles importées pour cabinets de numismatique; — billets de crédit russes de la Trésorerie Impériale, et billets de loteries étrangères.	. . . . . .	prohibées.	prohibées.
Objets, étoffes et ornements d'église de tout genre, avec emblèmes sacrés, ainsi que les images.	. . . . . .	prohibés.	prohibés.
Remarque. — Le mobilier, les ornements sacerdotaux et les images pour les églises catholiques, peuvent être importés par les douanes du royaume de Pologne, sur autorisation du gouvernement, et en payant le droit imposé sur chaque objet.			
Palmes de Judée, ou rameaux de palmier (2)	le kil.	98	98
Pelleteries et peaux (fourrures), autres que de chasse de sujets russes :			
Brutes, d'ours, de tigre, de lion, de panthère, de zèbre, de putois.	id.	4 88	4 88
de castor de rivière et de loutre, celles de castor de mer prohibées. . . .	id.	11 72	11 72
de renard, autre que noir ou argenté,			
par terre.	id.	2 93	. . . . . .
par mer	id.	3 91	3 91
de la Finlande.	id.	1 95	. . . . . .
noir argenté, de chinchilla et de zibeline.	id.	34 19	34 19
de rat musqué, peaux et queues.	id.	1 46	1 46
de raton d'Amérique, de loup, de loup-cervier, de mouton teintes, d'angora, de cygne et autres non dénommées.	id.	3 91	2 93
de chat de mer (kotuki). .	id.	5 86	5 86
en objets confectionnés : Droit supplémentaire. .	valeur.	50 °/o	. . . . . .
Autres peaux (3).	. . . . . .	prohibées.	prohibées.
Pelleteries importées dans le gouvernement d'Archangel par les habitants des côtes de ce gouvernement :			
de renard, de martre . . .	le kil.	2 44	. . . . . .
de loutre.	id.	5 86	. . . . . .
de morse, de cerf ou renne, de veau marin, de bélouga	. . . . . .	exemptes.	exemptes.
Remarque. — Les pelleteries de toute sorte, provenant de la chasse de sujets russes, importées sur bâtiments russes, sont exemptes de droits, sauf en ce qui concerne celles importées dans le gouvernement d'Archangel.			
Pelleteries ouvrées de toute sorte, permises à l'importation, comme palatines, pelisses, touloupes, manchons bonnets fourrés et autres confections semblables . .	. . . . . .	(4)	(5)
Poudre à canon, fine ou grosse. .	. . . . . .	prohibée.	prohibée.

(1) Les fragments des glaces cassées en route seront soumis aux droits, suivant leurs dimensions, lorsque les fragments présenteront plus de 0m,0492c.

Les fragments au-dessous seront admis en franchise.

(2) L'importation des palmes de Judée par toutes les douanes du royaume de Pologne n'est permise que pour compte du conseil de curatelle de l'hôpital hébraïque de Varsovie.

(3) Sauf les peaux de mouton non teintes et non apprêtées qui sont admises en franchise.

(4) 50 p. 100 en sus du droit fixé pour les pelleteries dont elles sont confectionnées.

(5) Mêmes droits que la peau non ouvrée.

TARIF D'EXPORTATION.

DÉNOMINATION DES MARCHANDISES.	BASES.	DROITS dans l'empire et dans le royaume de Pologne.	DROITS dans les ports de la mer Noire des provinces trans-caucasiennes.
1° MARCHANDISES TAXÉES.			
Bétail : taureaux, bœufs, vaches, buffles	par tête.	2	2
menu, domestique	id.	64	....
Blé, seigle, avoine, maïs, orge : par mer	l'hectolitre	06	exempts.
par terre	id.	exempts.	id.
froment : par mer	id.	13	id.
par terre	id.	exempt.	id.
Remarque. — Les céréales de toute sorte, exportées des ports du gouvernement d'Archangel par les habitants riverains, sont exemptes de droits de sortie.			
Caviar rouge, de Sandat	....	id.	id.
tout autre : par mer	100 k.	4 88	id.
par terre	....	exempt.	id.
Charbon de bois, par les frontières du royaume de Pologne seulement	10 hectol.	1 91	id.
Chiffons de toute sorte : par les ports de la Baltique et de la mer Blanche, et par terre	100 k.	14 65	id.
par les ports de la mer Noire et de la mer d'Azoff	id.	4 88	id.
Colle de poisson : d'esturgeon, de bélouga, de sévruga, de stellatus, de sterlet	id.	30 52	id.
autres	....	exemptes.	id.
Crinières de cheval, non ouvrées : par mer	100 k.	1 83	id.
par terre	id.	exemptes.	id.
Cuirs bruts et peaux non ouvrées, de mouton, d'agneau, de bœuf, de vache, de bouc, de buffle, de chèvre sauvage, de bouc chamoisé, d'élan, de cheval, de chien et de veau : par les ports de la mer Blanche, de la Baltique et par terre	id.	19 53	id.
par le port de Libau	id.	14 65	id.
par tous les autres ports	....	exempts.	id.
salés	....	id.	id.
Cuivre roux et vert	100 k.	24	exempt.
Lin et Chanvre (marchandises en) : Lin non peigné et peigné	id.	2 03	id.
Filasse et étoupe de lin. — Déchets de lin : par mer	id.	1 22	id.
par terre	id.	59	id.
Chanvre non peigné et peigné	id.	1 34	id
Étoupes et déchets de chanvre : par mer	id.	78	id.
par terre	id.	exempts.	id.
Nattes simples et doubles : A Archangel et à Onéga	les 4 pièces	04	id.
Ailleurs	la pièce.	12	id.
Remarque. — Les sacs acquittent suivant le nombre de nattes dont ils sont composés.			
Peaux de lièvre et de lapin, brutes.	100 k.	24 42	id.
Potasse, Perlasse, Védasse	id.	1 34	id.
Queues de cheval, par mer	id.	18 31	id.
par terre	id.	exemptes.	id.
Sangsues, y compris le poids des sacs dans lesquels elles sont exportées	le kil.	7 81	7 81
Semences de lin, par mer	l'hectolitre	54	exemptes.
par terre	id.	27	id.
de chanvre, par mer	id.	32	id.
par terre	id.	exemptes.	id.
Soies de porc, par mer	100 k.	3 66	id.
par terre	id.	1 95	id.
Suif de toute sorte	id.	2 69	id.
Marchandises non dénommées (1).	....	exemptes.	id.
2° MARCHANDISES PROHIBÉES.			
Billets de crédit de Russie et du Trésor de l'Empire, — sauf ceux de la Banque de Pologne, par les douanes de ce royaume.			
Billets de loteries étrangères. — Écorces de chêne, de sapin rouge, de bouleau, d'orme et autres. — Huile de bouleau. — Minerai de fer, par les douanes du royaume de Pologne.			

(1) Toutes les marchandises non dénommées dans ce tableau peuvent être exportées en franchise de droits tant de l'empire de Russie que du royaume de Pologne. — Dans les provinces transcaucasiennes l'exportation de toutes marchandises est libre, à l'exception du bois de noyer qui, exporté par les ports de Gouriel, de Mingrélie et d'Abbasie, acquitte, soit pour les ports russes, soit pour l'étranger, 2 fr. 44 c. par 100 kil.

SUBSTANCES MEDICINALES.

IMPORTATION.

Le tarif des substances médicinales, publié en latin, ne comprend pas moins de vingt pages dans l'édition officielle du tarif russe. Il nous était impossible de donner toute la nomenclature des articles qu'il renferme. Nous croyons devoir nous contenter des informations suivantes :

Dans les ports de la mer Noire des provinces transcaucasiennes, toutes les substances médicinales sont admises en franchise, sauf : aqua sodæ et acidulata carbonica, cum et sine saccharo, castoreum canadense, superchloridum, qui sont prohibées.

Dans l'empire et dans le royaume de Pologne, toutes les substances, rangées dans l'ordre alphabétique, entre : assanorum et baccæ paradis, boletus cervinus et capita papaveris, coccinella septempunctata et digitalinum (1), euphorbium et iodum (2), kina et lignum sassafras (radix) (3), millepedes et natrium, radix acteæ racemosæ et vincetoxici, sont admises en franchise.

Il en est de même pour : aconitinum, æsculinum, æther, alcohol sulphuris, amoniacum, amygdalinum, anemoninum, anime, aqua-laurocerasi, badelium, castoreum moscoviticum, cetrarinum, chelidonium, chinioidum, chinium et ejus salia omnia, cinchonium et ejus salia omnia, elaterinum, claterium, ergotinum, lupulinum, magnesia carbonica, sulphurica, valerianica, manna, meconium, meloe majalis, nicotianinum, nuces vomicæ, olea abrotani, animale deppelii, arnicæ, cajeputi, camphoræ, chamomillæ, cochleariæ, copasvæ balsami, cornu cervi fœtidum, cubebarum, cynæ, empyreumaticum ex ligno fossili, filicis maris, galbani, rutæ, sabinæ, salviæ, succini, tanaceti, valerianæ, zedoriæ, expressa oleum crotonis, etc., etc. ; opoponax, oxycanthinum, paramorphinum, parillinum, pencedanium, phloridzinum, picrotoxinum, pilæ marinæ, piperinum, porhyroxinum, pyrrohopinum, quassinum, rhabarbarinum, theinum, saccharum lactis, sagapenum, salicinum, santalinum à secale cornutum, semen anacardii à semen colchici, semen fœnum græcum à semen tigliæ (4), smilacinum, solanium, stipites dulcamaræ, guaco, superbromidum, superjodidum, tacamahaca, thebaidum, theinum, turiones abietis et pini à xylosteinum, zincum lacticum, valerianum.

Sont prohibées : aqua sodæ et acidulata carbonica cum et sine saccharo, aquæ artificiales, castoreum canadense, chloroform, radix rhapontici, radix rhei, superchloridum.

Toutes les autres substances médicinales sont taxées à des droits qui varient entre 0 fr. 98 c. et 4 fr. 88 c. le kilogr.

Les variations sont, du reste, peu nombreuses, la très-grande majorité des substances médicinales étant imposées à 2 fr. 44 c. ou 4 fr. 88 c. le kil., selon l'espèce. Les acides seuls payent 98 c.

L'importation des substances médicinales ne peut avoir lieu, dans l'empire et le royaume de Pologne, que par les douanes de première classe ; dans les provinces transcaucasiennes, que par Redout-Kalé.

(1) Sauf : court plaster (amplastrum anglicanum).
(2) Sauf : flores balaustiorum, flores calendulæ, flores cyani, flores lavandulæ, flores meliloti, flores naphæ, german corn plaister.
(3) Sauf : kali........, kalium cyanatum.
(4) Sauf : semen psyllii.

TABLEAU A.

Marchandises dont les droits peuvent être acquittés dans les douanes de deuxième et troisième classe.

Albâtre ouvré, alun de toute espèce, amidon blanc, anis et anis de la Chine, odorants, moulus et non moulus, ardoises, balances de toute sorte, beurre, bois (brut et ouvré), bougies et chandelles, briquets chimiques sans ornements, cacao, câpres, caractères d'imprimerie, céréales (y compris le pain et le riz), champignons et truffes, chardons, cardières, cheveux, chocolat, cirage, cire, cire à cacheter, colles, confitures et sirops de fruit, coraux faux, cordes, cordages, cordes pour instruments de musique, coton brut, couleurs et substances colorantes, craie, crayons, cylindres pour fabriques, eau minérale naturelle, eau de soude et limonade gazeuse, écorces non confites, encens commun, épices, éponges, fanons de baleine, fils, flambeaux et mèches, fouets, fromages, fruits de toute sorte, gommes, grains artificiels (montés ou non), hameçons et lignes, herbes, fleurs et racines odorantes, horloges et fournitures d'horlogerie, houblon, huiles (autres que comestibles), instruments de musique, de précision, de chirurgie, en cuivre à l'usage des relieurs, jus de grenade, de tomate, de sureau, de groseille, légumes confits, liége ouvré, mélasse, métaux et objets en métal et leurs dérivés, miel, moutarde (préparée ou non), nitre et salpêtre, olives, ouate de coton, paille et objets en paille, palmes et rameaux, pelleteries, perles fausses (montées ou non), pierres de toutes sortes, plâtre ouvré, poissons, (salés, séchés, fumés), pommes de terre, potasse (perlasse et autres), poteries, prêle ouvrée, produits chimiques, rassades et vitrifications montées ou non, résines, sagou, savon non parfumé, sels, soie (écrue et bourre non teinte), soies de porc (ouvrées, en pinceaux et autres), spermacéti non ouvré, stéarine non ouvrée, suif, tamis (et tissus pour), tartre de vin (purifié ou non), térébenthine et naphte blanche, tissus de lin et de chanvre, tels que sacs en toile grossière et filets de pêche, vaisselle en bois et en faïence blanche ou d'une seule couleur, vermicelle et macaroni, verre de Moscovie, viandes (séchées, salées, fumées), vitres et objets en verre non polis et sans ornements. Les marchandises exemptes de droits.

Dans le royaume de Pologne, les douanes de Narva, de Pernau et d'Issakowetz prélèvent les droits sur toutes les marchandises dont l'importation est admise par toutes les douanes de première classe, à l'exception de celles ci-après : Coton filé, eaux de senteur, fleurs artificielles, gants de toute sorte, horlogerie non dénommée au tableau A, laine teinte et filée, munitions de guerre en cuivre, pelleteries et fourrures, plumes pour plumassier, oiseaux de Paradis et similaires, pommades, soie teinte et filée, sucre brut, substances pharmaceutiques, tabac à fumer et à priser, tissus de toute sorte.

TABLEAU B.

Marchandises dont l'admission est exclusivement réservée à quelques douanes.

Boissons. — *Arack, rhum et eaux-de-vie* de France. — Dans l'empire : Archangel, Saint-Pétersbourg, Revel, Riga, Libau, Odessa, Théodosie, Kertch, Taganrog, Yourbourg, Radsiwilow, Moscou; dans le royaume de Pologne : toutes les douanes de première et deuxième classe, et par ces douanes à celles de Varsovie.

Vinaigre de table et cidre en bouteilles, bières, porter et hydromel en futailles et en bouteilles. — Dans l'empire : Saint-Pétersbourg, Riga, Odessa, Yourbourg, Radziwilow ; dans le royaume de Pologne : Nieszawa, Granica, et par celles-ci à la douane de Varsovie.

Châles, mouchoirs et ceintures turcs et de Cachemire. — Dans l'empire : Odessa, Radziwilow ; dans le royaume de Pologne : par toutes les douanes de première classe, sur la douane de Varsovie.

Métaux. Bronze ouvré, albâtre, marbre, pierres non précieuses, montées en bronze. — Dans l'empire : toutes les douanes de première classe ; dans le royaume de Pologne : Nieszawa, Szczypiorna, Granica, Zawichost, Vergbolow, et par celle-ci à la douane de Varsovie.

Bijouterie, orfèvrerie et pierres précieuses montées en or et argent. — *Pierres gemmes, émail, coraux, mosaïques et autres objets semblables, montés en or et argent.* — Dans l'empire : Saint-Pétersbourg, Odessa ; dans le royaume de Pologne : douanes de première et deuxième classe, pour diriger sur celle de Varsovie.

Lames d'épées, de sabres et de poignards. — Dans l'empire : toutes les douanes de première classe ; dans le royaume de Pologne : Nieszawa, Szczypiorna, Granica, Zawichost, pour diriger sur celle de Varsovie.

Sel de cuisine. — Dans l'empire : ports des mers Blanche et Baltique, frontières de terre ; prohibé aux ports des mers Noire et d'Azow ; aux douanes du royaume de Pologne.

Sucre brut, et raffiné en pains. — Dans l'empire : aux douanes des ports de première classe ; dans le royaume de Pologne : Granica, Nieszawa, Peisern, et par celles-ci à la douane de Varsovie.

Tissus de laine. — Dans l'empire : les douanes de première classe ; dans le royaume de Pologne : pour les douanes de première classe, et par celles-ci sur Varsovie.

Verres et cristaux autres que communs. — Dans l'empire : Archangel, Saint-Pétersbourg, Riga, Polangen, Tauroggen, Yourbourg, Radziwilow, Odessa, Taganrog ; dans le royaume de Pologne : Nieszawa, Szczypiorna, Granica, Zawichost, Wergbolow, et par celles-ci à Varsovie.

TABLEAU DES TARES LÉGALES.

IMPORTATION.

MARCHANDISES SÈCHES.

1° *Denrées et matières alimentaires.*

Marchandises	Tare
Badiane, en caisses ou futailles,	14 p. °/°
Vanille en boîtes de fer-blanc,	20
Fleurs de muscade, cannelle, cardamome, enveloppées ou non dans de l'osier,	18
Autres épices en caisses ou futailles,	12
En sacs simples,	2
— doubles,	4
En paniers simples,	6
— doubles,	10
Cacao en fèves, en futailles,	12
— en sacs simples,	2
— — doubles,	4
Café, en futailles,	12 p. °/°
— en sacs simples,	2
— — doubles,	4
— en paniers simples,	5
— — doubles,	8
Sucre brut, autre que Java, en paniers,	
En caisses,	15
En sacs simples,	2
— doubles,	4
— triples,	6
En paniers doubles,	8
De Java, en paniers,	10
Ecorces de citrons et d'oranges, amères ou douces, non confites au sucre, en sacs simples,	2
— doubles,	4
	6
Laurier en feuilles, en paniers simples,	14
Sagou, en caisses,	
— en futailles,	12
— en sacs simples,	2
— — doubles,	4
Le sagou importé dans des sacs en papier est pesé au brut.	
Tabac en feuilles et rouleaux, en caisses,	20
— en futailles,	15
— en sacs simples,	6
Remarque. Les cigarres et tabacs à fumer en paquets, poids brut. En balles de toile ou nattes,	4
Avec tilles durcies d'osier,	12 p. °/°
En zibik,	9
Tabac à priser, moulu, en caisses,	28
— en futailles,	30
— en vases de terre,	45
Côtes de..., en futailles,	10
Fruits. — Noix de toute espèce, amandes, châtaignes, caroubes turques, en caisses,	16
en futailles,	14
en sacs simples,	2
— doubles,	4
— triples,	6
en corbeilles simples,	6
doubles,	10
Fruits secs, non dénommés, en caisses et futailles,	12
— en sacs et corbeilles, comme noix, etc.,	12
Raisins secs, en caisses,	18
en futailles,	14
Prunes sèches et figues, en caisses,	14
en futailles,	10
Raisins de Corinthe, en caisses,	13
en fut,	15
Riz, en futailles,	10
— en sacs simples,	2
— — doubles,	4
Houblon, en sacs, comme riz.	
Baies de laurier, en futailles,	12
— en sacs, comme riz.	
— en paniers simples,	5
— — doubles,	8

2° *Matières non ouvrées pour fabriques.*

Marchandises	Tare
Coton brut écru, en sacs,	2
— en balles,	4
— filé, en caisses ou futailles,	20
— en balles,	8
Borax et tartre, en caisses ou futailles,	10
Résine blanche, galipot, etc., en futailles,	17
Eponges, en caisses,	25
— en futailles,	50
— en sacs simples,	7

Gomme arabique du Sénégal et autres, en caisses,	18 p. %
— en futailles,	10
— en sacs simples,	2
— — doubles,	4
— en paniers simples,	5
Alun, en caisses et futailles,	10
— en sacs, comme gommes.	
Couleurs et substances tinctoriales. — Blanc de céruse et minium, en fût,	8
Indigo, en caisses,	22
— en tare, —	30
— en zibik, —	14
Cochenille, en sacs,	1 1/2
Cinabre, en double sac en cuir et en futailles,	15
Cudbeard et lacdye, en caisses,	20
Rocou, en corbeille, avec toile,	5
— avec futaille,	15
Safre, en balles,	5
Safran en boîtes de fer-blanc,	20
Couleurs et extraits de, non dénommés, en caisses et fût,	10
— en sacs simples,	2
— — doubles,	4
— en paniers simples,	5
— — doubles,	8
Amidon, en caisses et fût,	10
Encens, commun, en caisses,	20
— en futailles,	12
— fin et baume de Touloutan, en caisses,	14
Fils de lin, en balles,	8
Métaux. — Arsenic, orpiment, réalgar, en fût,	10
— double fût,	15
Antimoine, en fût,	10
Litharge, en fût,	8
Tain et étain, en caisses,	10
— en futailles,	6
Acier brut et zinc en feuilles, en caisses et en fût,	7
Sparmaceti, ou bleu de baleine, en caisses,	15
Craie purifiée, en fût,	8
Talc, —	10
Sel ammoniac, —	10
Suie, —	40
Noix de galle et dibidivi, en caisses et fût,	12
— en sacs,	2
Fanons de baleine bruts, en fût,	10
— en sacs,	3
Produits chimiques, sauf chlorure de chaux.	
Dans des vases en verre,	30
terre,	40
autres,	10
en sacs simples,	2
— doubles,	4
Chlorure de chaux, en caisse,	12
Soie écrue et filée, en caisse,	25
— en balles,	10
Laque en feuilles, en caisse,	52
— en fût,	15
— en sacs simples,	2
— — doubles,	4
Laine filée, en caisse,	25 p. %
— en balles,	8
Chardons cardières, en corbeilles,	20
— autrement,	20

3° Produits de fabriques et métiers.

Liége ouvré, en sacs simples,	5
— doubles,	10
— triples,	12
Clous en fer, en caisses et futailles,	7
— en sacs simples,	1
— — doubles,	2
Fil d'archal, d'acier ; laiton. Comme clous en fer.	
Instruments tranchants pour l'agriculture, en caisses ou fût,	18
Vaisselle en faïence, en porcelaine, en verre, en corbeilles,	25
— autrement,	45

4° Substances pharmaceutiques.

Aloès, en caisses,	15
— en fût,	12
Fleurs et semences, en fut,	20
Opium et phosphore, en boîtes de fer-blanc,	25

Autres substances pharmaceutiques.

En vases de verre,	30
— de terre,	40
Autrement emballées,	10

5° Marchandises liquides. Toutes celles autres que les suivantes

En simples futailles,	17
En vases de verre,	30
— de terre,	40
En boîtes de fer-blanc,	12
Câpres, olives, anchois et poissons, en tonneaux,	25
Huile de térébenthine, en double fût,	30
Vif-argent, en vases de fonte,	20
— dans des sacs en cuir et en fût,	15

EXPORTATION.

Marchandises sèches.

En caisses et futailles,	10
En sacs en toile,	2
En nattes,	3

Marchandises liquides.

Suif,	12
Toutes autres,	17

RAPPORT DES MONNAIES, POIDS ET MESURES RUSSES, AVEC LES POIDS ET MESURES DE FRANCE.

Monnaies.

Rouble argent,	4 fr.
Copeck argent,	0 04 c.

Poids.

Berkoviez (10 pouds),	163 k. 810
Poud (40 livres),	16 381
Livre,	0 409,5

Mesures linéaires.

Archine (16 verchoks),	0 m. 7112
Verchok,	0 0444
Pied (12 pouces),	0 3048
Pouce,	0 0254

Mesures de capacité.

1° Matières sèches.

Thetvert (8 tcheveriks),	209 litres 9007

2° Matières liquides.

Védro,	12 litres 299

TARIF

DES

DOUANES DE SUÈDE.

OBSERVATIONS PRÉLIMINAIRES.

Le tarif que nous publions, et qui est actuellement en vigueur dans le royaume de Suède, a été sanctionné le 4 décembre 1854, et mis en vigueur le 1er janvier 1855.

Dans la perception des droits on ne tient pas compte des fractions au-dessous de un demi-skilling (0 f. 02,3 c.). Celles au-dessus de un demi-skilling sont comptées comme l'unité entière.

Le poids indiqué, sauf quelques exceptions signalées, est celui dit de *Victuailles*.

SURTAXE DE NAVIGATION.

Les importations par navires étrangers supportent une surtaxe de navigation de 40 %. — Pour les exportations c'est 50 %.

DROITS DE TONNAGE.

Les droits de tonnage par last de Suède (2,448 kil. 293) sont de 12 skillings de banque (0,54 c.) pour les navires suédois, et de 36 skillings (1 fr. 62) pour les navires étrangers, à chaque entrée et sortie.

Toutefois si dans le cours d'une année un bâtiment suédois fait plusieurs voyages à l'étranger, il ne paye le droit à la sortie que pour le premier voyage, et à chaque nouvelle entrée que lorsqu'il est chargé et qu'il décharge tout ou partie de sa cargaison.

Sont considérés comme étant sur lest :

Les navires jaugeant 8 lasts et au-dessous dont la cargaison ne dépasse pas la moitié du tonnage.

Ceux jaugeant	8 à 50 lasts,	dont la cargaison ne dépasse pas		4 lasts.
Idem	50 à 100 id.	id.	id.	6 id.
Idem	plus de 100 id.	id.	id.	8 id.

DES DÉCLARATIONS.

Les déclarations pour toutes les marchandises, même pour celles exemptes de droits, doivent énoncer le nom, la qualité des négociants, la quantité, la mesure et le poids de Suède des objets qu'elles concernent.

Les marchandises dont on ne peut déterminer la quantité en mesure ou poids de Suède à bord du bâtiment, sont pesées ou mesurées en douane.

Pour les marchandises taxées ad valorem, ou pour celles payant des droits différents lorsqu'ils sont différemment évalués en douane, la valeur à déclarer doit comprendre le prix d'achat, le taux de l'assurance, du frêt, et tous les autres frais jusqu'au port de débarquement. On doit fournir à l'appui des déclarations, les factures, connaissements et polices d'assurance.

A l'exportation la valeur à déclarer est celle de la marchandise au lieu d'embarquement.

La déclaration est affichée pendant trois jours ouvriers à la porte de la douane. Pendant ce délai toute personne peut prendre la marchandise pour son compte, en en payant comptant la valeur et 10 % en sus qui reviennent à l'importateur. — Dans ce cas les droits se perçoivent sur la valeur payée. — Si aucun acquéreur ne se présente dans ces trois jours la perception a lieu d'après la déclaration.

Les contestations sur la désignation et la nature des marchandises déclarées sont jugées par l'administration, après et sur l'avis d'experts pris parmi les commerçants ou les fabricants.

DES ENTREPOTS.

Toutes les marchandises dénommées au tarif jouissent de la faculté de l'entrepôt dans les villes de Stockholm, Gothembourg, Norrkœping, Gèfle, Carlskrona, Malmo, Calmar, Wisby, Westerwick, Uddewalla, Landskrona, Christianstad, Carlshamer, Ystad, Halmstad et Helsingborg.

Les marchandises peuvent être extraites de l'entrepôt, mais jamais en partie moindre que la moitié de la quantité déposée. Si les marchandises restent en Suède, les droits du tarif sont perçues ; si au contraire elles sont réexportées, on acquitte le droit de transit.

La durée de l'entrepôt est d'une année, après ce délai il faut acquitter intégralement les droits exigibles le jour où les marchandises ont été entreposées, si non elles sont vendues publiquement.

Les mutations d'un entrepôt sur un autre sont permises, mais toujours dans la restriction de la durée d'un an.

IMMUNITÉS EN FAVEUR DE CERTAINES IMPORTATIONS.

Les machines et mécaniques destinées à de nouvelles fabriques, et qui ne sauraient être faites dans les usines suédoises, soit parce qu'elles exigeraient une perfection spéciale de fini, soit parce qu'elles ne sauraient être livrées assez promptement, peuvent être admises en franchise des droits, avec autorisation préalablement obtenue.

Les outils, machines et instruments, ou les matières premières pour leur confection, peuvent être admises, sur la demande des industriels, moyennant un droit ad valorem de 5 %.

Les objets fabriqués non dénommés au tarif, autres que effets mobiliers ou à usage, et destinés à la construction, l'armement ou le gréement des navires sont admis généralement au droit de 10 %, et de 5 % seulement si les manufactures nationales ne les produisent pas. Lorsqu'il s'agit d'un navire de 40 lasts au moins, les constructeurs ou armateurs suédois jouissent, lorsque l'équipement est complété, d'une restitution de 50 % du montant des droits payés par eux pendant la construction.

Les objets servant à la construction de navires destinés à l'étranger, ou au radoub de navires étrangers, payent provisoirement à leur entrée les droits inscrits au tarif; mais les droits sont restitués au départ des navires, et l'on perçoit seulement alors le droit d'entrepôt.

Les échantillons de marchandises, en petites quantités de chaque espèce, ainsi que les modèles, peuvent être admis en franchise des droits.

PRIMES ET DRAWBACKS.

Il est accordé, à titre de restitution, pour les objets ci-après exportés par mer et provenant des fabriques du pays, des primes calculées ainsi :

Pour 1 livre de sucre raffiné en pains, candi et en plaques . . .	3 sk.	» rst.	soit 0 fr.	31,7 c.	par kil.
1 livre de sucre lump en poudre .	2	6	soit 0	26,4	id.
1 livre de tabac haché, pressé, cordé, en paquets	4	»	soit 0	39,6	id.
1 livre de tabac à priser	5	»	soit 0	49,5	id.
1 pièce de toile d'emballage de lin, de 50 aunes au moins . . .	24	»	soit 1	08	id.
1 livre de tissus de coton fabriqué avec du fil n° 32 ou d'un n° plus élevé d'après le système anglais	4	»	soit 0	39,6	id.
1 livre de riz	0	6	soit 0	05,4	id.

Aucune exportation ne peut avoir lieu en quantités moindres que 100 livres (42 kil. 500) pour les sucres, les tabacs, les tissus de coton, le riz, et 500 aunes pour les tissus de lin.

La déclaration doit toujours être accompagnée d'un certificat du fabricant signé par deux témoins.

Les marchandises soumises à l'estampillage doivent être revêtues de la marque de la fabrique d'où elles sortent.

Les exportations doivent être justifiées par un certificat de la douane attestant que le navire a pris la mer, et par un certificat du consul de Suède au port de destination, ou, à défaut, par une autorité compétente énonçant que les marchandises sont parvenues et ont été débarquées.

DES RELACHES.

Tout bâtiment suédois ou étranger en relâche dans un port de Suède où il existe un bureau de douane, peut, sans payer les taxes de navigation, embarquer des provisions ou subir des réparations. S'il se livre à quelque opération d'embarquement ou de débarquement, les droits sont exigibles, à moins, pour les navires suédois, que se rendant d'un port étranger à un autre port étranger, il ne mette à terre qu'une partie de sa cargaison n'excédant pas le quart de son tonnage.

Il est permis aux bâtiments nationaux ou étrangers de se rendre dans plusieurs ports du royaume pour y compléter leurs cargaisons. Ils n'ont à acquitter les droits qu'au premier port d'embarquement.

DES PROVISIONS DE BORD.

Les capitaines doivent déclarer à leur arrivée les provisions de bord qu'ils ont pour les besoins des passagers ou de l'équipage. Il y a immunité de droits pour les quantités ci-après par chaque homme présent à bord à quelque titre que ce soit.

Bâtiments venant de la Baltique, ou arrivant des lieux situés sur la mer du Nord, de Hollande, d'Angleterre et des ports français de la Manche et de l'Atlantique dans le Halland, à Gothembourg et dans le Bohus.

Vin,	trois kannes.
Eau-de-vie,	deux kannes.
Café,	deux livres (0 kil. 850).
Riz,	trois livres (1 kil. 275).

Bâtiments qui arrivent des ports situés hors de la Baltique, excepté s'ils se rendent dans le Halland et le Bohus.

Vin,	cinq kannes.
Eau-de-vie,	quatre kannes.
Café,	quatre livres (1 kil. 700).
Riz,	six livres (2 kil. 550).

Il ne peut être fait de compensation à l'égard du vin et de l'eau-de-vie. En conséquence les droits seraient exigibles sur toutes les quantités excédant celles ci-dessus indiquées. Mais les excédants de provisions non consommées et non déclarées pour la consommation peuvent être réexportées.

Les provisions de bouche qu'un navire vient prendre dans un port de Suède ou y envoie chercher par ses embarcations sont exemptes des droits de sortie.

Les navires suédois peuvent aussi embarquer en franchise de droits

MODIFICATIONS

APPORTÉES

AUX TARIFS DES DOUANES DE SUÈDE ET DE NORWÈGE

PENDANT L'ANNÉE 1859.

SUÈDE.

OBSERVATIONS PRÉLIMINAIRES.

Suppression des droits différentiels de pavillon.

Droits de tonnage.—Navires suédois ou étrangers, 0 f. 22 c. par tonneau.

Marchandises exemptes de droits à l'entrée : — Acier de toute espèce : agrès et apparaux de navires naufragés ou avariés. — Alun. — Amadou préparé.— Angélique.— Baies de genièvre.— Bétail.— Beurre.— Blende. — Bois de teinture non rapés ou moulure. — Bouillon en tablettes. — Brai.— Briques.— Brun rouge.— Cendres brutes.— Céréales. — Chanvre peigné.—Ciment.—Cire d'abeilles.—Craie.—Crayons d'ardoise.—Cuivre, brut en gueuses, plaques, planches et clous pour navires. — Mitraille.— Diamants.— Dividivi.— Étoupes.— Farine de pommes de terre. — Fer en gueuses et en masse pour lest.—Canons, boulets de rebut, bombes, mortiers en barres. — Feuillard en grillages et en verges, en tôles étamée ou non.— Ferraille.— Fromages.— Goudron.— Graisses autres que d'alpiste.— Graisses de porc ou d'oie.— Guano. — Homards. — Houblon. — Huile de poix. — Laines.— Lard.— Levain de bierre comprimé. — Lie de vin desséchée.— Lin peigné on non. — Machines et mécaniques et pièces de—. Maïs. — Mèches d'artilleurs. — Mine de plomb. — Nickel arsenical. — Noix de galle. — Œufs. — Pain.— Papier de doublage et à presser les draps.—Plomb brut en saumons et rouleaux.—Pommes de terre.— Potée d'étain et plomb calciné.—Riz en paille.—Sacs servant d'emballage.— Salpêtre.— Son. — Soude. — Soufre de Sicile. — Sphères célestes et terrestres.— Suif.— Tablettes à écrire.— Types et caractères d'imprimerie hors de service.— Verrerie (objets de) servant de récipients à des marchandises importées et non imposées expressément. — Instruments de chimie.— Verres pour hublots de navires.—Tuiles en verre.— Viandes. — Zinc et toutenague, brut ou en plaques.

TARIF D'IMPORTATION.

Tous les droits sur les marchandises qui restent tarifées ont été abaissés dans une proportion très-grande, mais le nouveau tarif n'étant exécutoire que pour 1860, il nous a paru sans objet de le publier *in extenso*. —Nous donnerons l'année prochaine celui qui devra le remplacer.

TARIF D'EXPORTATION.

Bois à brûler. — Bouleau	le stère.	0 fr.	85 c.
Hêtre et chêne	id.	1	41
Autre	id.	»	38
— à construire.—Lattes fortes taillées.—Perches,	la pièce.	0	28
Poutrelles de pin et de sapin,	la douze.	0	71
De moins de $0^{m},237$ d'épaisseur par le milieu	la pièce.	0	28
— d'ébénisterie, brut, scié ou équarri. Indigènes.	Valeur.	10	°/°
Rames et avirons bruts,	la paire.	0	21
Cuivre, — brut en gueuses	100 kil.	16	67
en rosette et calciné	id.	2	»
Drilles	id.	6	67
Fer.—Fonte en gueuses et en masses pour lest ; plaques pour cheminées de plus de $0^{m}.29$ d'épaisseur, — poids ébauchés pesant chaque plus de 42 kil. 505	id.	1	67
Minerais bruts	id.	1	67
Os bruts brisés ou moulus	id.	1	67
Toutes autres marchandises	exemptes.		

MONNAIES, POIDS ET MESURES

ACTUELLEMENT EN VIGUEUR EN SUÈDE.

MONNAIES D'ARGENT.

Pièces de — 4 Rigsdales Rigsmynt.
2 id. id.
1 id. id.
1/2 id. id.
1/4 id. id.
1/10 id. id.

1 Rigsdaler Rigsmynt = 100 öre = 1. fr. 41 c. 68.
1 öre = 0. 01 410.

MONNAIES DE CUIVRE.

Pièces de 5 öres.
2 id.
1 id.
1/2 id.

1 öre = 0 fr. 01 c. 410

POIDS ET MESURES.

Une seule espèce pour tout le royaume.
Mesure de longueur, — le pied.
de superficie, — le pied carré.
de capacité, — le pied cube.

Poids. La livre, poids de victuailles.

Le last = 100 quintaux	=	4250 k.	508.
Le quintal = 100 livres	=	42	505.
La livre = 100 ört	=	0	425.
L'ört	=	0	004. 25.

Mesure.

Aln ou aune = 2 pieds	=	0 m	593. 80.
Pied = 10 pouces	=	0	296. 90.
Pouce	=	0	029. 69.

les autres articles nécessaires au service du bord, et en proportion de leur capacité. Les quantités sont ainsi fixées :

Pour chaque 20 lasts que jauge le navire (49,765 kil. 860)
1 famn de bois à brûler (3 stères 77 décistères).
1 tonne de goudron (1 hectol. 382 l.).
1/2 tonne de brai (60 kil.).
2 pièces de bois pour avirons.
2 pièces de bois pour leviers.

Cette immunité n'est point accordée aux navires étrangers.

INDEMNITÉS ACCORDÉES AUX ÉQUIPAGES DES NAVIRES SUÉDOIS.

Il est accordé aux capitaines et gens de l'équipage des navires suédois à titre de prime sur les droits de douane les sommes suivantes :

Bâtiments venant de la Baltique	au capitaine	1 r.	16 sk.	— 2 fr.	88 c.
	au second	»	28	— 1	26
	à chaque homme de l'équipage y compris les mousses	»	21	— »	94
Bâtiments venant des ports d'Europe de la mer du Nord, de la Manche ou de l'Atlantique	au capitaine	7	9	— 15	12
	au second	3	28	— 7	7
	à chaque homme, etc.	2	42	— 6	21
Bâtiments venant de la Méditerranée, du Levant et autres lieux lointains	au capitaine	9	»	— 19	44
	au second	4	24	— 9	15
	à chaque homme, etc.	3	28	— 7	7

Cette gratification n'est due qu'autant que les droits de douane perçus s'élèvent à 50 r. (108 fr.), et que le navire n'est pas construit à Clinc.

DES MARCHANDISES AVARIÉES.

Les marchandises avariées par accident dans le transport sont, sur la déclaration du propriétaire, examinées par deux experts et un magistrat en présence du chef de la douane. Si la marchandise est reconnue être véritablement dépréciée, elle est vendue à l'encan, sous le régime de l'entrepôt, et les droits se perçoivent ensuite dans la proportion de la différence de la valeur de la marchandise de l'état sain à l'état avarié. La constatation d'avaries doit être faite dans les quatorze jours qui suivent la déclaration en douane, à peine d'être tenu au payement intégral des droits.

DES MARCHANDISES DE SAUVETAGE.

Si les marchandises sont tellement avariées qu'elles ne peuvent supporter le transport, elles sont vendues à l'encan sur le lieu du naufrage, après avoir été expertisées dans la même forme que les marchandises avariées. La vente doit toutefois se faire, autant que possible, seulement un mois après le jour de la publication. Dans tous les cas la vente doit préalablement être annoncée dans les églises du lieu du naufrage.

Les marchandises non avariées supportent les droits intégraux du tarif.

Les acheteurs ont quatorze jours pour faire connaître, de concert avec le propriétaire, si les objets provenant du naufrage et à eux adjugés sont destinés à la consommation ou à la réexportation.

TAXE ADDITIONNELLE.

La taxe établie sous le nom de droit à payer au fonds de commerce et de navigation se perçoit en même temps que les droits de douane.

TARIF DES DROITS D'IMPORTATION.

Nota. Dans les calculs on a négligé les fractions de centimes, forçant toutes les fois que cette fraction excédait 500, n'en tenant pas compte lorsqu'elle était au-dessous.

DÉNOMINATION DES MARCHANDISES.	DROITS. Unités suédoises. Bases.	Taux.	Unités françaises. Bases.	Taux.	OBSERVATIONS.
		r. s. r.		fr. c.	(1) Les juments importées avec autorisation spéciale, pour l'amélioration des races, ne payent que le quart du droit. (2) Les feuilles de papier entre lesquelles se trouve l'argent sont pesées avec celui-ci. (3) Les parties détachées de ces armes suivent le régime de la matière ouvrée dont elles sont formées. (4) Ne peut entrer que pour les pharmaciens, les fabriques, et avec autorisations spéciales.
Acides : hydrochlorique, muriatique	1 skälpund.	0 00 06	le kil.	0 05	
sulfurique	id.	0 00 04	id.	0 04	
citrique cristallisé	id.	0 08 00	id.	0 85	
Acier de toute sorte, sauf l'acier fondu	100 skälpund (poids d'étape).	3 00 00	100 kil.	19 14	
ouvré, ouvrages non dénommés	1 skälpund.	0 36 00	le kil.	3 81	
Agates ouvrées, non montées	id.	0 40 00	id.	4 23	
montées, comme la monture.					
Agrafes, crochets, portes	id.	0 24 00	id.	2 54	
Agrès et apparaux, neufs, non dénommés, ne pouvant être considérés comme objets d'ameublement ou de vêtement.	valeur.	5 %	valeur.	5 %	
provenant de navires étrangers naufragés ou avariés	id.	5 %	id.	5 %	
Aiguilles et épingles de cravates, de matières ouvrées ou composées non dénommées, dorées ou argentées	1 skälpund.	0 36 00	le kil.	3 81	
autres	id.	0 24 00	id.	2 54	
à coudre, épingles ordinaires et autres, et aiguilles à tricoter	id.	0 12 00	id.	1 27	
Albâtre ouvré, non spécialement désigné	id.	0 16 00	id.	1 69	
Alun de toute espèce	1 lispund.	0 14 00	100 kil.	6 69	
Amadou préparé	1 skälpund.	0 06 00	le kil.	0 63	
Amandes	id.	0 03 00	id.	0 32	
Amidon blanc	1 lispund.	1 00 00	100 kil.	25 50	
bleu	1 skälpund.	0 02 00	le kil.	0 21	
Animaux vivants : chevaux (1), sauf les étalons	par tête.	10 00 00	par tête.	21 60	
bœufs	id.	2 00 00	id.	4 32	
vaches, bouvillons, taurillons, génisses	id.	1 00 00	id.	2 16	
veaux et porcs, sauf les verrats	id.	0 24 00	id.	1 08	
autres quadrupèdes	id.	0 16 00	id.	0 72	
Anis	1 skälpund.	0 02 00	le kil.	0 21	
Antimoine cru et régule d'	id.	0 00 06	id.	0 05	
Argent ouvré, doré ou non	1 lod.	0 06 00	id.	20 35	
battu en feuilles (2), fin	id.	0 02 03	id.	7 05	
faux	id.	0 00 03	id.	0 81	
musif, ou poudres métalliques imitant l'argent	id.	0 10 00	id.	33 88	
Armes à feu (3) : fusil à deux coups	la pièce.	4 00 00	la pièce.	8 64	
à un coup	id.	2 00 00	id.	4 32	
pistolets de toute dimension	la paire.	1 00 00	la paire.	2 16	
Arsenic (4)	1 skälpund.	0 00 06	le kil.	0 05	
Artifices pour divertissements	id.	0 06 00	id.	0 63	
Assa fœtida	id.	0 03 00	id.	0 32	
Baies de genièvre	1 tunna.	0 20 00	l'hectol.	0 51	
Baromètres avec ou sans étuis	la pièce.	2 00 00	la pièce.	4 32	
Bas et autres ouvrages tricotés au métier ou à la main, de soie	1 skälpund.	3 00 00	le kil.	15 24	
de demi soie	id.	2 00 00	id.	10 16	
autres	id.	1 00 00	id.	5 08	
Baumes : de copahu, du Pérou, et autres, naturels, pesés avec les flacons	id.	0 06 00	id.	0 63	
de Riga	1 kanna.	1 00 00	l'hectol.	82 57	
Beurre	1 lispund.	0 32 00	100 kil.	17 00	

DÉNOMINATION DES MARCHANDISES.	DROITS. Unités suédoises. Bases.	Taux.	Unités françaises. Bases.	Taux.	OBSERVATIONS.
		r. s. r.		fr. c.	
Bière : porter	1 kanna.	0 12 00	l'hectol.	20 64	(1) Un ouvrage composé de différentes espèces de bois suit le régime du bois le plus imposé. (2) Sans déduction de poids pour les boucles ou anneaux.
forte et autres sortes	id.	0 06 00	id.	10 32	
Bimbeloterie en bois ou en matières composées, polie, peinte, vernissée ou non	1 skälpund.	1 00 00	le kil.	5 08	
autre, comme la matière ouvrée dont elle est formée.					
Bismuth	id.	0 04 00	id.	0 42	
Bois : feuilles de placage, moitié du droit des ouvrages de menuiserie en bois, selon l'espèce.					
ouvrages en —, tournés, non dénommés, polis, peints, vernissés ou non	id.	0 36 00	id.	3 81	
autres ouvrages non dénommés, y compris ceux de menuiserie et d'ébénisterie, en bois					
de sapin et de pin, polis, peints, vernissés ou non	id.	0 02 00	id.	0 21	
d'orme, de frêne, de bouleau, de hêtre, de chêne et d'autres espèces indigènes, polis, peints, vernissés ou non, ou plaqués en bois de ces espèces	id.	0 04 00	id.	0 42	
d'acajou, de jacarauda, et autres exotiques, massifs ou plaqués ; et ouvrages garnis de dorure fine ou fausse (1)	id.	0 07 00	id.	0 74	
meubles rembourrés, mais non revêtus d'étoffes, comme d'acajou.					
les mêmes, revêtus d'étoffes, comme d'acajou, et 50 °/° du droit en plus.					
Boîtes et tabatières, comme la matière ouvrée dont elles sont composées.					
de matières composées, ou de matières ouvrées non dénommées	id.	0 08 00	id.	0 85	
Borax	id.	0 01 00	id.	0 11	
Bouchons de liége façonnés	id.	0 06 00	id.	0 63	
Bouillon en tablettes	id.	0 20 00	id.	2 12	
Bougies et chandelles de suif	id.	0 02 00	id.	0 21	
de stéarine et de margarine	id.	0 04 00	id.	0 42	
de cire, jaune	id.	0 08 00	id.	0 85	
blanche et de spermaceti	id.	0 10 00	id.	1 06	
toutes autres	id.	0 10 00	id.	1 06	
Boutons, de matières composées ou de matières ouvrées non dénommées	id.	0 16 00	id.	1 70	
Brai	1 lispund.	0 10 00	100 kil.	5 31	
Bretelles et parties de (2), en soie ou demi-soie	1 skälpund.	1 24 00	le kil.	7 62	
autres	id.	0 24 00	id.	2 54	
Briques et tuiles : briques dites réfractaires	1,000 en nomb.	2 00 00	1,000 en n.	4 32	
de Hollande, dites *klinkert*	id.	2 00 00	id.	4 32	
propres à la bâtisse	id.	2 00 00	id.	4 32	
tuiles	id.	4 00 00	id.	8 64	
Brosses	1 skälpund.	0 24 00	le kil.	2 54	
Cacao	id.	0 03 00	id.	0 32	
Cadres de tableaux, suivent le régime de la matière dont ils sont formés, sans déduction de poids pour le tableau, le verre, etc.					
Café	id.	0 02 08	id.	0 28	
brûlé, et tous les végétaux brûlés propres à le remplacer	id.	0 04 00	id.	0 42	
Camphre brut	id.	0 06 00	id.	0 63	
raffiné	id.	0 12 00	id.	1 27	
Cannelle, nœuds de —, et cassia lignea	id.	0 08 00	id.	0 85	
Cannes de toute sorte	id.	0 32 00	id.	3 39	
Cantines, suivent le régime de la matière ouvrée dont elles sont formées.					
Câpres	id.	0 05 00	id.	0 53	
Capsules de poudre fulminante	id.	0 20 00	id.	2 12	
Cardamones	id.	0 08 00	id.	0 85	
Cardes à carder et garnitures de cardes	id.	0 03 00	id.	0 32	
Carreaux de terre pour cheminées	id.	0 01 00	id.	0 11	
Cartes à jouer	1 grosse.	12 24 00	1 grosse.	27 00	
de visite	1 skälpund.	0 32 00	le kil.	3 39	
Carton	id.	0 00 06	id.	0 05	
Cartonnages non vernissés	id.	0 12 00	id.	1 27	
vernissés	id.	0 18 00	id.	1 90	
Caviar	id.	0 16 00	id.	1 69	
Céréales : sarrasin, orge, malt	1 tunna.	0 36 00	l'hectol.	0 98	
avoine	id.	0 24 00	id.	0 66	
froment, lentilles	id.	1 24 00	id.	1 37	
seigles et pois	id.	1 00 00	id.	1 31	
vesce	id.	0 42 00	id.	1 14	
Champignons mangeables	1 skälpund.	0 12 00	le kil.	1 27	
autres non dénommés	1 lispund.	0 05 00	100 kil.	2 65	
Chanvre peigné	1 skälpund (poids d'étape).	0 24 00	le kil.	3 24	
Chapeaux de paille	la pièce.	1 00 00	la pièce.	2 16	
montés pour femmes	id.	2 24 00	id.	5 40	
de laine, de poil, de soie	id.	2 00 00	id.	4 32	
de cuir, de carton, de bois, etc., etc.	id.	0 24 00	id.	1 08	
Châtaignes	1 skälpund.	0 01 06	le kil.	0 11	
Chaux vive	1 tunna.	0 08 00	l'hectol.	0 23	
éteinte	1 last.	0 40 00	1,000 kil.	0 74	
Chlorure de chaux	1 skälpund.	0 01 00	le kil.	0 11	
Chocolat	id.	0 16 00	id.	1 69	
Cidre, comme vin.					
Ciment	1 tunna.	0 16 00	l'hectol.	0 46	
Cire à cacheter	1 skälpund.	0 12 00	le kil.	1 27	
à greffer	id.	0 07 00	id.	0 74	
Ciseaux à doubles branches, à tondre les draps et les étoffes, de tailleur, à tondre les haies, la laine	1 lispund.	0 12 00	100 kil.	6 37	
autres, non polis	1 skälpund.	0 24 00	le kil.	2 54	
polis	id.	1 00 00	id.	5 08	
Citrons	id.	0 01 06	id.	0 11	

DÉNOMINATION DES MARCHANDISES.	DROITS. Unités suédoises.		DROITS. Unités françaises.	
	Bases.	Taux.	Bases.	Taux.
		r. s. r.		fr. c.
Clous de girofle.	1 skälpund.	0 05 00	le kil.	0 53
Cobalt, minerai de.	id.	1 00 00	id.	5 08
métal de.	id.	1 04 00	id.	5 50
Coiffures.	la pièce.	1 32 00	la pièce.	3 60
Colle de poisson.	1 skälpund.	0 16 00	le kil.	1 69
autres.	id.	0 03 00	id.	0 32
Cols en soie ou demi-soie.	id.	3 00 00	id.	15 24
en tissu d'autre sorte.	id.	1 16 00	id.	6 77
en cuir.	id.	0 24 00	id.	2 54
Confitures et bonbons.	id.	0 12 00	id.	1 27
Conserves alimentaires en vases fermés.	id.	0 12 00	id.	1 27
Coquillages confits ou salés.	1 kanna.	0 12 00	l'hectol.	20 04
Corail fin, taillé, non monté.	1 skälpund.	0 40 00	le kil.	4 23
monté, suit le régime de la monture, avec laquelle il est pesé.				
Cordages neufs.	1 lispund.	0 16 00	100 kil.	8 50
Cordes pour instruments de musique, métalliques.	1 skälpund.	0 08 00	le kil.	0 85
autres.	id.	0 24 00	id.	2 55
Cordons et chaines de montres, en matières composées ou ouvrées non dénommées, comme la matière principale ouvrée dont ils sont formés, ou celle-ci non établie.	valeur.	33 1/3 %	valeur.	33 1/3 %
Coriandre.	1 skälpund.	0 02 00	le kil.	0 22
Cornes ouvrées, préparées, plates.	id.	0 01 00	id.	0 11
boutons.	id.	0 12 00	id.	1 27
autres.	id.	1 00 00	id.	5 08
Couleurs et matières tinctoriales, céruse, blanc de zinc et blanc d'argent dit de krems.	id.	0 01 00	id.	0 11
cochenille.	id.	0 08 00	id.	0 85
indigo.	id.	0 02 00	id.	0 21
brun-rouge ou colcotar.	1 tunna.	1 00 00	l'hectol.	1 38
vert-de-gris (1).	1 skälpund.	0 02 00	le kil.	0 21
en boites, avec accessoires (2), ainsi que couleurs en coquillages, en vases de verre, etc.	id.	0 08 00	id.	0 85
Coutellerie: rasoirs et canifs, avec ou sans étuis.	id.	1 00 00	id.	5 08
couteaux de marins, et pour le travail grossier.	id.	0 12 00	id.	1 27
couteaux de table et autres non dénommés, ainsi que fourchettes avec manches en bois ou en corne.	id.	0 16 00	id.	1 69
les mêmes, avec manches en autres matières.	id.	0 32 00	id.	3 39
Craie blanche et en pierres, non moulue.	1 tunna.	0 05 00	l'hectol.	0 14
moulue.	id.	0 24 00	id.	0 69
rouge et pierre noire.	1 skälpund.	0 00 06	le kil.	0 05
pastel à dessiner.	id.	0 02 00	id.	0 21
Crayons de mine de plomb à l'usage des charpentiers.	id.	0 04 00	id.	0 42
de toute autre espèce.	id.	0 24 00	id.	2 54
Creusets.	1 lispund.	0 03 00	100 kil.	1 59
Cubèbe.	1 skälpund.	0 08 00	le kil.	0 85
Cuivre brut en gueuses.	1 skeppund (poids d'étape).	1 00 00	100 kil.	1 60
en rosettes.	id.	4 00 00	id.	6 40
battu, laminé, coulé: plaques et autres objets destinés à être travaillés.	id.	6 32 00	id.	10 65
planches et clous pour le doublage des navires.	id.	1 32 00	id.	2 66
autres ouvrages achevés.	1 skälpund.	0 06 00	le kil.	0 63
vieux, usagé, calciné, et mitraille.	1 skeppund (poids d'étape).	3 16 00	100 kil.	5 33
Cumin.	1 tunna.	2 00 00	l'hectol.	2 76
Dattes.	1 skälpund.	0 04 00	le kil.	0 43
Décorations, plateaux pour tables avec accessoires, ainsi qu'ornements non dénommés, comme la matière principale ouvrée dont ils sont formés.				
Dentelles, points, blondes de soie et de lin.	id.	6 00 00	id.	30 48
autres.	id.	1 00 00	id.	5 08
Dés à coudre, autres qu'en or et en argent.	id.	0 16 00	id.	1 69
Dessins de broderies.	id.	0 05 00	id.	0 53
Droussettes, au dessus de 20/00.	la pièce.	0 20 00	la pièce.	0 90
autres.	id.	0 09 00	id.	0 40
Eau-forte.	1 skälpund.	0 01 06	le kil.	0 11
Eaux de senteur de toute sorte, les flacons compris.	id.	0 12 00	id.	1 27
Eaux-de-vie et esprits de grains, pommes de terre et autres fruits, de plantes non ligneuses:				
genièvre de Hollande, de 10 degrés ou moins (3).	1 kanna.	0 30 00	l'hectol.	5 16
autres, distillées ou non.	....	prohibés.	....	prohibés.
de fruits:				
cognac de France, de 10 degrés ou moins (4).	1 kanna.	0 30 00	l'hectol.	5 16
autres.	....	prohibés.	....	prohibés.
de mélasse ou rhum, de 10 degrés ou moins (5).	1 kanna.	0 30 00	l'hectol.	5 16
de riz ou rack, de 10 degrés ou moins (6).	id.	0 30 00	id.	5 16
de France, pour la fabrication des eaux de senteur, avec autorisation spéciale.	id.	0 16 00	id.	2 75
Eaux minérales ou médicinales.	id.	0 04 00	id.	0 69
Écailles de tortues ouvrées.	1 skälpund.	6 00 00	le kil.	30 48
Écorces de quinquina non moulues.	id.	0 03 00	id.	0 32
moulues, pour les pharmaciens.	id.	0 24 00	id.	2 54
de citrons, sèches.	id.	0 01 06	id.	0 11
Effets de mobilier, vieux et ayant servi, et avec autorisation spéciale.	valeur.	10 %	valeur.	10 %
Embarcations, avec leurs agrès et apparaux, à voiles.	id.	5 %	id.	5 %
à vapeur.	id.	10 %	id.	10 %
Encre à écrire, liquide.	1 kanna.	0 16 00	l'hectol.	2 75
sèche.	1 skälpund.	0 06 00	le kil.	0 63
à imprimer, et noir d'imprimeur.	id.	0 03 00	id.	0 32
Éponges.	id.	0 12 00	id.	1 26
Étain brut, ainsi que vieux, ouvré, brisé.	1 lispund.	0 20 00	100 kil.	10 63
ouvré neuf, non verni et non peint.	1 skälpund.	0 12 00	le kil.	1 27
verni ou peint.	id.	0 16 00	id.	1 69
feuille d'— ou Tain.	id.	0 04 00	id.	0 42

OBSERVATIONS.

(1) Ces couleurs broyées à l'huile ou autrement préparées, sont admises aux mêmes droits que celles brutes ci-dessus indiquées.

(2) Aucune déduction de poids pour les boîtes et autres accessoires.

(3) Par chaque degré de plus le droit s'augmente de 0 r. 1 s. 6 r. (0 fr. 06,7 c.).

(4) *Id., ib.*

(5) *Id., ib.*

(6) *Id., ib.*

DÉNOMINATION DES MARCHANDISES.	DROITS. Unités suédoises. Bases.	Taux.	Unités françaises. Bases.	Taux.	OBSERVATIONS.
		r. s. r.		fr. c.	
Étoupes de chanvre et de lin.	1 skeppund (poids d'étape).	2 24 00	100 kil.	3 99	
provenant de vieux cordages.	id.	1 00 00	id.	1 59	
Étuis, avec ou sans garnitures, de matières composées ou de matières ouvrées non dénommées, ainsi que Bourses.	1 skälpund.	0 32 00	le kil.	3 39	
Éventails.	id.	0 03 00	id.	0 32	
Fanons de baleine, apprêtés.	id.	0 12 00	id.	1 27	
Fard et bezettes.	id.	0 24 00	id.	2 54	
Farines non dénommées, ne pouvant provenir des céréales; non assimilées aux médicaments.	id.	0 06 00	id.	0 64	
de pommes de terre.	1 lispund.	0 24 00	100 kil.	12 75	
Fenouil.	1 skälpund.	0 02 00	le kil.	0 21	
Fer, fonte, en gueuses et en masse pour lest.		prohibé.	....	prohibé.	
bombes, boulets, calibrés et limés, canons, pierriers, mortiers forés, affûts.	1 skeppund (poids d'étape).	6 00 00	100 kil.	9 58	
canons, pierriers, mortiers, non forés.	id	3 00 00	id.	4 79	
poteries, chaudières, poêles, grillages, rampes, portes d'écluses.	id.	4 00 00	id.	6 39	
plaques pour cheminées, poids ébauchés.	id.	2 00 00	id.	3 20	
canons, bombes, mortiers, boulets de rebut.	id.	1 00 00	id.	1 60	
autre non dénommée :					
ouvrages grossiers.	1 skälpund.	0 01 04	le kil.	0 14	
ouvrages plus fins.	id.	0 12 00	id.	1 27	
bijouterie : épingles, croix, cachets, bagues, chaînes de montres, etc., etc.	id.	0 36 00	id.	3 81	
boutons, vernis ou non.	id.	0 03 00	id.	0 32	
forgé ou laminé : ancres.	1 skeppund (poids d'étape).	3 16 00	100 kil.	5 33	
chaînes-câbles à maillons d'un calibre de 1 5/8 de tum (0m,015) ou moins.	id.	2 00 00	id.	3 18	
de plus de 1 5/8 de tum (0m,015).	id.	1 24 00	id.	2 39	
grappins, enclumes, marteaux, ferrures pour gouvernails.	id.	5 00 00	id.	7 99	
genoux pour navires.	id.	3 16 00	id.	5 33	
forgé, en barres plates de 3/8 de tum (0m,009) et plus d'épaisseur, et de moins de 12 tums de largeur ; et en barres carrées de plus de 5/8 de tum (0m,015).	id.	3 16 00	id.	5 33	
en massiaux.	id.	1 24 00	id.	2 39	
forgé et laminé : feuillard et à cercles, en barres plates de moins de 3/8 de tum d'épaisseur ; à grillages et en barres rondes, hexagones, octogones ; en barres carrées de 5/8 de tum (0m,015) ou moins ; de fenderie, verges à clous.	id.	3 16 00	id.	5 33	
tôle non étamée, de 1/8 de tum et plus d'épaisseur (0m,003).	id.	3 16 00	id.	5 33	
au-dessous de 1/8 de tum d'épaisseur.	id.	4 00 00	id.	6 39	
étamée.	id.	3 00 00	id.	4 79	
clous, de 2 tums et plus de longueur.	id.	5 00 00	id.	7 99	
de toute autre sorte, ainsi que fer ouvré non dénommé, non poli.	1 skälpund.	0 12 00	le kil.	1 27	
poli ou verni.	id.	0 18 00	id.	1 91	
ferraille.	1 skeppund (poids d'étape).	1 16 00	100 kil.	2 12	
Feuilles et baies de laurier.	1 skälpund.	0 01 00	le kil.	0 11	
Fèves potagères.	id.	0 02 00	id.	0 21	
grosses, de toute espèce, comme les pois.					
Fils, autres que ceux à coudre et en métaux :					
de coton, simples ou retors, non teints.	id.	0 03 00	id.	0 32	
teints rouge, dits de Turquie.	id.	0 08 00	id.	0 85	
tous autres.	id.	0 12 00	id.	1 27	
de poil de chevron, non retors, non teints.	id.	0 04 00	id.	0 43	
teints ou retors.	id.	0 10 00	id.	1 06	
de carret.	id.	0 12 00	id.	1 27	
de laine, non teints, non retors.	id.	0 08 00	id.	0 85	
teints ou retors.	id.	0 10 00	id.	1 06	
de lin, non teints.	id.	0 12 00	id.	1 27	
teints.	id.	0 18 00	id.	1 91	
à coudre et métalliques :					
à coudre, de coton.	id.	0 16 00	id.	1 70	
de lin.	id.	0 24 00	id.	2 54	
métalliques, d'or et d'argent, fins, dorés ou argentés.	1 lod.	0 08 00	le kil.	2 71	
faux.	id.	0 05 00	id.	1 69	
de fer et d'acier, non dénommés.	1 skeppund (poids d'étape.	0 04 06	100 kil.	0 15	
de cuivre et de laiton, dorés ou argentés.	1 skälpund.	0 36 00	le kil.	3 81	
autres.	id.	0 08 00	id.	0 85	
filets, suivent le régime du fil dont ils sont faits, avec une augmentation du droit de 50 °/₀.					
Figues.	id.	0 02 00	id.	0 21	
Fleurs artificielles.	id.	15 00 00	id.	76 20	
parties de.	id.	5 00 00	id.	25 40	
Formes : cruches et pots pour raffineries de sucre.	id.	0 00 02	id.	0 02	
pour l'impression des tissus et la fabrication du papier.	id.	0 01 00	id.	0 11	
Fromages de toute sorte.	id.	1 00 00	id.	5 08	
Fruits et baies non dénommés, frais.	1 tunna.	0 36 00	l'hectol.	1 02	
confits à l'eau-de-vie et au vinaigre.	1 skälpund.	0 09 00	le kil.	0 95	
secs.	1 lispund.	0 32 00	100 kil.	17 01	
Galettes en feutre, apprêtées ou non, comme l'étoffe dont elles sont formées.					
Gants de peau de toute sorte.	1 skälpund.	2 00 00	le kil.	10 16	
de tricot, comme bas.					
Garnitures de lit, comme le tissu servant d'enveloppe.					
Gingembre sec.	id.	0 01 10	id.	0 19	
confit.	id.	0 16 00	id.	1 69	

DÉNOMINATION DES MARCHANDISES.	DROITS. Unités suédoises.		Unités françaises.		OBSERVATIONS.
	Bases.	Taux.	Bases.	Taux.	
		r. s. r.		fr. c.	
Gommes non dénommées	1 skälpund.	0 00 08	le kil.	0 07	(1) Quand la boîte est en or, argent, écaille de tortue, comme l'une ou l'autre de ces matières.
Goudron	1 tunna.	1 16 00	100 kil.	2 32	
de houille	id.	0 32 00	id.	1 16	
de rebut	id.	0 44 00	id.	1 59	
Graines d'alpiste	1 skälpund.	0 01 00	le kil.	0 11	
Grenaille à giboyer, de toute sorte	id.	0 03 00	id.	0 32	
Gruaux, excepté de céréales	id.	0 01 06	id.	0 16	
Habillements non dénommés, comme le tissu principal dont ils sont formés, et 50 % en sus; le droit est doublé lorsque l'article est orné de dentelles, blondes, galons ou broderies					
Hameçons	id.	0 12 00	le kil.	1 27	
Horlogerie : montres à boîtes d'or	la pièce.	2 00 00	la pièce.	4 32	
autres	id.	0 32 00	id.	1 44	
chronomètres de mer	id.	15 00 00	id.	32 40	
horloges et pendules en bronze, comme métaux non dénommés ouvrés.					
autres	1 skälpund.	1 00 00	le kil.	5 08	
fournitures d'	id.	2 00 00	id.	10 16	
Houblon	1 lispund.	1 00 00	100 kil.	25 50	
Huiles grasses, d'olives, de chanvre, de coco, de palme, de spermaceti	1 skälpund.	0 00 06	le kil.	0 05	
autres non dénommées, et ne pouvant être assimilées aux substances médicinales	id.	0 01 00	id.	0 11	
volatiles ou essences, les flacons compris	id.	0 05 00	id.	0 53	
de poisson et graisses de toute sorte	1 lispund.	0 06 00	100 kil.	3 19	
ou essence de térébenthine	1 skälpund.	0 01 06	le kil.	0 16	
de poix	1 lispund.	0 05 00	100 kil.	2 71	
Hydromel	1 kanna.	0 12 00	l'hectol.	0 43	
Instruments : compas et étuis de mathématiques, lunettes et lorgnons	1 skälpund.	0 24 00	le kil.	2 54	
verres d'optique montés, et instruments de toute sorte non dénommés	id.	0 10 00	id.	1 06	
de musique : flûtes, hautbois, clarinettes	la pièce.	1 16 00	la pièce.	2 88	
guitares et luths	id.	2 00 00	id.	4 32	
violons	id.	1 00 00	id.	2 16	
violoncelles, contrebasses	id.	3 16 00	id.	7 20	
cors et trompettes	id.	4 00 00	id.	8 64	
tambours et timbales	id.	5 00 00	id.	10 80	
clavecins, orgues portatives	id.	16 32 00	id.	35 25	
harpes	id.	15 00 00	id.	32 40	
pianos carrés	id.	50 00 00	id.	108 00	
à queue	id.	100 00 00	id.	216 00	
boîtes (1) à carillon, à musique	id.	1 16 00	id.	2 88	
articles accessoires des	valeur.	15 %	valeur.	15 %	
Intérieurs à cols	1 skälpund.	0 32 00	le kil.	3 39	
Ivoire ouvré	id.	1 24 00	id.	7 62	
Joncs et roseaux : bambous dits d'Espagne	1 lispund.	0 32 00	100 kil.	17 00	
de marais, rotins et autres	id.	0 04 00	id.	2 13	
Jus de citron	1 kanna.	0 04 00	l'hectol.	7 64	
Jus de réglisse	1 skäppund.	0 02 00	le kil.	0 21	
Laines de toute sorte	....	exemptes.	....	exemptes.	
Lames à scies	1 skälpund.	0 06 00	le kil.	0 63	
Lampes et lanternes, comme la matière ouvrée dont elles sont formées.					
Lard	1 lispund.	0 24 00	100 kil.	12 75	
Levain de bière comprimé	1 skäppund.	0 01 00	le kil.	0 11	
Lie de vin desséchée	1 lispund.	0 06 00	100 kil.	3 19	
Limes et râpes	1 skäppund.	0 04 00	le kil.	0 42	
Lin non peigné	1 lispund.	0 08 00	100 kil.	4 25	
peigné	id.	0 16 00	id.	8 50	
Liqueurs	1 kanna.	2 24 00	l'hectol.	206 42	
Litharge	1 skäppund.	0 00 08	le kil.	0 07	
Livres imprimés en langue suédoise, en feuilles ou brochés	id.	0 04 00	id.	0 42	
reliés	id.	0 06 00	id.	0 63	
reliés, ne contenant que du papier blanc ou réglé; mêmes droits que le papier dont ils sont formés, et 50 % en sus.					
Lustres, ou leurs pièces détachées, comme la matière principale ouvrée dont ils sont formés.					
Machines et mécaniques, ou pièces détachées non dénommées	valeur.	5 %	valeur.	5 %	
Macis	1 skälpund.	0 12 00	le kil.	1 27	
Maïs	1 tunna.	0 12 00	l'hectol.	0 33	
Marchandises non comprises dans aucune dénomination du tarif, plus ou moins ouvrées	valeur.	5 %	valeur.	5 %	
Matières brutes	....	exemptes.	....	exemptes.	
Mèches d'artilleurs	1 skälpund.	0 02 00	le kil.	0 21	
pour lampes, bougies, chandelles	id.	0 20 00	id.	2 12	
Métaux de composition, alliages métalliques en forme de tôle ou de clous pour le doublage des navires	1 skeppund (poids d'étape).	1 16 00	100 kil.	2 13	
laiton non ouvré, y compris la tôle battue et celle laminée pour tréfilerie	id.	16 32 00	id.	26 09	
laiton ouvré de toute sorte, coulé, forgé, estampé, y compris les clinquants faux, non recouvert d'autre métal	1 skälpund.	0 16 00	le kil.	1 69	
doré	id.	0 36 00	id.	3 81	
d'autre espèce	id.	0 24 00	id.	2 54	
autres de toute espèce, bruts	1 skeppund (poids d'étape).	16 32 00	100 kil.	26 09	
ouvrés, dorés	1 skälpund.	0 36 00	le kil.	3 81	
autres	id.	0 24 00	id.	2 54	
mitraille et vieux métal de composition ayant déjà servi, de toute sorte	1 skeppund (poids d'étape).	16 32 00	100 kil.	26 09	
Miel	1 skälpund.	0 01 00	le kil.	0 11	
Mine de plomb	1 lispund.	0 08 00	100 kil.	4 25	

DÉNOMINATION DES MARCHANDISES.	DROITS. Unités suédoises. Bases.	Taux.	Unités françaises. Bases.	Taux.	OBSERVATIONS.
		r. s. r.		fr. c.	
Miroirs ordinaires et à flambeaux	1 skälpund.	0 08 00	le kil.	0 85	(1) Les feuilles de papier entre lesquelles se trouve l'or sont pesées av c celui-ci.
Moutarde, graine de	id.	0 01 00	id.	0 11	
farine de, ou confectionnée	id.	0 06 00	id.	0 63	
Muscade sèche	id.	0 08 00	id.	0 85	
Nacre de perle ouvrée, non montée	id.	0 40 00	id.	4 23	
montée, comme la monture.					
Nattes d'écorce	1 lispund.	0 06 00	100 kil.	3 19	
Nickel arsenical	1 skälpund.	0 24 00	le kil.	2 54	
Noirs d'os, charbon d'os, bistre	1 lispund.	0 08 00	100 kil.	4 25	
de fumée	1 skälpund.	0 05 00	le kil.	0 53	
Noix de galle	id.	0 00 08	id.	0 07	
de coco	la pièce.	0 01 00	la pièce.	0 05	
communes et noisettes	1 kanna.	0 02 00	l'hectol.	3 44	
Objets fabriqués, comme la matière principale ouvrée dont ils sont formés, si elle ne peut être établie	valeur.	25 °/ₒ	valeur.	25 °/ₒ	
Oignons de toute espèce	1 lispund.	0 10 00	100 kil.	5 31	
Oiseaux (viande d'), fraîche	1 skälpund.	0 01 06	le kil.	0 16	
confite ou fumée	id.	0 03 00	id.	0 32	
Olives	1 kanna.	0 12 00	l'hectol.	20 64	
Or ouvré	1 lod.	1 00 00	le kil.	162 64	
battu en feuilles (1), fin	id.	0 08 00	id.	27 10	
faux	id.	0 00 08	id.	2 25	
mussif, en poudres métalliques imitant l'or	id.	0 10 00	id.	33 88	
Oranges amères et douces	1 skälpund.	0 01 06	id.	0 16	
Orangettes et écorces d'oranges	id.	0 02 00	id.	0 21	
Os ouvrés	id.	0 09 00	id.	0 95	
Ouates, de coton	id.	0 08 00	id.	0 85	
de soie	id.	1 00 00	id.	5 08	
Outils non dénommés	valeur.	5 °/ₒ	valeur.	5 °/ₒ	
Ouvrages brodés en or ou argent	1 lod.	0 24 00	le kil.	81 32	
autres, comme le tissu principal, avec adjonction de 20 °/ₒ pour les articles qui se vendent à l'aune, de 50 °/ₒ pour ceux qui se vendent à la pièce, ou qui sont confectionnés en tout ou en partie.					
en acier, non dénommés	1 skälpund.	0 36 00	id.	3 81	
en caoutchouc et en gutta-percha, non dénommés.	id.	0 12 00	id.	1 27	
en cuir, non dénommés	id.	0 24 00	id.	2 54	
en fer blanc, non dénommés, vernissés	id.	0 12 00	id.	1 27	
non vernissés	id.	0 08 00	id.	0 85	
en platre, non dénommés	id.	0 08 00	id.	0 85	
en poil ou crin, montés ou non, avec ou sans fermoir	id.	2 32 00	id.	13 55	
de coiffeur et de perruquier	id.	3 16 00	id.	16 93	
de cordonnerie, en soie	id.	3 00 00	id.	15 54	
en autres étoffes, en peau, dit cordouan, en peau coloriée ou imprimée	id.	2 00 00	id.	10 16	
bottes grossières à l'usage des marins	la paire.	0 24 00	la paire.	1 08	
autres	1 skälpund.	1 16 00	le kil.	6 77	
de sellier, non dénommés et avec garniture dorée, argentée ou plaquée	id.	0 28 00	id.	2 96	
autres	id.	0 24 00	id.	2 54	
Paillassons de paille ou de racines	id.	0 06 00	id.	0 63	
Pains, de froment	id.	0 02 00	id.	0 21	
autre	id.	0 01 00	id.	0 11	
à cacheter	id.	0 18 00	id.	1 90	
Papier d'enveloppe, gris ou colorié, à tabac	id.	0 01 08	id.	0 18	
brouillard, maculature, de doublage	id.	0 01 03	id.	0 13	
à imprimer, collé ou non, pour tentures	id.	0 02 06	id.	0 26	
dit impérial, royal, médian ou dit éléphant; à écrire, et tout autre papier blanc non dénommé	id.	0 03 00	id.	0 32	
à lettres, de toute sorte	id.	0 04 00	id.	0 42	
colorié, gauffré, imprimé, orné de figures, argenté ou doré	id.	0 05 00	id.	0 53	
carton à presser les draps	id.	0 00 02	id.	0 02	
Parapluies et parasols, en soie ou demi-soie	la pièce.	1 00 00	la pièce.	2 16	
autres	id.	0 24 00	id.	1 08	
parties de —, montures	1 skälpund.	0 08 00	le kil.	0 85	
couvertures taillées ou cousues, comme le tissu, avec une augmentation de 10 °/ₒ.					
Etuis de — en cuir, séparés ou servant d'enveloppe	id.	0 16 00	id.	1 70	
en toile, séparés des —, comme le tissu avec une augmentation de 10 °/ₒ.					
Passementerie, en or et en argent, cannetilles et paillettes fines, ainsi que dorées ou argentées	1 lod.	0 04 00	id.	13 55	
fausses	id.	0 02 06	id.	8 43	
franges, galons, passements, aiguillettes, cordons et autres ouvrages, non dénommés, fins, ainsi que dorés ou argentés	id.	0 16 00	id.	54 20	
faux	id.	0 10 00	id.	33 88	
les mêmes en soie ou demi-soie	1 skälpund.	5 00 00	id.	25 40	
d'autre sorte	id.	1 16 00	id.	6 78	
Peaux, ne rentrant pas dans la classe des pelleteries brutes, sèches, non salées	id.	0 01 10	id.	0 19	
salées	id.	0 01 00	id.	0 11	
à l'état humide, salées et autres	id.	0 00 08	id.	0 07	
préparées, blanches et chamoisées, et cuir pour semelles	id.	0 12 00	id.	1 27	
dites cordouan, parchemin et peaux teintes, gauffrées et imprimées	id.	0 36 00	id.	3 81	
vernies	id.	0 20 00	id.	2 12	
fines pour gants, étuis et portefeuilles, avec permission spéciale	id.	0 16 00	id.	1 69	
de poisson	id.	0 04 00	id.	0 42	

DÉNOMINATION DES MARCHANDISES.	DROITS. Unités suédoises. Bases.	Taux.	Unités françaises. Bases.	Taux.	OBSERVATIONS.
		r. s. r.		fr. c.	
autres non dénommées	1 skälpund.	0 24 00	le kil.	2 54	(1) Les objets nécessaires pour les besoins pharmaceutiques ou scientifiques peuvent entrer en franchise, avec autorisation spéciale.
pelleteries brutes, de chèvre et de phoque	id.	0 03 00	id.	0 32	
de brebis et d'agneau noires et grises de Crimée	id.	0 16 00	id.	1 69	
autres	id.	0 04 00	id.	0 42	
de glouton, de loup-cervier, de renne, de renard, de raton et de loup	id.	0 12 00	id.	1 27	
autres	id.	0 32 00	id.	3 39	
autres peaux plus ou moins apprêtées ou préparées en confit et cousues en sacs, comme pelleteries brutes avec augmentation de 25 %.					
articles confectionnés couverts de pelleteries, comme pelleteries préparées avec augmentation de 50 %.					
Perles, fausses, en verre	id.	0 10 00	id.	1 06	
autres	1 lod.	0 02 00	id.	6 78	
Pierres à feu taillées, sauf les agates	1 skälpund.	0 01 00	id.	0 11	
ouvrées non dénommées	id.	0 00 06	id.	0 05	
Phosphore	id.	0 04 00	id.	0 42	
Pinceaux	la douzaine.	0 09 00	la douz[e].	0 41	
Pipes à fumer, montées ou non, en écume de mer, vraie ou fausse	1 skälpund.	0 24 00	le kil.	2 54	
autres	id.	0 12 00	id.	1 27	
Plomb, métal brut, en saumons ou rouleaux	1 skeppund.	0 24 00	100 kil.	0 64	
ouvré non dénommé, non peint ou vernissé	1 skälpund.	0 01 06	le kil.	0 16	
peint ou vernissé	id.	0 06 00	id.	0 63	
Plumes à lit, épurées	1 lispund.	2 00 00	100 kil.	51 00	
à écrire, sauf celles en acier ou autres métaux	1 skälpund.	0 08 00	le kil.	0 85	
de parure, d'autruche et autres	id.	15 00 00	id.	76 20	
Poils de cheval	id.	0 02 00	id.	0 21	
de vache et autres plocs	1 lispund.	0 06 00	100 kil.	3 19	
Poissons salés ou marinés :					
anchois, sardines, thon	1 skälpund.	0 08 00	le kil.	0 85	
cabillauts, lingues, morues	1 tunna.	1 06 00	l'hectol.	1 93	
saumons	id.	1 16 00	id.	2 29	
harengs	id.	0 16 00	id.	0 57	
tous autres	id.	1 00 00	id.	1 73	
secs ou fumés :					
seys	1 lispund.	0 06 00	100 kil.	3 19	
saumons, anguilles	id.	0 30 00	id.	15 95	
lingues et morues	id.	0 08 00	id.	4 25	
autres	id.	0 12 00	id.	6 38	
Poivre de toute espèce	1 skälpund.	0 03 00	le kil.	0 32	
Poix résine	1 lispund.	0 08 00	100 kil.	4 25	
Pommades	1 skälpund.	0 28 00	le kil.	2 96	
Pommes de terre	1 tunna.	0 16 00	100 kil.	0 44	
Porcelaine (1) fausse ou fayence blanche, jaunâtre ou non peinte, assiettes	1 skälpund.	0 02 00	le kil.	0 21	
autres pièces	id.	0 05 00	id.	0 53	
peinte ou imprimée, assiettes	id.	0 06 00	id.	0 63	
autres pièces	id.	0 08 00	id.	0 85	
fine, blanche ou d'une seule couleur	id.	0 08 00	id.	0 85	
dorée ou ornée de figures, fleurs	id.	0 12 00	id.	1 27	
Portefeuilles, nécessaires de voyage, etc. :					
en cuir	id.	0 24 00	id.	2 54	
en soie ou demi-soie	id.	1 24 00	id.	7 62	
autres	id.	0 16 00	id.	1 70	
Potasses, raffinées ou calcinées	1 lispund.	0 08 00	100 kil.	4 25	
Potée d'étain (oxyde d'étain), et plomb calciné (oxyde de plomb)	1 skälpund.	0 01 04	le kil.	0 14	
Poteries de terre, non dénommées	id.	0 03 00	id.	0 32	
Poudres, à tirer	....	prohibée.	....	prohibée.	
à poudrer	1 skälpund.	0 04 00	le kil.	0 42	
Produits chimiques, non dénommés, pour les fabriques et avec une autorisation spéciale	valeur.	5 %	valeur.	5 %	
pour l'usage des pharmaciens; comme substances médicinales non dénommées.					
Prunes et pruneaux secs	1 skälpund.	0 01 06	le kil.	0 16	
Raisins frais	id.	0 06 00	id.	0 63	
secs	id.	0 01 06	id.	0 16	
secs de Corinthe	id.	0 02 08	id.	0 28	
Racines de chicorée, de quinquina, de réglisse	id.	0 00 08	id.	0 07	
mangeables non dénommées	1 tunna.	0 24 00	id.	2 54	
Ressorts, non dénommés, comme la matière ouvrée dont ils sont formés.					
Riz en paille	id.	1 12 00	100 kil.	1 64	
Rubans de velours	1 skälpund.	2 24 00	le kil.	12 70	
en soie	id.	4 00 00	id.	20 32	
en demi-soie	id.	2 00 00	id.	10 16	
autres de toute sorte, même mélangés de caoutchouc, etc., etc.	id.	0 32 00	id.	3 39	
Sacs neufs, vides	id.	0 06 00	id.	0 63	
Safran	id.	1 00 00	id.	5 08	
Salpêtre brut et raffiné	1 lispund.	2 00 00	100 kil.	51 00	
de Chili au nitrate de soude, pour les fabriques, et avec autorisation spéciale	id.	0 06 00	id.	3 19	
Saucissons	1 skälpund.	0 04 00	le kil.	0 42	
Savons, liquide ordinaire	1 lispund.	0 18 00	100 kil.	9 56	
parfumés et savonnettes	1 skälpund.	0 16 00	le kil.	1 63	
de qualités inférieures	id.	0 03 00	id.	0 31	
Sculptures en bois et ouvrages architectoniques	id.	0 08 00	id.	0 82	
Sels bruts marin	1 tunna.	0 18 00	l'hectol.	0 52	
de roche	id.	0 12 00	id.	0 17	
de glauber	1 lispund.	0 00 08	100 kil.	0 35	
raffinés	1 skälpund.	0 00 08	le kil.	0 07	
médicinal	id.	0 01 00	id.	0 11	

DÉNOMINATION DES MARCHANDISES.	DROITS. Unités suédoises. Bases.	Taux.	Unités françaises. Bases.	Taux.	OBSERVATIONS.
		r. s. r.		fr. c.	
ammoniac	1 skälpund.	0 00 08	le kil.	0 07	(1) Par étoffes on entend les tissus qui se vendent à l'aune.
de Tartre	id.	0 03 06	id.	0 37	(2) Quand l'endroit n'est formé que de soie, on acquitte ce droit, alors que l'envers du tissu serait en coton (probablement trame en soie, chaîne en coton).
de Saturne	id.	0 00 08	id.	0 07	
Serpentine ouvrée	1 lispund.	0 16 00	100 kil.	8 50	
Sirops de toute espèce	1 skälpund.	0 02 00	le kil.	0 21	
Soies teintes	id.	1 16 00	id.	6 77	
Son, autre que de céréales	1 lispund.	0 05 00	100 kil.	2 71	
Soude	id.	0 00 08	id.	0 35	
Soufre brut pour la fabrication de l'acide sulfurique et avec autorisation spéciale	....	exempt.	....	exempt.	
fleur de —	1 skälpund.	0 00 06	le kil.	0 05	
Soya et sauces	1 kanna.	0 36 00	l'hectol.	6 19	
Stéarine	1 skälpund.	0 03 00	le kil.	0 31	
Stores en toile de coton, lin ou chanvre, peints ou imprimés	id.	0 10 00	id.	1 06	
Succin ouvré, non monté	id.	0 40 00	id.	4 24	
monté, comme la monture.					
Sucre moscouade, terré et tête ordinaire, cassonade blanche	id.	0 02 03	id.	0 24	
lumps pilé, terré Havanne, et autres de même richesse saussarine	id.	0 05 00	id.	0 53	
raffiné en pains et candi	id.	0 05 00	id.	0 53	
Suif	1 lispund.	0 16 00	100 kil.	8 50	
Tabac, brut, en feuilles	1 skälpund.	0 07 00	le kil.	0 74	
en côtes	id.	0 04 00	id.	0 42	
ouvré, cigares	id.	1 06 00	id.	5 71	
haché	id.	0 14 00	id.	1 48	
en poudre	id.	0 16 00	id.	1 69	
en cordes	id.	0 10 00	id.	1 06	
en carottes	id.	0 18 00	id.	1 90	
Tablettes à écrire, en ardoise	id.	0 01 00	id.	0 11	
autres	id.	0 05 00	id.	0 53	
Tamarins	id.	0 01 00	id.	0 11	
Tamis	id.	0 12 00	id.	1 27	
toile métallique à —, comme la matière ouvrée dont elle est formée.					
Tartre brut ou raffiné	id.	0 00 08	id.	0 07	
Tentures et bordures de papier	id.	0 16 00	id.	1 69	
Térébenthines et essence de —	id.	0 01 06	id.	0 16	
Thé	id.	0 12 00	id.	1 27	
Thermomètres avec ou sans étuis	la pièce.	0 28 00	la pièce.	1 26	
Tissus à broder, marli et canevas de soie	1 skälpund.	4 00 00	le kil.	20 32	
de soie mêlée d'autre matière	id.	2 00 00	id.	10 16	
de laine	id.	1 00 00	id.	5 08	
de papier	id.	0 05 00	id.	0 53	
autres purs ou mélangés	id.	0 32 00	id.	3 38	
canevas échantillonés de tapisserie, comme le tissu dont ils sont formés et 20 °/₀ en plus.					
de soie pure, étoffes (1), peluche	id.	1 24 00	id.	7 62	
crêpe, gaze, tulle	id.	4 00 00	id.	20 32	
mêlées d'or ou d'argent, fin	id.	16 00 00	id.	81 28	
faux	id.	5 16 00	id.	27 09	
velours (2)	id.	3 00 00	id.	15 24	
toutes étoffes de soie unies quelle qu'en soit la dénomiation, de couleur pure, glacées à carreaux ou à raies, ne présentant ni fleurs ni figures tissées	id.	4 00 00	id.	20 32	
autres non dénommées	id.	4 00 00	id.	20 32	
châles et mouchoirs	id.	5 00 00	id.	25 40	
de demi-soie, étoffes, peluches	id.	1 00 00	id.	5 08	
autres	id.	2 00 00	id.	10 16	
châle mouchoirs, valant 10 r. et plus (21 fr. 60 c. et plus)	id.	2 24 00	id.	12 70	
moins de 10 r. (21 fr. 60 c.)	id.	2 24 00	id.	12 70	
étoffes disposées en tabliers par le façonnage	id.	2 24 00	id.	12 70	
de coton, étoffes, dites Corderoy, Jean; velours simple et double, molleton, satin	id.	0 24 00	id.	2 54	
peluche	id.	0 08 00	id.	0 85	
couvertures	id.	0 16 00	id.	1 69	
gaze, linon, mousseline, dimity, batiste, piqué, et autres façonnées, non dénommées	id.	0 36 00	id.	3 81	
tulle	id.	1 24 00	id.	7 62	
calicot, toile de coton, percale blancs, unis, ne présentant pas plus de 76 fils au *tum* (3 centim. environ) en chaîne, et ayant moins de 6 quarters (96 centim.) de large	id.	0 24 00	id.	2 54	
les mêmes teintes	id.	0 28 00	id.	2 96	
imprimés et gaufrées	id.	0 32 00	id.	3 39	
châles et mouchoirs : façonnés, de toutes dimensions, imprimés, unis, teints; étoffes disposées en tablier	id.	0 36 00	id.	3 81	
mélangées plus ou moins de lin ou de chanvre; coutils pour literies	id.	0 16 00	id.	1 69	
linge de table damassé	id.	0 36 00	id.	3 81	
ouvragé	id.	0 24 00	id.	2 54	
autres, comme leurs similaires en pur coton.					
de laine, pure ou mélangée de matière autre que la soie: casimir blanc, jaune, rouge, ayant au plus 6 quarters (96 centim.) de largeur	id.	1 24 00	id.	7 62	
flanelle, molleton et tous autres	id.	0 36 00	id.	3 81	
gros draps forts, dits frise, frisade, doffel et calmouk	id.	0 32 00	id.	3 39	
couvertures et tapis	id.	0 16 00	id.	1 69	
à filtrer, dite packing	id.	0 03 00	id.	0 32	
toile à tamis	id.	0 24 00	id.	2 54	
autres, étoffes non foulées	id.	0 36 00	id.	3 81	
foulées à double chaîne et croisées	id.	1 24 00	id.	7 62	
châles et mouchoirs et étoffes disposées en tabliers	id.	1 00 00	id.	5 08	

DÉNOMINATION DES MARCHANDISES.	DROITS. Unités suédoises.		Unités françaises.		OBSERVATIONS.
	Bases.	Taux.	Bases.	Taux.	
		r. s. r.		fr. c.	
de lin et de chanvre :					
étoffes : toile d'étoupe, serpillière, canevas.	1 skälpund.	0 08 00	le kil.	0 82	
coutils pour literies	id.	0 16 00	id.	1 69	
cambrai, batiste, crêpe et toile dont 1 *aln* carré pèse jusqu'à 3 lod inclusivement . .	id.	2 00 00	id.	10 16	
autres, ainsi que linge damassé et linon . .	id.	1 16 00	id.	6 77	
toile à tapis en chanvre pur ou mêlé d'autres matières	id.	0 12 00	id.	1 27	
toile à voiles et à tentes	id.	0 02 08	id.	0 17	
autres, y compris le linge ouvragé	id.	0 32 00	id.	3 39	
mouchoirs.	id.	1 00 00	id.	5 08	
de poil et de crin :					
cirés ou vernis, tapis.	id.	0 04 00	id.	0 42	
autres	id.	0 08 00	id.	0 85	
imperméables ou tissus doubles caoutchoutés	id.	1 00 00	id.	5 08	
Tournesol.	id.	0 01 02	id.	0 12	
Tresses de paille pour chapeaux.	id.	1 00 00	id.	5 08	
Types et caractères d'imprimerie	id.	0 03 00	id.	0 31	
Vanille	id.	3 00 00	id.	15 24	
Vannerie en rameaux bruts et en éclisses	id.	0 02 00	id.	0 21	
en rameaux pelés non refendus	id.	0 08 00	id.	0 85	
en paille, osier, jonc et autre espèces plus fines, refendus.	id.	0 36 00	id.	3 81	
Vernis.	id.	0 03 00	id.	0 31	
Verreries : bouteilles, bocaux, baquets et flacons (les flacons taillés et gaufrés, et caraffes non compris), de la contenance de 1/3 de kanna (87 centilitres) ou moins.	100 en nombre.	0 32 00	100 en n.	1 44	
de 1/3 de kanna exclusivement à 1/2 kanna (131 centilitres) inclusivement.	id.	1 36 00	id.	3 74	
de plus grande contenance	id.	3 24 00	id.	7 56	
verre à vitres de toute sorte.	1 lispund.	0 40 00	100 kil.	21 25	
grains pour lustres.	1 skälpund.	0 04 00	le kil.	0 42	
verres d'optique non montés	id.	0 20 00	id.	2 12	
verres pour hublots et tuiles de —	id.	0 01 06	id.	0 16	
glaces : brutes et non taillées	id.	0 01 06	id.	0 16	
taillées sans tain	id.	0 02 06	id.	0 26	
étamées.	id.	0 00 06	id.	0 05	
verres à cadran.	id.	0 12 00	id.	1 27	
autres, blanches ou de couleur non dénommées	id.	0 08 00	id.	0 85	
garnie de tresses, ne servant pas d'emballage.	id.	0 08 00	id.	0 85	
Viandes, salées	1 lispund.	0 08 00	100 kil.	4 25	
toutes autres	id.	0 20 00	id.	10 63	
Vif argent.	1 skälpund.	0 04 00	le kil.	0 42	
Vinaigre de toute sorte.	1 kanna.	0 06 00	l'hectol.	10 22	
Vins de toute sorte, en futailles.	id.	0 24 00	id.	40 88	
en bouteilles.	id.	1 00 00	id.	81 76	
Vitrifications non taillées	1 skälpund.	0 18 00	le kil.	1 90	
taillées non montées	id.	0 24 00	id.	2 54	
montées, comme la monture et pesées avec celle-ci.					
Voiles de navires, comme la toile dont elles sont formées et 10 °/₀ en plus.					
Voitures à deux roues, ainsi que les petites voitures à quatre roues, dites trilla, droschki, et traîneaux.	la pièce.	25 00 00	la pièce.	54 00	
de toute autre sorte	id.	66 32 00	id.	143 24	
Zinc et toutenague brut et en plaques	1 skälpund.	0 00 02	le kil.	0 02	
ouvrés, non peints et non vernis	id.	0 02 00	id.	0 21	
peints ou vernis.	id.	0 06 00	id.	0 63	

TARIF DES DROITS D'EXPORTATION.

DÉNOMINATION DES MARCHANDISES.	DROITS. Unités suédoises.		Unités françaises.		OBSERVATIONS.
	Bases.	Taux.	Bases.	Taux.	
		r. s. r.		fr. c.	
Bois d'ébénisterie, brut, scié ou taillé à la hache, d'orme et autres indigènes	valeur.	15 °/₀	valeur.	15 °/₀	
à construire, de pin et de sapin, brut ou en blocs à scier.	id.	25 °/₀	id.	25 °/₀	
taillé à la hache	id.	10 °/₀	id.	10 °/₀	
perches	100 en nombre.	0 01 00	100 en n.	0 04 5	
planches sciées de chêne et de frêne.	valeur.	10 °/₀	valeur.	10 °/₀	
pieux de genévrier.	100 en nombre.	0 12 00	100 en n.	0 54	
bois de fusil ébauchés	la douzaine.	0 12 00	la douz^e^.	0 54	
anspects ébauchés.	id.	0 04 00	id.	0 18	
Lattes fortes, taillées.	id.	0 10 00	id.	0 45	
sciées	id.	0 02 00	id.	0 09	
mâts, beauprés, espars, de 40 *tums* (1 mètre) et plus de circonférence à 10 *fots* (3 m.) de dist. du gros bout.	la pièce.	2 00 00	la pièce.	4 32	
les mèches, de 20 à 40 *tums* (50 cent. à 1 m.) de circonf.	id.	0 20 00	id.	0 90	
id. de moins de 20 *tums* (50 cent.).	id.	0 12 00	id.	0 54	
chevrons, dits ribbor, équarris.	la douzaine.	0 09 00	la douz^e^.	0 41	
poutrelles de pin et de sapin, de moins de 8 *tums* par le milieu	la pièce.	0 06 00	la pièce.	0 27	

12

DÉNOMINATION DES MARCHANDISES.	DROITS. Unités suédoises. Bases.	Taux.	Unités françaises. Bases.	Taux.	OBSERVATIONS.
		r. s. r.		fr. c.	
douvains, pour douves et pour fonds, de 34 *verktum* ou moins pour les premiers, de 22 *verktum* pour les seconds, de chêne	120 en nombre.	0 03 00	120 en n.	0 14	
de hêtre, de pin ou sapin	id.	0 01 00	id.	0 05	
au-dessus de ces dimensions jusqu'à 42 *verktum* pour les premiers, et 27 pour les autres, de chêne	id.	0 08 00	id.	0 36	
de hêtre, de pin ou sapin	id.	0 01 06	id.	0 07	
au-dessus de ces dernières dimensions : de chêne	id.	0 24 00	id.	1 08	
de hêtre, de pin ou sapin	id.	0 12 00	id.	0 54	
à brûler : bouleau	1 famn.	1 24 00	»	»	
hêtre et chêne	id.	2 00 00	»	»	
tout autre	id.	0 36 00	»	»	
avirons et rames, bruts	la paire.	0 04 00	la paire.	0 18	
Charbons de bois	1 last.	0 40 00	1,000 kil.	0 73	
Cuivre, brut en gueuses	1 skeppund (poids d'étape).	10 00 00	100 kil.	15 97	
en rosettes	id.	0 32 00	id.	1 06	
Déchets, rognures, copeaux non dénommés	valeur.	10 %	valeur.	10 %	
Drilles, chiffons	1 lispund.	0 12 00	100 kil.	6 38	
Fer : fonte en gueuses et en masses pour lest, canons, pierriers, mortiers non estampillés, non forés, plaques pour cheminées de plus de 1 1/2 *tum* d'épaisseur (0m.0375), poids ébauchés pesant plus de 1 skeppund (169 kil. 42) la pièce	....	prohibés.	....	prohibés.	
Plaques pour cheminées de 1 1/2 *tum* ou moins d'épaisseur jusqu'à 1 *tum* inclusivement (0m.025), poids ébauchés pesant 1 skeppund ou moins jusqu'à 1/4 de sk. exclusivement (169 kil. 42 ou 42 kil. 35)	1 skeppund (poids d'étape).	1 00 00	100 kil.	1 59	
canons et mortiers sciés en pièces, ainsi que bombes et boulets de rebut et autre ferraille	id.	0 24 00	id.	0 80	
forgé ou laminé, en barres plates de 3/8 de *tum* et plus d'épaisseur, et de moins de 12 *tum* de largeur, en barres carrées de plus de 5/8 de *tum*	id.	0 04 00	id.	0 13	
en massiaux, corroyés	id.	0 06 00	id.	0 20	
autres	id.	0 12 00	id.	0 40	
Métaux de composition, bruts de toute espèce	id.	0 32 00	id.	1 07	
mitraille et vieux métal de composition ayant déjà servi, de toute sorte	id.	1 32 00	id.	2 65	
Minerais bruts et non fondus, non dénommés, ni au tableau des droits d'entrée, ni à celui des marchandises exemptes de droits	....	prohibés.	....	prohibés.	
Mitraille de cuivre ou objets de cuivre vieux et usagés, et cuivre calciné (oxyde de cuivre)	id.	1 32 00	id.	2 65	
Os bruts, brisés ou moulus	1 lispund.	0 03 00	id.	1 65	
Sangsues	1 skålpund.	4 00 00	le kil.	20 32	
Toutes autres marchandises	....	exemptes.	....	exemptes.	

TABLEAU

DES MARCHANDISES EXEMPTES DE DROITS A L'IMPORTATION.

Abeilles vivantes en ruches, acier fondu, agates brutes, aimant (pierre d') non montée, albâtre brut, ambre gris, anspects, arbres vivants, arbustes, argent non ouvré, argiles, avirons bruts.

Beauprés, bleude (sulfure de zinc), blanc de baleine, bois à brûler, à construire et d'ébénisterie, de fusil pour pompes, de teinture, bol blanc et rouge, bourre tontice.

Calamine, caoutchouc brut, caractères d'imprimerie (vieux), cartes géographiques, cendres d'orfèvre et autres, cercles en bois, chanvre non peigné, charbon de bois, chardons, cardières, chaux (pierre à), chevrons de bois, cinders, coke, copeaux, coquillages frais, corail fin, brut, cordages d'écorce, de gramen (vieux), cornes brutes ou rapées, coton, couleurs autres qu'en boîtes.

Déchets, desseins autres que de broderies, dindons, douvains, drilles, duvet.

Écailles de tortues brutes, échantillons de minéraux, écorces de bouleau, de grenade, non dénommées, effets mobiliers, émail, embarcations, émeri, encre de Chine, espars, estampes.

Fanons de baleine bruts ou refendus, fèves de Tonka, fiel de verre, figures (ouvrages d'art), filaments d'écorce, foin, formes pour souliers.

Gallons et glands de chêne (moulure ou non), garance, gomme-gutte, gramens, gravures, groisil, gutta-percha brute.

Habillements des voyageurs, houille.

Ivoire brut.

Lattes, lichens tinctoriaux, liége, lithographies, livres en langues étrangères.

Manganèse, marbre brut, matières tinctoriales (préparées ou non), mâts, médailles, minerais autres que cobalt, minéraux (échantillons de), monnaies, musc, musique.

Nacre de perle brute, nattes d'écorce, de gramen.

Objets de collection, oies, oignons de fleurs, oiseaux vivants, or non ouvré, os bruts, de sèche.

Paille, peaux de poisson brutes, perches, perles fines, pierres calaminaires, gemmes à plâtre, ponce, spéculaire, non dénommées, pie de genévrier, planches en bois, plantes, platine, plâtre, plumes à non épurées, poils autres que de cheval et de vache, poissons frais, poteries de terre servant de récipient à d'autres marchandises, poussier de houille, poutrelles, poutres, pouzzolane, prêle.

Racines d'épine-vinette, rames brutes, regrets d'orfèvre, rognures.

Sable, sabots de bétail, sang de bétail, sang dragon, sangsues, serpentine brute, silex brut, soies écrues, non teintes, spermaceti, sphère, substances médicinales non dénommées, secin brut.

Tableaux, terres pourrie, sigillée, tourteaux de graines oléagineuses, tripoli.

Verre cassé, voitures de voyageurs.

MONNAIES, POIDS ET MESURES.

MONNAIES.

gsbankdaler . . . . = 48 skillings . . . . . =	2 fr.	16 c.
cilling . . . . = 12 runstycke . . . . =	0	04,5
unstycke . . . . =	0	00,375

POIDS.

Deux sortes de poids figurent au tarif de Suède : celui dit de vicaille ou de commerce, celui dit de fer, d'étape ou d'entrepôt.
Le poids de victuaille est de règle, c'est-à-dire qu'il sert de base de rception toutes les fois que le poids d'étape n'est pas indiqué.

st. . . . . =	2,448 kil.	293

Poids de victuailles ou de commerce.

eppund . . . . = 20 lispunds . . . . . =	169	42
spund . . . . = 20 skälpunds . . . . =	8	47
älpund . . . . = 32 lods . . . . =	0	425
d . . . . =	0	01328

Poids d'étape, de fer ou d'entrepôt.

eppund . . . . = 20 lispunds . . . . . =	135	20
spund . . . . = 20 skälpunds . . . . =	6	78
Skälpund . . . . = 32 lods . . . . =	0	339
Lod . . . . =	0	01085
Tunna de Brai . . . . =	120	»
— d'ocre rouge . . . . =	75	»

MESURES LINÉAIRES.

Pied . . . . = 12 thum . . . . =	0 mèt.	3
Thum . . . . =	0	025
Aln . . . . = 4 quarters . . . . . =	0	593,7
Quarter . . . . =	0	135,9

MESURES DE CAPACITÉ.

Tunna (elle varie suivant les matières), savoir :

— de grains . . . . =	1 hect.	648
— de liquides . . . . =	1	255
— de chaux . . . . =	1	556
— de farine . . . . =	1	255
— de drèche . . . . =	1	759
— de poisson . . . . =	1	255
— de goudron ou de poix . . . . =	1	242
— de sel . . . . =	1	256
— de viande . . . . =	1	255
Kanna . . . . =	2 litr.	616

FIN DU TARIF DES DOUANES DE SUÈDE.

TARIF DES DOUANES DE LA NORWÈGE.

OBSERVATIONS PRÉLIMINAIRES.

Le tarif des douanes en vigueur en Norwège est encore celui qui t voté le 11 juillet 1851 par le Storthing, et qui ne devait rester en plication que du 1er septembre 1851 au 1er juillet 1854 ; mais de uvelles décisions l'ont prorogé sans modifications importantes.

Ce tarif se divise en quatre sections : 1° droits d'importation ; droits d'exportation ; 3° droits de tonnage ; 4° droits de phare.

Les droits d'importation sont exigibles sur toutes les marchandises xées entrant dans le royaume, soit pour le compte de l'Etat, soit ur celui de particuliers.

Mais il y a une assez grande quantité de produits, naturels ou fabriés, qui sont admis en franchise des droits, lorsqu'ils sont notament destinés aux fabriques, à la construction ou au gréement et à rmement des navires.

Le commerce peut, pour le réglement des droits, accepter la taxe gale indiquée ou faire peser la marchandise. Quand des marchandis liquides importées en futailles ont subi en cours de transport un ulage évident, on ajoute à la tare légale 5 % si le déficit est d'un art, et 14 % s'il s'élève à la moitié. Les marchandises mouillées par cident de mer jouissent aussi exceptionnellement d'une réduction poids.

Le droit d'entrepôt est fixé à 1 1/2 % par mois du montant du droit entrée, toutes les fois que la qualité des marchandises sera indiquée que le calcul du droit d'importation aura été établi.

Pour les marchandises non taxées, on paye un skilling (0 fr. 4,16) par mois pour chaque pied cube (le pied 0m314).

Le séjour en entrepôt de moins d'un mois n'est pas payé. Après le premier mois d'entrepôt le droit n'est exigible qu'autant que la marchandise reste, pendant les mois suivants, déposée pendant plus de quinze jours. Après trois mois de séjour le droit est porté à deux skillings pour les mois suivants. Dans aucun des cas ci-dessus énoncés le droit à percevoir ne peut être inférieur à 12 sk.

Les droits d'exportation se perçoivent sur toutes les marchandises norwégiennes et sur les produits suédois importés en franchise d'après les réglements généraux. Il n'y a d'exception qu'à l'égard des provisions de bord des navires.

Les droits de tonnage et ceux de phare sont exigibles à l'entrée et à la sortie s'il y a eu double opération de commerce, c'est-à-dire s'il y a eu débarquement de marchandises, puis mise à bord d'une nouvelle cargaison. Ils sont perçus sur le tonnage total toutes les fois que les marchandises représentent un volume excédant la moitié de la capacité du navire. Dans le cas contraire ils ne sont exigibles que pour les lasters embarqués ou débarqués.

La glace et les pierres à l'exportation, le foin, la paille et les engrais à l'importation n'entrent pas dans le calcul du chargement des navires pour ce qui concerne les droits de tonnage.

Les droits d'importation, d'entrepôt et de naturalisation ne sont pas remboursés lorsqu'ils ont été légalement perçus. Les droits de sortie, de tonnage et de phare peuvent au contraire être restitués lorsque le voyage projeté n'a pas lieu, ou que les marchandises ne sont pas exportées et restent dans le royaume.

TABLEAU DES DROITS D'IMPORTATION.

Nota. On a, dans les conversions, posé les droits en chiffres ronds, sans se préoccuper des fractions, augmentant ou diminuant selon que la fraction était au-dessus ou au-dessous de la moitié d'une unité.

DÉNOMINATION DES MARCHANDISES.	DROITS. Unités norwégiennes. Bases.	Taux.	Unités françaises. Bases.	Taux.	OBSERVATIONS.
		sp. sk.		fr. c.	
Acides, citrique	1 pund.	0 60	le kil.	5 64	
muriatique, nitreux (eau-forte). (Les tares accordées sont : en bouteilles ou verres, 20 % ; en bouteilles ou verres, dans une corbeille grossière avec paille, 30 % ; de même, dans deux corbeilles grossières avec paille ; en caisse, avec sciure de bois, en cruchons de terre et corbeille grossière avec paille, 40 % ; en cruches de terre et deux corbeilles gr. avec paille, 50 %)	id.	0 1/2	id.	0 05	
Acier (fil d')	id.	0 02	id.	0 19	
tissus de fil, non peints	id.	0 03	id.	0 28	
peints, et jalousies de —	id.	0 24	id.	2 25	

DÉNOMINATION DES MARCHANDISES.	DROITS. Unités norwégiennes.		Unités françaises.		OBSERVATIONS.
	Bases.	Taux.	Bases.	Taux.	
		sp. sk.		fr. c.	
Agraffes et portes —	1 pund.	0 16	le kil.	1 51	
Aiguilles à coudre, à tapisserie, à crochet, à reprises	id.	0 32	id.	3 02	
Aloès	id.	0 03	id.	0 28	
Alpiste	id.	0 02	id.	0 19	
Alun	id.	0 1/2	id.	0 05	
Ambre ouvré	id.	1 40	id.	15 04	
Amandes et son d'—. (Tare, en futailles, 12 %; en sacs, 4 %)	id.	0 05	id.	0 47	
Ammoniac, sel d'—	id.	0 02	id.	0 19	
Anis	id.	0 03	id.	0 28	
Antimoine	id.	0 01	id.	0 09	
Archets de violon et d'autres instruments	la pièce.	0 06	la pièce.	0 28	
Argent, avec impressions non polies, pour les orfèvres	1 lod.	0 03	le kil.	9 60	
travaillé ou ouvrages en	id.	0 06	id.	19 20	
battu, fin ou faux, y compris le poids du cahier	id.	0 01	id.	3 20	
en fils ou plaques	1 pund.	0 24	le kil.	2 25	
autrement ouvragé	id.	0 45	id.	4 26	
Armes à feu, montées ou non	id.	0 15	id.	1 42	
Artifices (pièces d')	id.	0 15	id.	1 42	
Assa fœtida	id.	0 05	id.	0 47	
Baies (jus de), en futailles. (Tare, 25 %)	id.	0 04 1/2	id.	0 42	
en bouteilles ou cruches	id.	0 07	id.	0 66	
Balais de rameaux	id.	0 03	id.	0 28	
Baleine, coupée ou apprêtée	id.	0 06	id.	0 56	
Bandages	id.	0 24	id.	2 25	
Bateaux	valeur.	25 %	valeur.	25 %	
Baumes de Riga, les flacons compris	1 pund.	0 02 1/2	le kil.	0 23	
de Copahu, et autres pour la médecine	id.	0 05	id.	0 47	
Bêtes à cornes de toutes sortes vivantes	la pièce.	2 60	la pièce.	14 25	
Beurre. (Tares, en tonne, 36 punds 1/2 ; en 1/2 tonne, 20 id. ; en tiers de tonne, 16 id. ; en quarts de tonne, 12 id. ; en 1/8e de tonne, 8 id. ; en 1/16e de tonne, 5 id.)	1 pund.	2 1/2	le kil.	0 24	
Bière de toute sorte. (Tare, en futailles, 19 %.)	id.	0 02	id.	0 19	
en bouteilles ou cruchons	1 pot.	0 04	le litre.	0 19	
Bischof (extrait de), flacons compris	1 pund.	0 24	le kil.	2 25	
Blondes, tulles, dentelles, tressées ou tricotées, en fil, soie, laine, coton	id.	1 00	id.	11 29	
Bois et poutres pour placage jusqu'à 1/4 de pouce d'épaisseur (0m,0065)	id.	0 06	id.	0 56	
ouvrages de chevilles et coins	1,000 en nre.	0 60	1,000 en nre.	2 81	
sabots	la paire.	0 02	la paire.	0 09	
galoches et pantoufles	id.	0 03	id.	0 14	
autres non dénommés	valeur.	25 %	valeur.	25 %	
Bois de teinture, fernambouc en bûches	1 pund.	0 00 1/2	le kil.	0 05	
rapé, coupé, etc.	id.	0 05	id.	0 47	
du Brésil, campêche, jaune, et autres sortes en bûches	id.	0 00 1/10	id.	0 01	
Boîtes non spécialement tarifées	valeur.	25 %	valeur.	25 %	
Borax	1 pund.	0 03	le kil.	0 28	
Bougies, cierges. (Tare, en caisses, 14 %.)	id.	0 12	id.	1 13	
Boutons de corne, os, porcelaine, pierre, noix de coco, de bois	id.	0 09	id.	0 85	
de fer et acier de toutes sortes	id.	0 05	id.	0 47	
Brai	id.	0 01	id.	0 09	
de charbon de terre. (Tares, en tonnes ou futailles, on les compte par 14 lasts si le poids brut est moindre de 12 %.)	1 tonne.	0 30	l'hectol.	1 01	
Bretelles de toutes sortes ou parties de —	1 pund.	0 72	le kil.	6 77	
Briques de toutes sortes et carreaux	1,000 en nre.	1 24	1,000 en nre.	6 74	
Briquets, dits à platine, en étuis laqués ou autres	la pièce.	0 45	la pièce.	2 11	
avec allumettes à friction, et autres briquets chimiques, boîtes comprises	1 pund.	0 16	le kil.	1 50	
Bronze en poudre	id.	1 00	id.	11 29	
Brosserie, en bois non poli, ou peint, ou en fer	id.	0 12	id.	1 13	
en bois poli ou laqué	id.	0 30	id.	2 82	
en os, corne ou autre matière	id.	0 60	id.	5 64	
pinceaux en tuyaux de plumes ou cartes	id.	1 96	id.	20 30	
Cacao. (Tare, en futailles, 12 %.)	id.	0 03	id.	0 28	
Café en caisses ou non. (Tare, en futailles de 400 punds et au-dessous, 16 %; en grosses futailles, 12 %; en sacs, 2 %.)	id.	0 03	id.	0 28	
faux et tous subrogats de —	....	prohibé.	....	prohibé.	
Cardes (feuilles ou pointes de)	1 pund.	0 16	le kil.	1 51	
Camphre	id.	0 08	id.	0 76	
Cannes	id.	0 48	id.	4 51	
Capres en futailles. (Tare, 25 %.)	id.	0 10	id.	0 94	
en bouteilles. (Tare, 30 %.)	id.	0 28	id.	2 63	
Capsules fulminantes, boîtes comprises	id.	0 20	id.	1 88	
Cardamone	id.	0 20	id.	1 88	
Carcasses pour modistes, bobines comprises	id.	0 04	id.	0 38	
Carric. (Tare, en bouteilles, 30 %; en boîtes de plomb, 35 %.)	id.	0 36	id.	3 38	
Cartes à jouer	....	prohibées.	....	prohibées.	
Cartonnage	1 pund.	0 24	le kil.	2 25	
Casquettes, comme la matière dont elles sont formées, avec supplément de 50 %, sauf pour celles en fourrures.					
Castoréum	id.	0 60	id.	5 64	
Catechu (terre de Jassan)	id.	0 00 1/4	id.	0 02	
Caviar	id.	0 16	id.	1 51	
Cendres d'algues et de bois	id.	0 00 1/4	id.	0 02	
Cercles	120 en nomb.	0 04	120 en nomb.	0 19	
aux bureaux de Hammerfest, de Vadsö, Vardö	id.	0 02	id.	0 09	
Champignons, morilles, truffes	1 pund.	0 18	le kil.	1 69	
Chanvre peigné	id.	0 01	id.	0 09	
Chapeaux non cirés, de poil ou laine, avec ou sans parure de soie, et parties de —	la pièce.	0 96	la pièce.	4 49	

DÉNOMINATION DES MARCHANDISES.	DROITS.				OBSERVATIONS.
	Unités norwégiennes.		Unités françaises.		
	Bases.	Taux.	Bases.	Taux.	
		sp. sk.		fr. c.	
cirés, en copeaux	la pièce.	0 12	la pièce.	0 56	
en soie	id.	0 96	id.	4 49	
autres	id.	0 48	id.	2 25	
Charbon de terre	1 tonne.	0 02	l'hectol.	0 07	
travaillé, et ouvrages tels que boutons, perles, etc.	1 pund.	0 40	le kil.	3 76	
Charronerie, voitures d'enfant	la pièce.	0 90	la pièce.	4 21	
de travail, à quatre roues	id.	3 00	id.	16 86	
à deux roues	id.	1 60	id.	8 43	
berlines et landeaux	id.	50 00	id.	281 08	
chars-à-bancs ou autres avec capote	id.	15 00	id.	84 32	
sans capote	id.	10 00	id.	56 21	
calèches avec ou sans capote mobile	id.	30 00	id.	168 63	
autres voitures à quatre roues	id.	20 00	id.	112 42	
voitures à deux roues de toute sorte	id.	8 00	id.	44 97	
traîneaux	id.	2 60	id.	14 25	
voitures à traîneaux	id.	15 00	id.	84 32	
autres ouvrages de	valeur.	25 °/₀	valeur.	25 °/₀	
Chataignes	1 pund.	0 01 1/2	le kil.	0 14	
Chaux brûlée	1 tonne.	0 10	l'hectol.	0 34	
Chèvres, boucs, chevreaux vivants	la pièce.	0 60	la pièce.	2 81	
Chevaux, juments	id.	5 00	id.	28 10	
Cheveux	1 pund.	0 36	le kil.	3 38	
Chocolat. (Tare, en futailles et caisses, 16 °/₀.)	id.	0 10	id.	0 94	
Choux, frais	la pièce.	0 00 1/2	la pièce.	0 02	
salés en choucroute	1 quart.	0 20	l'hectol.	5 41	
Cidre. (Tare, en futailles, 18 °/₀.)	1 pund.	0 01	le kil.	0 09	
Ciment	1 tonne.	0 24	l'hectol.	0 84	
Cirage en boites, bouteilles, cruches, etc., emballage compris	1 pund.	0 04	le kil.	0 38	
Cire	id.	0 06	id.	0 56	
à cacheter de toute sorte	id.	0 16	id.	1 51	
Citrons (jus de) en futailles. (Tare, 21 °/₀.)	id.	0 01 1/3	id.	0 13	
en bouteilles ou cruches	1 quart.	0 03	l'hectol.	2 38	
Clous, comme la matière dont ils sont composés.					
de girofle	1 pund.	0 07	le kil.	0 66	
Cochons vivants	la pièce.	1 00	la pièce.	5 62	
de lait, importés avec la mère	id.	0 60	id.	2 81	
Coco (noix de)	id.	0 02	id.	0 09	
Colle de poisson	1 pund.	0 02	le kil.	0 19	
autre. (Tare, en futailles et caisses, 20 °/₀.)	id.	0 02	id.	0 19	
Comestibles en boites soudées, boites comprises	id.	0 10	id.	0 94	
Corail préparé, taillé, enfilé	id.	0 72	id.	6 77	
Cordes et cordages goudronnés	id.	0 01 1/2	id.	0 14	
non goudronnées de 1 ligne de diamètre ou plus	id.	0 02	id.	0 19	
de moins de 1 ligne de diamètre	id.	0 03	id.	0 28	
d'herbes, joncs, tille	id.	0 01	id.	0 09	
de boyaux et de soie	id.	0 75	id.	7 05	
d'acier, de laiton, de métal, bobines comprises	id.	0 06	id.	0 56	
Cordonnerie de soie ou autre étoffe	id.	100	id.	9 40	
de maroquin, cuir vernis, mégissé, de couleur	id.	0 70	id.	6 58	
d'autre espèce de cuir	id.	0 40	id.	3 76	
Coriandre	id.	0 01	id.	0 09	
Cornes de cerf rapées, brûlées à blanc et pulvérisées	id.	0 01 1/2	id.	0 14	
Cornichons salés	1 quart.	0 30	l'hectol.	23 80	
Coton manufacturé, gaze	1 pund.	1 00	le kil.	11 29	
toiles écrues	id.	0 16	id.	1 50	
toiles à voiles du poids de 18 lods ou au-dessus, par aune carée	id.	0 02	id.	0 19	
bonneterie	id.	0 40	id.	3 76	
imprimé	id.	0 40	id.	3 76	
autre	id.	0 32	id.	3 00	
Coton en laine. (Tare, 5 °/₀.)	id.	0 00 1/2	id.	0 05	
(fils de) non teints, non tors. (Tares, sur bobines, 50 °/₀.)	id.	0 06	id.	0 56	
non teints, mais tors. (Tares, sur bobines, 50 °/₀.)	id.	0 10	id.	0 94	
teints. (Tares, sur bobines, 50 °/₀.)	id.	0 12	id.	1 13	
Couleurs et teintures :					
1° couleurs :					
céruse sèche ou liquide. (Tare, en futailles, 10 °/₀; en boîtes de fer-blanc, 8 °/₀.)	id.	0 01 1/2	id.	0 14	
rouge, brun anglais. (Tare, en futailles, 10 °/₀.)	id.	0 00 1/2	id.	0 05	
carmin	id.	2 80	id.	30 09	
noir de fumée. (Tare, en futailles et caisses de moins de 50 punds (249 kilos), 75 °/₀.)	id.	0 01 1/2	id.	0 14	
craie moulue	id.	0 00 1/4	id.	0 03	
minium. (Tare, en futailles et caisses, 10 °/₀.)	id.	0 02	id.	0 19	
ocre. (Tare en futailles, 10 °/₀.)	id.	0 00 1/2	id.	0 05	
rocou. (Tare en futailles et caisses, 16 °/₀.)	id.	0 08	id.	0 75	
stil de grains	id.	0 01 1/2	id.	0 14	
vert-de-gris	id.	0 05	id.	0 47	
terra di Siena, ombre	id.	0 01	id.	0 09	
cinabre rouge	id.	0 25	id.	2 35	
couleurs pour dessins :					
pastel et craies pour desseins	id.	0 10	id.	0 94	
encre de Chine et couleurs liquides non dénommées	id.	112	id.	10 42	
couleurs en boites avec accessoires	id.	0 16	id.	1 50	
2° teintures :					
cochenille	id.	0 20	id.	1 88	
curcuma moulu ou non	id.	0 00 2/3	id.	0 06	
indigo, bleu de Paris, bleu de Prusse. (Tare, de l'indigo en futailles et caisses, 25 °/₀)	id.	0 20	id.	1 88	
garance, rouge de Breslaw	id.	0 01 1/2	id.	0 14	

DÉNOMINATION DES MARCHANDISES.	DROITS. Unités norwégiennes. Bases.	Taux.	Unités françaises. Bases.	Taux.	OBSERVATIONS.
		sp. sk.		fr. c.	
quercitron	1 pund.	0 00 1/2	le kil.	0 05	(1) La tare pour les fers en plaques est, en caisses, 12 °/₀.
saflor	id.	0 03	id.	0 27	
sumac	id.	0 00 1/4	id.	0 03	
3° autres teintures et couleurs, non dénommées, en usage dans les fabriques	id.	0 06	id.	0 56	
4° toutes couleurs à l'huile, autres que céruse :					
vernis. (Tare, en futailles ou boîtes, 12 °/₀.)	id.	0 04	id.	0 38	
couleurs pour l'eau-de-vie en futailles. (Tare, 21 °/₀.)	id.	0 08	id.	0 76	
en bouteilles ou cruches	1 pot.	0 18	le litre.	0 87	
Coussins et oreillers en plumes	1 pund.	0 08	le kil.	0 76	
en duvet	id.	0 30	id.	2 82	
Couvertures de poil mélangé d'autres matières	id.	0 05	id.	0 47	
Craie rouge et pierre de craie rouge	id.	0 00	id.	0 03	
Crayons jusqu'à 8 pouces de longueur (23 centimètres)	la douzaine.	0 02 1/3	la douzaine.	0 09	
de 8 pouces à 16 pouces (23 à 56 cent.)	id.	0 04	id.	0 18	
de 16 id. à 24 id. (56 à 79 cent.)	id.	0 06	id.	0 27	
et ainsi en proportion de la longueur.					
d'ardoises	1 pund.	0 02	le kil.	0 19	
moules de —	id.	0 00 1/2	id.	0 05	
Cravattes, comme habillements confectionnés.					
Crin	id.	0 06	id.	0 56	
Crinoline pour tamis, meubles, etc.	id.	0 24	id.	2 25	
Cumin	id.	0 01	id.	0 09	
Cuirs à repasser	la pièce.	0 08	la pièce.	0 37	
Cuivre de rosette et vieux pour la refonte	1 pund.	0 02	le kil.	0 19	
en barres, en plaques battues ou laminées, en fils, cercles, feuilles, boutons, clous	id.	0 02 1/2	id.	0 23	
feuilles plaquées de —	id.	0 16	id.	1 50	
ouvrages de —, non polis	id.	0 08	id.	0 76	
polis ou bronzés	id.	0 20	id.	1 88	
plaqués ou argentés	id.	0 28	id.	2 64	
Douves préparées pour pipes et autres de plus de 9/4 d'aune de longueur (1 mètre 40 cent.)	les 120.	1 48	les 120.	7 87	
pour barriques de 7/4 à 9/4 d'aune (90 c. à 1 m. 40)	id.	1 00	id.	5 62	
pour tonnes et tonnes défaites de moins de 7/4 à 4/4 de long (90 cent. à 59 cent.)	id.	0 24	id.	1 12	
les mêmes, par les bureaux de Hammerfest, Vardö, Vadsö	id.	0 12	id.	0 56	
de moins de 4/4 d'aune (59 cent.)	id.	0 12	id.	0 56	
les mêmes, par les bureaux ci-dessus désignés	id.	0 06	id.	0 28	
Dragées. (Tare, emballées en toile, 1 °/₀.)	1 pund.	0 01	le kil.	0 09	
Duvet. (Tare, emballées en toile, 9 °/₀.)	id.	0 15	id.	1 41	
Eau-de-vie de grains	....	prohibée.	....	prohibée.	
autres, en futailles. (Tare, fut. pour plus de 150 lit., 16 °/₀; pour moins, 23 °/₀.)	1 pund.	0 10 1/2	le kil.	0 99	
en bouteilles ou en cruches	le pot.	0 18	le litre.	0 87	
Eaux minérales, en bouteilles ou en cruches	par cruche ou bout. entière.	0 02	par cruche ou bout. entière.	0 09	
Eaux de senteur, le flacon compris	1 pund.	0 12	le kil.	1 12	
Ecaille travaillée	id.	2 60	id.	28 21	
Ecarlate (grains d') ou de kermès	id.	0 10	id.	0 94	
Ecorces de canelle et de cassia lignea. (Tare, en caisses, 20 °/₀; en sacs, 4 °/₀.)	id.	0 10	id.	0 94	
de cascarilla, quinquina, et autres médicinales	id.	0 02 1/2	id.	0 23	
Encre en futailles. (Tare, 21 °/₀.)	id.	0 02 1/2	id.	0 23	
en bouteilles ou en cruches	le pot.	0 05	le litre.	0 24	
en poudre	1 pund.	0 04	le kil.	0 38	
Empois. (Tare, en futailles et caisses, 16 °/₀.)	id.	0 02	id.	0 19	
Epées ou sabres, avec ou sans fourreau	id.	0 24	id.	2 25	
Epices	id.	0 22	id.	2 07	
Epingles et épingles à cheveux	id.	0 10	id.	0 94	
Eponges	id.	0 30	id.	2 82	
Etain brut et vieux pour la refonte	id.	0 01 1/4	id.	0 12	
ouvrages d'étain	id.	0 12	id.	1 13	
Etoupes pour calfat	id.	0 00 1/2	id.	0 05	
Etuis à coudre, avec fournitures	id.	0 72	id.	6 77	
Eventails	la pièce.	0 24	la pièce.	1 12	
Faïence. (Tare, en paniers, 25 °/₀; en caisses, 30 0/0.)	1 pund.	0 02	le kil.	0 19	
terralitre	id.	0 05	id.	0 47	
Fard, en pots, pots compris	id.	0 20	id.	1 88	
papier et matière à —	id.	1 60	id.	16 93	
Fauberts	id.	0 15	id.	1 41	
Fenouil (graine de)	id.	0 03	id.	0 28	
Fer et ouvrages en fer ; vieux, et ne pouvant servir qu'à la refonte	id.	0 36	id.	3 38	
fonte, pour lest	id.	0 60	id.	5 64	
boulets, bombes, grenades, tuyaux	id.	1 60	id.	16 93	
marmites et chaudrons émaillés et étamés	id.	0 02	id.	0 19	
autres marmites et chaudrons	id.	0 01	id.	0 09	
autres objets non spécialement tarifés	id.	0 01 1/4	id.	0 12	
fonte fine : bas-reliefs, vases de fleurs, bustes, corbeilles à fruits, lampes, chandeliers, médaillons, serre-papiers, etc.	id.	0 16	id.	1 50	
fonte surfine ou bijouterie de —	id.	0 48	id.	4 51	
fer forgé : en barres, boulons, cercles	id.	1 72	id.	18 05	
en plaques laminées, non étamées, de 1/8e de pouce (3 mill. 1/2) d'épaisseur et plus	id.	0 00 3/4	id.	0 07	
en plaques (1), etc., non étamées, de moins de 1/8 de pouce d'épaisseur	id.	0 01 1/4	id.	0 12	
étamées, y compris les plaques de fer-blanc	id.	0 01 1/2	id.	0 14	
ancres de navires, caisses à eaux, cables et chaînes de toute sorte	id.	1 72	id.	18 05	
pied de chèvre	id.	2 60	id.	28 21	
enclumes de 50 punds et plus (25 kil.)	id.	6 00	id.	67 71	
clous et pointes de 3 pouces (9 cent.) et au-dessus	id.	0 02	id.	0 19	

DÉNOMINATION DES MARCHANDISES.	DROITS. Unités norwégiennes. Bases.	Taux.	Unités françaises. Bases.	Taux.	OBSERVATIONS.
		sp. sk.		fr. c.	
entre 3 et 1 pouce (9 c. et 3 c.)	1 pund.	0 03 1/2	le kil.	0 33	(1) On considère comme polis ceux où l'on n'aperçoit plus les traces de la lime.
au-dessous d'un pouce	id.	0 06	id.	0 56	(2) Autant que l'article non bronzé n'est pas plus imposé.
couteaux de table, canifs, rasoirs, à manche en argent, plaqué ou ivoire	id.	0 40	id.	3 76	(3) Les grains mélangés payent le droit de l'espèce la plus imposée.
autres, comme ouvrages de fer poli.					
instruments de chirurgie, avec ou sans étuis	id.	0 30	id.	2 82	
autres ouvrages de fer et d'acier, non polis	id.	0 05	id.	0 47	
polis (1)	id.	0 08	id.	0 76	
étamés ou laqués	id.	0 05	id.	0 47	
bronzés (2)	id.	0 08	id.	0 76	
Ferblanterie, laquée ou peinte	id.	0 15	id.	1 42	
non laquée et non peinte	id.	0 10	id.	0 94	
Feuilles, fleurs, graines, herbes médicinales, non dénommées	id.	0 01 1/2	id.	0 14	
Figues, et gâteaux de —. (Tare, en fût et caisses, 10 %; en paniers 8 %.)	id.	0 02 1/2	id.	0 24	
Fleurs artificielles, en paille, comme paille ouvrée.					
en gaze ou autres matières	id.	6 00	id.	67 71	
Foulards	100 en nomb.	0 02	100 en nomb.	0 09	
Fromages	1 pund.	0 01 1/2	le kil.	0 14	
Fruits, frais, pommes et poires	1 tonne.	1 00	l'hectol.	4 04	
secs, non dénommés	1 pund.	0 02 1/2	le kil.	0 24	
confits au sucre, au sirop, à l'eau-de-vie ou autrement. (Tare, 30 %.)	id.	0 09	id.	0 84	
Fèves, fraîches	1 tonne.	0 72	l'hectol.	2 43	
salées ou séchées, comme jardinage.					
Gants, et parties de —	1 pund.	108	le kil.	10 15	
Gibier, frais ou autres oiseaux	id.	0 04	id.	0 38	
Gingembre, blanc et brun en poudre ou non. (Tare, en futailles, 12 %.)	id.	0 02 1/2	id.	0 24	
confit	id.	0 12	id.	1 13	
Gommes, laque de toute sorte, feuilles de —	id.	0 02	id.	0 19	
élastique, ouvrée, non mélangée d'autres matières	id.	0 14	id.	1 32	
non dénommées	id.	0 05	id.	0 47	
Goudron	1 tonne.	0 90	l'hectol.	3 64	
de charbon de terre	id.	0 30	id.	1 22	
blanc	1 pund.	0 00 1/4	le kil.	0 02	
Grains (3) : sarrazin	1 tonne.	0 36	l'hectol.	1 21	
orge	id.	0 16	id.	0 54	
pois, non rangés comme jardinage	id.	0 45	id.	1 52	
avoine	id.	0 12	id.	0 40	
froment et maïs	id.	0 72	id.	2 41	
drêches de toute sorte	id.	0 45	id.	1 52	
seigle	id.	0 24	id.	0 81	
gruau de sarrazin	id., 10 punds.	108	id.	3 63	
d'orge	id., 14 punds	1 00	id.	4 04	
d'orge mêlé	id., 11 punds.	100	id.	3 37	
d'orge perlé	1 pund.	0 01	le kil.	0 09	
d'avoine	1 tonne, 11 p[ds]	108	l'hectol.	3 63	
farines de sarrasin, de fèves, de pois, d'orge	1 pund.	0 09	le kil.	0 85	
d'avoine	id.	0 07	id.	0 66	
de froment, maïs, pommes de terre	id.	0 16	id.	1 50	
de seigle	id.	0 10	id.	0 94	
graines médicinales et pistaches	id.	0 01 1/2	id.	0 14	
Gruau d'œufs	id.	0 01 1/2	id.	0 14	
Gutta-percha liquide	id.	0 04	id.	0 38	
en feuilles, plaques, cordes	id.	0 08	id.	0 76	
ouvrages en —	id.	0 20	id.	1 88	
Habillements confectionnés	id.	0 20	id.	1 88	
le linge confectionné, comme l'étoffe, plus 75 %.					
confectionnés en différentes matières, comme l'étoffe la plus imposée.					
garnis de broderies ou de galons or et argent, droit doublé.					
Hameçons	id.	0 05	id.	0 47	
Herbes pour teinture, non spécialement tarifées	id.	0 00 1/5	id.	0 02	
Horlogerie, montres à boîtes d'or	la pièce.	1 00	la pièce.	5 62	
d'argent	id.	0 60	id.	2 81	
de tombac et d'autres matières	id.	0 30	id.	1 41	
horloges de chambre, à mouvements en bois	1 pund.	0 09	le kil.	0 84	
à mouvements en métal	id.	0 18	id.	1 68	
pendules, caisses en bronze, autre métal ou porcelaine	la pièce.	5 00	la pièce.	28 10	
caisses d'albâtre, bois ou autre matière	id.	2 60	id.	14 05	
horloges d'église, selon la matière dont elles sont formées, et comme celle-ci.					
pièces ou parties d'horlogerie	1 pund.	1 00	le kil.	11 29	
chronomètres	la pièce.	5 00	la pièce.	28 10	
poids pour horloges, comme la matière dont ils sont formés					
Houblon. (Tare, en sacs, 4 %.)	1 pund.	0 03	le kil.	0 28	
d'Espagne	id.	0 08	id.	0 76	
Huile de poissons. (Tare, 18 %.)	id.	0 00 4/5	id.	0 08	
d'olives, en futailles	id.	0 03	id.	0 28	
en d'autres emballages	id.	0 10	id.	0 94	
de laurier, d'amandes, de riccin, de muscades	id.	0 06	id.	0 56	
de lin, navette, colza et autres graines oléagineuses non dénommées, huiles de blanc de baleine	id.	0 01 1/2	id.	0 14	
de palme et de chanvre	id.	0 00 3/4	id.	0 07	
de térébenthine, d'aspic, de lavande, de genièvre et de bouleau	id.	0 01 1/2	id.	0 14	
de pétrolle, de corne de cerf, de brique, de tourtre, d'ambre	id.	0 04	id.	0 38	

DÉNOMINATION DES MARCHANDISES.	DROITS. Unités norwégiennes. Bases.	Taux.	Unités françaises. Bases.	Taux.	OBSERVATIONS.
		sp. sk.		fr. c.	
cosmétiques, non dénommées, y compris le poids des flacons	1 pund.	0 30	le kil.	2 82	
de vitriol (acide sulfurique). (Tares : en barriques, 18 %; en bouteilles dans des paniers, 30 %; les mêmes sans paniers, 20 %; les mêmes en double emballage avec paille, 40 %; les mêmes en caisses avec de la sciure de bois, 40 %; en cruches de terre, 30 %; les mêmes en paniers avec paille, 40 %; les mêmes en double emballage avec paille, 50 %.)	id.	0 00 1/2	id.	0 05	
Hydromel	id.	0 00 1/3	id.	0 03	
Instruments de musique, pianos à queue	la pièce.	40 00	la pièce.	224 80	
carrés	id.	24 00	id.	134 88	
harpes	id.	5 00	id.	28 10	
guitares	id.	0 72	id.	3 57	
violons et altos	id.	0 30	id.	1 40	
violoncelles, contre-basses	id.	1 40	id.	7 49	
bassons, contre-bassons, serpents	id.	2 00	id.	11 24	
flûtes, hautbois, clarinettes	id.	0 20	id.	0 94	
cors, trompettes, trombonnes	id.	1 00	id.	5 02	
cors de chasse et cornets de poste	id.	0 48	id.	2 25	
cimballes	la paire.	2 96	la paire.	15 73	
timballes et tambours	id.	4 72	id.	25 85	
orgues, harmonicas, boîtes à musique et autres instruments non dénommés	valeur.	20 %	valeur.	20 %	
Ivoire travaillé non spécialement tarifé	1 pund.	1 40	le kil.	15 05	
Joncs et roseaux, nattes, bâts et autres objets	id.	0 01	id.	0 09	
bambous, joncs d'Espagne, rotins non fendus	id.	0 00 3/4	id.	0 07	
tresses ou ouvrages de	id.	0 32	id.	3 01	
Joujoux, autres qu'en métaux ou porcelaine	id.	0 35	id.	3 29	
Jus de réglisse. (Tares en futailles et caisses, 24 %.)	id.	0 03	id.	0 28	
Laine, pelade	id.	0 00 5/8	id.	0 06	
autre	id.	0 02	id.	0 19	
fils de —, et de poils de chameau, non teintes	id.	0 10	id.	0 94	
id. id. teints	id.	0 12	id.	1 13	
manufacturée, étoffes grossières telles que chemises, bas, mitaines, draps pour machines	id.	0 08	id.	0 76	
couvertures de lit	id.	0 16	id.	1 51	
autres, pesant 16 lods par aune carrée	id.	0 16	id.	1 51	
moins de 16 lods	id.	0 25	id.	2 35	
Laiton, brut et vieux pour la refonte	id.	0 01	id.	0 09	
tôles ou plaques, boulons, barres	id.	0 02 1/2	id.	0 23	
tissus de —	id.	0 16	id.	1 51	
fil de —, comme fil de cuivre					
clous de —, comme fil de cuivre.					
ouvrages de —, non polis	id.	0 10	id.	0 94	
dorés, argentés, plaqués, bronzés, polis et vernis	id.	0 15	id.	1 42	
autres ouvrages de laiton, comme ceux de cuivre plaqué.					
Lampes, composées d'une seule matière, comme ladite matière ouvrée.					
composées de différentes matières	id.	0 28	id.	2 64	
Langues de bœuf	id.	0 03	id.	0 28	
Lanternes, comme ouvrages de la matière qui les compose.					
Lard, fumé	id.	0 02	id.	0 19	
salé. (Tare : la tonne avec sel et saumure, 80 punds; 1/2 tonne, 45 punds; 1/4 de tonne, 28 punds; en autres futailles avec sel et saumure, 28 %.)	id.	0 01	id.	0 09	
frais	id.	0 01	id.	0 09	
Laurier (feuilles de)	id.	0 01	id.	0 09	
Légumes, non tarifés, frais, secs, salés, préparés	id.	0 03	id.	0 28	
Liége ouvré, en bonchons non garnis, en semelles	id.	0 03	id.	0 28	
id. garnis	id.	0 30	id.	2 82	
Liqueurs, comme eaux-de-vie.					
Limons (jus de), comme jus de citron.					
Lin, non peigné	id.	0 00 1/4	id.	0 02	
peigné	id.	0 01	id.	0 09	
et chanvre, manufacturés, fils simples, teints ou non	id.	0 10	id.	0 94	
tors et non teints	id.	0 10	id.	0 94	
tors et teints	id.	0 12	id.	1 13	
gaze, batiste, linon, rubans, bandelettes, comme coton manufacturé, objets non dénommés.					
blondes, bobinets, tulle, dentelles, tissus ou tricots, comme blondes.					
coutil, damas, mouchoirs	id.	0 16	id.	1 51	
sangles	id.	0 04	id.	0 38	
toile à voile du Poids de 11 lods et au-dessus par aune carrée	id.	0 02	id.	0 19	
autres toiles teintes	id.	0 14	id.	1 32	
non teintes et blanchies	id.	0 14	id.	1 32	
non teintes, non blanchies	id.	0 06	id.	0 56	
Linette ou graine de lin	1 tonne.	0 15	l'hectol.	0 50	
Litharge	1 pund.	0 00 3/4	le kil.	0 07	
Livres, imprimés ou non :					
Bibles, Nouveaux Testaments, en langue norwégienne ou danoise; livres de cantiques, autorisés et extraits de la Bible; livres autorisés pour l'enseignement religieux; code norwégien et autres livres imprimés à l'étranger pour compte d'un éditeur norwégien	id.	0 10	id.	0 94	
registres avec feuilles blanches ou rayées	id.	0 09	id.	0 85	
Longues-vues	id.	0 40	id.	3 76	
Lunettes et *lorgnettes*, montées en argent, or, écaille	id.	2 00	id.	22 57	
en autres matières	id.	0 45	id.	4 26	

DÉNOMINATION DES MARCHANDISES.	DROITS.				OBSERVATIONS.
	Unités norwégiennes.		Unités françaises.		
	Bases.	Taux.	Bases.	Taux.	
		sp. sk.		fr. c.	
Lustres de différentes matières	1 pund.	0 28	le kil.	2 63	
d'une seule matière, comme ouvrages de —.					
Machines et parties de —, pour l'industrie ou l'agriculture, comme la matière ouvrée dont elles sont composées.					
Magnésie	id.	0 02	id.	0 19	
Manne	id.	0 04	id.	0 38	
gruau de	id.	0 02	id.	0 19	
Marchandises avariées, vendues en vente publique	valeur.	15 °/ₒ	valeur.	15 °/ₒ	
Masques en cire	1 pund.	0 75	le kil.	7 05	
Matelas, comme la matière dont ils sont composés et en plus 50 °/ₒ, s'ils sont composés d'une matière exempte de droit, 25 °/ₒ de leur valeur.					
Mèches	id.	0 01	id.	0 09	
Médicaments préparés	valeur.	10 °/ₒ	valeur.	10 °/ₒ	
Mercure	1 pund.	0 06	le kil.	0 56	
Mesures, poids, etc., non prohibées par la loi du 28 juin	la pièce.	0 03	la pièce.	0 14	
Meubles avec les coussins et siéges qui en dépendent de pin et sapin	1 pund.	0 00 3/4	le kil.	0 07	
de bois indigènes ou plaqués avec ces bois	id.	0 04	id.	0 38	
d'acajou et autres bois exotiques ou plaqués avec ces bois	id.	0 07	id.	0 66	
bâtons et cadres dorés en fin ou non, écuelles, vases, boites et autres petits objets	id.	0 09	id.	0 85	
autres, dorés en fin ou non, ou laqués	id.	0 07	id.	0 66	
Musc. (Tare, emballé en plomb, 50 °/ₒ.)	1 lod.	0 35	id.	105 36	
Muscade, noix et fleur de —	1 pund.	0 20	id.	1 88	
Miel	id.	0 01 1/2	id.	0 14	
Miroirs	id.	0 08	id.	0 76	
Modes, comme les étoffes dont elles sont composées, plus 50 °/ₒ si elles sont de diverses matières	id.	2 00	id.	22 57	
Mouches cantharides	id.	0 12	id.	1 13	
Moulins à café en bois	la pièce.	0 12	la pièce.	0 56	
en fer, comme ouvrages de fer.					
Moutarde (graine de)	1 pund.	0 00 1/2	le kil.	0 05	
moulue	id.	0 07	id.	0 66	
préparée, y compris les flacons	id.	0 04	id.	0 38	
Moutons et agneaux vivants	la pièce.	0 25	la pièce.	1 17	
Nacre de perle, travaillée et ouvrages de —	1 pund.	1 40	le kil.	15 05	
Nattes de tille	la pièce.	0 00 1/2	la pièce.	0 02	
Navette et colza	1 tonne.	0 20	l'hectol.	0 67	
Navires échoués et avariés	valeur.	5 °/ₒ	valeur.	5 °/ₒ	
Noir de fumée, d'os, d'ivoire brûlé	1 pund.	0 01	le kil.	0 09	
d'imprimerie	id.	0 03	id.	0 28	
Noix de galle	id.	0 02	id.	0 19	
Noix et noisettes. (Tare, en futailles et caisses, 16 °/ₒ.)	id.	0 01 1/2	id.	0 14	
Noyaux de pêches	id.	0 03	id.	0 28	
Objets tournés : quenouilles et objets ordinaires	id.	0 04	id.	0 38	
autres objets tournés, ordinaires, tels que pieds de meubles, manches et autres	id.	0 08	id.	0 76	
tabletterie non tarifée, spécialement garnie ou non d'os, de corne, de baleine, de bois et de noix de coco	id.	0 30	id.	2 82	
d'ivoire, de nacre, d'ambre, d'écaille, comme ces matières ouvrées.					
de deux ou de plusieurs de ces matières	id.	1 40	id.	15 05	
non dénommés	id.	0 45	id.	4 26	
Oignons de toute sorte, sauf ceux de fleurs	id.	0 00 2/5	id.	0 04	
Oiseaux, oies ou dindons	la pièce.	0 12	la pièce.	0 56	
canards et poulets	id.	0 05	id.	0 23	
autres	id.	0 08	id.	0 37	
volailles tuées, fraîches et salées	1 pund.	0 02	le kil.	0 19	
fumées ou préparées	id.	0 06	id.	0 56	
Olives en futailles	1 oxhoved.	3 00	l'hectol.	7 30	
en verres. (Tare, 30 °/ₒ.)	1 pund.	0 08	le kil.	0 76	
Opium	id.	0 03	id.	0 28	
Or avec impressions, non poli, pour les orfèvres	1 lod.	0 15	id.	48 00	
travaillé, y compris ce qui est monté en or	id.	0 30	id.	96 00	
battu, fin ou demi-fin, livrets compris	id.	0 08	id.	25 60	
id. faux id.	id.	0 00 1/2	id.	1 60	
Oranges fraîches, ainsi que limons et citrons	la pièce.	0 00 1/2	la pièce.	0 02	
sèches, et écorces d'oranges sèches	id.	0 02	id.	0 09	
Ouate de coton	1 pund.	0 05	le kil.	0 47	
Œufs. (Tare, en futailles, 20 °/ₒ ; en caisses, 10 °/ₒ.)	id.	0 01 1/8	id.	0 11	
Paille travaillée, ouvrages mélangés ou non d'autres matières	id.	0 60	id.	5 64	
Pain de froment ou mi-froment, et biscuits	id.	0 01 1/3	id.	0 13	
de seigle ou autres grains	id.	0 00 3/4	id.	0 07	
d'épice de toute sorte	id.	0 04 1/2	id.	0 43	
Pains à cacheter	id.	0 12	id.	1 13	
Papier de toute sorte, à écrire, à dessiner, à musique, non rayé, d'imprimerie collé, blanc ou de couleur	id.	0 06	id.	0 56	
d'imprimerie non collé, brouillard, d'emballage collé, blanc ou de couleur	id.	0 02	id.	0 19	
carton, papier d'emballage non collé, à cartouches, gris et bleu pour les raffineries, à calfat	id.	0 01	id.	0 09	
à polir	id.	0 04	id.	0 38	
huilé	id.	0 16	id.	1 51	
de tapisserie ou de tenture	id.	0 10	id.	0 94	
peint, marbré, doré, argenté, avec dessins ou sculpture, cartes de visite, lettres de change, vignettes, étiquettes, modèles à broder, jeux de société, images pour livres	id.	0 08	id.	0 76	
étoffe enduite de pâte à papier	id.	0 10	id.	0 94	
mâché (ouvrage de), les jouets exceptés	id.	0 24	id.	2 25	
Parapluies et ombrelles, couverts en soie	la pièce.	0 80	la pièce.	3 74	
couverts en autres étoffes	id.	0 40	id.	1 87	
garnitures de —	1 pund.	0 36	le kil.	3 38	

DÉNOMINATION DES MARCHANDISES.	DROITS. Unités norwégiennes.		Unités françaises.		OBSERVATIONS.
	Bases.	Taux.	Bases.	Taux.	
		sp. sk.		fr. c.	
Parfums et papiers à parfums	1 pund.	0 18	le kil.	1 69	
Passementerie de fil de poil de chameau, de coton, de laine, de poils	id.	0 60	id.	5 64	
de soie ou fleuret mélangée de fils de poils de chameau, coton, laine ou poils	id.	100	id.	9 39	
Pavot (graines de)	id.	0 01	id.	0 09	
Peaux et cuirs, bruts, de bœufs, chevaux, buffles secs, salés ou non, pesant moins de 28 punds, sans tête, cornes, queue, ou de 32 punds avec une ou plusieurs des extrémités	id.	0 00 3/4	id.	0 07	
frais, salés ou non, pesant plus de 56 punds sans les abats, ou de 64 punds avec les abats, ou partie des extrémités	id.	0 00 1/2	id.	0 05	
de veaux, porcs, boucs, chèvres, rennes, élans, cerfs, chevreuils, daims, moutons, agneaux ordinaires, secs	id.	0 00 1/2	id.	0 05	
frais, salés ou non	id.	0 00 1/4	id.	0 02	
autres peaux ou cuirs bruts à l'exception des pelleteries, secs, frais, salés ou non	id.	0 00 1/4	id.	0 02	
préparés sans poil, tannés, y compris les cuirs pour semelles	id.	0 06	id.	0 56	
préparés en jaune ou noir, y compris les cuirs et peaux cirés, graissés, aluminés, mégissés, laqués	id.	0 12	id.	1 13	
maroquin ou cordouan, vrai ou faux, peau de chagrin, parchemin, cuirs peints, dorés, argentés, avec dessins imprimés ou estampés et autres ornements	id.	0 25	id.	2 35	
autres cuirs et peaux préparés sans poils	id.	0 12	id.	1 13	
peaux ouvrées, mêmes droits, plus 50 %.					
avec poils pour pelleteries, préparées ou non, de castor, hermine, martre, loutre, zibeline	id.	0 48	id.	4 52	
de putois, chat sauvage ou d'Espagne, loup cervier, léopard, lion, tigre, cygne	id.	0 24	id.	2 26	
d'ours, écureuil, d'astrakan, de lapin, renard, de loup, de goulu, de gros gosier	id.	0 12	id.	1 13	
de blaireau, lièvre, chat domestique, phoque et autres animaux	id.	0 06	id.	0 56	
Peignes d'os ou de corne	id.	0 64	id.	6 02	
de bois	id.	0 36	id.	3 38	
Pelleteries, y compris les peaux cousues pour doublures, comme les peaux dont elles sont formées, plus 200 %.					
les pelisses et autres vêtements garnis de fourrures, sauf les casquettes, sont traités comme pelleteries, et payent d'après leur poids total.					
Perles, de verre, et perles fausses en cire	id.	0 20	id.	1 88	
d'acier et autre métal, faux	id.	1 00	id.	11 29	
ouvrages de — (bourses, cordons, etc.)	id.	0 48	id.	4 52	
Perruques et ouvrages en cheveux ou en soie	id.	2 00	id.	22 56	
Pierres de touche et à brunir	la pièce.	0 00 2/5	la pièce.	0 02	
fines montées, comme la monture.					
à aiguiser jusqu'à 12 pouces de diamètre	id.	0 02	id.	0 09	
de 12 à 18 id.	id.	0 03	id.	0 14	
de 18 à 24 id.	id.	0 04	id.	0 19	
de 24 à 32 id.	id.	0 08	id.	0 38	
de 32 à 39 id.	id.	0 15	id.	0 71	
de 39 à 46 id.	id.	0 25	id.	1 18	
de 46 à 53 id.	id.	0 50	id.	2 36	
de 53 à 59 id.	id.	0 70	id.	3 28	
au-dessus de 59 et par pied de diamètre.	id.	0 24	id.	1 09	
sculptées et travaillées, avec des ouvrages gravés ou tournés, avec des figures ou autres ornements, comme lampes, bougeoirs, etc., avec et sans métal	1 pund.	0 20	le kil.	1 88	
sculptures ordinaires comme pierres tumulaires, pour escalier, plaques de table, chambranles, mortiers, etc., en marbre, albâtre ou porphyre	id.	0 00 1/2	id.	0 05	
les mêmes en grès, serpentine ou autres	id.	0 00 1/12	id.	0 01	
Pipes, de terre brutes	id.	0 02	id.	0 19	
d'écume de mer	id.	0 32	id.	3 02	
autres	id.	2 00	id.	22 56	
de porcelaine	id.	0 15	id.	1 42	
en bois et composition de craie, terre et autres matières	id.	0 18	id.	1 70	
tuyaux de —, comme objets tournés. élastiques	id.	0 18	id.	1 70	
Plomb, en blocs ou saumons, ou vieux, pour refondre	id.	0 00 1/4	id.	0 02	
en rouleaux et plaques	id.	0 00 1/2	id.	0 05	
ouvré, objets non dénommés	id.	0 01 1/4	id.	0 12	
Plombagine. (Tare, en futailles et caisses, 16 %.)	id.	0 01	id.	0 09	
Platine brûlée ou pulvérisée	id.	0 00 1/8	id.	0 01	
Plumes à écrire, en acier et autre métal	id.	0 18	id.	1 70	
d'oiseaux, préparées	id.	0 08	id.	0 76	
de lit. (Tare, en sacs, 8 %.)	id.	0 04	id.	0 38	
de parures, d'autruche	id.	6 00	id.	67 71	
autres	id.	2 00	id.	22 56	
Poids et balances, dénommés en la loi du 28 juillet 1824	....	prohibés.	....	prohibés.	
Poils, crins	1 pund.	0 06	le kil.	0 56	
Poissons salés ou assaisonnés, comme sardines, lamproies	id.	0 06	id.	0 56	
fumés	id.	0 03	id.	0 28	
séchés	id.	0 01	id.	0 09	
salés en caques	1 tonne.	1 24	l'hectol.	5 86	
Poivre de Cayenne, flacons compris	1 pund.	0 36	le kil.	3 38	
autres sortes	id.	0 03	id.	0 28	
Pommades, pots ou verres compris	id.	0 24	id.	2 25	
en papier, y compris les cosmétiques	id.	0 40	id.	3 76	
Pommes de terre	1 tonne.	0 20	l'hectol.	0 68	

DÉNOMINATION DES MARCHANDISES.	DROITS. Unités norwégiennes. Bases.	Taux.	Unités françaises. Bases.	Taux.	OBSERVATIONS.
		sp. sk.		fr. c.	
Pompes à incendie	valeur.	10 %	valeur.	10 %	(1) N'est pas considéré comme pilé ou en poudre le sucre qui renferme des morceaux pesant 1/2 pund ou plus.
Porcelaines, blanche, sans dorure, peinture, couleur	1 pund.	0 05	le kil.	0 47	
autres	id.	0 15	id.	1 42	
Portefeuilles en peau, papier ou autres matières	id.	0 48	id.	4 52	
Potasse	id.	0 01	id.	0 09	
Poteries en terre de toute sorte	id.	0 01 1/2	id.	0 14	
Poudre à tirer. (Tare, en futailles, 16 %.)	id.	0 04	id.	0 38	
Prunes de Sainte-Catherine. (Tare, en futailles et caisses, 15 %.)	id.	0 03	id.	0 28	
Pruneaux. (Tare, en futailles et caisses, 16 %.)	id.	0 01	id.	0 09	
Racines de chicorée torréfiées	....	prohibées.	....	prohibées.	
fraiches ou sèches	1 pund.	0 00 1/2	le kil.	0 05	
de betteraves, carottes, choux, raves, navets, persil, céleri, et autres non dénommées	1 tonne.	0 40	l'hectol.	1 36	
Pour la médecine, non dénoncées	1 pund.	0 02	le kil.	0 19	
Raifort	id.	0 01	id.	0 09	
Raisins de Corinthe. (Tare, en futailles, 12 %; en caisses, 16 %.)	id.	0 03	id.	0 28	
frais. (Tare, en caisses et autres, 50 %.)	id.	0 04	id.	0 38	
secs. (Tare, en futailles, 14 %; en caisses, 20 %; en cruches, 30 %.)	id.	0 01 1/2	id.	0 14	
Résine commune. (Tare, en futailles et caisses, 16 %.)	id.	0 00 2/5	id.	0 04	
Riz en paille	1 tonne.	0 80	l'hectol.	2 69	
perlé, et farine de —. (Tare, en futailles, 12 %.)	1 pund.	0 01 1/2	le kil.	0 14	
Rubans de crêpe de soie, de coton et de soie	id.	0 44	id.	4 17	
autres	id.	100	id.	9 40	
de coton, lin, laine, poils, ou de deux de ces matières	id.	0 32	id.	3 02	
Sacs, comme le tissu, plus 25 %.					
Safran	id.	0 90	id.	8 46	
Sagou, grains et farines de (Tare, fut. et caisses, 12 %.)	id.	0 02	id.	0 19	
Salpêtre. (Tare, 10 %.)	id.	0 00 1/2	id.	0 05	
Sauce	1 pot.	0 24	le litre.	1 16	
Saucissons fumés et salés	1 pund.	0 02 1/2	le kil.	0 23	
Savon parfumé	id.	0 15	id.	1 42	
vert. (Tare, 1 tonne 32 punds, et ses divisions par moitiés.)	id.	0 01 1/2	id.	0 14	
blanc et jaune, en briques. (Tare, en futailles et caisses, 12 %.)	id.	0 02 1/2	id.	0 23	
Sels médicinaux, non dénommés	id.	0 00 1/3	id.	0 03	
raffinés	id.	0 01	id.	0 09	
autres que de roche	1 tonne.	0 20	l'hectol.	0 68	
Sellerie, garnie, dorée, argentée, plaquée	1 pund.	0 30	le kil.	2 82	
avec d'autres garnitures, ou sans —	id.	0 16	id.	1 51	
Sirops, ordinaires. (Tare, en futailles, 15 %.)	id.	0 01	id.	0 09	
de capillaires de mûres, de rose, de violette	id.	0 08	id.	0 76	
Soie et fleuret, tors ou non, teinte ou non	id.	0 60	id.	5 64	
autre soie et fleuret, manufacturée. (Les rubans roulés sur bois ou carton; tare, 15 %.)	id.	1 40	id.	15 05	
Soies de porc	id.	0 03	id.	0 28	
Son	id.	0 02	id.	0 19	
Soufflets laqués	la pièce.	0 24	la pièce.	1 12	
non laqués	id.	0 08	id.	0 38	
Soufre	1 pund.	0 00 1/3	le kil.	0 03	
fleur de	id.	0 00 1/2	id.	0 05	
Sparteries, nattes pour tapis de pied	id.	0 01	id.	0 09	
pour chapeaux, et tresses non dénommées	id.	0 12	id.	1 13	
corbeilles en —	id.	0 12	id.	1 13	
boites en bois et en —	id.	0 01 1/2	id.	0 14	
Spermacéti (bougies de)	id.	0 12	id.	1 13	
Stéarine, non ouvrée	id.	0 04	id.	0 38	
bougie de	id.	0 08	id.	0 76	
Storax	id.	0 05	id.	0 47	
Stores peints ou imprimés	id.	0 55	id.	5 17	
Sucre, raffiné, en pains ou plaques; candi et autres. (Tare, en fut. ou caisses de 1,500 punds et plus, 7 %; de 400 à 1,500, 10 %; de moindre poids, 15 %; en sacs ou nattes, 9 %.)	id.	0 04	id.	0 38	
raffiné, pilé (1), pulvérisé, et en poudre blanc. (Tares, en futailles, comme ci-dessus; en caisses, 18 %).	id.	0 02 1/2	id.	0 23	
brut, brun ou jaune. (Tare, en fut. et caisses, 18 %.)	id.	0 01 1/2	id.	0 14	
Sucre de Saturne	id.	0 01 1/2	id.	0 14	
Suif. (Tare, en futailles, 10 %.)	id.	0 02	id.	0 19	
chandelles de —. (Tare, en caisses, 10 %.)	id.	0 04	id.	0 38	
Tabac, en côtes, en feuilles et carottes. (Tare, en fut. et caisses, 12 %; en paniers, 8 %.)	id.	0 05	id.	0 47	
à priser. (Tare, en bouteilles, 40 %; autrement, 15 %.)	id.	0 14	id.	1 32	
cigarres. (Tare, en caisses, 25 %.)	id.	0 30	id.	2 82	
à fumer et chiquer. (Tare, en fut. et caisses, 20 0/0 pour le tabac à fumer; 15 % pour celui à chiquer.	id.	0 10	id.	0 94	
Tablettes en ardoises, sans cadres	id.	0 01 1/2	id.	0 14	
avec cadres	id.	0 04	id.	0 38	
Taffetas ciré	id.	0 34	id.	3 21	
ouvrages en —	id.	0 50	id.	4 70	
Tain pour glaces	id.	0 07 1/2	id.	0 70	
Tamarin. (Tare, en futailles et caisses, 16 %; en cruches, 30 %.)	id.	0 03	id.	0 28	
Tamis et blutoirs	id.	0 04	id.	0 38	
Tapioca en grains ou farines	id.	0 03	id.	0 28	
Tapis peints ou imprimés	id.	0 05	id.	0 47	
autres	id.	0 16	id.	1 51	
Tartre raffiné ou non, y compris le cristal de —, et la crême de —. (Tare, en futailles, 16 %.)	id.	0 00 1/2	id.	0 05	
sel de —	id.	0 05	id.	0 47	
Térébenthine. (Tare, en futailles, 18 %.)	id.	0 00 1/2	id.	0 05	

DÉNOMINATION DES MARCHANDISES.	DROITS. Unités norwégiennes.		Unités françaises.		OBSERVATIONS.
	Bases.	Taux.	Bases.	Taux.	
		s. sk.		fr. c.	
Thé noir ou vert. (Tare, en caisses doublées de plomb, 30 %.)	1 pund.	0 18	le kil.	1 68	
Toiles cirées en pièces	id.	0 10	id.	0 94	
ouvrages de —	id.	0 15	id.	1 42	
Tonnellerie (objets de), douves et fonds	valeur.	25 %	valeur.	25 %	
Tréfilerie et passementerie d'or et d'argent fine et mi-fine	1 pund.	4 00	le kil.	44 84	
fausse	id.	0 40	id.	3 76	
Trousses de barbier, garnies	id.	0 60	id.	5 64	
Tuiles vernies	les 1,000.	3 00	les 1,000.	16 86	
non vernies	id.	2 00	id.	11 24	
Vanille	1 pund.	1 72	le kil.	18 05	
Vannerie d'osier, non fendu et avec l'écorce	id.	0 01 1/4	id.	0 12	
sans écorce	id.	0 12	id.	1 13	
fendu, pesant 1 pund ou plus la pièce (0 kil. 498)	id.	0 12	id.	1 13	
moins d'un pund	id.	0 72	id.	6 77	
Veilleuses en boîtes	id.	0 10	id.	0 94	
Vermicelle et macaroni. (Tare, en caisses, 20 %.)	id.	0 03	id.	0 28	
Verres ardents	id.	0 12	id.	1 13	
Verreries, bouteilles vertes	la pièce.	0 01 1/2	la pièce.	0 07	
becs de verre pour filets de pêche	1 pund.	0 00 2/3	le kil.	0 06	
flacons et verres pour la médecine, cornues, etc.; glaces, miroirs	id.	0 06	id.	0 56	
verre à vitres, et glaces sans tain	id.	0 04	id.	0 38	
autres verreries. (Tares, en paniers, 25 %; en futailles et caisses, 32 %.)	id.	0 08	id.	0 76	
Vesce	1 tonne.	0 20	l'hectol.	0 68	
Viandes fraîches, salées ou soupoudrées de sel. (Tare, en tonne avec saumure, 80 punds; en d'autres futailles avec saumure, 28 %.)	1 pund.	0 01	le kil.	0 09	
fumées ou séchées	id.	0 01	id.	0 09	
Vinaigres de toute sorte, en futailles. (Tare, 18 %.)	id.	0 01 1/2	id.	0 14	
en bouteilles ou cruches	1 pot.	0 03	le litre.	0 15	
Vins, en futailles et cruches	1 pund.	0 03 3/5	le kil.	0 34	
en bouteilles	1 pot.	0 20	le litre.	0 97	
lie de —, et moult de —, liquide, comme vins.					
Vitriol, bleu. (Tare, en futailles et caisses, 10 %.)	1 pund.	0 01 1/2	le kil.	0 14	
vert. Id.	id.	0 00 1/4	id.	0 03	
blanc. Id.	id.	0 00 1/5	id.	0 02	
Zinc, brut	id.	0 00 1/2	id.	0 05	
en plaques et laminé	id.	0 01 1/2	id.	0 14	
en clous ou boutons	id.	0 02 1/2	id.	0 23	
bronzé	id.	0 06	id.	0 56	
autres ouvrages de —	id.	0 04	id.	0 38	

MARCHANDISES EXEMPTES DE DROITS D'ENTRÉE.

Agaric; aimant, sans monture; ambre, non ouvré; animaux vivants, non dénommés; arbres; arbrisseaux, plantes vivantes; argent en barres, vieux, et ne pouvant servir qu'à la refonte; arsenic, asphalte.

Baies de genièvre; baleine brute; veaux de lait, importés avec la mère; bois et poutres indigènes, exotiques en blocs; planches ou feuilles de plus de 1/4 de pouce d'épaisseur (7 millim.); bois pour la médecine; bois à brûler; bol terra sigillata; bouillon (tablettes de); buis.

Cables en morceaux de moins de 3 aunes de longueur (1 m. 78 c.); calamine; cèdre; cendrée de chaux d'étain; chanvre non peigné; charbon de bois; charbon de terre, aux bureaux de Vardö, Vadsö ou Hammerfest; charrues; chaux en pierre ou craie; chenevis; chiffons ou drilles; coco, tille de; copeaux pour relieurs, cordonniers, etc.; coquilles fraîches; corail brut; cornes de rennes, de cerfs, de bœufs, boucs et autres, en plaques ou non rapées; craie blanche, non moulue.

Dattes; dents d'éléphant ou de narval; douves brutes.

Ébène, écaille brute; écorces de tan, de toute sorte; écorces de bouleau; écrevisses (yeux d'); engine; engrais; émail; émeri; étain, cendrée et chaux; étoupes de lin et de chanvre.

Fonte (canons et mortiers en); fleurs, plantes, racines, oignons; flothol; foin; fruits frais, non dénommés.

Gomme élastique, brute; graines pour semer; gutta-percha brute.

Herses; histoire naturelle (objets d'); huîtres fraîches.

Ivoire, brut.

Joncs, bruts.

Laurier (bois de); liége brut.

Machines à vapeur; manganèse; musique; minéraux; modèles; monnaies.

Nacre de perle brute.

Objets d'art en pierre; objets d'art en peintures, dessins, lithographies; gravures, non repris à l'art. papier, et sans cadres; or brut et vieux pour la refonte; os d'animaux; os en poudre; osier; ossa sépia.

Paille; peaux et cuirs bruts secs, salés ou non, pesant plus que ceux imposés; peaux et cuirs frais, comme les précédents; peaux de poissons brutes; perles fines non montées; pierres à fusil taillées; pierre spéculaire; pierre ponce; pierres fines non montées; pierres lithographiques, en blocs, de taille; carreaux de marbre et d'albâtre, de Goetland et autres; platine non ouvrée; plantes vivantes; plumes à écrire brutes; poils de castor, lièvre, lapin; poils de chevaux non préparés, de chameau; poissons frais; prêles; presses d'imprimerie.

Rognures de papier.

Sanguine; sel minéral; sérans; serpents (têtes de); sphères; spermaceti brut; sucre de lait.

Terres servant aux arts et métiers; tonka (fèves de); tourbe; tourteaux.

Vins, lie de et moult de; mélangés de farine, ou secs.

TARES.

Pour toutes les marchandises dont la tare n'est pas fixée spécialement on suit celles ci-après:

Marchandises sèches en futailles, 1 tonne, 24 punds (12 kil.) en autres emballages futaill. et caiss. 12 0/0

— importées en bouteilles, verres, cruches, sans autre emballage . . . 30 0/0

— importées en boîtes, flacon de plomb, fer et cuivre. 20 0/0

— — en sacs de toile ou nattes . . . 4 0/0

— — en nattes de jonc . . . 4 0/0

— — en nattes de paille . . . 3 0/0

— — en sacs de laine . . . 8 0/0

Farines et gruaux en sacs . . . 3 0/0

Double emballage de toile . . . 3 0/0

Indépendamment de la tare sur le colis, et pris sur le poids brut total,

TARIF DES DROITS D'EXPORTATION.

DÉNOMINATION DES MARCHANDISES.	DROITS. Unités norwégiennes. Bases.	Taux.	Unités françaises. Bases.	Taux.	OBSERVATIONS.
		sp. sk.		fr. c.	
Anchois	1 tonne.	0 01	l'hectol.	0 04	
Bois, sur navires, entièrement chargés de pièces de plus de 20 pouces de long (0^m,522)	laist. de com.	0 60	1,000 kil.	1 08	
pièces moins longues	id.	0 30	id.	0 54	
si ce qui est exporté ne forme pas 1 lastes	1 pied cube.	0 00 1/2	mètre cube.	0 03	
Cables et cordages, vieux	1 pund.	0 00 1/3	le kil.	0 03	
Charbon de bois, comme bois de plus de 20 pouces.					
Chrome en minerai	id.	0 00 1/10	id.	0 01	
Cobalt en minerai ou en morceaux	id.	0 16	id.	1 51	
Douves, comme bois.					
Drilles ou chiffons	id.	0 01	id.	0 09	
Ecorces de chêne	id.	0 30	id.	2 82	
Feuillard, fonçailles, camme bois.					
Homards	la pièce.	0 00 1/5	la pièce.	0 01	
Huile de poisson	1 tonne.	0 24	l'hectol.	0 97	
Merains, comme bois.					
Poissons secs, salés, fumés, et merluches	1.vog.	0 00 1/2	100 kil.	0 13	
en tonnes	1 tonne.	0 01	l'hectol.	0 04	
Rognures de papier	1 pund.	0 01	le kil.	0 09	
Rogues	1 tonne.	0 03	l'hectol.	0 12	
Os	1 pund.	0 20	le kil.	1 88	
Toutes autres marchandises	....	libres.	....	libres.	

TARIF DES DROITS DE TONNAGE.

Toutes les fois qu'un navire sort d'un port ou y entre :

A. Pour les ports étrangers, à l'exception de ceux de la Suède, de la mer Blanche ou de la mer Glaciale, pour les navires norwégiens . . . . . . 35 sk. = 1 fr. 64 c.

B. Pour les pays situés dans la mer Blanche, ou la mer Glaciale . . . . 24 = 1 12

C. Pour les ports de Suède, pour les navires norwégiens et suédois . . . . 12 = 0 56

TARIF DES DROITS DE PHARE.

A. Les navires qui naviguent entre la Suède et la Norwège paient en général . . . . 16 sk. = 0 fr. 75 c.

Il n'est perçu aucun droit de phare pour les navires qui naviguent entre les ports des baillages de Nortdland et du Finmarck, et les ports de la mer Blanche et de la mer Glaciale.

B. Exceptionnellement pour les navires suédois et norwégiens qui naviguent entre la Suède et la Norwège . . . . 6 sk. = 0 fr. 28 c.

MONNAIES, POIDS ET MESURES.

MONNAIES.

Effectives, d'argent.

species	=	2 halvspecies	=	5 f. 62 c.
halvspecies	=	2 1/2 ort	=	2 81
ort	=	3 otteskilling	=	1 12
otteskilling	=	2 fireskilling	=	0 37
fireskilling	=	2 toskilling	=	0 17
toskilling	=	2 skilling	=	0 8 33
skilling			=	0 4 68

De papier.

Il existe des billets de la banque de Norwège qui varient pour la valeur depuis 1/5 de species (mark) jusqu'à 100 spécies.

Le storthing détermine suivant les circonstances le cours de l'argent de la banque, c'est-à-dire combien on doit y verser de species papier pour en obtenir des species effectifs. Il en résulte qu'il y a deux cours le plus ordinairement, celui de la banque, dit officiel, et celui de la bourse. On peut admettre qu'en moyenne la différence entre la valeur monnaie et papier est de 12 0/0.

POIDS.

Il existe en Norwège trois espèces de poids : celui de commerce, celui d'argent, celui d'apothicaire.

Poids du commerce.

last, dit de commerce	=	16, 3 skippund	=	2590 k.
last de bois	=	12, 53 skippunds	=	1992 45
last de poisson sec	=	7, 83 skippunds	=	1255
skippund	=	8 8/9 vog	=	159
vog	=	2 1/4 lispund	=	18
lispund	=	1 1/3 bismerpund.	=	8
bismerpund	=	12 pund.	=	5 977
pund	=	2 mark.	=	0 498
mark	=	16 lod.	=	0 249
lod	=		=	0 015

Poids des matières d'or et d'argent.

pund	=	2 mark.	=	0 k. 467 98
mark	=	8 unze	=	0 233 99
unze	=	2 lod	=	0 029 25
lod	=	4 quintin.	=	0 014 62
quintin	=	4 ort	=	0 003 65
ort	=	16 oes	=	0 0 91
oes	=	16 gran	=	0 0 05
gran	=		=	0 0 00357

Poids d'apothicaire.

pund	=	12 unze.	=	0 k. 357 84
unze	=	8 drachma	=	0 029 82
drachma	=	3 scrupel	=	0 003 72
scrupel	=	20 gran	=	0 001 24
gran			=	0 000 0621

Ainsi la proportion entre les trois sorte de punds (livres) ci-dessus, ou leur grandeur relative est :

1 : 0,9395179 : 0,7184008.

MESURES.

Mesures de longueur.

rode	=	1 2/3 favn.	=	3 m. 137
favn	=	3 alen.	=	1 882
alen	=	2 fod	=	0 627
fod	=	2 quarter.	=	0 313
quarter	=	4 sextendelle.	=	0 156
sextendelle	=	1 1/2 tomme	=	0 039
tomme	=	12 linie.	=	0 026
linie			=	0 002

Mesures itinéraires.

1 mille norvégien = 3,600 rodes = 11,294 mètres 72.

MESURES DE CAPACITÉ.

Pour les liquides.

oxhoved	=	1 1/2 ahm.	=	2 h. 31 l.
ahm	=	1 1/2 tonde.	=	1 54
tonde	=	3 anker	=	1 15
anker	=	2 2/3 viertel.	=	0 38
viertel	=	7 1/2 kande.	=	0 14
kande	=	2 pot	=	0 01 9
pot	=	4 poegle.	=	0 00 965
poegle			=	0 00 211

Pour les grains.

tonde	=	4 fjerding.	=	1 h. 39 l.
fjerding	=	2 skjeppe.	=	0 34 7
skjeppe	=	2 soetting.	=	0 17 3
soetting	=	1 1/2 notting	=	0 08 6
notting	=	1 1/3 fjerdingkal	=	0 05 7
fjerdingkal	=	2 ottingkal.	=	0 04 3
ottinkal	=	2 1/4 pot	=	0 02 1
pot			=	0 00 965.

FIN DU TARIF DES DOUANES DE NORWÉGE.

TARIF DES DOUANES

DE

LA CONFÉDÉRATION SUISSE.

OBSERVATIONS PRÉLIMINAIRES.

La loi qui a fixé le nouveau tarif des douanes pour toute la Confédération suisse porte la date du 27 août 1851 ; mais elle n'a été mise en application que le 1er janvier 1852.

Cette loi a confirmé la disposition qui avait, en 1849, supprimé, pour les produits importés de l'étranger, le régime des péages et droits intérieurs qui faisait qu'il y avait autant de tarifs que de cantons, ce qui occasionnait au commerce des retards considérables, par la nécessité de s'arrêter de distance en distance pour y subir les formalités nécessaires aux perceptions.

Le tarif suisse est très-modéré dans son ensemble; mais il est assez difficile à consulter, en ce que les marchandises ne sont ni classées par ordre alphabétique, ni même réunies en groupes ne présentant que des produits ayant entre eux quelque analogie. C'est une réunion de 881 articles taxés suivant leur valeur commerciale, d'après le plus ou moins d'utilité qu'ils offrent pour la consommation, et surtout d'après le degré de main d'œuvre qu'ils ont reçu. Il en résulte que pour un assez grand nombre d'objets il y a répétition de leur dénomination sous plusieurs lettrines; il faut donc se représenter la nature exacte de celui dont on veut connaître le droit, avant de faire la recherche au tarif. Chacun des groupes présentant les marchandises par ordre alphabétique, on arrive assez vite à trouver la classe dans laquelle est rangé le produit dont on s'occupe, et la taxe qui lui est imposée.

DISPOSITIONS RÉGLEMENTAIRES.

OBLIGATION D'ACQUITTER LES DROITS.

Tous les objets importés en Suisse, qui en sont exportés, ou qui transitent par son territoire, sont soumis à l'action du tarif pour le payement des droits.

Il y a exception toutefois à l'égard des objets ci-après :

A. Effets et objets quelconques appartenant aux envoyés étrangers accrédités près la Confédération.

B. Effets des voyageurs destinés à leur usage.

C. Voitures de voyage et de roulage, l'attelage compris.

D. Objets servant au transport des pauvres et de leurs effets.

E. Animaux, instruments, et autres objets destinés à la culture des propriétés limitrophes.

F. Les paquets de marchandises expédiés par la poste et dont le poids n'excède pas 1 livre (0 k. 500).

G. Les objets importés par une même personne ne portant pas plus d'un kil., ou pour lesquels la perception ne devrait pas dépasser 0 f. 05 c.

H. Les matériaux pour les routes, les pierres à bâtir brutes, la chaux brute, les feuilles et objets bruts servant à l'engrais, les engrais.

I. L'or et l'argent monnayés.

J. Le lait, les œufs, les poissons frais, les écrevisses, les grenouilles, les escargots, les légumes frais, le jardinage, destinés à être vendus au marché.

K. Les rails, coussinets, appareils d'évitement et de croisement, plaques tournantes, ponts à rouleaux, pièces en fer pour la construction des ponts en fer, roues, essieux, locomotives, coke, destinés aux chemins de fer suisses; matières premières, destinées à être converties, dans les usines de la Confédération, en objets nécessaires aux chemins de fer suisses.

MODE DE CALCULER LES DROITS.

A l'égard des objets taxés par *collier*, et qui sont importés ou exportés par bateau, on compte pour un *collier* toute charge de 15 quintaux (750 kil.).

Les droits au poids sont perçus sur le poids brut.

Chaque fraction de livre est comptée pour une livre ; chaque fraction de centime pour un centime.

Les objets dont le poids n'est pas indiqué sur les lettres de voiture sont pesés. Cette opération est à la charge du commerce. Le droit de pesage est de 0 fr. 10 c. par 100 kil.

Les marchandises dont l'*espèce* n'est pas indiquée payent la taxe la plus élevée du tarif. Celles déclarées ou indiquées d'une manière équivoque sont soumises au droit le plus élevé que comporte leur espèce.

Lorsqu'un colis renferme des marchandises d'espèces diverses, ayant à payer des droits différents, et qu'il n'est pas fait une déclaration suffisante de la quantité de chaque marchandise, le colis entier payera le droit de l'objet le plus imposé de son contenu.

DISPOSITIONS RELATIVES A L'IMPORTATION, A L'EXPORTATION ET AU TRANSIT.

L'importation et l'exportation des marchandises sujettes aux droits ne peuvent avoir lieu que par les bureaux de péage, aux heures règlementaires, et par les routes désignées.

Les heures pour l'expédition des marchandises sont fixées comme suit :

Du 1er novembre à fin février, 7 heures du matin à 7 heures du soir ;

Du 1er mars au 30 avril, 6 heures du matin à 8 heures du soir;

Du 1er mai au 31 août, 5 heures du matin à 9 heures du soir;

Du 1er septembre au 31 octobre, 6 heures du matin à 8 heures du soir.

Tous les objets tarifés qui ne sont destinés ni au transit ni à l'entrepôt, peuvent être importés ou exportés par tous les bureaux.

Les objets destinés au transit ou à l'entrepôt ne peuvent être importés ou être exportés que par un bureau principal.

La déclaration doit être faite très-exacte. Le droit se calcule sur cette déclaration, qui doit contenir les indications suivantes : la date de l'expédition, la marque, le numéro, le poids, la nature de l'emballage, le contenu des colis, d'après les termes du tarif; le nom et le domicile de l'expéditeur, du destinataire et du conducteur, la nature de l'expédition réclamée, importation, exportation, transit, entrepôt.

Si la vérification prouve l'exactitude de la déclaration, les frais de visite sont à la charge de la douane.

Les marchandises destinées au transit sont déclarées comme telles, et le conducteur *justifie* du contenu des colis. Il doit fournir caution pour le *double montant* des droits d'importation. C'est seulement au bureau de sortie que se perçoit le droit de transit.

Les marchandises en cours de transit peuvent être déclarées pour la consommation.

DISPOSITIONS RELATIVES AUX ENTREPOTS.

Les marchandises destinées à l'entrepôt doivent être déclarées comme telles. Elles sont vérifiées, puis dirigées sur l'entrepôt indiqué au moyen d'un acquit à caution. Elles sont plombées. Le prix des plombs ou cachets est de 0 fr. 05 c.

La durée de l'entrepôt ne peut excéder une année. Après ce délai, il faut acquitter le droit d'importation.

Les mutations d'un entrepôt sur un autre sont autorisées; mais ces changements, opérés par acquits à caution, ne prolongent pas la durée de l'entrepôt.

DES CONTRAVENTIONS EN MATIÈRE DE PÉAGES.

Se rendent coupables de contraventions en matière de péages :

A. Ceux qui ne se conforment pas à la loi en ce qui concerne l'importation, l'exportation, le transit, l'entrepôt.

B. Ceux qui ne se rendent pas directement au premier bureau d'entrée ou de sortie.

C. Ceux qui ne suivent pas la route tracée pour se rendre à un entrepôt.

D. Ceux qui dépassent de plus de cent pas (75 mètres) un bureau de péage frontière, sans s'y être mis en règle.

E. Ceux qui omettent de déclarer tout ou partie de marchandises sujettes aux droits.

F. Ceux qui désignent leur marchandise d'une manière inexacte.

G. Ceux qui déclarent un poids de plus de 5 % trop bas, ou une valeur de plus de 10 % trop bas.

H. Ceux qui entrent en Suisse ou en sortent avec des objets tarifés, en dehors des heures d'expédition.

Chacune de ces contraventions est punie *pour la première fois* d'une amende qui peut être portée de cinq à trente fois la valeur du droit fraudé, lequel est toujours perçu en sus de l'amende.

En cas de récidive, la peine peut être doublée et le contrevenant condamné jusqu'à deux ans de prison.

L'administration est autorisée à préempter les marchandises déclarées à la valeur, en payant celle-ci et 10 % en sus; dans ce cas on ne peut poursuivre pour contravention.

Les omissions de formalités, autres que celles rappelées ci-dessus, sont passibles d'amendes qui peuvent être portées jusqu'à 10 fr.

MODIFICATIONS

APPORTÉES

AUX TARIFS DES DOUANES DE LA SUISSE

1° Le droit de transit est réduit à 0 fr. 10 c. par 100 kil.

(Arrêté fédéral du 17 janvier 1859).

2° Sacs et vases vides de tout genre, importés pour prendre des marchandises suisses, et les réexporter dans le délai d'un mois, exempts.

(Arrêté du 1er mars 1859).

3° *Loi sur les warrants* (pour Genève seulement).

Les warrants peuvent être délivrés par tous les établissements de crédit autorisés en société anonyme.

Ils doivent indiquer : la marchandise déposée, la somme garantie, l'échéance à laquelle elle est payable, l'engagement de laisser vendre publiquement la marchandise à la Bourse de Genève, si le remboursement n'est pas effectué à l'échéance convenue.

Les warrants peuvent se transmettre par endossement. En cas de non payement à l'échéance, il faut remplir les formalités prévues par les lois commerciales pour le recours contre les endosseurs.

Dans les huit jours après protêt et recours notifié au moins au premier endosseur, on peut, sans autre mise en demeure, faire procéder à la vente.

Si le produit de celle-ci se trouve insuffisant, le porteur peut actionner pour la différence les souscripteurs et les endosseurs. Si, au contraire, elle donne un excédant, celui-ci revient au souscripteur du billet.

En remboursant le montant intégral de l'avance, l'emprunteur peut retirer la marchandise engagée avant l'échéance du warrant.

Le porteur du warrant perd son recours pour insuffisance du produit de la vente si, dans l'intervalle de six semaines à dater du protêt, il n'a pas fait procéder à la vente de la marchandise.

Le détenteur, en cas d'aliénation de la marchandise, est puni comme coupable d'abus de confiance.

Les porteurs de warrants ont sur les indemnités d'assurances, en cas de sinistre, les mêmes droits que sur la marchandise assurée.

Les établissements publics de crédit peuvent recevoir les warrants comme effets de commerce, avec dispense d'une des signatures exigées.

Toute contestation concernant les warrants est soumise au tribunal de commerce.

Le droit de timbre sur les warrants est le même que celui sur les billets de commerce.

Forme du warrant.

Le soussigné, certifie qu'il a été déposé dans ses magasins par M. , à la disposition du porteur du présent warrant les marchandises suivantes :

. . . .

B. P.

Le , je payerai à l'ordre de M. , la somme de , en garantie de laquelle j'affecte la marchandise déposée dont récépissé ci-dessus. En cas de non-payement à l'échéance du présent engagement, j'autorise la vente publique, par intermédiaire d'un courtier de la Bourse de Genève, de la marchandise déposée.

Genève, le .

Signé : .

4° La tôle dite « de grande dimension comme il ne s'en fabrique pas en Suisse » est celle de 8 mill. et plus d'épaisseur, servant pour la construction de machines et bateaux, et pesant chaque feuille au moins 1 quintal, soit 50 kilogr.

TARIF DES PÉAGES.

Lettrines.	DÉNOMINATION DES MARCHANDISES.	DROITS. Bases.	DROITS. Taux.
			fr. c.
	1° IMPORTATION.		
A. 1	*Chèvres* et chevreaux; cochons pesant moins de 40 kil.; cochons de lait; moutons et agneaux; ruches avec abeilles vivantes, le miel non compris; veaux n'ayant pas encore de cornes.	par tête.	0 10
2	*Anes;* bêtes à cornes; cochons pesant plus de 40 kil.; poulains.	id.	0 50
3	*Chevaux*, même destinés à la réexportation, mules et mulets.	id.	3 00
4	*Animaux* étrangers, non conduits sur des chars ou portés.	id.	6 00
B. 1	*Meules* gisantes et courantes.	valeur.	2 %
2	*Barques* pour le transport des personnes; chars, traîneaux et bateaux servant à l'économie rurale et au transport des marchandises; pièces détachées de ces chars, traîneaux et bateaux; instruments de labourage en bois, ou en bois et fer; machines et instruments exportés avec passavants, puis réimportés après réparations.	id.	5 %
3	*Voitures* autres que celles ci-dessus; chars et traîneaux, *idem;* bateaux de luxe et gondoles.	id.	10 %
C. 1° 1	*Bois* à brûler, de construction, de charronnage; charbon de bois; déchets d'animaux et de végétaux non dénommés; écorces à tan et mottes à brûler; foin et herbes de pâturage; houille, lignite, coke et tourbe; lait; minerais bruts; paille hachée ou non, et balle; pierres à bâtir, communes, taillées; pommes de terre; terre glaise, réfractaire, à foulon; kaolin; suintre; scories.	par collier.	0 15
	Nota. Lorsque la charge d'un char ou d'une personne ne dépasse pas le poids de 10 quint. (500 kil.), elle ne payera que les 2/3 de la taxe; si elle ne dépasse pas le poids de 5 quint. (250 kil.), elle ne payera que 1/3; si elle ne dépasse pas le poids de 1 quint. (50 kil.), elle ne payera que les 2/5.		
2	*Arbres* jeunes et arbrisseaux; ardoises; balais de brouilles; bois de douves et bois de charronnage grossièrement ébauché; chaux et gypse cuits, moulus; effets et meubles communs d'émigrants; fruits, légumes et jardinage frais; œufs; planches, lattes, bardeaux, échalas; tonneaux à sel et à gypse, baquets, ayant servi; tuiles et briques.	id.	0 60
3	*Objets* destinés aux exhibitions publiques; statues; volaille, poissons, et objets pareils.	id.	3 00
2e 1	*Asphalte;* céréales et légumes secs; chaux moulue et ciment romain; drilles; craie et terres colorantes brutes; bol d'Arménie; meules; pierres à aiguiser, à feu, lithographiques; riz; sel; semences; terre de pipe.	100 kil.	0 30
C. 2° 2	*Acides* sulfurique et muriatique; agaric brut; albâtre et marbre bruts; alquifoux; alun; amiante; amidon; bois d'ébénisterie; bois ordinaire ébauché pour boîtes; bois, racines, écorces, herbes, graines de teinture, non moulus; boyaux; brochettes de jonc pour tisserands; chardons cardières; chanvre, lin, étoupes, bruts ou peignés; châtaignes; chlorure de chaux; cocons et déchets de soie; colle ordinaire; cornes et feuilles de, brutes; coton en laine; émeri; fer brut en gueuse; vieux, cassé, limaille, pour la construction, de formes et de dimensions qu'on ne fabrique pas en Suisse; acier sauvage en gueuse; fil grossier pour toile d'emballage; garance brute ou moulue; graphite; huiles communes, non alimentaires; laine brute et peignée; bourre, déchets et poudre de laine; écorces de tilleul; racine de riz; litharge; malt d'orge; manganèse; asphalte; peaux et pelleteries brutes; plomb en saumons et vieux; potasse; présure; racine de chicorée; résine brute; soies de porc et de sanglier; soude brute; soufre; suif; sulfate de baryte; blanc de Troyes; sumac; tartre brut; tôle de fer ayant au moins 3 millim. d'épaisseur; tripoli; vitriol.	100 kil.	0 60
3	*Farines* de blé, de riz; orge mondé; gruau d'avoine; semoule; pain.	id.	1 00
4	*Acides* liquides non dénommés, importés en vases contenant au moins 20 kil.; beurre, frais, fondu, salé; saindoux; bois, racines, écorces, herbes, graines de teinture, râpés, broyés ou moulus; cachou, rocou, orseille; bronze brut et vieux; carthame; cidre; cuivre brut ou vieux; effets à usage et linge supportés; étain en saumons ou vieux; fonte de fer non ouvrée, mais seulement coulée en objets divers; fruits de table secs; gommes; laiton brut ou vieux; marbres sciés en plaques non polies; nitre; nitrate de soude; noir de fumée; noix de galle; pierres ponce et sanguine; potée d'étain; savon ordinaire, d'huile; sels d'étain, de Saturne; smalt; tartre purifié; térébenthine, essence de —; colophane, résine épurée; toile à emballer, écrue, de 25 fils au plus par pouce ($0^m,030$), tant à la chaîne qu'à la trame; vannerie d'osier non refendu et non teint; varech et crin végétal; zinc en saumons et vieux.	id.	1 50
4 bis.	*Fer* forgé étiré, laminé.	id.	2 00
5	*Acier;* amadou; bière et levain de, en tonneaux; bouteilles à vin, bonbonnes contenant plus de 12 pots (18 litres); cacao et écorces de; café et surrogats; chicorée; céruse; chromate de potasse; cire, blanc de baleine, stéarine, bruts; cordes et ficelles communes; crins, poils, cheveux; eaux minérales; fil de fer; fer-blanc; tôle plombée et zinguée; garancine; marbres en plaques polies; métaux et compositions métalliques, bruts, non dénommés; miel; noir d'ivoire; ouvrages en pierre commune pesant plus de 50 kil.; papier, d'emballage autre que pour l'imprimerie; ciré et goudronné, et carton gris ordinaire; pierres lithographiques avec dessins; planches et fil de cuivre et de laiton; plomb en tuyaux ou laminé; en feuilles, balles et grenaille; poterie commune, creusets, pipes sans émail ni peintures; prussiate de potasse; soufre en canons et fleur de; tôle brute non mentionnée; vases et cruches de grès ordinaires; verre en bâtons, ordinaire, massif, lisses de —, pour métiers à la Jacquard; vins en tonneaux; zinc et étain en plaques, et tain.	id.	3 00
6	*Anis*, fenouil et cumin; armes montées pour l'armée fédérale, et pièces d'armes non montées; bois de placage pour meubles; cardes garnies; carton blanc, à catir; chandelle de suif ordinaire; choucroûte et légumes		

Lettrines.	DÉNOMINATION DES MARCHANDISES.	DROITS. Bases.	DROITS. Taux.
			fr. c.
C. 2° 6	salés; cochenille; coton filé, simple et retors, écru; coutil et toile de lin, écru ou mi-blanchi, non teint, ayant moins de 40 fils de chaîne par pouce (0m,030); cuirs et peaux; pour semelles, en basane, mégissées, non en couleur; écaille de tortue, brute; émail brut et moulu; fanons de baleine; fils de lin et de chanvre, non blanchis, non teints, non retors; fils de cordonnier; houblon; indigo; ivoire brut; laine filée brute, non teinte; liége brut; machines et pièces de —, autres que wagons; moutarde brute ou pilée; nacre brute; objets d'histoire naturelle; ouate de coton; ouvrages de tourneur, communs, en pierre, non peints, non polis, non vernis, et sans ferrures; pattes d'asperges; savon commun, de suif; tissus en bois ordinaire et objets de boissellerie; toile de coton écrue; tulle écru. . .	100 kil.	4 00
7	*Acier* en planches ou plaques et fil d'acier; allumettes chimiques; arbres, arbrisseaux, plantes d'ornement; billes à jouer; biscuit et pain de luxe; brosserie et cribles garnis de bois brut non verni; cacao en poudre; canne d'Inde et jonc d'Espagne, bruts ou refendus pour être tressés; caoutchouc et gutta-percha, bruts, taillés, filés, en plaques ou boules; caractères d'imprimerie; cirage; cire, blanc de baleine, stéarine, purifiés ou blanchis; coton filé retors, et fil à coudre en coton blanchi ou teint; couleurs moulues, lavées, préparées, non dénommées; crin mondé ou filé; cuirs et peaux, teints, noircis, vernis, de Russie, parchemin; draps de laine écrus, et couvertures communes, peluche en laine écrue, shipper écru, mousseline-laine écrue; drogueries non dénommées; eau de fleur d'oranger; eau-de-vie en tonneaux, esprit-de-vin et autres boissons spiritueuses; encre d'imprimerie; épices de toute espèce; extraits de substances colorantes; fer et fonte ouvrés, objets en fonte façonnée au tour, rivée ou rapportée; fonte polie ou émaillée; parties de meubles en fer fondu jointes ensemble; filés et fils de lin blanchis ou teints; fromages; fruits du midi frais ou secs, à l'exception de ceux confits au sucre; huiles comestibles; huîtres fraîches; laine filée, teinte ou blanchie; livres et musique, reliés ou non, vieux ou neufs, avec ou sans cartes géographiques; lithographies ou gravures; meubles vieux; pianos, orgues, et autres instruments de musique, vieux, et dont le poids ne dépasse pas 50 kil.; objets moulés en gypse, soufre, papier mâché, non peints ou simplement bronzés; objets pharmaceutiques non dénommés; outils en fer et en acier, avec et sans bois ou autres parties de métaux communs; ouvrages en étain et en zinc, non polis et non peints; en fer et en acier bruts, non polis ou vernis; en liége, en tôle bruts, mais sans rivures; ordinaires, étamés, mais non soudés ni polis; en paille, jonc ou filasse, non fendus et non teints, ordinaires; planches, plaques et fil d'argentine; plumes à lit et édredon; poisson sec, salé ou mariné, en vases ou boîtes ne contenant pas moins de 5 kil.; produits chimiques non dénommé et		
C. 2° 7	acides en vases contenant moins de 10 kil.; soie écrue et bourre de soie cardée, filée, ou retorse; sucre et mélasse; tabac en feuilles et en carottes; vermicelle de toute espèce; vernis; verre à vitre; verrerie commune; tubes de verre non coloré; viandes, volaille morte, gibier, vinaigre de table en tonneaux.	100 kil.	7 00
8	*Aiguilles* à coudre et à tricoter, épingles et crochets; bimbeloterie non dénommée; bonneterie non dénommée; boutons de toute espèce; brosserie fine ou vernie; cannes montées; cannes à pêche, fouets, tuyaux de pipe; chaudronnerie; chaussures de laine, ordinaires, de feutre, tressées; cordes pour instruments de musique; coutellerie; draps, tissus, passementerie; étoffes en crin, en mi-soie; fil, galons, paillettes, et feuilles d'or ou d'argent fin ou faux; or ou argent battus; fournitures de bureau; gravures, lithographies, cartes géographiques ne faisant pas partie de livres; horloges communes en bois; instruments et appareils de mathématiques, d'optique, de physique, de chirurgie; liteaux pour cadres d'or, bruts, gypsés ou dorés; matériaux et objets pour peinture et dessin; miroirs et verre à glace au-dessous de 12 pieds carrés (0m,18), mesurés avec le cadre; objets moulés en gypse, en papier mâché, etc., peints ou vernis; ouvrages de cordier, non spécialement dénommés; de fondeur, en cuivre ou en laiton; de peignier; de relieur, et cartonnages de toute espèce; de sculpture non déjà dénommés; de tourneur et objets en bois peints, polis, vernis ou ciselés; en argentine; en bronze et autres ouvrages fins fondus en métal; en caoutchouc ou en gutta-percha; en cuir commun, notamment ordinaire de cordonnier, de sellier, de bourrelier; communs avec ou sans partie de bois ou de métal, tels que harnais communs, soufflets, havresacs et gibernes; *Nota.* Sont toutefois exceptés les ouvrages garnis de pelisse, de soie, de cuir fin, de cuir de Russie et de maroquin, qui rentrent dans une classe supérieure. Ouvrages en étain, en zinc, en plomb, polis, vernis ou teints; en tôle, avec ou sans peinture, ou vernis; papier à imprimer, à écrire, colorié, doré, argenté; de verre; pour musique; rayé, lithographié, peint; parapluies en coton; pelleteries préparées et peaux en poil mégissées; perles et grains; pierres fausses; pièces détachées d'horlogerie; poteries fines; quincaillerie non dénommée et articles fins en acier; serrurerie et ouvrages en fer ou autres métaux, communs, polis, ornés, vernis; tissus en fils de fer; meubles en fer confectionnés et finis; soie et bourre de soie, blanchies ou teintes; soies à coudre; tabac fabriqué autre que cigares; tamiserie avec tissu en métal; tissus de coton et tulles blanchis, teints, imprimés, apprêtés; toile de lin écrue, ayant plus de 40 fils de chaîne par pouce (0m,030); toile et rubans de lin blanchis, teints, apprêtés; toile et taffetas cirés; tresses de paille fines, de paille fendue, teinte, ou ronde fine; verrerie fine, ouvrages en cristal moulés ou polis, et verre coloré.	id.	16 00

Lettrines.	DÉNOMINATION DES MARCHANDISES.	DROITS.	
		Bases.	Taux.
			fr. c.
C. 2° 9	*Armes* pour l'usage privé, avec accessoires; articles de parure de toute espèce et plumes; bijouterie et orfèvrerie fine ou fausse; bougies; cadres dorés ou non; cartes à jouer; châles finis; chapeaux et casquettes; chocolat; cigares; comestibles fins, conserves, fruits candis, confitures, caviar, pâtes, pain d'épices, gâteaux, dragées; cosmétiques de toute espèce, remèdes secrets, médicaments plus ou moins composés; dentelles et broderies; essences fines et huiles éthériques; étoffes et ouvrages en soie, bourre de soie, ou dits en demi-soie, la soie dominant; feux d'artifice; fleurs artificielles; lits garnis, matelas; meubles en bois poli; miroirs et glaces de 2 pieds carrés (0m,18) et au-dessus mesurés avec le cadre; montres et pendules; moutarde préparée; oignons de fleurs; ouvrages en cheveux; ouvrages en cuir, fins, sellerie, ganterie, chaussures; ouvrages confectionnés avec du travail à l'aiguille, habillements, lingerie, tapisseries; ouvrages fins en agate, albâtre, ivoire, ambre, gravés ou sculptés; parapluies en soie; parfumeries; passementeries non dénommées; perles fines ou fausses, coraux; tableaux encadrés ou sans cadre; thé de Chine et autres similaires; vannerie fine de bois fendu ou teint; vins, bière et spiritueux en bouteilles ou en cruches.	100 kil.	30 00

2° EXPORTATION.

Lettrines.	DÉNOMINATION DES MARCHANDISES.	Bases.	Taux.
A. 1	*Chèvres* et chevreaux; moutons et agneaux; porcs au-dessous de 40 kil et cochons de lait; veaux n'ayant pas encore de cornes. .	par tête.	0 05
2	*Anes*; bêtes à cornes; porcs pesant plus de 40 kil.; poulains ayant encore les dents de lait. . . .	id.	0 50
3	*Chevaux*, mules et mulets. . . .	id.	1 50
B. 1	*Bois* scié ou coupé; de charronnage ébauché; charbon de bois. . .	valeur.	3 %
2	*Bois* à l'état brut ou grossièrement équarri, mais pas complètement sur toute la longueur; à radeau ordinaire.	valeur.	5 %
C. 1° 1	*Asphalte*; chaux; tuiles; briques; pierres taillées; meules et pierres de rémouleur; fruits et légumes frais; gypse brut, calciné ou moulu; ouvrages en bois commun; poterie commune; terre, argile; vannerie commune.	par collier.	0 15
2	*Foin* et paille; houille et lignite; mastic d'asphalte; minerai de fer; sel de cuisine; ustensiles de ménage d'émigrants, vieux, emballés ou non; verre cassé.	id.	0 30
3	*Cendres* et engrais.	id.	0 75
2° 1	*Marchandises* et objets non dénommés.	100 kil.	0 20
2	*Écorces* moulues ou pilées, tan; peaux vertes ou sèches en poil.	id.	1 60
3	*Écorces* à tan en cannelle.	id.	2 00
4	*Chiffons*, drilles, maculatures. . .	id.	4 00

3° TRANSIT.

Lettrines.	DÉNOMINATION DES MARCHANDISES.	Bases.	Taux.
A. *a*.	Pour toute distance de 38 kil. 4 et au-dessous :		
1	*Chèvres* et chevreaux; moutons et agneaux; porcs au-dessous de 40 kil.; cochons de lait; veaux.	par tête.	0 03
2	*Anes*; bêtes à cornes; porcs de plus de 40 kil.; poulains.	id.	0 15
3	*Chevaux*, mulets et mules.	id.	0 30
B.	Pour toute distance de plus de 38 kil. 4 :		
1	*Chèvres* et chevreaux; moutons et agneaux; porcs de moins de 40 kil.: de lait; veaux.	id.	0 15
2	*Anes*; bêtes à cornes; porcs au-dessus de 40 kil.; poulains. . .	id.	0 75
3	*Chevaux*, mulets et mules.	id.	3 00
B. 1	*Bois* scié ou coupé; de charronnage grossièrement ébauché; charbon de bois.	valeur.	3 %
2	*Bois* à l'état brut ou grossièrement équarri; à radeau ordinaire. . .	id.	5 %
C. 1° 1	*Bois* à la condition sus-mentionnée sous la lettre B.	par collier.	0 10
2	*Marchandises* placées au tarif d'import. sous les lettrines C. 1° 1. .	id.	0 15
3	*Id.* *id.* *id.* 2. .	id.	0 60
4	*Id.* *id.* *id.* 3. .	id.	3 00
2°	Pour toutes les marchandises non spécialement dénommées :		
1	Pour toute distance.	100 kil.	0 10

PÉAGES CANTONAUX

SUR LES VINS ET BOISSONS SPIRITUEUSES.

On perçoit dans dix-huit cantons des droits de consommation sur les vins et les boissons spiritueuses. Le taux des droits varie selon que les liquides sont en cercles ou en bouteilles.

Dans onze cantons, le régime varie selon l'origine du produit.

Dans deux cantons, Schaffouse et Tessin, les vins suisses sont exempts de droits.

Dans neuf autres, Lucerne, Schwyz, Zug, Glaris, Fribourg, Grisons, Argovie, Valais, Genève, le droit varie de 1/10 à moitié pour les vins suisses.

Dans sept. Berne, Uri, Unterwalden, Soleure, Bâle, Saint-Gall, Vaud, le régime est uniforme pour les vins suisses et étrangers.

Pour les boissons spiritueuses, trois régimes distincts :

Eaux-de-vie en cercles; esprit-de-vin en cercles; liqueurs.

Pour l'eau-de-vie, le régime varie dans deux cantons seulement, Argovie et Valais, en raison de l'origine nationale ou étrangère; dans un seul, Berne, en raison du degré.

Pour l'esprit, différence dans les deux cantons Valais, Argovie, en raison de l'origine; dans deux également, Berne et Grisons, en raison du degré.

Pour les liqueurs, régime uniforme quelle que soit l'origine.

Différence enfin à raison de l'usage local :

Dans la base du droit;

Dans l'unité monétaire.

Toutes les unités suisses ont été ramenées, dans le relevé ci-après, aux unités françaises correspondantes.

DROITS CANTONAUX.

Vins en cercles, étrangers (le litre).

Berne. 0 fr. 05,5 c. — Lucerne et Fribourg, 0 fr. 10 c. — Uri, Schwyz, 0 fr. 06 c. — Unterwalden, Glaris, Zug, Tessin, 0 fr. 03 c. — Soleure, 0 fr. 06,5 c. — Bâle-Ville, 0 fr. 00,7 c. — Bâle-Campagne, 0 fr. 01 c. — Schaffouse, 0 fr. 00,5 c.— Saint-Gall, 0 fr. 01,5 c. — Grisons, 0 fr. 05,1 c. — Argovie et Genève, 0 fr. 04 c. — Valais, 0 fr. 04,5 c.

Vins en cercles, suisses (le litre).

Berne, Lucerne, 0 fr. 05,5 c. — Uri, Vaud, 0 fr. 06 c. — Schwyz, Unterwalden, Tessin, Genève, 0 fr. 03 c. — Glaris, Saint-Gall, 0 fr. 01,5 c. — Zug, 0 fr. 02 c. — Fribourg, 0 fr. 05 c. — Soleure, 0 fr. 06,5 c. — Bâle-Ville, 0 fr. 00,7 c. — Bâle-Campagne et Argovie, 0 fr. 01 c. — Schaffouse, 0 fr. 00,5 c. — Grisons, 0 fr. 01,2 c. — Valais, 0 fr. 04,5 c.

Vins en bouteilles, suisses et étrangers (le litre).

Berne, 0 fr. 05,5 c. — Grisons, 0 fr. 30 c. — Argovie, 0 fr. 10 c. — Tessin, 0 fr. 35 c. — Fribourg, 0 fr. 30 c. — Soleure, 0 fr. 12 c.

Vins en bouteilles, suisses et étrangers (la bouteille).

Lucerne, 0 fr. 25 c. — Uri, 0 fr. 50 c. — Schwyz, 0 fr. 30 c. — Unterwalden haut, 0 fr. 20 c. — Unterwalden bas, 0 fr. 35 c. — Glaris, 0 fr. 45 c. — Zug, Bâle-Campagne, Vaud, Valais, 0 fr. 15 c. — Schaffouse, Saint-Gall, 0 fr. 00,5 c. — Genève, 0 fr. 12 c.

Vins en bouteilles, suisses et étrangers (la valeur).

Bâle-Ville, 10 %.

Eaux-de-vie en cercles (le litre et le degré).

Berne, Schaffouse, 0 fr. 01 c. — Lucerne, 0 fr. 15 c. — Uri, 0 fr. 06 c. — Schwyz, 0 fr. 20 c. — Unterwalden, 0 fr. 05 c. — Glaris, 0 fr. 30 c. — Zug, Fribourg, Vaud, 0 fr. 10 c. — Soleure, 0 fr. 13 c. — Bâle-Ville, 0 fr. 00,7 c. — Schaffouse, 0 fr. 01 c. — Saint-Gall, 0 fr. 00,5 c. — Grisons, 0 fr. 09 c. — Tessin, 0 fr. 04 c. — Genève, 0 fr. 22 c.

Argovie, *eau-de-vie étrangère*, le litre, 0 fr. 10 c. — Valais, 0 fr. 25 c.
— — *suisse*, — 0 05 — *Id.* 0 19

Esprit-de-vin en cercles (le litre et le degré).

Berne, Schaffouse, 0 fr. 01 c. — Lucerne, Fribourg, Glaris, 0 fr. 30 c. — Uri, 0 fr. 36 c. — Schwyz, 0 fr. 20 c. — Unterwalden, Argovie (esprit étranger), 0 fr. 05 c. — Zug, Grisons, Vaud, Argovie (esprit suisse), fr. 10 c. — Soleure, 0 fr. 26 c. — Saint-Gall, 0 fr. 00,5 c. — Tessin, 0 fr. 6 c. — Genève, 0 fr. 22 c. — Valais (esprit étranger), 0 fr. 40 c.; esprit suisse : 0 fr. 32 c.

Eaux-de-vie et esprit-de-vin en cercles (la valeur).

Bâle-Campagne, 15 %.

Esprit-de-vin en cercles (la valeur).

Bâle-Ville, 10 %.

Eaux-de-vie, esprit-de-vin, liqueurs, en bouteilles (le litre et le degré)

Berne, 0 fr. 01 c. — Fribourg, les Grisons, 0 fr. 30 c. — Soleure, 0 fr. 12 c. — Schaffouse, 0 fr. 02 c. — Argovie, 0 fr. 10 c. — Tessin, 0 fr. 35 c.

Eaux-de-vie, esprit-de-vin, liqueurs, en bouteilles (la bouteille).

Lucerne, 0 fr. 25 c. — Uri, Valais, 0 fr. 50 c. — Unterwalden haut, Genève, 0 fr. 20 c. — Unterwalden bas, 0 fr. 35 c. — Glaris, 0 fr. 45 c. — Zug, Vaud, 0 fr. 15 c. — Saint-Gall, 0 fr. 00,5 c.

Eaux-de-vie, esprit-de-vin, liqueurs, en bouteilles (la valeur).

Bâle-Ville, 10 %. — Bâle-Campagne, 15 %.

TARIF DES TAXES D'ENTREPOT.

1° Pour l'expédition d'un certificat d'entrepôt, par colis, 0 fr. 15 c.

Nota. Pour les marchandises non emballées, 100 kil. comptent pour un colis.

	à l'entrée.	à la sortie.
2° Pour le pesage, en général, par 100 kil.	0 fr. 05 c.	0 fr. 05 c.
Exceptionnellement pour le fer, le plomb, les métaux en général, la garance, le bois de teinture, les céréales, le coton et la laine bruts, par 100 kil.	0 fr. 03 c.	0 fr. 02 c.

3° Le maximum de la taxe de magasinage est fixé à 0 fr. 04 c. par 100 kil.

Lorsque cette taxe revient exclusivement à l'administration des péages, elle est fixée à 0 fr. 10 c. par 100 kil.

Les fractions de mois comptent pour un mois entier.

MONNAIES, POIDS, MESURES.

MONNAIES.

L'adoption en Suisse du système français résulte de la loi du 7 mai 1850 sur les monnaies fédérales. Seulement on a conservé la dénomination de *rappe* au lieu de celle *centime*.

Les tarifs cantonnaux des droits de consommation pour le vin et les boissons spiritueuses présentent encore les unités ci-après : florin, schilling, lira, centesimo. Leur rapport à l'unité fédérale est :

	Schwyz.	Glaris.	Schaffouse.	Grisons.
Florin = 40 schillings =	2 fr. 36 c.	2 fr. 23 c.	2 fr. 16 c.	1 fr. 73 c.
Schilling. . . . . =	0 05,90	0 05,57	0 05,40	0 04,32

Lira = 100 centesimi ; dans le Tessin = 0 fr. 75 c.
Centesimo. . . . . . *Id.* = 0 00,75

POIDS ET MESURES.

Les unités inscrites au tarif suisse présentent avec les unités françaises correspondantes les rapports ci-après :

Mesures linéaires.

Pied = 10 pouces. . . . . =	0 m.	30 c.
Pouce = 10 lignes. . . . . =	0	03
Ligne. . . . . =	0	003

Mesures de superficie

Pied carré = 100 pouces carrés. . =	0 m.	09 c.
Pouce carré. . . . . =	0	0009

Mesures itinéraires.

Lieue = 16,000 pieds. . . . . . . =	4,800	09
Pas = 2 pieds 1/2. . . . . =	0	75
Pied . . . . =	0	30

Mesures de pesanteur.

Quintal = 100 livres. . . . . =	50 kil.	
Livre. . . . . =	0	500

Mesures de capacité.

A Saint-Gall, — *Eimer*. . . . . . =	42 litres.	
Genève, — *Setier*. . . . . =	45	700
Tessin, — *Brenta*. . . . . =	73	00
Autres cantons, — *Pot* ou *Maas*. =	1	500
Grisons, — *Saum* = 80 pots. . . . =	120	
Autres cantons, — *Id.* = 100 pots =	150	

FIN DU TARIF DE LA CONFÉDÉRATION SUISSE.

TIMBRES.

es certificats provisoires relatifs aux crédits portent un timbre dont e cours est fixé comme suit :

Pour une valeur n'excédant pas 100 m. b. (188 fr.). . 0 m. b. 4 sh, (0 f. 37c 48)
de plus de 100 m. b. jusqu'à 300 m. b. (564 fr.). 0 8 (0 74 96)
de plus de 300 m. b. . . . . 1 » (1 50)

Les bulletins de douane et de transit ; les passavants et autres expéditions de douane portent un timbre dont le prix est :

Pour une valeur de plus de 100 m. b. déclarée (188 f.) à 400 m. b. (752 fr.). . . . . . . 0 m. b. 1 sh. (0 f. 09 c.37)
d'une valeur supérieure. 0 2 (0 18 74)

PÉNALITÉS.

Les contrevenants sont punis :

1° Si des marchandises ont été déclarées à un autre nom que celui consigné aux connaissements ou lettres de voiture ;

2° Si des marchandises de transit ont été déballées, changées d'emballage, ou si les marques ont été changées sans autorisation ;

3° Si des marchandises de transit ont été mises à la disposition d'un tiers sans autorisation.

D'une amende simple, ou paiement du droit de douane augmenté d'un uart.

4° Si des marchandises importées sur certificat provisoire n'ont pas acquitté le droit dans le délai légal d'un mois ;

D'une amende qui ne pourra dépasser 15 marks courants (22 fr. 50).

5° Si des marchandises sont transbordées sans permission ; même amende ;

6° Si des marchandises déclarées en transit n'ont pas été exportées dans les délais prescrits, ou n'ont pas acquitté les droits ;

7° Si les dispositions concernant les déclarations provisoires n'ont pas été exactement suivies ;

Du paiement du droit de douane augmenté de moitié.

8° Si des marchandises déclarées en transit n'ont pas acquitté le droit de douane huit jours après leur livraison :

Du paiement du double droit.

9° Si des marchandises n'ont pas été déclarées, ou l'ont été inexactement pour frauder un droit ;

D'une amende égale au sixième de la valeur de la marchandise non déclarée ou mal déclarée. Toutefois cette amende ne saurait dépasser 500 m. b. (940 fr.). En cas de récidive elle sera portée jusqu'à la moitié de la valeur des marchandises.

10° Toute fraude découverte par la douane entraîne la confiscation de la marchandise et des moyens de transport, avec une amende égale à la valeur des marchandises saisies.

11° Quiconque substituera en totalité ou en partie à la marchandise déclarée en transit une autre marchandise pour la réexporter en cette qualité, encourra la perte à tout jamais de faire des déclarations en transit, la confiscation des marchadises déclarées et substituées ou le paiement de leur valeur.

12° Tout batelier qui aura passé la patache des douanes sans y présenter son bulletin.

Une amende de 30 à 150 marks courants (45 à 225 fr.).

RÉPERTOIRE ALPHABETIQUE DES MARCHANDISES EXEMPTES DE DROITS.

Animaux vivants, autres que sangsues et huîtres ; argent, en minerai, vieux, en barres, monnayé ; argile ; avoine ; balais de bouleau et balayettes ; balle d'avoine ; bas de fil de lin ou de chanvre ; beauprés ; betteraves fraîches ; blés ; bijouterie non montée ; billots ; bois à brûler, simplement équarri, de construction, de charronnage, merrains, feuillard, débité pour faire des seaux ; boutons petits, de fil de lin ou de chanvre ; boyaux frais ou salés ; caisses à sucre démontées et caisses d'emballages vides ; *calmaus* (tissus russe en lin ou en chanvre) ; cameline ; canevas en lin ou chanvre ; canons pour la refonte ; cartes astronomiques, géographiques, maritimes, d'échantillons ; cendres ; cercles et cerceaux en bois ; charbons de bois, de terre, de tourbe ; charpie ; chemises en toile ; chevilles en bois pour navires ; chevrons ; chicorée fraîche, racines de ; chiffons ou drilles ; clous en cuivre ; cobalt, minerai et speiss de ; coke ; colza ; coquillages communs ; cordons et cordonnet en lin et chanvre ; coton et fil de, retors ou non ; courbes, crasse de monnaies ; crême de lait ; cuivre brut ou vieux, laminé en planches ; débris et déchets d'animaux, d'ateliers d'orfèvre, de raffinerie, groisil et autres ; décombres ; douves ; drèche ; eau-de-vie de marc ; écorce à tan et tan ; embarcations ; engrais ; épautres ; espars ; essandoles ; esturgeon (chair d') fraîche ; fagots et bourrées ; fascines ; ficelle ; fiente d'oiseaux, guano ; fils de toute sorte ; filets de pêche, vieux ; fleurs et plantes ; foin ; fruits de table frais autres que ananas, chataignes et marrons, grenades, noix, oranges, citrons, et leurs variétés, pommes de paradis, pourire, raisin ; galons d'or ou d'argent pour la refonte ; gaules et rames pour légumes ; gibier ; glace ; herbes et racines de pâturage et comestibles ; huile de baleine venant des pêcheries du Groeland ou de l'Océan pacifique ; imprimés ; instruments et outils importés par les artistes ou ouvriers pour leur usage ; jantes de roues ; jas d'ancre ; joncs à lier et pour toiture ; laine et poils, bruts, cardés, peignés et déchets de ; lait et crême ; lard de baleine et de phoque, dans les mêmes conditions que l'huile ; lattes ; levures ; lignite ; lin ; limon ; livres ; madriers et planches ; maïs, malachite ; manches de pioche, houe, etc. ; mats bruts ; médailles ; métal de cloche ; méteil ; minerai argentifère, d'argent, de cobalt, de cuivre, de nickel ; mobilier de bord ; monnaies ; mottes à brûler ; musique ; nattes ayant servi pour emballage ; navette ; objets dont la valeur ne dépasse pas 20 m. b. (37 fr. 60) ; objets apportés par des étrangers jusqu'à concurrence de d'une valeur 100 m. b. (188 francs) ; objets d'art pour expositions publiques ; objets expédiés par la poste et dont la valeur ne dépasse pas 50 m. b. (94 fr.) ; œufs ; oignons ; or brut ou vieux pour refondre ; orge ; osier ; paille hachée, menue paille, et balle d'avoine ; paniers vides ayant servi ; patates ; perles fines non montées ; piassaba ; pierres à chaux et à platre ; pieux ; platine, brut et vieux ; poisson frais et vivant ; pommes de terre ; poterie de terre ; poudre d'or ; poutres ; roseaux ; ruches à miel vides ; sables, même argentifère ; sarrasin ; scories ; seigle ; terres pour arts et métiers ; tissus de lin purs ou mélangés de coton, même confectionnés, mais non brodés ; tissus de de lin et de chanvre, purs ou mélangés de coton, même confectionnés ; tourteaux de graines oléagineuses ; traverses en bois pour chemin de fer ; tuile ; vaisselle en métal, vieille pour la refonte ; verguer ; volailles, vivante ou non ; zinc brut et vieux pour la refonte.

ORDONNANCE DU 19 DÉCEMBRE 1856 SUR L'ACCISE.

DÉNOMINATION DES MARCHANDISES.	DROITS. Unités hambourgeoises. Bases.	Taux.	Unités françaises. Bases.	Taux.	OBSERVATIONS.
		m.B. sch.		fr. c.	
Vin et cidre	la bouteille.	0 01	la bouteille.	0 09 37	(1) Les degrés supérieurs ou inférieurs paient en proportion.
Rhum, rack, cognac, eaux-de-vie, esprits, de France, d'Espagne, d'Italie	id.	0 01	id.	0 09 37	
Extrait de punch.	id.	0 01	id.	0 09 37	
Eaux-de-vie de pomme de terre, de sucre, de vin, de figues et autres substances semblables d'une force de 50 degrés (1) à l'alcoolomètre de Tralles, fabriqués dans la circonscription de l'accise	id., 1 quart^{r}.	0 00 1/3	id., 0 lit. 90 c.	0 03 12	
les mêmes et celles de grains et genièvre, de même force, importées dans la circonscription de l'accise.	id.	0 00 1/2	id.	0 04 68	
Liqueurs fabriquées à Hambourg	id.	0 00 1/2	id.	0 04 68	
Liqueurs de toute espèce, et spiritueux mélangés, importés.	id.	0 01	id.	0 09 37	
Liquides gazeux fabriqués dans la circonscription de l'accise	id.	0 00 1/3	id.	0 03 12	
importés dans la circonscription de l'accise.	id.	0 00 1/2	id.	0 04 68	
Vinaigres de fruits, de sucre, et autres que de granis, dans la circonscription de l'accise.	le viertel.	0 01	l'hectol.	1 28	
les mêmes, provenant du territoire hambourgeois. .	id.	0 01 1/2	id.	1 92	
les mêmes, importés de l'étranger	id.	0 04	id.	5 12	
d'eau-de-vie, de granis, de bière, provenant du tertoire.	id.	0 01	id.	1 28	
importés de l'étranger.	id.	0 03	id.	3 84	
Bière et levure liquide de bière et d'eau de-vie.	100 bout	5 00	100 bout.	7 50	
Malt pour vinaigre dans la circonscription de l'accise. .	5,050 liv. B.	25 00	2,444 k. 20 B.	37 50	
Méteil et malt pour eau-de-vie et vinaigre	le sac pesant jusq. 175 l. B.	1 00	sac pes. jusq. 84 k. 60 B.	1 50	
Eaux minérales, soda water et limonade gazeuse.	la bouteille ou la cruche.	0 00 1/2	la bouteille ou la cruche.	0 04 68	

MONNAIES, POIDS, MESURES.

MONNAIES.

Le mark banco = 16 schillings = 1 fr. 88 c.
courant = 16 — = 1 50
Schilling banco. . . . . « 11 75
courant . . . . « 09 37

POIDS.

La livre . . . . 0 k. 484
Le last de commerce = 6000 livres. . 2905 »

MESURES DE CAPACITÉ.

Le viertel = 8 quartiers. . 7 lit. 20
Le quartier. 0 90

MESURES DE SOLIDITÉ.

Le faden de bois. . . . . 2 stèr. 090
Le theer de tourbe. . . . . 2 m. c. 090

FIN DU TARIF HAMBOURGEOIS.

BRÊME.

OBSERVATIONS GÉNÉRALES.

Tous les navires qui arrivent dans le port de Brême sont soumis aux règlements des douanes. Dans les trois jours qui suivent l'arrivée le capitaine est tenu de remettre à l'écrivain de la douane un bordereau exact des chargements qu'ils soient destinés pour la ville, ou pour tout autre point, avec indication du nom des destinataires. S'il y avait quelques connoissements à ordre, et dont on ignorerait conséquemment la destination, on doit faire connaître les noms des réclamants aussitôt qu'ils se présentent, et au plus tard dans les vingt-quatre heures.

Il en est de même pour les patrons qui apportent des marchandises avec de petites embarcations de la côte et du fleuve.

Le non-accomplissement de cette formalité est puni d'une amende de 5 à 10 thalers (21 fr. 20 à 42 fr. 40).

En règle générale les déclarations et les expéditions ne peuvent se faire ou être obtenues qu'au bureau principal de l'accise.

Les permis de sortie de l'accise sont remis,

Pour les expéditions par mer, au capitaine de port avant la sortie du bâtiment.

Pour les exportations par terre, à la barrière ou au poste du bac.

Les marchandises ayant payé les droits qui seraient momentanément expédiées sur un point du territoire peuvent obtenir des passes, au moyen desquelles ont peut opérer la rentrée en ville sans acquitter de nouveau les droits.

Le bénéfice de l'entrepôt en franchise peut être réclamé pour les marchandises qui importées, par mer, doivent être réexportées par la même voie, sur une contrée au delà de la portion des côtes comprises entre l'Elbe et l'Ems. La durée de cet entrepôt peut être de 6 mois.

Lorsque l'on veut faire la réexportation, il faut au préalable en remettre la déclaration au bureau de la douane du port, sous peine d'une amende de 10 à 50 thalers (42 fr. 40 à 212 fr.).

Si dans les six mois qui suivent la délivrance du certificat d'admission les marchandises n'ont pas été réexportées, le déclarant propriétaire doit obtenir un nouveau permis d'entrepôt, à peine d'être contraint à acquitter immédiatement les droits d'entrée.

Aucune marchandise ne peut être débarquée avant d'avoir été déclarée, et d'avoir obtenu un permis, à peine d'une amende de 10 thalers (42 fr. 40) qui peut être plus forte en cas de récidive.

Pour assurer le recouvrement exact des droits de navigation il est enjoint au capitaine du port d'exiger des capitaines ou patrons d'embarcations qui ne portent pas le pavillon de la ville, ou qui ne sont pas déclarés par des courtiers, l'exhibition avant leur départ des pièces constatant l'acquittement des droits dont il s'agit; et à défaut de ces pièces d'empêcher la sortie des navires ou autres embarcations.

TARIF.

Le tarif de Brême est extrêmement simple. En principe, le droit d'entrée est de :

2/3 p. 0/0 de la valeur des marchandises au moment ou elles sont présentées en douane, c'est-à-dire de leur prix d'achat augmenté du fret, de l'assurance et autres frais quelconque pour leur transport.

Le droit de sortie est de :

1/3 p. 0/0 de la valeur des marchandises, suivant facture.

Le droit de transit est de 1 grote (par q.) brut (0 fr. 10 c. par 100 k.), pour toutes les marchandises exportées trois mois après leur arrivée.

Mais ce droit de transit est modifié à l'égard de trois groupes de marchandises, et paient ainsi :

A. 1/2 grote par quintal (0 fr. 05 par 100 k.).

Alquifoux; alun; asphalte; baies de sureau; balles en fer; bol d'arménie; bombes; caisses vides; canons; chaux; chicorée; cuivre brut; drilles; eaux minérales; écorces de chêne, moulue ou non; émeril; fer en fonte et en barre; fromages; futailles vides; goudron; graines de lin; harengs; jonc pour toiture; maculature; manganèse; ocre; marbre brut; mortiers; matériel de chemin de fer; ouvrages en bois communs; paillassons; pipes en terre; plâtre; poils de vache; poix; résine; rognures de papier; sel de cuisine; soies de porc; terres colorantes; terres métallifères; tôle; tripoli; vitriol; zinc en masse; zostère maritime.

B. 1/4 de grote par quintal (0 fr. 02 c. 1/2 par 100 k.).

Billes à jouer; bois à construire équarri; bois d'ébénisterie, d'ébène, d'acajou; bois de teinture; cendres non lessivées; crayons d'ardoises et tablettes d'ardoises; creusets; fer vieux en morceaux et fer brut; fruits frais; herbe; minerais bruts; minerai de plomb; noir animal; os d'animaux; oiseaux; paille; planches pour caisses à sucre; pommes de terre; soude; sumac; terre de soufre; tourteaux de graines oléagineuses.

C. 1/6 de grote par quintal (0 fr. 01 66).

Arbres à replanter; ardoises pour toitures; balais de bouleau et de bruyère; bois à brûler; briques; cailloux; cendres lessivées; chaux composées de débris de coquillages; ciment; colle forte et déchets de tanneries; craie; écailles d'huîtres; écume sèche de raffinerie; engrais; fascines; fumier; groisil; guano; houille; lignite et anthracite; marne; merrains; meules; perches et poteaux; pierres taillées et non taillées; pierres tumulaires; poterie commune de grès; poterie de terre commune; rameaux de bois pour vanniers; sables; sang; tendons d'animaux; terre à pipe; terre à potier; terres communes; tourbes; trass; tuiles.

Dans aucun cas, quelle que soit la quantité des marchandises; le droit à percevoir pour transit ne saurait être moindre de 1/2 grote (0 fr. 05).

Le transit peut être prolongé de trois mois; mais alors on paie exceptionnellement 25 pour 100 du montant des droits exigibles.

MONNAIES, POIDS ET MESURES.

MONNAIES.

Rixdaler = 72 grotes = 4 fr. 24 c.
Grote. 0 05 8

POIDS.

Le quintal — 116 livres — 57 kil. 83
La livre. . . . . 0 498.

LUBECK.

Le régime commercial de Lubeck a été fixé par les lois des 24 mai 1845 et 5 décembre 1851.

Il n'est perçu ni droits de sortie ni droits de transit.

Tous es articles, sauf les exceptions ci '

un droit de 1/2 °/。 de leur valeur au lieu d'expédition, laquelle est justifiée par les factures. Si cette preuve ne peut être donnée, on prend pour base de la perception le prix courant de la place de Lubeck. Mais c'est toujours sur ce prix que doivent payer les bois à construire ou à brûler.

EXCEPTIONS.

Sont soumises aux droits ci-après :

DÉNOMINATION DES MARCHANDISES.	DROITS. Unités lubeckoises. Bases.	Taux.	Unités françaises. Bases.	Taux.	OBSERVATIONS.
		m. s.		fr. c.	
Bétail vivant, chevaux, bœufs, vaches, génisses	par tête.	0 04	par tête.	0 47	*Nota.*— Pour l'acquittement des droits à la valeur on ne compte pas les valeurs au-dessous de 25 marks : sont comptés pour 50 marks les valeurs de 25 à 75 marks ; pour 100 marks à 125, et ainsi de suite les valeurs de 5 marks.
cochons, veaux, chèvres, moutons, agneaux	id.	0 01	id.	0 12	
Bière	30 viertels.	0 08	l'hectol.	0 45	
Charbon de terre de toute sorte	tonn. de Lub.	0 00 1/2	1,000 kil.	0 43	
Chaux de Suède	id.	0 00 1/3	id.	0 29	
de Danemark et de coquillages	id.	0 00 1/2	id.	0 43	
Craie	id.	0 00 1/2	id.	0 43	
Eaux-de-vie, de vin et de fruit rectifiée, au dessous 27°, cartier	30 viertels.	0 12	l'hectol.	0 70	
au-dessus de 27° (3/6)	id.	1 04	id.	1 09	
de graines et de pommes de terre non rectifiée au-dessous de 27°	id.	0 06	id.	0 33	
de plus de 27°	id.	0 10	id.	0 55	
Eaux minérales en bouteilles ou cruches de toutes grandeurs	100 en nomb.	0 04	100 en nomb.	0 12	
Farines de toute sorte	tonn. de 200 l.	0 02	100 kil.	0 24	
Genièvre	30 viertels.	0 12	l'hectol.	0 70	
Goudron	tonn. de Lub.	0 00 3/4	1,000 kil.	0 64	
Graines oléagineuses	tonn. de 200 l.	0 01	100 kil.	0 12	
Grains et menus grains, fèves, haricots, pois, drêche, seigle	last de Lub.	1 00	1,000 kil.	0 64	
sarrazin, orge, avoine, vesce	id.	0 12	id.	0 48	
pois gris, froment	id.	1 08	id.	0 97	
Gruaux perlé	tonn. de 200 l.	0 04	100 kil.	0 48	
autres	id.	0 02	id.	0 24	
Marchandises allant au marché en chariot à 2 chevaux	le chariot.	0 08	le chariot.	0 94	
à plus de 2 chevaux	id.	0 12	id.	1 41	
Poissons salés	la tonne.	0 02	1,000 kil.	0 24	
Poix et huile de poix	id.	0 01	id.	0 12	
Rack	30 viertels.	1 00	l'hectol.	0 86	
Rhum	id.	0 12	id.	0 70	
Sel d'Angleterre, de France, de Portugal, d'Espagne	tonn. de Lub.	0 00 1/2	1,000 kil.	0 43	
de Huneboürg et d'Oldeslo	id.	0 01	id.	0 86	
Vins	30 viertels.	0 12	l'hectol.	0 70	
Vinaigre de vin et esprit	id.	0 06	id.	0 35	
autres	id.	0 03	id.	0 18	

MARCHANDISES EXEMPTES DE DROITS.

Les marchandises ci-après sont exemptes de droits :

Bétail, à destination des marchés de Lubeck ; caisses, paniers, sacs vides et ouverts ; céréales et graines oléagineuses importées brutes en chariots ou en bateaux, de la Stecknitz, l'Obertrave, la Wacknetz, et de Dassau ou des côtes voisines, en bateaux découverts ; documents officiels ; effets de voyageurs ; laine déposée au magasin public ; marchandises expédiées par la poste et n'excédant pas pour le même destinataire une valeur de 50 marks (94 fr.) ; marchandises de transit réexportées dans les trois mois de leur arrivée ; marchandises en relâche forcée ; mobilier, ustensiles de ménage ayant servi ; objets de consommation soumis à l'accise et non destinés au commerce ; objets ne pesant pas plus de 5 liv. brutes (2 k. 420), qu'elle qu'en soit la valeur ; paquets expédiés par la poste, pesant plus de 5 liv. (2 k. 420), renfermant des imprimés, actes, documents, papiers, et que le contenu des paquets est indiqué sur l'enveloppe ; produits des localités limitrophes ne pesant pas plus de 50 liv. (24 k. 200), et ne valant pas plus de 50 marks (94 fr.).

MONNAIES, POIDS, MESURES.

MONNAIES.

Mark	banco	= 16 schillings.	=	1 fr. 88 c.
	courant	= 16 id.	=	1 50
Schilling	banco	= 12 pfennings.	=	0 11 75
	courant	= 12 id.	=	0 09 37
Pfenning	banco	=	=	0 00 98
	courant	=	=	0 00 78

POIDS.

Last de commerce	= 6,000 livres.	=	2905 k.
Livre	=	=	0 484
La tonne de Lubeck, dite grande tonne	= 280 livres.	=	135 520

MESURES.

De capacité.

Viertel	= 8 quarters.	=	7 l. 20
Quartier	=	=	0 90

De solidité.

Le faden de bois	= 2 st. 090
Le theer de tourbe	= 2 m. c. 090

FIN DU TARIF DES VILLES ANSÉATIQUES.

RECUEIL

DES

TARIFS DES DOUANES

DES PAYS DU SUD.

Contenant :

Les douanes de l'Espagne.
Les douanes de la Grèce.
Les douanes des États sardes.
Les douanes de la Empire ottoman.

Ce Recueil contient en outre :

Les douanes de la Chine.
Les douanes des États-Unis d'Amérique.

TARIF

DES

DOUANES DE L'ESPAGNE.

LÉGISLATION COMMERCIALE.

INSTRUCTIONS GÉNÉRALES.

Les *Ordonnances générales* des douanes espagnoles ont été publiées en 1857 en vertu d'un *ordre royal* du 10 septembre. Elles offrent l'ensemble de la législation commerciale, et forment un gros recueil que nous allons résumer très-exactement, afin d'éclairer les négociants sur les formalités, très-minutieuses parfois, qu'ils ont à remplir.

CHAPITRE PREMIER.

IMPORTATIONS DE L'ÉTRANGER.

Registres consulaires.

Lorsque l'on expédie des marchandises sur l'Espagne, il faut remettre au consul de cette nation au port d'embarquement une déclaration *en duplicata*, rédigée en espagnol, et ne contenant ni ratures ni surcharges.

Cette déclaration doit énoncer : le nom du capitaine, celui du bâtiment et sa nationalité, le port de destination ; la nature et les marques des colis ; l'espèce, la quantité *en toutes lettres* des marchandises, d'après les dénominations du tarif ; leur poids brut, en unités espagnoles, le pays de production, le nom du destinataire ; l'affirmation que les indications données dans la déclaration sont sincères et véritables, sans oubli ni restriction.

Ces déclarations ne doivent pas être collectives, mais spéciales et en double expédition pour chaque destinataire.

S'il s'agit de marchandises jouissant d'une tare le poids net sera aussi indiqué.

Les chargeurs, en remettant leurs *notes* ou déclaration au consulat, auront à payer pour chacune d'elles : trois francs pour celles de un à six colis ; cinq francs pour celles de six à douze ; dix francs pour celles de treize colis et au-dessus.

Il sera formé de ces *déclarations* un *registre* qui sera remis cacheté au capitaine, et celui-ci devra le déposer à la douane espagnole aussitôt son arrivée. (Chaque registre sera payé dix francs par le capitaine.) Il sera rédigé autant de *registres* qu'il y aura de ports de destination.

Les chargeurs peuvent exiger que leurs déclarations soient confrontées *en leur présence* avec *les notes* rédigées par les consuls. *Le registre* une fois cacheté et remis au capitaine ne peut être ouvert ni modifié à moins d'un cas de force majeure.

S'il ne se trouve pas de consul espagnol au port d'embarquement, toutes les formalités doivent être accomplies au consulat le plus voisin, à moins qu'il ne se trouve pas d'agent consulaire à une distance de trente kilomètres. Dans ce cas les déclarations seraient visées par l'autorité locale, et le capitaine aurait à y joindre un manifeste ou document de sortie délivré par la douane ou par la municipalité.

Il y a exception à l'accomplissement de ces formalités pour les navires entièrement chargés de guano.

Les cargaisons destinées à des ports étrangers, et que l'on apporterait en Espagne pour chercher à les y vendre, pourront, dans les cas ci-après réunis, être livrées à la consommation sans présentation de registres.

1° S'il s'agit d'un chargement complet d'un seul article devant acquitter les droits en totalité.

2° Si les navires viennent d'Amérique ou d'Asie.

3° Si les marchandises consistent en cuirs, bois à construire, douves, bois de teinture, charbon de terre ou cornes de bœuf.

4° S'il s'agit de produits du pays de chargement, et si les navires en arrivent en droiture.

5° Si le capitaine du navire a un manifeste d'embarquement délivré par la douane du port de départ et visé par le consul.

Toutes les formalités exigées pour les importations *par mer* le sont également pour celles effectuées par terre. Toutefois les registres consulaires ne sont pas exigés :

1° Pour les combustibles, les fruits, légumes, et autres comestibles destinés aux besoins des populations frontières.

2° Pour les effets de voyageurs portant des traces de service et destinés à leur usage personnel.

3° Pour toute expédition de marchandises ne devant pas donner lieu, par destinataire, à une perception de droits de 810 francs.

Les registres consulaires sont exigés soit qu'il s'agisse de marchandises destinées à la consommation immédiate ou à être mises dans les entrepôts spéciaux. Il y a exception à l'égard de celles destinées aux entrepôts généraux.

Déchargement des navires.

A son arrivée le capitaine doit remettre ses papiers de bord. Il sera vérifié en sa présence si *les registres* ont été ou non ouverts. Il reçoit une note imprimée lui indiquant les formalités qu'il a à remplir et les cas de responsabilité qu'il peut encourir.

Il doit aussi dans les vingt-quatre heures de son arrivée, même si cela tombe un jour férié, remettre à la douane un manifeste du chargement rédigé en espagnol et en duplicata.

La représentation du manifeste est obligatoire même en cas de relâche forcée.

A la suite du manifeste, mais séparément, sera mise une note détaillée indiquant :

1° Les marchandises appartenant à l'équipage jusqu'à concurrence de 270 francs par tête.

2° Les excédants de provisions de bords.

3° Les munitions de guerre.

Sont considérés comme provisions de bord, les ancres et chaînes de rechange ; voiles de toile écrue ; beurre ; bière ; biscuit ; bois à brûler ; bois pour mâture ; bougies, brai, chanvre ; charbon ; cidre ; cordages ; eaux-de-vie ; farines ; graines ; huile ; légumes secs ; œufs ; pain ; poisson salé ; pommes de terre ; sel ; suif ; tabac ; viandes fraîches et salées ; vin ; vinaigre.

Le tout dans la proportion de vingt jours de consommation pour l'équipage, sauf le tabac calculé à raison de 0 kil. 23 par homme.

Ces déclarations doivent être rédigées en espagnol et indiquer l'espèce, le nom du navire, son tonnage, le nombre des hommes d'équipage, le nom du capitaine, le port d'où il vient, les noms des chargeurs et des consignataires, la nature des colis, leurs marques et numéros, les quantités étant exprimées en toutes lettres ; la nature des marchandises, avec indication de celles prohibées ; le nombre des colis destinés pour le transit ou pour les colonies ; les marchandises de commerce libre, les marchandises chargées en vrac.

Dans tous les cas le poids brut des colis doit être énoncé.

Ces déclarations une fois remises il ne peut y être rien changé.

Les manifestes doivent toujours désigner les propriétaires ou consignataires des marchandises.

L'administrateur de la douane fait insérer dans les journaux, officiel ou d'avis, l'arrivée des navires et l'heure de la remise des manifestes. Cette indication servira de règle pour l'effet légal de tous les délais accordés pour les opérations de douane.

Le domicile légal du capitaine pendant son séjour dans le port est la maison de son consignataire ou, à défaut, celle du consul de sa nation ; à défaut de l'un ou de l'autre, son bord.

Visites à bord.

Les vérifications à bord peuvent être effectuées aussitôt après la remise des manifestes. Les capitaines sont responsables de la fraude constatée à leur bord. Les consuls ou vice-consuls de la nation dont le navire porte le pavillon sont invités à assister aux visites, mais leur présence n'est pas indispensable.

Des consignataires.

Du jour où un consignataire a accepté la consignation il est considéré, pour tous les effets légaux, comme propriétaire des marchandises.

Lorsque la consignation aura été refusée, les colis seront débarqués et emmagasinés en présence du capitaine et à ses frais. Il en sera donné avis au consul de la nation du navire, qui pourra faire toutes les démarches en douane pour l'expédition des marchandises. Si personne ne les réclame, elles seront considérées comme abandonnées.

Les voyageurs qui transportent avec eux des marchandises quelconques peuvent les dédouaner pourvu que leur valeur dépasse 27» francs.

Les déclarations acquièrent une date légale par leur remise. Ne sont jamais reçues, celles raturées ou tachées, celles où les sommes ne seraient pas indiquées en toutes lettres et en chiffres.

Des déchargements.

Les déchargements ne peuvent avoir lieu qu'avec un permis délivré par la douane.

Les provisions de bouche, les objets de rechange, le charbon de terre pour les bateaux à vapeur, n'ont point à être débarqués, à moins d'être en quantités excessives.

Les déchargements ont lieu sur les quais. Le délai maximum pour les effectuer sera de douze jours ouvrables, après que le navire aura été admis à la libre pratique. Toutefois ce délai pourra être prolongé. Les déchargements devront s'effectuer toujours de jour. Il sera procédé de même pour les marchandises transportées dans les magasins de la douane.

Les débarquements peuvent se faire aussi, avec autorisation, par le moyen d'allèges. A leur arrivée sur les quais les colis seront examinés par le chef du service actif.

Il faut un permis spécial pour le déchargement des marchandises en vrac.

Les vêtements et autres effets des voyageurs contenus dans leurs bagages sont débarqués en vertu d'un permis spécial. Leur expédition en douane se fera d'urgence.

Les troupeaux pourront être débarqués aussitôt après l'arrivée des navires.

Vérification, expédition des marchandises, acquittement des droits.

Pour l'expédition des marchandises il faut présenter une demande ainsi conçue :

Monsieur l'administrateur, veuillez faire expédier les marchandises portées à la présente déclaration.

Le , 18 .

Signé :

Les intéressés peuvent faire expédier la totalité ou une partie de leurs marchandises, mais toujours par colis complet, et pour le total des marchandises portées sur une note de chargeur.

Les vérifications ne peuvent avoir lieu que de jour. Les marchandises inflammables; celles ayant mauvaise odeur; les marchandises encombrantes seront vérifiées sur les quais, et toujours par deux employés.

Les vérificateurs ne sont soumis à aucune restriction pour arriver à constater la nature et la qualité des marchandises; mais ils ne doivent ni molester ni vexer inutilement le commerce.

Les simples et les drogues médicinales seront vérifiés par des inspecteurs désignés *ad hoc*, qui en constateront le bon ou le mauvais état.

Les parties intéressées acquitteront 6 fr. 27 c., si les articles sont reconnus en bon état, 1/2 °/₀ de la valeur lorsqu'on les trouvera avariés.

Ne sont pas soumis à cette formalité les objets ci-après :

Acétate de cuivre; acides muriatique et nitrique; alun; arsenic jaune; blanc de baleine; bleu de Prusse; bois de teinture en poudre; borax; carbonate terreux; céruse; chlorure de chaux; chromate de fer; couperose; eau de raze; essences de cannelle, de menthe, de rose, pour parfumeries; fécule de sagou; gommes arabique, commune; copal; huile de lin, de vitriol; jaune de chrôme; lapis-lazuli; laque; lycopode; minium; muriate de strontiane; noix muscade; os de sèche; phosphore; pierre d'aimant; racine d'iris de Florence; réalgar sulfureux; régule d'antimoine; rouge d'arsenic; sel ammoniacal, d'oseille; spath fluor, pesant; terre bleue, jaune; vert distillé.

Lorsqu'il y aura désaccord entre les vérificateurs et les intéressés, l'acquittement des droits s'effectuera conformément à la demande du négociant, propriétaire ou consignataire, sur un engagement pris par lui de payer la différence entre les droits acquittés et ceux qui seraient exigibles par suite de la décision de l'autorité supérieure.

Les marchandises avariées seront mentionnées par les vérificateurs.

Lorsque dans la liquidation des droits il se trouve une fraction n'excédant pas 0 fr. 13 c. 5, elle ne sera pas comptée : par suite si elle dépasse ce chiffre on compte 0 fr. 27 c.

Lorsque le montant des droits à payer s'élève à plus de 810 francs, le redevable peut les acquitter en mandats cautionnés à *soixante jours de date*, ou à *quatre-vingt-dix jours* s'il s'agit de marchandises expédiées sur le quai. Si le redevable préfère payer comptant, il jouit d'une bonification d'escompte de 1 p. °/₀; et de 1 1/2 p. °/₀ s'il s'agit de marchandises expédiées sur le quai.

Les marchandises ne seront enlevées des magasins de la douane qu'après avoir été marquées et estampillées. Il ne sera admis aucune réclamation relative à la nature des marchandises et à l'application des droits, dès qu'elles auront été retirées de la douane, alors même qu'elles auraient été plombées ou estampillées. Les rectifications pour erreur de compte ou de paiement, soit de la part du trésor, soit de la part du commerce, ne peuvent avoir lieu après un délai de deux mois.

Là où il ne se trouvera pas d'entrepôt spécial, les marchandises déclarées pourront rester gratuitement dans les magasins de la douane pendant six mois. Les articles d'encombrement, ceux susceptibles de s'enflammer, ou qui par leur nature doivent être placés à part, seront conservés dans des locaux loués par les intéressés et dont l'administrateur des douanes aura la clef. S'il existe un entrepôt dans la ville, *le dépôt* ne pourra excéder cent jours.

Les caisses contenant des machines et appareils pour les cabinets de physique et les laboratoires de chimie de l'Université ne sont pas visitées en détail. Les droits sont perçus d'après les énonciations des factures des consuls.

Les courriers de cabinet, espagnols et étrangers, ou ceux transportant par la poste la correspondance officielle revêtue des cachets des ministères des affaires étrangères, seront traités avec égard et assistés au besoin par les autorités espagnoles. Leurs dépêches ne seront ouvertes sous aucun prétexte.

Les colis envoyés au gouvernement sous le cachet des consulats espagnols, ne sont pas non plus visités, mais plombés et envoyés à l'administration des douanes de Madrid.

Les objets du matériel des chemins de fer sont l'objet d'un régime spécial, fixé par un décret du 23 septembre 1853.

Certificats.

Cette section n'est relative qu'à la circulation des marchandises en Espagne après qu'elles ont acquitté les droits. Ce sont des pièces délivrées par la douane sur lesquelles s'établit un compte ouvert pour la réexpédition des marchandises sur différents points du royaume.

Avaries.

Il n'y a réduction de droits pour cause d'avaries que dans les cas suivants, et sous l'accomplissement des formalités indiquées ci-après :

1° Le capitaine mentionnera dans son manifeste qu'il se propose de faire, aussitôt qu'il aura pris terre, la déclaration de l'avarie qu'il aura éprouvée par suite d'événements de mer.

2° Cette déclaration sera présentée au premier port d'abord, dans les vingt-quatre heures qui suivront son arrivée, et sera ratifiée dans le même délai après son arrivée au lieu de destination.

3° Le capitaine, ou à son défaut le consignataire du bâtiment, remettra à la douane une copie authentique de sa déclaration dans les huit jours qui suivront la date du manifeste, si le navire a été immédiatement admis à la libre pratique, ou dans les quarante-huit heures qui suivront la délivrance du permis de santé.

4° Le propriétaire, consignataire, ou intéressé, après avoir examiné les colis, mais extérieurement seulement, remettra, dans les vingt-quatre heures qui suivront la présentation du dernier de ses colis, une note indicative des marques ainsi que des numéros où il pense qu'il y a avarie.

5° Sur les documents ci-dessus seront mentionnées les causes ou événements de mer qui auront pu détériorer la marchandise.

Le délai de vingt-quatre heures mentionné ci-dessus sera limité aux marchandises déclarées pour l'expédition immédiate. Ce délai pourra être étendu à trente jours pour les marchandises destinées à l'entrepôt.

Les comestibles et les substances médicinales avariés ne pourront être livrés à la consommation sans une autorisation de l'autorité sanitaire.

Les vérificateurs procéderont à la reconnaissance des avaries. Ils devront déclarer si la détérioration provient d'événements de mer, ou si les marchandises étaient déjà atteintes au moment de l'embarquement. S'ils ne reconnaissent pas l'existence de l'avarie il sera procédé à une autre vérification par de nouveaux employés.

S'il est décidé que les marchandises étaient endommagées avant l'embarquement et que l'avarie n'a pas eu lieu en cours de voyage, on suspendra l'expédition et on rendra compte à l'administration générale des douanes pour qu'elle avise. Toutefois les intéressés pourront faire expédier leurs marchandises en prenant l'engagement de se soumettre à la décision à intervenir.

La réduction des droits à accorder en cas d'avaries sera réglée par l'administrateur, le comptable et deux vérificateurs. Elle sera calculée sur la valeur de la marchandise à l'état sain et celle restée après l'avarie. Cette évaluation servira de base à la mise aux enchères, et celui qui offrira le moindre rabais sera préféré comme adjudicataire. Si la différence entre l'avarie calculée par les vérificateurs et celle résultant de l'enchère ne s'écarte pas en plus ou en moins de 25 p. °/₀, du chiffre par eux fixé, les droits seront exigés sous déduction de ce tant pour cent; mais si la différence est plus grande, la déduction sera en proportion de la dépréciation subie.

Voici un exemple pour calcul d'avaries.

Valeur de l'article à l'état sain	6,000
Avarie d'après les vérificateurs (15 p. °/₀).	
Dommage d'après la vente aux enchères 13 p. °/₀	780
Valeur réelle d'après la vente	5,220

Différence entre le dommage admis par les vérificateurs et celui qui résulte de la vente (2 p. °/₀).

Les 25 p. °/₀ admis par les vérificateurs sont 3 75.

La différence étant inférieure à ce taux, les droits doivent être perçus comme suit :

Droits sur 30 quintaux cacao provenant des possessions espagnoles mais apportés par navires étrangers	1,590
Réduction pour cause d'avarie (15 p. °/₀)	238 50
A payer	1,351 50

Si le tant pour cent offert à la vente avait représenté 11, comme la différence entre ce chiffre et 15 dépasse 25 p. °/₀, la liquidation aurait eu lieu comme suit :

Droits à l'état sain	1,590
Déduction pour avarie (11 p. °/₀)	174 90
A payer	1,415 10

Si au contraire au lieu du chiffre 11 la vente eût donné 20 p. °/₀ d'avaries, ces 20 p. °/₀ eussent été déduits des droits, puisque la différence entre ce chiffre et le tant pour cent désigné par les vérificateurs s'élèverait à plus de 25 p. °/₀.

La question de l'existence des avaries reconnue, les propriétaires doivent déclarer s'ils acceptent la vente publique ou s'ils veulent réexporter. Si ce dernier parti est adopté il pourra avoir lieu sous l'engagement pris par les propriétaires de justifier par un certificat d'un consul espagnol de l'arrivée des marchandises dans un port étranger à l'Espagne.

Le propriétaire ou consignataire des marchandises reconnues avariées et destinées à être vendues doit assister à leur mise en vente. Elles peuvent être achetées pour le compte du trésor public.

Abandon des marchandises.

Les marchandises sont considérées comme abandonnées :

1° Lorsque les propriétaires ou consignataires le déclarent par écrit.

2° Dans le cas où elles n'auraient pas été déclarées dans les délais prescrits.

3° Même après l'expédition en douane si l'on se refuse à acquitter les droits liquidés.

On ne peut abandonner, ni les marchandises prohibées, ni celles importées au compte du trésor.

La vente aura lieu en présence du consignataire ou propriétaire.

L'adjudication pourra être prononcée même sur une seule enchère sans qu'aucune réclamation puisse être admise de la part de l'acheteur, du trésor, ou du consignataire.

Le montant intégral de la vente est versé dans les caisses de l'État, comme une partie du revenu des douanes.

Importations par terre.

Les importations doivent s'effectuer par le chemin le plus court de la frontière au premier poste de douane, où seront remises *les notes* en duplicata des ballots, caisses, barils ou colis.

Les règles imposées aux importations par mer s'appliquent également à celles effectuées par terre.

Articles dont la vérification et l'expédition ont lieu dans les douanes d'importation.

Les objets envoyés à Sa Majesté et à la famille royale. Les colis sont plombés et dirigés sur Madrid où ils seront remis à l'intendant du palais.

Franchise du corps diplomatique.

Les ambassadeurs, ministres plénipotentiaires ou résidents, les secrétaires ayant été chargés des affaires par intérim, peuvent, à leur retour en Espagne, y introduire librement les effets à l'usage de leur personne, de leur maison et de leur famille, ainsi que leurs bagages de toute sorte et leurs voitures.

Les secrétaires de légation jouissent de la même immunité, mais pour leurs bagages, livres, meubles et une voiture seulement.

Les agents diplomatiques étrangers peuvent introduire en exemption des droits les effets qui leur appartiendront en propre, mais dans les limites ci-après :

Un ambassadeur jusqu'à concurrence de		54,000 fr. de droits.	
Un ministre plénipotentiaire,	id.	37,800	id.
Un ministre résident,	id.	21,600	id.
Un chargé d'affaires,	id.	10,200	id.

Lorsqu'un agent diplomatique sera dûment accrédité, tous ses effets seront plombés sans visite et expédiés sur la douane de Madrid, où les déclarations devront être remises et les liquidations opérées.

Les agents diplomatiques qui viendraient à quitter l'Espagne ne pourront vendre les objets de toute nature qui leur auront été remis en franchise des droits de douane, qu'après avoir acquitté lesdits droits.

Plombage des colis.

Tout colis expédié sous la formalité du plombage sera entouré d'une corde en croix de manière à prévenir l'ouverture. On paiera pour droits de plombage.

MARCHANDISES.	COLIS PESANT		
	11 kil. 500.	40 kil.	pl^s de 40 k.
	fr. c.	fr. c.	fr. c.
Soieries.	0 54	0 81	1 08
Lingerie, lainage, tissus. . . .	0 40	0 54	0 81
Bijouterie, quincaillerie, droguerie, épicerie.	0 27	0 40	0 54
Denrées coloniales ; comestibles.	0 13	0 20	0 27
Liquides et matières grasses. . .	0 10	0 13	0 27
Machines et pièces détachées. .	0 07	0 13	0 40
Autres articles.	0 07	0 13	0 40
Bagages.	0 27	0 54	0 81

EXPORTATIONS.

Pour exporter des marchandises nationales non prohibées les intéressés remettront à la douane des factures en duplicata indiquant l'espèce, la quantité, la valeur des marchandises, le nom de l'expéditeur, le port de destination, le nom du navire, celui du capitaine. Ces factures seront signées.

L'exportation des sels ne peut avoir lieu par navires de moins de 50 tonneaux.

Les marchandises étrangères, nationalisées par le paiement des droits d'importation sont, pour l'exportation, assimilées aux marchandises espagnoles.

Les navires français à vapeur allant de Marseille à Cadix et faisant escales sur les côtes, peuvent charger du plomb en transit.

Les tabacs des provinces basques ne peuvent être exportés que sous pavillon national et par navires d'au moins 40 tonneaux.

DU CABOTAGE.

Le cabotage entre les ports du pays ne peut se faire que par bâtiments de construction espagnole, de propriété espagnole et montés par des sujets espagnols. Il n'y a d'exception que pour le transport du charbon de terre indigène, qui peut s'effectuer par navires étrangers entièrement chargés de houille.

DES RELACHES ET NAUFRAGES.

Aucun navire venant de l'étranger ne peut relâcher dans un port, sur une plage, ou dans un mouillage non ouverts aux opérations de douane, à moins de cas de force majeure provenant de tempêtes ou d'avaries.

Dans ce cas le capitaine du navire devra présenter immédiatement son manifeste. Il pourra être autorisé à décharger et vendre quelques marchandises, en se conformant aux règles établies pour l'expédition et en payant les droits du tarif.

Lorsqu'un bâtiment fera naufrage, les administrateurs devront prêter l'assistance nécessaire pour sauver le chargement. Si le navire naufragé reprend la mer il pourra rembarquer les marchandises, et sans payer aucun droit. S'il est mis hors de service on pourra opérer la réexportation du chargement par tout navire quelconque. On pourra également déclarer pour l'expédition les marchandises licites que l'on voudra faire entrer dans la consommation. Enfin, si pour faire face aux dépenses occasionnées par un naufrage il est nécessaire de vendre une partie des marchandises prohibées, l'autorisation pourra en être donnée, sous la réserve que l'acheteur réexportera ces marchandises soit pour l'étranger, soit pour l'Amérique espagnole, après avoir payé au trésor 30 p. °/₀ de la valeur de ses achats.

DU TRANSIT ET DU TRANSBORDEMENT DES MARCHANDISES.

Les marchandises de commerce licite destinées au transit doivent être importées par navires de 80 tonneaux au moins, et celles prohibées par navires de 200 tonneaux au moins (1).

(1) Le tonneau espagnol = 20 quintaux = 920 kil.

Ne peuvent être déclarées en transit les marchandises à destination des ports d'où viennent les bâtiments, ou des ports où ils auront touché. Elles n'ont pas besoin d'être portées aux registres consulaires ; elles doivent seulement être mentionnées aux manifestes visés par les consuls espagnols.

Lorsque les capitaines ne pourront achever leurs voyages, ou que les propriétaires ou consignataires ne pourront pas expédier les marchandises licites au lieu de leur destination, ils pourront les déclarer pour l'entrepôt. Dans ce cas ils devront produire les factures en duplicata exigées par les règlements.

Le transbordement des marchandises étrangères en cours de cabotage ne peut être autorisé, hors le cas d'avaries. Les graines et semences d'origine espagnole peuvent être exemptées de cette règle.

Les transbordements sont permis dans le port de Cadix pour les bateaux à vapeur espagnols, à l'égard des marchandises destinées pour Séville.

Les chargements venant des ports étrangers de l'Amérique et de l'Asie arrivés par navires espagnols peuvent être transbordés sur des bâtiments également espagnols pour tout port étranger, en payant un droit de 2 p. °/₀.

Nota. — Ces prescriptions semblent s'appliquer bien plutôt à des opérations de cabotage qu'à des opérations de transit, c'est-à-dire de passage à travers le territoire espagnol pour un pays étranger.

DES ENTREPOTS.

Entrepôts spéciaux.

Les entrepôts spéciaux sont établis dans tous les ports où les juntes (chambres) de commerce, s'engagent à remplir les conditions fixées par les ordonnances.

Les magasins doivent être sûrs, être établis dans des lieux n'ayant aucune communication avec des maisons particulières.

Les gardes-magasins ou contrôleurs sont responsables des marchandises entreposées.

Les marchandises coloniales et étrangères non prohibées à l'entrée ainsi que les tabacs fabriqués originaires et provenant des possessions espagnoles importés sous pavillon national, sont admis dans les entrepôts en exemption des droits.

Les marchandises en entrepôt sont placées sous la garantie des lois, et ne peuvent être l'objet de représailles, même en temps de guerre.

La durée de l'entrepôt est fixée à deux années.

Le droit d'entrepôt est de 1 p. °/₀ de la valeur des marchandises pour les premiers six mois. Passé ce délai elles doivent acquitter un nouveau droit de 1 p. °/₀. Si les recettes ne couvrent pas les frais, le commerce doit faire face au déficit.

Les marchandises devront avoir été apportées par navires de 60 tonneaux au moins. Elles devront être déclarées dans les quarante-huit heures de leur arrivée. Les déclarations énonceront l'espèce, la qualité, le poids brut et net, la valeur de chaque colis, en unités espagnoles. Elles peuvent être préemptées moyennant une addition de 10 p. °/₀ à la valeur déclarée.

Les colis seront plombés après vérification en détail.

Les marchandises entreposées peuvent être vendues et échangées, mais sans que les colis puissent être ouverts avant la sortie définitive d'entrepôt. Avis des ventes doit être donné de suite à la douane.

Lorsque l'on veut retirer des marchandises de l'entrepôt il faut déclarer si c'est pour la consommation ou pour la réexportation : dans ce dernier cas il faut indiquer les noms du navire, du pays auquel il appartient et du capitaine, le port de destination. Si les plombs sont reconnus en bon état les colis ne seront pas ouverts à nouveau. Les réexportations ne pourront s'opérer que par navire de 40 ou 60 tonneaux, selon qu'ils seront espagnols ou étrangers.

Les marchandises embarquées, le navire ne pourra rester plus de trois jours dans le port.

Les mutations d'entrepôt à entrepôt sont permises, mais seulement par navires espagnols.

A l'expiration des deux années de l'entrepôt les marchandises devront en être retirées : si elles ne sont pas déclarées dans les deux mois suivants elles sont vendues aux enchères publiques.

Entrepôts généraux.

Les entrepôts généraux ne peuvent exister que dans les ports désignés par le gouvernement. Les frais d'installation, d'entretien et d'administration sont à la charge du commerce.

Les entrepôts généraux sont ouverts pour toutes les marchandises provenant des colonies ou de l'étranger. Elles doivent être apportées par navires de 80 tonneaux au moins.

Les marchandises prohibées seront entreposées dans des magasins séparés. Celles susceptibles de s'embraser seront aussi placées dans des locaux spéciaux et isolés.

Les tarifs de magasinage, proposés par les juntes de commerce, et approuvés par le gouvernement ne sauraient mentionner de droits excédant 1 °/₀ de la valeur des marchandises.

(*Nota.*) Il n'existe en Espagne que deux entrepôts généraux, un à Cadix, un à Mahon.

A Cadix le droit d'entrepôt est de 1 °/₀ par chaque année de séjour, pendant 4 ans ; c'est la durée la plus longue accordée.

A Mahon le tarif a été fixé ainsi :

MARCHANDISES taxées à 1/2 % de leur valeur.	UNITÉS. Bases.	Valeurs fixées.
		fr. c.
Acier en barres ou en plaques non ouvrées	100 kil.	58 70
fondu en barres de toutes grandeurs	id.	70 44
Agrès et apparaux	id.	117 40
Alun commun	id.	35 22
Amandes amères ou douces, en coques	id.	82 18
sans coques	id.	117 49
Ancres en fer	id.	41 09
Anis	id.	70 44
Bière en bouteille	12 bout.	13 50
Biscuit	100 kil.	46 96
Blé	l'hectol.	19 46
Bois de fernambouc	100 kil.	88 05
du Brésil et brésillet	id.	46 96
Bougies de cire	id.	469 60
de blanc de baleine	id.	352 20
stéariques	id.	234 80
Cables et chaines en fer	id.	41 09
Cacao de caracas	id.	234 80
autre	id.	117 40
Café	id.	58 70
Cannelle de Ceylan	id.	1,174 00
autre	id.	293 50
Céruse	id.	58 70
Chandelles	id.	117 40
Chanvre brut	id.	76 31
peigné	id.	111 53
Cire blanche ou jaune, non ouvrée	id.	328 72
ouvrée	id.	469 40
Coton en laine	id.	117 40
Cuivre de première fusion	id.	191 84
en feuilles, en barres, en clous	id.	234 80
Eau de raze (huile de térébenthine)	id.	82 17
Farines	id.	35 22
Fer blanc	id.	93 92
Fils non retors non blanchis	id.	105 65
blanchis	id.	117 40
teints	id.	129 14
retors, non blanchis	id.	176 10
blanchis ou teints	id.	352 20
métalliques, de cuivre	id.	281 76
de fer	id.	140 88
de laiton	id.	293 50
de zinc	id.	211 32
Fonte en gueuses	id.	11 74
affinée	id.	41 09

MARCHANDISES taxées à 1/2 % de leur valeur.	UNITÉS. Bases.	Valeurs fixées.
		fr. c.
Galles du Levant	100 kil.	176 10
Girofle (clous de)	id.	293 10
Huiles, comestible	id.	93 91
de baleine et de lin	id.	70 43
siccative pour peinture	id.	82 17
de vitriol	id.	176 08
lies et résidus d'	id.	58 70
Indigo	id.	587 00
Laine commune	id.	93 92
de Saxe	id.	434 80
Légumes, excepté les fèves	l'hectol.	19 46
Lin brut	100 kil.	88 05
peigné	id.	176 10
Morue et stockfisch	id.	41 09
Noisettes	id.	58 70
Olives vertes, préparées ou non	id.	46 96
Pâtes à potage	id.	46 96
Plomb en saumon	id.	29 35
Poisson salé	id.	64 57
Poivre	id.	117 40
Riz	id.	35 22
Safran sec, grillé ou à l'huile	id.	3,522 00
Saindoux et beurre	id.	176 10
Savon	id.	70 44
Spiritueux; eaux-de vie, commune jusqu'à 19 d.	l'hectol.	33 47
de 20 à 25 d	id.	41 84
de 25 et plus	id.	58 57
de canne jusqu'à 24°.	id.	41 84
de 24 et plus	id.	58 56
de cognac	id.	41 84
genièvre	id.	58 57
rhum	id.	30 12
whiski	id.	41 84
Sucre blanc	100 kil.	82 18
cassé	id.	58 70
moscouade	id.	46 96
raffiné en pains	id.	117 40
Suif brut et fondu	id.	93 92
Tabac en feuilles	id.	88 05
Thé	id.	704 40
Vins de Champagne	12 bout.	32 40
autres fins		
en cercle	l'hectol.	41 84
en bouteille	12 bout.	16 20
Zinc	100 kil.	105 65

MARCHANDISES taxées à 1 % de leur valeur.	UNITÉS. Bases.	Valeurs fixées.
		fr. c.
Bière en cercles	l'hectol.	16 73
Bois à brûler	100 kil.	1 76
Bois de toute sorte et de toute dimension y compris les bois de teinture et médicinaux, et à l'exception du bois de Brésil.	sur évaluation.	
Brai noir	100 kil.	11 74
Brai rouge	id.	22 48
Cercles en bois pour tonnellerie	id.	7 04
Charbon	id	5 29
Charbon végétal	id.	5 87
Colle commune	id.	93 91
Cuirs secs en poils	id.	117 40

MARCHANDISES taxées à 1 % de leur valeur.	UNITÉS. Bases.	Valeurs fixées.
		fr. c.
Cuirs salés, ou verts	100 kil.	70 44
Douves de toute sorte et de toute dimension	1,000 en n.	351 00
Fèves (grosses)	l'hectol.	12 16
Guano	100 kil.	22 48
Liége brut	id.	22 48
Noir de fumée	id.	29 35
Orge	l'hectol.	7 30
Soufre	100 kil.	11 74
Sumac	id.	22 48
Viande et lard salés	id.	58 70
Vin commun	id.	16 73
Vinaigre	l'hectol.	13 39

Tous les produits non dénommés à ce tarif doivent payer 1/2 % de leur valeur réelle.

Les *pipes* sont réputées contenir 5 hect. 162 et les liquides paient sur ce jaugeage.

Il est alloué 10 % de tare aux sucre, café, cannelle, cuivre, fer-blanc, savon, beurre, et à la farine, en caisses ou en fûts : 5 % à l'indigo en suron !

Les droits sont perçus par année de séjour en entrepôt.

Les propriétaires ou consignataires des articles entreposés peuvent faire dans les entrepôts généraux les changements de contenants et d'emballage qui leur conviennent. Les ventes ou cessions en entrepôt ne changent pas les conditions de celui-ci, quant à sa durée qui court toujours à partir du jour de l'entrée des marchandises dans les magasins. La transmission de propriété n'est valable qu'autant qu'il a été donné à la douane avis de la vente effectuée.

S'il y avait contestation sur la valeur déclarée, et qui doit servir dans certains cas de base à la perception, et si l'intéressé ne veut pas accepter l'estimation de *la commission de l'entrepôt*, celle-ci a le droit de préempter la marchandise en payant 10 % en plus que la valeur déclarée.

Les mutations d'entrepôts sont autorisées, et elles n'entraînent pas le paiement immédiat des droits de consommation.

La durée du séjour dans les entrepôts généraux est fixée à 4 années pour les marchandises licites ; à 5 ans pour celles prohibées.

DE LA CIRCULATION INTÉRIEURE.

Le royaume est divisé en zone fiscale et en provinces intérieures.

La première se compose des provinces situées sur les côtes et sur les frontières, ainsi que du terrain compris dans la ligne qui partant de Justinana à l'extrémité de la Navarre sur l'Èbre, suit la rive droite de ce fleuve en s'étendant jusqu'aux confins de la province de Lérida, et rejoint la province de Tarragone en formant la dernière position où est situé le pont sur l'Èbre à Saragosse.

Aucune marchandise ne peut circuler dans la zone fiscale sans passavant. Ceux-ci sont de trois sortes : ceux de première entrée ; ceux de référence ; ceux du royaume. Ils doivent toujours énoncer le nom du conducteur, le moyen de transport, la destination, le nombre et les marques des colis, l'espèce et la quantité des marchandises, la durée de l'expédition.

Est exemptée de la formalité du passavant la circulation dans la zone de produits du sol ou de l'industrie, en petites quantités destinées à la consommation d'une seule famille ou de voyageurs en route ; les échantillons d'articles coupés, ne pouvant être considérés comme objets de commerce.

Les détenteurs de marchandises étrangères et de denrées coloniales portées de la zone dans l'intérieur, doivent conserver les passavants qui en auront assuré le transport chez eux. On doit également conserver *certificats d'origine*, qui doivent accompagner les produits du sol de l'industrie espagnole dans leur transport dans l'intérieur. Ces ces devront être représentées à l'administrateur des revenus, si l'on it expédier les marchandises dans une autre province.

Si l'on veut faire retourner de l'intérieur dans la zone un produit colial ou étranger, on doit en faire la déclaration à l'administrateur des revenus, et lui justifier de leur introduction légale dans le royaume : il est dans ce cas délivré un passavant du royaume.

Les passavants remis aux marchands qui vont de foire en foire peuvent être délivrés pour trois mois de circulation ; ces passavants doivent être visés successivement soit par la douane, si on entre dans la zone, soit par les administrateurs des Revenus lorsque l'on passera d'une province dans une autre.

Il résulte de l'ensemble des prescriptions sur la circulation qu'aucune marchandise quelconque, étrangère ou nationale, ne peut jamais être transportée d'un point à un autre du royaume sans être accompagnée d'une preuve légale de sa nationalité, ou du paiement des droits d'entrée.

PÉNALITÉS EN MATIÈRE DE DOUANE.

Tout capitaine important des marchandises sans avoir *des notes* visées par le consul, et *un registre* (art. 5) payera une amende de 2,160 fr.

Celui qui omet de remettre dans les délais fixés ses papiers de bord doit payer 540 fr.

Si un navire arrive sans *notes* ni *registre* les marchandises sont mises en entrepôt jusqu'à ce que le consul ait envoyé une copie certifiée des papiers exigibles. Si celui-ci déclare qu'il ne lui a pas été remis de certificats avant le départ du bâtiment, le capitaine sera condamné à payer 60 fr. d'amende, plus 540 fr. par chaque tonne manquant au complément du chargement.

L'ouverture en cours du voyage du registre consulaire entraîne une amende de 540 fr. S'il y a eu surcharge ou altération le capitaine est poursuivi comme faussaire.

Pour le refus d'exhiber le rôle d'équipage ou le manifeste, amende de francs.

Pour désaccord entre le manifeste et le registre consulaire, s'il a lieu un excédant de colis, paiement du double droit. S'il a lieu dans le contraire, c'est-à-dire s'il manque des colis portés *au registre*, paiement du triple droit.

Si tous les colis portés *au manifeste*, alors qu'ils ne figureraient pas *au registre*, ne sont pas représentés, amende de 1,350 fr. par manquant.

Pour les marchandises chargées en vrac, amende du double droit pour les excédants ou les manquants, d'après les papiers de bord, bien que les quantités réelles aient été déclarées par le destinataire. S'il s'agit de marchandises prohibées saisie et amende de 25 %, de leur valeur.

Pour mettre à la voile sans avoir embarqué des marchandises prohibées déclarées en transit : amende de 270 fr. par colis.

Les excédants ou les manquants constatés au delà de 4 ou 8 % des déclarations faites, selon qu'il s'agit de marchandises provenant d'Europe et d'Afrique, ou d'Amérique ou d'Océanie, sont passibles d'une amende du double des droits à percevoir pour ces marchandises. Les marchandises grasses, sujettes à déchet, jouissent d'une tolérance de % pour les manquants.

Les marchandises de commerce licite non déclarées et cachées sont saisies. Celles prohibées seront, dans le même cas, saisies, et les capitaines conducteurs et propriétaires passibles d'une amende égale à la valeur de ces marchandises.

Si un colis plombé n'arrive pas à sa destination, le souscripteur de l'acquit est passible d'une amende de 540 fr. Il y aura même amende si les colis sont représentés mais avec les cordes du plombage rompues.

Les marchandises prohibées transportées par bâtiments de moins de 0 tonneaux espagnols sont saisies alors même qu'elles auraient été déclarées.

Les déclarations inexactement faites en matière de marchandises destinées à l'entrepôt sont passibles d'une amende de 270 fr. pour la première fois, de 540 fr. pour la seconde, et les marchandises devront être exportées dans un délai de huit jours à peine de saisie.

Si la vérification de marchandises destinées aux entrepôts spéciaux de fait constate des différences, il est procédé comme suit.

Application du résultat de la vérification si les différences n'excèdent pas 4 % en plus ou en moins.

Surtaxe de 6 % du droit si la différence est de 5 à 10 %.
id. de 15 % id. id. 15 %.

En cas de récidive les consignataires sont privés de la faculté d'entrepôt.

Il est procédé de même à l'égard des marchandises déclarées pour les entrepôts généraux.

Dans la circulation à l'intérieur tout excédant aux quantités énoncées au passavant est saisi.

Il sera procédé de même s'il n'est pas justifié que les marchandises transportées ont payé les droits d'entrée si elles sont d'origine étrangère.

S'il est trouvé des marchandises nationales transportées sans preuve de nationalité, elles sont passibles des droits dus pour les marchandises similaires d'après le tarif d'importation.

Tout débarquement effectué sans permis de la douane entraîne, s'il s'agit de marchandises étrangères, la perception du double droit ; s'il s'agit de produits nationaux, le paiement du droit afférent au produit étranger similaire.

Les produits nationaux trouvés ayant des marques de fabrique étrangère sont passibles du paiement des droits s'ils sont de commerce licite ; de la saisie s'ils sont prohibés.

Sont réputés délits de contrebande :

1° L'introduction d'articles prohibés ;

2° Le commerce, le transport, la détention des mêmes articles ;

3° L'exportation d'objets espagnols frappés de prohibition ;

4° La non-déclaration d'une partie d'un chargement, en cas de relâche forcée ;

5° Les versements frauduleux.

Sont réputés délits de fraude :

1° L'introduction illicite d'objets frappés de droits ;

2° La circulation ou la détention d'objets dont l'origine n'est pas justifiée.

3° L'exportation d'articles soumis aux droits ;

4° La contravention aux règles administratives.

La connaissance et poursuite de ces faits revient aux Juntes administratives.

Sont punis :

1° Les délits de contrebande ;

Par la confiscation des marchandises.

— des moyens de transport, s'ils représentent le 1/3 au moins de la valeur des marchandises.

— les marchandises non prohibées servant à cacher la fraude, si la valeur des objets prohibés excède le tiers de la valeur du colis ou du chargement. Toutefois si les objets non prohibés appartenaient à un tiers étranger à la fraude, ils ne seraient pas saisis.

2° Les délits de fraude :

Par la saisie des marchandises.

DE LA PROCÉDURE.

Toute question soulevée dans les douanes entre l'administration et les particuliers concernant l'interprétation et l'application du tarif ou de la législation, est l'objet d'une enquête administrative *sans frais*.

Aucune réclamation ne peut être admise si les marchandises ont été enlevées par le commerce.

Les saisies, les visites, la perception, sont des actes administratifs qui ne relèvent pas des tribunaux.

L'instruction des enquêtes appartient aux administrateurs des douanes.

Le comptable prépare le dossier qui est communiqué à l'intéressé afin que, *dans le délai de trois jours*, il présente sa justification : ce dossier est ensuite envoyé à l'administration qui avise.

Si la décision est acceptée par l'intéressé, elle reçoit son exécution immédiatement. Dans le cas contraire, le dossier et des échantillons, à moins qu'il s'agisse de marchandises valant moins de 54 fr., sont envoyés aux gouverneurs de la province qui prononcent en dernier ressort.

Les enquêtes administratives doivent être rédigées sur papier timbré.

La première instruction des affaires relatives aux saisies d'articles de monopole appartient aux administrateurs des douanes. S'il s'agit de marchandises dont l'origine n'est pas certaine, il est remis une copie du procès-verbal seulement aux administrateurs du monopole. Si l'origine étrangère est constatée au contraire, l'instruction suit son cours et si la saisie est déclarée par l'administrateur des douanes avoir été légalement faite, l'article retenu est remis à l'administration du monopole afin qu'il en estime la valeur, et remette aux saisissants la part qui leur revient.

Les intéressés, peuvent, pendant douze jours, après la notification d'une décision administrative, recourir par l'intermédiaire de la douane d'expédition, au ministre des finances pour appeler de la décision.

Dans le cas où il s'agirait de marchandises prohibées dont la saisie doit être suivie du paiement d'une amende égale à leur valeur, et où la partie intéressée ne voudrait pas se conformer à la décision de l'administration, l'affaire sera renvoyée devant le tribunal compétent.

MESURES relatives à l'application des pénalités imposées pour opérations effectuées en dehors des points de vérification.

La procédure administrative judiciaire n'aura lieu que dans le cas de saisie d'articles de contrebande ou de fraude effectuée hors des douanes, et des points de contrôle et de vérification des marchandises, ou dans ces mêmes lieux durant la nuit.

Pour toute saisie donnant lieu à une instruction judiciaire il est dressé un procès-verbal énonçant :

Les noms, emplois et grades des saisissants.

Le lieu, le jour et l'heure de la saisie.

Les noms et domiciles des prévenus.

La désignation des articles saisis.

Les moyens de transport.

Les incidents de la saisie et la qualification du fait.

Ce procès-verbal devra être signé, outre les agents, par l'officier municipal du lieu et par deux témoins.

Un comité composé de l'administrateur, du comptable, d'un vérificateur, d'un commerçant désigné par les intéressés, du promoteur fiscal des finances, déclarera, à vue du procès-verbal et du résultat écrit de l'expertise préalablement faite.

1° S'il y a lieu ou non à la saisie.

2° Si les prévenus doivent en outre subir une amende.

Si la saisie est déclarée bonne l'administrateur de la douane remettra au tribunal une copie exacte de l'acte de saisie et du procès-verbal. Les prévenus devront comparaître en personne lorsqu'il aura été déclaré qu'ils sont passibles d'une peine corporelle.

Lorsque les intéressés se soumettent à la déclaration de la saisie, il est passé outre sans recours ultérieur. S'ils n'y consentent pas ils peuvent, dans un délai de cinq jours, terme de rigueur, en appeler au gouvernement, mais seulement pour le fait de la déclaration de saisie, et sans que l'appel puisse suspendre le cours des procédures judiciaires pour l'imposition des peines.

En matière de contrebande et de fraude sont passibles d'une peine corporelle,

1° Le port d'armes, même de celles permises.

2° La perpétration à trois reprises du délit de contrebande ou de fraude ;

3° La corruption de l'autorité ou de ses agents, ou la résistance aux agents de l'administration.

VENTE DES SAISIES.

Les marchandises saisies sont expertisées.

La vente est annoncée officiellement à l'avance par voies d'affiches et des journaux.

Les ventes ont lieu aux enchères publiques par lots déterminés. La valeur attribuée à chaque lot de marchandises prohibées ne peut passer 54 fr. Celle des marchandises licites devra être de 1,350 fr. au moins si la valeur totale de la saisie dépasse cette somme.

Les marchandises et articles prohibés achetés dans les douanes ne pourront être vendus, ni circuler dans le royaume comme articles de commerce. Lors de l'adjudication il sera remis à chaque acheteur un bulletin pour lui servir de passavant jusqu'à son domicile.

Le propriétaire d'articles licites saisis ou, d'articles prohibés ne valant pas plus de 162 fr., sera toujours adjudicataire privilégié à prix égal.

La vente des moyens de transport a lieu avec les mêmes formes que celles employées pour la vente des marchandises saisies.

L'administration peut faire vendre les marchandises saisies dans une autre résidence que celle où elles ont été conduites primitivement.

PRIX DES TIMBRES D'EXPÉDITION.

Passavants	0 fr.	54 c.
Registres : pour l'Amérique	8	91
pour le cabotage	1	08
Déclarations en douane	0	27
Feuilles d'acquittement	0	27
Documents pour la circulation des troupeaux	0	27

DROITS DE NAVIGATION.

Droit de phare.

Bâtiments espagnols :

venant des possessions espagnoles ou de l'étranger	0 fr.	27	par tonn.
faisant le cabotage, à l'aller et au retour	0	13 5	
allant à l'étranger ou dans les poss. espagn.	0	27	

Bâtiments étrangers :

venant des poss. espagn. ou de l'étranger	0	54	» par tonn.
allant à l'étranger	0	54	»

Sont exemptés de ces droits :

Les bâtiments espagnols arrivant sur lest.

Les bâtiments étrangers entrant ou sortant sur lest.

Les bâtiments étrangers en relâche forcée, ne faisant aucune opération de commerce.

Les bâtiments espagnols ou étrangers de 50 tonneaux ou plus allant directement sur lest charger du sel dans les ports de la province de Cadix et dans ceux de Torrevieja et d'Ivica.

Dans le cabotage :

Les bâtiments espagnols ne jaugeant pas plus de 20 tonneaux.

— — ne faisant pas plus de 20 lieues marines.

— — faisant escale.

— — ceux revenant sur lest.

Le droit de phare n'est pas perçu dans les douanes du Douro.

Le droit de phare ne se perçoit qu'une fois sur les navires qui abordent dans ou plusieurs ports pour y compléter leur chargement.

Les bâtiments allant à Séville n'acquittent le droit que dans ce port.

Les bâtiments entrant dans un port y faire quarantaine sont exempts de payer le droit, lorsqu'ils n'y feront ensuite aucune opération de commerce

DROIT D'ANCRAGE.

Bâtiments espagnols	0 fr.	27	par tonn.
étrangers	0	54	

Bâtiments jaugeant plus de 20 tonneaux, moins de 60 tonneaux : moitié des droits ci-dessus.

EXEMPTIONS.

Bâtiments jaugeant moins de 20 tonneaux.
naviguant uniquement dans la baie de Cadix.
dans le Guadalquivir.
dans la rivière d'Arosa.
de plus de 50 tonn. venant sur lest charger du sel dans les salines.
appartenant aux sociétés le Club Royal des Yachts de Londres et de Saint-Pétersbourg : les bâtiments de plaisance napolitains ; le yacht anglo-américain North-Star ne faisant aucune opération de commerce.

Les bâtiments à vapeur destinés au transport des voyageurs acquitteront le droit une seule fois dans le voyage, et lorsqu'ils entreront dans la baie de Cadix.

DROIT DE CHARGEMENT ET DE DÉCHARGEMENT.

Bâtiments espagnols	0 fr.	07 c. 5	par 100 k. de march. embarquées et débarquées.
étrangers	0	15	»

EXEMPTIONS.

Articles embarqués pour les besoins de l'équipage et des passagers.

Charbons minéraux.

Bâtiments de plus de 50 tonn. venant sur lest charger du sel.

Le minerai de fer exporté par les ports de la Biscaye et du Guipuzcoa ne paie que . . . 0 fr. 04 par 100 k.

Les sucres . . . 0 7/10 p. 1,000 k.

Les plombs extraits des mines de la Péninsule, paieront un seul droit.

DISPOSITIONS GÉNÉRALES CONCERNANT LES DROITS DE NAVIGATION.

Le jaugeage des bâtiments doit être fait à raison de 920 k. par tonn.

Sont assimilés aux navires espagnols pour la perception des droits de navigation et de port, ceux des puissances ci-après :

Belgique, Brésil, Brême, Chili, Danemarck, Deux-Siciles, Equateur, Italie Estats pontificaux, États sardes, États-Unis, France, Grande-Bretagne, Grèce, Hombourg, Hanovre, Hollande, Lubeck, Mecklembourg-Schwerin, Mexique, Norwége, Oldenbourg, Portugal, Prusse, Russie, Suède Toscane, Uruguay.

Les bâtiments de guerre, espagnols ou étrangers, transportant des marchandises, sont assujettis aux droits de navigation, sauf les bâtiments hollandais.

FIN DES RÈGLEMENTS DES DOUANES EN ESPAGNE.

TARIF

DES

DOUANES DE LA GRÈCE.

(LOI DU 10/22 JUIN 1857.)

Le tarif que nous publions a remplacé celui du 25 mars 1830, qui n'était plus en rapport avec les besoins du commerce. A cette époque, en effet, les transactions avec les États étrangers étaient fort restreintes; l'agriculture prenait seulement naissance sur un sol qu'aucune industrie ne vivifiait.

Voici sommairement les principes qui ont servi de base au système arrêté pour la rédaction de la loi de 1857.

IMPORTATIONS.

Le système de la prohibition a été repoussé comme préjudiciable d'abord, aux consommateurs en leur faisant payer plus cher ce qu'ils pourraient se procurer à meilleur marché; ensuite, aux industriels qui ont besoin d'être stimulés par la concurrence, afin d'arriver plus vite à la perfection de leurs produits.

Le tarif d'importation a été divisé en trois catégories : les matières premières; les objets manufacturés d'utilité et d'usage général; les objets de luxe.

Les marchandises comprises dans la première classe, lorsqu'elles sont taxées, sont assujetties à un droit de 5 °/₀ de leur valeur; celles de la seconde doivent payer 10 °/₀ ; celles de la troisième ont à acquitter des droits calculés et gradués d'après les principes d'une saine économie politique. — Mais ces droits ont été ramenés à des unités spécifiques, ce mode de perception ayant été considéré comme le plus facile dans son application.

EXPORTATIONS.

La plupart des produits de l'industrie sont exempts de tous droits de sortie, ainsi que cela avait lieu d'après le tarif de 1830, où ceux de l'agriculture étaient seuls frappés d'un droit de 6 °/°. — Mais cette mesure n'a été maintenue que provisoirement, c'est-à-dire que dans une période de dix années, l'exportation sera complétement affranchie de tous droits, ceux du tarif actuel devant s'abaisser d'1 °/₀ d'année en année.

OBSERVATIONS GÉNÉRALES.

En règle générale, le droit est perçu sur le poids net des marchandises.

Les marchandises non dénommées, et qui ne pourraient être assimilées à des produits taxés, ont à payer 10 °/₀ de leur valeur, d'après leur prix courant au lieu de l'importation.

Le droit d'entrepôt est fixé pour les marchandises en général à 1/2 °/₀ de leur valeur ; pour les objets volumineux et légers, à 1 °/₀. — Il n'y a d'exception que pour les céréales en dépôt dans des entrepôts particuliers et destinés à la subsistance publique : elles sont entièrement affranchies du droit d'entrepôt.

Les tares ont été fixées par une ordonnance du 5/17 septembre 1857. Voici comment elles ont été fixées.

TARES COMMUNES.

Balles et ballots renfermant des tissus.	
avec enveloppe simple. — Toile d'emballage	2 °/₀
avec enveloppe double ou avec toile cirée	4 °/₀
en ballots pressés avec cercles en fer	8 °/₀
Caisses : renfermant	
de la quincaillerie	12 °/₀
des ouvrages en métal	10 °/₀
des tissus. — Caisses simples	15 °/₀
revêtues d'une enveloppe	17 °/₀
en fer-blanc ou plomb	25 °/₀
Coffres en cuir, pour toutes marchandises	8 °/₀
Coussins, canasters, paniers, boîtes :	
pour les premiers, revêtus d'une seule enveloppe	6 °/₀
Boîtes en carton ou bois	6 °/₀
revêtues d'une enveloppe simple	8 °/₀
Futailles, barils, avec marchandises sèches	12 °/₀
Sacs renfermant des marchandises autres que café, sucre, raisins secs; en toile	2 °/₀
en écorce	3 °/₀
en laine ou crin	4 °/₀
Vases en métaux. — Estagnons	12 °/₀

TARES SPÉCIALES.

Azur de cuivre : en sacs de peau	2 °/₀
en nattes revêtues d'enveloppes	6 °/₀
Balles ou grenailles à giboyer : en barils	5 °/₀
Beurre : en grosses futailles	18 °/₀
en barils	14 °/₀
en outres. — Poids brut.	
Boissons en futailles	20 °/₀
Cafés en sacs	2 °/₀
Cannelle, gingembre, girofle, mastic, muscades, poivre :	
en sacs	4 °/₀
en caisses ou barils	15 °/₀
Caviar : noir. — Quel que soit l'emballage	20 °/₀
rouge. — Id.	16 °/₀
Chandelles et bougies en caisses	16 °/₀
Cochenille et kermès, en sacs	1 °/₀
Cocons	20 °/₀
Confitures, conserves, moutardes, etc., en vases divers	50 °/₀
Coton et laine : en sacs ou toile d'emballage	6 °/₀
en balles de jarre	9 °/₀
Encens en caisses ou barils	20 °/₀
Étain en barils. — Plomb	5 °/₀
Fils : de coton ou de lin, sur bobines	50 °/₀
recouvert de soie et clinquant	10 °/₀
Fleurs artificielles, plumes de parure :	
en boîtes de carton et enveloppes	30 °/₀
en boîtes de planchettes et id.	40 °/₀
en caissettes en bois	60 °/₀
Fromages : en caisses, barils, baquets	18 °/₀
Huiles : en futailles	20 °/₀
en outres de peau de bœuf	6 °/₀
id., id., de bouc	4 °/₀
Indigo	22 °/₀
Matières fluides : en vases de terre	50 °/₀
en futailles, dames-jeannes, flacons	20 °/₀
Médicaments : en vases de porcelaine ou de verre	40 °/₀
Mercure : en flacons ou autres vases	30 °/₀
en sacs de peau	3 °/₀
Poterie et verrerie : en caisses	20 °/₀
en barils	15 °/₀
en couffins	8 °/₀

En cas de casse, 5 °/₀ en sus, ou le poids net constaté, au choix du négociant.

Poisson, fumé, en barils	15 °/₀
en caisses	14 °/₀
salé, en barils	20 °/₀
en saumure	25 °/₀
Raisin sec, en barils de bois tendre	10 °/₀
de bois dur	18 °/₀
en caisses	18 °/₀
en sacs	3 °/₀
Sangsues en baquets remplis d'argile humectée	75 °/₀
Soies en caisses, revêtues d'enveloppes	25 °/₀
Sucre pilé, en barils	13 °/₀
en caisses	16 °/₀
en sacs	4 °/₀
en pains entiers, en barils ou caisses emballées	18 °/₀
en pains cassés, en barils ou caisses	13 °/₀

Il n'est pas alloué de tare pour les enveloppes en papier des tissus de toute sorte et des produits manufacturés, ni pour les planchettes, cartons, ficelles employées au pliage ou à l'enroulement des rubans, des dentelles, de la passementerie, des tulles, gazes, etc., etc.

Quand des marchandises diversement tarifées sont emballées ensemble, le poids net de chaque espèce est constaté.

RÈGLES GÉNÉRALES

D'APPLICATION DU TARIF.

(Loi du 19-31 mars 1843.)

FORMALITÉS A REMPLIR.

IMPORTATIONS PAR MER.

Le manifeste du navire doit être déposé à la douane dans les vingt-quatre heures de son arrivée dans un port, alors même qu'il ne ferait que relâcher. Ce manifeste doit être rédigé en grec ou en italien, et en double expédition, sur des formules imprimées qui sont remises au capitaine par la douane, à peine d'une amende de 8 fr. 95 c. à 179 fr. 08 c. par chaque jour de retard.

Le déchargement des marchandises ne peut avoir lieu qu'après la remise du manifeste. Celui-ci doit énoncer toutes les marchandises quelconques qui sont à bord, qu'elles appartiennent au commerce, au capitaine, aux passagers ou aux matelots; les marques et n^os des colis; à peine d'une amende égale au quadruple du droit de douane imposé aux marchandises trouvées en excédant.

Les navires peuvent faire escale dans plusieurs ports pour y débarquer leur cargaison. Les formalités ci-dessus doivent être remplies dans chaque port où l'on aborde.

Tout colis mentionné au manifeste et qui n'est pas ensuite représenté, entraîne une amende de 89 fr. 54 c. à 537 fr. 24 c. Si les marchandises sont d'une espèce différente que celle déclarée, l'amende sera de 22 fr. 38 c. à 89 fr. 54 c. par chaque colis.

Les vivres et provisions de bord ne sont pas inscrits aux manifestes. Ils sont déclarés par notes à part. Les inexactitudes constatées donnent lieu aux amendes comme pour les marchandises.

On peut ne déclarer qu'approximativement le poids ou la mesure des objets d'encombrement, tels que bois, charbon, fruits, etc., ou des marchandises en grenier. Les déclarations ne sont pas passibles d'amende lorsque les différences constatées ne sont que de 5 °/o sur les marchandises solides, 10 °/o sur les marchandises fluides ou sujettes à déchet ou augmentation.

Les avaries survenues pendant le voyage doivent être déclarées dès l'entrée du navire au premier port.

Les déclarations en détail pour l'acquittement des marchandises doivent désigner celles-ci dans les termes inscrits au tarif. S'il s'agit d'objets d'encombrement dont la quantité ne serait pas exactement connue, on doit le déclarer, et alors ils sont pesés ou mesurés en totalité.

Les déficits constatés sur les déclarations en détail entraînent le payement du droit simple sur les manquants. Les excédants ont à payer le sextuple du droit.

Si un baril ou vase contenant des liquides est trouvé vide en partie, le déficit ne sera assujetti à aucun droit, en tant que l'état des vases justifierait le coulage.

Pour les perceptions de droit à la valeur, s'il y a désaccord entre la douane et le commerce sur la valeur déclarée, il sera nommé un arbitre par chaque partie, et au besoin un tiers-arbitre par l'autorité administrative ou le juge de paix.

IMPORTATIONS PAR TERRE.

Toute marchandise doit être conduite au lazaret, où elle est déclarée. Les fausses déclarations sont punies des amendes édictées contre celles concernant les importations par mer.

EXPORTATIONS.

Toute marchandise destinée à l'étranger doit être déclarée avant son embarquement. Si la déclaration est trouvée fausse, elle entraîne une amende de 17 fr. 91 c. à 89 fr. 54 c.

Aucun navire ne peut partir sans avoir un manifeste.

DES RELACHES FORCÉES.

Les capitaines de navires forcés de relâcher dans un port du royaume, doivent déclarer immédiatement après leur entrée au capitaine de port les causes de leur relâche.

Si un bâtiment a besoin de réparations nécessitant le débarquement partiel ou complet des marchandises, le capitaine doit remettre son manifeste, comme s'il s'agissait d'une importation. En cas d'infractions à la règle posée à cet égard (voir ci-dessus), il serait passible des mêmes amendes. Les marchandises débarquées sont déposées à la douane. Leur séjour n'y entraîne le payement d'aucun droit pendant un mois. Elles sont soumises ensuite à un droit de magasinage de 1/2 °/o de leur valeur. Si elles restent déposées plus de trois mois, elles sont alors soumises au régime de l'entrepôt.

DES VISITES.

Tout bâtiment au mouillage ou en partance est soumis à la visite de la douane. Il en est de même des bâtiments de l'État.

Les capitaines sont tenus de montrer les marchandises, d'ouvrir les lieux fermés, et de procurer tous les moyens de faciliter les visites. Si un capitaine voulait s'opposer à la visite des agents des douanes, il serait puni d'une amende de 22 fr. 38 c. à 89 fr. 54 c., et les mesures ordonnées seraient mises à exécution par l'entremise du consul de sa nation, ou, en cas d'absence, par celle du capitaine de port.

DE L'ENTREPOT.

Il existe des entrepôts à Patras, à Syra, à Hydra, à Nauplie et au Pirée.

Les marchandises qui y sont déposées sont exemptes de tout droit d'importation. Elles payent seulement 1 °/o de leur valeur tous les quatre mois. Celles légères et d'encombrement payent 2 °/o. Sont mises en magasins séparés les marchandises sujettes à l'embrasement ou d'odeur infecte. Les marchandises volumineuses et de peu de valeur (bois bruts et ouvrés, cordages, poteries de terre, grains, légumes, amandes en coque, glands, noix en vrac, ne sont admises qu'au droit de 2 °/o de leur valeur ; mais elles peuvent être placées dans des magasins particuliers sous la clef de la douane, en payant 1 °/o.

Les marchandises doivent être déclarées et visitées avant l'entrée en entrepôt.

Les fausses déclarations entraînent les mêmes amendes que pour l'importation.

Le droit d'entrepôt se paye d'avance et pour quatre mois. Les marchandises en entrepôt peuvent être cédées et transférées : leur séjour en entrepôt ne peut excéder trois ans.

TRANSIT.

Le transit n'est permis que par les douanes ouvertes à ces sortes d'opérations. Quiconque veut user du droit de transit doit fournir une déclaration en détail comme pour l'importation, et soumise aux mêmes peines en cas d'erreur ou d'omission.

Les marchandises de transit sont scellées et accompagnées d'un acquit à caution, qui doit être rapporté au bureau d'expédition, revêtu du certificat d'exportation, dans les délais fixés par la douane. Les marchandises en cours de transit peuvent être mises momentanément en entrepôt.

Les différences constatées au bureau de sortie sur l'espèce, la quantité, la qualité des marchandises, entraînent pour les contrevenants une amende égale à l'octuple ou au sextuple du droit d'importation, selon que les différences n'auraient pas été ou auraient été déclarées par l'exportateur avant la visite. S'il s'agissait de marchandises non plombées et déclarées avoir été vendues, on payerait le simple droit d'importation.

Si l'acquit à caution déchargé n'est pas rapporté dans les délais fixés, les souscripteurs sont tenus de payer les droits d'importation.

FORMALITÉS EN DOUANE.

Aucune marchandise ne peut être débarquée sans un permis de la douane, ni à d'autres heures et lieux que ceux déterminés, à peine d'être considérées comme en état de contrebande. Cette règle s'applique aux marchandises exemptes de droits. Seulement, l'amende, à l'égard de celles-ci, est réduite, et ne peut excéder 89 fr. 54 c.

Les amendes infligées pour les divers délits de fraude ou de contrebande peuvent être prélevées sur la valeur de la marchandise. Elles sont infligées par la douane elle-même, dont les décisions peuvent être attaquées toutefois devant le ministre des finances.

Les propriétaires de la marchandise sont responsables des conséquences que peuvent entraîner les actes de leurs agents, quels qu'ils soient.

Les mêmes formalités s'appliquent aux opérations d'embarquement pour l'exportation.

DES OBJETS ABANDONNÉS EN DOUANE.

Les marchandises non réclamées sont mises en entrepôt pour y rester pendant six mois. Ce délai expiré, les marchandises sont vendues, et leur produit est versé à la caisse. Le propriétaire est en droit de réclamer la somme versée : ce droit peut s'exercer pendant trois années.

DE LA PERCEPTION DES DROITS.

L'obligation au payement des droits de douane est générale ; elle s'applique même aux articles destinés pour un service public. Les exceptions n'ont lieu qu'en vertu d'ordonnances royales.

Les marchandises ne peuvent être enlevées avant l'acquittement des droits. Si ceux-ci ne sont pas payés dans les délais déterminés par la douane, les marchandises sont vendues aux enchères.

Il est délivré un acquit de payement pour chaque droit acquitté.

TARIF D'IMPORTATION.

DÉNOMINATION DES MARCHANDISES.	DROITS. Bases.	DROITS. Taux.	DÉNOMINATION DES MARCHANDISES.	DROITS. Bases.	DROITS. Taux.
		fr. c.			fr. c.
Acide sulfurique	100 kil.	7 03	*Aiguilles* (suite) :		
Acier en barres	id.	3 20	à matelas, à voiles et carrelets	100 kil.	35 16
en feuilles	id.	15 98	à tricoter	id.	21 10
ouvré, en hameçons, gros, de 1 à 15 zéros	id.	52 74	*Albâtre* brut	id.	[illegible] 60
fins, de 1 à 15 numéros	id.	210 94	ouvré	id.	21 10
en limes, grosses, pour serruriers, etc.	id.	24 61	*Alcalis* d'Europe et de Turquie, natron, soude cristallisée et autre pour la fabrication du savon	id.	1 60
fines, pr horlogers, etc.	id.	52 74	*Alènes* (sans déduction de tare pour les enveloppes)	id.	56 25
autrement	id.	105 47	*Amadou*	id.	17 52
Agendas et carnets communs, en papier	la douze.	0 90	*Amandes* de terre (tubercules de)	id.	4 22
fins	valeur.	10 °/o	*Ambre* brut	id.	703 12
Agrafes et boucles en fer, étain, bronze, acier, pour cravattes et pantalons	100 kil.	42 20	ouvré, en bouquins, chapelets, etc.	l'hectogr.	2 81
Aiguilles (sans déduction de tare pour les enveloppes) :			en petits morceaux sans usage, et en poussière	100 kil.	42 19
à coudre	id.	246 09	*Amidon*	id.	10 55

DÉNOMINATION DES MARCHANDISES.	DROITS.	
	Bases.	Taux.
		fr. c.
Anes et ânons : ânes	par tête.	5 40
ânons	id.	1 80
Anis	100 kil.	7 03
Arbres et plantes	....	exempts.
Argent et platine :		
argent en lingots ou objets détruits	....	id.
filé sur soie, clinquant, etc.	l'hectogr.	1 12
autre	id.	1 12
ouvré, en bagues, pendants d'oreilles, bracelets, etc.; autres ouvrages de bijouterie, neufs ou vieux	id.	1 41
en vaisselle	id.	1 69
platine ouvré	id.	11 25
Armes à feu et leurs accessoires :		
canons de fusil, communs, simples	la pièce.	1 08
doubles	id.	2 16
de pistolets d'arçon	la paire.	1 35
fusils à canon simple, à un coup	la pièce.	1 80
à deux coups	id.	5 40
à canon polygone	id.	3 60
pistolets d'arçon, à canon polygone	la paire.	4 50
autres	id.	2 70
de poche, à canon polygone, ciselé	id.	1 80
autres, de toute sorte	id.	0 90
fusils et pistolets en boîtes, avec leurs accessoires	valeur.	10 %
platines d'armes à feu	la paire.	1 35
blanches : sabres et épées provenant d'Europe, pour officiers	la pièce.	1 80
pour soldats	id.	0 90
provenant de Turquie, communs	id.	2 70
de luxe	id.	18 00
fleurets	la paire.	0 90
coutelas, yatagans, kanjars, etc.	la pièce.	1 80
stylets et poignards autres que petits	la douz^e^.	4 50
poignards, petits, à gaînes	id.	0 90
Aulx secs	100 kil.	3 20
Balais	la pièce.	0 02,7
Balances, d'après le système décimal, avec leurs poids, jusqu'à 500 ocques	id.	22 50
d'épiciers, d'apothicaires et autres marchands	100 kil.	31 96
Bandes, courroies, ceintutons :		
ceinturons en cuir verni et boucles en bronze	la douz^e^.	5 40
en soie, mélangés d'or, avec boucles en or ou argent	id.	18 00
bandes et courroies :		
en cuir verni, pour casquettes et ceinturons	100 kil.	246 09
en maroquin	id.	158 14
Baromètres de toute sorte	....	exempts.
Bas : de coton	100 kil.	140 63
de laine, ordinaires, et de lin	id.	105 47
fins, provenant d'Europe	id.	210 94
de soie	id.	1,125 00
Benjoin	id.	42 19
Bestiaux : buffles, bœufs, vaches	par tête.	9 00
veaux, jusqu'à deux ans accomplis	id.	4 50
porcs	id.	2 70
cochons de lait, moutons, chèvres	id.	0 72
agneaux et chevreaux, jusqu'à huit mois	id.	0 36
Beurre	100 kil.	14 06
Billards	la pièce.	36 00
Biscuit de mer, ordinaire, galette	100 kil.	6 40
autre, fin, biscotin, etc., sans sucre	id.	14 06
sucrés	id.	28 12
Bissacs de voyage, en peau de chèvre	la pièce.	1 80
en cuir de Russie	id.	2 70
Bois : non ouvré, à brûler	100 kil.	
de construction civile	valeur.	7 %
navale	id.	5 %
d'ébénisterie, fin, acajou en blocs	100 kil.	4 80
buis et ébène	id.	2 40
noyer	id.	0 80
feuilles de placage	id.	13 60
ouvré, d'ébénisterie	id.	70 31
commun	id.	28 13
très-commun (encriers, vases, jouets, poupées non habillées, animaux, fruits, fuseaux, peignes, etc.)	id.	7 03
(écuelles, jattes, mortiers, baquets, auges, pétrins, pompes de navires, boîtes, embauchoirs, cruches, peignes pour chevaux, cuillères, etc., etc.)		
de fustet ouvré en meubles et outils	id.	7 99
de Gaïac, brut, en morceaux	id.	2 40
Boissons :		
esprit-de-vin au-dessus de 21 degrés	id.	35 16
rhum, tafia, liqueurs spiritueuses, en futailles ou en bouteilles	id.	28 13
eau-de-vie ordinaire (*summa*), jusqu'à 20 degrés de Cartier	id.	14 07

DÉNOMINATION DES MARCHANDISES.	DROITS.	
	Bases.	Taux.
		fr. c.
Boissons (suite) :		
vins d'Europe, en futailles ou bouteilles	100 kil.	56 25
de Turquie et des îles Ioniennes	id.	7 03
bière en futailles ou en bouteilles	id.	14 06
orgeat, condensé ou fluide	id.	28 13
sirops, en flacons	100 flacons	4 50
Boîtes : en papier, pour dragées	100 kil.	421 88
en carton, ordinaires, pour pilules, etc.	id.	56 25
en bois feuillard, peintes	id.	14 06
Borax, pour orfèvres	id.	70 32
Boussoles	....	exemptes.
Boutargue	100 kil.	35 16
Boutons : en nacre, petits, pour chemises	id.	281 25
grands, pour autres vêtements	id.	210 94
en porcelaine, petits	id.	70 32
grands	id.	28 12
en os, communs, pour pantalons	id.	31 65
fins, pour paletots	id.	42 20
en mérinos, pour redingottes et gilets	id.	84 38
en métal commun	id.	562 50
en verre, avec garniture en métal	id.	210 94
sans garniture en métal	id.	105 47
en soie	id.	112 50
Bretelles : en coton	id.	21 10
garnies de cuir	id.	35 16
élastiques, simples ou brodées	id.	175 66
en soie, pure ou mélangée	id.	703 12
Briques en terre cuite, communes	1,000 en n.	3 60
coloriées, carreaux de France et d'Italie	id.	7 20
Briquets et allumettes (sans tare pour les boîtes) :		
communs	100 kil.	14 06
fins, en boîtes cylindriques	id.	21 09
autres de toute sorte, ainsi qu'allumettes en amadou ou en cire	id.	70 32
Bronze et laiton :		
bronze brut	id.	14 06
ouvré, en ouvrages communs	id.	49 21
id. fins	id.	105 47
id. dorés	id.	140 62
laiton, en feuilles ou en fils	id.	42 19
ouvré, non doré	id.	140 62
doré	id.	175 66
(Sont rangés dans la catégorie de bronze ou de laiton ouvré les ouvrages où le bronze ou le laiton domine).		
Brosserie : pinceaux fins	la douz^e^.	0 09
brosses communes, pour peintres	100 kil.	70 32
pour habits, chapeaux, cheveux, tables	la douz^e^.	1 80
à dents, à ongles, à barbe, à peignes	id.	0 54
à décrotter	id.	0 18
à cheval, à frotter, en crin	id.	0 90
en jonc	id.	0 14
(petites) pour soldats	id.	0 09
Cabarets de toute dimension et de toute espèce, autres qu'en métal fin	valeur.	10 %
Cacao et café	100 kil.	17 52
Cadres dorés pour tableaux et glaces, et bois dorés de toute sorte	id.	28 13
Calottes (fez) (sans déduction de tare pour les enveloppes en papier) :		
de Tunis, pour homme ou femme	id.	703 12
de Vienne et de Marseille	id.	492 18
des autres pays d'Europe	id.	175 66
Calva en boîtes (sans déduction de tare pour les boîtes)	id.	7 03
Canevas en soie	id.	1,054 68
en lin	id.	210 94
en coton	id.	140 62
brodés en tout ou en partie	valeur.	15 %
en papier ou en paille, pour casquettes	la douz^e^.	1 13
Cannelle	100 kil.	35 04
Cannes	valeur.	10 %
Capsules pour armes à feu	100 kil.	87 83
Caractères d'imprimerie	id.	17 52
Cardes	la paire.	0 00
Carreaux et plaques :		
communs, dégrossis ou non	100 en n^re^.	2 22
grands, de 0^m^,76 et plus	id.	10 80
Cartes à jouer (le droit de timbre est aboli)	100 kil.	140 62
Cartes géographiques et marines, atlas et objets similaires servant aux sciences	....	exempts.
Casquettes pour hommes ou enfants :		
en drap et autres tissus	la douz^e^.	3 60
en peau	id.	1 80
Caviar noir	100 kil.	42 19
rouge	id.	4 22
Cercles et cerceaux : cercles de cribles, communs.		
d'Europe, de 18 à 20 par faisceau	le faisceau.	0 18
de plus grande dimension	la pièce.	0 05
en bois, de la mer Noire, de 60 à 150 par faisceau	le faisceau.	0 72
d'autres pays, de qualité inférieure	id.	0 54

DÉNOMINATION DES MARCHANDISES.	DROITS.	
	Bases.	Taux.
		fr. c.
Céréales : blé	100 kil.	
maïs	id.	
orge, sarrasin, avoine	id.	
farines, de froment	id.	
autres	id.	
Chandelles de suif, communes	id.	3 20
Chanvre en bottes, grossier, pour cordages	id.	9 60
autre, d'Europe	id.	6 40
de Turquie	id.	1 35
Chapeaux d'hommes, de castor ou de soie	la pièce.	1 35
de laine ou mélangés, hauts	id.	1 35
bas	id.	0 45
galettes en feutre, pour chapeaux	valeur.	5 %
de paille, d'Europe, simples	la pièce.	0 27
doubles	id.	0 00
de Malte	la douz^e.	1 08
grossiers, pour ouvriers	id.	0 45
de femmes ou d'enfants, montés ou non	valeur.	10 %
Chapelets : en ambre, corail, aloès, ou jais	l'hectogr.	3 37
en nacre et en os	100 kil.	175 66
en noyaux ou en bois	id.	70 31
Charbon : de bois	id.	0 00
de terre	....	exempt.
Charcuterie : viandes marinées	100 kil.	2 81
salées et saucisses	id.	5 62
jambons et saucissons	id.	28 10
langues fumées	id.	21 10
Charrues	....	exemptes.
Chaux	100 kil.	0 16
Chènevis	id.	3 52
Chevaux et mulets : chevaux	par tête.	13 50
— (poulains de)	id.	4 50
mulets	id.	13 50
— (poulains de)	id.	5 40
Cheveux : bruts	l'hectogr.	1 12
ouvrés	id.	2 24
Chocolat	100 kil.	35 15
Cire : commune, jaune, en pains	id.	35 15
ouvrée, blanche ou jaune	id.	70 30
à cacheter	id.	35 15
Ciseaux, forces, mouchettes :		
ciseaux	valeur.	10 %
forces à tondre les moutons	100 kil.	17 58
mouchettes communes, comme forces.		
fines, comme ciseaux.		
Cocons de vers à soie	100	3 52
Coffres et malles en veau, en cuir de Russie et autres	la pièce.	2 70
Colle de poisson commune	100 kil.	21 10
de cordonnier (d'asphodèle)	id.	7 03
Condiments au vinaigre	id.	35 15
Confiseries et pâtisseries :		
bonbons, dragées, fruits confits	id.	70 30
compotes, conserves, *loucoums*, et pâtisseries au sucre ou au miel	id.	35 15
Coquillages pleins	id.	0 71
Corail : brut	id.	421 88
en branches, demi-ouvré	id.	1,125 00
ouvré, en chapelets, boutons, etc.	l'hectogr.	1 41
Cordages, ligatures et ficelles de toute sorte	100 kil.	17 58
autres, de sparte	id.	1 60
goudronnés ou non	id.	0 40
cordes à boyau, grosses, d'arçon	id.	703 12
pour instruments de musique	id.	351 56
Coton : en gousses	id.	1 20
sans gousses, non égrené	id.	2 40
égrené	id.	8 00
Coutellerie :		
couteaux fermants, ordinaires, montés en bois ou en os	id.	21 10
autres, de Turquie, pour la cuisine, pour bouchers, pour hacher le tabac	id.	35 16
d'Europe, pour cuisiniers, etc.	id.	105 48
canifs	valeur.	10 %
rasoirs fins, avec ou sans étuis	la paire.	0 45
communs, pour les barbiers	la douz^e.	0 54
très-communs, en paquets	id.	0 14
couverts : couteaux et fourchettes, avec manches,		
en argent ou dorés, petits, pour dessert	id.	4 50
autres	id.	7 20
en ivoire ou en argent plaqué, petits, pour dessert	id.	1 80
autres	id.	2 70
en os noir ou blanc, poli, ou en bois poli	id.	0 90
en os commun	id.	0 45
en fer ou en bois non poli	id.	0 27
Les couteaux à découper acquittent, par paire, le quart du droit afférent à leur catégorie respective.		
Craie commune, en pains	100 kil.	8 20
Cravates et cols confectionnés :		
en soie	id.	1,054 70

DÉNOMINATION DES MARCHANDISES.	DROITS.	
	Bases.	Taux.
		fr. c.
Cravates, etc. (suite) :		
en mousseline ou batiste	100 kil.	421 88
en crin	id.	281 26
en laine, pure ou mélangée de coton	id.	105 47
Crayons : de plomb, rouges ou noirs	id.	56 25
d'ardoise	....	exempts.
de craie, blanche ou colorée	100 kil.	14 07
Creusets : en fonte, n° 3	100 en n^{re}.	3 60
n° 4	id.	4 50
n° 5	id.	9 00
en terre	id.	0 45
Cuirs à rasoirs :		
d'Europe, en peau montée sur bois	la douz^e.	0 90
de Turquie, entièrement en peau	id.	1 80
Cuivre : vieux	100 kil.	7 04
laminé, fonds de chaudières, autres ouvrages ébauchés	id.	14 08
ouvré, vaisselle et autres objets de toute sorte, combinés ou non avec le fer	id.	49 28
clous	id.	21 12
Cumin et coriandre	id.	8 44
Daguerréotypes	....	exempte.
Dames-jeannes (bouteilles clissées), jaugeant de 1^l,34 à 10^l,72	la pièce.	0 22
d'une capacité supérieure	id.	0 44
Dominos (jeux de)	la douz^e.	2 70
Douves : de la mer Noire et de la mer de Marmara	100 en n^{re}.	2 70
d'autres provenances	id.	0 54
Encens commun	100 kil.	7 03
Encre à marquer et de couleur	id.	70 31
autre	....	exempts.
Epaulettes à bouillons, d'or	100 kil.	1,406 25
d'argent	id.	1,054 68
autres, d'or et d'argent	id.	1,054 68
plaquées en or ou en argent	id.	351 56
Epingles : à cheveux, ordinaires	id.	21 09
à cheveux et de toilette, à grosse tête de verre, de pierre ou de métal	id.	49 21
autres, ordinaires	id.	42 18
(Sans déduction de tare pour les papiers et enveloppes.)		
Eponges nettoyées ou non, fines	id.	84 37
communes	id.	28 12
Etain : en lingots	id.	15 98
en feuilles	id.	35 15
ouvré, en vaisselle, ustensiles de ménage, etc., etc.	id.	52 73
Etamines à bluteau : en soie	id.	843 75
en crin (rapatelle)	id.	281 25
Etoupe, blanche ou goudronnée, neuve ou de rebut	id.	70 31
Etuis, gaînes, portefeuilles, écrins :		
étuis et gaînes, à lunettes, rasoirs, cigares, etc., en laiton, bois, os, communs	la douz^e.	0 27
portefeuilles, porte-monnaie, écrins, etc., fins	valeur.	15 %
Eventails peints, avec manche en ivoire, écaille, ou garnis en plumes fines, d'Egypte	la douz^e.	10 80
communs, de toute provenance	id.	1 80
Eventoirs grossiers en osier, de Malte, ou en plumes communes, d'Egypte	id.	0 27
Fer : non ouvré, brut	100 kil.	0 31
commun, de toute provenance, en lames grandes ou petites, en verges, en barres rondes ou carrées, en bandes	id.	1 59
en cercles, aplatis, laminé, et tôle	id.	2 88
fil de fer en couronnes, gros, jusqu'au n° 12	id.	4 79
de n^{os} au-dessus	id.	7 99
cordes métalliques, blanches, pour instruments de musique	id.	28 12
fer-blanc brillant	id.	5 74
terne	id.	4 46
ouvrages en ferblanc	id.	28 12
ouvré : ancres, manchons d'écubier, anneaux, organeaux et chaînons, cabestans, enclumes, pioches, fers à repasser, fourneaux en fonte, chaînes de navires, pompes navales, chaudrons, etc.	id.	3 98
chaînes (autres), pompes (autres), et pompes à incendie	id.	11 18
couperets, cognées, doloires, crocs, tenailles, cuillers	id.	12 78
clous de toute espèce, broquettes pour cordonniers, étamées ou non ; coffres, lits, balcons, grilles, etc., etc.	id.	7 18
lits, balcons et grilles, d'un travail plus fini, dorés, vernis	id.	17 57
outils en fer ou en tôle, ordinaires, pour constructions civiles ou navales, non dénommés ; limes communes, tiers-points, poêles à frire, grandes vis	id.	11 97
cuillers en fer, étamées ou non, moulins à café	id.	19 17
poignées de malles, boutons de portes, porte-manteaux, grils et autres articles semblables, en fonte et vernis	id.	8 78

DÉNOMINATION DES MARCHANDISES.	DROITS. Bases.	Taux.
		fr. c.
Fer ouvré (suite) :	-	
autres ustensiles, limés, demi-limés ou non, et goudronnés	100 kil.	22 37
polis à l'émeri ou autrement	id.	38 35
combinés avec le cuivre	id.	51 13
loquets de tôle, marteaux, tours de serruriers, instruments tranchants, vrilles, vilebrequins, compas, étrilles, fléaux de balances, et en général ustensiles de tôle d'un travail plus parfait, non dénommés	id.	23 97
pincettes et autres accessoires de poêles, fiches à gonds, vis et écrous, tournevis, scies avec ou sans manche, couteaux, fourchettes, ustensiles, outils, d'un travail plus fin que ceux de l'article précédent, vernis ou limés	id.	35 15
serrures et loquets en fer pur ou mélangé de bronze; tenailles, mordaches, outils d'orfèvres et d'horlogers, compas mélangés de bronze, poulies, lampes, encriers, et ouvrages divers de quincaillerie, mélangés ou non, non dénommés	id.	51 13
(Il n'est pas accordé de tare pour les manches en bois des outils.)		
Filets pour la pêche : en soie	id.	281 25
en lin	id.	70 31
Fils : de coton, sur bobines, avec tare de 30 % pour les bobines, blancs	id.	98 43
teints	id.	112 49
en pelottes et à broder, blancs	id.	35 15
teints	id.	42 18
teints à l'huile	id.	52 73
de laine, pour tapisserie, de toutes couleurs	id.	175 77
de lin et de chanvre, de Trébizonde, pour filets, et des autres provinces de Turquie, à coudre	id.	70 31
jaunes, en pelottes, pour cordonniers, ou en écheveaux	id.	42 18
autres, écrus	id.	35 15
blanchis ou teints	id.	70 31
fins, à broder	id.	281 25
de soie, teints ou non, et retors	id.	703 12
chenille	l'hectogr.	3 37
à marquer, teints à l'huile	100 kil.	175 77
Fleurs artificielles : en velours, chenille, soie, avec fruits et autres ornements	id.	2,109 37
en mousseline	id.	703 12
en papier colorié	id.	281 25
Fouets et cravaches : en cordes	la douz^e.	2 25
en fil, vernis, et fouets pour enfants	id.	0 90
pour cochers, voituriers, etc	id.	3 60
Fromages : d'Europe	100 kil.	21 09
de Russie et de Turquie	id.	7 03
Fruits secs : amandes, pignons doux, noix, noisettes, châtaignes, fruits du térébinthe, en coques	id.	2 81
amandes à la princesse, pistaches et abricots à noyau, doux	id.	10 54
les mêmes, dépouillés de leur coque, le quadruple des droits ci-dessus.		
prunes, dattes	id.	4 92
figues, sans déduction de tare pour les boîtes, de Smyrne, en caisses	id.	7 03
autres	id.	3 51
raisins, sans déduction de tare:		
gros, et raisins sans pépins	id.	7 03
jaune ou noir, commun	id.	3 51
pour la distillation	id.	0 16
frais : oranges douces et amères, citrons, mandarines	1,000 en n.	2 70
cédrats et bergamottes	100 kil.	1 59
pommes et poires, de Turquie	id.	1 40
d'Europe	id.	3 51
Gants : de soie	l'hectogr^e.	2 25
de laine, de drap, de casimir	100 kil.	210 93
de coton ou de lin	id.	140 62
de peau	la paire.	0 23
Girofle, clous et fleurs	100 kil.	28 12
Glaces à miroirs, non encadrées, ayant en hauteur 0^m,50	id.	31 96
plus de 0^m,50	id.	63 92
encadrées, ayant de hauteur plus de 1^m.	id.	95 88
moins de 1^m, et jusqu'à 0^m,50	id.	47 94
moins de 0^m,50, et miroirs avec cadres en carton	id.	23 97
autres	valeur.	10 %
Gommes : arabique	100 kil.	10 54
laque	id.	14 06
élastique, non épurée, en morceaux	id.	35 15
Goudron et brai sec	id.	1 43
Graines : de coton	id.	0 79
de garance	id.	7 03
de lin	id.	2 81
de vers à soie	....	exempte.
Henné (poudre de feuilles)	100 kil.	7 99
Horlogerie : pendules d'attache	la pièce.	1 80
de console	id.	7 20
Horlogerie : montres d'argent	la pièce.	1 80
d'or	id.	5 40
Houblon	100 kil.	21 09
Huiles : d'olives, commune, en barils	id.	7 03
fine, en bouteilles	la bouteille	0 27
de lin et de poisson	100 kil.	10 54
de sésame	id.	14 06
Instruments pour les sciences ou l'agriculture	....	exempts.
de musique, non dénommés	valeur.	10 %
Jarretières : en gomme élastique	100 kil.	140 62
de coton	id.	105 46
de soie pure	id.	843 75
mélangée d'autres matières	id.	421 87
Lacets et cordons : de soie et demi-soie, avec ou sans franges, et boutons pour vêtements grecs, d'hommes et de femmes	id.	421 87
de laine	id.	140 62
de coton	id.	56 25
Lampes autres qu'en ferblanc ou laiton, de toute fabrication	valeur.	10 %
Laine de mouton, de toute sorte	100 kil.	9 58
Lancettes	la douz^e.	0 45
Légumes : fèves, haricots, pois, lentilles, gesses, féverolles, vesces, etc., etc	100 kil.	2 10
Liége : brut, en planches	id.	4 79
façonné en bouchons	id.	12 78
Lin : teillé	id.	9 58
peigné	id.	12 78
Livres : blancs, rayés, reliés ou non, registres	id.	21 09
imprimés, de toute sorte	....	exempts.
Lunettes : besicles communes, dites juives	la douz^e.	0 18
autres, montées en argent	id.	10 80
montées en autre matière	id.	1 80
lorgnons à deux verres	id.	7 20
à un verre	id.	2 70
jumelles de théâtre et télescopes	valeur.	10 %
microscopes et loupes	....	exempts.
Marbre : brut	mètre cub.	3 60
ouvré, en carreaux de dallage, de 8 à 10 centimètres de longueur	100 en n^{re}.	9 00
de 11 à 16 centimètres	id.	13 50
autrement	pied carré.	0 45
Masques : en carton verni	la douz^e.	0 27
en toile cirée	id.	0 72
Mastic : en poudre terreuse, etc., etc	100 kil.	21 09
autre	id.	105 46
Mèches : pour veilleuses	id.	35 15
pour lampes, communes, comme fil de coton écru.		
autres	id.	70 31
soufrées	id.	2 38
Mercure	id.	105 46
Meubles :		
chaises en bois teint, de Malte, ordinaires	la douz^e.	1 08
d'un travail plus fini	id.	1 80
de France, ordinair.	id.	2 50
en bois poli, noyer et autres, avec fond en paille ou jonc blanc ou de couleur	id.	7 20
autres, de toute sorte	valeur.	10 %
Miel	100 kil.	4 21
Millet commun	id.	2 81
Moût conservé, dit *petmèze*	id.	4 21
autre, comme boissons.		
Moutarde, en vases de toute sorte	id.	21 09
Muscade (noix de)	id.	70 31
Naphte	id.	9 84
Nattes : grandes et coloriées, des États barbaresques et d'Égypte, et petites, coloriées, d'Europe	id.	12 78
communes, non coloriées	id.	6 39
Nitre	id.	10 54
Noix de coco	id.	21 09
Œillets métalliq. pour cordonniers et tailleurs	id.	42 18
Oignons secs	id.	0 47
-poires	id.	2 81
Opium	id.	351 56
Or : brut, en lingots et objets détruits	....	exempt.
ouvré, sans distinction pour les objets massifs, creux, fourrés	l'hectogr.	8 44
en objets ornés de pierres fines	id.	16 86
filé sur soie, traits, lames, paillettes, feuilles, galons	id.	1 41
les mêmes objets en or faux	100 kil.	175 77
Orfèvrerie et bijouterie fausse, en alliage mécanique, dorée ou non, ornée ou non de pierres fausses	valeur.	10 %
Orge perlé	100 kil.	7 03
Os, cornes, etc., etc.		
ivoire brut	id.	7 03
ouvré	l'hectogr.	0 28
écaille brute	100 kil.	14 06
ouvrée	l'hectogr.	0 56
os et cornes d'animaux bruts	100 kil.	0 63
ouvrés en ouvrages fins	id.	210 93
communs	id.	105 47
Ouate	id.	21 09

DÉNOMINATION DES MARCHANDISES.	DROITS. Bases.	DROITS. Taux.
		fr. c.
Outre, en peau de bœuf, neuves	100 kil.	19 19
usées	id.	9 59
autres, neuves	id.	15 98
usées	id.	7 99
Pains à cacheter, sans déduction de tare pour les boîtes : communs, de pâtes	id.	70 31
transparents en colle	id.	140 62
Papiers, carton, etc., etc. :		
papier à timbre, portant le filigrane	....	exempt.
L'importation n'a lieu que sur l'ordre du gouvernement.		
à imprimer et bleu pour envelopper	100 kil.	8 43
à écrire, fin, doré sur tranches	id.	42 18
autre, blanc ou de couleur	id.	8 43
pour registres	id.	14 06
à cigarettes	id.	17 58
colorié, pour enveloppe de brochures ou pour affiches, papier brouillard et buvard	id.	17 51
à lettre ; et colorié, marbré, maroquiné, gaufré pour relieurs, à dessiner, blanc	id.	42 18
pour cartes de visite, enveloppes	id.	105 46
doré	id.	49 21
d'emballage, sans distinction des couleurs	id.	4 21
de tenture	id.	70 31
carton, de toute sorte	id.	4 21
jouets en cartonnage	id.	140 62
Parapluies et parasols.		
parapluies en soie	la pièce.	1 35
en lin ou en coton	id.	0 27
parasols en soie	id.	1 08
en soie mélangée de coton	id.	0 45
en coton, pour dames et jeunes filles	id.	0 13
Parfumeries (sans déduction de tare pour les contenants :		
eaux de senteur alcooliques ou distillées.		
eau de cologne, de lavande, etc.	100 kil.	70 32
eau de fleur d'oranger et de rose	id.	14 06
essences, teintures pour cheveux	id.	70 32
huiles volatiles de rose	l'hectogr.	8 43
autres	100 kil.	140 65
pommades et cosmétiques de toute sorte	id.	70 32
savons de toute sorte	id.	70 32
poudres odorantes ou cosmétiques	id.	105 47
herbes odoriférantes	id.	105 47
bois de senteur, tels que benjoin, algaloche, etc	l'hectogr.	8 43
fard de toute sorte	100 kil.	281 25
Pâtes granulées de toute sorte	id.	8 44
Peaux et cuirs : peaux brutes, de bœuf, de veau, de buffle, de chameau, d'Égypte, enduits d'argile (sans déduction de tare)	id.	2 11
autres, séchées	id.	8 44
salées	id.	4 22
de mouton et de chèvres	id.	9 84
de cochon	id.	4 22
de veau, sèches	id.	17 58
salées	id.	12 66
de chacal, de loup, de renard	id.	210 94
peaux apprêtées pour semelles	id.	35 16
de veau, teintes	id.	87 89
vernies	id.	210 94
de bélier ou de chèvre, maroquinées	id.	140 62
vaquettes ou demi-semelles	id.	42 19
cuir de Russie, teint ou non	id.	35 16
castorins, blancs et teints	id.	140 62
de mouton, blanches avec laine	id.	70 31
frisées	id.	52 73
semelles découpées	id.	42 19
de veau, apprêtés pour chaussures : vernies	id.	246 09
maroquinées	id.	158 20
autres	id.	105 47
Peignes de tisserand, communs en roseaux	id.	84 37
Pelleteries, sans distinction : brutes	valeur.	10 %
ouvrées	id.	15 %
Perles fines	l'hectogr.	5 62
fausses	id.	1 41
en verre : communes	100 kil.	35 16
fines, à broder	id.	70 31
en acier ou dorées	id.	281 25
autres	l'hectogr.	1 41
Pesons : en fer	100 kil.	2 81
à plateau	la pièce.	1 80
Pierres : lithographiques	....	exemptes.
à fusil	100 kil.	14 06
à aiguiser et repasser, communes	id.	10 55
fines	id.	35 16
meules à moulin, brutes	la pièce.	0 72
apprêtées	id.	4 50
meules à repasser	la pièce.	4 79
pyrites de cuivre	id.	28 12
gemmes, fines, non montées	....	exemptes.
fausses	100 kil.	351 56

DÉNOMINATION DES MARCHANDISES.	DROITS. Bases.	DROITS. Taux.
		fr. c.
Pipes (tuyaux de), dits *marpitz*	id.	52 73
dits *tsimboucks*	la pièce.	0 45
(bouts de) dits *tsiramé*	la douz^{e}.	0 27
fourneaux ou godets, communs, en terre ou bois	100 en n^{re}.	0 45
fins, dorés, ou en bois garni de laiton	id.	1 80
Pissasphalte pour la vigne	....	exempte.
Plâtre	100 kil.	0 48
Plomb brut, en lames ou en saumons	id.	3 20
en rouleaux ou en tuyaux	id.	4 79
en grenailles	id.	7 03
ouvré en objets de toute sorte, pur ou mélangé autres que crayons	id.	28 12
Plumes à écrire : d'oiseaux	id.	140 62
métalliques, d'acier ou autre métal, dorées	id.	351 56
autres	id.	105 46
à lit, duvet	id.	140 62
de parure, pour dames et officiers	valeur.	10 %
Poêles, en terre, communs, d'Europe, blancs et de couleurs, ayant de hauteur, jusqu'à 0^{m} 50	la pièce.	3 60
1^{m} 00	id.	6 30
plus de 1^{m} 00	id.	10 80
en fer ou fonte	100 kil.	9 59
en tôle	id.	12 78
en faïence, fins, avec ornements et métaux	valeur.	15 %
Poils, crins, soies de porc.		
poils de castor et de lièvre, et soies de porc	100 kil.	52 73
autres	id.	4 22
crins de cheval pour sommiers	id.	24 61
pour lignes à pêcher	id.	281 25
Pois brûlés	id.	3 51
Poissons conservés : morue	id.	3 51
autres, fumés et secs	id.	10 55
salés	id.	7 03
Poivre noir des colonies, à queue, gingembre	id.	14 06
rouge	id.	4 92
Polypodes, secs	id.	14 06
Pommes de terre	id.	0 80
Potasse commune et salin pour les verreries	id.	7 03
Poteries, de terre, de grès, de faïence, jarres	lit. de capacit.	0 01
autres, de table et de ménage, des îles Ioniennes, de Naples, de Sardaigne, de France et de Turquie	100 kil.	1 59
d'autres provenances	id.	4 60
porcelaine blanche	id.	14 07
dorée ou coloriée	id.	28 13
émaillée	id.	70 30
de Chine ou du Japon	id.	351 56
Poudre à tirer	id.	31 64
Poupées habillées	valeur.	15 %
nues, comme bois ouvré		
Presses d'imprimerie	....	exemptes.
à copier	la pièce.	4 50
Résines communes	100 kil.	1 60
Riz de toute provenance	id.	3 51
Rubans (sans déduction de tare pour les bobines ou planchettes).		
de soie, communs, unis, y compris ceux pour souliers	id.	843 75
autres, veloutés, satinés, de gaze, etc.	id.	1,406 25
mélangés de coton pour souliers	id.	281 25
de laine, purs ou mélangés de coton	id.	210 93
de lin, purs ou mélangés de coton	id.	140 62
de coton, blancs ou teints	id.	84 37
Sabliers petits et grands	....	exempts.
Sabots et galoches : sabots en bois communs	12 paires.	1 08
brodés et galoches d'Europe	id.	3 24
Salep en racine ou pulvérisé	100 kil.	28 12
Sangsues	....	exemptes.
Saponaire	100 kil.	5 62
Savons communs, de Turquie ou des îles Ioniennes	id	9 59
d'Europe, blancs ou colorés	id.	11 19
Sèches desséchées	id.	28 12
Sellerie : selles sans accessoires	la pièce.	3 60
accessoires, tels que brides, étriers, filets	p^{r} 1 selle.	2 70
Sels marins et gemme	....	prohibés.
ammoniacaux	100 kil.	11 25
Sésame et cumin noir	id.	5 62
Soies, non ouvrées, écrues	id.	421 87
teintes en écheveaux de Constantinople ou d'Europe	id.	914 06
les mêmes d'Alexandrie ou d'autres pays, y compris le fleuret	id.	703 12
Soufflets en cuir, grands de forge	la pièce.	1 80
petits de cuisine	id.	0 27
Soufre, en canons	100 kil.	0 80
(fleur de)	id.	7 03
Souliers, pantoufles, etc.		
souliers, de femme, en soie	100 kil.	843 75
en étoffe de laine	id.	421 87
en cuir ou peau	id.	281 25
d'homme, en verni, castor, toile, maroquin, veau	id.	210 94
en cuir d'Europe ou Turquie	id.	70 31

DÉNOMINATION DES MARCHANDISES.	DROITS. Bases.	DROITS. Taux.
		fr. c.
Souliers, pantoufles, etc. (suite)		
d'hommes, en caoutchouc. . . .	la paire.	0 90
pantoufles pour homme ou femme en laine.	100 kil.	351 56
brodées.	id.	703 12
babouches, pour femmes, simples ou brodées.	la paire.	0 90
Spermacéti en pains.	100 kil.	21 09
ouvré en bougies.	id.	28 12
Stuc d'Europe.	id.	2 00
de Turquie	id.	1 20
Sucre et mélasse : sucre en pains ou pilé. . . .	id.	14 06
en poudre	id.	9 14
mélasse	id.	5 62
Suif commun, de Russie ou de Turquie.	id.	8 44
Tabac, à fumer, en feuilles ou haché.	id.	42 18
en rouleaux.	id.	105 46
en cigarres	id.	140 62
pilé, dit *toumbeki*.	id.	70 31
à priser, de Russie ou de Turquie, communs.	id.	70 31
d'Europe et des colonies. . . .	id.	140 62
Tabatières à musique	valeur.	15 %
Tableaux et images, religieux.	....	exemptes.
autres.	valeur.	10 %
Tablettes d'ardoise ou de carton noir.	....	exemptes.
Tachyne.	100 kil.	7 03
Teintures, styptiques, couleurs :		
teintures, kermès	id.	140 62
indigo en général.	id.	140 62
carthame.	id.	7 99
bois de Fernambouc	id.	6 39
de Sainte-Marthe, en bûches et moulu	id.	2 40
de Campêche, en bûches et moulu.	id.	1 59
safran de Turquie.	id.	42 18
d'Europe	id.	281 25
curcuma	id.	3 51
cochenille.	id.	175 77
baies de nerprun	id.	14 00
garance.	id.	5 10
jaune de Naples.	id.	35 15
styptiques, vallonée	id.	1 92
vitriol vert	id.	1 19
bleu	id.	6 39
noix de galle.	id.	14 06
écorces pour teinture et tannage.	id.	0 23
sumac.	id.	0 39
alun des teinturiers	id.	2 40
couleurs : blanches, de zinc et autres. . .	id.	9 58
de plomb	id.	4 79
jaunes : arsenic	id.	10 54
métalliques.	id.	14 06
laque	d.	28 12
ocre.	id.	0 63
ormusif.	id.	140 62
gomme-gutte.	id.	42 18
rouges : bol d'Arménie.	id.	3 51
carmin	id.	1,125 00
cinabre.	id.	56 25
d'Angleterre	id.	70 31
litharge.	id.	3 66
laques	id.	42 18
terres.	id.	3 19
minium.	id.	3 98
sandaraque	id.	10 54
non dénommées. . . .	id.	7 03
violettes, comme rouges, autres non dénommées.		
brunes ou marron, terres d'ombre, et autres couleurs brunes.	id.	6 39
noires : noir de fumée	id.	3 98
encre de Chine.	id.	1,406 25
bleues : de Prusse.	id.	21 09
autres.	id.	14 06
vertes : terre verte.	id.	1 27
verdet gris	id.	10 54
laque verte.	id.	28 12
métalliques.	id.	28 12
broyées à l'huile en barils ou boîtes de fer (sans déduction pour tare).	id.	7 03
en vessie	id.	28 12
en tablettes et boîtes. pour enfants	12 boîtes de 12 tablettes	0 23
vernis	100 kil.	14 06
cirages, en boîtes, sans déduction pour tare).	id.	7 03
Tissus de coton : *grey*, *T cloths* unis à une ou plusieurs raies : doublures, etc.		
écrues.	id.	25 30
blanchis	id.	31 64
en coupons.	id.	14 06
toile pour doublure	id.	35 15
madapolams	id.	38 67
en coupons.	id.	21 09
et calicots sans apprêt. . . .	id.	70 31

DÉNOMINATION DES MARCHANDISES.	DROITS. Bases.	DROITS. Taux.
		fr. c.
Tissus de coton (suite) :		
ces divers tissus, teints, paient en sus des droits ci-dessus.	100 kil.	7 03
cambrics sans apprêt, *mermers*.	id.	140 62
lapes pour rideaux.	id.	87 89
batiste.	id.	210 93
mousselines apprêtées : *tensips*.	id.	35 15
toiles à matelas, rayée.	id.	49 18
nappes; damas, élastiques pour souliers.	id.	70 31
velours.	id.	105 46
toilettes pour robes	id.	70 31
guingamps, damas pour robes, finettes. .	id.	87 89
boyassis de Turquie, teints à l'huile . . .	id.	105 46
indiennes d'Angleterre	id.	56 25
de France et de Suisse	id.	84 37
unies et teintes à l'huile. . . .	id.	112 49
en coupons.	id.	42 18
barèges pour robes et en mouchoirs. . .	id.	175 78
mousselines fines pour robes blanches ou teintes, jaconas de France et de Suisse blancs ou teints, peluche	id.	281 25
communes d'Angleterre	id.	119 52
pour robes, unies ou à dessins. . . .	id.	281 25
brodées . . .	id.	351 56
pour doublures	id.	42 18
tarlatanes.	id.	492 18
piqués : pour gilets.	id.	210 93
communs pour autres vêtements	id.	112 30
brodés pour gilets	valeur.	15 %
nankins, d'une seule couleur	100 kil.	87 89
communs, *aladjas* de Turquie.	id.	70 31
aladjas d'Europe : *santes* de toute provenance et couleur. .	id.	45 70
docks, *drills* en couleurs rayées ainsi que autres similaires.	id.	52 73
toiles à voiles.	id.	17 58
Tissus de lin ou de chanvre :		
batiste	id.	562 50
toiles : linge de table damassé ou non; étoffes teintes pour robes	id.	105 46
drills blancs ou de couleur.	id.	77 34
toile à matelats.	id.	56 25
ravendoucks et *docks* communs. . .	id.	42 18
canevas à frotter pour doublures pour sacs d'argent : cirés, employés à bord des navires.	id.	21 09
Tissus de laine, purs ou mélangés de coton :		
grossiers pour *capes*, *abaz*, *sages*, etc. blancs ou teints. . .	id.	35 15
calmoucks, *pilot-cloths*.	id.	35 15
draps, castors, casimirs	id.	175 77
flanelles, teintes.	id.	210 93
blanches, ordinaires, communes	id.	70 31
autres.	id.	105 47
mérinos et mousselines	id.	281 25
barèges, gazes, *engersalhi* . . .	id.	421 87
barèges de laine et coton	id.	210 93
damas, écossais, en laine pure .	id.	246 09
mélangés de coton.	id.	112 50
chalis, orléans, stofs, etc., en laine pure	id.	175 78
mélangés de coton	id.	112 50
caramandoles en laine pure. . .	id.	140 62
mélangés de coton.	id.	98 44
NOTA. Sont soumis aux droits des tissus mélangés de coton les tissus dont la trame ou la chaîne est entièrement en coton.		
Les coupons de tissus de laine, purs ou mélangés de coton, payent la moitié du droit.		
Tissus de soie :		
soie écrue : toile de soie de Turquie pour chemises	id.	421 87
marceline, taffetas, satin, foulards et autres, pour robes, simples ou bariolées de plusieurs couleurs. . . .	id.	1,124 99
velours, peluche, voiles.	id.	1,087 48
élastique, pour souliers, pur ou mélangé de coton.	id.	281 25
mélangés de laines : gazes, damas, etc.		
brodés.	id.	843 74
autres	id.	562 49
de lin	id.	351 56
de coton, *ghermessouts*, *ghézis*, *coutnis*, etc., etc . . .	id.	281 25
(Ne sont réputés mélangés que les tissus dont la trame ou la chaîne est entièrement formée d'une autre matière que la soie.)		
Tissus confectionnés et bonneterie :		
mouchoirs de tête, *kalemkeris ghemienis*, *tzembers*, de Turquie, imprimés.	id.	281 25
très-ordinaires, *tzembers*. .	id.	140 63
kalemkeri .	id.	703 12
d'Europe	id.	140 63
de barège simples ou frangés.	id.	351 56
dentelles : de soie ou de lin.	l'hectogr^e.	5 62
de coton ou de laine.	id.	1 69

DÉNOMINATION DES MARCHANDISES.	DROITS. Bases.	DROITS. Taux.
		fr. c.
Tissus confectionnés, etc. (suite) :		
dentelles communes d'Angleterre et d'Allemagne	l'hectogr^e.	0 28
ceintures d'hommes tricotées ou tissées, en soie	100 kil.	843 75
en demi-soie	id.	421 87
en laine	id.	246 10
en laine et coton	id.	140 62
en coton	id.	84 37
feutres, blancs ou teints	id.	35 16
mouchoirs de poche, en coton, blancs ou imprimés et madras	id.	84 37
teints à l'huile	id.	140 62
en lin ou communs	id.	140 62
chanvre, fins	id.	562 50
en soie, pure ou mélangée	id.	632 81
pour cravates	id.	1,263 62
en batiste brodée et avec dentelles	valeur.	15 %
manchettes de dames : brodées, avec dentelles	la paire.	1 08
en coton, pur ou mélangé	id.	0 54
unies	id.	0 27
corsets : en soie	la douz^e.	18 00
en tissus de lin	id.	9 00
de coton	id.	3 60
Burnous : blancs fins	100 kil.	703 12
noirs ou rayés	id.	210 93
rideaux : en tulle de coton, brodés	la paire.	3 60
en mousseline	id.	1 35
passementerie, en soie	100 kil.	1,125 00
en soie ou laine avec application or	id.	1,828 12
en soie mélangée de laine ou de coton	id.	492 18
en laine ou en crin	id.	281 25
en coton, pur ou mélangé de laine	id.	140 63
bordures en coton	id.	281 25
en laine	id.	562 50
en soie mélangée de laine	id.	1,054 69
en soie ou en velours	id.	1,687 50
essuie-mains d'Europe et de Turquie, en lin	id.	140 62
en coton	id.	70 31
ridicules et bourses en tricots ou étoffes	valeur.	15 %
sacs de crin et de laine	100 kil.	28 12
de chanvre et de tissus végétaux	id.	17 58
de nuit, en tapisserie ; sacs de chasse	la pièce.	0 67
petits, pour enfants, en tapisserie et en peau	id.	0 27
châles, mouchoirs et écharpes, d'Europe. en soie, satin, velours, filet	100 kil.	1,687 50
en laine fine ou mélangée de soie et en barège	id.	703 10
en laine commune ou mélangée de coton	id.	246 09
en coton, unis, d'Angleterre	id.	105 47
en blonde de soie ou de lin	l'hectogr.	8 43
de cachemir ; brodés riches	valeur.	15 %
bonnets de dames : brochés en or	la pièce.	6 30
en tulle, mousseline, cambrick	id.	0 36
en blonde ; dentelle ; coiffures	valeur.	15 %
d'hommes, en soie, ou mélangés de crin et d'or	100 kil.	703 10
en soie et or, en velours	id.	1,124 99
en velverette ; en lin, ou mélangée	id.	140 62
en étoffe de coton	id.	84 37
en tricot-coton, petits	la douz^e.	0 27
autres	id.	0 54
en laine, de Venise	id.	2 70
communs	id.	0 90
crêpes	100 kil.	703 10
couvertures, en laine ou en coton	id.	105 47
en étoffes grossières, en laine à longs poils	id.	35 16
fourrées de coton, en étoffe de coton	id.	35 16
en autre étoffe	valeur.	15 %

DÉNOMINATION DES MARCHANDISES.	DROITS. Bases.	DROITS. Taux.
		fr. c.
Tissus confectionnés, etc. (suite) :		
tapis de Perse et de Géorgie, en laine, fins	100 kil.	210 93
du Levant et d'Europe	id.	56 25
communs, pour chambres et escaliers	id.	35 16
lisières de draps	id.	21 09
tulle de soie, uni ou brodé	id.	2,109 37
de soie mélangé de coton	id.	1,406 25
de coton gommé, pour carcasses	id.	70 31
autres	id.	421 80
chemises et collerettes, avec dentelles de soie ou de fil	la pièce.	1 62
brodées, ou avec dentelles de coton ou soie et coton	id.	0 72
simples, en batiste, tulle, etc.	id.	0 45
vêtements pour hommes, en drap, casimir, castor, etc. ; en soie, velours, coton, laine, ou étoffes mélangées. — pour femmes, quelle que soit la matière principale dont ils sont formés	(1)	(1)
pour femmes, garnis de blondes, dentelles, en brocart, ou brodés d'or	valeur.	15 %
pour enfants, tricotés en laine pure ou mélangée	100 kil.	210 93
brocarts de toute sorte, d'Europe ou de Turquie, brochés en or ou argent. (Sont seulement considérés comme mélangés les tissus de laine ou de soie dont la chaîne ou la trame est entièrement formée d'une matière étrangère.)	id.	2,812 50
Toile cirée : tapis de table, avec envers de flanelle	id.	70 31
sans envers de flanelle	id.	56 25
autre	id.	210 93
tapis de pied	id.	35 15
Toilettes de toute espèce	valeur.	10 %
Tonneaux de toute sorte et capacité, avec cercles en fer	la pièce.	0 67
en bois	id.	0 45
Tresses de paille, pour chapeaux	la douz^e.	0 23
Tuiles : communes	1,000 en n.	4 50
vernissées	id.	9 00
Vaisselle en plaqué ou argentan, gravés ou ciselés	100 kil.	281 25
unie	id.	140 62
autre, comme la matière dont elle est formée.		
Vanille de toute qualité	id.	843 75
Vannerie : ouvrages communs, tressés	id.	7 99
corbeilles de dames de toute sorte	id.	70 31
sacs en nattes, communs, dits *zembils*	la pièce.	0 11
grossiers, pour le riz	id.	0 05
Verrerie et cristaux :		
verrerie : verres à vitres	100 kil.	3 99
bouteilles noires, contenant $0^l,671$	100 nombr.	1 80
contenant $1^l,341$	id.	2 70
plus de $1^l,341$	id.	4 50
autre, blanche ou de couleur	100 kil.	7 19
cristaux en objets de toute sorte, moulés, blancs ou de couleur	id.	21 09
taillés, blancs ou de couleur, dorés ou non	id.	42 18
Voitures, chariots et leurs accessoires : voitures neuves ou ayant servi, avec accessoires, à quatre roues, à quatre places	la pièce.	180 00
à deux places	id.	135 00
à deux roues, tilburys, cabriolets	id.	72 00
chariots à quatre roues	id.	22 50
à deux roues	id.	13 50
harnais complets, pour chevaux de trait	la paire.	18 00
Zinc : brut, laminé ou en feuilles	100 kil.	5 59
ouvré, en ouvrages communs	id.	35 16
fins	id.	52 73
en clous, pour navires	id.	10 55

(1) Droits de la matière dominante, et un quart de ce droit en sus.

TARIF DES MÉDICAMENTS.

Acétate de cuivre cristallisé	100 kil.	14 06
Acides : acétique et oxalique	id.	14 06
citrique	id.	42 18
muriatique	id.	2 81
nitrique	id.	7 03
tannique	id.	70 31
tartrique	id.	21 09
autres	id.	35 16
Agaric	id.	14 06
Alcalis végétaux	l'hectogr.	2 81
Alcoolats de mélisse, en grandes fioles de Venise	la fiole.	0 18
autres, médicinaux	100 kil.	14 06

Aloès	100 kil.	7 03
Ambre gris	l'hectogr.	2 81
Ammoniaque liquide et carbonate d'—	100 kil.	10 55
autres combinaisons de l'ammoniaque	id.	14 06
Amygdaline	id.	140 62
Amylacées : arrow-root, sagou, tapioca	id.	7 05
Antimoine (sulfure d')	id.	3 51
— (autres combinaisons de l')	id.	14 04
Argent (nitrate d') et autres sels d'argent	l'hectogr.	00 00
Arsenic blanc	100 kil.	8 51
Atropine	l'hectogr.	16 80
Baies de genièvre	100 kil.	1 41

DÉNOMINATION DES MARCHANDISES.	DROITS.	
	Bases.	Taux.
		fr. c.
Bandages pour cautères	la douz^e^.	0 36
Baryte et sels de —	100 kil.	7 03
Baumes : de copahu	id.	35 16
du Pérou et de la Mecque	id.	84 37
storax	id.	7 03
de Tolu et autres	id.	42 18
Beurre de cacao	id.	56 25
Biberons	la pièce.	0 09
Bismuth métallique	100 kil.	42 18
(sous-nitrate de)	id.	56 25
(autres combinaisons du)	id.	84 37
Bois de quassie et autres	id.	3 52
Borax	id.	14 06
Bouts de sein à bec en gomme élastique	la douz^e^.	1 08
Brôme	l'hectogr.	1 40
Cachou	100 kil.	14 06
Cadmium et sels de —	id.	105 47
Camphre	id.	21 09
Cantharides	id.	56 25
Capsules renfermant des huiles nauséabondes, etc., etc.	la boîte.	0 03
Casse (gousses de)	100 kil.	7 03
Cassia-fistula	id.	9 14
Castoréum	id.	562 48
Cathéters et bougies en gomme élastique	la douz^e^.	0 09
Charbon animal et végétal	100 kil.	00 00
Charpie	id	14 06
Chloroforme	id.	84 37
Chlorure de chaux et autres combinaisons de la chaux	id.	3 52
Cobalt et sels de —	id.	7 03
Collodium	id.	42 18
Coloquinte	id.	17 57
Digitaline	l'hectogr.	28 12
Douce-amère	100 kil.	3 51
Dragées	id.	14 06
Eaux : de fleurs d'oranger	id.	2 81
de sommités d'oranger	id.	1 41
de laurier-cerise	id.	7 03
de roses	id.	3 51
minérales	id.	3 51
Ecorces de quinquina	id.	28 12
autres	id.	7 03
Emplâtres non étendus, ou étendus, en grandes pièces	id.	28 12
en petites pièces	100 feuilles	0 18
sur taffetas, en grandes pièces	100 kil.	421 86
en petites pièces	la douz^e^.	0 45
Essences : d'amandes	100 kil.	17 52
d'anis	id.	196 87
de bergamote, de fenouil	id.	112 50
de cédrat	id.	105 47
d'écorces d'oranges	id.	84 37
de laurier	id.	14 06
de lavande	id.	70 31
de menthe crépue	id.	140 62
poivrée	id.	316 41
de muscade	id.	21 09
de néroli	l'hectogr.	2 25
d'origan	100 kil.	126 56
de térébenthine	id.	7 03
de thym	id.	35 16
Ether	id.	28 12
Feuilles et follicules de toute sorte	id.	7 03
Fer porphyrisé	id.	56 24
(carbonate de)	id.	10 54
(hydriodate de)	id.	175 78
(lactate de)	id.	70 31
(valérianate de)	l'hectogr.	1 40
(autres sels de)	100 kil.	17 58
Fleurs de cannelier	id.	28 12
de macis	id.	42 19
autres	id.	7 03
Glycérine	id.	10 54
Graphite	id.	2 82
Gomme adragante, benjoin, copal, galbanum	id.	28 12
ammoniaque, labdanum	id.	5 62
assa fœtida, élémi	id.	7 03
gaïac	id.	14 06
gutte	id.	42 19
kino	id.	9 14
sandaraque	id.	10 55
Helminthocorton	id.	7 03
Herbes de toute sorte	id.	7 03
Huiles essentielles : de cannelle, girofle, citron et autres	id.	105 41
fixes : de ricin, foie de morue et autres	id.	10 55

DÉNOMINATION DES MARCHANDISES.	DROITS.	
	Bases.	Taux.
		fr. c.
Huiles empyreumatiques : de Dippel, créosote, houille, benzine	100 kil.	7 03
Hydrolates de laurier-cerise, etc.	id.	3 51
Iode	id.	175 78
Jalap	l'hectogr.	0 28
Lactucarium	100 kil.	421 86
Lichen d'Islande	id.	2 81
Litharge	id.	5 62
Lycopode	id.	7 03
Magnésie calcinée	id.	70 31
carbonate de	id.	10 55
citrate de	id.	42 19
sulfate de	id.	2 10
autres sels de	id.	3 51
Manne	id.	14 06
Mercure, précipité rouge	id.	42 19
calomel	id.	28 12
sublimé corrosif	id.	28 12
autres sels de	id.	56 24
Métaux : aluminium, uranium, etc.	l'hectogr.	2 81
Morphine et ses sels	id.	2 81
Musc	id.	16 86
Noir d'ivoire	100 kil.	2 11
Noix vomique	id.	2 81
Onguents	id.	28 12
Or (sels d')	l'hectogr.	5 62
Pâtes de guimauve, de jujubes, etc., etc.	100 kil.	7 03
Pavots (têtes de)	id.	3 51
Pèperine	l'hectogr.	1 12
Pepsine	100 kil.	8 43
Pessaires et articles analogues en caoutchouc	la douz^e^.	0 27
Phosphore	100 kil.	42 18
Pilules (sans déduction du poids des boîtes)	id.	421 87
Pois en iris	100 en n^re^.	0 02
Potasse, carbonate de, caustique, acide de, pur.	100 kil.	14 06
hydriodate et hydrobromate de	id.	105 46
métallique	id.	1,751 81
prussiate de	id.	28 12
lie de vin	id.	7 03
tartre émétique	id.	17 51
Poudres, insecticide	id.	14 06
autres, moitié en sus du droit imposé à la matière dont elles sont composées.		
Quinidine	l'hectogr.	4 22
Quinine (sels de)	id.	1 12
combinée avec tout autre acide	id.	2 81
Quinoïdine	id.	0 84
Racines d'ipécacuanha ; de salsepareille	100 kil.	35 15
de rapontic	id.	28 12
de rhubarbe	id.	70 31
autres	id.	3 51
Robs	id.	14 06
Salicine	id.	281 25
Sang-dragon	id.	7 03
Santonine	l'hectogr.	2 81
Scammonée	100 kil.	112 49
Seigle ergoté	id.	28 12
Sels d'Angleterre, de Glauber	id.	2 11
de plomb	id.	7 03
de strontiane	id.	21 09
de strychnine	l'hectogr.	2 81
Semences et graines d'anis étoilé	100 kil.	21 09
de cubèbe	id.	21 09
autres non dénommées	id.	3 51
Sirops de salsepareille	id.	42 18
de fruits	id.	28 12
Sodium	id.	140 62
Soude (bicarbonate de)	id.	4 21
caustique	id.	21 09
sulfate de	id.	2 10
autres sels de, et phosphate de	id.	7 03
Spermaceti	id.	28 12
Strontiane, et sels de	id.	7 03
Strychnine	l'hectogr.	2 81
Sucre de lait	100 kil.	14 06
Sucs et extraits, de réglisse solidifié	id.	10 54
ergotine	l'hectogr.	0 56
autres	100 kil.	56 25
Suspensoirs	la douz^e^.	0 27
Tamarin	100 kil.	7 03
Terre, tripoli et autres de toute sorte	id.	2 81
Vératrine	l'hectogr.	4 22
Yeux d'écrevisses	100 kil.	35 16
Zinc, sulfate de	id.	3 51
valérianate de	l'hectogr.	0 56
autres combinaisons du zinc	100 kil.	3 51

TARIF D'EXPORTATION.

DÉNOMINATION DES MARCHANDISES.	DROITS. Bases.	DROITS. Taux. fr. c.
Anes et ânons : ânes	par tête.	1 80
ânons	id.	0 90
Anis	100 kil.	3 51
Aulx secs	id.	1 60
Bestiaux : vaches et bœufs	par tête.	5 40
veaux jusqu'à 2 ans accomplis	id.	2 70
moutons et chèvres	id.	0 36
agneaux et chevreaux jusqu'à 8 mois	id.	0 23
porcs	id.	1 35
cochons de lait	id.	0 36
Beurre	100 kil.	7 03
Bois de chauffage	id.	0 06
de charpente et de construction navale	valeur.	5 %
de fustet, brut	100 kil.	0 24
Boissons, esprit-de-vin	....	exempt.
eau de vin, commune, souma	100 kil.	1 41
autre	....	exempte.
Boutargue	100 kil.	17 58
Bronze	id.	0 96
Caroubes	id.	0 24
Charbon commun	id.	0 19
Chaux	id.	0 08
Chevaux et mulets	par tête.	10 80
poulains et jeunes mulets	id.	4 50
Chiffons	id.	0 16
Cire commune en pains	id.	17 58
Cocons troués, ne pouvant servir à la filature	100 kil.	7 03
autres de toute sorte	id.	49 21
Cornes	id.	1 20
Coton	id.	2 40
Cuivre vieux, en objets détruits	id.	0 96
Eponges fines, brutes	id.	10 54
nettoyées	id.	63 28
communes brutes	id.	3 51
nettoyées	id.	21 09
Fer, vieux en objets détruits	id.	0 16
Fromages	id.	1 92
Fruits : oranges, citrons, raisins de Corinthe, figues (droits variables, annuellement votés).		
secs, autres que raisins de Corinthe et figues	id.	1 41

DÉNOMINATION DES MARCHANDISES.	DROITS. Bases.	DROITS. Taux. fr. c.
Garance (droit variable annuellement voté).		
Gomme adragante	100 kil.	28 12
Goudron	id.	0 80
Graines, de vers à soie	l'hectogr.	0 42
de garance	100 kil.	3 20
de coton	id.	0 40
de lin	id.	1 41
du Levant (baies jaunes de nerprun)	id.	3 51
Huiles	id.	3 51
Laines	id.	3 51
Lin	id.	4 22
Légumes	id.	0 96
Miel	id.	2 11
Millet	id.	1 41
Naphte	id.	4 92
Oignons, communs, secs	id.	0 24
poires	id.	1 41
Olives	id.	0 70
Opium	id.	105 47
Os de toute sorte	id.	0 48
Peaux brutes, de brebis, d'agneau, de chèvre	id.	5 62
de lièvre et de lapin	id.	21 09
Plâtre	id.	0 24
Poils, tombés des peaux	id.	0 96
Polypodes secs	id.	7 03
Pommes de terre	id.	0 40
Réglisse	id.	1 41
Résine commune	id.	0 80
Riz	id.	1 41
Safran	id.	28 12
Sangsues	id.	843 75
Sel marin (il faut une autorisation spéciale)	....	exempt.
Sésame	100 kil.	2 11
Suif	id.	4 22
Tabac à fumer	id.	2 81
Vallonée, vermillon (droits variables votés annuellement).		
Verre cassé	100 kil.	0 16
Vinaigre	l'hectol.	0 34
Vins de santorin	id.	0 91
de coumi	id.	0 42
autres	id.	0 51

FIN DU TARIF DES DOUANES DE LA GRÈCE.

TARIF

DES

DOUANES DES ÉTATS SARDES.

(LOI DU 14 JUILLET 1851.)

DISPOSITIONS PRÉLIMINAIRES.

MARCHANDISES OMISES AU TARIF.

Celles d'assimilation incertaine sont assujetties au droit fixé dans la quinzième catégorie. — Les autres sont traitées comme les articles les plus analogues.

Les assimilations faites d'urgence par un bureau de douane, ne sont valables que pour le cas particulier auquel elles ont trait.

PRESCRIPTION.

Le gouvernement, comme le contribuable, ont deux années seulement pour faire rectifier une liquidation de droits de douane jugée inexacte.

APPLICATION DU TARIF.

En cas de modifications apportées au tarif, c'est le droit en vigueur le jour de la déclaration en douane qui doit être perçu.

Les contestations entre la douane et le commerce sont résolues par des experts nommés contradictoirement. En cas de partage, il est nommé un troisième expert, soit de commun accord, soit par le juge du mandement.

Le droit d'importation sur les marchandises qui n'excède pas 20 fr. les 100 kil., sera perçu sur le poids brut, à l'exception des sucres bruts qui jouiront du bénéfice de la tare.

Les denrées coloniales, y compris les sucres, les marchandises qui ne sont pas imposées à un droit supérieur à 39 fr. les 100 kil., doivent être déclarées au poids brut avec jouissance de la tare légale.

Pour les marchandises taxées ad valorem, les déclarations doivent énoncer la valeur au lieu d'achat, augmentée de tous les frais de transport jusqu'à la frontière. Le service peut exiger la représentation des factures d'achat et des lettres de voiture. Le droit de préemption n'appartient pas à la douane.

Les denrées alimentaires et les substances médicinales avariées et pouvant nuire à la santé publique, ne peuvent être introduites dans le royaume.

Sont exemptes du régime de douane l'île de Caprée, les îles du lac Majeur et les zones de la Savoie; ces îles et zones sont considérées comme l'étranger. Les provenances et destinations pour les zones et îles sont par conséquent assujetties aux droits, lois et dispositions du tarif, ainsi qu'aux dispositions ci-après.

ZONE DE SAINT-JULIEN (PRÈS GENÈVE).

Tout dépôt de marchandises étrangères est interdit. Celles destinées à entrer dans les États du roi ne doivent circuler que de jour et en suivant les routes publiques et principales, à peine de saisie tant desdites marchandises que des moyens de transport. Les contrevenants ou détenteurs sont en outre passibles d'une amende égale à la valeur des objets saisis.

ZONE SUR LE LAC DE GENÈVE.

Aucune barque chargée de sel, de tabac, de poudre à feu, de plomb et de salpêtre, ne peut aborder au rivage de la zone. Les contraventions seront punies et poursuivies selon les lois en vigueur.

ZONE DE SAINT-GINGOLPH.

Mêmes dispositions que pour la zone de Saint-Julien; mais les lois touchant les gabelles y sont observées.

ILES DU LAC MAJEUR.

Les îles du lac Majeur, quoiqu'exemptes du régime des douanes, sont sujettes aux prohibitions de dépôt de marchandises étrangères, sauf celles réservées à l'usage et à la consommation des habitants.

SAVOIE.

Les denrées destinées à la consommation de la ville et du canton de Genève peuvent être exportées en tout temps, même en cas de disette, et en exemption de tous droits.

TERRES DU LAC MAJEUR ET DU NOVARAIS.

Ces terres, démembrées de l'ancien duché de Milan, avaient un tarif de sortie spécial pour certains articles. L'annexion de la Lombardie au royaume rend inutile la reproduction de ce tarif.

IMMUNITÉS.

Il y a exemption totale des droits d'entrée et de sortie en faveur des :

Chefs de mission du corps diplomatique accrédités près du gouvernement.

Agents consulaires étrangers.

Employés du gouvernement, allant exercer leurs fonctions au delà de la ligne des douanes ou en revenant.

Corps militaires en garnison dans le rayon des douanes, mais seulement pour les effets usés leur appartenant.

Voyageurs : pour leurs effets et armes et leurs petits approvisionnements de livres, lingerie, importés avec eux et en rapport avec leur condition individuelle.

Habillements, effets de théâtre, partitions d'opera, œuvres dramatiques, instruments, animaux rares qui suivent les acteurs, les artistes ambulants, les bateleurs.

Voitures publiques, dûment déclarées; chars et charettes du pays servant à l'agriculture, et animaux qui y sont attelés.

Effets, meubles, livres et objets domestiques ayant déjà servi et appartenant à des personnes qui viennent s'établir dans le royaume. Il faut se munir au préalable d'une autorisation du directeur des douanes. Il devra être fourni : 1° un certificat des autorités locales constatant l'état de la famille et le lieu du nouveau domicile; 2° une note des objets pour lesquels on réclame la franchise.

Échantillons sans valeur :

Les propriétaires de terres limitrophes peuvent en importer et exporter librement les produits, mais moyennant autorisation.

Les habitants de l'extrême frontière peuvent importer ou exporter avec permission du directeur des douanes :

Pain et farine, 10 kil.; pommes de terre, 100 kil.; chataignes, 100 kil.; viande fraiche, 4 kil.; fromage, beurre frais, lait, 2 kil.; gypse, 100 kil.

Les marchandises exemptes de droits doivent être néanmoins déclarées et vérifiées en douane.

Il y a aussi immunités pour les épaves de toutes sortes, déclarées pour la consommation dans le délai de six mois. Exemption totale des droits d'entrée.

Pour les ancres, chaînes, croupières de navires, parties de métal, canons d'armement ou d'ancrage : le cuivre, le zinc en feuilles pour doublage de navire, et les clous de même nature déclarés pour l'exportation, — Payement du droit d'Ostellagio : pour les provisions de bord des bâtiments, soit étrangers, soit nationaux, importés ou destinés à l'exportation, et se consommant à bord, ou mis momentanément en entrepôt. Exemption de tous droits. Déclaration des provisions doit être faite aussitôt l'arrivée des bâtiments dans le port.

DÉCLARATIONS.

Pour toutes les importations, exportations, transit et réexportations le commerce doit déclarer :

1° La valeur courante des marchandises en raison des unités établies par le tarif.

2° Le lieu de leur origine, de leur fabrication ou de leur provenance étrangère et leur destination.

IMPORTATIONS TEMPORAIRES.

Les marchandises étrangères destinées à être confectionnées dans le royaume, puis à être réexportées, sont admises en franchise sous les réserves et conditions jugées nécessaires. (Voir page 218, les dispositions rélatives à ces admissions.)

MARCHANDISES SARDES, DE RETOUR.

Les tissus de soie, les ouvrages de filigrane et d'orfévrerie restés invendus à l'étranger, peuvent être réimportés en franchise de droits par les douanes de Turin, Chambéry, Novare, Voguère, Gênes, Nice, Cagliari et Porto-Torres.

Les tonneaux ayant servi à exporter du vin, des eaux-de-vie, des huiles; les outres ayant servi aux mêmes usages; les sacs employés à l'exportation des grains, semences, sels, etc., peuvent être réimportés par toutes les douanes.

Les livres d'édition nationale peuvent rentrer par les douanes ouvertes au transit.

REMBOURSEMENT DE DROITS.

Les articles ci-après jouissent à la sortie de l'État, soit de terre ferme, soit de Sardaigne, du remboursement du droit payé lors de l'introduction des matières premières, pourvu qu'elles soient présentées en quantités d'au moins :

Céruse ou carbonate de plomb pur, 100 kil.; citrons, oranges et leurs écorces, confits, confitures et chocolat, fruits confits, soies moulinées, 25 kil.; pâtes fines de vermicellier, clous, dits pointes de Paris, 100 kil. (Voir page 219, les dispositions spéciales.)

DISPOSITIONS SPÉCIALES A L'ILE DE SARDAIGNE.

L'île de Sardaigne est entièrement sujette aux lois et aux tarifs de douane de la terre ferme.

L'échange entre la Sardaigne et la terre ferme des produits naturels, manufacturés ou dédouanés dans chacune des parties de l'État, sera exempt de tous droits sous les conditions ci-après :

1° Production d'un certificat d'origine à la douane de l'expédition ou d'un acquit de payement pour les marchandises étrangères ayant été dédouanées, ledit acquit n'ayant pas plus de six mois de date.

2° Soumission cautionnée de conduire les marchandises au lieu déclaré. Toutefois lorsque le droit de sortie à percevoir n'excédera pas 1 fr. par 100 kil. ou par 100 litres, on ne prendra qu'une billette de circulation.

3° Les marchandises devront être transportées directement à la destination déclarée.

DROITS ACCESSOIRES DU TARIF.

Droit de réexportation (ostellagio), 0 fr. 30 c. par 100 kil. ou par 100 litres, ou par les unités fixées pour les droits d'entrée.

Droit de transit ne se perçoit que sur les marchandises ci-après : tabac en feuilles, 100 kil. 0 fr. 30. ; tabac fabriqué, 100 kil. 50 fr. ; tarots, par jeu, 0 fr. 10 c. ; cartes, par jeu, 0 fr. 05 c. ; sels, 100 kil. 0 fr. 30 c.

Droit d'expédition, 0 fr. 02 c. par chaque franc de droit payé au-dessus de 3 fr.

Droits de timbre : lorsque le montant de l'acquit de payement n'excède pas 3 fr., 0 fr. 07 c.

Acquits à caution, certificats de décharge simples, *billettes* de circulation, exempts.

Acquits à caution et certificats de décharge triples, 0 fr. 40 c.

DROITS DE MAGASINAGE.

Dans les bureaux où il n'y a pas entrepôt : après dix jours de séjour, y compris ceux fériés, par colis et par mois, 0 fr. 10 c.

Après deux mois de séjour ils sont considérés comme abandonnés.

Dans les bureaux où il y a entrepôt : après dix jours de séjour, par mois de trente jours, par colis, 0 fr. 20 c. Tout mois commencé paye en entier. Tout colis excédant le poids de 100 kil. payera comme deux colis, et ainsi de suite suivant le nombre de quintaux.

Marchandises en vrac et non emballées, 0 fr. 20 c. par 100 kil.

DISPOSITIONS PARTICULIÈRES.

IMPORTATIONS TEMPORAIRES.

Peuvent être admises au bénéfice de l'importation temporaire les marchandises ci-après :

Vif-argent (10 kil. au moins), pour être réduit en précipité rouge ou blanc, en sublimé corrosif ou mercure doux.

Corail brut (25 kil. au moins), pour être poli ou ouvré.

Chapeaux de paille (100 au moins en nombre), pour être lavées.

Cire jaune (100 kil. au moins) : pour être confectionnée ou purifiée.

Fils de chanvre, lin, laine, coton (100 kil. au moins), pour être teints.

Agaric amadouvier (100 kil. au moins), pour être préparé en amadou.

Gomme copale (100 kil. au moins), pour être préparée ou purifiée.

Grains et menus grains (1,000 kil. au moins), pour être convertis en farine.

Plaques de cristal (200 kil. au moins), pour être réduites en glaces.

Étain du Pérou (200 kil. au moins), pour être purifié.

Marbre et albâtre (200 kil. au moins), pour être ouvrés.

Peaux de *vaquettes* ou demi-semelles de Lisbonne, du Rio et de la Havane (500 kil. au moins), pour être lissées.

Racine d'esquine (100 kil. au moins), pour être préparée.

Étoffes et toiles de lin, chanvre, coton et laine blanche (50 kil. au moins), pour être teintes, imprimées, brodées, ouvrées en rideaux, chemises, pantalons et autres objets semblables. (Voir d'autre part.)

Salsepareille (100 kil. au moins), pour être préparée.

Soufre en pains, brut (500 kil. au moins), pour être purifié.

Cocons (200 kil. au moins), pour être filés.

Toiles de lin et de coton écrues (50 kil. au moins), pour être imprimées.

Toiles de lin et de coton, tissées en couleurs, teintes ou imprimées (50 kil. au moins), pour être confectionnées en vêtements.

Toiles de lin et de coton écrues et blanches (50 kil. au moins), pour être cirées.

Corail ouvré, usé (10 kil. au moins), pour être reconditionné et repoli.

Cotons filés et écrus (100 kil. au moins), pour être blanchis.

Les délais accordés pour les manutentions sont de

3 mois pour les grains à convertir en farines ; les cocons devant être filés ; la colle de poisson devant être épurée ; le corail usé à repolir.

1 année pour l'agaric amadouvier à convertir en amadou ; les plaques de cristal à convertir en glaces ; le marbre et l'albâtre à ouvrer ; les peaux de vaquettes à lisser ; les étoffes de lin, chanvre, coton et laine, blanches ou écrues, destinées à être imprimées ; le soufre en pains, destiné à être épuré.

6 mois pour tous les autres articles.

TABLEAU DES AUGMENTATIONS ET DÉCHETS

qu'éprouvent les marchandises introduites temporairement.

MARCHANDISES importées.	MARCHANDISES travaillées, exportées.	DÉCHET résultant de la fabrication.	AUGMENTATION que présente la marchandise ouvrée.	OBSERVATIONS.
Vif-argent	Précipité rouge	Néant.	Néant.	
	blanc	id.	14 %	
	Sublimé corrosif	id.	33 %	
	Mercure doux	id.	14 %	
Corail brut	Corail poli et ouvré	42 %	Néant.	On paye le droit sur le déchet.
Chapeaux de paille	Chapeaux blanchis	Néant.	id.	
Cire jaune	Cire blanchie, en pains	5 %	id.	Payement du droit sur les excédants de manquement.
	simplement purifiée	indéterminé.	id.	Payement du droit sur les manquants.
	ouvrée	5 %	id.	Payement du droit sur les excédants de manquement.
Fils de chanvre et de lin	Fils teints en rouge	Néant.	8 ou 10 %	
	en bleu	id.	4 ou 7 %	
	en noir	id.	5 ou 8 %	
	en couleurs café, marron, et autres nuances sombres au sumac et noix de galle	id.	3 ou 5 %	
	en azur, rose, jaune, vert et autres couleurs	id.	Néant ou 2 % (1)	
	Fils reteints	id.	Néant.	
Fils de coton	Fils teints en rouge	id.	15 ou 20 %	
	en bleu	id.	8 ou 13 %	
	en noir	id.	10 ou 15 %	
	en café, etc., etc.	id.	5 ou 10 %	
	en azur, etc. (2)	id.	Néant ou 5 %	
	Fils reteints	id.	Néant (1)	
Fils de laine	Teints en couleurs assorties	id.	id.	On paye le droit sur le déchet.
Agaric, amadouvier	Amadou	20 %	id.	*Idem.*
Gommes : copal	Gomme purifiée	20 %	id.	*Idem.*
adragante	Gomme triée	Néant.	id.	*Idem.*
Grains et menus grains	Farines	1/3 %	id.	On paye *par avance* le droit sur le déchet.
Plaques de cristal	Glaces	Néant.	id.	
Etain du Pérou	Etain purifié	5 %	id.	On paye le droit sur le déchet excédant 5 %.
Marbre brut, albâtre	Marbre et albâtre ouvrés	indéterminé.	id.	On paye le droit sur les déchets.
Peaux de vaquettes, etc.	Peaux lissées	Néant.	id.	Doivent être réexport. en totalité.
Racine d'esquine	Esquine préparé	4 %	id.	On paye le droit sur le déchet.

(1) Selon qu'ils sont écrus et bruts ou apprêtés.

(2) Voir ci-dessus fils de chanvre et de lin.

MARCHANDISES importées.	MARCHANDISES travaillées, exportées.	DÉCHET résultant de la fabrication.	AUGMENTATION que présente la marchandise ouvrée.	OBSERVATIONS.
Etoffes de lin, chanvre, coton, laine, blanches	Toiles teintes, imprimées, brodées, ouvrées, ou chemises et autres ouvrages	Néant.	Néant.	Les étoffes ouvrées doivent le droit sur les déchets.
Salsepareille	Salsepareille préparée	10 °/₀	id.	On paye le droit sur le déchet.
Soufre en pains	Soufre purifié	15 °/₀	id.	*Idem.*
Cocons	Soie filée	90 ou 75 °/₀ (1)	id.	
Colle de poisson	Colle épurée	20 °/₀	id.	*Idem.*
Toiles de lin et de coton tissées en couleur, teintes ou imprimées	Chemises et autres vêtements	Néant.	id.	*Idem.*
Toiles de lin et de coton, écrues	Toiles imprimées	id.	id.	
Toiles de lin et de coton, écrues et blanches	Toiles cirées	id.	id.	
Corail ouvré usé	Corail repoli	id.	id.	
Cotons filés écrus	Cotons filés blanchis	id.	id.	

(1) 90 °/₀ si les cocons ont été importés frais, c'est-à-dire avant le 20 juillet de chaque année ; 75 °/₀ s'ils sont introduits desséchés, et après le 20 juillet.

Note. — Il paraît résulter de ce tableau que si les déchets, au moment de l'exportation étaient plus considérables que ceux alloués légalement, les autres manquants seraient considérés comme importations frauduleuses.

Les tissus en pièces qui doivent être réexportés de même, sont plombés à chaque bout, de manière à prévenir les substitutions.

Les importations temporaires sont assujetties à l'acquit à caution, dont le délai de durée sera pour :

Vif-argent, corail brut, chapeaux de paille, cire jaune, filés, gomme copale, racine d'esquine, salsepareille : six mois.

Agaric amadouvier, marbre et albâtre, peaux de vaquettes, soufre en pains brut : une année.

Grains et menus grains, étain du Pérou, étoffes et toiles blanches, cocons : trois mois.

Importations temporaires dans les établissements de blanchisserie, scierie et fromagerie de l'Ossola, etc. ; toiles, fromages, bois, de la Suisse : séjour dix mois ; bois : deux ans.

Importations temporaires pour les expositions industrielles, artistiques et semblables :

Tous objets intéressant les sciences, l'industrie, les beaux-arts.

REMBOURSEMENT DES DROITS.

Il ne peut y avoir remboursement pour des quantités moindres que les minima indiqués. (Voir page 27.)

Voici les droits restitués d'après ces minima :

	fr.	c.	
Céruse ou carbonate de plomb pur, par 100 kil.	1	34	
Citrons, oranges et leurs écorces, confits, confitures et fruits confits, par 100 kil.	15	50	
Chocolat, sans cannelle, par 100 kil.	31	—	
avec cannelle, par 100 kil.	34	—	
Pâtes fines de vermicellier, par 100 kil.	2	—	
Pointes de Paris, par 100 kil.	10	—	(1)
Les mêmes, par 100 kil.	20	—	(1)
Soies moulinées, par 100 kil.	26	25	

L'exportation de ces marchandises n'est pas assujettie au payement des droits de sortie.

Les douanes principales et celles ouvertes au transit, sont seules désignées pour ces exportations.

Les déchets relatifs au travail des soies sont soumis aux droits : ils ne peuvent d'ailleurs excéder 5 °/₀ pour les soies d'Italie. Les quantités déterminées par expert pour celles d'autres provenances. Les manquants sont punis par le payement du double droit d'entrée.

TRANSIT.

Tabacs manufacturés et cartes à jouer. — Il faut une autorisation spéciale du directeur des douanes, à moins qu'il ne s'agisse d'échantillons.

Sels. — Il faut une autorisation spéciale de l'administration des gabelles. Le sel doit être dans des sacs du poids uniforme de 75 kil. chacun. On ne peut faire transiter moins de vingt sacs. Les déchets de route sont réglés par l'administration des gabelles selon les distances à parcourir.

Eaux-de-vie simples. — Il faut déclarer les degrés de force, et le poids brut de chaque futaille.

Huiles et vins. — Il est prélevé un échantillon par futaille.

Tissus en ballots pressés sont dispensés de la visite.

ENTREPOTS.

On ne peut mettre de produits nationaux en entrepôt qu'avec l'autorisation du ministre des finances. Il en est de même des denrées dont la vente est réservée au gouvernement.

Les acides nitrique, sulfurique, l'eau de rose et autres matières de facile combustion doivent être placés dans des magasins séparés. Il en est agi de même pour les viandes et poissons salés, les huiles de poisson, le suif brut, les fromages, les grassines.

Les marchandises avariées sont exclues de l'entrepôt. Les marchandises en entrepôt pourront être négociées, et la propriété pourra en être transférée au moyen d'endossement sur le certificat d'entrepôt.

On peut échantillonner les marchandises en entrepôt et les séparer et diviser en plusieurs colis.

Toutes les villes et communes pouvant obtenir des entrepôts réels, ceux fictifs sont supprimés.

TARIF DES TARES.

La perception des droits d'entrée s'opère sur le poids brut, c'est-à-dire sur le contenu et le contenant. Dans le cas cependant où le contenu se trouverait imposé à un droit moindre que le contenant, on perçoit en outre le droit sur ce dernier. Les valises et malles, évidemment neuves, renfermant des marchandises, sont assujetties aux droits.

Les tares légales sont fixées ainsi : Pour les marchandises sujettes à un droit de 10 fr. par 100 kil. et au-dessus, enfermées dans caisses, malles, coffres, barils, tonneaux et petits tonneaux. . . . . 8 °/₀.

Grandes caisses en bois dur. . . . . 15 °/₀.

Vases d'étain ou de plomb, de zinc, de gueuse, de porcelaine, cristal, faïence, terre, grès, bouteilles et dames-jeannes. . . . . 20 °/₀.

Bobines sur lesquelles se trouvent roulées des matières filées ou passées à la filière . . . . . 15 °/₀.

En ce qui concerne les sucres et cafés :

Tonneaux contenant des sucres raffinés . . . . . 6 °/₀.

Caisses, petites caisses, barils, contenant d'autres sucres . . . 12 °/₀.

Grandes caisses en bois dur contenant du sucre . . . . . 18 °/₀.

Tonneaux et petits tonneaux contenant du café . . . . . 12 °/₀.

Doubles emballages du café moka . . . . . 5 °/₀.

Sacs contenant d'autres cafés. . . . . 2 °/₀.

Les marchandises imposées à un droit supérieur à 10 fr. les 100 kil., peuvent être dédouanées au poids net, pourvu que la demande en soit faite dans la déclaration.

On accorde 70 °/₀ de tare :

Aux vases pleins de boue dans lesquels on introduit les sangsues ;

Aux caisses et malles contenant des fleurs artificielles et des plumes de parure ouvrées.

35 °/₀ de tare :

Aux boîtes de bois ou de carton, renfermant des fleurs artificielles et des plumes de parure ouvrées.

S'il se trouvait dans un colis des marchandises payant au poids brut, et d'autres marchandises susceptibles du prélèvement de la tare, celles-ci seraient liquidées suivant leur poids effectif, et on ajouterait le tiers du poids net aux autres, afin d'en obtenir le poids brut. Dans le cas où les marchandises au poids brut constitueraient la majeure partie du contenu, on leur ferait supporter tout le poids du contenant et des emballages.

La perception du droit de sortie, de ceux de réexportation et de transit, se fait sur le poids brut. Il y a exception pour les soies de toute qualité, les filoselles, fleurets, bourres et strasses de soie et de douppions cardés ou non, et les cocons percés.

(1) Selon la justification des droits payés à l'entrée.

TARIF DES DROITS D'ENTRÉE.

DÉNOMINATION DES MARCHANDISES.	Bases.	Droits.
		fr. c.
CATÉGORIE 1re.		
Eaux, boissons, huiles.		
Eaux minérales : naturelles ou artificielles, gazeuses ou non	100 kil.	1 00
Boissons fermentées : vins, en futailles	l'hectol.	8 00
en bouteilles	la bout^e.	0 10
Vinaigre	l'hectol.	8 00
Bière, en futailles	id.	10 00
en bouteilles	la bout^e.	0 10
Cidre, verjus, jus d'orange, limonades gazeuses	l'hectol.	8 00
Boissons distillées : eaux-de-vie, kirschwasser, rhum et tafia, en futailles de 22 degrés et au-dessous	id.	12 00
au-dessus de 22 degrés	id.	20 00
en bouteilles	la bout^e.	0 60
Liqueurs et alkermès, en futailles	l'hectol.	60 00
en bouteilles	la bout^e.	0 60
Huiles : d'olive, de sésame, d'arachis, de pavot, de colza, et autres comestibles ou combustibles	100 kil.	10 00
de lin, de chenevis, de palme, de coco, de faine et de noix, de poisson, et autres, ni comestibles, ni combustibles	id.	5 00
Volatiles et essences, de cannelle, de rose, de girofle, de macès, de sassafras	kil. brut.	3 00
d'orange, de citron, et autres non dénommées	id.	0 60
CATÉGORIE 2e.		
Denrées coloniales, sucs végétaux, espèces médicinales, produits chimiques, couleurs, teintures et tannins, parfumeries.		
Denrées coloniales :		
Cacao, fèves	100 kil. br.	25 00
écorces ou pellicules	100 kil.	10 00
Café	100 kil. br.	30 00
Cannelle, fine de Ceylan	le kil.	1 00
commune de Goa	100 kil.	40 00
scavissons de	id.	15 00
Cassia lignea	id.	40 00
Confitures et conserves, au sucre ou au miel	id.	30 00
Girofle, clous de	id.	50 00
Mélasse	id.	6 00
Noix muscades, en coques	id.	35 00
sans coques	le kil.	1 00
Poivre ou Piment	100 kil.	25 00
Safran	le kil.	2 50
Sirops simples pour boissons	100 kil.	30 00
Sucre, raffiné, tant en pains qu'en poudre	id.	25 00
non raffiné, contenant plus de 70 % de matière sucrée	id.	18 00
contenant moins de 70 % de matière sucrée	id.	14 00
Thé	le kil.	1 50
Vanille	id.	2 50
Sucs végétaux :		
Gommes pures, d'Europe	100 kil.	4 00
exotiques	id.	15 00
Résines : indigènes, brutes, d'exudation, poix, galipot	id.	4 00
de combustion, poix noire, goudron	id.	1 00
épurées, térébenthines	id.	5 00
exotiques, et gommes résines non dénommées, dites baumes; benjoin et storax naturel ou préparé ; non dénommées	id.	15 00
Scammonée	le kil.	1 50
Copal et dammar	100 kil.	5 00
Laque naturelle et résine de laque	id.	2 00
Sucs, d'espèce particulière : jus de citron et de limon	id.	1 00
Cachou brut	id.	8 00
Camphre	id.	40 00
Manne	id.	30 00
Opium	le kil.	2 50
Aloës et autres non dénommés	100 kil.	15 00
Espèces médicinales :		
Herbes et fleurs	id.	5 00
Feuilles, de séné	id.	15 00
non dénommées	id.	5 00
Fruits et graines : casse, sans apprêt	id.	8 00
confite ou en pulpe	id.	40 00
Tamarins, gousses entières ou la pulpe seulement	id.	6 00
confits au sucre	id.	30 00
Moutarde en graine	id.	6 00
Non dénommés	id.	10 00
Racines : Ipécacuanha	id.	80 00
Réglisse	id.	3 00
Rhubarbe, rapontic, jalap	id.	50 00

DÉNOMINATION DES MARCHANDISES.	Bases.	Droits.
		fr. c.
non dénommées	100 kil	15 00
Écorces : de citron, d'orange, leurs variétés, même dans l'eau salée	id.	6 00
de quinquina	id.	10 00
non dénommées	id.	15 00
Agaric blanc ou de melèze	id.	8 00
Bois odorants	id.	10 00
Lichens, autres que ceux pour teinture	id.	5 00
Musc	le kil.	30 00
Sangsues	100 kil. br.	30 00
Spermaceti	100 kil.	6 00
Espèces médicinales non dénommées	id.	15 00
Médicaments composés : eaux médicinales	id.	50 00
Élexir de la Grande-Chartreuse	le kil.	1 50
Non dénommés	id.	2 00
Produits chimiques :		
Acides : arsénieux, oléique, stéarique	100 kil.	6 00
benzoïque	le kil.	2 00
borique, naturel ou artificiel	100 kil.	1 50
phosphorique, citrique, oxalique, tartrique	id.	20 00
gallique impur, hydrochlorique	id.	4 00
nitrique	id.	5 00
sulfurique	id.	1 00
non dénommés	id.	9 00
Alcaloïques et leurs sels	le kil.	2 00
Oxides : de fer, de plomb, d'étain, de zinc	100 kil.	2 00
Sels : marin	....	prohibé.
gemme ou fossile	100 kil.	30 00
ammoniacaux	id.	15 00
Acétates de fer, de cuivre; sulfates de fer, de cuivre, de zinc double, de fer, et de cuivre	id.	2 00
d'alumine, de potasse ou alun	id.	4 00
de magnésie	id.	1 20
Carbonates de magnésie	id.	25 00
de plomb de toute espèce	id.	10 00
de potasse, de soude	id.	0 50
Ammoniaques :		
Ammoniaque, alcalis, potasse et soude purs, acétates de potasse; bichromate de potasse, bioxalate de potasse, borate de soude, chlorate de potasse, chromate de potasse, tartrates de potasse, purs, neutres	id.	15 00
Lie de vin	....	exempte.
Chlorures de chaux, de potasse, de soude	100 kil.	2 00
Chromate de potasse	id.	20 00
Nitrates ou azotates d'argent liquide ou cristallisé (pierre infernale)	le kil.	4 00
de potasse	100 kil.	10 00
de soude	....	exempt.
Sulfures : d'antimoine, d'arsenic	100 kil.	10 00
de mercure	le kil.	1 00
Produits chimiques non dénommés	100 kil.	15 00
Couleurs : bleu de Prusse, carmin fin et commun, couleurs en tablettes ou petites vessies, smalt, encre commune à écrire ou imprimer; vernis de toute sorte, couleurs non dénommées	id.	15 00
Crayons simples, en pierre sciée ou coupée	id.	6 00
composés	id.	50 00
Encre à couleurs, liquide, en poudre, pastels	id.	60 00
Jaune de chrôme, stil de grain	id.	10 00
Laque préparée, lack-lack et lack-dye	id.	4 00
Noir de toute sorte	id.	5 00
Teintures et tannins : cochenille	id.	8 00
Écorces à tan moulues	id.	20 00
Indigo	id.	6 00
Non dénommés bruts	....	exempts.
moulus	100 kil.	2 00
Articles divers : amidon	id.	10 00
Chicorée moulue, cire blanche non ouvrée, moutarde préparée, éponges communes	id.	20 00
Chocolat	le kil.	1 00
Cire jaune non ouvrée	100 kil.	12 50
Cire blanche ouvrée	id.	40 00
Débris ou coulures de bougies	id.	15 00
Crasse ou terre de cire	id.	6 00
Cire à cacheter	le kil.	1 00
Épices préparées non dénommées	100 kil.	60 00
Éponges fines	le kil.	1 00
Poudre à tirer (avec permission spéciale et par 10 kil. seulement)	id.	6 00
Savons autres que de parfumerie et médicinaux	100 kil.	10 00
Parfumerie : Eaux de senteur, vinaigres parfumés, huiles fixes aromatisées, poudres de senteur, pommades, savons liquides, en poudre, en pains, et parfumeries non dénommées	100 kil. br.	60 00

DÉNOMINATION DES MARCHANDISES.	Bases.	Droits.
		fr. c.
CATÉGORIE 3e.		
Fruits et semences, jardinage, plantes et fourrages.		
Fruits : Oranges, bergamottes, limons.	100 kil.	5 00
verts : cèdres et cédrats, même dans l'eau salée	id.	0 10
raisins	id.	2 00
indigènes d'Europe, de table, autres que ceux ci-dessus et non dénommés. . . .	id.	1 00
secs ou tapés : carrobe	id.	1 50
dattes	id.	12 00
pistaches en coques. . . .	id.	9 00
mondées . . .	id.	30 00
non dénommés	id.	8 00
confits : au vinaigre ou au sel.	id.	8 00
à l'huile	id.	15 00
dans l'eau-de-vie	id.	20 00
oléagineux : amandes en coques	id.	5 00
mondées	id.	10 00
noix et noisettes en coques .	id.	1 00
mondées. .	id.	3 00
olives vertes.	id.	5 00
pignons en écorce	id.	2 00
mondés	id.	9 00
non dénommés.	id.	3 00
Semences : oléagineuses, de chenevis et de lin.	id.	1 00
de sésame	id.	3 00
non dénommées . .	id.	2 00
Agaric de chêne	id.	6 00
Champignons et truffes	id.	15 00
Chardons cardières, feuilles de mûrier, fourrages.	. . . .	exempts.
Houblon	100 kil.	2 50
Légumes verts, plantes alcalines, greffes, marcottes et autres	. . . .	exempts.
Racine de chicorée : verte	100 kil.	0 50
séchée, torréfiée ou non .	id.	2 50
CATÉGORIE 4e.		
Grassine.		
Amurca ou marc d'olives, boyaux frais, engrais, escargots et tortues vivantes, grignons, mottes à brûler, œufs de volailles, ruches à miel, essaims vivants, tourteaux oléagineux	. . . .	exempts.
Beurre frais, fondu ou salé	100 kil.	2 00
Boyaux salés	id.	3 00
Chandelles de suif, dégras de peau, gibier et sauvagine, viandes fraiches, volaille. . . .	id.	5 00
Chandelles stéariques, colle forte, miel, viandes salées ou fumées	id.	10 00
Colle de poisson	id.	25 00
Fromages.	id.	14 00
Pâtés : de gibier, de viande, de poisson, de volaille	id.	20 00
Extraits de viandes en pains, tablettes de bouillon	id.	50 00
Ceux pour la fabrication de la colle forte.	id.	10 00
CATÉGORIE 5e.		
Poissons.		
De pêche nationale, quels qu'ils soient	. . . .	exempts.
De pêche étrangère : sardines et anchois, frais, salés, fumés, secs; anguilles marinées et salées, boutargue, caviar, et osciame de tous poissons; merluche, salaque, stockfisch; non dénommés frais, salés, fumés, secs, marinés au vinaigre	100 kil.	4 00
Non dénommés marinés à l'huile	id.	10 00
CATÉGORIE 6e.		
Bestiaux.		
Chevaux et juments, valant 300 fr. et au-dessous.	par tête.	6 00
valant plus de 300 fr	id.	20 00
Mulets et mules	id.	6 00
Anes et ânesses	id.	0 50
Taureaux et bœufs	id.	5 00
Vaches.	id.	3 00
Genisses.	id.	0 20
Taurillons et bouvillons.	id.	1 50
Veaux	id.	1 00
Porcs, pesant 20 kil. ou moins.	id.	0 50
plus de 20 kil.	id.	3 00
Boucs, chèvres, moutons et autres non dénommés.	. . .	exempts.

DÉNOMINATION DES MARCHANDISES.	Bases.	Droits.
CATÉGORIE 7e.		
Peaux.		
Peaux : crues, fraiches, salées ou non, sèches	. . . .	exemptes.
apprêtées avec le poil ; communes, de lapin blanc et gris ; de lièvre ; de loup, dos et ventre de fouine, queues de marmottes ; sacs et nappes de peaux diverses ; non dénommées	100 kil.	10 00
d'ours, lion, panthère et semblables . . .	id.	15 00
apprêtées avec le poil, fines : dos et ventre de martre, petit-gris, queues de martre et autres ; sacs, nappes et peaux séparées de martre, de calance, d'hermine, de dos et ventre de petit-gris, de hamster et autres semblables.	id.	30 00
en basane ou en croûte non corroyées, de chèvre, mouton, veau, vaquettes, en croûte d'agneau et de chevreau pour gants ; de cygne, d'oie, d'agneau pour éventails ; d'agneau et de chevreau blanches ou teintes pour gants. . . .	id.	20 00
tannées ou corroyées, de mouton de toute couleur, même les soatti, basanes à l'huile	id.	40 00
chamoisées	id.	75 00
coloriées (maroquins), vernissées. . . .	id.	100 00
parchemins	id.	13 00
Ouvrages de pelletier : capotes et vêtements faits ou doublés de fourrure	la pièce.	8 00
simplement garnis	id.	4 00
manchons de peaux fines	id.	10 00
communes	id.	4 00
bonnets de fourrure	id.	0 50
couvertures de fontes, et housses simples.	le kil.	2 00
garnies ou brodées d'or et d'argent. . . .	id.	4 00
garnitures quelconques faites de fourrures	id.	8 00
pelisses communes pour femmes et enfants	la pièce.	2 00
Ouvrages de sellier et de bâtier : bâts, bardelles	id.	0 50
fontes de pistolets	la paire.	0 50
harnais de trait, simples.	100 kil.	75 00
garnis.	id.	110 00
housses et autres harnais de tissu ou de passementerie	le kil.	3 00
selles.	la pièce.	10 00
non dénommés.	100 kil.	80 00
Ouvrages divers en peau : buffleteries.	la pièce.	0 50
coupés en tiges pour bottes, bottines, brodequins.	la paire.	0 25
brodequins, bottines, souliers, pantoufles	id.	0 50
bottes	id.	1 00
culottes de peau	la pièce.	4 00
gants, même simplement coupés	la paire.	0 15
guêtres.	id.	1 00
outres à vin, à huile, même usées. . . .	100 kil.	12 00
valises	la pièce.	2 00
non dénommés	100 kil.	50 00
CATÉGORIE 8e.		
Chanvre, lin et manufactures relatives.		
Chanvre, lin : en tiges brutes, vertes, sèches, rouies ; bourre et étoupes de.	. . . .	exempts.
teillé à peigner	100 kil.	0 50
peigné	id.	2 50
Végétaux filamenteux : bruts ou simplement dépouillés de leur parenchyme	. . . .	exempts.
blanchis ou en pâte à papier	100 kil.	2 50
Cordages de chanvre, même goudronnés . . .	id.	3 00
de sparte, tilleul, autres végétaux	id.	1 50
Fil de chanvre ou de lin : simple, écru, lessivé, blanchi	id.	10 00
teint	id.	20 00
retors, écru, lessivé, blanchi	id.	20 00
teint.	id.	30 00
Filets neufs ou encore en état de servir	id.	12 00
Toiles de chanvre ou de lin : unies, ayant moins de 6 fils d'ourdissure en 5 mm, écrues ou blanches	le kil.	0 20
ayant moins de 9 fils d'ourdissure en 5mm, écrues ou blanches.	id.	0 50
même mélangées de coton ou de laine, écrues blanches ou mélangées de blanc non comprises dans l'article précédent.	id.	0 75
teintes	id.	1 00
tissues à couleur et imprimées	id.	1 50
brodées en coton, fil, laine	id.	2 50
cirées, vernissées, peintes sur enduit . .	id.	0 75
Bonneterie, boutons, couvertures, lisières de Hollande et passementerie (comm toiles suivant l'espèce).		
Dentelles.	id.	8 00

DÉNOMINATION DES MARCHANDISES.	Bases	Droits.
		fr. c.
Galons et rubans	le kil.	1 00
Habillements, linge et autres ouvrages neufs : comme l'étoffe principale; usés, trois quarts du droit de l'étoffe principale.		
Tapis de pied	id.	0 40
pour tout autre usage (comme toiles).		
CATÉGORIE 9e.		
Coton et manufactures relatives.		
Coton : en laine ou en masse	....	exempt.
en feuilles cardées et gommées (ouate)	100 kil.	20 00
filé écru simple, inférieur au n° 20	le kil.	0 20
du n° 20 au 32	id.	0 30
du n° 33 au 45	id.	0 40
du n° 46 au 60	id.	0 50
de numéros supérieurs	id.	0 60
retors, jusqu'au n° 32 inclusivement	id.	0 50
de numéros supérieurs	id.	0 70
blanchi ou teint, de tout numéro	id.	0 80
Tissus : étoffes de coton, même mélangées de fil ou de laine, écrues ou blanches	id.	0 75
teintes	id.	1 00
tissues à couleur	id.	1 25
imprimées	id.	1 50
brodées en fil, coton, laine	id.	2 50
cirées, vernissées, peintes	id.	0 75
Galons, rubans, bonneterie, boutons, lisières de Hollande, et passementerie	id.	1 00
Habillements, linge et tout ouvrage non dénommé : neufs, comme l'étoffe principale; usés, 3/4 du droit sur l'étoffe principale.		
Dentelles, tricot de Berlin, tulle	id.	6 00
Tapis : de pied	id.	0 40
pour tout autre usage. (Comme tissus suivant l'espèce.)		
Velours de coton	id.	1 25
CATÉGORIE 10e.		
Laines, crains, poils, manufactures relatives.		
Laines : en masse, bouts de laine, bourre de laine ou de poil	....	exemptes.
teintes	100 kil.	6 00
Crin : brut ou teint	id.	2 00
frisé et (cordes de)	id.	3 00
ouvrages grossiers de	id.	4 00
Poils de toute sorte	id.	1 00
Fils de laine ou de poil quelconque, blanc ou naturel	id.	0 60
teint	id.	0 80
Matelats de toute espèce	id.	10 00
Feutres à doublage, pour semelles et à filtrer	id.	5 00
pour chapeaux	id.	15 00
pour couvertures et tapis. (Comme ces objets.)		
pour habillements. (Comme tissus.)		
Tissus : de laine ou poil, même mélangés de fil, coton ou laine, foulés et cardés ou non	id.	2 00
brodés en fil, coton ou laine	id.	3 00
châles, cravates, mouchoirs et autres articles qui se vendent à la pièce, valant 50 fr. et moins	id.	3 00
de valeur supérieure, même mélangés de soie ou filoselle	id.	3 00 plus 5 °/₀ de la valeur.
Tissus de crin		
simples et pour tamis	id.	25 00
ouvrés pour meubles	id.	50 00
Bonneterie et passementerie. (Comme tissus.)		
Boutons de crin, de laine ou de poil : galons et rubans de laine ou poil, même mélangés de coton	le kil.	2 00
Couvertures et tapis : de bourre de laine, de lambeaux et de lisières de draps	id.	0 50
de toute autre qualité	id.	1 00
Dentelles de laine	id.	6 00
Habillements et tout ouvrage non dénommé : neuf, comme l'étoffe principale; usés, 3/4 du droit de l'étoffe principale.		
CATÉGORIE 11e.		
Soies et manufactures relatives.		
Soies : œufs de vers à soie, cocons, soies écrues, grèges, douppions, retorses, déchets; soie cardée, filée écrue	....	exemptes.
fleuret teint	le kil.	2 00
Tissus de soie ou de filoselle, en pièces, écharpes, mouchoirs, châles : purs ou mélangés d'or ou d'argent, fin ou faux	id.	15 00
de filoselle ou fleuret, purs ou mélangés de soie	id.	8 00
mélangés d'autres matières, avec la trame de soie ou filoselle	id.	8 00

DÉNOMINATION DES MARCHANDISES.	Bases.	Droits.
		fr. c.
Tissus avec toute la chaîne en soie ou en filoselle	le kil.	5 00
avec partie de la chaîne en soie ou en filoselle	id.	3 00
foulards écrus	id.	5 00
imprimés ou teints	id.	7 00
dentelles et tissus d'or et d'argent fin ou faux	id.	15 00
boutons de soie ou filoselle pure	id.	6 00
mélangés de fil, coton, laine, poils	id.	2 00
tulle et lisières	id.	15 00
bonneterie, couvertures, passementerie, rubans, dentelles et tapis. (Comme tissus selon l'espèce.)		
habillements et ouvrages non tarifés : neufs, comme l'étoffe principale; usés, les 3/4 du droit de l'étoffe principale.		
CATÉGORIE 12e.		
Grains ou céréales et pâtes.		
Céréales de toutes sortes, sauf l'avoine, chataignes, riz, légumes secs; grains et légumes perlés et mondés, farines; pain, biscuit de mer, semoule; sons et résidus	....	exempts.
Avoine	100 kil.	0 50
CATÉGORIE 13e.		
Bois et ouvrages de bois.		
Bois : à brûler, charbon, osiers	....	exempts.
d'ébénisterie : non scié et planches ou carreaux plaqués pour parquets	100 kil.	2 00
scié : en planches ou feuilles d'un centimètre ou moins d'épaisseur	id.	12 00
en autres planches	id.	5 00
de construction : mâts, antennes, penons	....	exempts.
en éclisses	100 kil.	3 00
en cercles	1,000 en nombre.	0 30
échalas et perches	100 kil.	0 10
Futailles vides : montées	l'hectol. de capacité.	0 50
démontées	valeur.	5 °/₀
Liége : non ouvré	100 kil.	0 10
ouvré	id.	10 00
Merrains : de chêne	mètre de longueur.	0 03
autres	id.	0 01
Meubles : en bois communs, sans ornements	100 kil.	20 00
en bois massif ou plaqués, avec ou sans garnitures, vernissés ou sculptés de bois communs	id.	25 00
de bois doré et d'ébénisterie	id.	50 00
rembourrés, couverts en soie ou filoselle	id.	100 00
autrement	id.	80 00
Racines à vergettes	id.	1 00
Rames ébauchées ou achevées	la paire.	0 50
Ustensiles et ouvrages divers communs	100 kil.	12 00
non dénommés	id.	15 00
CATÉGORIE 14e.		
Papier et livres.		
Papier : blanc	id.	10 00
de pâte de couleur	id.	20 00
colorié ou doré	id.	30 00
pour tentures, dessiné ou peint	id.	40 00
imprimé avec images, faits historiques, figures, ornements et points de vue sur cuivre ou lithographié	id.	80 00
sur bois	id.	50 00
grossier pour enveloppes et brouillard	id.	10 00
Cartes à jouer et tarots : à jouer	le jeu.	0 20
tarots	id.	0 40
géographiques	100 kil.	50 00
Cartons lustrés à presser les draps	id.	8 00
autres	id.	10 00
Livres : blancs, reliés en carton, cuir, parchemin	id.	20 00
blancs ou imprimés, reliés en velours de soie ou autrement, avec garnitures d'or ou d'argent	le kil.	1 00
reliés en carton, cuir ou parchemin	100 kil.	35 00
en feuilles ou brochés	id.	18 00
Manuscrits scientifiques et papiers d'affaires	....	exempts.
Musique : manuscrite	100 kil.	40 00
imprimée	id.	50 00
CATÉGORIE 15e.		
Mercerie, quincaillerie, objets divers.		
Armes : baïonnettes	id.	40 00
canons de fusil, de calibre	la pièce.	1 50
de chasse	id.	2 00

DÉNOMINATION DES MARCHANDISES.	Bases.	Droits.
		fr. c.
Armes : canons de pistolet	la pièce.	0 75
fusils, de calibre	id.	2 00
de chasse	id.	3 00
lames de sabre et d'épée, ordinaires	100 kil.	48 00
dorées, damasquinées	la pièce.	0 90
pistolets	par canon.	1 50
sabres et épées, montés avec poignée, d'acier	la pièce.	4 50
d'argent	id.	12 00
d'argent doré	id.	18 00
de métal, simple	id.	3 00
doré	id.	6 00
Coiffures militaires : casques, képis, etc.	id.	1 00
Cannes, non montées	100 kil.	1 00
montées, valant plus de 10 fr.	la pièce.	2 00
autres	100 kil.	50 00
Caoutchouc et gutta-percha : bruts, concrets, liquides	id.	2 50
ouvrés, purs ou mélangés d'autres matières dont ils forment la partie principale	id.	5 00
en passementerie ou rubans	le kil.	1 00
filés ou en courroies pour machines	100 kil.	4 00
Caractères d'imprimerie, neufs ou non	id.	8 00
Carcasses pour modes	le kil.	1 00
Casquettes et calottes	la pièce.	0 50
Chapeaux, valant 5 fr. ou moins	id.	0 30
plus de 5 fr.	id.	1 00
garnis pour femmes	id.	4 00
Cheveux, non ouvrés	100 kil.	1 00
ouvrés	le kil.	2 00
Corail : brut ou coupé en migliarini	id.	3 00
ouvré non monté sur or	id.	8 00
Drilles	....	exempts.
Éventails, valant plus de 5 fr.	la pièce.	1 00 plus 5 % de la valeur.
Fanons de baleine, bruts	100 kil.	1 00
coupés	id.	10 00
Fleurs artificielles	le kil.	12 00
fournitures de	id.	5 00
Horlogerie : montres simples à boîte d'or	la pièce.	2 00
à boîte de métal ou d'argent	id.	1 00
à répétition ou carillon	id.	4 00
horloges de table, tableaux, etc.; carillons à musique, et cabinets, de pendules en albâtre, en bronze, cristal, etc.	id.	2 00 plus 5 % de la valeur.
mouvements : de montre	id.	0 50
d'horloge, de table, etc.	100 kil.	50 00
de clocher	id.	20 00
fournitures d'horlogerie	id.	50 00
Instruments de musique à vent : fifres, flageolets, cornemuses	la pièce.	0 50
non dénommés	id.	1 00
à cordes : harpes	id.	4 00
violoncelles et contrebasses	id.	5 00
non dénommés	id.	1 50
à touches : pianos et orgues d'église	id.	7 00 plus 5 % de la valeur.
orgues portatives	id.	4 00
harmonicas, épinettes	id.	1 00
à percussion : tambours, timbales, cymbales (la paire), chapeaux chinois	id.	1 00
Instruments : d'optique, de calcul, d'observation	100 kil.	40 00
de chimie et de chirurgie	id.	20 00
Machines et mécaniques ; complètes et parties de machines	valeur.	1 %
peignes à tisser, broches à peignes, cardes à carder et (garnitures de)	100 kil.	5 00
Machines pour locomotion : voitures et waggons pour voyageurs	la pièce.	10 00 plus 5 % de la valeur.
chariots et waggons pour marchandises	id.	5 00 plus 5 % de la valeur.
bâtiments, barques, bateaux	....	exempts.
agrès de navires	valeur.	2 %
Malles et vaches de voiture	la pièce.	2 00
Masques	la douz^e^.	4 00
Matières dures à tailler : coques de cacao, de coco et autres semblables	100 kil.	1 00
grains à tailler	id.	1 00
cornes de bétail brutes, os et sabots	....	exempts.
dents d'éléphant entières ou sciées	100 kil.	10 00
nacre brut	id.	5 00
écaille de tortue brute	id.	10 00
non dénommées	id.	0 50
Modes (ouvrages de)	le kil.	15 00 ou 8 % de la valeur.
Mosaïques et objets de collection	....	exempts.
Objets non dénommés, composés de matières diverses	valeur.	10 %
Ouvrages de peinture pour formes des tableaux	....	exempts.

DÉNOMINATION DES MARCHANDISES.	Bases.	Droits.
		fr. c.
Parapluies et parasols : en soie	la pièce.	1 00
en autre étoffe	id.	0 50
(carcasses de), montées, fournitures autres	100 kil.	20 00
Peignes à chanvre et lin	id.	5 00
Pinceaux communs à manche	id.	10 00
Plumes, de parure, brutes	le kil.	1 00
ouvrées	id.	15 00 plus 8 % de la valeur.
de lit	100 kil.	10 00
Quincaillerie et mercerie : bimbeloterie, jouets d'enfant	id.	40 00
mercerie commune, de bois	id.	40 00
autre	id.	50 00
fine, et cartonnages fins	id.	100 00
tabletterie	id.	100 00
chiques de pierres dures ou terre-cuite	id.	1 00
Roseaux et joncs des marais ou des jardins	....	exempts.
en brochettes pour peignes à tisser, et rotins de petit calibre	100 kil.	1 00
Tabatières fines, valant plus de 5 fr.	la pièce.	1 00 plus 5 % de la valeur.
Tissus en feuilles, de paille, d'écorce, pour chapeaux	100 kil.	50 00
autres	id.	2 00
Tresses de paille, d'écorce, de sparte pour chapeaux : fines	id.	50 00
grossières	id.	15 00
pour cordages	id.	2 00
Vannerie, grossière	id.	5 00
fine	id.	20 00
nattes	id.	2 00

CATÉGORIE 16e.

Métaux communs et ouvrages relatifs.

DÉNOMINATION DES MARCHANDISES.	Bases.	Droits.
Fer (minerai de) : pailles et limailles, fonte en masse ou en débris	....	exempts.
Fonte ouvrée, simple	100 kil.	4 00
en coussinets pour les chemins de fer	id.	0 50
garnie d'autres métaux	id.	6 00
Fer : de première fabrication	id.	5 00
de seconde fabrication, simple	id.	12 00
garni d'autres métaux	id.	15 00
en baguettes rondes de 4 à 12mm de diamètre roulé, de la longueur de 8 mètres au moins	id.	2 00
fil de fer au-dessous de 5mm	id.	7 50
rails pour chemins de fer	id.	1 00
ancres et canons, enclumes, martinets, socs de charrue, outils pour les arts et métiers ou l'agriculture	id.	10 00
ferrailles et débris de fer	id.	1 00
ressorts de voitures	id.	30 00
vis et pointes de Paris	id.	12 50
tôle noire, même en tuyaux	id.	8 00
tôle étamée, non ouvrée	id.	8 00
ouvrée même garnie d'autres métaux	id.	25 00
Cuivre : en pains, rosettes, etc.	id.	1 00
en plaques (laminé)	id.	8 00
ouvré non ferré	id.	20 00
en fonds de chaudière, battu	id.	12 00
doré et argenté, battu, tiré, laminé, y compris les cannetelles et paillettes	id.	40 00
tiré sur fil ou sur soie	id.	85 00
ouvrages de	id.	100 00
monnaies de billon ayant cours légal	....	exemptes.
Laiton : en pains et rosettes	id.	4 00
laminé en plaques	id.	8 00
en fonds de chaudières, battu	id.	12 00
ouvré, non ferré	id.	20 00
ferré et en garnitures simplement jetées	id.	15 00
filé pour cordes d'instruments	id.	50 00
Bronze : en pains, en masse, etc. (Comme laiton.)		
ouvré en cloches, canons, gros objets	id.	15 00
en objets divers, dorés	id.	100 00
non dorés	id.	50 00
Limailles de cuivre, laiton, bronze	....	exemptes.
Plomb, minerai de	100 kil.	1 00
en pains et en débris	id.	0 50
battu, laminé, ouvré	id.	8 00
Graphite	id.	10 00
Étain et bismuth : en pains ou débris	id.	1 00
en verges	id.	8 00
battu et laminé	id.	10 00
ouvré en poterie et autres objets grossiers	id.	20 00
en feuilles battues pour miroirs	id.	15 00
Packfong (argentan), en plaques	id.	80 00
filé ou ouvré	id.	100 00
Zinc, pierre calaminaire	id.	4 00
de première fusion, en masses brutes, barres, plaques	id.	1 00
laminé	id.	8 00
ouvré, en tuyaux et ouvrages grossiers	id.	10 00

DÉNOMINATION DES MARCHANDISES.	Bases.	Droits.
		fr. c.
Zinc ouvré en objets divers (comme bronze).		
Antimoine préparé, régule	100 kil.	15 00
Arsenic métallique	id.	10 00
Cobalt (minerai et safre)	id.	15 00
Manganèse	id.	1 00
Mercure natif	id.	20 00
CATÉGORIE 17e.		
Or, argent, pierres précieuses.		
Or et argent : bruts, en masses, lingots, barres, objets cassés	....	exempts.
battus, en feuilles (sans tare pour papier) :		
or	le kil.	8 00
argent	id.	4 00
tirés ou laminés, lames, paillettes, etc.	id.	3 00
filés sur soie	id.	6 00
orfévrerie et vaisselle d'or	l'hectogr.	10 00
d'argent	le kil.	12 00
d'argent doré	id.	24 00
bijouterie et joaillerie d'or	l'hectogr.	16 00
d'argent	le kil.	20 00
doré en tout ou en partie	id.	30 00
Pierres précieuses, perles, grenats fins :		
non montés	valeur.	1 %
montés (comme bijouterie d'or).		
Monnaies et regrets d'orfévre	....	exempts.
CATÉGORIE 18e.		
Pierres, terres et autres fossiles.		
Cristal de roche : brut	100 kil.	10 00
ouvré	id.	100 00
Marbres : bruts, simplement équarris, statuaires ébauchés, pulvérisés; albâtre brut et pulvérisé; ardoises; pierres et terres servant aux arts et métiers; ocres non moulues; bitumes solides, non dénommés; fluides; goudron minéral, provenant de la distillation de la houille; craie; sables	....	exempts.
tables, simplement sciées, de $1^m,50$ ou moins de longueur	la pièce.	0 20
de longueur supérieure	id.	0 30
cheminées ébauchées	100 kil.	0 50
sculptés, moulés, polis, ouvrés, bancs de toute grandeur	la pièce.	10 00
balustres et piliers pour balcons	id.	0 30
moules pour vermicelliers	id.	2 00
mortiers	id.	0 10
carreaux, de $0^m,25$ et moins	100 en n^{re}.	5 00
de $0^m,25$ à $0^m,41$	id.	8 00
de $0^m,41$ à $0^m,61$	id.	12 00
de plus de $0^m,61$	la pièce.	0 20
marches, corniches, bases pour balcons, pilastres pour portes	le décimèt.	0 10
tables équarries ou polies, jusqu'à $1^m,50$ de longueur	la pièce.	1 50
de longueur supérieure	id.	2 00
ouvrages divers : albâtre sculpté, moulé, poli; pierres ouvrées ou incrustées de marbre	valeur.	5 %
Pierres : meules	la pièce.	1 00
à aiguiser	id.	0 10
Matériaux : chaux en pierres; pierres à plâtre; pouzzolane; non dénommés	....	exempts.
chaux calcinée; plâtre préparé, moulu ou calciné	100 kil.	0 10
briques et tuiles plates	1,000 en n^e.	2 00
tuiles bombées et carreaux de terre	id.	3 00
tuyaux de terre pour drainage	id.	1 00
autres	id.	10 00
Pierres et terres servant aux arts et métiers :		
bol d'Arménie; terre sigillée	100 kil.	10 00
ocres moulues	id.	3 00
pierres de queue, à rasoirs, à feu, pour tailleurs	id.	2 50
ferrugineuses	id.	0 60
lithographiques, de touche, ponce	id.	1 00
terres et pierres magnésiennes; à faïence, à porcelaine, à pipe; marne, et non dénommées	....	exemptes.
Soufre : grége ou brut	100 kil.	0 20
raffiné et fleur de	id.	6 00
Charbon de terre	....	exempt.
CATÉGORIE 19e.		
Poteries, verres, cristaux.		
Poterie de terre et de grès commun	100 kil.	1 00
creusets, carreaux enduits ou vernissés	id.	0 80
jarres à huile	id.	1 00
pipes et autres ouvrages de gypse ou terre	id.	8 00
fourneaux, même incrustés de faïence; ustensiles divers	id.	3 00
de faïence et de grès fin :		
en carreaux pour pavés	100 k. brut.	4 00
blanche	100 kil.	8 00
dorée, peinte, coloriée	id.	12 00
de porcelaine :		
blanche	id.	16 00
dorée, peinte, coloriée	100 k. brut.	25 00
Verres et cristaux :		
miroirs non montés, de toute grandeur	id.	25 00
montés, y compris la corniche; grands, c'est-à-dire de plus de $0^m,40$ carrés	id.	60 00
petits	id.	40 00
bouteilles noires :		
demi-bouteilles	100 en n^{re}.	1 50
bouteilles commun. d'un litre environ	id.	2 00
plus grandes	id.	7 00
cristaux de toute sorte	100 kil.	15 00
dames jeannes	la pièce.	0 20
fiasques	100 en n^{re}.	1 25
glaces et verres à vitres, grands ou petits	100 kil.	8 00
verre ouvré de toute espèce	id.	8 00
cassé; groisil	....	exempt.
vitrifications :		
taillées en pierres à bijoux; grains percés et grains de cristal pour lustres	100 kil.	50 00
émail en gâteaux et en poudre	id.	8 00
CATÉGORIE 20e.		
Tabacs.		
Tabacs : en poudre, d'Espagne	le kil.	12 00
en cigares, de la Havane, et semblables : fins	la pièce ou le kil.	0 05 / 20 00
tous autres	....	prohibés.

TARIF DES DROITS DE SORTIE.

DÉNOMINATION DES MARCHANDISES.	Bases.	Droits.
		fr. c.
Tous objets non spécialement tarifés payent indistinctement 0 fr. 20 c., suivant la base établie au tarif des droits d'entrée. Toutefois, ceux au kil. payent par 100 kil.		
Sont exempts de droits de sortie les articles sujets au droit général des catégories 2, 3, 4, 5, 7, 8, 9, 10, 11, 14, 16, 17, 18, 19, 20.		
CATÉGORIE 1re.		
Boissons et huiles.		
Huiles de toute sorte	100 kil.	0 30
Liquides en bouteilles	100 bout.	0 20
CATÉGORIE 2e.		
Denrées coloniales, produits chimiques, teintures et tannins, etc.		
CATÉGORIE 3e.		
Fruits, fourrages, semences.		
CATÉGORIE 4e.		
Grassine.		

DÉNOMINATION DES MARCHANDISES.	Bases.	Droits.
CATÉGORIE 5e.		
Poissons.		
CATÉGORIE 6e.		
Bestiaux.		
Chevaux, juments, mulets, mules, ânes, ânesses, taureaux, bœufs, vaches, génisses, taurillons, bouvillons, veaux, chèvres, boucs, moutons, béliers, brebis, moutons, agneaux, porcs, chevreaux.	....	exempts.
CATÉGORIE 7e.		
Peaux.		
CATÉGORIE 8e.		
Chanvre, lin, et manufactures relatives.		
CATÉGORIE 9e.		
Coton et manufactures relatives.		
CATÉGORIE 10e.		
Laines, crins, poils, et manufactures relatives.		
CATÉGORIE 11e.		
Soies et manufactures relatives.		
CATÉGORIE 12e.		
Grains ou céréales et pâtes.		
Tous les articles compris sons ces dénominations.	....	exempts.

DÉNOMINATION DES MARCHANDISES.	Bases.	Droits.
CATÉGORIE 13e.		
Bois et ouvrages en bois.		
Charbon de bois.	100 kil.	0 50
Bois à brûler.	id.	0 10
Bois pour construction, brut ou équarri. . . .	valeur.	4 %
scié.	id.	2 %
Rames, osiers des saules, liége ouvré et non ouvré, bâtiments de mer.	....	exempts.
CATÉGORIE 14e.		
Papiers et livres.		
CATÉGORIE 15e.		
Mercerie, quincaillerie, objets divers.		
Armes de toute qualité.	100 kil.	1 00
Drilles de toute sorte.	id.	4 00
Chapeaux de toute espèce; cornes, os et sabots de bétail; mouvements quelconques d'horloges; roseaux communs.	....	exempts.
CATÉGORIE 16e.		
Métaux communs.		
CATÉGORIE 17e.		
Or et argent.		
CATÉGORIE 18e.		
Pierres et terres.		
CATÉGORIE 19e.		
Verres et cristaux.		
CATÉGORIE 20e.		
Tabacs.		

AVANTAGES ACCORDÉS AU COMMERCE FRANÇAIS

dans les États sardes, par suite des traités ou conventions passés les 5 novembre 1850, 20 mai 1851, et 14 février 1852.

MARCHANDISES.

Vins et vinaigre de table.

En futailles.	l'hectolitre,	3 fr. 30 c.
En bouteilles.	la bouteille,	0 10

Eaux-de-vie de toute qualité.

En futailles, de 22 degrés et au-dessous.	l'hectolitre,	5 50
De degrés supérieurs.	id.	10 00
En bouteilles.	la bouteille,	0 10

Médicaments composés.

Élixir de la Grande Chartreuse. . . par terre, exempte.

Nota. Les bouteilles doivent porter l'empreinte du cachet de la maison, et être accompagnées d'un certificat délivré par le prieur.

Peaux diverses, de cygne, d'oie et d'agneau.

Préparées et coupées pour éventail; d'agneau et de chevreau blanches ou teintes pour faire des gants. . la douzaine, 4 00

NAVIGATION.

Les paquebots à vapeur affectés à un service régulier, et faisant escale à Gênes; les navires français venant avec chargement des ports de France, et sur lest de tout port quelconque, sont soumis au même régime que les navires sardes.

Les navires français sont autorisés à faire escale dans les ports sardes, soit pour y compléter leur chargement, soit pour y débarquer une partie de leur cargaison.

Sont complétement affranchis des droits de tonnage et d'expédition dans les ports sardes :

Les navires français qui, entrés sur lest de quelque lieu que ce soit, en repartent sur lest;

Les navires en cours d'escales, qui justifient avoir déjà payé les droits;

Les navires qui, entrés volontairement dans un port avec chargement, en sortent sans avoir fait opération de commerce.

Ne sont pas considérées comme opérations de commerce : le débarquement et le rechargement des marchandises pour la réparation du navire; le transbordement sur un autre navire en cas d'innavigabilité du premier; les dépenses nécessaires au ravitaillement des équipages; la vente des marchandises avariées.

Réciprocité en France pour les navires sardes.

Le cabotage réservé dans les deux pays aux bâtiments nationaux.

TRAITÉS DE COMMERCE ET DE NAVIGATION

CONCLUS PAR LA SARDAIGNE AVEC D'AUTRES ÉTATS.

Angleterre	1851.	Traité du	27 février.
Association allemande	id.	—	20 mai.
Autriche	id.	—	18 octobre.
Belgique	id.	—	24 janvier.
—	1857.	—	10 décembre.
—	1858.	Articles additionnels.	
Chili	1856.	—	21 septembre.
Danemarck	1843.	—	14 août.
—	1850.	—	12 juillet.
Deux-Siciles	1846.	—	7 février.
—	1855.	—	11 mai.
—	1856.	—	27 juin.
États romains	1847.	—	3 juillet.
États-Unis	1838.	—	26 décembre.
France	1850.	—	5 novembre.
—	1851.	—	20 mai.
—	1852.	—	14 février.
Grèce	1851.	—	31 mars.
Hanovre	1845.	—	11 août.
Maroc	1825.	—	30 juin.
Mecklembourg-Schwerin	1853.	—	28 janvier.
Mexique	1855.	—	1 août.
Modène	1843.	Traité du	2 janvier.
Nouvelle-Grenade	1847.	—	18 août.
Oldenbourg	1846.	—	21 avril.
Paraguay	1853.	—	4 mars.
Pays-Bas	1851.	—	24 juin.
Pérou	1853.	—	14 juin.
Perse	1857.	—	26 avril.
Portugal	1850.	—	17 décembre.
République dominicaine	1854.	—	22 mars.
Russie	1845.	—	12 décembre.
Suède et Norwége	1839.	—	28 novembre.
— —	1852.	—	25 janvier.
Suisse	1851.	—	8 juin.
Toscane	1847.	—	5 juin.
—	1849.	—	24 septembre.
—	1854.	—	19 décembre.
Tripoli	1816.	—	29 avril.
Tunis	1816.	—	17 avril.
Turquie	1839.	—	2 septembre.
Uruguay	1840.	—	29 octobre.
Villes anséatiques	1851.	—	29 avril.

TABLE ANALYTIQUE

DU TARIF DES DROITS D'ENTRÉE.

Catégories.		Pages.
1re.	Eaux, boissons, huiles	00
2e.	Denrées coloniales, sucs végétaux, espèces médicinales, produits chimiques, couleurs, teintures et tannins, articles divers, parfumeries	00
3e.	Fruits et semences, jardinage, plantes	00
4e.	Grassine	00
5e.	Poissons	00
6e.	Bestiaux	00
7e.	Peaux	00
8e.	Chanvre, lin et manufactures relatives	00
9e.	Coton et manufactures relatives	00
10e.	Laines, crins, poils et manufactures relatives	00
11e.	Soies et manufactures relatives	00
12e.	Grains, céréales, pâtes	00
13e.	Bois et ouvrages en bois	00
14e.	Papiers, livres	00
15e.	Mercerie, quincaillerie et objets divers	00
16e.	Métaux communs et ouvrages relatifs	00
17e.	Or et argent (ouvrages de), pierres précieuses	00
18e.	Pierres, terres, autres fossiles	00
19e.	Poteries, verres, cristaux	00
20e.	Tabacs	00

FIN DU TARIF DES DOUANES DES ÉTATS SARDES.

TARIF

DES

DOUANES DE L'EMPIRE OTTOMAN.

OBSERVATIONS PRÉLIMINAIRES.

La Turquie n'a pas un tarif uniformément applicable à toutes les nations avec lesquelles elle trafique, mais des tarifs spéciaux à chacun des pays qui ont conclu avec elle des traités de commerce. Ces traités étant nécessairement exécutoires dans tous les États du Grand-Seigneur, il en devrait résulter que les mêmes droits devraient être perçus partout.

Cependant il n'en est pas ainsi, et pour ce qui concerne l'Égypte il a été apporté une modification au tarif général, en ce sens que les droits spécifiques arrêtés par les commissaires nommés par la France et par la Turquie, et qui représentent les 3 °/₀ de la valeur des marchandises, ont paru trop élevés à Alexandrie. Il a été décidé en conséquence que les prix moyens des cargaisons seront fixés de commun accord entre le directeur des douanes et l'importateur, et que sur ces prix seront prélevés les 3 °/₀ de l'importation, de sorte qu'en réalité il n'y a pas de tarif uniforme en Égypte. C'est la valeur de la marchandise sur place, *au moment de son arrivée*, qui détermine la perception, d'abord du 3 °/₀, puis du 2 °/₀, pour droits de consommation mentionnés au traité, ainsi qu'il sera expliqué ci-après.

On conçoit qu'il est impossible de donner ici les divers tarifs de l'empire turc ; ils varient d'ailleurs très-peu entre eux, attendu qu'ils ont pour base la valeur des marchandises sur lesquelles on a à payer tant p. °/₀.

D'après notre traité du 25 novembre 1838, les Français ou leurs ayant-cause peuvent acheter dans toutes les parties de l'empire ottoman, soit qu'ils veuillent en faire le commerce à l'intérieur, soit qu'ils veuillent les exporter, tous les articles sans exception provenant du sol ou de l'industrie de ce pays. Toutefois le commerce à l'intérieur reste soumis aux règles et impôts exigés des sujets musulmans les plus favorisés (rayas).

Tout article du sol ou de l'industrie de la Turquie acheté pour l'exportation doit payer, avant son embarquement, 9 °/₀ de sa valeur, en remplacement des anciens droits exigés du commerce intérieur, et 3 °/₀ comme droit d'exportation.

Tout article produit du sol ou de l'industrie de la France et de ses dépendances, et toutes marchandises, de quelque espèce qu'elles soient, importées par navires français et étant la propriété de sujets français, vinssent-elles même d'autres pays que de la France, seront admises moyennant un droit de 3 °/₀ de leur valeur. Si elles sont destinées à la consommation intérieure de l'empire, elles auront à acquitter un droit additionnel de 2 °/₀. Au moyen de ce double payement, ces marchandises pourront circuler, être vendues ou être réexportées librement.

Les marchandises de transit n'auront à payer que le droit de 3 °/₀.

Des commissaires sont respectivement nommés tous les quatorze ans pour fixer par un tarif la somme d'argent en monnaie du Grand-Seigneur qui devra être payée sur certains articles. Ce tarif pourra être révisé tous les cinq ans.

Le tarif que nous publions ici est celui arrêté de commun accord le 5 décembre 1850, et qui est encore en application aujourd'hui.

TARIF D'IMPORTATION.

DÉNOMINATION DES MARCHANDISES.	Droits. Bases.	Droits. Quotité. fr. c.
Manufactures en laine.		
Draps d'Elbeuf, lepsica à deux poissons, façon anglais, saya et les imitations	le mètre.	0 28
zéphir à couronne, sans couronne, drap de cour, corposi, sultan, façon saxonia, et mahout	id.	0 21
Bonnets ordinaires, de Marseille, dits agatch-marca	la douz.	0 12
sakez et orta-sakez	id.	0 29
medjidiès	id.	0 60
grands, pour les Hellènes, avec flot	id.	0 97
sans flot	id.	0 90
Manufactures en coton.		
Indiennes d'une et de deux couleurs, blanches et de couleur, de 0^{m},86 à 0^{m},94 de largeur, et de 25 à 42 mètres de longueur, bon teint et faux teint, et de toutes qualités, pour habillements	la pièce.	0 75
de trois et plusieurs couleurs, pour habillements, de 0^{m},86 à 0^{m},94 de largeur, et de 30 à 45 mètres de longueur, de toutes qualités	id.	1 12
de trois et plusieurs couleurs, pour habillements, de 0^{m},86 à 0^{m},94 de largeur, et de 22 à 19 mètres de longueur, de toutes qualités	id.	0 67
pour ameublements et pour habillements, de 0^{m},60 à 0^{m},70 de largeur, et de 25 mètres de longueur, de toutes qualités	id.	0 44
pour meubles, de 0^{m},86 à 0^{m},94 de largeur, et de 25 à 36 mètres de longueur, de qualités moyennes et inférieures	id.	0 74
les mêmes, de qualité supérieure	id.	1 44
Mousselines imprimées pour habillements, étroites ainsi que larges, de 29 à 36 mètres de longueur, de toutes qualités	id.	0 93
les mêmes, de 25 à 28 mètr. de longueur	id.	0 37
pour robes, tissées, brochées ou Jacquard, dessins à raies, à bouquets ou à ramages, de 0^{m},86 à 0^{m},94 de largeur, et de 7^{m},15 à 9^{m},52 de longueur, de toutes qualités	id.	0 28
Étoffes fond rouge, dites mérinos, de 0^{m},77 à 0^{m},94 de largeur, et de 25 à 30 mètres de longueur, de toutes qualités	la pièce.	0 98
les mêmes, de 0^{m},60 à 0^{m},69 de largeur, et de 25 mètres de longueur	id.	0 74
Calicots et hassés, blancs et écrus, larges et étroits (avec réduction de 12 kil. 80 gr. par balle, pour tare)	le kil.	0 03
Batiste de coton, de 0^{m},77 à 0^{m},94 de largeur, et de 7^{m},15 à 9^{m},52 de longueur, de toutes qualités	la pièce.	0 22
Printannières et cotonnets à raies, à flammes, à bouquets et autres dessins, de 0^{m},43 à 0^{m},08 de largeur, de toutes qualités	le mètre.	0 01
les mêmes, de 0^{m},77 à 1^{m},20 de largeur	id.	0,01,153
Dimicatons, moréas, façon moréas, à raies, mouchés, à flammes, Jacquard, etc., etc., de 0^{m},56 à 0^{m},60 de largeur, de toutes qualités	id.	0 06
les mêmes, de 0^{m},43 à 0^{m},52 de largeur	id.	0 04
Cambricks, de 1^{m},71 à 2^{m},74 de largeur, et de 19 mètres de longueur, de toutes qualités	la pièce.	0 54
Jaconnets brochés, de 1^{m},07 à 1^{m},19 de largeur, dessins à carreaux et à bouquets, de 9^{m},52 de longueur, de toutes qualités	id.	0 15
Mouchoirs de coton bleus, petits, de 0^{m},60 à 0^{m},08 de largeur	la douz^{e}.	0 09
de coton en couleurs à carreaux, de 0^{m},42 à 0^{m},60 de largeur, de toutes qualités	id.	0 05
les mêmes, de 0^{m},69 à 0^{m},77 de largeur	id.	0 09
les mêmes, de 0^{m},85 à 1^{m},11 de largeur	id.	0 13
imprimés, dits calemkiars, petits, de 0^{m},93 à 1^{m},19 de largeur	le mouch^{r}.	0 02
Châles façon Berlin, tissu croisé, en coton, imprimés, de 1 mètre à 1^{m},20 de largeur, à franges et sans franges, de toutes qualités	la douz^{e}.	0 30
les mêmes, de 1^{m},37 à 1^{m},45 de largeur	id.	0 42
Cravates à bord rayé blanc en cambrick, de 0^{m},77 à 0^{m},90 de largeur	id.	0 10
Châles carrés rouges, mérinos, de coton, imprimés, de 1^{m},71	le châle.	0 13
les mêmes, de 1^{m},37 à 1^{m},54	id.	0 10
Mouchoirs de coton rouge, mérinos, imprimés, de 1^{m},03 à 1^{m},20	la douz^{e}.	0 67
les mêmes, de 0^{m},77 à 0^{m},94	id.	0 25
Cambricks de 1^{m},07 à 2^{m},07 de largeur, et de 19 mètres de longueur	la pièce.	0 54

DÉNOMINATION DES MARCHANDISES.	Droits. Bases.	Quotité. fr.	c.
Basin de couleur, de $0^m,61$ à $1^m,10$ de largeur, et de 21 à 25 mètres de longueur	la pièce.	0	25
blanc, de 1 mètre à $1^m,20$ de largeur, et de 21 mètres de longueur	id.	0	25
Mousselines dites *tchapali*, de $0^m,76$ à $1^m,06$ de largeur, et de 23 mètres de longueur	id.	0	16
dites *mulis*, de $0^m,81$ à $1^m,10$ de largeur, et de 18 mètres de longueur	id.	0	26
dites *mermer*, de $0^m,91$ à $1^m,10$ de largeur, et de 18 mètres de longueur	id.	0	17
tangils, dites *surahi*, de $0^m,85$ de largeur, et de $18^m,25$ de longueur	id.	0	08
dites *sévaspour*, de $0^m,42$ à $1^m,03$ de largeur, et de $18^m,25$ de longueur	id.	0	00
Tulle de coton avec dessins à fleurs, de 1 mètre à $1^m,06$ de largeur	le mètre.	0	16
Saghancoul de $1^m,10$ à $1^m,20$ de largeur, et de 9 mètres de longueur	la pièce.	0	14
Velours de coton uni, de $0^m,51$ à $0^m,68$ de largeur	le mètre.	0	02
imprimé, de $0^m,51$ à $0^m,68$ de largeur	id.	0	03
Bas de coton et de fil de lin	la douz^e.	0	23
Chaussettes de coton et de fil de lin	id.	0	11
les mêmes, pour enfants	id.	0	10
Bonnets de coton, blancs et de couleur	id.	0	16
Gants de coton et de lin, blancs et en couleur, ordinaires	12 paires.	0	11
Soieries.			
Velours dits à trois poils et qualités supérieures	le mètre.	0	23
Bas de soie	la douz^e.	1	20
Chaussettes de soie	id.	0	60
Chapeaux de soie	id.	2	64
Crêpes en soie, larges et étroits	2 1/2 pièces	0	60
Taffetas, satins, levantines, serges, unis, de $0^m,51$ à $0^m,69$ de largeur	le mètre.	0	07
les mêmes, de 1 mètre à $1^m,40$	id.	0	14
les mêmes, à fleurs, dits croisés	id.	0	09
Velours de 1 1/2 à 2 poils, et velours soie et coton	id.	0	20
Gazes en soie, de 1 mètre de largeur	id.	0	02
avec dessins tissés, de 1 mètre de largeur	id.	0	07
Gros de Naples de $0^m,35$ de largeur	id.	0	06
Tissus en lin. — *Docks* de toute espèce	id.	0	05
Papiers divers.			
Papier à écrire, coquille, tre-capelli, sotto-tre-capelli, concetto et à cloche	le kil.	0	04
à lettres, blanc et de couleur	id.	0	05
à imprimer	id.	0	03
à registres, à trois lunes, et grand-aigle	id.	0	04
raisin, pour affiches, colorié	id.	0	04
marbré, gaufré, colorié, application d'un seul côté	la rame.	0	51
registres confectionnés	le kil.	0	07
à musique	la rame.	0	45
à tapisserie, non glacé, le rouleau	de $8^m,50$.	0	12
pour bordures	id.	0	05
fond glacé	id.	0	05
pour bordures	id.	0	09
velouté	id.	0	16
pour bordures	id.	0	32
doré, velouté, argenté, et leurs bordures	id.	0	25
non velouté, mais doré et argenté	id.	0	16
Boissons.			
Vins de Bordeaux et autres, en bouteilles	la bout.	0	04
de Champagne et façon Champagne	id.	0	07
en barriques	l'hectol.	0	53
de Porto, en bouteilles	la bout.	0	07
de Madère et de Xérès	id.	0	06
de Marsala, en barriques	l'hectol.	1	13
Eau-de-vie de France	id.	0	98
Bière	12 bout.	0	18
Sirops, liqueurs et élixirs, en flacons	100 flacons.	0	81
en bouteilles	100 bout.	1	71
Vinaigre rouge	100 kil.	0	37
Liquides.			
Eau de lavande en flacons	100 flacons	0	63
en bouteilles	la bout.	0	05
Eau forte de raze	l'hectol.	2	25
Huile de vitriol	id.	1	28
Eau de Cologne	6 flacons.	0	09
Cristaux, verreries, faïences.			
Verres à vitres, les deux caissettes, contenant en tout de 20 à 200 vitres, suivant leur grandeur, mesurant ensemble 21 mètres carrés, l'excédant ou la diminution en plus ou en moins étant perçu proportionnellement	2 caissettes	0	82

DÉNOMINATION DES MARCHANDISES.	Droits. Bases.	Quotité. fr.	c.
Bouteilles de $0^l,283$ à $1^l,415$ exclusivement de contenance	100 bout.	0	41
de $1^l,415$	id.	0	94
de $5^l,660$, et celles pour tabac	id.	1	86
dames-jeannes	la pièce.	0	10
Comestibles.			
Pommes de terre	100 kil.	0	50
Salaisons, sardines salées, en barils	de 4 à 5 kil.	0	21
Fruits confits : anchois, câpres, olives, huile et salaisons diverses	12 bout.	0	31
Fruits secs : amandes sans coque	100 kil.	0	30
Métaux bruts et ouvrés.			
Plomb en saumons	id.	1	22
en feuilles et tuyaux	id.	1	54
en grenaille à giboyer	id.	1	38
Feuilles d'or faux	le kil.	0	05
Cuivre en feuilles pour doublage, et clous en cuivre	100 kil.	0	07
Fils et lames d'or et d'argent, cannetilles, paillettes unies et de couleur	le kil.	0	65
les mêmes, en or et argent faux	id.	0	29
Clous à têtes dorées, — cinq paquets	500 clous.	0	07
Zinc	le kil.	0	01
Denrées coloniales et sucre raffiné.			
Café	100 kil.	233	28
Moka, venant d'Europe, et celui d'Égypte excepté	id.	326	59
Sucre en pains	id.	2	76
en poudre et pilé, première qualité, jaune ou brun	id.	2	28
brut, moscouade	id.	1	73
Poivre	le kil.	0	02
Piment	id.	0	03
Cannelle Ceylan	id.	0	07
cassia lignea	id.	0	06
Clous de girofle	id.	0	06
Gingembre noir et blanc	100 kil.	1	59
Teintures.			
Verdet en pains	le kil.	0	06
cristallisé	id.	0	10
Bois de sandal	100 kil.	1	12
Rouge-brun	id.	0	35
Bois de Campêche	id.	0	40
de Sainte-Marthe	id.	1	01
de Fernambouc	id.	4	73
Cochenille	le kil.	0	32
Indigo des Indes, du Bengale, en caisses	id.	0	29
dit de Madras, en caisses	id.	0	17
Drogueries.			
Camphre	id.	0	07
Salpêtre raffiné	100 kil.	2	13
Vitriol bleu	le kil.	0	02
Tartre rouge	100 kil.	2	67
Civadille	le kil.	0	05
Ipécacuana	id.	0	10
Antimoine	100 kil.	2	62
Crème de tartre	le kil.	0	04
Jalap	id.	0	14
Couperose	100 kil.	0	37
Amidon	le kil.	0	02
Benjoin	id.	0	08
Bois d'ébène	100 kil.	1	06
d'acajou	id.	1	33
legno santo	id.	0	69
Peaux et cuirs, bruts ou ouvrés.			
Cuir pour semelles	le kil.	0	06
Souliers pour hommes	la paire.	0	16
Bottes	id.	0	30
Peaux de veaux, grises et noires	la douz^e.	1	55
glacées ou vernies	id.	1	65
Maroquins et peaux de chèvres ou moutons, en couleur	id.	0	50
en couleur, avec dessins	id.	0	62
Tiges de bottes	la paire.	0	10
Avant-bottes	id.	0	05
Quincailleries.			
Épingles	1,000 en n.	0	03
Peignes en corne	5 douz^{es}.	0	15
en ivoire	le kil.	1	34
Brosses à souliers	la douze.	0	06
pour habits	id.	0	27
d'orfèvre	30 brosses.	0	25
Cartes à jouer	la douz^e.	0	07
Couteaux et fourchettes ordinaires	12 paires.	0	07

DÉNOMINATION DES MARCHANDISES.	Droits. Bases.	Quotité. fr.	c.
Lunettes à branches de métal	la douz^e^.	0	12
sans branche	60 lunett.	0	20
Articles divers.			
Cire ouvrée, bougies	100 kil.	9	56
Chandelles stéariques et à l'étoile	le kil.	0	18
Chocolat	id.	0	17
Liége en planches	100 kil.	0	48
bouchons pour bouteilles	les 1,000.	0	17
pour dames-jeannes	id.	0	45
Baume de chrétienté	le kil.	0	09
Pointes de Paris	id.	0	02
Émail transparent	id.	1	72
Chapeaux de paille, fins	la douz^e^.	1	80
Chapeaux de paille ordinaires	la douz^e^.	1	32
Corail en chapelets, fin	le kil.	5	11
ordinaire	id.	2	46
commun	id.	0	78
brut	id.	2	46
Toutes autres marchandises non dénommées, de quelque nature et espèce que ce soit, pour droit d'entrée	la valeur.	3 %	
de consommation	id.	2 %	
Ce dernier droit est aussi exigé pour toutes les marchandises reprises au tarif, lorsqu'elles sont mises en consommation dans l'Empire, ceux qui y sont inscrits ne représentant que les 3 % de la valeur de ces mêmes marchandises (valeurs officielles).			

TARIF D'EXPORTATION.

Aux droits inscrits à ce tarif, ajouter *un tiers* pour les marchandises exportées, ces droits ne représentant que 9 % de la valeur des marchandises (valeurs officielles).

DÉNOMINATION DES MARCHANDISES.	Droits. Bases.	Quotité. fr.	c.
Soies écrues.			
Soies de Brousse, d'Ismit et des environs, ainsi que toutes les soies à la piémontaise et à la française	le kil.	2	00
d'Aydin, de Sigala, de Mentèche, de Damas, d'Alep et de toute la Syrie	id.	1	19
de Chypre	id.	0	91
de Yanina, Tricala, Amassia, Yéni-Chéhir, Yéni-Chéhir-Gholos, Salonique, Bafsa, Tcharchambé, Caraférié	id.	1	46
d'Andrinople, Démotica, Tournova, Philippopoli, Bazardjik, Zaara-Atik et Zaara-Djédid, de Roumélie et les environs	id.	1	57
Céréales.			
Blé	l'hectol.	0	75
Blé de Turquie et seigle	id.	0	38
Orge	id.	0	33
Comestibles.			
Pâte de moût de raisin, dite *keufter*	100 kil.	3	35
Matières premières à filer.			
Laine venant d'Anatolie et de Roumélie, et celle produite à Constantinople	id.	4	85
de Syrie, Tripoli de Barbarie, Bagdad et des pays voisins	id.	3	42
Poil de chèvre d'Angora de toute espèce	le kil.	0	19
Coton en laine d'Anatolie	100 kil.	7	92
de Roumélie	id.	6	86
Graines oléagineuses.			
Graines de lin	l'hectol.	1	05
de sésame	id.	1	71
de chanvre	id.	0	75
Métaux divers.			
Cuivre vieux	le kil.	0	13
ouvré	id.	0	29
en pains	id.	0	16
Aiguilles de Moudournou	id.	0	16
Liquides.			
Huile d'olives	id.	5	83
Vin de l'empire ottoman	l'hectol.	2	50
Eau-de-vie	id.	5	10
Vin de Chypre, dit de Commanderie	id.	6	82
Huile ou essence de rose	le kil.	5	88
Beurre, graisse, savon, cire.			
Savons	100 kil.	5	89
Cire en pains	le kil.	0	25
Fruits secs.			
Noisettes	100 kil.	1	84
Noix	100 kil.	0	84
Raisins secs, de Carabournou, et sans pépins	id.	4	26
rezaki d'Ourlà, de Tchechmé, d'Aydin et de Mentéché	id.	2	34
dits sultani, de Tchechmé, et yerli sans pépins	id.	3	35
d'Ourlà, sans pépins	id.	3	93
dit rezaki, de Carabournou	id.	2	68
de Beylerdjé	id.	1	25
petit, dit de Corinthe	id.	3	77
noir	id.	1	14
dit rezaki, de Stanchio	id.	1	42
de Mandalia et de Samos	id.	1	07
Gommes, drogues, ingrédiens divers.			
Salep d'Anatolie	le kil.	0	20
Anis de Césarée	id.	0	04
de Roumélie	id.	0	03
Cumin	id.	0	03
Vallonée de toute qualité	100 kil.	1	76
Gomme arabique	le kil.	0	09
Myrrhe	id.	0	06
Coloquinte	id.	0	14
Encens	100 kil.	5	53
en poudre	id.	2	76
Safranum d'Anatolie	le kil.	0	20
Mastic en barche de 90 kil.	le baril.	37	74
en larmes	le kil.	0	53
Sel ammoniac d'Égypte	id.	0	14
Séné	id.	0	07
Sandaraque	id.	0	07
Galles inférieures et supérieures	100 kil.	10	04
Opium	le kil.	1	81
Gomme adragante, 1re qualité	id.	0	25
qualité moyenne	id.	0	15
inférieure	id.	0	05
Graine de merisier	id.	0	07
Colle de cordonnier	id.	0	07
Saponaire	id.	0	03
Jus de réglisse de Smyrne	100 kil.	3	68
Peaux et cuirs, tannés et non tannés.			
Peaux de moutons et de chèvres, en poil	l'unc.	0	05
d'agneaux et de chevreaux, en poil	id.	0	03
Cuirs pour semelles, de *Yalora*	la pièce.	0	85
de buffles et de bœufs	id.	2	17
d'Aydin	id.	0	57
de Guérédé	id.	0	57
Maroquins de Césarée et *d'Eghin*	les cinq.	1	23
noirs, de *Sparta*, *Izmit*, *Conia*, *Schoumla*, *Ouchak*	l'un.	0	23
rouges, d'*Ouchak* et de *Tossia*	les six.	1	41
noirs, d'*Islemié*, *Tchirpan*, *Carlova*, etc.			
noirs et jaunes, d'autres pays	l'un.	0	16
écarlates, d'*Héraclée* et *Balekesser*	id.	0	34
de *Roumélie*	id.	0	24
Peaux de mouton écarlates, de *Roumélie*	id.	0	10
d'*Anatolie*	id.	0	14
Peaux de mouton tannées, d'*Anatolie* et de *Roumélie*	id.	0	07
de lièvres d'Anatolie	100 peaux.	1	89
de Roumélie	id.	1	13

DÉNOMINATION DES MARCHANDISES.	Droits. Bases.	Droits. Quotité.
		fr. c.
Articles divers.		
Café Moka, Yémen	le kil.	0 11
Cornes de cerf	id.	0 07
Sacs vides de crin, cousus ou non, et crin en cordes, de Roumélie et d'Anatolie	id.	0 07
Cornes, de buffles	100 paires.	4 91
de bœufs	id.	2 45
Sangsues	100 kil.	0 31
Émeri	id.	0 66
Bois divers.		
Bois de buis de toute qualité	id.	0 50
Manufactures de lin.		
Fil de *Keleb* et de *Surminé*	id.	0 18
de *Caradjalar*	id.	0 22
de lin d'*Anatolie*	id.	0 10
en *matcaux*	id.	0 27
blanc, dit *Humâlat* de *Tiré*	id.	0 20
de *Marcoula*	id.	0 11
Toile de Trébisonde	la pièce.	0 47
de lin d'Anatolie	le kil.	0 19
Ceintures, dites *Cherbab*	l'une.	0 38
Manufactures de soie ou de soie et coton.		
Ceintures de Tripoli	le kil.	2 58
dites *Bamri*	l'une.	0 94
dites *Cherbab*	id.	0 66
Coutni d'Alep	la pièce.	0 85
et merré de Brousse	id.	1 27
de Damas	id.	1 23
Tabliers de Hama, simples	la paire.	0 85
de Brousse, dits Fouta	id.	0 70
de Hama, brodés	id.	1 70
Nappes et serviettes de table, unies et brodées, de Hama	la pièce.	2 33
Coussins de *Biledjik*, simples	id.	0 68
Ibrahimiès	id.	1 04
Aladja, Tchitari, Kitabi de Damas	id.	1 03
Manufactures de laine et de poil de chèvre.		
Ceintures, de Caradjalar, blanches et de couleur	le kil.	0 22
de Hama	l'une.	0 17
de Tunis	id.	0 76
Schals, dits Caradjalar	id.	0 26
de Tunis-Helali	id.	0 94
blancs	id.	0 34
Doulouks	id.	1 13
de toutes couleurs	id.	0 94
Feutres de Cara-Hissar, blancs et de toutes couleurs	id.	0 19
pour couvertures de cheval	id.	0 38
Bonnets de Tunis, supérieurs, moyens, et inférieurs, petits	la douz^e^.	3 17
dits Medjidiés	4 bonnets.	1 89
supérieurs et inférieurs, grands	id.	3 17
Tissus, dits *Tossia* Mouhayéri	la pièce.	0 38
Papâs id.	id.	0 57
Ihrâms, blancs et de toutes couleurs, de Roumélie	le kil.	0 36
Sof et chali d'Angora, larges et étroits	21 mètres.	6 60
Fil de chèvre d'Angora	le kil.	0 39
Tapis de Smyrne, dits d'Ouschak	id.	0 22
de Turkem	l'un.	1 42
Manufactures de coton.		
Toile, dite de Dagh	la pièce.	0 26
Malatia	id.	0 42

DÉNOMINATION DES MARCHANDISES.	Droits. Bases.	Droits. Quotité.
		fr. c.
Toile, dite d'Alaya, large	la pièce.	0 17
étroite	id.	0 13
de Vizé	le kil.	0 91
Draina	id.	0 25
Merzifoun	775 mètr.	16 61
Kedos, large et étroite	50 pièces.	7 74
d'Astar	60 pièces.	10 38
de Ménémen	la pièce.	0 21
Gholos, de Badban-Gholos, de Kastambol, de Boghaz	le mètre.	0 03
Boucassins de Hamid et de Denizli, et Aladja des mêmes pays	le kil.	0 23
Coton filé de Bey-Bazar	id.	0 16
d'Arghatch	id.	0 07
de Kastambol, Guivé et Alaya	id.	0 14
de Smyrne, blanc et de couleurs	id.	0 16
Aladja de Magnésie	100 pièces.	16 98
d'Alep	la pièce.	0 57
de Tyré et de Bor	id.	0 15
Astar de Tach-Keupru	id.	0 11
de Guivé	id.	0 19
de Hamid	le kil.	0 28
Indiennes de Kastambol, et dessus de couvertures	60 pièces.	15 09
de Chypre, pour couvertures de lits et de table	l'une.	0 19
pour matelats	id.	0 30
dites fasla, avec *bokichas* et coussins	la pièce.	0 30
pour ameublements de sofa	par *sofâ*.	1 51
de Tokat, pour couvertures et boukassins	la pièce.	0 13
Tabliers de Brousse, dits pechtimals	la paire.	0 26
d'Akbach, de Brousse, dits pechtimals	id.	0 24
de Salonique, dits pechtimals	id.	0 38
Coussins de Merzifoun, dits Belédi	id.	0 43
de Brousse, id.	id.	0 32
Siledjik de Chypre	l'un.	0 19
Teintures diverses.		
Couleur rouge, dite *Gul-bahar*	le kil.	0 03
Orpiment	id.	0 05
Graine jaune d'Iskilib et de Césarée, qualité supérieure	id.	0 23
inférieure	id.	0 14
de Roumélie, de toute qualité	id.	0 07
Alizari de Chypre, Syrie, et Tripoli de Barbarie	id.	3 27
d'Anatolie	id.	5 86
Tabac.		
En feuilles, dit Gueubek, en boktchar	id.	0 14
en boktchar de toile de chanvre	id.	0 11
d'Ermié, en boktchar	id.	0 09
en balles	id.	0 08
Toutes autres marchandises ou produits non dénommés, de quelque nature et espèce que ce soit :		
pour droit intérieur (*Amédié*)	valeur.	9 %
exportation (*Reftié*)	id.	3 %
sur les valeurs, debattues entre le commerce et la douane.		
Le droit d'exportation est aussi dû au moment de leur sortie sur toutes les marchandises reprises au tarif d'exportation.		
Pour se rendre compte de l'importance de ce droit, ajouter aux articles dénommés 1/3 du droit porté, ainsi par exemple :		
Tabac en feuilles, dit Gueubek, droit intérieur	le kil.	0 14
Droit d'exportation 3 %	id.	0 05
Total des deux droits	le kil.	0 19

Nous devons faire remarquer que tous les droits inscrits aux tarifs d'importation et d'exportation, ou au moins la plupart de ces droits ne sont pas rigoureusement exacts en raison des conversions des unités turques en unités françaises.

Toutes les fois que les fractions, dont on n'a pu tenir compte, restaient au-dessous de la moitié de l'unité, elles étaient négligées dans le calcul ; lorsqu'elles se trouvaient au contraire au-dessus de la moitié, elles étaient comptées comme unité entière.

Au surplus ce sont de très-légères différences qui ont pu résulter de ce mode de procéder.

FIN DU TARIF DES DOUANES DE L'EMPIRE OTTOMAN.

TARIF

DES

DOUANES DE LA CHINE.

Le traité conclu le 29 août 1842 entre la Chine et l'Angleterre a, on le sait, autorisé les sujets anglais, leur famille et leur maison, à résider dans les villes ou ports de Canton, Amoy, Foo-cho-Foo, Ning-Po, Sang-Haï, et à y effectuer des opérations de commerce sans entrave et restriction aucune.

Par suite, la reine de la Grande-Bretagne a acquis le pouvoir de nommer dans lesdits ports des agents consulaires, devant servir d'intermédiaires entre les autorités chinoises et les négociants ; et enfin les marchands anglais furent relevés de l'obligation de traiter de la vente ou de l'achat de leurs marchandises par l'intermédiaire des marchands *hongs*.

Le 5 septembre 1843, le commerce français fut admis, aux mêmes conditions et facilités que le commerce anglais, à trafiquer avec les sujets du Céleste Empire ; et enfin le gouvernement chinois étendit, dans les premiers jours d'octobre 1843, au commerce de toutes les nations indistinctement le bénéfice de l'application du traité du 29 août 1842.

Ce fut à la suite du premier de ces actes diplomatiques que furent arrêtés les règlements généraux et le tarif que nous publions, avec les diverses modifications qui leur ont été faites depuis le jour de leur première application, 27 juillet 1843.

RÈGLEMENTS GÉNÉRAUX (1).

Les capitaines de navire arrivant dans les cinq ports ouverts au commerce ou en partant, ont droit de réclamer l'assistance d'un pilote, dont la rétribution est réglée par le consul, selon la distance à parcourir et les risques à essuyer ou qui pourraient survenir.

Dans les vingt-quatre heures de leur arrivée, les capitaines doivent se rendre au consulat et y déposer les papiers de bord, connoissements, manifestes, etc., etc., à peine d'une amende de 1,080 fr. Le dépôt d'un faux manifeste est puni d'une amende de 2,700 fr. La même amende est imposée si le déchargement a lieu sans permis, et la marchandise est en outre confisquée.

Il n'est perçu sur les bâtiments qu'un seul droit de tonnage, fixé à 3 fr. 75 c. par tonneau de jauge légale.

Les marchandises destinées à l'importation ou à l'exportation doivent être soumises aux droits du tarif.

Avant le débarquement ou l'embarquement, le consul de la nation doit en prévenir le chef des douanes, et lui faire remettre une note détaillée des marchandises.

Les importateurs ou exportateurs doivent être présents à la vérification. Pour les marchandises imposées à la valeur, si les négociants ne peuvent s'entendre avec la douane sur le prix devant servir de base à la perception, chaque partie appellera deux ou trois négociants qui fixeront cette valeur. Si les experts ne peuvent s'entendre, le différend sera réglé de commun accord entre le consul et le chef des douanes.

Les droits sont versés entre les mains des banquiers désignés par la douane, et les récépissés de ceux-ci sont réputés *acquits* du gouvernement. Les payements peuvent se faire en monnaies étrangères, en tenant compte de la différence du change.

Des *étalons* des poids et balances employés pour la vérification des marchandises et de l'argent, sont déposés à la douane et aux consulats, et il ne saurait en être employé d'autres modèles pour les opérations en douane.

On emploie, pour l'embarquement ou le débarquement des marchandises, des allèges loués par le commerce à prix débattu entre lui et les patrons. Les transbordements ne peuvent avoir lieu sans permis spécial de la douane ou, *en cas d'urgence*, du consul de la nation, à peine de la saisie des marchandises.

Les discussions ou contestations qui peuvent s'élever entre les négociants chinois et étrangers sont examinées d'abord par le consul de ces derniers, qui doit chercher à concilier les parties. S'il ne peut y parvenir, le consul requiert l'assistance d'un employé chinois, avec lequel il instruit de nouveau l'affaire et statue selon l'équité.

Les crimes sont punis selon la loi du pays de ceux qui les commettent.

RÈGLEMENTS SPÉCIAUX.

PORT DE CANTON (1).

Avant d'entrer les bâtiments dans le port, les capitaines doivent s'arrêter à la hauteur de l'île, au nord de Wang-Tong, mettre en panne ou mouiller, et aller faire leur déclaration à l'officier commandant le fort. Cette déclaration énoncera spécialement l'espèce du bâtiment, le nom du capitaine, la nature du chargement.

Les négociants de toutes les nations sont, ainsi que tous les marchands et négociants de Canton, placés pour toutes leurs opérations sur un pied d'égalité parfaite.

Les bâtiments à vapeur doivent déposer leurs papiers de bord entre les mains de leurs consuls. Chaque navire doit avoir son nom peint d'une manière apparente en anglais et *en chinois*. Aussitôt après le dépôt du manifeste exact de la cargaison, il est placé deux gardes à bord, et ils y restent jusqu'au moment du départ.

Les négociants notables établis à Canton peuvent obtenir la permission d'enlever provisoirement les marchandises qui leur sont destinées et de les faire porter dans leurs magasins ; celles non réclamées ne pourront être débarquées qu'après acquittement des droits.

Les marchandises destinées à l'exportation ne peuvent être embarquées qu'après acquittement des droits.

Lorsqu'un capitaine de navire à vapeur a déclaré l'heure à laquelle il doit quitter le mouillage et reçu son permis de sortie, il ne peut plus rien embarquer à son bord.

Les *lorchas* et les navires étrangers de toute sorte sont strictement astreints aux règlements généraux résultant des traités.

PORT D'AMOY (1).

Les limites du port sont fixées ainsi :

Eaux intérieures y compris l'île de Koo-Long-Soo.	Au sud-ouest, jusqu'à l'île de la Pagode. A l'est, jusqu'aux six îles.

Chaque pilote doit être porteur d'une commission signée du Haï-Kong et d'un consul étranger.

Les bateaux pilotes doivent porter un pavillon horizontal rouge et blanc, avec un numéro anglais.

Le taux des droits de pilotage est fixé comme suit, en raison du tirant d'eau du bâtiment :

En deçà et au delà du rocher de Chaw-Chat. Par mètre. . 8 fr. 78 c.

A partir d'une ligne tirée de l'une des îles Lamtia, Chapel, Paktia. Id. . . . 17 fr. 55 c.

Le pilotage est obligatoire, à l'aller et au retour, en dedans du rocher de Chaw-Chat. Au delà il est facultatif.

PORT DE SANG-HAI.

Limites du port.

En dedans des lignes tirées :

A l'ouest, par la pointe de Poo-Shan ;
Au sud-ouest, par la batterie de la rive droite à l'embouchure de la rivière, au-dessous de Woo-Sung.

Le mouillage pour les chargements et déchargements est aussi près que possible de la rive gauche, au coude de la rivière longeant la crique Woo-Sung-Koo, à une distance de 1 kilom. 609 de son embouchure.

Les règlements des autres ports sont applicables à Sang-Haï. Seulement le payement de tous les droits de douane et de navigation s'effectue entre les mains des négociants chefs de la banque du gouvernement (2).

Les opérations de douane, d'embarquement, de débarquement, ne peuvent avoir lieu qu'entre le lever et le coucher du soleil, tous les jours, excepté le dimanche.

Toute demande relative aux affaires de douane doit être adressée aux inspecteurs.

Les déclarations pour déchargement et chargement doivent indiquer, s'il s'agit de thés, les marques, le nombre des colis, caisses, demi-caisses, etc., l'espèce (congou, hyson, twankay, etc.), le poids de chaque espèce.

S'il s'agit de soie, les marques et le nombre des colis, l'espèce de soie, commune, filée ou en pièces ; le poids de chaque espèce.

S'il s'agit d'autres marchandises, le nombre des colis, leurs marques, le poids ou la valeur des marchandises suivant la base de perception.

Toute contravention entraîne la saisie des marchandises.

Les bâtiments arrivant avec chargement complet de riz ou de grains sont exemptés des droits de tonnage.

PORT DE NING-PO (3).

Tout étranger à son arrivée à Ning-Po doit se présenter à son consul pour y déclarer sa profession, le lieu de sa résidence et la durée probable de son séjour. Nul ne doit, sous aucun prétexte, pénétrer dans le pays au delà de 4 kilom. 827 de la ville sans prévenir le consul, qui, s'il juge l'excursion nécessaire, donnera un guide au requérant; pénétrer dans les habitations des Chinois contre leur gré; entrer dans aucune ville ou grand village des environs de Ning-Po, ou dans aucun bureau public, sans une autorisation spéciale ; tout étranger qui change de domicile doit également prévenir le consul, ainsi que de son départ s'il quitte la ville, et cette dernière déclaration doit être faite quarante-huit heures à l'avance, à peine d'amendes plus ou moins élevées, selon la gravité des contraventions.

Tout capitaine arrivant à Ning-Po doit jeter l'ancre à San-Haï pour y faire sa déclaration au mandarin et y laisser visiter au besoin son bâtiment.

Voici la forme de cette déclaration :

Moi, , capitaine du navire , jaugeant tonneaux, portant hommes d'équipage, déclare que mon intention est d'entrer à Ning-Po et demande à être expédié sans délai.

---

(1) Publiés à la suite du traité du 29 août 1842. — Proclamations des 22 juillet et 17 août 1843.

(1) Notifications des 10 août 1843. — Décembre 1858.

(1) Notification du 4 décembre 1843.

(2) Notifications des 26 novembre 1846 et 25 juin 1855.

(3) Notification du 6 février 1844.

Après être entrés dans le port, les bâtiments doivent mouiller autant que possible près de leur consulat. Ils seront immédiatement marqués en chiffres peints en blanc, en anglais à l'avant, en chinois à l'arrière.

Les capitaines remettent immédiatement au consulat la liste de toutes les personnes présentes à bord, le manifeste de la cargaison.

Les déchargements ne peuvent s'effectuer que depuis huit heures du matin jusqu'à quatre heures de l'après-midi.

Nul débarquement de marins ou de passagers ne peut avoir lieu dans le trajet de Chin-Haï à Ning-Po, et réciproquement. Les capitaines ne peuvent laisser aller à terre dans le port que le nombre d'hommes nécessaires pour le service obligé du bâtiment. Ils restent responsables des dommages causés à terre par ces matelots. Ils doivent prévenir les autorités du départ du bâtiment quarante-huit heures à l'avance, et hisser aussitôt leur pavillon.

Les marchands chinois à Ning-Po étant généralement de mauvaise foi, les négociants doivent prendre toutes leurs précautions. Ils doivent toujours exiger un bordereau d'achat ou de vente dit hong-shop.

Les droits de douane doivent être acquittés entre les mains des trois banquiers Schroffs-Shops, qui ont été désignés à cet effet, et payés en argent sycee pur.

TARIF DES DROITS D'IMPORTATION.

NUMÉROS d'ordre.	DÉSIGNATION DES MARCHANDISES.	DROITS. Bases.	DROITS. Taux.
			fr. c.
1	*Argent* ou or en lingots, tirés ou	....	exempts.
	filés : fins	le kil.	1 61
	faux	id.	0 37
2	*Assa-fœtida*	100 kil.	12 40
3	*Bétel* (noir de)	id.	1 86
4	*Bezoard* de vache	le kil.	12 40
5	*Bicho de mar* (1) noire	100 kil.	9 92
	blanche	id.	2 48
6	*Bois* : ébène	id.	1 86
	sandal	id.	6 20
	sapan	id.	1 24
	non dénommés	valeur.	5 %
7	*Cachou*	100 kil.	3 72
8	*Camphre* malais : raffiné	le kil.	12 40
	brut	id.	6 20
9	*Cire* d'abeilles	100 kil.	12 40
10	*Cochenille*	id.	62 00
11	*Cornaline* en collier	100 nomb.	124 00
	autre	id.	3 75
12	*Corne* de bœuf ou de buffle	100 kil.	24 80
13	de licorne et de rhinocéros	id.	37 20
14	*Coton* en laine	id.	4 96
15	filé, retors ou non	id.	12 40
16	*Dents* de phoque	id.	24 80
17	*Ginseng* (2) de toute qualité	id.	128 96
18	*Girofle* : 1re qualité, triée (clous de)	id.	18 60
	2e qualité, triée, antofle ou mère de	id.	6 20
19	*Gommes* et résines : benjoin	id.	12 40
	olibanum, myrrhe	id.	6 20
	non dénommées	valeur.	10 %
20	*Horlogerie* : montres et pendules, longues-vues, pupitres à écrire, nécessaires de toilette, coutellerie et épées, parfumerie	id.	5 %
21	*Bijouterie* d'or et d'argent	id.	5 %
22	*Intestins* de poissons	100 kil.	18 60
23	*Ivoire* : dents d'éléphants entières	id.	49 60
	tronquées	id.	24 80
24	*Kino* (suc de) ; gambier (nauclea gambir)	id.	1 86
25	*Laine* filée	id.	37 20
26	*Matériaux* : acier non ouvré	id.	4 96
	cuivre en saumons	id.	12 40
	ouvré en planches, baguettes	id.	18 60
	monnaies	....	exemptes.
	étain	100 kil.	12 40
	fer en gueuses	id.	1 24
	en barres, verges, baguettes	id.	1 86
	blanc	id.	4 96
	mercure	id.	37 20
	plomb en saumons ou ouvré	id.	4 96
	non dénommés	valeur.	10 %
27	*Monnaies*	....	exemptes.
28	*Morues* sèches	100 kil.	4 96
29	*Muscades* (macis ou fleurs de)	id.	12 40
30	*Macis*, muscades 1re qualité ou triées	id.	24 80
	2e qualité, en sorte	id.	12 40
31	*Nacre* brute	id.	2 48
32	*Nids* d'oiseaux : nétoyés	id.	62 00
	bonne moyenne	id.	31 00
	en sorte	id.	6 20
33	*Peaux* grandes et petites et pelleteries :		
	de bœuf ou de vache, tannées ou non	id.	6 20
	de loutre ; de mer	la pièce.	11 25
	de terre, de raton et de requin	100 nombr.	15 00
	Peaux, etc. (suite) :		fr. c.
	de renard, grandes	la pièce.	1 12
	petites	id.	0 56
	de tigre, de léopard, de marthe	id.	1 12
	de castor	100 nomb.	37 50
	de lièvre, de lapin, d'hermine	id.	3 75
34	*Pierres* à feu	100 kil.	0 62
35	*Poivre*	id.	4 96
36	*Putchuck* (1) (racine de)	id.	9 30
37	*Requin* (nageoires de), 1re qualité ou blanches	id.	12 40
	2e qualité ou noires	id.	6 20
38	*Riz* mondé et en balle; grains de toute sorte	....	exempt.
39	*Rose Malocs* (2)	100 kil.	12 40
40	*Rotins*	id.	2 48
41	*Salpêtre* (ne peut être vendu qu'aux agents du gouvernement)	id.	3 72
42	*Savon*	id.	6 20
43	*Smalt*, en masse ou en poudre (azur)	id.	49 60
44	*Sucre*	valeur.	5 %
45	*Tissus* de coton : batiste et mousseline, longueur 18 m. 288 à 21 m. 946, largeur 1 m. 016 à 1 m. 168	la pièce.	1 12
	blancs (long-cloths), longueur 27 m. 432 à 36 m. 576, largeur 0 m. 762 à 0 m. 914	id.	1 12
	écrus ou non banchis (grey et tevilled, longueur 27 m. 432 à 36 m. 576, largeur 0 m. 711 à 1 m. 016	id.	0 75
	indiennes (chintz et prints) de toute qualité, long. 18 m. 288 à 27 m. 432, largeur 0 m. 660 à 0 m. 787	id.	1 50
	mouchoirs de poche de moins de 0 m. c. 836	le mouchr.	0 07
	de plus de 0 m. c. 836	id.	0 11
	guingamps, paliacates, cotonnades teintes, velours, tissus mélangés de soie ou de laine : tissus de fantaisie, autres que d'usage courant	valeur.	5 %
46	*Tissus* de laine, larges de 1 m. 295 à 1 m. 626, draps en grande largeur *stripes* communs à raies, draps, draps pour habit	le mètre.	0 31
	étroits, *long-ells* : casimirs, flanelles : draps	id.	0 15
	couvertures de toute qualité	la pièce.	0 75
	camelot de Hollande	le mètre.	0 31
	autre	id.	0 15
	imitation de : ainsi que bombazette	id.	0 07
	Bunting étroit et tissus non dénommés, purs ou mélangés de coton, de soie, etc., etc.	valeur.	5 %
47	*Tissus* de lin ou de chanvre. Toiles à voiles (*canvas*), longueur 27 m. 432 à 36 m. 576, largeur 0 m. 610 à 0 m. 787	la pièce.	3 75
48	autres (*linens*) fins, irlande ou écosse	id.	3 75
	communs et mélangés de soie ou de coton	valeur.	5 %
49	*Verres*, verreries, cristaux	id.	5 %
50	*Vins*, bière, spiritueux en bouteilles de 1 l. 136	100 bout.	7 50
	de 0 l. 368	id.	3 75
	en cercles	100 ?	6 20
	Articles non dénommés	valeur.	5 %

(1) Limace ou ver de mer, appelé aussi tripang.
(2) Racine d'une plante médicinale qui croît en Chine.

(1) Costus arabique ou indien.
(2) Ou roca malha mélangé de benjoin et de storax liquide.

TARIF DES DROITS D'EXPORTATION.

NUMÉROS d'ordre.	DÉSIGNATION DES MARCHANDISES.	DROITS. Bases.	Taux. fr.	c.
1	*Alun.*	100 kil.	1	24
2	*Anis,* étoilé, badiane	id.	6	20
	huile d'.	id.	62	00
3	*Argent* et or, ouvrés, autres que monnaies.	id.	124	00
4	*Arsenic.*	id.	9	30
5	*Artifices* de toute espèce	id.	9	30
6	*Bambous* (ouvrage en), écrans et autres.	id.	2	48
7	*Bangles,* bracelets de verre.	id.	6	20
8	*Bois,* sandal (ouvrage de)	id.	12	40
9	*Camphre*	id.	18	60
10	*Capoor cutchery.*	id.	3	72
11	*Casse* : gousse de.	id.	9	30
	boutons de,	id.	12	40
	huile de.	id.	62	00
12	*Céruse.*	id.	3	10
13	*Colle* de poisson.	id.	6	20
14	*Conserves* et confiserie.	id.	6	20
15	*Corail.*	id.	6	20
16	*Cubèbes.*	id.	18	60
17	*Cuivre* (*copper*) et étain ouvré (1)	id.	6	20
18	*Curcuma*	id.	2	48
19	*Ecaille* ouvrée.	id.	124	00
20	*Esquine* (racine d')	id.	2	48
21	*Etain* battu en feuilles minces (2) (*tinfoil*).	id.	6	20
22	*Eventails* en papier	id.	6	20
23	autres, en plumes, etc.	id.	12	40
24	*Galanga.*	id.	1	24
25	*Gomme-gutte* (gamboge)	id.	24	80
26	*Habillements* et effets confectionnés.	id.	6	20
27	*Ivoire* ouvré.	id.	62	00
28	*Laiton* en feuilles	id.	18	60
29	*Laque* (ouvrages en)	id.	12	40
30	*Malles* en cuir.	id.	2	48
31	*Marbre* en table	id.	2	48
32	*Matériaux* à construire	....	exempts.	
	(1) Autre qu'étain en feuilles minces.			
	(2) Etain combiné avec le mercure pour l'étamage des glaces.			
33	*Meubles* de toute espèce	100 kil.	2	48
34	*Minium.*	id.	6	20
35	*Monnaies* de toute espèce.	....	exemptes.	
36	*Musc.*	le kil.	6	20
37	*Nacre* ouvré.	id.	12	40
38	*Nattes* en paille, rotin, bambou, etc.	100 kil.	2	48
39	*Ombrelles* et parasols en papier	id.	6	20
40	*Orpiment* ou orpin.	id.	6	20
41	*Os* et cornes ouvrés.	id.	12	40
42	*Papiers* et articles de papeterie de toute sorte	id.	6	20
43	*Perles* fausses	id.	6	20
44	*Porcelaines*	valeur.	5	%
45	*Rhubarbe.*	100 kil.	12	40
46	*Roseaux* et joncs de toute espèce.	1,000 n[re].	3	75
47	*Rotins* (ouvrages en)	100 kil.	2	48
48	*Soies* : grège, organsin, moulinée, rubans	id.	124	00
	grossière ou bourre	id.	31	00
	tissus de, purs, de toute espèce.	id.	148	80
	mélangés de coton, laine, etc..			
49	autres articles similaires, mélangés de *congée*	id.	37	20
	(*Nota*). Ceux mélangés de *congée* jouissent d'une réduction de 10 % sur leur poids net.			
50	*Souliers* et bottes en cuir, en peau, en satin, etc.	id.	2	48
51	*Soy,* légumes préparés et assaisonnés.	id.	4	96
52	*Sucre* blanc et brun	id.	3	10
53	candi de toute sorte	id.	4	34
54	*Tabac* de toute sorte	id.	2	48
55	*Tableaux* et estampes de grandes dimension.	la pièce.	0	75
	sur papier de riz.	100 nomb.	0	75
56	*Thé*	100 kil.	31	00
57	*Tissus,* de coton, nankin et autres.	id.	12	40
58	d'herbes de toute sorte	id.	12	40
59	*Vermillon.*	id.	37	20
60	*Verre* et verreries de toute espèce.	id.	6	20
61	*Verroterie* : grains pour colliers et colliers de.	id.	6	20
	Articles non dénommés.	valeur.	5	%

DROITS DE TRANSIT OU DE COMMERCE INTÉRIEUR.

Le traité de 1842 avait stipulé que les marchandises anglaises, après avoir acquitté les droits de douane, pourraient être transportées dans toutes les provinces et villes de l'intérieur de l'Empire en payant des droits de transit. Le taux de ces droits a été fixé seulement en 1844 (notification du 20 février).

Les droits de transit se perçoivent dans les douanes de Kan (province de Kéang-sé) Taé-Ping (province de Gan-wuy ou A'nh-wy et Pih-sin (province de Kéan-so).

IMPORTATIONS.

DÉSIGNATION DES MARCHANDISES.	Bases.	DROITS PERÇUS à Kan. fr.	c.	à Taé-Ping. fr.	c.	à Pih-Sin. fr.	c.
Argent et or tirés ou filés.	le kil.	3	25	1	86	0	31
Assa-fœtida	100 kil.	21	82	17	93	4	96
Betel (noix de).	id.	0	22	0	52	0	50
Bézoard de vache.	le kil.	14	54	13	83	29	76
Bicho de mer (biche de mer)	100 kil.	0	43	1	45	4	96
Bois d'ébène	id.	1	17	»	»	2	48
de sandal	id.	7	27	3	21	2	48
de sapan	id.	1	74,5	0	52	2	48
Cachou.	id.	1	75	2	28	2	48
Camphre malais.	le kil.	11	41	28	97	16	86
Cire d'abeilles	100 kil.	4	89	»	»	»	»
Cornaline pour collier, ou en colliers	id.	0	73	»	»	»	»
Cornes de rhinocéros	id.	21	70	17	93	16	86
Coton en laine	id.	»	»	»	»	0	99
Girofle (clous de).	id.	2	91	7	65	2	48
Gommes et résines : benjoin.	id.	1	84	4	55	2	48
olibanum	id.	»	»	4	55	»	»
Gommes, etc. (suite) : myrre.	100 kil.	2	91	8	48	2	48
Ivoire, dents d'éléphant	id.	2	91	17	93	12	40
Laine filée	id.	38	97	38	97	2	54
Métaux : mercure	id.	2	91	17	91	16	86
Muscades (noix).	id.	1	24	2	28	2	91
Nids d'oiseaux.	id.	14	51	13	83	16	86
Poivre.	id.	4	36	3	21	2	48
Putchuck (racine de).	id.	2	91	4	53	2	48
Requin (nageoires de).	id.	0	73	1	45	4	96
Rose-maloès.	id.	11	64	10	34	»	»
Rotins	id.	0	58	0	52	0	19
Smalt.	id.	8	14	17	93	»	»
Tissus de coton, communs ou fins	10 pièces.	0	75	1	11	»	»
	la pièce.	»	»	»	»	0	41
Tissus de laine, larges.	id.	1	50	1	50	»	»
	le mètre.	»	»	»	»	0	24
étroits.	id.	0	21	0	21	0	24
camelot de Hollande.	id.	0	42	»	»	0	24
autre	id.	0	42	»	»	0	24

EXPORTATIONS.

DÉSIGNATION DES MARCHANDISES.	Bases.	DROITS PERÇUS à Kan. fr.	c.	à Taé-Ping. fr.	c.	à Pih Sin. fr.	c.
Alun	100 kil.	0	10 3	0	35	0	10
Anis étoilé (badiane). .	id.	0	52	0	52	0	50
Arsenic.	id.	0	32	0	35	0	50
Bambous (ouvrages en) écrans et autres. .	id.	»	»	0	50	0	50
Camphre	id.	1	30	4	51	1	74
Capoor catchéry . . .	id.	»	»	0	35 2	»	»
Casse.	id.	0	44	»	»	»	»
Céruse	id.	»	»	»	»	1	68
Cubèbe	id.	2	33	»	»	4	96
Cuivre.	id.	1	14	1	86	7	44
Etain ouvré (poterie d')	id.	1	14	1	86	7	44
Esquine ou squine. . .	id.	0	63	0	85	0	50
Galanga	id.	0	22	0	35	0	50
Gomme-gutte	id.	0	44	4	19	0	17
Musc.	le kil.	11	39	38	97	16	86
Nattes en paille, rotins bambous	100 kil.	0	32	1	37	»	»
Orpiment ou orpin. . .	id.	5	70	3	17	1	24
Rhubarbe	id.	0	30	0	35	0	50

DÉSIGNATION DES MARCHANDISES.	Bases.	DROITS PERÇUS à Kan. fr.	c.	à Taé-Ping. fr.	c.	à Pih-Sin. fr.	c.
Soie grège de première qualité	100 kil.	12	40	17	75	10	04
autre	id.	»	»	8	98	8	43
grossière ou bourre,	id.	5	70	4	51	7	94
moulinée	id.	11	39	38	97	18	25
tissus de, purs et rubans.	id.	11	39	38	97	18	25
mélangés de coton ou laine.	la pièce.	»	»	5	43	0	09
Soy	100 kil.	3	25	0	35	0	50
Thé commun	id.	»	»	0	52	0	52
idem	10 paniers.	0	59	»	»	»	»
fin de Che-Keang.	100 kil.	»	»	0	94	»	»
autres.	id.	0	49	»	»	»	»
Tissus de coton, nankin et autres. . . .	id.	0	65	5	64	0	32
d'herbes de toute sorte	la pièce.	0	44	0	06	0	02
Vermillon.	100 kil.	6	51	17	93	16	86

FIN DU TARIF DES DOUANES DE LA CHINE.

TARIF

DES

DOUANES DES ÉTATS-UNIS.

LÉGISLATION COMMERCIALE.

L'*acte* qui a fixé le tarif des douanes et la législation commerciale es États-Unis est celui du 25 juillet 1846, modifié et amendé par un acte u 3 mars 1857.

Antérieurement à ces actes avait été rendu celui du 30 août 1842, ont les principales dispositions ont été maintenues par les actes de 1846 t de 1857.

Nous allons rappeler ici les différentes prescriptions de ces actes, et onner à la suite le tarif des droits.

Le tarif des douanes américaines est divisé en sept tableaux de droits *ad valorem* qui varient de 30 à 4 p. %. Les articles non dénommés qui e sauraient être assimilés, doivent acquitter 15 p. %.

Les négociants étrangers qui expédient des marchandises aux États-Unis doivent les faire accompagner de factures affirmées véritables par erment entre les mains du consul américain au port d'embarquement, nonçant :

Que lesdites marchandises ont été achetées pour leur compte ou pour elui de leurs associés ;

Qu'elles contiennent l'énonciation exacte et fidèle du coût effectif desdites marchandises et de tous les frais qu'elles ont pu supporter jusqu'au moment de l'embarquement ;

Que les escomptes, primes ou drawbacks indiqués à ladite facture sont ien ceux qui ont été réellement alloués pour lesdits produits.

S'il n'y a pas de consul américain au port d'embarquement, le serment era reçu par le consul d'une puissance amie des États-Unis.

Il a été expliqué par une circulaire de la trésorerie que les valeurs à noncer aux factures devaient donner le rapport exact de la monnaie u pays exportateur avec celui de la monnaie américaine, en prenant our base des calculs la piastre d'Espagne ou le dollar argent des États-Unis.

La remise de ces factures n'empêche pas la déclaration en détail à arrivée aux États-Unis. Elles servent seulement à établir ces déclarations, et si l'importateur juge que les valeurs qui sont exprimées auxdites factures ne sont pas réellement celles du cours du marché au moment de l'arrivée du navire, il peut *les augmenter*, mais ne peut jamais *les abaisser*, les prix d'achat servant avant tout de base à la perception.

Les factures, même rectifiées par les déclarations des importateurs, e sont pas nécessairement admises comme exprimant la valeur réelle es marchandises. Si le collecteur ou le vérificateur pensent que cette aleur devrait être exhaussée, ils peuvent faire appeler devant eux l'importateur ou le consignataire, l'interroger, sous serment, et exiger de ui l'exhibition de toutes lettres, comptes ou factures en sa possession elatives auxdites marchandises. Si celui-ci se refusait à comparaître, à épondre et à produire les pièces réclamées, il serait condamné pour e fait à une amende de 100 dollars (= 535 fr.), et la *prisée* faite par les ppréciateurs servira alors à établir la perception, sans qu'il puisse y voir appel ou opposition.

Si le consignataire ou le propriétaire a comparu et répondu, et si estimation faite par les appréciateurs excède la valeur qu'il avait déclarée, il pourra notifier, par écrit, au collecteur, son refus d'acquiescement. Dans ce cas le collecteur choisira deux négociants probes et citoyens des États-Unis, connaissant la qualité et la valeur des marchandises pour les examiner et les évaluer, et en cas de partage le ollecteur prononcera. La prisée ainsi faite sera définitive, réputée la aleur réelle des marchandises, et servira de base à la perception des roits.

Si l'évaluation faite ainsi surélève la valeur déclarée primitivement de lus de 10 p. %, il sera perçu sur lesdites marchandises, en sus du droit ue la loi leur impose, 50 p. % du droit qui leur affère quand elles sont oyalement déclarées.

Toute personne qui cherchera à frauder le revenu ou à introduire landestinement des marchandises sans en payer les droits, sera, ainsi que ceux qui l'assisteront, poursuivie comme coupable de malversation t condamnée à une amende qui n'excédera pas 5,000 doll. (=26,750 fr.) u à un emprisonnement qui n'excédera pas deux années, ou aux deux eines à la fois si la cour le décide.

Pour les vérifications, le collecteur désignera sur la facture un colis *au moins* par facture ou par chaque *dix colis* de marchandises importées ; si dans un colis vérifié se trouve un article non dénommé sur la acture, le colis sera retenu et saisi ; mais si les appréciateurs sont d'avis que c'est un oubli et non une pensée de fraude, l'article sera ajouté eulement et les droits perçus. S'il se trouve au contraire des déficits, ls seront signalés et il en sera tenu compte dans la liquidation.

Dans le prix des factures doivent être énoncés tous les frais supportés par les marchandises avant leur arrivée au port. Ainsi les frais de transport, de fret, de commission d'achat : il n'y a que les assurances qui ne doivent pas y figurer.

Le taux des commissions a été fixé ainsi par une décision du 18 octobre 1844 :

Angleterre ou Irlande. — Quincailleries		5 à 7 p. %.
	Autres articles	2 1/2 p. %.
Du continent d'Europe : de Paris. — En général		3 p. %.
	Certains articles	5 p. %.
	D'autres pays	2 p. %.

Les droits de douane doivent être acquittés *en numéraire*. Ils doivent être payés dans un délai qui ne peut excéder vingt jours de l'arrivée des navires. Passé ce délai, les droits bonifient et s'augmentent de l'intérêt commercial. Si des marchandises ne sont pas déclarées, elles sont mises à l'entrepôt, où elles peuvent être réclamées pendant 60 ou 90 jours, selon leur espèce. Ce délai passé, elles sont vendues publiquement, et l'intérêt sur les droits est dû à dater de la déclaration d'entrée du bâtiment importateur.

Les marchandises avariées doivent être déclarées, et la preuve doit être fournie à la douane dans les dix jours qui suivent le débarquement. Cette preuve consistera en un certificat énonçant l'avarie, fait sous serment, et remis au collecteur par le propriétaire ou le consignataire.

L'avarie constatée, les appréciateurs consigneront dans un rapport leur avis sur les effets de l'avarie quant à la valeur imposable de la marchandise.

Le commerce a toujours le droit de faire *des réserves* pour le cas où des marchandises avariées seraient trouvées dans des colis. Dans ce cas, et s'il y avait lieu à réclamations pour droit perçu en trop, cet excédant serait remboursé.

Les colis inscrits au manifeste et qui ne seraient pas représentés donnent lieu à la liquidation des droits d'après l'énoncé fait de la marchandise dans les pièces consulaires.

Les importateurs peuvent déclarer leurs marchandises pour l'entrepôt. Dans ce cas elles sont vérifiées comme si elles étaient destinées à l'acquittement.

Aucune extraction d'entrepôt ne peut avoir lieu que par colis entier ; s'il s'agit de marchandises en vrac, elles ne pourront être retirées qu'en totalité ou au moins en quantité d'un tonneau de poids, soit 1015 kilogr.

Les mutations d'entrepôt sont autorisées par la loi. Dans ce cas, les déclarants doivent souscrire une soumission convenablement cautionnée du double du montant des droits afférents aux marchandises, pour assurer leur arrivée au port de destination. Les frais dus pour magasinage dans un entrepôt seront en tous cas payés avant l'enlèvement des marchandises. Celles de nature à se détériorer, la poudre à tirer, les artifices et les substances pouvant faire explosion, seront mises dans des magasins particuliers.

La durée de l'entrepôt est fixée à une année. Après ce délai, les droits doivent être acquittés, sinon les produits seront vendus par la douane dans les trente jours qui suivront l'expiration de l'année.

Le cabotage est réservé aux bâtiments américains ; mais les navires étrangers peuvent faire escale dans différents ports, pour y décharger leur cargaison primitive ou y prendre des marchandises destinées pour l'étranger.

Le droit de tonnage sur les bâtiments étrangers est fixé à 2 dollars, = 10 fr. 70 c. Il existe en outre un droit de phare de 0 d. 50 aussi par tonneau = 2 fr. 68 c.

Les traités ou conventions de commerce modifient ces droits. Ainsi les bâtiments français n'ont à acquitter qu'un droit unique de 0 d. 94 par tonneau = 5 fr.

C'est aussi ce que paient dans nos ports les navires américains.

Le droit différentiel de navigation sur les marchandises est de 10 % qui s'ajoutent au droit du Tarif.

Tout bâtiment qui fera le transport de passagers, autres que ceux de chambre, devra avoir, s'il transporte 50 de ces passagers et pour leur usage, un roufle sur le pont au-dessus du passage conduisant à leur logement ; et deux roufles s'ils portent plus de 150 passagers. Les escaliers ou échelles conduisant aux cabines devront être garnis d'une rampe en bois ou d'une forte corde. Des capots pourront être substitués à ces roufles sur les bâtiments à 3 ponts.

Si la hauteur ou l'intervalle entre les ponts du bâtiment comporte moins de 6 pieds (1 m. 829) et pas moins de 5 pieds (1 m. 525) il sera alloué à chaque passager un espace de 16 pieds carrés (1 m. 486).

Si la hauteur entre les ponts comporte moins de 5 pieds, il sera alloué à chaque passager un espace de 22 pieds carrés (2 m. 044).

Sur les navires à 2 ponts, si l'espace entre les ponts est de 7 pieds 1/2 (2 m. 28) chaque passager aura droit à 14 p. c. seulement (1 m. c. 30).

Tout bâtiment destiné par ses aménagements à transporter plus de 100 passagers devra être muni de deux ventilateurs pour purifier les cabines, l'un à l'avant, l'autre à l'arrière ; une cuisine couverte pour l'usage personnel des passagers ; des provisions calculées ainsi pour chaque passager : 9 k. 08 biscuit, 6 k. 81 de riz, de farine d'avoine ; 4 k. 54 de farine de froment, 6 k. 81 de pois et de fèves, 9 k. 08 de pommes de terre, 0 lit. 473 vinaigre, 227 lit. eau fraîche, 4 k. 54 de porc salé ; autant de bœuf salé et une quantité suffisante de combustible pour faire la cuisine. Un dixième de ces provisions sera distribué par semaine aux passagers, auxquels il sera donné par jour 2 lit. 323 d. d'eau, et le combustible nécessaire.

Tout capitaine qui volontairement manquera à fournir et à distribuer les aliments sus énoncés convenablement cuits, sera condamné à une amende de 1,000 dollars (5,350 fr.) et à un emprisonnement qui ne dépassera pas une année.

L'application de cette peine ne préjudiciera pas à la responsabilité civile des capitaine et propriétaire vis-à-vis des passagers.

Mais les passagers peuvent toutefois se procurer eux-mêmes leurs vivres, pourvu qu'ils remplissent les prescriptions ci-dessus énoncées, et qu'ils en aient obtenu l'autorisation du capitaine. Celui-ci serait tenu de leur fournir des vivres si ceux embarqués par eux étaient insuffisants par suite d'événements indépendants de leur volonté.

Il devra être affiché à bord, en lieu accessible pour tous, les mesures et règlements de discipline et d'ordre que le capitaine jugera utile d'adopter pour la traversée. Les passagers doivent expressément s'y conformer.

Les capitaines qui se mettront en contravention aux présentes prescriptions seront, solidairement avec les propriétaires des bâtiments, condamnés à des amendes qui varieront, suivant les cas constatés, de 50 à 200 dollars (267 fr. 50 à 1,070 fr.).

Les enfants au-dessous de un an ne seront pas compris au nombre des passagers; mais deux enfants jusqu'à l'âge de huit ans compteront pour un passager. Il ne pourra jamais être embarqué plus d'un passager par deux tonneaux de jauge du navire.

Le capitaine arrivant d'un pays étranger devra, en remettant le manifeste de sa cargaison, déposer en outre au collecteur une liste de tous les passagers à son bord qui devra énoncer :

L'âge, le sexe et la profession desdits passagers ;

La partie du navire occupée par chacun d'eux pendant le voyage ;

Le pays de chacun d'eux ;

Celui dans lequel ils veulent fixer leur domicile.

Il devra de plus déclarer le nombre des décès survenus pendant la traversée. Cette déclaration sera affirmée sous serment.

Si des décès ont eu lieu, le capitaine devra verser par chaque décès survenu parmi les passagers, autres qu'à la chambre, une somme de 10 dollars (53 fr. 50). En cas de négligence à verser ladite somme le capitaine sera passible d'une amende de 50 d. (267 fr. 50).

TARIFS.

Est expressément prohibée l'importation de tous imprimés, peintures, lithographies, gravures, images, figures, daguerréotypes, photographies, transparents et autres articles indécents et obscènes. Aucune facture ou colis dans lesquels se trouveraient compris des articles de l'espèce ne seront admis à la déclaration. Toute facture ou colis où figureraient des articles de l'espèce seront saisis et les dits articles immédiatement détruits.

Tout article non dénommé, ayant une similitude quelconque soit pour la matière, la qualité, la fabrication, soit pour l'usage qui peut en être fait avec un autre article dénommé et frappé de droit, sera soumis au taux du droit imposé sur l'article dénommé avec lequel il a le plus d'analogies sous l'un des rapports sus énoncés. Si un article non dénommé a une égale similitude avec deux ou plusieurs articles dénommés auxquels s'appliquent des taux de droits différents, celui non dénommé acquittera le taux du droit applicable à celui des articles similaires qui paie le droit plus élevé.

Pour tous les articles fabriqués de deux ou plusieurs matières, le droit sera liquidé sur le plus élevé des taux applicables à l'une des parties intégrantes desdits articles.

Ainsi qu'on l'a énoncé déjà, les articles non dénommés et non susceptibles d'être assimilés sont passibles d'un droit de 15 °/o de leur valeur.

TABLEAUX DES DROITS.

Tableaux A et B.

Articles imposés à 30 °/o de leur valeur.

Acajou, cèdre, ébène, grenadille, bois de rose, bois satiné, ouvrés. — Amandes. — Anchois, sardines et autres poissons conservés à l'huile.

Bonbons, confitures, fruits conservés au sucre, à la mélasse, à l'eau-de vie.

Camphre raffiné. — Conserves de légumes, de viande, de volaille, de gibier, en terrines et autres contenants. — Cordiaux et liqueurs, absinthe, curaçao, kirsch, marasquin, arrack, ratafia et boissons spiritueuses de même nature.

Dessus de table et d'autres meubles en composition. — Les mêmes articles en scagliola.

Eaux-de-vie et spiritueux distillés du grain ou de toute autre matière.

Ornements en albâtre et en spath.

Tabac à fumer, à priser, cigares, cigarettes, et tabac fabriqué de toute espèce.

Verre et cristal taillé. — Vins et imitations de vins, bordeaux, bourgogne, champagne, madère, porto, xérès et autres.

Tableau C.

Articles imposés à 24°/o de leur valeur.

Agendas, boîtes en écaille, porte-cartes, portefeuilles, souvenirs et tous articles similaires, quelle qu'en soit la matière. —Argentan, argent blanc ou d'Allemagne, brut ou ouvré. — Armes blanches et à feu. — Articles et ouvrages vernis ou laqués. — Artifices.

Balais et brosserie. — Bandages, bretelles, ceintures et articles composés en tout ou partie de caoutchouc, non autrement dénommés. — Baumes, cosmétiques, essences, extraits, pâtes, parfums, teintures pour la toilette ou la médecine. — Benjoin, benzoates. — Bière, ale, porter, en fûts ou en bouteilles.—Bijouterie et joaillerie fine ou fausse.— Bimbeloterie, poupées et jouets de toute sorte.—Bois à brûler, bois bruts non dénommés. — Bois ouvrés et articles dans lesquels entre le bois non autrement dénommés.—Boites de fantaisie en papier et autres.—Bonnets, chapeaux, mouchoirs, palatines et autres articles en fourrure, ou dans lesquels entre la fourrure. — Bonnets, bas, chaussettes, guêtres, caleçons, chemises tricotées, gants, mitaines, et autres articles analogues au métier, pour hommes, femmes ou enfants et non autrement dénommés. — Bouchons. — Bracelets, chaînes, boucles, nattes et tresses en cheveux, ou dans lesquels entrent les cheveux.— Broderies et articles brodés en argent, or ou autre métal.

Camées et mosaïques, vrais ou faux, montés en argent, or ou autre métal. — Cannes et badines terminées ou non terminées. — Cannes, branches et montures de parapluies, ombrelles et marquises terminées ou non terminées. — Câpres, marinades et sauces de toute sorte non autrement dénommées. — Carcasses de chapeaux en coton. — Cartes à jouer. — Chanvre brut. — Chapeaux et bonnets pour homme, femme ou enfant, en paille, satin-paille, copeaux, herbe, palmier, osier ou toute autre matière végétale, ou en baleine, cuir ou toute autre matière, non autrement dénommés. — Charbon de terre, gras, maigre et coke. — Chaussures en caoutchouc pur. — Cheveux nettoyés et préparés pour être ouvragés. — Cire à cacheter. — Confiserie de toute sorte non autrement dénommée. — Corail taillé ou non. — Cordons, galons et guipures en coton. — Cordonnet de soie pur ou mélangé de poil de chèvre. — Couleurs à aquarelle. — Coutellerie de toute sorte.—Crayons à dessiner de toute sorte. — Crayons de mine de plomb. — Crayons de sanguine.— Cuir ouvré et articles dans lesquels entre le cuir, non autrement dénommés.

Diamants, pierres gemmes, pierres précieuses, perles, rubis vrais ou faux, montés en argent, or ou tout autre métal.

Eaux minérales. — Effets d'habillement pour homme, femme et enfant, quelle qu'en soit la matière, confectionnés en tout ou partie à la main. — Encre et poudre à faire de l'encre. — Enveloppes en papier. — Epaulettes, galons, dentelles, nœuds, étoiles, glands et tresses en argent, or ou tout autre métal. — Eventails et écrans de toute sorte et de toute matière.

Fer en gueuses, barres carrées ou plates, massiaux, loupes, tringles, verges, baguettes ou sous toute autre forme, non autrement dénommé. — Ferraille, mitraille et vieux fer. — Fil à voiles et pour emballage de toute matière. — Fonte moulée. — Fromage.

Gingembre en poudre. — Grains d'ambre, de cire, de composition et autres.

Harnais et garnitures de voiture. — Horloges et parties d'horloge. — Huile de laurier. — Huile d'olive autre que pour la table en futailles. — Huile d'olive pour la table non autrement dénommée. — Huiles volatiles, essentielles ou obtenues par expression et non autrement dénommées.

Imitations de joyaux en verre ou en pâte montées.

Jais brut et ouvré, fin ou faux.

Laine brute, non autrement dénommée.—Liége ouvré autre que bouchons.

Macaroni, vermicelle, gélatine et autres préparations alimentaires similaires. — Marbre ouvré en carreaux et autres articles en marbre ayant reçu une main d'œuvre qui ne permet plus de le regarder comme à l'état brut ou de bloc. — Mélasse. — Métal plaqué d'argent en feuilles ou sous toute autre forme. — Métaux ouvrés, argent, or, platine, cuivre, étain pur et allié, fer, fer-blanc, plomb, etc., et articles dans lesquels ces métaux entrent comme matière première en constituant la principale valeur. — Meubles. — Miel. — Mousseline de laine.

Noix, non autrement dénommées.

Olives. — Ombrelles et marquises. — Os, cornes, écaille, ivoire végétal, et nacre de perle, ouvrés.

Pains à cacheter. — Paniers et autres articles en baleine, herbe, paille, osier ou feuille de palmier, non autrement dénommés. — Papier grand messel, second messel, à dessiner, éléphant, teillère, impérial, à lettre et autre non dénommé. — Papier ouvré et articles dans lesquels entre le papier, non autrement dénommés. — Papier mâché ouvré. — Parapluies. — Parchemin. — Peaux d'âne. — Peignes de toute sorte. — Peintures sur verre. — Pendules et parties de pendules. — Pinceaux en cheveux. — Plaqués de toute sorte. — Plumes de parure et de fleurs artificielles et parties de plumes de parure et de fleurs artificielles, quelle qu'en soit la matière. — Plumes métalliques. — Pommes de terre. — Poterie de terre, porcelaines, faïence, grès et autres articles en terre ou toute autre substance minérale, non autrement dénommés. — Poterie en fonte moulée.—Préparations médicinales, non autrement dénommées.

Saucissons de Bologne. — Saumon conservé, autre qu'à l'huile. — Savon d'Espagne, parfumé, de Windsor, et de toute autre sorte. — Sellerie de toute sorte, non autrement dénommée.— Sirop de sucre.—Soie à coudre avec sa gomme ou décreusée. — Sucre de toute sorte.

Tabacs en feuille ou non fabriqué. — Taffetas d'Angleterre. — Tapis moquette, foyers, descentes de lit, tapisseries d'Aubusson, de Bruxelles à double face, de Saxe, de Turquie, de Venise, de Wilton et articles similaires. — Tissus de coton, de laine, de laine cardée ou peignée, de lin ou de soie, brodés à l'aiguille, au métier, au tambour, ou par tout autre procédé. — Tissus de coton pur, blanchis, imprimés, peints ou teints. — Tissus gommés et cirés de toute sorte et de toute matière. — Tissus de laine cardée ou dans lesquels entre la laine cardée comme matière principale, non autrement dénommés. — Tresses, bandes, nattes, sparterie et damasserie en osier pour chapeaux d'homme ou de femme.

Vélin. — Verre colorié ou peint. — Verres de montre; à lunettes. — Verres à boire, unis, moulés ou pressés, et non taillés ni décorés. — Verre porcelaine.—Verreries et articles divers en verre, ou dans lesquels entre le verre, non autrement dénommés. — Vêtements de toute sorte et de toute matière, confectionnés en tout ou en partie par tailleur, couturière ou tout autre fabricant. — Vinaigre. — Voitures et parties de voiture.

Tableau D.

Articles imposés à 19 °/o de leur valeur.

Ardoises pour toitures et autres.

Bayettes, frises, flanelles et tissus pour parquets (tapis) de toutes matières non autrement dénommées. — Boutons et moulures de boutons de toute sorte.

Câbles et cordages, goudronnés ou non. — Calomel et autres préparations mercurielles. — Cuirs, et peaux petites, vernis de toute espèce.

Dentelle ou tulle, entre-deux, garnitures de dentelle, lacets et tresses en coton.

Fil de laine cardée ou peignée. — Filoselle et fleuret de soie.

Jute, chanvre de Manille, tiges en filasse du cocotier et autres végétaux filamenteux bruts non autrement dénommés.

Nattes de Chine et autres pour appartemement, en roseaux, jute ou herbe, entières ou en pièces.

Plumes à lit, lits de plume et duvets de toute sorte. — Poix de Bourgogne.

Tissus de coton purs, non autrement dénommés. — Tissus de crin, siéges et autres articles en crin, non autrement dénommés. — Tissus d'herbes. — Tissus de laine peignée, ou dans lesquels entre la laine peignée, non autrement dénommés. — Tissus de poil de chèvre, ou dans lesquels entre le poil de chèvre, non autrement dénommés. — Tissus de soie, ou dans lesquels entre la soie, non autrement dénommés.

Tableau E.

Articles imposés à 15 % de leur valeur.

Acides acéteux, chromique, nitrique et acides de toute sorte employés en médecine ou dans les beaux arts, non autrement dénommés. — Acier non autrement dénommé. — Aiguilles de toute sorte, à coudre, repriser, tricoter. — Alun. — Amadou. — Arrow-root. — Avoine et farine d'avoine.

Baies de genièvre. — Baies, fleurs, légumes et végétaux non autrement dénommés. — Beurre. — Blanc d'Espagne ou blanc de Paris. — Blanc de plomb et minium. — Bœuf. — Bois à construire équarris ou sciés, planches, madriers, merrains, lattes, chevrons, esparres et bois pour la construction des quais. — Bonnets, bas, chaussettes, guêtres, caleçons et chemises tricotées, gants et mitaines au métier, de coton pur, pour homme, femme ou enfant. — Bougies et cierges de cire de spermacéti, de stéarine.—Brèche. —Briques, tuiles et carreaux de terre cuite.

Cadmium. — Calamine. — Capsules ou amorces et poudres fulminantes. — Caractères d'imprimerie neufs ou vieux. — Carcasses de chapeaux en laine ou dans lesquelles la laine entre pour la valeur principale. — Castoréum. — Chandelles de suif. — Chapeaux de laine ou feutre. — Chocolat. — Chromate de plomb. — Chromate, bi-chromate, hydriodate, et prussiate de potasse. — Ciment romain. — Cire d'abeilles. — Clichés de caractères d'imprimerie. — Cobalt. — Cocutus indicus. — Colle forte. — Colle de poisson. — Corail marin non ouvré. — Couleurs sèches ou broyées à l'huile, non autrement dénommées. — Couperose ou vitriol vert ou sulfate de fer. — Couvertures de toute sorte. — Crayons d'ardoise. — Crin frisé ou crépi, mousses, algues marines ou autres matières végétales pour matelats et sommiers. — Cuirs tannés, forts ou à semelle. — Cuirs ou cordouans pour empeignes, de toute sorte. — Cuivre en baguettes, tringles, chevilles, clous et pointes. — Cuivre en feuilles, ou plaques dites de chaudronnerie, et feuilles ou plaques de cuivre non autrement dénommées.

Dentelles, tulle et entre-deux de fil. — Drèche. — Drogues médicinales à l'état brut, non autrement dénommées.

Ecorces d'orange et de citron. — Essence de térébenthine. — Ether.

Fanons de baleine des pêcheries étrangères.—Felds-path. — Fleur de soufre. — Fonds d'alambics simplement arrondis à la cisaille et relevés. Fonds d'alambics en cuivre. — Fourrures apprêtées. — Froment et farine de froment.

Gingembre vert, frais, sec, confit ou au vinaigre. — Gomme gutte. — Goudron. — Graines de lin d'Europe pour la médecine ou l'agriculture.

Huile de ricin. — Huiles de graines de chanvre, de lin, de rabette et autres, employées pour la peinture. — Huiles animales de pied de bœuf et autres, de baleine, de spermacéti et de poisson de pêche étrangère.

Ignames. — Instruments de musique de toute sorte et cordes filées et à boyau pour instruments de musique et autres. — Ipécacuanha. — Iridium. — Iris ou racine d'iris. — Ivoire calciné ou noir d'ivoire.

Jalap. — Jambon. — Jus, pâte et racine de réglisse.

Lard. — Liqueur de bronze et de fer. — Lisières d'étoffes de laine. — Litharge. — Livres et publications périodiques, en cours d'impression et de réimpression aux Etats-Unis.

Maïs et farine de maïs. — Manganèse. — Marne. — Marbre brut, en blocs ou en morceaux. — Mastic de vitrier. — Mercure. — Métal pour caractères d'imprimerie. — Métal de Hollande et bronze en feuilles. — Métaux bruts, non autrement dénommés. — Mordant bréveté.

Nitrate de plomb. — Noir de Francfort. — Noir de fumée.

Ocre et terres ocreuses. — Opium. — Orge. — Orge perlé ou mondé. — Orseille bleu cendré ou tournesol en pâte. — Osier préparé pour la vannerie.

Papier à doublage. — Papier mâché. — Papier de tenture et papier pour paravant et écran. — Peaux petites de toute sorte, non autrement dénommées. — Peaux petites tannées et préparées de toute sorte. — Peaux de poissons.—Peluche pour chapellerie en coton et soie, mais dans laquelle le coton entre pour la valeur principale. — Pierres à paver. — Plâtre de Paris moulu. — Plomb en saumons, en lingots ou en feuilles. — Plomb en grenaille. — Plombagine. — Plumes d'oiseaux à écrire — Poils de chèvre d'Angora, du Thibet, etc., bruts, non autrement dénommés. — Poisson étranger frais, fumé, salé, sec ou en saumure, non autrement dénommé. — Poivre à queue ou Cubèbe. — Poix commune. — Porc. — Potassium. — Poudre de bronze. — Poudre à tirer.

Racines, feuilles, gommes et résines médicinales à l'état brut, non autrement dénommées. — Registres reliés ou non. — Rhubarbe. — Riz mondé ou non mondé.

Safran en pains et autres. — Sagou. — Saindoux. — Salsepareille. — Sangsues. — Scilles. — Seigle et farine de seigle. — Sel d'Epsom, de Glauber, de la Rochelle et tous autres sels ou préparations de sels non autrement dénommés. — Sellerie commune avec accessoires étamés ou vernis. — Sépia. — Smalt. — Soufre en canons, substances minérales et bitumineuses à l'état brut non autrement dénommées. — Sulfate de baryte brut ou raffiné. — Sulfate de quinine.

Tapioca. — Tissus de chanvre non autrement dénommés. — Toiles à sacs ou pour emballage. — Toile de lin de toute espèce. — Tortue verte. — Tuyaux de plomb.

Vaisseaux en faïence, terre ou grès à l'usage de la chimie, d'une capacité de plus de 10 gallons (37 lit. 85). — Vanille en gousses. — Velours de coton et de soie, mais dans lequel le coton entre pour la principale valeur en pièces. — Vermillon. — Verres à vitre, de toute qualité et verre en cylindres ou manchons. — Vert-de-gris. — Vitriol blanc ou sulfate de zinc. — Vitriol bleu ou romain ou sulfate de cuivre.

Tableau F.

Articles imposés à 12 % de leur valeur.

Acier en barres, fondu, de cémentation et d'Allemagne. — Argent et or battu en feuilles.

Borate de chaux.

Diamants de vitrier montés ou non montés.

Ecorce de quillai. — Etain laminé en feuilles pour l'étamage des glaces. — Etoupe de lin et de chanvre.

Kermès minéral.

Pâte du Brésil.

Soie grège et moulinée à l'état seulement de poli, trame et organsin.

Zinc ou touténague en feuilles.

Tableau G.

Articles imposés à 8 % de leur valeur.

Ammoniaque. — Ananas. — Antimoine brut et régule d'antimoine.

Bassane. — Baudruche pour batteur d'or. — Bois d'ébénisterie : acajou, buis, cèdre, ébène, gayac, grenadille, bois de rose, bois satiné et autres.

Cailloux. — Camphre brut. — Cantharides. — Carbonate de soude. — Chaux. — Chronomètres et fournitures de chronomètres. — Citrons et limons. — Citrouilles.

Dattes.

Ecorces de toute sorte non autrement dénommées. — Emeri en pierres, en grains ou en poudre. — Eponges. — Estampes et gravures reliées ou non.

Fer laminé ou platiné noir, tôle. — Fer laminé ou platiné, étamé ou fer-blanc, galvanisé ou non galvanisé. — Figues. — Fourrures non apprêtées. — Fruits verts, frais ou secs.

Gomme adragante ou arabique, de Barbarie, Copal, Dextrine, de Gedda, de l'Inde-orientale, du Sénégal, et autres gommes et résines à l'état brut. — Graines de chanvre et de rabette.

Imitations de camées et de mosaïques non montés. — Imitations de diamants, pierres gemmes, perles, rubis et pierres précieuses non montés.

Jus de citron et de limon.

Livres imprimés, brochures, journaux, revues, publications périodiques et journaux illustrés, reliés ou non reliés et non autrement dénommés.

Machines et mécaniques exclusivement destinées et expressément importées pour la fabrication des tissus de lin et chanvre. — Montres et parties de montres terminées.

Natron. — Noix vomique.

Oranges. — Orpiment. — Orseille violette ou cudbeard.

Pamplemousses. — Pierres à bâtir et à polir. — Pierres ponces. — Poils de toute sorte, bruts et non nettoyés. — Poils pour chapellerie, apprêtés ou non. — Pruneaux. — Prunes.

Raisins frais. — Raisins de Corinthe. — Raisins secs.

Salpêtre ou nitrate de soude ou de potasse complétement ou en partie raffiné. — Sel ammoniaque. — Sel de soude et carbonate de soude, sous quelque dénomination que ce soit, non autrement dénommés.

Terre à foulon. — Terre pourrie.

Tableau H.

Articles imposés à 4 % de leur valeur.

Acide sulfurique ou huile de vitriol. — Acides acétique, benzoïque, borique, citrique, muriatique blanc et jaune, oxalique, pyroligneux, tartrique et acides de toute sorte employés en chimie ou dans l'industrie et non autrement dénommés. — Alcornoque. — Aloès. — Ambre jaune. — Ambre gris. — Argile brute. — Argile préparée. — Arsenic. — Asphalte. — Assa-fœtida.

Barille. — Bleu de Prusse. — Borax ou tinckal brut.

Cacao. — Camées, mosaïques, diamants, pierres gemmes, perles, rubis et pierres précieuses, non montés. — Cannelle. — Caoutchouc concret en bouteilles, morceaux ou en feuilles. — Caoutchoux liquide. — Cassia. — Chlorure de chaux. — Clous de girofle. — Cochenille. — Cornes, pointes de corne, os entiers ou en morceaux et dents à l'état brut. — Craie. — Craie de France. — Crème de tartre. — Curcuma.

Déchets et bourre de laine.

Ecaille de tortue et autres non ouvrées. — Epices de toute sorte. — Esprit de laque. — Etain allié d'un autre métal, vieux et propre seulement à être retravaillé. — Extrait de garance. — Extrait d'indigo. — Extraits et décoction de campêche et autres bois de teinture, non autrement dénommés.

Feuilles de Boucho. — Fleurs ou boutons de cassia. — Fournitures de montres et parties de montres non terminées.

Graines d'anis. — Gutta-Percha brute.

Huiles de palme, de coco et de till.

Indigo. — Ivoire végétal ou noix d'ivoire.

Kermès animal.

Lac-Dye. — Laque en grains. — Laque en écailles. — Lastings non mélangés de caoutchouc en bandes, coupons ou échantillons de forme et de dimension exclusivement propres à la confection des bottes, bottines, guêtres, pantoufles et souliers ou des boutons. — Liége brut.

Macis. — Muscades. — Musique gravée, reliée ou non reliée.

Nacre de perle. — Nickel. — Noix de coco.

Papier à musique rayé, relié ou non relié. — Peaux grandes et petites de toute sorte, brutes, sèches, salées ou en confits, non autrement dénommées. — Pellicules de cacao. — Pierres à aiguiser. — Pierres à feu. — Piment. — Poivre. — Poivre de Cayenne.

Rocou.

Salpêtre en nitrate de soude ou de potasse à l'état brut. — Sanguine. — Silex pulvérisé. — Soies de porc. — Soude artificielle. — Soufre brut en masses. — Soufre de laque. — Sumac.

Teintures et tanins autres qu'à l'état brut, non autrement dénommés. — Tissus de poils de chèvre, cordonnet de soie et tissus pour cordonnerie, non mélangés de caoutchoux en bandes, coupons ou échantillons de forme et de dimension exclusivement propres à la confection des bottes, bottines, guêtres, pantoufles et souliers ou des boutons.

Vouède ou pastel.

Zinc ou toutenague à l'état brut, non autrement dénommé.

Tableau I.

Articles exempts de droits.

Animaux vivants de toute espèce. — Appareils et instruments pour les sciences, livres, cartes géographiques et marines, statues, bustes, ouvrages d'art sculptés, moulés ou coulés en marbre, bronze, albâtre ou plâtre de Paris; tableaux, dessins, gravures à l'eau-forte, modèles et échantillons de sculpture: collections de monnaies, de médailles, de pierres précieuses et d'antiquité de toute sorte. — Arbres, arbustes, bulbes et oignons, plantes et racines, non autrement dénommés. — Argent et or en lingots.

Baies, noix, fleurs, plantes et végétaux exclusivement employés pour la teinture ou dans la composition des teintures en tant qu'ils n'ont subi aucune préparation. — Bismuth. — Bois de Brésil, de Brésillet et autres bois de teinture en bûches.

Câbles et cordages vieux. — Cachou. — Café et thé importés directement du lieu de production par navires américains ou par navires étrangers, ayant droit, en vertu de traités de réciprocité, à l'exemption des droits différentiels, de tonnage, et autres. — Café des possessions néerlandaises importé des Pays-Bas dans les mêmes conditions. — Cartes géographiques et hydrographiques. — Carthame. — Charbon animal. — Chevilles en bois, à barreaux et à merrains. — Cloches vieilles et métal de cloches. — Collections de monnaies, de médailles et d'antiquités de toute sorte. — Coloquinte. — Coton. — Cuivre jaune en saumons ou en lingots. — Cuivre jaune vieux et propre seulement à être retravaillé. — Cuivre rouge importé pour la Monnaie des États-Unis. — Cuivre rouge en saumons ou en lingots. — Cuivre rouge vieux et propre seulement à être retravaillé. — Cuivre pour doublage.

Drilles ou chiffons de toute sorte autres que de laine.

Échantillons d'histoire naturelle de minéralogie et de botanique — Écorce de quinquina. — Effets d'ameublement et ustensiles de ménage vieux et à l'usage d'individus ou de familles étrangères, leur ayant servi à l'étranger, et non destinés à d'autres personnes ou à la vente. — Effets à l'usage personnel, autres que marchandises, de citoyens des États-Unis décédés à l'étranger. — Effets d'habillement supportés et effets à usage personnel, livres, outils et instruments nécessaires au métier, à la profession ou à l'occupation d'individus arrivant aux États-Unis.

Engrais. — Étain en saumons, lingots ou blocs. — Étoupe provenant de vieux cordages décâblés.

Feuilles de palmier brut. — Feutre pour doublage de navires.

Garance moulue. — Garance en racine. — Glace. — Graine de lin de l'Inde pour l'extraction de l'huile. — Graines de jardin, et graines non autrement dénommées, employées en agriculture, en horticulture, en médecine ou dans l'industrie. — Guano.

Huile de baleine, blanc de baleine, huile de poisson et autres produits des pêcheries américaines.

Ivoire brut.

Joncs, rotins et roseaux bruts.

Laine brute valant au plus 20 cents la livre (le kilogr. 2 fr. 36 c.) au port d'exportation, et poils bruts d'alpaca, de chèvre et autres animaux similaires. — Lin brut. — Livres, cartes géographiques, instruments de mathématiques, instruments pour la marine, appareils pour les sciences, et tous articles importés par ordre du comité de la Bibliothèque du Congrès pour l'usage de ladite Bibliothèque.

Métal pour doublage de navires non galvanisé, autre que fer ou métal allié de fer. — Minerai de cuivre. — Modèles d'inventions et de perfectionnements dans les arts. — Monnaies d'argent, d'or et de cuivre.

Noix de galle. — Noir d'os.

Os calcinés.

Pierres meulières, pierres gemmes, brutes ou taillées, mais non montées. — Platine brut. — Plâtre de Paris ou sulfate de chaux non moulu. — Poussière d'or. — Produits du sol, de l'industrie des États-Unis, apportés à l'étranger et réimportés aux États-Unis dans les conditions où ils se trouvaient au moment de l'exportation, et pour lesquels il n'a été alloué aucun drawback ou prime.

Sang dragon. — Soie grège telle qu'elle a été obtenue par le dévidage du cocon, formée d'un seul fil, non moulinée et n'ayant subi aucune préparation. — Substances ou matières exclusivement propres à être employées comme engrais.

Tableaux et œuvres de sculpture. — Tartre brut. — Teintures et tanins à l'état brut non autrement dénommés. — Toiles à tamis.

Vaude ou gaude. — Verre vieux et propre seulement à être retravaillé.

BIBL

FIN DU TARIF DES DOUANES DES ÉTATS-UNIS.

TABLE DES MATIÈRES.

TARIF DES DOUANES FRANÇAISES.

Abandonnées (marchandises), 3.
Acquittement des droits (mode d'), 4.
— — (lieux d'), 1.
Algérie (dispositions relatives à l'), 67.
— , cabotage, 73.
— (droits d'entrée et de sortie applicables à l'), 68.
— (exportations de l'), 73.
— , restrictions d'entrée, 73.
Application du tarif (dispositions relatives à l'), 1.
Avaries (réfaction des droits pour cause d'), 2.
Avitaillement de navires, 3.
Baleine (pêche de la), 8.
Belgique (dispositions relatives à la), 75.
Bureaux ouverts à l'importation des marchandises taxées à plus de 20 fr. par 100 kil., 9.
— ouverts aux opérations de primes, 15.
— qui peuvent seuls constater le passage des marchandises de primes à l'étranger, 15.
Cabotage, 5.
— de l'Algérie, 73.
— (marchandises de), 5.
Cachalot (pêche du), 8.
Céréales (tarif des), 78.
Changements au Tarif, 1.
Colonies et possessions françaises, 4 et 78 (3).
Contestations sur l'application du Tarif, 2.
Corse (dispositions relatives à l'île de), 66.
Crédit et Escompte, 4.
Décime additionnel, 2.
Déclarations, 2.
— de valeurs, 2.
Départ (primes de), 8.
Dispositions fondamentales, 1.
— relatives à l'application du Tarif, 1.
— — à l'Algérie, 67.
— — à la Belgique, 75.
— — à l'île de Corse, 66.
— — aux États sardes, 73.
— — aux Pays-Bas, 77.
Droits (mode d'acquittement de), 4.
— (lieux d'acquittement de), 1.
— accessoires perçus par les douanes, 4.
— indûment perçus (remboursement des), 4.
— d'entrée et de sortie applicables à l'Algérie, 68.
Echantillons, 3.
Emballages, 2.
— (restriction d'), 1.
Entrées (restriction des), 1.
— en Algérie, 73.
Entrepôts (des), 2.
— de douanes (villes où sont établis des), 14.
— de l'intérieur et aux frontières de terre, 16.
Escompte (Crédit et), 4.
États sardes (dispositions relatives aux), 74.
Exportations de l'Algérie, 73.
Grandes pêches maritimes, 7.
Industrie parisienne (produits de l'), 3.

LÉGISLATION ET TARIFS DES DOUANES DES COLONIES ET POSSESSIONS FRANÇAISES. 178 (3)

Lieux d'acquittements, 1.
Marchandises abandonnées, 3.
— admises au bénéfice de l'importation temporaire, 17.
— auxquelles sont accordées des primes d'exportation, 13.
— étrangères pouvant être expédiées des entrepôts réels de France à destination du Sénégal, sous le payement du seul droit de réexportation, 15.
— exclues du transit et qui ne peuvent être dirigées sur les entrepôts de l'intérieur, 14.
— expédiées en transit sous la formalité du double plombage et de l'espèce de colis dans lesquels elles peuvent transiter, 12.
— omises au Tarif, 2.
— de primes, 3.
— de retour, 3.
— provenant des saisies, 3.
Mesures, Poids et Monnaies, 78 (9).
Mode d'acquittement de droits, 4.
— d'expédition des marchandises de cabotage, 5.
Monnaies, Poids et Mesures, 78 (9).
Morue (pêche de la), 4.
— (rogues de), 7.
Navires (avitaillement de), 3.
Nomenclature générale des marchandises soumises aux droits d'entrée et de sortie, et le montant à percevoir sur chacune d'elles, 18.
Notes explicatives, 18 et suiv.
Pays-Bas (dispositions relatives aux), 77.
Pêche de la morue, 7.
— de la baleine et du cachalot, 8.
Poids et Mesures, 78 (9).
Ports et bureaux de la frontière ouverts au transit, 10.
Possessions françaises hors d'Europe ; Algérie ; Sénégal et dépendances ; établissements français dans l'Inde ; îles Saint-Pierre et Miquelon ; îles de la Société, 4.
Pouvoirs du gouvernement en matière de tarifs, 1.
Prescription (de la), 1.
Primes d'armement, 7.
— sur les produits de la pêche, 7.
— de départ, 8.
— de retour, 8.
Produits de l'industrie parisienne, 3.
— naturels de l'Algérie pour lesquels la franchise est accordée à leur entrée en France, 67.
— fabriqués en Algérie qui sont admis en franchise, 67.
— des pays situés au-delà de la Sonde, 4.
Promulgation des lois et décrets, 1.
Provenances (des), 1.
Réfaction de droits pour cause d'avaries, 2.
— des tares, 2.
Régimes spéciaux : île de Corse ; Algérie ; îles françaises du littoral ; du pays de Gex ; du port de Marseille ; des propriétés limitrophes, 3.
Remboursement des droits indûment perçus, 4.
Restrictions d'emballages, 1.
— des entrées, 1.
— des sorties, 1.
— de tonnage, 1.
— de tonnage relatives aux importations et exportations, 10.
Retour (marchandises de), 3.
— (primes de), 8.
Rogues de morue, 7.
Saisies (marchandises provenant de), 3.
Sardes (dispositions relatives aux États), 74.
Sortie (restriction de), 1.
Surtaxe de navigation, 1.
Tares légales accordées par la douane pour la perception des droits, 9.
Tarif (dispositions relatives à l'application du), 1.
— (changements au), 1.
— (contestations sur l'application du), 2.
— (nomenclature générale des marchandises soumises aux droits d'entrée et de sortie et le montant à percevoir sur chacune d'elles portées au), 18.
— , notes explicatives, 18 et suiv.
— des céréales, 78.
Tonnage (restrictions de), 1.
Traités de commerce et de navigation, 4.
— conclus par la France accordant un régime de faveur aux produits et navires de divers pays, 77.
— ou conventions pour la garantie réciproque des ouvrages d'art et d'esprit, 78.
Transit, 2.
Transport direct, 1.
Vérification des marchandises, 2.
Villes où sont établis des entrepôts de douanes, 14.

ASSOCIATION DES DOUANES ALLEMANDES.

Composition actuelle du Zollwerein, 79.
Dispositions spéciales à l'entrepôt franc de Harbourg, 88.
Droits d'exportation (tarif des), 85.
— d'importation (tableau des), 80.
— des marchandises déclarées en transit, 87.
— à percevoir dans l'entrepôt franc de Harbourg, 88.
Entrepôts (principales dispositions du règlement général sur les), 88.
Harbourg (dispositions spéciales à l'entrepôt franc de), 88.
— (droits à percevoir dans l'entrepôt franc de), 88.
Impositions générales du tarif, 79.
Marchandises déclarées en transit, 87.
— exemptes de droits, 85.
Monnaies, Poids et Mesures, comparés avec les Monnaies, Poids et Mesures de la France, 88.
Notes explicatives, 80 et suiv.
Observations préliminaires, 79.
Tableau des droits d'importation, 80.
— des marchandises exemptes de droits, 85.
— des droits sur les marchandises déclarées en transit, 87.
Tares, 86.
Tarif des droits d'exportation, 85.
— — d'importation, 80.
— — — à percevoir dans l'entrepôt franc de Harbourg, 88.
Transit (tableau des droits sur les marchandises déclarées en), 87.
Zollwerein (composition actuelle du), 79.

DOUANES ANGLAISES.

Docks ou de tonnage (droits de) perçus dans le port de Londres, 98.
Drawbacks (primes ou), 97.
Droits de docks ou de tonnage perçus dans le port de Londres, 98.
Droits supplémentaires perçus à Londres pour les orphelins, 98.
Importation dans la Grande-Bretagne et l'Irlande (tarif d'), 89.
— dans l'île de Man, 96.
Marchandises exemptes de droits à leur importation dans la Grande-Bretagne et l'Irlande, 97.
— dans l'île de Man, 97.
Marchandises dont l'importation est soumise à certaines restrictions, 98.
— prohibées d'une manière absolue, 98.
Monnaies, Poids et Mesures, et leur rapport avec les Monnaies, Poids et Mesures de la France, 98.
Observations ou notes explicatives, 99.
Primes ou drawbacks de douane remboursables à la douane du port d'exportation ou à celle dans laquelle ont été acquittés les droits d'importation, 97.
Puissances étrangères admises au bénéfice de la remise de droits différentiels de navigation, 98.
Tableau des droits de docks ou de tonnage perçus dans le port de Londres, 98.
Tarif d'importation dans la Grande-Bretagne et l'Irlande, 89.
— — dans l'île de Man, 96.
Tonnage, droits perçus dans le port de Londres, 98.

DOUANES D'AUTRICHE.

Assujettissements aux droits, 99.
Attributions des bureaux de douanes, 100.
Bureaux de douanes, 100.
Constatation du payement des droits, 100.
Déclarations, 99.
Droits (assujettissements aux), 99.
— accessoires, 100.
— (payement de), 99.
— d'entrée, de sortie et de transit, 100.
Entrée (droits d'), 100.
Exemptions, 99.
Monnaies, Poids et Mesures, et leur rapport avec les Monnaies, Poids et Mesures de la France, 115.
Observations préliminaires, 99.
Observations ou notes explicatives, 100 et suiv.
Payement de droits, 99.
Prohibitions et restrictions, 99.
Sortie (droits de), 100.
Tares allouées au commerce, 114.
Tarif des droits d'entrée, de sortie et de transit, 100.
Timbre de payement, 100.
Traités de commerce et droits spéciaux, 100.
Transit (droits de), 100.

DOUANES DE DALMATIE (AUTRICHE).

Acquittements de droits, 116.
Bureaux de douanes et leurs attributions, 116.
Consommation (droits de), 119.
Constatation du poids, 116.
Déclarations, 116.
Déclaration du poids, 116.
Droits (acquittement des), 116.
— de consommation, 119.
— d'importation, 116.
— de transit, 116.
Marchandises exemptes de droits, 116.
Monnaies, Poids et Mesures, et leur rapport avec les Monnaies, Poids et Mesures de la France, 119.
Observations préliminaires, 116.
Observations ou notes explicatives, 116 et suiv.
Tares, 119.
Tarif des droits d'importation, 116.

DOUANES DE BELGIQUE.

Acquittements de droits, 121.
Application du tarif, 120.
Avaries (réduction pour), 121.
Changements au tarif, 120.
Contestations sur l'application du tarif, 121.

Déclarations et vérifications, 120.
Droits d'entrée, 122.
— de sortie, 126.
— de transit, 126.
— accessoires perçus par la douane, 122.
Échantillons, 121.
Emballages, 121.
— (restrictions d'), 121.
Entrée (droits d'), 122.
Exemptions de droits, 121.
Exportation avec décharge de l'accise, 122.
Importation (marchandises exemptes de droits d'), 125.
Marchandises exemptes de droits d'importation, 125.
— prohibées, inconnues, non acceptées, ou sans consignataire, 121.
— tarifées au poids ou à la valeur, 120.
Monnaies, Poids et Mesures, 129.
Notes explicatives, 122 et suiv.
Observations générales, 120.
Pouvoirs du gouvernement en matière de tarif, 120.
Préemption, 120.
Prescription, 120.
Produits français, 126.
— du Zollwerein, 129.
Publication des lois et arrêts royaux, 120.
Réductions pour avaries, 121.
Réfaction pour tare ou coulage, 121.
Réimportations en exemptions de droits, 127.
Restrictions d'emballages, 121.
Sortie (droits de), 126.
Tare ou coulage (réfaction pour), 121.
Tarif d'importation, 122.
Traités de commerce et de navigation, 121.
Transit (droits de), 126.
Zollwerein (produits du), 129.

DOUANES DE LA CHINE, 231.

Droits de transit et de commerce intérieur, 233.
Exportations, 234.
Importations, 233.
Règlements spéciaux pour les ports de Canton, Amoy, San5-Haï, Ning-Po, 231.
Tarif des droits d'importation, 232.
— — d'exportatiod, 234.

DOUANES DE DALMATIE, 116.

DOUANES DE DANEMARK.

Douane (tarif des frais de), 143.
Droits spéciaux à certains produits, 130.
— de transit, 130.
Effets mobiliers et à usage importés par les voyageurs, 130.
Exportation (marchandises soumises aux droits à l'), 142.
Fanaux (tarif des droits de), 143.
Fœroë (produits de l'île de), 130.
Frais de douane, 143.
Franchise de droits à l'importation, 131.
Groënland (produits du), 130.
Importation (mode d'), 130.
— (marchandises soumises aux droits à l'), 131.
Islande (produits d'), 130.
Marchandises exemptes du droit de transit, 130.
— soumises aux droits à l'importation, 131.
— soumises aux droits à l'exportation, 142.
Mode d'importation, 130.
Monnaies, Poids et Mesures, et leur rapport avec les Monnaies, Poids et Mesures de la France, 143.
Produits d'Islande, du Groënland et des îles de Fœroë, 130.
Provisions de bord, 130.
Surtaxe sur les bâtiments étrangers, 130.
Tares, 130 et suivantes.
Tarif des frais de douane, 143.
— des droits de fanaux, 143.
— des droits de tonnage, 142.
Taxe de guerre, 130.
Tonnage (tarif des droits de), 142.
Transit (droits de), 130.
— (marchandises exemptes du droit de), 130.

TARIF DES DOUANES DE L'ESPAGNE, 201.

Abaddon de marchandises, 202.
Acquittement de droits, 201.
Avaries, 202.
Cabotage, 203.
Certificats, 202.
Circulation intérieure, 204.
Droits de navigation et d'ancrage, 206.
Entrepôts, 203.
Importations de l'étranger, 201.
Plombage des colis, 203.
Taxe des marchandises, 204.
Transit et transbordement, 203.
Vente des saisies, 205.

DOUANES DES ÉTATS-UNIS, 235.

Articles exempts de droits, 238.
Tableaux des droits, 236.

TARIF DES DOUANES DE LA GRÈCE, 207.

Exportations, 207.
Formalités en douane, 208.
Importations, 207.
Perception des droits, 208.
Tares communes, 207.
Tarif d'importation, 208.
— de médicaments, 214.
— d'exportation, 216.
Transit, 208.

DOUANES DE NORWÉGE, 179.

DOUANES DE L'EMPIRE OTTOMAN, 227.

Tarif d'importation, 227.
— n'exportation, 22J.

DOUANES DES PAYS-BAS.

Dispositions générales, 144.
Droits (évaluation des), 144.
— d'entrée et de sortie, 145.
— accessoires perçus à la douane, 144.
Entrée (droits d'), 145.
Évaluation des droits, 144.
Exemptions et exceptions, 144.
Monnaies, Poids et Mesures, et leur rapport avec les Monnaies, Poids et Mesures de la France, 151.
Observations ou notes explicatives, 145 et suiv.
Pouvoirs du gouvernement, 144.
Sortie (droits de), 145.
Tares, 144.

DOUANES DE RUSSIE.

Exportation (tarif d'), 165.
Importation (tarif d'), 153.
Marchandises exemptes de droits, 153.
— dont l'admission est exclusivement réservée à quelques douanes, 166.
— dont les droits peuvent être acquittés dans les douanes de deuxième et de troisième classe, 166.
— soumises au droit uniforme de 4 fr. 88 c. par 100 kil., 153.
— soumises à divers droits d'entrée, 154.
— prohibées, 154.
Monnaies, Poids et Mesures, et leur rapport avec les Monnaies, Poids et Mesures de la France, 167.
Notes explicatives, 154 et suivantes.
Substances médicinales, 165.
Tares légales, 166.
Tarif d'exportation, 165.
— d'importation, 153.

TARIF DES DOUANES SARDES, 217.

Application du tarif, 217.
Avantages accordés au commerce français, 225.
Déclaratio s, 217.
Droits accessoires au tarif, 218.
Droits de magasinage, 218.
Entrepôts, 219.
Immunités, 217.
Importations temporaires, 218.
Marchandises de retour, 217.
Remboursements de droits, 219.
Tableau des augmentations et déchets qu'éprouvent les marchandises introduites temporairement, 218.
Tarif des droits d'entrée, 220.
— de sortie, 224.
— des tares, 219.
Traités de commerce et de navi5ation conclus par la Sardaigne avec d'autres États, 226.
Transit, 219.

DOUANES DE SUÈDE.

Avaries, 168.
Déclarations, 168.
Drawbacks (primes et), 168.
Droits d'exportation, 177.
— d'importation, 169.
— de tonnage, 168.
Entrepôts, 168.
Exportation (tarif des droits d'), 177.
Immunités en faveur de certaines importations, 168.
Importation (droits d'), 169.
— (marchandises exemptes de droits d'), 178.
Indemnités accordées aux équipages des navires suédois, 169.
Marchandises avariées, 168.
— exemptes de droits à l'importation, 178.
— de sauvetage, 169.
Monnaies, Poids et Mesures, et leur rapport avec les Monnaies, Poids et Mesures de la France, 178.
Observations préliminaires, 168.
Observations ou notes explicatives, 169 et suiv.
Primes et drawbacks, 168.
Provisions de bord, 168.
Relâches, 168.
Surtaxe de navigation, 168.
Tarif des droits d'exportation, 177.
— d'importation, 169.
Taxe additionnelle, 169.
Tonnage (droits de), 168.

DOUANES DE NORWÉGE (SUÈDE).

Droits d'exportation, 189.
— d'importation, 179.
— du phare, 189.
— de tonnage, 189.
Exportation (droits d'), 189.
Importation (droits d'), 179.
Marchandises exemptes de droit d'entrée, 181
Monnaies, Poids et Mesures, et leur rapport avec les Monnaies, Poids et Mesures de la France, 189.
Observations préliminaires, 179.
Phare (droits de), 188.
Tares, 188.
Tarif des droits d'exportation, 189.
— d'importation, 179.
Tonnage (droits de), 189.

DOUANES DE LA CONFÉDÉRATION SUISSE.

Contraventions en matière de péages, 190.
Dispositions réglementaires, 190.
— relatives à l'exportation, à l'importation et au transit, 190.
— — aux entrepôts, 190.
Droits cantonnaux sur les vins et boissons spiritueuses, 193.
— d'importation, 191.
— d'exportation, 193.
— de transit, 193.
Entrepôts (taxe d'), 194.
Exportation (droits d'), 193.
Importation (droits d'), 191.
Mode de calculer les droits, 190.
Monnaies, Poids et Mesures, et leur rapport avec les Monnaies, Poids et Mesures de la France, 194.
Obligation d'acquitter les droits, 190.
Observations préliminaires, 190.
Péages (contraventions en matière de), 190.
Péages cantonnaux sur les vins et boissons spiritueuses, 193.
Taxe d'entrepôts, 194.
Transit (dispositions relatives au), 190.
— (droits de), 193.
Vins et boissons spiritueuses (droits et péages cantonnaux sur les), 193.

VILLES ANSÉATIQUES.—HAMBOURG.

Accises (droits d'), 195.
Déclaration en douane, 195.
Droits de douane, de navigation et d'accises, 195
— de sortie, 195.
— de tonnage, 195.
Douane (droits de), 195.
Limites frontières, 195.
Marchandises exemptes de droits, 196.
Monnaies, Poids et Mesures, et leur rapport avec les Monnaies, Poids et Mesures de la France, 197.
Navigation (droits de), 195.
Payement de droits, 195.
Pénalités, 196.
Sortie (droits de), 195.
Timbres, 196.
Tonnage (droits de), 195.

VILLE DE BRÊME.

Droits d'entrée, de sortie et de transit, 197.
Monnaies, Poids et Mesures, et leur rapport avec les Monnaies, Poids et Mesures de la France, 197.
Observations préliminaires, 197.

VILLE DE LUBECK.

Droits d'entrée, de sortie et de transit, 197-198.
Marchandises exemptes de droits, 198.
Monnaies, Poids et Mesures, et leur rapport avec les Monnaies, Poids et Mesures de la France, 198.

FIN DE LA TABLE DES MATIÈRES.

www.ingramcontent.com/pod-product-compliance
Ingram Content Group UK Ltd.
Pitfield, Milton Keynes, MK11 3LW, UK
UKHW020556230726
13926UKWH00005B/2051

9 782013 682183